이렇게
기막힌
적중률

한국사능력검정시험
심화
핵심이론집

당신의 합격을 위한 **이렇게 기막힌 적중률!**

15일 학습 플랜

▷ ▶ 15일을 목표로 하루하루 체크하며 공부해 보세요!

일자	학습내용	날짜		체크
1일차	파트 1 선사 시대와 국가의 형성 + 이론을 복습하는 기출문제	월	일	☐
2일차	파트 2 고대(정치 · 경제 · 사회 · 문화) + 이론을 복습하는 기출문제	월	일	☐
3일차	파트 3 중세(정치 · 경제 · 사회 · 문화) + 이론을 복습하는 기출문제	월	일	☐
4일차	파트 4 근세(정치 · 경제 · 사회 · 문화) + 이론을 복습하는 기출문제	월	일	☐
5일차	파트 5 조선 후기(정치 · 경제 · 사회 · 문화) + 이론을 복습하는 기출문제	월	일	☐
6일차	파트 6 근대 사회의 전개 + 이론을 복습하는 기출문제	월	일	☐
7일차	파트 7 일제 강점기 + 이론을 복습하는 기출문제	월	일	☐
8일차	파트 8 현대사 + 이론을 복습하는 기출문제	월	일	☐
9일차	62회 기출문제 풀어보기 + 오답노트로 복습하기	월	일	☐
10일차	61회 기출문제 풀어보기 + 오답노트로 복습하기	월	일	☐
11일차	60회 기출문제 풀어보기 + 오답노트로 복습하기	월	일	☐
12일차	부족한 이론 복습하기	월	일	☐
13일차	틀린 문제 모아 오답노트로 복습하기	월	일	☐
14일차	기적의 합격 강의 + 추가 기출 문제 풀이	월	일	☐
15일차	암기노트 + CBT 온라인 모의고사 응시 서비스 이용	월	일	☐

합격 기원 점수 그래프

목표 : _____점 _____급

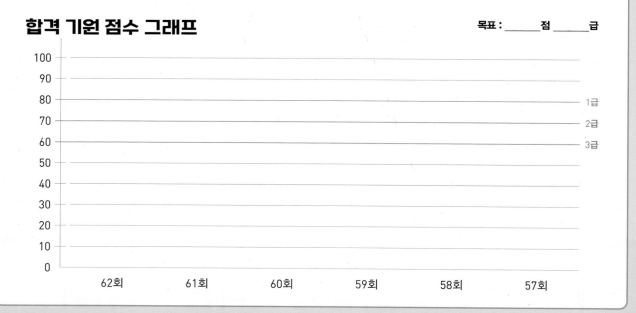

역사에서
배우는
삶과 지혜

한국사가 여러 가지 이슈로 떠오르고 있는 요즈음입니다. 한국사의 위상을 바르게 확립하기 위해 역사 과목의 중요성을 강조하면서 대학수학능력시험에서 한국사가 필수가 되었고, 공무원 시험에서도 한국사는 필수로 지정되어 있습니다. 특히 우리 역사에 관한 관심을 확산시키는 계기를 마련하고, 역사 학습을 통한 문제해결 능력을 육성하기 위해 한국사능력검정시험을 실시하고 있습니다.

한국사능력검정시험은 현재 한국사 학습 능력을 측정할 수 있는 대표적인 시험으로 다양한 사람들이 응시하고 있으며, 교원임용시험 응시 자격을 부여하거나 공기업과 민간 기업의 채용이나 승진 시 반영되는 등 다양한 분야에서 활용되고 있습니다. 게다가 군무원 시험의 한국사 과목과 7급 공무원 시험의 한국사 역시 한국사능력검정시험으로 대체된 가운데 과거 고급·중급·초급으로 나누어져 있던 시험을 2020년 5월부터는 심화·기본 2종류로 개편하여 시행하고 있습니다.

개편된 한국사능력검정시험은 기존 문제 유형과 난이도가 유지되고 있으니 기출문제 유형을 꼼꼼하게 분석하여 출제율이 높은 키워드는 반드시 기억해 두기를 바랍니다. 또 다양한 영역에서 여러 접근 방법을 통해 풀 수 있는 참신한 고난도 유형이나 신유형 문제들이 다수 출제되고 있으므로 좀 더 다채롭게 학습하는 방법도 추천합니다.

한국사능력검정 자격증을 필요로 하는 곳은 점점 많아지고 응시생들도 점차 증가하고 있습니다. 하지만 한국사능력검정시험은 한국사 학습 능력을 인증하는 시험이므로 한국사에 대한 애정과 관심을 가지고 한국사 전반에 걸쳐 역사적 사고력과 문제해결 능력을 키운다면 좋은 결과가 있을 것입니다. 이 책이 한국사능력검정시험을 준비하는 수험생들이 짧은 시간에 고득점을 올리는 데 도움이 되기를 바랍니다.

저자 오윤슬

차례

기적의 합격 강의　　정오표　　자료실　　추가 기출문제

〈자료 다운로드〉

01 합격생의 벼락치기 정리노트 PDF
02 합격생의 벼락치기 초성노트 PDF
03 최신 기출문제 시험지&해설 강의

부록은 이기적 홈페이지 자료실에서 제공됩니다. (암호 : 2023h*)

초성 박스를 채우며
복습하면 한국사가
머리에 쏙쏙!

〈동영상 강의 무료〉

한국사 핵심만 정리한 이론 강의와 회차별 기출문제 해설을
이기적 홈페이지(license.youngjin.com)에서 무료로 제공하고 있습니다!

※ 본 도서에서 제공하는 동영상 시청은 1판 1쇄 기준 2년간 유효합니다. 단 출제 기준안에 따라 변경될 수 있습니다.

이 책의 구성

① 빈출 키워드로 분석한 출제 경향

최신 250문항의 기출문제를 철저하게 분석하여 빈출 키워드와 출제 경향을 분석하였습니다. 출제 비중 파악과 연표를 통해 학습 방향을 정확히 잡고 시작할 수 있습니다.

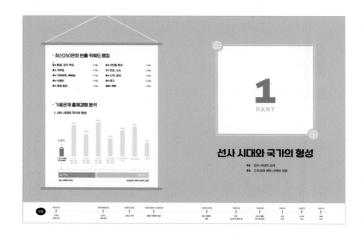

② 알차고 다양한 본문

이론을 깔끔하게 정리하여 파트별 출제 빈도와 시험에 자주 등장하는 포인트가 무엇인지, 빈출되는 키워드가 무엇인지 확인할 수 있습니다. 학습에 도움이 되는 지도와 사료 등 참고 자료들도 풍부하게 수록하였습니다.

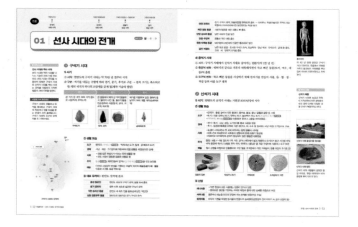

③ 이론을 복습하는 기출문제

이론을 학습한 후 주관식, 객관식 문제로 다시 한번 이론을 반복 학습할 수 있도록 하며, 출제 유형을 파악할 수 있습니다.

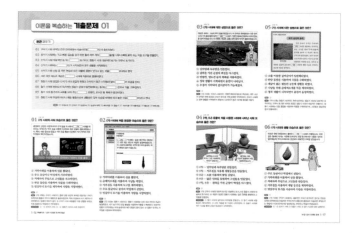

④ 이미지로 보는 한국사

파트별로 공부한 내용을 이미지 자료를 통해 복습하
며 정리할 수 있도록 준비하였습니다. 시험에 자주
출제되는 이미지 자료들이므로 꼭 확인하세요.

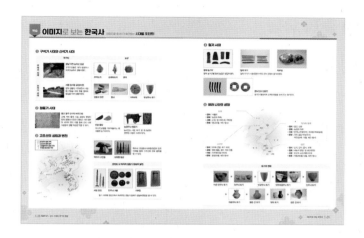

⑤ 흐름 타고 합격하는 한국사 암기노트

자주 나오는 부분만 반복해서 암기할 수 있도록 흐
름에 따라 정리하였습니다. 흐름 순서대로 볼 수 있
어 암기하기 쉽고 부담 없는 분량으로 시험까지 얼
마 남지 않았더라도 끝까지 학습할 수 있도록 도와
드립니다.

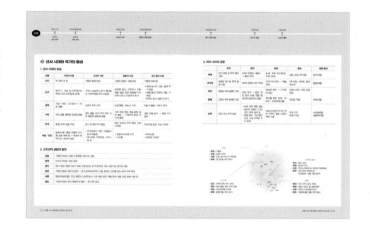

⑥ 최신 기출문제와 오답노트 해설

실전에 대비할 수 있도록 최신 기출문제를 시험지
형식으로 수록하였습니다. 도서 맨 뒤에 있는 답안
지에 마킹하며 실전처럼 풀어보세요. 해설은 오답노
트 형식으로 문제마다 친절하게 설명되어 있습니다.

시험 안내

① 출제 유형

역사 지식의 이해

역사 탐구에 필요한 기본적인 지식, 즉 역사적 사실·개념·원리 등의 이해 정도를 묻는 영역입니다. 그러나 단순 사실의 암기를 측정하는 것은 아니며 구체적인 문제 상황에서 활용될 수 있는 역사적 사실·개념·원리를 정확하게 이해하고 있는가를 묻는 문제입니다.

연대기의 파악

역사의 연속성과 변화 및 발전을 이해하고 있는지를 묻는 영역입니다. 즉, 시간과 관련된 여러 용어를 이해하고 활용하는 능력, 연표에 제시된 항목 간의 시간 관계를 해석하는 능력 등을 측정하는 것입니다.

역사 상황 및 쟁점의 인식

제시된 자료에서 해결해야 할 구체적 역사 상황과 핵심적인 논쟁점, 주장 등을 찾을 수 있는지를 묻는 영역입니다. 문헌자료, 도표, 사진 등의 형태로 주어진 자료에서 해결해야 할 과제를 포착하거나 변별해내는 능력이 있는지를 측정하는 것입니다.

역사 자료의 분석 및 해석

자료에 나타난 정보를 해석하여 그 의미를 파악할 수 있는가를 묻는 영역입니다. 역사 자료에서 목적과 필요에 따라 적합한 정보를 찾아 이용할 수 있으며, 정보의 신빙성과 총체성을 분석하여 핵심 내용을 정확하게 포착할 수 있는가를 검사하는 것입니다. 또한 정보 분석을 바탕으로 자료의 시대적 배경과 사회적 의미를 해석할 수 있는가를 묻는 영역입니다.

역사 탐구의 설계 및 수행

제시된 문제의 성격과 목적을 고려하여 절차와 방법에 따라 역사 탐구를 설계하고 수행할 수 있는 능력이 있는가를 묻는 영역입니다. 즉, 주어진 자료에서 개념이나 요소들의 연관 관계를 추론하여 가설을 설정할 수 있는지, 문제 해결을 위한 절차를 제시하고 그것에 적합한 사료 수집과 방법을 선택할 수 있는지를 묻는 것입니다.

결론의 도출 및 평가

주어진 자료의 타당성을 판별하고, 여러 자료를 종합하여 일반화할 수 있는 결론을 도출할 수 있는가를 묻는 영역입니다. 즉, 역사적 사실의 인과관계나 법칙성 또는 논리적 관계를 이해하고 이를 이론화 또는 체계화할 수 있는지, 사료의 내용을 바탕으로 적절한 결론을 도출하면서 판단을 내릴 수 있는지를 묻는 것입니다.

② 시행 기관과 시험 관리

시험 총괄 및 주관 · 시행 : 국사편찬위원회

- 시험 문제 출제
- 시험 실시 및 채점
- 성적 및 인증서 관리
- 기본 계획 수립 및 업무 처리 지침 제작 배부
- 홍보물 및 원서 제작 배포
- 응시 원서 교부 및 접수

❸ 평가 등급 및 합격 기준

배점 : 100점 만점(문항별 1~3점 차등 배점)
시험 등급을 심화·기본의 2종으로 개편(2020년 6월부터)하여 실시 중
응시자 급증에 따른 시험 횟수 연차적 확대 예정(2019년 : 4회 → 2020년 : 5회 → 2021년 : 6회)

47회 시험부터 개편 기준

시험 구분	평가 등급		문항 수(객관식)
심화	1급	만점의 80% 이상	50문항 (5지 택1)
	2급	만점의 70% 이상	
	3급	만점의 60% 이상	
기본	4급	만점의 80% 이상	50문항 (4지 택1)
	5급	만점의 70% 이상	
	6급	만점의 60% 이상	

❹ 응시자 유의 사항

◆ 응시자는 홈페이지(www.historyexam.go.kr)에서 수험표를 출력한 후 신분증(주민등록증, 여권, 공무원증, 운전면허증, 주민등록발급신청확인서, 학생증, 청소년증 중 1개)을 지참(초등학생은 수험표만 지참하여도 됨)
◆ 응시자는 시험 당일 10:00까지 해당 시험실 지정 자리에 앉아 있어야 함
◆ 답안지(PMR 카드) 작성 방법
  ● 반드시 컴퓨터용 수성 사인펜 사용(다른 펜으로 표기하거나 이중 표기는 무효 처리)
  ● 컴퓨터용 수성 사인펜과 수정 테이프(수정액)는 수험생이 준비
  ● 시험 종료 시간이 되면 필기 도구를 놓고 답안지는 오른쪽, 문제지는 왼쪽에 놓아야 함
  ● 시험 시간이 끝난 후에도 작성하면 부정 행위로 간주

❺ 활용 및 특전

● 2012년부터 한국사능력검정시험 2급 이상 합격자에 한해 인사혁신처에서 시행하는 5급 국가공무원 공개경쟁채용시험 및 외교관후보자 선발시험에 응시자격 부여
● 2013년부터 한국사능력검정시험 3급 이상 합격자에 한해 교원임용시험 응시자격 부여
● 국비 유학생, 해외파견 공무원, 이공계 전문연구요원(병역) 선발 시 국사시험을 한국사능력검정시험(3급 이상 합격)으로 대체
● 일부 공기업 및 민간기업의 사원 채용이나 승진 시 반영
● 2014년부터 한국사능력검정시험 2급 이상 합격자에 한해 인사혁신처에서 시행하는 지역인재 7급 수습직원 선발시험에 추천 자격요건 부여
● 일부 대학의 수시모집 및 육군·해군·공군·국군간호사관학교 입시 가산점 부여
● 2015년부터 공무원 경력경쟁채용시험에 가산점 부여
● 2018년부터 군무원 공개경쟁채용시험에서 국사 과목을 한국사능력검정시험으로 대체
● 2021년부터 국가직과 지방직 7급 공무원 공개채용 시험에 한국사 과목을 없애고, 한국사능력검정시험으로 대체
※ 인증서 유효 기간은 인증서를 요구하는 각 기관에서 별도로 정함

• 최신 250문항 **빈출 키워드 랭킹**

• 기출문제 **출제경향 분석**

1. 선사 시대와 국가의 형성

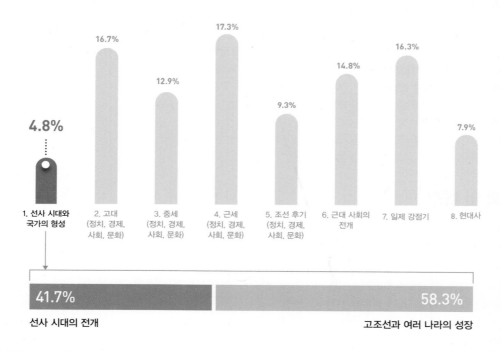

4.8% — 1. 선사 시대와 국가의 형성
16.7% — 2. 고대 (정치, 경제, 사회, 문화)
12.9% — 3. 중세 (정치, 경제, 사회, 문화)
17.3% — 4. 근세 (정치, 경제, 사회, 문화)
9.3% — 5. 조선 후기 (정치, 경제, 사회, 문화)
14.8% — 6. 근대 사회의 전개
16.3% — 7. 일제 강점기
7.9% — 8. 현대사

41.7% 선사 시대의 전개   58.3% 고조선과 여러 나라의 성장

PART 1

선사 시대와 국가의 형성

기원전 5세기경	기원전 194	기원전 108	기원전 57	기원전 37	기원전 18
철기 문화의 보급	위만, 고조선의 왕이 됨	고조선 멸망, 한 군현 설치	신라 건국	고구려 건국	백제 건국

70만 년 전	기원전 8000년경	기원전 2000년 ~ 1500년경	기원전 5세기경
구석기 시대 시작	신석기 시대 시작	청동기 보급 시작	철기 보급 시작

연표

01 선사 시대의 전개

출제 빈도 **상** | 중 | 하

❶ 구석기 시대

1) 시기

① **시작** : 한반도의 구석기 시대는 약 70만 년 전부터 시작

② **구분** : 석기를 다듬는 수법에 따라 전기, 중기, 후기로 구분 → 점차 크기는 축소되고 한 개의 석기가 하나의 쓰임새를 갖게 됨(제작 기술의 발달)

전기	중기	후기
큰 석기 한 개가 여러 가지 용도로 사용(찍개, 주먹도끼)	큰 몸돌에서 떼어 낸 격지(몸돌에서 떨어져 나간 돌, 돌조각)들을 잔손질하여 사용(밀개, 긁개, 자르개, 찌르개)	쐐기를 이용하여 같은 형태의 돌날격지 여러 개를 제작(슴베찌르개)
 주먹도끼	 밀개, 긁개	 슴베찌르개

구석기 시대의 유적지

2) 생활 모습

도구	뗀석기 : 주먹도끼 ☝️빈출 · 찍개(사냥 도구), 밀개 · 긁개(조리 도구)
경제	사냥 · 채집 · 고기잡이에 의존하여 이동 생활을 하였음(자연 경제)
사회	• 경험 많은 연장자가 이끄는 무리 생활을 함 • 모든 사람이 평등한 공동체 생활을 함
주거	동굴 ☝️빈출, 바위그늘에 살거나 강가에 막집 ☝️빈출을 짓고 살았음
예술	다산과 사냥감의 번성을 기원하는 주술적 의미의 예술(동물의 뼈 · 뿔을 이용한 조각품, 동굴 벽화 등)

3) 대표 유적지 : 한반도 전역에 분포

종성 동관진	한반도 최초의 구석기 유적, 동물 화석 출토
웅기 굴포리	광복 이후 최초로 발견된 구석기 유적
덕천 승리산 동굴	한반도 내 최초 인골 출토(승리산인, 덕천인)
상원 검은모루 동굴	한반도의 대표적인 전기 구석기 유적

연천 전곡리	전기 구석기 유적, 아슐리안형 주먹도끼 출토 → 모비우스 학설(아슐리안 주먹도끼는 유럽이나 아프리카에서만 발견된다는 학설) 붕괴
제천 점말 동굴	사람의 얼굴을 새긴 코뿔소 뼈 출토
단양 상시리 동굴	남한 최초의 인골 발견
단양 수양개	몸돌과 격지 대량 출토
청원 두루봉 동굴	5세가량의 어린아이 인골인 '흥수아이' 발견
공주 석장리	남한 최초 발굴·조사된 구석기 유적, 외날찍개·양날 찍개·주먹도끼·긁개 등 출토, 고래·새·멧돼지 조각품 출토

흥수아이

약 4만 년 전에 살았던 구석기 시대 아이이다. 유골에서 국화꽃 가루가 발견되어 국화꽃을 뿌린 장례 의식이 이루어졌다고 추측한다.

4) 중석기 시대

① 시기 : 구석기 시대에서 신석기 시대로 넘어가는 전환기(약 1만 년 전)

② 환경의 변화 : 빙하기가 끝나고 기후가 따뜻해지면서 작고 빠른 동물(토끼, 여우, 새 등)이 출현

③ 도구의 변화 : 작고 빠른 동물을 사냥하기 위해 잔석기를 만들어 사용, 톱·활·창·작살 등의 이음 도구 제작

❷ 신석기 시대

1) 시기 : 한반도의 신석기 시대는 기원전 8000년경에 시작

2) 생활 모습

신석기 혁명

신석기 시대에 농경과 목축이 시작되면서 자연 경제에서 생산 경제 단계로 진입한 것을 신석기 혁명이라고 한다.

도구	• 간석기 : 돌을 갈아서 만든 돌괭이, 돌보습, 돌삽, 돌낫, 갈돌과 갈판 등 사용 • 토기 : 이른 민무늬 토기, 덧무늬 토기, 눌러찍기 무늬 토기, 빗살무늬 토기 ⛏️빈출 • 가락바퀴, 뼈바늘 ⛏️빈출 을 이용하여 옷이나 그물을 제작하였음
경제	• 전기~중기 : 사냥, 채집, 고기잡이를 통해 식량을 얻음 • 후기 : 농경과 목축을 시작해 식량 생산(조, 피, 수수 등 잡곡류), 사냥·채집·고기잡이도 지속
사회	• 농경이 시작되면서 한 곳에 머무르는 정착 생활이 시작됨 • 씨족 간의 족외혼으로 씨족들이 결합하여 부족 사회가 형성됨 • 지배자와 피지배자의 관계가 형성되지 않은 평등한 사회였음
주거	움집 : 보통 4~5명 정도의 가족 거주, 강가나 해안에서 발견, 원형이나 모서리가 둥근 사각형 바닥, 바닥 중앙에 취사나 난방용 화덕 위치, 화덕이나 출입문 옆 저장 구덩이에 식량이나 도구 보관
예술	원시 신앙을 바탕으로 만듦(흙으로 구운 얼굴, 조개껍데기 가면, 치레걸이, 동물 모양의 조각품 등)

신석기 시대 움집(서울 암사동)

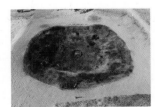

신석기 시대 집터

신석기 시대 사람들이 살았던 움집 자리로, 원형 바닥이며 바닥 중앙에 화덕 자리가 있다.

갈돌과 갈판

빗살무늬 토기

가락바퀴

조개껍데기 가면

3) 신앙

애니미즘	• 자연 현상과 모든 사물에는 정령이 있다고 믿음 • 풍요로운 생산을 기원하는 의미로 태양과 물에 대한 숭배를 으뜸으로 여김
샤머니즘	영혼이나 하늘을 인간과 연결해 주는 존재를 믿음(무당, 주술)
토테미즘	부족의 기원을 특정한 동식물과 연결시켜 숭배함(단군왕검의 건국 이야기 속 곰과 호랑이 등)

시험에 자주 등장해요

신석기 시대의 유물이나 유적을 제시하고 신석기 시대의 특징이나 생활 모습을 묻는 문제가 자주 출제됩니다. 신석기 시대의 도구와 유적지를 꼭 기억하세요.

고인돌

족장 또는 가족의 무덤으로 당시 계급이 발생하였음을 보여 준다. 고인돌 제작에는 많은 인력이 필요하기 때문에 당시 지배층이 가진 정치권력과 경제력이 막강하였음을 알 수 있다.

합격생의 비법

부여 송국리 유적

우리나라의 대표적인 청동기 시대 유적지이다. 내부 중앙에 타원형 구덩이와 함께 기둥이 배치된 형태의 집자리가 출토되었다. 이를 송국리형 집자리라고 부르며, 충청, 전라, 경남 지역 일대와 제주도 및 일본 지방에서도 확인되고 있다. 또한 '송국리식' 토기라고 불리는 민무늬 토기와 비파형 동검이 출토되었다.

송국리형 집자리

합격생의 비법

미송리식 토기

평북 의주 미송리 동굴에서 발굴된 토기이다. 밑이 납작하고 항아리 양쪽 옆으로 손잡이가 달려 있으며 표면에 집선 무늬가 있는 것이 특징이다.

4) 대표 유적지

봉산 지탑리	탄화된 곡물(좁쌀 또는 피) 출토
양양 오산리	흙으로 빚어 구운 사람 얼굴, 덧무늬 토기 출토
서울 암사동	대표적인 신석기 유적지, 빗살무늬 토기와 돌도끼·돌화살촉 출토
부산 동삼동	패총 출토
제주 고산리	최고(最古)의 신석기 시대 유적지, 덴석기·이른 민무늬 토기·덧무늬 토기 출토

신석기 시대의 유적지

❸ 청동기 시대

1) 시기 : 만주와 한반도에서 기원전 2000년경에서 기원전 1500년경 시작

2) 생활 모습

도구	• 청동기 : 청동 검, 청동 거울, 청동 방울 등 무기와 제기(제사용 도구), 장신구로 사용 → 지배층의 치장용이나 의식용 도구 • 석기 : 반달 돌칼 빈출, 바퀴날 도끼, 홈자귀 등 대부분 농기구로 사용 • 토기 : 덧띠새김무늬 토기, 미송리식 토기, 민무늬 토기, 붉은 간 토기 등
경제	농경의 발달 : 조, 수수, 콩, 보리 등 밭농사 중심, 일부 저습지에서 벼농사 시작
사회	• 계급의 분화 : 농경의 발달로 생산력이 증대하여 잉여 생산물 발생 → 사유 재산 발생 → 계급 분화(고인돌 제작 빈출) • 부족 국가의 등장 : 활발한 정복 활동, 선민 사상을 통해 지배자(군장) 등장 • 남녀 역할의 분화 : 남성은 수렵·농사·전쟁 등 바깥일에 종사, 여성은 주로 집안일 담당 → 가부장적 사회 성립
주거	• 위치 : 방어와 농경에 유리한 구릉 지역에 위치, 배산임수의 집단 취락 • 형태 : 직사각형의 움집으로 지상 가옥으로 변화, 화덕은 벽면으로 이동, 저장 구덩이 설치
예술	• 제사장이나 족장들의 청동 제품(청동 방울, 청동 거울 등) → 정치 및 종교와 연결 • 사냥과 고기잡이 성공, 풍요 등을 기원(울주 반구대 바위그림, 고령 장기리 바위그림)
대표 유적지	부여 송국리, 여주 흔암리, 춘천 중도

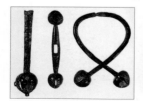

청동 방울

비파형 동검

거친무늬 거울

반달 돌칼

미송리식 토기

민무늬 토기

울산 울주 반구대 바위그림

3) 무덤 : 고인돌, 돌널무덤, 돌무지 무덤 등

농경무늬 청동기

농경무늬 청동기에는 따비로 밭을 가는 모습, 괭이로 땅을 일구는 모습, 항아리에 곡식을 담는 모습 등이 그려져 있다. 이를 통해 청동기 시대의 생활상을 짐작할 수 있다.

④ 철기 시대

1) 시기 : 만주와 한반도에서 기원전 5세기경부터 철기 사용(초기 철기 시대는 후기 청동기 시대에 해당)

2) 생활 모습

청동기 시대의 유적지

도구	• 철제 농기구 사용 : 삽, 괭이, 보습, 낫 등 사용 • 철제 무기 등장 : 칼, 창, 화살촉 등 → 부족 간의 싸움 발생 • 청동 제품의 의기화 : 청동 거울, 청동 방울 등 의식용 도구로 한정 • 한반도의 독자적 청동기 문화 형성 : 세형 동검 (빈출)(한국식 동검), 잔무늬 거울, 거푸집 (빈출)(청동기를 만들 때 쓰는 제작 틀) 등 • 토기 : 민무늬 토기, 덧띠 토기, 검은 간 토기 등 사용
경제	• 철제 농기구의 사용으로 농업 생산량 증대, 인구 증가 • 벼농사 발전, 돼지, 말, 소 등 가축 사육(목축) 성행
사회	경제력의 증가 → 활발한 정복 전쟁 → 국가의 형성(연맹 왕국 등장)
주거	움집, 귀틀집, 초가집 등

철제 농기구　　세형 동검　　잔무늬 거울　　거푸집　　널무덤

3) 무덤 : 널무덤, 독무덤

4) 중국과의 교류

① 명도전(연), 반량전(진), 오수전(한) (빈출) 등의 출토 → 당시 중국과의 활발한 교류를 의미

② 경남 창원 다호리 유적에서 출토된 붓 → 당시 문자(한자) 사용을 짐작할 수 있음

독무덤

명도전　　　　반량전　　　　　　오수전

이론을 복습하는 **기출문제 01**

빈칸 채우기

01 구석기 시대 유적인 연천 전곡리에서 아슐리안형 [ ]이/가 출토되었다.

02 중석기 시대에는 작고 빠른 짐승을 잡기 위한 활과 여러 개의 [ ]을/를 나무나 뼈에 꽂아 쓰는 이음 도구를 만들었다.

03 신석기 시대 대표적인 토기는 [ ] 토기이고, 청동기 시대 대표적인 토기는 민무늬 토기이다.

04 신석기 시대에는 [ ]이/가 시작되면서 정착 생활을 시작하였다.

05 신석기 시대 신앙 중 자연 현상과 모든 사물에 정령이 있다고 믿는 것을 [ ](이)라고 한다.

06 사유 재산 제도와 계급은 [ ] 시대에 처음으로 발생하였다.

07 청동기 시대 움집은 신석기 시대 움집의 원형과 모서리가 둥근 사각형과 달리 [ ]의 모습을 띤다.

08 철기 시대에 한반도의 독자적인 청동기 문화가 발전하였다는 증거는 [ ], 잔무늬 거울, 거푸집이다.

09 철기 시대 중국과의 교류를 보여 주는 [ ], 반량전, 오수전 등 화폐가 발견되었다.

10 청동기 시대 주술적 의미나 예술 활동으로써 생활상의 일부 모습을 바위에 새겨 놓은 것을 [ ](이)라고 한다.

> **정답** 01 주먹도끼 02 잔석기 03 빗살무늬 04 농경과 목축 05 애니미즘 06 청동기 07 직사각형 08 세형 동검 09 명도전 10 바위그림

31회 1번
01 (가) 시대의 사회 모습으로 옳은 것은?

> 충청북도 단양군 수양개 6지구 유적 발굴 조사에서 [(가)] 시대를 대표하는 주먹도끼, 찍개 등을 비롯한 15,000여 점의 유물이 출토되었습니다. 특히, 대량 출토된 몸돌과 격지 등을 통해 이곳에서 석기 제작이 이루어졌음이 확인되었습니다.

단양군 수양개 6지구 유적에서 대량의 유물 출토

① 가락바퀴를 이용하여 실을 뽑았다.
② 주로 동굴이나 막집에서 거주하였다.
③ 지배자의 무덤으로 고인돌을 축조하였다.
④ 반달 돌칼을 사용하여 곡물을 수확하였다.
⑤ 빗살무늬 토기를 제작하여 식량을 저장하였다.

> **정답** ②

> **해설** (가) 시대는 구석기 시대이다. 충북 단양 수양개 유적은 대표적인 구석기 유적으로 몸돌과 격지가 대량으로 출토되었으며, 특히 이곳에서 석기 제작이 이루어졌다는 점에서 의미가 깊다. ② 구석기 시대 사람들은 이동 생활을 하였고, 주로 동굴이나 막집에서 거주하였다.

> **오답 피하기** ①·⑤ 신석기 시대, ③·④ 청동기 시대의 사회 모습이다.

30회 1번
02 (가) 시대에 처음 등장한 모습으로 옳은 것은?

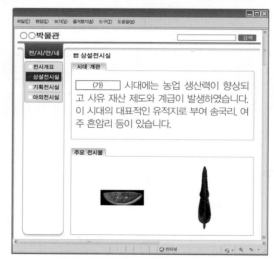

① 가락바퀴를 이용하여 실을 뽑았다.
② 슴베찌르개를 이용하여 사냥을 하였다.
③ 거푸집을 사용하여 도구를 제작하였다.
④ 주로 동굴이나 강가의 막집에서 살았다.
⑤ 빗살무늬 토기를 이용하여 식량을 저장하였다.

> **정답** ③

> **해설** (가) 시대는 청동기 시대이다. 청동기 시대에는 사유 재산 제도와 계급이 발생하였고, 석기 농기구인 반달 돌칼을 사용하여 곡물을 수확하였다. 대표적인 청동기 유적지로는 부여 송국리와 여주 흔암리 등이 있다. ③ 청동기 도구는 거푸집을 사용하여 제작하였다.

03 29회 1번 (가) 시대에 대한 설명으로 옳은 것은?

이곳은 제주도 고산리 유적 발굴 현장입니다. 이 유적의 최하층에서 이른 민무늬 토기가 출토됨에 따라 (가) 시대가 기원전 8000년경부터 시작되었음을 알게 되었습니다. 이 외에도 화살촉, 갈돌, 갈판 등의 석기가 출토되었습니다.

① 널무덤과 독무덤을 만들었다.
② 권력을 가진 군장이 백성을 다스렸다.
③ 반량전, 명도전 등의 화폐를 사용하였다.
④ 정착 생활이 시작되면서 움집이 나타났다.
⑤ 우경이 시작되어 깊이갈이가 가능해졌다.

정답 ④

해설 (가) 시대는 신석기 시대이다. 기원전 8000년경으로 추정되는 제주 고산리 유적은 현재 발견된 신석기 유적 중 가장 오래된 유적지이다. 신석기 시대에는 정착 생활을 시작하면서 원형이나 모서리가 둥근 사각형 움집을 지었다.

04 22회 1번 (가), (나) 유물이 처음 사용된 시대에 나타난 사회 모습으로 옳은 것은?

(가) 겉면에는 도구로 찍거나 그은 기하학적인 무늬가 있습니다.

(나) 평안북도 의주 미송리 동굴에서 처음 발굴되었습니다.

① (가) - 널무덤과 독무덤을 만들었다.
② (가) - 거푸집을 사용해 세형동검을 만들었다.
③ (나) - 소를 이용하여 밭을 갈았다.
④ (나) - 많은 인력을 동원하여 고인돌을 만들었다.
⑤ (가), (나) - 권력을 가진 군장이 백성을 다스렸다.

정답 ④

해설 (가) 신석기 시대의 대표적 토기인 빗살무늬 토기, (나) 청동기 시대의 미송리식 토기이다. ④ 계급이 발생한 청동기 시대에는 많은 인력을 동원하여 고인돌을 만들었다.

오답피하기 ① 철기 시대에 널무덤과 독무덤을 만들었다. ② 철기 시대에 세형동검이 제작되었다. ③ 신라 지증왕 때 우경이 시작되었다. ⑤ 청동기 시대에 선민 사상을 통해 군장이 등장하기 시작하였다.

05 37회 1번 (가) 시대에 대한 설명으로 옳은 것은?

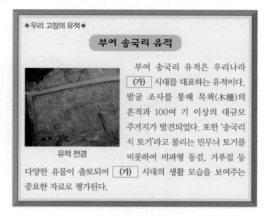

◆ 우리 고장의 유적 ◆

부여 송국리 유적

유적 전경

부여 송국리 유적은 우리나라 (가) 시대를 대표하는 유적이다. 발굴 조사를 통해 목책(木柵)의 흔적과 100여 기 이상의 대규모 주거지가 발견되었다. 또한 '송국리식 토기'라고 불리는 민무늬 토기를 비롯하여 비파형 동검, 거푸집 등 다양한 유물이 출토되어 (가) 시대의 생활 모습을 보여주는 중요한 자료로 평가된다.

① 소를 이용한 깊이갈이가 일반화되었다.
② 반달 돌칼을 사용하여 곡물을 수확하였다.
③ 계급이 없는 평등한 공동체 생활을 하였다.
④ 사냥을 위해 슴베찌르개를 처음 제작하였다.
⑤ 정착 생활이 시작되면서 움집이 등장하였다.

정답 ②

해설 (가) 시대는 청동기 시대이다. 부여 송국리는 청동기 시대의 대표적인 유적지이고, 민무늬 토기와 비파형 동검은 청동기 시대의 대표적인 유물이다. 청동기 시대에는 반달 돌칼을 사용하여 곡물을 수확하였으며, 고인돌과 돌널무덤 등이 만들어졌다.

06 28회 1번 (가) 시대의 생활 모습으로 옳은 것은?

이것은 연천 전곡리에서 출토된 (가) 시대의 유물입니다. 이와 같은 형태의 석기는 기존에 아프리카, 유럽 등지에서만 사용된 것으로 알려졌는데, 우리나라에서도 발견되어 세계적인 주목을 받았습니다.

① 주로 동굴이나 막집에서 살았다.
② 가락바퀴를 이용하여 실을 뽑았다.
③ 지배자의 무덤으로 고인돌을 만들었다.
④ 거푸집을 이용하여 세형 동검을 제작하였다.
⑤ 빗살무늬 토기를 사용하여 식량을 저장하였다.

정답 ①

해설 (가) 시대는 구석기 시대이다. 대표적인 구석기 유적지인 경기도 연천군 전곡리 유적에서는 아슐리안 주먹도끼가 대량으로 출토되어 아슐리안 주먹도끼는 유럽이나 아프리카에서만 발견된다는 모비우스 학설이 부정되었다.

오답피하기 ② · ⑤ 신석기 시대. ③ 청동기 시대. ④ 철기 시대에 대한 설명이다.

07 26회 1번

다음 자료의 집터가 처음 만들어졌던 시대의 모습으로 옳은 것은?

사진과 같은 형태의 집터는 주로 강가나 해안가에서 발견된다. 보통 4~5명 정도의 가족이 살기에 알맞은 크기로 바닥 모양은 원형 또는 모서리가 둥근 방형이다. 중앙에는 취사나 난방용 화덕이, 출입문 옆에는 저장 구덩이가 있다.

① 거친무늬 거울을 사용하였다.
② 지배자의 무덤으로 고인돌을 만들었다.
③ 거푸집을 활용하여 청동기를 제작하였다.
④ 금속제 무기를 사용하여 정복 활동을 벌였다.
⑤ 가락바퀴와 뼈바늘을 이용하여 옷을 만들었다.

정답 ⑤

해설 신석기 시대 움집은 주로 강가나 해안가에서 발견된다. 보통 4~5명 정도의 가족이 살기에 알맞은 크기로 제작되었으며, 바닥이 원형이거나 모서리가 둥근 방형이다. 화덕은 중앙에 설치되고, 출입문 쪽에는 식량을 저장할 수 있는 저장 구덩이가 있다. ⑤ 신석기 시대에 가락바퀴와 뼈바늘을 이용하여 옷을 만들었다.

오답 피하기 ① · ② · ③ · ④ 모두 청동기 시대의 모습이다. 청동기 시대 움집은 신석기 시대와 달리 직사각형 모양이며, 지상 가옥으로 변화하였다. 또 화덕은 벽면으로 이동하였다.

08 23회 1번

다음 유물이 제작된 시기의 사회 모습으로 가장 적절한 것은?

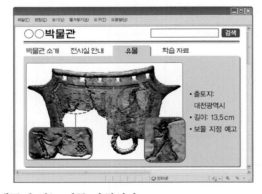

○○박물관 검색
박물관 소개 전시실 안내 유물 학습 자료

• 출토지: 대전광역시
• 길이: 13.5 cm
• 보물 지정 예고

① 계급이 없는 평등 사회였다.
② 토기가 처음으로 등장하였다.
③ 잔석기를 사용하기 시작하였다.
④ 거푸집을 이용하여 무기를 제작하였다.
⑤ 정착 생활이 시작되면서 움집이 나타났다.

정답 ④

해설 제시된 유물은 후기 청동기 ~ 초기 철기 시대의 제사 도구로 추정되는 농경무늬 청동기이다. 후기 청동기 ~ 초기 철기 시대에는 거푸집을 이용하여 무기를 제작하였다.

09 25회 1번

(가) 시대의 생활 모습으로 옳은 것은?

춘천 중도에서 다수의 고인돌과 비파형 동검을 비롯하여 환호로 둘러싸인 마을터가 발견되어 (가) 시대 생활 모습을 이해하는 데 많은 도움이 될 것으로 보입니다.

춘천 중도에서 대규모 유적 발견

① 계급이 없는 평등한 생활을 영위하였다.
② 반달 돌칼을 이용하여 벼를 수확하였다.
③ 우경이 시작되어 깊이갈이가 가능해졌다.
④ 정착 생활이 시작되면서 움집이 나타났다.
⑤ 빗살무늬 토기에 음식을 저장하기 시작하였다.

정답 ②

해설 (가) 시대는 청동기 시대이다. 춘천 중도에서 다수의 고인돌과 비파형 동검이 발견된 것을 통해 청동기 시대임을 알 수 있다. ② 청동기 시대는 반달 돌칼을 이용하여 벼를 수확하였다.

오답 피하기 ① 구석기 시대와 신석기 시대는 평등 사회였다. ③ 신라 지증왕 때 우경이 시작되었다. ④ · ⑤ 신석기 시대에 농경과 정착 생활이 시작되었고, 빗살무늬 토기에 음식을 저장하였다.

10 24회 1번

(가) 시대의 생활 모습으로 옳은 것은?

○○신문
제△△호 2014년 ○○월 ○○일

공주 석장리 유적 발굴 50주년, 그 성과와 의의

올해는 공주 석장리 유적이 발굴된 지 50주년이 되는 해이다. 1964년 처음 발굴된 이래 총 13차례에 걸쳐 조사가 실시되었다. 유적에서는 외날 찍개, 양날 찍개, 주먹도끼, 긁개, 돌날 석기, 새기개, 좀돌날 등의 유물이 발견되었다. 이를 통해 우리나라에서도 (가) 시대가 존재했음이 입증되었다.

① 빗살무늬 토기에 식량을 저장하였다.
② 주로 동굴이나 강가의 막집에서 살았다.
③ 지배자의 무덤으로 고인돌을 만들었다.
④ 거푸집을 사용하여 도구를 제작하였다.
⑤ 반달 돌칼을 이용하여 벼를 수확하였다.

정답 ②

해설 (가) 시대는 구석기 시대이다. 1964년 처음 발굴된 공주 석장리 유적은 구석기 시대의 유적지이다. ② 구석기 시대에는 주로 동굴이나 막집에서 살며 이동 생활을 하였다.

11 밑줄 그은 '이 시대'의 사회 모습으로 옳은 것은?

34회 1번

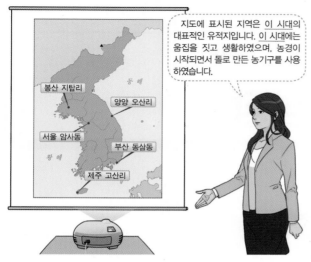

지도에 표시된 지역은 이 시대의 대표적인 유적지입니다. 이 시대에는 움집을 짓고 생활하였으며, 농경이 시작되면서 돌로 만든 농기구를 사용하였습니다.

① 반량전 등의 중국 화폐를 사용하였다.
② 대표적인 무덤으로 고인돌을 축조하였다.
③ 우경이 시작되어 깊이갈이가 가능해졌다.
④ 거푸집을 사용하여 세형 동검을 제작하였다.
⑤ 가락바퀴와 뼈바늘을 이용하여 옷을 만들었다.

정답 ⑤

해설 밑줄 그은 '이 시대'는 신석기 시대이다. 신석기 시대에는 농경과 정착 생활이 시작되었으며, 움집을 짓고 생활하였다. 또 ⑤ 가락바퀴와 뼈바늘을 이용하여 옷을 만들어 입었다.

오답 피하기 ① · ④ 철기 시대, ② 청동기 시대, ③ 신라 지증왕 시기에 대한 설명이다.

12 교사의 질문에 대한 답변으로 가장 적절한 것은?

39회 1번

이것은 사유 재산과 계급이 발생했던 시대의 대표적인 유적입니다. 이 시대에 새롭게 나타난 사회 모습을 말해 볼까요?

① 농경과 목축을 시작하여 식량을 생산하였습니다.
② 가락바퀴를 이용하여 실을 뽑기 시작하였습니다.
③ 쟁기, 쇠스랑 등의 철제 농기구를 사용하였습니다.
④ 거푸집을 이용하여 비파형 동검을 제작하였습니다.
⑤ 정착 생활을 하게 되면서 움집이 처음 만들어졌습니다.

정답 ④

해설 청동기 시대에는 농경의 발달로 생산력이 증대하면서 잉여 생산물이 발생하였으며, 이로 인해 사유 재산이 발생하고 계급이 분화되었다. 고인돌은 족장 또는 가족의 무덤으로, 이를 제작하는 데 많은 인력이 동원되었다는 사실로 당시 계급이 발생하였음을 알 수 있으며, 지배층이 가진 정치권력과 경제력이 막강하였음을 짐작할 수 있다. 청동기 시대에는 반달 돌칼을 사용하였고, 미송리식 토기와 민무늬 토기를 만들었으며, 거푸집을 이용하여 비파형 동검을 제작하였다.

오답 피하기 ① · ② · ⑤ 신석기 시대, ③ 철기 시대에 새롭게 나타난 사회 모습이다.

13 다음 전시회에 전시될 유물로 적절한 것을 〈보기〉에서 고른 것은?

32회 1번

□□ 박물관 특별전

○○○ 시대 사람들 새로운 환경에 적응하다

약 1만 년 전 빙하기가 끝나면서 나타난 환경의 변화 속에서 ○○○ 시대 사람들은 새로운 도구와 기술을 개발하고 농경을 시작하였다. 이 시대 사람들의 생활 모습을 다양한 유물로 만나보자.

기간: 2016년 ○○월 ○○일 ~ ○○월 ○○일
장소: □□ 박물관 특별 전시실

〈보 기〉

ㄱ.
ㄴ.
ㄷ.
ㄹ.

① ㄱ, ㄴ ② ㄱ, ㄷ
③ ㄴ, ㄷ ④ ㄴ, ㄹ
⑤ ㄷ, ㄹ

정답 ①

해설 자료에서 전시회에 전시될 유물은 신석기 시대 유물들이다.
ㄱ. 신석기 시대에 곡식과 열매를 갈 때 사용한 갈돌과 갈판이다.
ㄴ. 신석기 시대에 옷을 만들어 입을 때 사용한 가락바퀴이다.

오답 피하기 ㄷ. 청동기 시대 대표적인 민무늬 토기이다.
ㄹ. 청동기 시대 대표적인 유물인 비파형 동검이다.

기원전 2333	기원전 5세기경	기원전 194	기원전 108	기원전 37
고조선 건국	철기 문화 보급	위만의 집권	고조선 멸망	고구려 건국

02 고조선과 여러 나라의 성장

출제 빈도 **상** | 중 | 하

① 고조선의 성립과 발전

1) 고조선의 성립

① 기원전 2333년 청동기 문화를 바탕으로 단군왕검이 아사달을 도읍으로 건국
② 중국 랴오닝 지방을 중심으로 성장하여 이후 한반도의 대동강 유역까지 세력 확대

출제 사료 단군왕검의 건국 이야기

고기에 이런 말이 있다. 옛날에 환인의 서자 환웅이 계셔, 천하에 자주 뜻을 두고 인간 세상을 매우 갈구했다. 아버지는 아들의 뜻을 알고 삼위태백을 내려다보니 인간 세계를 널리 이롭게 할 만 했다. 이에 천부인 세 개를 주어 내려가서 다스리게 했다. 환웅은 그 무리 3,000을 거느리고 태백산 신단수 아래 내려와 그곳을 신시라 불렀다. 환웅은 풍백·우사·운사를 거느리고 곡식, 수명, 질병, 형벌, 선악 등을 주관하고 인간의 360여 가지의 일을 주관하여 인간 세계를 다스리고 교화시켰다. 이때 곰 한 마리와 호랑이 한 마리가 같은 굴에 살았는데, 늘 환웅에게 사람이 될 수 있게 해달라고 빌었다. 이에 환웅은 신령한 쑥 한 다발과 마늘 스무 개를 주며 말했다. "너희들이 이것을 먹고 100일 동안 햇빛을 보지 않는다면 곧 사람이 될 것이다." 곰과 호랑이는 이를 받아먹으며 동굴에서 지냈다. 곰은 약속한 지 삼칠일 만에 여자가 되었지만 호랑이는 지키지 못하여 사람이 되지 못하였다. 웅녀는 혼인할 상대가 없어 항상 신단수 아래에서 잉태하기를 축원하였다. 이에 환웅은 잠시 사람으로 변하여 결혼해 주었고, 웅녀는 임신하여 아들을 낳았다. 그가 단군왕검이다. 왕검은 요임금이 왕위에 오른 지 50년인 경인년에 평양성에 도읍을 정하고, 국호를 조선이라 하였다. — 『삼국유사』 —

● **출제 포인트 분석**
- **선민사상** : 하늘의 자손임을 내세운 환웅 부족이 자기 부족의 우월성을 과시하였다.
- **농경 사회** : 풍백, 우사, 운사를 두어 바람, 비, 구름 등 농경에 관계되는 일을 주관하였다.
- **계급 발생** : 사유 재산이 성립하고 계급이 발생하였다.
- **홍익인간** : '인간을 널리 이롭게 한다'는 통치 이념이 제시되었다.
- **토테미즘** : 환웅 부족과 곰을 숭배하는 부족이 연합하여 고조선을 이루었다.
- **제정일치** : 단군은 제사장, 왕검은 정치적 지배자를 의미하므로, 단군왕검은 제사장과 정치적 지배가 일치하는 제정일치 사회의 지배자였다.

합격생의 비법

단군왕검의 건국 이야기
단군 신화는 『삼국유사』, 『제왕운기』, 『응제시주』, 『세종실록지리지』, 『동국여지승람』, 『신증동국여지승람』에 수록되어 있으며, 이를 통해 당시의 사회와 경제 모습을 짐작할 수 있다.

참성단(강화도 마니산)
단군이 하늘에 제사를 지내기 위해 쌓았다고 전해진다.

시험에 자주 등장해요

단군왕검의 건국 이야기를 통해 알 수 있는 고조선의 사회 모습과 지도와 함께 고조선의 문화 범위를 묻는 문제가 자주 출제됩니다. 고조선 사회가 제정일치 사회였음을 꼭 기억하세요.

③ 고조선의 범위 : 비파형 동검, 미송리식 토기, 탁자식 고인돌의 분포 지역을 통해 고
조선의 범위를 짐작할 수 있음

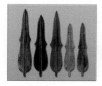
비파형 동검

미송리식 토기

탁자식 고인돌

출제 사료	고조선의 성립

- 예는 북쪽으로는 고구려와 옥저, 남쪽으로는 진한과 접하였
고, 동쪽은 넓은 바다로 막혔으며, 서쪽은 낙랑에 이른다. 예
및 옥저, 고구려는 본래 모두 고조선의 땅이다.   ─『후한서』─
- 지금으로부터 2천여 년 전에 단군왕검이 있어 아사달에 도읍
을 정하였다. 나라를 개창하여 조선이라 했으니 요임금과 같
은 시대이다.   ─『삼국유사』─

● 출제 포인트 분석
단군왕검이 기원전 2333년 건국한 고조선은 랴오둥 반도에
서 한반도 북부에 이르는 지역을 통합하였다.

고조선의 문화 범위

2) 고조선의 성장

① 왕위 세습 : 기원전 3세기경 부왕·준왕 등 강력한
왕이 등장하여 왕위를 세습함

② 관직 설치 : 왕 아래 상·대부·장군 등의 관직 존재

③ 대외 관계 : 랴오허 강을 경계로 중국 전국 시대의
연(燕)과 대립 → 기원전 3세기 연의 장수 진개의 침입 빈출을 받고 수도를 왕검성
으로 옮겼음(세력권 위축)

3) 위만의 집권(기원전 194~기원전 108)

배경	중국의 진·한 교체기에 유이민이 동쪽으로 이주 → 위만이 1,000여 명의 무리를 이끌고 고조선으로 이주 → 준왕의 신임을 얻은 위만이 서쪽 변경 지역의 수비를 담당하게 됨
발전	• 세력을 확대한 위만이 고조선의 왕검성에 쳐들어가 준왕을 몰아내고 왕위에 오름(기원전 194) • 철기 문화를 본격적으로 수용하여 활발한 정복 활동을 벌임 • 중국의 한(漢)과 동쪽의 예(濊), 남쪽의 진(辰)이 직접 교역하는 것을 막고 중계 무역의 이익을 독점함

3) 고조선의 멸망 : 한 무제의 대규모 침략 → 우거왕의 1년여의 항쟁 → 역계경의 이탈
등 지배층의 내분, 우거왕의 피살, 왕검성 함락 → 위만 조선 멸망(기원전 108)

4) 한 군현의 설치와 폐지

① 고조선 멸망 이후 한(漢)은 고조선 일부 지역에 4개의 군(한사군 : 낙랑군, 진번군,
임둔군, 현도군)과 여러 현 설치

② 한사군은 토착민들의 저항에 폐지되거나 쫓겨났고, 고구려의 낙랑군 축출로 한 군
현 소멸(고구려 미천왕, 313)

출제 사료 | 고조선의 범금 8조(8조법) 빈출

…… 사람을 죽인 자는 즉시 죽이고, 남에게 상처를 입힌 자는 곡식으로 배상하게 하며, 도둑질한 자는 남자는 노, 여자는 비로 삼는다. 스스로 용서받고자 하는 자는 50만 전을 내게 한다. 그러나 비록 노비를 면하여 평민이 되더라도 사람들은 이를 수치스럽게 여겼고 혼인을 하고자 하여도 짝을 구할 수 없었다. 이 때문에 백성들이 도둑질을 하지 않아 문단속을 하는 일이 없었고, 여자는 정숙하며 음란하지 않았다. — 『한서지리지』 —

● **출제 포인트 분석**

고조선의 범금 8조(8조법) 중 세 가지 조항만이 『한서지리지』에 전해지고 있다. 이를 통해 고조선 사회가 생명과 노동력을 중시하였고, 사유 재산을 중시하며 형벌이 존재하였음을 알 수 있다. 또 노비가 발생하였으며(신분과 계급의 존재), 가부장 중심의 가족 제도가 존재하였다는 사실 등을 확인할 수 있다. 그러나 한 군현이 설치된 이후 법 조항이 60여 조로 증가할 만큼 풍속이 각박해졌다.

❷ 여러 나라의 성장

1) 부여

사출도

가축의 이름을 딴 마가(馬加), 우가(牛加), 저가(猪加), 구가(狗加) 등의 가(加)는 각각 행정 구획인 사출도를 다스렸다. 이들은 대사, 대사자 등의 관리를 두고 자기 부족을 통치하였다.

위치	만주 쑹화 강 유역의 평야 지대
정치	• 5부족 연맹체 : 왕이 중앙을 다스리고, 마가 · 우가 · 저가 · 구가의 4부족장이 지방을 다스림(사출도 빈출) • 왕권 미약 : 가(加)에 의해 왕 추대, 흉작의 책임을 왕에게 묻기도 함 • 대외 관계 　－ 북쪽으로 선비족, 남쪽으로 고구려와 접함 　－ 3세기 말 선비족의 침입으로 쇠퇴 　－ 5세기 말 고구려에 병합(문자명왕)
경제	밭농사 위주의 농경과 목축을 겸함, 특산물로 말 · 주옥 · 모피 등 생산
사회 · 풍속	• 사회 　－ 신분 질서 : 귀족인 가, 부유층인 호민, 피지배층인 하호 존재 　－ 1책 12법 : 엄격한 법률 제정, 남의 물건을 훔쳤을 때 물건 값의 12배 배상 • 풍속 : 영고 빈출 (12월, 제천 행사), 순장(껴묻거리), 형사취수제(형이 죽은 뒤 동생이 형수와 같이 사는 혼인 제도, 노동력 확보), 우제점복(소를 죽여 그 굽으로 길흉을 보는 점복)

출제 사료 | 부여

산릉(山陵)과 넓은 연못이 많아서 동이 지역에서는 가장 넓고 평탄하다. 토질은 오곡이 자라기에는 적당하지만 오과는 나지 않는다. …… 12월에 지내는 제천 행사에는 날마다 마시고 먹고 노래하고 춤추는데, 그 이름을 영고(迎鼓)라 하였다. …… 형벌은 엄하고 각박하여 사람을 죽인 사람은 사형에 처하고 집안사람은 적몰하여 노비로 삼는다. 도둑질을 하면 12배를 변상하게 하였다. 남녀가 음란한 짓을 하거나 질투하는 부인은 모두 죽였다. …… 옛 부여 풍속에는 가뭄이나 장마가 계속되어 오곡이 영글지 않으면 그 허물을 왕에게 돌려 왕을 마땅히 바꿔야 한다고 하거나 죽여야 한다고 하였다. — 『삼국지』 위서 동이전 —

● **출제 포인트 분석**

부여는 농경과 목축을 주로 하였고, '영고'라는 제천 행사는 수렵 사회의 전통을 보여 주는 것으로 12월에 열렸다. 또 엄격한 법률이 존재하였으며, 수해나 한해를 입어 오곡이 잘 익지 않으면 그 책임을 왕에게 묻기도 하였다.

여러 나라의 성장

2) 고구려

위치	압록강 동가강 유역의 졸본에서 성장하여 평야 지대인 국내성으로 도읍을 옮김
정치	• 5부족 연맹체 – 계루부, 절노부, 소노부, 관노부, 순노부 – 왕 아래 상가, 고추가 등 대가 존재, 대가들은 각각 사자, 조의, 선인 등의 관리를 거느림 • 제가 회의 : 국가의 중대사 결정, 중대 범죄자는 사형에 처함 • 정복 활동 : 한 군현을 공략하여 요동 지역으로 진출, 옥저와 동예 압박
경제	산악 지대에 위치하여 약탈 경제 발달
풍속	• 동맹(10월, 제천 행사), 국동대혈에서 제사(주몽과 유화 부인 숭배) • 서옥제 🏔빈출 (데릴사위제), 형사취수제, 1책 12법

국동대혈

나라 동쪽에 있는 큰 동굴이라는 뜻으로, 고구려의 왕과 신하들이 함께 제사를 지냈던 곳이다.

출제 사료 | **고구려**

• 큰 산과 깊은 골짜기가 많고 넓은 들은 없다. 좋은 논이 없어 부지런히 농사를 지어도 식량이 넉넉하지 못하다. 사람들의 성품이 흉악하고 급해서 노략질하기를 좋아한다.

• 10월에 하늘에 제사 지낼 때 도성에서 큰 모임을 여는데, 이를 동맹이라고 부른다.

— 『삼국지』 위서 동이전 —

● **출제 포인트 분석**

고구려는 산악 지대에 위치하여 토지가 척박하고 농업 발달이 어려워 정복 활동을 전개하였다. 또 고구려에는 동맹이라는 제천 행사를 성대하게 열고 국동대혈에서 제사를 지내는 풍습이 있었다.

출제 사료 | **고구려의 서옥제**

감옥이 없고 범죄자가 있으면, 제가들이 모여 회의하여 사형에 처하고, 처자는 노비로 삼는다. 그 풍속을 보면 혼인할 때 구두(口頭)로 미리 정하고, 여자의 집 본채 뒤편에 작은 별채를 짓는데, 그 집을 서옥이라 부른다. …… 아들을 낳아서 장성하면 남편은 아내를 데리고 자기 집으로 돌아간다.

— 『삼국지』 위서 동이전 —

● **출제 포인트 분석**

고구려에는 혼인 후 신랑이 서옥에서 자식이 클 때까지 살다가 자기 집으로 돌아가는 서옥제라는 풍습이 있었다. 이를 통해 고대 사회에서 노동력을 중요시하였다는 사실을 알 수 있다.

동예의 철(凸)자형과 여(呂)자형 집터

3) 옥저와 동예

위치		옥저 : 함경도 일대, 동예 : 강원도 북부의 동해안
정치		• 철기 문화를 배경으로 성장하였으나 변방에 치우쳐 선진 문화의 수용이 늦고 고구려의 압박을 받아 크게 성장하지 못함 • 군장 국가 : 읍군이나 삼로 🏔빈출 에 의한 지배, 연맹 왕국으로 성장하지 못함
경제		• 소금과 해산물 풍부, 토지가 비옥하여 농사가 잘됨 • 고구려에 소금, 해산물 등 공납 • 특산물 : 단궁, 과하마, 반어피 생산(동예)
풍속	옥저	민며느리제, 가족 공동 무덤(가매장한 뒤 뼈만 추려 목곽에 안치, 골장제)
	동예	• 족외혼 : 같은 씨족이 아닌 다른 씨족과 혼인 • 책화 🏔빈출 : 다른 부족의 영역을 침범하였을 때 노비나 소, 말로 배상하도록 하는 것 • 무천 : 10월, 제천 행사

합격생의 비법

과하마

말을 타고 과실나무 아래를 지날 수 있다는 데서 유래하였으며, 키가 작은 말을 뜻한다.

시험에 자주 등장해요

부여, 고구려, 옥저와 동예의 풍습을 묻는 문제가 자주 출제됩니다. 특히 제천 행사와 결혼 풍습(서옥제와 민며느리제)은 꼭 기억하세요.

마한의 토실

『삼국지』 위서 동이전에 나오는 마한의 집 형태이다. 최근에 발견되어 기록이 확인되었다.

마한의 무덤

마한은 널무덤을 만들면서 주위에 도랑을 파고 그 안에 봉토를 씌운 주구묘를 만들었다.

소도

천군이 주관하는 소도는 군장의 세력이 미치지 못하는 곳으로, 죄인이라도 도망을 하여 이곳에 숨으면 잡아가지 못하였다. 천군은 소도에서 농경과 종교에 대한 의례를 주관하였다.

솟대

소도에 큰 나무를 세우고 방울, 새 등을 달아 신성한 지역이라는 표시를 하기 위해 세운 것이다. 제사지낼 때 땅의 기운을 하늘에 전해주는 것이라 생각하고 그 매개체로 새를 꽂아 놓았다.

출제 사료　옥저의 풍속

- 신부 집에서는 여자가 10살이 되기 전에 혼인할 것을 약속하고, 신랑 집에서는 여자를 맞이하여 성장할 때까지 데리고 있다가 아내로 삼는다. 여자가 어른이 되면 친정으로 돌려보내고, 친정에서는 예물을 요구한다. 신랑 집은 예물을 치르고 신부를 다시 신랑 집으로 데려온다.
- 장사를 지낼 적에 큰 나무 곽을 만드는데 …… 사람이 죽으면 시체는 모두 가매장을 하되 겨우 형체가 보일 만큼 묻었다가 가죽과 살이 모두 썩은 다음에 뼈만 추려 곽 속에 안치한다.

　　　　　　　　　　　　　　　　　　　　　　　－『삼국지』 위서 동이전 －

● **출제 포인트 분석**

옥저에는 혼인할 여자가 어렸을 때 남자 집에 가서 성장하고, 후에 남자가 예물을 치르고 혼인하는 일종의 매매혼인 민며느리제 풍습이 있었다. 가족 공동 무덤 풍습을 통해 가족 공동체적 관계가 강하였음도 알 수 있다.

출제 사료　동예의 풍속

풍속을 보면 산천을 중요시하여 산과 내를 각각 구분하여 놓고 함부로 들어가지 않는다. 동성(同姓)끼리는 결혼하지 않는다. …… 해마다 10월이면 하늘에 제사를 지내는데 밤낮으로 술 마시며 노래 부르고 춤추니, 이를 무천(舞天)이라고 한다. …… 부락을 함부로 침범하면 벌로 노비와 소, 말을 부과하는데, 이를 책화라고 한다.　　　　　　　　　　－『삼국지』 위서 동이전 －

● **출제 포인트 분석**

동예에는 다른 부족의 생활권을 침범하면 노비, 소, 말 등으로 배상하게 하는 책화라는 제도가 있었는데, 이를 통해 부족 간의 경계를 분명히 하였다.

4) 삼한

성립	청동기 문화를 바탕으로 성장한 진(辰)의 토착 문화 + 고조선의 유이민들에 의한 철기 문화 = 마한, 진한, 변한의 연맹체 형성
정치	• 진(辰)의 해체 이후 마한(54개), 진한(12개), 변한(12개)의 소국들이 연맹체 형성 • 마한 목지국의 지배자가 마한 왕 또는 진왕으로 추대되어 삼한 전체 주도, 각국은 군장이 지배 • 제정 분리 사회 : 정치적 지배자(신지 ☆빈출, 견지, 읍차 ☆빈출, 부례) + 제사장(천군 ☆빈출, 부례이 신성 지역인 소도 ☆빈출 지배)
경제	• 농경 사회 : 철제 농기구 사용, 벼농사 발달, 저수지 축조 • 변한의 철 생산 : 풍부한 철을 바탕으로 철 생산, 낙랑과 왜 등에 수출, 철을 화폐처럼 사용함 • 두레 조직 : 벼농사를 짓기 위해 공동 작업을 하는 두레를 조직함 • 초가지붕의 반 움집이나 귀틀집에 거주
풍속	계절제(5월 · 10월, 제천 행사)

출제 사료　삼한

- 삼한 중 큰 나라는 만여 호(戶)고, 작은 나라는 수천 가(家)이다. 각각 산과 바다 사이에 자리 잡고 있었는데, …… 모두 옛 진국(辰國)이다. 마한이 가장 크므로 여러 나라가 함께 마한 사람을 진왕(辰王)으로 삼으니, 목지국(目支國)에 도읍하여 전체 삼한 땅의 왕으로 군림한다.　　　－『후한서』 －
- 귀신을 믿기 때문에 국읍(國邑)에서 각각 한 사람씩을 세워서 천신(天神)에 대한 제사를 주관하게 하는데, 이를 천군(天君)이라고 부른다. 또한 여러 나라에는 각기 별읍(別邑)이 있으니, 이를 소도라고 한다. 큰 나무를 세우고 방울과 북을 매달아 놓고 귀신을 섬긴다. 도망하여 그 안으로 들어온 사람은 누구든 돌려보내지 아니하였다.　　　－『삼국지』 위서 동이전 －

● **출제 포인트 분석**

삼한 중 마한을 이루고 있는 소국의 하나인 목지국의 지배자가 마한 왕 또는 진왕으로 추대되어 삼한 전체를 주도하는 세력이 되었다. 또 삼한에 천군이라는 제사장과 천군이 다스리는 별읍인 소도를 통해 삼한이 제정이 분리된 사회였다는 사실을 알 수 있다.

빈칸 채우기

01 단군이 제사장, 왕검이 정치적 군장을 의미하므로 고조선은 [   ] 사회였음을 알 수 있다.

02 고조선의 문화 범위는 [   ] 지방에서 한반도에 이른다.

03 고조선의 사회상을 알 수 있는 범금 8조(8조법)는 [   ]에 전해오고 있다.

04 고조선에 철기 문화를 전래한 [   ]은/는 고조선으로 들어올 때 상투를 틀고 조선인의 옷을 입고 있었다.

05 부여에서 가축의 이름을 딴 마가, 우가, 구가, 저가 등은 별도의 행정 구역인 [   ]을/를 직접 통치하였다.

06 5부족 연맹체인 고구려에서는 왕 아래 상가, [   ] 등의 대가들이 사자, 조의, 선인 등의 관리를 거느렸다.

07 고구려는 나라 동쪽에 있는 큰 동굴이라는 의미의 [   ](에)서 왕과 신하들이 함께 제사를 지냈다.

08 옥저에는 장래에 혼인할 것을 약속하고 여자가 어릴 때부터 남자 집에 가서 성장하도록 하는 [   ]이/가 있었다.

09 동예의 [   ]은/는 다른 부족의 생활권을 침범하면 노비, 소, 말 등으로 배상하게 한 제도이다.

10 삼한의 경우 마한 목지국의 진왕을 구심점으로 [   ] 등의 군장이 지배력을 행사하였다.

> **정답** 01 제정일치 02 요령 03 한서지리지 04 위만 05 사출도 06 고추가 07 국동대혈 08 민며느리제 09 책화 10 신지, 견지, 부례, 읍차

---

01 37회 2번
밑줄 그은 '이 나라'에 대한 설명으로 옳은 것은?

> 건국 이야기가 삼국유사에 실려 있는 <u>이 나라</u>에 대해 말해 보자.

> 기원전 2세기경에는 위만이 준왕을 몰아내고 왕이 되었어.

> 한반도 남부의 진국과 중국의 한 사이에서 중계 무역을 하기도 하였지.

① 신지, 읍차 등의 지배자가 있었다.
② 여러 가(加)들이 별도로 사출도를 다스렸다.
③ 제사장인 천군과 신성 지역인 소도가 있었다.
④ 읍락 간의 경계를 중요시하는 책화가 있었다.
⑤ 범금 8조를 통해 살인, 절도 등의 죄를 다스렸다.

> **정답** ⑤
> **해설** 밑줄 그은 '이 나라'는 고조선이다. 고조선은 범금 8조를 통해 사회 질서를 유지하였는데, 살인과 절도 등의 죄를 법으로 다스렸다. 고조선의 범금 8조 조항을 통해 고조선 사회의 특징으로 계급 사회, 개인의 생명과 재산 및 노동력 중시, 사유 재산 제도가 있었음을 알 수 있다.
> **오답 피하기** ① · ③ 삼한, ② 부여, ④ 동예에 대한 설명이다.

02 22회 2번
다음 자료에 해당하는 나라에 대한 설명으로 옳은 것은?

> 해마다 10월이면 하늘에 제사를 지내는데 밤낮으로 술 마시며 노래 부르고 춤추니 이를 무천이라 한다. 또 호랑이를 신으로 여겨 제사지낸다. 읍락을 함부로 침범하면 노비와 소 · 말로 변상하는데 이를 책화라 한다. 사람을 죽인 사람은 죽음으로 그 죄를 갚게 한다. ─『삼국지』 위서 동이전─

① 읍군이나 삼로라는 지배자가 있었다.
② 제사장인 천군이 소도를 지배하였다.
③ 8조법을 통해 사회질서를 유지하였다.
④ 철이 많이 생산되어 낙랑, 왜 등에 수출하였다.
⑤ 마가, 우가, 저가, 구가 등이 사출도를 다스렸다.

> **정답** ①
> **해설** 동예에서는 '무천'이라는 제천 행사가 10월에 열렸고, 다른 부족의 영역을 침범하였을 때 노비나 소, 말 등으로 배상하도록 하는 책화라는 풍속이 있었다. 또 동예에는 ① 읍군이나 삼로라는 지배자가 있었다.
> **오답 피하기** ② 삼한, ③ 고조선, ④ 삼한 중 변한, ⑤ 부여에 대한 설명이다.

03
다음 자료에 해당하는 나라에 대한 설명으로 옳은 것은?

> 장사를 지낼 적에는 큰 나무 곽을 만드는데, 길이가 10여 장이나 되며 한쪽 머리를 열어 놓아 문을 만든다. 사람이 죽으면 모두 가매장을 해서, …… 뼈만 추려 곽 속에 안치한다. 온 집 식구를 모두 하나의 곽 속에 넣어 두는데, 죽은 사람의 숫자대로 살아 있을 때와 같은 모습으로 나무로써 모양을 새긴다.
> — 『삼국지』 동이전 —

① 결혼 풍속으로 민며느리제가 있었다.
② 10월에 동맹이라는 제천 행사를 하였다.
③ 단궁, 과하마, 반어피가 특산물로 유명하였다.
④ 남의 물건을 훔쳤을 때에는 12배로 갚게 하였다.
⑤ 다른 부족의 경계를 침범하면 가축이나 노비로 변상하게 하였다.

정답 ①
해설 제시된 자료에서 골장제와 목곽으로 만든 가족 공동 무덤 등을 통해 옥저의 매장 풍습임을 알 수 있다. 옥저에는 민며느리제라는 결혼 풍속이 있었다.

04
(가), (나) 나라에 대한 설명으로 옳은 것은?

① (가) – 대가들이 사자, 조의, 선인 등의 관리를 거느렸다.
② (가) – 다른 부족의 영역을 침범하면 변상하는 책화가 있었다.
③ (나) – 특산물로 단궁, 과하마, 반어피 등을 생산하였다.
④ (나) – 제사장이 주관하는 신성 구역으로 소도가 존재하였다.
⑤ (가), (나) – 난생 건국 설화를 가지고 있다.

정답 ③
해설 (가) 부여, (나) 동예이다. '영고'는 부여의 제천 행사, '무천'은 동예의 제천 행사이다. ③ 동예의 특산물로 단궁, 과하마, 반어피 등이 있다.
오답 피하기 ① 고구려, ② 동예, ④ 삼한에 대한 설명이다. ⑤ 난생 건국 설화는 고구려의 주몽, 신라의 박혁거세, 가야의 김수로왕과 관련 있다.

05
다음 자료를 통해 알 수 있는 고조선 사회의 모습으로 옳지 않은 것은?

> 법으로 금하는 8조가 있다. 사람을 죽인 자는 곧바로 죽이고, 남에게 상처를 입힌 자는 곡식으로 갚게 한다. 도둑질을 하면 남자는 노(奴)로, 여자는 비(婢)로 삼는데, 용서받고자 할 때에는 50만 전을 내야 한다.
> — 『한서』 지리지 —

① 신분의 구별이 있었다.
② 형벌 제도가 마련되었다.
③ 사유 재산이 인정되었다.
④ 개인의 노동력이 중시되었다.
⑤ 죄를 지은 사람은 가족까지 처벌받았다.

정답 ⑤
해설 범금 8조를 통해 고조선이 개인의 생명과 노동력을 중시하는 사회이고, 신분 제도와 사유 재산 제도가 마련되었으며, 형벌 제도가 있었음을 알 수 있다.
오답 피하기 ⑤ 죄를 지은 사람의 가족까지 처벌하는 연좌제는 확인되지 않는다.

06
(가) 시기에 있었던 사실로 옳은 것을 〈보기〉에서 고른 것은?

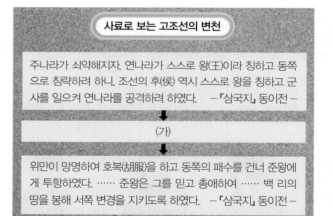

〈보 기〉
ㄱ. 연나라 장수 진개가 침략하였다.
ㄴ. 한나라 무제가 군대를 보내 왕검성을 공격하였다.
ㄷ. 부왕(否王) 등 강력한 왕이 등장하여 왕위를 세습하였다.
ㄹ. 조선상 역계경이 무리를 이끌고 진국(辰國)으로 남하하였다.

① ㄱ, ㄴ ② ㄱ, ㄷ ③ ㄴ, ㄷ
④ ㄴ, ㄹ ⑤ ㄷ, ㄹ

정답 ②
해설 고조선은 기원전 3세기경 부왕, 준왕이 등장하여 강력한 왕권을 이루고 왕위를 세습하였다(ㄷ). 부왕 때에는 연나라와 대립할 만큼 강성하였으나 연나라 장수 진개가 침략하여 영토 일부를 상실하기도 하였다(ㄱ).
오답 피하기 ㄴ. 위만 조선은 한 무제의 대규모 침략과 지배층의 내분으로 왕검성이 함락되었다.
ㄹ. 한 무제의 침략을 받기 전에 조선상 역계상이 위만의 손자인 우거왕에게 간언하였으나, 우거왕이 이를 무시하자 주민들을 이끌고 진국으로 남하하였다.

07 38회 3번 (가), (나) 나라에 대한 설명으로 옳은 것은?

> (가) 동이 지역 중에서 가장 평탄하고 넓은 곳으로 토질은 오곡이 자라기에 알맞다. …… 12월에 지내는 제천 행사에는 연일 크게 모여서 마시고 먹으며 노래하고 춤추는데, …… 이때에는 형옥(刑獄)을 중단하고 죄수를 풀어 준다. 전쟁을 하게 되면 그때에도 하늘에 제사를 지내고, 소를 잡아서 그 발굽으로 길흉을 점친다.
>
> — 『후한서』 —
>
> (나) 그 나라의 넓이는 사방 2천 리인데, 큰 산과 깊은 골짜기가 많으며 사람들은 산골짜기에 의지하여 산다. …… 혼인에 있어서는 [신랑이] 신부의 집에 가서 살다가 자식을 낳아 장성한 뒤에야 남자의 집으로 돌아온다. …… 금과 은, 재물을 모두 써 성대하게 장례를 치르며, 돌을 쌓아 봉분을 만들고 소나무와 잣나무를 심는다.
>
> — 『후한서』 —

① (가) - 여러 가(加)들이 별도로 사출도를 주관하였다.
② (가) - 박, 석, 김의 3성이 교대로 왕위를 계승하였다.
③ (나) - 10월에 무천이라는 제천 행사를 열었다.
④ (나) - 읍락 간의 경계를 중시하는 책화가 있었다.
⑤ (가), (나) - 제사장인 천군과 신성 지역인 소도가 있었다.

정답 ①

해설 (가) 부여, (나) 고구려이다. 부여에서는 여러 가(加)들이 독자적 행정 구역인 사출도를 주관하였고, 12월에 제천 행사인 '영고'를 열었다. 또 소를 죽여 그 굽으로 길흉을 점치는 우제점복이 있었고, 순장과 형사취수제, 1책 12법의 풍속이 있었다. 고구려에서는 국가의 중대사는 제가 회의에서 결정하였고, 10월에 제천 행사인 '동맹'을 열었으며, 혼인 후 신랑이 서옥에서 자식이 클 때까지 살다가 자기 집으로 돌아가는 서옥제라는 풍습이 있었다.

08 31회 2번 (가), (나) 나라에 대한 설명으로 옳은 것은?

초기 국가의 제천 행사에 대해 말해 볼까요?

[(가)]은/는 10월에 동맹이라는 제천 행사를 열어 나라의 결속을 다졌어요.

[(나)]은/는 해마다 5월과 10월에 제사를 지내고 노래와 춤을 즐겼습니다.

① (가) - 읍군, 삼로라고 불리는 군장이 있었다.
② (가) - 대가들이 사자, 조의, 선인 등을 거느렸다.
③ (나) - 읍락 간의 경계를 중시하는 책화가 있었다.
④ (나) - 제가(諸加)들이 별도로 사출도를 주관하였다.
⑤ (가), (나) - 도둑질한 자에게는 12배를 변상하게 하였다.

정답 ②

해설 (가) 고구려, (나) 삼한이다. 고구려는 10월에 제천 행사인 동맹을 열었고, 삼한은 5월과 10월에 제천 행사를 지냈다. ② 고구려는 상가, 고추가 등의 대가들이 사자, 조의, 선인 등의 관리를 거느렸다.

09 28회 2번 밑줄 그은 '이 나라'에 대한 설명으로 옳은 것은?

 이 나라에는 다른 부족의 영역을 침범하면 노비나 소, 말로 변상하는 책화라는 풍습이 있었다고 해.

 특산물로는 단궁, 과하마, 반어피 등이 있었어.

① 신성 지역인 소도가 존재하였다.
② 혼인 풍습으로 서옥제가 있었다.
③ 여러 가(加)들이 별도로 사출도를 다스렸다.
④ 매년 10월에 무천이라는 제천 행사를 열었다.
⑤ 사회 질서를 유지하기 위해 8조법을 만들었다.

정답 ④

해설 밑줄 그은 '이 나라'는 동예이다. 동예에는 다른 부족의 영역을 침범하면 노비나 소, 말로 변상하는 책화의 풍습이 있었고, 특산물로 단궁, 과하마, 반어피 등이 있었다. ④ 동예는 매년 10월에 '무천'이라는 제천 행사를 열었다.

10 29회 2번 (가) 나라의 사회 모습으로 옳은 것은?

허리띠 고리(중국 지린 성 라오허션 촌 출토)

이것은 [(가)]의 유물로 말 모양 장식이 있는 허리띠 고리이다. 이 유물에 장식되어 있는 말은 농사와 함께 목축을 중시한 이 나라의 특징적인 모습을 잘 보여준다. 이러한 특징은 마가(馬加) 등 주요 지배 세력의 명칭에서도 나타난다.

① 영고라는 제천 행사가 있었다.
② 민며느리제라는 혼인 풍습이 있었다.
③ 사회 질서를 유지하기 위해 8조법을 만들었다.
④ 대가들이 사자, 조의, 선인 등의 관리를 거느렸다.
⑤ 다른 부족의 영역을 침범하면 소나 말로 변상하였다.

정답 ①

해설 (가) 나라는 부여이다. 부여는 농사와 함께 목축을 중시하였고, 마가·우가·저가·구가 등의 지배 세력이 다스렸다. ① 부여에서는 매년 12월에 열리는 '영고'라는 제천 행사가 있었다.

오답 피하기 ② 옥저, ③ 고조선, ④ 고구려, ⑤ 동예의 사회 모습이다.

❶ 구석기 시대와 신석기 시대

	주거지	도구
구석기 시대	 **평남 덕천 승리산 동굴** 구석기인들은 대개 동굴이나 바위그늘에서 생활하였다.	주먹도끼 슴베찌르개 긁개
신석기 시대	 **서울 암사동 움집(복원)** 정착 생활이 시작되면서 사방에 기둥을 세워 원뿔 형태로 움집을 지어 생활하였다.	갈돌과 갈판 돌낫 가락바퀴 빗살무늬 토기

❷ 청동기 시대

울산 울주 반구대 바위그림
고래, 거북, 물개, 사슴, 호랑이, 멧돼지 등의 동물과 다양한 인물상, 사냥 장면이 새겨져 있다. 이를 통해 선사 시대 사람들의 생활 모습을 엿볼 수 있다.

반달 돌칼
곡식의 낟알을 거두어들이는 데 사용한 농기구이다.

농경무늬 청동기
농사짓는 사람, 토기, 밭 등 농경과 관련된 그림이 그려져 있다.

❸ 고조선의 성립과 변천

☐ 동이족의 분포 지역
☐ 고조선의 문화 범위
⬩ 고인돌(탁자식) 분포 지역
↟ 비파형 동검 분포 지역

탁자식 고인돌   비파형 동검

탁자식 고인돌과 비파형 동검의 분포 지역을 통해 고조선의 문화 범위를 알 수 있다.

한반도 내 독자적 청동기 문화의 발전

세형 동검   잔무늬 거울   거푸집

철기 시대에 한반도에서 독자적인 청동기 문화가 발달하였음을 알 수 있다.

❹ 철기 시대

철제 농기구

철제 농기구를 통해 농업이 발달하였다.

철제 무기

철제 무기가 사용되면서 부족 간의 전쟁이 증가하였다.

독무덤

명도전과 반량전

중국과 활발하게 교역하였음을 보여 주는 증거이다.

❺ 여러 나라의 성장

부여

- **정치** : 사출도
- **경제** : 농경과 목축
- **사회** : 순장, 형사취수제, 1책12법
- **문화** : 영고(12월, 제천 행사)

고구려

- **정치** : 5부족 연맹, 제가 회의
- **경제** : 정복 활동, 평야 지대 진출
- **사회** : 서옥제(데릴사위제)
- **문화** : 동맹(10월, 제천 행사)

옥저와 동예

- **정치** : 읍군, 삼로
- **경제** : 농경과 어로
- **사회** : 민며느리제(옥저), 족외혼/책화(동예)
- **문화** : 가족 공동 무덤(옥저),
  무천(동예 : 10월, 제천 행사)

삼한

- **정치** : 신지, 견지, 읍차, 부례
- **경제** : 벼농사 발달, 철 생산(변한)
- **사회** : 천군과 소도(제정 분리)
- **문화** : 계절제(5월/10월, 제천 행사)

토기의 변화

이른 민무늬 토기

덧무늬 토기

빗살무늬 토기

덧띠새김무늬 토기

민무늬 토기

미송리식 토기

붉은 간 토기

덧띠 토기

검은 간 토기

• 최신250문항 빈출 키워드 랭킹

• 기출문제 출제경향 분석

2. 고대(정치, 경제, 사회, 문화)

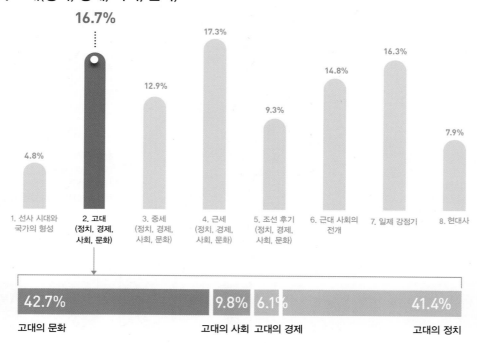

16.7%

17.3%

16.3%

14.8%

12.9%

9.3%

7.9%

4.8%

1. 선사 시대와 국가의 형성

2. 고대 (정치, 경제, 사회, 문화)

3. 중세 (정치, 경제, 사회, 문화)

4. 근세 (정치, 경제, 사회, 문화)

5. 조선 후기 (정치, 경제, 사회, 문화)

6. 근대 사회의 전개

7. 일제 강점기

8. 현대사

42.7%	9.8%	6.1%	41.4%
고대의 문화	고대의 사회	고대의 경제	고대의 정치

연표

53 — 고구려, 태조왕 즉위

194 — 고구려, 진대법 실시

260 — 백제, 16관등과 공복 제정

356 — 신라, 내물왕 즉위

372 — 고구려, 불교 전래, 태학 설치

384 — 백제, 불교 전래

427 — 고구려, 평양 천도

433 — 나·제 동맹 성립

475 — 백제, 웅진 천도

520 — 신라, 율령 반포, 백관의 공복 제정

538 — 백제, 사비 천도

552 — 백제, 일본에 불교 전래

고대(정치, 경제, 사회, 문화)

612	645	660	668	676	698	771	788	828	900	901	918	926	935
고구려, 살수 대첩	고구려, 안시성 싸움 승리	백제 멸망	고구려 멸망	신라, 삼국 통일	발해 건국	성덕 대왕 신종 주조	독서삼품과 설치	장보고, 청해진 설치	견훤, 후백제 건국	궁예, 후고구려 건국	왕건, 고려 건국	발해 멸망	신라 멸망

기원전 1세기경	427	538	612	660	668	676	698	900	901	926	936
삼국 건국	고구려, 평양 천도	백제, 사비 천도	살수 대첩	백제 멸망	고구려 멸망	삼국 통일	발해 건국	후백제 건국	후고구려 건국	발해 멸망	후삼국 통일

연표

01 고대의 정치

출제 빈도 상 | 중 | 하

❶ 고대 국가의 성립

	연맹 왕국	고대 국가
성립	철기 문화의 보급으로 인한 생산력 증대를 바탕으로 성장한 여러 군장 국가 중 우세한 집단의 족장을 왕으로 삼음	주변 지역을 정복하여 영토를 확대하고, 그 과정에서 성장한 경제력과 군사력을 바탕으로 왕권이 더욱 강화됨
특징	왕권은 미약하고 각 부족장의 독자성이 유지됨	왕위 세습 확립, 율령 반포, 관등제 및 신분제 등 마련, 불교 수용 → 중앙 집권적 고대 국가 형성

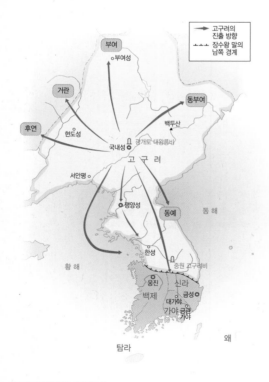

고구려의 전성기(5세기)

❷ 고구려의 성립과 발전

1) 건국

동명성왕	• 압록강의 지류인 동가강 유역의 졸본 지방에서 건국(기원전 37) • 부여의 유이민 세력(주몽)과 압록강 유역의 토착 집단의 결합
유리왕	졸본 지방에서 국내성으로 천도

2) 발전

태조왕	• 한 군현을 공략하여 요동 지방 진출, 옥저와 동예 정복 • 계루부 고씨의 왕위 독점적 세습
고국천왕	• 부자 상속의 왕위 계승제 확립, 부족적 전통의 5부가 행정적 성격의 5부로 개편 → 왕권 강화 • 재상 을파소의 진대법 실시 🏔 빈출
동천왕	3세기 중반 요동의 서안평 공격, 중국 위나라 장군 관구검의 침입
미천왕	낙랑군 축출, 서안평 점령
고국원왕	• 전연의 침입 : 국내성 함락, 국가적 위기 • 백제 근초고왕의 평양성 공격으로 전사(평양성 전투, 371)
소수림왕	불교 수용(전진), 태학(유학 교육 기관) 설립, 율령 반포 → 중앙 집권 체제 강화

3) 전성기

광개토 대왕	• 영토 확장 : 거란과 후연 격파 → 요동 확보, 백제 압박(한강 이북 지역 차지), 신라에 침입한 왜 격퇴(한반도 남부에 영향력 행사, 호우명 그릇) • 독자적 연호 사용 : '영락(永樂)'이라는 연호 사용 → 고구려를 천하의 중심으로 여김
장수왕	• 중국의 남북조와 각각 교류 • 남진 정책 추진 : 평양 천도(427), 백제의 수도 한성 함락(475) → 한강 유역 차지(중주(중원) 고구려비), 나·제 동맹 결성 • 지방에 경당 설치, 광개토 대왕릉비 건립

출제 사료	충주(중원) 고구려비

…… 고구려 대왕이 신라의 매금(왕)을 만나 영원토록 우호를 맺기 위해 중원에 왔으나, 신라 매금이 오지 않아 실행되지 못하였다. …… 동이(오랑캐) 매금은 신하와 함께 우벌성에 이르러 고구려 대사자 다우환노와 만나, 전부터 이곳에 주둔하고 있던 고구려 당주인 발위사자 금노로 하여금 신라 영토 내요의 중인을 모아 내지인 우벌성 부근으로 이주하게 하였다. …… 동이 매금에게 옷을 내려 주었다.

● **출제 포인트 분석**

충주 고구려비는 고구려 장수왕 시기 백제의 수도 한성을 점령하고 충북 중원(충주) 지역까지 영토가 확대되어 죽령~남양만을 연결하는 선까지 이르렀음을 알려주는 비석이다. 이를 통해 고구려 국력의 강대함과 독자적인 천하관을 엿볼 수 있다.

4) 쇠퇴(6세기) : 귀족 사회의 분열로 왕권 약화, 백제와 신라의 협공(나·제 동맹)으로 한강 유역 상실

❸ 백제의 성립과 발전

1) 건국과 성장

건국	• 고구려계 유이민 세력과 한강 유역 토착 집단의 결합으로 성립(기원전 18) • 풍부한 경제력, 중국으로부터 수용한 선진 문화, 철기 문화를 바탕으로 성장
고이왕	• 체제 정비 : 관등제 정비(6좌평 ♥ 빈출, 16관등), 공복 제정, 율령 반포 • 영토 확장 : 대방군 공격, 마한의 목지국 복속, 한강 유역 장악
근초고왕	• 왕권 강화 : 부자 상속에 의한 왕위 계승 확립 • 역사서 편찬 : 『서기』 편찬 • 영토 확장 : 마한 정복, 고구려의 평양성 공격(고국원왕 전사) ♥ 빈출, 낙동강 유역의 가야에 지배권 행사 • 대외 교류 : 중국의 요서 지방 진출, 중국의 산동 반도와 일본의 규수 지역과 교류, 왜왕에 칠지도 하사 → 고대 해상 무역의 패권 장악, 동아시아 국제 교역의 중심지 역할
침류왕	동진으로부터 불교 수용 및 공인 ♥ 빈출 (384) → 사상적 통합
비유왕	나·제 동맹 결성(433, 신라 눌지마립간)
개로왕	북위에 원병 요청(개로왕의 국서), 한성 함락(475)

합격생의 비법

광개토 대왕릉비

장수왕이 아버지인 광개토 대왕의 업적을 기리기 위해 세운 비석이다. 높이는 6.93m이고, 사면에 비문이 기록되어 있다. 비문에는 고구려의 건국 신화, 광개토 대왕의 정복 활동 등이 기록되어 있다.

시험에 자주 등장해요

고구려의 전성기를 이룬 광개토 대왕과 장수왕의 업적을 묻는 문제가 자주 출제됩니다. 특히 광개토 대왕릉비와 충주(중원) 고구려비, 장수의 남진 정책은 꼭 기억하세요.

시험에 자주 등장해요

백제의 전성기를 이룬 근초고왕의 업적을 묻는 문제가 자주 출제됩니다. 특히 고구려의 평양성 공격으로 고국원왕이 전사하였다는 사실을 기억하세요.

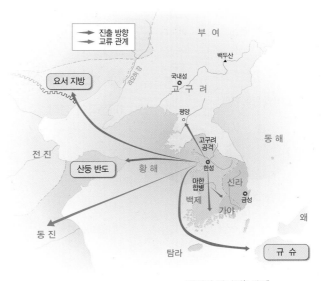

백제의 전성기(4세기)

칠지도
7개의 칼날이 가지 모양으로 붙어 있는 74.9cm의 철기이다. 몸체에 백제의 왕세자가 왜왕에게 하사하는 것이라고 해석되는 글자가 새겨져 있다.

백제의 도읍 변천
한성 백제 시대의 도읍지는 하남 위례성으로 보는 견해가 있다. 이후 문주왕 때 고구려의 남진 정책으로 한성에서 웅진(공주)으로 도읍을 옮겼으며, 성왕 때 백제를 중흥시키기 위해 사비(부여)로 다시 천도하였다.

시험에 자주 등장해요

백제의 중흥을 이룬 무령왕과 성왕의 업적을 묻는 문제가 자주 출제됩니다. 특히 무령왕릉과 관련된 내용은 꼭 기억하세요.

왕호	사용 시기	의미
거서간	박혁거세	군장
차차웅	남해	무당, 제사장
이사금	유리~흘해	연장자
마립간	내물~소지	대군장
왕	지증왕	중국식 왕호

신라의 왕호 변천

호우명 그릇
경주 호우총에서 출토된 호우명 그릇의 밑바닥에 '을묘년국강상광개토지호태왕호우십'이라는 글씨가 새겨져 있다. 이를 통해 당시 신라와 고구려가 교류하고 있음을 알 수 있다.

고구려의 장군총   석촌동 계단식 돌무지무덤

고구려의 돌무지무덤인 장군총과 백제 한성 시기의 계단식 돌무지무덤인 석촌동 무덤의 양식이 비슷하다는 사실을 통해 백제의 건국 세력이 고구려계 유이민이었음을 알 수 있다.

출제 사료	4세기 백제의 해외 진출

• 백제는 본래 고구려와 함께 요동의 동쪽 1000여 리에 있었다. 고려가 요동을 차지하니, 백제는 요서를 차지하였다.
　　　　　　　　　　　　　　　　　　　　　　　　　　　 – 『송서』 –
• 처음 백가(百家)로서 바다를 건넜다 하여 백제라 한다. 진대(晉代)에 고구려가 이미 요동을 차지하니 백제 역시 요서, 진평의 두 군을 차지하였다.
　　　　　　　　　　　　　　　　　　　　　　　　　　　 – 『통전』 –

● 출제 포인트 분석
『송서』, 『양서』 등 중국 남조의 역사서를 바탕으로 백제가 요서 지방에 진출하여 진평군, 백제군 등을 설치하였다는 요서경략설을 두고 논란이 있다.

2) 중흥

문주왕	장수왕의 남진 정책으로 웅진(공주) 천도(475)
동성왕	신라와의 동맹 강화(493, 소지마립간)
무령왕	• 22담로 **빈출** 설치 : 왕족을 파견하여 지방 통제 강화 • 중국 남조의 영향 **빈출** : 벽돌무덤 양식의 무령왕릉 **빈출**, 양직공도의 백제 사신
성왕	• 중흥 노력 : 사비(부여) 천도(538), 국호를 '남부여'로 변경 • 체제 정비 : 22부의 중앙 관청 설치, 수도와 지방을 5부와 5방으로 정비 • 대외 교류 　– 중국 남조의 양과 국교 강화, 왜에 불교 전파(노리사치계) 　– 신라의 진흥왕과 연합하여 한강 하류 일시 회복 → 신라 진흥왕에게 한강 유역 빼앗김, 관산성 전투 **빈출** 에서 전사(554) → 나·제 동맹 결렬
무왕	금마저(익산)로 천도 시도, 미륵사 창건, 왜에 천문·지리·역법에 관한 서적 전수

④ 신라의 성립과 발전

1) 건국과 성장

건국	• 진한의 소국 중 하나인 사로국에서 출발 • 경주 지역의 토착민 집단과 유이민 집단의 결합으로 혁거세 거서간이 건국(기원전 57) • 신라의 지배자 칭호 변화 : 거서간 → 차차웅 → 이사금 → 마립간 → 왕 • 석탈해 집단의 등장으로 박, 석, 김의 3성이 교대로 이사금 차지
내물마립간	• 왕권 강화 : 김씨에 의한 왕위 세습제 확립, '마립간' 칭호 사용 • 영토 확장 : 낙동강 동쪽의 진한 지역을 거의 장악 • 대외 교류 : 광개토 대왕의 도움으로 왜 격퇴(호우명 그릇) → 신라에 고구려 군대 주둔, 고구려의 간섭, 고구려를 통한 중국의 전진과 수교
눌지마립간	부자 상속제 확립, 나·제 동맹 체결(433, 백제 비유왕), 불교 수용
소지마립간	혼인 동맹 체결(493, 백제 동성왕)

2) 발전

지증왕	• 왕의 칭호를 마립간에서 '왕'으로 변경, 국호를 '신라'로 정함 • 지방 행정 구역 정비 : 주 · 군 · 현 설치, 관리 파견 • 우산국 복속 🏅빈출(512, 이사부), 우경 장려, 순장 폐지, 시장 감독 관청인 동시전 설치(509)
법흥왕	• 체제 정비 : 율령 반포(울진 봉평 신라비), 17관등제 정비, 공복 제정, 골품제 정비, 상대등과 병부 설치, '건원(建元)' 연호 사용, 불교 공인(이차돈의 순교) • 대외 교류 : 대가야와 혼인 동맹 체결(522), 금관가야 정복
진흥왕	• 영토 확장 　– 백제와 함께 고구려 공격 → 한강 상류 지역 차지(단양 적성비), 한강 하류 지역 정복(북한산 진흥왕 순수비), 당항성 건설 　– 대가야 정복(창녕 신라 진흥왕 척경비), 원산만 진출(마운령 진흥왕 순수비, 황초령 진흥왕 순수비) • 체제 정비 : 화랑도 개편(인재 양성, 국가적 조직으로 정비), 불교 교단 정비(사상 통합 도모), 사정부와 품주 설치, 거칠부의 『국사』 편찬(역사서)
선덕 여왕	고구려와 동맹 시도(김춘추, 실패), 분황사 건립, 황룡사 구층 목탑 건립 🏅빈출
진덕 여왕	품주를 집사부와 창부로 분리

진흥왕 순수비(척경비)
백제 성왕 전사지
→ 신라의 진출 방향
▬ 신라의 최대 영역

신라의 전성기(6세기)

울진 봉평 신라비

법흥왕 때 세워진 비석으로 울진 지방에서 발생한 주민들의 항쟁을 진압하는 과정이 기록되어 있다. 이를 통해 법흥왕 때 율령의 반포 사실을 확인할 수 있다.

단양 신라 적성비

진흥왕 때 고구려의 적성을 빼앗은 뒤 그 지역 주민을 위로하기 위해 세워졌다.

북한산 신라 진흥왕 순수비

'순수'는 천자가 천하를 돌아다니며 산천에 제사를 지내고 지방의 민심을 살핀다는 의미이다.

창녕 신라 진흥왕 척경비

황초령 신라 진흥왕 순수비

마운령 신라 진흥왕 순수비

구분	고구려	백제	신라
귀족 회의	제가 회의	정사암 회의	화백 회의
수상	대대로 (막리지)	상좌평	상대등
관등	10여 관등	16관등	17관등
중앙	5부	5부	6부
지방	5부	5방	5주

삼국의 통치 체제

⑤ 가야의 성립과 발전

1) 성립 : 변한 12국을 바탕으로 낙동강 하류(김해평야)에서 연맹 왕국 형성

2) 특징 : 낙랑과 왜를 잇는 중계 무역 발달, 철 생산, 중앙 집권 국가로 발전하지 못함

3) 가야 세력의 변화

6가야

가야 연맹

전기 가야 연맹
(3세기)
	• 김해의 금관가야를 중심으로 전기 가야 연맹체 형성
	• 질 좋은 철 생산 (빈출) : 무기나 농기구 생산, 화폐로 덩이쇠 사용, 낙랑과 왜에 수출 (빈출)
	• 쇠퇴
	  – 백제와 신라의 압박, 고구려의 낙랑군과 대방군 점령으로 중계 무역 타격
	  – 신라를 후원하는 고구려군의 낙동강 유역 진출 → 낙동강 동쪽 영토 상실 → 금관가야 세력 약화

후기 가야 연맹
(5세기)
	• 고령의 대가야를 중심으로 후기 가야 연맹체 형성
	• 소백산맥 서쪽의 남원 및 하동 지역까지 세력 확장
	• 쇠퇴
	  – 백제를 막기 위해 신라와 결혼 동맹 체결 → 신라의 결혼 동맹 파기 → 백제와 신라의 가야 지역 양분 가속
	  – 백제와 신라의 침략으로 세력 약화

4) 해체 : 금관가야는 신라 법흥왕(532), 대가야는 신라 진흥왕(562)에게 멸망

철로 만든 갑옷　　덩이쇠

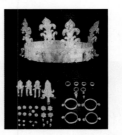

가야 금동관(지산동 고분 출토)

⑥ 대외 항쟁과 신라의 삼국 통일

1) 6~7세기 동아시아 국제 질서 : 남북 진영과 동서 진영의 형성

① **중국 :** 수 문제의 중국 통일(589), 중국 중심의 동아시아 질서 개편(고구려와 수 · 당의 전쟁, 신라와 당의 전쟁 등)

② **한반도 :** 신라의 한강 유역 차지로 여 · 제 동맹 체결, 신라 고립

③ **남북 진영 vs 동서 진영의 대립 :** 고구려 · 돌궐 · 백제 · 왜의 남북 진영과 신라 · 당의 동서 진영이 대립 구도 형성

6세기 말 ~ 7세기의 동아시아 국제 질서

2) 고구려와 수·당의 전쟁

합격생의 비법

을지문덕의 오언시

신기한 책략은 하늘의 원리를 꿰뚫고 / 기묘한 계책은 땅의 이치를 통달하였도다. 싸움에 이미 이겨 공이 높으니 / 만족함을 알고 그만두기를 바라노라.
　　　― 『삼국사기』 ―

고구려와 수의 전쟁	• 배경 : 수의 중국 통일로 동아시아 지배 야욕, 돌궐과 고구려의 통교 관계 형성, 수와의 대립 • 경과 : 수와의 대결이 불가피하다 여긴 고구려 영양왕이 요서 지방 선제 공격(598) → 수 문제의 침입(30만 대군의 원정 실패) → **수 양제의 침입** → 살수에서 수군 격파(612, 살수 대첩, 을지문덕 빈출) • 결과 : 여러 차례 침입 실패 후 국력 소모와 내란으로 수 멸망(618)
고구려와 당의 전쟁	• 당과의 관계 　ー 초기 : 친선 관계 유지 　ー 당 태종 즉위 이후 : 당의 국력 강화, 팽창 정책 추진 • 고구려의 대응 　ー 국경 지역에 천리장성 빈출 축조(630~646), 군사력 강화 　ー 연개소문 빈출의 권력 장악(대막리지) : 대당 강경책, 백제의 대야성 공격에 위기에 처한 신라의 구원 요청을 거절 • 당의 침입 : 연개소문의 정변을 구실로 당 태종의 고구려 침입 → 요동성, 백암성 등 함락 → **안시성 싸움** 승리(양만춘, 645) → 당 태종 퇴각 • 결과 : 나·당 연합의 계기 마련(648), 고구려의 국력 소모
의의	고구려는 자국의 안전을 도모하였을 뿐 아니라 중국의 한반도에 대한 침략을 저지하였음

합격생의 비법

고구려 승리의 원동력

고구려가 수·당과의 전쟁에서 승리할 수 있었던 원동력에는 잘 훈련된 군대와 탁월한 전투 능력, 성곽을 이용한 견고한 방어 체제, 요동 지방의 철광 지대 확보, 군센 정신력 등이 있다.

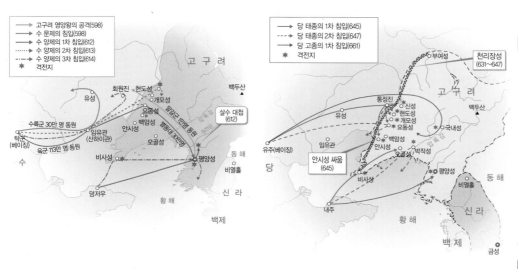

고구려와 수의 전쟁　　　　　　　고구려와 당의 전쟁

합격생의 비법

천리장성 축조

(영류왕) 14년 당(唐)이 공주 사마장손사를 보내 수(隋) 병사의 유해가 묻힌 곳에 와서 제사 지내게 하고, (고구려가) 세운 경관(京觀)을 허물어 버렸다. 봄 2월에 왕이 많은 사람들을 동원하여 동북의 부여성에서부터 동남의 바다에 이르기까지 천여 리에 걸쳐 장성을 축조하기 시작하였다.
　　　― 『삼국사기』 ―

시험에 자주 등장해요

고구려의 수·당 침입 격퇴에 대한 내용이 자주 출제됩니다. 특히 살수 대첩과 안시성 싸움은 꼭 기억하세요.

3) 나·당 동맹의 결성 : 신라의 고립 → 신라의 김춘추, 고구려와 왜에 도움을 요청하였으나 실패 → 김춘추가 당으로 건너가 군사 동맹 제의 빈출 → 당의 군사 지원 약속 → 나·당 연합군 결성

4) 백제와 고구려의 멸망

① 백제의 멸망(660)

　㉠ 원인 : 의자왕의 실정, 신라와의 전투로 인한 국력 소모, 지도층의 내분

　㉡ 멸망 : 나·당 연합군의 공격, 황산벌에서 계백의 결사대 빈출 격파(김유신), 당군의 금강 하구 침입 → 사비성 함락

② 고구려의 멸망(668)

　㉠ 원인 : 수·당과의 오랜 전쟁으로 국력 소모, 연개소문 사후 지도층의 내분, 당의 세력 확대로 거란과 말갈족이 당에 복속되어 요동 방어선 약화

　㉡ 멸망 : 나·당 연합군의 공격 → 평양성 함락

5) 백제와 고구려의 부흥 운동

백제	• 복신, 흑치상지, 도침, 왕자 풍을 중심으로 주류성과 임존성에서 전개 • 왕자 풍을 왕으로 추대 → 주류성 함락, 왜의 수군이 지원(백강 전투) → 나·당 연합군의 진압, 지도층의 내분으로 실패
고구려	• 검모잠과 고연무를 중심으로 왕족 안승 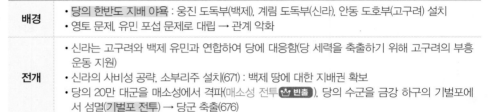을 왕으로 추대하고 한성과 오골성에서 전개 • 신라의 지원으로 안승을 보덕국왕 으로 임명(금마저, 익산) • 당은 보장왕을 내세워 고구려 유이민을 회유하려 시도하였으나 실패

6) 신라의 삼국 통일

① 나·당 전쟁

<table>
<tr><td>배경</td><td>• 당의 한반도 지배 야욕 : 웅진 도독부(백제), 계림 도독부(신라), 안동 도호부(고구려) 설치
• 영토 문제, 유민 포섭 문제로 대립 → 관계 악화</td></tr>
<tr><td>전개</td><td>• 신라는 고구려와 백제 유민과 연합하여 당에 대응함(당 세력을 축출하기 위해 고구려의 부흥 운동 지원)
• 신라의 사비성 공략, 소부리주 설치(671) : 백제 땅에 대한 지배권 확보
• 당의 20만 대군을 매소성에서 격파(매소성 전투), 당의 수군을 금강 하구의 기벌포에서 섬멸(기벌포 전투) → 당군 축출(676)</td></tr>
</table>

합격생의 비법

도호부와 도독부

도독부는 중국이 정벌한 국가에 설치한 군사 행정 기구이고, 도호부는 중국에서 새로 정복한 이민족을 통치하기 위해 변경에 설치한 지방 행정 기구이다.

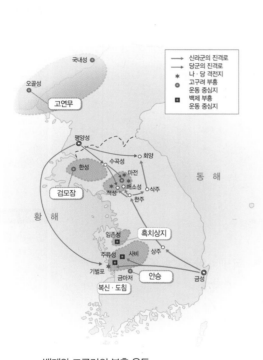

백제와 고구려의 부흥 운동

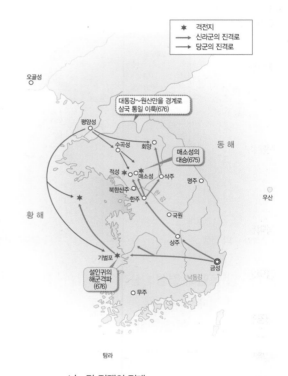

나·당 전쟁의 전개

시험에 자주 등장해요

백제와 고구려의 부흥 운동과 신라의 삼국 통일에 대해 묻는 문제가 자주 출제됩니다. 특히 신라의 삼국 통일 과정은 꼭 기억하세요.

② 삼국 통일(676)

㉠ 의의 : 당의 세력을 자주적으로 축출함, 고구려와 백제 문화를 수용하여 민족 문화 발전의 토대를 마련함

㉡ 한계 : 외세의 협조를 구함, 대동강에서 원산만 이남으로 영토가 한정됨

- 선왕께서 백성들의 참혹한 죽음을 불쌍히 여겨 임금의 귀중한 몸을 잊으시고 당에 가서 황제를 뵙고 친히 군사를 청하였다. 그 본의는 두 나라를 평정하여 영구히 전쟁을 없애고 …… 백성의 죽게 된 목숨을 보전코자 함이다.
  － 『삼국사기』 －

- 다른 종족을 끌어들여 같은 종족을 멸망시키는 것은 도적을 불러들여 형제를 죽이는 것과 다를 바 없는 것이다. …… 외세와 결탁한 반민족적인 것이며, 사대주의적 나쁜 요소를 심었다.
  － 신채호, '독사신론' －

● 출제 포인트 분석

신라의 삼국 통일에 대해 『삼국사기』는 긍정적으로 평가하였고, 신채호는 신라가 당의 세력을 끌어들여 통일을 이룬 것에 대해 부정적으로 서술하였다.

❼ 통일 신라의 발전

1) 통일 이후의 정치적 변화 : 전제 왕권의 강화, 진골 세력(상대등)의 약화, 6두품의 성장

태종 무열왕	• 최초의 진골 출신 왕 → 이후 무열왕계 진골 세력의 왕위 독점 • 왕의 동생들에게 특권적 지위를 부여하던 갈문왕 제도 폐지 • 중국식 시호 사용, 사정부 설치, 집사부 장관인 시중 설치(상대등 세력 억제) → 전제 왕권의 기반 마련
문무왕	삼국 통일 완성(676), 나·당 전쟁과 삼국 통일에 이바지한 사람에게 식읍과 사전 수여, 지방에 외사정 파견
신문왕	• 전제 왕권 확립 : 김흠돌 빈출 의 모역 사건(681) 진압, 진골 귀족 세력 숙청 빈출, 6두품 세력 성장, 만파식적·감은사·이견대 등 • 국학 설립 : 유교 교육 기관 → 유교적 정치 이념 표방, 인재 양성 목적 • 중앙 관제 조직 : 예작부 설치 → 14부의 중앙 행정 체제 정비 완료 • 지방 제도 정비 : 9주 5소경 조직 완비(중앙 집권 체제 강화), 주요 군·현에 태수와 현령 파견, 외사정 파견 • 군사 조직 정비 : 9서당(중앙군) 10정(지방군) 조직 • 녹읍 폐지 : 관료전 지급, 귀족의 경제적 기반 약화
성덕왕	• 국학 재정비, 백성에게 정전 지급(국가의 토지 지배력 강화 목적) • 당과 활발한 외교 활동 전개
경덕왕	• 국학 기능 강화 : 국학의 명칭을 태학감으로 변경, 박사와 조교 등을 둠 → 유교 교육 강화 • 전제 왕권 동요 : 진골 귀족 세력 반발 → 관료전 폐지, 녹읍 부활 • 불국사 창건, 석굴암 건립, 성덕 대왕 신종 제작
혜공왕	96각간의 난(대공의 난, 768), 김지정의 난(780), 상대등 김양상의 피살(무열왕계 왕위 세습이 끝남) → 진골 귀족의 왕위 쟁탈전 전개

구분	『삼국사기』 (혈통)	『삼국유사』 (왕호)
혁거세~ 지증왕	상대(上代)	상고(上古)
법흥왕~ 진덕 여왕		중고(中古)
무열왕~ 혜공왕	중대(中代)	하고(下古)
선덕왕~ 경순왕	하대(下代)	

신라 시대의 시기 구분

합격생의 비법

만파식적(萬波息笛)

신문왕이 바다의 용이 된 문무왕과 천신이 된 김유신이 보낸 대나무로 만들었다는 전설의 피리이다. 이 피리를 불면 적의 군사가 물러가고, 모든 질병이 나으며, 가뭄에는 비가 오고 비가 올 때는 개이며, 바람이 가라앉고 파도가 잔잔해졌다고 전해진다.

출제 사료 김흠돌의 모역 사건

반란의 괴수 흠돌과 흥원, 진공 등은 그들의 재능이 훌륭하여 지위가 올라간 것이 아니며, 관직도 실로 은전에 힘입었다. 그런데도 의롭지 못한 행동으로 관료를 능멸하고 상하를 기만하였으며, 흉악하고 사악한 자들을 끌어 모아 거사일을 정하여 반란을 일으키려 하였다. …… 이제 요사한 무리가 진압되어 근심이 없어졌으니 병사들을 속히 돌려보내고, 사방에 포고하여 이 뜻을 알도록 하라.
－ 『삼국사기』 －

● 출제 포인트 분석

681년 신문왕이 즉위하던 해에 왕의 장인인 김흠돌이 모반을 꾀하다가 발각되었다. 이 사건에 많은 진골 귀족 세력이 관련되어 있어 신문왕은 진골 귀족을 대대적으로 숙청하였다.

시험에 자주 등장해요

삼국 통일 이후 신라의 정치적 변화와 상황을 묻는 문제가 자주 출제됩니다. 특히 신문왕의 업적들은 꼭 기억하세요.

ㅇ 5소경

9주 5소경

2) 통치 체제의 개편

① **중앙 통치 조직** : 왕의 직속 기관인 **집사부** 중심 운영(장관은 **시중**, 국정 책임), 공장부와 예작부 등 13부를 두고 행정 업무 분담, **사정부** 설치(감찰 기구)

② **지방 행정 조직** : 9주 5소경 **빈출** 체제 정비, 외사정 파견 **빈출** (지방관 감찰), **상수리 제도** 실시(지방 세력 견제)

9주	• 주의 장관은 총관에서 도독으로 변화, 주 아래 군과 현을 두고 지방관 파견 • 말단 행정 구역인 촌은 토착 세력인 촌주가 지방관의 통제를 받아 다스림
5소경	• 군사상·행정상 요충지에 설치 • 수도 경주가 지역적으로 동쪽에 치우쳐 있는 문제 보완, 피정복민의 불만 무마, **지역의 균형적 발전**을 위해 설치

출제 사료 | 상수리 제도

거득공이 민정을 시찰하기 위해 거사의 모습을 하고 여러 지방을 거쳐 무진주에 이르니 …… 주의 향리 안길이 그를 비범한 사람이라 생각하고 정성껏 대접하였다. 이튿날 아침 거득공이 떠나면서 말하기를 "나는 서울 사람으로 이름은 단오이며, 집은 황룡과 황성 두 절 사이에 있으니 서울에 올라오면 찾아오라."라고 하였다. 거득공은 서울로 돌아와 재상이 되었다. 나라에서는 매년 각 주의 향리 한 사람을 도성에 있는 여러 관청에 올려 보내 지키게 하였다. 안길이 지킬 차례가 되어 도성으로 왔다. …… "무진주에 사는 안길이 상공을 뵈러 왔습니다."라고 하자 거득공이 쫓아 나와 손을 붙잡고 궁으로 들어가 잔치를 열었다.

－『삼국유사』－

● **출제 포인트 분석**

신라는 삼국을 통일한 이후 넓어진 영토와 늘어난 인구를 효율적으로 다스리고 지방 세력을 통제하기 위해 상수리 제도를 실시하였다. 상수리 제도는 각 주의 촌주 1명을 수도의 여러 관청에 보내어 일정 기간 근무하도록 한 제도로, 고려 시대의 기인 제도로 이어졌다.

③ **특수 행정 구역 설치** : 향·부곡 설치(반란을 일으킨 지역, 정복 지역 등)

④ **유교 정치 이념 수용** : **국학 설립**(유교 정치 이념 교육), 독서삼품과 실시 **빈출** (원성왕, 관리 채용 시도 → 귀족 반발 실패)

⑤ **군사 조직 개편**

9서당 **빈출** (중앙군)	• 국왕 직속 부대 • 고구려, 백제, 말갈인 등 피정복민 포함 → **민족 융합 정책**
10정 **빈출** (지방군)	9주에 1정씩 배치, 국경 지대인 한주에만 2정 배치

⑥ **민족 융합 정책 실시** : 일통삼한(一統三韓) 의식에 근거

ㄱ 백제와 고구려 지배층 편입 : 옛 백제와 고구려의 관리를 골품제 안으로 흡수

ㄴ 지방 제도 정비 : 옛 신라 땅, 고구려 땅, 백제 땅에 3주를 각각 균분하여 9주 5소경 설치

ㄷ 군사 제도 정비 : 9서당에 고구려인, 백제인, 신라인, 말갈인까지 포함하여 편성

합격생의 비법

국학의 설립

행정 실무에 뛰어난 관료를 양성하는 데 목적이 있었던 국학에서는 유교 경전과 문학서를 교육하였다. 또한 박사와 조교를 두고 있었으며, 학업 기간은 9년을 원칙으로 하였다.

합격생의 비법

독서삼품과(讀書三品科)

유학 교육 기관인 국학의 학생들을 독서 능력(유교 경전)에 따라 상·중·하로 구분하여 관리로 채용하는 제도이다.

시험에 자주 등장해요

삼국 통일 이후 신라의 통치 체제 정비 내용과 관련된 문제가 자주 출제됩니다. 독서삼품과, 9주 5소경, 상수리 제도는 꼭 기억하세요.

3) 신라 말의 혼란

① 전제 왕권의 동요 : 내물왕계 진골의 왕위 세습, 혜공왕 피살 이후 왕위 쟁탈전 심화(150여 년간 20명의 왕 교체) → 왕권 약화, 상대등 세력 강화, 집사부(시중) 권한 약화

김헌창의 난 ⚡빈출(822)	웅주 도독 김헌창이 자신의 아버지 김주원이 왕위에 오르지 못한 것에 불만을 품고 반란을 일으킴
장보고의 난 (846)	청해진을 중심으로 세력을 키운 장보고의 왕위 쟁탈전 가담(딸을 왕비로 세우려다 진골 귀족들의 반대에 부딪힘) → 중앙 정부에 반란을 일으켰으나 실패함

② 농민 봉기의 발생

　㉠ 배경 : 중앙 정부의 지방 통제력 약화, 귀족의 대토지 소유 확대, 국가 재정의 부족으로 과중한 조세 부담, 흉년과 전염병으로 농민 생활 피폐 등

　㉡ 농민 봉기 발생 : 정부의 조세 독촉, 과도한 수취 → 도망민 증가, 초적 형성 → 전국적으로 농민 봉기 발생(원종과 애노의 난, 적고적의 난 등)

출제 사료	신라 말 농민 봉기의 발생

- 진성 여왕 3년(889) 나라 안의 여러 주·군에서 공부(貢賦)를 나르지 않으니 창고가 비어 버리고 나라의 쓰임이 궁핍해졌다. 왕이 사신을 보내어 독촉하였지만, 이로 말미암아 곳곳에서 도적이 벌 떼같이 일어났다. 이에 원종과 애노 등이 사벌주(상주)에 의거하여 반란을 일으키니 왕이 나마 벼슬의 영기에게 명하여 잡게 하였다.
- 도적들이 나라의 서남쪽에서 일어났는데, 붉은 바지를 입어서 그들을 적고적(赤袴賊)이라 불렀다. 그들은 주현을 공격하고 수도의 서부 모량리까지 이르렀다.

－『삼국사기』－

● 출제 포인트 분석

　신라 말 중앙 정부의 과도한 수취와 조세 독촉으로 전국적으로 농민 봉기가 발생하였다. 이로써 신라의 통치 체제가 동요하였고, 정부의 통제력은 약화되었다.

③ 새로운 세력의 성장

호족	• 등장 배경 : 왕위 쟁탈전으로 인한 사회 혼란, 중앙의 지방 통제력 약화 • 성장 : 성주나 장군을 칭하며 행정과 군사에 실질적인 지배력 행사, 반독립적 세력으로 성장, 6두품 세력 및 선종 세력과 손잡고 신라 정부에 대항
6두품	• 진골 귀족 중심의 골품제 한계로 관직 승진 제한 → 골품제의 폐단 비판(최치원 등), 유교 정치 이념과 과거제 실시 등 개혁 요구 → 진골 귀족의 반발로 실패 • 신라 말 호족 세력과 결합하여 새로운 사회 건설 모색(최언위, 최승우 등)

④ 새로운 사상의 유행

선종	교리와 경전을 중시하는 전통적 권위 부정, 깨달음을 얻으면 누구나 부처가 될 수 있다는 주장, 참선과 수행 중시 → 호족의 지원으로 9산 성립, 농민 호응
풍수지리설	• 산, 하천, 땅이 이루는 형세로 길흉화복이 결정된다는 이론 • 도선과 같은 선종 승려에 의해 보급 → 지방의 중요성 강조 → 호족의 환영

신라 말의 사회 혼란

합천 해인사 길상탑(경남 합천)
"전쟁과 흉년 두 재앙이 당에서 멈추어 신라로 왔다. 어디고 이보다 나쁜 것이 없었고, 굶어 죽고 싸우다 죽은 시체가 들판에 즐비하였다."라고 탑지에 신라 말의 상황이 기록되어 있다.

합격생의 비법

호족의 출신 성분

호족의 출신 성분은 토착 촌주 세력, 낙향한 중앙 귀족 세력(김주원, 왕순식), 대외 무역을 통해 성장한 해상 세력(장보고), 군진 세력(견훤), 초적 세력(기훤, 양길, 궁예) 등 다양하였다.

시험에 자주 등장해요

신라 말의 역사적 사실과 관련된 문제가 자주 출제됩니다. 특히 김헌창의 난, 원종과 애노의 난, 6두품과 호족 세력은 꼭 기억하세요.

후삼국의 성립

4) 후삼국의 성립

후백제	• 건국 : 상주 출신 견훤이 완산주(전주)에 도읍(900) • 발전 : 충청도와 전라도 차지, 경제력 바탕으로 군사적 우위 확보, 중국의 후당 · 오월과 외교 관계 체결 빈출 • 한계 : 신라에 적대적(신라 금성에 침입 → 경애왕 살해 등), 농민에게 과도한 수취, 호족 세력 포섭 실패
후고구려	• 건국 : 신라 왕족 출신 궁예가 송악(개성)에 도읍(901) • 발전 : 철원으로 도읍을 옮기고 국호를 마진 · 태봉으로 고침, 독자적 관제 정비(광평성 빈출 등 설치) • 한계 : 호족 탄압, 미륵 신앙을 이용한 전제 정치 → 신망을 잃은 궁예 축출, 왕건을 왕으로 추대
신라	경주 일대의 경상도 지역으로 영토 축소

시험에 자주 등장해요

후삼국의 건국과 발전은 자주 출제됩니다. 견훤과 궁예의 업적은 꼭 기억하세요.

합격생의 비법

대조영의 출신에 관한 기록
• 고구려인이라는 기록
『구당서』, 『삼국유사』, 『제왕운기』, 『고려사』
• 말갈인이라는 기록
『신당서』, 『통전』

❽ 발해의 성립과 발전

1) 건국

① 배경 : 고구려 멸망 이후 당이 대동강 이북 고구려의 옛 땅 지배, 고구려 유이민의 요서 지역 이주, 거란의 반란을 계기로 당의 통제력 약화

② 건국 : 대조영이 고구려 유민과 말갈인을 이끌고 지린(길림)성의 동모산 부근에서 건국(698) → 남북국 시대의 성립, 옛 고구려 영토의 대부분 차지

③ 발해의 고구려 계승 의식
  ㉠ 발해의 지배층 대다수가 고구려 유이민이었음
  ㉡ 일본에 보낸 국서(國書)와 일본에서 발해에 보낸 국서에 '고려' 또는 '고려 국왕'이라는 명칭을 사용함
  ㉢ 고구려와 문화적 유사성을 보임(모줄임천장 구조, 온돌 양식, 기와 치미 등)

발해의 온돌

출제 사료 발해의 건국 / 발해의 고구려 계승 의식

• 발해 말갈의 대조영은 본래 고구려의 별종이다. 고구려가 망하자, 대조영은 그 무리를 이끌고 영주로 이사하였다. 696년에 거란 이진충이 반란을 일으켰다. …… 대조영은 무리를 드디어 그 무리를 이끌고 동쪽 계루의 옛 땅으로 들어가 동모산에 성을 쌓고 살았다.   – 『구당서』 –

• 부여씨가 망하고 고씨가 망하자 김씨의 신라가 남쪽에 있고 대씨의 발해가 북쪽에 있으니 이것이 남북국이다. …… 무릇 대씨가 누구인가? 바로 고구려 사람이다. 그들이 차지하고 있던 땅은 어떤 땅인가? 바로 고구려 땅이다.   – 유득공, 『발해고』 –

● **출제 포인트 분석**
대조영이 고구려 유민과 말갈인을 이끌고 발해를 건국하자 한반도는 남북국의 형세를 이루었다. 조선 후기 실학자 유득공은 『발해고』의 서문에서 한반도 남쪽을 차지한 신라를 남국으로, 고구려의 후예가 고구려 옛 땅에 세운 발해를 북국으로 하는 '남북국 시대론'을 제시하였다.

시험에 자주 등장해요

발해의 고구려 계승 의식 문제가 자주 출제됩니다. 발해가 고구려를 계승한 나라라는 근거를 꼭 기억하세요.

2) 발전

무왕 (대무예)	• 독자적 연호인 '인안' 사용 • 영토 확장 : 동북방의 여러 세력 복속, 북만주 일대 장악 • 당과 대립 : 당의 흑수부 설치 → 대문예, 흑수말갈 공격 → **장문휴의 수군이 당의 산둥 지방 공격(732)** • 외교 관계 : 돌궐·일본과 연결, 당·신라 견제 → 동북아시아의 세력 균형 유지
문왕 (대흠무)	• 독자적 연호인 '대흥' 사용 • 당과 친선 관계 : 당의 선진 문물과 제도를 수용하여 체제 정비, 주자감(국립 대학) 설치, 상경 용천부에 주작대로 설치 • 신라와의 상설 교통로 개설 : 신라도, 신라와의 대립 해소 • 상경 용천부로 천도 : 영토 확장에 따라 국토 재편, 권력 기반 강화
선왕 (대인수)	• 독자적 연호인 '건흥' 사용 • 영토 확장 : 말갈족 복속, 요동 지역 진출 → 최대 영역 확보 • 지방 제도 정비 : 5경 15부 62주 • 전성기를 이루며 중국으로부터 '해동성국(海東盛國, 바다 동쪽의 번성한 나라)'이라 불림

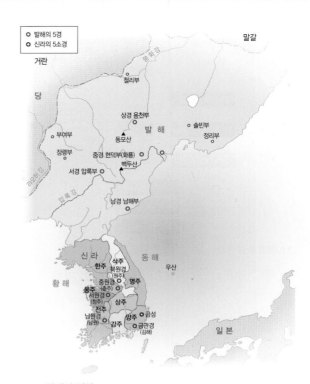

발해의 영역

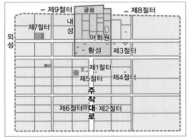

상경성

상경성은 당의 장안성을 모방하여 축조되었다. 내성과 외성으로 이루어졌고, 남북을 가로지르는 주작대로가 있었다. 내성은 궁성구와 황성구로 나뉘었고, 외성 안팎에서 절터와 집터 등이 발견되었다.

합격생의 비법

연호

중국을 비롯한 한자를 사용하는 아시아의 군주 국가에서 쓰던 해의 차례를 세는 방법이다. 연호의 사용은 대내적으로 왕권 강화, 대외적으로 중국과의 대등한 지위에 있다는 자주적 성격을 드러내기 위함이다.

출제 사료	**발해와 당의 대립**

발해의 왕이 말하기를, "흑수말갈이 처음에는 우리에게 길을 빌려 당과 통교하였다. 그런데 지금 당에 관직을 요청하면서 우리에게 알리지 않으니 이는 반드시 당과 함께 우리를 공격하려는 것이다."라고 하였다. 이어 동생 대문예와 외숙부 임아에게 군사를 거느리고 흑수를 공격하도록 명하였다.

－『구당서』－

● **출제 포인트 분석**

당은 발해를 견제하기 위해 흑수말갈을 포섭하여 그 지역에 흑수부라는 관청을 설치하고 관리를 파견하였다. 발해 무왕은 이에 반발하여 흑수말갈의 토벌을 단행하였다.

합격생의 비법

신라도

발해의 수도 상경을 출발하여 동경과 남경을 거쳐 신라로 이어지는 교통로이다. 오늘날의 동해안을 따라 발해와 신라가 연결되었음을 알 수 있다.

3) 멸망

① 지배층의 권력 다툼으로 쇠퇴 → **거란족의 침입으로 멸망(926)**
② 발해 유민의 고려 망명, 후발해·정안국 등 발해 계승 국가 건국

발해의 중앙 관제

( ): 당의 관제

4) 통치 체제

중앙 정치 조직	• 당의 3성 6부 수용 → 명칭과 운영의 독자성 유지(유교적 성격의 6부 명칭 사용, 정당성 아래 좌사정과 우사정의 이원적 운영) • 정당성의 장관 대내상이 국정 총괄 • 관리 감찰 기구인 중정대(🎯 빈출), 최고 교육 기관인 주자감, 서적 관리를 담당하는 문적원, 외교 의례를 담당한 사빈시 설치
지방 행정 조직	• 5경 15부 62주(🎯 빈출) 조직 : 전략적 요충지에 5경 설치, 지방을 15부 62주로 나누어 통치, 주 밑에 현 설치 • 부에는 도독, 주에는 자사, 현에는 현승 등 지방관 파견 • 촌락 : 토착 세력이 지배, 말갈인을 촌장으로 임명
군사 조직	• 중앙군 : 10위(왕궁과 수도의 경비) • 지방군 : 해당 지방관이 지휘

5) 대외 관계

① 당과의 관계 : 초기에는 대립 관계였으나 **문왕 이후 친선 관계 유지**

ㄱ. 8세기 초반(무왕) : 장문휴가 수군을 이끌고 산둥 지방의 덩저우 선제공격

ㄴ. 8세기 후반(문왕) : 국교 재개, 산둥 반도에 발해관 설치, 책·비단 수입, 사신과 유학생 파견(빈공과 합격)

② 신라와의 관계 : 활발한 교류는 없었으나 때에 따라 사신 교환

ㄱ. 대립 : 당의 요청으로 신라가 발해 공격(733), 쟁장 사건(897), 등제 서열 사건 (906)

ㄴ. 친선 : 대조영의 신라 사신 파견(대아찬 부여), 원성왕과 헌덕왕 때 발해에 사신 파견, 신라도 설치, 거란 침입 때 신라에 구원 요청

출제 사료 — 발해와 신라의 관계

• 원성왕 6년 3월 사신을 북국(北國)에 보내 빙문(聘問)하였다. …… 요동 땅에서 일어나 고구려의 북쪽 땅을 병합하고 신라와 더불어 경계를 서로 맞대었지만, 교빙한 일이 역사에는 전하는 것이 없었다. 이때에 와서 일길찬 백어를 보내어 교빙하였다. — 『동사강목』 —
• 헌덕왕 4년 가을 9월 급찬 승정을 북국(北國)에 사신으로 보냈다. — 『삼국사기』 —

● **출제 포인트 분석**
사료의 북국(北國)은 발해를 나타내는 말로, 신라 원성왕과 헌덕왕 때 발해에 사신을 파견하는 등 우호적인 관계를 맺기도 하였다.

③ 일본과의 관계 : 당과 신라의 협공으로 인한 고립에서 벗어나기 위해 발해와 우호적 관계 유지

6) 자주 의식

① 중앙 정치 조직 : 당의 3성 6부를 수용하였으나 **독자성을 유지**

② **독자적 연호 사용** : 천통(대조영), 인안(무왕), 대흥(문왕), 건흥(선왕) 등 독자적 연호를 사용하여 왕권 강화를 상징하고 독립국임을 표방

③ 황상, 황제, 황후 등의 호칭 사용 : 중국과 대등한 지위임을 대외적으로 표방

합격생의 비법

쟁장 사건

897년 당에 간 발해의 사신이 신라 사신보다 윗자리에 앉을 것을 요청하였다가 거절당한 사건이다.

합격생의 비법

등제 서열 사건

906년 신라의 최언위가 발해의 오광찬보다 빈공과의 등제 석차가 앞서자 오광찬의 아버지인 재상 오소도가 아들의 석차를 올려달라고 청하였다가 거절당한 사건이다.

시험에 자주 등장해요

발해의 발전 과정과 통치 체제를 묻는 문제가 자주 출제됩니다. 특히 발해 왕들의 업적, 당과 발해, 당과 신라의 관계, 통치 체제의 특징은 꼭 기억하세요.

빈칸 채우기

01 고구려 영토를 확장하여 한강 이북을 점령한 광개토 대왕은 ☐(이)라는 연호를 사용하였다.

02 고구려 장수왕 시기 영토가 충주 지역까지 확대되어 죽령~남양만을 연결하는 선까지 이르렀음을 보여주는 비석은 ☐(이)다.

03 4세기 후반 백제의 전성기를 이끈 ☐은/는 중국의 요서·산동 및 일본의 규슈 지방에 진출하였다.

04 박·석·김씨가 번갈아 왕위를 맡았던 신라는 ☐ 이후 김씨의 왕위 세습이 이루어졌다

05 신라 ☐은/는 국호를 사로국에서 신라로, 왕호를 마립간에서 왕으로 변경하였다.

06 신라는 ☐ 때 율령을 반포하고 불교를 공인하는 등 중앙 집권 체제가 완성되었다.

07 신라 진흥왕은 ☐ 유역을 확보하여 고구려와 백제의 연결을 차단하는 등 한반도의 주도권을 획득하였다.

08 가야 연맹의 주도권은 초기 금관가야에서 5세기 이후 ☐(으)로 이동하였다.

09 고구려의 팽창에 대비하기 위한 나·제 동맹은 백제 ☐와/과 신라 눌지왕에 의해 체결되었다.

10 발해는 일본에 보낸 국서에 '고려' 또는 '고려 국왕'이라는 명칭을 사용하는 등 ☐ 계승 의식을 지니고 있다.

정답 **01** 영락 **02** 충주 고구려비(중원 고구려비) **03** 근초고왕 **04** 내물왕 **05** 지증왕 **06** 법흥왕 **07** 한강 **08** 대가야 **09** 비류왕 **10** 고구려

---

01 ^{31회 4번} **(가), (나) 사이의 시기에 있었던 사실로 옳은 것은?**

(가) 전진 왕 부견이 사신과 승려 순도를 보내 불상과 경전을 보내왔다. 왕이 사신을 보내 사례하고 방물(方物)을 바쳤다. 태학을 세우고 자제를 교육시켰다.

(나) 왕이 군사 3만 명을 거느리고 백제를 침공하여 도읍 한성을 점령하고, 그 왕 부여 경을 죽이고 남녀 8천 명을 포로로 잡아 돌아왔다.

– 『삼국사기』 –

① 백제가 신라의 대야성을 함락하였다.
② 고구려가 신라에 침입한 왜를 격퇴하였다.
③ 신라가 병부를 설치하여 군사력을 강화하였다.
④ 고구려가 대방군을 축출하고 영토를 확장하였다.
⑤ 백제가 평양성을 공격하여 고구려 왕이 전사하였다.

정답 ②
해설 (가)는 고구려 소수림왕 때의 사실이고, (나)는 장수왕의 남하 정책과 관련 있는 사실이다. 따라서 두 역사적 사실 사이에는 고구려 광개토 대왕이 신라에 침입한 왜를 격퇴한 사건이 일어났다.
오답 피하기 ① 백제의 공격을 받은 신라는 고구려에 구원을 요청하였지만 집권자인 연개소문은 이를 거절하였다. ③ 신라 법흥왕 때 병부가 설치되었다. ④ 고구려 미천왕은 낙랑군과 대방군을 축출하였다. ⑤ 백제 근초고왕이 평양성을 공격하여 고구려 고국원왕이 전사하였다.

---

02 ^{30회 6번} **다음 상황이 나타난 시기를 연표에서 옳게 고른 것은?**

(영류왕) 14년 당(唐)이 광주사마 장손사를 보내 수(隋) 병사의 유해가 묻힌 곳에 와서 제사 지내게 하고, (고구려가) 세운 경관(京觀)*을 허물어 버렸다. 봄 2월에 왕이 많은 사람들을 동원하여 동북의 부여성에서부터 동남의 바다에 이르기까지 천여 리에 걸쳐 장성(長城)을 축조하기 시작하였다.

– 『삼국사기』 –

*경관(京觀): 적의 유해를 묻은 곳에 세운 승전기념물

	554		612		645		660		663		675
		(가)		(나)		(다)		(라)		(마)	
	관산성 전투		살수 대첩		안시성 전투		황산벌 전투		백강 전투		매소성 전투

① (가)　　② (나)　　③ (다)　　④ (라)　　⑤ (마)

정답 ②
해설 고구려는 영류왕 때 당의 침략에 대비하기 위하여 부여성에서 비사성에 걸쳐 천리장성을 축조하였다. 따라서 살수 대첩으로 수의 침략을 물리치고 이후 당이 침략하여 안시성 전투가 벌어지기 이전인 (나) 시기에 나타난 상황이다.

03 _{29회 3번} 다음 비석에 대한 설명으로 옳지 <u>않은</u> 것은?

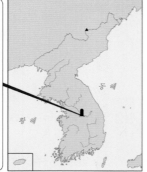

고(구)려 대왕의 조왕(祖王)께서 태자 공, 대사자 다우환노 등에게 명하여 이곳에 이르러 매금(寐錦)*을 만나도록 하였다. …… 태자 공에게 명령하여 동이(東夷) 매금과 그 관리들에게 의복을 내리게 하였다.

*매금(寐錦) : 마립간을 뜻한다.

① 고구려의 관등명이 기록되어 있다.
② 고구려가 신라를 동이(東夷)로 칭하고 있다.
③ 한반도에서 발견된 유일한 고구려 비석이다.
④ 고구려가 남한강 유역까지 진출하였음을 보여 준다.
⑤ 고구려가 신라의 요청으로 왜를 격퇴한 사실이 나타나 있다.

정답 ⑤

해설 제시된 비석은 고구려 장수왕이 남진 정책을 추진하여 남양만에서 죽령에 이르는 지역을 점령한 이후 세운 척경비인 충주(중원) 고구려비이다. ⑤ 광개토 대왕릉비에는 고구려가 신라의 요청으로 왜를 격퇴한 사실이 나타나있다.

04 _{22회 3번} 다음 자료의 왕에 대한 설명으로 옳은 것은?

○ 왕 16년 북한산을 순행하여 국경을 정하였다.
　　18년 신주를 없애고 북한산주를 설치하였다.
　　29년 북한산주를 없애고 남천주(南川州)를 설치하였다.
○ 왕이 크게 인민을 얻어…… 이리하여 관경(管境)을 순수(巡狩)하면서 민심을 □□하고 노고를 위로하고자 한다. …… 남천군주(南川軍主)는 …… 사탁(沙喙) 굴정차(屈丁次) 나(奈)□이다.

① 수도에 동시전을 설치하였다.
② 첨성대를 세워 천체를 관측하였다.
③ 율령을 반포하여 통치질서를 확립하였다.
④ 지배자의 칭호를 마립간에서 왕으로 고쳤다.
⑤ 대가야를 정복하여 낙동강 서쪽을 장악하였다.

정답 ⑤

해설 제시된 자료에서 왕이 북한산을 순행하고 관경을 순수하였다는 말을 통해 신라 진흥왕임을 알 수 있다. ⑤ 신라 진흥왕은 대가야를 정복하여 낙동강 서쪽을 장악하였다.

오답 피하기 ① 신라 지증왕은 수도에 동시전을 설치하였다. ② 신라 선덕 여왕은 첨성대를 세웠다. ③ 신라 법흥왕은 율령을 반포하여 체제를 정비하였다. ④ 신라 지증왕은 마립간에서 왕으로 왕호를 변경하고 국호를 신라로 정하였다.

05 _{28회 5번} (가), (나) 사이에 있었던 사실로 옳은 것은?

(가) 고구려 왕 거련이 몸소 군사를 거느리고 백제를 공격하였다. 백제 왕 경이 아들 문주를 보내 구원을 요청하였다. 왕이 군사를 내어 구해주려 했으나 미처 도착하기도 전에 백제가 이미 무너졌다. 경 또한 피살되었다.
　　　　　　　　　　　　　　　 － 『삼국사기』 신라본기 －

(나) 금관국의 왕인 김구해가 왕비와 세 명의 아들, 즉 큰아들인 노종, 둘째 아들인 무덕, 막내아들인 무력과 함께 나라의 창고에 있던 보물을 가지고 와서 항복하였다.
　　　　　　　　　　　　　　　 － 『삼국사기』 신라본기 －

① 백제가 웅진으로 천도하였다.
② 신라가 대가야를 멸망시켰다.
③ 고구려가 낙랑군을 축출하였다.
④ 신라가 매소성에서 당을 물리쳤다.
⑤ 신라가 함경도 지역까지 진출하였다.

정답 ①

해설 (가) 475년 고구려 장수왕의 남진 정책으로 백제 개로왕이 전사하고 한성이 함락되었다. 이후 백제 문주왕은 웅진으로 천도하였다. (나) 532년 신라 법흥왕에 의해 금관가야가 멸망하였다.

오답 피하기 ② · ⑤ 신라 진흥왕은 대가야를 정복하여 낙동강 상류 지역을 정복하고 한강 유역을 차지하였으며, 함경도에 진출하는 등 삼국 경쟁의 주도권을 장악하였다. ③ 고구려 미천왕은 낙랑군을 축출하였다. ④ 신라는 나 · 당 전쟁에서 매소성 전투와 기벌포 전투를 통해 당군을 축출하였다.

06 _{27회 9번} 밑줄 그은 '그'의 활동으로 옳은 것은?

후삼국 시대를 이끌어 간 인물들 가운데 한 명을 소개해 주십시오.

신라 왕족의 후예로 알려진 그는 양길의 휘하에서 힘을 길러 강원도, 경기도 일대를 장악하고 황해도 지역까지 세력을 넓혔습니다. 그 후 송악에 도읍을 정하고 후고구려를 세웠지요.

① 북한산에 순수비를 세웠다.
② 중앙군으로 9서당을 설치하였다.
③ 대규모 사찰인 미륵사를 건립하였다.
④ 신라에 적극적인 우호 정책을 펼쳤다.
⑤ 국호를 마진으로 바꾸고 철원으로 천도하였다.

정답 ⑤

해설 밑줄 그은 '그는 궁예이다. 궁예는 신라 왕족 출신으로 송악을 도읍으로 정하고 후고구려를 건국하였다. 이후 궁예는 904년 철원으로 도읍을 옮기고 국호를 마진이라 하였다가 곧 태봉으로 변경하였다.

07 36회 10번
07 (가), (나) 인물의 활동으로 옳은 것은?

> [(가)]은/는 본래 신라의 왕자로서 도리어 제 나라를 원수로 삼아 심지어는 선조(先祖)의 화상(畵像)을 칼로 베었으니 그 행위가 매우 어질지 못하였다. [(나)]은/는 신라의 백성으로서 신라의 녹을 먹으면서 세력을 키우다가 화(禍)를 일으킬 마음을 품고 (신라의) 도읍을 침범하여 임금과 신하를 살해하니 (그 행위가) 마치 짐승과 같았다. 참으로 천하의 으뜸가는 악인이로다. 그러므로 [(가)]은/는 그 신하로부터 버림을 당하였고, [(나)]은/는 그 아들에게서 화가 생겨났으니 모두 스스로 불러들인 것인데 누구를 원망한단 말인가.
>
> — 『삼국유사』 —

① (가) – 완산주를 도읍으로 하여 후백제를 세웠다.
② (가) – 국호를 마진으로 바꾸고 철원으로 천도하였다.
③ (나) – 송악을 도읍으로 정하고 후고구려를 건국하였다.
④ (나) – 서경을 중시하여 북진 정책의 전진 기지로 삼았다.
⑤ (가), (나) – 황산 전투에서 왕건의 고려군에게 패배하였다.

정답 ②

해설 (가) 인물은 궁예, (나) 인물은 견훤이다. (가) 신라 왕족 출신인 궁예는 901년 송악에 도읍을 정하고 후고구려를 건국하였다. 이후 철원으로 도읍을 옮기고 국호를 마진, 태봉으로 고쳤다. 그러나 호족을 탄압하고 전제 정치를 펼치면서 점점 신망을 잃어 왕위에서 축출되었다. (나) 상주 출신의 견훤은 900년 완산주에 도읍을 정하고 후백제를 건국하였다. 충청도와 전라도를 차지하면서 발전하였으나 견훤의 아들들 사이에 내분이 발생하면서 큰아들 신검에 의해 금산사에 유폐되었다가 탈출하여 935년 고려에 귀순하였다.

08 37회 8번
08 (가) 왕에 대한 설명으로 옳은 것을 〈보기〉에서 고른 것은?

> 이곳은 산동반도의 등주성입니다. [(가)]이/가 이 지역에 장문휴를 보내 당의 군대를 격파하였습니다.

---〈 보 기 〉---
ㄱ. 중경 현덕부에서 상경 용천부로 천도하였다.
ㄴ. 고구려 유민을 이끌고 동모산에서 건국하였다.
ㄷ. 인안(仁安)이라는 독자적인 연호를 사용하였다.
ㄹ. 대문예로 하여금 흑수 말갈을 정벌하게 하였다.

① ㄱ, ㄴ   ② ㄱ, ㄷ   ③ ㄴ, ㄷ
④ ㄴ, ㄹ   ⑤ ㄷ, ㄹ

정답 ⑤

해설 (가) 왕은 발해 무왕이다. ㄷ. 발해 무왕은 독자적 연호인 '인안'을 사용하였으며, ㄹ. 동생 대문예로 하여금 흑수 말갈을 정벌하게 하였다. 또 장문휴의 수군을 당으로 보내 산둥 지방을 공격하는 등 당과 대립하였다.

오답 피하기 ㄱ. 발해 문왕 때 상경 용천부로 천도하였다.
ㄴ. 발해 대조영(고왕)에 대한 설명이다.

09 26회 11번
09 밑줄 그은 '이 나라'에 대한 설명으로 옳지 않은 것은?

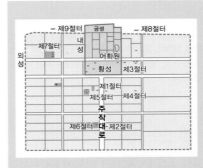

> 이 나라의 수도였던 상경성은 내성과 외성으로 이루어졌고, 남북을 가로지르는 주작대로가 있었다. 내성은 왕이 거주하는 궁성구와 관아가 있는 황성구로 나뉘었다. 외성 안팎에서는 절터, 집터 등이 발견되었다.

① 전성기에 해동성국이라 불렸다.
② 궁전 터에서 온돌 장치가 발견되었다.
③ 고려 국왕을 표방하고 일본과 교류하였다.
④ 정당성의 장관인 대내상이 국정을 총괄하였다.
⑤ 지방 세력의 통제를 위해 상수리 제도를 실시하였다.

정답 ⑤

해설 밑줄 그은 '이 나라'는 발해이다. 발해의 수도 상경성은 당의 장안성을 모방하여 축조되었다. 내성과 외성으로 이루어졌고, 남북을 가로지르는 주작대로가 있다. ⑤ 상수리 제도는 통일 신라 시대에 지방 세력을 통제하기 위해 시행되었다.

오답 피하기 ① 발해는 선왕 때 중국으로부터 해동성국이라 불렸다. ② · ③ 발해는 온돌 양식, 모줄임천장구조, 기와 치미 등에서 고구려와 문화적 유사성을 보였으며, 외교 문서에 고려 국왕을 표방하는 등 고구려 계승 의식을 갖고 있었다. ④ 발해는 당의 3성 6부를 수용하였으나, 정당성 아래 좌사정과 우사정을 이원적으로 운영하는 등 독자성을 유지하였다.

10 밑줄 그은 ㉠에 해당하는 제도에 대한 설명으로 옳은 것은?

(거득공이) 거사의 차림으로 도성을 떠나 …… 무진 주를 순행하니, 주의 향리 안길이 그를 정성껏 대접하였다. …… 이튿날 아침 거득공이 떠나면서 말하기를 "…… 도성에 올라오면 찾아오라." 하였고, 서울로 돌아와 재상이 되었다. 나라의 제도에 ㉠해마다 외주(外州)의 향리 한 사람을 도성에 있는 여러 관청에 올려 보내 지키게 하였다. 지금의 기인이다. 안길이 올라가 지킬 차례가 되어 도성으로 왔다.

— 『삼국유사』 —

① 좌수와 별감이라는 향임직을 두어 운영되었다.
② 대간으로 불리며 왕의 권력 행사를 비판하였다.
③ 지방 세력을 견제하기 위한 수단으로 활용되었다.
④ 수령을 보좌하고 풍속을 교정하는 기능을 하였다.
⑤ 국가 운영의 주요 사항을 결정하는 역할을 하였다.

정답 ③

해설 ㉠은 상수리 제도이다. 통일 신라 시대 상수리 제도는 해마다 각 주의 촌주 1명을 수도 금성에 있는 여러 관청에 올려보내 일정 기간 근무하도록 한 정책으로, 고려의 기인 제도와 유사하다. 상수리 제도와 기인 제도는 지방 세력을 견제하기 위한 수단으로 활용되었다.

11 (가), (나)를 수도로 삼았던 시기의 백제에 대한 설명으로 옳은 것을 〈보기〉에서 고른 것은?

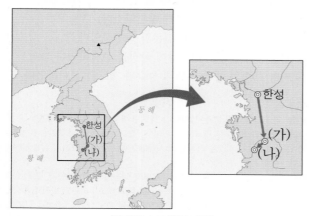

〈백제의 수도 변천 과정〉

―― 〈보 기〉 ――
ㄱ. (가) – 고구려 평양성을 공격하였다.
ㄴ. (가) – 지방에 22담로를 설치하였다.
ㄷ. (나) – 서기라는 역사서를 편찬하였다.
ㄹ. (나) – 일시적으로 한강 유역을 되찾았다.

① ㄱ, ㄴ
② ㄱ, ㄷ
③ ㄴ, ㄷ
④ ㄴ, ㄹ
⑤ ㄷ, ㄹ

정답 ④

해설 (가) 웅진, (나) 사비이다. 백제는 도읍을 한성에서 웅진, 사비로 천도하였다. 웅진 시대에 무령왕은 지방에 22담로를 설치하였고, 사비로 천도한 성왕은 신라 진흥왕과 함께 한강 유역을 일시적으로 되찾았다.

12 (가)~(라)를 일어난 순서대로 옳게 나열한 것은?

(가) 의자왕은 당과 신라 군사들이 이미 백강과 탄현을 지났다는 소식을 듣고 장군 계백을 시켜 결사대 5천 명을 거느리고 황산으로 가서 신라 군사와 싸우게 하였다.
(나) 유인원과 신라왕 김법민은 육군을 거느려 나아가고, 유인궤와 부여융은 수군과 군량을 실은 배를 거느리고 …… 백강으로 가서 육군과 합세하여 주류성으로 갔다. 백강 어귀에서 왜의 군사를 만나 …… 그들의 배 4백 척을 불살랐다.
(다) 이근행이 군사 20만 명을 이끌고 매소성에 진을 쳤다. 신라군이 (이근행의 군사를) 공격하여 패주시키고, 말 3만여 필과 그 만큼의 다른 병기를 얻었다.
(라) 검모잠이 남은 백성들을 모아서 …… 당의 관리와 승려 법안 등을 죽이고 신라로 향하였다. …… 안승을 한성 안으로 맞아 들여 받들어 왕으로 삼았다.

① (가) – (나) – (다) – (라)
② (가) – (나) – (라) – (다)
③ (나) – (가) – (라) – (다)
④ (나) – (다) – (가) – (라)
⑤ (다) – (라) – (나) – (가)

정답 ②

해설 (가) 황산벌 전투(660), (나) 백강 전투(663), (다) 매소성 전투(675), (라) 검모잠의 고구려 부흥 운동(670)과 관련된 내용이다. 나·당 연합군이 황산벌에서 계백의 결사대를 격파하고 사비성을 함락시켜 백제를 멸망시켰으며, 이후 백제 부흥 운동이 전개되자 왜의 수군이 지원하여 백강 전투가 일어났으나 나·당 연합군이 진압하였다. 또 검모잠과 고연무 등을 중심으로 고구려도 부흥 운동을 벌였으나 실패하였다. 이후 신라는 당의 20만 대군을 매소성에서 격파하여 당군을 축출하고 삼국 통일을 이룩하였다(676).

13 (가), (나)의 부흥 운동에 대한 설명으로 옳은 것을 〈보기〉에서 고른 것은?

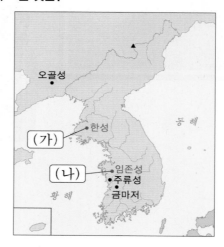

<보 기>
ㄱ. (가) - 검모잠이 고구려를 다시 세우고자 하였다.
ㄴ. (가) - 복신과 도침이 부여풍을 왕으로 추대하였다.
ㄷ. (나) - 흑치상지가 백제 부흥 운동을 이끌었다.
ㄹ. (나) - 안승이 신라에 의해 보덕국왕으로 임명되었다.

① ㄱ, ㄴ   ② ㄱ, ㄷ   ③ ㄴ, ㄷ
④ ㄴ, ㄹ   ⑤ ㄷ, ㄹ

정답 ②

해설 지금의 황해도 재령군 지역인 한성에서 전개된 (가)는 검모잠이 고구려를 다시 세우고자 한 고구려 부흥 운동이고, 임존성에서 전개된 (나)는 흑치상지가 이끈 백제 부흥 운동이다.

오답 피하기 ㄴ. 복신과 도침이 부여풍을 왕으로 추대하며 주류성과 임존성에서 백제 부흥 운동을 벌였다.
ㄹ. 신라는 안승을 고구려왕인 보덕국왕으로 임명하며 고구려 부흥 운동을 지원하였다.

---

14 38회 10번
교사의 질문에 대한 학생의 답변으로 옳은 것은?

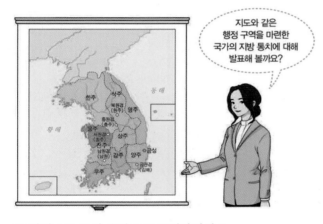

지도와 같은 행정 구역을 마련한 국가의 지방 통치에 대해 발표해 볼까요?

① 경재소를 두어 유향소를 통제하였어요.
② 지방의 22담로에 왕족을 파견하였어요.
③ 전국의 주요 지역에 12목을 설치하였어요.
④ 지방관을 감찰하기 위해 외사정을 두었어요.
⑤ 관찰사를 보내어 관할 고을의 수령을 감독하였어요.

정답 ④

해설 제시된 지도는 통일 신라 시대의 지방 행정 조직인 9주 5소경이다. 신라는 통일 이후 넓어진 영토와 늘어난 인구를 효율적으로 다스리기 위해 지방 행정 조직을 9주 5소경으로 정비하였다. 이외에 통일 신라는 ④ 지방관을 감찰하기 위해 외사정을 두었고, 지방 세력을 통제하기 위해 상수리 제도를 시행하였다.

오답 피하기 ①·⑤ 조선 시대에 경재소를 두어 유향소를 통제하였고, 관찰사를 보내 관할 고을의 수령을 감독하였다. ② 백제 무령왕 때 지방의 22담로에 왕족을 파견하였다. ③ 고려 성종 때 전국 주요 지역에 12목을 설치하였다.

---

15 27회 5번
(가) 나라에 대한 설명으로 옳은 것은?

구지봉이라고 불리는 이 봉우리에는 ___(가)___의 건국 설화가 전해오고 있습니다. 하늘에서 이곳으로 내려온 금합에 여섯 개의 알이 들어 있었는데, 가장 먼저 알에서 나온 수로(首露)가 나라를 세웠다고 합니다.

① 동맹이라는 제천 행사를 열었다.
② 가(加)들이 별도로 사출도를 다스렸다.
③ 중앙 집권적인 고대 국가로 발전하였다.
④ 만장일치제로 운영된 화백 회의가 있었다.
⑤ 낙랑과 왜를 연결하는 중계 무역으로 번성하였다.

정답 ⑤

해설 (가) 나라는 가야이다. 가야는 김수로가 나라를 세웠다는 건국 설화가 전해 내려온다. 가야는 농경이 발달하고 철 생산이 활발하였으며, 낙랑과 왜를 연결하는 중계 무역으로 번성하였다.

오답 피하기 ① 고구려, ② 부여, ③ 고구려·백제·신라, ④ 신라에 대한 설명이다.

---

16 22회 6번
밑줄 그은 '왕'에 대한 설명으로 옳은 것은?

역사 신문

제△△호   689년 ○○월 ○○일

왕권 강화를 위한 개혁 단행

재작년 관료전 지급에 이어 이번에 왕이 귀족의 경제 기반인 녹읍을 폐지하겠다고 전격 발표하였다. 왕은 즉위 초 김흠돌의 난을 진압한 이래 9주 5소경의 지방 행정 조직 개편, 중앙군과 지방군의 정비 등 일련의 개혁 정책을 추진해왔는데, 이번 조치를 통해 왕권을 강화하려는 왕의 개혁 정책이 마무리되었다고 평가할 수 있다.

① 백성에게 정전을 지급하였다.
② 불교 수용을 통해 왕권을 강화하였다.
③ 국학을 설립하여 유학 교육을 실시하였다.
④ 관리 채용을 위해 독서삼품과를 시행하였다.
⑤ 나·당 전쟁에서 승리하여 삼국을 통일하였다.

정답 ③

해설 밑줄 그은 '왕'은 신문왕이다. 신문왕은 관료전을 지급하고 녹읍을 폐지하였으며, 김흠돌의 난을 진압하였다. 또 신문왕은 국학을 설립하여 유학 교육을 실시하였다.

오답 피하기 ① 성덕왕은 백성에게 정전을 지급하여 국가의 토지 지배력을 강화하고자 하였다. ② 법흥왕은 불교를 수용하고 율령을 반포하는 등 왕권을 강화하였다. ④ 원성왕은 독서삼품과 관리 채용을 시도하였으나 귀족의 반발로 실패하였다. ⑤ 문무왕은 나·당 전쟁에서 승리하여 삼국 통일을 완성하였다.

194	502	687	689	722	757
고구려, 진대법 실시	신라, 우경 실시	관료전 지급	녹읍 폐지	정전 지급	녹읍 부활

연표

02 | 고대의 경제

출제 빈도 상 | **중** | 하

❶ 삼국의 경제

1) 수취 체제

조세	재산의 정도에 따라 호(戶)를 나누어 곡물과 포 징수
공물	각 지역의 특산물 징수
역	15세 이상 남자의 노동력 징발(왕궁이나 성, 저수지 등 축조)

출제 사료 　삼국의 수취 체제

- 세(인두세)는 포목 5필에 곡식 5섬이다. 유인(遊人)은 3년에 한 번을 내는데, 열 사람이 어울려 세포(細布) 한 필을 낸다. 조(租)는 상호(上戶)가 1섬을 내고, 그 다음이 7말이며, 하호(下戶)는 5말을 낸다. 　　　　　　　　　　　　 – 『수서』 –
- 세로는 포목, 비단 실과 삼, 쌀을 냈는데, 풍흉에 따라 차등을 두어 받았다. 　　　　　– 『주서』 –
- 온조왕 41년 2월 한수 북부 사람 가운데 15세 이상 된 자를 징발하여 위례성을 수리하였다. 　　　　　　　　　　　　 – 『삼국사기』 –

● **출제 포인트 분석**
　삼국 시대에는 재산의 정도에 따라 호(戶)를 3등분하여 세금을 거두었다. 조(租)보다 세(稅)의 비중이 큰 것으로 보아 당시 수취의 중심을 이룬 것은 인세(人稅)였음을 알 수 있다. 일반민에 비해 유인(遊人)의 조세 부담이 상대적으로 적었으며, 15세 이상 남자를 왕궁, 성, 저수지 등 노동력이 필요한 경우에 동원하였다.

2) 경제 활동

① **농업 중심** : 휴한 농법 중심으로 농경 생활
　㉠ 농업 생산력 증대 : 철제 농기구의 보급, 농사철 부역의 징발 금지, 우경의 확대, 저수지 축조, 황무지 개간
　㉡ 농민 생활 안정 : 흉년에 가난한 백성에게 관청의 곡식 대여(고구려 고국천왕의 진대법 **빈출**)
② **수공업 발달** : 수공업 제품을 생산하는 관청 설치, 수공업자 배정 → 무기, 장신구 등 필요한 물품 생산
③ **상업 발달** : 대도시 중심 전개, 수도에 시장 설치(신라 금성의 동시), 시장 감독 관청인 동시전 설치 **빈출**(신라 지증왕 때)

④ 무역 전개 : 귀족의 필요에 따라 무역 전개, 주로 공무역 형태

고구려	남북조 및 유목 민족과 교류
백제	남조 및 왜와 활발한 무역 전개
신라	고구려와 백제를 통해 중국과 무역 → 한강의 당항성 확보 이후 직접 교역
가야	낙랑군 및 백제와 왜 사이에서 중계 무역 전개

3) 경제생활

왕	왕토 사상을 바탕으로 관리(귀족)에 토지 지급, 백성으로부터 조세 수취
귀족	• 자기 소유의 토지와 노비, 국가가 준 녹읍·식읍에서 조세 및 노동력 징수, 고리대를 통해 토지와 노비 등 재산 확대 • 화려하고 풍족한 생활 유지(비단, 보석 등)
농민	자기 소유의 토지나 부유한 자의 토지를 빌려 경작 → 조세 부담, 자연재해, 고리대 등으로 몰락(유랑민, 도적 등)

합격생의 비법

왕토 사상

왕권이 강화되면서 모든 국토는 왕의 소유라는 관념이 등장하였다. 그러나 왕토 사상은 소유권이 아닌 통치권으로 해석해야 한다.

합격생의 비법

녹읍과 식읍

녹읍은 관료에게, 식읍은 왕족이나 공신 등에게 지급된 것으로, 일정한 지역의 조세 수취, 노동력 징발 등의 권리를 부여하였다.

❷ 통일 신라의 경제

1) 경제 정책

① 수취 체제의 정비

조세	통일 이전보다 완화, 농지에서 수확한 생산량의 10분의 1 수취
공물	촌락 단위로 그 지역의 특산물 징수
역	16~60세의 남자 대상, 군역과 요역 부과

② 토지 제도의 변화

　㉠ 관료전 지급 **빈출**

• 신문왕 때 녹읍 폐지 **빈출**, 식읍 제한 → 관료전 지급

• 노동력을 징발할 수 없어 귀족들의 농민 지배력 약화, 왕권 강화

㉡ 정전 지급 : 성덕왕 때 왕토 사상에 근거하여 백성에게 토지 지급, 민정 문서에 나타나는 연수유전·연수유답과 일치 → 국가의 토지 지배권 강화

㉢ 녹읍 부활 : 경덕왕 때 진골 귀족의 반발로 부활 → 귀족 세력의 견제 실패

출제 사료	**통일 신라의 토지 제도**

• 문무왕 8년, 김유신에게 식읍을 주었다.
• 신문왕 7년, 문무 관료전을 지급하되 차등을 두었다.
• 신문왕 9년, 내외관의 녹읍을 혁파하고 매년 조(租)를 내리되 차등이 있게 하여 이로써 영원한 법식을 삼았다.
• 성덕왕 21년, 처음으로 백성에게 정전을 지급하였다.
• 경덕왕 16년, 여러 내외관의 월봉을 없애고 다시 녹읍을 나누어 주었다.

－『삼국사기』－

● **출제 포인트 분석**

　통일 신라 시기 토지 제도의 변화를 통해 왕권과 귀족 간의 세력 변화를 파악할 수 있다. 신문왕 때 관료전 지급은 왕권의 강화를 뒷받침하며, 녹읍 폐지는 귀족 세력의 약화를 보여 준다. 또 성덕왕 때 정전을 지급하여 왕권을 강화하고, 농민 경제를 안정시키고자 하였다. 이후 귀족 세력의 반발로 왕권이 약화되면서 경덕왕 때 녹읍이 부활하였다.

합격생의 비법

촌락

10호 가량의 혈연 집단이 거주하는 말단 행정 구역으로, 3~4개의 촌이 합쳐져 하나의 행정촌을 형성한다. 몇 개의 촌을 관리하는 촌주를 통해 국가의 지배를 받았다.

구분	녹읍	관료전
지급 기준	관직 복무	관직 복무
지급 내용	수조권, 노동력 징발	수조권
세습 여부	세습 가능	세습 불가
징수 방법	관리 징수	국가 징수 → 관리 지급

녹읍과 관료전

시험에 자주 등장해요

통일 신라 시대 토지 제도의 변화 내용과 민정 문서를 묻는 문제가 자주 출제됩니다. 특히 신라의 토지 제도가 '관료전 지급과 녹읍 폐지 → 정전 지급 → 녹읍 부활'의 순서로 변화했다는 사실을 꼭 기억하세요.

③ 민정 문서(촌락 문서)의 작성 : 조세, 공물, 부역 징수의 근거

민정 문서

출제 사료	통일 신라의 민정 문서

사해점촌을 조사해보니 지형이 산과 평지로 이루어져 있고 수는 합하여 11호인데, 중하연이 4호, 하상연이 2호, 하하연이 5호이다. 마을의 모든 사람을 합하면 147명인데, 남자는 정이 29명(노비 1명 포함), 조자 7명(노비 1명 포함), 추자 12명, 소자 10명, 3년 동안 태어난 소자 5명, 제공이 1명이다. 여자는 정녀 42명(노비 5명 포함), 조녀자 11명(노비 1명 포함), 추녀자 9명, 소녀자 8명, 3년 동안 태어난 소녀자 8명(노비 1명 포함), 제모 2명, 노모 1명이다. …… 말은 모두 25마리(전부터 있던 22마리와 3년 동안 보충된 말 3마리)이고, 소는 모두 22마리(전부터 있던 17마리와 3년 동안 보충된 5마리)이다. 논을 합하면 102결인데, 관모답 4결, 내시령답 4결을 포함하며 연수유답은 94결, 촌주위답은 19결이다. 밭은 합하면 62결인데, 모두 연수유전이다. 삼밭은 합하여 1결 정도이다. 뽕나무는 모두 1004그루, 호두나무는 112그루인데, 3년 동안 뽕나무는 34그루, 호두나무는 38그루를 새로 심었다. ―신라 민정 문서 사해점촌―

● **출제 포인트 분석**

1933년 일본 도다이 사(동대사) 쇼소인(정창원)에서 발견된 통일 신라 시대 문서이다. 서원경 부근 4개 촌락을 조사한 일부분으로 토지, 가축, 과실수, 호구(인구수 9등급), 인구(남녀별, 연령별 6등급) 등의 내용이 기록되어 있다.

㉠ 조사 지역 : 서원경 부근의 4개 촌락

㉡ 조사 주체 : 촌주가 세금을 수취하기 위해 매년 촌락의 변동 사항을 조사하여 3년마다 문서 작성

㉢ 조사 내용 : 촌의 면적, 호구의 수, 인구의 수, 말과 소의 수, 토지의 종류와 면적, 가축과 과실수의 수 등 기록

㉣ 의의 : 촌락 단위로 조세 부과 → 지방에 대한 중앙 통제력 강화를 보여 줌

2) 경제 활동

① 수공업 : 왕실과 귀족의 생활용품을 생산하는 관청 정비(관청 수공업 중심), 기술자와 노비를 귀속시켜 생산

② 상업 : 농업 생산력의 성장을 토대로 상업 규모 확대, 경주 인구의 증가로 동시·서시·남시 설치, 시장 감시를 위한 시전 설치

③ 무역 : 울산항, 청해진, 영암, 당항성 등의 무역항 번성

당	공무역과 사무역 활발히 전개
일본	초기에는 교류 제한, 8세기 이후 무역 활발
이슬람	이슬람 상인들의 울산항 왕래

④ 장보고 빈출 의 활동 : 9세기 초 완도에 청해진 설치 빈출 → 해적 소탕, 남해와 황해의 해상 무역권 장악

⑤ 신라인의 중국 진출 : 당의 산둥 반도와 양쯔 강 하류에 신라방과 신라촌(신라인의 집단 거주지), 신라소(신라인의 감독 기관), 신라관(여관), 신라원(사찰, 장보고의 법화원) 설치

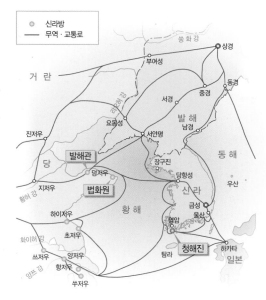

남북국 시대의 무역로

3) 경제생활

귀족	• 국가에서 지급받은 식읍과 녹읍을 통해 조세와 공물 수취, 노동력 동원 • 물려받은 토지 · 노비 · 목장 · 섬 등 소유, 서민을 상대로 고리대업 성행 • 당과 아라비아에서 수입한 비단, 양탄자, 유리그릇, 귀금속 등 사치품 사용 • 경주 근처에 호화스러운 별장(사절유택) 소유
농민	• 시비법의 미발달로 매년 경작이 어려움, 척박한 토지 소유 → 타인의 토지를 빌려서 경작 　(수확량의 반 이상을 소작료로 납부) • 8세기 후반 이후 세력가의 수탈과 토지 겸병, 고리대 성행 → 유랑민, 도적으로 전락 • 향 · 부곡민은 일반 농민보다 더 많은 공물을 부담함

합격생의 비법

농민들의 도적 · 초적화
농업 생산력의 한계와 과도한 수취, 고리대의 성행 등으로 일부 농민들은 생존을 위해 도적이나 초적으로 전락하였다. 초적은 소규모 조직으로 장기적 · 일상적인 활동을 하는 도적 집단이다. 이들은 권력 투쟁하는 중앙 귀족의 권력 기반으로 이용되기도 하였다.

❸ 발해의 경제

1) 수취 체제 : 조세(곡물), 공물(특산물), 역(노동력) 징수

2) 경제 활동

① 농업 : 밭농사 중심, 일부 지역에서 벼농사 발달

② 목축과 수렵 : 주요 수출품은 말(솔빈부) 빈출, 모피 · 녹용 · 사향 수출

③ 수공업 : 금속 가공업, 직물업, 도자기업 발달

④ 상업 : 도시(수도인 상경)와 교통 요충지를 중심으로 발달

⑤ 무역

　㉠ 수출품 : 모피, 인삼, 철, 말, 불상

　㉡ 수입품 : 비단, 서적 등

당	해로와 육로를 통해 무역, 산둥 반도의 덩저우에 발해관 설치
일본	한 번에 수백 명이 오갈 정도로 활발함
신라	문왕 때부터 신라도를 통해 교류

빈칸 채우기

01 논농사 중심의 백제, 신라와 달리 고구려는 [ ] 중심의 농업이 이루어졌다.

02 고대의 토지 제도는 중앙 집권 체제의 성립에 따라 [ ]이/가 성립되었다.

03 고대 사회에서 자영농이 소유한 토지를 [ ](이)라고 한다.

04 신라는 6세기 이후 한강 하류 지역을 확보한 이후 [ ]을/를 중심으로 중국과 직접 교류하였다.

05 통일 신라 신문왕은 왕권 강화를 위해 녹읍을 폐지하고 [ ]을/를 지급하였다.

06 통일 신라의 [ ]은/는 촌주가 3년마다 작성하여 국가의 부역과 조세의 기준을 마련한 문서이다.

07 통일 신라의 [ ]은/는 국제 무역항으로 번성하였다.

08 장보고는 완도에 [ ]을/를 설치하고 당, 일본과의 무역을 독점하였다.

09 발해는 당과 활발히 무역을 전개하였으며, [ ]을/를 견제할 목적으로 일본과 많은 교역을 하였다.

10 통일 신라 [ ]은/는 농민을 국가가 직접적으로 지배하기 위해 정전을 지급하였다.

정답 01 밭농사 02 왕토 사상 03 민전 04 당항성 05 관료전 06 민정 문서 07 울산항 08 청해진 09 신라 10 성덕왕

---

01 31회 3번
(가) 국가의 경제 생활에 대한 설명으로 옳은 것은?

① 수도에 동시전을 설치하였다.
② 집집마다 부경이라는 창고가 있었다.
③ 낙랑, 왜 등과 활발하게 교역하였다.
④ 빈민을 구제하기 위해 진대법을 시행하였다.
⑤ 단궁, 과하마, 반어피 등의 특산물이 있었다.

정답 ③
해설 (가) 국가는 금관가야이다. 김해 금관가야는 철을 생산하여 낙랑, 왜 등과 활발하게 교역하였다.
오답 피하기 ① 신라 지증왕은 수도에 동시전을 설치하였다. ② 고구려는 집집마다 부경이란 창고에 약탈한 식량 등을 보관하였다. ④ 고구려 고국천왕은 빈민을 구제하기 위해 진대법을 시행하였다. ⑤ 단궁, 과하마, 반어피는 동예의 특산물이다.

---

02 30회 9번
(가), (나) 국가에 대한 설명으로 옳지 않은 것은?

① (가) – 담비 가죽과 인삼, 자기 등을 수출하였다.
② (가) – 벽란도를 통해 아라비아 상인과 무역하였다.
③ (나) – 청해진을 설치하여 해상 무역을 전개하였다.
④ (나) – 당에 신라방을 형성하여 활발히 교역하였다.
⑤ (가), (나) – 양국 사이에 교통로를 두어 왕래하기도 하였다.

정답 ②
해설 제시된 지도에서 (가)는 발해, (나)는 통일 신라이다. ② 벽란도는 예성강 하구에 위치한 고려 시대 대표적인 무역항이므로 발해와 관련이 없다.

03 다음 자료에 대한 설명으로 옳은 것은?
26회 9번

이것은 1933년 일본 도다이 사(東大寺) 쇼소인(正倉院)에서 발견된 통일 신라 때의 문서입니다.

① 지방관의 근무 성적을 평가한 문서이다.
② 국가 물품을 생산하는 수공업자 명부이다.
③ 이름을 적는 곳이 비어 있는 관직 임명장이다.
④ 재산 상속과 분배에 대한 내용이 기록되어 있다.
⑤ 호구를 남녀별·연령별로 구분하여 파악하였다.

정답 ⑤

해설 제시된 자료는 1933년 일본 도다이 사(동대사) 쇼소인(정창원)에서 발견된 통일 신라 때의 민정 문서이다. 민정 문서는 세금을 수취하기 위하여 호구를 성별·연령별로 구분하여 파악하였다.

04 (가)~(라)를 시행한 순서대로 옳게 나열한 것은?
38회 8번

> **삼국사기로 보는 통일 신라의 토지 제도**
>
> (가) 교서를 내려 문무 관료전을 지급하되 차등을 두었다.
> (나) 내외(內外) 관료의 녹읍을 폐지하고, 해마다 조(租)를 차등있게 하사하고 이를 항식(恒式)*으로 삼았다.
> (다) 처음으로 백성에게 정전을 나누어 주었다.
> (라) 내외(內外) 관료에게 매달 지급하던 녹봉을 없애고 다시 녹읍을 주었다.
>
> * 항식(恒式): 항상 따라야 하는 형식이나 정해진 법식

① (가) - (나) - (다) - (라)
② (가) - (다) - (라) - (나)
③ (나) - (라) - (가) - (다)
④ (다) - (나) - (가) - (라)
⑤ (라) - (가) - (나) - (다)

정답 ①

해설 (가)는 관료전 지급, (나)는 녹읍 폐지, (다)는 정전 지급, (라)는 녹읍 부활과 관련된 내용이다. (가) 신문왕 7년(687) 5월에 문무 관료전을 지급하되 차등을 두었다. (나) 신문왕 9년(689) 1월에 내외관의 녹읍을 혁파하고 매년 조(租)를 내리되 차등이 있게 하여 항식(영원한 법식)으로 삼았다. (다) 성덕왕 21년(722) 8월에 처음으로 백성에게 정전을 지급하였다. (라) 경덕왕 16년(757) 3월에 여러 내외관의 월봉을 없애고 다시 녹읍을 나누어 주었다.

05 밑줄 그은 '이 나라'의 경제 상황에 대한 설명으로 옳은 것은?
36회 8번

> **이 나라**는 영주(營州)*에서 동쪽으로 2천 리 밖에 위치하며 …… 동쪽은 멀리 바다에 닿았고, 서쪽으로는 거란[契丹]이 있었다. …… 귀중히 여기는 것은 태백산의 토끼, 남해의 다시마, 책성의 된장, …… 막힐의 돼지, 솔빈의 말, 현주의 베, 옥주의 면, 용주의 명주, 위성의 철, 노성의 벼, 미타호의 붕어이다. …… 이 밖의 풍속은 고구려, 거란과 대개 같다.
>
> — 『신당서』 —
>
> *영주(營州): 지금의 랴오닝성 차오양

① 신라도라는 교통로를 통해 신라와 교역하였다.
② 감자, 고구마 등의 구황 작물을 널리 재배하였다.
③ 해동통보를 발행하여 금속 화폐의 통용을 추진하였다.
④ 농사직설을 간행하여 우리 풍토에 맞는 농법을 정리하였다.
⑤ 삼포를 열어 일본과의 무역을 허용하고 계해약조를 체결하였다.

정답 ①

해설 밑줄 그은 '이 나라'는 발해이다. 발해는 밭농사를 중심으로 농업이 이루어졌으며, 목축과 수렵을 주로 하였다. 주요 수출품은 솔빈부의 말이었으며, 수도인 상경과 교통 요충지를 중심으로 상업이 발달하였다. 또 산둥반도의 덩저우에 발해관을 설치하고 당과 교류하였으며, 문왕 때부터 신라도라는 교통로를 통해 신라와 교역하였다.

오답 피하기 ② 조선 후기, ③ 고려, ④·⑤ 조선 전기의 경제 상황이다.

06 (가) 국가의 경제에 대한 설명으로 옳은 것은?
37회 11번

이 석상은 원성왕릉 앞에 세워진 무인상이다. 부리부리한 눈이나 이국적인 얼굴 윤곽과 복식은 흥덕왕릉 앞에 있는 무인상과 더불어 서역인의 모습을 하고 있다. 이는 당시 (가) 이/가 아라비아 등 서역과 활발하게 교류하였다는 주장을 뒷받침해 준다.

① 의창을 두어 빈민을 구제하였다.
② 솔빈부의 말이 특산물로 유명하였다.
③ 왜관을 설치하여 일본과 교역하였다.
④ 경시서를 통해 수도의 시전을 감독하였다.
⑤ 청해진을 중심으로 해상 무역이 전개되었다.

정답 ⑤

해설 (가) 국가는 통일 신라이다. 통일 신라 시대에는 울산항 등 무역항이 번성하면서 당, 일본, 이슬람 상인들과 활발하게 교류하였고, 9세기 초 장보고는 완도에 청해진을 설치하고 남해와 황해의 해상 무역권을 장악하였다. 또 신라인은 중국에 진출하여 산둥반도와 양쯔 강 하류에 신라방, 신라촌, 신라소, 신라관, 신라원 등을 설치하였다.

오답 피하기 ① 고려, ② 발해, ③ 조선, ④ 고려와 조선의 경제에 대한 설명이다.

03 | 고대의 사회

출제 빈도 상 | **중** | 하

고구려 귀족의 모습(안악 3호분)
신분의 차이에 따라 사람의 크기를 다르게 그린 것을 통해 당시 신분 질서가 존재하였다는 사실을 알 수 있다.

합격생의 비법

진대법
고구려 고국천왕 때 국상 을파소의 건의로 실시하였다. 국가가 흉년이나 춘궁기에 농민에게 양곡을 대여해 주고 수확기에 갚게 한 구휼 제도로, 가난한 농민을 구제하여 국가 재정을 확보하고 국방력을 유지하려는 데 목적이 있었다.

골품제
진골 귀족의 특권을 보장하는 엄격하고 폐쇄적인 신분제였다. 수도인 왕경이 대상이었으며, 지방 촌락민은 골품제 적용 대상에서 제외되었다.

1 삼국의 사회

1) 신분제 사회의 성립 : 중앙 집권 국가를 확립하는 과정에서 지배층 사이의 위계질서 마련 → 신분제 확립

① 부여, 초기 고구려, 삼한 : 경제적으로 부유한 호민, 농업에 종사하는 하호, 주인에 예속된 천민

② 삼국 시대 : 왕족을 포함한 귀족 · 평민 · 천민의 신분 구조로 재편, 개인의 능력보다 친족의 사회적 위치에 따라 결정

귀족	왕족을 비롯한 옛 부족장 세력이 귀족으로 재편성, 정치권력 장악, 사회적 · 경제적 특권 유지 → 특권을 유지하기 위해 율령 등 통치 체제 마련
평민	• 대부분 농민, 자유민이지만 정치적 · 사회적 제약을 받음 • 조세 납부, 노동력 징발, 귀족의 수탈과 고리대 등으로 빈곤한 생활
노비	• 대부분 노비, 재산으로 취급, 왕실과 관청 및 귀족에 예속, 자유롭지 못한 신분 • 전쟁 포로, 범죄를 지었을 경우, 귀족에 진 빚을 갚지 못한 경우 노비로 전락

2) 삼국의 사회 모습

고구려	• 상무적이고 씩씩한 기풍(산간 지역에서 형성, 대외 정복 활동 전개) • 지배층 : 왕족인 계루부 고씨, 5부 출신의 귀족 등 • 피지배층 : 대부분 자영 농민(조세 납부, 토목 공사 동원, 병역 의무), 천민과 노비(피정복민, 몰락한 평민, 형벌 노비, 부채 노비 등) • 엄격한 형법 적용 : 반역자는 화형(가족은 노비로 삼음), 살인자 · 적에게 항복한 자 · 전쟁에서 패한 자는 사형, 도둑질한 자는 12배로 배상(1책 12법) • 혼인 풍습 : 지배층은 형사취수제와 서옥제, 평민은 자유로움 • 진대법 실시 : 고국천왕 때 가난한 농민의 몰락을 방지하기 위해 실시
백제	• 언어 · 풍속 · 의복은 고구려와 유사, 상무적 기풍(말타기와 활쏘기), 중국의 선진 문화 수용 • 지배층 : 왕족인 부여씨와 8성의 귀족 → 중국의 역사책을 즐겨 읽고 관청 실무에 뛰어남, 투호 · 바둑 · 장기 등 오락을 즐김 • 엄격한 형법 적용 : 고구려와 유사, 반역자 · 전쟁에서 패한 자 · 살인자는 사형, 도둑질한 자는 귀양 보내고 2배 배상, 뇌물을 수수하고 공금을 횡령한 자는 3배 배상하고 종신 금고형
신라	• 국가 체제 정비가 가장 늦어 초기 부족 사회의 전통이 오랫동안 유지됨 • 화백 회의 : 귀족 회의체, 국가의 주요 의사 결정(만장일치제), 왕권 견제 역할 • 골품제 : 혈연에 따라 사회적 제약, 골품에 따라 개인의 정치적 · 사회적 활동을 엄격하게 제한 (승진 상한선, 가옥 규모, 장식물, 복색, 수레 등 일상생활 규제) • 화랑도 : 원시 사회의 청소년 집단에서 기원, 진흥왕 때 국가 차원에서 활동 장려 및 조직 확대(원광의 세속 오계) → 계급 간의 대립과 갈등 조절 및 완화, 인재 양성(삼국 통일에 기여)

천정대

백제의 귀족들이 모여 국가의 중대사를 논의하였던 정사암으로 추정되는 장소이다. '재상을 선출할 때 3~4명의 후보자 이름을 적어 상자에 넣어 밀봉한 뒤 정사암에 놓아두었다가 얼마 후에 상자를 열어 이름 위에 표시가 있는 사람을 재상으로 삼았다.'는 기록이 『삼국유사』에 남아 있다.

4두품에서 백서에 이르기까지는 방의 길이와 너비가 15척을 넘지 못한다. 느릅나무를 쓰지 못하고, 우물천장을 만들지 못하며, 당기와를 덮지 못하고, 짐승 머리 모양의 지붕 장식이나 높은 처마 등을 두지 못하며, 금은이나 구리 등으로 장식하지 못한다. 섬돌로는 산의 돌을 쓰지 못한다. 담장은 6척을 넘지 못하고, 또 보를 가설하지 않으며 석회를 칠하지 못한다. 대문과 사방문을 만들지 못하고, 마구간에는 말 2마리를 둘 수 있다. 　　　　　　　　　　　　　　　　　　　　　－『삼국사기』－

● **출제 포인트 분석**

중앙 집권 국가로 발전하는 과정에서 족장 세력을 중앙의 지배 체제 속으로 편제하면서 골품제가 성립되었다. 골품제는 성골, 진골의 골제와 6~1두품의 두품제로 구성되었으며, 골품에 따라 관등 승진의 상한선이 결정되고 관직에 임명되었다. 특히 혈연에 따라 사회적 제약이 있었고, 혼인, 가옥, 의복, 우마차 장식 등 일상생활까지 규제하였다.

(귀신 등이 이르자) 원광법사가 말하기를 "지금 세속 오계가 있으니. 첫째는 임금을 충성으로 섬기는 것이요, 둘째는 부모를 효성으로 섬기는 것이요, 셋째는 벗을 신의로 사귀는 것이요, 넷째는 전쟁에 임하여 물러서지 않는 것이요, 다섯째는 살아있는 것을 죽일 때는 가려서 죽여야 한다는 것이니. 그대들은 이를 실행함에 소홀하지 말라."라고 하였다. 　　　　　　　　　　　－『삼국사기』－

● **출제 포인트 분석**

국선도, 풍류도, 풍월도(風月徒)라고도 불리는 화랑도 활동을 통하여 신라의 청소년은 전통적 사회 규범을 배웠으며, 명산대천을 돌아다니면서 사냥과 전쟁에 관하여 교육을 받음으로써 협동과 단결 정신을 기르고 심신을 연마하였다. 화랑도들이 지켜야 할 계율 5가지인 세속 오계에는 불교적 덕목과 유교적 덕목이 섞여 있다.

---

❷ 통일 신라의 사회

1) 민족 융합 정책

① 백제와 고구려 귀족에게 관직 수여

② 9주 설치 때 고구려와 백제의 옛 땅에 3개의 주씩 할애

③ 중앙군 9서당에 백제와 고구려 유민들을 포함하여 편성

안압지(동궁과 월지)에서 출토된 주사위(주령구)

1975년 경주 안압지(동궁과 월지)에서 발견된 14면체 주령구에는 '한꺼번에 세 잔 마시기', '혼자 노래 부르고 혼자 마시기', '얼굴 간질여도 꼼짝하지 않기' 등 여러 가지 벌칙이 새겨져 있다. 이를 통해 당시 신라 귀족들의 놀이 문화를 짐작할 수 있다.

보령 성주사지 낭혜화상 탑비

시험에 자주 등장해요

통일 신라 말의 사회 모순을 묻는 문제가 자주 출제됩니다. 특히 호족의 등장, 6두품 세력의 골품제 비판, 농민 봉기의 발생은 꼭 기억하세요.

2) 골품제의 변화 : 통일 이후 골품제 유지(성골 소멸, 3~1두품의 평민화), 외위를 폐지하고 경위로 일원화

진골 귀족 중심	중앙 관청의 관직 독점, 국가의 중대사 결정
6두품의 성장	• 신라 중대 : 종교 활동, 학문적 식견, 실무 능력을 바탕으로 전제 왕권 보좌, 진골 귀족 세력 견제 → 신분적 제약으로 중앙 관청의 우두머리나 지방 장관은 되지 못함 • 신라 하대 : 도당 유학생 증가(숙위 학생), 골품제의 한계로 호족 세력 · 선종 승려와 결합하여 반신라적 성향을 지님
3~1두품	평민과 동등하게 간주

3) 신라 말의 사회 모순

지배층	금입택에서 많은 노비와 사병을 거느리고 생활, 안압지(동궁과 월지)에서 향락 생활, 국제 무역을 통해 수입한 사치품 선호
피지배층	자영농 몰락, 농민의 조세 부담 증가 → 원종과 애노의 난, 적고적의 난 등 농민 봉기 확산

출제 사료	골품제의 모순

• 최치원이 서쪽으로 당에 가서 벼슬을 하다가 고국에 돌아왔는데 전후에 난세를 만나서 처지가 곤란하였으며 걸핏하면 모함을 받아 죄에 걸리게 했으므로 스스로 때를 만나지 못한 것을 한탄하고 다시 벼슬할 뜻을 두지 않았다. 그는 세속과 관계를 끊고 자유로운 몸이 되어 숲속과 강이나 바닷가에 정자를 짓고 소나무와 대나무를 심으며 책을 벗하여 자연을 노래하였다.

• 설계두는 신라 귀족 가문의 자손이었다. 일찍이 친구 네 사람과 모여 술을 마시면서 각자 자기의 뜻을 말하였는데, 계두는 이렇게 말하였다. "신라에서 사람을 등용하는 데 골품을 따져 그 족속이 아니며, 큰 재주와 뛰어난 공이 있어도 한계를 넘을 수 없다. 원컨대 서쪽 중국으로 가서 세상에서 보기 드문 지략을 드날려 특별한 공을 세워 내 힘으로 영광스런 관직에 올라 의관을 차려입고 칼을 차고서 천자의 측근에 출입하면 만족하겠다." 무덕(武德) 4년 신사에 몰래 배를 따라 당나라에 들어갔다.

− 『삼국사기』 −

● **출제 포인트 분석**
대족장 출신의 6두품은 득난(得難)이라 할 정도로 차지하기 어려운 신분이었지만, 골품제에 따라 정치적 · 사회적 활동에 제약을 받았다. 이에 신라 말 6두품 세력은 골품제를 비판하며 새로운 정치 이념을 제시하였다. 무열왕의 8대손인 낭혜화상의 아버지 범청이 진골에서 한 등급 떨어져 '득난'이 되었다는 기록이 있다.

③ 발해의 사회

1) 이원적 사회 구조

지배층	• 대씨(왕족), 고씨(귀족) 등 고구려계가 다수를 차지, 말갈계는 일부 • 품계의 높낮이에 따라 지위나 대우, 복색이 다름
피지배층	• 말갈인이 다수를 차지함, 토착 세력이 말갈인을 다스림 • 국가에 조세를 내고 노동력을 제공

2) 당과의 교류 : 당에 유학생 파견, 빈공과 응시, 당의 제도와 문화 수용

3) 사회 모습 : 지방 촌락은 토착 세력인 말갈인 수령이 다스림(말갈인의 전통 인정), 고구려와 말갈 사회의 전통적인 생활 모습 유지

합격생의 비법

빈공과
당에서 외국인을 대상으로 실시한 과거 시험이다. 신라인과 발해인이 대거 합격하여 당의 관리로 진출하였다.

빈칸 채우기

01 고구려 지배층은 왕족인 [　　　] 와/과 5부 출신 귀족들로 구성되었다.

02 고구려는 고국천왕 때 을파소의 건의로 [　　　] 을/를 실시하였다.

03 백제 지배층은 왕족인 [　　　] 와/과 8성의 귀족으로 구성되었다.

04 국가의 주요 의사를 만장일치제로 결정하는 신라의 귀족 회의는 [　　　](이)다.

05 신라에서는 [　　　]에 따라 정치 활동 및 사회 활동에 제약이 따랐다.

06 신라 6두품이 오를 수 있었던 최고 관직은 [　　　]에 불과하였다.

07 신라 공복 제도에서 6두품 이하가 착용할 수 없었던 색은 [　　　](이)다.

08 신라 화랑도는 원광의 [　　　]을/를 따랐으며, 이를 통해 신라의 사회 윤리와 국가 정신이 확립되었다.

09 신라 하대의 [　　　]은/는 선종 세력을 후원하고 지방 분권화를 초래하였으며, 고려 왕조 건설에 주도적 역할을 하였다.

10 발해는 피지배층인 [　　　]의 전통적인 조직을 보존함으로써 사회 안정을 꾀하였다.

정답 01 고씨 02 진대법 03 부여씨 04 화백 회의 05 골품 06 아찬 07 자색 08 세속 5계 09 호족 10 말갈족

---

01 30회 5번
(가) 국가에 대한 설명으로 옳은 것은?

> ● 우리 고장의 유적 ●
> **천정대(天政臺)**
> 이곳 천정대는 [(가)]의 귀족들이 모여 국가의 중대사를 논의하였던 정사암(政事岩)으로 추정되는 장소이다. 『삼국유사』에는 '재상(宰相)을 선출할 때 3~4명의 후보자 이름을 적어 상자에 넣어 밀봉한 뒤 정사암에 놓아두었다가 얼마 후에 상자를 열어 이름 위에 표시가 있는 사람을 재상으로 삼았다.'라고 기록되어 있다.

① 골품에 따라 관직 승진에 제한이 있었다.
② 진대법을 실시하여 빈민에게 곡식을 빌려주었다.
③ 세속 5계를 규범으로 삼는 화랑도를 운영하였다.
④ 왕족인 부여씨와 8성의 귀족이 지배층을 이루었다.
⑤ 경당을 설치하여 청소년에게 글과 활쏘기를 가르쳤다.

정답 ④
해설 (가) 국가는 백제이다. 백제는 귀족들이 모여 국가의 중대사를 논의하는 귀족 회의인 정사암 회의를 열었다. 백제에는 왕족인 부여씨와 진씨, 해씨, 국씨, 목씨, 사씨, 연씨, 백씨, 협씨의 8성 귀족이 지배층을 이루었다.
오답 피하기 ① 신라에는 골품에 따라 관등 승진의 상한선이 결정되는 골품제가 있었다. ② 고구려 고국천왕은 빈민을 구제하기 위해 진대법을 실시하였다. ③ 신라 화랑도는 진흥왕 때 국가적 조직으로 정비되었다. ⑤ 고구려 경당은 지방의 사립학교로 한학과 무술을 가르쳤다.

---

02 29회 6번
(가) 신분에 대한 설명으로 옳은 것은?

> 이것은 무열왕의 8대손인 낭혜화상의 탑비입니다. 이 탑비에는 그의 아버지 범청이 진골에서 한 등급 떨어져 '득난(得難)'이 되었다는 기록이 있습니다. 득난은 [(가)]을/를 달리 부르는 말로, 이 신분은 재능과 학식이 뛰어나도 17관등 중 제 6관등인 아찬까지만 오를 수 있었습니다.

보령 성주사지 낭혜화상 탑비

① 지방의 주요 지역인 담로에 파견되었다.
② 성리학을 바탕으로 불교의 폐단을 비판하였다.
③ 화백 회의에 참여하여 국가의 중대사를 결정하였다.
④ 어려서부터 경당에 들어가 유학과 활쏘기를 배웠다.
⑤ 신라 말기 호족과 연계하여 사회 개혁을 추구하기도 하였다.

정답 ⑤
해설 (가) 신분은 신라 6두품으로, '득난'은 6두품의 별칭이다. 신라 중대 왕권이 강화되고 귀족의 권력이 약화되자 6두품의 정치적 위상이 높아지기도 하였으나, 신라 하대에 귀족 권력이 다시 강해지자 지방 호족과 연계하여 사회 개혁을 추구하였다.
오답 피하기 ① 백제 왕족, ② 고려 신진 사대부, ③ 신라 귀족에 대한 설명이다. ④ 고구려는 지방에 경당을 세워 유학과 활쏘기를 가르쳤다.

03 28회 8번 (가) 단체에 대한 설명으로 옳은 것은?

역사용어 사전

(가)

국선도, 풍월도라고도 한다. 명산 대천을 돌아다니며 도의를 연마하였고, 무예를 수련하여 유사시 전투에 참여하였다. 원광이 제시한 '세속 5계'를 행동 규범으로 삼았으며, 신라가 삼국을 통일하는 데 크게 기여하였다.

① 경당에서 글과 활쏘기를 배웠다.
② 진흥왕 때 국가적인 조직으로 정비되었다.
③ 박사와 조교를 두어 유교 경전을 가르쳤다.
④ 정사암에 모여 국가의 중대사를 결정하였다.
⑤ 귀족들로 구성되어 만장일치제로 운영되었다.

정답 ②

해설 (가) 단체는 신라 화랑도이다. 화랑도는 국선도, 풍월도, 풍류도라고 불리며 세속 5계를 행동 규범으로 삼았다. 신라 진흥왕 때 국가적인 조직으로 정비되어 삼국을 통일하는 데 크게 기여하였다.

04 39회 4번 밑줄 그은 '대책'으로 옳은 것은?

역사와 오늘

고구려에서 찾은 사회 보장 제도

사회 보장 제도란 빈곤, 질병 등 사회적 위험으로부터 국민을 보호하기 위한 국가의 조직적 행정을 말한다. 전통 사회의 구휼 정책도 그 범주에 넣을 수 있는데, 고구려에서도 유사한 사례를 찾을 수 있다. 삼국사기에 따르면, 사냥을 나갔던 고국천왕이 길에서 슬피 우는 사람을 만나 그 연유를 물었더니, "가난하여 품을 팔며 어머니를 간신히 모셨는데, 올해는 흉년이 극심해 품을 팔 곳도 찾을 수 없고 곡식을 구하기도 어려워 어찌 어머니를 봉양할까 걱정되어 울고 있습니다."라고 답하였다. 왕이 그를 불쌍히 여겨 위로하고, 재상 을파소와 논의하여 <u>대책</u>을 마련하였다.

① 진대법을 실시하여 빈민을 구제하였다.
② 상평창을 설치하여 물가를 조절하였다.
③ 구황촬요를 간행하여 기근에 대비하였다.
④ 구제도감을 설립하여 백성을 구호하였다.
⑤ 혜민국을 마련하여 병자에게 약을 지급하였다.

정답 ①

해설 밑줄 그은 '대책'은 고구려 진대법이다. 고구려 고국천왕 때 재상 을파소의 건의로 빈민을 구제하기 위한 진대법을 실시하였다(194). 진대법은 국가가 흉년이나 춘궁기에 농민에게 양곡을 대여해 주고 수확기에 갚게 한 구휼 제도로, 가난한 농민을 구제하여 국가 재정을 확보하고 국방력을 유지하고자 하였다.

오답 피하기 ②·③ 조선 시대, ④·⑤ 고려 시대의 사회 제도이다.

05 24회 7번 밑줄 그은 '세속 5계'를 행동 규범으로 삼았던 단체에 대한 설명으로 옳은 것은?

(귀산 등이 이르자 원광 법사가 말하기를 "지금 <u>세속 5계</u>가 있으니, 첫째는 임금을 충성으로 섬기는 것이요, 둘째는 부모를 효성으로 섬기는 것이요, 셋째는 벗을 신의로 사귀는 것이요, 넷째는 전쟁에 임하여 물러서지 않는 것이요, 다섯째는 살아있는 것을 죽일 때는 가려서 죽여야 한다는 것이니, 그대들은 이를 실행함에 소홀하지 말라."라고 하였다.
— 『삼국사기』 —

① 박사와 조교를 두었다.
② 만장일치제로 운영되었다.
③ 경당에서 한학과 무술을 배웠다.
④ 진흥왕 때 국가적인 조직으로 정비되었다.
⑤ 귀족들로 구성되어 국가 중대사를 결정하였다.

정답 ④

해설 신라 화랑도는 원광 법사의 세속 5계를 행동 규범으로 삼았다. 화랑도는 진골 귀족의 자제인 화랑과 평민 자제까지 참여한 낭도로 구성되었으며, 신라 진흥왕 때 국가적인 조직으로 정비되어 삼국 통일에 크게 기여하였다.

오답 피하기 ① 신라 경덕왕은 국학의 명칭을 태학감으로 변경하고 박사와 조교를 두어 유교 교육을 강화하였다. ② 신라의 귀족 회의인 화백 회의는 만장일치제를 따랐다. ③ 고구려는 지방에 경당을 두어 한학과 무술 교육을 실시하였다. ⑤ 귀족 회의로는 고구려의 제가 회의, 백제의 정사암 회의, 신라의 화백 회의가 있다.

06 31회 11번 밑줄 그은 '왕'의 업적으로 옳은 것은?

여러 신하들이 왕의 유언에 따라 동해 입구의 큰 바위 위에서 장례를 치렀다. <u>왕</u>이 변해 용이 되었다고 세상에 전하므로, 그 바위를 가리켜서 대왕석이라고 한다. 유조(遺詔)는 다음과 같다. "과인은 나라의 운이 어지럽고 전란의 시기를 맞이하여, 서쪽을 정벌하고 북쪽을 토벌하여 영토를 안정시켰고 배반하는 자들을 치고 협조하는 자들을 불러 마침내 멀고 가까운 곳을 평안하게 하였다. …… 죽고 나서 10일 뒤에 곧 고문(庫門) 바깥의 뜰에서 서국(西國)의 의식에 따라 화장(火葬)을 하라. 상복의 경중은 정해진 규정이 있으니, 장례를 될 수 있는 대로 검소하고 간략하게 하라."
— 『삼국사기』 —

① 백성에게 정전을 지급하였다.
② 국학을 설립하여 유학을 교육하였다.
③ 대가야를 정복하여 영토를 확장하였다.
④ 독서삼품과를 실시하여 인재를 등용하였다.
⑤ 나·당 전쟁에서 승리하여 삼국 통일을 이룩하였다.

정답 ⑤

해설 신라 문무왕은 유언을 통해 동해 입구의 큰 바위 위에서 장례를 치르고 용이 되었다고 전해진다. ⑤ 문무왕은 나·당 전쟁에서 승리하여 삼국 통일을 이룩하였다.

07

37회 7번

(가) 제도가 시행된 국가에 대한 설명으로 옳은 것은?

자네, 이번에 정말 당으로 떠나려고 하는가?

우리나라에는 (가) 이/가 있어서, 나는 아무리 큰 공을 세워도 신분적인 한계 때문에 관등이 아찬까지밖에 오르지 못한다네. 이런 현실이 답답하네.

① 제가 회의에서 나라의 중요한 일을 결정하였다.
② 상수리 제도를 실시하여 지방 세력을 견제하였다.
③ 중국 남조의 영향을 받아 벽돌무덤을 축조하였다.
④ 왕족인 부여씨와 8성의 귀족이 지배층을 이루었다.
⑤ 경당을 설치하여 청소년에게 글과 활쏘기를 가르쳤다.

정답 ②
해설 (가) 제도는 신라의 신분 제도인 골품제이다. 골품제는 성골, 진골, 6두품 등 출신 성분에 따라 나누는 신분 제도로 관등 승진뿐만 아니라 일상 생활도 엄격하게 제한하였다. ② 신라는 지방 세력을 견제하기 위해 상수리 제도를 시행하였다. 상수리 제도는 각 주의 촌주 1명을 수도의 관청에 보내어 일정 기간 근무하도록 한 제도로, 이는 고려 시대 기인 제도로 이어졌다.
오답 피하기 ① · ⑤ 고구려, ③ · ④ 백제에 대한 설명이다.

08

24회 5번

(가)~(라)에 대한 설명으로 옳은 것을 〈보기〉에서 고른 것은?

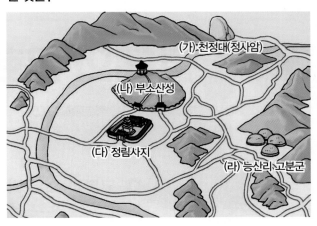

─〈보 기〉─
ㄱ. (가) – 백제 귀족들이 회의를 하던 장소였다.
ㄴ. (나) – 백제 성왕이 신라와의 전투에서 전사한 곳이다.
ㄷ. (다) – 백제의 대표적인 5층 석탑이 남아 있다.
ㄹ. (라) – 중국 남조의 영향을 받은 벽돌 무덤이 발견되었다.

① ㄱ, ㄴ   ② ㄱ, ㄷ   ③ ㄴ, ㄷ
④ ㄴ, ㄹ   ⑤ ㄷ, ㄹ

정답 ②
해설 (가) 천정대는 백제의 귀족들이 정사암 회의를 하던 장소였고, (다) 부여의 정림사지에는 백제의 대표적인 오층 석탑이 남아 있다.
오답 피하기 ㄴ. 백제 성왕은 신라 진흥왕에게 한강 유역을 빼앗긴 후 관산성 전투에서 전사하였다.
ㄹ. 공주 송산리 고분군에서 발견된 무령왕릉은 벽돌 무덤으로, 중국 남조의 영향을 받았다.

372	384	527	545	751	874
고구려, 불교 수용	백제, 불교 수용	신라, 불교 공인	신라, 『국사』 편찬	신라, 불국사 창건 시작	최치원, 빈공과 합격

04 고대의 문화

출제 빈도 **상** | 중 | 하

굴식 돌방무덤

돌무지덧널무덤

천마도

신라의 천마총에서 발견된 것으로 자작나무 껍질을 겹쳐 만든 말의 가리개에 하늘을 나는 천마를 그렸다.

① 고분과 고분 벽화

1) 고분 양식

① **돌무지무덤** : 돌을 정밀하게 쌓아 올린 무덤(고구려와 백제 초기)

② **굴식 돌방무덤** : 돌로 널방을 짜고 그 위에 흙으로 덮어 봉분을 만든 무덤 → 널방의 벽과 천장에 벽화를 그림

③ **벽돌무덤** : 중국 남조의 영향, 널방을 벽돌로 쌓은 무덤

④ **돌무지덧널무덤** : 지상이나 지하에 시신과 껴묻거리를 넣은 나무덧널을 설치하고, 그 위에 냇돌을 쌓은 다음 흙으로 덮은 무덤 → 도굴이 어려움(껴묻거리 다수 발견), 벽화는 그릴 수 없음

2) 고분의 변화

고구려	초기 : 돌무지무덤(장군총, 계단식) → 후기 : 굴식 돌방무덤(벽화 발달, 강서대묘 · 무용총)
백제	• 한성 시대 : 돌무지무덤(계단식, 석촌동 무덤) → 백제 건국 설화 뒷받침(건국 세력이 고구려 계통임을 보여 줌) • 웅진 시대 : 굴식 돌방무덤(송산리 고분군 : 사신도 · 일월도 같은 벽화 있음), 벽돌무덤(무령왕릉 : 중국 남조의 영향, 매지권 · 지석 출토) • 사비 시대 : 굴식 돌방무덤(능산리 고분군 : 규모가 작음, 벽화 있음)
신라	돌무지덧널무덤 유행(벽화 없음, 도굴 어려움) → 서봉총, 천마총(천마도 발견), 황남대총(금관 출토)
통일 신라	• 불교의 영향으로 화장 유행 • 굴식 돌방무덤 : 규모가 작음, 둘레돌, 12지신상 조각(김유신 묘, 괘릉 등)
발해	• 정혜 공주 무덤 : 굴식 돌방무덤, 모줄임천장 구조(고구려의 영향), 돌사자상 출토 • 정효 공주 무덤 : 벽돌무덤, 당과 고구려 양식 결합, 묘지와 벽화 출토

시험에 자주 등장해요

삼국의 고분과 고분 벽화에 대한 문제가 자주 출제됩니다. 특히 시대별 고분 양식과 특징은 꼭 기억하세요.

장군총(고구려)

석촌동 무덤(백제)

무령왕릉(백제)

황남대총(신라)

괘릉(통일 신라)

정효 공주 무덤(발해)

3) 고구려의 고분 벽화

① 당시 고구려인들의 생활, 문화, 종교 등을 알 수 있음

② 초기 : 무덤 주인의 생활을 표현(내세 · 재생과 관련된 생활도와 행렬도, 종교를 나타 내는 일월성신도와 불교도 등)

③ 후기 : 추상적 · 상징적 그림으로 변화(사신도 일색)

시험에 자주 등장해요

고구려 굴식 돌방무덤의 벽과 천장에 벽화가 그려져 있다는 사실을 꼭 기억하세요. 벽화를 통해 생활, 문화, 종교 등을 짐작할 수 있습니다.

안악 3호분(황해도)	지배층의 행렬 모습, 마구간 · 우물 · 부엌 등 가옥 모습
쌍영총(평안남도)	기마인물도, 예불행렬도, 사신도(도교), 불교 공양도
각저총 빈출 (만주)	씨름도, 별자리 그림
무용총 빈출 (만주)	무용도(춤추는 그림), 수렵도
강서대묘 빈출 (평안남도)	사신도(도교의 영향, 가장 우수한 사신도)
오회분(만주)	사신도, 일월성신도(남성 모습의 해의 신과 여성 모습의 달의 신), 불의 신 · 대장장이신 · 수레바퀴신 등 여러 신의 모습

안악 3호분 대행렬도

쌍영총 말 탄 무사

각저총 씨름도

무용총 무용도

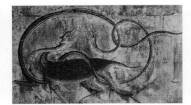
강서대묘 현무도

오회분 달의 신

② 학문의 발달과 역사 편찬

1) 유학의 발달

① 한자의 사용

　㉠ 중국의 영향을 받아 한자 사용, 각종 행정 업무 수행 및 외교 문서 작성

　㉡ 한문의 토착화 : 한자를 우리말 순서대로 배열, 이두와 향찰을 만들어 사용

② 교육 기관의 설립

　　㉠ 삼국의 교육

고구려	태학(수도, 유교 경전과 역사서 교육), 경당(지방, 한학과 무술 교육)
백제	오경박사(유교 경전), 의박사(의학), 역박사(천문·역법) → 유교 경전과 기술학 교육
신라	화랑도(세속 오계), 청소년들의 유교 경전 학습(임신서기석)

　　㉡ 통일 신라와 발해의 교육

통일 신라	국학 빈출	• 설립 : 신문왕 때 → 경덕왕 때 태학감으로 개칭 • 목적 : 유교 이념에 입각한 인재 교육 및 양성 • 자격 : 대사(12등급) 이하의 하급 귀족, 15~30세 → 졸업자에게 대나마와 나마 수여 • 교육 : 9년간, 『논어』와 『효경』 등 유교 경전이 필수 과목 → 충·효 일치의 윤리 강조
	독서 삼품과 빈출	• 시기 : 원성왕 때 • 목적 : 골품보다 실력 위주의 인재 등용 • 내용 : 유교 경전의 이해 수준에 따라 관리 등용, 성적을 상·중·하 3등급으로 나누어 선발 → 학문과 유교 보급에 기여 • 한계 : 진골 귀족 세력의 반발로 제대로 시행되지 못함
발해		• 주자감 빈출 설치, 귀족 자제에게 유교 경전 교육 • 당에 유학생 파견, 빈공과 합격자 다수 배출

③ 유학자의 배출 : 주로 6두품 출신

김대문	『화랑세기』(화랑들의 전기), 『한산기』(지리지), 『고승전』(승려들의 전기) 저술 → 신라 문화를 주체적으로 인식
최치원 빈출	• 6두품 출신 도당 유학생(숙위 학생) → 빈공과 급제, 문장가로 유명('토황소격문'), 귀국 후 진성 여왕에 사회 개혁안 10여 조 건의(수용 ×) • 『계원필경』 저술 : 현존하는 최고(最古)의 문집
강수	6두품 출신, 외교 문서 작성에 능함(청방인문표, 답설인귀서 등) → 무열왕과 문무왕의 통일 사업 보좌
설총	• 6두품 출신, 이두 정리 • 『화왕계』 저술 : 국왕에 조언, 유교적 도덕 정치 강조

출제 사료　　설총의 화왕계

어떤 이가 화왕(모란)에게 말하였다. "두 명(장미와 할미꽃)이 왔는데 어느 쪽을 취하고 어느 쪽을 버리시겠습니까?" 화왕에게 말하였다. "장부의 말도 일리가 있지만 어여쁜 여자는 얻기가 어려운 것이니 이 일을 어떻게 할까?" 장부가 다가서서 말하였다. "저는 대왕이 총명하여 사리를 잘 알 줄 알고 왔더니 지금 보니 그렇지 않군요. 무릇 임금된 사람치고 간사한 자를 가까이 하지 않고 정직한 자를 멀리하지 않는 이가 적습니다. 이 때문에 맹가는 불우하게 일생을 마쳤으며, 풍당은 머리가 희도록 하급 관직을 면치 못하였습니다. 옛날부터 도리가 이러하였거늘 저인들 어찌하겠습니까?" 화왕이 대답하였다. "내가 잘못했노라. 내가 잘못했노라." 이에 왕(신문왕)이 얼굴빛을 바로 하며 말하였다. "그대의 우화는 진실로 깊은 뜻이 담겨 있도다. 기록해 두어 왕자의 경계로 삼게 하기 바란다."라고 하고 설총을 높은 관직에 발탁하였다.

－『삼국사기』－

● 출제 포인트 분석

설총은 임금을 화왕(花王)인 모란, 간신을 장미, 충신을 할미꽃에 비유하여 임금은 간신을 멀리하고 충신을 가까이 할 것을 강조하였다.

임신서기석

임신년(壬申年)에 화랑으로 보이는 두 청년이 3년 동안 유교 서적을 공부할 것과 인격 도야에 관해 맹세한 내용이 기록되어 있다.

시험에 자주 등장해요

삼국의 교육과 교육 기관이 자주 출제됩니다. 특히 유교와 관련된 임신서기석의 내용은 꼭 기억하세요.

합격생의 비법

통일 신라 유학의 성격
• 유학 담당층 : 6두품 출신이나 정치적으로 아직 미약한 세력
• 원시 유학 + 한·당 유학
• 많은 학자들은 유학, 불교, 도교에 조예가 깊음

합격생의 비법

신라 말 유학자
• 녹진 : 6두품이며, 관리 임명을 재능에 따라 해야 한다고 주장하였다.
• 왕거인 : 진성 여왕 때 어지러웠던 현실과 은일 문사로 겪어야 했던 울분을 표현하였다('분원시').

시험에 자주 등장해요

통일 신라와 발해의 교육이 자주 출제됩니다. 특히 국학, 독서삼품과, 주자감은 꼭 기억하세요. 또 김대문, 최치원, 강수, 설총 등의 학자들도 기억하세요.

④ 발해의 수준 높은 한문학 발달

  ㉠ 정혜 공주 무덤과 정효 공주 무덤에서 세련된 4 · 6변려체 문장 구사

  ㉡ 함화 4년명 비상에 조상의 공덕을 세련된 문장으로 표현

  ㉢ 한시에 능한 인물이 많음(양태사, 왕효렴 등)

2) 역사서 편찬

① 목적 : 대외적으로 나라의 정통성과 권위 과시, 백성의 충성심 유도

② 편찬

고구려	『유기』 → 『신집』 5권(영양왕 때 이문진이 정리)
백제	『서기』 : 근초고왕 때 고흥 🔄빈출 이 편찬
신라	『국사』 : 진흥왕 때 거칠부 🔄빈출 가 편찬

❸ 불교의 수용과 발전

1) 불교의 수용

① 배경 : 4세기 지방 세력을 통합하고 중앙 집권 체제를 강화하는 과정에서 수용, 왕권을 뒷받침하기 위한 사상으로 수용

② 역할 : 왕실 불교(국가 불교) → 국가 정신 확립, **왕권 강화의 사상적 뒷받침**, **호국적 성격**(국가의 발전), 선진 문화 수용에 기여

③ 삼국의 수용

고구려	• **소수림왕 때 중국 전진에서 수용**(순도, 372) • 격의불교 → 삼론종, 섭론종 → 천태종, 열반종(백제와 신라 불교에 영향)
백제	• **침류왕 때 중국 동진에서 수용**(마라난타, 384) • 귀족의 주도로 수용, 중국의 선진 문화 수용, 계율종 성행, 호국적 성격(왕흥사, 미륵사 건립)
신라	• 눌지왕 때 고구려로부터 전래 → 법흥왕 때 이차돈의 순교로 공인 🔄빈출 (527) • 불교 공인 이후 **왕즉불 사상** 유행, 불교식 왕명 사용, 미륵불 신앙 유행, 업설 전파 • 선덕 여왕 때 황룡사 구층 목탑 건립

이차돈 순교비

불교를 제창하다가 법흥왕(527) 때 순교한 이차돈을 기념하기 위하여 건립하였다. 이차돈의 순교를 계기로 신라는 불교를 공인하였다.

합격생의 비법

왕즉불 사상

삼국은 '왕이 곧 부처'라는 사상을 내세워 왕권을 강화하였다. 불교가 왕권과 밀착되어 성행하였음을 알 수 있다.

합격생의 비법

업설

사람이 행위에 따라 업보를 받는다는 이론이다. 왕과 귀족의 우월한 지위는 선한 공덕을 많이 쌓은 결과로 보아 그들의 권위와 특권을 인정하는 면이 있다.

시험에 자주 등장해요

삼국의 불교 수용 과정을 묻는 문제가 자주 출제됩니다. 고구려와 백제는 중국으로부터 수용하였고, 신라는 고구려로부터 전래되어 이차돈의 순교로 공인되었음을 꼭 기억하세요.

출제 사료	미륵불 신앙과 화랑

진지왕 때에 와서 흥륜사의 승려 진자가 법당의 미륵상 앞에서 소원을 빌며 말했다. "원컨대, 우리 부처님이 화랑으로 변하여 세상에 나타나시면 내가 항상 얼굴을 가까이 뫼시고 받들어 모시겠습니다." …… 어느 날 꿈에 한 승려가 나타나 말했다. "웅천의 수원사에 가면 미륵선화(彌勒仙花)를 볼 수 있으리라." 진자가 꿈에서 깨어 놀랍고도 기뻐서 그 절을 찾아가니, …… 그러다가 화장을 하고 장신구를 갖춘 수려한 남자아이가 영묘사의 동북쪽 길가에서 노는 것을 보았다. 진자는 그가 미륵선화라고 생각하여 가마에 태우고 들어와서 왕에게 보였다. 왕은 그를 공경하고 사랑하여 받들어 국선(國仙)으로 삼았다.

- 『삼국사기』 -

● **출제 포인트 분석**

미륵불 신앙은 미륵불이 나타나 이상적인 불국토를 건설한다는 사상으로 화랑 제도와 밀접한 관련을 가지고 발달하였다. 신라인들은 화랑을 미륵불의 화신으로 여기기도 하였다.

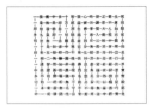

화엄일승법계도

화엄 사상의 핵심적인 내용을 7언(言) 30구(句) 210자(字)로 요약하여 상징적인 정사각형 도안에 새겨 넣었다. 가장 핵심은 '하나가 전체요, 전체가 하나다.'라는 구절이다. 통일 직후 신라 사회를 통합하는 데 이바지하였다.

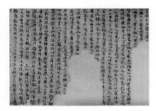

『왕오천축국전』

신라 승려 혜초가 인도와 서역을 순례하고 쓴 여행기로 프랑스의 탐험가 펠리오가 둔황 석굴에서 발견하였다. 현재 원본은 프랑스 파리 국립도서관에 소장되어 있다.

승탑

승려들의 사리를 담은 묘탑으로 기단부, 탑신부, 상륜부로 구성되어 있다. 특히 기단과 탑신, 옥개석이 8각형으로 된 팔각원당형이 전형적인 부도 형식이다. 대표적인 부도로 쌍봉사 철감선사 승탑이 있다.

쌍봉사 철감선사 승탑
(전남 화순)

2) 불교 사상의 발달

① 통일 신라 시기 불교의 대중화

원효 빈출	• 화쟁 사상 : 일심(一心) 사상을 바탕으로 다른 종파들과의 사상적 대립 해소, 『대승기신론소』와 『금강삼매경론』 저술 • 아미타 사상 : 불교의 대중화를 위해 보급, '나무아미타불' 염불을 하면 누구나 극락정토에 간다는 정토 신앙 바탕
의상 빈출	• 화엄종 : '화엄일승법계도' 빈출 로 체계화, 모든 것은 상호 의존적이고 조화를 이루고 있다는 내용 • 관음 신앙 : 관세음보살에 기대어 현세에서의 고난을 구원 받고자 염원함
혜초 빈출	인도와 서역 순례, 『왕오천축국전』 빈출 저술
원측	당에서 활약, 중국 법상종 비판, 유(有)와 공(空)의 조화를 중시하는 법상종의 시조

② 발해의 불교 : 왕실과 귀족 중심으로 성행, 문왕은 전륜성왕(무력 없이 전 세계를 통일하여 정법으로 통치하는 속세의 이상적인 왕) 자처, 수도 상경에서 10여 개의 절터와 불상 발견

3) 신라 말 선종의 유행

① 전래 : 삼국 통일 전후 전래 → 신라 말 유행

② 교리 : 구체적 실천 수행을 통한 깨달음 중시, 참선 강조

③ 발전 : 지방 호족 세력과 결탁하여 확산, 각 지역에 근거지 마련(9산 선문 성립), 승탑(부도) 제작

④ 영향 : 지방 문화 발달에 기여, 고려 왕조 건설의 사상적 바탕 마련

구분	교종	선종
특징	불경, 교리 중시	참선, 수양 중시
분파	5교	9산
지지 세력	왕실, 중앙 귀족	지방 호족, 6두품
융성 시기	신라 중대	신라 하대
예술	조형 미술 발달	승탑(부도) 제작, 탑비 유행

교종과 선종의 비교

9산 선문

❹ 도교와 풍수지리설

1) 도교

① 내용 : 산천 숭배, 신선 사상과 결합 → 불로장생과 현세구복 추구, 귀족 사회를 중심으로 발달

② 발전

고구려	연개소문이 불교 억압을 위해 장려, 고분 벽화에 그린 도교의 방위신인 사신도
백제	산수무늬 벽돌, 사택지적비, 무령왕릉 지석(매지권), 금동 대향로 ⚲빈출(신선이 사는 이상 세계 표현)
신라	화랑을 국선·풍월이라 칭함, 귀족 문화에 대한 반발로 도교와 노장 사상 확산
통일 신라	12간지, 경주 동궁과 월지(신선 사상과 불로장생)
발해	정효 공주 무덤 비문(불로장생 사상)

합격생의 비법

사택지적비

부여에서 발견된 백제의 비석으로 늙어가는 것을 한탄하며 불교에 귀의한다는 문장이 새겨져 있다. 노장 사상이 세련된 문자로 표현되어 있다.

금동 대향로(백제)

사택지적비(백제) 산수무늬 벽돌(백제)

강서대묘 사신도(백호, 고구려)

2) 풍수지리설

① 수용 : 통일 신라 말 선종 승려 도선 등에 의해 전래

② 내용 : 산세와 지세, 수세를 살펴 도읍, 주택, 묘지 등을 선정하는 인문 지리적 학설 → 신라 말 선종, 유학과 함께 새로운 사회를 건설하려는 사상적 기반이 됨

③ 영향 : 경주 중심의 지리 개념에서 벗어나 지방의 중요성 자각 → 지방 중심의 국토 재편성 주장, 신라 정부의 권위 약화

시험에 자주 등장해요

도교와 풍수지리설을 묻는 문제가 자주 출제됩니다. 특히 백제의 도교 관련 유물과 유적은 꼭 기억하세요.

❺ 과학 기술의 발달

1) 천문학

① 배경 : 농경과 밀접한 관련이 있다고 인식, 왕의 권위를 하늘과 연결하여 중요시함

② 내용 : 천체와 천문 현상 관측 → 별자리를 그린 천문도 제작(고구려), 첨성대 ⚲빈출 축조(신라 선덕 여왕)

고구려 고분 벽화

첨성대(신라)

출제 사료 『삼국사기』의 천체 관측 기록

- 남해차차웅 20년, 가을에 태백(금성)이 태미로 들어갔다. 이듬해 왕이 돌아갔다.
- 효성왕 6년 5월, 유성이 삼대성을 범하였다. 왕이 돌아갔다.
- 소수림왕 13년, 혜성이 서북에 나타났다. 이듬해 왕이 돌아갔다.
- 민중왕 3년 11월, 혜성이 남쪽 귀퉁이에서 20일이나 보이다가 없어졌다.

ㅡ 『삼국사기』 ㅡ

● **출제 포인트 분석**

『삼국사기』에는 일식, 월식, 혜성의 출현, 기상 이변 등에 대한 천문 관측 기록이 많이 수록되어 있다. 천체와 천문 현상에 대한 관측을 중요시한 것은 천문 현상이 농경과 밀접한 관련이 있었음을 인식하고 왕의 권위를 하늘과 연결시키려 하였기 때문이다.

석굴암의 구조

정사각형과 대각선, 정삼각형과 수선, 원형과 균등 분할을 응용하여 만들어진 인공 석굴이다. 기하학 기법을 응용하여 조화의 미를 창조하였다.

고구려 고분 벽화 속 야철신 (대장장이 신)

고구려 오회분 4호묘의 벽화로 철을 다루는 대장장이 신이 그려져 있다.

무구정광대다라니경

전체 길이 620cm에 달하는 종이 불경이다. 1966년 경주 불국사 삼층 석탑을 보수하는 과정에서 발견되었다.

2) 수학 : 정밀한 수학적 지식 활용

고구려	고분의 석실이나 천장의 구조
백제	정림사지 오층 석탑
신라	황룡사 구층 목탑
통일 신라	석굴암의 구조, 불국사 삼층 석탑(석가탑)과 다보탑

3) 금속 기술

고구려	고분 벽화의 철의 제련 모습
백제	칠지도, 금동대향로
신라	금관, 금귀고리 등 제작
통일 신라	성덕 대왕 신종(아연이 함유된 청동으로 제작) 등

칠지도(백제)

금관(신라)

성덕 대왕 신종(통일 신라)

신라 첨성대, 백제 금동 대향로, 무구정광대다라니경이 자주 출제됩니다. 꼭 기억하세요.

4) 인쇄술 및 제지술

① 배경 : 불교 문화의 발달 → 불교 경전을 인쇄하기 위한 인쇄술과 제지술 발달 → 통일 신라의 기록 문화 발전에 기여

② 목판 인쇄술 : 8세기 무구정광대다라니경 제작(불국사 삼층 석탑(석가탑)에서 발견) → 현존하는 세계 최고(最古)의 목판 인쇄물

③ 제지술 : 불경 인쇄 목적, 닥나무를 원료로 하는 질 좋은 종이 생산

❻ 조형 예술

1) 건축 : 궁궐과 사원 건축 → 당시의 불교 문화와 귀족 문화 확인

삼국	안학궁(고구려), 궁남지 · 미륵사(백제), 황룡사(신라) 등
통일 신라	경주 불국사와 석굴암, 안압지(동궁과 월지), 이견대 등
발해	상경 용천부(당의 장안성 모방 건설, 온돌 장치 발견)

2) 탑 : 부처의 사리 봉안

삼국	• 초기에는 목탑이 유행하였으나 점차 석탑으로 변화 • 고구려 : 주로 목탑 건립, 현존하는 탑 없음 • 백제 : 익산 미륵사지 석탑 빈출(목탑 양식의 석탑, 복원 과정에서 금제 사리 봉안기 출토), 부여 정림사지 오층 석탑(균형과 간결의 미, 우리나라 석탑 양식의 기틀 마련) • 신라 : 경주 황룡사 구층 목탑(호국 불교 성격, 몽골 침입 때 소실), 경주 분황사 모전 석탑(석재를 벽돌 모양으로 만들어 축조)
통일 신라	• 중대 : 이중 기단 위에 삼층으로 쌓는 양식 유행 → 경주 감은사지 삼층 석탑, 경주 불국사 삼층 석탑 빈출(석가탑, 감은사지 삼층 석탑 양식 계승, 무구정광대다라니경 발견), 경주 다보탑 빈출(복잡하고 화려함) • 하대 : 양양 진전사지 삼층 석탑(기단과 탑신에 부조로 불상 조각), 화엄사 4사자 삼층 석탑, 선종의 유행으로 승탑(팔각원당형)과 탑비 유행
발해	벽돌로 만든 전탑 유행(영광탑)

영광탑(발해)

시험에 자주 등장해요

삼국 시대와 남북국 시대의 탑을 제시하고 시대를 묻는 문제가 자주 출제됩니다. 각 국의 대표적인 탑을 꼭 기억하세요.

익산 미륵사지 석탑(백제)

부여 정림사지 오층 석탑(백제)

경주 분황사 모전 석탑(신라)

경주 불국사 삼층 석탑
(통일 신라)

경주 불국사 다보탑(통일 신라)

양양 진전사지 삼층 석탑
(통일 신라)

3) 불상

삼국	• 금동 미륵보살 반가사유상 제작 → 일본에 영향 • 고구려 : 금동 연가 7년명 여래 입상 🖐빈출 (중국 북조 양식 모방) • 백제 : 서산 용현리 마애여래 삼존상 🖐빈출 (백제의 미소로 불리는 온화한 미소 표현) • 신라 : 경주 배동 석조여래 삼존 입상
통일 신라	• 중대 : 석굴암 본존불상과 보살상(균형미가 뛰어난 불상 제작) • 하대 : 철불의 등장, 마애석불 유행 등
발해	고구려 양식 계승(상경과 동경의 절터에서 발굴), 이불병좌상 🖐빈출 (석가불과 다보불이 나란히 앉아 있음, 고구려 불상 조각의 전통 계승) 발견

금동 미륵보살 반가사유상

금동 연가 7년명 여래 입상(고구려)

서산 용현리 마애여래 삼존상(백제)

경주 배동 석조여래 삼존 입상(신라)

석굴암 본존불상(통일 신라)

이불병좌상(발해)

4) 석조

통일 신라	법주사 쌍사자 석등(단아함, 균형미)
발해	석등, 벽돌과 기와 무늬(고구려의 영향), 치미 등

법주사 쌍사자 석등(통일 신라)

석등(발해)

돌사자상(발해)

❼ 글씨, 그림, 음악

1) 글씨 : 신라 김생의 독자적 서체 개발(질박하고 굳셈)

2) 그림 : 신라 천마총의 천마도, 솔거의 황룡사 벽화

3) 음악 : 고구려 왕산악의 거문고 제작, 신라 백결선생의 방아타령, 가야 우륵의 가야금 제작(신라에 귀화)

❽ 고대 국가의 대외 교류

1) 삼국과 가야의 대외 교류

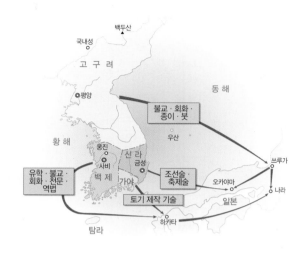

삼국 문화의 일본 전파

중국과 일본	• 고구려 : 고분 벽화에 중국 신화에 등장하는 신이나 동물 모습이 그려짐, 중국 궁중에서 고구려악 연주, 고구려 무용 공연 • 백제 : 풍납 토성에서 중국 동진과 남조의 영향을 받은 토기 발견, 남조의 영향을 받은 벽돌무덤 양식(웅진 시기), 북위와 일본에 음악 소개
서역	• 고구려 : 서역 계통의 인물이 고분 벽화에 등장(각저총 벽화의 서역인, 아프라시아브 궁전 벽화의 고구려 사신) • 신라 : 서역의 유리그릇, 금제 장식 보검, 뿔 모양 잔 등이 무덤에서 출토 • 가야 : 중국계 청동 거울, 유라시아 지역의 청동 솥이 무덤에서 출토

2) 고대 문화의 일본 전파

고구려	• 담징 : 종이와 먹의 제조 방법 전수, 호류사 금당 벽화 • 혜자 : 일본 쇼토쿠 태자의 스승 • 다카마쓰 고분 벽화는 수산리 고분 벽화의 영향을 받음
백제	• 아직기 : 일본의 태자에게 한자를 가리킴 • 왕인 : 천자문과 논어 전수 • 노리사치계 : 성왕 때 불경과 불상 전수 • 오경박사, 의박사, 역박사, 화가, 공예 기술자 등 파견 → 백제 가람 양식, 목탑 건립 등
신라	배 만드는 기술과 제방 쌓는 기술 전파 → '한인의 연못'
가야	토기 제작 기술 전수(스에키 토기)
통일 신라	• 유교 문화 전파 → 하쿠호 문화 성립에 기여 • 화엄 사상 전파 → 일본 화엄종 성립에 기여
발해	일본 궁중에서 발해의 음악 연주

고구려 수산리 고분 벽화

다카마쓰 고분 벽화

빈칸 채우기

01 삼국 중 [_____] 문화는 귀족적 성격이 강하여 우아하고 세련된 미의식이 나타난다.

02 삼국의 문화는 사원, 불상 등 [_____]을/를 중심으로 발달하였다.

03 [_____]은/는 『유기』 100권을 바탕으로 이문진이 신집 5권이라는 역사서를 편찬하였다.

04 백제의 [_____]은/는 중국 남조의 영향을 받은 벽돌무덤 양식이다.

05 신라는 눌지왕 때 고구려로부터 불교를 수용하여 [_____] 때 이차돈의 순교를 계기로 공인하였다.

06 신라는 법흥왕부터 [_____]까지 불교식 왕명을 사용하였다.

07 고구려의 [_____]은/는 불교 세력을 억압하기 위하여 도교를 장려하였다.

08 고구려의 교육 기관인 [_____]은/는 평양 천도 이후에 설립된 지방의 사립 학교이다.

09 백제의 [_____] 비문은 인생의 무상함을 한탄하는 노장 사상이 담겨 있다.

10 일본의 다카마쓰 고분 벽화는 [_____] 수산리 고분 벽화의 영향을 받았다.

정답 01 백제 02 불교문화 03 고구려 04 무령왕릉 05 법흥왕 06 진덕 여왕 07 연개소문 08 경당 09 사택지적 10 고구려

---

01 ^{36회 4번} (가)~(마)에 대한 탐구 활동으로 적절하지 <u>않은</u> 것은?

답사 계획서

■ 주제: 경주에서 만나는 신라의 발자취

■ 경로: 김유신묘 → 천마총 → 첨성대 → 황룡사터 → 분황사

■ 준비 사항: 답사 장소에 대한 사전 탐구

(가) 김유신묘
(나) 천마총
(다) 첨성대
(라) 황룡사터
(마) 분황사

① (가) – 무덤 둘레돌에 12지 신상을 새긴 이유를 찾아본다.
② (나) – 돌무지 덧널무덤의 내부 구조와 특징을 검색한다.
③ (다) – 무구정광대다라니경의 발견 경위를 조사한다.
④ (라) – 9층 목탑을 건립하였던 목적을 파악한다.
⑤ (마) – 모전 석탑의 제작 방식을 알아본다.

정답 ③

해설 자료에서 신라의 수도였던 경주에 남아 있는 김유신묘, 천마총, 첨성대, 황룡사터, 분황사 등을 통해 신라 시대 경주의 문화유산을 탐구하는 답사 계획서임을 알 수 있다.

오답 피하기 ① 김유신묘, ② 천마총, ④ 황룡사 구층 목탑, ⑤ 분황사 모전 석탑에 대한 설명이다.

02 ^{30회 8번} 밑줄 그은 '이 종파'에 대한 설명으로 옳은 것은?

이것은 9산 선문의 하나인 희양산문을 개창한 지증 대사의 탑비와 승탑 입니다. 비문에는 '도의가 당에서 돌아와 처음으로 선(禪)을 말하였고, 뒤를 이어 도윤, 범일, 무염 등이 당에서 선(禪)을 배우고 돌아왔다.'는 기록이 있어 신라 하대 이 종파의 수용 과정을 알 수 있습니다.

① 사직단에서 풍요를 기원하는 제사를 지냈다.
② 천명 사상을 통해 왕조 교체를 정당화하였다.
③ 시경, 서경, 역경 등을 주요 경전으로 삼았다.
④ 신선 사상과 결합하여 불로장생을 추구하였다.
⑤ 참선과 수행을 통해 깨달음을 얻고자 하였다.

정답 ⑤

해설 밑줄 그은 '이 종파'는 선종이다. 선종 불교는 참선과 수행을 통해 깨달음을 얻고자 하였으며, 신라 하대와 고려 후기에 널리 유행하였다.

오답 피하기 ① · ② · ③ 유교, ④ 도교에 대한 설명이다.

03

29회 9번

(가)~(라) 문화유산에 대한 설명으로 옳은 것을 〈보기〉에서 고른 것은?

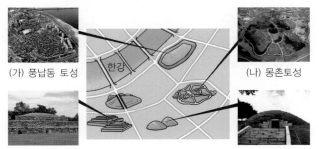

(가) 풍납동 토성
(나) 몽촌토성
(다) 석촌동 2호분
(라) 방이동 1호분

―― 〈보 기〉 ――

ㄱ. (가) – 백제 도성 관련 유적으로 '대부(大夫)'라는 글자가 새겨진 토기가 발견되었다.

ㄴ. (나) – 인조가 청의 강요를 받아들여 군신 관계를 맺은 곳이다.

ㄷ. (다) – 돌무지무덤으로 백제 건국 세력이 고구려와 같은 계통임을 뒷받침하고 있다.

ㄹ. (라) – 돌무지덧널무덤으로 도굴이 어려워 많은 껴묻거리가 출토되었다.

① ㄱ, ㄴ ② ㄱ, ㄷ ③ ㄴ, ㄷ
④ ㄴ, ㄹ ⑤ ㄷ, ㄹ

[정답] ②

[해설] 풍납동 토성은 초기 백제 시기에 한강 변에 흙으로 쌓은 성곽으로, '대부'라는 글자가 새겨진 토기가 발견되었다. 석촌동 2호분은 계단식 돌무지무덤으로 백제의 건국 세력이 고구려와 같은 계통임을 뒷받침하고 있다.

[오답 피하기] ㄴ. 인조는 병자호란에서 패배한 후 삼전도(서울 송파구에 있던 나루)에서 청에 굴복하여 군신 관계를 맺었고, 삼전도비가 세워졌다.
ㄹ. 돌무지덧널무덤은 신라 시대의 고분 양식으로, 천마도가 발견된 천마총과 금관이 출토된 황남대총 등이 있다.

04

28회 10번

다음 문화유산을 만든 국가에 대한 설명으로 옳은 것을 〈보기〉에서 고른 것은?

이 불상은 석가불과 다보불이 나란히 앉아 있는 모습을 형상화한 것으로 동경용원부(東京龍原府) 유적지에서 발견되었다. 날카로운 광배와 양감 있는 연꽃의 표현 등은 고구려 불상 조각의 전통을 계승한 것으로 평가받고 있다.

―― 〈보 기〉 ――

ㄱ. 서경을 북진 정책의 전진 기지로 삼았다.

ㄴ. 중앙 6부의 명칭을 유교식으로 정하였다.

ㄷ. 인안, 대흥 등의 독자적인 연호를 사용하였다.

ㄹ. 지방관을 감찰하기 위하여 외사정을 파견하였다.

① ㄱ, ㄴ ② ㄱ, ㄷ ③ ㄴ, ㄷ
④ ㄴ, ㄹ ⑤ ㄷ, ㄹ

[정답] ③

[해설] 발해 이불병좌상은 동경용원부에서 발견된 불상으로 석가불과 다보불이 나란히 앉아 있는 모습을 형상화한 것이다. 발해는 중앙 6부의 명칭을 충부, 인부, 의부, 지부, 예부, 신부 등의 유교식으로 정하였고, 무왕의 인안, 문왕의 대흥 등 독자적 연호를 사용하여 중국과 대등함을 표방하였다.

[오답 피하기] ㄱ. 고려 태조는 고구려 계승 의식을 갖고 국호를 고려로 하였으며, 서경(평양)을 북진 정책의 기지로 삼았다.
ㄹ. 통일 신라 신문왕은 주요 군 · 현에 태수와 현령을 파견하고, 이를 감찰하기 위해 외사정을 파견하였다.

05

37회 9번

밑줄 그은 '탑'에 해당하는 사진 자료로 옳은 것은?

어느 날 무왕이 부인과 함께 사자사(師子寺)에 가려고 용화산 밑의 큰 못가에 이르렀는데, 미륵 삼존이 연못 가운데서 나타나므로 수레를 멈추고 절을 올렸다. 부인이 왕에게 말하기를, "모름지기 이곳에 큰 절을 지어 주십시오. 그것이 제 소원입니다."라고 하였다. 왕이 이를 허락하여 …… 미륵이 세 번 법회를 연 것을 본 따 법당과 탑과 낭무(廊廡)*를 각각 세 곳에 세우고, 절 이름을 미륵사라고 하였다.

― 『삼국유사』 ―

* 낭무(廊廡): 건물 사이를 이어주는 복도

①   ②   ③

④  ⑤

[정답] ①

[해설] 밑줄 그은 '탑'은 백제 익산 미륵사지 석탑이다. 백제 익산 미륵사지 석탑은 목탑 양식의 석탑으로 복원 과정에서 금제 사리 봉안기가 출토되었다. 국보 제11호로 지정되었으며, 해체 당시 높이는 14.2m로 원래는 9층으로 추정되는 한국 최대의 석탑이다.

[오답 피하기] ② 통일 신라 – 경주 불국사 다보탑, ③ 발해 – 영광탑, ④ 백제 – 부여 정림사지 오층 석탑, ⑤ 신라 – 경주 분황사 모전 석탑

06 27회 8번 (가), (나)에 대한 설명으로 옳은 것을 〈보기〉에서 고른 것은?

불국사 가람 배치도

(가)   (나)

〈 보 기 〉
ㄱ. (가) – 감은사지 3층 석탑의 양식을 계승하였다.
ㄴ. (가) – 내부에서 무구정광대다라니경이 발견되었다.
ㄷ. (나) – 통일 신라의 전형적인 석탑 양식을 갖추고 있다.
ㄹ. (나) – 기단과 탑신에 불상이 돌을새김으로 표현되어 있다.

① ㄱ, ㄴ   ② ㄱ, ㄷ   ③ ㄴ, ㄷ
④ ㄴ, ㄹ   ⑤ ㄷ, ㄹ

정답 ①
해설 불국사에 있는 (가) 불국사 삼층 석탑(석가탑), (나) 불국사 다보탑이다. 불국사 삼층 석탑은 감은사지 삼층 석탑의 양식을 계승하였고, 내부에서 현존하는 가장 오래된 목판 인쇄물인 무구정광대다라니경이 발견되었다.

07 36회 6번 (가) 나라의 문화유산으로 옳은 것은?

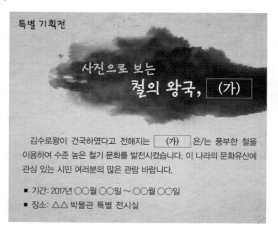

특별 기획전

사진으로 보는
철의 왕국, (가)

김수로왕이 건국하였다고 전해지는 (가) 은/는 풍부한 철을 이용하여 수준 높은 철기 문화를 발전시켰습니다. 이 나라의 문화유산에 관심 있는 시민 여러분의 많은 관람 바랍니다.

■ 기간: 2017년 ○○월 ○○일 ~ ○○월 ○○일
■ 장소: △△ 박물관 특별 전시실

정답 ④
해설 (가) 나라는 금관가야이다. 금관가야는 철이 많이 생산되어 낙랑, 왜 등에 수출하였고, 축적된 경제력을 바탕으로 전기 가야 연맹을 주도하였다. 금관가야의 문화유산은 ④ 금관가야 유적인 김해 대성동 고분에서 출토된 철제 판갑옷이다.
오답 피하기 ① 백제 – 칠지도, ② 고려 – 하남 하사창동 철조 석가여래 좌상, ③ 신라 – 성덕 대왕 신종, ⑤ 고구려 – 호우명 그릇

08 26회 13번 (가) 인물의 활동으로 옳은 것은?

[역사 인물 소개]
이달의 인물, (가)

당에 유학하여 빈공과에 급제하였다. 황소의 난 때 토황소격문을 지어 문장가로서 이름을 떨쳤다. 저서로는 계원필경, 제왕연대력, 법장화상전 등이 있다.

① 일심 사상과 화쟁 사상을 주장하였다.
② 진성 여왕에게 시무책 10여 조를 올렸다.
③ 외교 문서를 전담하고 청방인문표를 작성하였다.
④ 국왕에게 조언하는 내용의 화왕계를 저술하였다.
⑤ 명망있는 승려의 전기를 기록한 해동고승전을 남겼다.

정답 ②
해설 (가) 인물은 최치원이다. 최치원은 당에 유학하여 빈공과에 급제한 문장가로, 신라 6두품 출신이었다. 진성 여왕 때 시무책 10여 조를 올려 유교적 정치 이념을 실현하고자 하였으나 좌절되었다.
오답 피하기 ① 원효는 일심 사상을 바탕으로 타 종파들과 사상적 대립을 해소하는 화쟁 사상을 주장하였다. ③ 강수는 6두품 출신으로 청방인문표, 답설인귀서 등 외교 문서를 작성하였다. ④ 설총은 6두품 출신으로 이두를 정리하고, 화왕계를 지어 국왕에게 조언하였다. ⑤ 각훈은 삼국 시대 이래 명승들의 일대기를 정리하였다.

09 다음 자료의 무덤에서 발견된 문화 유산으로 옳은 것은?

이 무덤은 지름 47m, 높이 12.7m이다. 평지 위에 나무 널과 껴묻거리 상자를 놓고, 그 바깥에 나무로 짠 덧널을 설치한 후, 냇돌을 쌓고 그 위를 흙으로 덮는 구조로 축조되었다.

①
②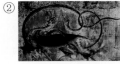
③
④
⑤

정답 ①

해설 통일 이전 신라의 돌무지덧널무덤은 나무널과 껴묻거리 상자를 놓고 덧널을 설치한 후 냇돌을 쌓고 흙으로 덮는 구조이다. 돌무지덧널무덤은 구조상 도굴이 어렵고, 벽화가 없다. 천마총과 서봉총이 대표적이며, ① 천마총에서는 말의 안장에 그린 그림인 천마도가 발견되었다.

오답 피하기 ② 강서대묘 현무도, ③ 무용총 무용도, ④ 각저총 씨름도, ⑤ 안악 3호분 무덤 벽화로 모두 고구려의 고분이다.

10 교사의 질문에 대한 학생의 답변으로 옳지 않은 것은?

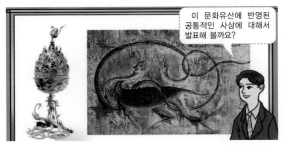

이 문화유산에 반영된 공통적인 사상에 대해서 발표해 볼까요?

① 불로장생과 현세의 구복을 추구하였습니다.
② 시경, 서경, 역경을 경전으로 삼고 있습니다.
③ 소격서가 주관하는 행사에 반영되어 있습니다.
④ 하늘에 제사를 지내는 초제와 관련이 있습니다.
⑤ 연개소문이 반대 세력을 견제하고자 장려하였습니다.

정답 ②

해설 제시된 자료는 백제 금동 대향로와 고구려 강서대묘 사신도로 모두 도교와 관련 있다. 백제 금동 대향로에는 백제인들의 도교적 이상 세계가 형상화되어 있고, 청룡, 백호, 주작, 현무의 사신(四神)은 사방을 방위하는 도교의 방위신이다.

오답 피하기 ② 시경, 서경, 역경의 경전은 유교와 관련이 있다.

11 밑줄 그은 '인물'에 대한 설명으로 옳은 것은?

받침돌과 6면의 몸돌로 구성된 이 유물에는 한 인물의 순교 장면이 조각되어 있다. 하늘에서 꽃비가 내리고, 목에서 흰 피가 솟는 모습이 삼국유사에 전하는 내용과 일치한다. 2014년 2월 11일, 문화재청은 이 유물의 보물 지정을 예고하였다.

① 왕오천축국전을 저술하였다.
② 일본에 불경과 불상을 전하였다.
③ 무애가를 지어 불교 대중화에 노력하였다.
④ 부석사를 건립하고 화엄 사상을 전파하였다.
⑤ 신라에서 불교가 공인되는 계기를 마련하였다.

정답 ⑤

해설 밑줄 그은 '인물'은 이차돈이다. 신라 법흥왕 때 이차돈의 순교로 신라에서 불교가 공인되었다(527). 『삼국유사』는 이차돈의 순교 때 하늘에서 꽃비가 내리고, 목에서 흰 피가 솟았다고 전하고 있다.

오답 피하기 ① 혜초, ② 노리사치계, ③ 원효, ④ 의상에 대한 설명이다.

12 (가)~(다)에 대한 설명으로 옳은 것을 〈보기〉에서 고른 것은?

(가)    (나)    (다)

쌍봉사 철감선사 승탑   정림사지 오층 석탑   불국사 삼층 석탑

〈보 기〉
ㄱ. (가)는 선종의 영향을 받아 만들어졌다.
ㄴ. (나)의 복원 과정에서 금제 사리 봉안기가 나왔다.
ㄷ. (다)에서 무구정광대다라니경이 발견되었다.
ㄹ. (가) – (나) – (다)의 순으로 만들어졌다.

① ㄱ, ㄴ   ② ㄱ, ㄷ   ③ ㄴ, ㄷ
④ ㄴ, ㄹ   ⑤ ㄷ, ㄹ

정답 ②

해설 (가)는 선종의 영향을 받아 만들어졌고, (다)에서는 현존하는 가장 오래된 목판 인쇄물인 무구정광대다라니경이 발견되었다.

오답 피하기 ㄴ. 금제 사리 봉안기는 미륵사지 석탑의 해체·복원 과정에서 발견되었다.
ㄹ. 탑의 제작 순서는 (나) – (다) – (가)이다.

❶ 삼국의 전성기

백제의 건국과 발전	고구려의 건국과 발전	신라의 건국과 발전

고구려 장군총   서울 석촌동 돌무지무덤

고구려의 돌무지무덤인 장군총과 백제 한성 시기의 계단식 돌무지무덤인 석촌동 무덤의 양식이 비슷하다는 사실을 통해 백제의 건국 세력이 고구려계 유이민이었음을 알 수 있다.

충주 고구려비

장수왕이 한강 유역을 차지하고 세운 기념비

광개토 대왕릉비

국내성에 광개토 대왕의 업적을 기리기 위해 세운 비석

단양 신라 적성비

진흥왕 때 고구려의 적성을 빼앗은 뒤 그 지역 주민을 위로하기 위해 세움

❷ 남북국 시대

통일 신라의 9주 5소경

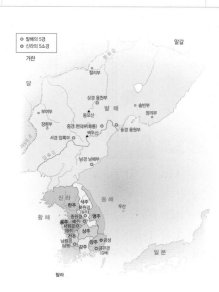

발해의 영역

❸ 고대의 문화

고구려

금동 연가 7년명 여래 입상

수렵도(무용총)

사신도 중 청룡(강서 대묘)

사신도 중 현무(강서 대묘)

백제

정림사지 오층 석탑

익산 미륵사지 석탑

서산 용현리 마애여래 삼존상

금동 대향로

산수무늬 벽돌

칠지도

신라

경주 분황사 모전 석탑

경주 배동 석조여래 삼존 입상

임신서기석

첨성대

금관총 금관

통일신라

불국사

석굴암 본존불상

경주 불국사 삼층 석탑

경주 불국사 다보탑

경주 감은사지 삼층 석탑

구례 화엄사 4사자 삼층 석탑

양양 진전사지 삼층 석탑

쌍봉사 철감 선사 승탑

상원사 동종

성덕 대왕 신종

법주사 쌍사자 석등

발해

영광탑

이불병좌상

돌사자상

석등

최신250문항 **빈출 키워드 랭킹**

👑**1**위 삼국유사   1-111p

2위 화통도감 설치   1-115p

3위 삼국사기   1-111p

4위 이제현, 만권당   1-110p

5위 전민변정도감   1-89p

6위 정계와 계백료서   1-80p

7위 쌍성총관부 공격   1-89p

8위 쌍기, 과거제 시행   1-81p

9위 동명왕편   1-111p

10위 노비안검법   1-81p

기출문제 **출제경향 분석**

3. 중세(정치, 경제, 사회, 문화)

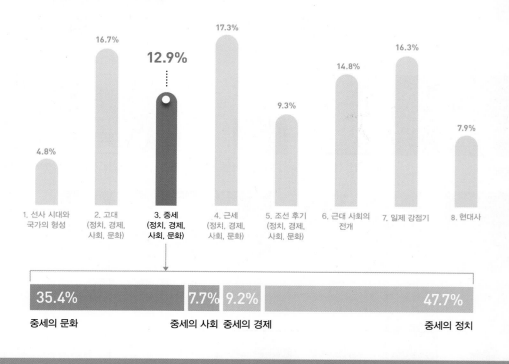

구분	비율
1. 선사 시대와 국가의 형성	4.8%
2. 고대 (정치, 경제, 사회, 문화)	16.7%
3. 중세 (정치, 경제, 사회, 문화)	12.9%
4. 근세 (정치, 경제, 사회, 문화)	17.3%
5. 조선 후기 (정치, 경제, 사회, 문화)	9.3%
6. 근대 사회의 전개	14.8%
7. 일제 강점기	16.3%
8. 현대사	7.9%

중세의 문화	중세의 사회	중세의 경제	중세의 정치
35.4%	7.7%	9.2%	47.7%

연표

918	926	935	936	1009	1019	1086	1126	1135
왕건, 고려 건국	발해 멸망	신라 멸망	고려, 후삼국 통일	강조의 정변	귀주 대첩	의천, 교장도감 설치	이자겸의 난	묘청의 서경 천도 운동

중세(정치, 경제, 사회, 문화)

1145	1170	1231	1270	1281	1359	1388	1392
김부식, 『삼국사기』 편찬	무신 정변	몽골 1차 침입	개경 환도, 삼별초의 대몽 항쟁	일연, 『삼국유사』 편찬	홍건적의 침입	위화도 회군	고려 멸망, 조선 건국

918	936	1019	1107	1126	1135	1170	1198	1231	1270	1388	1392
고려 건국	후삼국 통일	강감찬, 귀주 대첩	윤관, 여진 정벌	이자겸의 난	묘청, 서경 천도 운동	무신 정변	만적의 봉기	몽골 침입	개경 환도	위화도 회군	고려 멸망

연표

01 | 중세의 정치

출제 빈도 **상** | 중 | 하

고려의 민족 재통일

❶ 고려의 후삼국 통일

1) 고려의 건국(918) : 왕건이 호족 세력을 바탕으로 건국, 고구려 계승 표방, **송악(개성)으로 천도(919)**

2) 민족의 재통일

① **고려의 통합 정책** : 지방 세력의 흡수 및 통합, 신라에 대한 우호 정책, 중국 5대와 외교 관계 수립

② **후삼국 통일 과정** : 발해 멸망(926) → 공산(대구) 전투에서 후백제 승리 → 고창(안동) 전투에서 고려 승리 → 신라 경순왕 항복(935), 후백제 견훤 귀순(935) → 일리천 전투 ⚓빈출 에서 고려 승리, 후백제 멸망(936) → **고려의 후삼국 통일(936)**

③ **후삼국 통일의 의의** : 후삼국과 발해의 고구려계 유민을 포용하여 **민족의 재통일 이룩**, 새로운 민족 문화 발전의 토대 마련

❷ 국가 기틀의 마련

1) 태조의 정책

민생 안정 정책	• 백성에 대한 과도한 수취 금지 : **취민유도 정책**, 10분의 1로 세율 인하 • 연등회와 팔관회 거행 : 민심 수습 차원 • 흑창 실시 : 고구려의 진대법 계승, 빈민 구제 기관
호족 통합 정책	목적 : 지방 호족 세력과 중앙의 공신 세력을 중앙 집권 체제 안에 편제하여 왕권 강화(회유책) • **사성(賜姓) 제도** : 호족들에게 왕씨 성을 하사하고 가족적인 관계를 맺어 유대 강화 • **결혼 정책** : 호족과의 유대 관계 강화 → 정치적 안정 도모, 군사적 지지 기반 확대, 고려 왕실의 번성 도모 • **역분전 지급** : 공신의 공로에 따라 지급, 개국 공신과 중앙 관리의 경제 기반
호족 견제 정책	• **사심관 제도** : 중앙의 고위 관리를 사심관으로 삼아 그들의 출신 지역을 관리하게 한 제도 • **기인 제도** : 지방 향리의 자제를 뽑아 인질로 중앙에 파견하게 한 제도
북진 정책	• **고구려 계승 의식** : 국호 – 고려, 연호 – 천수(天授) 사용, **서경(평양)** 중시 • 청천강~영흥만에 이르는 영토 확장, 거란에 대한 강경책(만부교 사건), 발해 유민 포용
왕실 안정책	• 『정계』 ⚓빈출, 『계백료서』 ⚓빈출 : 중앙 관료와 지방 호족에게 군주에 대한 신하의 도리 규정 • **훈요 10조** : 후대 왕들에게 정책 방향 제시 → 왕권 강화, 불교 숭상, 풍수지리설을 통한 집권의 정당화, 고려 왕조의 기반 마련

1조 불교의 힘으로 나라를 세웠으므로, 사찰을 세우고 주지를 파견하여 불도를 닦도록 할 것.

2조 도선의 풍수 사상에 따라 사찰을 세우고, 함부로 짓지 말 것.

3조 왕위 계승은 적자적손을 원칙으로 하되 장자가 불초할 때에는 인망 있는 자가 대통을 이을 것.

4조 거란과 같은 야만국의 풍속을 배격할 것.

5조 서경(西京)을 중시할 것.

6조 연등회, 팔관회 등의 중요한 행사를 소홀히 다루지 말 것.

7조 왕이 된 자는 공평하게 일을 처리하여 민심을 얻을 것.

8조 차현 이남 금강 이외의 산형 지세는 배역이니 그 지방의 사람을 등용하지 말 것.

9조 백관의 기록을 공평히 정해줄 것.

10조 경전과 역사서를 널리 읽고 온고지신의 교훈으로 삼을 것.

● **출제 포인트 분석**

태조 왕건은 훈요 10조를 통해 후대 국왕에게 고려 왕조가 지켜야 할 기본 정책과 이념, 통치 방향을 제시하였다.

2) 광종의 정책 : 왕권 강화 정책, 공신과 호족 세력 제거

노비안검법 실시 빈출	• 불법으로 노비가 된 자를 조사하여 양인으로 해방시킴 • 호족의 경제적 · 군사적 기반 약화, 국가의 재정 기반 확대
과거제 실시 빈출	• 쌍기의 건의 빈출 로 실시, 시험으로 관리 선발 • 유학을 익힌 신진 관료를 등용하여 신구 세력 교체 도모
주현 공부법 실시	국가 수입을 증대하기 위해 주 · 현에서 공물 수량을 정하여 부과
공복 제정	관리의 복색을 관등에 따라 구분 → 지배층의 위계질서 확립
칭제 건원	황제 칭호 사용, 광덕 · 준풍의 독자적 연호 사용, 개경을 황도 · 서경을 서도로 부름
숭불 정책	귀법사 창건(민생 안정), 균여를 등용하여 교선 통합 모색

• **노비안검법 실시**

광종 7년 병진에 노비를 조사해서 옳고 그름을 분명히 밝히도록 명령하였다. 이 때문에 주인을 배반하는 노비들을 도저히 억누를 수 없으므로, 주인을 업신여기는 풍속이 크게 유행하였다.

– 『고려사절요』 –

• **과거제 실시**

광종 9년 처음 과거를 시행하였다. 한림학사 쌍기에게 명하여 진사를 뽑았다.　　　– 『고려사』 –

• **백관 공복 제정**

광종 11년 백관의 공복을 정하였다. 원윤 이상은 자색 옷, 중단경 이상은 붉은색 옷, 도항경 이상은 비색 옷, 소주부 이상은 녹색 옷으로 하였다.　　　– 『고려사』 –

● **출제 포인트 분석**

왕자와 외척 간의 왕위 계승 다툼 속에서 왕위에 오른 광종은 왕권을 강화하기 위해 후주의 쌍기를 영입하여 본격적으로 개혁 정치를 추진하였다.

3) 성종의 정책 : 유교 정치 이념 채택

① 유교 정치 실시 : 최승로의 시무 28조 빈출 건의를 수용함(지방 세력의 통제, 지방관의 파견, 유교 진흥, 불교 행사 축소, 토속적 신앙 의례 폐지 등)

시험에 자주 등장해요

광종의 왕권 강화를 묻는 문제가 자주 출제됩니다. 노비안검법, 과거제, 독자적 연호 사용 등은 꼭 기억하세요.

합격생의 비법

최승로

신라 6두품 출신의 유학자로, 유교 사상에 입각한 28조의 개혁안을 성종에게 건의하여 고려의 유교적 질서를 확립하는 데 크게 기여하였다. 현재는 22조만 전해지고 있다.

② 통치 체제 정비

중앙 정치 제도 정비	• 당의 제도를 수용한 2성 6부제 기반 • 중추원과 삼사(송의 관제), 식목도감과 도병마사(독자적 관제)
지방 통치 제도 정비	12목에 지방관 파견 **빈출**, 향리 제도 정비
유교 교육 장려	국자감 설치(중앙), 12목에 경학박사와 의학박사 파견, 과거제 정비
민생 안정	• 흑창을 확대하여 빈민 구제 기관인 의창 설치 • 연등회 축소, 팔관회 폐지(국가적 불교 행사 억제)

출제 사료 최승로의 시무 28조

제7조 국왕이 백성을 다스림은 집집마다 가서 돌보고 날마다 이를 보는 것은 아닙니다. 그런 까닭으로 수령을 보내어 가서 백성의 이익이 되는 일과 손해가 되는 일을 살피게 하는 것입니다. 청컨대 외관(外官)을 두십시오.

제13조 우리나라에서는 봄에는 연등회를, 겨울에는 팔관회를 베풀어 사람을 많이 동원하여 힘든 일을 시키니, 이를 줄여서 백성이 힘을 펴게 하십시오.

제19조 공신의 등급에 따라 그 자손을 등용하여 업신여김을 받고 원망하는 일이 없도록 하십시오.

제20조 불교를 행하는 것은 수신의 근본이요, 유교를 행하는 것은 치국의 근원입니다. 수신은 내생의 복을 구하는 것이며, 치국은 금일의 중요한 업무입니다.

－『고려사』－

● 출제 포인트 분석

최승로는 제7조에서 지방관 파견을 통한 중앙 집권화, 제13조에서 민생 안정, 제19조에서 공신 및 호족 세력의 포용, 제20조에서 유교 정치 이념의 수용을 주장하였다.

고려의 중앙 정치 조직

❸ 통치 체제의 정비

1) 중앙 정치 제도 : 당의 3성 6부제 도입, 고려 실정에 맞게 운영(2성 6부 체제, 6부의 서열 다름, 삼사의 기능 약화, 상서성의 기능 약화)

① **중앙 정치 조직** : 2성 6부 체제(성종)

중서문하성	장관인 문하시중이 국정 총괄, 재신과 낭사로 구성 → 중추원과 함께 고려의 핵심 권력 기구, 정책 심의
상서성	중서문하성에서 결정된 정책을 집행하는 실무 기관, 6부 통솔
6부	이부, 병부, 호부, 형부, 예부, 공부 → 행정 실무 담당, 정책 집행
삼사	화폐와 곡식의 출납 회계 담당
중추원	추밀(추신, 2품, 군사 기밀 담당)과 승선(3품, 왕명 출납 담당)으로 구성
어사대	정치의 잘잘못을 논하고 관리들의 비리를 감찰하는 기구, 중서문하성의 낭사와 함께 대간으로 불림
기타 기관	• 한림원 : 왕명으로 왕의 교지나 외교 문서 제작 • 춘추관 : 시정 기록, 역사 편찬 • 서적포 : 국자감에 설치한 한시적 출판 기구(숙종) • 청연각과 보문각 : 궁내에 설치한 학술 기관(예종) • 수서원(서경), 비사성(개경) : 국립 도서관 • 사천대 : 천문 관측 기관

② 회의 기구 : 고려 귀족 정치의 특징을 보여 줌

도병마사	• 중서문하성의 재신과 중추원의 추밀로 구성 • 군사 기밀과 국방상 중요한 일을 결정하는 회의 기구 • 고려 후기 도평의사사로 개편(모든 국사를 합의하고 시행하는 최고 정무 기관, 상설 기관)
식목도감	국가의 중요한 제도와 격식, 법률을 제정하는 회의 기구

③ 대간 제도 : 중서문하성의 낭사와 어사대 관원으로 구성 → 왕권의 규제, 고위 관원들의 횡포 견제, 정치 운영의 균형 도모

2) 지방 행정 제도

① 특징

㉠ 일반 행정 중심의 5도, 군사 행정 중심의 양계로 이원화된 불완전한 조직

㉡ 지방관이 파견된 주현보다 파견되지 않은 속현이 많음 → 중앙의 지방 통제력 약화

㉢ 향리의 영향력 강화 → 속현에서 조세 및 공물 징수, 노역 징발 등 행정 실무 담당

㉣ 개경의 관아를 서경에도 설치한 분사 제도 실시(서경 우대 정책 반영)

　→ 묘청의 서경 천도 운동 이후 폐지

② 정비 과정 : 호족의 자치권 인정(건국 초기) → 12목 설치 ^{빈출}, 지방관 파견(성종) → 경기, 5도 양계 설치(현종)

③ 지방 행정 조직

5도	일반 행정 구역, 각 도에 안찰사 파견, 도 아래 주 · 군 · 현 설치
양계	군사 행정 구역, 병마사 파견, 군사적 요충지에 진 설치
3경	개경(개성), 서경(평양), 동경(경주) → 풍수지리설의 영향으로 동경 대신 남경(한양) 설치
향 · 부곡 · 소	• 특별 행정 구역, 일반 군현보다 더 많은 세금 부담 • 향과 부곡 주민은 농업, 소 주민은 수공업에 종사
속현	• 주현이 속현 통솔, 계수관 설치(중앙과 지방을 잇는 중간 기구) • 속현은 향리가 지배, 중기 이후 속현에 감무 설치(속군과 속현 안정, 조세와 역 수취)

3) 군사 제도

중앙군	• 2군 : 국왕의 친위 부대(응양군, 용호군), 왕궁 수비 • 6위 : 개경의 경비, 국경 방어 임무, 경군의 주력 부대 • 직업 군인으로 편성(군인전 지급), 직역 세습 • 2군 6위의 상장군과 대장군이 중방 구성
지방군	• 주현군 : 5도의 일반 군현에 주둔, 예비군 • 주진군 : 국경 지역 수비 담당, 상비군 • 16~60세 양인 장정으로 조직

4) 관리 등용 제도

① 과거제

㉠ 응시 자격 : 법적으로 양인 이상 응시 가능, 실제 양인은 주로 잡과 응시

합격생의 비법

대간의 권한
• **간쟁** : 왕의 잘못이나 정책의 잘못을 비판함
• **봉박** : 잘못된 명령을 시행하지 않고 되돌려 보냄
• **서경** : 관리들의 임명이나 법령의 개정과 폐지를 인준함

시험에 자주 등장해요

고려의 중앙 통치 체제 내용을 묻는 문제가 자주 출제됩니다. 2성 6부, 도병마사와 식목도감, 대간 제도는 꼭 기억하세요.

고려의 5도 양계

시험에 자주 등장해요

고려의 지방 행정 조직과 군사 제도를 묻는 문제가 자주 출제됩니다. 5도 양계, 속현, 2군 6위는 꼭 기억하세요.

ⓒ 종류

제술과	문학적 재능과 정책, 귀족과 고위 향리 자제 응시
명경과	유교 경전에 대한 이해 능력
잡과	법률, 회계, 지리 등 실용 기술학, 기술관 선발
승과	불교 경전의 이해 능력, 승려 대상

ⓒ **좌주 문생 관계** : 과거를 주관하는 시험관 지공거(좌주)와 합격자(문생) 사이에 정치적 · 사회적 관계 형성

② **음서제** : 공신 및 5품 이상 고위 관리의 자손이 과거를 거치지 않고 관직에 진출하는 제도 → 고려 관료 체제의 귀족적 특징을 보여 줌

고려의 관리 등용 제도

❹ 문벌 귀족 사회의 성립과 동요

1) 문벌 귀족 사회의 성립과 전개

① 형성 : 지방 호족 출신과 신라 6두품 계통 유학자들의 정계 진출 → 여러 대에 걸쳐 일부 가문이 높은 관직과 권력을 차지하면서 문벌 형성

② 특징

ⓐ 정치적 · 경제적 특권 독점 : 과거와 음서를 통해 관직 독점, 관직에 따라 과전과 공음전을 받아 경제적 기반 강화

ⓑ 사회적 특권 유지 : 왕실과의 혼인 관계, 문벌 귀족 간의 혼인 관계를 맺어 권력 유지

③ 대표적 가문 : 경원 이씨(이자겸), 해주 최씨(최충), 경주 김씨(김부식), 안산 김씨(김은부), 파평 윤씨(윤관)

④ 전개

숙종	• 국자감에 서적포를 두고 인쇄 · 출판 담당 • 숙종의 후원으로 의천이 천태종을 창립하여 인주 이씨와 연결된 법상종을 누르고 불교 통합 • 산업 발달에 따라 주전관 설치(은병, 해동통보 주조) • 윤관의 별무반 창설
예종	• 대외적으로 여진 정벌, 대내적으로 문화 발전 • 관학 진흥(7재, 양현고), 학문 연구 기관 설치(청연각, 보문각), 예의상정소 설치, 속현에 감무 설치, 구제도감 · 혜민국 설치
인종	• 김부식에게 『삼국사기』 편찬 지시 • 이자겸의 난과 묘청의 서경 천도 운동 발생 • 경사 6학, 향학, 동 · 서대비원, 제위보 설치

합격생의 비법

인맥을 통한 관직 진출

> 문생이 종백(과거를 맡아 합격자를 선발하는 시험관으로 좌주라고도 한다.)을 대할 때는 아버지와 자식 사이의 예를 차린다. …… 평장사 임경숙은 4번 과거의 시험관이 되었는데, 몇 해 지나지 않아 그의 문하에 벼슬을 한 사람이 10여 명이나 되었고, ……

시험을 관장하는 좌주와 그 합격자인 문생은 부자의 예를 차릴 정도로 강한 인적 결속 관계를 보였다. 이는 인맥을 통해 관직 진출이 가능하였기 때문이다.

시험에 자주 등장해요

고려의 관리 등용 제도를 묻는 문제가 자주 출제됩니다. 특히 과거제와 음서제는 비교하여 꼭 기억하세요.

왕실과 이자겸의 혼인 관계도

경원 이씨 가문은 80여 년 동안 10명의 왕비를 배출하였다. 특히 이자겸은 예종, 인종에게 딸을 시집보냈다.

합격생의 비법

예의상정소

고려 중기 신분에 따른 의복 제도와 공문서 양식, 예의 등 유교적인 제도를 정하기 위하여 설치한 기구이다.

2) 문벌 귀족 사회의 동요

① 이자겸의 난(1126)

배경	• 경원 이씨 집안이 왕실 외척으로 문종~인종 때까지 80여 년 동안 정권 장악 • 이자겸의 권력 독점을 반대하는 왕의 측근 세력과 대립
전개	인종의 이자겸 제거 시도(실패) → 이자겸이 반대파를 제거하고 척준경과 반란을 일으킴 → 왕에게 포섭된 척준경이 이자겸 제거 → 경원 이씨 세력 몰락
영향	중앙 지배층의 분열을 드러냄 → 문벌 귀족 사회의 붕괴 촉진

② 묘청의 서경 천도 운동(1135)

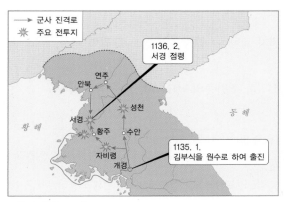

묘청의 서경 천도 운동

합격생의 비법

묘청의 서경 천도설

묘청은 서경 출신의 승려로 '상경의 지덕은 쇠하고 서경에는 왕기(王氣)가 있으니 서경으로 천도할 것과 서경으로 천도하면 금나라가 스스로 항복할 것'이라는 서경 천도설을 주장하며 서경에 대화궁까지 만들었다가 받아들여지지 않자 난을 일으켰다.

배경	• 개경의 문벌 귀족과 서경 출신 관료의 외교 문제 대립(이자겸의 사대 외교 수용, 이자겸 제거 이후에도 사대 외교 유지) • 인종이 서경 세력(묘청, 정지상)을 이용하여 개혁 추진(서경 천도, 칭제 건원, 금국 정벌 👑빈출 등 주장) → 김부식 등 개경 세력 반대
전개	개경 세력의 반대로 서경 천도 좌절 → 묘청 등 서경에서 반란(국호 '대위' 👑빈출, 연호 '천개', 천견충의군 등 자주 의식 표현) → 김부식의 관군에 의해 진압
결과	서경 세력의 몰락, 문벌 귀족 사회 내부의 분열 → 문벌 귀족 사회의 모순 심화
의의	지역 세력 간의 대립, 풍수지리설이 결부된 자주적 전통 사상과 유교 정치 사상의 충돌, 고구려 계승 이념과 신라 계승 이념의 대립

구분	서경파	개경파
인물	묘청, 정지상	김부식
성향	신진 세력, 진취적, 자주적	문벌 귀족 세력, 사대적, 보수적
대외 정책	북진 정책, 고구려 계승	사대 정책, 신라 계승
중심 사상	자주적 전통 사상, 풍수지리설	유교 사상
주장	서경 천도, 금국 정벌, 칭제 건원	묘청의 주장 반대, 정권 안정 도모

서경파와 개경파

출제 사료 신채호의 서경 천도 운동 평가

······ 묘청의 서경 천도 운동에 대하여 역사가들은 단지 왕사(王師)가 반란한 적을 친 것으로 알았을 뿐인데, 이는 근시안적인 관찰이다. 실상은 낭가(娘家)와 불교 양가 대 유교의 싸움이며, 국풍파(國風派) 대 한학파(漢學派)의 싸움이며, 독립당 대 사대당의 싸움이며, 진취 사상 대 보수 사상의 싸움이니, 묘청은 전자의 대표요 김부식은 후자의 대표였던 것이다. 묘청의 천도 운동에서 묘청 등이 패하고 김부식이 이겼으므로 조선사가 사대적, 보수적, 속박적 사상인 유교 사상에 정복되고 말았다. 만약 김부식이 패하고 묘청이 이겼더라면, 조선사가 독립적, 진취적으로 진전하였을 것이니 이것이 어찌 일천년래 제일대사건이라 하지 아니하랴. — 신채호, 『조선사연구초』 —

● **출제 포인트 분석**

민족주의 사학자인 신채호는 『조선사연구초』에서 묘청의 서경 천도 운동을 독립적, 진취적인 사건으로 높이 평가하였고, 이를 진압한 김부식 등을 사대적, 보수적이라고 비판하였다. 더불어 조선이 일본에게 망한 이유를 민족의 자주성이 상실된 역사적 경험에 있다고 보았고, 민족주의가 실패한 이유가 된 조선 역사상 일천년래 제일대사건이라고 보았다.

시험에 자주 등장해요

문벌 귀족의 성립과 동요를 묻는 문제가 자주 출제됩니다. 특히 묘청의 서경 천도 운동은 꼭 기억하세요.

이의방 · 정중부(중방)
↓
경대승(도방)
↓
이의민(중방)
↓
최충헌(교정도감)

무신 정권의 권력 쟁탈전

합격생의 비법

중방

최고위 무신들로 구성된 회의 기구이다. 무신 정권 초기에는 1인자인 무인 집정의 지위가 확고하지 못하여 중방을 통해 정치를 실행하였으며, 최충헌 집권기까지 최고 권력 기구였다.

합격생의 비법

서방

1277년 최우가 설치하여 문인들을 숙위하게 하였다. 이는 문인들로부터 자문을 받기 위함이었는데, 최씨 정권은 무인들의 숙위 기관인 도방과 함께 문무를 겸비하게 되었다.

시험에 자주 등장해요

무신 집권기의 내용을 묻는 문제가 자주 출제됩니다. 특히 무신 정권의 집권 기구와 망이 · 망소이의 봉기, 만적의 봉기와 같은 농민과 천민의 봉기는 꼭 기억하세요.

⑤ 무신 정권의 성립과 변천

1) 무신 정변의 발생(1170)

배경	• 문벌 귀족 지배 체제의 모순 심화 • 고려의 숭문천무(崇文賤武)의 정책으로 무인에 대한 차별이 심함 • 하급 군인들의 불만 고조(잡역 동원, 군인전 미지급)
전개	정중부 빈출, 이의방 등 무신들이 의종의 보현원 행차를 계기로 반란 → 다수의 문신 제거 → 의종을 폐위하고 명종 옹립 → 중방 중심으로 정권 장악

2) 무신 정권의 성립

① 형성기(정중부-경대승-이의민)

   ㉠ 무신 간 권력 다툼으로 최고 집권자 교체 → 중방을 중심으로 권력 행사, 주요 관직 독점(경대승은 도방 중심)

   ㉡ 반무신난의 발생 : 김보당의 난(1173), 조위총의 난(1174), 교종 승려의 난

② 확립기(최씨 무신 정권)

최충헌	• 봉사 10조 제시 : 명종에게 봉사 10조를 올려 정치 기강을 세우려고 노력 • 교정도감 설치 빈출 : 최씨 정권의 최고 권력 기구(인사권, 재정권, 감찰권 등 행사), 장관인 교정별감은 최씨 정권의 집권자가 세습 • 도방 부활 : 신변 경호를 위해 사병 집단인 도방을 확대 설치, 삼별초와 함께 최씨 정권의 군사적 기반이 됨
최우	• 정방 설치 빈출 : 자신의 집에 설치한 독자적인 인사 행정 기구, 정권 유지 수단으로 활용 • 서방 설치 : 정치 자문과 협조를 구하기 위해 만든 문신들의 숙위 기관, 문학과 행정 능력을 갖춘 문신들이 자문 기능 담당 • 삼별초 빈출 : 도적을 막기 위해 만든 야별초에서 분리된 좌별초와 우별초, 몽골에 포로로 잡혀갔던 병사들로 조직된 신의군이 합쳐진 특수 부대 → 최씨 정권의 군사적 기반, 몽골의 침입에 끝까지 항쟁

③ 붕괴기(김준-임연) : 몽골의 압력으로 붕괴, 왕정 복구, 개경 환도

3) 농민과 천민의 봉기

① 배경 : 무신 정변 후 정치적 혼란, 무신들의 토지 겸병 및 지방 관리의 가혹한 징세, 무신들 간의 권력 다툼으로 인한 지방 통제력 약화, 무신 집권 후 하층민에서 권력자 배출(신분제 동요)

무신 집권기 농민과 천민의 봉기

② 대표적인 봉기

서북 지역 농민 봉기	서경 유수 조위총이 무신 정권에 반발하여 서경에서 봉기했을 때 많은 농민 가세, 진압된 이후에도 농민 항쟁 지속
망이 · 망소이의 봉기	특수 행정 구역인 공주 명학소에서 봉기, 무거운 조세 부담에 반발
김사미 · 효심의 봉기	김사미(운문), 효심(초전)에서 봉기, 경상도에서 시작해 경주 · 강릉 지방으로 확대, 신라 부흥 주장
전주 관노비의 봉기	지방관의 수탈에 관노비와 군인이 합세하여 봉기
만적의 봉기	최충헌의 사노비인 만적이 신분 해방 운동 전개 → 실패
삼국 부흥 운동	고구려 부흥(최광수), 백제 부흥(이연년 형제), 신라 부흥(이비, 발좌)

- **망이·망소이의 봉기**

  명학소의 백성 망이·망소이 등이 무리를 모아 공주를 공격하여 함락하였다. 조정에서 채원부와 박강수 등을 보내어 타일렀으나 적(賊)이 따르지 않았다.

- **김사미·효심의 봉기**

  남방에도 적이 봉기하였는데, 그 중에 세력이 큰 자인 김사미는 운문에 웅거하고 효심은 초전에 웅거하여 떠돌아다니는 자들을 불러 모아 주현을 공격하였다.

● **출제 포인트 분석**

무신 집권기에 무신들 간 권력 다툼으로 지방 통제력이 약화되었으며, 무신들이 토지를 겸병하고 지방 관리가 징세를 가혹하게 하자 전국에서 농민과 천민이 봉기하였다.

⑥ 고려의 대외 관계

1) **송과의 교류** : 발해를 멸망시킨 거란을 견제하고 **송의 선진 문물 수용 목적**(문화적·경제적 실리 추구)

2) **거란과의 관계(10~11세기)**

① 건국 초의 관계

   ㉠ 태조 : 훈요 10조에서 거란을 금수의 나라로 규정, **거란과 적대적**, 만부교 사건

   ㉡ 정종 : 거란의 침입에 대비하기 위해 광군 조직

② 거란의 침입과 격퇴

1차 침입 (성종, 993)	• 원인 : 고려의 북진 정책 및 친송 정책 • 전개 : 거란 장수 소손녕의 침입 → 서희의 외교 담판(강동 6주 획득) 빈출
2차 침입 (현종, 1010)	• 원인 : 고려가 송과의 관계 유지, **강조의 정변** 구실 • 전개 : 거란 성종의 침입 → 개경 함락(나주 피란) → 현종의 입조 조건으로 거란군 철수, **양규**의 거란군 격파
3차 침입 (현종, 1018)	• 원인 : 현종의 입조 회피, 거란의 강동 6주 반환 요구 • 전개 : 거란 장수 소배압의 침입 → **강감찬의 귀주 대첩(1019)**

③ 거란 침입 후 국방 강화책 : 고려, 송, 거란의 세력 균형 유지

   → 나성 축조(개경), **천리장성 축조**(압록강~도련포)

3) **여진과의 관계(12세기)**

① 초기 관계

   ㉠ 고려를 부모의 나라로 섬김, 귀순한 여진족은 자치주를 설치하여 통치

   ㉡ 여진은 토산물(말, 화살 등)을 바침, 고려의 식량·농기구·포목을 가져감

② 여진 정벌과 동북 9성 설치

   ㉠ 여진족의 성장 : 12세기 완옌부 중심으로 여진족 통합 후 고려와 충돌

   ㉡ 여진 정벌 : 여진의 국경 침입 → **윤관**의 건의에 따라 별무반 편성 빈출 → 윤관의 여진 정벌(예종, 1107) → **동북 9성 설치** 빈출

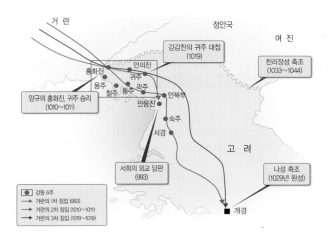

거란의 침입과 격퇴

척경입비도

윤관이 여진을 물리친 후 9성을 쌓고 비석을 세우는 장면을 그린 조선 후기 그림이다.

ⓒ 여진족의 강성 : 여진의 금 건국(1115) → 거란을 멸망시킨 후 고려에 군신 관계 요구 → 이자겸의 사대 요구 수락(정권 유지 위해 수용) → 이후 평화 관계 유지

4) 몽골의 침입과 항쟁

① 배경 : 몽골의 성장(칭기즈 칸의 몽골 통일, 동아시아로 세력 확장) → 몽골군에 쫓겨 온 거란을 고려와 몽골이 연합하여 강동성에서 격퇴(강동의 역)

② 침입과 격퇴 : 40여 년간 몽골과 전쟁 지속

몽골의 침입과 항쟁

1차 침입 (1231)	• 원인 : 고려에 무리한 조공 요구 → 몽골 사신 저고여 피살 구실로 침입 • 전개 : 살리타의 침입 → 박서의 귀주성 항전, 마산 초적의 활약 • 결과 : 강화 후 다루가치를 주둔시키고 철수, 강화도로 천도(최후) 🔖빈출 후 장기적인 대몽 항쟁 추진
2차 침입 (1232)	• 원인 : 살리타가 개경 천도와 친조 요구하며 침입 • 전개 : 처인 부곡에서 김윤후가 살리타 사살 🔖빈출 • 대구 부인사의 초조대장경 손실
3차 침입 (1235)	죽주성에서 민병 승리, 경주 황룡사 구층 목탑 소실, 팔만대장경 조판 시작

③ 대몽 항쟁의 전개 : 초적의 활동, 처인성 전투(김윤후와 부곡민)와 충주성 전투(노비와 부곡민 등 하층민 참여)

④ 몽골과의 강화 : 강화를 주장하던 무신들이 최고 집권자인 최의 피살 → 최씨 정권의 몰락 → 김준, 임연, 임유무로 무신 정권 지속 → 몽골과의 강화 추진 → 무신들의 개경 환도 거부 → 임유무 피살, 고려 정부의 개경 환도(1270)

⑤ 삼별초의 항쟁 : 정부의 개경 환도 → 배중손의 지휘로 몽골과의 강화 및 개경 환도에 반발(승화 후 온을 왕으로 추대) → 강화도, 진도, 제주도로 이동하며 항전 → 여·몽 연합군에 의해 진압(1273)

⑥ 전쟁의 피해 : 국토의 황폐화, 문화재 소실(대구 부인사 초조대장경, 경주 황룡사 구층 목탑)

❼ 고려 후기의 정치 변동

1) 원의 내정 간섭

시험에 자주 등장해요

고려의 대외 관계 내용은 골고루 자주 출제됩니다. 거란, 여진, 몽골의 침입 내용을 꼭 정리해서 기억하세요.

조, 종	왕
폐하	전하
태자	세자

원 간섭기 왕실 호칭의 격하

중서문하성	첨의부
상서성	
도병마사	도평의사사
6부	4사
중추원	밀직사
어사대	감찰사

원 간섭기 관제의 격하

원의 부마국 전락	원의 승인을 받아 왕위 계승, 고려왕과 원 공주의 결혼, 왕실 호칭과 관제의 격하
정동행성 설치	원의 일본 정벌을 위해 설치(1280), 일본 원정 실패 후 의례적 기구로 변하여 하부 기구인 이문소를 통해 내정 간섭
만호부 설치	고려 군사 조직에 영향력을 행사하기 위해 설치
다루가치 파견	몽골이 점령 지역 사람들을 직접 다스리기 위해 파견한 관리, 감찰관으로 파견
영토 상실	쌍성총관부(철령 이북), 동녕부(자비령 이북), 탐라총관부(제주도) 설치
경제적·문화적 영향	• 조혼 풍습, 몽골풍 유행(몽골어 사용, 몽골식 의복·변발), 원에서 고려의 풍속 유행(고려양) • 금·은·포·곡물·인삼 등 수탈, 내시·공녀 징발

2) 권문세족의 집권

등장	원 간섭기에 원의 세력을 배경으로 등장하여 친원적 성향을 지님
특권	도평의사사 장악, 음서로 관직 진출 및 세습, 불법적으로 토지와 노비를 차지하여 대농장 경영 → 사회 모순 심화, 왕권 약화, 국가 재정 궁핍, 농민 생활 빈곤

3) 원 간섭기의 개혁 정치

충렬왕	전민변정도감 설치, 국학 진흥, 국자감을 국학으로 개칭
충선왕	사림원 설치(신진 관료 중용), 전농사 설치(토지 제도 문란 시정), 각염법 시행(소금 전매제), 원에 만권당 설치(학문 연구소, 유학 연구)
충숙왕	찰리변위도감 설치
충목왕	응방 폐지, 정치도감 설치

4) 공민왕의 개혁 정치

① 시기 : 14세기 중엽 원·명 교체기

② 개혁 정책

반원 자주 정책	기철 등 친원 세력 숙청, 관제 복구(정동행성 이문소 폐지), 몽골풍 금지, 원의 연호 폐지, 쌍성총관부 공격 ⓦ빈출(철령 이북의 땅 수복), 친명 정책 표명
왕권 강화 정책	3성 6부제 복구, 정방 폐지(왕의 인사권 장악), 성균관 중건·과거제 개혁(신진 사대부 등용), 신돈 등용, 전민변정도감 설치 ⓦ빈출(권문세족 압박)

③ 결과 : 권문세족의 압력과 간섭, 신진 사대부 세력의 미약, 홍건적과 왜구의 침입 → 공민왕의 시해로 실패

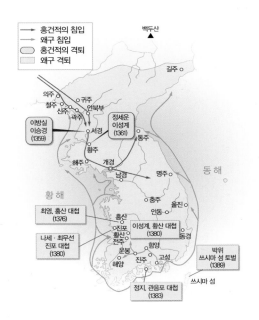

홍건적과 왜구의 침입 및 격퇴

홍건적은 원의 지배에 반대하여 반란을 일으킨 한족이고, 왜구는 일본의 해적 집단이다. 이들을 물리치는 데 최영과 이성계가 크게 활약하였다.

공민왕의 영토 수복

합격생의 비법

사림원

충선왕은 정방을 폐지하고 한림원과 승지방을 계승하여 왕명 출납과 인사 행정을 담당하는 사림원을 설치하였다. 이를 통해 왕권 강화를 시도하였다.

합격생의 비법

정치도감

권세가들의 토지의 탈점과 겸병을 조사하여 폐단을 적발하고 응징하였다. 권세가들이 경기도에 가지고 있었던 토지를 혁파하여 일반 관리와 국역 부담자들에게 지급하였다.

합격생의 비법

전민변정도감

공민왕 때 설치한 전민변정도감은 권문세족에게 억울하게 빼앗긴 토지를 돌려주고 노비가 된 자를 양인으로 회복시키는 제도이다. 권문세족의 경제적 기반을 약화시키고, 국가 재정 기반을 강화하고자 하였다.

시험에 자주 등장해요

원 간섭기의 사회상과 공민왕의 개혁 정치를 묻는 문제가 자주 출제됩니다. 몽골풍, 정동행성 이문소 폐지, 쌍성총관부 수복, 전민변정도감 등은 꼭 기억하세요.

5) 신진 사대부의 성장

성장	지방 향리 출신으로 과거를 통해 중앙 관리로 진출 → 공민왕의 개혁 정치 때 개혁을 뒷받침할 세력으로 성장
활동	권문세족과 불교의 폐단 비판, 유교의 원리에 따른 국가 운영 주장, 성리학을 개혁 사상으로 수용, 각종 개혁 정치에 참여
한계	관직 진출 제한, 경제적 기반 미약 → 고려 말 온건 개혁파(고려의 전통 질서 유지, 이색과 정몽주), 급진 개혁파(고려 부정, 새 왕조 수립 주장, 정도전과 조준)로 분열

합격생의 비법

과전법
공양왕 때 신진 사대부 세력의 경제적 기반을 마련하기 위해 권문세족 등 구세력의 토지를 몰수하여 현직 관리와 퇴직 관리에게 토지의 수조권을 지급하였다.

시험에 자주 등장해요

고려 말 성장한 권문세족과 신진 사대부를 비교하는 문제가 자주 출제됩니다. 각각의 특징을 꼭 기억하세요.

6) 고려의 멸망

① 고려 말 사회 모순 심화 : 공민왕의 개혁 좌절, 권문세족의 토지 겸병과 권력 독점 심화
② 신흥 무인 세력의 성장 : 홍건적과 왜구의 침입을 격퇴하는 과정에서 최영, 이성계 등 무인 세력 성장 → 고려 정치의 중심 세력으로 성장
③ 고려의 멸망 : 명의 철령위 설치 통보 → 우왕과 최영 등의 명의 요구 거절, 요동 정벌 추진 → 이성계 요동 정벌 반대, 위화도 회군(1388) → 이성계의 정권 장악(우왕 폐위, 최영 제거) → 공양왕 추대 → 과전법 공포(1391) → 정도전 등 급진 개혁파의 온건 개혁파 제거 → 이성계의 국왕 추대 → 고려 멸망, 조선 건국(1392)

이론을 복습하는 **기출문제 01**

빈칸 채우기

01 왕건은 호족 세력 회유를 위해 중앙과 연결된 호족이 출신 지역의 ☐☐☐☐이/가 되어 향리직을 임명할 수 있도록 하였다.

02 고려 광종은 왕권 강화를 위해 호족이 불법으로 소유한 노비를 양인으로 해방하도록 하는 ☐☐☐☐을/를 시행하였다.

03 최승로는 고려 성종에게 유교 정치에 의한 국가 기반을 정립하도록 ☐☐☐☐을/를 제시하였다.

04 중서문하성은 재신과 낭사로 구성되었고, ☐☐☐☐이/가 총괄하였다.

05 ☐☐☐☐은/는 서경에서 반란을 일으켜 국호를 '대위'로 정하고 연호는 '천개'로 선포하였다.

06 무신 정권 시기 최충헌은 국정을 총괄하는 최고 정치 기구인 ☐☐☐☐을/를 설치하였다.

07 고려는 거란과 여진의 침입에 대비하기 위하여 압록강에서 도련포까지 ☐☐☐☐을/를 축조하였다.

08 몽골의 2차 침입에 맞서 ☐☐☐☐에서 김윤후가 살리타를 사살하는 성과를 올리기도 하였다.

09 원 간섭기에 원은 일본 원정을 목적으로 ☐☐☐☐을/를 설치하였다.

10 고려 공민왕은 신돈을 내세우고 ☐☐☐☐을/를 설치하여 권문세족을 견제하고 자주성을 회복하려 하였다.

정답 01 사심관 02 노비안검법 03 시무 28조 04 문하시중 05 묘청 06 교정도감 07 천리장성 08 처인성 09 정동행성 10 전민변정도감

---

01 ^{36회 12번} **교사의 질문에 대한 학생의 답변으로 옳은 것은?**

> 이것은 국보 제41호 청주 용두사지 철당간으로, 그 명문에는 준풍(峻豊)이라는 연호가 있습니다. 이 연호를 사용한 왕은 관리의 공복을 제정하여 국왕 중심의 위계질서를 확립하였습니다. 이 왕의 또 다른 업적에 대해 발표해 볼까요?

峻豊

① 흑창을 처음 설치하여 민생을 안정시켰어요.
② 국자감을 설립하여 유학 교육 진흥에 힘썼어요.
③ 노비안검법을 시행하여 호족 세력을 견제했어요.
④ 정계와 계백료서를 지어 관리의 규범을 제시했어요.
⑤ 전시과 제도를 마련하여 관리에게 토지를 지급했어요.

정답 ③

해설 고려 광종은 왕권을 강화하기 위해 불법으로 노비가 된 자를 조사하여 양인으로 해방하는 노비안검법을 시행하였고, 후주에서 귀화한 쌍기의 건의로 과거제를 실시하였다. 또 관리의 복색을 관등에 따라 구분하여 지배층의 위계질서를 확립하였으며, 황제 칭호와 광덕·준풍이라는 독자적 연호를 사용하였다.

오답 피하기 ①·④ 고려 태조, ② 고려 성종, ⑤ 고려 경종에 대한 설명이다.

---

02 ^{31회 20번} **다음 사건에 대한 탐구 활동으로 가장 적절한 것은?**

역 사 신 문

제△△호   ○○○○년 ○○월 ○○일

개경의 궁궐이 불타고 왕이 피신하다

왕의 장인이자 외조부로서 권세가 하늘을 찌르던 ○○○이/가 난을 일으켰다. 그의 위세에 위협을 느끼던 내시 김찬, 상장군 최탁 등이 암살을 시도하였으나, 오히려 그의 일파인 척준경 등이 군사를 일으켜 반격하면서 난이 시작된 것이다. 이들이 궁궐에 불을 지르고 국왕이 변란을 피해 달아나면서 정국은 혼란에 빠졌다.

① 강화도로 천도하게 된 배경을 살펴본다.
② 강감찬이 나성 축조를 건의한 의도를 분석한다.
③ 만적이 개경에서 반란을 모의한 이유를 알아본다.
④ 금의 군신 관계 요구를 수용한 인물에 대해 조사한다.
⑤ 공민왕이 개혁 정책을 추진한 시기의 국제 정세를 파악한다.

정답 ④

해설 이자겸은 왕의 장인이자 외조부로 권세가 하늘을 찔렀다. 결국 고려 인종이 자신을 제거하려 하자 1126년 척준경과 함께 난을 일으켰다(이자겸의 난). 이자겸은 금이 고려에 사대 관계를 요구하자 그 수용을 주장하였고, 결국 금과의 사대 관계가 체결되었다.

03

30회 13번

다음 건의에 따라 추진된 정책으로 옳은 것은?

여진 완엔부와 싸워 패한 이유는 저들은 기병이고 우리는 보병이기 때문입니다. 이에 기병의 양성과 군량의 비축이 필요하옵니다.

경의 뜻을 알았으니, 기병을 포함한 새로운 부대를 만들어 보도록 하시오.

① 군사 조직을 9서당 10정으로 편성하였다.
② 별무반을 창설하여 군사력을 강화하였다.
③ 야별초를 확대하여 삼별초를 조직하였다.
④ 삼수병으로 구성된 훈련도감을 설치하였다.
⑤ 궁궐과 도성을 수비하기 위하여 5위를 운영하였다.

정답 ②

해설 12세기 초 여진족이 고려 국경까지 남하하자 윤관은 숙종에게 여진 정벌을 위한 특수군인 별무반 편성을 건의하였다. 또 고려 예종 때 여진족을 정벌한 후 동북 9성을 쌓았다가 여진족의 요구로 1년 만에 돌려주었다.

오답 피하기 ① 통일 신라는 9서당 10정으로 군사 조직을 정비하였다. ③ 고려 말 몽골의 침입에 대항하기 위해 삼별초가 조직되었다. ④·⑤ 조선 전기에는 중앙군을 5위로 편성하였으나, 조선 후기에는 훈련도감 등 5군영으로 변화하였다.

05

28회 12번

(가)~(마)에 들어갈 내용으로 옳은 것은?

〈 무신 집권기 주요 기구 〉

명칭 성격	명칭 성격
중방	(가)
도방	(나)
교정도감	(다)
정방	(라)
서방	(마)

① (가) – 국정 자문을 위한 문신들의 숙위(宿衛) 기구
② (나) – 최우의 집에 설치된 인사 행정 담당 기구
③ (다) – 최씨 무신 정권에서 국정을 총괄한 최고 권력 기구
④ (라) – 치안 유지 및 전투의 임무를 수행한 군사 기구
⑤ (마) – 재신과 추신으로 구성되어 법제와 격식을 논의한 회의 기구

정답 ③

해설 고려 무신 집권기 (다) 교정도감은 최씨 무신 정권에서 국정을 총괄한 최고 권력 기구이다. (가) 중방은 무신 회의 기구, (나) 도방은 경대승이 설치한 사병 집단, (라) 정방은 최우의 집에 설치된 인사 행정 기구이다. (마) 서방은 무신 정권 시기에 국정 자문을 위해 설치된 문신들의 숙위(宿衛) 기구이다.

오답 피하기 ① 서방, ② 정방, ④ 도방, ⑤ 식목도감이다.

04

29회 11번

다음 왕의 업적으로 옳은 것은?

이제 백성들을 위해 조(租)를 수확량의 10분의 1로 하여 지나친 세금 징수를 금하고, 가난한 백성을 위해 흑창을 설치하라.

① 12목에 처음으로 지방관을 파견하였다.
② 서경을 북진 정책의 전진 기지로 삼았다.
③ 쌍기의 건의를 받아들여 과거제를 실시하였다.
④ 전시과 제도를 마련하여 관리에게 토지를 지급하였다.
⑤ 권문세족을 견제하기 위해 전민변정도감을 설치하였다.

정답 ②

해설 고려 태조 왕건은 백성들에게 세금을 걸을 때에는 정도가 있어야 한다는 '취민유도'의 원칙을 바탕으로, 조세를 수확량의 10분의 1로 정하고 흑창을 설치하였다. ② 북진 정책을 추진하면서 서경을 전진 기지로 삼았다.

오답 피하기 ① 고려 성종, ③ 고려 광종, ④ 고려 경종, ⑤ 고려 공민왕에 대한 설명이다.

06

27회 12번

지도에 표시된 군사 활동에 대한 설명으로 옳은 것은?

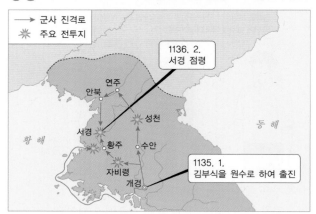

① 퇴각하는 수의 군대를 살수에서 크게 물리쳤다.
② 고구려 부흥 운동군을 후원하면서 당에 맞서 싸웠다.
③ 서경 천도와 금국 정벌을 주장한 세력을 토벌하였다.
④ 강동 6주 반환을 요구하며 침략한 거란을 격퇴하였다.
⑤ 개경까지 쳐들어와 약탈을 일삼던 홍건적을 축출하였다.

정답 ③

해설 제시된 지도에 표시된 김부식을 중심으로 한 군사 활동은 묘청의 서경 천도 운동에 대한 진압 작전이다. 당시 묘청을 비롯한 서경파는 ③ 서경 천도와 금국 정벌을 주장하였다.

07 38회 12번 (가), (나) 사이의 시기에 있었던 사실로 옳은 것은?

> (가) 쌍기가 처음으로 과거 제도의 실시를 건의하였고, 마침내 지공거가 되어 시(詩) · 부(賦) · 송(頌) · 책(策)으로써 진사 갑과에 최섬 등 2인, 명경업(明經業)에 3인, 복업(卜業)에 2인을 선발하였다.
>
> (나) 최승로가 상서하기를, "…… 지금 살펴보면 지방의 세력가들은 매번 공무를 핑계 삼아 백성을 침탈하므로 백성이 그 명을 감당하지 못합니다. 청컨대 외관(外官)을 두소서."라고 하였다.

① 국가 주도로 해동통보가 발행되었다.
② 인사 행정을 담당하던 정방이 폐지되었다.
③ 관학 진흥을 위해 전문 강좌인 7재가 개설되었다.
④ 호구의 정확한 파악을 위해 호패법이 실시되었다.
⑤ 처음으로 직관 · 산관 각 품의 전시과가 제정되었다.

정답 ⑤
해설 (가)는 고려 광종 때 과거제 실시, (나)는 고려 성종 때 시무 28조 내용이다. 따라서 광종(4대)과 성종(6대) 사이에 일어난 역사적 사실은 5대 경종 때 처음으로 직관과 산관 각 품의 전시과가 제정되었다는(시정 전시과) 것이다. 전시과는 공복 제도와 역분전 제도를 토대로 제정되었는데, 문무 관리 · 향리 · 군인 등을 18등급으로 나누어 전지와 시지를 지급하는 토지 제도이다. 976년 제정된 시정 전시과는 관직의 고하와 인품을 반영하여 전 · 현직 관리에게 지급하였으며, 전지와 시지에 대한 수조권만 인정하였다.
오답 피하기 ① 고려 숙종, ② 고려 공민왕, ③ 고려 예종, ④ 조선 태종에 대한 설명이다.

08 26회 18번 (가)에 대한 설명으로 옳은 것을 〈보기〉에서 고른 것은?

> **○○신문**
> 제○○호   ○○○○년 ○○월 ○○일
>
> ### 고려 성터의 발굴
>
> 몽골의 침략에 대항하여 봉기한 ▢▢(가)이/가 강화도를 떠나 새로운 근거지로 삼았던 성터의 실체가 드러났다. 이번 발굴 조사를 통해 고려 시대 성문의 형식 및 축조 과정과 연대, 그리고 시설물들이 확인되었다. 특히 대근(大近), 해(海) 등이 새겨진 명문 기와는 신안 압해도 건물지에서 출토된 것과 동일하여 세간의 주목을 끈다. 이를 통해 압해도 주민들이 동원됐을 뿐만 아니라 김통정의 지휘 하에 이 성에 주둔한 ▢▢(가)에 의해 축성됐다는 사실이 입증되었다.

〈보 기〉
ㄱ. 여 · 몽 연합군에 의해 진압되었다.
ㄴ. 승려 출신으로 구성된 항마군이 있었다.
ㄷ. 진도와 제주도로 근거지를 옮기면서 항쟁하였다.
ㄹ. 경대승이 신변 보호를 위해 처음으로 만든 사병 조직이다.

① ㄱ, ㄴ   ② ㄱ, ㄷ   ③ ㄴ, ㄷ
④ ㄴ, ㄹ   ⑤ ㄷ, ㄹ

정답 ②
해설 (가)는 몽골의 침략에 대항하여 봉기한 군대인 삼별초이다. 삼별초는 최씨 무신 정권의 군사적 기반으로 고려가 몽골에 항복한 이후 강화도에서 진도, 제주도로 이동하며 대몽 항쟁을 전개하였으나 여 · 몽 연합군에 의해 진압되었다.

09 25회 13번 밑줄 그은 '왕'의 정책으로 옳지 <u>않은</u> 것은?

홍건적이 쳐들어오자 왕은 왕비인 노국 공주와 함께 개경을 떠나 안동 지방으로 피난하였다. 그곳의 부녀자들이 모두 나와서 왕비가 강을 건널 때 사람으로 다리를 놓아 건너게 하였다고 전해진다. 그 뒤 안동 지방의 부녀자들이 정월 보름날 이를 재연한 것이 풍속이 되었다.

① 노비안검법을 실시하였다.
② 정동행성 이문소를 폐지하였다.
③ 기철 등 부원 세력을 숙청하였다.
④ 신돈을 기용하여 전민변정도감을 설치하였다.
⑤ 쌍성총관부를 공격하여 철령 이북의 땅을 수복하였다.

정답 ①
해설 밑줄 그은 '왕'은 공민왕이다. 공민왕은 14세기 원 · 명 교체기를 이용하여 정동행성이문소 폐지, 기철 등 친원 세력 숙청, 쌍성총관부 공격으로 철령 이북 땅 수복 등 반원 자주 정책을 추진하였다. 또 전민변정도감을 설치하여 왕권 강화 정책도 추진하였다.
오답 피하기 ① 고려 광종은 왕권의 강화를 도모하는 과정에서 노비안검법을 도입하였다.

10 24회 15번 (가) 기구에 대한 설명으로 옳은 것은?

이보게. 최우의 권력 남용이 갈수록 심해지고 있네.

그러게 말이야. 최우 집에 설치한 ▢▢(가)에서 인사 행정을 마음대로 처리하고 있으니, 참으로 큰일이네.

① 도당으로 불리기도 하였다.
② 서경, 간쟁, 봉박을 담당하였다.
③ 충렬왕 때 첨의부로 격하되었다.
④ 공민왕의 정치 개혁 과정에서 폐지되었다.
⑤ 중서문하성의 낭사와 어사대의 관원들로 구성되었다.

정답 ④
해설 (가) 기구는 정방이다. 정방은 최씨 무신 정권기에 최우의 집에 설치되어 인사 행정을 장악했던 기구이다. ④ 정방은 공민왕의 정치 개혁 과정에 폐지되었다.
오답 피하기 ① 도병마사는 국방 문제를 담당하는 임시 기구였으나, 고려 후기에는 도평의사사(도당)로 개편되어 국정 중대사를 결정하였다. ② · ⑤ 대간은 중서문하성의 낭사와 어사대의 관원으로 구성되어 서경 · 간쟁 · 봉박을 담당하며 정치적 견제와 균형을 이루는 역할을 하였다. ③ 원의 지배로 중서문하성이 축소되고 상서성과 병합되어 첨의부로 격하되었다.

11 교사의 질문에 대한 학생의 답변으로 옳은 것은?

37회 14번

> 이 우표에는 고려 현종 10년(1019)에 강감찬이 이끄는 고려군이 소배압의 10만 대군을 물리친 전투 장면이 그려져 있습니다. 이 전투에 대해 말해 볼까요?

① 개경까지 침입한 홍건적을 몰아냈어요.
② 몽골군의 침략을 처인성에서 물리쳤어요.
③ 쌍성총관부를 공격하여 철령 이북의 땅을 수복했어요.
④ 강동 6주의 반환 등을 요구한 거란의 침략을 격퇴했어요.
⑤ 내륙까지 쳐들어와 약탈하던 왜구를 황산에서 무찔렀어요.

정답 ④

해설 거란은 1차 침입 때 서희가 외교 담판으로 획득한 강동 6주 반환을 요구하면서 고려를 재침입하였다. 이에 1019년 강감찬이 이끄는 고려군이 거란 장수 소배압의 침입을 물리쳤다(귀주 대첩). 거란 침입 후 고려는 나성과 천리장성을 축조하는 등 거란과 여진 등의 침입에 대비하기 위해 국방을 강화하였다.
오답 피하기 ① 고려 공민왕 때 개경까지 침입한 홍건적을 몰아냈다. ② 김윤후는 처인성 전투에서 몽골군의 침략을 물리쳤다. ③ 고려 공민왕 때 쌍성총관부를 공격하여 철령 이북 땅을 수복하였다. ⑤ 내륙까지 쳐들어와 약탈을 일삼던 왜구를 황산에서 물리쳤다(황산 대첩).

12 (가) 인물에 대한 설명으로 옳은 것은?

23회 10번

○○신문

제△△호   2009년 ○○월 ○○일

우리 외교를 빛낸 인물

외교통상부는 '우리 외교를 빛낸 인물'로 고려 초의 문신 (가) 을/를 첫 번째로 선정하였다. (가) 은/는 993년(성종 12)에 외교로써 군사적 충돌을 막고, 영토를 확장한 인물로 뛰어난 외교관이자 협상가였다.

① 동녕부를 회복하였다.   ② 4군 6진을 개척하였다.
③ 강동 6주를 획득하였다.   ④ 동북 9성을 축조하였다.
⑤ 쌍성총관부를 수복하였다.

정답 ③

해설 (가) 인물은 고려 초 문신인 서희이다. 서희는 993년(성종 12) 거란의 1차 침입 때 거란 장군 소손녕과의 외교 담판을 통해 군사적 충돌을 막고 강동 6주를 획득하였다.
오답 피하기 ① 고려 충렬왕 때 원에 강력히 요구하여 동녕부와 탐라총관부를 회복하였다. ② 조선 세종 때 4군(최윤덕, 압록강 유역), 6진(김종서, 두만강 유역)이 개척되어 국경선이 확정되었다. ④ 고려 숙종 때 윤관이 건의하여 별무반이 편성되고, 예종 때 여진족을 정벌하고 동북 9성을 쌓았다. ⑤ 고려 공민왕 때 반원 자주 정책을 추진하며 쌍성총관부를 수복하였다.

13 다음 자료에 나타난 봉기의 공통점으로 옳은 것은?

22회 11번

> ○ 명학소의 백성 망이 · 망소이 등이 무리를 모아 공주를 공격하여 함락하였다. 조정에서 채원부와 박강수 등을 보내어 타일렀으나 적(賊)이 따르지 않았다.
>
> ○ 남방에도 적이 봉기하였는데, 그 중에 세력이 큰 자인 김사미는 운문에 웅거하고 효심은 초전에 웅거하여 떠돌아다니는 자들을 불러 모아 주현(州縣)을 공격하였다.

① 신라 부흥을 내세웠다.
② 무신 집권기에 발생하였다.
③ 몽골의 침입에 항거하여 일어났다.
④ 원 간섭기 권문세족의 수탈에 저항하였다.
⑤ 임술 농민 봉기로 확산되는 계기가 되었다.

정답 ②

해설 무신 집권기 하층민에 의해 전개된 대표적인 봉기는 1176년 망이 · 망소이의 봉기와 1193년 김사미와 효심의 봉기이다.

14 (가) 기구에 대한 설명으로 옳은 것은?

38회 15번

역사 용어 해설

(가)

1. 개요
토지와 노비 문제를 해결하기 위해 설치된 임시 기구로, 불법적으로 빼앗긴 토지를 원래의 주인에게 돌려주거나 억울하게 노비가 된 자들을 본래 신분으로 되돌리기 위해 만들어졌다. 1269년(원종 10)에 처음 설치되었고, 이후 폐지와 설치를 거듭하였다.

2. 관련 사료
신돈이 (가) 을/를 설치할 것을 청하고 스스로 판사(判事)가 되었다. …… 권세가와 부호 중에 빼앗았던 토지와 노비를 그 주인에게 돌려주는 자가 많아, 온 나라 사람들이 기뻐하였다.

① 원 간섭기에 첨의부로 격하되었다.
② 고려 말에 도평의사사로 명칭이 바뀌었다.
③ 소속 관원이 낭사와 함께 대간으로 불렸다.
④ 공민왕 때 내정 개혁의 일환으로 운영되었다.
⑤ 최씨 무신 정권의 최고 권력 기구로 활용되었다.

정답 ④

해설 (가) 기구는 전민변정도감이다. 공민왕은 신돈을 등용하고, 내정 개혁의 일환으로 전민변정도감을 설치하였다. 전민변정도감에서는 내정 개혁을 목적으로, 권문세족이 불법적으로 빼앗은 토지를 원래의 주인에게 돌려주고, 불법적으로 노비가 된 자를 양인으로 해방하였다(1366).

15 밑줄 그은 '그대'의 활동으로 옳은 것은?

36회 14번

역적 이의민이 선왕인 의종을 시해하고 백성을 괴롭히며 왕위를 엿보기까지 하였으므로 신이 제거하였습니다. 폐하께서는 낡은 것을 개혁하고 새로운 정치를 도모하시기 바랍니다.

그대가 올린 봉사 10조를 잘 읽어 보았소. 올린 대로 행하도록 하시오.

① 정방을 설치하여 인사권을 행사하였다.
② 교정별감이 되어 국정 전반을 장악하였다.
③ 처인성에서 몽골 장수 살리타를 사살하였다.
④ 전민변정도감의 책임자로서 개혁을 이끌었다.
⑤ 거란의 침입에 대비하여 개경에 나성을 축조하였다.

정답 ②

해설 밑줄 그은 '그대'는 최충헌임을 알 수 있다. 무신 정변(1170) 이후 최씨 무신 정권을 확립한 최충헌은 명종에게 봉사 10조를 올려 정치 기강을 세우고자 하였다. 또 최고 권력 기구인 교정도감을 설치하고 교정별감이 되어 국정 전반을 장악하였다.

오답 피하기 ① 최우, ③ 김윤후, ④ 신돈에 대한 설명이다. ⑤ 거란 침입에 대비하여 강감찬이 개경에 나성 축조를 건의하였다.

16 밑줄 그은 '왕'의 재위 시기에 볼 수 있는 모습으로 적절한 것은?

31회 17번

왕이 한림학사 쌍기를 지공거로 임명하고, 시(詩)·부(賦)·송(頌)과 시무책을 시험하여 진사를 뽑게 하였다. 위봉루에 친히 나가 급제자를 발표하여, 갑과에 최섬 등 2명, 명경 3명, 복업 2명을 합격시켰다.
－『고려사절요』－

① 여진 정벌에 나서는 별무반의 군인
② 도병마사에서 회의하는 중추원 관리
③ 국자감에 7재의 개설을 명하는 국왕
④ 전시과에 따라 토지를 지급받는 관리
⑤ 노비안검법에 의해 양인으로 해방되는 노비

정답 ⑤

해설 밑줄 그은 '왕'은 고려 광종이다. 고려 광종은 후주 쌍기의 건의를 받아들여 과거 제도를 실시하였고, 노비안검법을 도입하여 불법적으로 노비가 된 사람들을 양인으로 해방시켰다.

17 (가), (나) 제도에 대한 설명으로 옳은 것은?

30회 11번

(가) 신라왕 김부가 와서 항복하자 신라국을 없애 경주라 하고, 김부를 경주의 사심(事審)으로 임명하여 부호장 이하 관직 등을 주관토록 하였다.
－『고려사』－

(나) 국초에 향리의 자제를 뽑아 개경에서 볼모로 삼고 또한 출신지의 일에 대한 자문에 대비하도록 하였는데, 이를 기인(其人)이라 하였다.
－『고려사』－

① (가) – 후주 출신 쌍기의 건의로 도입되었다.
② (가) – 젊고 유능한 관리를 재교육하기 위해 시행되었다.
③ (나) – 5품 이상 문무 관리를 대상으로 마련되었다.
④ (나) – 좌수와 별감이라는 향임직을 두어 운영되었다.
⑤ (가), (나) – 지방 세력에 대한 통제를 목적으로 실시되었다.

정답 ⑤

해설 (가) 제도는 사심관 제도이고, (나) 제도는 기인 제도이다. 고려 태조 왕건은 지방 세력인 호족을 견제하기 위해 사심관 제도와 기인 제도를 실시하였다.

오답 피하기 ① 고려 광종 때 실시된 과거제이다. ② 조선 정조는 초계문신제를 마련하여 젊고 유능한 관리를 규장각에서 재교육하여 친위 세력을 양성하였다. ③ 고려 시대에는 5품 이상 문무 관리에게 정치적 특권인 음서와 경제적 특권인 공음전이 제공되었다. ④ 조선 시대 유향소는 지방 양반의 향촌 자치 조직으로, 좌수·별감 등 향임직을 선발하여 운영하였다.

18 (가)에 들어갈 내용으로 옳은 것을 〈보기〉에서 고른 것은?

24회 12번

역사 신문

제△△호　　　　　　　　○○○○년 ○○월 ○○일

숙종, 친정 체제를 강화하다

조카인 헌종을 몰아내고 즉위한 숙종은 문벌 귀족을 중심으로 운영되던 정국의 변화를 시도하였다. 숙종은 국왕 중심으로 정국을 운영할 것이라는 입장을 분명히 하면서 동생이자 승려인 의천과 핵심 측근인 윤관을 중용하고, ☐(가)☐

〈보 기〉
ㄱ. 별무반을 창설하여 군사력을 강화하였다.
ㄴ. 삼별초를 조직하여 정권 유지에 활용하였다.
ㄷ. 해동통보를 발행하여 화폐의 통용을 추진하였다.
ㄹ. 노비안검법을 실시하여 국가재정을 확충하였다.

① ㄱ, ㄴ　　　② ㄱ, ㄷ　　　③ ㄴ, ㄷ
④ ㄴ, ㄹ　　　⑤ ㄷ, ㄹ

정답 ②

해설 ㄱ. 고려 숙종 때 윤관은 여진을 경계하기 위해 별무반을 창설하여 군사력을 강화하였다.
ㄷ. 고려 숙종 때 의천은 송에서 귀국한 뒤 주전론을 제기하여 주전도감 설치 및 삼한통보, 해동통보, 해동중보와 활구의 발행에 기여하고 화폐의 통용을 추진하였다.

976	996	998	1076	1363
시정 전시과 실시	건원중보 주조	개정 전시과 실시	경정 전시과 실시	문익점, 목화씨 전래

연표

02 중세의 경제

출제 빈도 상 | 중 | **하**

❶ 경제 정책

1) 경제 정책의 방향

① 중농 정책의 추진 : 개간 장려(일정 기간 면세), 농번기 잡역 금지, 재해 시 세금 감면, 고리대 이자 제한, 의창제 실시 등 → 민생 안정, 국가 재정 확보

② 상공업 정책 : 농업을 기본으로 자급자족적 경제 구조 형성 → 상업과 수공업 발달 부진

③ 토지 제도와 수취 체제 정비 : 호부와 삼사 설치, 조세 수취와 집행은 각 관청이 담당 → 귀족 사회의 안정적 운영

2) 토지 제도의 정비

① 전시과 제도의 성립

㉠ 운영 원칙 : 관리들에게 관직 복무와 직역의 대가로 토지의 수조권 지급, 문무 관리·군인·향리 등을 18등급으로 나누어 전지(경작지, 조세 징수)와 시지(땔감 확보 가능한 임야) 지급

㉡ 정비 과정

역분전(태조, 930)	후삼국 통일에 기여한 공신들에게 인품과 공로에 따라 토지 지급, 논공행상적 성격
시정 전시과(경종, 976)	• 공복 제도와 역분전 제도를 토대로 제정 • 관직의 고하와 인품을 반영하여 전·현직 관료에게 지급, 전지와 시지에 대한 수조권만 인정
개정 전시과(목종, 998)	관직만을 기준으로 전·현직 관료에게 18등급으로 나누어 지급
경정 전시과(문종, 1076)	현직 관리에게만 지급, 관료에게 지급할 토지 부족, 무관의 차별 대우 시정

출제 사료 　전시과의 성립

고려의 토지 제도는 대체로 당의 제도를 본받았다. 개간된 농지를 모아서 기름지고 메마른 것을 구분하여 문무백관으로부터 부병(府兵), 한인(閑人)에 이르기까지 등급에 따라 주었으며, 또 등급에 따라 땔감 얻을 땅을 지급하였다. 이를 전시과라고 하였다.
　　　　　　　　　　　　　　　　　　　　　　　　　　　　　　　　　　　－『고려사』－

● **출제 포인트 분석**

전시과는 문관, 무관에서 부병, 한인에 이르기까지 18등급으로 나눠 국가의 관직이나 직역을 담당한 사람들에게 지위에 따라 전지와 시지를 차등 있게 지급한 토지 제도이다. 직역의 수행과는 관계없이 관청, 왕실, 궁, 사원에도 수조지를 분급하였다.

합격생의 비법

수조권

토지에서 조세를 거둘 수 있는 권리이다. 국가가 수조지를 분급할 때 대개 다른 사람의 민전 위에 설정하는 것이 원칙이었는데, 수조권을 분급받은 전주는 전객인 농민에게 직접 세금을 거두었다. 그 결과 전주가 전객을 경제적으로 지배하고 수탈하였다.

합격생의 비법

논공행상

공로의 있음과 없음, 크고 작음을 논하여 그에 합당한 상을 내리는 것을 말한다.

시험에 자주 등장해요

고려 시대 토지 제도인 전시과를 묻는 문제가 자주 출제됩니다. 전시과의 운영 원칙과 정비 과정, 특징을 정리해서 꼭 기억하세요.

ⓒ 특징 : 전지와 시지 ⬆빈출 지급(소유권이 아닌 수조권 지급), 관직 복무와 직역에 대한 대가로 지급, 원칙적으로 상속 금지(퇴직·사망 시 국가에 토지 반납), 원칙적으로 국가가 징수하여 수조권자에게 지급(후기로 갈수록 개인이 징수하여 폐단 발생)

② 전시과 제도의 붕괴 : 귀족들의 토지 독점과 세습 경향 확대, 조세를 거둘 수 있는 토지 감소(관리의 생계 위해 녹과전 일시 지급), 권문세족의 대농장 소유 → 무신 정변 이후 사실상 전시과 제도가 붕괴됨

			1	2	3	4	5	6	7	8	9	10	11	12	13	14	15	16	17	18
경종 (976)	시정 전시과	전지	110	105	100	95	90	85	80	75	70	65	60	55	50	45	42	39	36	33
		시지	110	105	100	95	90	85	80	75	70	65	60	55	50	45	40	35	30	25
목종 (998)	개정 전시과	전지	100	95	90	85	80	75	70	65	60	55	50	45	40	35	30	27	23	20
		시지	70	65	60	55	50	45	40	35	33	30	25	22	20	15	10			
문종 (1076)	경정 전시과	전지	100	90	85	80	75	70	65	60	55	50	45	40	35	30	25	22	20	17
		시지	50	45	40	35	30	27	24	21	18	15	12	10	8	5				

전시과의 토지 지급 액수의 변화

전시과 제도는 여러 차례 개정을 통해 성립되었는데, 18등급으로 나누어 곡물을 채취할 수 있는 전지와 땔감을 얻을 수 있는 시지를 지급하였다. 개정될 때마다 등급별 지급 액수를 축소하였으며, 하급 관리에게는 시지를 지급하지 않았다.

③ 토지의 종류

과전	문무 관리에게 직역에 대한 대가로 지급, 원칙적으로 세습이 불가능하지만 직역의 세습으로 토지도 세습
공음전	5품 이상 고위 관료에게 지급, 자손에게 세습 가능(음서제와 함께 지위 유지 기반)
군인전	중앙의 군인에게 군역의 대가로 지급, 군역의 세습에 따라 토지도 세습 가능
한인전	6품 이하 하급 관리의 자제로 관직을 얻지 못한 사람에게 지급(관인 신분 세습)
외역전	향리에게 직역에 대한 대가로 지급, 향직의 세습으로 토지도 세습 가능
구분전	하급 관리와 군인의 유가족에게 지급, 생활 대책 마련
민전	매매·상속·증여·양도 등이 가능한 귀족이나 농민의 사유지, 소유권 보장, 국가에 일정한 세금 납부
기타	내장전(왕실의 경비 충당), 공해전(관청의 경비 충당), 사원전(사원의 경비 충당)

3) 수취 체제의 정비

① 목적 : 양안(토지 대장)과 호적을 작성하여 조세, 공물, 역을 부과하는 기준으로 삼음

② 수취 제도

조세	• 토지를 논과 밭으로 구분하고 비옥도에 따라 3등급으로 나누어 생산량의 1/10 징수(공전은 1/4 징수) • 수령의 책임 아래 각 군현의 향리가 징수하여 조창과 조운을 통해 개경으로 운반
공물	• 집집마다 지역 토산물, 수공업 제품, 광물 등 각종 현물을 거둠 • 중앙에서 필요한 공물을 주현에 할당 → 속현과 향·부곡·소에 할당 → 향리가 호(戶)를 기준으로 징수 • 매년 거두는 상공과 수시로 거두는 별공이 있었음
역	• 16세 ~ 60세 남자인 정남의 노동력을 무상으로 징발 • 군역(군 복무)과 요역(각종 공사 동원)으로 구분

③ 특징 : 군현제와 부곡제·주현과 속현 간의 차별적 운영, 부곡제와 속현 주민은 일반 군현의 주민보다 과중한 세금을 부담함

고려 후기 강화도 간척지
고려는 강화도로 도읍을 옮긴 후 식량 자급을 위한 비상 대책으로 해안 저습지를 간척하였다.

합격생의 비법

시비법의 변화
밭을 묵혀서 그 밭에 자란 풀을 태우거나 갈아엎어 비료를 주던 방식에서 들의 풀이나 갈대를 베어와 태우거나 갈아엎은 녹비에 동물의 똥오줌을 풀이나 갈대와 함께 사용하는 방식으로 변화하였다.

시험에 자주 등장해요

고려 시대 농업 기술의 발달에 대한 내용을 묻는 문제가 자주 출제됩니다. 특히 농업 생산력 증대를 가져온 농업 기술과 농서인 『농상집요』는 꼭 기억하세요.

합격생의 비법

공장안
국가에서 필요한 물품 생산에 동원할 수 있는 기술자를 조사하여 기록한 장부이다.

❷ 경제 활동

1) 경제생활

귀족	• 대대로 상속받은 토지와 노비, 관료가 되어 받은 과전과 녹봉을 경제적 기반으로 함 • 과전에서 생산량의 1/10 징수, 자기 소유지에서 생산량의 1/2 소작료 징수, 노비에게 경작시킴 • 권력이나 고리대를 이용하여 토지 소유 확대, 화려하고 사치스러운 생활 영위
농민	• 민전 경작(자영농), 국공유지나 타인의 소유지 경작(소작농)하며 생계 유지 • 농업 기술의 발달로 농업 생산량이 증대하면서 자영 농민 성장, 농민의 지위도 향상

2) 산업의 발달

① 농업의 발달

경작지 확대	개간과 간척 사업, 수리 시설 발달(김제 벽골제, 밀양 수산제)
농법 개량	• 소를 이용한 깊이갈이(심경법) 확대, 시비법의 발달로 경작지 증대, 휴경 기간 단축(고려 중기 휴한 1~2년 → 고려 후기 연작상경) • 밭농사 : 조, 보리, 콩의 2년 3작 윤작법 보급 • 논농사 : 고려 말 일부 남부 지방에 이앙법(모내기법) 보급 • 문익점의 목화 전래 : 의생활의 변화, 물레의 개발
농서 편찬	고려 후기 이암이 원으로부터 『농상집요』 🔰 빈출 소개 → 중국 화북 지방의 농업 기술에 대한 학문적 연구가 이루어짐

출제 사료 | 농업 생산량의 증대

• 무릇 토지의 등급은 묵히지 않는 토지를 상으로 하고, 한 해 묵히는 토지를 중으로 하며, 두 해 묵히는 토지를 하로 한다.
　　　　　　　　　　　　　　　　　　　　　　　　　　　　　　　　－ 『고려사』 －
• 수리 시설이 이어져 있는 토지는 밭 또는 논으로 서로 경작하며, 토지의 등급을 헤아려 비옥한 토지는 해마다 돌려 가며 벼를 경작하되, 3월 안에 심을 수 없으면 4월 중순은 넘기지 말아야 한다.
　　　　　　　　　　　　　　　　　　　　　　　　　　　　　　　　－ 『농서집요』 －

● 출제 포인트 분석

밭농사 중심이었던 고려에서는 재배 기간이 서로 다른 조, 보리, 콩의 작물을 2년에 걸쳐 돌려가며 재배하는 기술이 개발되었다. 또 윤작으로 소모된 지력 회복을 위한 시비법이 발달하면서 휴경지가 점차 줄어들고 경작지가 확대되었다.

② 수공업의 발달

고려 전기	• 관청 수공업 : 중앙과 지방의 관청에 소속된 수공업자들이 물품 생산(공장안에 등록) • 소(所) 수공업 : 특수 행정 구역인 소 거주민이 물품 생산 → 관청에 납부
고려 후기	• 민간 수공업 : 농촌의 가내 수공업으로 물품 생산, 공물로 납부하거나 직접 사용(삼베, 모시, 명주 등 생산), 시장에 판매하기도 함 • 사원 수공업 : 기술이 좋은 승려와 노비가 물품 생산, 제지 · 베 · 모시 · 기와 · 소금 등

지금 부역을 피하려는 무리들이 부처의 이름을 걸고 돈놀이를 하거나 농사, 축산을 업으로 삼고 장사를 하는 것이 보통이 되었다. …… 어깨를 걸치는 가사는 술 항아리 덮개가 되고, 범패를 부르는 장소는 파, 마늘의 밭이 되었다. 장사꾼과 통하여 팔고 사기도 하며, 손님과 어울려 술 마시고 노래를 불러 절간이 떠들썩하다.

– 『고려사』 –

● **출제 포인트 분석**

사원 경제는 국가의 불교 지원에 힘입어 크게 발달하였다. 승려들은 고리대업으로 재산을 늘렸으며, 기술이 뛰어난 승려와 노비들은 베, 모시, 기와, 술, 소금 등 품질 좋은 제품을 생산하고 판매하여 부를 축적하였다.

③ 상업의 발달

고려 전기	• 도시 : 개경에 **시전 설치**(왕실과 귀족의 생활용품 공급, 상행위를 감독하는 경시서 설치 🔖빈출), 대도시에 관영 상점 설치(관영 수공업장에서 생산된 물건 판매, 개경 · 동경 · 서경 등에 설치) • 지방 : 장시 중심으로 물물 교역(관아 근처의 비상설 시장, 일회용품 교환), 행상의 활동으로 발달
고려 후기	• 개경의 상업 활동이 점차 도성 밖으로 확대(조운로와 원을 중심으로 발달) → 시전의 규모 확대, 업종별 전문화 • **소금 전매제 실시**(충선왕, 각염법)

④ 화폐의 주조

㉠ 발행 목적 : <u>국가 재정 수입 증대</u>, 화폐 유통을 통한 정부의 경제 활동 장악

㉡ 화폐 주조 : 성종 때 건원중보(철전, 뒷면에 '동국(東國)'이라는 글자가 새겨짐) → 숙종 때 의천의 건의로 <u>주전도감 설치</u> 🔖빈출, 삼한통보 · 해동통보 등의 동전과 <u>은병(활구)</u> 발행 🔖빈출 → 공양왕 때 <u>저화(지폐) 발행</u>(원의 지폐인 교초 유통)

㉢ 한계 : 농업 중심의 자급자족 경제 구조 안에서 널리 유통되지 못함, 거래에 곡식이나 베를 주로 사용

내(목종) 선대의 조정에서는 이전의 법도와 양식을 따라서 조서를 반포하고 화폐를 주조하니 수년 만에 돈꿰미가 창고에 가득 차서 화폐를 통용할 수 있게 되었다. …… 이에 선대의 조정을 이어서 전폐(돈)는 사용하고 추포(성긴 베)를 쓰는 것을 금하게 함으로써 세상을 놀라게 하는 일은, 국가의 이익을 이루는 것이 아니라 한갓 백성들의 원성을 일으키는 것이라 하였다. …… 문득 근본에 힘쓰는 마음을 지니고서 돈을 사용하는 길을 다시 정하니, 차와 술과 음식 등을 파는 점포들에서는 교역에 전과 같이 전폐를 사용하도록 하고, 그밖에 백성들이 사사로이 서로 교역하는 데에는 임의로 토산물을 쓰도록 하라.

– 『고려사』 –

● **출제 포인트 분석**

국가에서는 화폐를 주조하여 널리 유통시키려 하였으나 농업 중심의 자급자족 경제 구조를 기반으로 하고 있어 화폐가 널리 사용되기 어려웠다. 이에 상류층이 출입하는 곳에서는 화폐를 사용하게 하였으나, 백성은 여전히 곡식이나 베를 사용하였다.

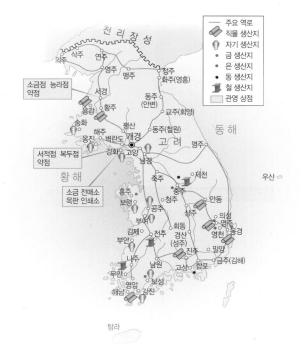

──	주요 역로
🔶	직물 생산지
💡	자기 생산지
●	금 생산지
●	은 생산지
●	동 생산지
🔨	철 생산지
☐	관영 상점

고려의 상업 활동

합격생의 비법

의천의 주전도감 설치 건의

의천은 화폐 유통에 따른 이점으로 권세가들이 유통 과정에서 백성을 수탈하여 부를 쌓지 못하게 할 수 있는 점, 조세를 화폐로 거두어 조운 부담을 경감시킬 수 있는 점 등을 들었다.

합격생의 비법

은병(활구)

우리나라의 지형을 본떠 1근으로 만든 고가의 화폐이다. 은병 하나의 값은 포 100여 필에 해당하였다. 입구가 넓어 활구라고도 불렸다.

시험에 자주 등장해요

고려 시대 상업의 발달을 묻는 문제가 자주 출제됩니다. 특히 화폐의 종류는 꼭 기억하세요.

해동통보   건원중보   삼한통보   은병(활구)

고려의 화폐

⑤ 대외 무역

송	• 사신과 상인의 왕래가 활발함, 유학생과 유학승 파견 • 예성강 하구의 벽란도가 국제 무역항으로 발전 🎯 빈출 (주요 무역항이자 전략적 요충지로 사용됨) • 무역 형태 : 공무역 중심, 주로 **바닷길 이용** • 교역품 : 비단 · 서적 · 약재 · 귀족의 사치품 등 수입, 금 · 은 · 동 · 인삼 · 종이 · 먹 · 나전 칠기, 화문석 등 수출
거란 · 여진	• 무역 형태 : 공무역 형태 • 교역품 : 은, 말, 모피를 가져와 농기구, 곡식과 교환
일본	• 11세기 후반 이후 왕래, 왜구의 약탈이 심해지면서 점차 쇠퇴 • 교역품 : 유황 · 수은 등 수입, 인삼 · 서적 · 곡식 · 화문석 등 수출
아라비아	• 향료, 산호, 수은 등 거래 • 고려의 이름이 '**코리아**'로 서역에 알려짐
원	고려 후기 금, 은 등의 지나친 유출로 타격, 원의 지나친 공녀와 노비 요구로 사회 문제 대두

시험에 자주 등장해요

고려 시대 대외 무역을 묻는 문제가 자주 출제됩니다. 특히 벽란도(국제 무역항)는 꼭 기억하세요.

고려의 대외 무역

이론을 복습하는 기출문제 02

01 고려 경종 원년 관품과 인품을 병용한 토지 제도인 [   ]이/가 실시되었다.

02 백성은 자신이 소유한 [   ]을/를 경작하고 1/10을 조세로 부담하였다.

03 불교 사원에 소속된 토지로 사원의 경비 충당을 위해 [   ]이/가 지급되었다.

04 양계 지역은 [   ](으)로 구분되어 조세를 개경에 보내지 않고 군사비와 사신 접대비로 사용하였다.

05 고려는 16~60세 이하의 정남에게 [   ]의 의무를 부과하였다.

06 기금을 만들어 그 이자로 공적인 사업 경비를 충당하는 일종의 재단을 [   ](이)라고 한다.

07 [   ]은/는 상행위를 감독하고 물가를 조절하기 위한 기구이다.

08 고려 숙종 때 발행된 [   ]은/는 우리나라의 지형을 본떠서 은 1근으로 만든 고가의 화폐이다.

09 [   ]의 확대로 지력을 높이고 휴경 기간을 단축함으로써 농업 생산력이 증대되었다.

10 개경과 직접 연결이 가능하고 수심이 깊은 예성강의 [   ]은/는 대표적인 무역항이었다.

정답 01 시정 전시과 02 민전 03 사원전 04 잉류 지역 05 군역 06 보(寶) 07 경시서 08 활구 09 심경법 10 벽란도

---

01 37회 17번
다음 자료의 화폐를 제작한 시기의 경제 상황으로 옳은 것은?

> 왕이 명령하기를, "백성들을 부유하게 하고 나라에 이익을 가져오게 하는 데 돈보다 중요한 것은 없다. …… 이제 금속을 녹여 돈을 주조하는 법을 제정하였으니, 주조한 돈 1만 5천 관(貫)을 여러 관리와 군인들에게 나누어 주어 이를 통용의 시초로 삼고 돈의 명칭을 해동통보라 하여라."라고 하였다.

① 모내기법이 전국적으로 확산되었다.
② 벽란도에서 국제 무역이 이루어졌다.
③ 계해약조를 맺어 일본과 교역을 하였다.
④ 시장을 감독하는 관청인 동시전이 있었다.
⑤ 감자, 고구마 등의 구황 작물이 재배되었다.

정답 ②
해설 제시된 자료의 해동통보 등 화폐를 제작한 시기는 고려 숙종 때이다. 고려 시대에는 ② 예성강 하구의 벽란도가 국제 무역항으로 발전하여 송, 일본, 아라비아 등과 교류하였다. 또 국가 재정 수입을 증대시키기 위해 건원중보, 삼한통보, 해동통보 등의 화폐를 주조하였으나 널리 사용되지는 못하였다.
오답 피하기 ① · ⑤ 조선 후기, ③ 조선 전기, ④ 신라의 경제 상황이다.

02 31회 15번
교사의 질문에 대한 학생의 답변으로 옳은 것은?

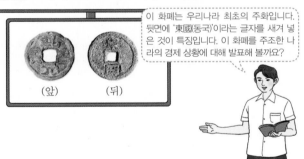

> 이 화폐는 우리나라 최초의 주화입니다. 뒷면에 '東國(동국)'이라는 글자를 새겨 넣은 것이 특징입니다. 이 화폐를 주조한 나라의 경제 상황에 대해 발표해 볼까요?

(앞)   (뒤)

① 모내기법이 전국적으로 확산되었습니다.
② 감자, 고구마 등의 구황 작물이 재배되었습니다.
③ 3포가 개항되어 일본과의 교역이 이루어졌습니다.
④ 수도에 시전을 감독하는 경시서가 설치되었습니다.
⑤ 우리 풍토에 맞는 농법을 기록한 농사직설이 편찬되었습니다.

정답 ④
해설 고려 성종 때 만들어진 건원중보는 우리나라 최초의 화폐이다. 건원중보의 뒷면에는 '동국(東國)'이라는 글자가 새겨져 있다. ④ 고려 시대에는 수도에 시전을 감독하는 경시서가 설치되었다.
오답 피하기 ① · ② · ③ · ⑤ 모두 조선 시대에 해당하는 설명이다.

03 (가) 화폐에 대한 설명으로 옳은 것은?

> 조서를 내려 이르기를, "금과 은은 국가의 보물인데, 근래에 간악한 백성들이 구리를 섞어 몰래 주조하고 있다. 지금부터 ___(가)___ 에 모두 표식을 새겨 이로써 영구한 법식으로 삼도록 하라. 어기는 자는 엄중히 논죄하겠다."라고 하였다. 이것은 은 1근으로 만들어졌는데, 모양은 우리나라의 지형을 본뜨도록 하였다.

① 청과의 교역에 사용되었다.
② 조선 시대에 전국적으로 유통되었다.
③ 우리나라에서 최초로 발행된 화폐였다.
④ 입구가 넓어 활구라고 불리기도 하였다.
⑤ 경복궁 중건의 재원을 마련하고자 발행되었다.

정답 ④

해설 (가) 화폐는 활구이다. 활구는 은 1근으로 우리나라의 지형을 본떠 만들어진 은병 형태의 화폐이며, 고려 숙종 때 발행하였다. ④ 활구(闊口)는 민간에서 입구가 넓다는 의미로 붙인 명칭이다.

오답 피하기 ① 조선 후기에는 은이 청, 일본과의 교역에서 주로 사용되었다. ② 조선 숙종 때 상평통보가 주조되어 전국적으로 활발하게 유통되었다. ③ 고려 성종 때 건원중보(철전)가 발행되었다. ⑤ 당백전은 경복궁 중건을 위해 발행한 화폐로, 상평통보보다 100배 가치로 통용되었다.

04 다음 자료의 토지 제도에 대한 설명으로 옳은 것은?

> 문종 30년, 양반 전시과를 다시 고쳤다. 제1과는 중서령, 상서령, 문하시중으로 전지 100결과 시지 50결을 주며, 제2과는 문하시랑, 중서시랑으로 전지 90결과 시지 45결을 주고, …… 제18과는 한인(閑人), 잡류(雜類)로 전지 17결을 주었다.
>
> ─『고려사』─

① 지급 대상 토지를 원칙적으로 경기 지역에 한정하였다.
② 관리가 사망하면 유가족에게 수신전과 휼양전을 지급하였다.
③ 개국 공신에게 인품, 행실, 공로를 기준으로 토지를 분급하였다.
④ 전란으로 국가 재정이 악화되자 관리의 녹봉을 대신하여 지급하였다.
⑤ 현직 관리에게 전답과 임야를 분급하여 수취의 권리를 행사하게 하였다.

정답 ⑤

해설 고려 문종 때 관료들에게 지급할 토지 부족 문제를 해결하기 위해 경정 전시과를 시행하였다(1076). 경정 전시과는 현직 관리에게만 전지와 시지를 분급하여 수취권을 행사하게 하는 제도이다.

오답 피하기 ① · ② 고려 말 실시된 과전법은 지급 대상을 경기 지역으로 한정하여, 전 · 현직 관리에게 수조권을 지급하였다. 관리 사망 시 국가에 수조권을 반환하는 것이 원칙이나, 예외적으로 수신전과 휼양전은 세습할 수 있었다. ③ 고려 태조는 후삼국 통일에 기여한 공신들에게 인품과 공로에 따라 역분전을 지급하였다. ④ 고려 중기 몽골의 침입으로 국고가 탕진되자, 관리의 생계를 위해 녹과전을 일시 지급하였다.

05 지도의 (가)~(다) 국가와 고려의 교역으로 옳은 것은?

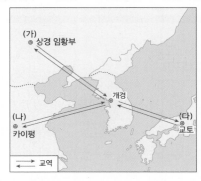

① (가)와 경원 개시를 통해 교역하였다.
② (가)에서 수입한 주요 물품은 수은, 황 등이었다.
③ (나)와의 무역에서 만상이 활동하였다.
④ (나)에 수출한 주요 물품은 금, 은, 인삼 등이었다.
⑤ (다)의 요청으로 3포를 개항하였다.

정답 ④

해설 제시된 지도에서 (가)는 거란, (나)는 송, (다)는 일본이다. ④ 고려는 송에 나전칠기, 화문석, 금, 은, 인삼, 나전칠기, 화문석, 종이, 먹 등을 수출하였다.

오답 피하기 ① 조선 시대에 청과의 공무역은 경원 개시, 회령 개시, 중강 개시 등에서 성행하였다. ② 고려는 일본에서 수은, 황 등을 주로 수입하였다. ③ 만상은 조선 시대에 의주 지역을 근거로 청과 주로 무역한 사상이다. ⑤ 조선은 일본의 요청으로 3포(부산포 · 제포 · 염포)를 개항하였다.

비록 아무도
과거로 돌아가
새 출발을 할 순 없지만,
누구나
지금 시작해
새로운 엔딩을
만들 수 있다.

칼 바드

03 중세의 사회

출제 빈도 상 | **중** | 하

❶ 신분 제도

1) 귀족 : 왕족과 왕실의 외척 및 5품 이상의 관료들이 주류 형성, 정치적 특권인 음서와 경제적 특권인 공음전의 혜택을 누리며 고위 관직 독점

문벌 귀족	• 여러 대에 걸쳐 고위 관직에 오르며 문벌 형성 • 음서와 공음전을 통해 권력과 경제력 장악, 유력한 가문과 중첩된 혼인 관계를 맺음
무신	무신 정변으로 문벌 귀족 세력 약화 → 무신의 권력 장악
권문 세족	• 고려 후기 지배층으로 원을 배경으로 형성된 친원 세력 • 도평의사사 등 정계의 요직 장악, 대농장 소유, 음서로 신분 세습
신진 사대부	• 고려 후기 과거를 통해 정계 진출(향리나 하급 관리 출신), 중소지주로 성장 • 권문세족의 권력 독점과 대농장 소유 등 비판, 사회 개혁 추진, 신흥 무인 세력과 정치적으로 결합

2) 중류층(하급 관리)

① 구성 : 서리(중앙 관청의 실무 담당), 향리(지방 행정 실무 담당), 남반(궁중의 숙직, 왕의 시중 담당), 군반(직업 군인, 2군 6위 등 중앙군 형성), 역리(역 관리)

② 특징 : 귀족과 양민 사이에 있는 중간 지배 계층, 주로 중앙과 지방 행정 기구의 말단 행정 실무 담당, 직역에 대한 대가로 국가에서 토지 지급(직역 세습)

③ 향리 제도의 마련

　㉠ 성종 때 지방 행정 제도 개편, 지방 호족을 향리로 편제 → 호장과 부호장 배출

　㉡ 지방관이 파견되지 않은 속군과 속현에서 실질적인 지배 계층으로 세습적 지위 보장

　㉢ 조세 징수 및 감면, 공부 징수, 공사 동원, 장교 직무 수행, 권농, 교화, 구휼, 불사 동원 등 담당

　㉣ 기인 제도와 사심관 제도를 통해 향리 통제

3) 양민(평민)

① 구성 : 대다수는 백정으로 불리는 농민층, 향·부곡·소의 주민

백정	• 양민의 대다수인 농민으로 특정한 직역을 부여받지 않고 농업에 종사하던 농민층 • 법제적으로 과거 응시 가능, 조세·공물·역 부담
상인과 수공업자	농민보다 신분적으로 천시, 조세·공물·역 부담
향·부곡·소 주민	• 신분은 양민이나 일반 양민에 비해 차별 대우를 받음(향·부곡·소에 거주 → 거주 이전의 자유가 없음, 군현민에 비해 더 많은 세금 부담) • 향·부곡 주민은 주로 농업에 종사, 소 주민은 수공업에 종사

귀족
왕족·고위 관리

중류층
서리·향리·남반

양민
백정(농민)·상민·수공업자

천민
노비

고려의 신분 구조

구분	권문세족	신진 사대부
신분	중앙 보수적 집권 세력	지방 출신 신흥 관료
경제 기반	대지주	중소지주, 자영농
정치 진출	음서 진출	과거 진출
권력 기반	도평의사사 장악	행정적, 정치적 실무 능력 구비
외교	친원파	친명파

권문세족과 신진 사대부

합격생의 비법

남반

문반과 무반에 포함되지 않고 궁중 일을 담당하던 하급 관리이다. 궁궐에 숙직하면서 왕의 시중을 들고 왕명을 전달하였다. 당에서 왕의 시중을 드는 관료가 남쪽에 위치한 것에서 유래하였다.

합격생의 비법

호장과 부호장

향리직의 우두머리로, 이들은 대개 고려 초 지방 호족 출신이었다. 이들 고위 향리층은 과거를 통해 중앙 관리로 진출하는 것이 가능하였으며, 하위 향리층과는 구분되었다.

② 특징 : 본인 소유의 토지나 남의 토지를 경작하여 생계 유지, 일반 주·부·군·현에 거주하며 농업이나 상공업에 종사, 조세·공물·역 부담

시험에 자주 등장해요

고려의 신분 제도를 묻는 문제가 자주 출제됩니다. 귀족, 중류층, 양민, 천민의 내용을 기억하세요.

출제 사료	고려의 특수 행정 구역, 소(所)

왕이 명을 내리기를, "경기 주현들은 상공 외에도 요역이 많고 무거워 백성이 고통을 받아 나날이 도망쳐 떠돌아다니고 있다. 관청에서는 담당 관리에게 물어보아 공물과 역의 많고 적음을 참작하여 결정하고 시행하라. 구리 철·자기·종이·먹 등 여러 소에서 별공으로 바치는 물건들을 함부로 징수해 장인들이 살기가 어려워 도망하고 있다. — 『고려사』 —

● **출제 포인트 분석**
특수 행정 구역인 소(所)의 주민도 무거운 세금과 징수 과정에서의 부정부패로 고통을 받는 경우가 많았다. 이 때문에 소의 주민들은 일반 군현으로 승격해 줄 것을 요구하며 적극적으로 항거하기도 하였다.

4) 천민

① 구성 : 대다수가 노비(공노비와 사노비), 양수척(버들고리를 만들어 파는 사람)·화척(가축 도살)·재인(광대)·기생 등

공노비	• 입역 노비(공역 노비) : 궁궐이나 관청 등에서 급료를 받고 잡역에 종사 • 외거 노비(납공 노비) : 토지를 경작하면서 얻은 수입 중 일정한 액수를 관청에 납부
사노비	• 솔거 노비 : 귀족의 집이나 사원에 살면서 잡역에 종사 • 외거 노비 : 주인과 따로 살면서 주로 농업에 종사하고 일정량의 신공을 바침, 독자적인 재산 소유 및 가정 유지 가능

② 특징 : 매매·증여·상속이 가능한 재산으로 간주, 부모 중 한 명이 노비이면 그 자녀도 노비로 간주(일천즉천), 요역이나 군역의 의무는 없음

5) 신분 상승의 가능 : 제한적이었으나 계층 간 신분 상승이 가능함

지방 향리	고위 향리층의 경우 과거를 통해 중앙 관리로 진출
군인	군공을 쌓아 무관으로 진출
향·부곡·소 주민	적극적인 항거나 대몽 항쟁 속에서 군공을 세워 일반 군현으로 상승(→ 일반 군현민들이 반란을 일으킨 경우 부곡 등으로 강등)
외거 노비	재산을 모아 주인에게 바치고 양인 신분 획득 가능

합격생의 비법

구활 노비
양반이나 경제적 여유가 있는 사람이 죽어가는 평민을 구해 먹여 살려주는 경우, 쌍방이 합의하면 살려준 사람의 소유 노비로 인정하였다.

합격생의 비법

신공(身貢)
외거 노비가 주인에게 바치는 곡물이나 포 등을 말한다.

송광사 노비 문서

시험에 자주 등장해요

고려 시대 신분 제도를 묻는 문제가 자주 출제됩니다. 특히 노비 제도의 특징은 꼭 기억하세요.

출제 사료	노비의 신분 상승

평량은 평장사 김영관의 집안 노비로, 경기도 양주에 살면서 농사에 힘써 부유하게 되었다. 그는 권세가 있는 중요한 길목에 뇌물을 바쳐 천인에서 벗어나 산원동정의 벼슬을 얻었다. 그의 처는 소감 왕원지의 집안 노비인데 …… 원지의 부처와 아들을 죽이고, 스스로 그 주인이 없어졌으므로 계속해서 양민으로 행세할 수 있음을 다행으로 여겼다. — 『고려사』 —

● **출제 포인트 분석**
외거 노비는 양민 백정과 비슷하게 독립적인 경제생활을 영위하였다. 이들 중 일부는 농업에 종사하며 축적한 재산을 뇌물로 바치고 벼슬까지 얻었다. 이는 고려 사회가 신라의 골품제 사회보다 개방적이었음을 보여 주는 사례이다.

❷ 백성의 생활 모습

1) 사회 시책

① 농민 보호 정책 : 농번기 부역 동원 금지, 재해를 당하였을 때 조세와 부역 감면(면재법), 법으로 이율을 정하여 이자가 원곡을 넘을 수 없게 함(고리대 제한)

② 권농 정책 : 황무지 개간, 진전을 새로 경작하면 일정 기간 소작료나 조세 면제, 원구단과 사직단 건립

합격생의 비법

면재법

수해, 한재, 충해, 상해로 전답의 피해가 4할 이상인 때는 조를 면하고, 6할 이상인 때는 조, 포를 면하고, 7할 이상인 때는 조, 포, 역을 모두 면제하도록 하였다.

2) 사회 시설

사회 시설		설립 시기	주요 활동
빈민 구제 기관	흑창	태조	양곡 대여
	의창	성종	흑창 개편, 춘대추납
물가 조절 기관	상평창	성종	풍년에는 곡식을 사들이고 흉년에는 곡물을 싸게 팖, 개경·서경 및 12목에 설치
의료 기관	동서 대비원 (빈출)	정종	개경 설치, 환자 치료, 빈민 구제 기관
	혜민국	예종	의약품 제공
	구제도감, 구급도감	예종	재해 발생 시 백성 구제, 임시 기관
보	팔관보	숙종	팔관회의 경비 충당
	제위보 (빈출)	광종	빈민 구제를 위한 기금 마련
계	공동의 이해를 가진 혈연적·지연적 상호 협동계		

시험에 자주 등장해요

고려 시대 사회상을 묻는 문제가 자주 출제됩니다. 특히 의창, 상평창, 제위보, 동서 대비원, 혜민국 같은 사회 시설과 농민 공동체 조직인 향도는 꼭 기억하세요.

출제 사료 | 의창과 상평창의 설치

• **의창**

내가 듣건대, 덕이란 오직 정치를 잘 하는 것일 뿐이고, 정치의 요체는 백성을 잘 기르는 데 있으며, 나라는 사람을 근본으로 삼고 사람은 먹는 것을 하늘로 삼는다고 하였다. 이에 우리 태조께서는 흑창을 설치하여 굶주린 백성을 진대하는 것을 불변의 법식으로 삼았다. 쌀 1만 석을 더 보태고, 그 이름을 의창으로 바꾸도록 하라. ─『고려사절요』─

• **상평창**

왕이 이르기를 "금 1냥 값이 베 40필에 해당하므로 금 1천 근은 베 4만 필에 해당하고, 쌀로는 12만 8천 섬이 되니 그 절반은 쌀 6만 4천 섬이다. 그중 5천 섬은 서울 경시서에 맡기어 팔거나 사게 하고 태부시, 사헌대로 하여금 그 출납을 관할하게 하며, 나머지 5만 9천 섬은 서경 및 주, 군의 창고 15개소에 나누어 두되 서경에서는 분사 사헌대에 위임하고 주, 군에서는 그 수령들에게 위임하여 관할하게 하고 빈약한 백성들의 생활에 도움을 주게 할 것이다."라고 하였다. ─『고려사』─

● **출제 포인트 분석**

정부는 백성의 생활 안정에 도움을 주기 위하여 흉년이나 비상시에 빈민에게 양식이나 종자를 빌려주는 의창을 설치하였고, 곡식과 베를 사고팔아 물가 안정을 도모하는 상평창을 설치하였다.

---

3) 법률과 풍속

① 법률

　㉠ 중국의 당률 참조, 일상생활은 관습법 중심

합격생의 비법

고려의 형벌
- **태형** : 회초리로 볼기를 치는 것
- **장형** : 곤장으로 볼기를 치는 것
- **도형** : 감옥에 가두는 것
- **유형** : 유배를 보내는 것
- **사형** : 죽이는 것

ⓛ 지방관이 행정권과 사법을 지님, 중요한 사건만 개경의 상부 기관에 보고

ⓒ 반역죄 · 불효죄는 중벌에 처함(유교 윤리 강조), 사형은 3심제 적용, 태형 · 장형 · 도형 · 유형 · 사형의 형벌 적용

② 풍속

ⓐ 국가는 유교적 규범에 따라 상장제례 시행, 민간은 토착 신앙과 융합된 불교의 전통 의식과 도교 신앙의 풍속을 따름

ⓛ 불교 행사 : 연등회와 팔관회 개최

ⓒ 명절 : 정월 초하루, 삼짇날, 단오, 유두, 추석 등

4) 농민 공동체 조직(향도)

고려 초기	• 불교 신앙에 바탕을 둔 공동체 조직 • 매향 활동 주관, 불상 · 종 · 석탑 등 조성, 법회에서의 대규모 노동력 및 경제력을 제공하는 불교 신앙 활동 단체
고려 후기	• 마을 공동체 조직으로 변화 • 신앙 활동에서 벗어나 마을 노역, 혼례와 상장례, 마을 제사 등을 주관하는 농민 조직

5) 혼인과 여성의 지위

① 결혼 : 일부일처제 원칙(여자 18세, 남자 20세 전후 결혼 → 고려 후기 원의 영향으로 일부다처제 시작), 고려 왕실은 친족 간 혼인 성행(→ 고려 후기 유교의 영향으로 동성 불혼)

② 여성의 지위 : 자녀의 균분 상속, 남녀 구분 없이 출생 순 호족 기재(여성이 호주도 가능), 여성의 재가 가능, 자녀 구분 없이 제사 봉양, 사위가 처가의 호적에 입적하기도 함, 사위와 외손자에게도 음서 혜택, 부부 간에도 여성의 재산 보호 → 일상생활에서 남녀의 차별이 크지 않음

출제 사료	고려 시대 여성의 지위

• "(박유가) 청컨대, 열 신하, 관료로 하여금 여러 처를 두게 하되, 품위에 따라 그 수를 점차 줄이도록 하여 보통 사람에 이르러서는 1처 1첩을 둘 수 있도록 하며, 여러 처에서 낳은 아들도 역시 본처가 낳은 아들처럼 벼슬을 할 수 있게 하기를 원합니다."라고 하였다. 연등회 날 저녁 박유가 왕의 행차를 호위하여 따라갔는데, 어떤 노파가 그를 손가락질하면서 "첩을 두고자 요청한 자가 저놈의 늙은이다."라고 하니, 듣는 사람들이 서로 전하여 가리키며 거리마다 여자들이 무더기로 손가락질하였다. 당시 재상 중에 부인을 무서워하는 자들이 있었기 때문에 그 건의를 정지하여 결국 실행하지 못하였다. ─『고려사』─

• 손변이 송사를 맡았는데, 남동생이 "다 같은 부모의 자식인데, 어째서 유산을 누이 혼자서 차지하느냐?"라고 하였다. 누이는 "아버지가 세상을 떠날 때 집안 재산을 모두 나에게 주었다."라고 하였다. 손변이 "부모 마음은 어느 자식에게나 다 같은 법이다. 어찌 자성해서 이미 출가한 딸에게만 후하고, 어미도 없는 어린 아들에게는 박하게 하겠는가?"라고 타일렀다. 누이와 동생이 비로소 깨닫고 서로 붙들고 울었다. 드디어 남매에게 재산을 반반씩 나누어 주었다. ─『고려사』─

● 출제 포인트 분석

일부일처제의 혼인 형태가 일반적인 고려 시대에 첩을 두자는 건의가 받아들여지지 않은 사실과 부모의 유산이 자녀에게 골고루 분배된 사실들을 통해 고려 시대 여성의 지위가 높았다는 것을 알 수 있다.

사천 매향비

보물 제614호로 경상남도 사천시 곤양면 흥사리에 있다. 1387년 고려 우왕 때 향나무를 묻고 세운 것으로, 내세의 행운과 왕의 만수무강, 국태안민을 기원하는 내용을 담고 있다.

이론을 복습하는 기출문제 03

빈칸 채우기

01 고려의 귀족은 정치적 특권인 [＿＿＿]와/과 경제적 특권인 공음전의 혜택을 누렸다.

02 지방관이 파견되지 않은 지역 행정을 맡았던 [＿＿＿]은/는 향촌 사회의 실질적인 지배 계층의 지위를 유지하였다.

03 고려 시대의 [＿＿＿]은/는 특정한 직역을 부담하지 않고 농업에 종사하던 농민층을 일컫는다.

04 부곡민은 법제적으로는 양인이었으나, 사회·경제적으로는 열세에 놓여있는 [＿＿＿] 신분이었다.

05 고려 말 중소 지주 또는 과거를 통해 중앙 관리로 진출한 [＿＿＿]은/는 권문세족과 대립하며 개혁적 성향을 보였다.

06 고려의 법률은 [＿＿＿]을/를 참조하였으나, 일상생활은 관습법 중심으로 운용되었다.

07 고려는 [＿＿＿] 윤리를 강조할 목적으로 반역죄와 불효죄를 중죄로 처벌하였다.

08 고려는 물가 조절 기관인 [＿＿＿]을/를 개경과 12목에 설치하였다.

09 고려 시대에는 기금을 조성하여 이자로 빈민을 구제하는 [＿＿＿]이/가 설치되었다.

10 고려는 혼인에 있어서 [＿＿＿]이/가 실시되는 등 여성의 지위가 존중되었다.

정답 01 음서제 02 향리 03 백정 04 신량역천 05 신진 사대부 06 당률 07 유교 08 상평창 09 제위보 10 일부일처제

---

01 (가)에 대한 설명으로 옳은 것은?
32회 18번

> 내가 듣건대, 덕이란 오직 정치를 잘 하는 것일 뿐이고, 정치의 요체는 백성을 잘 기르는 데에 있으며, 나라는 사람을 근본으로 삼고 사람은 먹는 것을 하늘로 삼는다고 하였다. 이에 우리 태조께서는 흑창(黑倉)을 설치하셨다. …… 쌀 1만 석을 더 보태고, 그 이름을 (가) (으)로 바꾸도록 하라.

① 재해가 발생하였을 때 설치한 임시 기구였다.
② 개경의 동쪽과 서쪽에 두어 환자를 치료하였다.
③ 흉년에 빈민에게 양식이나 종자 등을 빌려주었다.
④ 국학에 설치되어 관학 진흥을 위한 재정을 뒷받침하였다.
⑤ 전염병이 퍼지는 것을 막고 백성에게 약을 무료로 나눠주었다.

정답 ③
해설 (가)는 고려 성종 때 흑창을 확대하여 개편한 의창이다. 성종은 농민 생활을 안정시키기 위해 각 주현에 의창을 설치하고 흉년이나 비상시에 빈민에게 양식이나 종자를 빌려주었다.
오답 피하기 ① 구제도감이나 구급도감, ② 동·서 대비원, ④ 양현고, ⑤ 혜민국에 대한 설명이다.

02 밑줄 그은 '이들'에 대한 설명으로 옳지 않은 것은?
19회 19번

> 이들의 첫 벼슬은 후단사이며, 두 번째 오르면 병사·창사가 되고, 세 번째 오르면 주·부·군·현의 사가 되며, 네 번째 오르면 부병정·부창정이 되며, 다섯 번째 오르면 부호정이 되고, 여섯 번째 오르면 호정이 되며, 일곱 번째 오르면 병정·창정이 되고, 여덟 번째 오르면 부호장이 되고, 아홉 번째 오르면 호장이 된다.
> — 「고려사」 —

① 지방 행정의 실무를 담당하였다.
② 공음전을 지급받아 부를 세습하였다.
③ 기인제와 사심관제에 의해 통제를 받았다.
④ 무신 집권 이후 중앙 정계 진출이 많아졌다.
⑤ 지방 호족 세력을 재편하는 과정에서 나타났다.

정답 ②
해설 밑줄 그은 '이들'은 향리이다. 고려 성종 때 지방 행정 제도를 개편하면서 지방 호족을 향리로 편제하였으며, 향리는 지방관이 파견되지 않은 속군과 속현에서 실질적인 지배 계층으로 지방 행정 실무를 담당하였다. 또 향리는 기인 제도와 사심관 제도를 통해 통제를 받았다.
오답 피하기 ② 공음전은 5품 이상의 귀족 관료에게 지급되어 세습이 가능한 제도로, 음서와 함께 문벌 귀족의 경제적 특권을 보장하였다.

03 다음 사실이 있었던 시기를 연표에서 옳게 고른 것은?

22회 16번

> 왕이 이르기를, "그들은 임금을 능가하는 위세를 빙자하여 나라의 법도를 흔들고, 관리의 임명을 좌우하며 …… 다른 사람의 토지와 노비를 빼앗았다. 다행히 반역의 무리인 기철 등과 간악하고 부정한 무리인 수경 등은 이미 나라의 법대로 처단되었으니, 협박을 받아 그들에게 따른 자는 죄를 묻지 않겠노라. 이제부터는 법령을 준수하고 기강을 정돈하여 온 나라 사람이 모두 새로이 출발할 것을 기약하노라."라고 하였다.
> — 「고려사절요」 —

① (가) ② (나) ③ (다) ④ (라) ⑤ (마)

정답 ⑤

해설 제시문에 나온 기철은 고려 후기 지배층인 권문세족의 대표 인물이다. 권문세족은 원을 배경으로 형성된 친원 세력으로 정계의 요직을 장악하고 대농장을 소유하였다. 공민왕은 이들이 부당하게 빼앗은 토지와 노비를 원래 주인에게 돌려주는 전민변정도감을 설치하고, 기철 등 친원 세력을 숙청하는 등 왕권 강화와 반원 자주 정책을 시행하였다. 공민왕의 개혁 정치가 이루어지던 시기는 개경으로 환도한 이후 원의 내정 간섭을 받던 (마) 시기이다.

04 다음 문화유산에 대한 탐구 활동으로 가장 적절한 것은?

17회 16번

> 보물 제614호로 경상남도 사천시 곤양면 흥사리에 있다. 고려 우왕 13년(1387)에 향나무를 묻고 세운 것으로, 비문에는 내세의 행운, 왕의 만수무강과 국태민안을 기원하는 내용이 담겨져 있다.

① 상평창의 역할을 알아본다.
② 도선비기의 내용을 파악한다.
③ 향교의 조직과 역할을 조사한다.
④ 도교의 제사 의식 과정을 정리한다.
⑤ 불교 신앙 조직의 활동을 찾아본다.

정답 ⑤

해설 제시된 자료는 농민 공동체 조직인 향도와 관련 있는 사천 매향비이다. 향도는 초기에는 불교의 신앙에 바탕을 둔 공동체 조직으로 매향 활동을 주관하였으나 후기에는 마을 공동체 조직으로 변화하였다.

오답 피하기 ① 상평창은 물가 조절 기관이다. ② 「도선비기」는 도선이 지었다고 전하는 풍수서이다. ③ 향교는 조선 시대 지방 교육 기관이다. ④ 도교 제사 의식 과정과 관련 있는 것은 초제이다.

05 다음 상황이 나타난 시기의 사회 모습으로 옳은 것은?

21회 12번

> 이승장은 어려서 아버지를 여의었는데, 의붓아버지가 집이 가난하다며 공부를 시키려 하지 않았다. 하지만 어머니가 이를 반대하면서 "제가 먹고 사는 것 때문에 수절하지 못했음을 부끄럽게 여겼습니다. 그러나 아이가 다행히 학문에 뜻을 두고 있으니, 아이 아버지의 뒤를 따르게 하는 것이 마땅할 것입니다. 만약 그렇게 못한다면 제가 무슨 얼굴로 지하에서 전남편을 다시 보겠습니까?"라고 말하여, 공을 솔성재에 입학시켰다. …… 봄에 과거에 응시하여 김돈중의 문생으로 진사시에 2등으로 합격하였다.
> — 이승장 묘지명 —

① 재산 상속에서 큰아들이 우대받았다.
② 문중을 중심으로 서원과 사우가 세워졌다.
③ 사위와 외손자에게도 음서의 혜택이 주어졌다.
④ 대를 잇기 위해 양자를 들이는 일이 일반화되었다.
⑤ 혼인 후에 곧바로 남자 집에서 생활하는 경우가 보편화되었다.

정답 ③

해설 고려 시대에는 조선 시대보다 여성의 사회적 지위가 높아 남녀 구분 없이 출생 순으로 호적에 기재되었고, 자녀에게 균분 상속을 하였으며, 자녀 구분 없이 제사를 지낼 수 있었다. 또 여성의 재가가 가능하였고, 사위가 처가의 호적에 입적하기도 하였으며, 사위와 외손자에게도 음서의 혜택이 주어졌다.

1087	1097	1145	1190	1234	1281	1377
초조대장경 간행	의천, 천태종 창시	김부식, 『삼국사기』 저술	지눌, 수선사 결사 제창	『상정고금예문』 편찬	일연, 『삼국유사』 편찬	『직지심체요절』 간행

연표

04 중세의 문화

출제 빈도 **상** | 중 | 하

① 유학의 발달과 역사서 편찬

1) 유학의 발달

고려 초기	• 특징 : 유교적 정치 기틀 마련, 자주적 · 주체적 성격 • 태조 : 6두품 계통의 유학자 활약(최언위, 최응, 최지몽 등 유교주의에 입각한 국가 경영을 건의) • 광종 : 과거제 시행, 유교적 소양을 갖춘 관리 등용(유교 발달에 기여) • 성종 : 유교 정치 이념 확립(최승로의 시무 28조 채택), 유교 교육을 위해 국자감과 향교 설치, 12목에 경학박사 파견
고려 중기	• 특징 : 문벌 귀족 사회의 발달로 유학의 보수화, 귀족적(시문 중시) · 사대적 성격 • 사학의 발전 : 사학 12도 융성 → 관학 위축 → 관학 진흥책 실시(서적포, 7재, 양현고) – 최충 : 해동공자로 칭송, 9재 학당 빈출(문헌공도)을 설립하여 인재 양성, 훈고학적 유학에 철학적 경향 가미 – 김부식 : 고려 중기 보수적 · 현실적 유학을 대표함
고려 후기 (원 간섭기)	• 성리학의 전래 – 특징 : 남송의 주희가 집대성, 우주의 원리와 인간의 심성을 철학적으로 탐구하는 새로운 유학 – 수용 배경 : 무신 정변 이후 문벌 귀족 세력의 몰락으로 고려의 유학 위축, 불교계의 타락으로 사회적 · 경제적 폐단 발생 – 수용 과정 : 충렬왕 때 안향이 소개 → 이제현빈출이 만권당빈출에서 원의 학자와 교류하며 성리학에 대한 이해 심화 → 성균관을 중심으로 확산(이색) → 정몽주, 정도전 등 신진 사대부에 계승 – 영향 : 사회 모순 개혁 시도(불교의 폐단과 권문세족의 횡포 비판), 형이상학적 측면보다 실천적 측면 강조(『소학』, 『주자가례』 보급) • 유교 교육 강화 : 국학을 성균관으로 개칭하고 확대 개편함

2) 교육 기관의 설립

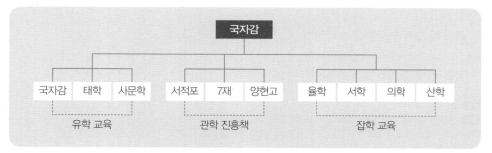

고려의 교육 제도

① 교육 기관의 변천

초기	• 중앙 : 국자감 설치(빈출), 유학부와 기술학부로 구분, 관료와 기술 인력 양성 • 지방 : 향교 설치, 지방 관리와 서민 자제의 교육 담당
중기	• 사학 융성 : 문헌공도 등 사학 12도 융성 → 관학 위축 • 관학 진흥 : 서적포, 7재, 양현고, 경사 6학
후기	관학 진흥 : 섬학전 시행, 국학을 성균관으로 개칭, 문묘 건립

출제 사료 | **사학의 융성**

최충이 졸하였다. …… 현종이 중흥한 뒤로 전쟁이 겨우 멈추어 문교(文敎)에 겨를이 없었는데, 최충이 후진들을 불러 모아서 가르치기를 부지런히 하니, 여러 학생들이 많이 모여 들었다. 드디어 낙성, 대중, 성명, 경업, 조도, 솔성, 진덕, 대화, 대빙이라는 9재로 나누었는데, 시중 최공도라고 일렀으며, 무릇 과거를 보려는 자는 반드시 먼저 그 도(徒)에 들어가서 배웠다. 해마다 더운 철이면 귀법사의 승방을 빌려서 여름 공부를 하며, 도 가운데에서 급제한 자로 학문은 우수하면서 벼슬하지 않은 자를 골라 교도로 삼아 구경(九經)과 삼사(三史)를 가르치게 하였다.   — 『고려사절요』 —

● **출제 포인트 분석**

문종 때 유학자인 최충은 관직에서 물러나 인재 양성을 목적으로 9재 학당을 설립하였다. 대체로 과거를 주관한 경력이 있는 고위 관료 출신들이 설립하였으므로 당시 귀족 자제들은 국자감보다 12도로 몰렸고, 그 결과 국자감이 위축되는 결과를 가져왔다.

---

② 관학 진흥책

숙종	국자감에 서적포를 두어 도서 출판을 활발히 함
예종	국자감을 재정비하여 전문 강좌인 7재 설치(빈출), 장학재단인 양현고 설치, 궁내에 청연각·보문각 등 학문 연구소 및 도서관 설치
충렬왕	국학에 문묘 건립, 국자감을 성균관으로 개칭, 부실한 양현고를 보충하기 위해 장학 재단인 섬학전 설치
공민왕	성균관을 순수 유교 교육 기관으로 개편
기타	식목도감으로 하여금 학제를 상정하여 개경에 경사 6학 제도 정비, 지방 각 주현에 향학을 세워 관학 기관 정비, 과거 응시자의 국자감 수학 의무화(본시험인 예부시 응시 자격 부여)

3) 역사서의 편찬

초기	• 『왕조실록』(거란 침입으로 소실), 『7대실록』(태조~목종, 편년체) • 자주적·주체적 서술, 오늘날 전하지 않음
중기	• 문벌 귀족 사회의 발달로 보수적·사대적 성격을 지님 • 김부식의 『삼국사기』(빈출)(1145) 　– 목적 : 묘청의 서경 천도 운동으로 분열된 민심을 재수습하여 국왕 중심의 중앙 집권 체제를 이루려 함 　– 특징 : 기전체 서술, 본기(28권)·열전(10권)·지(9권)·표(3권) 구성, 신라 계승 의식을 바탕으로 유교적 합리주의 사관 제시 　– 의의 : 현존하는 최고(最古)의 역사서
후기	• 무신 정변 이후 사회적 혼란, 몽골의 침입 속에서 민족적 자주 의식 반영, 우리의 전통 문화에 대한 올바른 이해 노력 • 각훈의 『해동고승전』 : 삼국 시대 이래 명승들의 일대기 정리 • 이규보의 『동명왕편』(빈출)(1193) : 고구려를 건국한 동명왕의 업적을 서사시 형태로 서술, 고구려 계승 의식 표현 • 일연의 『삼국유사』(빈출)(1281) : 역사의 시작을 단군 조선으로 설정, 우리의 고유문화와 전통 중시, 불교사를 중심으로 고대의 설화와 야사 수록 • 이승휴의 『제왕운기』(1287) : 단군 이야기 수록, 우리 고유의 신화와 전설 등 신이한 사실을 있는 그대로 서술, 유교적 합리주의 사관 비판, 우리 역사를 중국과 대등하게 파악하여 자주성 표현 • 이제현의 『사략』(1357) : 정통 의식과 대의명분을 중시하는 성리학적 유교 사관 반영

합격생의 비법

경사 6학

인종 때 정비한 국자감의 교육 제도이다.

• **국자학** : 문·무관 3품 이상의 자손, 『논어』, 『효경』
• **태학** : 문·무관 5품 이상의 자손, 『예기』, 『주역』
• **사문학** : 문·무관 7품 이상의 자손, 『춘추좌씨전』
• **기술학** : 율학·서학·산학, 8품 이하 관리나 서민의 자제 입학

시험에 자주 등장해요

고려 시대 교육 기관을 묻는 문제가 자주 출제됩니다. 특히 사학의 융성으로 관학이 위축되어 관학 진흥책을 실시하였다는 사실을 꼭 기억하세요.

합격생의 비법

기전체와 편년체

• **기전체** : 사마천(전한)의 『사기』를 기원으로 하고 있다. 정사(正史)를 서술할 때 주로 사용하며, 본기·열전·표·지 등으로 나누어 구성한다.
• **편년체** : 사마광(송)의 『자치통감』을 기원으로 하고 있다. 역사를 서술할 때 연대에 따라 서술하는 방식이다.

『삼국사기』

구분	삼국사기	삼국유사
시기	고려 중기 (인종)	고려 후기 (충렬왕)
저자	김부식	일연
사관	유교 사관	불교 사관
특징	• 기전체 서술 • 신라 계승 의식	• 불교사 중심, 고대 설화나 야사 수록 • 단군 신화 정리

『삼국사기』와 『삼국유사』

시험에 자주 등장해요

고려 시대 역사서를 묻는 문제가 자주 출제됩니다. 『삼국사기』와 『삼국유사』의 내용을 비교하여 꼭 기억하세요.

합격생의 비법

교관겸수(敎觀兼修)
교리·형식과 참선·수양을 함께 수행하되, 교종의 입장에서 선종을 포용하려는 통합 이론이다.

대각국사 의천
문종의 넷째 왕자로, 흥왕사의 주지로 있으면서 중국으로부터 3천여 권의 책을 수집하였다. 불교 서적을 수집하여 교장도감을 설치하고 교장을 간행하였으며 '신편제종교장총록'이라는 목록을 편찬하였다. 그는 중국 송에 가서 천태종을 배우고 돌아와 국청사가 완공되자 주지가 되어 천태교학을 강의하였고, 숙종의 지원을 받아 해동 천태종을 개창하였다. 또 숙종에게 화폐 유통을 건의하기도 하였다.

시험에 자주 등장해요

고려의 불교 통합을 묻는 문제가 자주 출제됩니다. 특히 의천의 교단 통합 운동은 꼭 기억하세요.

출제 사료 『삼국사기』와 『삼국유사』

• 성상께서 …… "또한 그에 관한 옛 기록은 표현이 거칠고 졸렬하며, 사건의 기록이 빠진 것이 있으므로, 이로써 군주의 착하고 악함, 신하의 충성됨과 사특함, 나랏일의 안전함과 위태로움, 백성의 다스려짐과 어지러움을 모두 펴서 드러내어 권하거나 징계할 수 없다. 그러므로 마땅히 재능과 학문과 식견을 겸비한 인재를 찾아 권위 있는 역사서를 완성하여 만대에 전하여 빛내기를 해와 별처럼 하고자 한다."고 하였습니다.
– 『삼국사기』 서문–

• 대체로 성인은 예악으로 나라를 일으키고, 인의로 가르침을 베푸는데, 괴이하고 신비한 것은 말하지 않는 것이었다. 그러나 제왕이 장차 일어날 때에는 천명과 비기록을 받게 되므로, 반드시 남보다 다른 일이 있었다. 그래야만 능히 큰 변화를 타서 대기를 잡고 큰 일을 이룰 수 있는 것이다. …… 그렇다면 삼국의 시조가 모두 신비스러운 데서 탄생하였다는 것이 무엇이 괴이하랴.
– 『삼국유사』 기이편 서문–

● **출제 포인트 분석**
『삼국사기』는 고려 초에 쓰여진 『구삼국사』를 바탕으로 유교적 합리주의 사관에 입각하여 서술되었다. 반면 『삼국유사』는 『삼국사기』에서 빠진 부분을 보완하려는 의도에서 편찬된 것으로 기존의 역사 서술에서 소홀히 다룬 불교사를 중심으로 고대의 민간 설화나 야사 등을 수록하였다.

② 불교의 발전

1) 고려 불교의 특징
① 유교는 정치와 관련된 치국의 도로, 불교는 신앙생활과 관련된 수신의 도로 공존함 (유교와 불교의 융합)
② 호국 불교와 현세 구복 불교
③ 이론 체계와 실천 방법의 조화가 이루어짐
④ 대장경 조판

2) 불교 정책

태조	불교 지원, 불교 숭상과 연등회·팔관회의 개최 당부(훈요 10조)
광종	• 승과 제도 시행 : 승과에 합격한 자에게 품계(승계)를 주어 승려의 지위를 보장함 • 국사·왕사 제도 실시 : 승려에 준 최고의 승직으로 국교로서의 권위 부여, 왕실 고문 역할 • 불교 보호 : 사원에 토지 지급, 승려에게 면역의 혜택 부여
성종	연등회와 팔관회 일시 폐지(최승로의 시무 28조 수용, 현종 때 부활)

3) 고려 전기의 불교

균여의 화엄종	• 종교적 분열이 정치적 분열을 가져와 체제 정비의 일환으로 불교 통합을 시도 • 교종 통합을 위해 화엄종을 중심으로 교종 정리 → 균여의 화엄종이 성행 • 선종 통합을 위해 법안종이 유입 • 광종은 교선 대립을 극복하기 위해 천태학을 지원 • 왕실의 지원을 받던 화엄종과 문벌 귀족의 지원을 받던 법상종이 융성 → 교종의 양대 종파 형성
의천의 교단 통합	• 배경 : 귀족 불교인 법상종이 융성하자 화엄종과 대립 • 목적 : 고려 불교의 폐단 정리, 법상종 세력을 견제하기 위해 화엄종 중심으로 교단 통합 • 과정 : 국청사 중심, 천태종 창시 (빈출) → 교종의 입장에서 통합 시도, 교관겸수 주장 • 의의 : 국왕 중심의 집권 체제를 옹호하는 입장에서 불교계 통합을 위해 노력, 선교 대립을 극복하려는 시도 • 한계 : 의천 사후 선종 독립, 화엄종 분열, 경원 이씨의 득세로 법상종이 주류가 됨, 불교계의 폐단에 대한 적극적 대처가 없음

4) 고려 후기의 불교

① **선종 부흥** : 무신 정변 이후 교종 세력이 급격히 쇠퇴, 선종의 참선과 혁신성이 무신 정권의 관심을 받음

② **신앙 결사 운동** : 불교계의 세속화로 인한 사회의 폐단 증가 → 불교계의 혁신, 기층 사회의 교화(불교 본연의 모습을 찾으려는 신앙 결사 운동 대두)

지눌의
선교 통합
	• 선교 일치 사상의 완성 : 선종을 중심으로 교종 포용
	   – 조계종 : 무신 정변 이후 불교계에서 선종이 조계종이라는 이름으로 번성
	   – 정혜쌍수(定慧雙修)  빈출 : 참선을 통해 깨달음을 얻되 교리 공부를 병행해야 함
	   – 돈오점수(頓悟漸修) 빈출 : 인간의 마음이 곧 부처의 마음이라는 사실을 깨닫고, 깨
	     달은 뒤에 신념을 굳게 하고 부처에게 나아가는 길을 꾸준히 닦아야 함
	• 결사 운동 : 순천 송광사를 중심으로 수선사 결사 제창(독경과 선 수행 강조, 노동에 고루
	   힘쓰자는 개혁 운동)

혜심의 유불 일치설	지눌의 사상 계승, 유불 일치설 주장(유교와 불교 모두 도를 추구, 심성의 도야 강조) → 성리 학을 수용할 수 있는 사상적 토대를 마련
요세의 백련 결사	• 전남 강진 지방의 호족 세력이 수선사 결사에 맞서 법화 신앙에 바탕을 둔 백련사 결사 제창 • 참회와 염불 수행을 통한 극락왕생 주장 → 지방민의 적극적 호응을 얻음

③ **원 간섭기의 불교계**

  ⊙ **불교계 폐단** : 불교의 귀족화 경향 심화, 개혁 운동 의지 위축, 사원 경제의 비대화, 권문세족과 연결되어 불교의 세속화가 이루어짐(농장 확대와 고리대)

  ⓒ **보우의 노력** : 공민왕 때 원으로부터 임제종 도입, 교단 정비 노력 → 성과를 거두지는 못하였음

  ⓒ **신진 사대부의 불교 비판** : 성리학을 사상적 배경으로 삼고 있는 신진 사대부 세력이 불교계의 사회적·경제적 폐단을 비판

출제 사료   **고려 불교의 발달**

• 교리를 배우는 이는 마음을 버리고 외적인 것을 구하는 일이 많고, 참선하는 사람은 밖의 인연을 잊고 내적으로 밝히기를 좋아한다. 이는 다 편벽된 집착이고 양극단에 치우친 것이다.

– 의천, 『대각국사문집』 –

• 하루는 같이 공부하는 사람 10여 인과 약속하였다. 마땅히 명예와 이익을 버리고 산림에 은둔하여 같은 모임을 맺자, 항상 선을 익히고 지혜를 고르는 데 힘쓰고, 예불하고 경전을 읽으며 힘들여 일하는 것에 이르기까지 각자 맡은 임무에 따라 경영한다.   – 지눌, 『권수정혜결사문』 –

● **출제 포인트 분석**

의천은 문종의 아들로 11세기 종파적 분열을 보이던 불교계를 통합하려는 교단 통합 운동을 전개하였다. 교선의 통합을 위한 교관겸수를 주장하며 교종을 중심으로 선종을 통합하려고 하였다. 무신 집권기의 지눌은 수선사 결사 운동을 전개하였으며, 정혜쌍수와 돈오점수를 주장하며 선종을 중심으로 교선의 대립을 극복하려 하였다.

보조국사 지눌

고려 무신 집권기의 승려이며, 수산사 결사를 조직해 불교의 개혁을 추진하였다. 정혜쌍수와 돈오점수를 주장하며 선교 일치를 추구하였다.

시험에 자주 등장해요

고려의 불교 통합을 묻는 문제가 자주 출제됩니다. 특히 지눌의 결사 운동과 선교 통합 운동을 꼭 기억하세요.

합격생의 비법

대장경의 삼장(三藏)
- **경(經)** : 부처의 설법
- **율(律)** : 교단에서 지켜야 할 윤리 조항 및 생활 규범
- **논(論)** : 경과 율에 대한 승려나 학자들의 이론과 해석

경남 합천 해인사 팔만대장경판

5) 대장경의 간행

① 대장경 : 불교에 관련된 서적을 모두 모아 체계화, 모든 교리 체계에 대한 정리가 선행되어야 가능 → 경(經), 율(律), 논(論)의 삼장(三藏)으로 구성된 경전을 총칭

② 대장경 간행

초조대장경	• 현종 때 거란의 침입을 격퇴하기 위한 염원으로 제작 • 개경에 보관하였다가 대구 부인사로 옮겼으나, 몽골의 침입으로 소실
교장 🏫 빈출	• 의천의 주도로 교장도감 설치 🏫 빈출 • 송, 요, 일본 등 각 국에 흩어진 불교 서적을 모아 '신편제종교장총록' 제작 • 고려, 송, 요의 대장경에 대한 주석서 간행
재조대장경 (팔만대장경)	• 목적 : 부처의 힘을 통해 몽골의 침입을 격퇴하고 자주적인 문화국으로의 긍지를 높임 • 특징 : 목판 제작의 정교한 글씨(뒤틀리지 않는 단아한 목판) 등 제조 기술, 오탈자가 거의 없는 내용의 정확성 등이 높이 평가됨 • 대장도감을 설치하여 16년에 걸쳐 새로 판각함, 경남 합천 해인사에 보관 중임(1995년 세계 문화 유산으로 지정)

③ 도교와 풍수지리설의 발달

1) 도교의 발달

① 특징 : 불로장생과 현세의 구복을 추구하고 국가의 안녕과 왕실의 번영 기원, 예종 때 도교 사원 건립

② 도교 행사 : 초제 성행(도사가 주관, 국가의 안녕과 왕실의 번영 기원), 팔관회 개최 (부처와 토속신에게 나라와 왕실의 태평을 기원)

③ 한계 : 일관된 교리 체계와 교단 형성에 실패, 도참사상이 수용되면서 민간 신앙으로 전개

합격생의 비법

팔관회

도교와 민간 신앙, 불교가 어우러진 행사로 국가적으로 이름난 명산대천에 제사를 지냈다. 나라와 왕실의 태평을 기원하며 불교와 민속 요소가 합쳐진 가무백희를 행하는 등 종합적인 종교 행사에 가까웠다. 매년 개경에서는 11월 15일, 서경에서는 10월 15일에 개최하였으며, 주변 국가의 사절단과 상인들이 축하 선물을 바치고 무역을 하는 등 국제적 규모의 행사였다.

2) 토속 신앙과 풍수지리설의 발달

① 토속 신앙 : 산신 신앙, 성황 신앙, 무속 신앙 등

② 풍수지리설

ㄱ 내용 : 인간이나 국가의 길흉화복을 예언하는 도참사상이 더해져 유행 → 풍수지리설을 통해 도읍지나 궁궐 선택

ㄴ 영향 : 서경 길지설(북진 정책, 묘청의 서경 천도 운동의 이론적 근거), 남경 길지설 (한양 명당설, 한양을 남경으로 승격)

ㄷ 주요 사상
- 지기쇠왕설 : 지기가 왕성할 때 그곳에 자리 잡은 왕조나 사람은 흥하고 반대로 쇠퇴할 때는 망한다는 이론
- 비보사탑설 : 지맥이 약한 곳이나 산형이 험한 곳에 사찰과 불탑을 건설하여 지리적 조건을 극복한다는 이론

④ 과학 기술의 발달

1) 발달 배경 : 고대 사회의 전통적 과학 기술 계승, 중국과 이슬람의 과학 기술 수용, 국자감에서 율학·서학·산학 등 잡학 교육 및 잡과 시행

2) 천문학과 의학의 발달

천문학	• 천문 관측 : 사천대(서운관) 설치, 첨성대에서 관측 업무 수행 • 역법 : 초기에는 당의 선명력, 후기에는 원의 수시력과 명의 대통력 사용
의학	• 우리나라 고유의 의학 발달(향약), 독자적인 처방전(향약방) • 태의감 설치 : 의학 교육 시행, 의과 주관 • 『향약구급방』 편찬 : 현존하는 우리나라 최고의 의서, 각종 질병에 대한 처방과 국산 약재 소개

3) 인쇄술의 발달

목판 인쇄술	송의 영향을 받아 더욱 발전, 한 종류의 책을 다량으로 인쇄하는 데 적합, 쉽게 닳아 없어짐 → 초조대장경, 팔만대장경 등 대장경 조판
금속 활자 인쇄술	• 배경 : 신라 이후 발달한 금속 세공 기술과 청동 주조 기술 계승, 몽골과의 전쟁으로 많은 책이 소실되면서 수요 증대, 다양한 종류의 책을 소량으로 인쇄하는 데 적합 • 금속 활자본 　－『상정고금예문』(1234) : 몽골과의 전쟁 중이던 강화도 피란 시 금속 활자로 인쇄, 오늘날 전 　해지지 않음 　－『직지심체요절』 ☘️빈출 (1377) : 청주 흥덕사에서 간행, 현존하는 세계 최고(最古)의 금속 활 　자본 • 서적원 설치(1392) : 활자의 주조와 인쇄를 담당

4) 화약 무기 제조와 조선술의 발달

① 화약 무기 제조

　㉠ 배경 : 고려 말 잦은 왜구의 침입을 효율적으로 방어하기 위한 무기 제조 필요

　㉡ 화약의 제조 : 화통도감 설치 ☘️빈출 , 최무선을 중심으로 화약과 화포 제조(왜구의
　침입을 격퇴하기 위해 중국의 화약 제조 기술 터득) → 진포 싸움에서 화포를 이
　용하여 왜구 격퇴

② 조선술의 발달 : 송과의 해상 무역에 이용할 대형 범선 제조, 고려 말 전함에 화포를
　설치(왜구 격퇴에 활용), 원의 강요로 일본 원정에 필요한 전함 건조

⑤ 문화의 발달

1) 불교 미술의 발달

① 건축 : 궁궐(만월대)·사원(현화사, 흥왕사) 중심, 주심포 양식에서 다포 양식으로 발전

주심포 양식	• 공포가 기둥 위에만 짜여 있는 건축 양식 • 건물이 간소하고 단아해 보임, 간결미가 있음 • 안동 봉정사 극락전 ☘️빈출 (현존하는 가장 오래된 목조 건축물), 영주 부석사 무량수전 　☘️빈출 (배흘림 기둥, 팔작지붕), 예산 수덕사 대웅전(배흘림 기둥, 맞배지붕)
다포 양식	• 공포가 기둥 위뿐만 아니라 기둥 사이에도 짜여 있는 건축 양식 • 웅장한 지붕이나 건물을 화려하게 꾸밀 때 사용 • 사리원 성불사 응진전(원의 영향, 조선 시대 건축물에 영향)

고려의 첨성대

시험에 자주 등장해요

고려의 의학을 묻는 문제가
출제됩니다. 고려 시대 우리
나라의 실정에 맞는 자주적
의학이 발전하였음을 꼭 기
억하세요.

만월대 유적에서 발견한 금속 활자

『직지심체요절』

승려 백운 화상이 석가모니의 가
르침에서 중요한 내용을 뽑아 해
설한 책이다. 현재는 파리 국립
도서관에 보관되어 있으며, 유네
스코 세계 기록 유산으로 지정되
었다.

시험에 자주 등장해요

고려 시대 인쇄술의 발달을
묻는 문제가 자주 출제됩니
다. 『직지심체요절』은 꼭 기
억하세요.

안동 봉정사 극락전

봉정사 극락전은 정면 3칸, 측면
4칸의 주심포 양식의 맞배지붕
건물이다. 기둥은 배흘림 양식이
며, 건립 연대가 1200년대 초로
추정되어 우리나라에서 가장 오
래된 목조 건축물로 보고 있다.

시험에 자주 등장해요

고려의 문화유산을 묻는 문제 자주 출제됩니다. 특히 주심포 양식의 건축물과 다포 양식의 건축물을 구분하여 꼭 기억하세요.

주심포 양식 구성도

주심포 양식

영주 부석사 무량수전

다포 양식 구성도

다포 양식

사리원 성불사 응진전

② 석탑 : 신라 양식 일부 계승, 독자적 조형 감각, 다각 다층탑 유행

전기	개성 불일사 오층 석탑(고구려 양식 계승), 평창 월정사 팔각 구층 석탑(송의 영향, 다각 다층 양식)
후기	개성 경천사지 십층 석탑(원의 영향, 목조 건축 양식) → 조선 시대 원각사지 십층 석탑에 영향

개성 불일사 오층 석탑

평창 월정사 팔각 구층 석탑

개성 경천사지 십층 석탑

③ 승탑 : 여주 고달사지 승탑(신라 후기 승탑 형태, 팔각원당형 계승), 원주 법천사 지광국사탑(뛰어난 조형미)

④ 불상

　㉠ 시기와 지역에 따라 독특한 모습, 조형미와 균형미 부족(거대 불상 제작)

　　예 관촉사 석조 미륵보살 입상 빈출, 안동 이천동 마애여래 입상, 파주 용미리 마애이불 입상

　㉡ 고려 초기 대형 철불 조성 예 하남 하사창동 철조 석가여래 좌상(광주 춘궁리 철불)

　㉢ 신라 양식 계승 예 부석사 소조 아미타여래 좌상

여주 고달사지 승탑

시험에 자주 등장해요

고려의 탑과 불상을 묻는 문제가 자주 출제됩니다. 문화유산의 사진과 내용을 연결해서 꼭 기억하세요.

논산 관촉사 석조 미륵보살 입상

영주 부석사 소조 아미타여래 좌상

하남 하사창동 철조 석가여래 좌상   파주 용미리 마애이불 입상   안동 이천동 마애여래 입상

2) 청자와 공예

① 고려자기

　㉠ 순수 청자 : 신라와 발해의 전통과 기술을 토대로 송의 자기 기술을 수용하여 11세기 독자적인 경지 개척

　㉡ 상감 청자 : 12세기 중엽 고려만의 독창적 기법인 상감법 적용

　㉢ 원 간섭기 이후 상감 청자가 퇴조하고 소박한 분청사기로 바뀜

청자 참외모양 병 👑빈출   청자 상감 운학문 매병 👑빈출

② 금속 공예 : 송의 영향으로 불교 도구를 중심으로 발전, 은입사 기술 발달

③ 나전칠기 공예 : 옻칠한 바탕에 자개를 붙여 무늬를 새김, 경합 · 화장품갑 · 문방구

3) 글씨, 그림, 음악

① 글씨 : 전기에는 구양순체(탄연), 후기에는 송설체(이암)가 유행하였음

② 그림 : 도화원 소속 전문 화원이나 문인 중에 화가 다수 배출

　예 문인화 · 산수화 – 이령의 예성강도, 공민왕의 천산대렵도(원의 영향), 불화 – 혜허의 수월관음도(귀족적 느낌의 우아한 양식의 불화 유행), 부석사 조사당 벽화의 보살상(사천왕상, 보살상)

천산대렵도   수월관음도

③ 음악 : 아악(송에서 수입된 대성악이 궁중 음악으로 발전), 향악(속악, 고유 음악이 당악의 영향을 받아 발전)

빈칸 채우기

01 고려는 민생 안정을 위해 불교를 기반으로 하면서도 정치 이념으로는 [　　　　]의 통치 이념을 수용하였다.

02 송의 주희가 완성한 [　　　　]은/는 충렬왕 때 안향이 처음으로 소개하였다.

03 고려 중기에는 유교 사관에 입각한 기전체 사서인 김부식의 「[　　　　]」이/가 편찬되었다.

04 승려 일연이 지은 「[　　　　]」은/는 단군의 건국 기록 등 고대의 설화나 야사를 수록하였다.

05 고려 성종은 중앙 교육 기관으로 [　　　　]을/를 정비하고 지방 교육을 장려하였다.

06 고려 중기에는 사학이 융성하여 최충의 [　　　　] 등 사학 12도가 융성하였다.

07 대각국사 [　　　　]은/는 해동 천태종을 창시하여 교종 중심에서 선종을 통합하고자 하였다.

08 최우는 대장도감을 설치하고 부처의 힘으로 몽골의 침입을 극복하고자 [　　　　]을/를 조판하였다.

09 주심포 양식으로 만들어진 현존 최고의 목조 건물은 [　　　　](이)다.

10 원의 석탑 양식을 모방한 [　　　　]은/는 조선 시대 원각사지 십층 석탑의 원형이 되었다.

정답 01 유교 02 성리학 03 삼국사기 04 삼국유사 05 국자감 06 9재 학당 07 의천 08 팔만대장경 09 봉정사 극락전 10 경천사지 십층 석탑

---

01 _{31회 39번} **다음 퀴즈의 정답으로 옳은 것은?**

1단계 2010년 유네스코 인류 무형 문화유산에 등재

2단계 '시치미를 뗀다.'는 말의 유래

3단계 『오주연문장전산고』의 기록 "고려에서는 응방(鷹坊)을 두어 원에 세공(歲貢)하였다."

제시된 단계별 힌트를 종합하여 알 수 있는 민속놀이는 무엇일까요?

① 매사냥
② 윷놀이
③ 강강술래
④ 줄다리기
⑤ 남사당놀이

정답 ①

해설 매사냥은 2010년 유네스코 인류 무형 문화 유산에 등재되었으며, 시치미, 응방과 관련 있다. 매사냥은 고려 시대에 활성화되었으며, 원 간섭 시기에는 응방을 설치하여 매의 사육과 사냥을 담당하게 하였다.

---

02 _{30회 16번} **(가) 지역에서 일어난 사실로 옳지 않은 것은?**

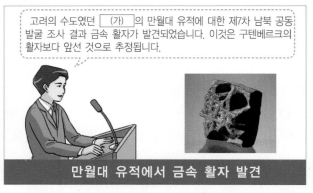

고려의 수도였던 [　(가)　]의 만월대 유적에 대한 제7차 남북 공동 발굴 조사 결과 금속 활자가 발견되었습니다. 이것은 구텐베르크의 활자보다 앞선 것으로 추정됩니다.

만월대 유적에서 금속 활자 발견

① 최충헌의 사노 만적 등이 난을 도모하였다.
② 고려 말 정몽주가 이방원 세력에 의해 피살되었다.
③ 남북한 경제 협력 사업의 일환으로 공단이 건설되었다.
④ 조선 후기 송상이 근거지로 삼아 전국적으로 활동하였다.
⑤ 일제 강점기에 조만식 등이 물산 장려 운동을 시작하였다.

정답 ⑤

해설 (가) 지역은 고려 수도인 개성이며, 만월대는 고려 시대 궁궐터이다. 개성에서는 만적의 난과 정몽주 피살 사건이 일어났고, 조선 후기 송상은 개성을 근거지로 삼아 활동하였다. 또 남북 경제 협력 사업의 일환으로 개성공단이 설치되었다.

오답 피하기 ⑤ 일제 강점기에 조만식 등이 물산 장려 운동을 시작한 지역은 평양이다.

03 (가), (나) 역사서에 대한 설명으로 옳은 것은?

38회 14번

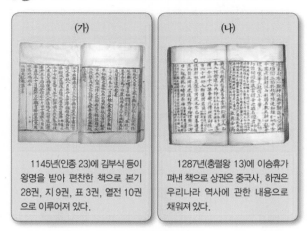

(가)	(나)
1145년(인종 23)에 김부식 등이 왕명을 받아 편찬한 책으로 본기 28권, 지 9권, 표 3권, 열전 10권으로 이루어져 있다.	1287년(충렬왕 13)에 이승휴가 펴낸 책으로 상권은 중국사, 하권은 우리나라 역사에 관한 내용으로 채워져 있다.

① (가) - 사초, 시정기 등을 바탕으로 실록청에서 편찬하였다.

② (가) - 불교사를 중심으로 고대의 민간 설화 등을 수록하였다.

③ (나) - 고조선의 건국 이야기가 수록되어 있다.

④ (나) - 유네스코 세계 기록 유산으로 등재되었다.

⑤ (가), (나) - 고구려 건국 시조의 일대기를 서사시 형태로 서술하였다.

정답 ③

해설 (가) 역사서는 『삼국사기』, (나) 역사서는 『제왕운기』이다. 『삼국사기』는 고려 인종 때 김부식이 주도하여 편찬하였고, 유교적 합리주의 사관에 기초하여 기전체로 편찬되었다. 본기(1~28권), 연표(29~31권), 지(32~40권), 열전(41~50권)으로 구성되었다. 본기에는 삼국 왕실 역사가 균형 있게 기록되어 있으나 (1~12권은 신라본기, 13~22권은 고구려본기, 23~28권은 백제본기), 연표·지·열전은 신라사에 편향되어 있다(신라 계승 의식 반영). 반면 『제왕운기』는 고려 충렬왕 때 이승휴가 운문체로 서술하였으며, 상권은 중국사, 하권은 한국사로 서술하였다. 우리나라의 역사를 고조선 건국부터 서술하면서 우리 역사를 중국사와 대등하게 여겼다.

04 밑줄 그은 '이 탑'으로 옳은 것은?

23회 14번

이 탑의 복원은 국내 문화재 보존·복원 사업의 새로운 전환점을 마련했다는 평가를 받고 있다. 이 탑의 복원 과정은 다음과 같다.

연도	내용
1348년	경기 개성 부소산 사찰에 건립
1907년	일본 궁내 대신이 해체하여 일본으로 밀반출
1907~1908년	베델 등이 국내외 언론에 석탑 약탈 기사 보도 후 반환 운동 전개
1918년	반환되어 경복궁 회랑에 보관
1959년	경복궁 내 전통 공예관 앞에 복원
2005년	국립 중앙 박물관으로 이전 후 실내 전시

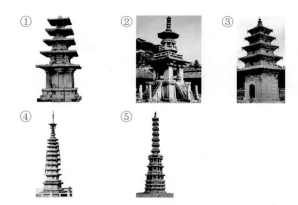

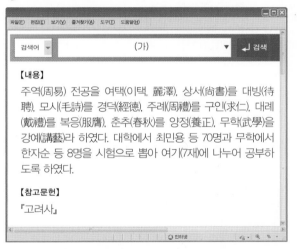

정답 ⑤

해설 밑줄 그은 '이 탑'은 경천사지 십층 석탑이다. 1348년 건립되었으며, 경복궁에 복원되었다가 현재 국립 중앙 박물관 실내에 전시되어 있다. 경천사지 십층 석탑은 원나라 라마 불교 양식의 영향을 받았으며, 조선 세조 때 건립된 원각사지 십층 석탑의 원형이 되었다.

오답 피하기 ① 부여 정림사지 오층 석탑. ② 경주 불국사 다보탑. ③ 발해 영광탑. ④ 평창 월정사 팔각 구층 석탑이다.

05 (가)에 들어갈 교육 기관에 대한 설명으로 옳은 것은?

26회 10번

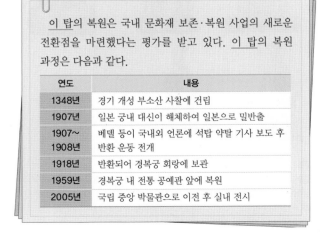

【내용】
주역(周易) 전공을 여택(麗澤), 상서(尙書)를 대빙(待聘), 모시(毛詩)를 경덕(經德), 주례(周禮)를 구인(求仁), 대례(戴禮)를 복응(服膺), 춘추(春秋)를 양정(養正), 무학(武學)을 강예(講藝)라 하였다. 대학에서 최민용 등 70명과 무학에서 한자순 등 8명을 시험으로 뽑아 여기(7재)에 나누어 공부하도록 하였다.

【참고문헌】
『고려사』

① 향음주례와 향사례를 주관하였다.

② 입학 자격은 생원, 진사를 원칙으로 하였다.

③ 장학 기금을 마련하기 위해 양현고를 두었다.

④ 전국의 부·목·군·현에 하나씩 설립되었다.

⑤ 중앙에서 교관인 교수나 훈도가 파견되었다.

정답 ③

해설 (가) 교육 기관은 7재이다. 고려 예종 때 관학 진흥을 위해 국자감에 7재를 설치하였다. ③ 예종은 1119년 사학(私學)의 융성으로 위축된 관학(官學)의 진흥을 위하여 일종의 장학 재단인 양현고를 두었다.

오답 피하기 ① 조선 시대 서원은 선현에 대한 제사와 교육을 담당하였다. 또 향사례, 향음주례, 향약 등을 시행하는 향촌 자치 운영 기구였다. ② 조선 시대 성균관은 소과에 합격한 생원, 진사가 입학하여 공부하는 최고 교육 기관이다. 성균관 유생 중 성적이 우수한 자는 대과 초시를 면제해 주었다. ④·⑤ 조선 시대의 관립 중등 교육 기관인 향교에 대한 설명이다. 고려 시대에는 주요 군현에만 향교가 있었으나, 조선 시대에는 모든 군현에 향교가 세워졌다.

04장 중세의 문화 1-119

06 밑줄 그은 '정책'으로 옳은 것을 〈보기〉에서 고른 것은?

39회 14번

고려의 관학이 위축되었던 이유는 무엇인가요?

문헌공도를 비롯한 사학 출신이 과거에서 좋은 성적을 거두었기 때문입니다. 이에 고려 정부도 관학을 진흥하기 위한 정책을 추진하였습니다.

― 〈보 기〉 ―
ㄱ. 독서삼품과를 마련하여 인재를 등용하였다.
ㄴ. 양현고를 설치하여 장학 기금을 마련하였다.
ㄷ. 국자감에 전문 강좌인 7재를 두어 운영하였다.
ㄹ. 수도에 4부 학당을 두어 유학 경전을 교육하였다.

① ㄱ, ㄴ
② ㄱ, ㄷ
③ ㄴ, ㄷ
④ ㄴ, ㄹ
⑤ ㄷ, ㄹ

정답 ③

해설 밑줄 그은 '정책'은 고려 예종 때 실시한 관학 진흥 정책이다. 고려 중기에는 문헌공도(9재 학당)를 비롯한 사학 12도가 융성하면서 관학이 위축되었다. 이에 고려 정부는 관학을 진흥시키기 위해 예종 때 양현고를 설치하여 장학 기금을 마련하였고, 국자감에 전문 강좌인 7재를 두어 운영하였다.

오답 피하기 ㄱ. 신라 하대 원성왕 때 독서삼품과를 마련하여 인재를 등용하였다. ㄹ. 조선 시대에는 수도에 4부 학당을 두어 유학 경전을 교육하였다.

07 밑줄 그은 '이 역사서'에 대한 설명으로 옳은 것은?

28회 16번

이 역사서는 1145년에 김부식 등이 고려 인종의 명을 받아 편찬한 책으로 본기 28권(고구려10권, 백제 6권, 신라·통일 신라 12권), 지(志) 9권, 표(表) 3권, 열전 10권으로 이루어져 있다.

① 유교 사관에 기초하여 기전체 형식으로 서술하였다.
② 자주적 입장에서 단군의 건국 이야기를 수록하였다.
③ 사초, 시정기 등을 바탕으로 실록청에서 편찬하였다.
④ 불교사를 중심으로 고대의 민간 설화 등을 수록하였다.
⑤ 고구려 건국 시조의 일대기를 서사시 형태로 서술하였다.

정답 ①

해설 밑줄 그은 '이 역사서'는 1145년 김부식 등이 고려 인종의 명을 받아 편찬한 『삼국사기』이다. 『삼국사기』는 유교적 합리주의 사관에 기초하여 기전체 형식으로 편찬하였으며, 당시 지배 계급인 문벌 귀족의 역사 의식이 반영되었다.

오답 피하기 ② 이승휴의 『제왕운기』, ③ 조선 시대의 『조선왕조실록』, ④ 일연의 『삼국유사』, ⑤ 이규보의 『동명왕편』에 대한 설명이다.

08 (가)에 해당하는 문화유산으로 옳은 것은?

29회 16번

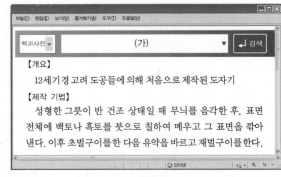

【개요】
12세기경 고려 도공들에 의해 처음으로 제작된 도자기

【제작 기법】
성형한 그릇이 반 건조 상태일 때 무늬를 음각한 후, 표면 전체에 백토나 흑토를 붓으로 칠하여 메우고 그 표면을 깎아낸다. 이후 초벌구이를 한 다음 유약을 바르고 재벌구이를 한다.

정답 ①

해설 (가)에 해당하는 문화유산은 상감 청자이다. 12세기경 고려 도공들에 의해 처음으로 제작된 도자기로, 상감 청자에 사용된 상감 기법은 도자기의 표면에 무늬를 음각한 후 백토나 흑토로 메우고 구워내는 방식이다.

09 밑줄 그은 '이 불상'으로 옳은 것은?

24회 14번

경상북도 영주에 있는 부석사는 의상이 창건한 사찰이다. 이 사찰의 무량수전에는 흙으로 빚은 대형 소조상이 있는데, 서방 극락 세계를 주관하는 부처를 항마촉지인의 자세로 구현하였다. 이 불상은 통일 신라의 불상 양식을 계승한 것으로 국보 제45호로 지정되었다.

정답 ②

해설 밑줄 그은 '이 불상'은 경북 영주 부석사 무량수전에 있는 소조 아미타여래 좌상이다. 이 불상은 신라 조형 예술을 계승한 걸작으로 평가되며, 국보 제45호로 지정되었다.

① 고려 시대에 제작된 하남 하사창리 출토 철불로, 우리나라에 현존하는 가장 큰 철불이다. ③ 철원 도피안사 철조 비로자나불 좌상으로, 통일 신라 말 선종과 관련 있다. ④ 금동 미륵보살 반가사유상으로 백제와 일본의 교류를 보여 준다. ⑤ 금동 미륵보살 반가사유상이다.

---

10 27회 15번

(가)에 대한 설명으로 옳은 것을 <보기>에서 고른 것은?

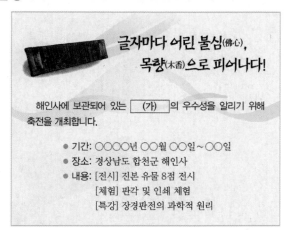

> 글자마다 어린 불심(佛心),
> 목향(木香)으로 피어나다!
>
> 해인사에 보관되어 있는 [(가)]의 우수성을 알리기 위해 축전을 개최합니다.
>
> ● 기간 : ○○○○년 ○○월 ○○일~○○일
> ● 장소 : 경상남도 합천군 해인사
> ● 내용 : [전시] 진본 유물 8점 전시
> 　　　　　[체험] 판각 및 인쇄 체험
> 　　　　　[특강] 장경판전의 과학적 원리

───────〈 보 기 〉───────
ㄱ. 주자소에서 제작을 담당하였다.
ㄴ. 거란 격퇴의 염원을 담아 만들어졌다.
ㄷ. 최씨 무신 정권의 후원으로 제작되었다.
ㄹ. 유네스코 세계 기록 유산으로 등재되었다.

① ㄱ, ㄴ　　　② ㄱ, ㄷ　　　③ ㄴ, ㄷ
④ ㄴ, ㄹ　　　⑤ ㄷ, ㄹ

정답 ⑤

해설 (가)는 팔만대장경이다. 경남 합천 해인사 장경판전에는 팔만대장경(재조대장경)이 보존되어 있다. 팔만대장경은 최우가 집권한 무신 정권 시기에 부처님의 힘을 빌어 몽골의 침략을 막기 위해 제작되었고, 유네스코 세계 기록 유산으로 등재되어 있다.

---

11 26회 14번

(가) 인물에 대한 설명으로 옳은 것을 <보기>에서 고른 것은?

> [(가)]은/는 국청사의 주지로 있으면서 처음으로 천태교를 강의하였다. 이 천태교는 옛날에 이미 우리나라에 전해졌으나 점차 쇠퇴하였다. [(가)]은/는 천태교를 다시 일으켜 진흥시킬 뜻을 가진 뒤로 일찍이 하루도 마음에서 잊은 적이 없었다. 인예 태후가 이를 듣고 기뻐하며 절을 짓기 시작하였고, 숙종이 이어서 마침내 불사를 끝냈다.

───────〈 보 기 〉───────
ㄱ. 신편제종교장총록을 만들었다.
ㄴ. 화폐 유통의 필요성을 주장하였다.
ㄷ. 중국의 농서인 농상집요를 소개하였다.
ㄹ. 수선사 결사를 통해 불교 개혁 운동을 전개하였다.

① ㄱ, ㄴ　　　② ㄱ, ㄷ　　　③ ㄴ, ㄷ
④ ㄴ, ㄹ　　　⑤ ㄷ, ㄹ

정답 ①

해설 (가) 인물은 의천이다. 대각국사 의천은 국청사의 주지로 있으면서 천태교를 강의하였으며, 흥왕사에 교장도감을 두어 『신편제종교장총록(속장경)』을 편찬하였다. 또 고려 숙종에게 화폐 유통의 필요성을 주장하였다.

ㄷ. 고려 후기 이암이 원으로부터 중국 화북 지방의 농법을 정리한 『농상집요』를 소개하여 농법 발달에 영향을 주었다.
ㄹ. 고려 지눌은 순천 송광사를 중심으로 수선사 결사를 제창하였다.

---

12 37회 16번

(가)에 들어갈 문화유산으로 옳은 것은?

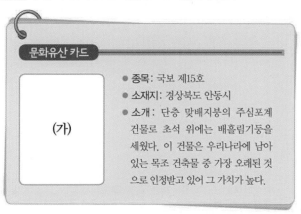

> **문화유산 카드**
>
> [(가)]
>
> ● 종목 : 국보 제15호
> ● 소재지 : 경상북도 안동시
> ● 소개 : 단층 맞배지붕의 주심포계 건물로 초석 위에는 배흘림기둥을 세웠다. 이 건물은 우리나라에 남아 있는 목조 건축물 중 가장 오래된 것으로 인정받고 있어 그 가치가 높다.

①
봉정사 극락전

②
수덕사 대웅전

③
쌍계사 대웅전

④
화엄사 각황전

⑤
전등사 대웅전

정답 ①

해설 (가)에 들어갈 문화유산은 안동 봉정사 극락전이다. 고려 시대 건축은 주심포 양식에서 다포 양식으로 발전하였는데, 공포가 기둥 위에만 짜여 있는 주심포 양식의 대표적인 건축이 안동 봉정사 극락전이다. 안동 봉정사 극락전은 맞배지붕 건물로, 기둥은 배흘림 양식으로 되어 있으며, 우리나라에서 가장 오래된 목조 건축물로 인정받고 있다.

① 고려 시대의 정치

후삼국의 성립

- **후백제(900)** : 견훤이 완산주에서 후백제를 건국하였다. 건국 이후 남 중국의 오월, 후당이나 거란과의 외교 관계를 통해 국제적 지위를 높 이고자 하였다.
- **후고구려(901)** : 신라 왕족 출신인 궁예가 송악에서 후고구려를 건국하 였다. 그 후 철원으로 수도를 옮기고, 국호를 마진·태봉으로 변경하였다.

고려의 민족 재통일

송악의 호족 출신인 왕건은 궁예의 부하가 된 후 금성(현재의 나주)을 점령한 후 광평성 시중의 지위까지 올랐다. 이후 신숭겸, 홍유 등의 추대 를 받아 궁예를 몰아내고, 고려를 건국하였다(918).
왕건은 발해 유민을 흡수하고, 후백제를 멸망시킨 이후 민족을 재통일 하였다(936).

중앙 통치 제도

고려는 당의 3성 6부 제도를 수용하여, 고려 실정에 맞게 2성(중서문하 성과 상서성) 6부로 운영하였다. 또 송의 제도인 중추원과 삼사를 채택 하였고, 고려의 독자적 기구인 도병마사와 식목도감을 운영하였다.

고려는 유교적 정치를 실현하기 위해 중서문하성의 낭사와 어사대의 관 원들을 중심으로 대간(대성)을 형성하여, 서경·봉박·간쟁권을 주어 왕 권을 견제하였다.

지방 통치 제도

고려는 행정적 성격의 5도와 군사적 성격의 양계를 두어 지방 행정 제 도를 이원적으로 운영하였다.

5도에는 행정 책임자인 안찰사를 파견하였고, 양계에는 군사 책임자인 병마사를 파견하였다. 또 지방 행정 요충지에는 8목, 군사 요충지에는 도호부를 설치하였다.

거란과의 관계

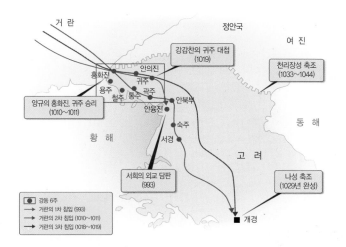

1차 : 서희의 외교 담판으로 거란으로부터 강동 6주를 획득하였다.

2차 : 강조의 정변을 구실로 거란이 침략하였다.

3차 : 강감찬은 귀주에서 거란군을 섬멸하였다(귀주 대첩).

몽골과의 관계

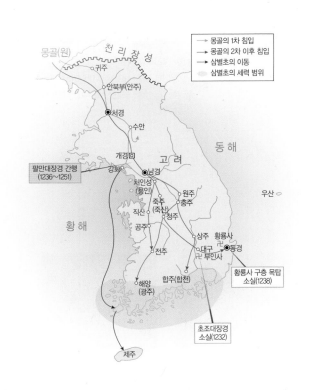

공민왕의 영토 수복

14세기 원·명 교체기를 이용해 공민왕은 반원 자주 정책(기철 등 친원 세력 숙청, 정동행성 이문소 폐지, 쌍성총관부 수복 등)과 왕권 강화 정책(전민변정도감 설치, 유교 교육 강화 등)을 추진하였다.

❷ 고려 시대의 사회 · 경제

고려의 신분 구조

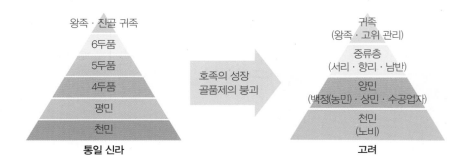

귀족의 생활	농민의 생활	노비의 생활

아집도대련	사천 매향비	송광사 노비 문서
귀족이 의자에 앉아 그림을 감상하는 모습이 보인다. 이를 통해 귀족들의 취미 생활을 알 수 있다.	1387년 고려 우왕 때 향나무를 묻고 세운 것으로, 내세의 행운과 왕의 만수무강, 백성의 평안을 기원하는 내용을 담고 있다.	충렬왕 때 수선사의 주지가 아버지에게 물려받은 노비를 수선사에 바친다는 내용이 기록되어 있다.

❸ 고려 시대의 문화

불교의 발달	역사서

불교의 발달

 의천    지눌

종파	승려	활동 시기	중심 교리
천태종	의천	고려 중기	교관겸수
조계종	지눌	고려 후기	돈오점수, 정혜쌍수

역사서

『삼국사기』(김부식)
유교 사관, 기전체

『삼국유사』(일연)
불교사 중심, 단군 신화 기록, 자주적 사관

건축

주심포 양식 건물

안동 봉정사 극락전

영주 부석사 무량수전

다포 양식 건물

사리원 성불사 응진전

철원 심원사 보광전

석탑

삼국 시대 양식을 계승한 석탑

개성 불일사 오층 석탑

송의 영향을 받은 석탑

평창 월정사 팔각 구층 석탑

원의 영향을 받은 석탑

개성 경천사지 십층 석탑

불상과 공예

대형 석불

논산 관촉사
석조 미륵보살 입상

대형 철불

하남 하사창동 철조 석가여래
좌상(광주 춘궁리 철불)

신라 양식 계승

영주 부석사
소조 아미타여래 좌상

상감 청자

청자 상감 운학문 매병

최신250문항 빈출 키워드 랭킹

기출문제 출제경향 분석

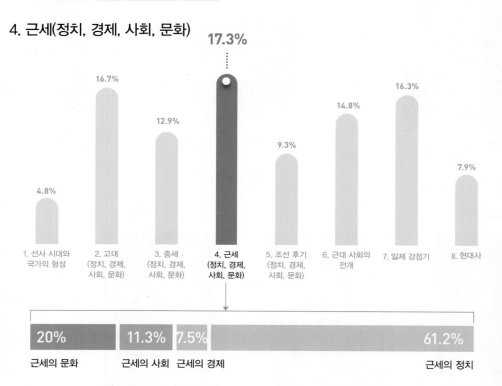

4. 근세(정치, 경제, 사회, 문화)

17.3%

16.7%

12.9%

9.3%

14.8%

16.3%

4.8%

7.9%

1. 선사 시대와 국가의 형성

2. 고대 (정치, 경제, 사회, 문화)

3. 중세 (정치, 경제, 사회, 문화)

4. 근세 (정치, 경제, 사회, 문화)

5. 조선 후기 (정치, 경제, 사회, 문화)

6. 근대 사회의 전개

7. 일제 강점기

8. 현대사

20%	11.3%	7.5%	61.2%
근세의 문화	근세의 사회	근세의 경제	근세의 정치

연표

1392 조선 건국

1394 한양 천도

1418 세종 즉위

1441 측우기 제작

1446 훈민정음 반포

1466 직전법 실시

1485 『경국대전』 시행

1498 무오사화

1510 3포 왜란

1519 기묘사화

근세(정치, 경제, 사회, 문화)

1543	1545	1555	1592	1608	1609	1610	1623	1624	1627	1636
백운동 서원 설립	을사사화	을묘왜변	임진왜란	경기도에 대동법 실시	기유약조 체결	허준, 『동의보감』 완성	인조반정	이괄의 난	정묘호란	병자호란

01 근세의 정치

출제 빈도 **상** | 중 | 하

❶ 조선의 건국

1) 이성계의 위화도 회군(1388) : 명이 철령위 설치를 요구 → 요동 정벌을 두고 최영과 이성계가 대립(최영 : 요동 정벌 계획 vs 이성계 : 4불가론을 내세워 반대) → 최영을 중심으로 요동 정벌 단행, 이성계에 정벌 지시 → 이성계가 위화도에서 회군하여 개경으로 진격 → 최영 제거, 우왕과 창왕 폐위, 공양왕 옹립하며 정권 장악

2) 신진 사대부의 분열 : 신흥 무인 세력과 함께 권문세족 비판, 사회 개혁의지를 지님, 성리학을 사상적 기반으로 삼음 → 온건 개혁파와 급진 개혁파로 분열

구분	온건 개혁파	급진 개혁파
대표 인물	이제현, 이색, 정몽주 등	정도전, 남은, 조준 등
개혁 방향	고려 왕조 내에서 개혁	역성혁명을 통한 개혁(고려 왕실 부정)
계승	16세기 사림파	15세기 훈구파
토지 제도	규정된 세액만 징수하여 운영상의 문제 해결 → 농민 생활 안정	사전 제도 혁파 주장(조준) • 기존의 사전 폐지 및 경기도 지급을 원칙으로 재분배 주장 • 국가의 조세 수취권 강화
경제 기반	중소지주로 출발하여 대토지 소유자로 성장	관직에 진출하였으나 정치적·경제적 혜택으로부터 소외
사상의 차이	예를 구성하는 원리로의 혈연 관계 중시, 절대적 군주관	능력 위주의 인재 등용 주장, 역성혁명론 중심
불교에 대한 태도	불교에 타협적, 불교의 현실적 기능 인정	불교를 이단시하여 배척
성리학에 대한 입장	• 이(理)에 편중하여 관념적, 윤리적 경향 • 패도 정치 반대, 왕도 정치 추구	패도 정치를 인정하면서 왕도 정치와 민본 이념, 주례에 입각하여 이상 국가 건설에 관심
국가와 민의 관계	사(士) – 민(民) 지배 종속, 민을 소작농으로 여김, 중소지주층의 자율성 존중	국가 – 민 지배 종속, 민을 자작농으로 여김

3) 조선 건국(1392) : 급진 개혁파와 이성계의 연결 → 과전법 시행(1391, 국가 재정 확충, 신진 사대부의 경제 기반 마련) → 새 왕조 건설에 반대한 온건 개혁파 제거(정몽주 등) → 이성계의 국왕 추대, 조선 건국

합격생의 비법

이성계의 4불가론
• 소로써 대를 거역하는 것은 불가능하다.
• 여름에 군대를 동원하는 것은 불가능하다.
• 온나라 군대를 동원하여 원정하러 가면 왜구가 그 틈을 노릴 것이다.
• 여름철이라서 비가 자주 내리므로 활이 녹고 군사들은 질병에 걸릴 것이다.

정몽주
고려 말 대표적인 온건 개혁파 신진 사대부이다. 고려 왕실을 부정하고 조선을 건국하는 역성혁명에 반대하여 태종 이방원에게 살해되었다.

합격생의 비법

왕도 정치
맹자 정치사상의 핵심인 인(仁)과 덕(德)을 바탕으로 사회 질서와 안정을 가져오려는 사상이다.

공양왕 3년 도평의사사가 글을 올려 과전을 주는 법을 정하자고 요청하니 왕이 따랐다. …… 경기는 사방의 근원이니 마땅히 과전을 설치하여 사대부를 우대한다. 무릇 경성에 살며 왕성을 호위하는 자는 직임관과 무직임관을 막론하고, 과(科)에 따라 과전을 받는다.

─ 「고려사」 ─

● **출제 포인트 분석**

조준 등 신진 사대부는 과전법을 단행하였는데, 이는 국가 재정을 확보하여 새 왕조 개창에 이바지할 수 있도록 하고 신진 사대부의 경제적 기반을 조성하여 조선이 양반 관료 사회를 형성하는 데 기여하였다.

② 국가의 기틀 마련

1) 태조

① 고조선을 계승한다는 의미로 국호를 '조선'이라 정함

② **한양 천도**(1394) : 경복궁, 종묘, 사직, 관아 등을 건설하여 도읍의 기틀 마련(남경 길지설 영향)

③ **정도전**[빈출]**의 활약** : 조선 초기 문물제도 마련에 공헌

ㄱ 한양 도성의 기본 계획을 세움, 주례적 질서를 추구함

ㄴ 『조선경국전』, 『경제문감』 저술 : 민본적 통치 규범 확립

ㄷ 『불씨잡변』 저술 : 불교의 폐단 비판, 성리학적 통치 이념 확립

ㄹ **재상 중심의 정치** 주장 : 재상에게 위로는 임금을 올바르게 인도하고, 아래로는 백관을 통괄하고 만민을 다스리는 중책을 부여할 것을 주장

ㅁ 요동 정벌 추진 : 명 홍무제의 부당한 요구에 반발

④ **도평의사사 약화** : 의흥삼군부 설치(군사), 도평의사사 기능 약화(정무) → 소수의 재신이 정치 운영(조준, 정도전, 남은 등)

2) 태종

① 왕자의 난을 거쳐 개국 공신을 축출하고 즉위, 정몽주와 정도전을 제거

② **왕권 강화** : 6조 직계제 실시[빈출](6조의 권한 강화), 사간원 독립(대신 견제)

③ **재정 기반 확대** : 양전 사업 시행, **호패법 실시**(조세 징수, 군역 부과), 사원전과 사원 노비 제한

④ **국왕의 군사권 장악** : **사병 혁파**

⑤ **문물제도 정비** : 주자소 설치(계미자 주조)[빈출], 혼일강리역대국도지도 제작(세계지도)

⑥ 신문고 제도 실시 : 백성이 억울한 일을 고할 수 있도록 함

3) 세종

① **유교적 왕도 정치의 실현** : 집현전 설치(정책 연구 기관), **경연의 활성화**, **의정부 서사제 채택**(왕권과 신권의 조화 추구), 4부 학당제 시행, 『삼강행실도』·『국조오례의』 간행(유교 윤리 보급)

② **민본주의 강조** : 조세 제도 정비(전분 6등법 · 연분 9등법), 의창제 실시(빈민 구제), 재인과 화척 등 양민화, 천인 인재 발탁(장영실), 사법 제도 개선(사형수 복심제), 여자 종에게 출산 휴가 지급 등

합격생의 비법

한양의 구조

왕이 거처하는 궁궐인 경복궁은 정궁, 법궁 등으로 불렸으며, 이궁인 창경궁과 창덕궁은 동궐, 경희궁은 서궐로 불렸다. 토지신과 곡식신을 제사 지내는 사직단은 경복궁의 오른쪽에 설치하였고, 역대 왕과 왕비의 위패를 모신 종묘는 경복궁의 왼쪽에 설치하였다. 경복궁의 정문인 광화문 앞에는 육조 거리가 있었고, 동서남북 방향에 각각 흥인지문, 돈의문, 숭례문, 숙정문이 있었다.

합격생의 비법

경연

왕의 학문을 돕기 위한 교육 기능을 가진 제도로, 신하가 왕에게 역사와 유교 경전을 강의하였다. 이를 통해 왕과 신하들은 학문과 정책에 대해 의견을 나누었다. 왕에게 경사(經史)를 가르쳐 유교의 이상 정치를 실현하는 것이 목적이었지만 실제로는 왕권의 행사를 견제하는 기능을 수행하였다.

시험에 자주 등장해요

조선 시대 각 왕의 업적을 묻는 문제가 자주 출제됩니다. 특히 세종의 업적은 꼭 기억하세요.

③ 국방 강화 : 4군(최윤덕) 6진(김종서) 개척, 쓰시마 섬 정벌(이종무), 3포 개항(부산포 · 제포 · 염포), 계해약조 체결 빈출

④ 문화 발달 : 훈민정음 창제 및 반포, 갑인자 주조, 관습도감 설치(박연에게 아악과 당악 정리), 정간보 창안(동양에서 가장 오래된 악보), 측우기 · 자격루 · 앙부일구 등 제작, 『칠정산』 내외편 · 『농사직설』 · 『향약집성방』 등 편찬

4) 세조

① 수양대군이 계유정난을 통해 단종을 폐하고 즉위 → 단종 복위를 꾀한 성삼문, 박팽년 등 사육신 처형

② 왕권 강화 : 6조 직계제 부활, 집현전 폐쇄, 경연 폐지

③ 부국강병 추구 및 국방력 강화 : 직전법 실시 빈출(과전의 지급 대상을 현직 관리로 한정), 보법 · 진관 체제 · 5위제 실시

④ 문물제도 정비 : 인지의 · 규형(토지의 고저 측량), 『경국대전』 편찬 시작 빈출, 상평창 부활

⑤ 불교 정책 : 사찰과 승려에 대한 억압 정책 실시, 왕실의 안녕을 비는 행사로 명맥 유지

5) 성종

① 통치 체제의 확립 : 홍문관 설치, 경연 활성화, 『경국대전』 완성 빈출

② 사림 세력의 등용 : 훈구 세력을 견제하여 훈구와 사림 세력의 균형을 도모(홍문관의 언관화, 사간원 · 사헌부의 언론 기능 강화)

③ 편찬 사업 : 『동국통감』(고조선~고려 정리한 역사서), 『악학궤범』(음악 서적), 『동국여지승람』(각 도의 지리와 풍속 등 수록된 지리서), 『동문선』(서거정, 시와 산문 수록) 등 편찬

④ 억불 정책 실시 : 도첩제 폐지

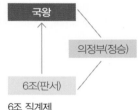

6조 직계제

의정부 서사제

출제 사료 6조 직계제와 의정부 서사제

· **6조 직계제**

정부의 사무를 나누어 6조에 귀속시켰다. …… 처음에 임금께서는 의정부의 권한이 막중함을 염려하여 이를 없앨 생각이 있었고 신중히 급작스럽지 않게 이를 행하였다. 의정부가 관장한 일은 사대 문서와 중죄수의 심의뿐이었다. 지금 의정부의 권중한 폐단을 없애더라도 권한이 6조로 나누어져 통일되어 있지 않았고 서사를 담당하기에 적합하지 않아 많은 일이 막히고 쌓였다. - 『태종실록』 -

· **의정부 서사제**

6조는 각기 모든 직무를 먼저 의정부에 품의하고, 의정부는 가부를 헤아린 뒤에 왕에게 아뢰어 왕의 전지를 받아 6조에 내려 보내어 시행한다. 다만 이조 · 병조의 제수, 병조의 군사 업무, 형조의 사형수를 제외한 판결 등은 종래와 같이 각 조에서 직접 아뢰어 시행하고 곧바로 의정부에 보고한다. 만약 타당하지 않으면 의정부가 맡아 심의 · 논박하고 다시 아뢰어 시행토록 한다. - 『세종실록』 -

● **출제 포인트 분석**

태종과 세조가 실시한 6조 직계제는 6조에서 의정부를 거치지 않고 곧바로 왕에게 재가를 받아 시행하는 제도로 의정부의 힘을 약화시켰다. 반면 세종은 6조에서 올라온 모든 일을 의정부에서 논의하고 합의된 사항을 왕에게 올려 결재를 받는 의정부 서사제를 시행하였다. 이토록 의정부에 많은 권한을 넘겨주었지만 인사와 군사에 대한 일은 직접 처리하여 왕권과 신권의 균형을 유지하였다.

③ 통치 체제의 정비

1) 중앙 정치 조직 : 『경국대전』으로 법제화함, 관리는 문반과 무반의 양반으로 구성, 관직은 중앙 관직인 경관직과 지방 관직인 외관직으로 구성

의정부		3의정 중심의 합좌 기관, 6조를 통솔하며 **국정 운영을 총괄**
6조		• 의정부 아래에서 왕의 명령을 집행하는 행정 기관, 각 조의 수장은 판서라고 부름 • 이조(인사) · 호조(재정) · 예조(교육, 과거, 외교) · 병조(군사) · 형조(사법) · 공조(건설)
3사 ⚜ 빈출	사헌부	현실 정치와 정책 시행의 시비 논의, 관리들의 부정부패 탄핵, 관리들의 비리 감찰, 풍속 교정
	사간원	왕의 행위에 대한 간언, 정책에 대해 의논하거나 잘못에 대해 반박
	홍문관	경연 주관, 왕의 자문, 궁궐 안의 서적 관리, 중요 문서 작성
	역할	• 관리와 사대부의 여론을 이끄는 **언론의 기능을 수행함**(언론 3사), 3사의 관리는 언관이라고 부름 • 간쟁권(국왕의 정치 비판), 서경권(법률의 개정과 폐지 심사) 부여
승정원		국왕의 비서 기관, 왕명 출납, 『승정원일기』 기술(세계 기록 유산으로 지정)
의금부		**국왕 직속 사법 기관, 국가의 중죄인 처벌**
기타		춘추관(역사 편찬), 한성부(수도의 치안과 행정 담당), 성균관(최고 교육 기관)

합격생의 비법

홍문관

성종 때 설립된 학술 언론 기관으로 옥당, 옥서라고도 불린다. 세조 때 폐지된 집현전을 계승한 것으로 관원으로 대제학, 제학, 부제학 등이 있었다. 사헌부, 사간원과 함께 청요직이라 하여 이곳을 거쳐야 고위 관리가 될 수 있었다.

출제 사료 | **3사의 역할**

• 사간원은 국왕에게 잘못이 있으면 간언하고, 정책에 대해 의논하거나 반박하는 직무를 관장하였다.
• 사헌부는 관원을 규찰하고, 풍속을 바로잡고, 억울한 것을 풀어 주며, 그때그때의 정사를 논하여 바르게 이끌었다.
• 홍문관은 궁내의 경전과 서적을 관리하고 문서를 처리하며 왕의 자문에 대비하는 일을 관장하였으며, 수시로 휴가를 받아 독서에 전념할 수 있는 특전을 받았다.

— 『경국대전』 —

● **출제 포인트 분석**

언관이라 불린 3사는 행정 관청을 견제하며 국왕의 권력을 제한하는 역할을 담당하였다. 특히 국가의 중대사에 대해서는 서로 연합하여 왕에게 의견을 올리거나 간청하는 등 국가 정책 결정에 영향을 미쳤다.

시험에 자주 등장해요

조선 시대 중앙 통치 체제를 묻는 문제가 자주 출제됩니다. 특히 3사의 내용과 역할은 꼭 기억하고 시대별 감사 기관도 정리해 두세요.

조선의 중앙 정치 기구

조선의 지방 행정 조직

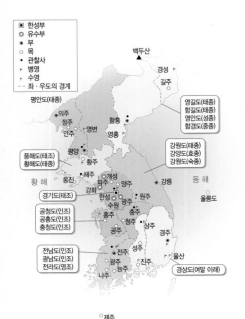

8도

합격생의 비법

수령 7사(수령이 해야 할 7가지 업무)

1. 농업을 진흥시킴
2. 호구를 늘림
3. 학교를 일으킴
4. 군대를 정비함
5. 부역을 균등하게 함
6. 소송을 공정하게 함
7. 치안을 확보함

시험에 자주 등장해요

조선 시대 지방 행정 조직을 묻는 문제가 자주 출제됩니다. 특히 관찰사와 수령의 임무, 유향소와 경재소는 꼭 기억하세요.

합격생의 비법

양인개병

학생과 향리, 현직 관료는 군역이 면제되었고, 종친과 외척, 고급 관료나 공신의 자제는 고급 특수군에 편입되어 군역을 대신하였다.

합격생의 비법

농병 일치

번갈아가면서 번을 서서 군무에 복무하거나 번을 서지 않을 때는 농업에 종사하는 것을 말한다.

2) 지방 행정 조직

① 특징

㉠ 전국을 8도로 구분, 그 아래 330여 개의 부·목·군·현 설치 → 전국을 일원화시켜 통치

㉡ 모든 군현에 지방관 파견 → 국가가 직접 지배하며 중앙 집권적 통치 체제가 성립

㉢ 특수 행정 구역인 향·부곡·소를 폐지하고 일반 군현으로 승격 → 지방에 대한 통치 강화

㉣ 면리제 실시 : 군현 아래 면·리·통을 두고 5가를 1통으로 편성, 책임자인 면장·이정·통주는 향민 중에서 임명 → 인구 파악, 부역 징발 목적

② 지방관의 파견

관찰사	• 8도에 파견, 임기는 360일(함경도, 평안도 제외), 감사·도백으로도 불림 • 수령 지휘·감독·비리 견제·근무 평가, 감찰권·행정권·사법권·지방의 병권(군사권) 행사
수령 빈출	• 부·목·군·현에 파견, 임기는 5년, 현감·현령으로 불림, 고려 시대보다 품계와 권한 강화(지방 토호의 자의적 지배 금지) • 국왕의 대리인으로 지방의 행정·사법·군사권 장악 • 암행어사 시찰 : 당하관의 관원 중에서 임시로 임명. 수령의 비행 감찰, 봉고파직 권한을 가짐 • 수령의 임무 : 조세·공물 징수, 수령 7사로 규정

③ 향리의 지위 격하 : 지방 관아에 소속되어 행정 실무 담당, 수령을 보좌하는 역할(6방) → 대대로 직역 세습(아전으로 격하)

④ 유향소와 경재소 : 고려 후기 사심관으로부터 유래, 지방 양반과 향리의 협조를 얻어 지방 통치, 지방 세력 견제로 중앙 집권 강화 효과(경재소)

유향소	• 지방 양반들의 향촌 자치 조직, 좌수·별감 등 향임직을 선발 빈출 하여 운영, 선조 때 경재소 혁파 이후 향청으로 개칭 • 역할 : 향리의 비리 감찰, 수령 자문 및 보좌, 수령 비행 고발, 지방 여론 수렴, 풍속 교정, 백성 교화 등
경재소	• 구성 : 각 지방 출신 중앙 관리로 구성, 한양에 설치 • 역할 : 유향소와 정부 사이의 연락 기능 담당(정부와 향촌 연결), 중앙 관료들의 유향소 통제 및 연고지에 영향력 행사

3) 군사 제도

① 군역 제도

㉠ 원칙 : 16~60세의 양인 남자에게 모두 군역 부과(양인개병제) + 농병 일치 → 현직 관료와 향리, 성균관과 향교의 학생 등은 면제

㉡ 구성 : 현역 군인인 정군, 비용을 부담하는 보인(봉족)으로 편성

㉢ 변천 : 봉족제 → 보법 → 대립제·방군수포제 → 군적수포제 → 균역법 → 호포법

봉족제	현역 군인인 정군과 경비 부담하는 봉족(보인)으로 편성
보법(세조)	2명의 정남을 1보로 함. 1명의 정남은 정군으로 배치, 남은 1명은 보인으로 정군에게 1달에 포(布) 1필씩을 군비로 지급
대립제	보인으로부터 받아온 포(布)로 타인을 고용, 자발적 대립에서 강제적 대립으로 전환
방군수포제	복무를 맡은 지방 군사를 면역의 대가로 포(布)를 거두어들이고 돌려보내는 제도
군적수포제	방군수포제의 합법화, 1년에 2필씩의 군포를 내고 군역을 면제해주는 제도

② 군사 조직

중앙군	5위(궁궐과 수도 수비 → 조선 후기 : 5군영), 정군을 중심으로 직업 군인인 갑사와 특수군으로 구성, 문반 관료의 지휘

지방군	• 각 도마다 육군인 병영, 수군인 수영으로 구성, 병마절도사와 수군절도사가 지휘
	• 방위 체제의 변천
	  – 초기 : 국방상 요지에 영, 진 설치
	  – 세조 이후 : 진관 체제 실시(지역 단위의 방위 체제, 각 도에 병영을 설치하고 병마절도사가 관할 지역의 군대를 장악함, 병영 아래 거진을 설치하고 거진의 수령이 그 지역의 군대를 통제함)
	  – 명종 이후 : 제승방략 체제 실시(유사시 각 읍의 수령들이 소속 군대를 이끌고 본진을 떠나 지정된 방위 지역으로 가서 중앙에서 파견된 장수의 지휘를 받는 전술)

잡색군	• 평소에는 본업에 종사하다가 유사시에 동원되는 일종의 예비군 • 서리, 잡학인, 신량역천인, 공·사노비 등으로 구성

4) 교통과 통신 제도

역원제	• 역 : 물자 수송과 공문 전달을 위해 역참 설치, 마패 소지자에게 역마 제공, 역참은 교통의 요지에 30리마다 설치 • 원 : 관리나 상인에게 숙식 제공, 전국 주요 도로에 설치된 역 가운데 숙박 시설이 있는 곳(사리원, 조치원, 장호원 등)
조운제	지방에서 거둔 조세(세곡)를 서울로 운송(지방 : 조창 → 서울 한강변 : 경창), 전기에는 바닷길 이용 → 후기에는 내륙의 강 길 이용
봉수제	불과 연기로 위급 상황을 알림(군사적 위급 사태)

5) 관리 등용 제도

① 과거제

ㄱ 특징 : 관리 임용 시 능력과 시험 중시, 문과 우대, 부정기 시험인 별시가 식년시보다 횟수가 많음, 학교 제도와 연관이 없음

ㄴ 과거의 종류

문과	• 소과(생진과) : 생원시, 진사시 → 성균관에 입학 👍빈출, 문과 응시, 하급 관리로 진출
	• 대과(문과) : 33명의 문관 선발
	  – 식년시 : 초시(각 도의 인구 비례) → 복시(33명 선발) → 전시(왕 앞에서 실시, 순위 결정)
	  – 별시 : 국가에 경사가 있거나 특별한 일이 있을 때 수시로 선발

무과	무관 선발, 문과와 같은 절차로 28명 선발, 주로 상민이나 향리의 자제가 응시
잡과	• 역과(통역)·율과(법률)·의과(의학)·음양과(지리) 등 기술관 선발 • 해당 관청에서 별도로 실시, 3년마다 치러지며 초시와 복시만 있음 • 주로 기술관이나 향리의 자제가 응시

ㄷ 응시 자격 : 원칙적으로 양인 이상이면 누구나 응시 가능

ㄹ 시험 시기 : 정기 시험(식년시, 3년마다 실시), 부정기 시험(별시 – 증광시, 알성시 등)

② 특별 채용 제도

취재	재주가 부족하거나 나이가 많아 과거 응시가 어려운 자를 간단한 시험을 통해 하급 실무 관리로 선발하는 제도
천거	고위 관리의 추천을 받아 과거를 거치지 않고 간단한 시험을 치른 후 관직에 등용됨(조광조의 건의로 현량과 실시)
음서	공신이나 2품 이상 관리의 자제 대상(고려에 비해 대상 축소), 문과에 합격하지 않으면 승진하기 어려움

합격생의 비법

갑사

중앙군의 핵심 병종으로, 취재를 통해 갑사가 될 수 있었고, 번상한 기간만큼 계산하여 녹봉을 지급받았다.

합격생의 비법

방위 체제의 문제점
• **진관 체제** : 군사들의 경제 기반 허약(군적수포제 실시로 인한 병역 수 고갈), 군사 지휘권을 문관 출신의 수령들이 겸직, 대군 공격 시 효율적으로 방어하지 못함
• **제승방략 체제** : 후방 지역에 군사가 없어 일차 방어선이 무너지면 막을 수가 없음, 임진왜란 초기 패전의 원인을 제공하여 왜란 중 진관 체제로 복구

조선 시대 과거 제도

시험에 자주 등장해요

조선 시대 관리 등용 제도를 묻는 문제가 자주 출제됩니다. 과거의 종류와 응시 자격, 시험 시기 등은 꼭 기억하세요.

합격생의 비법

인사 관리 제도
• **서경** : 5품 이하의 관리를 등용할 때는 사헌부와 사간원의 심사를 받아야 함
• **상피제** : 가까운 친인척끼리 같은 부서에 근무할 수 없음, 수령이나 관찰사는 자기의 출신 지역에 부임하는 것을 금지함(부정부패 방지 목적)

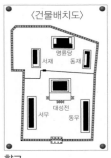

향교

조선 시대 지방 교육 기관인 향교는 제사 공간인 대성전, 교육 공간인 명륜당이 있다. 학생 수는 군현의 규모에 따라 배정되었다.

6) 교육 제도

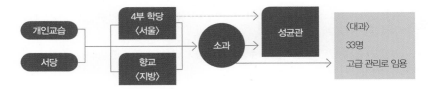

성균관	• 유학 교육을 위해 설립된 관학 교육 기관, 최고 교육 기관 • 원칙적으로 소과에 합격한 생원이나 진사가 입학 • 성적이 우수할 경우 문과의 초시를 면제해 줌
향교	• 관립 중등 교육 기관, 지방에 설립(부 · 목 · 군 · 현에 하나씩 설립), 중앙에서 교관인 교수나 훈도 파견 빈출 • 성현에 대한 제사와 유생 교육, 지방민의 교화 기능 • 양반뿐만 아니라 평민 자제도 입학 가능, 고을의 크기에 따라 학생 정원이 다름
4부 학당	관립 중등 교육 기관, 서울에 설립(동, 서, 남, 중학)
서당	사립 교육 기관, 초등 교육 담당
기술 교육	• 잡학은 해당 기술 관청에서 직접 교육 담당 • 외국어(사역원), 의학(전의감 · 혜민서), 천문 · 지리 · 점복(관상감), 도교(소격서), 도화서(그림)

④ 사림의 대두와 붕당의 형성

1) 훈구파와 사림파

사림의 계보

구분	훈구파(관학파)	사림파(사학파)
기원	급진 개혁파 사대부(권근, 정도전)	온건 개혁파 사대부(길재, 정몽주)
정치	조선 개창 주도, 중앙 집권과 부국강병, 패도 정치 인정	역성혁명 거부, 도덕과 의리 숭상, 왕도 정치와 향촌 자치 추구
경제	대농장 소유한 대지주	지방의 중소지주
학풍	사장 중심(경제적 기능 중시)	경학 중심(관념적인 이기론 중심)
사상	성리학 이외의 사상에 관대(도교와 불교 포용)	성리학 이외의 사상 배격
사관	자주적 사관(단군 중시)	존화주의(기자 중시)
양성	성균관, 집현전	서원
출신지	주로 기호 지방 출신	영남 일대에서 세력 형성, 기호 지방까지 확대
업적	15세기 민족 문화 창달	16세기 이후 사상 주도

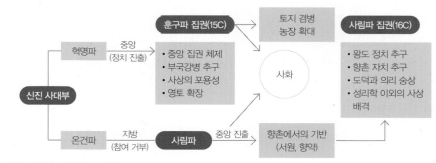

훈구파와 사림파의 형성과 집권

2) 사림의 성장

① 배경 : 성종이 훈구 세력을 견제하고 개혁을 실현하기 위해 사림 세력을 주로 3사(언관직)에 등용 → 훈구 세력의 비리 비판, 정치 개혁 주장

② 성장 : 성종 때 김종직을 비롯한 문인들이 중앙 정계에 진출하면서 정치적으로 성장

③ 사화(士禍)의 발생 : 훈구 세력과 사림 세력의 정치적 · 학문적 대립(무오사화 → 갑자
사화 → 중종반정 → 조광조의 개혁 → 기묘사화 → 을사사화)

무오사화 (빈출) (연산군, 1498)	사관 김일손이 사초에 김종직의 '조의제문' (빈출)을 실은 것을 훈구 세력이 문제 삼아 사림을 제거
갑자사화 (연산군, 1504)	연산군의 생모인 폐비 윤씨의 죽음을 문제 삼아 관련자 축출 과정에서 사림이 피해를 입음
기묘사화 (중종, 1519)	• 중종의 조광조 등 사림 등용. 조광조의 급진적인 개혁 정치에 훈구 세력이 반발하여 사림 세력 제거 • 조광조의 개혁 정치 : 향약 시행 및 『소학』 보급(사림의 향촌 지배력 확대), 현량과 실시(신진 사림 등용, 일종의 천거제), 소격서 폐지 (빈출), 방납의 폐단 시정, 위훈 삭제 주장 (빈출), 경연의 강화 주장, 3사의 언관직 차지(언론 활동의 활성화)
을사사화 (명종, 1545)	인종과 명종의 왕위 계승을 둘러싸고 외척 세력인 대윤(윤임)과 소윤(윤원형) 간의 대립 발생 → 윤원형 등 외척 세력이 정국 주도

④ 사화의 결과 : 사화로 사림 세력 위축 → 서원과 향약을 기반으로 향촌 사회에서 세력
확대 → 선조 때 다시 중앙 정계 진출, 정국 주도

출제 사료 | 사화의 발생

• **무오사화**
정축년 10월 어느 날 나는 밀성에서 경산으로 가다가 답계역에서 자는데, 꿈에 신인(神人)이 헌걸찬 모습으로 나타나 말하길 "나는 초나라 회왕의 손자 심(의제)인데, 서초 패왕(항우)에게 살해되어 침강에 던져졌다."하고는 갑자기 사라졌다. 꿈에서 깨어나 놀라 생각하기를 …… '역사를 상고해 보아도 강에 던져졌다는 말은 없는데. 정녕 항우가 사람을 시켜서 심을 몰래 죽이고 그 시체를 물에 던진 것인가? 이는 알 수 없는 일이다.'하고, 마침내 글을 지어 조문하였다. – 김종직, '조의제문' –

• **갑자사화**
이파의 자손은 폐하여 서인으로 하고, 한명회, 심회, 정창손, 정인지, 김승경 등은 만일 종묘에 배향된 자가 있으면 내치라. 또 이세좌의 아들, 사위, 아우로서 부처된 자는 폐하여 서인으로 하여 영구히 사판(仕版)에 오르지 못하게 하라. – 『연산군일기』 –

• **기묘사화**
경연에서 조광조가 중종에게 아뢰기를, "국가에서 사람을 등용할 때 과거 시험에 합격한 사람을 중요하게 여깁니다. 그러나 매우 현명한 사람이 있다면 어찌 꼭 과거 시험에만 국한하여 등용할 수 있겠습니까. 중국 한을 본받아 현량과를 실시하여 덕행이 있는 사람을 천거하여 인재를 찾으십시오." 라고 하였다. – 『중종실록』 –

• **을사사화**
이덕응이 자백하기를 "평소 대윤(大尹), 소윤(小尹)에 휘말리지 않으려고 조심하였는데 그들과 함께 모반을 꾸민다는 것은 말도 안 됩니다."라고 하였다. 계속 추궁하자 그는 "윤임이 제게 이르되 경원대군이 왕위에 올라 윤원로가 권력을 잡게 되면 자신의 집안은 멸족될 것이니 봉성군을 옹립하자고 하였습니다."라고 실토하였다. – 『명종실록』 –

● **출제 포인트 분석**
• **무오사화** : 무오사화의 원인이 된 김종직의 '조의제문'은 초나라 의제의 죽음을 기리면서 쓴 글로 세조의 왕위 찬탈을 비난한 것이다.
• **갑자사화** : 연산군은 연산군의 생모인 폐비 윤씨 사사 사건을 빌미로 사약 공론에 참석했던 신하 중 이미 죽은 한명회, 정창손 등을 부관참시하였다.
• **기묘사화** : 조광조 등 사림 세력이 성장하자 위기감을 느낀 훈구 세력은 위훈 삭제 사건을 빌미로 사림파를 대대적으로 공격하여 기묘사화가 발생하였다.
• **을사사화** : 윤임을 중심으로 한 인종의 외척 세력과 윤원형을 중심으로 한 명종의 외척 세력이 권력을 둘러싸고 다투는 가운데 사림 세력을 지지하던 윤임이 축출되면서 사림들도 많은 피해를 입었다.

합격생의 비법

폐비 윤씨 사사 사건
성종의 비 윤씨를 폐비시킨 뒤 사약을 내린 사건이다. 왕과 후궁을 독살하려 했던 혐의로 윤씨는 왕과 대비로부터 미움을 사고 폐비가 되어 쫓겨났다가 죽었다.

합격생의 비법

위훈 삭제
조광조 등은 반정 공신 2, 3등 중 과장된 것을 개정하고, 4등 50여 인은 사실상 공이 없으므로 삭제해야 한다고 주장하였다. 이로 인해 공신의 76명(3/4)의 위훈이 삭제되었다.

시험에 자주 등장해요

사림의 정치적 성장과 사화의 발생을 묻는 문제가 자주 출제됩니다. 특히 조광조의 개혁 정치와 기묘사화는 꼭 기억하세요.

3) 붕당의 형성

① 의미 : 학연 · 지연 · 정치적 이념을 바탕으로 하는 상호 비판 체제, 사림에 의해 주도되었던 성리학적인 정치 운영 방식의 한 형태

② 배경 : 16세기 후반 선조 때 향촌에서 세력을 확대한 사림 세력이 대거 중앙 정계로 진출하여 정치의 주도권을 잡음

③ 형성 : 척신 정치 청산과 이조 전랑 임명권 문제 ⚓빈출 를 두고 동인과 서인으로 분열 (학문과 정치 성향이 같은 사람들끼리 붕당 형성, 중앙 정계 진출을 두고 대립)

합격생의 비법

이조 전랑
정5품인 정랑(正郎)과 정6품인 좌랑(佐郎)을 말한다. 품계는 낮았으나 정승도 관여하지 못할 정도로 권한이 컸으며, 삼사의 관원을 뽑을 때도 전랑의 동의가 있어야 했을 정도로 이들의 인사권의 비중이 컸다.

구분	동인	서인
출신 배경	김효원을 중심으로 하는 신진 사림	심의겸을 중심으로 하는 기성 사림
성향	· 척신 정치 척결에 적극적 · 이(理) 강조, 원칙 충실, 심성론 강조	· 척신 정치 척결에 소극적 · 기(氣) 강조, 현실 문제 해결에 관심
학통	· 이황, 조식, 서경덕의 학문 계승 · 영남 학파	· 이이, 성혼의 학문 계승 · 기호 학파

출제 사료 | 붕당의 형성

김효원이 과거에 장원으로 급제하여 전랑의 물망에 올랐으나, 심의겸은 그가 윤원형의 문객이었다 하여 반대하였다. 그 후에 심충겸이 장원 급제하여 전랑으로 천거되었으나, 외척이라 하여 김효원이 반대하였다. 이때 양쪽 사람들이 다른 주장을 내세우면서 서로 배척하였다. ―『연려실기술』―

● 출제 포인트 분석
12세 어린 나이에 명종이 즉위하자 명종의 어머니 문정 왕후가 수렴청정을 하였다. 이에 외척 출신의 관료들이 전면에 나서 정치를 하였는데, 이를 척신 정치라고 한다. 붕당은 이러한 척신 정치의 청산 문제와 이조 전랑의 임명 문제를 둘러싸고 대립을 하며 동인과 서인으로 사림 세력이 분열하면서 형성되었다.

시험에 자주 등장해요

붕당의 형성에 대해 묻는 문제가 자주 출제됩니다. 이조 전랑 임명 문제, 동인과 서인의 분열 등은 꼭 기억하세요.

❺ 조선 전기의 대외 관계와 양 난의 극복

1) 조선 전기의 대외 관계 : 사대교린이 기본 원칙

① 명과의 관계 : 명분론적 사대 관계(조공 · 책봉 체제, 하정사 · 성절사 · 천추사 등 파견) → 왕권과 국가의 안정 보장

합격생의 비법

사대교린
큰 나라를 섬기고 이웃 나라와 대등하게 교류하는 정책을 말한다. 조선은 명에 조공을 바치면서 일본과는 대등한 관계를 맺었고, 여진이나 류큐에게는 조공을 받기도 하였다.

관계 변화	태조 때 정도전이 요동 정벌을 추진하면서 관계 악화 → 태종 이후 관계가 안정되며 문물 교류, 자주적 실리 외교 추구
사대 정책	사신의 왕래를 통한 조공 무역(공무역)을 통해 실리 도모, 매년 사절을 교환하며 활발하게 교류, 문화 · 경제 등 선진 문물 수용, 내정 간섭은 없었음

② 여진과의 관계 : 교린 관계 → 영토 확보, 국경 지방의 안정

강경책	· 세종 때 4군 ⚓빈출(최윤덕, 압록강 유역) 6진 ⚓빈출(김종서, 두만강 유역) 개척, 여진의 국경 침입 시 정벌 · 사민 정책 실시 : 삼남 지방의 일부 주민을 북방으로 이주시키는 제도, 토지 지급 및 개간을 통해 촌락을 이룸 · 토관 제도 실시 : 토착민을 토관(특수 관직)으로 임명하는 제도 → 효율적인 지방 지배와 군사 조직 강화, 이민족과의 연결 방지
회유책	사절의 왕래를 통한 무역 허용(조공 무역), 경성 · 경원에 무역소를 설치하고 국경 무역 허락, 여진인의 귀순 장려

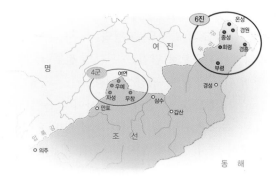

4군 6진
세종 때 4군 6진이 개척됨으로써 압록강과 두만강을 경계로 하는 오늘날과 같은 국경선이 확정되었다.

③ 일본과의 관계 : 교린 관계

강경책	왜구 격퇴, 세종 때 이종무의 쓰시마 섬(대마도) 토벌
회유책	쓰시마 섬(대마도) 도주의 무역 요청으로 3포 개항(부산포, 제포, 염포 빈출), 계해약조 체결 (1443, 제한된 범위 내에서 무역 허용)

왜의 침략	조약 체결	세견선	세사미두	개항(왜관 설치)
쓰시마 섬(대마도) 정벌(1419)	계해약조(1443)	50척	200석	3포(부산포, 염포, 내이포)
3포 왜란(1510)	임신약조(1512)	25척	100석	제포
사량진왜변(1544)	정미약조(1547)			
을묘왜변(1555)	비변사의 상설화, 진관 체제에서 제승방략 체제로 전환, 국교 단절			
임진왜란(1592)	기유약조(1609)	20척	100석	부산포(동평관 폐쇄)
	일본과 국교 재개 → 통신사 파견(1607)			

④ 동남아시아와의 관계 : 류큐(오키나와), 시암(태국), 자와(인도네시아) 등과 조공·진상의 형식으로 문물 교류

2) 임진왜란의 전개와 극복

① 왜란 전의 국내와 일본의 상황

조선	• 수포제와 대립제가 성행하면서 군역제가 해이해져 국방력 약화 • 3포 왜란(1510), 을묘왜변(1555) 이후 비변사 설치 → 상설화 • 을묘왜변 이후 진관 체제에서 제승방략 체제로 전환
일본	도요토미 히데요시의 전국 시대 통일 → 다이묘의 불만을 무마하기 위해 대륙과 한반도 침략 야욕을 보임

② 왜란의 전개 : 명을 공격하기 위한 길을 빌린다는 구실로 조선 침략(1592) → **부산(정발), 동래(송상현)를 함락**하고 세방향으로 공격 → 충주 탄금대 방어 실패(신립) 빈출 → **선조의 의주 피란** → 왜군의 한양 점령 → 왜군의 평양성 공격 및 함경도 진출 → 조선은 명에 지원군 요청

③ 왜란의 극복

　㉠ 이순신 빈출과 수군의 활약 : 옥포·사천·한산도 등에서 승리 → 왜군의 해상로 봉쇄, 남해의 제해권 장악, 전라도와 충청도의 곡창 지대 보호

동래성 전투

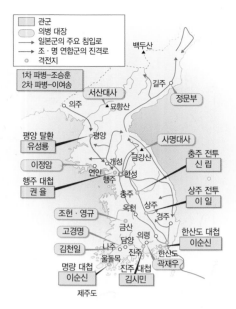

관군과 의병의 활동

범례:
- □ 관군
- □ 의병 대장
- → 일본군의 주요 침입로
- → 조·명 연합군의 진격로
- ○ 격전지

1차 파병-조승훈
2차 파병-이여송

ⓛ **의병의 활약** : 향토 지리에 맞는 전술 사용, 일본군의 보급로 공격, 전직 관리·승려·양반 등이 조직(곽재우, 고경명, 조헌, 유정, 휴정 등) → 전란이 장기화되면서 관군으로 편입 → 관군의 전투력 강화

ⓒ **조선의 반격** : 조·명 연합군의 참전, 평양성 탈환 → 진주 대첩(김시민), 행주 대첩(권율) 승리 **빈출** → 명과 일본 사이의 휴전 협상(협상 중 훈련도감 설치, 속오군 편성 등 조선의 전열 정비) → 명과 일본의 협상 결렬, 일본이 다시 전쟁을 일으킴(1597, **정유재란**) → 조·명 연합군의 직산 전투 승리, **이순신의 명량 해전 승리** → 도요토미 히데요시 사망 후 왜군 철수

④ **왜란의 영향**

조선	• 경제 : 국토의 황폐화, 인구의 감소와 유민화, 호적·토지 대장 소실 → 농촌 사회 파탄, 국가 재정 악화 • 사회 : 국가 재정 부족을 해결하기 위해 납속책 시행, 공명첩 발행 → **신분제 해이** • 문화재 소실 : 경복궁, 불국사, 사고 등 소실
일본	• 조선인 포로들을 통해 인쇄술·도자기·성리학 발전 → 일본의 문화 발달 • 정권 교체 : 도쿠가와 이에야스의 에도 막부 성립 • 조선과 외교 단절 : 쇄환 문제(포로 송환 문제)로 국교 회복, **통신사 파견**
중국	명 쇠퇴, 여진족의 성장 → 금 건국(1616), 명 멸망

징비록
임진왜란 당시 영의정 겸 도제찰사였던 유성룡은 군사력 강화를 위해 훈련도감의 설치를 건의하였다. 이후 전쟁이 끝나자 지난 일을 경계하고 후환을 삼가기 위해 전쟁의 원인과 상황 등을 기록한 징비록을 저술하였다.

3) 호란의 발발과 극복

① 광해군의 전후 복구와 중립 외교

㉠ 왜란 이후 전후 복구 사업 실시 : 양안과 호적 작성, 농지 개간 장려, 성곽 수리, 사고 재건, 대동법 실시, 허준의『동의보감』편찬 → 국가 재정 수입의 기반 확보

㉡ 중립 외교 정책 추진 : 광해군과 북인 정권 중심
- 배경 : 여진이 후금을 건국하며 명을 공격 → 명이 조선에 원군을 요청
- 전개 : 명의 요청에 광해군의 강홍립 파견, 조·명 연합군이 패배한 후 강홍립은 후금에 항복 → **명과 후금 사이에서 실리 추구**, 중립 외교 추진

출제 사료 　광해군의 중립 외교

강홍립이 장계를 올리기를, "신이 배동관령(背東關嶺)에 도착하여 먼저 통역관을 보내어 밀통하기를, '비록 명나라에게 재촉을 당하여 여기까지 오기는 하였으나 항상 진지의 후면에 있어서 접전(接戰)하지 않을 계획이다.'라고 하였기 때문에 전투에 패한 후에도 서로 잘 지내고 있습니다. 만일 화친이 속히 이루어진다면 신들은 돌아갈 수 있을 것입니다."라고 하였다. 　－『광해군일기』－

● **출제 포인트 분석**
후금의 누르하치가 명을 공격하자 명은 조선에 원군을 요청하였다. 광해군은 명과 후금 사이에 말려들지 않고 실리를 추구하고자 하는 중립 외교를 펼쳤다. 이에 광해군은 명의 요구를 받아들여 1만 3천 명의 병사를 차출하였으나 장수 강홍립에게 적극적으로 나서지 말고 상황에 따라 대처하도록 명령하였다. 결국 조·명 연합군은 후금에게 패하였고, 강홍립은 후금에 항복하였다.

② 인조반정(1623)

　　⊙ 배경 : 전후 수습책을 둘러싼 내부 이해관계의 대립, 명에 대한 의리와 명분을 강조하는 사림과의 갈등, 광해군의 중립 외교 비판, 광해군의 인목 대비 폐위와 영창 대군 살해

　　⊙ 결과 : 서인 세력의 반정, 광해군과 북인 세력 축출 → 인조 즉위, 서인 집권, 친명 배금 정책 추진

출제 사료　인조반정

우리나라가 중국 조정을 섬겨온 지 200여 년이다. 의리는 군신이며 은혜는 부자와 같다. 임진년(1592)에 입은 은혜는 만세토록 잊을 수 없다. 선조께서 40년 동안 재위하시면서 지극한 정성으로 섬기어 평생에 서쪽을 등지고 앉지도 않았다. 광해군은 배은망덕하여 천명(天命)을 두려워하지 않고 속으로 다른 뜻을 품어 오랑캐에게 성의를 베풀었다. 기미년(1619) 오랑캐를 정벌할 때는 은밀히 장수를 시켜 동태를 보아 행동하게 하였다. 끝내 전군이 오랑캐에게 투항함으로써 추한 소문이 사해에 퍼지게 하였다. 중국 사신이 왔을 때 구속하여 옥에 가두듯이 하였다. 뿐만 아니라 황제가 자주 칙서를 내려도 구원병을 파견할 생각을 하지 않았다. 예의의 나라인 삼한(三韓)을 오랑캐와 더불어 금수가 됨을 면치 못하게 하였다. 어찌 그 통분함을 이루 다 말할 수 있겠는가.

― 『인조실록』 ―

● 출제 포인트 분석

광해군은 세력이 커진 후금을 배척하지 않으면서도 명과의 사대 관계를 유지하려 명과 후금 사이에서 중립 외교 정책을 추진하였다. 그러나 서인 입장에서 광해군의 정책은 성리학적 명분에 어긋나는 행동이었고, 이것이 인조반정의 명분을 제공하였다.

주화론	주전론(척화론)
최명길 등	윤집 등
국내외 정세를 고려하여 청의 요구 수용, 화친 주장, 실리적 관점	성리학의 대의 명분을 중시해 청의 요구 거부, 청에 맞서 싸울 것을 주장

주화론과 주전론

③ 호란의 전개

정묘호란 (1627)	• 배경 : 서인 정권의 친명 배금 정책, 이괄의 난(1624) • 전개 : 후금이 광해군을 위해 보복한다는 명분으로 침입 → 정봉수 · 이립 **빈출** 등 의병의 활약 → 후금의 보급로 차단 → 후금의 강화 제의 • 결과 : 후금과 형제 관계를 맺는 조약을 체결함
병자호란 **빈출** (1636)	• 배경 : 후금이 '청'으로 국호 개칭하며 군신 관계를 요구하자 조선이 거절함(주전론 우세), 후금의 요구에 최명길의 주화론과 윤집의 주전론(척화론)이 나뉘어 대립 • 전개 : 청 태종의 침입 → 한양 함락 → 인조의 남한산성 피란, 45일 동안 항전 → 청에 굴복(삼전도의 굴욕) • 결과 : 청과 군신 관계 체결, 명과의 국교 단절, 소현 세자 · 봉림 대군 등이 청에 볼모로 잡혀감, 북벌론 제기

정묘호란과 병자호란

남한산성

병자호란 때 인조가 피란하여 45일 동안 항전하였다. 2014년 세계 문화유산으로 등재되었다.

빈칸 채우기

01 신흥 무인 세력인 이성계는 4불가론을 앞세워 ☐☐☐☐을/를 감행하고 실권을 장악하였다.

02 조선 세종 때 ☐☐☐☐을/를 개척하여 압록강에서 두만강에 이르는 오늘날과 같은 국경선이 확정되었다.

03 조선 시대 중앙 정치 조직 중 최고 관부는 ☐☐☐☐이며, 재상들의 합의로 국정을 총괄하였다.

04 조선 시대에는 향촌의 덕망 있는 인사로 구성되어 수령을 보좌하고 향리를 규찰하는 ☐☐☐☐이/가 설치되었다.

05 지방에 설립된 국립 중등 교육 기관인 ☐☐☐☐은/는 성현에 대한 제사와 유생 교육을 담당하였다.

06 혁명파 사대부는 훈구파로 성장하였고, 역성 혁명을 거부하였던 온건파 사대부는 ☐☐☐☐(으)로 성장하였다.

07 무오사화는 김종직의 ☐☐☐☐을/를 사초에 포함시킨 것을 빌미로 연산군이 관련자들을 탄압한 사건이다.

08 ☐☐☐☐의 임명권을 둘러싸고 사림이 동인과 서인으로 분열되어 붕당이 형성되었다.

09 전국 시대의 혼란을 수습한 도요토미 히데요시는 다이묘의 불만을 외부로 돌리기 위해 조선을 침략하는 ☐☐☐☐을/를 일으켰다.

10 임진왜란 중 일본의 침략에 맞서 신립 장군이 충주의 ☐☐☐☐에서 배수의 진을 쳤으나 패배하였다.

> **정답** 01 위화도 회군 02 4군 6진 03 의정부 04 유향소 05 향교 06 사림파 07 조의제문 08 이조 전랑 09 임진왜란 10 탄금대

---

01 30회 17번
밑줄 그은 '왕'의 업적으로 옳은 것은?

> ### 역 사 신 문
> 제△△호　　　　　　　　○○○○년 ○○월 ○○일
>
> #### 왕권 강화를 위한 개혁 단행
>
> 두 차례에 걸친 왕자의 난을 통하여 즉위한 <u>왕</u>은 6조 장관인 판서의 품계를 정2품으로 승격시켜 위상을 높여 주었다. 또한 6조에서 입안한 정책을 의정부 재상들의 심의를 거치지 않고 왕에게 직접 보고하여 처리하도록 하는 개혁을 전격적으로 단행하였다. 이번 개혁을 통해 왕권은 더욱 강해질 것으로 보인다.

① 동의보감을 편찬하여 보급하였다.
② 16세 이상의 남자들에게 호패를 발급하였다.
③ 경국대전을 완성하여 통치 체제를 정비하였다.
④ 한양을 기준으로 하는 역법서인 칠정산을 간행하였다.
⑤ 현직 관리에게만 수조권을 지급하는 직전법을 실시하였다.

정답 ②

해설 밑줄 그은 '왕'은 두 차례 왕자의 난을 거쳐 왕위에 오른 조선 태종이다. 조선 태종은 6조 직계제를 실시하여 왕권 강화를 도모하였으며, 조세 징수와 군역 부과에 활용하고자 호패를 발급하였다. 또 사병을 혁파하였고 신문고를 설치하였다.

오답 피하기 ① 조선 광해군은 전후 복구 사업의 일환으로 『동의보감』(허준)을 편찬하여 보급하였다. ③ 『경국대전』은 조선 세조 때부터 편찬이 시작되어 조선 성종 때 완성되었다. ④ 조선 세종은 우리나라 한양을 기준으로 한 역법서인 『칠정산』을 편찬하였다. ⑤ 조선 세조는 직전법을 실시하여 현직 관료에게만 수조권을 지급하였다.

---

02 26회 24번
지도에 표시된 지역을 개척한 국왕의 대외 정책으로 옳은 것은?

① 박위를 파견하여 대마도를 정벌하였다.
② 세견선에 관한 계해약조를 체결하였다.
③ 북벌 정책을 추진하기 위해 어영청을 확대하였다.
④ 박권을 보내 국경을 확정하는 백두산 정계비를 세웠다.
⑤ 여진과의 무역을 위해 경원에 무역소를 처음 설치하였다.

정답 ②

해설 조선 세종 때 최윤덕과 김종서에 의해 각각 4군과 6진이 개척되어 오늘날의 국경이 형성되었다. ② 1443년 세종은 왜구의 피해를 줄이기 위해 대마도주와 세견선 50척, 세사미 200석 이내의 범위에서 교역을 허가하는 계해약조를 체결하였다.

오답 피하기 ① 고려 공양왕, ③ 조선 효종, ④ 조선 숙종, ⑤ 조선 태종 때의 일이다.

03 (가)에 대한 설명으로 옳은 것은?

옛 집현전의 기능을 복구하여 대신할 수 있는 독립된 관청을 허락하여 주시옵소서.

경들의 논의를 들어보니 예문관에서 옛 집현전의 직제를 분리하여 ___(가)___ (으)로 이관하는 것이 좋겠다.

① 학술 기관으로 경연을 관장하였다.
② 수도의 행정과 치안을 맡아보았다.
③ 재상들이 합의하여 국정을 총괄하였다.
④ 왕명의 출납을 맡은 왕의 비서 기관이었다.
⑤ 대사간을 수장으로 하여 간쟁을 담당하였다.

정답 ①

해설 (가) 기구는 홍문관이다. 집현전을 계승한 홍문관은 학술 기관으로서 경연을 관장하고, 왕의 자문과 중요 문서 작성 등을 담당하였다. 홍문관은 사헌부(司憲府)·사간원(司諫院)과 함께 언론 3사로 구분되었다.

04 (가) 기구에 대한 설명으로 옳은 것은?

자네, 소식 들었나? 조광조가 대사헌에 제수되었다고 하네.

들었다네. 관리의 비리 감찰 등을 담당하는 ___(가)___ 의 장관이 되었으니, 의정부의 정승들도 함부로 대할 수 없겠군.

① 고려의 삼사와 같은 기능을 담당하였다.
② 왕명 출납을 맡은 왕의 비서 기관이었다.
③ 실록을 보관하고 관리하는 업무를 관장하였다.
④ 재신, 추밀 등으로 구성되어 법제를 논의하였다.
⑤ 5품 이하 관리 임명 과정에서 서경권을 행사하였다.

정답 ⑤

해설 (가) 기구는 조선 시대 3사 중 사헌부이다. 사헌부는 정책 시행의 시비를 논의하였으며, 관리들의 비리를 감찰하고 풍속을 교정하였다. 또 사간원은 왕의 정책에 대해 간언을 하였으며, 홍문관은 경연을 주관하며 왕의 자문 역할을 하고 중요 문서를 작성하였다. 조선 시대 3사는 언론의 기능을 수행하며 국왕의 정치를 비판하는 간쟁권과 법률의 개정과 폐지, 인사 이동을 심사하는 서경권을 행사하였다.

오답 피하기 ① 고려 시대 삼사는 화폐와 곡식의 출납을 담당하였다. ② 조선 시대 승정원, ③ 조선 시대 춘추관, ④ 고려 시대 식목도감에 대한 설명이다.

05 (가)에 들어갈 내용으로 옳은 것은?

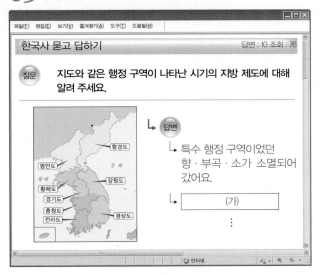

한국사 묻고 답하기

답변 : 10 조회 : 76

질문 지도와 같은 행정 구역이 나타난 시기의 지방 제도에 대해 알려 주세요.

답변 특수 행정 구역이었던 향·부곡·소가 소멸되어 갔어요.

___(가)___

① 각 도에 안찰사를 보내어 지방 행정을 감찰하였어요.
② 지방 호족을 통제할 목적으로 사심관을 임명하였어요.
③ 수도의 위치가 치우친 것을 보완하기 위해 5소경을 두었어요.
④ 향리가 수령의 행정 실무를 보좌하는 아전으로 격하되었어요.
⑤ 지방관이 파견된 주현보다 파견되지 않은 속현이 더 많았어요.

정답 ④

해설 조선 시대에 특수 행정 구역이었던 향·부곡·소가 소멸되었고, 전국이 8도로 정비되어 전국에 지방관이 파견되었다. 그 결과 향리는 수령의 행정 실무를 보좌하는 아전으로 격하되었다.

오답 피하기 ① 고려 시대에는 5도에 안찰사를 보내 지방을 감찰하였다. ② 고려 태조는 중앙의 고위 관리를 사심관으로 삼아 그들의 출신 지역을 관리하도록 하여 호족 세력을 견제하였다. ③ 통일 신라는 수도가 경주에 치우진 것을 보완하고자 5소경을 두었다. ⑤ 고려 시대에는 지방관이 파견되지 않은 속현이 더 많았다.

06 26회 23번

(가)에 대한 설명으로 옳은 것은?

> 도내(道內)의　　(가)　　에 대한 고과(考課)는 경국대전에 따라 매해 연말에 실시하며, 다음 칠사(七事)에 근거한다.
>
> – 농상을 성하게 함(農桑盛)
> – 호구를 늘림(戶口增)
> – 학교를 일으킴(學校興)
> – 군정을 닦음(軍政修)
> – 부역을 고르게 함(賦役均)
> – 소송을 간명하게 함(詞訟簡)
> – 간사함과 교활함을 없앰(奸猾息)

① 감사, 도백으로도 불렸다.
② 대대로 직역을 세습하였다.
③ 유향소의 좌수로 향리를 규찰하였다.
④ 임기는 함경도와 평안도를 제외하고 360일이었다.
⑤ 국왕의 대리인으로 행정 · 사법 · 군사권을 행사하였다.

정답 ⑤

해설 (가)는 조선 시대 수령이다. 수령은 수령(지방관)이 해야 할 7가지 업무인 7사에 따라 업무를 수행하였다. 각 부 · 목 · 군 · 현에 파견된 수령은 국왕의 대리인으로서 지방의 행정 · 사법 · 군사에 관한 권한을 행사하였다.

오답 피하기 ① · ④ 관찰사는 8도에 파견되어, 수령을 지휘 · 감독하였으며, 행정권 · 사법권 · 군사권을 행사하였다. ② 향리는 지방 관아의 행정 실무를 담당하였다. ③ 유향소의 좌수와 별감은 향리의 비리 감찰, 수령의 자문 및 보좌 등을 담당하였다.

07 30회 21번

밑줄 그은 '이 전쟁' 이후에 일어난 사실로 옳지 않은 것은?

> 사진은 이 전쟁 당시 순절한 김상용을 기려 세운 순의비입니다. 그는 청이 쳐들어오자 왕명을 받아 종묘의 신위를 모시고 강화도로 피난했으나, 강화성이 함락되자 남문루에서 화약을 쌓아놓고 불을 붙여 순절하였습니다.

① 조총 부대가 나선 정벌에 동원되었다.
② 청을 정벌하자는 북벌 운동이 추진되었다.
③ 4군 6진을 설치하여 북방 영토를 개척하였다.
④ 소현 세자와 봉림 대군 등이 청에 인질로 끌려갔다.
⑤ 청과의 교류를 통해 서양의 과학 기술이 전래되었다.

정답 ③

해설 밑줄 그은 '이 전쟁'은 병자호란이다. 김상용은 1636년 병자호란이 일어나자 종묘의 신위를 모시고 강화로 피난을 갔다. 그러나 청의 군대에 의해 강화성이 함락되자, 남문루에 화약을 쌓고 그 위에 앉아 불을 붙여 순절하였다. ③ 조선 세종 때 4군 6진을 설치하여 북방 영토를 개척하였다.

오답 피하기 ① 러시아의 남하에 위기를 느낀 청이 조선에 파병을 요구하자, 효종은 조총 부대를 파견하여 나선 정벌을 추진하였다. ② 효종(봉림 대군) 즉위의 명분과 왕권의 정통성 마련을 위해 이완, 송시열 등이 북벌론을 주장하였다. ④ · ⑤ 소현 세자는 인질로 끌려간 청에서 아담 샬 등을 만나 서양의 과학 기술을 접하였으며, 귀국할 때 천문 · 과학 · 종교에 관한 많은 서적을 가지고 왔다.

08 38회 16번

다음 대화의 왕이 재위했던 시기의 사실로 옳은 것은?

① 주자소가 설치되어 계미자가 주조되었다.
② 전통 한의학을 정리한 동의보감이 완성되었다.
③ 음악 이론 등을 집대성한 악학궤범이 간행되었다.
④ 세계 지도인 혼일강리역대국도지도가 제작되었다.
⑤ 한양을 기준으로 한 역법서인 칠정산 내편이 편찬되었다.

정답 ③

해설 조선 성종은 통치 체제를 확립하기 위해 홍문관을 설치하고 경연을 활성화하였으며, 세조 때 편찬을 시작한 『경국대전』을 완성하였다. 또 서거정 등은 고조선에서 고려까지의 역사를 정리한 『동국통감』을 편찬하였고, 성현은 당시의 음악 이론 등을 집대성한 『악학궤범』을 편찬하였다. 각 도의 지리와 풍속 등을 수록한 『동국여지승람』, 시와 산문을 모아 수록한 『동문선』 등도 편찬되었다.

오답 피하기 ① · ④ 태종, ② 광해군, ⑤ 세종에 대한 설명이다.

09 31회 26번

다음 글이 쓰인 이후의 사실로 옳은 것은?

> 일본국 우선봉장 사야가가 삼가 조선국 절도사께 글을 올립니다.
> 본의 아니게 가토 기요마사의 우선봉장이 되어 3천 명의 병사를 이끌고 바다를 건너 조선으로 왔습니다. …… 인의의 나라를 도저히 공격할 수 없어 저는 전의를 잃고 말았습니다. …… 다만 저의 소원은 이 나라 예의문물의 아름다움과 의관풍속의 성함을 우러러보며 예의의 나라에서 성인의 백성이 되고자 합니다.
> – 사야가, 강화서 –

① 이종무가 대마도를 정벌하였다.
② 국경 지역에 4군 6진이 개척되었다.
③ 사절 왕래를 위하여 북평관이 개설되었다.
④ 일본에 제한된 무역을 허용한 기유약조가 체결되었다.
⑤ 외적의 침입에 대비하기 위한 임시 기구로 비변사가 설치되었다.

정답 ④

해설 제시된 사료는 임진왜란 당시 쓰인 글이다. 사야가는 임진왜란 때 군사 3,000명을 이끌고 전투에 참여하였다가 조선에 투항하였다. ④ 임진왜란 이후 조선과 일본은 기유약조를 맺고, 부산포에 왜관을 설치하여 제한된 범위 내의 교섭을 허용하였다.

---

10 26회 25번
다음 자료가 원인이 되어 발생한 사건에 대한 설명으로 옳은 것은?

> 정축년 10월 어느 날 나는 밀성에서 경산으로 가다가 답계역에서 자는데, 꿈에 신인(神人)이 헌걸찬 모습으로 나타나 말하길 "나는 초나라 회왕의 손자 심(의제)인데, 서초 패왕(항우)에게 살해되어 침강에 던져졌다." 하고는 갑자기 사라졌다. 꿈에서 깨어나 놀라 생각하기를 …… '역사를 상고해 보아도 강에 던져졌다는 말은 없는데, 정녕 항우가 사람을 시켜서 심을 몰래 죽이고 그 시체를 물에 던진 것인가? 이는 알 수 없는 일이다.'하고, 마침내 글을 지어 조문하였다.

① 김일손 등의 신진 사류가 화를 입었다.
② 동인이 남인과 북인으로 나뉘게 되었다.
③ 중전이 폐위되고 남인이 집권하게 되었다.
④ 서인이 환국을 통해 권력을 독점하게 되었다.
⑤ 현량과를 통해 등용된 신진 세력들이 희생되었다.

정답 ①

해설 제시된 자료가 원인이 되어 발생한 사건은 무오사화이다. 김종직은 중국의 항우가 의제를 죽이고 왕이 된 고사를 인용해 세조의 왕위 찬탈을 비판하는 '조의제문'을 지었으며, 이를 빌미로 무오사화가 일어났다. 이후 김종직은 부관참시되고, 김일손 등의 사림 세력은 화를 입었다.

오답 피하기 ② 정여립 모반 사건으로 동인은 남인(온건파)과 북인(강경파)로 분열하였다. ③ 장희빈의 아들이 세자 책봉되는 것을 서인이 반대하여, 남인이 등용되고 서인이 축출된 기사환국에 대한 설명이다. ④ 남인이 서인의 인현 왕후 복위 운동을 탄압하다가 오히려 남인이 몰락하고 서인이 재집권한 갑신환국에 대한 설명이다. ⑤ 조광조의 급진 개혁 정치에 위협을 느낀 훈구 세력들이 일으킨 기묘사화에 대한 설명이다.

---

11 39회 27번
(가), (나) 사이의 시기에 있었던 사실로 옳은 것은?

① 조 · 명 연합군이 평양성을 탈환하였다.
② 이괄의 반란 세력이 도성을 점령하였다.
③ 신립이 탄금대에 배수진을 치고 항전하였다.
④ 이순신이 명량에서 왜의 수군을 대파하였다.
⑤ 정봉수와 이립이 의병을 이끌고 활약하였다.

정답 ④

해설 임진왜란(정유재란 포함)은 왜군의 침략(1592.4) → 부산성 전투(정발) → 동래성 전투(송상현) → 상주 전투(이일) → ③ 충주 탄금대 전투(신립) → 한양 함락(1592.5.2) → 옥포 해전(수군의 첫 승리, 1592.5.7) → 한산도 대첩(1592.7) → 진주 대첩(김시민, 1592.10) → ① 평양성 탈환(조 · 명 연합군, 1593.1) → (가) 행주 대첩(권율, 1593.2) → 진주성 2차 혈전(1593.6) → ④ 정유재란 후, 명량 대첩(1597.9) → 노량 해전(1598. 11) → (나) 임진왜란 종결 순으로 전개되었다.

---

12 38회 20번
밑줄 그은 '이 전쟁'의 영향으로 옳은 것은?

① 북방에 4군 6진이 개척되었다.
② 이종무에 의해 대마도가 정벌되었다.
③ 청에 대한 치욕을 갚자는 북벌론이 전개되었다.
④ 계해약조가 체결되어 세견선의 입항이 허가되었다.
⑤ 외적에 대비하기 위해 비변사가 처음으로 설치되었다.

정답 ③

해설 밑줄 그은 '이 전쟁'은 병자호란이다. 청으로 국호를 개칭한 후금이 군신 관계를 요구하자 조선은 이를 거절하였다. 이에 청 태종이 침입하여 한양이 함락되었으며, 당시 인조는 남한산성으로 피란하여 45일 동안 항전하였으나 삼전도에서 굴욕을 당하고 청과 사대 관계를 체결하였다. 이를 병자호란이라고 한다. 인조의 뒤를 이어 왕위에 오른 효종은 ③ 병자호란 당시 오랑캐에 대한 치욕을 씻고, 명에 대한 의리를 지키기 위해 북벌 운동을 전개하였다. 이를 위해 송준길, 이완 등 서인을 중용하였고, 어영청을 북벌 운동의 중심 기구로 개편하였다. 그러나 북벌 운동은 실행되지 못하였다.

02 | 근세의 경제

출제 빈도 상 | 중 | **하**

❶ 경제 정책

1) 경제 정책의 방향

① 농본주의 경제 정책

목적	농업을 산업의 근간으로 하여 국가 재정 확보, 민생 안정 도모
내용	정부가 토지의 개간 장려, 전국적인 양전 사업 실시, 농업 기술 및 농기구 개발(2년 3작, 연작 상경, 수리 시설 확충 등), 『농사직설』·『금양잡록』 등 농서 간행, 조세 부담 경감, 양반 지주의 토지 겸병 억제

② 상공업 정책(억상 정책 실시)

목적	사대부의 사치와 낭비 조장, 농업의 피폐로 발생한 빈부 격차를 막기 위함
배경	유교적인 검약 생활로 물자의 소비 억제, 교통수단 미비, 화폐 유통 부진
내용	상공업 통제, 사농공상의 직업적 차별 강조
결과	자급자족적 농업 중심의 경제, 삼베·무명·미곡이 교환 수단으로 사용 → 16세기 이후 상공업 통제 약화

2) 토지 제도의 변화

과전법 (공양왕, 1391)	• 목적 : 고려 말 신진 사대부의 경제적 기반 마련 → 관리의 경제적 기반 확보, 국가 재정 확보 • 원칙 : 전·현직 관리에게 수조권 지급(세금을 거둘 수 있는 권리, 국가 소유가 원칙), 사망 시 국가에 반환, 경기 지방의 토지에 한정 • 수조권의 귀속 여하에 따라 사전과 공전으로 구분(공전의 조세는 국가가, 사전의 조세는 개인이 징수), 경작권 보호(공전은 경기도를 제외한 전국의 토지, 사전은 경기도만 지급) • 수조권을 가진 관리가 생산량의 1/10 징수, 국가가 지급한 토지 매매 금지 → 농민에게 유리 • 일부 토지의 세습을 예외적으로 허용(수신전·휼양전 세습, 공신전도 세습 허용) 공양왕 3년, 도평의사사에서 왕에게 글을 올려 과전을 지급하는 법을 정하기를 청하니, 왕이 이를 따랐다. …… 1품에서 산직(散職)까지를 나누어 18과(科)로 한다. …… 대체로 경성(京城)에 살면서 왕실을 보위하는 자는 시산(時散)*을 따지지 않고 각각 등급에 따라 토지를 받는다.　　　　　　　　　　　　　　－ 『삼국사기』 － *시산(時散) : 현직, 전직 관리
직전법 (세조, 1466)	• 배경 : 토지의 세습으로 관리에게 지급할 토지 부족 • 내용 : 현직 관료에게만 수조권 지급, 수신전·휼양전 폐지 🏅빈출

합격생의 비법

『농사직설』

조선 세종 때 우리나라 풍토에 맞는 농사 기술과 품종 등의 개발을 위하여 씨앗의 저장법, 토질의 개량법, 모내기법 등 농민의 실제 경험을 종합하여 편찬한 농서이다.

과전	관리에 지급, 반환 원칙
공신전	공신들에 지급, 세습 가능
공해전	중앙 관청에 지급
학전	성균관과 4부 학당, 향교 소속
늠전	지방 관아 경비
사원전	사원에 지급

과전의 종류

합격생의 비법

수신전과 휼양전

• **수신전** : 과전을 받은 관리가 사망한 이후 재가하지 않은 아내에게 생계 유지 명목으로 지급된 토지
• **휼양전** : 과전을 받은 관리와 아내가 사망하고 자녀가 어릴 경우 그 자녀에게 지급한 토지

관수 관급제 (성종, 1470)	• 배경 : 관료의 퇴직 · 사망 후 경제적 보장이 없어 재직 중 농민으로부터 과다 수취 • 내용 : 관청에서 생산량을 조사하여 **국가에서 직접 거두어 관리에게 나누어 주는 방식** → 수조권을 통한 관료의 농민 지배 불가, 국가의 토지 지배권 강화
직전법 폐지 (명종, 1556)	• 16세기 중엽 **수조권 지급 소멸**, 관리에 녹봉만 지급 • 자신의 소유지를 농민에게 빌려 주고 대가를 받는 **지주 전호제의 일반화**

시험에 자주 등장해요

조선 시대 토지 제도를 묻는 문제가 자주 출제됩니다. 특히 과전법, 직전법의 내용은 꼭 기억하세요.

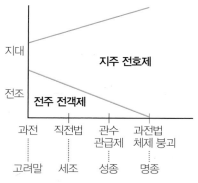

토지 제도의 변천과 토지 결수의 증가

수조권을 지급하는 제도가 시행될 때 조세를 걷는 관리를 전주, 조세를 바치는 경작자를 전객이라고 한다. 그래프를 통해 점차 관리의 수조권이 약화되고 있으며, 양반 지주의 토지에 대한 사적 소유가 확대되어 지주 전호제가 일반화되는 것을 알 수 있다.

단위	넓이(수확)
결(結)	1결 = 100부
부(負)	1부 = 10속
속(束)	1속 = 10파
파(把)	1파 = 1줌

토지 측량 단위

출제 사료 | **직전법 시행에 대한 반발**

신이 생각하기에 이 법은 국초의 법이 아닙니다. 수신전과 휼양전을 폐지하고 이 법을 만드는 바람에 지아비에게 신의를 지키려고 하는 자는 의지할 바를 잃게 되었고, 어버이에게 효도하려는 자는 곤궁해져도 호소할 곳이 없게 되었습니다. 이는 선왕(先王)의 어진 법과 아름다운 뜻을 하루아침에 없앤 것입니다. 원컨대 전하께서는 이 법을 혁파하고 수신전과 휼양전을 회복하도록 하옵소서. — 『세조실록』 —

● **출제 포인트 분석**

수신전과 휼양전 등 세습하는 토지가 증가하면서 신진 관료에게 지급할 토지가 부족해지자 세조 때 현직 관리에게만 수조권을 지급하는 직전법을 실시하였다. 16세기 이후에는 이마저도 폐지되었다.

합격생의 비법

수등이척법

토지의 비옥도에 따라 길이가 다른 자를 사용하여 토지를 측량하던 방법이다. 전분 6등법에 의하면 토지의 비 · 척에 따라 토지 면적을 달리하는데 비옥도에 따라 면적에 차이를 두는 대신 1결마다 납부하는 세금은 일정하였다.

3) 수취 체제의 정비

① 조세 · 공납 · 역

조세	• 민전을 소유한 토지 소유자에게 부과한 세금 • 원칙 : 1결의 토지세를 수확량의 1/10(30두) 징수, 1결의 최대 생산량은 300두로 정함, 매년 풍흉을 조사하여 수확량에 따라 납부액 조정 • 초기 : 추수기에 관원이 직접 논밭에 나가 수확량을 보고 세금 액수를 감면해 주는 답험손실법 실시 • **세종 때 공법 제도 실시** 　－ 목적 : 풍년과 흉년의 정도를 조세에 반영, 답험손실의 시행 과정에서 나타난 폐단 시정, 농민 부담 감소 　→ 내용 : 토지의 비옥도에 따라 6등급, 풍년년에 따라 9등급으로 차등 징수 　－ 전분 6등법 빈출 : 비옥도에 따라 토지를 1등전에서 6등전으로 나누어 수등이척법을 사용해 조세 부과 　－ 연분 9등법 빈출 : 풍흉 정도에 따라 9등급으로 나누고 1결당 최대 20두에서 최하 4두로 세금 부과 • 문제점 : 공법은 내용이 복잡하여 제대로 적용되지 못하였음 → 이후 영정법이 실행되었음 (1결당 쌀 4두로 고정)
공납	• 지방의 토산물을 납부하는 제도 • 원칙 : 중앙에서 필요한 공물의 품목과 수량을 각 군현에 부과 → 군현의 토지와 호구를 기준으로 각 가호에 부과, 향리들이 집집마다 거두어들임 • 종류 : **상공**(정기적으로 매년 지정된 품목의 토산물을 납부), **별공**(부정기적으로 국가의 필요에 따라 납부), **진상**(왕이나 왕실에 바치는 공물) • 문제점 : 조세보다 납부의 어려움과 부담이 가중됨, 공납 부과 기준이 분명하지 않음 → 16세기 **대납과 방납이 성행**하며 폐단이 발생

합격생의 비법

방납

중앙 관청의 서리가 공물을 대신 내고 그 대가를 받아 막대한 이익을 챙기는 행위이다.

합격생의 비법

대립제

다른 사람을 사서 군역을 대신하게 하는 것을 말한다.

시험에 자주 등장해요

조선 시대 수취 제도를 묻는 문제가 자주 출제됩니다. 특히 세종 때 시행된 공법인 전분 6등법과 연분 9등법의 내용은 꼭 기억하세요.

합격생의 비법

방군수포

관청이나 군영에서 군역에 복무해야 할 사람에게 포를 받고 군역을 면제해 주는 것을 말한다.

역	• 16 ~ 60세 정남에게 부과하는 노동력 징발 • 군역 : 양인을 대상으로 하며 정군과 보인으로 구분, 양반 · 서리 · 향리 등은 군역 면제 • 요역 : 토목 공사에 동원, 가호를 기준으로 정남의 수를 고려하여 징발 • 성종 때 토지 8결을 기준으로 1명씩 동원, 1년에 6일 이내로 한정 • 문제점 : 규정 이상으로 동원하거나 임의로 징발하는 경우가 많음 → 16세기 대립제와 방군수포가 불법으로 성행함

출제 사료   연분 9등법

무릇 토지는 매년 9월 보름 이전에 수령이 그해의 농사 형편을 살펴 등급을 매긴다. 관찰사가 이를 심의 보고하면 의정부와 6조가 함께 의논하여 임금에게 보고하고 조세를 거둔다. 소출이 10분의 10이면 상상년으로 정해 1결당 20말, 9분이면 상중년으로 18말, 8분이면 상하년으로 16말, 7분이면 중상년으로 14말, 6분이면 중중년으로 12말, 5분이면 중하년으로 10말, 4분이면 하상년으로 8말, 3분이면 하중년으로 6말, 2분이면 하하년으로 4말씩 거두며, 1분이면 면세한다.

– 『세종실록』 –

● **출제 포인트 분석**

세종이 실시한 연분 9등법은 한 해의 수확량을 9등급으로 구분하여 세액을 산출하도록 한 제도로, 일률적으로 세액을 고정하지 않고 농사의 풍흉에 따라 차등을 두어 폐단을 없애고자 하였다. 이러한 연분 9등법은 전분 6등법과 함께 조선 초기 관리가 직접 지방을 답험하며 손실을 확인하던 답험손실법의 중간 부정을 막기 위하여 실시되었다.

합격생의 비법

양안

양전에 의해 작성된 토지 대장이다. 『경국대전』에 의하면 20년에 한 번씩 양전을 실시하여 3부의 양안을 작성하고 이를 호조, 본도, 본읍에 각각 보관하도록 하였다. 양안에는 논밭의 소유주, 위치, 면적(결의 수) 등을 기록하였다.

② 국가 재정의 운영

㉠ 양전 사업

목적	전결을 파악하고 양안에 누락된 토지를 적발해 탈세 방지, 토지 경작 상황의 변동을 조사하여 전세 징수
의미	토지의 실제 경작 상황을 파악하기 위해 시행한 토지 측량 제도
운영	20년마다 전국의 토지를 측량하여 토지 대장인 양안을 작성함

조선 시대의 조운로

함경도는 국경에 가깝고, 평안도는 사신의 왕래가 잦은 곳이어서 그 지역의 조세는 군사비와 사신 접대비로 사용하게 하였으며, 제주도는 운반이 곤란하여 조운의 대상에서 제외되었다. 이 지역을 잉류 지역이라 부른다.

출제 사료   양전 사업

모든 토지는 (비옥도에 따라) 6등급으로 나누었다. 20년마다 한 번씩 토지를 다시 측량하여 양안(토지 대장)을 만들어 호조와 해당 도, 고을에 갖추어 둔다. …… 항상 경작하는 토지를 정전(正田)이라 하고, 경작하다 때로 휴경하는 토지는 속전(續田)이라 부른다. 정전으로 기록되었더라도 토질이 좋지 못하여 곡식이 잘 되지 않는 토지라든가, 속전으로 기록되어도 토질이 비옥하여 소출이 많은 경우에는 수령이 이를 관찰사에게 보고하여 다음에 개정한다.

– 『경국대전』 –

● **출제 포인트 분석**

수령, 향리, 양반, 토호가 가진 기름진 땅은 등급을 낮추고, 가난한 농민의 척박한 토지는 등급을 올리는 폐단이 발생하기도 하였다.

㉡ 호적 : 호구를 조사하여 **3년마다 호적을 작성**하여 공납과 역 부과

㉢ **조운 제도** : 쌀 · 콩 등으로 거둔 조세를 수로를 통해 한양으로 운송, 강가나 바닷가의 조창으로 운반하였다가 바닷길(전라도 · 충청도 · 황해도), 한강(강원도), 낙동강과 남한강(경상도)을 통해 경창으로 운송

4) 16세기 수취 체제의 문란

환곡	농민에게 곡물을 빌려주고 1/10 정도의 이자 징수 → 지방 수령과 향리들이 정한 이자보다 많이 징수함, 환곡을 고리대 수단으로 이용

공납	• 방납의 폐단 발생 → 농민 부담, 유망 농민 발생
	• 공납의 개선책 등장
	  – 이이는 공물을 쌀로 대신 거두는 방법인 수미법 제안
	  – 유성룡은 상공의 대가로 1년 통산하여 전결에 나누어 매긴 액수를 쌀로 환산하여 차별 없이 부과 징수할 것을 제안

역	• 군역의 요역화 발생 : 농민들이 생업에 지장을 주는 요역 기피, 정부에서 군인들 각종 공사에 동원 • 군인도 요역을 기피하자 대립이나 방군수포 현상이 나타남 • 중종 때 군적수포제 시행(군포 2필 받고 군역 면제, 군포 수취의 양성화) → 군역 기피, 유망 농민 증가, 군적 부실

시험에 자주 등장해요

16세기 수취 체제의 문란 내용을 묻는 문제가 자주 출제됩니다. 특히 대납, 방납, 대립, 방군수포, 군적수포 같은 용어는 꼭 기억하세요.

출제 사료   방납의 폐단

조식이 상소를 올렸다. "예로부터 지금처럼 서리(胥吏)가 나라를 마음대로 하는 것을 들어보지 못하였습니다. 지방 토산물의 공납을 일체 막아 공납을 바칠 때 본래 값의 백 배가 되지 않으면 받지도 않습니다. 백성 중에 세금을 못 내고 도망하는 자가 줄을 이었으니 ……"

– 『선조실록』 –

● **출제 포인트 분석**

중앙 관청의 서리들이 민호가 직접 상납하는 것을 수령과 결탁하여 막고 대납한 뒤 민호에 비싼 대가를 요구하였다. 방납은 백성이 직접 공납을 납부하는 것을 방해한다는 의미이다.

출제 사료   임꺽정의 난(16세기)

사신(史臣)은 논(論)한다. 백성들이 도적이 된 원인은 정치를 잘못하였기 때문이지. 그들의 죄가 아니다. …… 임꺽정을 비록 잡더라도 종기가 안에서 곪아 혼란이 생길 것인데, 더구나 임꺽정을 꼭 잡는다고 단정할 수도 없지 않은가. …… 나랏일이 날마다 그르게 되어 가는데도 구원하는 자가 없으니, 탄식하며 눈물만 흘릴 뿐이다.

– 『명종실록』 –

● **출제 포인트 분석**

16세기에 이르러 지주 전호제의 확대, 흉년과 수취 제도 운영 과정에서의 폐단, 특히 방납의 폐단이 심해지면서 몰락하는 농민이 증가하였다. 유민 중 일부는 도적이 되어 양반과 중앙 정부로 바치는 물품을 빼앗거나 도성에까지 출현하는 사건이 일어났다. 명종 때 황해도와 경기도 일대에서 활동한 임꺽정이 대표적인 인물이다.

시험에 자주 등장해요

16세기 수취 체제 문란의 결과를 묻는 문제가 자주 출제됩니다. 임꺽정 활동 시기에 대한 기록과 당시 모습을 제시하고 16세기 수취 체제의 폐단을 연결시키므로 꼭 기억하세요.

---

❷ 경제생활과 경제 활동

1) 양반과 평민의 경제생활

양반	• 경제 기반 : 과전, 녹봉, 자기 소유의 토지, 노비 등을 기반 • 토지 경영 : 양반 소유의 토지는 비옥한 삼남 지방에 집중, 규모가 큰 농장의 형태 → 노비에게 직접 경작시키며 농장 확대, 병작반수의 형태로 소작(지주와 소작인이 수확량을 반반씩 나눔)
농민	• 지배층의 권농 정책 : 개간 장려, 각종 수리 시설 보수 및 확충, 농서 간행 등 • 농업 형태 변화 : 밭농사에서 2년 3작 널리 시행(조·보리·콩 등), 논농사에서 모내기법 보급, 일부 지방에서 이모작 가능, 목화 재배의 확대로 의생활 개선 • 농업 생산력 발달 : 시비법의 발달로 연작상경 가능, 쟁기·낫·호미 등 농기구 개량 • 농민의 물락 : 자연재해, 고리대, 세금 부담 등으로 소작농 증가 → 명종 때 『구황촬요』 빈출 간행, 호패법과 오가작통법을 실시해 농민에 대한 통제 강화

시험에 자주 등장해요

조선 전기 농업의 발달에 대해 묻는 문제가 자주 출제됩니다. 특히 농업 생산력의 발달과 농업 형태의 변화 모습을 꼭 기억하세요.

논농사가 특히 한해를 입는 것은 파종하는 방법을 버리고 오직 이 농업(이앙법, 모내기법)만 숭상하기 때문입니다. 이것은 옛날에는 없던 방법으로 우리나라에서는 중고(中古) 이후에 남도에서 시작되어 다른 도가 모두 본받아 이제는 보편적인 방법이 되었습니다. …… 때맞추어 비가 내리기를 기대하기 힘드니 이것을 해서 요행히 수확이 되기를 바라는 것보다 차라리 완전무결해서 걱정할 것이 없는 파종법을 택하는 것이 낫지 않겠습니까?

● 출제 포인트 분석

이앙법은 이모작이 가능하고 면적당 수확량이 월등하나 가뭄에 매우 취약하기 때문에 수리 시설을 필요로 하였다. 이러한 문제로 인해 남부 일부 지역에서만 이앙법과 이모작이 가능하였다. 이에 정부는 수확량은 적으나 가뭄에 강한 직파법을 권장하였는데, 이모작이 불가능하고 제초 작업에 투입되는 노동력이 많아야 해서 이앙법에 비해 생산력이 약하였다.

합격생의 비법

관영 수공업

조선 초기에는 관영 수공업의 비중이 더 컸는데, 우수한 장인은 대부분 관영 수공업에 종사하여 생산량이 더 많고 품질도 더 좋았다. 이들 장인을 관장 혹은 공장(工匠)이라고 불렀고, 관영 수공업을 관장제라고도 했다.

2) 수공업 활동

관영 수공업	• 전문적인 기술자를 공장안에 등록하여 관청에 필요한 물품 제작·공급 • 서울(경공장)과 지방 각 관청(외공장)에 소속되어 물품 생산 　– 경공장 : 공조, 상의원, 군기사 등 30개의 중앙 관청에 소속되어 왕실과 중앙 관청에서 필요로 하는 각종 물품을 제작하던 공장 　– 외공장 : 지방 관청에 예속된 공장 • 16세기 이후 부역제 해이, 상업 발전 → 관영 수공업 쇠퇴
민영 수공업	민영 수공업 미약, 농민들을 상대로 농기구 등의 물품 제작·공급, 양반의 사치품 생산
가내 수공업	자급자족 형태로 생활필수품 제작, 무명·명주·모시·삼베 등 생산

합격생의 비법

공장안

조선 시대 경외(京外)의 공장(工匠)을 기록한 장부로, 공조와 그 소속 관청 및 도읍에 보관하였다. 공장들에게 공장세를 부과하기 위해 관청에 소속된 공장을 등록한 것으로 직업적인 수공업자의 실태를 파악할 수 있었다.

3) 상업 활동

① 정부의 상업 통제 : 시전 상인과 지방 행상 파악, 경시서 운영

② 시전의 설치

　㉠ 시전 : 개성에서 한양으로 천도한 이후 태종 때 종로에 시전 조성(육의전 : 명주, 종이, 모시, 어물 등을 파는 점포, 정부에서 점포를 빌려 상업 활동 전개)

　㉡ 시전 상인 : 궁중과 관청에서 필요한 물품을 조달하는 대가로 그 물품에 대한 독점 판매권(금난전권)을 가진 어용상인

③ 경시서(평시서) : 정부는 시전 상인으로부터 세금을 징수하고, 도량형과 물가 등을 감독하는 기구 설치 → 불법적 상행위 통제

왕도의 제도에 따르면 (궁궐) 왼쪽에는 종묘, 오른쪽에는 사직을 둔다. 앞에는 조정, 뒤에는 시장을 둔다. 시전은 일반 백성이 물건을 사고파는 곳이고, 조정이나 왕실에서 필요한 물품을 조달하는 데 없어서는 안 되기 때문에 나라를 다스리는 자가 중히 여기는 도성 안에 …… 큰 것이 여섯 개 있다. 선전(비단 파는 가게), 면포전(무명 파는 가게), 명주전(명주 파는 가게), 내외어물전(고기 파는 가게), 지전(종이 파는 가게), 저포전(모시베 파는 가게), 포전(삼베 파는 가게)이다. 이것을 육의전이라 한다.

－『만기요람』－

● 출제 포인트 분석

서울의 시전은 개성의 것을 본떠 태종 때 대규모의 행랑을 만들며 개설되었다. 시전 상인은 왕실이나 관청에 물품을 공급하는 어용상인이며, 시전 상인에게는 특정 물건에 대한 독점 판매권인 금난전권이 부여되었다.

④ 장시

    ㉠ 발달 : 15세기 후반 남부 지방에 등장 → 16세기 중엽 전국적 확대 및 일부 장시의

       상설 시장화 → 장시 금지령을 선포하였지만 소용이 없었음

    ㉡ 보부상의 활동 : 장시에서 농산물, 수공업 생산품 등을 판매하여 유통시킴

출제 사료   **장시의 발달**

- 장사꾼이 의복 등속을 판매하며, 심지어는 신·갓끈·마늘·분(粉) 같은 물품을 가지고, 백성에게 교묘하게 말하여 미리 그 값을 정하고 주었다가 가을이 되면 그 값을 독촉해서 받는다.

                                                      - 『세종실록』 -

- 경인년 흉년 때 전라도 백성들이 서로 모여 점포를 열어 장문이라 칭하고 사람들이 이에 의지하여 목숨을 유지하였다.

                                                      - 『성종실록』 -

- 임진왜란 이후 백성들은 정해진 곳 없이 교역으로 생활하는 것이 마침내 풍속이 되었다. …… 각 읍에서 장시가 서는 것이 3~4곳이 되어 …… 한 달 30일 이내에 시장이 열리지 않는 날이 없다.

                                                      - 『선조실록』 -

● 출제 포인트 분석

    15세기부터 서울 근교와 지방에서 등장한 장시는 농업 생산력의 발달에 힘입어 증가하였고, 16세기 중엽에는 전국적으로 확산되었다. 정부에서는 농민이 상업에 몰릴 것을 염려하여 장시 금지령을 내리는 등 장시의 발전을 억제하려 하였으나 소용이 없었다. 이후 일부 장시는 상설 시장으로 발전하여 정착하였다.

---

⑤ 화폐 : 저화(태종), 조선통보(세종) 등 발행하여 화폐를 보급하려 노력함 → 자급자족 경제 하에서 유통 부진, 쌀·무명을 지급 수단으로 사용함

⑥ 무역 : 명과는 사신을 통한 공무역과 사무역, 여진과는 무역소, 일본과는 왜관을 중심으로 무역

명	• 정기·부정기 사절을 통한 공무역과 국경 지방에서 행해진 사무역 허용 • 금·은·인삼 등 수출, 약재·자기·서적 등 수입
여진	• 북평관에서 행해진 조공 무역, 경원·경흥 등 무역소를 통한 교역 활동 • 식량이나 농기구 등 수출, 모피 등 수입
일본	• 동래에 설치한 왜관을 중심으로 제한된 범위의 무역 실시 • 부산포·염포·제포 등 3포 개항 • 쌀·불상·도자기·화문석·범종·서적 등 수출, 구리·유황·염료 등 수입

이론을 복습하는 **기출문제 02**

빈칸 채우기

01 조선은 농업을 장려하고 상업을 억제하는 [   ] 정책을 실시하였다.

02 조선 건국 세력은 고려 공양왕 때 고갈된 국가 재정을 확보하고 신진 관료의 생활 보장을 위해 [   ]을/를 시행하였다.

03 조선 세조 때에는 현직 관리에게만 수조지를 분급하는 토지 제도인 [   ]을/를 도입하였다.

04 조선 세종은 한해 강우량을 기준으로 풍흉에 따라 세액에 차등을 두어 거두는 [   ]을/를 실시하였다.

05 조선 시대에는 양전에 의해 작성된 토지 대장인 [   ]에 전답의 소유주, 위치, 면적 등을 기록하였다.

06 조선 시대 공납 중 정기적으로 매년 지정된 품목의 토산물을 납부하는 것은 [   ](이)다.

07 백성을 대신하여 공물을 대납하고 수수료를 받는 [   ]이/가 성행하여 백성의 부담이 증대되었다.

08 조선 시대 역 중에서 [   ]은/는 군역, 직역, 천역 등 신분에 따라 특정 인정에 부과하는 방식을 취하였다.

09 조선 시대 [   ]은/는 국가의 수요물과 더불어 도성에 사는 백성들의 일상적인 수요품을 조달하는 역할을 수행하였다.

10 조선 시대 [   ]은/는 집산지에서 구입한 일용 잡화물을 지방 시장을 돌아다니면서 소비자에게 판매하는 행상인이었다.

> **정답** 01 중농억상 02 과전법 03 직전법 04 연분 9등법 05 양안 06 상공 07 방납 08 신역 09 시전 10 보부상

01
29회 18번

다음 제도에 대한 설명으로 옳은 것을 〈보기〉에서 고른 것은?

> 공양왕 3년, 도평의사사에서 왕에게 글을 올려 과전을 지급하는 법을 정하기를 청하니, 왕이 이를 따랐다. …… 1품에서 산직(散職)까지를 나누어 18과(科)로 한다. …… 대체로 경성(京城)에 살면서 왕실을 보위하는 자는 시산(時散)을 따지지 않고 각각 등급에 따라 토지를 받는다.
> — 『고려사』 —

〈보 기〉
- ㄱ. 현직 관리에게 전지와 시지를 지급하였다.
- ㄴ. 지급 대상 토지를 원칙적으로 경기 지역에 한정하였다.
- ㄷ. 관리가 사망하면 유가족에게 수신전, 휼양전을 지급하였다.
- ㄹ. 개국 공신에게 인품, 행실, 공로를 기준으로 토지를 지급하였다.

① ㄱ, ㄴ   ② ㄱ, ㄷ   ③ ㄴ, ㄷ
④ ㄴ, ㄹ   ⑤ ㄷ, ㄹ

> **정답** ③
> **해설** 과전법은 고려 공양왕 3년(1391)에 공포된 토지 제도로, 신진 사대부의 경제적 기반을 확보하고 농민 생활 안정을 통해 국가 재정을 확충하기 위한 제도이다. 원칙적으로 지급 대상 토지를 경기 지역에 한정하였고, 관리가 사망하면 유가족에게 수신전이나 휼양전을 지급하였다.
> **오답 피하기** ㄱ. 과전법은 전·현직 관리에게 수조권을 지급한 것이다. 현직 관리에게 전지와 시지를 지급한 것은 고려 시대 경정 전시과이다.
> ㄹ. 고려 시대 역분전에 대한 설명이다.

02
28회 17번

(가)~(라) 제도를 시행된 순서대로 옳게 나열한 것은?

> (가) 왕 1년 11월, 처음으로 직관(職官)·산관(散官) 각 품의 전시과를 제정하였다.
> (나) 왕 16년 3월, 중앙과 지방의 여러 관리들에게 매달 주던 녹봉을 없애고 다시 녹읍을 주었다.
> (다) 왕 1년 4월, (대왕대비가) 전지하기를, "직전(職田)의 세는 소재지의 관리로 하여금 감독하여 거두어 주도록 하라." 하였다.
> (라) 왕 3년 5월, 도평의사사에서 왕에게 글을 올려 과전법을 제정할 것을 요청하니 왕이 이 제의를 따랐다.

① (가) - (나) - (다) - (라)
② (가) - (나) - (라) - (다)
③ (나) - (가) - (다) - (라)
④ (나) - (가) - (라) - (다)
⑤ (다) - (나) - (가) - (라)

> **정답** ④
> **해설** (나) 신라 경덕왕 16년에 녹봉을 없애고 다시 녹읍을 주었다. (가) 고려 경종 때 직관 및 산관 각 품의 전시과를 처음 제정하였다. (라) 고려 공양왕 때 과전법은 신진 사대부의 경제적 기반을 확보하고, 농민 생활 안정을 통해 국가 재정을 확충하려는 목적으로 실시되었다. (다) 조선 성종 때 직전의 세는 관리가 감독하여 거두기로 한 관수 관급제가 실시되었다. 제시된 제도를 시행 순서대로 나열하면 (나) → (가) → (라) → (다)이다.

03 밑줄 그은 '우리들'에 대한 설명으로 옳은 것은?

우리들은 짐을 메고 지고 다니면서 장사하여 먹고 산다. 노상에서 보내는 시간이 많아 때로는 병들어 객점에 눕기도 하고, 심지어 길바닥에서 죽기도 한다. 서로 소식을 듣는 대로 달려가 힘써 도우니, 비록 피를 나눈 형제가 아니더라도 형제나 마찬가지다.

① 시전에서 영업하며 금난전권을 행사하였다.
② 상단을 형성하여 지방 장시를 돌아다니며 활동하였다.
③ 공가를 받아 관청에서 필요로 하는 물건을 납품하였다.
④ 포구에 자리 잡고 중개 · 금융 · 숙박 등의 영업을 하였다.
⑤ 주로 한강을 무대로 세곡 수송과 곡물 도매업에 종사하였다.

정답 ②

해설 밑줄 그은 '우리들'은 보부상이다. 보부상은 봇짐장수인 보상과 등짐장수인 부상을 합친 표현으로, 이들은 상단을 형성하여 지방 장시를 돌아다니며 활동하였다.

오답 피하기 ① 시전 상인, ③ 공인, ④ 객주와 여각, ⑤ 조선 후기 사상 중 경강 상인에 대한 설명이다.

04 지도를 통해 알 수 있는 제도에 대한 설명으로 옳은 것은?

① 현물로 거둔 조세를 운반하기 위한 목적이었다.
② 공문서를 신속하게 전달하기 위하여 설치하였다.
③ 군사적으로 위급한 상황을 알리기 위해 마련되었다.
④ 마패를 소지한 공무 여행자에게 역마를 제공하였다.
⑤ 춘궁기에 곡식을 빌려주고 추수 후에 갚도록 하였다.

정답 ①

해설 제시된 자료는 조운 제도를 나타낸 지도이다. 조운은 각 지역에서 현물로 거둔 조세를 수도로 운반하기 위한 제도로, 수도와 가까운 곳은 육로를 이용하기도 하였으나 주로 해로나 수로를 통해 운송하였다.

05 (가) 상인에 대한 설명으로 옳은 것은?

[(가)]은/는 왕실이나 관청에 물품을 공급하는 대신 특정 상품의 독점 판매권을 부여받았다. 판매하는 물품은 시기에 따라 여섯에서 여덟까지였다. 19세기 중엽 간행된 육전조례에는 입전, 면주전, 백목전, 지전, 저포전 · 포전, 내 · 외어물전 등으로 되어 있다.

① 혜상공국 설립을 요구하였다.
② 황국 중앙 총상회를 조직하였다.
③ 왜관을 중심으로 무역을 하였다.
④ 전국에 송방이라는 지점을 설치하였다.
⑤ 책문 후시에서 대청 무역을 주도하였다.

정답 ②

해설 (가) 상인은 시전 상인이다. 시전 상인은 왕실이나 관청에 물품을 공급하는 대신 특정 상품에 대한 독점 판매권을 부여받았다. ② 황국 중앙 총상회는 1898년 시전 상인들이 외국 상인의 국내 진출을 막고 국내 상인의 상권을 수호하기 위해 조직되었다.

오답 피하기 ① 혜상공국은 보부상을 총괄하는 기관으로 고종 때 설치하였다. ③ 내상은 동래(왜관)를 중심으로 일본과 교역하였다. ④ 송상은 개성을 중심으로 인삼을 재배 · 유통하였으며, 전국에 송방이라는 지점을 운영하였다. ⑤ 만상은 의주를 중심으로 활동하였는데, 책문 후시에서 대청 무역을 주도하였다.

06 다음 제도에 대한 설명으로 옳은 것은?

무릇 경성(京城)에 거주하여 왕실을 시위(侍衛)하는 자는 *시산(時散)을 막론하고 과(科)에 따라 과전(科田)을 받는다.
— 『고려사』, 공양왕 3년 —

*시산(時散) : 현직, 전직 관리

① 촌주위답을 지급하였다.
② 전지와 시지를 나누어 주었다.
③ 인품과 관품을 고려하여 지급하였다.
④ 세금을 거두어 수조권자에게 분급하였다.
⑤ 경기 지방에 한정하여 지급하는 것이 원칙이었다.

정답 ⑤

해설 과전법은 고려 공양왕 3년(1391)에 시행된 토지 제도이다. 과전법은 신진 사대부의 경제적 기반을 확보하고, 농민 생활 안정을 통해 국가 재정을 확충하기 위해 마련되었다. 과전은 경기 지방에 한정하여 지급하는 것이 원칙이었으며, 관리가 사망하면 회수하도록 하였으나 유가족에게 수신전이나 휼양전으로 지급하기도 하였다.

오답 피하기 ① 통일 신라 시대의 민정 문서에 기록된 촌주위답은 촌주가 국가의 역을 수행한 대가로 지급받은 토지이다. ② 고려 시대 전시과는 전지와 시지를 지급하였다. ③ 고려 시대 시정 전시과는 관직과 인품을 반영하여 전 · 현직 관료에게 지급하였다. ④ 조선 성종 때 시행한 관수관급제이다.

07 다음 수취 제도에 대한 설명으로 옳은 것은?

> 각도 감사는 고을마다 연분(年分)을 살펴 정하되, …… 총합하여 10분으로 비율을 삼아서, 전실(全實)을 상상년, 9분실(九分實)을 상중년, …… 3분실(三分實)을 하중년, 2분실(二分實)을 하하년으로 한다. 수전과 한전을 각각 등급을 나누어서 모(某) 고을의 수전 모 등년(等年), 한전 모 등년으로 아뢰게 한다. 1분실(一分實)은 9등분에 포함되지 않으니 조세를 면제한다.

① 고려 말 조준 등의 건의로 실시하였다.
② 수확량의 4분의 1에 해당하는 조세를 거두었다.
③ 조세 액수는 1결당 최고 20두에서 최하 4두였다.
④ 토지의 비옥도는 상, 중, 하의 3등급으로 구분하였다.
⑤ 신진 사대부의 경제적 기반을 마련하기 위해 실시하였다.

정답 ③

해설 제시된 자료는 조선 세종 때 실시한 전분 6등법과 연분 9등법이다. 전분 6등법은 토지의 비옥도를 기준으로, 연분 9등법은 풍흉의 정도를 기준으로 구분하였으며, 이를 바탕으로 최고 1결당 20두에서 최하 1결당 4두씩을 차등 과세하였다.

오답 피하기 ①·⑤ 과전법에 대한 설명이다. ② 세종 때 제정된 공법은 풍흉에 따라 조세가 달랐다. ④ 고려 후기에는 토지 등급을 비옥도에 따라 3등급으로 나누었지만, 조선 세종 때 이를 6등급으로 나누었다.

08 (가) 상인에 대한 설명으로 옳은 것은?

> 이곳은 조선 시대의 상점 터가 확인된 종로 피맛골 발굴 현장입니다. 조선 정부는 이 일대에 행랑을 지어 상가를 조성하고 (가) 에게 빌려 주었습니다. (가) 중에는 육의전 상인이 대표적이었습니다.

① 혜상공국을 통해 보호받았다.
② 금난전권이라는 특권을 부여받았다.
③ 전국에 송방이라는 지점을 설치하였다.
④ 책문 후시를 통해 대청 무역을 주도하였다.
⑤ 포구에서 중개·금융·숙박업 등에 주력하였다.

정답 ②

해설 (가) 상인은 시전 상인이다. 시전 상인은 왕실이나 관청에 물품을 공급하는 대신 특정 상품에 대한 독점 판매권을 가졌다. 시전 중 명주, 종이, 어물, 모시, 삼베, 무명을 파는 점포가 가장 번성하였는데, 이를 육의전이라 불렀다. 조선 후기 상품 화폐 경제가 발전하고, 사상이 성장함에 따라 시전 상인들은 독점 판매권을 기반으로 금난전권을 행사하였다. 그러나 1791년 신해통공이 발표되어 육의전을 제외한 시전 상인의 금난전권은 폐지되었으며, 이후 사상들의 자유로운 상업 활동이 보장되었다.

용기는
항상 크게 울부짖는 것이 아니다.
용기는
하루의 마지막,
"내일 다시 해보자" 라고 말하는
작은 목소리일 때도 있다.

메리 앤 라드마커

03 근세의 사회

출제 빈도 상 | 중 | **하**

1 신분 제도

1) 신분제의 운영 : 법적으로는 양천제를 추구하였으나 점차 반상제가 일반화되었음

① **양천제의 법제화** : 법제적 신분 제도, 국역 대상의 확보 및 파악, 양인과 천인으로 구분, 갑오개혁(1894) 이전까지 유지

양인	• 자유민, 조세와 국역의 의무 부담, 과거 응시 가능 • 직업, 가문 등에 따라 양반, 중인, 상민으로 나뉨
천인	• 바자유민, 국가나 개인에 속하여 천역 담당, 과거 응시 불가능 • 노비가 대부분, 백정 · 광대 · 무당 · 창기 등

② **반상제** : 16세기 이후 지배층인 양반과 피지배층인 상민을 구분 → 양반, 중인, 상민, 천민의 신분 제도로 정착

법제적 : 양천제	관습적 : 반상제

양인	양반	문. 무반
	중인	향리, 서얼, 기술관
	상민	농민, 상인, 수공업자
천인	천민	노비, 백정, 무당, 광대, 창기

조선의 신분 제도

2) 신분 구조

양반	• 원래 문반과 무반을 통칭, 양반 관료 체제가 정비되면서 문 · 무반 관료와 그의 가족 · 가문까지 포함(직역 개념 → 신분 개념) • 과거 · 음서 · 천거 등을 통해 고위 관직 독점, 각종 군역 면제(특권 보장), 형벌이나 사회적 예우에서 특별 대우, 토지와 노비를 소유하여 여유로운 생활 영위, 과전 · 녹봉 등을 경제적 기반으로 삼음 • 정치적으로 관료층, 경제적으로 지주층 • 기득권 유지 노력 : 지배층 증가를 막기 위한 조치, 문 · 무 양반의 관직을 받은 자만 사족(士族)으로 인정, 양반과 중인 신분 고정(하급 지배 신분은 중인 격하, 서얼의 관직 진출 제한 등)
중인	• 넓은 의미 : 양반과 상민의 중간 신분 계층, 좁은 의미 : 역관, 의관, 율관, 산관 등의 기술관 → 점차 향리, 서얼 등 포함 • 전문 기술이나 행정 실무 담당, 직역 세습, 같은 신분끼리 혼인, 관청 가까운 곳에 거주, 한품서용제 적용 • 서얼 : 첩의 소생 문과에 응시할 수 없음, 간혹 무반직에 등용되는 등 차별 대우를 받음 • 향리 : 고려 시대보다 사회적 지위 격하(수령 아래서 일하는 아전으로 격하), 지방 관아의 행정 실무 담당, 군역 면제, 잡색군에 편재, 녹봉을 지급하지 않음  『연조귀감』 1777년 향리 집안 후손인 이진흥이 향리와 양반이 처음에는 같은 신분이었음을 인식시키고자 향리의 기원과 형성 과정 및 업적, 처우 개선을 요구하는 상소 등을 기록한 책이다.

상민	• 농민, 수공업자, 상인 등 대부분의 백성, 평민 · 양인이라고도 함 • 각종 국역 부담의 의무를 지님, 법적으로는 과거 응시 가능(실제적으로는 응시 불가능), 신분 상승이 어려움 • 농민 : 상민의 대다수를 차지, 조세 · 공납 · 역의 의무를 지님 • 수공업자와 상인 : 조선의 농본억상 정책으로 농민보다 천대 받음, 수공업자는 공장안에 기재되어 국가의 통제를 받음, 수공업자는 공장세 · 상인은 상인세 부담 • 신량역천 : 양인 신분이나 천역에 종사하는 신분, 수군 · 역졸 · 봉수군 등
천민	• 사회적으로 가장 천대를 받음, 대부분은 노비(일천즉천 적용), 백정(가축의 도축) · 무당 · 창기 · 광대 등 포함 • 소유에 따라 구분, 일종의 재산으로 취급, 매매 · 상속 · 증여의 대상, 신분은 대대로 세습되며 주인은 노비의 생계를 책임짐, 노비의 형벌은 장례원에서 담당 • 구분 : 공노비와 사노비로 구분 　－ 공노비 : 국가에 예속된 노비, 매년 정해진 액수의 신공을 관청에 납부하는 납공 노비와 매년 일정 기간 소속 관청에 노동력을 제공하는 입역 노비로 구분 　－ 사노비 : 개인에게 예속된 노비, 주인과 같은 집에서 사는 솔거 노비와 주인과 떨어져 살며 일정한 신공을 주인에게 바치는 외거 노비로 구분

출제 사료 | 노비의 처지

• 천민의 계보는 어머니의 역을 따른다. 천민이 양인 아내를 맞이하여 낳은 자식은 아버지의 역을 따른다.
• 무릇 노비의 매매는 관청에 신고하여야 한다. 사사로이 몰래 매매하였을 경우에는 관청에서 그 노비 및 대가로 받은 물건을 모두 몰수한다. 나이 16세 이상 50세 이하는 가격이 저화 4천 장이고 15세 이하 50세 이상은 3천 장이다.

－ 『경국대전』 －

● 출제 포인트 분석

노비는 혼인하여 가정을 이룰 수 있었지만, 재산으로 취급되어 매매 · 상속 · 증여의 대상이 되었다. 노비를 함부로 죽이지 못하며 자식이 없는 노비의 재산은 주인에게 귀속되었고 요역과 군역의 의무는 없었다. 재산 소유 및 토지의 독립 경영이 보장되고 독자적 생활이 허락되기도 하였다.

❷ 사회 정책과 사회 시설

1) 사회 정책 : 농본 정책을 통한 농민 생활의 안정을 목적으로 함

2) 사회 제도

① 민생 안정책

　㉠ 환곡제 운영 : 흉년이나 춘궁기에 곡식을 빌려주고 추수기에 이를 갚도록 함, 본래 의창에서 담당하였으나 이후 상평창에서 운영

　㉡ 의창 설치 : 고려 시대 운영되던 것을 다시 설치, 빌려 준 원곡만을 거두거나 무상으로 나누어줌, 원곡 감소로 규모가 축소되면서 중종 때 폐지

　㉢ 상평창 운영 : 곡가의 부당한 변동 방지, 물가조절로 백성들의 생활을 안정시키려 함

　㉣ 사창제 실시 : 백성들이 갚지 못하는 환곡이 증가하면서 의창의 운영이 어려워지자 민간 주도로 운영, 각 지방의 군현에 설치된 곡물 대여 기관, 이후 지방 사림들이 주도하면서 사림 성장의 경제적 기반이 됨

합격생의 비법

신량역천

양인의 최하층으로 신분상으로는 양인이지만 천역에 종사하여 천인의 취급을 받았다. 수군, 조례, 나장, 일수, 봉수군, 역졸, 조졸 등 일곱 가지 부류를 말한다.

합격생의 비법

외거 노비의 생활

외거 노비는 주인과 떨어져 독립된 가정을 구성하고 재산을 소유할 수 있었기 때문에 일반 농민과 비슷한 생활을 할 수 있었다. 지정된 땅을 경작하고 수확물을 매년 주인에게 신공으로 바쳤다.

시험에 자주 등장해요

조선의 신분 제도를 묻는 문제가 자주 출제됩니다. 양천제와 반상제의 특징을 알고, 양반, 중인, 상민, 천민의 내용을 꼭 기억하세요.

합격생의 비법

환곡제

춘궁기에 양식과 종자를 빌려 준 뒤 추수기에 회수하는 제도이다. 본래 의창에서 담당하였으나 의창은 빌려준 원곡만을 받았기 때문에 곧 원곡이 없어지게 되었다. 그리하여 상평창에서는 모곡이라고 하여 원곡의 소모분을 고려한 10%의 이자를 거두었다.

합격생의 비법

사창제로의 전환

정부는 잇따른 흉년 등으로 미납 환곡이 늘어나고, 탕감이 시행됨에 따라 환곡으로 다시 빌려줄 수 있는 의창곡이 계속해서 줄어들었다. 이를 해결하기 위해 세조 때 의창을 대체할 수 있는 새로운 진휼 기구인 사창(社倉)을 설치하였다.

시험에 자주 등장해요

조선 시대 사회 제도인 환곡제, 상평창, 의창과 사창을 꼭 기억하세요.

② 의료 기관

혜민국	고려 예종 때 설치, 의약품 제공, 백성들의 질병 치료
동서 대비원	수도권 관할, 서민 환자 치료 담당, 약재 판매
제생원	지방민의 구호와 진료 담당, 세조 때 혜민서로 이관
동서 활인서	서민 환자 치료, 유랑자의 수용과 구휼 담당

❸ 법률 제도

1) 법률 체계 : 『경국대전』과 대명률을 적용

① 대명률과 관습법 중심, 상속은 종법에 의거, 반역죄 · 강상죄를 중죄로 취급, 연좌제 적용

② 태형, 장형, 도형, 유형, 사형의 5형 존재

2) 사법 기관 : 행정 기관과 구분이 불분명, 재심 청구 가능

합격생의 비법

대명률

명의 기본 법전으로 태 · 장 · 도 · 유 · 사의 5가지 형벌 체제인 당률을 계승하면서 자자(刺字, 글자로 문신을 새기는 일)나 능지처사 같은 극형을 추가하였다.

중앙	• 의금부 : 국왕 직속 사법 기관, 대역 · 모반과 같은 중죄 • 사헌부 : 관리의 감찰 및 탄핵 • 형조 : 범죄 사건 담당, 노비와 재산 상속 문제 • 한성부 : 한양의 치안 담당 • 장례원 : 노비와 관련된 소송 담당
지방	관찰사와 수령이 사법권 행사

3) 법전의 편찬

합격생의 비법

『조선경국전』

정도전이 편찬한 조선 왕조의 기본 정책을 기록한 책으로, 정보위 · 국호 · 안국본 · 세계 · 교서 등으로 내용을 나누어 국가 형성의 기본을 서술하였다. 주례의 6전 체제에 따라 각 전의 업무를 규정하고 이후 간행되는 여러 법전의 효시가 되었다.

『조선경국전』	태조 때 정도전이 편찬, 사찬 법전(공식적으로 인정받지 못함), 주례의 6전 체제에 의거하여 기본 정책과 문물제도 정리
『경제육전』	태조 때 조준 편찬, 최초의 공식 법전, 6전별로 수교 형태의 법안을 정리하여 체계화하였으나 통일성 부족
『경국대전』	• 목적 : 중앙 집권 강화, 법치주의에 입각한 통치 규범 체계 확립 • 원칙 : 경국대전 형전이 대명률보다 우선 적용됨(일반적 관점) • 구성 : 6전 방식(이 · 호 · 예 · 병 · 형 · 공전 순서) • 의의 : 양반 관료 체제 정비, 중앙 집권적 통치 체제 완비, 통치 규범 체계 확립, 고유법을 성문화함
『속대전』	영조 때 편찬, 조선 후기의 변화상 종합 정리
『대전통편』	정조 때 편찬, 『속대전』의 부족한 부분 보충, 영조와 정조의 개혁 정책의 법전화
『대전회통』	고종 때 편찬, 조선 시대 마지막 법전, 19세기 수교(受敎)와 조례(條例) 정리, 세도 정치를 해결하기 위한 개혁책의 법전화

시험에 자주 등장해요

조선 시대 법전은 자주 출제됩니다. 특히 『경국대전』을 꼭 기억하세요.

신문고를 치는 법은 고발 내용이 사실이면 들어주고 허위이면 죄를 준다. 절차를 밟지 않고 직접 상관에게 호소하기 위해 치는 자도 죄를 준다. 만일 지방 사람이 수령에게 호소하여 수령이 밝게 처리하지 못하면 관찰사에게 호소한다. 관찰사가 옳은 판단을 못하면 사헌부에 호소한다. 사헌부에서도 옳게 판단하지 못한 다음에야 쳐야 한다. 이 때문에 관리가 백성의 송사를 판결할 때 임금에게 아뢸까 두려워하여 마음을 다해 정밀하게 규찰하게 된다. 백성이 그 복을 받으니 실로 자손만대의 좋은 법이다.

　　　　　　　　　　　　　　　　　　　　　　　　　　　　　　　　　　- 『태종실록』 -

● 출제 포인트 분석

　태종 때 송의 등문고를 본받아 신문고라는 북을 대궐 밖 문루(門樓)에 달았다. 절차가 복잡하고 수령을 고소하는 것이 법적으로 금지되어 있는 등 제한 규정이 많아 실제로는 제대로 활용되지 못하였다.

❹ 호적 제도와 호패 제도

1) 호적 제도

① 부계친을 중심으로 하는 친족 관계로 바뀌면서 호적 기재 형식 변화, 3년마다 작성, 3부 작성(본도 1부, 본읍 1부, 본조 1부 보관)

② 군역과 요역 부과, 신분 판별, 노비 소유권 확인

2) 호패 제도 : 16세 이상 정남에게 호패를 차게 하는 제도 → 군역 대상자 파악, 신분제 유지(인조 때부터 본격적으로 실시)

호패

❺ 향촌 사회의 조직과 운영

1) 향촌의 운영 : 향촌 자치의 실현

① **향촌** : 향 – 중앙에서 관리를 파견한 지역(부·목·군·현), 촌 – 촌락이나 마을

② **유향소 설치** : 수시로 향회를 소집하여 여론 수렴, 수령 보좌 및 향리 감찰, 향촌 사회의 풍속 교화, 좌수와 별감을 선발하여 운영 → 성종 때 이후로 훈척들이 지방을 지배하는 도구로 변질

③ **경재소 설치** : 유향소 통제 기구, 중앙과 지방의 연락 업무 담당, 현직 관료에게 연고지의 유향소를 통제하도록 함

④ **사림의 향촌 지배 강화** : 향안(지방에 거주하는 사족들의 명단) 작성, 향안에 이름이 오른 사족은 향회를 통해 결속을 다지고 지방민 통제, 향규(향회의 운영 규칙) 제정

⑤ **사림의 세력 기반** : 향촌 사회에서 서원과 향약을 통해 세력 결집 → 16세기 이후 사림 세력의 성장 기반이 됨

서원	• 기능 : 선현에 대한 제사, 교육과 학문 연구, 향촌 자치 운영 기구(사창제, 향사례, 향음주례, 향약 등), 향촌을 방어하는 의병 활동의 근거지
	• 최초의 서원 : 백운동 서원(풍기 군수 주세붕이 설립) 빈출 → 이후 이황의 건의로 소수서원으로 개칭(사액 서원)
	• 역할 : 학문과 교육 발전에 기여, 향촌 사회의 관계 재정비, 지방 사림의 지위 향상, 사림의 여론 형성 주도 → 붕당의 근거지, 붕당의 결속 강화
	• 주요 건물 : 사당(선현의 위패를 봉안하고 제향), 강당(강연과 회의가 열림), 재(일종의 기숙사)

합격생의 비법

향음주례

향촌의 선비나 유생이 학덕과 연륜이 높은 이를 주가 되는 손님으로 모시고 술을 마시며 잔치를 하는 의례의 하나로, 어진 이를 존중하고 노인을 봉양하는 의미를 지닌다.

합격생의 비법

사액 서원

사액은 왕이 서원의 이름이 쓰인 현판을 내리는 것으로, 사액 서원은 국왕으로부터 편액과 서적 등을 받은 서원을 말한다. 사액 서원은 부역과 세금을 면제 받고 국가로부터 여러 지원을 받았다.

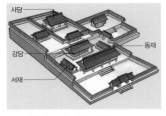

서원의 주요 건물 배치도

향약	• 의미 : 양반 지배층이 유교 사상에 기초하여 만든 지방 행정의 자치적 말단 조직, 향촌의 자치 규약
	• 최초 시행 : 중종 때 조광조가 처음 시행한 이후 이황, 이이 등에 의해 전국적으로 확산 → 사림의 주도로 보급
	• 덕목 : 덕업상권(착한 일은 서로 권한다.), 과실상규(잘못된 것은 서로 규제한다.), 예속상교(좋은 풍속은 서로 나눈다.), 환난상휼(어려울 때는 서로 돕는다.)
	• 역할 : 풍속 교화, 향촌 사회의 질서 유지와 치안 담당, 지방 사림의 농민 지배 강화, 사림의 사회적 지위 확립, 봉건적 질서와 사회 신분 질서로 주민 통제 및 교화 → 서원과 함께 사림 성장의 원동력이 됨
	• 폐해 : 지방 유력자들이 주민들을 위협하여 수탈하는 수단으로 이용하기도 함

출제 사료 | **서원과 향약**

• 무릇 교육이란 현인(賢人)을 높이는 것에서 비롯된다. …… 지금의 죽계는 문성공(文成公)이 살았던 마을이다. 교육을 하려면 반드시 문성공(안향)으로부터 시작해야 한다. …… 이에 마음과 힘을 다하여 사묘(祠廟)를 세우고 서원을 설립하였다. — 『무릉잡고』 —

• 처음 향약을 정할 때 뜻을 같이하는 사람들에게 약문(約文)을 보여 준다. 이후 몸가짐을 바르게 하고, 남에게 모범이 될 만한 사람들을 골라 약계(約契)에 참여시킨다. 이들을 서원(書院)에 모아 놓고 약법(約法)을 정한 다음, 도약정(道約正), 부약정 및 직월(直月), 사화(司貨)를 선출한다. — 『율곡전서』 —

● **출제 포인트 분석**

우리나라에 성리학을 도입한 안향에 대한 제사와 성리학 연구를 위해 풍기 군수 주세붕은 서원을 처음 설립하였다. 이후 이황은 재지사림 교육에 치중하며 서원을 확산시키는 데 공헌하였다. 한편 송의 여씨 향약을 모범으로 삼아 조광조가 주자학적 이상 사회를 실현하기 위해 향약을 널리 시행하려 노력하였으며, 이황과 이이는 향약을 우리의 실정에 맞게 만들어 시행하였다.

2) 성리학적 사회 질서의 확산

① 성리학의 확대 : 사림의 집권 이후 성리학이 일상생활의 윤리로 확대되었음

② 유교 윤리의 보급 노력

㉠ 예학의 발달(16~17세기) : 김장생, 『가례집람』 빈출 편찬

목적	성리학적 사상을 근거로 왕권을 견제하면서 양반 중심의 사회 질서 유지
내용	성리학적 도덕 윤리인 예학과 삼강오륜을 기본 덕목으로 가부장적 종법 질서 구현, 종족 내부의 의례 규정
영향	문벌 양반 중심의 신분제와 가부장적 사회 질서 확립 → 유교적 상장제례 의식 성립, 유교주의적 가족 제도 성립, 사림 간의 정쟁에 이용, 양반 사대부의 신분적 우월성 강조

㉡ 보학의 발달

개념	종족의 내력을 기록하고 암기, 가계의 영속과 씨족의 유대를 존중하는 사회의 특징임
기능	종족 내부의 결속 강화, 종족의 종적인 내력과 횡적인 관계 확인, 양반 문벌 제도 강화, 신분 제도 우위 유지
족보의 변화	내외자손을 모두 기록하는 자손보, 자녀의 구별 없이 출생 기재(조선 초기) → 부계친(父系親)만 수록하는 씨족보, 선남후녀(先男後女)로 기록

㉢ 종법 : 친족 조직 및 제사의 계승과 종족의 결합을 위한 친족 제도의 기본이 되는 법으로 17세기에 정착됨

빈칸 채우기

01 조선 시대 신분 제도는 양반, 중인, 상민으로 구성되는 [   ]와/과 천인으로 구분된다.

02 조선 시대에는 농민의 이탈을 억제하고 통제하기 위하여 5가를 1통으로 묶어 감시와 연대 책임을 지우는 [   ]이/가 실시되었다.

03 조선 시대에는 향촌 통제와 농민 생활의 안정을 목적으로 양반 지주층이 주도하고 주민이 자치적으로 운영하는 [   ] 제도가 도입되었다.

04 조선 시대 생산 활동에 종사하며 전세 · 공납 · 역을 담당한 신분은 [   ](이)다.

05 조선 시대 사법 기구 중 [   ]은/는 노비와 관련된 소송을 담당하였다.

06 정도전이 저술한 사찬 법전인 [   ]은/는 이후 간행된 여러 법전의 효시가 되었다.

07 [   ]은/는 좌수와 별감을 선발하여 운영하였으며, 향리의 비리 감찰, 풍속 교화 등의 역할을 담당하였다.

08 조선 시대 선현에 대한 제사 및 교육과 학문 연구를 위해 설치된 [   ]은/는 향촌 자치의 운영 기구였다.

09 [   ]은/는 조선 시대 양반 지배층이 유교 사상에 기초하여 만든 지방 행정 자치 규약이다.

10 조선 시대 김장생은 예학을 조선의 현실에 맞게 정리하여 [   ]을/를 편찬하였다.

> **정답** 01 양인 02 오가작통법 03 사창 04 상민 05 장례원 06 조선경국전 07 유향소 08 서원 09 향약 10 가례집람

---

01 31회 23번
(가)에 대한 설명으로 옳은 것은?

연조귀감

이 책은 1777년(정조 1)에 이진흥이 [(가)]의 사적(事蹟)을 모아 정리한 것이다. 이 책에는 지방 이서(吏胥)층인 [(가)]의 기원과 형성 과정, 그리고 행적을 밝히고 처우 개선을 요구하는 상소 등이 수록되었다.

① 신량역천으로 분류되었다.
② 매매, 상속, 증여의 대상이었다.
③ 고려 시대에는 화척이라 불렸다.
④ 수령을 보좌하며 행정 실무를 담당하였다.
⑤ 시전을 운영하며 관청의 수요품을 조달하였다.

> **정답** ④
> **해설** (가)는 향리이다. 『연조귀감(掾曹龜鑑)』은 향리 집안 후손 이진흥이 향리와 양반이 처음에는 같은 신분이었음을 인식시키고자 향리의 기원과 형성 과정 및 업적을 기록한 서적이다. ④ 조선 시대 향리는 수령을 보좌하며 행정 실무를 담당하였다.

02 30회 20번
(가)에 대한 설명으로 옳은 것은?

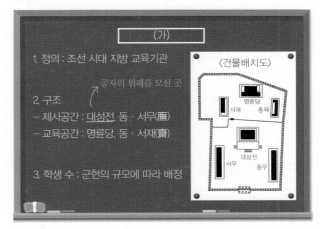

① 중앙에서 교수나 훈도가 파견되었다.
② 지방의 사림 세력이 주로 설립하였다.
③ 흥선 대원군 집권기에 대부분 철폐되었다.
④ 입학 자격은 소과 합격자를 원칙으로 하였다.
⑤ 유학부 외에 율학, 서학 등의 기술학부가 있었다.

> **정답** ①
> **해설** (가)는 조선 시대 지방 교육 기관인 향교이다. 향교에는 중앙에서 교수나 훈도가 파견되었으며, 전국의 부 · 목 · 군 · 현에 향교가 하나씩 설치되었다.
> **오답 피하기** ② · ③ 서원, ④ 성균관, ⑤ 국자감에 대한 설명이다.

03 (가)에 대한 설명으로 옳은 것은?

> ○ 올바른 것을 어기고 예의를 해침으로써 우리 고을 풍속을 무너뜨리는 자는 바로 하늘의 뜻을 거역하는 백성이다. 벌을 주지 않으려 해도 주지 않을 수 있겠는가? 이것이 바로 [(가)]을/를 세우는 까닭이다.
>
> —『퇴계집』—
>
> ○ [(가)]에 가입하기를 원하는 자에게는 반드시 먼저 규약문을 보여 몇 달 동안 실행할 수 있는가를 스스로 헤아려 본 뒤에 가입하기를 청하게 한다. …… 약정(約正)은 여러 사람에게 물어서 좋다고 한 후에야 다음 모임에 참여하게 한다.
>
> —『율곡전서』—

① 좌수, 별감을 두어 운영하였다.
② 문묘를 세워 선현에 제사를 지냈다.
③ 중앙에 설치되어 지방을 통제하였다.
④ 흥선 대원군에 의해 대폭 정리되었다.
⑤ 풍속 교화와 향촌 자치의 기능이 있었다.

정답 ⑤

해설 (가)는 향약이다. 향촌 자치 규약인 향약은 풍속의 교화와 향촌 자치의 기능을 담당하였으며, 약정은 향약의 책임자이다.

오답 피하기 ① 유향소, ② · ④ 서원, ③ 경재소에 대한 설명이다.

04 (가)에 해당하는 왕의 정책으로 옳은 것은?

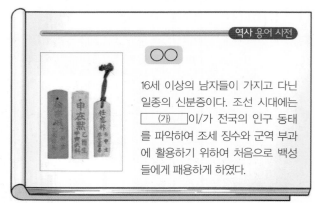

> 역사 용어 사전
>
> 16세 이상의 남자들이 가지고 다닌 일종의 신분증이다. 조선 시대에는 [(가)]이/가 전국의 인구 동태를 파악하여 조세 징수와 군역 부과에 활용하기 위하여 처음으로 백성들에게 패용하게 하였다.

① 학술 연구 기관인 규장각을 설치하였다.
② 부산포, 제포, 염포의 삼포를 개항하였다.
③ 사병을 혁파하고 신문고 제도를 운영하였다.
④ 중국과 우리나라의 의서를 집대성한 동의보감을 간행하였다.
⑤ 고조선부터 고려까지의 역사를 정리한 동국통감을 편찬하였다.

정답 ③

해설 (가)는 조선 태종 때 만들어진 호패로 16세 이상의 남자가 가지고 다닌 신분증이다. 조선 태종은 전국의 인구 동태를 파악하여 조세 징수와 군역 부과에 활용하기 위하여 호패법을 제정하였다. 또 ③ 사병을 혁파하여 왕권을 강화하고 신문고를 설치하였다.

05 다음 기관에 대한 설명으로 옳은 것은?

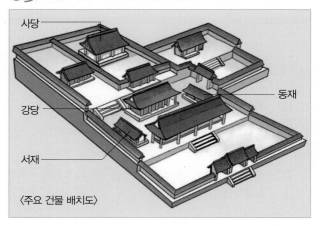

사당 — 강당 — 서재 — 동재

〈주요 건물 배치도〉

> 선현제향(先賢祭享)과 학문 연구를 위하여 설립된 조선 시대의 사설 교육 기관이다. 향촌 사림의 모임 장소로, 시정을 비판하고 공론을 형성하는 역할도 하였다.
> 주요 건물로는 선현의 위패를 봉안하고 제향하는 사당, 강연과 회의가 열리는 강당, 일종의 기숙사인 재(齋)가 있다.

① 좌수와 별감을 선발하여 운영되었다.
② 중앙에서 파견된 교수나 훈도가 지도하였다.
③ 국자학, 태학, 사문학으로 나누어 교육하였다.
④ 전국의 부 · 목 · 군 · 현에 하나씩 설립되었다.
⑤ 국왕으로부터 편액과 함께 서적 등을 받기도 하였다.

정답 ⑤

해설 제시된 자료는 존경받는 유학자에 대해 제사를 지내는 선현제향과 학문 연구를 위해 설립된 조선 시대 사립 교육 기관인 서원과 관련 있다. 서원 중 국왕으로부터 편액과 함께 서적, 토지, 노비 등을 받은 서원은 사액 서원이라고 한다.

06 교사의 질문에 대한 학생의 답변으로 옳은 것은?

25회 17번

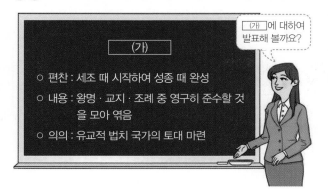

(가) 에 대하여 발표해 볼까요?

(가)

○ 편찬 : 세조 때 시작하여 성종 때 완성
○ 내용 : 왕명 · 교지 · 조례 중 영구히 준수할 것
  을 모아 엮음
○ 의의 : 유교적 법치 국가의 토대 마련

① 업무 관련 내용이 일지 형식으로 작성되었습니다.
② 대전통편을 보완하려는 목적으로 편찬되었습니다.
③ 왕의 역사를 후대에 남기기 위하여 만들어졌습니다.
④ 충신, 효자, 열녀의 행적을 알리기 위하여 간행되었습니다.
⑤ 이 · 호 · 예 · 병 · 형 · 공전의 6전 체제로 구성되었습니다.

정답 ⑤

해설 (가)는 『경국대전』이다. 『경국대전』은 조선 세조 때 시작하여 성종 때 완성되었으며, 유교적 법치 국가의 토대를 마련하는 데 기여하였다. ⑤ 『경국대전』은 이 · 호 · 예 · 병 · 형 · 공전의 6전 체제로 구성된 기본 법전이다.

오답 피하기 ① 『승정원일기』, ② 『대전회통』, ③ 『조선왕조실록』, ④ 『삼강행실도』에 대한 설명이다.

07 밑줄 그은 '피고인'에 대한 설명으로 옳은 것은?

24회 20번

모의 재판 기소문

기소 이유

<u>피고인</u>은 호방으로 본래 임무를 망각하고 백성에게 해를 끼친 자로서 죄목은 다음과 같다.

1. 백성으로부터 세금을 거둘 때 법보다 더 거두어 남용하였다.
2. 양민을 불법으로 끌어다 남몰래 일을 시켰다.
  이에 경국대전 형전에 의거하여 기소한다.

① 잡과를 통해 선발되었다.
② 관청에 신공(身貢)을 바쳤다.
③ 공음전을 경제적 기반으로 삼았다.
④ 사신을 수행하면서 통역을 담당하였다.
⑤ 토착 세력으로 지방에서 행정 실무를 맡았다.

정답 ⑤

해설 밑줄 그은 '피고인'은 지방 관청의 6방 아전 중 하나인 호방이다. 조선 시대 향리는 토착 세력으로 지방에서 행정 실무를 담당하였다.

오답 피하기 ① 중인 중 기술관(역관, 의관, 율관 신관 등), ② 공노비, ③ 고려 귀족, ④ 중인 중 역관에 대한 설명이다.

08 (가)에 대한 설명으로 옳은 것을 〈보기〉에서 고른 것은?

37회 21번

하나, 나이가 많고 덕망과 학술을 지닌 1인을 여러 사람들이 도약정(都約正)으로 추대하고, 학문과 덕행을 지닌 2인을 부약정으로 삼는다. (가) 의 구성원 중에서 교대로 직월(直月)과 사화(司貨)를 맡는다. ……

하나, 세 가지 장부를 두어 (가) 에 가입하기를 원하는 자들, 덕업(德業)이 볼 만한 자들, 과실(過失)이 있는 자들을 각각의 장부에 기록한다. 이를 직월이 맡았다가 매번 모임이 있을 때 약정에게 알려서 각각 그 순위를 매긴다.

— 『율곡전서』 —

〈 보 기 〉

ㄱ. 흥선 대원군에 의해 철폐되었다.
ㄴ. 지방 사족이 주요 직임을 맡았다.
ㄷ. 대성전을 세워 선현에 제사를 지냈다.
ㄹ. 풍속 교화와 향촌 자치의 역할을 하였다.

① ㄱ, ㄴ   ② ㄱ, ㄷ   ③ ㄴ, ㄷ
④ ㄴ, ㄹ   ⑤ ㄷ, ㄹ

정답 ④

해설 (가)는 조선 시대 사림 세력이 성장하는 기반이 된 향약이다. 향약은 조광조가 중국 송의 여씨 향약을 모범으로 삼아 처음 시행하였으며, 이후 이황과 이이 등에 의해 우리 실정에 맞게 만들어 시행되면서 전국적으로 확산되었다. 향촌 자치 규약인 향약은 지방 사족이 주요 직임을 맡았으며, 향촌 사회 질서 유지와 치안 담당, 지방 사림의 농민 지배 강화, 풍속 교화 등의 역할을 담당하였다.

오답 피하기 ㄱ. 흥선 대원군이 철폐한 것은 서원이다.
ㄷ. 성균관과 향교에 대한 설명이다.

09 (가) 교육 기관에 대한 설명으로 옳은 것은?

39회 20번

주세붕이 처음 (가) 을/를 세울 때 세상에서는 의심하였습니다. 주세붕은 뜻을 더욱 가다듬어 많은 비웃음을 무릅쓰고 비방을 물리쳐 지금까지 누구도 하지 못했던 장한 일을 이루었습니다. 아마도 하늘이 (가) 을/를 세우는 가르침을 동방에 흥하게 하여 [우리나라가] 중국과 같아지도록 하려는 것인가 봅니다.

— 『퇴계선생문집』 —

① 학술 연구 기구로 청연각이 설치되었다.
② 전국의 부 · 목 · 군 · 현에 하나씩 설립되었다.
③ 중앙에서 파견된 교수나 훈도가 지도하였다.
④ 유학을 비롯하여 율학, 서학, 산학을 교육하였다.
⑤ 국왕으로부터 현판과 함께 노비 등을 받기도 하였다.

정답 ⑤

해설 (가) 교육 기관은 서원이다. 조선 중종 때 풍기 군수였던 주세붕은 안향을 제사하고 성리학을 교육하기 위해 백운동 서원을 세웠다. 이후 이황의 건의로 왕으로부터 현판과 함께 토지와 노비를 받는 등 경제적 지원을 받는 것을 의미하는 사액이 되어 소수 서원으로 개칭되었다. 한편 서원은 사림의 여론 형성을 주도하였던 곳이며, 사림이 향촌 사회를 주도할 수 있었던 세력 기반이 되었다.

오답 피하기 ① 고려 예종 때 학술 연구 기구로 청연각이 설치되었다. ② · ③ 향교, ④ 국자감에 대한 설명이다.

04 근세의 문화

출제 빈도 **상** | 중 | 하

① 민족 문화의 발달

1) 특징

① 민족적, 실용적 성격의 학문 발달 → 민족 문화 융성

② 민생 안정과 북국강병을 위해 과학 기술과 실용적 학문 중시

③ 15세기 관학파 계열의 학자들이 성리학 이외의 학문과 사상 포용 → 민족적 · 자주적 민족 문화 발전, 과학 기술과 실용적 학문 발달

2) 훈민정음 창제 빈출

배경	지배층과 피지배층 간의 의사소통 필요성 인식, 말과 글의 불일치로 인한 불편함 극복 필요, 피지배층의 도덕적 교화 필요(양반 중심 사회 유지) → 백성들도 쉽게 사용할 수 있는 문자의 필요성 대두
창제	세종과 집현전 학자들이 문자와 음운에 대해 학문적 연구 → 훈민정음 창제, 반포(1446)
활용	• 한글 서적 발행 : 『용비어천가』(왕조의 정통성 강조), 『삼강행실도』(백성 교화) 등 • 일반 백성들에게 국가 시책을 알리는 데 이용, 서리 채용 시험 때 한글 시험 실시(행정 실무에 이용) • 시가나 산문 등 문학 창작에 이용(평민과 부녀자가 주로 사용)
한계	지배층의 문자인 한문을 보조하는 기능에 그침, 궁중의 비빈이나 양반집 부녀자들이 주로 사용
의의	• 교육과 지식의 보급, 민족 문화 발전의 토대 마련, 일반 백성들의 문자 생활 향유 • 과학적 · 독창적 문자 제작 → 유네스코 세계 문화유산으로 등록, 세계적으로 인정 받음

출제 사료 훈민정음의 반포

이달에 임금이 친히 언문 28자를 지었는데, 그 글자가 고전(한자의 상형문자)을 모방하고, 초성, 중성, 종성으로 나누어 합한 뒤에야 글자를 이루었다. 무릇 한문과 우리나라 말을 다 적을 수 있으니, 글자는 비록 간단하고 긴요하지만 전환하는 것이 무궁하다. 이것을 훈민정음이라 이른다.   - 『세종실록』 -

● **출제 포인트 분석**

한글은 누구나 쉽게 배우고 쓸 수 있으며 자기의 의사를 마음대로 표현할 수 있고, 어떤 나라 말의 발음이든지 원형에 가깝게 표현할 수 있다.

합격생의 비법

훈민정음

'백성을 가르치는 바른 소리'라는 뜻으로, 훈민정음의 창제로 백성들의 문자 생활이 가능해졌다.

시험에 자주 등장해요

훈민정음 창제에 대해 묻는 문제가 출제될 수 있습니다. 세종 때 창제한 훈민정음을 꼭 기억하세요.

3) 편찬 사업

① 역사서 편찬

㉠ 목적

건국 초기	왕조의 정통성에 대한 명분 확보, 성리학적 통치 규범 장착
15세기	• 자주적 성격, 단군 강조, 관찬 사료, 고대사 정리 • 『고려국사』(정도전), 『동국사략』(권근), 『삼국사절요』(서거정), 『고려사』(정인지), 『동국통감』(서거정) 등
16세기	• 사림의 정치·문화의식 반영, 존화주의와 왕도주의 반영, 기자 강조, 사략(史略)형 사서, 경학의 보조 수단 • 『동국사략』(박상), 『기자지』(윤두수), 『기자실기』(이이), 『동몽선습』(박세무) 등

㉡ 『조선왕조실록』 빈출

의미	태조 때부터 철종 때까지 25대 472년간의 역사를 연월일 순서대로 서술하여 편찬(편년체)
편찬 과정	• 사초 작성 : 사관들이 왕과 신하들의 국사에 관한 논의 및 처리 과정 등 기록 • 편찬 시기 : 국왕 사후 다음 국왕 때 이전 왕의 실록 편찬, 춘추관을 중심으로 실록청을 설치하고(임시 관청) 개인이 보관하던 사초 수합 • 기본 자료 : 사초와 시정기 빈출(기본 자료), 『의정부등록』, 『승정원일기』, 『비변사등록』, 『일성록』 등 • 실록 편찬 과정에 국왕이 간여할 수 없었고, 실록이 완성되면 사초를 모두 없앰
보관	세종 때부터 4대(춘추관, 충주, 전주, 성주) 사고를 만들어 보존 → 임진왜란 이후 마니산, 정족산, 적상산, 오대산, 태백산 사고에 보관
의의	• 정치, 사회, 경제, 문화, 천재지변 등 다양한 자료를 수록하여 조선 시대 연구의 기초 자료로 가치가 높음 • 유네스코 세계 기록 문화유산으로 지정(1997)

출제 사료 | **사관의 설치**

조준 등이 사초를 거두어 임금이 보도록 바치고자 하니, 사관 신개 등이 상소하였다. "옛날에 여러 나라가 사관을 두고 임금의 언행과 정사, 신하의 시비 득실을 모두 바른 대로 쓰고 숨기지 않았습니다. 이 때문에 그 시대의 임금과 신하는 그 시대의 역사를 있는 그대로 후대에 전할 수 있었습니다. 이를 경계로 삼아 명령과 언어, 행동에서 감히 그릇된 짓을 하지 못하였으니, 사관을 설치한 뜻이 깊었던 것입니다."

— 『태조실록』 —

● **출제 포인트 분석**

사관들은 궁전에 들어가 왕을 알현하고 조참, 경연, 상참, 중신회의 등에 배석해서 사초를 작성하였다. 사초는 일기식 편년체로 작성하여 사관의 자택에 비밀리에 보관하였으며, 사필의 공정을 위해 왕의 사후에 작성하였다.

㉢ 『고려사』와 『고려사절요』

	『고려사』	『고려사절요』
특징	• 정인지 등이 조선 왕조 건국의 정당성을 밝힘 • 정도전의 『고려국사』를 여러 차례 개찬하는 과정에서 편찬 완료 • 세가 46권, 지 39권, 연표 2권, 열전 50권, 목록 2권 등 139권으로 구성	• 문종 때 김종서 등에 의해 간행 • 『고려사』의 열람이 불편한 점을 개선하기 위해 새롭게 편년체의 사서 편찬을 건의 • 5개월 만에 35권 편찬
공통점	• 직서주의, 기층 문화 인식, 왕도와 패도 공존 • 사대부적 명분론 내포, 조선의 명분론 투영(고려 멸망의 필연성 강조)	
차이점	기전체, 군주 입장(불리한 입장 삭제), 기록 보존용	편년체, 사마광의 『자치통감』 체제, 유교성 강화, 보급용

합격생의 비법

『고려국사』

1395년 정도전, 정총 등이 쓴 고려의 역사서이다. 이제현의 『사략』의 영향을 많이 받았으며, 조선 개창 과정의 문제점으로 여러 차례 수정되기도 하였다. 『고려사절요』에 『고려국사』의 사론이 인용되기도 하였다.

합격생의 비법

시정기

사관들은 전임 사관의 입시 사초와 겸임 사관의 춘추관 일기, 승정원일기, 경연일기를 비롯한 각 관청의 업무 일지 등을 월별, 일별로 모아 초고를 작성하였다. 이 초고를 모아 매년 연말에 시정기를 만들었다.

합격생의 비법

『승정원일기』

1623년부터 1894년까지 승정원에서 처리한 왕명 출납 및 행정 사무 등을 기록하였다. 국정을 날짜순으로 기록한 최대 분량의 단일 역사 기록물로 세계 기록 유산으로 등록되었다.

『조선왕조실록』

시험에 자주 등장해요

조선 전기 역사서 편찬을 묻는 문제가 자주 출제됩니다. 『조선왕조실록』과 『동국통감』은 꼭 기억하세요.

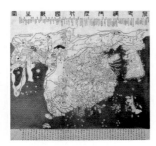

혼일강리역대국도지도
현존하는 동양 최고의 세계 지도이다. 태종 2년 이회, 이무, 김사형 등이 왕명으로 만들었다. 유럽, 아프리카, 중국, 일본, 한반도 등이 그려져 있고, 중국과 조선을 실제보다 과장하여 표현하였다.

『삼강행실도』
우리나라와 중국에서 모범이 될 만한 충신, 효자, 열녀를 뽑아 그 행적을 그림으로 그리고 설명을 덧붙였다. 다른 책과 달리 한글을 사용하고, 그림을 그려 배포하였다.

시험에 자주 등장해요
지리서인 『동국여지승람』, 윤리서인 『삼강행실도』, 법전인 『경국대전』은 자주 출제되므로 꼭 기억하세요.

천상열차분야지도
천상을 12분야로 나누어 차례로 늘어놓은 그림으로, 1464개의 별이 그려져 있는 별자리 그림의 원 둘레에는 28수의 이름이 기록되어 있다. 돌에 새긴 석각본이 국립중앙박물관에 남아 있고, 각석은 덕수궁의 궁중 유물 전시관에 보존되어 있다.

ⓔ 『동국사략』(권근) : 단군 조선에서 신라 말까지의 역사를 체계화, 『삼국사기』와 『삼국유사』를 축약하여 편년체 서술

ⓜ 『동국통감』(서거정) : 단군 조선에서 고려 말까지의 우리 역사를 정리한 편년체 통사, 삼국기·신라기·고려기·외기로 구성, 자주적 입장에서 고대사를 새롭게 재정리(세조~성종)

ⓗ 『동국사략』(박상) : 사림의 정치와 문화의식 반영, 『동국통감』 축약, 유교적 인물 중심으로 재구성(고려 왕조에 절의 지킨 인물 칭송)

② **지도 · 지리서 편찬** : 중앙 집권, 국방력 강화 목적

ㄱ **지도**

15세기	• 혼일강리역대국도지도 : 태종 때 제작, 현존하는 동양 최고의 세계 지도 • 팔도지도 : 혼일강리역대국도지도를 바탕으로 제작 • 팔도도 : 세종 때 제작된 전국 지도 • 동국지도 : 최초의 실측 지도, 과학 기구인 규형과 인지 사용, 압록강 이북까지 상세히 기록하여 북방에 대한 관심을 보여 줌
16세기	조선방역지도 : 국내에 현존하는 최고 지도, 양성지의 팔도도를 참조로 제작, 전국 주현의 명칭을 8도별로 색을 달리하여 표시, 산과 강의 경계를 자세하고 정확하게 표시

ㄴ **지리지**

• 『신찬팔도지리지』(세종 때 편찬), 읍지(향토의 문화적 유산 관심)
• 『동국여지승람』 🔖빈출 (15세기) : 성종 때 완성, 군현의 연혁, 지세, 인물, 풍속, 산물, 교통 등을 자세히 기록
• 『신증동국여지승람』 : 중종 때 편찬, 『동국여지승람』 보완, 오늘날까지 전해짐

③ **윤리서와 의례서 편찬** : 성리학적 규범의 확산 목적

『삼강행실도』 🔖빈출	세종이 유교 윤리 보급을 위해 편찬, 충신 · 효자 · 열녀의 행적을 알리기 위해 간행
『국조오례의』	성종 때 국가의 여러 행사에 필요한 의례 정비, 제사 의식 · 관례와 혼례 · 사신 접대 의례 · 군사 의식 · 상례 의식 등 정리
기타	• 『효행록』 : 효행 설화에 대해 최초로 집대성 • 16세기 : 『소학』과 『주자가례』 보급, 『이륜행실도』, 『동몽수지』 등 간행

④ **법전** : 유교적 통치 규범의 성문화 목적

ㄱ 조선 초기 : 『조선경국전』 편찬(정도전), 『경제육전』 편찬(조준)

ㄴ 『경국대전』 편찬 : 세조 때 시작하여 성종 때 완성, 이 · 호 · 예 · 병 · 형 · 공의 6전 체제로 구성, 조선의 기본 법전으로 유교적 통치 질서와 문물제도 완비

4) 과학 기술의 발달 : 부국강병과 민생 안정을 위한 과학 기술 중시, 서역과 중국의 과학 기술 수용

① **천문과 역법**

천문	• 혼의 · 간의(천체 관측), 자격루 · 앙부일구(시간 측정), 측우기(세계 최초, 강우량 측정), 인지의 · 규형(토지 측량, 지도 제작 활용) • 천상열차분야지도 : 고구려 천문도를 바탕으로 돌에 새긴 천문도(태조)
역법	『칠정산』 🔖빈출 제작(1444, 세종) : 이순지, 김담 편찬 – 우리나라 최초로 서울을 기준으로 천체 운동을 정확히 계산함 – 중국의 역법(수시력)과 이슬람 역법(회회력)을 받아들여 우리나라 실정에 맞게 고쳐 자주적 역법을 확립함 – 『칠정산』 내편 : 원의 수시력, 명의 대통력의 영향을 받음

측우기

자격루

혼천의(혼의)

시험에 자주 등장해요

조선 전기 과학 기술의 발달을 묻는 문제가 자주 출제됩니다. 특히 천문 관측 기구와 칠정산은 사진과 함께 꼭 기억하세요.

② 의학

『향약집성방』 빈출	세종 때 편찬, 중국의 의서 취합, 우리 풍토에 맞는 약재와 치료 방법 개발 및 정리
『의방유취』	세계 최초, 동양 최대 의학대백과 사전

③ 농업

농업 기술의 발달	2년 3작과 이모작 시행, 모내기법, 목화 재배의 전국적 확산
농서의 편찬	『농사직설』 빈출 편찬(세종, 우리나라 풍토에 맞는 농사법 소개, 독자적 농법 정리 등)

④ 인쇄술과 제지술

인쇄술	태종 때 주자소 설치, 계미자 주조 → 세종 때 갑인자 주조, 식자판 조립 방법 창안
제지술	종이를 전문적으로 생산하는 관청인 조지서를 공조의 속아문으로 설치 → 서적 인쇄

⑤ 무기 제조

병서 편찬	『총통등록』(세종, 화포 제작법과 사용법), 『병장도설』(문종, 군사 훈련 지침서), 『동국병감』(한·중 전쟁사) 등
화약 무기	최해산의 활약(태종 때 발탁, 군기감에서 화약 무기 제조에 기여), 화포·화차 개발(비격진천뢰와 신기전)
병선 제조	판옥선·거북선(태종)·비거도선(작고 날쌘 전선) 제조

화차

합격생의 비법

『농사직설』

1429년 세종 때 정초, 변효문 등이 왕명으로 저술하였다. 중국의 농서인 『제민요술』, 『농사집요』 등을 참고하면서도 경험이 많은 농부들의 농사법을 수집하고 정리하여 만들었다. 벼농사를 비롯한 곡물류의 효율적인 재배법을 해설하여 지방관의 권농 지침서로도 활용하게 하였다.

합격생의 비법

계미자와 갑인자

계미자로 서적을 인쇄할 때는 조판한 활자들이 인쇄할 때마다 흔들려서 하루에 큰 종이 몇 장밖에 못 찍어 냈으나 세종 때는 청동 활자들의 네 귀와 몸통 부분이 꼭 들어맞아 황랍을 녹여 부어 고정시키면 활자가 흔들리지 않아 하루에 20여 장을 인쇄할 수 있었다.

② 성리학의 발달

1) 성리학의 정착

관학파 (훈구파)	• 정도전, 권근 등 • 사장 중심, 부국강병 추진 • 성리학 이외의 사상 포용, 주례를 국가의 통치이념으로 여김
사학파 (사림파)	• 정몽주, 길재의 문인 • 경학 중시, 향촌 자치 추구 • 형벌보다 교화에 의한 통치 강조, 성리학적 명분론 중시

시험에 자주 등장해요

조선 전기 과학 기술의 발달을 묻는 문제가 자주 출제됩니다. 특히 『향약집성방』, 『농사직설』, 계미자와 갑인자, 화포와 화차 개발들은 꼭 기억하세요.

합격생의 비법

성리학

성리학은 우주의 이치와 인간의 본성을 이기론을 통해 종합적으로 파악하려는 학문이다. 우주 만물은 이(理)와 기(氣)의 결합으로 이루어지는데, 이는 사물의 본성을, 기는 사물의 형질을 각각 형성한다고 본다.

2) 성리학의 융성

서경덕	• 기를 중심으로 세계를 이해(기일원론자의 선구자) • 불교와 노장 사상에 대해 개방적인 태도, 천문 · 지리 · 의약 등 학문 분야에 관심 • 개성을 중심으로 한 경기 지방과 호남 지방 일부에 서경덕 학파 형성
이언적	• 기(氣)보다 이(理)를 중심으로 이론 전개 • 이황을 비롯한 후대 성리학자들에 영향을 줌
조식	• 노장 사상 포용, 학문의 실천성 강조 • 정인홍, 김효원 등이 진주를 중심으로 경상 우도 지역에 조식 학파 형성 • 곽재우, 정인홍 등 의병장 배출, 의병을 일으켜 크게 활약 • 광해군 때 북인 정권에서 핵심적 역할 수행

3) 성리학의 집대성

이황 (주리론)	• 도덕적 행위의 근거로 인간의 심성 중시(근본적이며 이상주의적 성격), 이(理)의 능동적 역할 중시 • 주자의 이론을 계승하면서도 조선의 현실을 반영하여 나름대로 체계화 • 남인에 계승, 임진왜란 이후 일본의 성리학 발전에 영향 • 사회 · 경제적 문제 해결에 소극적임 • 저서 : 『주자서절요』(일본 주자학 발달 영향), 『성학십도』 🔺 빈출 (군주 스스로 인격과 학식 수양을 위해 노력할 것 강조) 등
이이 (주기론)	• 이보다는 기(氣)의 역할 강조, 현실적 · 진보적 · 개혁적 성향 • 다양한 개혁 방안 제시 : 수미법 시행, 10만 양병설, 방군수포제 폐지 등 주장 • 저서 : 『동호문답』(인의를 바탕으로 한 왕도 정치 구현, 통치 체제 정비와 수취 제도 개혁 등 제시), 『성학집요』(현명한 신하가 왕의 수양을 도와야 한다고 주장)

4) 학파의 형성과 예학의 발달

① 학파의 형성 : 16세기 중반, 학설 · 지역적 차이에 따라 서원을 중심으로 형성

선조	동인 형성	• 서경덕 학파, 이황 학파, 조식 학파 • 남인과 북인으로 붕당
	서인 형성	• 이이 학파, 성혼 학파 • 노론과 소론으로 붕당
광해군	북인 집권	중립 외교 전개
인조반정 이후	서인과 남인의 공존	• 명에 대한 의리 명분론 강화, 북벌 정책 추진 • 호란 이후 척화론과 의리 명분론으로 대세 주도

② 예학의 발달 : 『주자가례』 중심의 생활 규범서 출현, 성리학자에 의해 관심 증대, 예치(禮治) 강조, 예학 연구의 심화(김장생의 『가례집람』) → 예송 논쟁의 전개

❸ 불교와 민간 신앙

1) 불교 정책 : 억불 정책

태종	궁중 불사 폐지, 사원 재산 몰수, 사원 축소, 도첩제 시행(승려 수 제한)
세종	선종과 교종 통폐합, 사찰 축소, 승려 수와 토지 축소(사원전 존속)
세조	배불 정책 외면, 간경도감 설치하여 『석보상절』 등 불서 제작, 원각사지 십층 석탑 축조
명종	승과 부활, 보우 활동
성종	도첩제 폐지, 유교주의 심화

사이드바

구분	주리론	주기론
특징	원리 중시, 주자의 철학 체계화, 이기이원론	경험적 세계 중시, 일원론적 이기론
계보	이언적 → 이황 → 김성일, 유성룡	서경덕 → 이이 → 조헌, 김장생
학파	영남 학파	기호 학파
당파	동인, 남인 계열	서인 계열

주리론과 주기론

시험에 자주 등장해요

조선 전기 성리학에 대해 묻는 문제가 자주 출제됩니다. 성리학을 집대성한 이황과 이이는 꼭 기억하세요.

합격생의 비법

도첩제

승려가 출가할 때 국가가 신분을 증명하는 제도이다. 군역의 면제자인 승려의 수를 제한하여 군정을 확보하고 불교 교세의 인적 기반을 제약하여 억압하려는 데 목적이 있었다.

합격생의 비법

『석보상절』

1447년 세종이 소헌 왕후의 명복을 빌기 위해 수양 대군에게 명하여 먼저 한문으로 『석가보』를 편찬하고, 이를 한글로 언해한 책이다.

원각사지 십층 석탑

2) 도교 : 사원 정리, 행사 축소, 소격서 설치, 초제 시행

3) 풍수지리설과 도참사상 : 한양 천도에 반영(남경 길지설), 묘지 선정에 작용(산송 논쟁)

4) 민간 신앙 : 국가가 통제, 무격신앙·산신 신앙·삼신 숭배 등 성행, 세시풍속 정착

④ 문학과 예술의 발달

1) 문학

15세기	• 격식 존중, 질서와 조화를 내세움, 조선 왕조 건국 찬양, 민족의 자주 의식 표현 • 『동문선』(서거정) : 삼국 시대부터 조선 초기까지의 시와 산문 가운데 뛰어난 것을 골라 편집, 우리 글에 대한 자주 의식 표현 • 악장 : 새 왕조의 탄생과 업적 찬양, '용비어천가'·'월인천강지곡'
16세기	• 개인적 감정과 심성을 중시 • 설화 문학 : 서민의 풍속과 감정, 역사의식 표현 • 사림 문학 : 표현 형식보다 흥취, 정신 중시 → 한시와 시조, 가사 유행 • 여류 문인의 활동 : 황진이, 허난설헌 등

2) 건축

15세기	• 중심 : 궁궐, 관아, 성곽, 학교 등의 건축 발달 • 특징 : 다포식 유행, 사치 배격, 자연미 강조(창덕궁 비원) • 도성 건축 : 숭례문, 흥인지문, 창덕궁 돈화문, 평양 보통문 등 • 불교 건축 : 무위사 극락전(소박하고 단정), 해인사 장경판전(당시의 과학 기술 집약) 등
16세기	• 중심 : 서원 건축 발달 • 특징 : 정자 건축 양식(야산과 하천 끼고 있는 한적한 곳), 가람 배치 양식(강당 중심, 동·서재), 주택 양식(소규모, 단청 없음) • 경주 옥산 서원, 안동 도산 서원, 파주 자운 서원, 소쇄원, 강릉 오죽헌 등

3) 회화

15세기	• 종류
	  – 화원화 : 도화서 소속의 화원 그림, 몽유도원도 ▲빈출(안견, 신선이 거주하는 이상 세계를 낭만적으로 묘사)
	  – 문인화 : 관료·문인 등 선비의 그림, 고사관수도 ▲빈출(강희안, 선비가 수면을 바라보면서 무념무상에 잠겨 있는 모습 묘사)
	• 특징 : 고상한 생활 철학 반영, 필치가 힘차고 구성이 간결, 중국 역대 화풍을 선택적 수용, 독자적 경지 배척

16세기	• 특징 : 자연 속에서 서정적인 아름다움과 개성 있는 화풍, 강한 필치의 산수화 계승, 선비들의 정신세계를 표현한 사군자 유행 • 이상좌의 송하보월도, 신사임당의 초충도, 이암(꽃·새·벌레·개 등 묘사), 이정(대나무), 황집중(포도), 어몽룡(매화) 등

경복궁 근정전
조선 왕조의 정궁으로 '큰 복을 누리라'는 뜻을 가졌다. 한양을 도읍으로 정한 후 짓기 시작해 1395년 완성되었다. 임진왜란 때 불탔으나 흥선 대원군 때 복원되었다.

창덕궁 인정전

평양 보통문

몽유도원도

고사관수도

송하보월도

묵죽도

초충도

4) 도자기

15세기	분청사기 : 청자에 백토의 분을 칠함, 백자의 확대로 생산 감소
16세기	백자 : 선비들의 취향과 어울려 널리 이용, 담백과 순백의 고상함

분청사기 어문병 🔼 빈출
과감한 생략과 추상적 표현이 돋보이며,
물고기 문양이 많이 나타나 있다.

순백자
순백의 고상함과 아름다움이 깃들어 있다.

5) 공예 : 목공예 · 돗자리 공예에서 재료의 자연미를 살린 작품 제작, 화각 공예 · 자개
　　 공예 · 자수와 매듭 발달

6) 글씨 : 안평 대군(송설체), 양사언(초서), 한호(석봉체)

7) 음악과 무용

① 음악 : 국가의 의례와 밀접한 관련이 있음, 백성의 교화 수단, 아악 체계화(박연),
　　 종묘 제례악 정비, 『악학궤범』편찬(성현, 음악의 역사 정리)
② 무용 : 처용무(궁중), 농악무 · 무당춤 · 승무 · 산대놀이 · 꼭두각시 놀이(민간) 유행

이론을 복습하는 기출문제 04

빈칸 채우기

01 세종은 [　　　　]을/를 반포하여 누구나 쉽게 글을 배워 자기 의사를 마음대로 표현할 수 있도록 하였다.

02 유네스코 세계 기록 문화 유산에 지정된 [　　　　]은/는 일기식 편년체 사서로 왕의 사후에 작성되었다.

03 현존하는 동양 최고의 세계 지도는 [　　　　](이)다.

04 조선 세종 때 간행된 [　　　　]은/는 우리나라 최초로 서울을 기준으로 천체 운동을 정확히 계산한 역법서이다.

05 [　　　　]은/는 우리 풍토에 맞는 약재와 치료 방법을 정리한 의학서이다.

06 이이는 기의 역할을 중시하는 [　　　　]을/를 바탕으로 현실적이고 진보적인 정책을 제시하였다.

07 조선은 숭유 억불 정책의 일환으로 승려가 출가할 때 국가가 신분을 증명해주는 [　　　　]을/를 시행하였다.

08 태조 4년에 제작된 [　　　　]은/는 고구려의 천문도를 바탕으로 돌에 새긴 천문도이다.

09 세종 때 편찬된 농서인 [　　　　]은/는 우리의 풍토와 농민의 경험을 바탕으로 독자적 농법을 정리하였다.

10 강희안의 [　　　　]은/는 선비가 수면을 바라보면서 무념무상에 잠겨 있는 모습을 묘사하였다.

> **정답** 01 훈민정음 02 조선왕조실록 03 혼일강리역대국도지도 04 칠정산 05 향약집성방 06 주기론
> 07 도첩제 08 천상열차분야지도 09 농사직설 10 고사관수도

---

01 30회 19번
(가)에 들어갈 그림으로 옳은 것은?

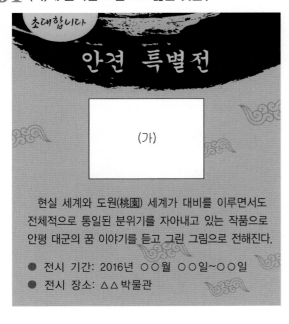

초대합니다

안견 특별전

(가)

현실 세계와 도원(桃園) 세계가 대비를 이루면서도 전체적으로 통일된 분위기를 자아내고 있는 작품으로 안평 대군의 꿈 이야기를 듣고 그린 그림으로 전해진다.

● 전시 기간: 2016년 ○○월 ○○일~○○일
● 전시 장소: △△박물관

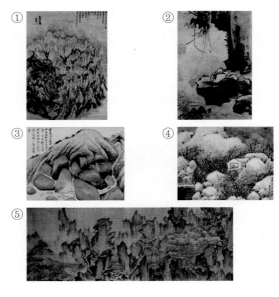

① ② ③ ④ ⑤

> **정답** ⑤
> **해설** (가)에 들어갈 그림은 몽유도원도이다. 몽유도원도는 안견의 작품으로 안평 대군의 꿈 이야기를 듣고 그린 그림이다. 현재는 일본 텐리(天理) 대학에 소장되어 있다.
> **오답 피하기** ① 정선의 금강전도, ② 강희안의 고사관수도, ③ 강세황의 영통골입구도, ④ 전기의 매화초옥도이다.

02 29회 21번 밑줄 그은 '왕'의 재위 기간에 있었던 사실로 옳은 것은?

> 설총이 이두를 제작한 본뜻은 백성을 편리하게 하려 함이 아니겠느냐. 만일 그것이 백성을 편리하게 한 것이라면 지금의 언문(諺文)도 백성을 편리하게 하려는 것이다. 너희들이 설총은 옳다 하면서 왕이 하는 일은 그르다 하니 어찌된 것이냐. …… 내가 만일 언문으로 삼강행실(三綱行實)을 번역하여 민간에 반포하면 어리석은 백성이 모두 쉽게 깨달아서 충신·효자·열녀가 반드시 많이 나올 것이다.

① 청의 요청으로 조총 부대를 파견하였다.
② 법령을 정비하여 경국대전을 완성하였다.
③ 갑인자를 주조하여 활자 인쇄술을 발전시켰다.
④ 청과의 국경선을 정하는 백두산 정계비를 세웠다.
⑤ 군역의 부담을 줄여주기 위해 균역법을 시행하였다.

정답 ③

해설 밑줄 그은 '왕'은 훈민정음을 창제한 조선 세종이다. ③ 세종 때에는 갑인자가 주조되었는데, 식자판을 조립하는 방법으로 인쇄 능률을 높이는 등 활자 인쇄술을 발전시켰다.

오답 피하기 ① 효종 때 청의 요청으로 러시아의 남하를 막기 위해 조총 부대를 파견하였다. ② 성종 때 『경국대전』을 완성하여 법제 체제를 완비하였다. ④ 숙종 때 청과 조선의 대표가 국경 지대를 답사하여 백두산정계비를 건립하여 국경을 정하였다. ⑤ 영조는 백성의 군역 부담을 줄이고자 군포를 1년 1필만 부담하게 하였다.

03 28회 21번 다음 그림이 그려진 당시에 볼 수 있는 모습으로 옳은 것은?

> 이 그림은 안견이 안평대군의 꿈 이야기를 듣고 그린 것입니다. 그림 왼쪽의 현실 세계와 오른쪽의 이상 세계가 대비를 이루면서도 전체적으로 통일된 분위기를 자아내고 있습니다.

① 삼강행실도를 읽고 있는 양반
② 고구마를 밭에 심고 있는 농민
③ 장용영에서 훈련을 받고 있는 군인
④ 천리경으로 별자리를 보고 있는 관리
⑤ 동의수세보원 처방에 따라 약방문을 짓고 있는 의원

정답 ①

해설 안견은 안평 대군이 꿈에서 본 이상 세계인 도원을 그렸다. 1447년 완성된 몽유도원도는 그림 왼쪽의 현실 세계와 그림 오른쪽의 이상 세계를 조화롭게 구현한 걸작으로 평가된다. 안평 대군은 조선 세종의 아들이므로, 세종 때 제작된 ① 『삼강행실도』를 읽고 있는 양반이, 그림이 그려진 당시에 볼 수 있는 모습이다.

04 22회 27번 다음 역사서에 대한 설명으로 옳은 것은?

> 삼가 삼국 이하의 여러 역사를 뽑고 중국사를 채집하였으며, 편년체를 취하여 사실을 기록하였습니다. 또한 범례는 모두 「자치통감」에 의거하고 「자치통감강목」의 첨삭한 취지에 따라 중요한 것을 보존하는 데 힘썼습니다. 삼국이 병립하였을 때는 삼국기(三國紀), 신라가 통일하였을 때는 신라기, 고려 때는 고려기, 삼한(三韓) 이전은 외기(外紀)라 하였습니다. 1400년 동안 국가의 흥망과 임금의 잘잘못을 비롯하여 정치의 성쇠를 모두 거짓 없이 기록하였습니다.

① 세가, 지, 열전 등으로 구성되었다.
② 서거정에 의해 통사 형식으로 편찬되었다.
③ 서사시 형태로 고구려 계승의식이 반영되었다.
④ 고려사절요의 편찬 체제를 정하는 데 영향을 주었다.
⑤ 불교사를 중심으로 고대의 민간 설화 등을 수록하였다.

정답 ②

해설 제시된 자료는 『동국통감』이다. 『동국통감』은 1485년 서거정 등이 편찬한 편년체 역사서로 민족 자주성을 높이기 위해 고조선 시대부터 고려까지의 역사를 통사의 형태로 편찬하였다.

오답 피하기 ① 기전체의 특징으로 『삼국사기』, 『고려사』 등이 있다. ③ 이규보의 『동명왕편』은 고구려 건국 영웅의 업적을 서사시 형태로 저술한 것으로, 고구려 계승 의식이 반영되었다. ④ 『고려사절요』는 문종 때 서적으로 『동국통감』보다 먼저 간행되었다. ⑤ 일연의 『삼국유사』는 불교사를 중심으로 고대 민간 설화와 야사 등을 수록하였다.

05 39회 24번 (가) 궁궐에 대한 설명으로 옳은 것은?

① 고종이 아관 파천 이후에 환궁한 곳이다.
② 도성 내 북쪽에 있어 북궐이라고 하였다.
③ 태종이 한양 재천도를 위하여 건립하였다.
④ 일제에 의해 창경원으로 격하되기도 하였다.
⑤ 정도전이 궁궐과 주요 전각의 명칭을 정하였다.

정답 ①

해설 (가) 궁궐은 덕수궁이다. 덕수궁은 원래 성종의 형인 월산 대군의 집이었지만 선조가 임진왜란 직후 임시로 사용하면서 행궁이 되었다. 덕수궁의 원래 명칭은 경운궁이었는데, 1907년 고종이 순종에게 양위한 뒤 이곳에 살면서 명칭이 덕수궁으로 바뀌었다. 고종은 아관 파천 이후 경운궁(현재의 덕수궁)으로 환궁하였다. 덕수궁 중명전의 처음 이름은 수옥헌이며, 을사늑약(1905.11)이 체결되었던 비운의 장소이다.

오답 피하기 ② · ⑤ 경복궁, ③ 창덕궁, ④ 창경궁에 대한 설명이다.

27회 21번
06 (가)에 들어갈 문화유산으로 옳은 것은?

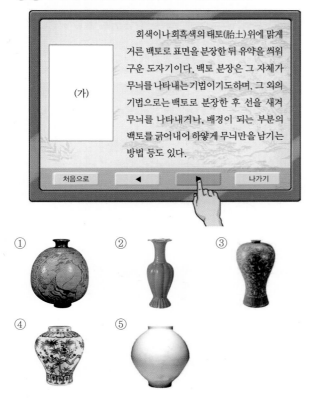

회색이나 회흑색의 태토(胎土) 위에 맑게 거른 백토로 표면을 분장한 뒤 유약을 씌워 구운 도자기이다. 백토 분장은 그 자체가 무늬를 나타내는 기법이기도 하며, 그 외의 기법으로는 백토로 분장한 후 선을 새겨 무늬를 나타내거나, 배경이 되는 부분의 백토를 긁어내어 하얗게 무늬만을 남기는 방법 등도 있다.

처음으로   ◀   ▶   나가기

정답 ①

해설 (가)에 들어갈 문화유산은 분청사기이다. 조선 전기의 분청사기는 회색 또는 회흑색의 태토(胎土) 위에 백토로 표면을 분장한 것이다.

오답 피하기 ② 청자 소문과형병(국보 제94호), ③ 청자 상감 운학문 매병(국보 제68호), ④ 청화 백자 매죽문호(국보 제170호), ⑤ 달 항아리 백자(보물 제1437호)이다.

26회 28번
07 밑줄 그은 '이 자료'에 대한 설명으로 옳지 않은 것은?

이 자료는 조선 역대 왕들의 역사를 후대에 남기기 위해 실록청에서 편찬되었습니다.

① 기전체 형식으로 서술되었다.
② 태조 왕대부터의 기록이 남아 있다.
③ 사초와 시정기 등을 근거로 편찬되었다.
④ 춘추관 관원들이 편찬 업무에 참여하였다.
⑤ 임진왜란 이전에는 4대 사고에 보관되었다.

정답 ①

해설 밑줄 그은 '이 자료'는 『조선왕조실록』이다. 『조선왕조실록』은 조선 역대 왕들의 역사를 후대에 남기기 위해 실록청에서 편찬하였으며, 1대 태조부터 25대 철종까지의 역사적 사실을 편년체로 서술하였다.

36회 17번
08 밑줄 그은 '이 인물'의 활동으로 옳은 것은?

그림 속 역사 이야기

이 그림은 겸재 정선이 부채에 그린 '도산서원'으로, 조선 시대 서원의 고요하고 한적한 분위기를 실감나게 묘사하고 있다. 도산 서원은 이 인물의 학문과 덕행을 기리기 위한 공간으로, 그는 주자의 서간문에서 성리학의 핵심을 뽑아 주자서절요를 지었다.

① 최초의 서원인 백운동 서원을 건립하였다.
② 성호사설에서 한전론의 실시를 주장하였다.
③ 동호문답을 통해 다양한 개혁 방안을 제시하였다.
④ 군주의 도를 도식으로 설명한 성학십도를 저술하였다.
⑤ 가례집람을 지어 예학을 조선의 현실에 맞게 정리하였다.

정답 ④

해설 밑줄 그은 '이 인물'은 이황이다. 이황은 이(理)의 능동적 역할을 중시하는 주리론을 주장하였으며, 주자의 철학을 계승하여 체계화하였다. 이황의 주장은 임진왜란 이후 일본의 성리학 발전에 영향을 끼쳤다. 또 이황은 성리학의 핵심을 뽑은 『주자서절요』와 군주의 도를 도식으로 설명한 『성학십도』 등을 저술하였다.

오답 피하기 ① 주세붕, ② 이익, ③ 이이, ⑤ 김장생에 대한 설명이다.

	14세기		15세기				
	태조	정종	태종	세종	문종	단종	세조
정치	1392 조선 건국 1394 한양 천도		1402 호패법 시행 1413 지방 행정 조직 완성 1416 전국을 8도로 정비	1419 쓰시마 섬 토벌 1420 집현전 확장 1426 3포 개항			1457 중앙군을 5위로 개편
경제				1444 전분 6등법, 연분 9등법 실시			1466 직전법 실시
문화			1402 혼일강리역대국도 지도 제작	1429 『농사직설』 편찬 1432 『삼강행실도』 편찬 1434 앙부일구 제작 1441 측우기 제작 1446 훈민정음 반포			

❶ 통치 조직의 정비

중앙 통치 제도

조선의 중앙 정치 기구

조선은 의정부와 6조를 중심으로 중앙 정치 기구가 정비되었다.

지방 통치 제도

조선의 지방 행정 조직

조선은 전국을 8도로 구분하여 모든 지역에 지방관을 파견하였다.

15세기		16세기					17세기
예종	성종	연산군	중종	인종	명종	선조	광해군
	1485 『경국대전』 편찬	1498 무오사화 1504 갑자사화 1506 중종반정	1510 3포 왜란 1519 기묘사화		1545 을사사화 1555 을묘왜변	1575 동서 붕당 형성 1592 임진왜란 1593 훈련도감 설치	1623 인조반정
							1608 경기도에 대동법 시행
1469 『금오신화』 편찬	1478 『동문선』 편찬		1543 백운동 서원 설립			1568 이황, 『성학십도』 편찬 1575 이이, 『성학집요』 편찬	1610 허준, 『동의보감』 완성 1614 『지봉유설』 편찬

② 조선 전기의 문화

	15세기	16세기
건축	해인사 장경판전  원각사지 십층 석탑	 도산 서원

15세기   16세기

건축

해인사 장경판전

원각사지 십층 석탑

도산 서원

공예

분청사기(소박함)

백자(순백의 고상함, 선비의 취향)

그림

몽유도원도(안견)

고사관수도(강희안)

초충도(신사임당)

대나무(이정)

과학

혼천의(혼의)

자격루

앙부일구

측우기

천상열차분야지도

최신250문항 빈출 키워드 랭킹

1위 상품 작물 재배   1-191p

2위 나선 정벌   1-182p

3위 장용영 설치   1-180p

4위 삼정이정청 설치   1-205p

5위 초계문신제 시행   1-180p

6위 광산 경영 전문가 덕대   1-192p

7위 정여립 모반 사건   1-177p

8위 훈련도감   1-176p

9위 남북국 용어 사용   1-212p

10위 강화학파   1-209p

기출문제 출제경향 분석

5. 조선 후기(정치, 경제, 사회, 문화)

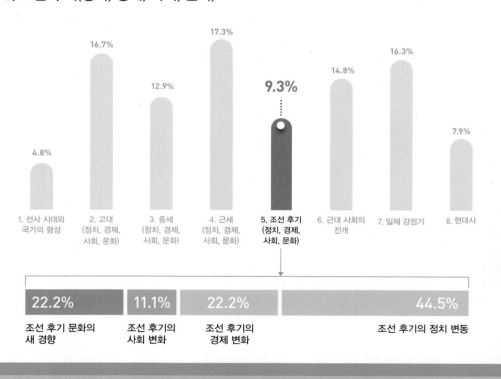

1. 선사 시대와 국가의 형성	2. 고대 (정치, 경제, 사회, 문화)	3. 중세 (정치, 경제, 사회, 문화)	4. 근세 (정치, 경제, 사회, 문화)	5. 조선 후기 (정치, 경제, 사회, 문화)	6. 근대 사회의 전개	7. 일제 강점기	8. 현대사
4.8%	16.7%	12.9%	17.3%	9.3%	14.8%	16.3%	7.9%

조선 후기 문화의 새 경향	조선 후기의 사회 변화	조선 후기의 경제 변화	조선 후기의 정치 변동
22.2%	11.1%	22.2%	44.5%

연표

1678 상평통보 유통

1680 경신환국

1696 안용복, 독도에서 일본인 쫓아냄

1708 대동법 전국에 확대 실시

1712 백두산정계비 건립

1725 영조, 탕평책 실시

1750 균역법 실시

5 PART

조선 후기(정치, 경제, 사회, 문화)

1776	1785	1801	1811	1860	1861	1862
규장각 설치	『대전통편』 완성	신유박해	홍경래의 난	최제우, 동학 창시	김정호, 대동여지도 제작	임술 농민 봉기

1654	1659	1674	1680	1712	1725	1776	1796	1800	1801
나선 정벌	1차 예송 논쟁	2차 예송 논쟁	경신환국	백두산정계비 건립	영조, 탕평책 실시	정조 즉위	수원 화성 완성	순조 즉위	신유박해

연표

01 조선 후기의 정치 변동

출제빈도 **상** | 중 | 하

❶ 통치 체제의 변화

1) 비변사의 기능 강화

① 변천

시기	특징
중종	3포 왜란 이후 여진족과 왜구의 침략을 방어하기 위해 **임시 기구로 설치**
명종	**을묘왜변을 전후로 독립된 상설 기구로 정비**
선조	• **임진왜란을 겪는 동안 전쟁 수행을 위한 최고 기관으로 기능 확대** • 구성원 확대 : 문무 고위 관원들의 합의 기관으로 확대 • 기능 강화 : 군사뿐만 아니라 외교, 재정, 사회, 인사 문제 등 거의 모든 정무 총괄
고종	왕권 강화를 추진한 흥선 대원군에 의해 혁파

② 영향 : 비변사의 기능 강화 → 의정부와 6조의 기능 약화, 왕권 약화 초래

출제 사료	비변사

비변사는 중외의 군국 기무를 모두 관장한다. …… 도제조는 현임과 전임 의정이 겸하고, 제조는 정수가 없으며 전임으로 뽑아 임명한다. 이 · 호 · 예 · 병 · 형조 판서, 양국 대장, 양도 유수, 대제학은 직위에 따라 당연히 겸직한다. 4명은 유사당상이라 부르고 8명은 팔도 구관당상을 겸임한다. ─『속대전』─

● **출제 포인트 분석**

임진왜란 이후 기능이 확대된 비변사는 군사 외에도 거의 모든 정무를 총괄하였다. 또 전 · 현직 정승을 비롯하여 공조를 제외한 5조 판서와 참판, 각 군영의 대장, 강화 유수, 대제학 등 국가의 주요 관원들로 구성이 확대되었다.

2) 군사 제도의 변화

중앙군	• 조선 초기 : 5위 → 16세기 대립제의 일반화로 5위 체제 붕괴 → 17세기 말 **5군영 체제 확립** • 특징 : 상비군제, 대외 관계나 국내 정세의 변화에 따라 임기응변으로 설치, 서인의 사병적 성격 • **훈련도감** 🔼 빈출 : 임진왜란 중 설치, 수도를 방위하는 핵심 부대, **삼수병**(포수 · 살수 · 사수)으로 편제, **직업적인 상비군** • 후금과의 항쟁 과정에서 **어영청**(한성 수비, 북벌 준비) 🔼 빈출, **총융청**(북한산성, 경기 일대 방어), **수어청**(남한산성, 수도 남부 방어) 설치, 숙종 때 왕실의 호위를 강화하기 위해 **금위영** 설치
지방군	• **속오군** : 속오법에 따라 양반에서부터 노비까지 포함하여 군대 편제, 평상시 생업에 종사, 유사시 전투에 투입 → 양반의 회피로 상민과 노비의 부담 가중 • 방어 체제 변화 : 진관 체제(15세기) → 제승방략 체제(16세기) → 진관 체제 복귀(임진왜란 이후)

『비변사등록』

조선 중기 이후 국가 최고 회의 기관이었던 비변사의 활동에 대한 일기체 기록이다. 『승정원일기』, 『일성록』과 함께 조선 후기의 사료로 중요한 의미를 갖는다. 특히 실록을 편찬할 때 『비변사등록』을 기본 자료로 사용하였기 때문에 그 사료적 가치가 높게 평가되고 있다.

시험에 자주 등장해요

조선 후기 비변사에 대해 묻는 문제가 자주 출제됩니다. 비변사의 기능과 구성원의 확대와 함께 『비변사등록』도 꼭 기억하세요.

합격생의 비법

어영청

인조반정으로 집권한 서인이 정권을 안정시키고 외적의 침입에 대비하기 위해 설치하였다. 총융청, 수어청과 함께 서인 세력의 군사적 기반이 되었다.

왕께서 환도하신 후, 훈련도감을 설치하여 군사를 훈련시키라 명하시고, 나를 도제조로 삼았다. 나는 "곡식 1천 석을 꺼내 하루 한 사람에게 두 되씩 준다고 하여 군인을 모집하면 응모하는 자들이 사방에서 모여들 것입니다."라고 아뢰었다. 얼마 안 되어 수천 명을 모집하여 조총 쏘는 법과 창, 칼 쓰는 기술을 가르쳤다.

　　　　　　　　　　　　　　　　　　　　　　　　　　　　　– 유성룡, 『서애집』 –

● 출제 포인트 분석

　임진왜란 중 군사력 강화를 위해 유성룡의 건의에 따라 설치된 훈련도감은 포수, 살수, 사수의 삼수병으로 조직되었으며, 구성원의 대부분은 급료를 받는 상비군이었다.

제승방략 체제

각 읍의 수령들이 소속 군사를 이끌고 본진을 떠나 지정된 방위 지역으로 가서 중앙에서 파견된 장수의 지휘를 받는다. 유사시 각 지역의 병력을 한 곳에 모을 수 있는 전술이다.

② 붕당 정치의 전개와 변질

1) 조선 후기 정치 세력의 변화

① 선조 : 이조 전랑 후임자 천거 문제로 동인과 서인으로 붕당, 정여립 모반 사건 🔺빈출 (기축옥사)을 계기로 동인은 남인(온건파)과 북인(강경파)으로 분열

② 광해군 : 북인의 권력 독점 → 서인과 남인 배제 → 인조반정으로 몰락

③ 인조 : 서인 집권, 남인 일부 세력 참여 → 서로의 학문적 입장을 인정하는 토대 위에서 상호 비판적인 공존 체제 형성

2) 예송 논쟁의 전개(현종)

배경	차남으로 왕위를 이은 효종의 정통성과 관련하여 서인과 남인들의 학문과 정치 노선 차이 → 두 차례 발생
서인과 남인의 입장	• 서인(송시열) : 『경국대전』, 『주자가례』에 따라 왕과 일반 사대부를 똑같이 취급해야 한다고 주장, 효종을 적장자로 보지 않음 • 남인(허목) : 『주례』, 『예기』 등에 따라 왕은 일반 사대부와 종법을 똑같이 적용할 수 없다고 주장, 효종을 왕위를 계승한 적통으로 봄
1차 예송 (1659, 기해예송)	• 계기 : 효종의 사망에 따른 인조의 계비인 자의대비의 복상 문제 🔺빈출 • 주장 : 서인(1년설, 기년설), 남인(3년설) • 결과 : 서인 승리로 1년설 채택, 남인 실각
2차 예송 (1674, 갑인예송)	• 계기 : 효종 비의 사망에 따른 인조의 계비인 자의 대비의 복상 문제 • 주장 : 서인(9개월설, 대공설), 남인(1년설, 기년설) • 결과 : 남인 승리로 1년설 채택
영향	붕당 간의 대립이 치열해짐(서인과 남인의 대립 격화)

정여립 모반 사건

정여립은 본래 서인이었으나 이후 동인의 편에 들어갔다. 이로 인해 벼슬을 버리고 고향으로 돌아갔으나 사람들을 모아 반역을 꾀한다는 의심을 받아 그는 관군에 잡히기 전 자살하였다. 이 사건으로 동인이 박해를 받았다.

우암 송시열

서인을 대표하는 송시열은 효종의 세자 시절 스승이었다. 윤휴를 사문난적이라고 비판하였으며 기축봉사를 올려 명에 대한 의리를 내세웠다. 그는 예송 과정에서 남인과 치열하게 논쟁을 벌였으며, 경종의 세자 책봉에 반대하는 상소를 올렸다가 제주도로 유배당하였다.

붕당은 싸움에서 생기고 싸움은 이해관계에서 생긴다. 이해관계가 절실하면 붕당이 깊어지고, 이해관계가 오래될수록 붕당이 견고해지는 것은 당연하다. 지금 열 사람이 함께 굶주리고 있는데, 한 그릇의 밥을 같이 먹게 된다면, 그 밥을 다 먹기도 전에 싸움이 일어날 것이다. …… 관직은 적은데 과거에 응시하는 사람은 많아서 모두 등용할 수 없다는 것이다.

　　　　　　　　　　　　　　　　　　　　　　　　　　　　　– 『성호집』 –

● 출제 포인트 분석

　이익은 붕당이 발생한 원인을 관직의 수가 적은데 관직에 나가려는 자가 많았기 때문이라고 여겼다.

합격생의 비법

이조 전랑의 권한 축소

환국을 왕이 직접 나서서 주
도함에 따라 왕실 외척이나
종실과 직결된 집단의 정치
적 비중이 커졌다. 또 삼사와
이조 전랑은 환국이 거듭되
는 동안 자기 당의 이익을 직
접 대변하는 역할을 하여 정
치적 비중이 줄어들었다. 이
에 정치권력이 고위 관원에
게 집중되면서 그들의 합좌
기구인 비변사의 기능은 강
화되었다.

시험에 자주 등장해요

조선 후기 정치의 변화를 묻
는 문제가 자주 출제됩니다.
특히 예송과 환국의 내용
을 각각 잘 정리하여 기억하
세요.

3) 환국의 발생

의미	숙종 때 정국을 주도하는 붕당과 견제하는 붕당이 서로 교체되어 정국이 급격하게 바뀌는 정치(왕권 강화를 목적으로 추진)
경신환국(1680)	서인의 남인 역모 모함 → 남인 축출 빈출 (허적, 윤휴 등), 서인 집권(서인이 노론과 소론으로 분화)
기사환국(1689)	장희빈의 아들을 세자로 책봉하는 문제를 서인이 반대 → 남인 집권, 서인 축출
갑술환국(1694)	서인의 인현 왕후 복위 운동을 남인이 탄압 → 남인 몰락, 서인 집권
결과	특정 붕당이 정권을 독점하는 일당 전제화 추세, 서인과 남인의 격렬한 대립 → 서인의 분화로 노론과 소론 경쟁, 붕당 정치의 변질

	인조반정		기해예송, 갑인예송		경신환국		기사환국		갑술환국	
북인	——	서인	——	남인	——	서인	——	남인	——	서인

예송과 환국의 정치적 양상

출제 사료 환국의 전개

• 궐내에 보관하던 기름 먹인 장막을 허적이 다 가져갔음을 듣고, 임금(숙종)이 노하여 "궐내에서 쓰는 장막을 마음대로 가져가는 것은 한명회도 못하던 것이다."라고 말하였다. 시종에게 알아보게 하니, 잔치에 참석한 서인(西人)은 몇 사람뿐이었고, 허적의 당파가 많아 기세가 등등하였다고 아뢰었다. …… 이에 임금이 남인(南人)을 제거할 결심을 하였다. …… 허적이 잡혀오자 임금이 모든 관직을 삭탈하였다. – 『연려실기술』 –

• 1689년 1월, 숙종은 (장희빈이) 낳은 지 두 달된 왕자의 명호를 '원자(元子)'로 정하고자 하였다. 송시열이 시기상조라며 반대하자 관작을 삭탈하고 문외출송하도록 명하였다. 이를 계기로 서인들이 파직되고 남인 계열의 인물들이 대거 등용되었다.

• 1694년 3월, 남인 계열 대신들이 옥사를 일으키자 숙종은 남인 대신들의 관작을 삭탈하고 서인들을 대거 등용하였다. 이후 폐위되어 사가에 있던 인현 왕후를 복위시켰다.

● **출제 포인트 분석**

1. **경신환국** : 숙종 6년 허적이 왕의 허락 없이 기름 먹인 장막을 사용하자 서인이 남인을 역모로 몰아 남인을 축출하였고 서인이 집권하였다.

2. **기사환국** : 숙종 15년 장희빈의 소생을 원자(후에 경종으로 즉위)로 책봉하는 것을 반대한 서인 정권을 몰아내고 장희빈을 왕비로 격상시켰다.

3. **갑술환국** : 숙종 20년 남인이 인현 왕후 복위 문제로 서인을 탄압하다가 오히려 남인이 몰락하고 서인이 다시 집권하였다.

4) 서인의 노론과 소론 분화

배경	정책 수립과 상대 붕당을 탄압하는 과정에서 노장 세력과 신진 세력의 갈등 심화 → 경신환국 이후 남인에 대한 입장 차이로 서인은 노론과 소론으로 분화 → 갑술환국으로 남인이 몰락한 후 노론과 소론 대립
노론	송시열을 중심으로 결집, 대의명분 존중, 민생 안정 강조, 숙종과 숙빈 최씨 사이의 소생인 연잉군(영조) 지지
소론	윤증을 중심으로 결집, 실리 중시, 적극적인 북방 개척 주장, 성리학 이해의 탄력성을 보임(박세당, 정제두 등), 숙종과 희빈 장씨 사이에 태어난 경종 지지

합격생의 비법

신임사화

신축년(1721)~임인년(1722) 사
이에 일어난 노론과 소론의
대립으로, 두 해에 걸쳐 일어
났기 때문에 신임사화라고
한다. 아들이 없고 몸이 약한
경종이 즉위하자 노론파 김
창집 등은 경종의 병을 이유
로 연잉군(영조)을 왕세제로
책봉할 것을 건의하였다. 또
노론 4대신(김창집, 이건명,
이이명, 조태채)은 왕세제
의 대리청정까지 주장하였
는데, 소론파는 이것의 부당
성을 상소하였고 노론의 경
종에 대한 불충으로 몰아 노
론을 탄핵하였다. 이후 목호
룡의 고변 사건으로 왕세제
의 대리청정을 주장한 노론
대신들은 차례로 사형당하
였다.

5) 경종의 정치

① 노론과 소론의 대립 격화 : 왕위 계승 문제와 왕세자(영조)의 대리청정 문제를 둘러싼 대립 심화 → 소론 집권

② 소론의 노론 탄압(신임사화) : 신축년과 임인년 사이에 일어난 노론과 소론의 대립 심화(신축환국, 임인옥사)

조선 후기 정치 세력의 변화

❸ 영조와 정조의 탕평 정치

1) 탕평론의 대두

① 배경 : 붕당 정치의 변질로 정치 집단 간의 세력 균형 붕괴 → 왕권의 불안 → 강력한 왕권을 토대로 국왕이 정치의 중심에 서서 세력의 균형을 유지하려는 탕평론 제기

② 숙종의 탕평책 : 인사 관리를 통한 세력 균형 유지, 탕평론 제시 → 편당적 인사 관리로 환국의 빌미 제공

③ 영조 · 정조의 탕평책 : 붕당 간 세력 다툼으로 왕권 약화 → 국왕 중심의 정국 운영 도모

2) 영조의 정책

탕평책	• 배경 : 붕당 간의 대립 심화로 왕권 불안 → 탕평책 실시 • 내용 – 붕당 간의 화합을 위해 탕평 교서 발표, 이인좌의 난 ⚔ 빈출 이후 본격적으로 탕평책 실시 – 탕평파를 중심으로 정국 운영 → 완론 탕평(왕실이나 외척과 결탁한 특권 세력의 존재를 인정함) – 탕평비 설립 ⚔ 빈출 (성균관), 산림의 존재 부정, 붕당의 근거지인 서원 대폭 정리, 이조 전랑의 권한 축소(자신의 후임자 천거권 및 통청권 폐지)
사회 개혁	균역법 실시 ⚔ 빈출 (군포를 1년에 2필에서 1필로 감액), 가혹한 형벌 폐지, 사형수에 대해 엄격한 삼심제 시행, 신문고 부활, 청계천을 정비하는 도성 정비 사업 추진(준천사 설치)
문물 정비	『속대전』, 『동국문헌비고』, 『속오례의』, 『동국여지도』, 『속병장도설』, 『증수무원록』 등 편찬
한계	붕당 간의 다툼을 일시적으로 억제한 것에 불과 → 붕당 간의 균형 유지 실패

출제 사료   영조의 탕평 교서

근래에 와서 인재의 임용이 당목에 들어 있는 사람만으로 이루어지니 …… 이러한 상태가 그치지 않는다면 조정에 벼슬할 사람이 몇 명이나 되겠는가. …… 지금 새롭게 중창할 시기를 맞이하여 …… 유배된 사람들은 의금부로 하여금 그 경중을 헤아려 대신과 함께 등대(登對) 소석(疏釋)하도록 하고, 전조는 탕평의 정신을 수용토록 하라. …… 너희 여러 신하들은 …… 성인께서 잘못한 자를 바로잡는 뜻을 따라 당습을 버리고 공평하기에 힘쓰라.

― 『영조실록』 ―

● 출제 포인트 분석

탕평은 강력한 왕권을 토대로 국왕이 정치의 중심에 서서 세력 균형을 유지하려는 정책이었다. 영조는 즉위 직후 탕평 교서를 발표하여 어지러운 정국을 바로 잡으려 하였으며, 탕평파를 중심으로 정국을 운영하고 사림의 존재를 인정하지 않았다.

합격생의 비법

이인좌의 난

1728년 이인좌 등의 소론과 남인 일부 강경파가 영조의 정통성을 부정하며 노론 정권에 반대하는 난을 일으켰다. 무신년에 일어난 반란이라고 해서 무신난(戊申亂)이라고도 한다.

탕평비

영조의 청계천 준천 사업

영조 때 생활 하수였던 청계천의 수위가 높아지자 준천사를 설치하고 청계천 준천 사업을 전개하였다. 또 도성의 물난리를 예방하기 위해 내사산(도성을 잇는 북악산, 낙산, 남산, 인왕산 등 4개의 산)의 벌목을 금지하기도 하였다.

시험에 자주 등장해요

영조의 정책을 묻는 문제가 자주 출제됩니다. 특히 영조의 탕평책과 균역법은 꼭 기억하세요.

규장각도

시흥환어행렬도
정조가 화성에서 서울로 가는 도중 하룻밤을 머무르기 위해 시흥에 있는 행궁에 도착한 모습을 그린 그림이다.

3) 정조의 정책

탕평책	• 사도 세자의 죽음으로 시파와 벽파의 갈등 발생 • 준론 탕평(당파의 옳고 그름을 명백히 가리는 입장) → 외척이나 환관 세력 제거, 시파 기용, 소론과 남인 계열도 등용(능력 위주의 인재 등용)
왕권 강화 정책	• 초계문신제 시행 빈출 : 신진 인물이나 중하급 관원(당하관)들 가운데 능력 있는 자를 선발하여 규장각에서 재교육 → 정조의 친위 세력 양성 • 규장각 설치 : 왕실 도서관 기능에서 정치적 기구로 변화, 비서실 기능, 학술 연구 기관, 과거제 주관, 문신 교육 담당 등 → 왕권과 정책을 뒷받침하는 강력한 정치 기구로 육성 • 장용영 설치 빈출 : 국왕 직속의 친위 부대 → 왕권을 뒷받침하는 군사적 기반 확립 • 수원 화성 축조 : 이상 정치 실현 목적 → 정치적·군사적 기능 부여, 상업적 기반 강화, 사도 세자 묘지 이장(현륭원), 화성 행차 시 백성들과 접촉 기회 확대(백성의 의견을 정치에 반영) • 수령의 권한 강화 : 수령이 군현 단위의 향약을 직접 주관함 → 지방 사족의 영향력 억제, 백성에 대한 국가 통치력 강화
개혁 정책	• 서얼과 노비에 대한 차별 완화 : 유득공, 박제가, 이덕무 등 서얼 출신 검서관 등용 • 통공 정책 실시 : 자유로운 상업 행위 보장, 육의전을 제외한 시전 상인의 금난전권 폐지(신해통공) • 중국과 서양의 과학 기술 수용, 전통 문화 계승(중국의 『고금도서집성』 수입) • 격쟁 제도, 상언 제도, 암행어사 제도 등 활성화
문물 정비	『대전통편』, 『탁지지』, 『증보동국문헌비고』, 『동문휘고』, 『일성록』, 『무예도보통지』 등 편찬
한계	정치 운영이 어느 정도 안정되어 조선 후기 문화 발달의 기반이 되었으나 강력한 왕권으로 붕당을 억눌러 근본적인 해결이 되지 않음 → 정조 사후 세도 정치 등장 배경이 됨

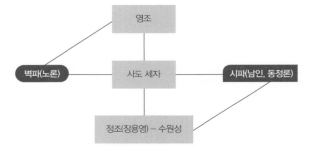

시파와 벽파의 관계
시파는 남인과 소론 계통, 일부 노론 계통으로 사도 세자의 잘못은 인정하면서도 죽음 자체는 지나쳤다는 입장이다(임오의리). 반면 벽파는 노론 강경파로 사도 세자의 죽음은 당연하고 영조의 처분은 정당하였다는 입장이다(신임의리).

출제 사료 | 정조의 화성 건설

화성전도

수원 화성

거중기

화성은 서쪽으로는 팔달산을 끼고 동쪽으로는 낮은 구릉의 평지를 따라 쌓은 평산성으로, 성곽의 둘레는 약 5.7km, 성벽의 높이는 4~6m 정도이다. 정약용의 지시로 1794년에 성을 쌓기 시작하여 2년여 만에 완성하였다. 정약용이 만든 거중기 등 당시의 발달된 과학 기기를 사용하여 공사 기간을 단축하고 공사비를 줄일 수 있었다.

● **출제 포인트 분석**
화성 성역 건설 사업은 1794년 정월에 시작되어 1796년에 완성되었다. 공사가 끝난 뒤에 『화성성역의궤』를 편찬하여 공사에 관련된 모든 경비, 인력, 기계, 물자, 건축물들을 상세히 기록하였다. 공사 기간 동안 소요된 화성 건설의 전 과정에 약 80만 냥의 경비가 지출되고 공사에 참여한 노동자인 장인들에게는 일당의 품값이 지불되었는데, 이에 대해서도 『화성성역의궤』에 기록되어 있다.

시험에 자주 등장해요

정조의 정책을 묻는 문제가 자주 출제됩니다. 특히 정조의 왕권 강화 정책과 개혁 정책은 꼭 기억하세요.

❹ 세도 정치와 삼정의 문란

1) 의미 : 특정 가문이 권력을 독점하는 정치 형태

2) 배경 : 정조 사후 정치 세력 간의 균형 붕괴 → 유력 가문에 권력 집중

3) 전개 : 순조, 헌종, 철종 3대 60여 년 동안 안동 김씨, 풍양 조씨 등 왕의 외척 세력이 권력 행사

순조	• 정순 왕후의 수렴청정, 노론 벽파의 정국 주도 → 신유박해를 이용하여 규장각 출신 축출, 장용영 혁파, 훈련도감 장악 • 순조의 장인 집안인 안동 김씨의 세도 정치 전개 → 반남 박씨, 풍양 조씨 등과 협력하여 정국 주도 • 순조가 국정을 주도하려 하였으나 개혁 세력의 부재로 실패
헌종	헌종의 외척인 풍양 조씨가 득세
철종	안동 김씨가 권력 장악

4) 권력 구조

① 소수의 유력 가문이 정치 주도 → 정치 기반 축소

② 비변사 등 주요 관직 독점, 훈련도감 등 군영의 지휘권 장악 → 의정부와 6조의 유명 무실화, 왕권 약화 초래

5) 폐단

① 정치 기강의 문란 : 개혁 의지 상실, 매관매직의 성행

② 삼정의 문란 심화 : 수령과 향리의 수탈 강화, 농민의 부담 증가 → 농민 봉기의 발생

전정	정해진 양 이상 세금 징수, 황무지에 세금 부과, 부당한 명목으로 세금 징수
군정	군포를 내지 못하는 사람의 가족이나 이웃에게 강제 징수(인징·족징), 군역의 의무가 없는 어린 아이나 죽은 사람에게까지 징수(황구첨정·백골징포)
환곡	• 삼정 중 농민에게 가장 큰 고통을 줌 • 필요하지 않은 사람에게 억지로 곡식 대여, 환곡을 받지 않은 사람에게 이자 부과 등 환곡이 고리대화됨

합격생의 비법

신유박해의 의미

• **내부** : 남인, 소론, 노론 시파에 대한 벽파의 정치적 공세, 홍경래의 난 등 각종 민란에 대해 공포 정치로 대응
• **외부** : 천주교를 앞세운 서양 세력의 침투에 대한 경계(황사영의 백서 사건)

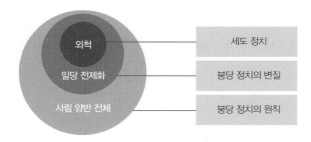

집권층의 변화

붕당 정치가 변질되고 세도 정치가 이루어지면서 정치 참여 기회가 축소되었다. 세도 정치 시기에는 붕당 등 정치 집단들 사이의 대립 구도도 없어지고, 중앙 정치를 주도하던 소수의 유력 가문이 정치를 주도하였다.

시험에 자주 등장해요

세도 정치를 묻는 문제가 자주 출제됩니다. 세도 정치로 정치 기강과 삼정이 문란해졌다는 사실을 꼭 기억하세요.

출제 사료	세도 정치의 폐단

- 가을에 한 늙은 아전이 대궐에서 돌아와서 처와 자식에게 "요즘 이름 있는 관리들이 모여서 하루 종일 이야기를 하여도 나랏일에 대한 계획이나 백성을 위한 걱정은 전혀 하지 않는다. 오로지 각 고을에서 보내오는 뇌물의 많고 적음과 좋고 나쁨만에 관심을 가지고, 어느 고을의 수령이 보낸 물건은 극히 정묘하고, 또 어느 수령이 보낸 물건은 매우 넉넉하다고 말한다. 이름 있는 관리들이 말하는 것이 이러하다면 지방에서 거둬들이는 것이 반드시 늘어날 것이다. 나라가 어찌 망하지 않겠는가?"하고 한탄하면서 눈물을 흘려 마지 않았다. －『목민심서』－
- 오랫동안 체납된 환곡을 탕감하는 것, 대동미의 징수를 정지하거나 연기하는 것, 재해 입은 농지의 조세 징수를 면제하는 것, 이 세 가지는 나라에서는 손실이 있으나 백성에게는 이득이 되지 않는다. …… 오랫동안 체납된 환곡을 징수하는 것을 정지 또는 연기하라는 윤음(綸音)이 내려지는 것을 여러 번 보았으나, 조금의 혜택도 촌민에게는 미치지 않았다. －『경세유표』－

● **출제 포인트 분석**

세도 정치 시기에는 몇몇 유력 가문이 정치를 독점하여 매관매직과 뇌물이 성행하였다. 또 세도가들은 자신들의 이익만을 챙겼고, 삼정이 문란해져 수령과 향리의 수탈이 증가하면서 백성의 부담이 커졌다.

⑤ 조선 후기의 대외 관계

1) 청과의 관계

① 북벌론의 대두

㉠ 인조의 치욕적인 항복, 소현 세자와 봉림 대군이 인질로 끌려감 → 청에 당한 치욕을 씻고 명의 원수를 갚자는 주장을 하며 북벌 운동 전개

㉡ 효종 즉위의 명분과 왕권의 정통성 마련을 위해 북벌론 제기 → 이완 · 송시열 등 서인 세력이 주도

㉢ 어영청 중심(군대 양성), 성곽 수리 등 추진 → 실천에 옮기지 못함

② 북학론의 등장 : 박지원, 박제가, 이덕무 등을 중심으로 청의 선진 문물을 배우고 수용하자는 움직임이 일어남

시험에 자주 등장해요

나선 정벌을 묻는 문제가 자주 출제됩니다. 청의 요청으로 조총 부대를 파견한 사실을 기억하세요.

③ 나선 정벌 빈출 추진 : 흑룡강 부근으로 남하하는 러시아(나선)를 막기 위해 청이 조선에 파병 요구 → 조총 부대를 파견하여 두 차례에 걸쳐 큰 전과를 올림(1654, 1658)

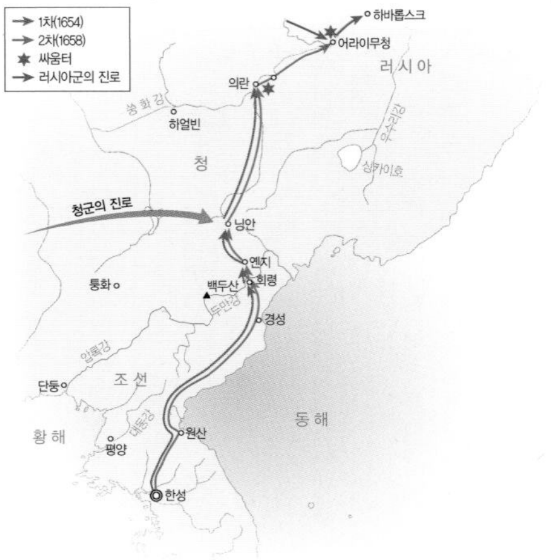

나선 정벌

④ 국경 분쟁의 발생

　　㉠ 원인 : 청의 만주 지방 성역화(봉금 지대 설정) → 조선인의 일부가 두만강 이북
　　　　지역에서 활동(인삼 채취, 수렵이 목적) → 청과 조선의 국경 분쟁 발생

　　㉡ 백두산정계비 건립

목적	청과 조선 정부가 국경을 명확히 하고자 함
건립	1712년 청과 조선 대표가 국경 지대를 답사한 후 건립 → 동쪽으로 토문강, 서쪽으로 압록강을 경계로 함
간도 귀속 문제 발생	토문강의 위치에 대한 해석상의 차이로 간도 귀속 문제 발생(청은 두만강, 조선은 송화강이라고 주장)

2) 일본과의 관계

① 일본의 국교 재개 요청 : 임진왜란 이후 국교 단절 → 도쿠가와(에도) 막부가 경제적
어려움 해결과 선진 문물 수용을 목적으로 요구 → 포로 쇄환 문제로 국교 재개(회답
겸 쇄환사 파견 **빈출**, 조선인 포로 7,000여 명을 돌려받음)

② 기유약조 체결(1609) : 일본 사신의 서울 입경 금지, 부산포에 왜관 설치(초량 왜관
빈출) → 제한된 범위 내에서 교섭 허용

③ 조선 통신사 파견 : 12차례 대규모 사절단 파견

　　㉠ 일본의 목적 : 선진 문물 수용, 쇼군의 권위를 국제적으로 인정

　　㉡ 조선의 목적 : 포로 쇄환, 일본의 정세 정탐

　　㉢ 영향 : 외교 사절 및 문화 사절 파견 → 일본의 학문과 문화 발전에 기여

④ 울릉도와 독도

울릉도	• 태종 : 왜구 침입을 예방하기 위해 공도 정책(空島 政策, 섬을 비우는 정책) 결정 • 숙종 : 일본 어민의 불법 침투 증가 → 안용복이 울릉도의 일본 어민 축출, 일본에 건너가 울릉도와 독도가 조선의 영토임을 확인받고 귀환 → 19세기 말 조선 정부의 울릉도 적극 경영(주민 이주, 관리 파견, 독도 관할 등)
독도	• 『고려사』, 『동국여지승람』에 독도 기록이 있음 • 대한 제국 시기 울릉도를 군으로 승격하며 독도를 관할하도록 함(대한 제국 칙령 41호 반포, 1900) • 러·일 전쟁 때 일본이 죽도(다케시마)로 명명하며 불법 점령하여 영토 편입(시마네현 고시 제40호, 1905)

빈칸 채우기

01 왜와 여진의 침략을 방어하기 위한 임시기구였던 ☐☐☐은/는 임진왜란 이후 최고 의결 및 집행 기구로 위상이 강화되었다.

02 조선 숙종 8년 왕의 호위를 강화하기 위하여 5군영 중 ☐☐☐이/가 설치되었다.

03 조선 광해군이 임해군과 영창대군을 살해하고 인목대비를 유폐하였다는 폐모살제는 ☐☐☐의 명분이 되었다.

04 조선 광해군은 세력이 커진 후금을 배척하지 않으면서도 명과의 사대 관계를 유지하는 ☐☐☐을/를 펼쳤다.

05 조선 효종은 러시아가 남하하자 청의 원정 요청을 받아들여 두 차례에 걸친 ☐☐☐을/를 단행하였다.

06 ☐☐ 논쟁은 조선 효종과 효종의 비가 죽은 후 자의 대비가 적장자에 준하는 상복을 입을 것인가를 두고 벌어진 논쟁이다.

07 조선 숙종에 의한 집권 세력의 교체 및 주도 붕당과 견제 붕당 간 반복적으로 정권이 교체되는 것을 ☐☐(이)라고 한다.

08 조선 영조는 왕실 또는 외척과 결탁한 특권 세력의 존재를 용인하는 완론 ☐☐ 정책을 실시하였다.

09 조선 정조는 왕권을 강화하기 위해 학술 연구 기관인 ☐☐☐을/를, 친위 부대인 ☐☐☐을/를 설치하였다.

10 조선 정조 사후 정치 세력 간의 균형이 붕괴되면서 유력 가문에 권력이 집중되는 ☐☐☐이/가 전개되었다.

> **정답** 01 비변사 02 금위영 03 인조반정 04 중립 외교 05 나선 정벌 06 예송 07 환국 08 탕평 09 규장각, 장용영 10 세도 정치

---

01 다음 정책을 실시한 왕의 업적으로 옳은 것은?

> 도성 안의 도랑이 막혀 물길이 넘쳐서 많은 여염집이 물에 잠겨 백성이 편히 살지 못하므로, 준천사(濬川司)를 설치하여 돌을 캐어다 높이 쌓고 도랑을 쳐서 잘 흘러가게 하였다. 이로 인해 마을 집들이 잠기지 않아서 모두 편히 지냈다. 신문고를 다시 설치하여 하정(下情)을 통하게 하였다.

① 대동법을 전국으로 확대 실시하였다.
② 왕의 친위 부대인 장용영을 설치하였다.
③ 명과 후금 사이에서 중립 외교를 추진하였다.
④ 백성들의 군역 부담을 줄여주고자 균역법을 시행하였다.
⑤ 청의 요청으로 나선 정벌을 위해 조총 부대를 파견하였다.

> **정답** ④
> **해설** 조선 영조는 청계천을 준설하기 위해 준천사를 만들었다. 또 균역법을 시행하고 완론 탕평책을 실시하였으며, 신문고 제도를 부활하였다. 이외에 『속대전』 등을 간행하였고, 산림의 존재를 부정하였다.
> **오답 피하기** ① 조선 숙종, ② 조선 정조, ③ 조선 광해군, ⑤ 조선 효종에 해당하는 설명이다.

---

02 다음 상황 이후에 전개된 사실로 옳은 것은?

기사년 원자 명호(名號)를 정한 것에 반대한 송시열의 관직을 회복시키고 제사를 지낼 수 있도록 하라.

① 소론과 노론이 정국을 주도하였다.
② 외척 간의 대립으로 을사사화가 일어났다.
③ 허적과 윤휴 등 남인들이 대거 축출되었다.
④ 북인이 서인과 남인을 배제하고 권력을 장악하였다.
⑤ 정여립 모반 사건으로 인해 기축옥사가 발생하였다.

> **정답** ①
> **해설** 장희빈의 아들을 세자로 책봉하는 것을 반대한 서인을 몰아내고 남인이 집권한 기사환국(1689)이 일어났다. 이후 남인이 인현 왕후 복위 문제로 서인을 탄압하다가 오히려 몰락하고 서인이 재집권하는 갑술환국(1694)이 일어났다. 경신환국 이후 서인은 남인에 대한 견해 차이로 소론과 노론으로 분화하였는데, 갑술환국 이후 남인이 몰락한 후에는 소론과 노론이 서로 대립하면서도 정국을 주도하였다.
> **오답 피하기** ② 을사사화, ③ 경신환국에 대한 설명이다. ④ 조선 광해군, ⑤ 조선 선조 때 전개된 사실이다.

03 (가), (나)를 주장한 붕당에 대한 설명으로 옳은 것을 〈보기〉에서 고른 것은?
30회 25번

(가)
돌아가신 효종 대왕을 장자의 예로 대우하여 대왕대비의 복상(服喪) 기간을 3년으로 정하는 것이 마땅합니다.

(나)
아닙니다. 효종 대왕은 장자가 아니므로 1년으로 해야 합니다.

〈보 기〉

ㄱ. (가) - 인현 왕후의 복위를 주장하였다.
ㄴ. (가) - 주로 이황의 학통을 계승하였다.
ㄷ. (나) - 노론과 소론으로 갈라졌다.
ㄹ. (나) - 광해군의 중립 외교를 지지하였다.

① ㄱ, ㄴ   ② ㄱ, ㄷ   ③ ㄴ, ㄷ
④ ㄴ, ㄹ   ⑤ ㄷ, ㄹ

정답 ③

해설 예송 논쟁은 조선 현종 때 일어난 남인과 서인 간의 논쟁으로, (가)는 이황의 학통을 계승한 남인의 주장이고, (나)는 서인의 주장이다. 차남으로 왕위에 오른 효종의 정통성과 관련하여, 1659년 효종의 사망 시에 발생한 기해예송과 1674년 효종 비의 사망 시에 발생한 갑인예송으로 나뉜다. 서인은 경신환국 이후 노론과 소론으로 갈라졌다.

04 다음 시나리오의 소재가 된 '왕'의 정책으로 옳은 것은?
25회 24번

S#25.
신하들이 목소리를 높여 논쟁하고 있다. 심각하게 쳐다보고 있던 왕이 갑자기 벌떡 일어난다.

왕   그만하시오. 그만! 뭐라? 이 나라가 망해도 명을 도와야 한다고? 명나라가 그리 좋으면 다들 명에 가서 사시오!

이조판서   전하!

왕   부끄러운 줄 아시오!

신하들   ……

왕   좋신 경들의 뜻대로 명에 군사를 지원하겠소. 그러나 나는 후금에 서신을 보낼 것이오. 도승지는 받아쓰시오! "명이 요청하여 1만 3천의 군사를 파병하였으나 그대들과 싸우고 싶지 않다. 부디 우리 군사들을 조선으로 무사히 돌려보내 달라."

① 군포를 2필에서 1필로 줄였다.
② 현직 관리에게만 과전을 지급하였다.
③ 어장세, 염세, 선박세를 군사비로 충당하였다.
④ 공납을 쌀로 거두는 제도를 경기도에 처음 실시하였다.
⑤ 전세를 풍흉에 관계없이 토지 1결당 4~6두로 확정하였다.

정답 ④

해설 시나리오의 소재가 된 '왕'의 정책은 조선 광해군의 중립 외교 정책이다. 광해군은 명의 출병 요청에 응하여 강홍립을 출병시켰으나 곧 후금과 화의를 맺는 등 명과의 관계를 유지하면서도 후금과의 친선을 도모하는 중립 외교를 펼쳤다. ④ 광해군 때 공납을 쌀로 거두는 대동법을 경기도에 처음 실시하였다.

오답 피하기 ① · ③ 영조의 균역법, ② 세조의 직전법, ⑤ 인조의 영정법에 대한 설명이다.

05 (가) 인물에 대한 설명으로 옳은 것은?
29회 23번

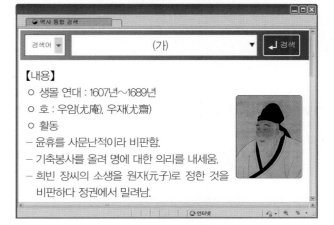

역사 통합 검색

검색어 ▼   (가)   ↵ 검색

【내용】
○ 생몰 연대 : 1607년~1689년
○ 호 : 우암(尤庵), 우재(尤齋)
○ 활동
- 윤휴를 사문난적이라 비판함.
- 기축봉사를 올려 명에 대한 의리를 내세움.
- 희빈 장씨의 소생을 원자(元子)로 정한 것을 비판하다 정권에서 밀려남.

① 집현전을 통한 유교 정치의 활성화를 꾀하였다.
② 도교 행사를 주관하던 소격서의 폐지를 주장하였다.
③ 호락논쟁에 참여하여 사람과 사물의 본성이 같다고 주장하였다.
④ 효종의 사망에 따른 자의대비의 복상 문제에 대해 기년설을 주장하였다.
⑤ 성호사설을 저술하여 자영농 육성을 위한 토지 제도 개혁론을 제시하였다.

정답 ④

해설 (가) 인물은 우암(尤庵) 송시열로, 송시열은 조선 후기 대표적인 성리학자이자 서인 및 노론 계열의 지도자이다. 송시열은 조선 현종 때 효종의 사망에 따른 자의 대비의 복상 문제에 대해 기년설(1년설)을 주장하여 남인과의 1차 예송 논쟁에서 승리하였다.

오답 피하기 ① 조선 세종은 집현전을 통해 유교적 왕도 정치를 실현하고자 하였다. ② 조광조는 소격서 폐지, 위훈 삭제 주장, 현량과 실시 등 개혁 정치를 주장하였다. ③ 호락논쟁 중 낙론에 해당하는 설명으로, 이(理)의 보편성을 강조하였다. ⑤ 이익은 『성호사설』을 저술하여 한전론을 주장하였다.

06 (가) 왕의 재위 기간에 있었던 사실로 옳은 것은?

○○**신문**

제△△△호 ○○○○년 ○○월 ○○일

조선 왕실 어보, 세계 기록 유산으로 등재되다

조선 왕실 어보가 유네스코 세계 기록 유산으로 등재되었다. 이 가운데에는 왕세손이던 (가) 의 사도 세자에 대한 효심에 감동하여 영조가 내린 은도장이 포함되어 있다. 여기에는 역대 어보 가운데 유일하게 왕의 친필이 새겨져 있다.

① 홍경래 등의 봉기로 정주성이 점령되었다.
② 대외 관계를 정리한 동문휘고가 간행되었다.
③ 신유박해로 수많은 천주교도들이 처형되었다.
④ 붕당의 폐해를 경계하기 위한 탕평비가 건립되었다.
⑤ 한양을 기준으로 한 역법서인 칠정산 내편이 편찬되었다.

정답 ②

해설 (가) 왕은 조선 정조이다. 조선 정조는 탕평책을 실시하였으며, 초계문신제 시행, 규장각 설치, 장용영 설치, 수원 화성 축조 등으로 왕권을 강화하였다. 또 서얼 출신 검서관을 등용하는 등 서얼과 노비에 대한 차별을 완화하였고, 육의전을 제외한 시전 상인의 금난전권을 폐지하였다(신해통공). 외교 및 대외 관계를 정리한 『동문휘고』 및 『대전통편』, 『탁지지』, 『무예도보통지』 등을 편찬하는 등 문물 정비에도 힘썼다.

07 다음 건의로 시행된 사실로 옳은 것은?

이곳은 우리나라와 청나라의 경계(境界) 지대인데, 수백 년 동안 비어 있었습니다. 수십 년 전부터 북쪽 변경 고을 사람들이 이곳에 가서 살고 있는데, 그 수가 십여만 명이나 됩니다. … 전에 분수령 정계비 아래 토문강 이남의 구역은 우리나라 경계(境界)로 확정되었으니 … 관리를 특별히 두고 그들의 생명과 재산을 보호하게 하여 조정에서 백성을 보살펴 주는 뜻을 보여 주는 것이 어떻겠습니까?

① 효종이 북벌 정책을 추진하였다.
② 광해군이 중립 외교 정책을 실시하였다.
③ 세종이 백성을 국경 지역으로 이주시켰다.
④ 고종이 이범윤을 간도 관리사로 임명하였다.
⑤ 숙종이 백두산 일대의 방비를 철저히 하도록 명하였다.

정답 ④

해설 분수령 정계비(백두산정계비) 아래 토문강 이남의 구역인 간도를 둘러싸고 19세기 후반 이후 조선과 청 사이의 영토 문제가 발생하였다. 또 1900년 러시아가 간도를 점령하자 1902년 이범윤을 간도 관리사로 파견하여 간도를 함경도에 편입시키고 조세를 징수하였다.

오답 피하기 ① 조선 효종은 즉위 명분과 왕권의 정통성을 마련하기 위해 북벌 정책을 추진하였다. ② 조선 광해군은 세력이 커진 후금을 배척하지 않으면서 동시에 명과의 사대를 유지하는 중립 외교 정책을 펼쳤다. ③ 조선 세종은 4군 6진을 개척한 후 이를 안정화시키기 위해 백성들을 국경 지역으로 이주시켰다. ⑤ 조선 숙종은 청과의 국경을 확고히 하고자 백두산정계비를 세웠다.

08 다음 가상 인터뷰의 왕이 추진한 정책으로 옳은 것은?

팔순을 맞이하여 재위 기간의 치적을 쓰신 어제문업에는 어떤 내용이 있나요?

탕평, 청계천 준설 등 여섯 가지의 치적을 기록하였소.

① 집현전을 계승한 홍문관을 설치하였다.
② 국경을 정한 백두산 정계비를 건립하였다.
③ 왕실의 권위를 세우고자 경복궁을 중건하였다.
④ 역대 문물을 정리한 동국문헌비고를 편찬하였다.
⑤ 삼정의 문란을 해결하고자 삼정이정청을 설치하였다.

정답 ④

해설 자료에 나타난 『어제문업(御製問業)』은 조선 영조 자신의 정치적 치적을 정리한 책이며, 탕평, 균역법, 준천(청계천 준설) 등 6가지 업적을 기록하였다. 조선 영조는 탕평비 설립, 산림의 존재 부정, 붕당의 근거지인 서원 대폭 정리, 이조 전랑의 권한 축소 등 탕평책을 실시하였으며, 군포를 1년에 2필에서 1필로 감액하는 균역법을 시행하였다. 또 사형수에 대한 엄격한 삼심제를 시행하였으며, 준천사를 설치하여 청계천을 정비하는 도성 정비 사업을 추진하였다. 이 외에도 『속대전』을 비롯한 역대 문물을 정리한 『동국문헌비고』를 편찬하였다.

09 (가)에 대한 설명으로 옳지 않은 것은?

애초에 여진과의 전쟁 때문에 임시로 (가) 을/를 설치했는데, …… 국가의 중요한 일들을 모두 맡긴 것은 아니었습니다. 그런데 오늘에 와서는 큰 일이건 작은 일이건 중요한 것으로 취급하지 않는 것이 없어서, 의정부는 한갓 헛이름만 지니고 육조는 모두 그 직임을 상실하였습니다.

－『효종실록』－

① 영의정을 비롯한 3정승의 합의 체제로 운영되었다.
② 명종 대에 을묘왜변을 계기로 상설 기구가 되었다.
③ 임진왜란을 거치면서 국정 총괄 기구로 부상하였다.
④ 세도 정치 시기에 외척 세력의 권력 기반이 되었다.
⑤ 흥선 대원군 집권기에 왕권 강화책의 일환으로 혁파되었다.

정답 ①

해설 (가)는 비변사이다. 비변사는 애초 여진과의 전쟁 때문에 임시로 설치하였으나, 임진왜란을 거치면서 국정 총괄 기구로 부상하였으며, 외척 세력의 권력 기반이 되었다. 비변사의 기능이 확대되자 영의정을 비롯한 3정승의 합의 체제로 운영되는 의정부는 기능을 상실하였다.

10
25회 30번
(가), (나)에 해당하는 군사 조직에 대한 설명으로 옳은 것을 〈보기〉에서 고른 것은?

> (가) 좌우위 · 신호위 · 흥위위 · 금오위 · 천우위 · 감문위를 일컫는 군사 편제로 고려 군사력의 핵심을 이루었다.
>
> (나) 어영청은 인조반정으로 집권한 서인에 의해 정권을 안정시키고 외적의 침입에 대비하기 위해서 설치되었다.

〈보기〉
ㄱ. (가) - 기병, 보병, 승병으로 구성된 특수 부대였다.
ㄴ. (가) - 수도 경비와 국경 방어를 담당하는 중앙군이었다.
ㄷ. (나) - 응양군과 용호군으로 편제되었다.
ㄹ. (나) - 5군영의 하나로 수도인 한성을 수비하는 역할을 맡았다.

① ㄱ, ㄴ   ② ㄱ, ㄷ   ③ ㄴ, ㄷ
④ ㄴ, ㄹ   ⑤ ㄷ, ㄹ

정답 ④
해설 (가) 고려 시대 수도 경비와 국경 방어를 담당하는 중앙군인 6위이다(ㄴ). (나) 조선 후기 중앙군인 5군영 중의 하나로 수도인 한성을 수비하는 역할을 맡았던 어영청이다(ㄹ).
오답 피하기 ㄱ. 기병, 보병, 승병으로 조직된 군대는 고려 시대 삼별초이다. ㄷ. 응양군과 용호군은 고려 시대 중앙군 중 2군에 대한 설명이다.

11
36회 28번
밑줄 그은 '이 왕'의 업적으로 옳은 것을 〈보기〉에서 고른 것은?

이 책은 균역법을 처음으로 시행한 이 왕의 명에 의해 홍계희가 편찬한 것이다. 균역법의 제정 배경, 부족한 재정의 보충 방안을 확정하는 과정 등이 서술되어 있다. 특히 이 책에서는 양반 사대부들의 반대 여론에 대응하여, 균역법의 시행이 지극한 애민 정신을 바탕으로 하였음을 강조하고 있다.

균역사실

〈보기〉
ㄱ. 속대전을 편찬하여 통치 체제를 정비하였다.
ㄴ. 붕당의 폐해를 경계하고자 탕평비를 세웠다.
ㄷ. 왕실의 권위를 세우고자 경복궁을 중건하였다.
ㄹ. 신해통공으로 시전 상인의 특권을 축소하였다.

① ㄱ, ㄴ   ② ㄱ, ㄷ   ③ ㄴ, ㄷ
④ ㄴ, ㄹ   ⑤ ㄷ, ㄹ

정답 ①
해설 밑줄 그은 '이 왕'은 조선 영조이다. 균역법을 시행한 영조는 붕당 간의 대립을 완화하기 위해 탕평 교서를 발표하고 탕평책을 실시하였다. 성균관에 붕당의 폐해를 경계하고자 탕평비를 세웠고, 『속대전』을 편찬하여 통치 체제를 정비하였다. 또 붕당의 근거지로 여긴 서원을 대폭 정리하고 이조 전랑의 권한도 축소하였다.
오답 피하기 ㄷ. 흥선 대원군, ㄹ. 조선 정조의 업적이다.

12
24회 22번
(가)에 대한 설명으로 옳은 것을 〈보기〉에서 고른 것은?

> 왕께서 환도하신 후, ___(가)___ 을/를 설치하여 군사를 훈련시키라 명하시고, 나를 도제조로 삼았다. 나는 "곡식 1천 석을 꺼내 하루 한 사람에게 두 되씩 준다고 하여 군인을 모집하면 응모하는 자들이 사방에서 모여들 것입니다."라고 아뢰었다. 얼마 안 되어 수천 명을 모집하여 조총 쏘는 법과 창, 칼 쓰는 기술을 가르쳤다.

〈보기〉
ㄱ. 순조가 즉위하면서 혁파되었다.
ㄴ. 후금과의 항쟁 과정에서 설치되었다.
ㄷ. 포수, 살수, 사수의 삼수병으로 조직되었다.
ㄹ. 구성원의 대부분이 급료를 받는 상비군이었다.

① ㄱ, ㄴ   ② ㄱ, ㄷ   ③ ㄴ, ㄷ
④ ㄴ, ㄹ   ⑤ ㄷ, ㄹ

정답 ⑤
해설 (가)는 훈련도감이다. 훈련도감은 조총, 창, 칼 등을 통해 포수, 사수, 살수의 삼수병으로 구성되었다. 훈련도감의 병력들은 쌀이나 포를 수령하는 직업 군인이었다.
오답 피하기 ㄱ. 정조의 친위 부대인 장용영은 순조가 즉위하면서 혁파되었다. ㄴ. 인조 때 후금과의 항쟁 과정에서 국방력을 강화하기 위해 어영청을 설치하였다.

13
22회 22번
(가) 국왕에 대한 설명으로 옳은 것은?

이 성(城)은 서쪽으로는 팔달산을 끼고 동쪽으로는 낮은 구릉의 평지를 따라 쌓은 평산성으로, 성곽의 둘레는 약 5.7km, 성벽의 높이는 4~6m 정도이다. ___(가)___ 의 지시로 1794년에 성을 쌓기 시작하여 2년여 만에 완성하였다. 정약용이 만든 거중기 등 당시의 발달된 과학 기기를 사용하여 공사 기간을 단축하고 공사비를 줄일 수 있었다.

① 어영청을 중심으로 북벌을 추진하였다.
② 왕권 강화를 위해 6조 직계제를 실시하였다.
③ 청과의 국경선을 정하여 백두산 정계비를 세웠다.
④ 군역의 부담을 줄이기 위해 균역법을 제정하였다.
⑤ 유능한 인재를 양성하기 위해 초계문신제를 시행하였다.

정답 ⑤
해설 (가) 국왕은 조선 정조이다. 수원 화성은 정조의 지시로 정약용이 거중기를 이용해 축조하였다. 정조는 사도 세자를 장헌 세자로 추존하고, 묘소를 수원으로 옮기면서 격을 높이기 위해 화성을 건설하였다. 또 정조는 초계문신제를 도입하여 유능한 인재를 양성하고, 왕권을 강화하기 위해 규장각과 장용영을 설치하였다.

1608	1635	1678	1708	1750	1791
대동법 실시 시작	영정법 실시	상평통보 유통	대동법 전국 실시	균역법 실시	신해통공

연표

02 | 조선 후기의 경제 변화 _{출제빈도} 상 | **중** | 하

❶ 수취 체제의 변화

1) 배경

① **농촌 사회의 동요** : 임진왜란과 호란 등 전쟁으로 경작지 황폐화, 기근과 질병 만연
　　→ 농민의 조세 부담 증가

② **양반 지배층의 대책** : 정치적 다툼에 몰두하여 민생 문제에 적극적으로 대처하지 못함
　　→ 농민의 불만 증가, 농민의 도적화

③ **정부의 대책** : 농촌 사회 안정, 재정 기반 확대 → 수취 체제 개편, 양전 사업 실시, 농
　　지 개간 사업, 수리 시설 확충 등

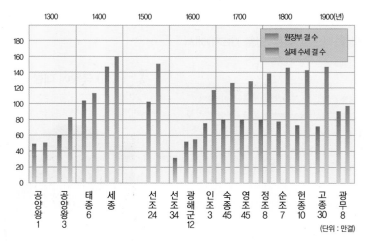

조선 후기 토지 결 수의 변화
임진왜란 직전 150만 결에서 임진왜란 직후에는 30만 결로 토지 결 수가 감소하였다. 정부는 토지를 확보하기 위해 개간을 권장하였으며, 은결을 찾아내기 위해 토지 조사 사업을 시행하였다. 그러나 농지가 증대함에도 은결, 면세지가 증가하여 지세 수입은 증가하지 않았다.

2) 영정법(인조, 1635)

배경	• 양 난 이후 토지의 황폐화(농경지 감소), 전세 제도의 문란, 농민층의 궁핍 • 양전 사업 실시, 은결 색출, 개간 사업 장려 등
내용	풍흉에 관계없이 _{빈출} 토지 1결당 쌀 4~6두로 고정, 수등이척법 → 양척동일법
결과	• 전세율 다소 인하 → 대부분의 농민에게 도움되지 않음 • 각종 부가세(수수료, 운송비, 자연 소모비 등) 증가 → 농민의 부담 증가 • 전세를 소작인에게 전가, 삼수미의 전세 전환(훈련도감의 재원을 마련하기 위한 임시세) → 농민 고통 가중

합격생의 비법

토지 측정 방법
• **수등이척법** : 땅의 비옥도에 따라서 6등급으로 나누고, 등급마다 길이가 다른 자를 사용하여 면적을 계산하는 방법
• **양척동일법** : 똑같은 자를 사용하여 토지를 측정하고 토지의 등급 감소에 따라 1결당 4두씩 감면하는 방법

3) 대동법 빈출 (광해군~숙종, 1608~1708)

배경	• 방납의 폐단으로 농민의 부담 증가, 농민의 고통 과중으로 토지 이탈 현상 심화 → 국가 재정 악화, 농촌 경제 파탄 • 16세기 이이, 유성룡 등이 공물을 쌀로 거두는 수미법 주장 → 제대로 시행되지 못함
내용	• 광해군 때 경기도에서 시험적으로 시행 → 양반 지주층과 방납인의 반발로 단계적으로 시행 → 숙종 때 전국적으로 시행(잉류 지역 제외) • 집집마다 부과하여 토산물을 징수하던 공물 납부 방식 → 토지의 결수에 따라 쌀, 삼베나 무명, 동전 등을 선혜청에 납부하는 방식으로 변화 • 대체로 토지 1결당 쌀 12두 납부 → 토지가 없거나 적은 농민의 부담 감소, 별공이나 진상은 여전히 현물로 납부
결과	• 관청에서 공가를 미리 받아 필요한 물품을 사서 납부하는 어용상인인 공인 등장 → 공인의 대량 구매로 상품 수요 증가, 상인 자본 규모의 확대로 도고 성장, 상업 발달, 상업 도시 성장 → 상품 화폐 경제의 발달 • 양반 지주의 부담 증가 → 토지 소유자의 부담이 커져 양반들이 시행반대
한계	• 진상과 별공이 잔존 → 지방 관청이 수시로 특산물 징수 • 대동세가 소작농에게 전가 → 농민의 생활이 궁핍해짐

대동법의 확대

대동세의 징수와 운송

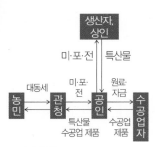

공인의 활동

출제 사료 | 대동법의 시행

• 영의정 이원익이 아뢰기를, "지금 하나의 관청을 설치하여 매년 봄, 가을 백성에게서 쌀을 거두어들이되, 1결당 8두씩 거두어 본청에 보내게 합니다. 그러면 본청은 당시 공물의 가격을 보고 넉넉히 값을 쳐서 공인에게 지급하고, 때맞춰 구입하도록 하여 물가를 올리는 길을 끊어야 합니다. 그리고 두 차례 거둘 때마다 1두씩 빼서 해당 고을에 지급하고 수령의 공사 비용으로 삼게 하십시오." 하니, 왕이 이를 따랐다.
　　　　　　　　　　　　　　　　　　　　　　　　　　　　　　　　　　　　　　－ 『광해군일기』 －

• 강원도에는 대동법을 싫어하는 이가 없는데, 충청·전라도에는 좋아하는 이와 싫어하는 이가 있습니다. 왜 그렇겠습니까? 강원도에는 토호가 없으나 충청·전라도에는 토호가 있기 때문입니다. …… 이렇게 볼 때 토호들만 싫어할 뿐, 백성들은 모두 대동법의 시행을 좋아합니다. － 조익, 『포저집』 －

● 출제 포인트 분석

1608년 영의정 이원익의 건의에 따라 경기도에서 시범적으로 실시된 대동법은 인조 즉위년인 1623년에는 강원도, 효종 때에는 충청도, 전라도, 숙종 초에는 경상도로 확대·실시되었다가 숙종 34년인 1708년에 전국적으로 시행되었다. 이렇게 대동법을 전국적으로 실시하는 데 오랜 시간이 걸린 것은 토지를 많이 가진 토호들의 세금 부담이 증가하고 방납업자들의 이익이 감소하면서 이들이 대동법을 반대하였기 때문이다.

시험에 자주 등장해요

조선 후기 수취 체제의 변화에 대해 묻는 문제가 자주 출제됩니다. 특히 대동법의 시행 내용과 결과는 꼭 기억하세요.

시험에 자주 등장해요

조선 후기 수취 체제의 변화
에 대해 묻는 문제가 자주 출
제됩니다. 특히 균역법의 내
용과 결작, 선무군관포, 잡세
등 재정 보충책은 꼭 기억하
세요.

4) 균역법 🔺빈출 (영조, 1750)

배경	5군영의 성립으로 수포군 증가, 납속이나 공명첩으로 군포 수입 감소, 군적의 미정비로 이중 징수, 농민의 군역 회피 → 군역 부담 증가
내용	• 군포를 1년에 1필만 부담 • 감소된 재정 보완 : 토지 소유자에게 결작 징수(토지 1결당 2두), 일부 상류층에게 선무군관포 🔺빈출 부과, 어장세, 선박세, 염세 등 잡세 징수
결과	일시적으로 농민의 부담 감소
한계	지주가 결작을 소작농에게 전가, 군적의 문란이 심해지면서 농민의 부담이 다시 가중

출제 사료	균역법의 시행

나라의 100여 년에 걸친 고질 병폐로 가장 심한 것은 양역(良役)이다. 호포니 구전이니 유포니 결포니
하는 주장들이 분분하게 나왔으나 적당히 따를 만한 것이 없다. 백성은 날로 곤란해지고 폐해는 갈수
록 심해지니, 혹 한 집안에 부(父)·자(子)·조(祖)·손(孫)이 군적에 한꺼번에 기록되어 있거나 서너 명
의 형제가 한꺼번에 군포를 납부해야 하며, 이웃의 이웃이 견책을 당하고 친척의 친척이 징수를 당하
고, 황구(어린아이)는 젖 밑에서 군정으로 편성되고, 백골(白骨)은 지하에서 징수를 당하며, 한 사람이
도망하면 열 집이 보존되지 못하니, 비록 좋은 재상과 현명한 수령이라도 어찌할지를 모른다.
– 『영조실록』 –

● **출제 포인트 분석**

조선 후기 군포를 징수할 때 사망한 사람에게 군포를 징수하고(백골징포) 16세 미만의 어린아이에
게 군포를 징수하며(황구첨정), 이웃에 연대 책임을 지워 군포를 징수하고(인징), 군포 부담자가 도망
하면 친척에게 군포를 징수하는(족징) 등 여러 가지 폐단을 가져왔다. 이에 영조 때 군포를 2필에서
1필로 줄여주는 균역법을 실시하고 감소된 국가 재정을 보충하기 위해 결작세나 잡세 등을 거두었
다. 그러나 군역의 폐단은 사라지지 않았으며, 실효를 얻지 못하였다.

❷ 농촌 경제의 변화

1) 농업 생산력의 발달

① 농촌의 상황

   ㉠ 농촌 사회의 동요에 대한 대응으로 정부의 수취 체제 조정

   ㉡ 농민 스스로의 자구 노력 : 농토의 재개간, 수리 시설 복구, 농기구와 시비법 개량,
      새로운 영농 방법 확대

합격생의 비법

견종법
이랑보다 낮은 고랑에 뿌리
는 견종법은 농종법에 비해
바람과 추위, 가뭄에 강하고
김매기가 쉬워 노동력이 2배
정도 절감되며, 거름주기에
낭비가 없어 수확이 2~3배
정도 증산되었다.

② 농업 기술의 발달

논농사	직파법에서 모내기법(이앙법)으로 확대 → 노동력 절감, 단위 면적당 생산량 증대, 벼와 보리의 이모작 가능 → 농업 생산량의 증가, 광작의 등장, 상품 화폐 경제의 발달
밭농사	• 농종법(밭두둑에 파종하는 농사법)에서 견종법(밭고랑에 파종하는 농사법)으로 변화·확대 • 견종법의 장점 : 심한 가뭄에도 씨가 쉽게 흙 바깥으로 나옴, 김매기가 쉬움, 통풍이 잘됨, 거름 줄 때 낭비가 없음, 바람과 가뭄에 강함 등 → 노동력 절감, 수확량 증대
기타	농토 개간, 수리 시설 확충, 시비법 개선, 농기구 개량, 농서 보급(신속의 『농가집성』, 박세당의 『색경』 등)

- 이앙법은 본래 그 금령이 지극히 엄한데, 근래 소민(小民)들이 농사를 게을리하고 이익을 탐하여 광작을 하며, 그 형세가 늘어나 지금은 여러 도에 두루 퍼져 있으니 모두 금지하기 어렵다.
  – 『비변사등록』 –

- 이른바 이앙법의 이(利)라는 것은 봄보리를 갈아먹고 물을 몰아 모내기를 하여 벼를 수확하니 1년에 두 번 농사지음이 그것이다.
  – 『석천유집』 –

● **출제 포인트 분석**

　모내기법은 일정하게 자란 어린 모를 못자리에서 논으로 옮겨 심는 방법이다. 많은 물이 필요하기 때문에 보와 저수지가 상대적으로 적었던 조선 초기에는 일부 남부 지역에서만 시행되었으나 임진왜란 이후 수리 시설이 확대되면서 전국적으로 보급되었다.

모내기법(이앙법)

고려 시대부터 시행되었으나 모를 옮길 때 가물면 농사를 망칠 수 있었기 때문에 나라에서는 금지하여 조선 초기까지 직파법이 이루어졌다.

2) 농업 경영의 변화

① **광작의 유행** : 모내기법(이앙법) 확대 → 1인당 경작 면적 확대 → **농민층의 분화**(일부 농민은 광작으로 소득이 증가하여 **부농층**으로 성장, 토지를 상실한 다수의 농민은 영세 상인이나 **임노동자로 전락**)

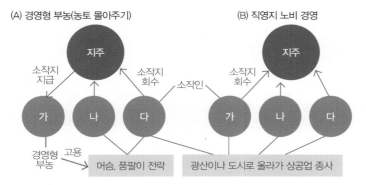

(A) 경영형 부농(농토 몰아주기)　　　(B) 직영지 노비 경영

광작과 농민층의 분화

부농층은 땅이 넓어서 빈민을 농업 노동에 고용함으로써 농사를 짓지 않고서도 이익을 얻을 수 있었다. 반면 빈농층 가운데 어떤 농민은 지주의 농지를 빌려 경작함으로써 살아갈 수 있었으며, 어떤 농민은 농지를 얻을 수가 없어 임노동자가 되어 타인에게 고용됨으로써 생계를 유지하였다. 그것마저 할 수 없는 농민들은 농촌을 떠나 유리걸식하게 되었다.

② **상품 작물의 재배** 🔼**빈출** : 쌀의 상품화(밭을 논으로 바꾸는 현상 증가), 인삼·목화·채소·담배 등 상품 작물 재배

- 농민들이 밭에 심는 것은 곡물만이 아니다. 모시, 오이, 배추, 도라지 등의 농사도 잘 지으면 그 이익이 헤아릴 수 없이 크다. 도회지 주변에는 파 밭, 마늘 밭, 배추 밭, 오이 밭 등이 많다. 특히 서도 지방의 담배 밭, 북도 지방의 삼 밭, 한산의 모시 밭, 전주의 생강 밭, 강진의 고구마 밭, 황주의 지황 밭에서의 수확은 모두 상상등전(上上等田)의 논에서 나는 수확보다 그 이익이 10배에 이른다.
  – 『경세유표』 –

- 이 섬에 먹을 수 있는 풀뿌리가 있는데 감저 또는 효자마라 부른다. 이것은 왜음으로 고귀마(古貴麻)라 하는데, 생김새가 산약(山藥)과 같고 무뿌리와도 같으며 오이나 토란과도 같아 모양이 일정하지 않다. 맛은 반쯤 구운 밤맛과도 같은데, 생으로 먹을 수도 있고 구워 먹거나 삶아서 먹을 수도 있다.
  – 『해사일기』 –

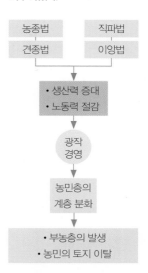

농종법　　　직파법
견종법　　　이앙법

- 생산력 증대
- 노동력 절감

광작 경영

농민층의 계층 분화

- 부농층의 발생
- 농민의 토지 이탈

조선 후기 농촌의 변화

조선 후기 농민의 몰락

- **토지의 상품화** : 상품 화폐 경제의 발달로 양반 관료, 토호, 상인들의 토지 매입 축적이 가속화됨
- **지주들의 광작 경영** : 소작지를 회수하고 노비나 머슴을 고용하여 직접 경영함
- **광작으로 인한 농민층 분화** : 도시로 이동하여 상업이나 수공업에 종사, 광산이나 포구를 찾아 임노동자로 전락함

조선 후기 농업의 변화를 묻는 문제가 자주 출제됩니다. 특히 모내기법의 확대, 광작의 유행, 농민층의 분화는 꼭 기억하세요.

합격생의 비법

『**해사일기**』
18세기 영조 때 조엄이 통신 정사로 일본에 다녀오면서 남긴 기록이다. 구황작물인 고구마에 대한 설명이며, 일본을 통해 전래된 이후 조선 정부는 고구마 재배를 권장하였다.

● **출제 포인트 분석**

상품 화폐 경제가 발달하면서 전국적으로 시장이 형성되었다. 자기 지역에서 모든 것을 생산하는 것보다는 각 지방별로 비교 우위가 있는 특산품을 집중적으로 생산하여 유통망을 통해 보급하는 것이 이득이 되었다.

③ **지대의 변화 : 타조법 → 도조법**

타조법	• 수확량의 일정 비율을 소작료로 내는 방식 • 수확의 다과에 따라 소작료 결정 → 소작인의 토지 경영에 대한 지주의 감독과 간섭 심화, 자유로운 토지 경영 불가능, 생산 의욕 저하

도조법	• 수확량의 일정 액수를 소작료로 내는 방식 → 대략 생산량의 1/3 정도
	• 황무지 개간, 제방 축조, 수리 시설 확충, 도지권 매입 시 적용
	• 상품 화폐 경제의 영향으로 조세의 금납화 등장
	• 도지권 : 토지 소유권과 별도인 독자적인 토지 경작권, 매매, 양도, 상속 등 가능
	• 도조법이 유리한 점
	   – 지주의 이익이 수확량의 변화와 관계없기 때문에 소작농의 자유로운 영농이 가능하여 소작농의 생산 의욕 증가
	   – 소작농의 도지권 인정
	   – 지주와 전호는 자유로운 경제적 관계 유지

❸ 민영 수공업의 발달

김홍도의 대장간

배경	• 상품 화폐 경제의 발달 → 시장 판매를 위한 수공업 제품의 생산 증가 • 도시 인구의 증가와 대동법의 실시 → 수공업 제품의 수요 증가 • 장인 등록제 폐지 → 장인세 납부 후 자유롭게 수공업 제품 생산 가능
전개	• 농촌 수공업 발달 : 자급자족적 부업 형태 → 소득을 위한 상품 생산 증가 • 선대제 수공업 성행 : 수공업자가 공인이나 사상으로부터 자금과 원료를 미리 받아 제품 생산, 수공업자들이 상업 자본에 예속 • 독립 수공업자 등장 : 18세기 후반 독자적으로 제품을 생산하고 직접 판매하는 수공업자 등장

합격생의 비법

광산의 민영화
조선 후기 청과의 무역이 활발해지면서 은의 수요가 증가하여 은광의 개발이 활발해졌다. 또한 부역제가 해이해지면서 정부가 직접 광산을 경영하기 어려워지자 민간인에게 은광 개발을 허용하였다.

시험에 자주 등장해요
조선 후기 수공업과 광업을 묻는 문제가 출제됩니다. 특히 수공업의 선대제, 광업의 덕대는 꼭 기억하세요.

❹ 광업의 발달

1) **배경** : 수공업의 발달에 따른 광물 수요 증대, 청과의 무역으로 은의 수요 증가

2) **민영 광산의 증가** : 조선 초기 정부가 독점하여 광물 채굴 → 17세기 중엽 민간인에게 광산 채굴을 허용하고 세금을 받음(설점수세제) → 18세기 국가의 감독 없이 자유롭게 광물 채굴

3) **광산의 경영 방식**

① **경영 방식의 변화** : 광산 경영 전문가인 덕대빈출가 상인 물주에게 자본을 조달받아 채굴업자와 채굴 노동자, 제련 노동자 등을 고용하여 광물을 채굴하고 제련함

② **분업 형태** : 채굴, 운반, 분쇄, 제련 과정 등 분업을 토대로 협업 진행

4) **잠채의 성행** : 광산 개발로 이익이 증가하자 정부의 허가 없이 불법적으로 광산을 개발하는 잠채가 성행함

⑤ 상품 화폐 경제의 발달

1) 상업의 발달

배경	농업 생산력의 증대, 수공업 생산의 활성화, 도시 인구의 증가, 조세와 소작료의 금납화, 상품 화폐 경제의 발달 → 상업 발전

내용	• 공인의 등장 ⚖️빈출 : 대동법 실시 이후 등장한 어용상인, 관청에서 공가를 미리 받아 필요한 물품을 사서 납품
	• 사상의 대두 : 각 지방의 장시를 연결하며 물품 교역 · 상권 장악 → 칠패, 송파 등 도성 주변에서 활동, 전국으로 사업 규모 확대 → 일부 도고로 성장
	  – 경강상인 : 한강에서 운송업 종사하며 거상으로 성장, 세곡 수송, 선박 건조, 곡물 도매업 등, 포구를 근거지로 활동
	  – 송상 : 개성 중심, 인삼 재배 · 판매, 전국에 송방이라는 지점 운영 ⚖️빈출, 사개치부법이라는 독자적인 회계법 창안
	  – 만상(의주) : 청과의 무역을 통해 부 축적
	  – 유상(평양) : 도고 상업에 의한 국내 유통 및 만상과의 연계를 통한 대청 무역
	  – 내상(동래) : 왜관 중심, 일본과 교역
	• 금난전권의 폐지 : 시전 상인과 육의전에게 부여한 금난전권(난전을 금지할 수 있는 권리)을 정조 때의 신해통공으로 폐지(육의전 제외)

출제 사료　**금난전권의 폐지**

좌의정 체제공이 왕께 아뢰기를, "평시서로 하여금 30년 이내에 신설된 시전을 모두 혁파하게 하십시오. 그리고 형조와 한성부에 명하여 육의전 이외에는 금난전권을 행사하지 못하게 하십시오. 그러면 상인들은 자유롭게 매매하는 이익이 있을 것이고 백성들은 생활이 궁색하지 않을 것입니다."라고 하였다. 이에 왕이 여러 신하들에게 물으니, 모두 그의 말이 옳다고 하였다.　　　　　　　　　　－『정조실록』－

● **출제 포인트 분석**

금난전권은 육의전과 시전 상인이 난전을 금지할 수 있는 권리로 한성부에서 관할하였다. 16세기 이후 사상의 활동이 활발해지고 시전의 독점 판매에 대한 비판이 일자, 정조는 신해통공을 발표하여 육의전을 제외한 시전의 금난전권을 폐지하였다.

출제 사료　**도고의 성장**

그(허생)는 안성의 한 주막에 자리 잡고서 밤, 대추, 감, 배, 귤 등의 과일을 모두 사들였다. 허생이 과일을 도거리로 사두자, 온 나라가 잔치나 제사를 치르지 못할 지경에 이르렀다. 따라서 과일값은 크게 폭등하였다. 허생은 이에 10배의 값으로 과일을 되팔았다. 이어서 허생은 그 돈으로 곧 칼, 호미, 삼베, 명주 등을 사 가지고 제주도로 들어가서 말총을 모두 사들였다. 말총은 망건의 재료였다. 얼마 되지 않아 망건 값이 10배나 올랐다. 이렇게 하여 허생은 50만 냥에 이르는 큰돈을 벌었다.　－ 박지원, 『허생전』－

● **출제 포인트 분석**

조선 후기 상품의 매점매석을 통하여 이윤의 극대화를 노리며 상행위를 한 상인이나 상인 조직을 도고라고 한다. 신해통공으로 자유로운 상업 활동이 가능해지면서 일부 사상이 도고로 성장하였다. 자본력을 바탕으로 물가를 올려 중소 상인과 소비자가 많은 피해를 입었다.

합격생의 비법

신해통공
정조 15년(1791) 육의전을 제외한 일반 시전이 가진 금난전권의 특권을 혁파하고 육의전에서 취급하는 상품을 제외한 모든 상품을 자유롭게 판매할 수 있게 한 조치이다. 이로 인해 상인층의 계층 분화 및 도고 상업이 촉진되었다.

시험에 자주 등장해요

조선 후기 상품 화폐 경제를 묻는 문제가 자주 출제됩니다. 공인과 사상은 꼭 기억하세요.

2) 장시의 발달

① **상설 시장화** : 15세기 말부터 남부 지방에서 개설 → 18세기 중엽 전국에 1,000여 개소 개설, 주로 5일장, 일부는 상설 시장으로 발전함

② **전국적 유통망 형성**

　　㉠ 인근 장시와 연계하여 하나로 통합된 지역적 시장권 형성

　　㉡ 전국적 유통망을 가진 장시 등장 : 광주의 송파장, 은진의 강경장, 덕원의 원산장, 창원의 마산포장

　　㉢ 특수 시장 : 약령시(약재 시장), 파시(해산물 거래 시장)

③ **보부상의 활약** : 지방 장시를 돌아다니며 전국적인 장시를 무대로 활약 → 장시를 하나의 유통망으로 연계, 보부상단 조합 결성(엄격한 규율 아래 상행위)

3) 포구 상업의 발달

① **포구 상업** : 조선 후기 새로운 상업의 중심지로 포구가 성장, 선상의 활약으로 전국의 포구가 하나의 유통망을 연결됨(대표적으로 경강상인이 있음)

② **객주와 여각** : 포구를 거점으로 활동, 상품의 매매 중개·운송·보관·숙박·금융 등의 업무 담당

4) 대외 무역의 발달 : 17세기 이후 대외 무역의 주체는 사무역이 공무역을 압도함, 송상·만상·내상 등은 청과 일본과의 중계 무역으로 자본을 축적

대청 무역	• 국경 지대를 중심으로 공무역인 개시와 사무역인 후시가 성행 • 중강 개시와 중강 후시, 책문 후시 **빈출**, 회령 개시, 경원 개시 등
대일 무역	• 17세기 이후 일본과의 관계가 정상화되면서 활발하게 무역 전개 • 동래의 왜관 개시와 왜관 후시

합격생의 비법

선상

배에 물건을 싣고 다니며 파는 상인으로 각 지방의 물품을 구입하고 처분하였다.

합격생의 비법

객주와 여각

객주는 상품 집산지에서 상품을 위탁받아 팔아 주거나 매매를 주선하며, 창고업·화물 수송업·금융업 등 여러 기능을 겸하는 중간 상인이다. 여각은 조선 후기 연안 포구 등에서 해산물과 농산물의 매매를 거간·위탁 판매하면서 그 화주를 상대로 금융업·여관업을 겸한 업소이다.

시험에 자주 등장해요

조선 후기 상품 화폐 경제를 묻는 문제가 자주 출제됩니다. 금난전권 폐지, 장시의 발달, 포구 상업 등의 대외 무역 내용은 꼭 정리해서 기억하세요.

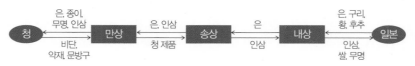

조선·일본·청 간의 무역

조선 후기의 상업과 무역 활동

5) 화폐의 유통

배경	18세기 후반 세금과 소작료의 금납화, 상공업의 발달 및 상품 화폐 경제의 발달
내용	• 교환의 매개로 숙종 때 **상평통보**가 전국적으로 활발하게 유통(주전도감과 여러 관청에서 주조) • 대규모 상거래에 환, 어음 등 신용 화폐의 사용 증가 • **전황의 발생** – 지주와 대상인들이 동전을 재산 축적 수단으로 사용하면서 유통 화폐가 부족해지는 현상이 발생 – 통화량의 부족으로 화폐 경제의 원활한 발전이 저해됨. 조세의 금납화 추세에 농민들은 화폐 구입을 위해 농산물 헐값 판매 및 고리대 수탈에 시달림

상평통보

> **시험에 자주 등장해요**
>
> 조선 후기 상품 화폐 경제를 묻는 문제가 자주 출제됩니다. 상평통보는 꼭 기억하세요.

출제 사료　상평통보

허적과 권대운 등이 (돈을 유통시키자고) 청하였다. 왕이 신하들에게 물으니, 신하들이 모두 그 편리함을 말하였다. 왕이 그대로 따르고, 호조·상평창·진휼청 등에 명하여 상평통보를 주조하되 돈 400문(文)을 은 1냥의 값으로 정하여 시중에 유통하게 하였다. － 『숙종실록』 －

● **출제 포인트 분석**

숙종 때부터 본격적으로 주조되어 조선 말까지 사용되었다. 동전, 엽전이라고도 불리었으며, 교환의 매개로 전국적으로 유통되었다.

출제 사료　전황

• 서울의 재력 있는 관청과 지방의 영진(營鎭) 등은 돈을 많이 저축하고 있다. 돈이 국가 창고에 쌓인 채 아래로 유통되지 못하여 귀해지고 있는 것이다. － 『우서』 －

• 요즘 곡물값이 싼 것은 대풍년 때문이 아니라 민간에 돈이 귀해서 나타난 것이다. 남부, 중부 지방에 대하여 말해 보면, 대흉년이 아니라도 가을이나 겨울에 돈 한 냥 값이 거의 쌀 10두에 이른다. － 『비변사등록』 －

• 돈으로 내는 것이 쌀로 내는 것보다 훨씬 낫다. 황해도뿐 아니라, 경기, 호남 등지에서도 쌀로 상납하는 자가 모두 돈으로 하기를 원하여 서울 관청에 쌀이 귀하다. － 『비변사등록』 －

● **출제 포인트 분석**

조선 후기 상업의 발달로 화폐가 널리 사용되었고, 대동미를 비롯한 각종 세금과 지주에게 납부하는 소작료까지 화폐로 지불하게 되었다. 이에 따라 화폐에 대한 수요가 점차 증가하게 되었는데, 정부의 꾸준한 화폐 발행에도 불구하고 일부 상인과 지주들이 화폐를 재산 축적의 수단으로 여겨 유통시키지 않아 화폐 유통량의 부족 현상인 전황이 발생하였다.

출제 사료　이익의 폐전론

대저 우리나라는 지역이 좁은데다가 물길이 사방으로 통해 있기 때문에 동전이 필요치 않다. …… 지금 동전을 사용한 지 겨우 70년 밖에 되지 않았으나, 폐단이 매우 심하다. 동전은 탐관오리에게 편리하고 사치하는 풍속에 편리하며 도둑에게 편리하나, 농민에게는 불편하다. 많은 사람들이 돈꿰미를 차고 저잣거리에 나아가 무수한 돈을 허비하니, 인심이 날로 각박해진다. － 『성호사설』 －

● **출제 포인트 분석**

이익은 전황으로 화폐의 가치가 상승하고 물가가 하락하여 농촌 경제가 어려워졌다고 보고 동전 폐지론을 주장하였다.

빈칸 채우기

01 조선 시대 풍흉과 관계없이 1결당 쌀 4말씩 징수하도록 한 전세 제도는 [   ](이)다.

02 조선 시대 [   ]은/는 민호에 부과하던 토산물을 토지의 결 수에 따라 쌀, 포, 동전으로 선혜청에 납부하게 한 제도이다.

03 조선 숙종 때 양역의 폐단을 바로잡기 위하여 설치한 임시 기구는 [   ](이)다.

04 조선 영조는 균역법을 도입하여 1년에 군포 2필을 1필로 경감하는 대신 일부 상류층에게 군포를 부과하는 [   ]을/를 징수하였다.

05 조선 후기 직파법 대신 [   ]이/가 확산되어 노동력이 절감되고 수확량이 증대되었으며, 이모작과 광작이 가능해졌다.

06 이랑보다 낮은 고랑에 씨를 뿌리는 [   ]은/는 바람과 추위, 가뭄에 강하고 김매기가 쉽다.

07 정액 지대를 지불하는 [   ]의 실시로 소작농의 자유로운 영농이 가능해졌다.

08 육의전과 시전 상인이 난전을 금지할 수 있는 권한인 [   ]은/는 조선 정조 때 신해통공으로 폐지되었다.

09 조선 후기 상품의 매점매석을 통해 이윤의 극대화를 꾀한 상인 또는 상인 조직을 [   ](이)라고 한다.

10 조선 시대 주전도감 등에서 주조된 [   ]은/는 최초로 전국적으로 유통이 확대된 화폐이다.

정답 01 영정법 02 대동법 03 양역이정청 04 선무군관포 05 모내기법(이앙법) 06 견종법 07 도조법 08 금난전권 09 도고 10 상평통보

---

01 30회 22번 **다음 자료를 통해 알 수 있는 시기의 경제 상황으로 옳지 않은 것은?**

> 도성 안팎과 번화한 큰 도시의 파밭, 마늘밭, 배추밭, 오이밭은 10무(畝)의 땅에서 얻은 수확이 돈 수만으로 헤아리게 된다. 서도 지방의 담배밭, 북도 지방의 삼밭, 한산의 모시밭, 전주의 생강밭, 강진의 고구마밭, 황주의 지황밭은 모두 상상등(上上等)의 논보다 그 이익이 10배에 달한다. - 『경세유표』 -

① 삼한통보, 해동통보가 발행되었다.
② 덕대가 광산을 전문적으로 경영하였다.
③ 모내기법의 확대로 이모작이 성행하였다.
④ 여러 장시가 하나의 유통망으로 연계되었다.
⑤ 국경 지대에서 개시 무역과 후시 무역이 이루어졌다.

정답 ①
해설 정약용의 『경세유표』는 조선 후기에 상품 작물의 재배가 활발하였음을 보여 준다. ② 덕대는 광산 주인과 계약을 맺고 임노동자를 고용하여 광산을 전문 경영하였다. ③ 이모작으로 농업 생산량이 증가하고 광작이 등장하였다. ④ 조선 후기 보부상의 활약으로 여러 장시가 하나의 유통망으로 연계되었다. ⑤ 대청 무역에서는 중강 개시, 중강 후시, 책문 후시 등이, 대일 무역에서는 왜관 개시 및 왜관 후시 등이 성행하였다.
오답 피하기 ① 삼한통보와 해동통보는 고려 숙종 때 의천의 건의로 주전도감에서 발행한 화폐이다.

02 29회 29번 **(가) 화폐가 유통되던 시기의 경제 상황으로 옳지 않은 것은?**

> 허적과 권대운 등이 (돈을 유통시키자고) 청하였다. 왕이 신하들에게 물으니, 신하들이 모두 그 편리함을 말하였다. 왕이 그대로 따르고, 호조·상평청·진휼청 등에 명하여 [(가)]을/를 주조하되 돈 400문(文)을 은 1냥의 값으로 정하여 시중에 유통하게 하였다.
> - 『숙종실록』 -

① 벽란도에서 국제 무역이 성행하였다.
② 담배, 면화 등 상품 작물이 재배되었다.
③ 보부상이 장시를 돌아다니며 활동하였다.
④ 송상이 전국 여러 곳에 송방을 설치하였다.
⑤ 수리 시설의 확충으로 이앙법이 확산되었다.

정답 ①
해설 (가) 화폐는 조선 후기에 발행되어 전국적으로 유통된 상평통보이다. 상평통보는 조선 인조 때 최초로 발행되었고, 조선 숙종 때 허적 등의 건의로 국가적 차원에서 적극적으로 유통시켰다.
오답 피하기 ① 벽란도는 고려 시대 예성강 하구에 형성된 국제 무역항이다.

03 (가)~(마) 상인에 대한 설명으로 옳지 <u>않은</u> 것은?

28회 29번

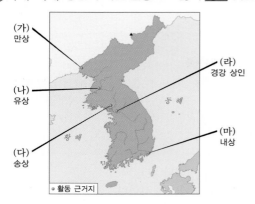

① (가) – 책문 후시를 통해 대외 무역에 종사하였다.
② (나) – 신해통공 이후에도 금난전권을 행사하였다.
③ (다) – 사개치부법이라는 독자적인 회계법을 창안하였다.
④ (라) – 한강을 중심으로 선박을 이용하여 운송업에 종사하였다.
⑤ (마) – 왜관을 중심으로 대일 무역을 전개하였다.

정답 ②

해설 (가) 의주 상인인 만상은 주로 청과의 무역을 통해 부를 축적하였고, (나) 평양 상인인 유상은 도고 상업에 의한 국내의 유통 및 만상과의 연계를 통해 대청 무역에도 관여하였다. (다) 개성 상인 송상은 전국에 송방이라는 지방 조직을 운영하였다. (라) 한강을 근거지로 한 경강상인은 곡물 도매상으로 발전하였으며, (마) 동래 상인인 내상은 왜관 개시를 통해 대일 무역에 종사하였다.

04 다음 글을 쓴 인물에 대한 설명으로 옳은 것은?

27회 27번

> 대저 우리나라는 지역이 좁은 데다가 물길이 사방으로 통해 있기 때문에 동전이 필요치 않다. …… 지금 동전을 사용한 지 겨우 70년 밖에 되지 않았으나, 폐단이 매우 심하다. 동전은 탐관오리에게 편리하고 사치하는 풍속에 편리하며 도둑에게 편리하나, 농민에게는 불편하다. 많은 사람들이 돈꿰미를 차고 저잣거리에 나아가 무수한 돈을 허비하니, 인심이 날로 각박해진다.
>
> – 『성호사설』 –

① 양명학을 연구하여 강화학파를 형성하였다.
② 사변록을 통해 주자의 경전 해석을 비판하였다.
③ 지방 행정의 개혁안을 담은 목민심서를 저술하였다.
④ 영업전 설정 및 매매 금지를 주장하는 한전론을 제시하였다.
⑤ 발해고를 저술하여 고대사 연구 시야를 만주 지방까지 넓혔다.

정답 ④

해설 중농주의 실학자인 이익은 화폐 유통의 폐단이 심하니 화폐를 없애자는 주장인 폐전론을 제시하였다. 또 영업전을 설치하여 매매를 금지해야 한다는 한전론을 제시하였다.

오답 피하기 ① 정제두는 양명학의 이론 체계를 확립하고 강화학파를 형성하였다. ② 박세당은 『사변록』을 통해 주자학을 비판하였으나, 송시열에 의해 사문난적으로 몰렸다. ③ 정약용은 『목민심서』 외에도 『경세유표』, 『흠흠신서』, 『여유당전서』 등 많은 저서를 남겼다. ⑤ 유득공은 『발해고』를 저술하여 발해의 역사를 우리 역사의 체계 속으로 포용하였다.

05 밑줄 그은 '이 법'에 대한 설명으로 옳은 것은?

38회 21번

> 좌의정 이원익의 건의로 <u>이 법</u>을 비로소 시행하여 백성의 토지에서 미곡을 거두어 서울로 옮기게 했는데, 먼저 경기에서 시작하고 드디어 선혜청을 설치하였다. … 우의정 김육의 건의로 충청도에도 시행하게 되었으며 … 황해도 관찰사 이언경의 상소로 황해도에도 시행하게 되었다.
>
> – 『만기요람』 –

① 양반에게도 군포를 납부하게 하였다.
② 풍흉에 따라 9등급으로 나누어 전세를 부과하였다.
③ 어장세, 염전세, 선박세를 거두어 군사비로 충당하였다.
④ 재정 부족 문제를 해결하기 위해 지주에게 결작을 징수하였다.
⑤ 관청에 필요한 물품을 납부하는 공인이 등장하는 배경이 되었다.

정답 ⑤

해설 밑줄 그은 '이 법'은 대동법이다. 대동법은 방납의 폐단을 시정하기 위해 토지 결수를 기준으로, 쌀, 포(옷감), 전(화폐)으로 대신 내게 한 수취 제도이다. 1608년 광해군 때 이원익, 한백겸 등의 건의로 경기도에서 처음 시행되었으며, 효종 때 김육의 주장으로 충청도에서도 실시되었다. 이후 황해도 관찰사 이연경의 상소로 황해도에서도 시행하게 되었다. 대동법 시행 이후에는 관청에서 공가를 미리 받아 필요한 물품을 사서 납부하는 어용 상인인 공인(貢人)이 등장하여 독점적 도매상인인 도고로 성장하였다.

06 26회 31번 밑줄 그은 '이 제도'에 대한 설명으로 옳은 것을 〈보기〉에서 고른 것은?

새로운 제도에 대한 반응

가호(家戶) 대신 토지를 기준으로 수취하는 이 제도 때문에 나는 부담이 늘었다오.

저는 이 제도 덕분에 선혜청에서 공가(貢價)를 받아 관수품을 조달하게 되었지요.

지주 / 공인

---〈 보 기 〉---
ㄱ. 방납의 폐단을 바로잡기 위해 실시하였다.
ㄴ. 풍흉에 관계없이 1결당 4～6두 정도를 부과하였다.
ㄷ. 지역에 따라 쌀, 면포, 삼베, 동전 등으로 징수하였다.
ㄹ. 부족한 재정을 충당하기 위해 선무군관포를 수취하였다.

① ㄱ, ㄴ   ② ㄱ, ㄷ   ③ ㄴ, ㄷ
④ ㄴ, ㄹ   ⑤ ㄷ, ㄹ

정답 ②

해설 밑줄 그은 '이 제도'는 대동법이다. 방납의 폐단을 바로잡기 위해 가호 대신 토지의 결수를 기준으로 쌀, 포(옷감), 전(화폐)로 수취하는 대동법이 시행되어 선혜청에서 공가를 받아 관수품을 조달하는 공인이 성장하였다. 대동법은 1608년 광해군 때 이원익, 한백겸 등의 건의로 경기도에서 처음 실시되었다.

오답피하기 ㄴ. 양 난 이후 토지가 황폐해졌고, 전세 제도가 문란해져 농민의 조세 부담이 증가하자 영정법이 실시되었다. 영정법은 풍흉에 관계없이 토지 1결당 4～6두로 조세를 고정하였다.
ㄹ. 균역법으로 감소된 재정을 보완하기 위해 선무군관포, 어장세·선박세·염세 등 잡세와 결작을 징수하였다.

07 25회 26번 다음 자료에 나타난 시기의 경제 상황에 대한 설명으로 옳은 것은?

> 서울 근교와 각 지방 대도시 주변의 파·마늘·배추·오이 밭에서는 10무(4두락)의 땅으로 수만 전(수백 냥)의 수입을 올린다. 서북 지방의 담배, 관북 지방의 삼, 한산의 모시, 전주의 생강, …… 황주의 지황 밭은 논농사가 가장 잘 되었을 때의 수입과 비교하더라도 이익이 열 배나 된다.
> – 『경세유표』 –

① 목화가 처음 전래되었다.
② 장시가 나타나기 시작하였다.
③ 시전이 한양의 종로 거리에 처음 조성되었다.
④ 고구마, 감자와 같은 구황 작물이 재배되었다.
⑤ 건원중보가 만들어졌으나 유통은 부진하였다.

정답 ④

해설 제시된 자료를 통해 조선 후기의 경제 상황임을 알 수 있다. 정약용의『경세유표』는 조선 후기에 농업 생산력의 증대로 상품 작물 재배가 활성화되었음을 보여 준다. ④ 18세기에는 일본으로부터 고구마가 전래되었고, 19세기에는 청에서 감자가 전해져 대표적인 구황 작물로 재배되었다.

오답피하기 ① 고려 말 문익점이 원에서 목화씨를 가져왔다. ② 장시는 15세기 말부터 남부 지방에서 개설되어, 18세기 중엽 전국으로 확산되었다. ③ 조선 태종 때 고려 개경에 있던 시전을 본떠 오늘날의 종로 거리에 시전 구역을 조성하였다. ⑤ 건원중보는 고려 성종 때 발행한 최초의 화폐이다.

08 24회 27번 교사의 질문에 대한 학생의 대답으로 옳은 것은?

> 이 섬에 먹을 수 있는 풀뿌리가 있는데 감저 또는 효자마라 부른다. 이것은 왜음으로 고귀마(古貴麻)라 하는데, 생김새가 산약(山藥)과 같고 무뿌리와도 같으며 오이나 토란과도 같아 모양이 일정하지 않다. 맛은 반쯤 구운 밤맛과도 같은데, 생으로 먹을 수도 있고 구워 먹거나 삶아서 먹을 수도 있다.
> – 『해사일기』 –

자료에서 설명하고 있는 작물에 대해 발표해 볼까요?

① 명에 수출된 대표적 특산물이었어요.
② 문익점에 의해 우리나라에 전래되었어요.
③ 조선 정부가 구황작물로 재배를 권장했어요.
④ 시험 재배 결과가 농사직설에 소개되었어요.
⑤ 밭을 논으로 바꾸는 현상을 가속화시켰어요.

정답 ③

해설 제시된 사료는 18세기 영조 때 조엄이 통신정사로 일본에 다녀오면서 남긴 기록인『해사일기』이다. 『해사일기』에는 대표적인 구황 작물인 고구마에 대한 설명이 있으며, 고구마는 일본을 통해 전래된 이후 조선 정부가 재배를 권장하였다.

09 ²³회 ²²번 (가) 제도에 대한 설명으로 옳은 것은?

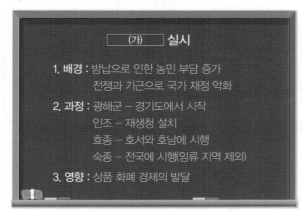

(가) 실시

1. **배경** : 방납으로 인한 농민 부담 증가
   전쟁과 기근으로 국가 재정 악화
2. **과정** : 광해군 – 경기도에서 시작
   인조 – 재생청 설치
   효종 – 호서와 호남에 시행
   숙종 – 전국에 시행(잉류 지역 제외)
3. **영향** : 상품 화폐 경제의 발달

① 군포를 1년에 1필로 줄여 주었다.
② 토지 소유자에게 결작을 부과하였다.
③ 공납의 기준을 토지 결수로 바꾸었다.
④ 비옥도에 따라 토지를 6등급으로 나누었다.
⑤ 풍흉에 따라 전세를 9등급으로 부과하였다.

정답 ③

해설 (가) 제도는 대동법이다. 대동법은 방납으로 인한 농민 부담을 경감하기 위해 광해군 시기 경기도에서 시작되어, 숙종 때 잉류 지역을 제외하고 전국에서 시행된 실시되었다. 대동법은 기존 호(戶)를 기준으로 부과되던 공납을 토지 결수를 기준으로 미, 포, 전(화폐)으로 납부하도록 하였다.

10 ²²회 ²⁴번 다음 자료에 나타난 폐단을 시정하기 위해 실시한 정책으로 옳은 것은?

요즈음 빈둥거리며 노는 무뢰배들이 삼삼오오 떼를 지어 스스로 가게 이름을 붙여 놓고 사람들의 일용품에 관계되는 것들을 멋대로 전부 주관합니다. 크게는 말이나 배에 실은 물건부터 작게는 머리에 이고 손에 든 물건까지 길목에서 사람을 기다렸다가 싼 값으로 억지로 사는데, 물건 주인이 듣지 않으면 곧 난전(亂廛)이라 부르면서 결박하여 형조와 한성부에 잡아넣습니다. 이 때문에 물건을 가진 사람들이 간혹 본전도 되지 않는 값에 어쩔 수 없이 눈물을 흘리며 팔아버리게 됩니다.

① 상평창을 설치하였다.
② 당백전을 발행하였다.
③ 혜상공국을 혁파하였다.
④ 통공 정책을 실시하였다.
⑤ 시전에 국역을 부과하였다.

정답 ④

해설 시전 상인에게는 난전의 상행위를 단속할 수 있는 금난전권이 주어져 있었는데, 조선 정조는 1791년 신해통공을 반포하여 육의전을 제외한 시전 상인들의 금난전권을 폐지하였다.

오답 피하기 ① 상평창은 고려와 조선 시대 물가 조절을 담당한 기관이다. ② 흥선 대원군은 경복궁 중건을 위해 당백전을 발행하였다. ③ 혜상공국은 보부상을 총괄하는 기관이다. 급진 개화파가 일으킨 갑신정변 때 혜상공국의 혁파를 주장하였다. ⑤ 시전은 국역의 형태로 궁중과 관청에서 필요로 하는 물품을 조달할 의무가 있었다.

11 ³⁷회 ²⁷번 밑줄 그은 '방법'의 시행 내용으로 옳은 것을 〈보기〉에서 고른 것은?

왕이 명정전에 나아가 전·현직 대신을 비롯한 여러 신하를 불러 양역의 변통 대책에 대해 논의하면서 말하였다.
"호포나 결포가 모두 문제점이 있으니, 이제는 1필로 줄이는 것으로 온전히 돌아갈 것이다. 경들은 1필을 줄였을 때 생기는 세입 감소분을 대신할 방법을 강구하라."

─〈보 기〉─
ㄱ. 토지 1결당 쌀 2두의 결작을 부과하였다.
ㄴ. 양전 사업을 실시하여 지계를 발급하였다.
ㄷ. 선무군관에게 1년에 1필의 군포를 징수하였다.
ㄹ. 관리들에게 경기 지방에 한하여 과전을 지급하였다.

① ㄱ, ㄴ   ② ㄱ, ㄷ   ③ ㄴ, ㄷ
④ ㄴ, ㄹ   ⑤ ㄷ, ㄹ

정답 ②

해설 밑줄 그은 '방법'은 1년에 군포를 2필에서 1필로 줄이는 균역법을 시행하였을 때 발생하는 세입 감소분을 대신할 방법이다. 즉, 균역법 시행으로 감소한 재정을 보완하기 위해 토지 소유자에게 토지 1결당 2두의 결작을 부과하였고, 일부 상류층에게 선무군관이라는 호칭을 주고 선무군관포를 징수하였다. 또 어장세, 선박세, 염세 등의 잡세도 징수하였다.

오답 피하기 ㄴ. 대한 제국 시기 양전 사업을 실시하여 지계를 발급하였다.
ㄹ. 조선 초기 관리들에게 경기 지방에 한하여 과전을 지급하는 과전법을 시행하였다.

03 | 조선 후기의 사회 변화

출제 빈도 상 | 중 | **하**

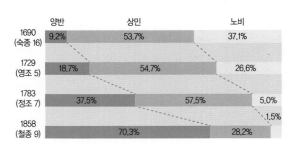

	양반	상민	노비
1690 (숙종 16)	9.2%	53.7%	37.1%
1729 (영조 5)	18.7%	54.7%	26.6%
1783 (정조 7)	37.5%	57.5%	5.0%
1858 (철종 9)	70.3%	28.2%	1.5%

조선 후기 각 신분별 구성도

1 신분제의 동요

1) 특징 : 양반의 증가, 상민의 감소, 외거 노비의 소멸, 솔거 노비의 도망 등

2) 양반 중심의 신분 질서 동요

① **양반층의 분화** : 붕당 정치의 변질과 일당 전제화 → 권반을 제외하고 다수 양반 몰락

권반	정권을 차지하고 관료로 진출하여 사회적 · 경제적 특권을 독차지
향반	향촌 사회에서 위세를 유지한 양반 → 향촌 사회의 영향력이 잔존
잔반	주로 상공업에 종사, 경제적으로 평민층과 비슷

② **일반민의 신분 상승**

　㉠ 배경 : 상품 화폐 경제의 발달로 부를 축적한 농민과 상인 등장 → 역을 모면하기 위해 신분 상승 시도

　㉡ 농민층의 분화 : 일부 농민은 부농층으로 성장, 대다수 농민은 임노동자와 상공업자로 전락

　㉢ 상품 화폐 경제의 진전 : 상업 자본가와 독립 수공업자의 성장

　㉣ 하층민의 신분 상승 : 사회적 지위 상승, 조세 면세 목적

합법적	군공, 납속책, 공명첩 등
비합법적	양반 족보 매입, 호적과 족보 위조 등

　㉤ 결과 : 양반의 수 증가, 상민과 노비의 감소 → 양반 중심의 신분제 동요

③ **영향** : 양반층의 증가로 양반의 권위 실추, 전통적 양반과 새롭게 등장한 양반 간의 갈등 발생(향전) → 신분제 사회의 동요

3) 중간 계층의 성장

① **중간 계층의 신분 상승**

서얼	• 성리학적 명분론에 의해 사회 활동 제한, 관직 임용 제한(서얼금고법) • 집단 상소를 통해 청요직으로의 진출 요구, 납속 · 공명첩 등을 이용하여 신분 상승 • 정조 때 유득공, 이덕무, 박제가 등 서얼 출신이 규장각 검서관으로 등용

중인	• 기술직이나 행정 실무만 담당, 고급 관료로 진출 제한 • 계급적 동류의식을 형성하지 못하고 사족으로 복귀 시도 → 통청 운동, 소청 운동 등 전개 • 경제력과 전문 지식을 바탕으로 신분 상승 운동 전개 → 지위 상승하여 양반 진출 확산 • 서얼 허통에 자극 → 19세기 청요직 허통 소청 운동 전개(실패), 북학을 사상적 기반으로 문화적 역량 과시 • 역관 계층은 외국 무역을 통해서 도고 세력으로 성장, 대청 외교 활동 참여와 외래문화 수용에 주도적 역할 → 북학파에 영향

규사

유림 단체 달서정사에서 펴낸 책이다. 책 이름의 '규(葵)'는 해바라기를 뜻하는 것으로 양반의 자손 중 첩의 소생인 '서얼'을 가리킨다.

② 중인들의 문화 활동

  ⊙ 독자적인 역사서 : 『연조귀감』(향리의 내력), 『규사』(서얼의 역사), 『호산외기』(중인 출신들의 전기) 등 편찬

  ⓛ 위항 문학 운동(18세기) : 규장각 서리 중심으로 전개, 시사 조직 ⭐빈출 하여 문학 활동 전개(옥계시사)

유숙, '수계도원'

③ 의의 : 서학과 외래문화 수용의 선구적 역할 수행(→ 성리학적 가치 체계에 도전하는 새로운 사회의 수립 추구), 농민의 사회 지향적 움직임과 함께 조선 후기 새로운 변화를 이끌어내는 사회 세력으로 성장

출제 사료 조선 후기의 중간 계층

• **서얼**

우리나라에서 서얼을 현직(顯職)에 서용하지 말자는 의논은 처음 서선에게서 나왔는데, 그 뒤로 가면 갈수록 한 마디 한 마디가 더욱 심각해져 마침내 자손까지 영원히 금고(禁錮)하기에 이르렀습니다. …… 따라서 부자(父子)의 은혜도 군신(君臣)의 의리도 없으니, 윤리를 해치고 어기는 것으로 이보다 심한 것이 없습니다.

― 『영조실록』 ―

• **중인**

아! 중인은 본시 모두 사대부였는데, 의(醫)에 들어가고 또는 역(譯)에 들어가 7, 8대나 10여 대를 대대로 전하니 사람들이 중촌고족(中村古族)이라 일컫게 되었다. 문장과 덕은 비록 사대부에 비길 수 없으나, 명공·거실 외에 우리보다 나은 자는 없다. 비록 나라의 법으로 금한 바 없으나 청요직에 진출하지 못하여 수백 년 원한이 쌓여 있고, 이를 호소할 기약조차 없으니 이는 무슨 죄악이며 무슨 업보인가?

― 『상원과방』 ―

● **출제 포인트 분석**

• 조선 시대 양반의 자손이라도 첩의 소생은 관직에 나갈 수 없게 한 서얼금고법이 실시되었다. 그러나 조선 후기 서얼 허통에 대한 논의가 계속되었으며, 서얼들은 여러 차례 집단 상소를 통해 통청 운동을 전개하였다.

• 조선 후기 중인들은 서얼 허통에 자극을 받아 철종 때 소청 운동을 전개하고 관직 진출 제한을 철폐할 것을 요구하였으나 실패하였다.

합격생의 비법

조선 후기 신분제의 동요를 묻는 문제가 자주 출제됩니다. 특히 중간 계층의 신분 상승 운동은 꼭 기억하세요.

시험에 자주 등장해요

위항 문학

조선 선조 이후 중인, 서얼, 서리, 평민 출신의 문인들이 이룬 문학이다.

시험에 자주 등장해요

시사(詩社)

경제적으로 성장한 중인들은 시사를 결성하고 문학 활동을 전개해 자신들의 학문과 교양을 보여 주고자 하였다.

---

4) 노비의 해방

① 신분 상승 방법

합법적	군공, 납속, 공명첩, 노비 속량 등
비합법적	도망, 홍패 위조, 족보 위조 등

합격생의 비법

노비 속량

돈을 주고 노비 신분에서 해방되는 길을 법제화하였다.

합격생의 비법

노비 추쇄
다른 지방으로 몸을 피한 노비를 찾아내 돌려보내기 위해 제정한 법이다. 노비는 세습하여 신역을 바쳤기 때문에 도망하는 자가 생겼고, 이를 막기 위해 추쇄도감을 두기도 하였다.

② 노비 해방 과정 : 군역 대상자와 재정 보충을 위해 노비 해방

　　㉠ 노비 종모법 실시(영조) : 노비의 소생은 어머니의 신분을 따르도록 함

　　㉡ 노비 추쇄 정책의 전환 : 효종 때 노비 추쇄령과 추쇄도감 설치 → 영조 때 노비 추쇄관 폐지 → 정조 때 노비 추쇄법 폐지

　　㉢ 공노비 해방 （빈출） (순조, 1801) : 중앙 관서의 노비 대상, 6만 6천여 명 해방

　　㉣ 노비 세습법 폐지(고종, 1886)

　　㉤ 갑오개혁 때 법제적으로 공 · 사노비 해방(1894)

시험에 자주 등장해요

조선 후기 신분제의 동요를 묻는 문제가 자주 출제됩니다. 특히 양반의 수가 증가하고, 상민의 수가 감소한 것이 특징입니다. 신분 상승의 합법적 방법과 비합법적 방법을 꼭 기억하세요.

출제 사료	신분제의 동요

• 옷차림은 신분의 귀천을 나타내는 것이다. 그런데 어찌된 까닭인지 근래 이것이 문란해져 상민과 천민들이 갓을 쓰고 도포를 입는 것이 마치 조정의 관리나 선비와 같이 한다. 진실로 한심스럽기 짝이 없다. 심지어 시전 상인들이나 군역을 지는 상민들까지도 서로 양반이라 부른다. 　　ㅡ『일성록』ㅡ

• 근래 아전의 풍속이 나날이 변하여 하찮은 아전이 길에서 양반을 만나도 절을 하지 않으려 한다. 아전의 아들 · 손자로서 아전의 역을 맡지 않은 자가 고을 안의 양반을 대할 때 맞먹듯이 너, 나 하며 자(字)를 부르고 예의를 차리지 않는다. 　　ㅡ『목민심서』ㅡ

● 출제 포인트 분석
붕당 정치의 변질과 일당 전제화로 양반층이 분열되어 권반, 향반, 잔반 등으로 분화되었다. 또한 일반 평민들도 합법적, 비합법적인 방법을 통해 양반으로 신분 상승을 하는 등 조선 후기에는 신분제가 붕괴되기 시작하였다.

② 향촌 질서의 변화

1) 양반의 향촌 지배 약화

① 배경 : 농촌 사회의 분화, 부농층 및 향반과 잔반의 등장으로 인한 신분제의 동요 → 사족 중심의 향촌 질서 변화

② 향촌 양반의 지위 유지 노력 : 부계 위주의 족보 작성, 청금록과 향안 등 양반의 명단 작성, 촌락 단위의 동약 실시, 문중 중심의 서원과 사우 건립, 족적 결합 강화를 위한 동족 마을 형성

2) 향촌 사회의 변화

합격생의 비법

향임직
향청(유향소)에서 일을 보는 직책이다. 이를 둘러싸고 구향인 사족과 신향인 부농층 사이에 갈등이 발생하였다.

① 부농층의 등장 : 향회를 장악하여 향촌 사회에서 영향력 확대, 정부의 부세 제도 운동에 적극적 참여, 신향으로 향임직 진출(구향과 향임직을 둘러싸고 향전 발생) → 관권과 결탁

② 수령권 강화 : 향청(유향소) 장악으로 자치적 기능 축소, 군현 단위의 향약 운영 주관, 향회가 수령의 부세 자문 기구화

③ 향리의 권한 강화 : 18세기 후반 농민에 대한 수탈 증가

④ 국가 권력의 향촌 장악 : 수령의 권한과 면리제의 향촌 통제 기능을 강화하고 오가작통법 실시

⑤ 향전의 발생 : 경제력을 바탕으로 양반 신분에 오른 신향과 향촌 지배력을 유지하고자 한 기존의 재지 사족인 구향 간의 충돌이 발생함

- 영덕의 구향(舊鄕)은 사족이며 소위 신향(新鄕)은 모두 향리와 서리의 자식입니다. 근래 신향들이 향교를 주관하면서 구향들과 서로 마찰을 빚고 있습니다. — 『승정원일기』 —
- 요사이 수령들이 한 고을을 제멋대로 다스려 다른 사람이 그 잘못을 고칠 수가 없습니다. 수령이 옳다고 하면 좌수 이하 모두 그렇다고 합니다. — 『비변사등록』 —

● 출제 포인트 분석

조선 후기는 부농 출신의 양반과 중인층의 신분 상승 운동이 활발하게 전개되던 시기였다. 이로 인해 새로운 세력인 신향과 구향 간에 향촌 운영 주도권을 둘러싼 갈등이 발생하였고, 이 과정에서 수령의 발언권이 커져 구향의 간섭을 받지 않고 독자적으로 향촌을 지배하였다.

시험에 자주 등장해요

조선 후기 향촌 질서의 변화를 묻는 문제가 자주 출제됩니다. 특히 구향과 신향의 대립으로 향전이 발생하였다는 사실을 꼭 기억하세요.

❸ 가족 제도의 변화

1) 가족 제도

전기	부계와 모계 함께 중시, 남녀 균분 상속, 자식들이 돌아가며 제사 분담
17세기 이후	부계 중심의 가족 제도 확립, 성리학적 윤리 보급, 양자 입양의 일반화, 장자의 제사 및 재산 상속 우대, 동성동본의 동성 마을 형성

2) 혼인 제도

① **친영 제도의 정착** : 혼인 후 거주 형태 변화, 혼인 후 곧바로 신부가 신랑 집에서 거주

② **일부일처제 기본** : 엄격한 일부일처제는 아님(첩을 들일 수 있음), 부인과 첩의 엄격한 구별

③ **서얼에 대한 차별** : 문과 응시 금지, 제사 및 재산 상속 차별

④ 여성의 이혼과 재혼 금지, 여성의 정절 중시

합격생의 비법

친영 제도
결혼 후 바로 남편 집에서 생활하는 혼인 형태를 말한다.

구분	고려~ 조선 중기	조선 후기
상속	자녀 균분	장자 우대
제사	자녀 모두	장자
호적	연령순	아들 우선
여성 재가	허용	금지
혼인 생활	처가살이 가능	시집살이
호주	여성 가능	여성 불가

가족 제도의 변화

❹ 사회 변혁의 움직임

1) 배경 : 신분 제도의 동요, 지배층의 수탈, 재난과 질병의 만연, 삼정의 문란, 지배 체제의 위기(농민 의식의 고조, 도적의 횡행), 농민의 저항 운동 전개

2) 예언 사상의 대두 : 성리학적 명분론의 설득력 상실

① 예언 사상

  ㉠ 『정감록』 등 비기 · 도참 사상 유행

  ㉡ 말세가 도래하여 왕조가 교체되는 등 변란이 일어날 것이라고 예언(현실 부정적, 혁명적) → 민심 혼란

② **무격 신앙** : 무당을 신과 인간의 매개체로 보는 신앙, 개인적 · 구복적 성격의 민간 신앙

③ **미륵 신앙** : 현세에서 얻지 못하는 복을 미륵 신앙을 통해 기대함 → 미륵불 자처, 민중을 현혹하는 무리 발생

합격생의 비법

정감록
다양한 사람들이 오랜 세월 동안 집성하였고, 전통적인 유교에서 벗어나 왕조의 멸망을 예언한 도참서이다. 정여립 모반 사건 때 정치적으로 이용되었다.

정감록

선운사 도솔암 마애불

합격생의 비법

황사영 백서 사건
천주교 신자 황사영이 베이징에 있는 주교에게 신유박해의 부당성과 조선에서의 신앙 및 포교의 자유를 무력을 동원하여 보장 받아줄 것을 요구하였다. 그러나 이 사실이 조선 정부에 발각되어 황사영은 사형당하였고, 이를 계기로 조선 정부의 천주교에 대한 박해가 더욱 가혹해졌다.

3) 천주교의 전래

① 천주교의 수용

전래	• 17세기 중국 베이징의 천주당을 방문한 사신들에 의해 서학으로 소개 • 이수광의 『지봉유설』에서 마테오 리치의 『천주실의』 소개
특징	• 17세기 서학(학문)으로 수용 → 18세기 후반 신앙으로 인식(서학 = 천주교) • 남인 계열의 일부 실학자들이 천주교 서적을 통해 신앙생활을 함

② 천주교의 확산과 탄압

확산	• 이승훈의 교회 창설(정조, 1783) : 베이징에 가서 서양인 신부로부터 세례를 받음 • 최초의 신부인 김대건의 귀국(헌종, 1845) : 병오박해 때 순교(1846) • 남인 계열 실학자를 중심으로 평등사상과 내세 신앙 전파 → 세도 정치로 인한 사회 혼란으로 천주교의 평등사상과 내세 신앙에 일부 백성들이 공감함 • 중인, 서민, 부녀자층을 중심으로 비밀 조직을 통해 확산

탄압	• 천주교 교세의 확장(평등사상 전파), 조상에 대한 제사 의식 거부 → 양반 중심의 신분 질서 부정, 국왕의 권위에 대한 도전으로 여겨 탄압
	• 정조 때는 천주교에 대해 비교적 관대, 순조 즉위 후 대대적 탄압
	• 천주교 4대 박해
	  – 신해박해(정조, 1791) : 천주교 서적 수입 금지, 전북 진산 윤지충의 신주 소각 사건(진산 사건)
	  – 신유박해 ^{빈출}(순조, 1801) : 노론 벽파 등 집권 보수 세력이 남인 세력을 탄압하는 과정에서 천주교도들 희생, 천주교의 확산에 위협을 느낀 지배 세력의 종교 탄압 → 이승훈, 이가환, 정약용 등 천주교도 처형·유배, 황사영 백서 사건 발생
	  – 기해박해(헌종, 1839) : 벽파인 풍양 조씨가 집권하면서 프랑스 신부 3명, 천주교도 200명 처형
	  – 병인박해(흥선 대원군, 1866) : 프랑스를 이용하여 러시아를 견제하고자 했던 대원군의 의도가 실패하면서 발생한 대규모의 천주교 박해, 프랑스 신부와 천주교도 8,000여 명 처형

4) 동학의 창시

합격생의 비법

포접제
교단을 '포(包)'와 '접(接)'으로 나누고 포와 접마다 마다 포주(包主)와 접주(接主)를 두었다. 일부에서는 대접주(大接主)를 따로 두는 경우도 있었다.

시험에 자주 등장해요

조선 후기 사회 변혁의 움직임을 묻는 문제가 자주 출제됩니다. 특히 동학의 사상과 천주교의 수용 및 탄압 배경은 꼭 기억하세요.

배경	지배 체제의 모순 심화, 성리학과 불교의 사회 지도력 상실(기존 종교에 대한 불만), 서양 세력의 접근으로 위기의식 고조
창시	경주 출신의 몰락 양반 최제우가 창시 ^{빈출}(1860) → 서학(천주교)에 대립되는 명칭으로 '동학'이라 칭함
사상	• 유·불·선에 민간 신앙 요소 결합, 시천주와 인내천 강조 • 인내천(人乃天) 사상 : '사람이 곧 하늘이다.' → 인간 평등 사상 • 후천개벽(後天開闢) 사상 : '새로운 세상이 열린다.' → 해석에 따라 혁명사상, 조선 왕조 부정 • 보국안민(輔國安民) 사상 : '나라를 튼튼히 하고 민중을 안정시킨다.' → 외세 배척

확장	• 삼남 지방에 급속히 전파 → 최제우 등을 혹세무민의 죄로 처형
	• 최시형의 활동(2대 교주) : 교단의 체계화 및 동학교도 확산
	  – 경전 : 『동경대전』, 『용담유사』 등 편찬
	  – 교단 조직 : 포접제 실시 → 동학의 확산에 기여

5) 농민 봉기의 확산

① 배경 : 탐관오리의 부정 심화, 삼정의 문란, 사회 불안의 고조, 농촌 사회의 피폐 등

② 항거의 형태 : 단계적 방법을 통해 확산, 소청 → 벽서 → 항조·거세 → 농민 봉기(소극적 방법 → 적극적 방법)

  ㉠ 소청 : 징계, 처분, 본인에게 불이익 처분을 받자 그 처분을 따르지 않고 심사를 청구하는 행정 심판

  ㉡ 벽서, 괘서 : 남을 비방하거나 민심을 선동하기 위해 여러 사람이 보는 곳에 붙이는 게시물

  ㉢ 항조 : 지대 납부 거부 / ㉣ 거세 : 세금 납부 거부

③ 홍경래의 난(1811)

배경	• 서북민에 대한 차별 대우 ^{빈출} 에 대한 반발 • 세도 정치 시기의 경제적 약탈 → 평안도 상공업계 위축, 평안도 재정 파탄, 신흥 상공업자와 일반민의 고통 가중
경과	• 주도 세력 : 몰락 양반 홍경래 중심, 영세 농민·중소 상인·광산 노동자 등 합세 • 평안도 가산에서 봉기 → 선천, 정주 점령 등 청천강 이북 지역 장악 → 지도부의 내분으로 패퇴, 정부군에게 진압(정주성 전투)
의의	농민의 정치적 각성, 반봉건 투쟁에 영향을 미침

④ 임술 농민 봉기(1862)

배경	• 직접적 원인 : 세도 정치 시기 삼정의 문란, 지방관과 향리의 착취 • 근본적 원인 : 부세 제도와 신분제가 결합된 지주 전호제의 모순
경과	진주 병사 백낙신의 수탈 → 몰락 양반 유계춘의 주도 → 진주 농민 봉기의 발생 → 전국적으로 농민 봉기 확산(북쪽의 함흥으로부터 남쪽의 제주에 이르기까지 전국적으로 전개), 박규수를 안핵사로 파견 ^{빈출} 하여 수습하고자 함
의의	농민 의식의 성장, 양반 중심 통치 체제의 붕괴 계기 마련

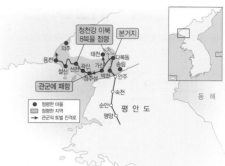

홍경래의 난

순무영진도

홍경래의 난이 일어났을 때 평안도 정주성을 점령한 봉기군과 이를 진압하기 위해 온 순무영군이 대치하고 있는 모습을 그린 그림이다.

출제 사료 | **임술 농민 봉기**

철종 13년 4월, 경상도 안핵사 박규수가 아뢰기를, "금번 진주의 난민들이 소동을 일으킨 것은 오로지 전 우병사 백낙신이 탐욕을 부려 수탈하였기 때문입니다. …… 이 때문에 군정(群情)이 들끓고 여러 사람의 노여움이 한꺼번에 폭발하여 전에 듣지 못하던 변란이 갑자기 일어난 것입니다."라고 하였다.

－『철종실록』－

● **출제 포인트 분석**

1862년 진주에서 경상 우병사 백낙신의 부정부패에 항의하는 농민 봉기가 일어났다. 이후 삼남 지방에서 농민들이 봉기하였고, 곧 북쪽의 함흥 지역에서 남쪽의 제주도에 이르기까지 전국적으로 농민 봉기가 확산되었다.

시험에 자주 등장해요

조선 후기 농민 봉기를 묻는 문제가 자주 출제됩니다. 특히 홍경래의 난과 임술 농민 봉기의 배경과 전개 과정은 꼭 기억하세요.

19세기의 농민 봉기

합격생의 비법

삼정이정청

조선 철종 때 삼정의 폐단을 바로잡기 위해 설치한 임시 관아이다. 그러나 박규수가 건의한 양전 실시, 군포제 개선, 환곡 폐지 등은 제대로 논의하지 못하고 폐지되었다.

⑤ 정부의 대응 : 안핵사 및 암행어사 파견, 삼정이정청 설치 ^{빈출} → 근본적인 해결은 못함

빈칸 채우기

01 조선 후기 양반층이 분화하면서 [   ]은/는 상공업에 종사하였고, 경제적으로 평민층과 비슷한 생활을 하였다.

02 조선 후기 국가에 기부금을 낼 때 주어지는 증명서인 [   ]은/는 실직이 주어지지는 않지만 양반 신분의 상징이 되었다.

03 조선 순조 1년에는 내수사와 궁방 소속의 관노비인 내시 노비를 대상으로 [   ]이/가 해방되었다.

04 조선 후기에는 결혼 후 곧바로 남편 집에서 생활하는 혼인 형태인 [   ] 제도가 정착되었다.

05 조선 후기 전통 유교에서 벗어나 왕조의 멸망을 예언한 참위설을 담은 [   ]이/가 유행하였다.

06 이수광의 『지봉유설』에 마테오 리치의 천주실의가 소개되면서 [   ]이/가 전래되었다.

07 천주교에 대한 박해 중 [   ]은/는 조선 정조 15년 윤지충의 신주 소각 사건으로 인해 발생하였다.

08 동학은 나라를 튼튼히 하고 민중을 안정시킨다는 [   ]을/를 내세우는 등 외세를 배척하였다.

09 서북 지역민에 대한 차별 정책에 반발하여 [   ]의 난이 발생하였다.

10 조선 철종 때 삼정의 폐단을 바로잡기 위해 [   ]을/를 설치하였으나 근본적인 해결은 하지 못하였다.

정답 01 잔반 02 공명첩 03 공노비 04 친영 05 정감록 06 천주교 07 신해박해 08 보국안민 09 홍경래 10 삼정이정청

---

01 ^{31회 31번} 다음 다큐멘터리에서 볼 수 있는 장면으로 적절하지 **않은** 것은?

```
★ 다큐멘터리 기획안 ★
  ┌──────────────────────────────┐
  │   19세기의 정치 혼란과 사회 불안        │
  └──────────────────────────────┘
  1. 기획 의도 : 안동 김씨와 풍양 조씨 등 일부 외척 가문이 집
              권한 시기의 사회 모습을 통해 지배층의 부정부
              패가 끼치는 영향을 살펴본다.
  2. 장면
     #1. 관직을 파는 대가로 뇌물을 받는 고관
           ......
```

① 농민 봉기의 진상을 조사하는 안핵사
② 환곡의 부담으로 마을을 떠나는 농민
③ 왕조 교체를 예언한 정감록을 읽는 양반
④ 임꺽정이 이끄는 도적떼에 가담하는 백성
⑤ 삼정이정청에서 개혁 방안을 논의하는 관료

정답 ④

해설 19세기 순조, 헌종, 철종 시기는 안동 김씨와 풍양 조씨 세력이 권력을 독점한 세도 정치 시기이다. 세도 정치 시기에는 매관매직이 성행하고 삼정의 문란으로 농민 봉기가 자주 발생하였다. 또 삼정이정청을 설치하여 삼정의 폐단을 바로잡으려 하였으나 실패하였다.

오답 피하기 ④ 임꺽정의 난은 16세기 명종 시기에 일어난 민란으로 세도 정치 시기와 관련이 없다.

---

02 ^{27회 28번} 밑줄 그은 '이 사건'에 대한 설명으로 옳지 **않은** 것은?

역사신문

제△△호   임술년 2월 ○○일

진주에 안핵사로 박규수를 파견하기로!

지난 2월 19일에 진주의 백성이 큰 무리를 지어 이서(吏胥)들의 가옥 수십 호를 불사르고, 환곡의 폐단을 시정해 줄 것을 한 목소리로 요구하였다. 조정에서는 <u>이 사건</u>을 수습하고자 박규수를 안핵사로 파견하기로 하였다.

① 몰락 양반 유계춘이 주도하였다.
② 지방관과 향리의 착취가 원인이었다.
③ 전국 각지의 농민 봉기로 확산되었다.
④ 삼정이정청이 설치되는 계기가 되었다.
⑤ 농민 자치 기구인 집강소 운영으로 일단락되었다.

정답 ⑤

해설 밑줄 그은 '이 사건'은 진주 농민 봉기이다. 지방관과 향리의 착취에 대항하여 1862년 진주에서 몰락 양반 출신인 유계춘을 중심으로 진주 농민 봉기가 일어났다. 진주 농민 봉기 이후 전국 각지로 농민 봉기가 확산되자 농민 봉기의 원인을 파악하기 위해 안핵사로 박규수가 파견되었다.

오답 피하기 ⑤ 농민 자치 기구인 집강소의 운영은 동학 농민 운동과 관련 있다.

03 밑줄 그은 '이들'에 대한 설명으로 옳은 것을 〈보기〉에서 고른 것은?

30회 27번

이 책은 1858년 유림 단체인 달서정사에서 펴낸 것입니다. 책 이름의 '규(葵)'자는 해바라기를 뜻합니다. '해바라기가 해를 향하는 데는 본가지나 곁가지가 다름이 없듯이 이들의 충성심도 적자(嫡子)와 다를 바 없다.'는 선조(宣祖)의 말에서 따온 것이라고 합니다.

규사

〈보 기〉
ㄱ. 신량역천으로 분류되었다.
ㄴ. 통청 운동을 전개하였다.
ㄷ. 장례원을 통해 국가의 관리를 받았다.
ㄹ. 규장각 검서관에 등용되기도 하였다.

① ㄱ, ㄴ　　　② ㄱ, ㄷ　　　③ ㄴ, ㄷ
④ ㄴ, ㄹ　　　⑤ ㄷ, ㄹ

정답 ④

해설 밑줄 그은 '이들'은 서얼로, '규(葵)'는 양반의 자손 중 첩의 소생인 서얼을 가리킨다. 조선 정조는 박제가, 이덕무, 유득공 등의 서얼 출신을 규장각 검서관에 등용하기도 하였다. 또 서얼은 서얼의 사회적 지위 향상 노력으로 통청 운동을 전개하였다.

오답 피하기 ㄱ. 조선 시대에는 본래 신분은 양인이나 실제로는 천역에 종사하여 천인처럼 천시되는 신량역천이 있었다. 주로 조례·나장·일수·조군·수군·봉수군·역졸 등이 해당한다.
ㄷ. 장례원은 조선 시대에서 노비의 부적과 소송을 담당했던 관청이다.

04 (가) 사건에 대한 설명으로 옳은 것은?

38회 28번

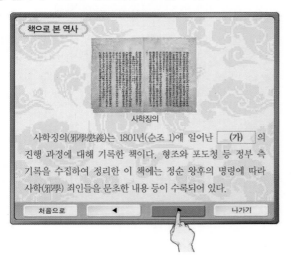

책으로 본 역사

사학징의

사학징의(邪學懲義)는 1801년(순조 1)에 일어난 [(가)]의 진행 과정에 대해 기록한 책이다. 형조와 포도청 등 정부 측 기록을 수집하여 정리한 이 책에는 정순 왕후의 명령에 따라 사학(邪學) 죄인들을 문초한 내용 등이 수록되어 있다.

처음으로　◄　　　　나가기

① 정여립의 모반 사건이 계기가 되었다.
② 최제우가 혹세무민의 죄로 처형되었다.
③ 홍경래 등의 봉기로 정주성이 점령되었다.
④ 이승훈, 정약용 등이 연루되어 처벌되었다.
⑤ 사건의 수습을 위해 박규수가 안핵사로 파견되었다.

정답 ④

해설 (가) 사건은 신유박해이다. 『사학징의(邪學懲義)』는 1801년(순조 1년) 일어난 신유박해 당시 정부의 기록을 수집·정리한 책이다. 순조 즉위 직후 노론 벽파가 남인 시파를 제거하기 위하여 대대적인 천주교 박해를 단행한 사건을 신유박해(1801)라고 한다. 신유박해 결과 최초의 세례 교인이었던 이승훈을 비롯하여, 이가환, 정약종, 청 신부 주문모는 순교하였으며, 정약용, 정약전은 유배형에 처해졌다.

05 지도의 사건에 대한 설명으로 옳은 것을 〈보기〉에서 고른 것은?

23회 29번

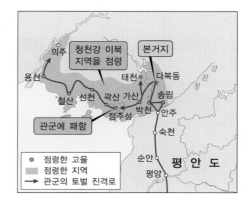

〈보 기〉
ㄱ. 금국 정벌론을 내세웠다.
ㄴ. 광산 노동자들이 참여하였다.
ㄷ. 서북인 차별이 원인이 되었다.
ㄹ. 개경파와 서경파의 대립으로 일어났다.

① ㄱ, ㄴ　　　② ㄱ, ㄷ　　　③ ㄴ, ㄷ
④ ㄴ, ㄹ　　　⑤ ㄷ, ㄹ

정답 ③

해설 몰락 양반 출신 홍경래는 1811년 서북 지방에 대한 차별 대우를 이유로 난을 일으켰고, 이후 영세 농민과 중소 상인, 광산 노동자 등이 합세하면서 청천강 이북 지역을 거의 점령하였지만, 정주성에서 관군에 패하고 말았다.

오답 피하기 ㄱ·ㄹ. 묘청의 서경 천도 운동에 해당하는 설명이다.

04 조선 후기 문화의 새 경향

출제빈도 상 | 중 | 하

❶ 성리학의 변화

1) 성리학의 절대화
① 배경 : 양 난 이후 사회 혼란 가속화 → 지식인들의 사회 질서 재확립 필요성 대두
② **성리학의 절대화** : 인조반정 이후 정국을 장악한 서인의 의리 명분론 강화 → 주자 중심의 성리학의 절대화, 학문적 기반 강화(송시열이 이론적 뒷받침)

2) **성리학의 비판(성리학의 상대화)** : 17세기 후반부터 주자 중심의 성리학에서 벗어나 6경과 제자백가에서 사회 모순 해결의 사상적 기반 마련 → **윤휴, 박세당**(『사변록』 저술)등 유교 경전에 대해 독자적 해석, 송시열에 의해 사문난적으로 몰림 〔빈출〕

3) 성리학 논쟁
① 이기론 논쟁 : 16세기 후반 이황 학파(주리론)의 영남 남인, 이이 학파(주기론)의 노론 사이에 논쟁 전개
② 서인(노론과 소론)의 대립

노론	송시열 중심, 주자 중심의 성리학 절대화, 이이의 사상 계승
소론	윤증 중심, 양명학과 노장 사상 수용, 성리학 이해에 탄력적, 성혼 사상 계승(절충적 성격)

③ 호락 논쟁 : 18세기 심성론에 대한 관심이 증대하면서 충청도 지역의 호론, 경기 지역의 낙론 사이에 논쟁 전개

호론	충청도 지방 노론, 인물성이론(인간과 사물의 본성은 다르다. 기의 차별성 강조), 청과 서양에 배타적 → 위정척사 사상에 영향
낙론	서울 경기 노론, 인물성동론(인간과 사물의 본성은 같다. 이의 보편성 강조) → 북학파와 개화사상에 영향

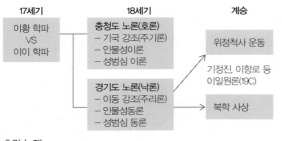

호락 논쟁

17세기
이황 학파
VS
이이 학파

18세기
충청도 노론(호론)
– 기국 강조(주기론)
– 인물성이론
– 성범심 이론

경기도 노론(낙론)
– 이동 강조(주리론)
– 인물성동론
– 성범심 동론

계승
위정척사 운동
기정진, 이항로 등 이일원론(19C)
북학 사상

4) 양명학의 수용
① 수용 : 성리학의 교조화 · 형식화 비판, 실천성 강조(지행합일), 17세기 후반 소론 학자들이 본격적으로 수용함

② 강화학파 ☑빈출 의 성립

  ㉠ 조선에 수용된 양명학을 정제두가 이론 체계 확립 → 강화학파로 발전

  ㉡ 일반 백성을 도덕 실천의 주체로 상정, 양반 신분제의 폐지 주장

  ㉢ 경기도 중심으로 재야 소론학자와 정제두 집안의 후손 및 인척이 구성·계승

③ 사상 : 양지(良知), 지행합일(知行合一), 치양지(致良知) 등

④ 계승 : 박은식(유교구신론 주창), 정인보(양명학연론) 등 양명학의 부흥 주장 → 민족
주의 운동 전개

❷ 실학의 발달

1) 실학의 등장

① 개념 : 18~19세기 서울·경기 지방에서 발생한 개신 유학적 사상 체계 → 성리학의
현실 문제 해결 능력 상실로 일부 학자들은 실증적인 연구로 현실 사회의 문제를 해
결하려는 노력 전개

② 배경

정치	붕당 간의 갈등과 별열 정치 → 몰락 양반의 발생
사회·경제	· 조선 후기 사회의 경제적 변화와 발전에 따른 모순 대두 · 양반 중심의 신분 질서 붕괴, 정치에서 소외된 양반층의 몰락과 피지배층의 신분 상승
사상	청의 고증학과 서양 과학 기술의 영향 → 실사구시, 실증적 방법 강조

2) 농업 중심의 개혁론(중농학파)

① 특징 : 남인 중심, 토지 개혁을 통한 자영농 육성과 농촌 사회 안정 등 주장, 경세치
용 학파로 불림

② 대표적 학자

유형원	· 『반계수록』 저술, 균전론 주장 · 균전론 : 관리, 선비, 농민 등에게 차등 있게 토지를 재분배하여 자영농 육성 주장 → 토지 국유화, 국가 재정 안정 · 자영농을 바탕으로 농병 일치의 군사 조직과 사농 일치의 교육 제도 확립 · 양반의 문벌 제도, 과거 제도, 노비 제도의 한계 지적
이익	· 『성호사설』 저술, 한전론 주장 · 한전론 : 자영농 육성을 위해 토지의 하한선을 영업전으로 설정하여 매매 금지, 나머지 토지는 매매 허용 → 점진적인 토지 균등 주장 · 나라를 좀먹는 여섯 가지 폐단으로 양반 제도, 노비 제도, 과거 제도, 사치와 미신, 승려, 게으름을 지적 · 고리대와 화폐의 폐단, 환곡 제도의 개선 주장, 붕당의 폐단 비판
정약용 ☑빈출	· 실학의 집대성(성호 학파 + 북학 사상) → 여전론, 정전제 · 여전론 : 토지의 공동 소유·공동 경작, 생산 후 노동량에 따른 수확량 분배 주장 · 『목민심서』(지방 행정 개혁), 『경세유표』(중앙 행정 개혁), 『흠흠신서』(사법 제도 운영), 『여유당전서』, 『아방강역고』, 『마과회통』 등 저술 · 기업농 육성, 사농공상의 평등적 직업관, 양반제 폐지 · 거중기 ☑빈출(수원 화성 제작), 배다리(수원 행차) 설계 · 3론 – 원론(원목) : 통치자는 백성을 위해 존재, 왕의 권력은 백성들로부터 나오는 것 – 탕론 : 천자는 천명의 대행자, 천명은 민심에서 나옴 → 천자가 천명을 거역할 경우 교체 – 전론 : 여전제 주장(무상 몰수 → 국유 농장화)

다산 초당

정약용이 강진에 유배되었을 때 머물렀던 곳이다. 정약용은 이곳에서 많은 저술을 남겼다.

매 농부 한 명당 점하여 1경을 준다. 법에 따라 세금을 거두었다. 매 4경마다 군인 1명이 나온다. 선비 중에 처음으로 지방의 학교에 공부하러 들어간 자는 2경을 주며, 기숙사에 들어간 자는 4경을 주고, 병역을 면제한다. 관리로서 9품 이상 7품까지는 6경씩 주고 더해서 2품에 이르면 12경에 이르고, 아울러 병역을 면제한다. 벼슬하는 자는 관직에 있을 때는 녹봉을 받고 벼슬을 그만두고 집에 돌아가 있을 때에는 또한 그 농토를 가지고 생계를 쓴다.   ─ 『반계수록』 ─

● 출제 포인트 분석

   유형원은 『반계수록』에서 균전론을 주장하였다. 토지를 국유화하여 국가 재정을 안정시키고, 관리 · 선비 · 농민 등에게 차등 있게 토지를 재분배하여 자영농 육성을 주장하였다.

출제 사료   이익의 한전론

국가가 마땅히 한 집안의 경제력을 토지 몇 부는 5000편으로 한정하여 한집의 영업전을 삼고, 당나라의 조세 제도처럼 한다. 많은 집은 빼지 않고 모자라는 자에게는 주지 않는다. 돈이 있어서 사고자 하는 자는 비록 천 백결이라도 허락하고, 토지가 많아서 팔고자 하는 자는 다만 영업전 몇 부외에는 역시 허락한다. 많되 팔기를 원하지 않는 사람은 강요하지 않고, 영업전에 미치지 않는 자도 재촉하지 않는다.   ─ 『곽우록』 ─

● 출제 포인트 분석

   이익의 한전론은 가난한 농가라도 생계 유지에 필요한 최소한의 영업전을 확보할 수 있도록 팔지 못하게 하는 점진적인 토지 제도 개혁론이다.

출제 사료   정약용의 여전론

이제 농사짓는 사람은 토지를 갖고, 농사짓지 않는 사람은 토지를 갖지 못하게 하려면 여전제를 실시하여야 한다. 산골짜기와 시냇물의 지세를 기준으로 구역을 획정하여 경계를 삼고, 그 경계선 안에 포괄되어 있는 지역을 1여로 한다. …… 1여마다 여장을 두며 무릇 1여의 인민이 공동으로 경작하도록 한다. …… 여민들이 농경하는 경우 여장은 매일 개개인의 노동량을 장부에 기록하여 두었다가 가을이 되면 오곡의 수확물을 모두 여장의 집에 가져온 다음 분배한다. 이때 국가에 바치는 세와 여장의 봉급을 제하며, 그 나머지를 가지고 노동 일수에 따라 여민에게 분배한다.   ─ 『여유당전서』 ─

● 출제 포인트 분석

   정약용은 마을 주민들이 여장의 지휘 하에 공동 경작하고, 노동량에 따라 소득을 분배하는 여전론을 주장하였다. 경자유전의 원칙을 적용하여 토지를 공동 소유 · 공동 경작하는 공동 농장 제도이다.

3) 상공업 중심의 개혁론(중상학파)

① 특징 : 노론 중심, 상공업의 진흥과 기술 혁신 주장, 청의 문물 수용 주장, 북학파 및 이용후생 학파로 불림

② 대표적 학자

유수원	• 『우서』 저술, 중국과 조선의 문물 비교 → 정치 · 경제 · 신분 · 사상 등 개혁안 제시 • 농업 : 농업의 상업적 경영과 기술 혁신을 통한 생산력 향상 주장 • 상업 : 상업 자본 육성, 상인 간 합작, 화폐 유통 강조 • 신분관 : 사농공상의 직업적 평등화와 전문화 주장
홍대용 🔼빈출	• 『임하경륜』, 『의산문답』🔼빈출, 『담헌서』, 『주해수용』 등 저술 • 기술 문화의 장려, 문벌 제도 철폐, 지전설, 성리학의 극복 주장

조선 후기 실학의 발달을 묻는 문제가 자주 출제됩니다. 농업 중심의 개혁론은 토지 제도 개혁이 특징입니다. 유형원의 균전론, 이익의 한전론, 정약용의 여전론은 꼭 기억하세요.

유수원의 저서

이미 문벌에 따라 사람을 기용하니, 사람이면 모두 오장(五臟)과 칠규(七竅)가 있는데 어느 어리석은 사람이 양반이나 중인이 되려고 하지 않고, 군보(軍保)의 천역(賤役)을 즐겨지려 하겠는가? 실 한 가닥이나 쌀 한 톨을 납부하더라도 역명을 붙이니 사람들이 반드시 부끄럽게 여긴다.   ─ 『우서』 ─

『의산문답』

서양의 과학 사상을 소개한 책으로, 지구의 1일 1주 회전설, 우주무한론(지구가 우주의 중심이 아님) 등이 나타나 있다.

박지원 빈출	• 『열하일기』(청에 다녀온 경험 바탕), 『과농소초』 저술 • 수레와 선박의 이용 주장, 화폐 유통의 필요성 강조, 서양 문물의 도입 주장 • 상업적 농업 장려, 수리 시설 확충, 영농 방법 촉진, 농기구 개량 등 강조 • 한전론 제안(상한선) : 제한된 면적 이상의 토지 소유를 허락하지 않되, 이전부터 소유한 토지는 매매와 상속 허용 • 양반 문벌 제도의 비생산성 비판 : 양반전 · 호질(양반 풍자 및 사회의 부조리 비판), 허생전(중상론과 해외 무역 강조)
박제가 빈출	• 『북학의』 빈출 저술, 중상주의 이론 정리 • 청의 문물 수용 주장, 수레 · 선박 · 벽돌의 이용 주장, 신분제 타파 주장 • 절약보다 소비 권장 : 소비와 생산의 관계를 우물물에 비유 • 국제 교역을 통한 자원 이용과 수급 조절, 청에 무역선을 파견하여 중국에서 행하는 세계 무역에 참여

홍대용　　　　박지원　　　　박제가

출제 사료　박지원의 청 문물 수용

오늘날 사람들이 진실로 오랑캐를 몰아내려면 중화의 유법을 모두 배워서 우리나라 풍속의 우둔함을 먼저 고치는 것이 더 중요하다. …… 타인이 100가지를 하여 먼저 우리 백성을 이롭게 하고 우리 백성들로 하여금 무기를 만들어서 넉넉히 저들의 견고한 갑옷과 날카로운 병기를 격파할 수 있게 한 다음에야 중국에는 볼 만한 것이 없다하여도 좋을 것이다.
　　　　　　　　　　　　　　　　　　　　　　　　　　　　　　　　　－ 『열하일기』 －

● **출제 포인트 분석**

박지원은 연행사를 따라 청에 다녀온 경험을 바탕으로 『열하일기』를 저술하였는데, 박지원의 주장은 박규수, 오경석 등 통상 개화론에 영향을 주었다.

출제 사료　박제가의 소비관

비유하건대 재물은 대체로 샘과 같은 것이다. 퍼내면 차고, 버려두면 말라 버린다. 그러므로 비단옷을 입지 않아서 나라에 비단 짜는 사람이 없게 되면 여공이 쇠퇴하고, 쭈그러진 그릇을 싫어하지 않고 기교를 숭상하지 않아서 공장(수공업자)이 도야(기술을 익힘)하는 일이 없게 되면 기예가 망하게 되며, 농사가 황폐해져서 그 법을 잃게 되므로 사농공상의 사민이 모두 곤궁하여 서로 구제할 수 없게 된다.
　　　　　　　　　　　　　　　　　　　　　　　　　　　　　　　　　－ 『북학의』 －

● **출제 포인트 분석**

박제가는 『북학의』에서 상공업의 발달을 도모하기 위해 청과의 통상을 강화하고 수레와 선박을 이용할 것을 주장하였다. 또 소비와 생산의 관계를 우물에 비유하면서 절약보다 소비를 해야 경제가 발전한다고 강조하였다.

4) 실학의 의의와 한계

① 의의 : 근대 지향적, 민족적, 실증적 학문 → 북학파 실학 사상은 개화사상으로 계승

② 한계 : 실학자들이 대부분 권력의 중심부에서 밀려난 인물들이므로 개혁안이 실제로 정책에 반영되지 못함

	중농주의	중상주의
공통점	현실 사회 문제 비판과 사회 개혁 주장, 부국강병과 민생 안정	
주도	근기 남인 학파	노론계 주리낙론 학파
농업	• 자영농 육성과 지주제 부정 • 토지 분배 주장(정전제 모델) • 실리 강조 → 토지 개혁론	지주제 인정, 농업 기술 발전과 농기구 · 농업 경영 개선을 통해 지주 전호제 문제 해결
학문적 기반	원시 유학의 6경 체제	북학 사상(고증학)
사회 개혁	노비제를 부인하면서 양반제를 부인하지 못하는 한계	신분제를 완전히 부정하고 사농공상의 평등 주장
경제 개혁	• 상공업 발달과 화폐 경제를 부정적으로 인식 • 시전 상인의 독점적 영업권 폐지 • 근검절약, 생산 강조, 자급자족	• 상공업 발달과 화폐 경제를 긍정적으로 인식 • 소비 강조, 생산 강조, 대외 통상

❸ 국학의 발달

1) 역사학

합격생의 비법

이익의 역사관

성호 이익은 "정통설은 끝내 주장에 궁한 곳이 있다."고 하여 주자식 역사 서술로는 역사 전체를 설명할 수 없음을 인정하고 있었다. 또 화이의 차별을 부정하였고, 서양인이 만든 세계 지도를 보고 나서 중국도 대지 중 한 조각 땅이라고 하여 중국 중심 세계관에서 완전히 탈피하였다.

이익	• 중국 중심의 역사관 비판 → 민족의 주체적 자각 고취에 기여 • 삼한 정통론 제기(단군 – 기자 – 마한 – 삼국 – 통일 신라)
안정복	• 이익의 역사 인식 계승 • 「동사강목」 저술 : 이익의 삼한 정통론 수용, 우리 역사의 독자적 정통론의 체계화
이종휘	「동사」 저술 : 발해사 최초 서술, 고구려의 전통을 강조하여 고대사 연구의 시야를 만주 지방까지 확대
이긍익	「연려실기술」 저술 : 조선의 정치사를 객관적 · 실증적으로 체계화, 우리나라 역대 문화를 백과사전식으로 정리
한치윤	「해동역사」 저술 : 중국 및 일본의 자료 참고, 민족사 인식의 폭 확대, 성리학적 정통론 인식 청산
유득공	「발해고」 저술 : 신라의 삼국 통일을 불완전한 것으로 규정, 남쪽의 신라와 북쪽의 발해를 남북국 시대로 설정(남북국 시대 용어 사용 ⚓ 빈출), 발해의 역사를 우리 역사의 체계 속에 포용, 고대사 연구의 시야를 만주 지방까지 확대
김정희	「금석과안록」 저술, 북한산비가 진흥왕 순수비임을 밝힘

시험에 자주 등장해요

조선 후기 역사학에 대해 묻는 문제가 자주 출제됩니다. 특히 유득공의 「발해고」는 꼭 기억하세요.

출제 사료 **유득공의 역사 인식**

부여씨가 망하고 고씨(고구려)가 망한 다음, 김씨(신라)가 남방을 차지하고 대씨(발해)가 북방을 차지하고는 발해라 하였으니, 이것을 남북국이라 한다. 남북국에는 남북국의 사서가 있었을 텐데, 고려가 편찬하지 않은 것이 잘못이다. 저 대씨가 어떤 사람인가? 바로 고구려 사람이다. 그들이 차지하고 있던 땅은 어떤 땅인가? 바로 고구려 땅이다.

— 「발해고」 —

● **출제 포인트 분석**

유득공은 「발해고」에서 남쪽의 신라와 북쪽의 발해가 공존하던 시기를 남북국 시대로 설정하였다. 신라의 삼국 통일을 불완전한 것으로 규정하고 발해와 신라를 대등한 국가로 인식하는 등 고대사 연구 시야를 만주 지방까지 확대시킴으로써 한반도 중심의 협소한 사관에서 탈피하였다.

2) 지리서와 지도

지리서	• 우리의 사회·문화에 대한 관심 반영, 산맥·하천·항만·도로 등이 정밀하게 표시됨 • 역사지리 : 한백겸의 『동국지리지』, 정약용의 『아방강역고』 등 • 인문지리 : 이중환의 『택리지』 빈출(각 지역의 자연환경과 인간 생활의 관계를 인과적으로 연결하여 설명)
지도	• 정상기의 동국지도 : 우리나라 최초로 100리척 사용 빈출, 최초의 축척 지도 • 신경준의 동국여지도 : 모눈으로 선을 구획하여 지도의 정밀성을 높임 • 김정호의 대동여지도 빈출 : 실측 지도, 산맥·하천·포구·도로망의 표시가 정밀하고 10리마다 눈금 표시

3) 국어 연구 : 신경준의 『훈민정음운해』, 유희의 『언문지』, 이의봉의 『고금석림』(우리나라의 방언과 해외 언어 연구) 등

4) 기타 : 정약전의 『자산어보』(흑산도 주변의 해양 생태계 관찰), 홍봉한의 『동국문헌비고』빈출(역대 문물 제도 총정리)

대동여지도(김정호)

김정호의 대동여지도는 목판을 대량으로 인쇄하여 대중들에게 보급해 지도의 대중화에 공헌하였다. 휴대용 절첩식 지도로 진, 산성, 읍성을 자세히 표현하였다.

시험에 자주 등장해요

조선 후기 국학에 대해 묻는 문제가 자주 출제됩니다. 특히 김정호의 대동여지도는 꼭 기억하세요.

④ 과학 기술의 발달

1) 서양 문물의 수용

① 배경 : 17세기경부터 중국을 통해 서양의 과학 기술 수용

② 전래 : 화포, 천리경, 자명종, 『천주실의』(이수광의 『지봉유설』에 소개), 곤여만국전도(세계 지도) 등

곤여만국전도

중국을 통해 전래된 곤여만국전도는 정확하게 제작된 세계 지도로, 조선인의 세계관이 확대(중국 중심의 세계관 붕괴)되는 데 기여하였다.

연행사 모습

조선 후기 청에 파견한 사절단인 연행사가 연경(베이징)의 조양문에 도착하는 모습이다. 연행사가 오가는 과정에서 서양의 과학 지식과 기술 등 많은 문물이 전래되었다.

홍대용의 혼천의

합격생의 비법

시헌력

서양 선교사인 아담 샬을 중심으로 만든 것으로, 태음력에 태양력 원리를 결합하여 24절기의 시각과 하루의 시각을 계산하여 만든 역법이다. 청에서 사용되었는데, 종전의 역법보다 더 발전된 것이었다.

2) 과학 기술의 발달

천문학	김석문(지전설 주장), 홍대용(지전설, 무한 우주론 주장) → 전통적 우주관에서 벗어나 근대적 우주관으로 접근, 성리학적 세계관 비판의 근거
역법	김육의 건의로 청에서 시헌력 도입 빈출
의학	• 허준의 『동의보감』 빈출 : 병증에 따라 해설과 약 처방 수록, 한의학을 체계적으로 정리 • 정약용의 『마과회통』 : 홍역, 종두법 연구 • 이제마의 『동의수세보원』 : 사상 의학 확립, 체질에 맞는 치료법 제시
농업	• 신속의 『농가집성』 : 벼농사 중심의 농법 소개, 이앙법의 보급 • 박세당의 『색경』, 홍만선의 『산림경제』 : 채소, 과수, 화초 재배법 양잠 기술 등 소개 • 서유구의 『임원경제지』 : 농촌 생활 백과사전, 농업 기술과 경영 이론을 종합하여 체계화
기타	정약용의 거중기 제작(기기도설 빈출 참고, 수원 화성 건설), 배다리 설계(수원 화성 행차)

합격생의 비법

동의수세보원

이제마는 체질에 따라 병이 생기는 원인이 다르고 약물의 반응도 다르기 때문에 체질에 맞게 치료할 것을 주장하였다. 특히 체질을 태양인, 태음인, 소양인, 소음인의 네 가지로 분류하였다.

거중기

배다리

⑤ 조선 후기 문화의 변화

1) 서민 문화의 발달

배경	상공업 발달과 농업 생산력의 증대, 서당 교육의 보급 → 서민의 경제적 · 사회적 지위 향상
특징	• 감정을 적나라게 표현하는 경향, 양반의 위선과 비리 비판, 사회의 부정과 비리 풍자 등 • 문예 활동 참여층 확대 : 양반 중심 → 중인층과 서민층도 참여
발전	• 판소리 　– 서민 문화의 중심 → 소리꾼이 일정한 줄거리가 있는 내용을 창과 사설로 직접 전달 　– 19세기 후반 신재효가 판소리 사설 정리(12마당 중 춘향가, 심청가, 흥부가, 적벽가, 수궁가만 남아 있음) • 탈놀이 : 마을 굿의 일부로 공연, 지배층과 승려의 부패와 위선 풍자 例 봉산 탈춤, 안동 하회 별신굿, 양주 산대놀이 등 • 한글소설 빈출 : 조선 후기 문화 향유 계층의 확대 → 허균의 홍길동전(현실을 날카롭게 비판), 춘향전(신분 차별의 비합리성), 심청전, 장화홍련전 등 • 사설시조 : 서민들의 감정을 솔직히 표현, 격식에 구애받지 않고 감정을 구체적으로 표현

2) 예술의 새로운 경향

① 한문학

ⓐ 특징 : 사회의 부조리한 현실을 예리하게 비판

ⓑ 박지원의 양반 위선 비판(허생전, 호질, 양반전 등 저술), 정약용의 한시(삼정의 문란 폭로)

ⓒ 시사(詩社)의 조직 : 중인들의 문학 활동 주도(사회적 지위 향상), 시 문학 모임인 시사 결성 → 시집 발간 등 활발한 문학 활동 전개

② 회화

18세기	• 진경 산수화 발달 : 우리나라의 산천을 사실적으로 묘사 　– 정선 빈출 : 진경 산수화의 개척, 인왕제색도 · 금강전도 　– 김홍도 : 진경 산수화의 완성, 옥순봉 • 풍속화 유행 : 백성들의 생활 모습과 일상적인 모습을 생동감 있게 표현 　– 김홍도 빈출 : 서민의 일상생활 표현, 밭갈이, 추수, 집짓기, 대장간 등 　– 신윤복 : 주로 도회지의 양반의 풍류 생활과 양반 부녀자들의 생활 표현, 남녀 간의 애정을 감각적 · 해학적으로 표현
19세기	• 특징 : 실학적 화풍 쇠퇴와 서울 도시의 번영, 서울 양반의 귀족적 취향을 반영하여 화려하고 세련된 모습으로 발전 • 복고적 화풍 유행, 전문 화가인 화원과 양반 문인화의 작품 활발 • 김정희(세한도) 빈출, 장승업(강렬한 필법과 채색법) 등

인왕제색도(정선)

영통골 입구도(강세황)

서양화법의 영향을 받아 원근법과 명암법을 이용하여 그렸다.

③ 민화와 서예

○ 민화 : 민중의 미적 감각 표현, 해, 달, 나무, 꽃, 동물, 물고기 등을 소재로 서민
   의 소박한 정서 반영, 집안을 장식하거나 행운과 복을 기원

○ 서예 : 김정희의 추사체(우리의 정서를 담은 독자적 필체, 굳센 기운과 다양한 조
   형성), 이광사의 동국진체(우리의 정서와 개성을 추구한 단아한 서체, 양반 사회
   뿐만 아니라 서민층에까지 보급)

단오풍정(신윤복)

노상알현도(김득신)

서당(김홍도)

총석정도(김홍도)

추사체(김정희)

까치와 호랑이(민화)

세한도(김정희)

법주사 팔상전

임진왜란 때 소실되었으나 1625
년 중건하였다. 우리나라 유일의
오층 목탑으로 철제 상륜부를 갖
춘 다층의 높은 건물이다. 1층은
주심포, 2층 이상은 다포 양식으
로 만들었으며, 부처의 일생을 8
개의 장면으로 표현한 불화가 그
려져 있다.

④ 건축

17세기	• 금산사 미륵전, 화엄사 각황전, 법주사 팔상전 ⚞빈출 • 양반 지주층의 성장 반영
18세기	• 평양의 대동문, 불국사 대웅전 • 논산 쌍계사, 부안 개암사, 안성 석남사 → 부농과 상인의 지원으로 건립 • 수원 화성 : 장안문, 화서문, 공심돈, 거중기 설계
19세기	경복궁 근정전, 경회루

⑤ 자기 : 민간에서 백자를 널리 사용, 청화백자 유행(회회청 안료를 사용하여 제작)

청화백자

빈칸 채우기

01 호론은 인간과 동물 · 사물의 본성이 다르다는 [   ]을/를 주장하였다.

02 경기도를 중심으로 재야 소론학자와 불우한 종친들은 강화학파를 형성하여 [   ]을 연구하였다.

03 유형원은 관리 · 선비 · 농민 등에게 차등 있게 토지를 재분배하여 자영농을 육성하자는 [   ]을/를 제시하였다.

04 유득공은 [   ]을/를 통해 반도 사관에서 탈피하고 신라와 발해를 남북국 시대라고 부를 것을 제안하였다.

05 [   ]의 전래로 조선인의 세계관이 확대되고 중국 중심의 세계관이 붕괴되었다.

06 [   ]은/는 태음력에 태양력의 원리를 결합하여 24절기의 시각과 하루의 시각을 계산하여 만든 역법이다.

07 허준은 [   ]을/를 저술하여 의학의 공상적 이론을 배격하고 실용성을 강조하였다.

08 [   ]은/는 흑산도 근해의 어류를 직접 채집 조사하여 『자산어보』를 편찬하였다.

09 [   ]은/는 서민들의 감정을 격식에 구애됨 없이 구체적으로 표현한 시조이다.

10 조선 후기에는 우리나라 산천을 소재로 그린 [   ]이/가 겸재 정선에 의해 개척되었다.

정답 01 인물성이론 02 양명학 03 균전론 04 발해고 05 곤여만국전도 06 시헌력 07 동의보감 08 정약전 09 사설시조 10 진경 산수화

01
다음 글을 쓴 인물에 대한 설명으로 옳은 것은?

> 이미 문벌에 따라 사람을 기용하니, 사람이면 모두 오장(五臟)과 칠규(七竅)가 있는데 어느 어리석은 사람이 양반이나 중인이 되려고 하지 않고, 군보(軍保)의 천역(賤役)을 즐겨 지려 하겠는가? 실 한 가닥이나 쌀 한 톨을 납부하더라도 역명을 붙이니 사람들이 반드시 부끄럽게 여긴다.
>
> – 『우서(迂書)』 –

① 사농공상의 직업적 평등을 주장하였다.
② 기기도설을 참고하여 거중기를 설계하였다.
③ 사람의 체질을 연구하여 사상 의학을 확립하였다.
④ 북학의를 저술하여 수레와 배의 이용을 권장하였다.
⑤ 천체의 운행과 위치를 측정하는 혼천의를 제작하였다.

정답 ①
해설 제시된 『우서』는 조선 후기 중상주의 실학자인 유수원의 저서이다. 유수원은 『우서』를 통해 사농공상의 직업적 평등과 전문화를 강조하였다.
오답 피하기 ② 정약용, ③ 이제마, ④ 박제가, ⑤ 홍대용에 대한 설명이다.

02
(가)에 대한 설명으로 옳은 것은?

○○신문

제△△호 ○○○○년 ○○월 ○○일

특집 : 강화 학파의 발자취를 찾아서

이곳은 강화 학파의 태두인 정제두의 묘이다. 그는 심즉리(心卽理), 치양지(致良知)를 주요 내용으로 한 [(가)]을/를 연구하였으며, 강화도에서 후진 양성에 힘을 기울여 이광사 등 많은 제자를 길러냈다.

정제두의 묘 (인천광역시 강화군)

① 지행합일을 중요시하였다.
② 정감록을 통해 왕조 교체를 예언하였다.
③ 마음속에 한울님을 모시는 시천주를 내세웠다.
④ 유교, 불교, 도교에 민간 신앙의 요소를 결합하였다.
⑤ 조상에 대한 제사를 거부하여 정부로부터 탄압을 받았다.

정답 ①
해설 (가)는 양명학이다. 양명학은 성리학의 교조화와 형식화를 비판하면서 도입된 실천적 유학이며, 17세기 후반 정제두를 비롯한 소론학자들에 의해 본격적으로 수용되었다. 정제두는 양명학을 체계화하였고, 그의 학통을 계승한 학자들이 강화학파를 형성하였다.

03 교사의 질문에 대한 답변으로 옳은 것은?
27회 24번

이 그림은 연행사가 연경(베이징)의 조양문에 도착하는 모습입니다. 조선 후기에 연행사 일행을 통해 조선에 새로 들어온 문물을 말해 볼까요?

① 새로운 역법으로 수시력이 도입되었어요.
② 서양의 과학 지식과 기술이 전래되었어요.
③ 만권당을 통해 성리학 관련 서적들이 들어왔어요.
④ 화북 지방의 농법을 집대성한 농상집요가 소개되었어요.
⑤ 지배층을 중심으로 변발과 호복의 풍습이 받아들여졌어요.

정답 ②

해설 제시된 그림의 연행사는 조선 후기 청에 사대를 하면서 파견한 사절단이다. 이 과정에서 서양의 과학 지식과 기술 등 많은 문물들이 전래되었다.

오답 피하기 ① · ③ · ④ · ⑤ 모두 고려와 원의 교류에 해당하는 내용이다.

04 (가) 인물에 대한 설명으로 옳은 것은?
24회 25번

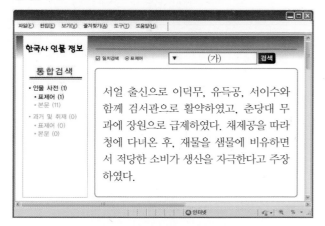

① 북한산비가 진흥왕 순수비임을 밝혔다.
② 삼한 정통론을 내세운 역사서를 저술하였다.
③ 거중기를 만들어 수원 화성 축조에 이용하였다.
④ 북학의를 저술하여 서양 과학 기술의 수용을 주장하였다.
⑤ 우리의 산천을 소재로 한 진경 산수화라는 화풍을 개척하였다.

정답 ④

해설 (가) 인물은 박제가이다. 박제가는 서얼 출신으로 이덕무, 유득공, 서이수 등과 함께 규장각 검서관으로 활약하였으며, 『북학의』를 저술하여 재물을 샘물에 비유하면서 적당한 소비가 생산을 자극한다고 주장하였다. 또 서양의 과학 기술을 수용하여야 한다고 주장하였고, 청과의 통상 강화를 역설하였다.

오답 피하기 ① 김정희는 『금석과안록』을 저술하여 북한산비가 진흥왕 순수비임을 밝혔다. ② 안정복의 『동사강목』은 이익의 삼한 정통론을 수용한 역사서이다. ③ 정약용은 거중기로 수원 화성을 제작하고, 배다리를 설계하였다. ⑤ 정선은 진경 산수화를 개척하여, 인왕제색도, 금강전도를 남겼다.

05 다음 글을 쓴 인물의 활동으로 옳은 것은?
23회 31번

하늘이 금수(禽獸)에게는 발톱을 주고, 뿔과 단단한 발굽을 주고, 날카로운 이를 주고, 독을 주어서 …… 환난을 방어하도록 하였다. 그런데 사람에게는 벌거숭이로 태어나서 연약하여 살아갈 수 없을 것처럼 만들었다. …… 사람에게는 지려(智慮)와 교사(巧思)가 있음으로써 그들로 하여금 기예(技藝)를 습득하여 스스로 자기의 생활을 영위하도록 한 것이다.

— 기예론 —

① 반계수록을 지어 균전론을 주장하였다.
② 거중기를 제작하여 화성 축조에 기여하였다.
③ 동의수세보원으로 사상 의학을 체계화하였다.
④ 북학의를 저술하여 상공업 육성을 강조하였다.
⑤ 최초로 100리척을 사용하여 지도를 제작하였다.

정답 ②

해설 정약용은 『기예론』을 통해 인간이 다른 동물보다 뛰어난 것은 기술 때문이라고 주장하고, 기술의 발달이 인간 생활을 풍요롭게 한다고 강조하였다. 이를 바탕으로 정약용은 거중기 등 스스로 많은 기계를 제작하거나 설계하였다.

오답 피하기 ① 유형원은 신분에 따라 토지를 차등적으로 재분배하여 자영농을 육성하자고 주장하였다. ③ 이제마는 사람의 체질에 맞는 치료법인 사상 의학을 제시하였다. ④ 박제가는 『북학의』에서 소비의 촉진을 통한 생산력 증대를 주장하였다. ⑤ 정상기는 동국지도에서 우리나라 최초로 100리척을 사용하였다.

06 22회 29번
다음 주장을 펼친 인물에 대한 설명으로 옳은 것은?

> 사람 중에 간사하고 함부로 하는 자가 없다면 천하가 왜 다스려지지 않겠는가? 간사하고 함부로 하는 것은 재물이 모자라는 데에서 생기고 재물이 모자라는 것은 농사에 힘쓰지 않는 데에서 생긴다. 농사에 힘쓰지 않는 자 중에 그 좀이 여섯 종류가 있는데, 장사꾼은 그 중에 들어 있지 않다. 첫째가 노비(奴婢)요, 둘째가 과업(科業)이요, 셋째가 벌열(閥閱)이요, 넷째가 기교(技巧)요, 다섯째가 승니(僧尼)요, 여섯째가 게으름뱅이이다.
>
> — 『성호사설』 —

① 역사서인 동사강목을 저술하였다.
② 서얼의 신분으로 규장각 검서관에 기용되었다.
③ 자영농을 육성하기 위해 한전론을 제시하였다.
④ 상공업의 발달과 화폐 유통의 확대를 강조하였다.
⑤ 양반전을 통해 양반의 무능과 허례를 비판하였다.

정답 ③

해설 조선 후기 실학자인 이익은 『성호사설』을 저술하였다. ③ 이익은 『곽우록』을 통해 한전론을 제시하였는데, 한 가정이 생계를 유지할 수 있는 최소 규모의 토지인 영업전에 대하여는 법을 통해 매매를 금지해야 한다고 주장하였다.

오답 피하기 ① 안정복, ② 박제가, ⑤ 박지원에 대한 설명이다. ④ 이익은 당시 화폐 유통이 소농 경제를 파괴하는 것을 우려해 폐전론을 주장하였다.

07 29회 28번
(가)에 해당하는 작품으로 옳은 것은?

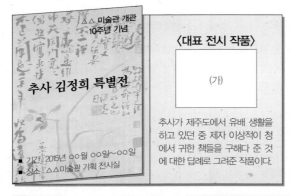

① ② ③
④ ⑤

정답 ⑤

해설 (가)에 해당하는 작품은 김정희의 세한도이다. 추사 김정희는 제주도에서 유배 생활을 하던 중 제자 이상적이 청에서 귀한 책들을 가져다 준 것에 대한 답례로 세한도를 그려주었다.

오답 피하기 ① 신사임당의 초충도, ② 김홍도의 총석정도, ③ 강세황의 영통골 입구도, ④ 정선의 인왕제색도이다.

08 29회 27번
다음 소설이 쓰여진 시기에 볼 수 있는 모습으로 옳지 않은 것은?

> 허생은 만 금을 얻어 생각하기를 "저 안성은 기(畿)·호(湖)의 어우름이요, 삼남의 어귀렷다." 하고는 이에 머물러 살았다. 그리하여 대추, 밤, 감, 석류, 귤, 유자 등의 과실을 모두 두 배 값으로 사서 저장하였다. 허생이 과실을 몽땅 사들이자 온 나라가 잔치나 제사를 치르지 못하게 되었다. 그런지 얼마 아니 되어서 두 배 값을 받은 장사꾼들이 도리어 10배의 값을 치르고 되샀다.

① 풍속화를 그리는 화원
② 홍길동전을 읽고 있는 여인
③ 교정도감에서 회의를 하고 있는 관리
④ 시사(詩社)에서 자작시를 낭송하는 중인
⑤ 송파나루에서 산대놀이 공연을 벌이는 광대

정답 ③

해설 제시된 『허생전』은 조선 후기 박지원이 쓴 한문 소설이다. 풍속화와 한글 소설, 시사 활동, 산대놀이 등은 모두 조선 후기에 유행하였다.

오답 피하기 ③ 교정도감은 고려 무신 집권기 최충헌에 의해 설치된 최고의 정무 기관이었다.

09 28회 32번
(가)에 들어갈 답변으로 옳은 것은?

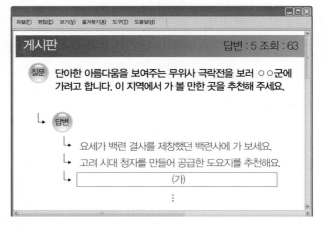

① 율곡 이이가 태어난 오죽헌에 가 보세요.
② 정약용이 유배 생활을 했던 다산 초당을 추천해요.
③ 퇴계 이황의 학덕을 기리는 도산 서원을 추천해요.
④ 팔만대장경판을 보관하고 있는 해인사를 추천해요.
⑤ 대가야의 위용을 보여주는 지산동 고분군에 가 보세요.

정답 ②

해설 전남 강진은 고려청자의 대표적인 도요지였고, 만덕사에서는 요세의 백련결사가 제창되었다. 또 강진은 다산 정약용이 유배 생활을 했던 곳으로, 다산 초당이 자리하고 있다.

오답 피하기 ① 강원도 강릉, ③ 경상북도 안동, ④ 경상남도 합천, ⑤ 경상북도 고령에 대한 설명이다.

10 (가)에 들어갈 작품으로 옳지 <u>않은</u> 것은?

28회 26번

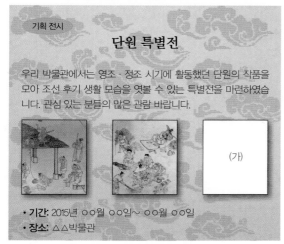

기획 전시

단원 특별전

우리 박물관에서는 영조·정조 시기에 활동했던 단원의 작품을 모아 조선 후기 생활 모습을 엿볼 수 있는 특별전을 마련하였습니다. 관심 있는 분들의 많은 관람 바랍니다.

(가)

· **기간**: 2015년 ○○월 ○○일 ~ ○○월 ○○일
· **장소**: △△박물관

①

②

③

④

⑤

정답 ⑤

해설 (가)에 들어갈 작품은 김홍도의 그림이다. 단원 김홍도는 조선 후기에 민중들의 생활 풍경과 일상적인 모습을 소탈하고 익살스럽게 그린 풍속화가이다. ① 서당도, ② 대장간도, ③ 자리 짜기, ④ 씨름도는 모두 김홍도의 작품이다.

오답 피하기 ⑤ 김득신의 노상알현도이다.

11 (가) 인물에 대한 설명으로 옳은 것은?

37회 26번

이 그림은 화성성역의궤에 수록된 거중기 전도이다. 거중기는 화성 건설에 참여했던 ___(가)___ 이/가 고안하였다. 그는 조선 후기의 실학자로 경세유표를 통해 국가 제도의 개혁 방향을 제시하였으며, 지방 행정의 개혁안을 담은 목민심서를 저술하였다.

① 양반전에서 양반의 위선과 무능을 비판하였다.
② 북학의를 저술하여 청의 문물 수용을 강조하였다.
③ 사람의 체질을 연구하여 사상 의학을 확립하였다.
④ 조선책략 유포에 반발하여 영남 만인소를 주도하였다.
⑤ 여전론을 통해 토지의 공동 소유와 공동 경작을 주장하였다.

정답 ⑤

해설 (가) 인물은 정약용이다. 조선 후기 실학을 집대성한 정약용은 토지의 공동 소유·공동 경작을 주장한 여전론을 제시하였으며, 『목민심서』와 『경세유표』 등을 저술하여 중앙 행정과 지방 행정 개혁의 방향을 제시하였다. 또 수원 화성을 건설하는 데 거중기를 고안하였고, 정조가 수원에 행차할 때 한강을 건널 수 있는 배다리도 설계하였다.

오답 피하기 ① 박지원, ② 박제가, ③ 이제마, ④ 이만손에 대한 설명이다.

12 밑줄 그은 '그'에 대한 설명으로 옳은 것은?

36회 24번

□□신문

제△△호 ○○○○년 ○○월 ○○일

담헌(湛軒), 소행성의 이름으로 다시 태어나다

한국천문연구원은 "국내 연구진이 발견한 새로운 소행성에 대해, 호가 담헌인 그의 인명을 헌정하여 국제천문연맹으로부터 최종 승인을 받았다."라고 밝혔다. 인명이 헌정된 이유는 그가 무한 우주론과 지전설 등을 주장한 조선 후기의 대표적인 과학자이자 실학자이기 때문이다.

담헌이 제작한 것으로 알려진 혼천의

① 기기도설을 참고하여 거중기를 설계하였다.
② 북학의에서 수레와 배의 이용을 강조하였다.
③ 양반전에서 양반의 위선과 무능을 지적하였다.
④ 의산문답에서 중국 중심의 세계관을 비판하였다.
⑤ 우서에서 사농공상의 직업적 평등과 전문화를 주장하였다.

정답 ④

해설 밑줄 그은 '그'는 과학자이자 중상학파 실학자인 홍대용으로, 홍대용은 혼천의를 만들고 무한 우주론과 지전설 등을 주장하였으며, 중국 중심의 세계관을 비판하였다. 또 『임하경륜』, 『의산문답』, 『담헌서』 등을 저술하였으며, 기술 문화 장려·문벌 제도 철폐 등을 주장하였다.

오답 피하기 ① 정약용, ② 박제가, ③ 박지원, ⑤ 유수원에 대한 설명이다.

	17세기			18세기	
	인조	효종	현종	숙종	경종
정치	1627 정묘호란 1636 병자호란	1654, 1658 나선 정벌	1659 1차 예송 1674 2차 예송	1680 경신환국(환국 정치 실시) 1682 금위영 설치, 5군영 완성 1696 안용복, 일본에 가서 울릉도와 　　　독도가 조선 땅임을 인정받음	
경제	1635 영정법 실시	1651 은광 개발 허용		1678 상평통보 주조 1708 대동법 전국 시행	
문화			1670 유형원, 『반계수록』 저술		

❶ 정치 상황의 변화

붕당 정치					붕당 정치의 변질		탕평 정치		세도 정치		
선조	광해군	인조	효종	현종	숙종	경종	영조	정조	순조	헌종	철종
동인과 서인 분화 → 동인, 남인과 　북인 분화	북인 정권	서인 정권 장악		예송 논쟁 1차 : 서인 우세 2차 : 남인 우세	경신환국, 기사환국, 갑술환국		탕평책 실시	탕평책 실시, 노론의 시파 와 벽파 분화	안동 김씨, 풍양 조씨의 권력 장악		
동인 vs 서인	북인 집권	서인 집권, 남인 참여		서인 vs 남인	일당 전제화, 노론 vs 소론		노론 집권, 소론 참여		노론 집권		

❷ 경제의 변화

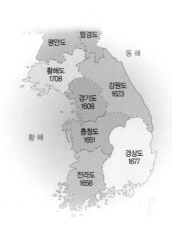

대동법의 시행

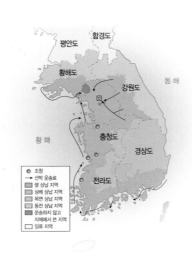

대동세의 징수와 운송

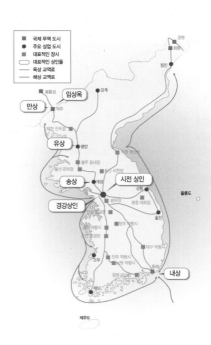

조선 후기 상업과 무역 활동

18세기		19세기		
영조	정조	순조	헌종	철종
1725 탕평책 실시 1741 서원 정리	1776 규장각 설치 1785 장용영 설치 1786 서학 금지 1796 수원 화성 완공	1801 신유박해, 황서영 백서 사건, 공노비 해방 1811 홍경래의 난		1851 서얼 허통 1860 최제우, 동학 창시 1862 임술 농민 봉기
1731 노비종모법 실시 1750 균역법 실시	1791 신해통공			
	1778 박제가, 『북학의』 저술			1861 김정호, 대동여지도 제작

❸ 조선 후기 문화

회화

금강전도(정선)

인왕제색도(정선)

서당도(김홍도)

단오풍정(신윤복)

영통골 입구도(강세황)

세한도(김정희)

민화 – 까치와 호랑이

판소리와 탈춤

판소리

탈춤

서예

추사체(김정희)

건축

17세기		18세기		19세기	

금산사 미륵전

법주사 팔상전

수원 화성

논산 쌍계사

경복궁 근정전

경복궁 경회루

• 최신 250문항 빈출 키워드 랭킹

1위 척화비 건립   1-226p

2위 김기수, 수신사   1-233p

3위 거문도 불법 점령   1-237p

4위 제너럴 셔먼호 사건   1-226p

5위 오페르트 남연군 묘 도굴   1-226p

6위 박문국, 한성순보   1-233p

7위 기기창(기기국)   1-233p

8위 13도 창의군   1-249p

9위 독립문 건립   1-246p

10위 황국 중앙 총상회   1-260p

• 기출문제 출제경향 분석

6. 근대 사회의 전개

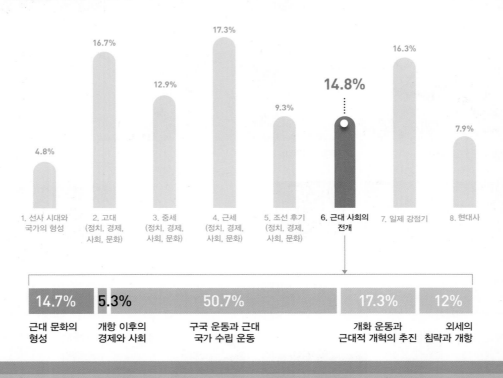

1. 선사 시대와 국가의 형성	2. 고대 (정치, 경제, 사회, 문화)	3. 중세 (정치, 경제, 사회, 문화)	4. 근세 (정치, 경제, 사회, 문화)	5. 조선 후기 (정치, 경제, 사회, 문화)	6. 근대 사회의 전개	7. 일제 강점기	8. 현대사
4.8%	16.7%	12.9%	17.3%	9.3%	14.8%	16.3%	7.9%

근대 문화의 형성	개항 이후의 경제와 사회	구국 운동과 근대 국가 수립 운동	개화 운동과 근대적 개혁의 추진	외세의 침략과 개항
14.7%	5.3%	50.7%	17.3%	12%

연표

1863	1866	1868	1871	1875	1876	1881	1882	1883	1884	1885	1886	1889
고종 즉위, 흥선 대원군 집권	병인박해, 제너럴 셔먼호 사건, 병인양요	오페르트 도굴 미수 사건	신미양요	운요호 사건	강화도 조약 체결	영선사와 조사 시찰단 파견, 별기군 설치	조·미 수호 통상 조약 체결, 임오군란	원산 학사 설립, 한성순보 발간	우정총국 설치, 갑신정변	거문도 사건, 광혜원 설립	이화 학당 설립	함경도에 방곡령 실시

6
PART

근대 사회의 전개

1894	1895	1896	1897	1898	1899	1904	1905	1906	1907	1908	1909
동학 농민 운동, 갑오개혁	을미사변, 단발령 실시, 을미의병	아관 파천, 독립신문 창간, 독립 협회 설립	대한 제국 수립	만민 공동회 개최	경인선 개통	한·일 의정서 체결	을사늑약 체결	통감부 설치	국채 보상 운동, 신민회 설립, 헤이그 특사 파견,	의병, 서울 진공 작전	간도 협약, 안중근의 이토 히로부미 사살, 대종교 창시

1863	1866	1868	1871	1875	1876	1882
흥선 대원군의 집권	병인박해, 제너럴 셔먼호 사건, 병인양요	오페르트 도굴 미수 사건	신미양요, 척화비 건립	운요호 사건	강화도 조약 체결	조·미 수호 통상 조약 체결

01 | 외세의 침략과 개항

출제 빈도 상 | 중 | 하

흥선 대원군

당백전
상평통보보다 100배의 명목 가치로 통용되었다. 그러나 실질 가치는 5~6배에 그쳐 인플레이션을 야기하였다.

합격생의 비법

원납전
경복궁 중건에 필요한 재원을 마련하기 위해 양반들에게 강제로 거둔 기부금이다.

합격생의 비법

사창제
흥선 대원군은 각 리(理)를 단위로 곡물을 대여하는 사창을 설치하여 빈민을 구제하도록 하였다. 마을 주민 중 부유한 지방 유지를 뽑아 사창의 운영을 책임지게 하여 사창을 마을 주민들이 자치적으로 운영하게 하였다.

❶ 흥선 대원군의 통치 체제 정비

1) 흥선 대원군 집권 무렵의 국내외 정세

국내	• 세도 정치의 전개 : 외척의 정권 장악, 매관매직 성행 → 왕권의 약화, 통치 질서 붕괴 • 농민 봉기의 빈발 : 삼정의 문란, 수령과 아전의 농민 수탈 심화 예 홍경래의 난(1811), 임술 농민 봉기(1862) • 동학과 천주교의 전파
국외	• 외세의 접근 : 이양선의 출몰, 통상 요구의 본격화 • 중국의 개항 : 아편 전쟁의 패배로 난징 조약 체결(1842) • 일본의 개항 : 미·일 화친 조약으로 문호 개방(1854) • 러시아의 연해주 획득 : 조선과 국경을 접함

2) 흥선 대원군 ⚡빈출 의 개혁 정치

① 왕권 강화 정책

㉠ 세도 정치의 타파 : 안동 김씨 축출, 능력에 따른 인재 등용 → 붕당 정치 폐단 제거

㉡ 정치 기구의 개혁 : 비변사의 기능 축소 및 폐지, 의정부(정치)와 삼군부(군사)의 기능 부활

㉢ 법전의 정비 : 『대전회통』, 『육전조례』 편찬 → 국가 통치 기강의 확립

㉣ 경복궁 중건

목적	왕실의 권위 회복
과정	막대한 공사비 소요 → 원납전 강제 징수, 당백전 남발, 토목 공사에 백성 징발, 양반의 묘지림 벌목
결과	양반과 백성 모두 반발, 당백전 남발로 경제적 혼란 야기

② 민생 안정 정책

㉠ 삼정의 문란 시정

전정	양전 사업을 실시하여 은결 색출, 지방관과 토호의 토지 겸병 금지
군정	호포법 실시(양반에게도 군포 징수) → 국가 재정 확충, 양반의 반발 초래
환곡	사창제 실시 ⚡빈출 (면·리별 빈민 구제) → 국가 재정 확충

나라의 제도로써 인정(人丁)에 대한 세를 신포(身布)라고 하였는데, 충신과 공신의 자손에게는 모두 신포가 면제되었다. 대원군은 이를 수정하고자 동포라는 법을 제정하였다. 가령 한 동리에 2백 호가 있으면 매 호에 더부살이 호가 약간씩 있는 것을 정밀하게 밝혀내어 계산하고, 신포를 부과하여 고르게 징수하였다. 이 때문에 예전에는 면제되던 자라도 신포를 바치지 않을 수 없게 되었다.

— 『근세조선정감』 —

● **출제 포인트 분석**

호포법은 당시 상민들에게만 부과하던 군포를 호(戶)를 기준으로 징수하도록 하여 양반에게도 부과하는 것으로 민생 안정과 조세의 공평성을 기하려는 목적으로 시행되었다. 군포 부담이 줄어든 농민들은 호포법을 환영하였으나 군포를 부담하게 된 양반들은 불만을 가졌다.

ⓒ **서원의 정리**

목적	국가 재정의 확충, 민생 안정, 백성의 수탈과 붕당의 근거지 제거
내용	600여 개의 서원을 47개로 정리, 만동묘 철폐 👑빈출, 서원에 딸린 토지와 노비 몰수 → 양반과 유생의 횡포 근절(지방 통제력 회복)
결과	유생들의 반발이 일어남

대원군이 크게 노하여 말하기를, "진실로 백성에게 해가 되는 것이 있으면, 비록 공자가 다시 살아난다 하더라도 나는 용서하지 않겠다. 하물며 서원은 우리나라에서 선유(先儒)를 제사하는 곳인데 지금은 도둑의 소굴로 되었음에랴."라고 하였다. 드디어 형조와 한성부 나졸들을 풀어서 대궐 문 앞에서 호소하려는 선비들을 강 건너로 몰아내 버렸다.

— 『근세조선정감』 —

● **출제 포인트 분석**

흥선 대원군은 만동묘를 시작으로 전국의 47개 사액 서원을 제외한 600여 개의 서원을 정리하였다. 서원이 소유한 토지와 노비를 몰수하여 국가 재정을 확충하고, 양반의 수탈을 막아 민생 안정과 왕권 강화에 기여하였다.

3) 의의와 한계

① 의의 : 전통적인 통치 체제의 재정비 → 국가 기강 확립, 민생 안정에 기여

② 한계 : 전제 왕권 강화를 목적으로 하는 전통 체제 내에서의 개혁

❷ 흥선 대원군의 통상 수교 거부 정책

1) 배경 : 천주교의 교세 확산, 서양 물품의 유입, 서양 세력의 통상 요구 → 서양 세력에 대한 경계심 고조 → 조선 정부의 통상 수교 거부 정책(열강의 통상 수교 거부, 서양 물품의 유입 금지, 국방력 강화 등)

2) 천주교 박해 : 러시아의 남하를 막기 위해 프랑스와 교섭 → 프랑스와의 교섭 실패, 천주교 탄압 여론 고조 → 병인박해(1866, 9명의 프랑스 신부와 수천 명의 천주교도 처형)

합격생의 비법

만동묘

임진왜란 때 조선에 원군을 보내 준 명의 신종을 제사 지내는 사당이다. 괴산 화양동에 송시열의 제자들이 세웠다. 1865년 대원군은 조정에서 대보단을 세워 명의 황제들을 제사지내므로, 개인적으로 제사를 지낼 필요가 없다는 이유로 만동묘를 철폐하였다.

시험에 자주 등장해요

흥선 대원군의 개혁 정치를 묻는 문제가 자주 출제됩니다. 특히 삼정의 개혁과 서원 정리, 경복궁 중건은 꼭 기억하세요.

외규장각 의궤

외규장각에 소장되어 있던 1천 7종, 5천 67책은 병인양요가 발생하면서 프랑스군에 의해 불에 타 없어지는 등 큰 피해를 입었다. 또 프랑스군은 은궤, 어새 등과 함께 외규장각 도서 중 의궤류와 고문서들을 약탈해갔다. 2011년 외규장각 도서는 임대 형태로 반환되었다.

척화비

"서양 오랑캐가 침범하는 데 싸우지 않는 것은 곧 화의하는 것이요, 화의를 주장하는 것은 나라를 파는 것이다."라는 글이 새겨져 있다.

3) 병인양요(1866)

배경	병인박해 당시 프랑스 신부와 천주교도 처형
전개	프랑스 로즈 제독의 극동 함대가 강화도 침략 → 문수산성의 한성근, 정족산성의 양헌수 부대 활약 → 프랑스군 격퇴
결과	프랑스군이 퇴각하면서 외규장각 도서 및 문화재를 약탈함

외규장각 의궤

4) 제너럴 셔먼호 사건(1866) 빈출 : 미국 상선 제너럴 셔먼호가 대동강을 거슬러 올라와 통상 요구 → 약탈과 살육을 자행하자 평양 관민과 충돌 → 평양 감사 박규수와 평양 관민들이 제너럴 셔먼호 격침

5) 오페르트 도굴 미수 사건(1868) 빈출

배경	미국이 독일 상인 오페르트를 내세워 통상 요구 → 조선 정부의 거부
전개	오페르트가 흥선 대원군의 아버지인 남연군의 묘 도굴 빈출 시도(충남 덕산) → 지역 주민들의 저항으로 도굴 실패
결과	서양인에 대한 경계심 고조, 흥선 대원군의 통상 수교 거부 정책 강화

6) 신미양요(1871)

배경	제너럴 셔먼호 사건(1866)을 구실로 미국 침입
전개	미군의 강화도 침략 → 어재연의 부대가 광성보에서 활약, 조선군의 강력한 저항 → 미군 격퇴
결과	• 미군이 철수하며 어재연 부대의 수(帥)자기를 가져감 • 종로와 전국 각지에 척화비 건립 빈출 → 통상 수교 거부 정책의 강화

어재연 장군 수자기

병인양요
→ 프랑스 함대의 1차 침입로
┄→ 프랑스 함대의 2차 침입로
신미양요
→ 미국 함대의 침입로
○ 강화도 조선군의 방어 지역
× 격전지

병인양요(1866)와 신미양요(1871)

시험에 자주 등장해요

흥선 대원군의 통상 수교 거부 정책을 묻는 문제가 자주 출제됩니다. 병인양요와 신미양요, 척화비 건립은 꼭 기억하세요.

7) 의의

① 긍정적 측면 : 외세의 침입을 일시적으로 막음
② 부정적 측면 : 근대화를 지연시키는 결과를 초래함, 세계정세를 이해하지 못하여 서구 열강에 대한 적절한 대책을 세우지 못함

출제 사료 흥선 대원군의 통상 수교 거부 정책

1. 괴로움을 참지 못하고 화친을 허락한다면 이는 나라를 파는 것이다.
2. 해독을 이겨내지 못하고 교역을 허락한다면 이는 나라를 망하게 하는 것이다.
3. 적이 한성에 다다를 때 도성을 버리고 간다면 이는 나라를 위태롭게 하는 것이다.
4. 만약 잡술 따위로, 또는 귀신을 불러 신기하게 침략자를 물리치고자 하면 이후에 생겨나는 폐단을 사학(邪學)보다도 더욱 심할 것이다.
– 흥선 대원군의 양이보국책 유시 –

● 출제 포인트 분석

병인양요로 도성 안이 혼란해지자 흥선 대원군은 서양 세력과의 통상을 거부하며 끝까지 싸울 것을 정부 관료들에게 명령하였다.

❸ 개항과 불평등 조약

1) 배경

① **흥선 대원군의 하야** : 경복궁 중건, 서원 철폐, 호포제 시행 등에 대한 양반 유생들 반발, 최익현의 흥선 대원군 하야 요구 상소 → 최익현의 처벌 문제로 고종과 흥선 대원군 대립 → 고종의 친정 체제 성립, 민씨 정권의 수립(청과의 전통적 관계를 유지하면서 개방 정책 추진)

출제 사료	최익현의 흥선 대원군 하야 상소

이 몇 가지 문제는 실로 전하께서 어려서 아직 정사를 도맡아 보지 않고 계시던 시기에 생긴 일입니다. …… 지금부터 임금의 권한을 발휘하시고 침식을 잊을 정도로 생각하시며 부지런히 일하셔야 할 것입니다. …… 친친(親親)의 반열에 속하는 사람은 다만 그 지위를 높이고 녹봉을 후하게 줄 뿐이며, 나라의 정사에는 관여하지 못하게 하셔야 할 것입니다. — 호조참판 최익현의 상소 —

● **출제 포인트 분석**
　최익현은 계유상소(癸酉上疏)를 올려 고종이 성년이며 흥선 대원군이 섭정을 할 이유가 없다고 주장하였다. 이 상소를 계기로 대원군은 하야하였고, 고종의 친정이 시작되었다.

② **통상 개화론의 대두** : 박규수, 오경석, 유홍기 등이 서양 세력의 군사적 침략을 막기 위해서는 개항해야 한다고 주장함(문호 개방의 필요성 주장)

③ **일본의 포함 외교** : 일본의 메이지 유신(1868, 근대 국가 체제 수립) → 서계 문제 발생(일본의 고압적인 국교 수립 요구를 흥선 대원군이 거부함) → 정한론 대두 → 운요호 사건 ✍ 빈출 도발

2) 강화도 조약의 체결

① 강화도 조약 ✍ 빈출 (1876, 조 · 일 수호 조규)

배경	일본이 운요호 사건을 빌미로 조선에 문호 개방 강요
내용	조선이 자주국임을 명시(청의 종주권 배제), 부산 이외에 2개 항구 개항(인천, 원산), 개항장에 일본인 거주 허용, 해안 측량권 허용, 치외법권 인정
성격	최초의 근대적 조약, 불평등 조약 → 일본의 침략 발판 마련

출제 사료	강화도 조약

제1관　조선은 자주국이며 일본과 똑같은 권리를 갖는다.

제4관　조선국은 부산 외에 두 곳의 항구를 개항하고 일본인이 와서 통상을 하도록 허가한다.

제7관　조선국 연해의 도서와 암초를 조사하지 않아 매우 위험하므로 일본의 항해자가 자유로이 해안을 측량하도록 허가한다.

제10관　일본국 인민이 조선국 항구에서 죄를 지었거나 조선국 인민에게 관계되는 사건은 모두 일본국 관원이 심판한다.

● **출제 포인트 분석**
　제1관 : 조선에 대한 청의 종주권을 배제하고 일본이 간섭하려는 의도이다.
　제4관 : 부산, 원산, 인천을 일본의 경제적 · 군사적 · 정치적 침략 거점으로 활용하려 하였다.
　제7관 : 해안 측량권을 이용하여 연안의 자원과 항로를 확보하고 유사시 군사 작전에 이용하려 하였다.
　제10관 : 치외법권을 강요하여 사법 주권을 침해하려 하였다.

합격생의 비법

정한론(征韓論)
1868년 일본은 그들의 왕정 복고를 조선에 통고하고 양국의 국교 회복을 청하는 사신을 보내왔으나 흥선 대원군은 서계의 격식이 종전과 다르고 도서(圖書)도 조선이 인각한 것이 아니라 하여 사신 접견을 거부하였다. 이에 일본에서는 조선을 침략하자는 정한론이 대두되었다. 정한론에는 일본 군벌들의 관심을 밖으로 돌려 중앙 권력을 강화하고 서양보다 먼저 조선을 정벌하려는 의도가 숨어 있었다.

강화도 조약의 체결
강화도 연무당에서 조선의 신헌과 일본 사신 구로다 기요타카 사이에 체결되었다. 일본의 무력시위 아래 12개 조항이 체결되었고, 이는 조선이 외국과 맺은 최초의 근대적 조약이었다.

합격생의 비법

치외법권
국제법상 외국인이 외국에 체류하면서 그 나라의 법률을 적용받지 않고 자기 나라의 주권을 행사할 수 있는 특권이다.

시험에 자주 등장해요

강화도 조약을 묻는 문제가 자주 출제됩니다. 강화도 조약의 내용과 성격은 꼭 기억하세요.

② 부속 조약(1876) : 경제적 침략의 발판 마련

조 · 일 수호 조규 부록	개항장 10리 이내에서 무역 허가(간행이정), 개항장에 일본인 거류지(조계) 설정, 일본 외교관의 내지 여행 자유 허가, 개항장 내 일본 화폐 유통 허용
조 · 일 통상 장정 (조 · 일 무역 규칙)	조선 양곡의 무제한 유출 허용, 일본의 수출입 상품에 대한 무관세 규정

3) 서양 열강과의 조약 체결

① 조 · 미 수호 통상 조약(1882)

배경	미국의 수교 요청, 황쭌셴의 『조선책략』 유포, 청의 알선(러시아와 일본을 견제하고 조선에 대한 청의 종주권을 확인하려는 목적으로 조약 알선)
내용	치외법권과 최혜국 대우 빈출 인정, 거중조정, 낮은 비율의 관세 규정
성격	서양과 체결한 최초의 조약
결과	다른 서양 열강과의 조약 체결에 영향, 미국에 보빙사 파견(1883)

② 서양 각국과의 수교

ⓐ 과정 : 영국과 독일(1883, 청의 알선으로 수교), 러시아(1884, 청의 알선 없이 독자적으로 수교), 프랑스(1886, 천주교 포교 인정 빈출)

ⓑ 특징 : 치외법권과 최혜국 대우가 포함된 불평등 조약

ⓒ 영향 : 근대 문물 수용의 확대 계기, 국제 사회의 일원으로 등장, 열강의 침략 가속화

출제 사료 조 · 미 수호 통상 조약(1882)

제4조 미합중국 국민이 조선국에서 조선 인민을 때리거나 재산을 훼손하면 미합중국 영사나 그 권한을 가진 관리만이 미합중국 법률에 따라 처벌한다.

제5조 무역을 목적으로 조선국에 오는 미합중국 상인 및 상선은 모두 수출입 상품에 대하여 관세를 지불해야 한다.

제14조 조약을 체결한 뒤 본 조약에 부여되지 않은 어떠한 권리나 특혜를 다른 나라에 허가할 때는 자동적으로 미합중국 관민에게도 똑같이 주어진다.

● 출제 포인트 분석

조선은 미국과의 조약 체결을 시작으로 서양의 여러 나라들과 통상 조약을 체결하고 문호를 개방하였다. 조 · 미 수호 통상 조약은 미국에게 영사 재판에 의한 치외법권과 최혜국 대우를 규정한 불평등 조약으로 이후 영국, 독일, 러시아, 프랑스 등과 수교를 맺을 때 선례가 되었다.

시험에 자주 등장해요

강화도 조약과 더불어 부속 조약도 자주 출제됩니다. 부속 조약의 내용도 꼭 기억하세요.

합격생의 비법

최혜국 대우
통상 조약 등에서 한 나라가 외국에 부여한 가장 유리한 대우를 조약 상대국에도 동등하게 부여하는 것이다.

합격생의 비법

거중조정
제3국이 국제 분쟁을 일으킨 당사국 사이에서 분쟁을 평화적으로 해결해 주도록 주선한다는 내용의 조항이다. 조선은 을사늑약(을사조약)이 강제로 체결되자 이 조항에 의거하여 미국에 도움을 요청하였으나 미국은 외교적 우의 표시에 불과하다며 외면하였다.

합격생의 비법

조 · 프 수호 통상 조약

프랑스국 국민으로서 조선국에 와서 언어 · 문자를 배우거나 가르치며 법률과 기술을 연구하는 사람이 있으면 모두 보호하고 도와줌으로써 양국의 우의를 돈독하게 한다.

프랑스와는 천주교 포교의 자유를 허용하는 조건으로 수교하였다.

시험에 자주 등장해요

조 · 미 수호 통상 조약을 묻는 문제가 자주 출제됩니다. 치외법권과 최혜국 대우 규정은 꼭 기억하세요.

이론을 복습하는 **기출문제 01**

빈칸 채우기

01 흥선 대원군은 외세의 침략을 저지하기 위하여 [   ] 정책을 추진하였다.

02 흥선 대원군은 세도 가문의 권력 기반이었던 [   ]의 기능을 축소하고 의정부의 기능을 부활시켰다.

03 흥선 대원군은 경복궁 중건 비용을 마련하기 위하여 [   ]을/를 발행하였으나 물가 상승을 초래하는 등 경제 혼란이 야기되었다.

04 흥선 대원군이 실시한 [   ]은/는 군정에 있어서 양반의 면세 특권을 폐지하고 신분의 구별 없이 호를 기준으로 군포를 징수하도록 한 제도이다.

05 삼정의 문란 중 가장 폐단이 심한 환곡을 폐지하고 향촌을 중심으로 주민 자치적으로 운영되는 진휼책인 [   ]이/가 도입되었다.

06 병인박해를 구실로 강화도를 침략한 프랑스군은 퇴각하면서 [   ] 도서와 문화재를 약탈하였다.

07 미국은 [   ]이/가 대동강 유역에서 통상을 요구하다 침몰한 사건을 구실로 신미양요를 일으켰다.

08 일본은 [   ]의 책임이 조선에 있다고 주장하며 개항을 강력히 촉구하였고, 결국 조선은 일본과 강화도 조약을 체결하였다.

09 조약을 체결한 상대국이 다른 나라에 제공한 최상의 혜택을 자국에게도 부여할 것을 요구한 불평등 조항을 [   ](이)라고 한다.

10 제3국이 국제 분쟁을 일으킨 당사국과의 사이에서 평화적으로 분쟁을 해결하도록 주선하는 것을 [   ](이)라고 한다.

정답 **01** 통상 수교 거부 **02** 비변사 **03** 당백전 **04** 호포제 **05** 사창제 **06** 외규장각 **07** 제너럴 셔먼호 **08** 운요호 사건 **09** 최혜국 대우 **10** 거중조정

---

01 밑줄 그은 ㉠, ㉡ 사이의 시기에 있었던 사실로 옳은 것은?

> ㉠ 조선 국왕이 프랑스 선교사들과 조선인 신도 다수를 처형하였다고 한다. …… 수일 내 우리 군대가 조선을 정복하기 위해 진군할 것이다.
>
> – 프랑스 대리 공사 벨로네의 서신

> ㉡ 이번 덕산 묘지에서 저지른 사건은 사람으로서 차마 할 수 없는 일이다. …… 따라서 우리나라 신하와 백성들은 있는 힘을 다하여 한마음으로 너희와 같은 하늘을 이고 살 수 없다는 것을 다짐할 뿐이다.
>
> – 영종진 첨사 신효철의 서신

① 미국 로저스 제독이 초지진을 점령하였다.

② 흥선 대원군이 전국 각지에 척화비를 건립하였다.

③ 일본 운요호가 강화도에 접근하여 무력 시위를 하였다.

④ 양헌수 부대가 정족산성에서 프랑스군을 물리쳤다.

⑤ 조선이 프랑스와 조약을 체결하고 천주교 포교를 허용하였다.

정답 ④

해설 ㉠은 병인박해, ㉡은 오페르트 도굴 사건이다. 1866년 조선 국왕이 프랑스 선교사들과 조선인 신도 다수를 처형한 병인박해가 일어났고, 1868년 독일 상인 오페르트가 흥선 대원군의 아버지 남연군의 묘를 도굴하려고 시도한 오페르트 도굴 사건이 일어났다. 병인박해는 병인양요의 원인이 되었고, 이때 양헌수 부대가 정족산성에서 프랑스군을 물리쳤다.

오답 피하기 ① 1871년 제너럴 셔먼호 사건을 구실로 미국 로저스 제독이 초지진을 점령한 신미양요가 일어났다. ② 흥선 대원군은 신미양요 이후 전국에 척화비를 건립하여 통상 수교 거부 정책을 강화하였다. ③ 1875년 운요호 사건이다. ⑤ 1886년 조·프 통상 조약으로 천주교 포교를 허용하였다.

02

28회 34번

교사의 질문에 대한 학생의 답변으로 옳은 것은?

이 자료들이 공통으로 보여주는 사건 이후 일어난 사실을 말해 볼까요?

〈어재연 장군 수자기〉　〈주요 격전지〉

① 종로와 전국 각지에 척화비가 세워졌습니다.
② 오페르트가 남연군 묘를 도굴하려 하였습니다.
③ 평양 관민들에 의해 제너럴 셔먼호가 불탔습니다.
④ 외규장각 건물이 불타고 의궤가 약탈당하였습니다.
⑤ 프랑스 로즈 제독의 함대가 양화진을 침입하였습니다.

정답 ①

해설 수자기는 1871년 신미양요 때 어재연 장군이 사용한 깃발이다. 수자기는 미군의 전리품이 되어 미 해군사관학교 박물관에 전시되었다가 2007년 반환되어 강화 역사 박물관에 소장되어 있다. ① 흥선 대원군은 신미양요 이후 종로와 전국 각지에 척화비를 건립하였다.

오답 피하기 ② 오페르트 도굴 미수 사건은 서양인에 대한 경계심을 고조시켰다. ③ 제너럴 셔먼호 사건을 구실로 신미양요가 일어났다. ④·⑤ 병인양요에 대한 설명이다.

03

28회 33번

다음 상소가 올려진 시기를 연표에서 옳게 고른 것은?

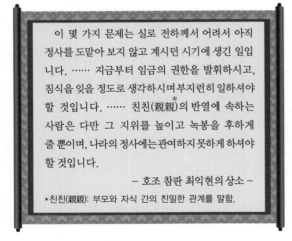

이 몇 가지 문제는 실로 전하께서 어려서 아직 정사를 도맡아 보지 않고 계시던 시기에 생긴 일입니다. …… 지금부터 임금의 권한을 발휘하시고, 침식을 잊을 정도로 생각하시며 부지런히 일하셔야 할 것입니다. …… 친친(親親)*의 반열에 속하는 사람은 다만 그 지위를 높이고 녹봉을 후하게 줄 뿐이며, 나라의 정사에는 관여하지 못하게 하셔야 할 것입니다.

－ 호조 참판 최익현의 상소 －

*친친(親親): 부모와 자식 간의 친밀한 관계를 말함.

1863	1865	1871	1876	1880	1884
	(가)	(나)	(다)	(라)	(마)
고종 즉위	비변사 폐지	호포제 실시	제1차 수신사 파견	통리기무아문 설치	한성 조약 체결

① (가)　② (나)　③ (다)　④ (라)　⑤ (마)

정답 ③

해설 최익현은 1873년 계유상소를 올려 고종이 임금의 권한을 발휘해야 한다고 주장하였다. 결국 이 상소를 계기로 대원군의 10년 집권이 종결되고 고종의 친정이 시작되었다.

04

26회 35번

다음 자료에 나타난 문제점을 해결하기 위해 흥선 대원군이 실시한 정책으로 옳은 것은?

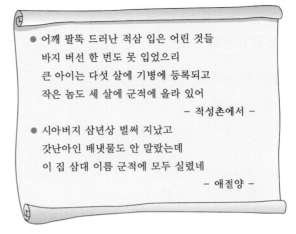

● 어깨 팔뚝 드러난 적삼 입은 어린 것들
　바지 버선 한 번도 못 입었으리
　큰 아이는 다섯 살에 기병에 등록되고
　작은 놈도 세 살에 군적에 올라 있어
　　　　　　　－ 적성촌에서 －

● 시아버지 삼년상 벌써 지났고
　갓난아인 배냇물도 안 말랐는데
　이 집 삼대 이름 군적에 모두 실렸네
　　　　　　　－ 애절양 －

① 호포법을 제정하여 군포를 징수하였다.
② 5군영에서 2영으로 군제를 개편하였다.
③ 양전 사업을 실시하여 지계를 발급하였다.
④ 속대전을 편찬하여 국가 체제를 정비하였다.
⑤ 초계문신제를 실시하여 관리를 재교육하였다.

정답 ①

해설 흥선 대원군은 군역 제도의 모순과 폐단에 대한 해결책으로 호포법(동포법)을 시행하여 양반들에게도 군포를 징수하였다.

오답 피하기 ②·③ 고종, ④ 영조, ⑤ 정조 때의 일이다.

05

37회 31번

(가) 조약에 대한 설명으로 옳은 것은?

심행일기는 (가) 체결 당시 조선측 대표를 맡았던 신헌이 이 조약의 전말을 기록한 것으로, 구로다 기요타카 등 일본측 대표들과 벌였던 협상의 내용이 대화체로 상세하게 기록되어 있다. 운요호 사건을 계기로 시작된 양국 간 협상의 진행 과정을 살피는 데 중요한 문헌이다.

심행일기

① 거중조정의 조항을 포함하였다.
② 갑신정변이 원인이 되어 체결되었다.
③ 조약 체결에 항거하여 민영환이 자결하였다.
④ 천주교 포교의 자유를 인정하는 계기가 되었다.
⑤ 부산과 그 외 2곳의 항구가 개항되는 결과를 가져왔다.

정답 ⑤

해설 (가) 조약은 강화도 조약이다. 1875년 일본은 일본 군함 운요호가 강화 초지진을 공격하자 조선이 방어를 위해 경고 사격한 사건(운요호 사건)을 빌미로 조선에 통상을 요구하자, 1876년 강화도에서 조·일 수호 조규, 즉 강화도 조약을 체결하였다. 강화도 조약은 부산 이외에 인천, 원산 2개 항구 추가 개항, 치외법권 인정, 조선의 해안 측량권 허용 등을 내용으로 하는 최초의 근대적 조약이자 불평등 조약이었다.

06 24회 31번 밑줄 그은 '그'가 추진한 정책으로 옳은 것은?

> <u>그</u>는 오로지 척양(斥攘)의 의리만을 주장하여 천주교도를 죽였고, 외국을 업신여겼으며 해안 곳곳에 포대를 구축하였다. 이때에 이르러서는 돌을 캐어 종로에 비석을 세웠다. …… 또 먹을 만드는 곳에 명령하여 먹의 표면에 열두 글자를 새겨 넣도록 하고, 먹의 뒷면에는 '위정척사묵(衛正斥邪墨)'이라고 새겨, 사람마다 척화의 의리를 알도록 했다. 후일 구미 각국과 통상하게 되자, 조정에서 논의하여 그 비석을 넘어뜨렸다.

① 서궐로 불리는 경희궁을 창건하였다.
② 군포 징수 체제를 개혁하여 민생 안정을 도모하였다.
③ 재정 업무와 관련된 사례를 모아 탁지를 편찬하였다.
④ 삼정의 문란을 시정하기 위해 삼정이정청을 설치하였다.
⑤ 비변사의 기능을 강화하여 국제 정세 변화에 대응하였다.

정답 ②

해설 밑줄 그은 '그'는 척양을 앞세워 천주교를 박해하고 척화비를 세운 흥선 대원군이다. 흥선 대원군은 군역 제도의 폐단을 시정하기 위해 양반에게도 군포를 징수하는 호포제를 실시하였다.

07 38회 27번 밑줄 그은 '이 조약'에 대한 설명으로 옳은 것은?

> **S# 36. 궁궐 안**
> 이 조약의 체결로 이루어진 공사(公使)의 부임에 대한 답례차 파견되었던 전권대신 민영익이 귀국하여 고종을 알현하고 있다.
>
> 고 종: 그 나라의 부강함은 천하제일이라던데, 경이 이번에 눈으로 보니 과연 그러하던가?
> 민영익: 곡식이 생산되는 땅이 많고 사람들이 모두 실제에 힘씁니다. 그래서 상무(商務)가 가장 왕성하니, 다른 나라와 비교가 되지 않습니다.
> 고 종: 대통령이 이번에 바뀌었다고 하던가?
> 민영익: 신이 귀국하기 전에는 미처 듣지 못하였습니다.

① 최혜국 대우 조항이 포함되었다.
② 천주교 선교를 인정하는 근거가 되었다.
③ 양곡의 수출을 허용하고 관세를 설정하지 않았다.
④ 스티븐스가 외교 고문으로 부임하는 계기가 되었다.
⑤ 부산, 원산, 인천에 개항장이 설치되는 결과를 가져왔다.

정답 ①

해설 밑줄 그은 '이 조약'은 조·미 수호 통상 조약으로, 서구 열강과의 최초의 조약인 조·미 수호 통상 조약(1882)에서는 거중조정, 최혜국 대우 조항, 치외법권, 관세 자주권 등이 설정되었다. 이렇게 조·미 수호 통상 조약을 체결한 후, 이듬해 미국 공사가 내한하자 이에 대한 답례와 양국 간 친선을 위하여 전권대신 민영익을 중심으로 보빙 사절단(보빙사)을 미국에 파견하였다.

08 28회 35번 (가), (나) 조약에 대한 설명으로 옳은 것은?

> (가) 대조선국 군주가 어떠한 은혜로운 정치와 법률과 이익을 다른 나라 혹은 그 상인에게 베풀 경우, 항해나 통상 무역, 상호 왕래 등의 일에서 미국 관리와 국민이 똑같이 혜택을 입도록 한다.
>
> (나) 프랑스국 국민으로서 조선국에 와서 언어·문자를 배우거나 가르치며 법률과 기술을 연구하는 사람이 있으면 모두 보호하고 도와줌으로써 양국의 우의를 돈독하게 한다.

① (가) - 양곡의 무제한 유출과 무관세 조항을 담았다.
② (가) - 외국 상인의 내지 통상권을 최초로 규정하였다.
③ (나) - 공사관 경비 명목의 군대 주둔 조항을 두었다.
④ (나) - 프랑스가 천주교 포교 자유를 인정받는 계기가 되었다.
⑤ (가), (나) - 조약 체결 이후 사절단으로 보빙사가 파견되었다.

정답 ④

해설 (가)는 1882년 서구 열강과 맺은 최초의 조약인 조·미 수호 통상 조약이다. (나)는 1886년 프랑스와 체결한 조·프 통상 조약으로 통상 조약 체결 이후 천주교 포교의 자유가 허용되었다.

오답 피하기 ① 조·일 무역 규칙(1876)에서 조선 양곡의 무제한 유출을 허용하고, 일본의 수출입 상품에 대해 무관세를 규정하였다. ② 조·청 상민 수륙 무역 장정으로 청 상인의 내지 통상권을 허용하였다. ③ 일본과 제물포 조약을 체결하여 일본 공사관의 경비군 주둔을 허용하였다. ⑤ (가) 조·미 수호 통상 조약 체결 후 1883년 미국으로 보빙사가 파견되었다.

09 25회 32번 (가) 사건이 일어난 원인으로 옳은 것은?

> 이 의궤는 [(가)] 때 약탈당해 국외로 유출되었다가 145년 만에 돌아왔습니다.

외규장각 의궤

① 흥선 대원군이 전국에 척화비를 건립하였다.
② 조선 정부가 프랑스인 선교사들을 처형하였다.
③ 제너럴 셔먼호가 평양 군민들에 의해 격침되었다.
④ 오페르트가 남연군의 무덤을 도굴하려고 하였다.
⑤ 일본 군함 운요호가 강화도와 영종도를 공격하였다.

정답 ②

해설 (가) 사건은 병인양요이다. 1866년 병인양요 때 프랑스군은 강화도에 보관되어 있던 조선왕조의궤(외규장각 의궤)를 약탈해 갔고, 145년 만에 임대 형식으로 반환되었다. ② 병인양요는 프랑스인 선교사 9명을 처형한 병인박해가 원인이 되어 발생하였다.

1880	1881	1882	1883	1884	1885

연표

통리기무아문 설치,
김홍집 2차 수신사 파견 / 별기군 창설,
조사 시찰단·영선사 파견, 영남 만인소 / 임오군란 / 보빙사 파견,
박문국, 기기창, 전환국 설치 / 갑신정변 / 거문도 사건
(~1887)

02 개화 운동과 근대적 개혁의 추진

출제 빈도 상 | 중 | 하

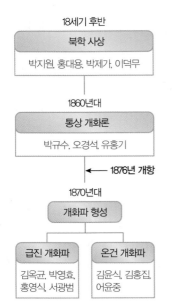

18세기 후반

북학 사상

박지원, 홍대용, 박제가, 이덕무

↓

1860년대

통상 개화론

박규수, 오경석, 유홍기

← 1876년 개항

1870년대

개화파 형성

급진 개화파	온건 개화파
김옥균, 박영효, 홍영식, 서광범	김윤식, 김홍집, 어윤중

개화파의 형성

합격생의 비법

동도서기론

1876년 개항을 전후로 형성된 서양 문명에 대한 수용 논리이다. 전통적인 사상, 가치관, 문화, 풍습 등의 동도(東道)는 지키면서 서양의 기술, 기기 등 서기(西器)는 받아들이자는 주장이다.

합격생의 비법

문명 개화론

'서구화=근대화'라는 인식에 기초하여 우리의 전통은 버리고 새로운 서양의 문화, 사상, 종교, 풍습까지 적극적으로 수용하자는 주장이다.

① 개화 정책의 추진

1) 개화 세력의 대두

① 통상 개화론의 등장

시기	흥선 대원군의 집권기에 등장
배경	• 국외 : 청의 양무운동(중체서용), 일본의 메이지 유신(문명 개화론) • 국내 : 북학파의 실학사상 계승(18세기 박지원, 박제가 → 19세기 이규경, 최한기)
인물	• 박규수(양반) : 박지원의 손자로 청을 왕래하며 조선의 부국강병을 위한 문호 개방의 필요성을 역설함 • 오경석(중인, 역관) : 청을 왕래하며 『해국도지』, 『영환지략』 등 서양 문물을 다룬 책을 국내에 소개하였음 • 유홍기(중인, 의관) : 김옥균, 박영효, 유길준 등 양반 자제에게 개화사상을 교육하였음
주장	열강의 군사적 침략을 피하기 위해 문호 개방이 필요하다고 주장 → 개항에 영향

② 개화파의 형성

ㄱ 형성 : 박규수, 오경석, 유홍기의 지도 아래 신사상을 습득한 김옥균, 김윤식, 박영효, 홍영식, 서광범, 유길준, 김홍집 등이 개화파 형성

ㄴ 성장 : 개항을 전후하여 정치 세력화 → 1880년대 정부의 개화 정책 뒷받침, 정부 기구 개편과 해외 시찰단 및 유학생 파견 등에 참여

③ 개화파의 두 흐름 : 임오군란 이후 청의 내정 간섭이 심화되자 개화의 방법과 속도를 둘러싸고 분화

구분	온건 개화파(수구당, 사대당)	급진 개화파(개화당, 독립당)
주요 인물	김홍집, 김윤식, 어윤중	김옥균, 박영효, 홍영식, 서광범
개혁 모델	청의 양무운동	일본의 메이지 유신
정치 성향	친청 사대 정책, 민씨 정권과 결탁	정부의 사대 정책과 청의 간섭에 불만 → 갑신정변
개화 방법	동도서기론에 입각한 점진적 개혁 추구	문명 개화론에 입각한 급진적 개혁 추구
개혁 내용	유교적 전통 문화를 유지하면서 서양의 과학 기술 수용	서양의 과학 기술뿐만 아니라 사상과 제도 도 수용

2) 개화 정책의 추진

시험에 자주 등장해요

개화 정책의 추진을 묻는 문제가 출제됩니다. 특히 통리기무아문과 별기군 설치는 꼭 기억하세요.

① 관제 개편

    ㉠ **통리기무아문 설치**(1880) : 근대 문물 수용과 개화 정책을 추진하는 총괄 기구

    ㉡ 통리기무아문 아래 12사 설치 **빈출** : 외교, 군사, 경제 업무 등 개화 정책 담당

② 군제 개혁

    ㉠ 구식 군대 : 5군영을 무위영, 장어영의 2영으로 개편 · 강화

    ㉡ 신식 군대 : 별기군 설치 **빈출**(일본인 교관 초빙, 근대적 군사 훈련을 통해 사관 생도 양성)

③ 근대 시설 설치

박문국 **빈출** (1883)	최초의 근대식 인쇄 기관, 한성순보 **빈출** 간행
기기창 **빈출** (1883)	근대식 무기 제조
전환국(1883)	근대식 화폐 발행
우정국(1884)	근대적 우편 사업 시작, 갑신정변으로 폐지

④ 해외 시찰단 파견 : 개항 이후 세계정세의 변화를 파악하는 데 목적

수신사 **빈출** (일본)	• 강화도 조약 이후 일본의 문명 개화 상황과 일본의 발전을 알기 위해 파견 • 1차(1876) : 김기수 **빈출** 파견 → 일본 시찰 내용을 담은 『일동기유』 저술 • 2차(1880) : 김홍집 파견 → 황쭌셴의 『조선책략』 소개 → 1880년대 정부의 개화 정책에 영향 • 3차(1882) : 임오군란 이후 박규수 등 파견, 『사화기략』 저술
조사 시찰단 (일본, 1881)	• 일본의 정세 파악과 개화 정책에 필요한 정보 수집을 목적으로 파견 • 박정양, 어윤중, 홍영식 등이 고종의 밀명을 받고 비밀리에 파견 **빈출** 됨(암행어사 파견 형식) • 일본의 정부 기관 및 각종 산업 시설 시찰과 보고서 제출(문견사건) → 정부의 개화 정책 추진 뒷받침
영선사 (청, 1881)	• 근대적 무기 제조법, 군사 훈련법 습득을 목적으로 청에 김윤식 등 유학생 파견 • 근대 기술에 대한 기본 지식과 정부의 재정 부족으로 조기 귀국 → 기기창 설치
보빙사 (미국, 1883)	• 조 · 미 수호 통상 조약 체결 후 조선 주재 미국 공사 파견에 대한 답례와 양국 간 친선 목적으로 파견 • 전권대신 민영익, 부대신 홍영식 등을 파견하여 근대 문물 시찰 • 최초의 미국 유학생 유길준은 『서유견문』 작성

보빙사

고종은 미국에 유길준, 홍영식, 민영익, 서광범 등을 보빙사로 파견하였다.

시험에 자주 등장해요

개화 정책의 추진을 묻는 문제가 자주 출제됩니다. 특히 일본, 청, 미국에 파견한 시찰단은 꼭 기억하세요.

출제 사료	『조선책략』

조선은 실로 아시아에서 중요한 위치에 있으므로, 열강들이 서로 차지하려고 할 것이다. 조선이 위태로우면 중국도 위급해진다. 러시아가 영토를 넓히려고 한다면 반드시 조선이 첫 번째 대상이 될 것이다. …… 그렇다면 오늘날 조선이 세워야 할 책략으로 러시아를 막는 것보다 더 급한 일이 없다. 러시아를 막는 책략은 무엇인가? 중국과 친하고, 일본과 맺고, 미국과 이어짐으로써 자강을 도모할 뿐이다.

ㅡ 『조선책략』 ㅡ

● **출제 포인트 분석**

  『조선책략』은 청의 일본 주재 외교관인 황쭌셴이 쓴 책이다. 2차 수신사 김홍집이 가지고 들어온 이 책은 정부의 개화 정책 추진과 조선이 미국과 수교하는 데 영향을 주었다. 한편 양반 유생들은 이 책의 유포에 반발하여 개화 반대 운동을 전개하였다.

최익현의 5불가소

1. 약점이 있어 강화를 서두르는 것이라면 국가의 자주성이 손상된다.
2. 교역이 이루어지면 우리의 심성이 흐트러지고 삼천리강산이 황폐해진다.
3. 강화가 되면 사악한 서적과 천주교가 다시 들어와 사악한 기운이 나라를 덮친다.
4. 강화가 되면 재물과 비단뿐만 아니라 부녀자들을 겁탈할 것이다.
5. 재화와 색만 알고 사람의 도리를 모르는 금수들이다.

위정척사 운동을 묻는 문제가 자주 출제됩니다. 시기별 전개 과정을 꼭 기억하세요. 특히 개화파와 비교하여 내용을 정리해 두세요.

❷ 위정척사 운동

1) 의미 : 바른 것을 지키고(衛正), 사악한 것과 이단을 물리치자(斥邪)라는 뜻 → 정학(正學)인 성리학을 지키고 성리학 이외의 모든 종교와 사상을 배척함

2) 주도 세력 : 이항로, 기정진, 최익현 🔖빈출, 유인석 등 보수적 유생층

3) 전개 과정

1860년대	• 서양의 통상 요구에 맞서 서양과의 교역을 반대하는 통상 반대 운동 전개 → 이항로, 기정진 • 척화 주전론을 주장하여 흥선 대원군의 통상 수교 거부 정책을 뒷받침함
1870년대	최익현을 비롯한 유생들이 강화도 조약 체결 전후 개항 반대 운동 전개 → 왜양 일체론, 개항 불가론 주장
1880년대	• 『조선책략』 유포에 반대하여 개화 반대 운동 전개 • 유생들의 집단적 상소 운동 전개 → 이만손(영남 만인소), 홍재학
1890년대	을미사변과 단발령으로 항일 의병 운동 전개 → 유인석, 이소응, 기우만

출제 사료	왜양 일체론 – 개항 반대 운동

일단 강화를 맺고 나면 저들의 욕심은 물화를 교역하는 데 있습니다. 저들의 물화는 모두 지나치게 사치하고 기이한 노리개로 손으로 만든 것이어서 그 양이 무궁합니다. 반면에 우리의 물화는 모두가 백성의 생명이 달린 것이고 땅에서 나는 것으로 한정이 있습니다. …… 저들이 비록 왜인이라고는 하나 실은 서양 도적과 같습니다. 강화가 이루어지면 사학(邪學) 서적과 천주의 초상화가 교역하는 속에 들어올 것입니다. 그렇게 되면 얼마 안 가서 선교사와 신자의 전수를 거쳐 사학이 온 나라 안에 퍼지게 될 것입니다.

– 『면암집』 –

● **출제 포인트 분석**

최익현은 강화도 조약 체결 무렵 개항에 반대하는 위정척사 운동을 전개하였다. 일본과 서양 세력을 같다고 인식하여 강화를 맺고 통상을 하면 경제적 침탈을 당하여 우리 경제가 황폐화될 것이라는 왜양 일체론을 주장하였다.

최익현의 왜양 일체론을 묻는 문제가 자주 출제됩니다. 일본과 서양을 한 무리로 보고 개항해서는 안 된다고 주장하였음을 꼭 기억하세요. 또 『조선책략』과 영남 만인소를 묻는 문제가 자주 출제됩니다. 영남 유생들이 만인소를 올리게 된 이유를 꼭 기억하세요.

출제 사료	영남 만인소 – 개화 반대 운동

수신사 김홍집이 가지고 와서 유포한 황쭌셴의 사사로운 책자를 보노라면 어느새 털끝이 일어서고 쓸개가 떨리며 울음이 북받치고 눈물이 흐릅니다. 러시아, 미국, 일본은 같은 오랑캐입니다. 그들 사이에 누구는 후하게 대하고, 누구는 박하게 대하기는 어려운 일입니다. …… 더욱이 세계에는 미국, 일본 같은 나라가 헤아릴 수 없이 많습니다. 만일 저마다 불쾌해하며, 이익을 추구하여 땅이나 물품을 요구하기를 마치 일본과 같이 한다면, 전하께서는 어떻게 이를 막아내시겠습니까?

– 『일성록』 –

● **출제 포인트 분석**

이만손과 영남의 유생들은 집단 상소를 올려 서양 열강과의 수교를 반대하고, 더 나아가 『조선책략』의 유포와 정부의 개화 정책 중단을 요구하였다.

4) 의의 및 한계

의의	반외세와 반침략 운동 : 제국주의 열강의 침략에 대한 저항
한계	근대화와 개화 정책 추진에 장애 : 정부의 개화 정책 반대, 봉건적 체제 유지

❸ 임오군란(1882)

배경	• 정부의 개화 정책 추진 : 보수 유생, 구식 군인, 도시 빈민층의 불만 고조 • 일본의 경제적 침투 : 곡물 유출로 곡물값 폭등, 하층민의 불만 증가 • 개화 세력과 보수 세력의 대립, 민씨 정권 세력과 흥선 대원군 간의 정치적 대립 • 구식 군대에 대한 차별 대우 ⚓빈출 : 신식 군대인 별기군 우대, 13개월 치 녹봉의 미지급, 겨와 모래 섞인 쌀 지급, 군제 개혁으로 인한 실직 등  별기군(신식 군대)
전개 과정	구식 군대의 봉기 → 정부 고관 및 일본인 교관 살해, 일본 공사관 습격, 도시 빈민층이 합세하여 궁궐 공격, 명성 황후의 피신 → 군란 수습을 위해 흥선 대원군의 재집권(개화 정책 중단, 통리기무아문 폐지, 2영 폐지, 5군영과 삼군부 부활) → 민씨 일파의 요구로 청군 출병(흥선 대원군을 군란의 책임자로 청으로 납치) → 임오군란 진압 → 민씨 일파의 재집권
결과	• 제물포 조약의 체결(1882) : 일본과 체결, 일본에 배상금 지불, 일본 공사관의 경비병 주둔 ⚓빈출 • 청의 내정 간섭 본격화 : 청군의 조선 주둔(위안스카이), 마젠창(내정)과 묄렌도르프(외교) 등 고문 파견 • 조 · 청 상민 수륙 무역 장정 체결 : 청 상인에게 내지 통상 허용, 청의 경제적 침투 강화

출제 사료	제물포 조약(1882)

제1조 범인 체포는 20일로 한정하고 기한 내에 체포하지 못하면 일본 쪽에서 맡아서 처리한다.
제2조 일본 관리로서 조난당한 자를 후하게 장사 지낸다.
제3조 일본인 조난자와 유족에게 보상금으로 5만 원을 지급한다.
제4조 일본군의 출동비 및 손해에 대한 보상비로 50만 원을 조선측이 지불한다.
제5조 일본 공사관에 군대를 상주시키고 병영 설치, 수선 비용은 조선이 부담한다.

● **출제 포인트 분석**

일본은 임오군란의 책임을 물어 조선과 제물포 조약을 체결하였다. 제물포 조약을 체결하기 위해 1882년 8월 박영효 등을 사죄 사절로 일본에 파견하였다. 이때 일본으로 가는 배 안에서 박영효가 태극기를 처음으로 제작하였고, 국기로 처음 사용되었다. 제물포 조약에 따라 조선은 일본에 배상금을 지급하고 일본 공사관에 경비병이 주둔하는 것을 허용하였다.

❹ 갑신정변(1884)

1) 전개

배경	• 국내 　– 임오군란 이후 청의 내정 간섭 심화 → 자주적 개화 정책의 후퇴 　– 급진 개화파(김옥균)가 일본으로부터 차관 도입 실패 → 정치적 위기 심화 • 국외 : 청 · 프 전쟁의 발발로 조선에 주둔한 청군의 일부 철수, 일본의 군사적 · 재정적 지원 약속
목표	민씨 정권 타파, 청의 간섭에서 벗어나 자주적 근대 국가 건설
전개	김옥균 중심의 급진 개화파가 우정총국 개국 축하연 ⚓빈출을 계기로 정변 단행 → 민씨 정권의 핵심 인물 처단, 개화당 정부 수립 → 14개조 개혁 정강 발표 → 청군의 개입 ⚓빈출으로 3일 만에 실패(개화당 정부 붕괴, 김옥균 등 정변 주도 세력의 일본 망명)
결과	• 청의 내정 간섭 강화, 친청 보수 세력의 장기 집권 → 개화 세력의 도태, 개화 운동 위축 • 한성 조약 체결 ⚓빈출 : 일본과 체결, 일본에 배상금 지불, 일본 공사관의 신축 비용 부담 • 텐진 조약 체결 : 청과 일본이 체결, 청 · 일 양국군 동시 철수, 조선 파병 시 서로 통보 → 조선에서 청과 일본의 동등한 지위 인정, 청 · 일 전쟁의 원인 제공

합격생의 비법

임오군란의 발생 – 도봉소 사건

1882년 6월 선혜청 창고 도봉소에서 무위영 소속 옛 훈련도감 군병들에게 급료를 지급하는 과정에서 일어난 충돌 사건이다. 정부의 개화 정책의 일환으로 군제 개편이 단행되면서 구조적으로 소외된 5군영 소속 군병들의 불만이 집약되어 일어났다.

합격생의 비법

묄렌도르프

청 주재 독일 영사관에 근무하던 독일인이다. 이홍장의 추천으로 통리아문에서 참의와 협판을 지내며 외교와 세관 업무를 담당하였다. 개화 방법을 둘러싸고 김옥균 등 급진 개화파와 대립하였다.

시험에 자주 등장해요

임오군란을 묻는 문제가 자주 출제됩니다. 구식 군인에 대한 차별 대우, 제물포 조약 체결을 꼭 기억하세요.

갑신정변의 주역들
왼쪽부터 박영효, 서광범, 서재필, 김옥균의 모습이다.

우정총국
초대 우정국 총판에 취임한 홍영식은 이곳을 갑신정변의 거사 장소로 활용하였다.

2) 의의와 한계

의의	국가의 자주권 확립, 자주독립 국가 건설 → 최초의 근대 국가 수립 운동
한계	• 외세 의존적 : 일본의 침략 의도를 인식하지 못한 채 일본의 지원을 받아 일으킴 • 위로부터의 개혁 운동 : 소수의 지식인 중심, 민중 세력을 결집하기 위한 구체적인 시도 부재 • 토지 개혁 소홀 : 조세 제도 개혁에 중점을 두어 농민의 지지 부족

출제 사료　　14개조 개혁 정강

1. 흥선 대원군을 빨리 귀국시키고 종래 청에 대해 행하던 조공의 허례를 폐지한다.
2. 문벌을 폐지하고 인민 평등권을 제정하여 능력에 따라 관리를 임명한다.
3. 지조법을 개혁하여 관리의 부정을 막고 백성을 보호하며 재정을 넉넉히 한다.
4. 내시부를 없애고 그중에서 우수한 인재를 등용한다.
5. 탐관오리 중에서 그 죄가 심한 자는 처벌한다.
6. 각 도의 환곡을 영구히 받지 않는다.
7. 규장각을 폐지한다.
8. 급히 순사를 두어 도둑을 방지한다.
9. 혜상공국을 혁파한다.
10. 귀양살이하거나 옥에 갇혀 있는 자는 그 정상을 참작하여 적당히 형을 감한다.
11. 4영을 1영으로 합하되, 영 가운데에서 장정을 뽑아 근위대를 설치한다.
12. 모든 재정은 호조에서 관할하고, 그밖에는 모두 폐지한다.
13. 대신과 참판은 의정부에 모여 정령을 의결하고 반포한다.
14. 의정부와 6조 외에 필요 없는 관청을 없앤다.

● **출제 포인트 분석**
  • **정치** : 청과의 관계 청산, 입헌 군주제 수립
  • **사회** : 문벌의 폐지, 인민 평등권의 확립, 능력에 따른 인재 등용
  • **경제** : 지조법(토지에 부과하는 각종 조세에 대한 규정)의 개혁, 재정의 일원화(모든 재정의 호조
      통합), 혜상공국(보부상을 총괄하는 기관) 폐지
  • **군사** : 사관학교, 근위대, 신식 군대 창설 목표

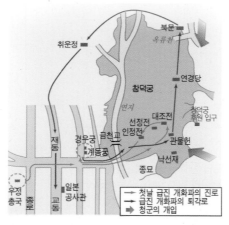

갑신정변의 전개

3) 갑신정변 이후의 정세

① **청과 일본의 대립 격화** : 일본의 강요로 한성 조약 체결, 청과 일본 양국 간에 톈진 조약 체결 → 청의 정치적 · 경제적 영향력 강화

제1조 청은 조선에 주둔시키고 있는 군대를 철수하고, 일본은 공사관 호위를 위해 조선에 주둔시킨 군대를 철수한다.

제3조 장래 조선에 변란이나 중대한 사건이 있어 청, 일본의 두 나라 또는 한 나라가 파병하고자 할 때에는 사전에 상호 문서를 보내 알게 할 것이요, 그 사건이 진정되면 즉시 철병하여 주둔하지 않는다.

● **출제 포인트 분석**

텐진 조약으로 일본은 청과 대등하게 조선에 대한 파병권을 얻었다.

② 조선 정부의 자주적 외교 정책 추진

　㉠ 조·러 비밀 협약 추진 : 청과 일본의 간섭과 위협을 러시아 세력을 끌어들여 견제하려고 시도하였으나 청의 방해로 실패

　㉡ 공사관 개설 시도 : 주미 대사관, 주일 대사관을 개설하여 조선이 자주독립국임을 과시하려 하였으나 청의 방해로 제약

③ **거문도 사건(1885~1887)** : 러시아의 남하를 견제한다는 구실로 영국군이 거문도를 불법으로 점령 빈출

④ 조선의 중립화론 대두

　㉠ **부들러** : 독일 영사 부들러는 조선의 주권을 지킬 방법으로 한반도의 영세 중립화를 조선 정부에 건의

　㉡ **유길준** : 유길준은 열강의 침략으로부터 조선의 안전을 보장받기 위해 열강이 모두 참여하여 조선의 중립 조약을 체결할 것을 구상

대저 우리나라가 아시아의 중립국이 된다면 러시아를 방어하는 큰 기틀이 될 것이고, 또한 아시아의 여러 대국들이 서로 보전하는 정략도 될 것이다. 오직 중립만이 우리나라를 지키는 방책인데, 우리 스스로가 제창할 수 없으니 중국에 청하여 처리해야 할 것이다. 중국이 맹주가 되어 영국, 프랑스, 일본, 러시아 같은 아시아에 관계있는 여러 나라들과 회합하고 우리나라를 참석시켜 중립 조약을 체결토록 해야 될 것이다. 이것은 비단 우리나라만을 위한 것이 아니라 중국의 이익도 될 것이고, 여러 나라가 서로 보전하는 계책도 될 것이니 무엇이 괴로워서 하지 않겠는가. 　　　　－ '중립화론' －

● **출제 포인트 분석**

조선을 둘러싼 열강들의 대립이 격화되자 유길준은 '중립화론'을 통해 열강이 보장하는 중립국이 되면 안전을 보전하고 아시아의 안위도 지킬 것이라고 보았다. 그러나 당시 집권자들은 유길준을 급진 개화파와 동일시하여 연금시키면서 중립화론은 구상에만 머물게 되었다.

합격생의 비법

주미 대사관의 설치

서양 국가에 설치된 최초의 상주 공사관이다. 조선이 청의 속국이 아니라 자주독립국임을 드러내고, 미국의 제도와 문물을 적극적으로 수용하는 계기를 마련하였다.

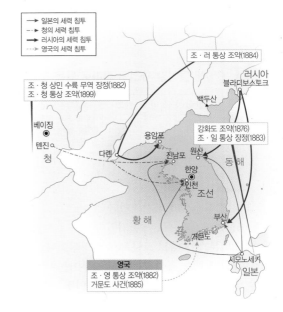

한반도를 둘러싼 열강의 각축

시험에 자주 등장해요

갑신정변 이후의 상황을 묻는 문제가 자주 출제됩니다. 청과 일본의 대립이 격화되었고, 중립화론이 대두되었다는 사실은 꼭 기억하세요.

빈칸 채우기

01 일본에서 활동하던 청의 외교관인 황쭌셴은 [   ]을/를 통해 조선이 러시아의 남하를 막기 위해 미국과 연합해야 한다고 주장하였다.

02 임오군란을 계기로 청은 조선에서의 지배권을 더욱 강화하기 위해 [   ]을/를 체결하였다.

03 일본의 근대화 실상과 세계정세를 파악하고 불평등 조약의 개정을 교섭하기 위하여 [   ]이/가 파견되었다.

04 [   ]은/는 5불가소의 상소를 올리고 왜양 일체론에 근거한 개항 불가론을 내세웠다.

05 갑신정변 이후 청·일 양국은 조선에서 군대를 철수하고 장차 조선에 군대를 파병할 경우에는 상대국에 미리 문서로 알리기로 합의한 [   ]을/를 체결하였다.

06 영국은 러시아의 남하 정책을 막는다는 명목을 내세워 [   ]을/를 불법적으로 점령하였다.

07 최익현은 [   ]론을 주장하여 강화도 조약 체결 무렵 개항 반대 운동을 전개하였다.

08 1880년 근대 문물 수용과 개화 정책을 추진하기 위한 총괄 기구로 [   ]을/를 설치하였다.

09 조·미 수호 통상 조약 체결 후 양국 간 친선 목적으로 미국에 [   ]이/가 파견되어 근대 문물을 시찰하였다.

10 독일 영사 [   ]은/는 조선 정부에 조선의 주권을 지킬 방법으로 한반도의 영세 중립화를 건의하였다.

정답 **01** 조선책략 **02** 조·청 상민 수륙 무역 장정 **03** 수신사 **04** 최익현 **05** 톈진 조약 **06** 거문도 **07** 왜양 일체 **08** 통리기무아문 **09** 보빙사 **10** 부들러

---

01 31회 33번

(가)에 들어갈 사건의 결과로 옳은 것은?

한국사 스피드 퀴즈

(가)

구식 군인에 대한 차별 대우와 개화 정책에 대한 반발로 일어난 사건은 무엇일까요?

① 청에 영선사가 파견되었다.
② 5군영이 2영으로 개편되었다.
③ 스티븐스가 외교 고문으로 임명되었다.
④ 개화 정책을 총괄하는 통리기무아문이 설치되었다.
⑤ 일본 공사관 경비병의 주둔을 인정한 제물포 조약이 체결되었다.

정답 ⑤

해설 1882년 임오군란은 구식 군인에 대한 차별 대우와 개화 정책에 대한 반발로 일어났다. 임오군란 이후 일본과 제물포 조약이 체결되어 일본 경비병이 상주하게 되었고, 청과 조·청 상민 수륙 무역 장정이 체결되어 청 상인의 내지 통상권이 허용되었다.

오답 피하기 ① 영선사는 1881년에 청에 파견된 사절단이다. ② 개화 정책의 일환으로 군제를 개혁하여 5군영을 무위영·장어영의 2편으로 개편한 것은 임오군란 이전이다. ③ 1904년 제1차 한·일 협약으로 고문 정치를 실시하며 외교 고문에 스티븐스, 재정 고문에 메가타가 임명되었다. ④ 1880년 개화 정책을 추진하는 기구로 통리기무아문이 설치되었다.

02 39회 32번

다음 자료에 나타난 사건에 대한 설명으로 옳은 것은?

> 이날 밤 우정국에서 낙성연을 열었는데 총판 홍영식이 주관하였다. 연회가 끝나갈 무렵 담장 밖에 불길이 일어나는 것이 보였다. 이때 민영익도 우영사로서 연회에 참가하였다가 불을 끄기 위해 먼저 일어나 문밖으로 나갔다. 밖에 흉도 여러 명이 휘두른 칼을 맞받아치다가 민영익이 칼에 맞아 당상 위로 돌아와 쓰러졌다. …… 왕이 경우궁으로 거처를 옮기자 각 비빈과 동궁도 황급히 따라갔다. …… 깊은 밤, 일본 공사 다케조에 신이치로가 군대를 이끌고 와 호위하였다.
> — 「고종실록」 —

① 최익현, 민종식 등이 주도하였다.
② 한성 조약이 체결되는 계기가 되었다.
③ 보국안민, 제폭구민을 기치로 내걸었다.
④ 구식 군인에 대한 차별 대우가 발단이 되었다.
⑤ 사건의 수습을 위해 박규수가 안핵사로 파견되었다.

정답 ②

해설 1884년 우정(총)국 개국 축하연을 계기로 김옥균, 홍영식 등 급진 개화파는 갑신정변을 일으켰다. 급진 개화파는 개화당 정부를 수립하고, 14개조 정강을 발표하고 개혁을 추진하였다. 그러나 청군의 개입으로 3일 만에 실패하였으며, 청의 내정 간섭은 심해졌다. 일본과는 한성 조약을 체결하여 일본에 배상금을 지불하였으며, 청과 일본은 청·일 양국이 동시에 철수하고 조선에 파병 시 서로 통보하기로 한 톈진 조약을 체결하였다.

---

03 (가) 사건에 대한 설명으로 옳은 것은?

> 전에는 개화당을 꾸짖는 자도 많이 있었으나, 오히려 개화가 이롭다는 것을 말하면 듣는 사람들도 감히 크게 꺾으려 들지는 않았다. 그런데 김옥균 등이 주도한 ___(가)___ 을/를 겪은 뒤부터 조야(朝野)에서 모두 말하기를, "이른바 개화당이라고 하는 자들은 충의를 모르고 외국인과 연결하여 나라를 팔고 종사(宗社)를 배반하였다."라고 하고 있다.

① 한성 조약이 체결되는 계기가 되었다.
② 구본신참을 개혁의 원칙으로 표방하였다.
③ 흥선 대원군이 청에 납치되는 원인이 되었다.
④ 부산, 원산, 인천이 개항되는 결과를 가져왔다.
⑤ 김윤식을 청에 영선사로 파견하는 배경이 되었다.

정답 ①

해설 (가) 사건은 갑신정변이다. 급진 개화파인 개화당의 김옥균, 박영효, 홍영식 등은 1884년 갑신정변을 일으켰다. 흥분한 민중은 서울에 있는 일본 공사관을 불태우고 일본 거류민들을 죽였고, 일본은 이를 문제 삼아 한성 조약의 체결을 강요하였다.

04 (가)~(다) 주장에 대한 설명으로 옳지 않은 것은?

> (가) 지금 국론이 두 가지 주장으로 맞서 있습니다. 서양의 적을 공격하는 것이 옳다고 말하는 것은 우리나라 쪽 사람의 주장이고, 서양의 적과 화친하는 것이 옳다고 말하는 것은 적국 쪽 사람의 주장입니다. 전자를 따르면 나라 안의 전통이 보전되고, 후자를 따르면 인류가 금수의 지경에 빠질 것입니다.
>
> (나) 저들이 비록 왜인이라고 하지만 본질적으로 서양 오랑캐와 다를 것이 없습니다. 강화가 이루어지면 사악한 서적과 천주교가 다시 들어와 사악한 기운이 온 나라를 덮게 될 것입니다.
>
> (다) 미국으로 말하면 우리가 원래 잘 모르던 나라입니다. …… 만일 그들이 우리나라의 허점을 알고서 우리가 힘이 약한 것을 업신여겨 따르기 어려운 요구를 강요하고 비용을 떠맡긴다면 장차 어떻게 응대하겠습니까?

① (가)-이항로와 기정진 등이 대표적인 인물이다.
② (가)-흥선 대원군의 통상 수교 거부 정책을 뒷받침하였다.
③ (나)-강화도 조약의 체결에 반대하였다.
④ (나)-단발령과 을미사변을 계기로 제기되었다.
⑤ (다)-조선책략의 유포로 인해 일어났다.

정답 ④

해설 (가) 이항로의 척화 주전론(1860년대 통상 반대 운동), (나) 최익현의 왜양 일체론(1870년대 개항 반대 운동), (다) 이만손의 영남 만인소(1880년대 개화 반대 운동)에 대한 내용이다.

오답 피하기 ④ 단발령과 을미사변에 반발하여 일어난 것은 을미의병(1895)이다.

05 다음 상황 이후에 전개된 사실로 옳은 것은?

> 대원군에게 군국사무를 처리하라는 명이 내려지자, 대원군은 궐내에 거처하면서 [통리]기무아문과 무위영·장어영을 폐지하고, 5영의 군제를 복구하고 군료(軍料)를 지급하도록 하였다. 그리고 난병(亂兵)에게 물러가라 명하고 대사령을 내렸다. 난병들은 대궐에서 물러나 사방으로 흩어졌다.
> — 『매천야록』 —

① 전국 각지에 척화비가 건립되었다.
② 김기수가 수신사로 일본에 파견되었다.
③ 왕조의 통치 규범을 재정비한 대전통편이 편찬되었다.
④ 조선책략 유포에 반발하여 이만손 등이 영남 만인소를 올렸다.
⑤ 일본 공사관 경비병의 주둔을 인정한 제물포 조약이 체결되었다.

정답 ⑤

해설 정부가 개화 정책을 추진하면서 통리기무아문을 통해 5군영을 무위영과 장어영으로 통합하고 신식 군대인 별기군을 설치하였다. 별기군 설치 후 구식 군대에 대한 차별 대우가 심해지자 일본인 교관을 살해하고, 일본 공사관을 습격하였다(1882, 임오군란). 임오군란 이후 대원군이 재집권하여 별기군과 통리기무아문 폐지 등을 추진하였으나 청의 군사적 개입으로 실패하였다. 이후 흥선 대원군은 청에 압송되었으며, 이후 청의 내정 간섭은 심해졌다. 또 일본과 제물포 조약(1882)을 체결하여 일본 경비병이 주둔하게 되었으며, 청과는 조·청 상민 수륙 무역 장정(1882)을 체결하여 청 상인들의 특권(내지 통상권)을 허용하였다.

06 (가) 기구를 통해 추진된 정책으로 옳은 것은?

> **역사 용어 해설**
>
> ___(가)___
>
> 고종 17년(1880)에 만들어진 개화 정책 총괄 기구이다. 개항 이후의 정세 변화에 대응하기 위하여 의정부, 6조와는 별도로 신설되었다. 소속 부서에 교린사, 군무사, 통상사 등의 12사를 두었다.

① 교원 양성을 위해 한성 사범 학교를 설립하였다.
② 외교 활동을 펼치기 위해 구미 위원부를 설치하였다.
③ 개혁의 기본 방향을 제시한 홍범 14조를 반포하였다.
④ 구(舊) 백동화를 제일은행권으로 교환하는 사업을 시행하였다.
⑤ 영선사를 파견하여 근대식 무기 제조 기술을 도입하고자 하였다.

정답 ⑤

해설 (가) 기구는 통리기무아문으로, 1880년대 정부는 근대 문물을 수용하고 개화 정책을 추진하기 위해 총괄 기구로 통리기무아문을 설치하였다. 또 통리기무아문 아래 12사를 설치하고 외교, 군사, 경제 업무 등 개화 정책을 담당하도록 하였는데, ⑤ 영선사를 파견하여 근대식 무기 제조 기술을 도입하고자 하였다.

07 27회 32번 (가)~(라) 국가에 대한 설명으로 옳은 것을 〈보기〉에서 고른 것은?

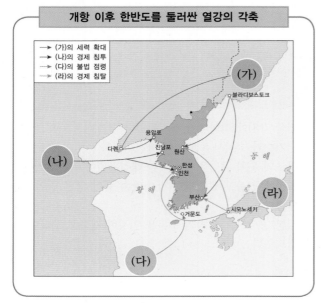

개항 이후 한반도를 둘러싼 열강의 각축

→ (가)의 세력 확대
→ (나)의 경제 침투
→ (다)의 불법 점령
→ (라)의 경제 침탈

─〈보기〉─

ㄱ. (가) – 조선이 최초로 최혜국 대우를 보장한 국가이다.
ㄴ. (나) – 톈진 조약의 체결로 인해 조선에서 군대를 철수하였다.
ㄷ. (다) – 천주교 선교 문제로 인해 조선과의 조약 체결이 지연되었다.
ㄹ. (라) – 조선과 방곡령 관련 조항이 포함된 통상 장정을 체결하였다.

① ㄱ, ㄴ   ② ㄱ, ㄷ   ③ ㄴ, ㄷ
④ ㄴ, ㄹ   ⑤ ㄷ, ㄹ

정답 ④

해설 (가) 러시아, (나) 청, (다) 거문도 사건을 일으킨 영국, (라) 일본이다. 조선이 최초로 최혜국 대우를 보장한 나라는 미국이고, 갑신정변 이후 청과 일본은 톈진 조약을 체결하여 조선에서 군대를 철군하였으며, 천주교 선교 문제로 인해 조약 체결이 지연되었던 나라는 프랑스이다. 그리고 일본은 조선과 방곡령 관련 조항이 포함된 통상 장정을 체결하였다.

08 27회 30번 밑줄 그은 '사절단'에 대한 설명으로 옳은 것은?

역사 신문

제△△호 ○○○○년 ○○월 ○○일

전권 대사 민영익 일행, 큰 환대 받아

정부가 민영익을 전권 대사로 임명하여 파견한 <u>사절단</u>이 목적지에 무사히 도착하였다. 전년에 체결한 조약에서의 외교관 왕래 교섭이라는 원칙에 따라 파견된 이들은 현지인들로부터 큰 환대를 받았다. 한편, 수행원 가운데 유길준은 그곳에 남아 유학할 것을 고려하고 있다고 한다.

① 강화도 조약의 후속 조치로 보내졌다.
② 귀국할 때 조선책략을 가지고 들어왔다.
③ 서양 국가에 파견된 최초의 사절단이었다.
④ 개화 반대 여론으로 인해 비밀리에 파견되었다.
⑤ 기기국에서 무기 제조 기술을 습득하고 돌아왔다.

정답 ③

해설 밑줄 그은 '사절단'은 보빙사이다. 1883년 미국에 파견된 보빙사(보빙 사절단)는 서양 국가에 파견된 최초의 사절단이다. 민영익이 전권 대사로 임명되었고, 유길준은 현지에 남아 유학을 고려하였다.

오답 피하기 ① · ② 강화도 조약 이후 일본에 파견한 수신사, ④ 일본에 파견한 조사 시찰단, ⑤ 청에 파견한 영선사에 대한 설명이다.

09 25회 36번 다음 상소에 대한 설명으로 옳은 것은?

신들은 모두 멀리 떨어진 영남에 있는 까닭에 …… 유신(維新)의 정치를 도운 적이 없습니다. …… 그러나 수신사 김홍집이 가지고 온 황준헌(黃遵憲)의 사의조선책략(私擬朝鮮策略)이 유포된 것을 보고, 저도 모르게 머리카락이 곤두서고 가슴이 떨리며 이어 통곡하면서 눈물을 흘렸습니다.
– 만인소 –

① 미국과의 통상 수교를 반대하였다.
② 의회 설립과 자유 민권을 주장하였다.
③ 문벌 폐지와 인민 평등권의 확립을 촉구하였다.
④ 폐정 개혁안 실천을 위해 집강소 설치를 요구하였다.
⑤ 조선의 주권을 지킬 방법으로 중립화론을 제안하였다.

정답 ①

해설 김홍집은 2차 수신사로 일본에 다녀오며 『조선책략』을 가져와 유포하였고, 그 영향으로 1882년 미국과 조 · 미 수호 통상 조약이 체결되었다. 그러나 이만손을 비롯한 영남 유생들은 만인소를 올려 『조선책략』의 내용을 비판하고 김홍집의 처벌을 요구하였다.

오답 피하기 ② 독립 협회, ③ 갑신정변, ④ 동학 농민 운동, ⑤ 유길준에 대한 설명이다.

10 밑줄 그은 '이 사건'에 대한 설명으로 옳은 것은?

이 사건에 대한 책임 문제를 가지고 조선과 일본이 진행한 교섭은 배상 등 몇 가지 조건으로 타결되었고, 일본과 청은 한반도에서 서로 충돌하는 것을 막기 위해 어느 한 나라가 조선에 파병할 때 상대국에게 그 사실을 통보하도록 하는 협정을 맺었다. …… 우리 개화당 세력과 개혁의 뜻을 품은 인사들은 대부분 죽거나 망명하였다.

① 우정총국 개국 축하연 장소에서 일어났다.
② 구식 군인에 대한 차별 때문에 발생하였다.
③ 흥선 대원군이 재집권하는 결과를 가져왔다.
④ 부산, 원산, 인천이 개항되는 계기가 되었다.
⑤ 러시아가 주도하는 삼국 간섭을 초래하였다.

정답 ①

해설 밑줄 그은 '이 사건'은 갑신정변이다. 김옥균, 박영효 등 개화당의 급진 개화파가 1884년 우정총국 개국 축하연을 계기로 갑신정변을 일으켰으나 청군의 개입으로 실패하였다. 이후 일본과 한성 조약이 체결되었고, 청과 일본 사이에는 텐진 조약이 체결되었다.

11 (가) 인물의 활동으로 옳은 것은?

이 사당은 위정 척사 운동을 주도한 (가) 의 위패를 모신 충청 남도 청양의 모덕사입니다. 흥선 대원군의 하야와 고종의 친정(親政)을 요구하는 상소를 올렸던 그는 왜양일체론을 내세워 강화도 조약 체결에 반대하였습니다.

① 한국독립운동지혈사를 저술하였다.
② 봉오동 전투에서 일본군을 격파하였다.
③ 고종의 밀지를 받아 독립 의군부를 조직하였다.
④ 을사늑약 체결에 반대하여 태인에서 의병을 일으켰다.
⑤ 13도 창의군을 결성하여 서울 진공 작전을 전개하였다.

정답 ④

해설 (가) 인물은 최익현이다. 최익현은 강화도 조약 체결 무렵 개항에 반대하는 위정척사 운동을 전개하였으며, 일본과 서양 세력이 같으므로 강화를 맺고 통상을 하면 경제적 침략을 당해 우리 경제가 황폐해질 것이라는 왜양 일체론을 주장하였다. 또 ④ 을사늑약 체결에 반대하여 의병을 일으켰으나 관군의 공격으로 체포되어 쓰시마섬으로 끌려가 순국하였다.

오답 피하기 ① 박은식, ② 홍범도, ③ 이병찬, ⑤ 이인영 · 허위 등의 활동이다.

12 다음 사건 이후에 나타난 상황으로 옳지 않은 것은?

난병들이 대궐을 침범하니 왕비는 밖으로 피신하고 이최응, 민겸호, 김보현은 모두 살해되었다. …… 고종은 난이 일어났다는 소식을 듣고 급히 대원군을 불렀으며, 대원군은 난병을 따라 들어갔다. …… 대원군은 명령을 내려 통리기무아문과 무위영, 장어영을 폐지하고 5영의 군제를 복구하였다.

– 「매천야록」 –

① 제물포 조약이 체결되었다.
② 청 상인이 내지 통상권을 얻었다.
③ 흥선 대원군이 텐진으로 납치되었다.
④ 이만손이 주도하여 만인소를 올렸다.
⑤ 묄렌도르프가 외교 고문으로 파견되었다.

정답 ④

해설 1882년 일어난 임오군란 결과 일본과 제물포 조약을 체결하였고, 청과 조 · 청 상민 수륙 무역 장정을 체결하였다. 군란의 책임자로 지목된 흥선 대원군은 텐진으로 납치되었으며, 청의 추천으로 마젠창, 묄렌도르프 등이 조선에 고문으로 파견되었다.

오답 피하기 ④ 이만손은 『조선책략』의 유포에 반대하여 개화 반대 운동을 전개하였다.

13 (가)에 들어갈 대화 내용으로 옳은 것은?

청이 대원군을 군란 책임자로 몰아 텐진으로 납치해갔다더군. 그리고 정부와 새로운 약조를 맺었다던데……

그 약조로 청에게 (가)

① 운산 금광 채굴권을 준다더군.
② 한성에 전차 부설을 허가한다더군.
③ 경인선 철도 부설권이 넘어간다더군.
④ 내지 통상권을 처음으로 허용한다더군.
⑤ 두만강 삼림 채벌권을 내준다고 하더군.

정답 ④

해설 임오군란을 무력으로 진압한 청은 대원군을 군란의 책임자로 몰아 텐진으로 납치하고 조 · 청 상민 수륙 무역 장정을 체결하여 청 상인의 내지 통상권을 허용하도록 하였다.

오답 피하기 ① · ② 미국, ⑤ 러시아와 관련 있다. ③ 미국이 일본에 경인선 철도 부설권을 넘겼다.

03 구국 운동과 근대 국가 수립 운동

출제 빈도 **상** | 중 | 하

❶ 동학 농민 운동의 전개(1894)

1) 배경

① 개항 이후 농촌 사회의 동요

　㉠ 지배층의 수탈 심화 : 지방관의 매관매직 성행, 배상금 지불과 근대 문물 수용의 경비 지출 등 → 국가 재정의 악화 → 농민의 세금 부담 증가

　㉡ 일본의 경제 침투 : 영국산 면제품의 중계 무역 → 자국산 면제품 수출, 입도선매 · 고리대 방식으로 곡물 매입 → 농촌 경제의 파탄, 일부 지방관의 방곡령 선포

② 동학의 교세 확장과 교조 신원 운동

　㉠ 동학의 교세 확장

창시	경주의 몰락 양반인 최제우가 창시(1860) → 혹세무민 죄로 처형
사상	인내천 사상, 보국안민과 제폭구민 등 사회 개혁 주장
확장	2대 교주 최시형을 중심으로 교리 정비(『동경대전』, 『용담유사』), 교단 조직 정비(포접제) → 삼남 지방의 농민을 중심으로 교세 확장

최제우

　㉡ 교조 신원 운동

삼례 집회(1892)	교조 신원과 동학 탄압 중지 요구
서울 집회(1893)	복합 상소, 교조 신원과 포교의 자유 요구
보은 집회(1893)	교조 신원 운동에서 척왜양창의를 주장하며 정치 운동으로 전환(반봉건 · 반외세 운동)

합격생의 비법

교조 신원 운동

1892~1893년 동학교도들이 벌인 운동이다. 1864년 처형된 최제우의 억울함을 풀고 조정으로부터 포교의 자유를 인정받는 것을 내세운 대중 집회이다.

2) 전개 과정

고부 농민 봉기	• 원인 : 고부 군수 조병갑의 횡포와 착취에 대항(만석보 수세 강제 징수) • 전개 : 전봉준 등이 사발통문을 돌리고 고부 관아 습격, 점령 → 후임 군수 박원명의 회유로 자진 해산
제1차 동학 농민 운동	• 원인 : 안핵사 이용태의 고부 농민 봉기 관련자 탄압 • 전개 : 무장에서 전봉준, 손화중, 김개남 등 봉기(보국안민, 제폭구민 표방) → 동학 농민군의 백산 집결 → 농민군 4대 강령과 격문 발표 → 황토현 전투, 황룡촌 전투 승리 → 전주성 점령 → 정부가 청에 군대 파견 요청 🔼빈출 → 일본도 톈진 조약을 구실로 군대 파견

사발통문

호소문이나 격문을 쓸 때 누가 주모자인지 알지 못하도록 사발 모양으로 둥글게 이름을 적었다.

전주 화약 체결 **빈출**	• 동학 농민군은 청·일 양국 군대의 철수와 폐정 개혁을 조건으로 전주 화약 체결 → 동학 농민군의 해산 • 집강소 설치 : 폐정 개혁안을 실천하기 위해 농민 자치 기구 설치
제2차 동학 농민 운동	• 원인 : 정부의 청·일 양국 군대 철수 요구 → 일본의 거절, 일본군의 경복궁 점령 → 친일 내각의 성립, 조선의 내정 간섭 심화(교정청 폐지, 군국기무처 설치와 개혁 강요), 청·일 전쟁의 발발 • 전개 : 일본군을 타도하기 위해 동학 농민군 재봉기 → 전봉준의 남접과 손병희의 북접이 연합 부대 결성 **빈출** 합의, 논산 집결, 서울 북상 → 공주 우금치 전투 **빈출** 에서 관군과 일본군 연합 부대에 패배 → 전봉준, 김개남, 손화중 등 동학 농민군 지도자 체포 및 처형

출제 사료   동학 농민군의 1차 봉기

우리가 의(義)를 들어 여기에 이름은 그 본의(本意)가 결코 다른 데 있지 아니하고 창생을 도탄의 중(中)에서 건지고 국가를 반석 위에 두고자 함이라. 안으로는 탐학한 관리의 머리를 베고, 밖으로는 횡포한 강적의 무리를 구축하고자 함이다. 양반과 호강(豪强)의 앞에서 고통을 받는 민중들과 방백과 수령 밑에 굴욕을 받는 소리(小吏)들은 우리와 같이 원한이 깊은 자라. 조금도 주저치 말고 이 시각으로 일어서라. 만일 기회를 잃으면 후회하여도 미치지 못하리라.   − 전봉준의 격문 −

● **출제 포인트 분석**

   동학 농민군은 고부 백산에 모여 탐관오리의 응징과 외세 축출 등 반봉건·반외세의 목표가 담겨 있는 격문을 발표하였다.

출제 사료   폐정 개혁안 12개조

1. 동학교도는 정부와 원한을 씻고 서정에 협력한다.
2. 탐관오리는 그 죄상을 조사하여 징벌한다.
3. 횡포한 부호들을 엄중히 징벌한다.
4. 불량한 유림과 양반의 못된 버릇을 징벌한다.
5. 노비 문서를 소각한다.
6. 7종의 천인 차별을 개선하고 백정이 쓰는 평량갓은 없앤다.
7. 청상과부의 개가를 허용한다.
8. 무명의 잡다한 세금은 일체 거두지 않는다.
9. 관리 채용에는 지벌을 타파하고 인재를 등용한다.
10. 왜와 통하는 자는 엄징한다.
11. 공사채는 물론하고 기왕의 것을 무효로 한다.
12. 토지는 평균하여 분작한다.

● **출제 포인트 분석**

   폐정 개혁안 12개조는 조세 제도 개혁, 신분 차별 철폐, 탐관오리 척결, 일본의 침략 반대, 토지 제도 개혁 등 당시 사회 문제의 시정을 요구하는 내용이 담겨 있다. 전주 화약 체결 후 집강소를 설치하고 이를 실행하였다.

합격생의 비법

동학 농민군의 4대 강령

1. 사람을 죽이지 않고 물건을 파기하지 않는다.
2. 충효를 다하고 세상을 구하며 백성을 편안케 한다.
3. 일본 오랑캐를 몰아내고 왕의 정치를 깨끗이 한다.
4. 군대를 끌고 서울로 올라가 권세가와 귀족을 없앤다.

합격생의 비법

집강소

동학 농민군이 전라도 53개 군현에 설치한 일종의 농민 자치 기구이다. 집강소에서는 집강과 서기, 집사 등이 민정을 처결하였으며, 의결 기관과 호위군 등의 기능도 있었다.

남접 (전라도)	• 손화중, 김개남 등 • 동학 조직을 반봉건·반외세 투쟁으로 연결
북접 (충청도)	• 최시형, 손병희 등 • 종교의 범위에 한정할 것을 주장

남접과 북접

전봉준 체포 모습

시험에 자주 등장해요

동학 농민 운동의 전개 과정을 묻는 문제가 자주 출제됩니다. 고부 농민 봉기, 황토현·황룡촌 전투, 전주 화약, 집강소, 폐정 개혁안, 공주 우금치 전투는 꼭 기억하세요.

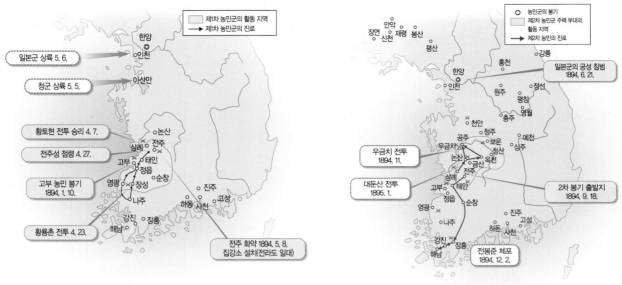

제1차 동학 농민 운동

제2차 동학 농민 운동

3) 성격 및 한계

성격	• **반봉건 운동** : 탐관오리 축출, 신분 차별 철폐, 양반의 수탈 금지 등 봉건적 지배 체제에 반대 → 갑오개혁에 영향, 전통적 봉건 질서의 붕괴 촉진 • **반외세 운동** : 일본의 침략을 막기 위한 반침략 · 반외세 운동 → 동학 농민군의 잔여 세력은 의병 운동에 가담하여 운동 지속
한계	• 근대 국가 건설을 위한 구체적인 방안을 제시하지 못함 • 근대 무기로 무장한 일본군을 물리치기에는 역부족이었음 • 각 지역의 농민군이 긴밀한 연대를 형성하지 못하고 농민층 이외의 폭넓은 지지 기반을 확보하지 못하였음

합격생의 비법

교정청

1894년 왕명으로 설치된 자주적 개혁 기구이다. 동학 농민군의 개혁 요구와 일본의 내정 개혁 요구가 제기된 상황에서 당상 15명, 낭청 2명을 임명하여 개혁을 시도하였으나 성과를 거두지 못하였다.

❷ 갑오 · 을미개혁의 추진

1) 배경

대내적	• 동학 농민 운동 당시 농민의 요구를 반영한 내정 개혁의 필요성 절감 • 자주적 개혁의 추진을 위해 교정청 설치 🔱 빈출 (고종의 왕명)
대외적	일본의 내정 개혁 요구 → 일본 군대 주둔의 명분 확보, 내정 개혁과 청 · 일 전쟁을 통해 조선 침략의 기반 마련

합격생의 비법

군국기무처

제1차 갑오개혁을 진행한 초정부적인 입법부 회의 기구이다. 개혁에 관한 모든 사무를 관장하였는데, 군국기무처가 심의하고 통과시킨 의안은 국왕의 재가를 거쳐 국법으로 시행하였다.

2) 제1차 갑오개혁(1894)

배경	일본의 경복궁 점령 후 내정 개혁 강요 → 민씨 정권의 붕괴, 흥선 대원군의 섭정
전개	제1차 김홍집 내각 수립 → 교정청 폐지, 군국기무처 설치 🔱 빈출
주요 개혁	• 정치 : '개국' 연호 사용(중국의 연호 폐지), 궁내부(왕실 사무)와 의정부(국정 사무) 분리, 의정부에 권한 집중, 국왕의 인사권 제한, 6조를 80문 🔱 빈출 (내무, 외무, 탁지, 군무, 법무, 학무, 공무, 농상)으로 개편, 과거제 폐지 🔱 빈출, 경무청 설치 • 경제 : 재정의 일원화(탁지아문), 왕실과 정부의 재정 분리, 은본위 화폐 제도 실시, 조세의 금납화, 도량형의 개정과 통일 • 사회 : 신분제 폐지(공 · 사노비 제도 혁파, 인신매매 금지), 봉건적 폐습 타파(과부의 재가 허용, 조혼 금지, 고문과 연좌법 폐지) → 근대적 평등 사회의 기틀 마련

3) 제2차 갑오개혁(1894)

배경	청·일 전쟁에서 일본이 승기를 잡음 → 박영효와 서광범 귀국, 흥선 대원군의 정계 은퇴
전개	군국기무처 폐지, 제2차 김홍집 내각(김홍집·박영효 연립 내각) 성립 → 일본인 고문관 파견 → 고종의 독립 서고문, 홍범 14조 반포
주요 개혁	• 정치 : 의정부 → 내각제, 80문 → 7부, 8도 → 23부 • 사회 : 재판소 설치 🔼빈출 (사법권을 행정권에서 분리), 지방관의 권한 축소(사법권, 군사권, 경찰권 배제) • 군사 : 시위대와 훈련대 설치 → 군제 개혁은 소홀히 함 • 교육 : 교육입국 조서 반포(1895) → 한성 사범 학교·소학교·외국어 학교 관제 반포, 일본에 유학생 파견

출제 사료　홍범 14조

1. 청국에 의존하려는 마음을 버리고 자주독립하는 기초를 확고히 세울 것.
2. 왕실 전범을 제정하여 왕위의 계승과 종실, 외척의 구별을 밝힐 것.
3. 대군주가 정전에서 일을 보되, 정사를 친히 각 대신에게 물어 재결하며 왕비와 후궁, 종실과 척신이 간여하지 못하게 할 것.
4. 왕실 사무와 국정 사무를 모름지기 나누어 서로 혼합하지 아니할 것.
5. 의정부와 각 아문의 직무와 권한을 명백히 규정할 것.
6. 인민에 대한 조세 징수는 법령으로 정하여 명목을 덧붙여 함부로 거두지 말 것.
7. 조세의 부과와 징수, 경비 지출은 모두 탁지아문이 관할할 것.
9. 왕실 비용 및 관부의 비용은 연간 예산을 작성하여 재정의 기초를 확립한다.
14. 문벌과 지연에 구애받지 말고 사람을 쓰고, 세상에 퍼져 있는 선비를 두루 구해 인재의 등용을 넓힐 것.

— 관보, 1894. 12. 12. —

● 출제 포인트 분석

　고종은 국정 개혁의 기본 강령으로 홍범 14조를 발표하였다. 자주독립, 행정 사무, 국가 재정, 교육 장려, 관리 임용, 민권 보장 등에 대한 사항을 규정하였는데, 우리나라의 자주독립을 처음으로 내외에 선포한 것으로 역사적 의의가 크다.

4) 을미개혁(1895)

배경	삼국 간섭 이후 일본의 세력 약화 → 박영효 실각 → 제3차 김홍집 내각 수립(친러 내각) → 제2차 갑오개혁 중단
전개	일본이 을미사변을 일으킴 → 제4차 김홍집 내각 수립(친일 내각), 개혁 추진
주요 개혁	연호 제정(건양), 태양력 사용, 친위대(서울)·진위대(지방) 설치, 단발령 실시, 종두법 실시, 소학교 설립, 우편 사무 시작
중단	아관 파천으로 김홍집 내각 붕괴 → 개혁 중단

출제 사료　단발령 실시

11월 15일 고종은 비로소 머리를 깎고 내외 신민에게 명하여 모두 깎도록 하였다. …… 궁성 주위에 대포를 설치한 후 머리를 깎지 않는 자는 죽이겠다고 선언하니 고종이 긴 한숨을 내쉬며 정병하를 돌아보고 말하기를 "경이 짐의 머리를 깎는 게 좋겠소."라고 하였다.

— 『매천야록』 —

● 출제 포인트 분석

　1895년 을미개혁 이후 단발령을 실시하였다. 단발령이 실시되자 유인석, 이소응 등 지방 유생들이 을미의병을 일으켰다.

합격생의 비법

홍범 14조

고종은 문무백관을 거느리고 종묘에서 독립 서고문을 바치고 홍범 14조를 반포하였다. 자주권, 행정, 재정, 교육, 민권 보장 등을 규정한 우리나라 최초의 헌법이다. 국정 개혁의 기본 강령이며, 자주독립을 내외에 선포한 최초의 선언이었다.

시험에 자주 등장해요

갑오개혁에 대해 묻는 문제가 자주 출제됩니다. 제1차 갑오개혁과 제2차 갑오개혁의 주요 개혁 내용을 정리해 두세요. 특히 홍범 14조는 꼭 기억하세요.

합격생의 비법

삼국 간섭

청·일 전쟁의 승리로 일본의 랴오둥(요동) 반도 진출에 위협을 느낀 러시아가 독일과 프랑스를 끌어들여 일본에 압력을 가한 사건이다. 이로 인해 만주와 조선에서 러시아의 영향력이 강화되었다.

합격생의 비법

을미사변

일본은 1895년 친일 세력의 실각과 조선 보호국 기도에 장애가 되었던 명성 황후를 제거하려고 음모를 꾸몄다. 육군 준장 출신 미우라 고로를 파견하고 일본군 수비대, 낭인, 신문기자 등을 동원하여 경복궁을 습격하였다. 그 결과 명성 황후를 죽이고 일본 세력을 강화시켰다.

시험에 자주 등장해요

을미개혁을 묻는 문제가 출제됩니다. 특히 개혁 내용 중 단발령 실시는 꼭 기억하세요.

5) 평가

긍정적	• 조선의 개화파 관료들이 주체적으로 개혁 추진 • 갑신정변과 동학 농민 운동의 요구 반영 • 정치 · 경제 · 사회 · 문화 전반에 걸쳐 봉건 질서 타파, 근대 사회로 이행하는 제도적 토대 마련
부정적	• 일본의 강요에 의한 타율적 개혁으로 일본의 조선 침략이 용이하게 제도 개편 • 조선의 군사력 강화를 꺼려 군제 개혁에 소홀 • 토지 개혁, 상공업 진흥 등의 개혁에 소홀 • 경제 개혁은 일본의 한반도 식민 통치의 기반 마련과 연관 • 일본의 개입과 간섭, 급진적인 개혁 추진으로 민중의 지지를 상실

합격생의 비법

아관 파천

일제가 을미사변을 일으킨 이후 신변에 위협을 느낀 고종은 1896년 경복궁을 떠나 러시아 공사관으로 거처를 옮겼다.

서재필

갑신정변 실패 이후 일본으로 망명하였다가 미국으로 건너가 유학하였다. 서재필은 귀국한 뒤 독립신문을 창간하였다.

❸ 독립 협회의 활동

1) 창립 배경

ㄱ) **아관 파천 이후** 국내외 정세 : 친일 내각 붕괴, 친러 내각 성립 → 러시아의 영향력 강화(러 · 일 대립 심화), **열강의 이권 침탈 심화**(최혜국 대우 근거)

ㄴ) 서재필의 귀국과 활동 : 자유 민주주의적 개혁 사상 고취, 자주적 독립 국가 수립 추구 → **독립신문 창간**, 독립 협회 창립 ✿빈출

2) 구성

지도부	서재필, 윤치호, 이상재, 남궁억 등 지식인과 정부 고관
참여 세력	도시 시민, 학생, 노동자, 여성, 천민 등 광범위한 사회 계층, 일부 관료

3) 목표 : 자유 민권, 자강 개혁, 자주 국권 사상 보급 → 민중의 정치의식 고취

4) 활동

민중 계몽 운동	독립문 건립 ✿빈출(영은문 자리, 국민 성금 모금), 독립관 건립(모화관 개수), 강연회와 토론회 개최, 독립신문 발행 ✿빈출
자주 국권 운동	• 외세의 간섭과 이권 침탈 저지를 목표로 전개 • 고종의 환궁과 칭제 건원 요구 → 아관 파천 1년 후 환궁, 대한 제국 선포 • 만민 공동회 개최(1898. 3. 최초의 민중 집회) → 러시아의 이권 침탈 저지(러시아의 절영도 조차 요구 저지, 한 · 러 은행 폐쇄, 러시아의 군사 교련단과 재정 고문단 철수)
자유 민권 운동	• 근대 국민 국가 수립을 목표로 전개 • 국민의 신체와 재산권 보호 운동 전개, 언론 · 출판 · 집회 · 결사의 자유 확보를 위해 노력, 국민의 참정권 운동 전개
자강 개혁 운동	• 근대 개혁을 통한 국력 배양을 목표로 전개 • 의회 설립 운동 전개 → 보수파 내각 퇴진, 박정양의 진보적 내각 수립 • 관민 공동회(만민 공동회에 박정양 내각의 대신 참여) 개최 → 헌의 6조 건의(국왕의 재가를 받음), 의회식 중추원 관제 반포(최초로 국민 참정권 공인)

독립문

합격생의 비법

중추원

갑오개혁 당시 의정부 산하 기구이다. 법률 및 칙령의 개정과 폐지, 의정부의 건의 및 자문 사항, 국민의 청원 등을 심의 · 의결하여 황제와 의정부를 견제하였다. 의장, 부의장, 50인의 의원으로 구성되었는데, 의원 50명 중 반을 독립 협회원이 선출하는 민선 의원으로 충당하는 것이 관제에 포함되었다.

| 출제 사료 | 독립 협회의 의회 설립 운동 |

만약에 외국의 예를 들어서 말씀드린다면, 현재 허다한 민회가 있어 정부 대신일지라도 실정이 있으면 전국에 널리 알려 민중을 모이게 하여서 질문이 있고 논쟁과 탄핵이 있으며, 그리하여 민중이 불복하는 바가 있으면 감히 제거치 아니하는 것이 없거늘, 이것은 외국의 민회가 어찌 강론과 담소만하고 마는 것이라 하겠나이까. …… 흔히 말하기를 민권이 성하면 왕권이 손상된다 하오나 사람의 무식함이 어찌 이보다 더할 수가 있겠사옵니까. 오늘날에 이와 같은 민의를 없애게 한다면, 정치와 법률은 따라서 무너질 것이오며, 어디서 화가 일어나게 될지 모르는 것이온데, 폐하께서는 홀로 이에 미처 마음을 쓰지 않으실 이유가 있사옵니까.

— 『대한계년사』 —

● 출제 포인트 분석

독립 협회는 의회 설립을 통하여 근대 개혁을 추진하고 백성들의 뜻을 국정에 반영하려는 운동을 전개하였다. 이로 인해 중추원 의원의 과반수를 독립 협회에서 선발한다는 고종의 의회식 중추원 관제 반포를 이끌어냈다.

시험에 자주 등장해요

독립 협회의 활동 내용을 묻는 문제가 자주 출제됩니다. 민중 계몽, 자주 국권, 자유 민권, 자강 개혁으로 각각 정리하여 꼭 기억하세요.

| 출제 사료 | 헌의 6조 |

제1조	외국인에게 기대하지 아니하고 관민이 동심 협력하여 전제 황권을 공고히 할 것.
제2조	외국과 이권에 관한 계약과 조약은 각 대신과 중추원 의장이 합동 날인하여 시행할 것.
제3조	국가 재정은 탁지부에서 모두 관리하고 예산, 결산을 국민에게 공포할 것.
제4조	중대 범죄를 공판하되, 피고의 인권을 존중할 것.
제5조	지방관을 임명할 때에는 정부에 그 뜻을 물어 주의에 따를 것.
제6조	장정을 실천할 것.

● 출제 포인트 분석

진보적인 박정양 내각이 수립되자 정부 대신과 독립 협회 회원들이 함께 참여하는 관민 공동회가 개최되었다. 관민 공동회에서 국권 수호, 민권 보장, 국정 개혁을 내용으로 하는 헌의 6조가 결의되어 고종의 재가를 받았다.

시험에 자주 등장해요

헌의 6조를 제시하고 독립 협회를 묻는 문제가 자주 출제됩니다. 헌의 6조는 꼭 기억하세요.

5) 해산

배경	독립 협회의 적극적인 정치 활동, 의회식 중추원 관제 반포 → 보수 세력의 위기의식 고조
전개	독립 협회가 박정양을 대통령, 윤치호를 부통령으로 하는 공화정을 추진한다고 주장(보수 세력의 모함) → 박정양 내각의 해산, 고종의 독립 협회 해산 명령 → 독립 협회의 대응(만민 공동회 개최) → 황국 협회와의 충돌을 조장해 만민 공동회 강제 해산

6) 의의와 한계

의의	최초의 민주주의 정치 운동, 민중에 의한 근대화 운동, 근대적 민족 운동
한계	외세 배척 운동이 주로 러시아에 한정 → 미국, 일본, 영국에 대해서는 우호적 태도를 취함

합격생의 비법

황국 협회

1898년 홍종우, 이기동, 길영수 등이 보부상과 연계하여 만든 단체이다. 개화 세력을 탄압하기 위하여 수구 세력이 조직하였다. 황실과 정부의 정책을 지지하며 만민 공동회장을 습격하고 테러를 감행하는 등 독립 협회와 대립하였다.

❹ 대한 제국의 수립

1) 대한 제국 수립 당시의 상황

대내적	• 아관 파천으로 열강의 이권 침탈 심화 → 자주성 손상 • 정부 관료, 유생, 독립 협회 등 고종의 환궁 요구 → 근대 국가 수립을 위한 국민의 여론 조성
대외적	조선에 대한 러시아의 세력 독점을 견제하려는 국제적 여론 조성

고종 황제

원구단(환구단)

지계
재정 확보를 위해 양지아문과 지계아문을 설치하고, 양전 사업을 실시하며 토지 소유권과 관련된 내용이 기록된 지계를 발급하였다.

합격생의 비법

원수부
국방, 용병, 군사에 관한 직무를 수행하기 위해 설치한 황제 직속의 최고 군 통수 기관이다. 대원수는 황제, 부원수는 황태자가 맡아 황제가 군 통수권을 장악하였다.

시험에 자주 등장해요

대한 제국이 실시한 광무개혁의 내용을 묻는 문제가 자주 출제됩니다. 황제권 강화, 지계 발급, 원수부 설치, 대한국 국제는 꼭 기억하세요.

합격생의 비법

활빈당과 영학당
• 활빈당 : 농민과 화적단의 결합으로 1899년부터 충남 내포 주변 지역에서 출몰하기 시작하였다. 반침략 · 반봉건 투쟁을 전개하였으며, 수십 명 단위가 말을 타고 총칼로 무장하고 다니며 양반, 부호, 관청, 장시 등을 습격하였다. 그 중 일부를 빈민에게 전달함으로써 활동의 정당성을 확보하려 하였고, 점차 정치적 성격을 띠었다.
• 영학당 : 동학 남접의 잔존 세력으로 '동학' 대신 '영학'이라 하고 전라도 지방에서 재건한 조직이다.

2) **대한 제국의 성립(1897)** : 고종의 경운궁 환궁 → 대한 제국 선포(국호 : 대한 제국, 연호 : 광무), 원구단에서 황제 즉위식 거행(중국과의 사대 관계를 공식적으로 청산, 자주독립 의지 표명)

3) **광무개혁**

① 원칙 : 구본신참(舊本新參, 옛 것을 근본으로 새 것을 참조한다.)을 원칙으로 점진적인 개혁 추구 → 갑오 · 을미개혁의 급진성 비판, 위로부터의 개혁

② 개혁 내용

정치	• 황제권 강화 : 황제가 모든 권력 독점, 왕실 재정 확충 → 독립 협회의 정치 개혁 운동 탄압 • 지방 행정 구역 변경 : 23부에서 13도제로 변경, 의정부 부활, 중추원 구성, 평양을 서경으로 격상 • 대한국 국제 반포 **빈출** (1899) : 자주독립과 전제 황권 강화 표방
경제	• 양전 사업 실시 : 양지아문 설치, 지계 발급 **빈출** (근대적 토지 소유서) • 상공업 진흥책 실시 : 근대적 회사와 공장 설립, 외국에 유학생 파견
사회	• 실업 교육 강조 : 외국에 유학생 파견, 실업 · 기술학교 설립 • 교통 · 통신 · 전기 · 의료 등 근대적 시설 확충
군사	• 원수부 설치 **빈출** (1899) : 중앙과 지방의 군대 지휘 · 감독, 황제의 군대 장악 • 시위대(서울) · 진위대(지방) 증강, 무관학교 설립
외교	• 교민을 보호하기 위해 해삼위(블라디보스토크)에 통상 사무관, 간도 관리사 이범윤 파견 • 한 · 청 통상 조약 체결 : 대한 제국과 청이 대등한 주권 국가로 체결한 최초의 조약

출제 사료 **대한국 국제**

제1조 한국은 세계 만국이 공인한 자주독립 제국이다.
제2조 대한국의 정치는 만세불변의 전제 정치이다.
제3조 대한국 대황제는 무한한 군권을 누린다.
제5조 대한국 대황제는 육해군을 통솔한다.
제6조 대한국 대황제는 법률을 제정하여 그 반포와 집행을 명하고, 대사, 특사, 감형, 복권 등을 명한다.
제7조 대한국 대황제는 행정 각 부의 관제를 정하고, 행정상 필요한 칙령을 발한다.
제9조 대한국 대황제는 각 조약 체결 국가에 사신을 파견하고, 선전, 강화 및 제반 조약을 체결한다.

● **출제 포인트 분석**
1899년 선포된 대한국 국제는 대한 제국이 전제 국가임을 밝히고, 육해군의 통수권, 입법권, 사법권, 행정권, 관리 임면권, 조약 체결권, 외교권 등 모든 권한이 황제에게 있음을 천명하였다.

③ 한계 : 집권층의 보수적 성향, 일본 등 열강의 간섭으로 큰 성과를 거두지 못하였음

❺ 항일 의병 운동의 전개

1) 을미의병(1895)

배경	을미사변(일본의 명성 황후 살해), 단발령 실시
주도 세력	유인석, 이소응 등 위정척사 사상을 바탕으로 보수적 양반 유생층
구성원	일반 농민과 동학 농민군 잔여 세력
활동	개화 정책을 추진하는 지방 관아 공격, 친일 관리 처단, 일본 수비대 공격
해산	아관 파천 이후 단발령 철회, 고종의 해산 권고 조칙 발표 → 유생 의병장의 자진 해산 → 일부 농민이 활빈당과 영학당 조직(반침략 · 반봉건 활동 계속 전개)
한계	• 유교적 위정척사 이념 기반 • 민족보다 신분 우선시 → 전투 능력보다 신분 강조

- 국모(國母)가 섬 오랑캐에 해를 입었으니 하늘과 땅이 바뀌었고, 성상(聖上)이 이 단발의 욕을 받았으니 해와 달이 빛을 잃었도다.　　　　　　　　　　　　　　　　　　　　　　　　　　　　　　 − 관동창의록 −

- 아! 왜놈들의 소위 신의나 법리는 말할 것도 없거니와 저 국적놈들의 몸뚱이는 뉘를 힘입어 살아왔던가. 원통함을 어찌하리. 국모의 원수를 생각하며 이를 갈았는데, 참혹함이 더욱 심해져 임금께서 또 머리를 깎으시는 지경에 이르렀다.　　　　　　　　　　　　　　　　　　　　　 − 창의견문록 −

● **출제 포인트 분석**

　을미의병은 을미사변과 단발령 실시에 반발하여 유인석, 이소응 등 유생 의병장들을 중심으로 일어났다.

2) 을사의병(1905)

배경	을사늑약(을사조약) 체결(외교권 박탈, 통감부 설치)
주도 세력	• 민종식, 최익현 등 유생 출신 전직 관료가 대부분 • 신돌석 등 일부 평민 의병장 출현
의의	• 폭넓고 다양한 계층의 참여 : 관료 출신, 유생, 평민 출신, 농민, 포수, 영학당과 활빈당의 무리 • 의병의 정예화 : 전투 능력 확보에 주력하여 전술상의 변화가 나타남
한계	계급적 한계와 반개화적 성격을 탈피하지 못함

신돌석

평민 출신 의병장으로 평해, 울진 등 강원도와 경상도 경계 지역에서 태백산맥의 험준한 산악 지대를 기반으로 유격 전술을 펴 일본군에게 타격을 주었다.

아! 지난 10월 20일의 변은 전 세계 고금에 일찍이 없었던 것이다. 우리에게 이웃 나라가 있어도 스스로 결교(結交)하지 못하고 타인을 시켜 결교하니 이것은 나라가 없는 것이요, 우리에게 토지와 인민이 있어도 스스로 주장하지 못하고 타인을 시켜 대신 감독하게 하니, 이것은 임금이 없는 것이다. 나라가 없고 임금이 없으니 우리 삼천리 인민은 모두 노예이며 신첩일 뿐이다. 남의 노예나 남의 신첩이 된다면 살았다 하여도 죽는 것만 못하다.　　　　　　　　　　　　　　　　　　　 − 『면암집』 −

● **출제 포인트 분석**

　일제에 의해 강제로 을사늑약(을사조약)이 체결되자, 이에 대항하여 을사의병이 일어났다. 국권 회복과 친일 관료의 척결을 주장하며 전직 관료 출신의 의병장과 평민 출신의 의병장들이 무장 항쟁을 전개하였다.

3) 정미의병(1907)

배경	고종의 강제 퇴위, 군대 해산(1907. 7. 31.)
특징	• 해산한 군인의 합류 → 의병의 조직화, 전투력 강화 • 전면적인 의병 전쟁으로 발전 → 전 계층, 전 지역 참여
전개	• 연합 의병의 결성 : 양반 유생 의병장들 중심, 전국의 의병 부대 연합 → 13도 창의군★빈출 결성(총대장 이인영, 군사장 허위) → 서울 진공 작전★빈출 전개(1908) → 실패 • 호남 의병의 활동 : 서울 진공 작전 실패 이후 전국 연합 의병 해체 → 지역별 독자적 전투 전개, 호남 지역 중심으로 치열한 의병 활동 전개 → 일제의 '남한 대토벌 작전(1909)' 전개 → 의병 부대의 만주 및 연해주 이주(독립운동의 근거지 마련)

합격생의 비법

서울 진공 작전

13도 창의군이 서울의 일제 통감부를 타도하고, 서울을 일제로부터 해방시켜 국권을 회복하자는 목표로 서울 진공 작전을 펼쳤으나 실패하였다. 이때 의병은 서울 주재 각국 공사관에 의병을 국제법상 교전 단체로 승인해줄 것을 요구하는 서신을 발송하여 스스로 독립국임을 내세웠다.

합격생의 비법

남한 대토벌 작전

1909년 9월부터 약 2개월간 남한 지역 의병에 대한 대대적인 토벌 작전이 일본군에 의해 자행되었다.

시험에 자주 등장해요

항일 의병 운동을 묻는 문제가 자주 출제됩니다. 을미의병, 을사의병, 정미의병이 일어난 원인을 꼭 기억하세요.

항일 의병의 모습

항일 의병 운동에 농민, 해산 군인, 노동자, 상인, 광부, 어민 등 각계각층이 참여하였다.

시험에 자주 등장해요

항일 의병 운동을 묻는 문제가 자주 출제됩니다. 13도 창의군, 서울 진공 작전, 남한 대토벌 작전을 꼭 기억하세요.

출제 사료	정미의병

- 융희 원년(1907) 8월 19일, 가평·원주·제천의 여러 의병 봉기는 모두가 해산병들로 서양 총을 가지고 있고 일찍이 조련을 거쳤으며 규율이 있어 일병과 교전에서는 살상이 심히 많고 세력이 대단히 장대하여 의병 수가 4~5천 명이라고 한다. — 『속음청사』 —
- 군대를 움직이는 데 가장 중요한 점은 고립을 피하고 일치단결하는 것에 있다. 따라서 각 도의 의병을 통일하여 둑을 무너뜨릴 기세로 서울에 진격하면, 전 국토가 우리의 손 안에 들어오고 한국 문제의 해결에 있어서도 유리하게 될 것이다. — 이인영의 격문 —

● **출제 포인트 분석**

고종이 강제 퇴위되고 군인이 해산되면서 해산 군인들이 의병 부대에 합류하였다. 이에 의병 부대는 조직력과 전투력이 강화되었고, 활동 지역도 전국으로 확산되면서 의병 운동은 의병 전쟁의 양상으로 발전하였다.

4) 의병 운동의 의의와 한계

의의	국권 회복을 위한 무장 투쟁 주도, 항일 무장 독립 투쟁의 기반 마련 → 일제의 식민지 정책에 타격
한계	조직력과 화력의 열세로 일본 군대 제압에 어려움. 양반 유생 의병장의 봉건적 지배 질서 체제 유지로 내적 결속 약화, 외교권 상실로 국제적 고립

5) 의열 투쟁의 전개

① 국내 : 나철·오기호(을사5적 암살단 조직), 이재명(이완용 저격 실패)

② 국외

　㉠ 전명운·장인환(1908) : 미국 샌프란시스코에서 친일 외교 고문인 스티븐스 사살

　㉡ 안중근 빈출 (1909) : 만주 하얼빈에서 침략의 원흉인 이토 히로부미 사살

❻ 애국 계몽 운동의 전개

1) 애국 계몽 운동의 의미

시기	을사늑약(을사조약) 체결 전후 ~ 국권 피탈
주도 세력	주로 개화 자강 계열의 지식인, 관료, 개혁적 유학자들이 주도
목표	교육과 산업을 통한 민족의 실력 양성, 국권 회복 추구
사상	당시 국제 관계를 약육강식, 적자생존의 원리가 지배하는 힘의 각축장으로 인식하는 사회 진화론을 바탕으로 함

합격생의 비법

사회 진화론

영국의 생물학자 다윈이 주장한 진화론을 스펜서가 인간 사회에 적용한 이론이다. 약육강식과 적자생존의 원리가 국제 사회에서도 그대로 적용된다는 내용이다. 이는 제국주의 열강의 약소국 침략과 식민 지배를 인정하는 데 이용되었다.

2) 애국 계몽 운동 단체의 활동

보안회(1904)	일제의 황무지 개간권 요구 반대 🏷️빈출 운동 → 일제의 요구 철회
헌정 연구회 (1905)	• 주도 : 독립 협회 출신 인사들 • 활동 : 입헌 군주제 수립, 국민의 민권 확대 주장 • 해산 : 일진회의 친일 행위 규탄으로 강제 해산
대한 자강회 (1906)	• 목표 : 교육 진흥, 산업 개발 등 실력 양성을 통한 국권 회복 • 활동 : 헌정 연구회 계승, 전국에 지회 설치, 월보 간행, 강연회 개최 • 해산 : 고종 강제 퇴위 반대, 정미 7조약 반대 운동 전개 → 보안법 적용 해산
대한 협회 (1907)	• 목표 : 대한 자강회 계승, 교육 보급, 산업 개발, 민권 신장 • 친일적 성격으로 변화
신민회 🏷️빈출 (1907)	• 조직 : 안창호, 양기탁, 이동휘, 이동녕 등이 주도한 비밀 결사 • 목표 : 국권 회복, 공화정체의 근대 국민 국가 건설 • 교육 활동 : 대성 학교 🏷️빈출(평양, 안창호) · 오산 학교 🏷️빈출(정주, 이승훈) 설립, 태극서관 설립 🏷️빈출(교과서, 서적 출판 보급), 조선 광문회 조직(고전 간행) • 경제 활동 : 자기 회사 설립 🏷️빈출(평양), 방직 공장 · 연초 공장 건설 • 독립운동 : 서간도 삼원보에 독립운동 기지 건설, 신흥 무관학교 설립 → 항일 무장 투쟁의 기반 마련 • 해체 : 일제가 조작한 105인 사건 🏷️빈출(1911)으로 해체

대성 학교
안창호가 민족 교육을 위해 평양에 세운 학교이다.

합격생의 비법

105인 사건
일제가 데라우치 총독 암살 미수 사건을 조작하여 600여 명의 민족 지도자를 체포 · 고문하고 105명을 유죄 판결한 사건이다. 이를 계기로 신민회가 해체되었다.

출제 사료　애국 계몽 운동 단체

• 무릇 우리나라의 독립은 오직 자강(自强)의 여하에 있을 따름이다. 우리나라가 과거에 자강의 방법을 강구하지 않아, …… 마침내 오늘날 외국인의 보호를 받게 되었으니 …… 자강의 방법은 다른 데 있는 것이 아니라 교육을 진작하고 산업을 일으키는 데 있다. 무릇 교육이 일어나지 못하면 국민의 지식이 열리지 않고, 산업이 일어나지 않으면 나라의 부가 늘어나지 못하는 것이다. 그러므로 국민의 지식을 열고 국력을 기르는 길은 무엇보다도 교육과 산업의 발달에 있지 않겠는가? 교육과 산업의 발달이 곧 하나뿐인 자강의 방도임을 알 수 있을 것이다.　- 대한 자강회 월보, 제1호 -

• 신민회는 무엇을 위하여 일어남이뇨? 민습(民習)의 완고 부패에 신사상이 시급하며, 민습의 우미(愚迷)에 신교육이 시급하며, …… 무릇 우리 대한인은 내외를 막론하고 통일 연합으로써 그 진로를 정하고 독립 자유로써 그 목적을 세움이니, 이것이 신민회가 원하는 바이며, 신민회가 품어 생각하는 소이이니, 간단히 말하면 오직 신정신을 불러 깨우쳐서 신단체를 조직한 후에 신국을 건설할 뿐이다.　- 신민회 결성 취지문 -

● **출제 포인트 분석**
대한 자강회는 민족의 실력을 양성하여 국권을 회복하려는 취지로 교육과 산업의 발달을 강조하였고, 신민회는 국권 회복과 공화정체의 국민 국가 건설을 목표로 문화적 · 경제적 실력 양성 운동을 전개하였다.

시험에 자주 등장해요

애국 계몽 운동을 묻는 문제가 자주 출제됩니다. 특히 신민회의 활동은 교육 활동, 경제 활동, 독립운동으로 나누어 꼭 기억하세요.

3) 교육 활동과 언론 활동

① 교육 활동 : 서양의 근대 학문 교육, 애국심 고취
　㉠ 학회 설립 : 기호 흥학회(경기와 충청), 서북 학회(관서와 관북), 관동 학회(강원) → 학보 발간, 대중 계몽 활동
　㉡ 사립학교 설립 : 보성 학교, 양정의숙, 대성 학교 등 → 신교육 보급
② 언론 활동 : 국민 계몽과 애국심 고취, 일제의 국권 침탈에 저항
　㉠ 황성신문 : 장지연의 '시일야방성대곡' 게재(을사늑약 규탄)
　㉡ 대한매일신보 : 국채 보상 운동 지원, 항일 의식 고취하는 논설 게재(박은식, 양기탁, 신채호)

합격생의 비법

서북 학회
한성부에서 평안도, 황해도, 함경도 출신의 인사들이 조직한 서북 학회는 기존의 서우 학회와 한북 흥학회를 통합하여 창설하였다.

4) 식산흥업 활동

① 상권 보호 운동 : 상업 회의소, 협동 회의소 등 상업 단체 설립

② 근대 산업 발전 장려 : 상회사, 공장, 실업학교 설립

③ **국채 보상 운동 전개**(1907) : 일제의 경제적 예속화 정책 차단이 목적

5) 의의와 한계

의의	• 국권 회복과 근대 국민 국가 건설 추구 • 경제적 · 문화적 실력 양성과 군사력 양성을 통한 무장 투쟁의 기반 마련 → 장기적인 민족 독립운동 기반 조성
한계	• 일제에 정치적 · 군사적으로 예속된 상황에서 전개 • 사회 진화론을 수용하여 강자의 약자에 대한 지배와 착취, 제국주의 침략을 긍정하는 논리 • 개혁의 주체를 지배층으로 한정 → 농민층과의 연결에 한계, 항일 의병 운동 비하

❼ 간도와 독도

간도	• 고대 : 고구려와 발해의 활동 무대
	• 19세기 중엽 이후 : 활발한 한국 농민의 이주, 간도 지역에 집단 거주지 형성
	  → 청과의 국경 문제 대두
	• 20세기 초
	– 1902년 청의 간도 귀속 주장, **이범윤을 간도 관리사로 파견**
	  → 간도 주민에 대한 직접적인 관할권 행사
	– 1909년 **간도 협약 체결**
	  → 일본은 안봉선 철도를 비롯한 이권을 얻는 대가로 간도를 청의 영토로 인정함

독도	• 숙종 22년(1696) 동래 어민 **안용복**이 울릉도에 침입한 일본 어민 힐책
	  → 일본에 건너가 울릉도와 독도가 조선의 영토임을 확인 받음
	• 1882년 일본 어민의 침범이 잦자 울릉도 경영에 나서 주민 이주 장려
	  → 개척령 반포
	• **대한 제국 시기** 울릉도를 울도군으로 승격시켜 **독도를 관할하게 함**
	• **러 · 일 전쟁 때 일본이 죽도(다케시마)로 명명하면서 불법으로 점령함**
	• 독도에 관한 기록 : 『세종실록지리지』, 『삼국사기』, 『신증동국여지승람』, 『고려사』 등

이론을 복습하는 **기출문제 03**

빈칸 채우기

01 동학 농민군은 정부와 전주 화약을 체결한 후 □□□□□ 12개조에 합의하였다.

02 독립 협회는 자주 국권, 자유 민권, □□□□□ 운동을 전개하였다.

03 제1차 갑오개혁에 있어서 김홍집 내각은 □□□□□을/를 설치하고 국정 전반에 걸쳐 개혁을 추진하였다.

04 고종은 종묘에 나가 독립 서고문을 바치고 우리나라 최초의 헌법적 성격을 지닌 □□□□□을/를 반포하였다.

05 광무개혁은 옛것을 근본으로 새것을 참작한다는 □□□□□을/를 원칙으로 하였다.

06 일제는 남만주의 안봉선 철도 부설권과 푸순 광산 채굴권을 얻는 대가로 청과 □□□□□을/를 체결하였다.

07 을미사변과 단발령에 반발하여 1895년 보수적 양반 유생층을 중심으로 □□□□□이/가 일어났다.

08 1905년 을사의병 당시에는 평민 출신 의병장인 □□□□□이/가 태백산맥의 산악 지대를 기반으로 유격 전술을 전개하였다.

09 나철과 오기호는 을사늑약에 반발하여 □□□□□을/를 조직하고 의열 활동을 전개하였다.

10 근대 국가의 건설을 목표로 1907년 수립된 신민회는 일제가 날조한 □□□□□을/를 계기로 해체되었다.

정답 01 폐정 개혁안 02 자강 개혁 03 군국기무처 04 홍범 14조 05 구본신참 06 간도 협약 07 을미의병 08 신돌석 09 5적 암살단 10 105인 사건

---

01 31회 36번
밑줄 그은 '개혁안'의 내용으로 옳은 것은?

전봉준이 이끄는 농민군이 전주성을 점령한 이후 전개한 활동에 대해 말씀해 주세요.

농민군은 정부에 사회 문제 해결을 위한 개혁안을 거듭 제시하였습니다.

① 탐관오리를 징계하여 쫓아낼 것
② 국가의 모든 재정을 호조에서 관할할 것
③ 의정부와 각 아문의 직무 권한을 명확히 할 것
④ 죄인 외의 친족에게 연좌율을 일체 적용하지 말 것
⑤ 외국에 의존하지 말고 관민이 협력하여 전제 황권을 공고히 할 것

정답 ①

해설 전봉준이 이끄는 동학 농민군은 전주성을 점령한 이후 청과 일본의 군대가 개입하자 전주 화약을 정부와 체결하고 전라도 일대에 집강소를 설치하여 폐정 개혁안 12조를 제시하였다. 반봉건·반외세적 성격을 지닌 폐정 개혁안은 탐관오리 징계, 노비 문서 소각, 토지 균분 등의 내용을 담고 있다.

오답 피하기 ② 갑신정변, ③·④ 갑오개혁, ⑤ 헌의 6조에 해당하는 설명이다.

02 31회 37번
(가) 단체에 대한 설명으로 옳은 것을 〈보기〉에서 고른 것은?

공공의 의견으로 □□(가)□□을/를 발기하여 영은문 유지에 독립문을 새로이 세우고 모화관을 새로 고쳐 독립관이라 하여 옛날의 치욕을 씻고 후인의 표준을 만들고자 함이요. 그 부근의 땅에 독립 공원을 이루어 그 문과 관을 보관하고자 하니 성대한 일이라 아니할 수 없는지라. 돌아보건대, 그 공역이 커서 큰 비용이 될 것이니 합치지 않으면 성취하기를 기약치 못할 것이요. 이에 알리니 밝게 헤아려 보조금을 뜻에 따라 보내고, 본회 회원에 참가할 뜻이 있으면 그를 나타내 주기를 바라오.

〈보 기〉
ㄱ. 국채 보상 운동을 주도하였다.
ㄴ. 의회 설립 운동을 추진하였다.
ㄷ. 공화 정체의 근대 국가 수립을 목표로 하였다.
ㄹ. 민중 계몽을 위해 토론회와 강연회를 개최하였다.

① ㄱ, ㄴ   ② ㄱ, ㄷ   ③ ㄴ, ㄷ
④ ㄴ, ㄹ   ⑤ ㄷ, ㄹ

정답 ④

해설 (가) 단체는 독립 협회이다. 독립 협회는 영은문 자리에 독립문을 건립하고, 모화관을 헐어 독립관을 건축하였다. 또 민중 계몽을 위해 토론회와 강연회를 개최하고 만민 공동회를 주최하였다. 이후 관민 공동회에서 헌의 6조를 채택하였고 중추원 신관제를 반포하는 등 의회 설립 운동을 추진하였다.

03 (가)~(마) 지역에서 있었던 의거 활동으로 옳은 것은?
30회 43번

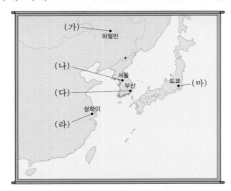

① (가) – 안중근이 이토 히로부미를 사살하였다.
② (나) – 박재혁이 경찰서에서 폭탄을 터뜨렸다.
③ (다) – 이봉창이 일왕의 행렬에 폭탄을 투척하였다.
④ (라) – 강우규가 사이토 총독 일행에게 폭탄을 던졌다.
⑤ (마) – 윤봉길이 일본군 장성과 고관들을 처단하였다.

정답 ①

해설 1909년 안중근은 만주 하얼빈에서 을사늑약 체결 등 침략의 원흉인 이토 히로부미를 사살하였다. 바로 체포된 안중근은 1910년 뤼순 감옥에서 순국하였다.

오답 피하기 ② 박재혁은 의열단 단원으로 부산 경찰서에서 폭탄을 던졌다. ③ 이봉창은 한인 애국단 단원으로 일본 도쿄에서 일왕 행렬에 폭탄을 투척하였다. ④ 강우규는 대한국민노인동맹단에서 활동하며 서울 남대문에서 폭탄을 던졌다. ⑤ 윤봉길은 한인 애국단 단원으로 중국 상하이 훙커우 공원에서 의거를 일으켰다.

04 (가)에 해당하는 개혁의 내용으로 옳은 것은?
37회 35번

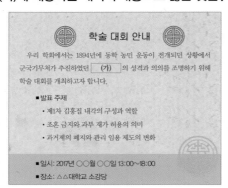

① 대한국 국제를 제정하였다.
② 신식 군대인 별기군을 창설하였다.
③ 황제 직속의 원수부를 설치하였다.
④ 청의 연호를 폐지하고 개국 기원을 사용하였다.
⑤ 의정부의 기능을 회복시키고 비변사를 혁파하였다.

정답 ④

해설 (가)에 해당하는 개혁은 1894년 김홍집 내각이 수립되어 추진한 제1차 갑오개혁이다. 김홍집 내각은 교정청을 폐지하고 군국기무처를 설치하여 정치·경제·사회면에서 자주적인 개혁을 추진하였다. 정치적으로 청의 연호를 폐지하고 개국 기원을 사용하였으며, 궁내부와 의정부를 분리하고 과거제를 폐지하였다. 경제적으로는 탁지아문으로 재정을 일원화하였으며, 사회적으로는 공·사노비 제도 혁파, 과부의 재가 허용, 조혼 금지 등 봉건적 폐습을 타파하였다.

05 다음 전보가 발송된 이후의 사실로 옳은 것은?
27회 34번

> **독일 주재 공사에게**
>
> 이토 특별 공사, 하세가와 장군, 하야시 공사가 군대를 이끌고 궁궐로 난입하여, 무력으로 짐을 위협하면서 그들이 만든 조약에 서명할 것을 강요하였소. 그리고 서울에 통감을 임명하고 제국의 외교권을 일본에 양도하게 하였으니, 이러한 범죄 행위는 국제법상 도저히 용인될 수가 없소. 독일의 도움은 국제법을 통해 일본에게 항의할 수 있는, 짐과 제국을 위한 마지막 희망이오. 공은 당장 독일 정부에 이 사실을 알리고 도움을 요청하시오!

① 대한 제국이 대외 중립을 선언하였다.
② 미국과 일본이 가쓰라·태프트 밀약을 맺었다.
③ 일본인 메가타가 대한 제국의 재정 고문으로 초빙되었다.
④ 고종이 헤이그에서 열린 만국 평화 회의에 특사를 파견하였다.
⑤ 군사 전략상 필요한 지역을 일본에 제공하는 한·일 의정서가 강요되었다.

정답 ④

해설 1905년 을사늑약(제2차 한·일 협약)에 따라 일제는 대한 제국의 외교권을 박탈하고 서울에 통감을 임명하였다. 이후 1907년 고종은 을사늑약의 부당성을 국제 사회에 호소하기 위해 헤이그에 특사를 파견하였다.

오답 피하기 ① 1904년 러시아와 일본의 대립하는 상황에서 대한 제국은 대외 중립을 선언하였다. ② 을사늑약 이전에 일본은 미국과 가쓰라·태프트 밀약을 맺었다. ③ 제1차 한·일 협약으로 일본인 메가타가 재정 고문, 미국인 스티븐스가 외교 고문으로 초빙되었다. ⑤ 제1차 한·일 협약 이전의 일이다.

06 밑줄 그은 '이 단체'의 활동으로 옳은 것은?
38회 35번

> 이것은 광복 70주년을 기념하여 제작된 안창호 기념 메달입니다. 그가 양기탁 등과 함께 조직한 비밀 결사인 이 단체는 대성 학교, 오산 학교를 세워 인재를 양성하는 등 다양한 활동을 전개하였습니다.

앞면   뒷면

① 이륭양행에 교통국을 설치하였다.
② 태극 서관과 자기 회사를 운영하였다.
③ 일본의 황무지 개간권 요구를 저지하였다.
④ 중추원 개편을 통해 의회 설립을 추진하였다.
⑤ 만민 공동회를 열어 민권 신장을 추구하였다.

정답 ②

해설 밑줄 그은 '이 단체'는 신민회이다. 신민회는 1907년 안창호, 양기탁 등을 중심으로 비밀 결사로 조직된 단체로, 국권 회복을 목표로 대성 학교, 오산 학교 등의 교육 기관을 설립하였고, 자기 회사와 태극 서관을 운영하였다. 또 공화정을 지향하였고, 국외에 독립운동 기지 건설을 추진하였다. 서간도의 삼원보가 대표적인 독립운동 기지였다.

오답 피하기 ① 대한민국 임시 정부, ③ 보안회, ④·⑤ 독립 협회의 활동이다.

07

30회 36번

(가)~(라)에 들어갈 내용으로 옳은 것을 〈보기〉에서 고른 것은?

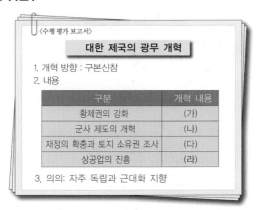

〈수행 평가 보고서〉

대한 제국의 광무 개혁

1. 개혁 방향 : 구본신참
2. 내용

구분	개혁 내용
황제권의 강화	(가)
군사 제도의 개혁	(나)
재정의 확충과 토지 소유권 조사	(다)
상공업의 진흥	(라)

3. 의의: 자주 독립과 근대화 지향

〈 보 기 〉

ㄱ. (가) – 대한국 국제를 반포하였다.
ㄴ. (나) – 신식 군대인 별기군을 창설하였다.
ㄷ. (다) – 토지를 측량하고 지계를 발급하였다.
ㄹ. (라) – 대동 상회, 장통 회사 등의 상회사를 설립하였다.

① ㄱ, ㄴ 　② ㄱ, ㄷ 　③ ㄴ, ㄷ
④ ㄴ, ㄹ 　⑤ ㄷ, ㄹ

정답 ②

해설 아관 파천 이후 여론이 악화되자 경운궁으로 환궁한 고종은 황제 즉위식을 거행하고 대한 제국을 선포하였으며, 광무개혁을 단행하였다. 또 1899년 대한국 국제를 반포하여 자주 독립과 전제 황권 강화를 표방하였고, 재정 확충을 위해 정확한 토지 소유주를 국가에서 확인하여 토지를 측량하고 지계를 발급하였다.

오답 피하기 ㄴ. 별기군은 1880년 초 개화 정책의 추진으로 설치된 신식 군대이다. ㄹ. 1883년경부터 외국 상인의 침투에 대항하여 상권을 지키기 위한 상회사가 설립되었다. 대동 상회, 장통 회사가 대표적이다.

08

36회 35번

(가)에 들어갈 내용으로 옳은 것은?

〈역사 다큐멘터리 기획안〉

동학 농민 운동, 새로운 세상을 꿈꾸다

■ 기획 의도

　19세기 말 제폭구민, 보국안민을 기치로 일어난 동학 농민 운동의 전개 과정을 사건의 발생 순서대로 제작하여 의미를 되새겨 본다.

■ 회차별 방송 내용

　– 1회. 파괴되는 만석보
　– 2회. 　(가)
　– 3회. 전주성을 점령하고 전주 화약을 체결하는 농민군

　　　⋮

① 전라도 순창에서 체포되는 전봉준
② 황토현 전투에서 승리하는 농민군
③ 공주 우금치에서 패배하는 농민군
④ 논산에서 연합하는 남접과 북접 부대
⑤ 무력을 동원하여 경복궁을 점령하는 일본군

정답 ②

해설 (가)에 들어갈 내용은 제1차 동학 농민 운동이다. 안핵사 이용태가 고부 농민 봉기 관련자를 탄압하자 무장에서 전봉준, 김개남, 손학중 등이 봉기하였다. 이후 동학 농민군이 백산에서 집결하여 황토현 전투와 황룡촌 전투에서 승리하면서 전주성까지 점령하였다. 정부가 청에게 원병을 요청하자 일본도 톈진 조약을 구실로 군대를 파견하였으며, 이에 동학 농민군은 전주 화약을 체결하고 해산하였다.

09

29회 36번

(가) 인물에 대한 설명으로 옳은 것은?

일본 미야기 현에 위치한 다이린 사(大林寺)에는 하얼빈 의거로 뤼순 감옥에 수감되었던 　(가)　의 유묵비가 세워져 있다. 이 비석에 새겨진 글인 '위국헌신군인본분(爲國獻身軍人本分)'은 '나라를 위하여 몸을 바치는 것은 군인의 본분이다.'라는 뜻으로 그가 사형장으로 향하기 직전, 헌병 간수였던 지바 도시치의 간청으로 써 준 것이라고 한다. 지바 도시치는 고향으로 돌아와 세상을 떠날 때까지 그의 위패를 사찰에 모셔 두고 넋을 기렸다. 이는 그를 가까이에서 지켜보았던 한 일본인의 존경심이 어느 정도였는지 잘 보여준다.

① 일본 국왕이 탄 마차 행렬에 폭탄을 던졌다.
② 한국 침략의 원흉인 이토 히로부미를 사살하였다.
③ 대한 제국의 외교 고문이었던 스티븐스를 저격하였다.
④ 명동 성당 앞에서 이완용을 습격하여 중상을 입혔다.
⑤ 홍커우 공원에서 일본군 장성과 고관들을 처단하였다.

정답 ②

해설 (가) 인물은 안중근이다. 1909년 안중근은 만주 하얼빈에서 침략의 원흉인 이토 히로부미를 사살하고 1910년 뤼순 감옥에서 순국하였다.

오답 피하기 ① 이봉창, ③ 장인환과 전명운, ④ 이재명, ⑤ 윤봉길에 대한 설명이다.

10 (가) 시기에 실시된 정책으로 옳은 것은?

이것은 고종이 국호를 (가) (으)로 고치고 새로운 연호를 선포한 이후 만들어진 여권입니다. 이 여권이 발행된 (가) 시기에는 황제 직속의 원수부가 설치되는 등 각종 개혁이 실시되었습니다.

① 양전 사업을 실시하고 지계를 발급하였다.
② 박문국을 설치하고 한성순보를 발행하였다.
③ 공사 노비법을 혁파하고 과거제를 폐지하였다.
④ 지방 행정 구역을 8도에서 23부로 개편하였다.
⑤ 개혁 방향을 제시한 홍범 14조를 반포하였다.

정답 ①

해설 1897년 고종이 경운궁(덕수궁)으로 환궁한 이후 자주독립을 강화하는 방안으로 칭제건원을 추진하여 연호를 '광무'라 하고, 국호를 '대한 제국'으로 고쳤다. 또 대한국 국제(1899)를 반포하여, 자주독립과 전제 황권 강화를 표방하였으며, 원수부(황제가 군대를 직접 장악)를 설치하는 등 '구본신참'을 원칙으로 점진적 개혁을 추진하였다(광무개혁). 광무개혁의 주요 내용으로는 양전 사업(토지 조사 사업)과 지계(근대적 토지 소유권 문서) 발급이 있다.

11 (가)~(라) 사건을 일어난 순서대로 옳게 나열한 것은?

(가) 조선 주재 일본 공사인 미우라 고로가 일본 군대와 낭인들을 건청궁에 난입시켜 왕비를 시해하였다.

(나) 시모노세키 조약 체결 직후, 러시아·프랑스·독일의 주일 공사가 외무성을 방문하여 하야시 타다스 외무 차관에게 랴오둥 반도를 청에 돌려줄 것을 요구하였다.

(다) 심순택 등이 왕을 알현하여 여러 차례 황제로 즉위할 것을 진언하였고, 성균관 유생들의 상소도 이어지면서, 왕은 아홉 번의 사양 끝에 이를 수용하였다.

(라) 러시아 장교 4명과 수병(水兵) 100여 명이 공사관 보호를 명목으로 한성에 들어왔고, 왕과 왕태자는 다음날 이른 아침 궁녀의 가마를 타고 위장하여 러시아 공사관으로 처소를 옮겼다.

① (가) - (나) - (다) - (라)
② (가) - (나) - (라) - (다)
③ (나) - (가) - (다) - (라)
④ (나) - (가) - (라) - (다)
⑤ (다) - (라) - (가) - (나)

정답 ④

해설 (가)는 1895년 일본이 명성 황후를 시해한 을미사변이고, (나)는 청·일 전쟁 이후 러시아, 프랑스, 독일이 일본의 랴오둥 반도 할양의 반환을 요구한 삼국 간섭이다. (다)는 1897년 고종이 경운궁으로 환궁한 이후 황제 즉위식을 거행하고 대한 제국을 선포한 것이고, (라)는 1896년 고종이 러시아 공사관으로 처소를 옮긴 아관 파천이다.

12 (가) 단체의 활동으로 옳은 것은?

계간 **한국사 저널** 2017 여름호

특별기획 (가), 자주 국권, 자유 민권, 자강 개혁 운동을 전개하다

기획 1. 서재필의 주도로 창립되다
기획 2. 만민 공동회를 개최하다
기획 3. 관민 공동회, 헌의 6조를 올리다

① 일본의 황무지 개간권 요구를 저지하였다.
② 고종의 강제 퇴위 반대 운동을 전개하였다.
③ 민립 대학 설립을 위한 모금 활동을 벌였다.
④ 중추원 개편을 통해 의회 설립을 추진하였다.
⑤ 국제법상 교전 단체로 승인해 줄 것을 요청하였다.

정답 ④

해설 (가) 단체는 독립 협회이다. 자주 국권, 자유 민권, 자강 개혁을 목표로 활동한 독립 협회는 독립문을 건립하고 독립신문을 발행하였으며, 만민 공동회를 개최하고 러시아의 이권 침탈을 규탄하였다. 또 관민 공동회를 열어 헌의 6조를 건의하였으며, 의회 설립 운동을 추진하여 의회식 중추원 관제 반포를 이끌어 냈다.

오답 피하기 ① 보안회, ② 대한 자강회, ③ 조선 민립 대학 기성회, ⑤ 13도 창의군에 대한 설명이다.

13 밑줄 그은 '이 섬'에 대한 설명으로 옳은 것은?

우편 엽서

이 엽서는 안용복 동상 건립을 기념하여 만들어진 것이다. 안용복은 숙종 때 울릉도와 이 섬이 우리 영토임을 일본 막부가 인정하도록 활약한 인물이다.

① 몽골과의 전쟁 때 임시 수도였다.
② 영국군이 점령하였다가 철수하였다.
③ 프랑스가 병인박해를 구실로 침입하였다.
④ 일본이 러·일 전쟁 중에 불법 편입하였다.
⑤ 러시아가 저탄소 설치를 위해 조차를 요구하였다.

정답 ④

해설 17세기 이후 일본 어민들이 울릉도와 독도에 침입해 불법 어로 활동을 하자 안용복은 일본에 건너가 에도 막부로부터 울릉도와 독도가 조선의 영토임을 확인받았다. 그러나 일제는 1905년 러·일 전쟁 중 독도를 시마네현에 불법적으로 편입하였다.

오답 피하기 ①·③ 강화도, ② 거문도, ⑤ 절영도이다.

14 밑줄 그은 '사변' 이후 추진된 개혁의 내용으로 옳은 것은?

고등 재판소에서 심리한 피고 이희화를 교형에 처하도록 한 안건을 법부 대신이 상주하여 폐하께서 재가하셨다. 피고는 사변 때 대궐을 침범한 일본인들과 함께 아무런 직책도 없이 입궐하여 왕후 폐하가 시해당하시던 곤녕합에 들어갔다. 그리고 왕후 폐하가 시해당하신 뒤 얼마 안 되어 대군주 폐하 어전에 제멋대로 들어가서 대군주 폐하께서 결정하지 않은 조칙문을 베껴 썼다. 위의 사실은 피고의 진술과 각 증거를 통해 명확히 밝혀졌다.
— 『고종실록』 —

① 미국에 보빙사를 파견하였다.
② 신식 군대인 별기군을 창설하였다.
③ 박문국을 설치하여 한성순보를 발간하였다.
④ 청과 조·청 상민 수륙 무역 장정을 체결하였다.
⑤ 태양력을 채택하고 건양이라는 연호를 제정하였다.

정답 ⑤

해설 밑줄 그은 '사변'은 1895년 일어난 을미사변이다. 삼국 간섭 이후 친러 내각이 수립되자 일본은 명성 황후를 시해하는 을미사변을 일으켰다. 을미사변 이후 친일 내각인 제4차 김홍집 내각이 수립되어 을미개혁을 추진하였다(1895). 을미개혁의 주요 내용은 태양력 채택, 건양 연호 제정, 단발령 실시, 친위대와 진위대 설치 등이었다.

15 (가), (나) 사이에 있었던 사실로 옳은 것은?

(가) 11월 15일 고종은 비로소 머리를 깎고 내외 신민에게 명하여 모두 깎도록 하였다. …… 궁성 주위에 대포를 설치한 후 머리를 깎지 않는 자는 죽이겠다고 선언하니 고종이 긴 한숨을 내쉬며 정병하를 돌아보고 말하기를 "경이 짐의 머리를 깎는 게 좋겠소."라고 하였다.
— 『매천야록』 —

(나) 지금 너희 대사와 공사가 병력을 이끌고 와 대궐을 포위하여 참정 대신을 감금하고 외부 대신을 협박해서, 법도와 절차도 갖추지 않고 강제로 조인하게 하여 억지로 우리의 외교권을 빼앗았으니, 이것은 공법을 어기어 약속을 지키려 하지 않는 것이다.
— 『매천야록』 —

① 고종의 밀지를 받아 독립 의군부가 조직되었다.
② 13도 창의군이 결성되어 서울 진공 작전을 전개하였다.
③ 헤이그에서 열린 만국 평화 회의에 특사가 파견되었다.
④ 유생 출신 유인석이 이끄는 부대가 충주성을 점령하였다.
⑤ 해산된 진위대 군인들이 합류하여 의병의 전투력이 강화되었다.

정답 ④

해설 (가)는 1895년 을미개혁 때 실시한 단발령에 대한 내용이고, (나)는 1905년에 맺어진 을사늑약에 대한 설명이다. ④ 을미사변이 벌어지고 단발령이 실시되자 유인석, 이소응 등의 지방 유생들은 을미의병을 일으켰다.

오답 피하기 ① 독립 의군부는 1912년에 조직되었다. ②·⑤ 고종의 강제 퇴위와 군대 해산에 반발하여 1907년 정미의병이 일어났다. 정미의병은 전국적인 의병 연합 부대로 13도 창의군을 조직하여 서울 진공 작전을 전개하였으나 실패하였다. ③ 고종은 1907년 헤이그 만국 평화 회의에 특사를 파견하여 을사늑약의 부당함을 알리고자 하였다.

16 다음 문서를 발행한 정부에 대한 설명으로 옳은 것은?

고종은 국호를 고치고 새로운 연호를 선포한 후, 개혁을 추진하였다. 경제 부문에서는 재정 확보를 위해 양지 아문과 지계 아문을 설치하여, 양전 사업을 실시하고 지계를 발급하였다. 이 새로운 증명서에는 토지 소유권과 관련된 내용이 기록되어 있다.

① 별기군을 창설하였다.
② 군국기무처를 설치하였다.
③ 대한국 국제를 반포하였다.
④ 한성 사범 학교를 설립하였다.
⑤ 공·사 노비 제도를 폐지하였다.

정답 ③

해설 대한 제국은 근대적 토지 소유권 제도를 확립하기 위해 지계를 발급하였다. 또 1899년 대한국 국제를 반포하여 자주독립과 전제 왕권의 강화를 표방하였다.

오답 피하기 ① 1881년, ②·⑤ 제1차 갑오개혁(1894), ④ 제2차 갑오개혁(1894) 시기의 일이다.

17 (가)~(마)에 들어갈 내용으로 적절하지 않은 것은?

우리 고장 역사 특강

금강을 끼고 있는 백제의 고도로서 유구한 역사를 이어온 우리 시에서는 우리 고장의 역사를 알아보는 특강을 마련하였습니다. 많은 관심과 참여를 바랍니다.

● 일시 ○○월 ○○일~○○월 ○○일
  매주 수요일 14:00
● 장소 △△시청 강당
● 특강 내용

	시대	주제
1강	선사	(가)
2강	삼국	(나)
3강	통일 신라	(다)
4강	고려	(라)
5강	조선	(마)

① (가) – 석장리 유적과 구석기 시대
② (나) – 웅진 천도와 백제의 재도약
③ (다) – 김헌창의 난과 왕위 쟁탈전
④ (라) – 삼별초의 봉기와 대몽 항쟁
⑤ (마) – 우금치 전투와 동학 농민 운동

정답 ④

해설 금강을 끼고 있는 백제의 고도는 충남 공주이다. 공주 석장리 유적에서는 구석기 시대의 유물이 다량 출토되었고, 백제 문주왕은 475년 웅진 천도를 하였으며, 통일 신라 시대에는 김헌창의 난이 일어났다. 또 동학 농민 운동 때 우금치 전투가 벌어지기도 하였다. ④ 삼별초의 항쟁은 강화도, 진도, 제주도와 관련이 있다.

1882	1889	1905	1907	1908
조·청 상민 수륙 무역 장정 체결	방곡령 실시(~1890)	화폐 정리 사업 실시	국채 보상 운동	동양 척식 주식회사 설립

연표

04 개항 이후의 경제와 사회

출제 빈도 상 | 중 | **하**

❶ 열강의 경제 침탈

1) 일본과 청의 경제 침탈

① 일본 상인의 무역 독점(개항 직후)

　㉠ 특징

　　• 약탈 무역 전개 : 강화도 조약과 부속 조약, 조·일 통상 장정 이용 → 치외법권, 일본 화폐 사용, 무관세 등

　　• 거류지 무역 실시 : 개항장에서 10리 이내로 상인의 활동 제한 → 객주, 여각, 보부상 등 조선 상인 성장

　　• 중계 무역 실시 : 영국산 면직물을 조선에 판매하고 조선의 쌀, 콩, 쇠가죽, 금 등을 일본에 반출함(미면 교환 체제)

　㉡ 영향 : 곡물의 대량 유출로 국내 곡식 가격이 폭등하고 식량이 부족해짐, 값싼 영국산 면제품의 유입으로 전통적인 가내 수공업이 타격을 받음

② 일본과 청의 상권 침탈 경쟁(임오군란 이후)

배경	조·청 상민 수륙 무역 장정 빈출 체결 이후 청 상인의 경제적 침투 강화
내용	청 상인의 내지 통상권, 서울에서의 점포 개설 허용 → 최혜국 대우에 따라 외국 상인도 내륙 진출 가능
영향	• 객주, 여각, 보부상 등 중개 상인 몰락, 서울 상인들의 상권 위협 • 조선을 둘러싸고 청과 일본 사이의 상권 경쟁이 치열해짐 → 청·일 전쟁 이후 일본 상인들이 조선 시장을 독점함

합격생의 비법

거류지

조약에 의해 한 나라가 그 영토의 일부를 한정하여 개방한 곳이다. 외국인의 거주와 영업을 허용하였다.

시험에 자주 등장해요

조·청 상민 수륙 무역 장정을 묻는 문제가 자주 출제됩니다. 특히 이 조약을 통해 청 상인의 내지 통상권이 허용되면서 청과 일본의 경쟁이 치열해졌다는 사실을 꼭 기억하세요.

조 · 청 상민 수륙 무역 장정

제1조 청의 상무위원을 조선의 개항장에 파견하고 조선은 대원을 톈진에 주재시키고 관원을 다른 개항장에 파견한다. …… 처리하기 어려운 문제가 생겼을 때는 청의 북양 대신과 조선 국왕이 서로 통지하여 처리한다.

제2조 중국 상인이 조선 항구에서 만일 개별적으로 고소를 제기할 일이 있을 경우 중국 상무위원에게 넘겨 심판한다. …… 조선 상인이 개항한 중국의 항구에서 범한 일체의 재산 관계 범죄는 피고와 원고가 어느 나라 사람이든 모두 중국 지방관이 법률에 따라 심판하고, 아울러 조선 상무위원에게 통지하여 등록하도록 한다.

제4조 …… 조선 상인이 베이징에서 규정에 따라 교역하고, 중국 상인이 조선의 양화진과 서울에 들어가 영업소를 개설할 경우를 제외하고 각종 화물을 내지로 운반하여 상점을 차리고 파는 것을 허가하지 않는다.

— 『고종실록』 —

● **출제 포인트 분석**

조 · 청 수륙 무역 장정을 통해 조선을 청의 종속국으로 취급하였고, 청 상인에게 서울에서의 점포 개설을 허용하고 내지 통상을 할 수 있는 권리를 부여하였다. 이로써 청 상인을 비롯한 외국 상인도 거류지 무역을 벗어나 내륙 진출이 허용되었고, 청 상인의 경제적 침탈이 심화되면서 청과 일본과의 상권 경쟁도 심해졌다.

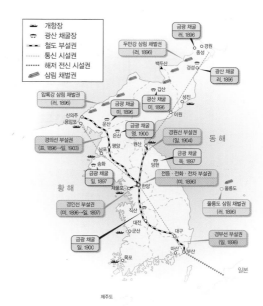

열강의 이권 침탈

동양 척식 주식회사

1908년 일제가 조선의 토지와 자원을 독점하고 수탈할 목적으로 세운 기관이다. 약탈한 토지를 관리하면서 일본 농민의 조선 이주를 장려하였다. 1917년부터 본점을 일본 도쿄로 옮기고 동양 각지로 사업을 확대하였으나 일본이 제2차 세계 대전에 패하면서 문을 닫았다.

2) 열강의 이권 침탈

배경	아관 파천 이후 최혜국 대우의 규정을 적용하여 열강의 이권 침탈 심화
내용	• 정부가 열강에 이권을 나눠주어 일본을 견제하려 함 • 철도 부설권 : 경인선(미국 → 일본), 경의선(프랑스 → 일본), 경부선(일본) • 광산 채굴권 : 운산 금광(미국), 은산 금광(영국), 당현 금광(독일), 직산 금광(일본) • 삼림 채벌권 : 압록강, 두만강, 울릉도 삼림 채벌권(러시아)

3) 일본의 토지 약탈과 재정 장악

① 일본의 토지 약탈

개항 초기	개항장 안의 일부 토지를 임대하여 사용, 고리대업으로 농지를 압류하여 빼앗음
청 · 일 전쟁 이후	일본 대자본가의 침투 → 전라도 일대에서 대농장을 경영함
러 · 일 전쟁 이후	• 경부선 · 경의선 등 철도 부지와 군용지 확보를 명목으로 토지 약탈 전개 • 동양 척식 주식회사 설립(1908) : 약탈한 토지를 관리하고 일본 농민의 이주를 장려하기 위해 설립 → 일제의 토지 약탈을 뒷받침함

백동화

1894년 반포된 신식 화폐 발행 장정에 따라 발행된 보조 화폐이다. 재료 값이 액면가에 크게 못 미쳐서 인플레이션을 일으켰다.

② 일본의 재정 장악

㉠ **화폐 정리 사업(1905)** : 재정 고문 메가타 ♨️빈출의 주도로 전개, 금본위 화폐제 실시

내용	백동화와 엽전(상평통보)을 일본 제일 은행권으로 교체 → 전환국 폐쇄, 대한 제국의 화폐 발행권 박탈
문제점	교환 기간이 짧음, 백동화의 상태(갑종, 을종, 병종)에 따라 교환 비율에 차별을 둠
영향	국내 상공업자들의 몰락, 화폐 부족 현상의 발생, 한국인이 설립한 은행의 파산, 제일 은행권이 조선의 통화로 인정(사실상 법정 통화)

일본의 화폐 정리 사업을 묻는 문제가 자주 출제됩니다. 일본인 재정 고문 메가타가 주도하였고, 교환 기간이 짧고 백동화 상태에 따라 차별하였다는 사실을 꼭 기억하세요.

구 백동화 교환에 관한 건

제1조 구 백동화 교환에 관한 사무는 금고로 처리케 하여 탁지부 대신이 이를 감독함.

제2조 교환을 위하여 제공한 구 백동화는 모두 화폐 감정역으로 이를 감정케 함. 화폐 감정역은 탁지부 대신이 이를 임명함.

제3조 구 백동화의 품위(品位), 양목(量目), 인상(印象), 형체(形體)가 정화(正貨)에 준할 수 있는 것은 매개에 대하여 금 2전 5리의 비가로 신화로써 교환함이 가함.

— 관보, 1905 —

● 출제 포인트 분석

일본에서 파견된 재정 고문 메가타는 화폐 정리 사업을 주도하였다. 화폐 정리 사업으로 백동화를 질에 따라 갑종, 을종, 병종으로 구분하고 을종과 병종 화폐는 제대로 교환해 주지 않아 국내 상공업자들이 몰락하였다. 또 일본은 식민 지배에 필요한 자금을 현지에서 조달할 수 있게 되면서 한국의 금융을 장악해 나갔다.

ⓒ 차관 제공 : 화폐 정리와 시설 개선을 명목으로 일본의 차관 제공 강요 → 대한 제국의 재정 예속화

② 경제적 구국 운동

1) 방곡령 실시

배경	개항 이후 일본 상인에 의해 곡물 반출 → 곡식 부족, 곡물 가격 폭등 → 도시 빈민, 농민층의 경제 파탄
내용	방곡령 선포 ⭐빈출 : 함경도(1889), 황해도(1889, 1890)에서 관찰사가 조 · 일 통상 장정(제37조)을 근거로 선포
결과	일본이 조 · 일 통상 장정의 절차상 규정 위반을 이유로 방곡령 철회 요구, 일본 상인들의 손해 배상 요구 → 방곡령 철회, 배상금 지불

상회사

근대적인 상업 체제로 설립된 회사이다. 외국 상인들의 침투에 대항하여 상권을 지키기 위해 설립되었으며, 1883년경부터 설립되었다. 평양에 설립된 대동 상회와 서울에 설립된 장통 회사가 가장 규모가 컸다.

황국 중앙 총상회

1898년 서울에서 시전 상인들이 결성한 단체이다. 외국 상인의 침투에 대항하여 민족적 권익을 수호하고 한국 시전 상인의 독점적 이익을 수호하고 유지하려는 것이다.

방곡령의 선포

제37조 만약 조선국에 가뭄 · 수해 · 병란 등의 일이 있어 국내 식량 결핍을 우려하여 조선 정부가 잠정적으로 쌀의 수출을 금지하고자 할 때에는 반드시 1개월 전에 지방관이 일본 영사관에게 통고해야 한다. 또한 그러한 때는 그 시기를 미리 항구의 일본 상인에게 두루 알려 일률적으로 준수하게 한다.

— 조 · 일 통상 장정, 1883 —

● 출제 포인트 분석

조 · 일 통상 장정의 규정에 따라 방곡령을 선포하였으나 일본은 통고받은 일수가 1개월이 되지 않는다고 주장하여 조선 정부에 방곡령 철회와 일본 상인이 입은 피해에 대한 배상금을 요구하였다.

2) 상권 수호 운동

배경	조 · 청 상민 수륙 무역 장정 체결 이후 외국 상인의 내륙 진출, 상권 침탈 심화 → 국내 상인의 몰락
내용	• 상회사의 설립 : 개항장의 객주를 중심으로 외국 자본과 경쟁하기 위해 설립 • 서울 시전 상인들의 철시 파업과 시위 투쟁 → 황국 중앙 총상회 ⭐빈출 결성(1898)

3) 독립 협회의 이권 수호 운동

배경	아관 파천 이후 러시아를 비롯한 열강의 이권 침탈 심화
내용	만민 공동회 개최 → 러시아의 절영도 조차 요구 저지, 한·러 은행 폐쇄, 프랑스와 독일의 광산 채굴권 요구 저지

4) 황무지 개간권 요구 반대 운동

배경	러·일 전쟁 중 일제의 황무지 개간권 요구
내용	농광 회사의 설립, 보안회의 규탄 집회 개최 → 일제의 황무지 개간권 요구를 철회시킴

출제 사료　황무지 개간권 요구 반대 운동

현재 산림, 천택, 원야의 황무지를 일인들이 요구하고 있으니, 이는 곧 일국존망의 때요, 백성의 생사가 달려 있는 때니라. 무릇 우리 대한의 신민이 된 자는 한치의 땅도 용납할 수 없어, 이미 종로의 백목전 도가에 회의소를 설치하였으니, 이에 감히 위아래로 통문을 내리니 임시 회의소에 오시어 크나큰 의논의 장을 만들도록 합시다.
　　　　　　　　　　　　　　　　　　　　　　　　　　　　　　　　　 － 보안회 취지서 －

● **출제 포인트 분석**

1904년 러·일 전쟁 중 일제는 우리 정부 소유의 황무지 개간권을 요구하였다. 이에 보안회가 결성되어 민중 대회를 열고 일제의 침략적 요구를 규탄하여 일제의 황무지 개간권 요구를 철회시켰다.

5) 국채 보상 운동 빈출 (1907)

배경	일제의 차관 제공에 의한 경제 예속화
전개	대구에서 시작 → 국채 보상 기성회 조직(서울) → 금연, 패물 기부 등을 통한 모금 운동 전개, 애국 계몽 운동 단체와 언론 기관 참여, 각계각층의 호응으로 전국적으로 확대(일본 유학생, 미국과 러시아 동포 동참 등) → 통감부의 탄압으로 실패(양기탁 구속)
한계	상층민, 명문가, 부호 등의 참여가 저조하였음(서민층이 주로 호응)

출제 사료　국채 보상 운동 취지서

지금 우리들은 정신을 새로이 하고 충의를 떨칠 때이니, 국채 1천 3백만 원은 우리 대한 제국의 존망에 직결된 것입니다. 이것을 갚으면 나라가 보존되고 이것을 갚지 못하면 나라가 망할 것은 필연적인 사실이나, 지금 국고에서는 도저히 갚을 능력이 없으며, 만일 나라에서 못 갚는다면 그때는 이미 3천리 강토는 내 나라 내 민족의 소유가 못 될 것입니다. …… 2천만 인민들이 3개월 동안 흡연을 금지하고, 그 대금으로 한 사람에게 매달 20전씩 거둔다면 1천 3백만 원을 모을 수 있습니다.
　　　　　　　　　　　　　　　　　　　　　　　　　　　　　 － 대한매일신보, 1907 －

● **출제 포인트 분석**

일제의 차관 제공으로 일제에 대한 제국의 경제가 예속화하자 국민의 힘으로 국채를 갚고 국권을 지키자는 국채 보상 운동이 대구를 시작으로 전국으로 확산되었다.

6) 민족 자본의 육성

① **정부의 상공업 진흥 정책** : 서양 과학 기술의 도입, 도로와 항만 시설 확충, 상회사·해운 회사·철도 회사 등 설립, 일본에 유학생 파견 등

합격생의 비법

농광 회사
일부 관리와 한국인 실업가들은 우리의 힘으로 황무지의 개간을 주장하며 농광 회사를 설립하고 개간 특허를 요청하였다. 정부는 1904년 이를 허가하였다.

국채 보상 운동 기념비

시험에 자주 등장해요

국채 보상 운동을 묻는 문제가 자주 출제됩니다. 일본의 차관 제공, 전국적 확대, 경제적 구국 운동이라는 점을 꼭 기억하세요.

② 근대적 민족 자본의 형성

상업 자본의 성장	• 상회사 설립 : 대동 상회(1883, 평양), 장통 회사(1883, 서울) 등 → 근대적 주식회사로 발전 • 시전 상인의 활동 : 황국 중앙 총상회 조직(1898) → 상권 수호 운동 전개, 근대적 생산 공장에 투자 • 경강상인의 활동 : 일본 세곡 운반 증기선 독점 → 증기선을 구입하여 서울 중심의 미곡 유통 분야의 상권 유지 • 객주, 여각, 보부상의 활동 : 개항 초기 개항장과 내륙 연결 → 1880년대 이후 대다수 상인은 상권을 빼앗김, 객주는 성장하여 상회사를 설립함
산업 자본의 성장	조선 유기 상회(유기 공장), 종로 직조사 등 직조 공장(면직물 공업) 설립 → 근대적 공장으로 발전
금융 자본의 성장	조선 은행(1896, 조선인 관료 중심), 한성 은행(1897), 천일 은행(1899, 민간 자본 은행) 등 설립 → 화폐 정리 사업으로 몰락

③ 한계 : 자본의 영세성, 기술 및 운영 방식의 미숙, 일본의 화폐 정리 사업 등으로 인해 어려움이 있음

❸ 사회 구조와 의식의 성장

1) 평등 의식의 확산

관민 공동회에서 연설하는 백정 박성춘의 모습

신분제의 동요	• 조선 후기 상품 화폐 경제의 발달로 양반 수 증가, 상민과 노비의 수 감소 • 공노비 해방(1801) → 서얼 · 중인 등 모든 계층의 관직 진출 허용(1882) → 노비 세습제 폐지(1886)
신분제의 폐지	• 갑신정변(1884) : 문벌의 폐지, 인민 평등권 확립 시도 • 동학 농민 운동(1894) : 노비 문서 소각, 천인 차별 개선, 토지 균분 등 봉건 체제 타파 시도 • 갑오개혁(1894) : 법제적으로 신분제 폐지, 봉건적 악습 폐지 → 근대적 평등 사회의 제도적 기틀 마련
신분제의 폐지 이후	대한 제국의 광무개혁 : 호적 제도 개편 → 신분 대신 직업 기재

출제 사료	평등 의식의 확산

나는 대한의 가장 천한 사람이고 무지몰각합니다. 그러나 충군애국의 뜻은 대강 알고 있습니다. 이에 이국편민(利國便民)의 길인즉, 관민이 합심한 연후에야 가하다고 생각합니다. 저 차일에 비유하건대, 한 개의 장대로 받친 즉 역부족이나, 많은 장대를 합한 즉 그 힘이 공고합니다. 원컨대, 관민이 합심하여 우리 황제의 성덕에 보답하고, 국운이 만만세 이어지게 합시다.

– 백정 박성춘의 관민 공동회 연설문, 1898 –

● 출제 포인트 분석

신분제가 폐지되고 평민과 천민의 사회의식이 성장하면서 백정이 관민 공동회의 연사로 등장하거나 시전 상인이 만민 공동회의 의장으로 선출되는 등 점차 평등 의식이 확산되었다.

2) 근대적 사회의식의 확산

시험에 자주 등장해요

개항 이후 의식의 변화를 묻는 문제가 출제됩니다. 평등 의식, 사회의식이 확산되고 성장하였음을 꼭 기억하세요.

합격생의 비법

여권통문

우리나라 최초의 여권 선언문이다. 여성의 교육 받을 권리, 정치와 직업 활동, 정치 참여권 등을 주장하였으며, 1898년 독립신문과 황성신문에 게재되었다.

독립 협회	자주 국권, 자유 민권, 자강 개혁을 바탕으로 민중 계몽 운동 전개
애국 계몽 운동	교육과 언론 활동을 통한 민중의 근대 의식과 민족의식 고취 → 근대적 사회의식 확산
평민과 천민의 활동	독립 협회 활동, 의병 운동, 활빈당, 국채 보상 운동 등에 참여 → 민족의식을 지닌 사회적 존재로 성장
여성의 사회 진출	• 개항 이후 남성과 동등한 권리 주장 → 여권통문 발표 ♟빈출, 여학교 설립 주장 → 교육계, 의료계, 종교계 등 진출 • 국채 보상 운동을 계기로 여성의 사회 참여가 더욱 활발해짐

❹ 생활 모습의 변화

1) 의식주 생활의 변화

① 배경 : 서양과의 수교 이후 서양인과 접촉 → 본격적으로 서양 문물 도입

② 의식주 생활

의생활	• 신분에 따른 의복 차이 폐지, 갑오개혁 이후 관복의 간소화 • 서양 의복의 보급, 한복 개량, 여성의 장옷과 쓰개치마 폐지 주장, 양산 사용 등
식생활	• 겸상과 두레상 보급 • 커피 · 홍차 · 양과자 · 양식(서양), 중국요리 · 찐빵(중국), 어묵 · 단무지(일본) 등 외국 음식 전래
주생활	• 신분에 따른 집의 크기나 장식 규제 철폐 → 대규모 기와집 축조 • 개항장과 서울 지역 등에 일본식 건물과 서양식 건물 등장 ⑩ 명동 성당, 정동 교회, 덕수궁 석조전 등

양장한 엄귀비

출제 사료   **개항 이후 일상생활의 변화**

알릴 것은 이번 독일 상사 세창양행이 조선에서 개업하여 외국에서 자명종 시계, 들여다보는 풍경, 뮤직박스, 호박, 유리, 각종 램프, 서양 단추, 각색 서양 직물, 서양 천을 비롯해 염색한 옷과 선명한 안료, 서양 바늘, 서양실, 성냥 등 여러 가지 물건을 수입하여 물품의 구색을 갖추어 공정한 가격으로 팔고 있으니, 모든 손님과 상인은 찾아와 주시기 바랍니다.   — 독일 상사 세창양행의 광고 —

● **출제 포인트 분석**

   1886년 한성주보에 실린 우리나라 최초의 상업 광고문이다. 개항 이후 서양 제품이 쏟아져 들어왔는데, '신식 물건'에는 물을 건너왔다는 뜻에서 양(洋)이라는 접두사를 붙였다. 모피, 페트, 석유, 석유를 원료로 사용하는 남포등, 성냥, 화장품 등도 19세기 말에 우리나라에 수입되어 사람들의 사회의식과 생활 방식에 변화를 가져왔다.

---

2) 이주민의 생활 모습

① 배경 : 자연재해, 전염병, 생활고, 독립운동 기지 마련 등

② 지역

만주 지역	• 19세기 후반 : 가난한 농민들이 생활 터전을 찾아 이주 시작 • 20세기 초반 : 의병, 애국 계몽 운동가들의 독립운동 기지 건설
연해주 지역	• 19세기 후반 : 러시아가 변방 개척을 위해 조선인의 이주 장려 → 러시아의 귀화 정책 • 20세기 초반 : 한인 집단촌(신한촌) 형성 → 독립운동 기지 건설
미주 지역	• 보빙사 파견 이후 외교관, 유학생, 정치 망명객 등 미국 거주 • 하와이 사탕수수 농장으로 노동 이민 시작(1902) • 독립운동을 지원하기 위해 대한인 국민회 결성

합격생의 비법

대한인 국민회

1908년 장인환과 전명운의 스티븐스 저격 사건을 계기로 샌프란시스코에서 조직된 독립운동 단체이다. 이후 미국, 하와이, 만주, 연해주 등에 지부를 두고 독립 의연금을 모아 독립군에게 자금을 지원하였다. 기관지로 신한민보를 발간하여 국내외에 배포, 항일 의식을 고취시켰다.

빈칸 채우기

01 개항 직후 일본 상인은 영국산 면직물을 조선에 판매하고 조선의 쌀 등을 일본에 반출하는 ☐☐☐☐☐을/를 하였다.

02 임오군란 이후 조·청 상민 수륙 무역 장정이 체결되어 청 상인의 ☐☐☐☐☐와/과 서울에서의 점포 개설이 허용되었다.

03 아관 파천을 계기로 ☐☐☐☐은/는 압록강과 울릉도의 삼림 채벌권과 경원·종성에서의 광산 채굴권 등의 이권을 차지하였다.

04 일본인 재정 고문 ☐☐☐☐은/는 화폐 정리 사업을 단행하여 백동화와 상평통보를 일본 제일 은행권으로 교체하였다.

05 일본은 ☐☐☐☐☐을/를 설립하여 약탈 토지를 관리하고 일본 농민의 이주를 장려하였다.

06 개항 이후 일본 상인에 의한 다량의 곡물 반출이 이루어지자 함경도와 황해도 관찰사가 곡식 수출을 제한하는 ☐☐☐을/를 시행하였다.

07 1907년 일제의 차관 제공에 의한 경제 예속화를 극복하고자 양기탁을 중심으로 ☐☐☐☐☐이/가 전개되었다.

08 시전 상인들은 1898년 ☐☐☐☐☐을/를 조직하여 상권 수호 운동을 전개하였다.

09 1898년 독립신문과 황성신문에 우리나라 최초의 여권 선언문인 ☐☐☐☐이/가 게재되었다.

10 ☐☐☐☐☐은/는 1908년 장인환과 전명운의 스티븐스 저격 의거를 계기로 샌프란시스코에서 조직된 독립운동 단체이다.

정답 01 중계 무역 02 내지 통상권 03 러시아 04 메가타 05 동양 척식 주식회사 06 방곡령
07 국채 보상 운동 08 황국 중앙 총상회 09 여권 통문 10 대한인 국민회

---

01 28회 40번
밑줄 그은 '이 사업'에 대한 설명으로 옳은 것을 〈보기〉에서 고른 것은?

역 사 신 문

제△△호　　　　　　　　　　　　1905년 ○○월 ○○일

오늘부터 신화폐로 교환해야

정부는 지난 6월 발표한 탁지부령 제1호에 근거하여 구 백동화를 일본의 제일 은행권으로 교환하는 작업을 오늘부터 실시한다고 발표했다. 이 사업을 주도한 인물은 일본 정부가 추천한 재정 고문 메가타로 알려져 추진 배경에 의구심이 증폭된다.

〈보 기〉
ㄱ. 화폐 주조를 위해 전환국이 설립되었다.
ㄴ. 통화량이 줄어들어 국내 상인들이 타격을 입었다.
ㄷ. 황국 중앙 총상회가 중심이 되어 반대 운동을 전개하였다.
ㄹ. 일본에서 차관이 도입되어 정부의 재정 예속화를 심화시켰다.

① ㄱ, ㄴ　　　　② ㄱ, ㄷ　　　　③ ㄴ, ㄷ
④ ㄴ, ㄹ　　　　⑤ ㄷ, ㄹ

정답 ④

해설 제1차 한·일 협약 이후 재정 고문으로 파견된 메가타는 1905년 화폐 정리 사업을 주도하였다. 이로 인해 통화량이 줄어들어 국내 상인들이 타격을 입었고, 일본에서 대규모 차관이 도입되어 경제적 예속화가 심화되었다.

오답 피하기 ㄱ. 1883년에 설립된 전환국은 근대식 화폐를 발행하였으나, 재정 고문 메가타에 의해 폐지되었다.
ㄷ. 1898년 시전 상인들로 조직된 황국 중앙 총상회는 상권 수호 운동을 전개하였다.

02 다음 내용을 담고 있는 조약에 대한 설명으로 옳은 것은?

> 1조 청의 상무위원을 조선의 개항장에 파견하고, 조선은 대원(大員)을 톈진에 주재시키고 관원을 다른 개항장에 파견한다. …… 처리하기 어려운 문제가 생겼을 때는 청의 북양 대신과 조선 국왕이 서로 통지하여 처리한다.
>
> 4조 조선 상인은 베이징에서 규정에 따라 교역하고, 청 상인은 양화진과 한성에 상점을 개설한 경우를 제외하고는 내지 행상을 허가하지 않는다. 두 나라 상인이 내지로 들어가고자 할 때에는 허가증을 발급받아야 한다.

① 조선이 자주국임을 명시하였다.
② 천주교 포교가 허용되는 근거가 되었다.
③ 방곡령을 내릴 수 있는 조건을 규정하였다.
④ 개화파가 일으킨 정변을 계기로 체결되었다.
⑤ 개항장 객주의 활동이 위축되는 결과를 초래하였다.

정답 ⑤

해설 제시된 자료는 1882년 임오군란 이후 조선과 청 사이에 체결된 조·청 상민 수륙 무역 장정이다. 이를 통해 조선에 대한 청의 종주권을 재확인하고, 청 상인들의 내지 통상권이 허용되자, 청 상인의 내지 통상권의 허용으로 인해 시전 상인과 개항장 객주들의 활동이 위축되었다.

오답 피하기 ① 강화도 조약, ② 조·프 수호 통상 조약, ③ 조·일 통상 장정, ④ 갑신정변과 관련된 한성 조약 및 톈진 조약에 대한 설명이다.

03 다음 벽보에 나타난 민족 운동에 대한 설명으로 옳은 것은?

> 지금 우리에게 가장 급한 일은 차관 문제입니다. 1,300만 원의 차관을 갚지 않으면 대한 제국의 강토를 보전할 수 없습니다. 몇 푼이라도 좋습니다. 각자의 능력에 따라 의연금을 내어 일본에 진 빚을 갚읍시다.

① 황국 중앙 총상회가 중심이 되었다.
② 사회주의자들의 지지를 받아 확산되었다.
③ 평양에서 시작되어 전국으로 확대되었다.
④ 조선 총독부의 탄압과 방해로 실패하였다.
⑤ 대한매일신보의 적극적인 후원 아래 전개되었다.

정답 ⑤

해설 1907년 일본에서 대규모 차관이 도입되어 경제적 예속화가 심화되자, 이를 벗어나고자 국채 보상 운동이 전개되었다. 대구에서 조직된 국채 보상 기성회가 금연과 패물 기부 등을 통한 모금 운동을 전개하였다. 대한매일신보 등 언론 기관의 적극적인 후원이 있었으나, 일제의 방해로 실패하였다.

오답 피하기 ① 황국 중앙 총상회는 상권 수호 운동을 전개하였다. ② 사회주의자는 1920년대 이후 등장하였다. ③ 국채 보상 운동은 대구에서 서상돈 등을 중심으로 시작되었다. 평양에서 시작하여 전국으로 확대된 것은 물산 장려 운동이다. ④ 국채 보상 운동은 통감부의 탄압으로 실패하였다.

04 (가)~(라)에 들어갈 내용으로 옳은 것을 〈보기〉에서 고른 것은?

> 〈수행 평가 보고서〉
>
> ### 경제적 구국 운동
>
> 이름: ○○○
>
> 1. 배경: 아관 파천 이후 심화된 외세의 경제 침탈에 맞서 경제적 구국 운동이 전개되었다.
> 2. 주요 사례
>
> | 단체 | 활동 내용 |
> | --- | --- |
> | 독립 협회 | (가) |
> | 황국 중앙 총상회 | (나) |
> | 보안회 | (다) |
> | 국채 보상 기성회 | (라) |

〈 보 기 〉
ㄱ. (가) – 대동 상회, 장통 상회를 설립하였다.
ㄴ. (나) – 러시아의 절영도 조차 요구를 저지하였다.
ㄷ. (다) – 일제의 황무지 개간권 요구를 철회시켰다.
ㄹ. (라) – 금주·금연을 통한 차관 갚기 운동을 전개하였다.

① ㄱ, ㄴ   ② ㄱ, ㄷ   ③ ㄴ, ㄷ
④ ㄴ, ㄹ   ⑤ ㄷ, ㄹ

정답 ⑤

해설 (가) 독립 협회는 1896년 서재필 등이 자유 민권, 자강 개혁, 자주 국권 사상 보급을 목표로 결성한 단체로, 러시아의 이권 침탈을 저지하기 위해 절영도 조차 요구를 저지하였다. (나) 황국 중앙 총상회는 1898년 서울에서 시전 상인들이 결성한 단체로, 외국 상인의 침투에 대항하여 민족적 권익을 수호하고 시전 상인의 독점 이익을 유지하고자 하였다. (다) 보안회는 1904년 일제의 황무지 개간권 요구를 철회시켰다. (라) 국채 보상 기성회는 1907년 금주, 금연 등 국민의 힘으로 국채를 갚고 국권을 지키는 국채 보상 운동을 전개하였다.

오답 피하기 ㄱ. 상권을 유지하기 위해 상회사들이 설립되었다. ㄴ. 독립 협회는 러시아의 절영도 조차 요구를 저지하였다.

연표

05 근대 문화의 형성

출제 빈도 **상** | 중 | 하

합격생의 비법

철도의 부설

- **경인선** : 우리나라 최초의 철도로 1899년 제물포에서 노량진 사이가 개통되었으며, 미국인 모스가 착공하고 일본이 완성하였다. 현재 서울과 인천 사이를 잇는 철도이다.
- **경부선** : 1901년 착공하여 1904년 완료되었고, 1905년 서울~부산 전 구간에 개통되었다.
- **경의선** : 일본이 1906년 대륙 침략의 목적으로 부설하여 경부선과 함께 평시에는 원료 공급과 공업 제품의 수송을 맡았으나 전시에는 일본 군국주의의 대륙 침략에 이용되었다.

합격생의 비법

알렌

미국의 의료 선교사로 우리나라에 온 알렌은 갑신정변 당시 개화당의 칼에 맞아 중상을 입은 민영익을 치료하는 과정에서 왕실의 신임을 얻었다. 고종은 알렌의 건의로 최초의 근대식 병원인 광혜원을 설립하였다.

시험에 자주 등장해요

근대 문물의 수용을 묻는 문제가 자주 출제됩니다. 철도의 부설, 우편 제도, 광혜원, 근대 건축의 양식은 꼭 기억하세요.

❶ 근대 문물의 수용

1) 근대 문물과 시설의 도입

근대 시설	• **박문국**(1883) : 최초의 근대식 인쇄 기관, 한성순보 간행 • **기기창**(1883) : 근대식 무기 제조 • **전환국**(1883) : 근대식 화폐 발행, 재정 고문 메가타에 의해 폐지(1904)
통신	• 우편 : **우정총국** 설치(1884) → 갑신정변으로 폐지(1884) → 을미개혁(1895) 때 부활, 만국 우편 연합 가입(1900) • 전화 : 경운궁에 가설(1898) → 점차 서울 시내로 확대 • 전신 : 부산~일본(1884, 일본), 서울~인천, 서울~의주(1885, 청)
전기	경복궁에 전등 가설(1887), 한성 전기 회사 설립 **빈출** (황실과 미국인 콜브란의 합작, 1898)
교통	• **전차** : 서대문~청량리 사이에 운행 시작(1898) • 철도 : **경인선**(1899, 우리나라 최초의 철도, 제물포~노량진), **경부선**(1905, 서울~부산), **경의선**(1906, 서울~신의주)
의료	• 종두법(지석영) : 천연두의 예방과 치료 • 광혜원 **빈출** (1885, 최초의 근대식 병원, 알렌의 경영, 후에 제중원으로 개칭), 세브란스 병원(1904), 대한 의원(1907, 중앙 국립 병원), 자혜 의원(1909, 지방 도립 병원) 등 설립
근대 건축	독립문(1896, 파리 개선문 모방), **명동 성당**(1898, 고딕 양식), **덕수궁 석조전**(1909, 르네상스 양식) 등

전화 교환원

전차의 개통

경인선 개통

독립문

명동 성당

덕수궁 석조전

2) 의의 : 민중의 생활 개선에 기여(긍정적), 열강의 침략 목적과 연결된 단편적 기술 도입(부정적)

❷ 언론 기관의 발달

1) 근대 신문의 발간 : 국민 계몽, 여론 활동 → 국권 회복 운동 확산, 민족의식 고취

2) 신문의 발행

① 개항 이후 정부의 신문 발행

한성순보 **빈출** (1883)	순한문	• 우리나라 최초의 신문, 박문국에서 10일에 한 번씩 간행(관보의 성격) → 개화 정책의 취지 설명, 국내외 정세 소개 • 갑신정변으로 박문국이 파괴되면서 중단
한성주보(1886)	국한문 혼용	• 한성순보 계승, 최초의 상업 광고 게재 • 재정난으로 박문국이 폐쇄되면서 중단

한성순보

> **출제 사료**　한성순보
>
> 그러므로 우리 조정에서도 박문국을 설치하고 관리를 두어 외국 소식을 폭넓게 번역하고 아울러 국내 일까지 실어, 나라 안에 알리는 동시에 여러 나라에 반포하기로 하였다. 이름을 한성순보라 하여 견문을 넓히고 여러 가지 의문점을 풀어 주며 상리(商利)에도 도움을 주고자 하였다. 중국과 서양의 관보(官報), 신보(申報)를 우편으로 교신하는 것도 이런 뜻이다.　　　　　　　　　　　　－ 한성순보 창간사 －

● **출제 포인트 분석**

당시 신문은 외국 신문을 번역하여 게재하고 국내 사건을 실었다. 한성순보는 당시 강대국과 약소국 사이에 벌어지는 전쟁, 군사 장비, 개화 문물, 의회 제도 등을 소개하였으며, 국내 기사로는 개인적인 일, 관에서 하는 일, 한성시에서 하는 일 등을 게재하였다.

합격생의 비법

해외 언론

• **해조신문** : 1908년 연해주에서 창간
• **신한민보** : 1909년 미국 동포들에 의해 창간

② 아관 파천 이후 민간의 신문 발행

독립신문(1896)	한글판, 영문판	• 서재필이 주도한 독립 협회의 기관지 • 최초의 민간 신문, 한글판과 영문판 발행 • 독립 의식과 근대 민권 의식 고취 → 민중 계몽에 기여
매일신문(1898)	순한글	• 우리나라 최초의 일간 신문 • 배재 학당의 협성회보 계승
제국신문(1898)	순한글	• 서민층과 부녀자가 주요 독자층 • 한글의 중요성 강조, 신교육과 실업 발달 강조
황성신문(1898)	국한문 혼용	• 지식층과 양반 유생이 주요 독자층 • 광무개혁의 구본신참 원칙에 따라 온건적 · 점진적 개혁 주장 • 장지연의 '시일야방성대곡' 게재(을사늑약 체결 반대)
대한매일신보 **빈출** (1904)	순한글, 국한문판, 영문판	• 영국인 베델과 양기탁이 발행 • 강력한 반일 논조로 일제의 침략성 폭로 • 의병에 호의적인 기사를 통해 많은 독자 확보 • 국채 보상 운동의 확산에 기여
만세보(1906)	국한문 혼용	천도교 기관지
경향신문(1906)	순한글	천주교 기관지, 주간 신문
대한민보(1909)	국한문 혼용	대한 협회의 기관지, 만화 게재
국민신보(1906)	국한문 혼용	일진회의 기관지

베델

영국 특파원 출신인 베델은 양기탁과 함께 대한매일신보를 창간하였으며, 항일 언론을 주도하여 배일 사상을 고취하였다.

시험에 자주 등장해요

신문의 발간과 관련된 내용을 묻는 문제가 자주 출제됩니다. 특히 독립신문, 제국신문, 황성신문, 대한매일신보는 꼭 기억하세요.

독립신문

제국신문

황성신문

대한매일신보

3) 신문지법 실시(1907)

① 목적 : 애국 언론 기관들의 활동을 제약하고 탄압하기 위해 제정, 반일 논조 억압

② 내용

  ㉠ 신문, 잡지 등 정기 간행물의 허가제와 보증금제로 발행 허가 억제

  ㉡ 허가받은 정기 간행물도 발매 · 배포 금지

  ㉢ 정간과 폐간 등의 규제를 할 수 있도록 법률로 정함

출제 사료	신문지법의 제정

제1조 신문지를 발행하려는 자는 발행지를 관할하는 관찰사를 거쳐 내부대신에게 청원하여 허가를 받아야 한다.

제10조 신문지는 매회 발행에 앞서 먼저 내부 및 그 관할 관청에 각 2부를 납부하여야 한다.

제11조 황실의 존엄을 모독하거나 국헌을 문란 혹은 국제 교의를 저해하는 사항을 기재할 수 없다.

제21조 내부대신은 신문지로써 안녕 질서를 방해하거나 풍속을 괴란케 한다고 인정될 때는 그 발매, 배포를 금지하고 이를 압수하며 그 발행을 정치 혹은 금지할 수 있다.

– 신문지법, 1907 –

● **출제 포인트 분석**

일제는 반일 민족 운동을 탄압하기 위해 1907년 신문지법을 제정하였다. 이후 영국인 베델이 운영하는 대한매일신보가 반일 논조로 항일 민족 운동을 전개하자, 일제는 이를 탄압하기 위해 신문지법을 개정하기도 하였다.

합격생의 비법

신문지법의 개정

법률 제8호
신문지법 개정에 관한 건
제34조 치안을 방해하거나 풍속을 해친다고 인정될 때, 내부대신은 해당 신문을 국내에서 발매 · 반포하는 것을 금지하고 압수할 수 있다.

–신문지법 개정, 1908–

❸ 근대 교육의 보급

1) 근대 교육의 시작

합격생의 비법

육영 공원의 설립

우리나라 최초의 관립 학교인 육영 공원은 미국에서 헐버트, 길모어, 번커를 교수로 초빙하여 1894년 정부의 재정난으로 폐교될 때까지 양반 고관 자제들에게 근대 교육을 실시하여 인재를 키웠다.

원산 학사 (1883)	• 최초의 근대 사립 학교 • 개화파 관리와 함경도 덕원부 상인들이 설립 → 근대 학문과 무술 교육
동문학 (1883)	통역관 양성을 위해 정부가 세운 영어 강습 기관
육영 공원 🔎 빈출 (1886)	• 최초의 근대 관립 학교 • 미국인 교사 헐버트 등 초빙 • 일부 상류층 자제에게 근대 학문 교육

2) 근대적 교육 제도의 마련

① 갑오개혁(1894) : 학무아문 설립, 과거 제도 폐지

② **교육입국 조서 반포(1895)** : 소학교, 사범학교, 외국어 학교 등 관립 학교 설립, 근대식 교과서 편찬 → 교육의 필요성과 중요성 강조

③ 대한 제국 시기 : 한성 중학교 설립(1900, 관립 중학교), 각종 실업학교 및 기술 교육 기관 설립, 외국에 유학생 파견

출제 사료	교육입국 조서

세계의 형세를 보면, 부강하고 독립하여 잘사는 모든 나라는 다 국민의 지식이 밝기 때문이다. 이 지식을 밝히는 것은 교육으로 된 것이니 교육은 실로 국가를 보존하는 근본이 된다. …… 이제 짐은 정부에 명하여 널리 학교를 세우고 인재를 길러 새로운 국민의 학식으로써 국가 중흥의 큰 공을 세우고자 하니, 국민들은 나라를 위하는 마음으로 덕(德)과 체(體)와 지(智)를 기를지어다. 왕실의 안전이 국민들의 교육에 있고, 국가의 부강도 국민들의 교육에 있도다.   – 교육에 관한 특별 조서, 1895 –

● **출제 포인트 분석**

교육입국 조서는 고종이 발표한 교육에 관한 특별 조서로, 갑오개혁 이후 근대 국가를 건설함에 있어 교육을 국가의 중흥과 국가 보전의 기본으로 천명하였다. 이에 따라 정부는 소학교, 사범학교, 외국어 학교 등 각종 관립 학교를 설립하였다.

3) 사립학교의 설립

개신교 계열	• 기독교 선교, 근대 학문 교육 • 배재 학당 🔺빈출, 이화 학당, 경신 학교, 정신 여학교, 숭실 학교 등 설립
민족주의 계열	• 을사늑약(을사조약) 체결 이후 교육 구국 운동, 민족의식 고취 • 대성 학교, 오산 학교, 보성 학교, 진명 여학교, 숙명 여학교 등 설립

배재 학당(1885)

이화 학당(1886)

대성 학교(1907, 평양)

4) 일제의 탄압 : 사립학교의 설립과 운영을 통제하기 위해 사립 학교령 발표 🔺빈출 (1908)

④ 국학의 연구

1) 배경 : 을사늑약(을사조약) 체결 이후 국권 상실의 위기감 고조 → 민족의식 고취, 민족 문화 수호를 위해 국학 연구가 활발해짐

2) 국어 연구

문체의 변화	• 국 · 한문체 보급 : 갑오개혁 이후 공문서와 교과서에 사용, 유길준의 『서유견문』 • 순한글 신문 간행 : 독립신문, 제국신문, 대한매일신보
국문 연구소 설립(1907)	• 학부 내 설치한 국어 연구 기관 • 주시경(『국어문법』)과 지석영 중심, 국문 정리, 우리말 표기법 통일 노력

국문연구안

3) 역사 연구 : 근대 계몽 사학을 통해 민중 계몽, 애국심 및 민족의식을 고취하고자 함

국사 연구	• 신채호 : '독사신론' 발표(1908) → 역사 서술의 주체를 민족으로 설정, 일제의 식민 사관 비판, 근대 민족주의 사학의 연구 방향 제시 • 박은식 : 국가를 구성하는 정신적 요소인 '국혼'을 중시하여 민족정신 고취 • 역사 서적의 간행 　－ 현채의 『유년필독』, 정교의 『대한계년사』, 황현의 『매천야록』 등 → 일제의 침략 비판, 조국의 독립, 민족정신 강조 　－ 『을지문덕전』, 『강감찬전』, 『이순신전』 등 민족 영웅전 간행
외국 흥망사 소개	『미국독립사』, 『이태리건국삼걸전』, 『월남망국사』 등 소개

4) 조선 광문회 : 최남선, 박은식 등이 춘향전, 심청전 등 민족 고전 정리 및 간행 → 민족 문화와 사상의 기원 연구

출제 사료　독사신론

국가의 역사는 민족의 소장 성쇠를 서술하는 것이다. 민족을 빼면 역사가 없을 것이며, 역사를 알지 못한다면 그 민족의 애국심이 사라질 것이니, 역사가의 책임이 얼마나 큰가? …… 역사를 쓰는 사람은 먼저 민족의 형성 과정을 적고, 정치는 어떻게 번영하고 어떻게 쇠퇴하였는지, 산업은 어떻게 융성하고 쇠퇴하였는지, 무공(武功)은 어떻게 나아가고 물러갔으며, 그 문화는 어떻게 변화하였으며, 다른 민족과의 관계는 어떠하였는지를 서술해야 한다. 만일 민족을 주체로 한 역사 서술이 이루어지지 않는다면, 이는 무정신의 역사라. 무정신의 역사는 무정신의 민족을 낳고, 무정신의 국가를 만들 것이니 두렵지 아니한가.

－ 신채호, 대한매일신보, 1908 －

● **출제 포인트 분석**
'독사신론'은 신채호가 대한매일신보에 50회에 걸쳐 연재하던 글을 모은 미완성 논설이다. 신채호는 민족을 역사 서술의 주체로 설정하여 민족주의 사학의 기반을 마련하였고, 당시 일제에 의한 고대사의 왜곡을 강력하게 비판하였다.

---

⑤ 문예와 종교의 새 경향

1) 문예의 새 경향

① 문학

㉠ 특징

신소설	• 주제 : 자주독립, 신식 교육, 여권 신장, 신분 타파, 자유 결혼 등 계몽적인 내용 • 순한글, 언문일치의 문장 • 고전 소설에서 근대 소설로 넘어가는 과도기 역할(권선징악적 성격, 고전 소설의 요소를 완전히 극복하지 못함) • 이인직의 『혈의 누』(1906), 이해조의 『자유종』(1910), 안국선의 『금수회의록』(1908)
신체시	• 전통적인 가사의 틀에서 벗어나 자유시로 노래 • 최남선의 '해에게서 소년에게'
번역 문학	• 한국인의 서구 문화에 대한 이해와 근대 문학 발달에 기여 • 성경, 천로역정, 이솝 이야기, 로빈슨 표류기, 걸리버 여행기 등

㉡ 영향 : 근대 의식과 민족의식을 높이는 데 기여, 일부는 문명개화에 치우쳐 의병 투쟁 비판, 일제의 침략상을 간접적으로 합리화

② 예술

음악	• 찬송가, 서양 민요 보급 : 서양의 근대 음악 소개 • 창가 유행 : 서양식 악곡에 우리말 가사를 붙여 부르는 노래(학도가, 권학가, 독립가, 애국가) • 판소리 정리 : 신재효에 의해 판소리 여섯 마당 정리
연극	• 신극 운동 : 원각사 건립(1908, 최초의 서양식 극장), 은세계와 치악산 공연 • 민속 가면극 성행, 창극 등장
미술	• 도화서 폐지 후 전문 화가들의 독립적인 활동 전개(직업 미술가 등장) • 서양 화풍과 서양화 보급(고희동), 서양화가의 등장 • 장승업 : 전통 회화의 바탕 위에 입체적 음영법 등 새로운 화풍 수용 • 안중식 : 조선 후기 전통 회화를 근대적 회화로 이행

원각사

2) 종교의 변화

유교	박은식의 유교 구신론(양명학에 토대, 실천적인 유교 정신 강조)
불교	한용운의 조선 불교 유신론(조선 불교의 개혁 주장, 불교의 자주적 근대화 추진)
천주교	• 1886년 프랑스와의 수교로 선교의 자유 획득 • 고아원 · 양로원 운영, 교육과 언론 활동을 통한 애국 계몽 운동에 참여
개신교	• 1880년대부터 포교 활동 활발 • 서양 의술과 근대 교육 보급에 기여, 한글 보급, 미신 타파, 평등사상 전파에 기여
천도교	• 손병희가 동학을 천도교로 개칭(1905) → 민족 종교로 발전 • 만세보 발간(민족 신문 발간), 교육 활동 전개(보성 학교, 동덕 여학교 운영)
대종교 빈출	• 나철, 오기호가 단군 신앙을 바탕으로 창시(1909) → 민족 종교로 발전 • 국권 침탈 이후 교단의 총본사를 간도로 옮겨 간도와 연해주에서 항일 독립운동 전개

합격생의 비법

『금수회의록』

안국선이 쓴 『금수회의록』은 1인칭 관찰자 시점의 '나'가 꿈속에서 까마귀, 여우, 개구리, 파리, 호랑이 등 동물의 회의를 참관한 내용을 기록한 소설이다. 동물들을 통해 개화기 당시 인간 사회를 신랄하게 비판하였고, 일본의 정책과 친일 정부 대신들을 비판하고 풍자하였다.

합격생의 비법

해에게서 소년에게

어린이 잡지인 『소년』 창간호에 실린 최남선의 작품으로 가장 처음 쓰여진 신체시이다(1908). 신체시는 형식에서 어느 정도 벗어나 근대시의 형식을 갖추었다.

합격생의 비법

창극

한 사람이 부르던 전통적인 판소리가 여러 배우들이 1인 1역의 배역을 맡아 나누어 부르는 공연 형태로 변화하였다.

합격생의 비법

유교 구신론

유교가 시대의 흐름에 역행한다는 비판을 받자 박은식은 유교 구신론을 제창하여 양명학에 의한 유교의 개량을 통해, 변화하는 현실에 적극적으로 대처함으로써 유학계를 혁신하고자 하였다.

시험에 자주 등장해요

근대 종교의 변화를 묻는 문제가 출제됩니다. 특히 대종교는 꼭 기억하세요.

빈칸 채우기

01 1898년 [＿＿＿]에 최초로 가설된 전화는 점차 서울 시내로 확대 · 설치되었다.

02 우리나라 최초의 근대식 병원인 [＿＿＿]은/는 정부가 설립하고 선교사인 알렌이 운영하였다.

03 1909년 지어진 [＿＿＿] 석조전은 르네상스 양식의 건축물이다.

04 영국인 베델과 양기탁이 합자하여 발행한 [＿＿＿]은/는 강력한 반일 논조로 일제의 침략상을 폭로하였다.

05 최초의 근대 관립 학교인 [＿＿＿]은/는 미국인 교사를 초빙하여 상류층 자제에게 근대 학문을 교육하였다.

06 주시경이 편찬한 [＿＿＿]은/는 한글 맞춤법 통일안의 기본 이론을 확립하는 데 기여하였다.

07 신채호는 1908년 대한매일신보에 [＿＿＿]을/를 연재하여 일제의 식민 사관을 비판하였다.

08 안국선의 소설 [＿＿＿]은/는 1인칭 관찰자 시점의 '나'가 꿈속에서 동물 회의를 참관한 내용을 통해 사회상을 풍자하였다.

09 [＿＿＿]에 의해 판소리 여섯 마당이 정리되었다.

10 일진회의 동학 흡수 기도에 맞서 손병희가 동학을 [＿＿＿](으)로 개칭하였다.

정답 01 경운궁 02 광혜원 03 덕수궁 04 대한매일신보 05 육영 공원 06 국어문법 07 독사신론 08 금수회의록 09 신재효 10 천도교

---

01 30회 37번
다음 자료에 해당하는 교육 기관에 대한 설명으로 옳은 것은?

> 덕원 부사 정현석이 장계를 올립니다. 신이 다스리는 이곳 읍은 해안의 요충지에 있고 아울러 개항지가 되어 소중함이 다른 곳에 비할 바가 아닙니다. 개항지를 빈틈없이 운영해 나가는 방도는 인재를 선발하여 쓰는 데 달려 있고, 인재 선발의 요체는 교육에 있습니다. 그러므로 학교를 설립하고자합니다.
>
> – 「덕원부계록」 –

① 최초로 설립된 여성 교육 기관이다.
② 교원 양성을 목적으로 한 사범학교이다.
③ 관민이 합심하여 만든 근대식 학교이다.
④ 교육 입국 조서 반포를 계기로 설립되었다.
⑤ 헐버트, 길모어 등 외국인 교사를 초빙하였다.

정답 ③
해설 제시된 자료에 해당하는 교육 기관은 원산 학사이다. 1883년 덕원과 원산 지역의 관민은 최초의 근대식 사립학교인 원산 학사를 설립하였다.
오답 피하기 ① 이화 학당, ② 한성 사범 학교, ④ 한성 소학 · 한성 사범 학교 · 외국어 학교, ⑤ 육영 공원에 대한 설명이다.

---

02 30회 33번
밑줄 그은 '이 기구'에 대한 설명으로 옳은 것은?

> 이것은 1907년 학부(學部) 안에 설치된 이 기구의 규칙과 활동, 참여자들의 의견 등을 알 수 있는 귀중한 자료입니다.

국문연구안

① 한성순보를 발행하였다.
② 기관지인 한글을 발행하였다.
③ 우리말 큰사전을 간행하였다.
④ 가갸날을 제정하고 기념식을 거행하였다.
⑤ 주시경, 지석영 등이 중심이 되어 활동하였다.

정답 ⑤
해설 밑줄 그은 '이 기구'는 1907년 대한 제국의 학부 내에 설치된 국문 연구소이다. 국문 연구소는 주시경, 지석영 등이 중심이 되어 통일된 문자 체계를 이루기 위한 연구 활동을 하였다.
오답 피하기 ① 박문국, ② · ④ 조선어 연구회, ③ 조선어 학회에 대한 설명이다.

03 (가) 신문에 대한 설명으로 옳은 것은?

박문국에서 [(가)]이/가 발행되고 있다고 하네. 외국 소식까지 번역하여 기사를 싣는다고 하지?

그렇다네. 한 달에 세 번씩 발간되는데, 기사 가운데 절반 이상이 외국에 관한 것일 정도로 변화하는 세상의 형세를 잘 보여준다고 하네.

① 천도교의 기관지로 발행되었다.
② 정부가 발행하는 순한문 신문이었다.
③ 신문지법의 적용을 받아 폐간되었다.
④ 시일야방성대곡이라는 논설을 실었다.
⑤ 국채 보상 운동을 확산시키는 데 기여하였다.

정답 ②

해설 (가) 신문은 한성순보로, 1883년 관립 인쇄 기구로 설립된 박문국에서 발간한 최초의 근대 신문이다. 또 외국의 변화상과 정부 시책을 알리는 일종의 관보로 열흘에 한 번씩 순한문으로 발간되었다.

오답 피하기 ① 만세보에 대한 설명이다. ③ 한성순보는 갑신정변(1884) 이후 박문국이 폐지되면서 폐간되었다. 신문지법은 1907년이다. ④ 황성신문에 대한 설명이다. ⑤ 대한매일신보에 대한 설명이다.

04 (가)~(마) 시기에 일어난 역사적 사실로 옳은 것은?

1876	1882	1889	1896	1904	1907
(가)	(나)	(다)	(라)	(마)	
강화도 조약	임오 군란	함경도 방곡령 선포	아관 파천	한·일 의정서 체결	국채 보상 운동

① (가) – 전환국이 설치되어 화폐 발행이 시작되었다.
② (나) – 고딕 양식의 명동 성당이 완공되었다.
③ (다) – 최초의 상업 광고가 실린 한성주보가 발행되었다.
④ (라) – 서울과 인천 사이에 철도가 최초로 개통되었다.
⑤ (마) – 덕원 지방의 관민들이 원산학사를 설립하였다.

정답 ④

해설 (가) 1883년 전환국이 설치되어 화폐 발행이 시작되었다. (나) 1898년 고딕 양식의 명동 성당이 완성되었다. (다) 1886년 최초의 상업 광고가 실린 한성주보가 발행되었다. (라) 1899년 서울과 인천 사이에 철도가 개통되었다. (라) 1883년 덕원 지방의 관민들이 원산 학사를 설립하였다.

05 (가)~(마) 문화유산에 대한 설명으로 옳지 않은 것은?

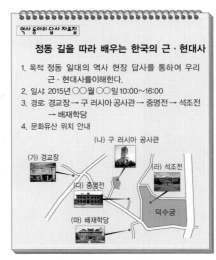

역사 동아리 답사 자료집

정동 길을 따라 배우는 한국의 근·현대사

1. 목적 정동 일대의 역사 현장 답사를 통하여 우리 근·현대사를 이해한다.
2. 일시 2015년 ○○월 ○○일 10:00~16:00
3. 경로: 경교장 → 구 러시아 공사관 → 중명전 → 석조전 → 배재학당
4. 문화유산 위치 안내

(가) 경교장
(나) 구 러시아 공사관
(다) 중명전
(라) 석조전
(마) 배재학당
덕수궁

① (가) – 광복 이후 김구의 집무실과 사저로 이용되었다.
② (나) – 고종이 을미사변 이후 거처를 옮긴 곳이다.
③ (다) – 외교권을 강탈당한 을사늑약이 체결된 곳이다.
④ (라) – 미·소 공동 위원회가 개최된 곳이다.
⑤ (마) – 교육 입국 조서에 근거하여 세워진 교원 양성 학교이다.

정답 ⑤

해설 배재 학당은 미국의 북감리회 선교사인 아펜젤러가 세운 교육 기관으로, 우리나라에서 외국인이 설립한 최초의 근대적 사학이다.

오답 피하기 ⑤ 1895년 교육 입국 조서에 따라 설립된 교원 양성 학교는 한성 사범 학교이다.

06 밑줄 그은 '신문'에 대한 설명으로 옳은 것은?

러·일 전쟁이 일어난 이후에 일본이 우리나라 신문에 대해 검열을 하고 있어.

그래서 양기탁 선생이 영국인 특파원 베델과 함께 새로운 신문을 창간했다더군.

① 시일야방성대곡을 게재하였다.
② 최초로 상업 광고를 게재하였다.
③ 천도교에서 발행한 국한문 혼용의 신문이었다.
④ 최초의 민간 신문으로 민권 신장에 기여하였다.
⑤ 국채 보상 운동을 전국적으로 확산시키는 데 기여하였다.

정답 ⑤

해설 밑줄 그은 '신문'은 러·일 전쟁 이후인 1904년 양기탁이 영국인 베델과 함께 창간한 대한매일신보이다. 대한매일신보는 영국인을 사장으로 내세워 비교적 자유롭게 활동할 수 있었고, 가장 강경한 항일 논조를 펼칠 수 있었다. 또 ⑤ 국채 보상 운동을 전국적으로 확산시키는 데 기여하였다.

07 밑줄 그은 '종교'에 대한 설명으로 옳은 것은?

이 동상은 왼손은 가슴에, 오른손 검지는 하늘을 가리키는 모습을 하고 있습니다. 이는 최제우의 사상을 표현한 것입니다. 그는 경주 출신의 몰락 양반으로 여러 종교의 장점을 취하여 새로운 종교를 만들었습니다.

① 마음속에 한울님을 모시는 시천주를 강조하였다.
② 왕조의 교체를 예언한 정감록을 경전으로 삼았다.
③ 제사와 신주를 모시는 문제로 정부의 탄압을 받았다.
④ 단군을 교조로 받드는 민족 고유의 신앙으로 발전하였다.
⑤ 하나님 앞에서의 인간 평등과 내세에서의 영생을 주장하였다.

정답 ①

해설 밑줄 그은 '종교'는 경주 지역의 몰락 양반 출신인 최제우가 창시한 동학이다. 동학의 교리에는 유·불·도의 내용과 민간 신앙은 물론 주기론적 성격과 함께 천주교의 교리까지 포함하였다. 또 ① 동학은 마음속에 한울님을 모시는 시천주를 강조하였다.

08 밑줄 그은 '신문'에 대한 설명으로 옳은 것은?

○○월 ○○일

드디어 오늘 박문국에서 제1호 신문이 발행되었다. 앞으로 한 달에 세 번씩 신문을 발행할 예정인데 외국 소식까지 폭넓게 번역하여 기사를 실으려면 이만저만 바쁜 게 아니다. 세상이 변화하는 형세를 잘 전할 수 있어야 할 텐데, 걱정이 태산 같다.

① 영문판이 함께 발행되었다.
② 최초로 상업 광고를 게재하였다.
③ 일제의 신문지법에 의해 탄압을 받았다.
④ 정부가 발행하는 관보의 성격을 지녔다.
⑤ 서민층과 부녀자를 주된 독자층으로 삼았다.

정답 ④

해설 밑줄 그은 '신문'은 박문국이 1883년 발간한 근대 신문인 한성순보이다. 한성순보는 정부가 발행하는 관보의 성격을 가지고 있었으며, 열흘마다 한 번씩 간행되었다.

오답 피하기 ① 독립신문에 대한 설명이다. ② 한성주보에 대한 설명이다. ③ 한성순보는 갑신정변 이후 폐간되었다. ⑤ 제국신문에 대한 설명이다.

09 (가) 교육 기관에 대한 설명으로 옳은 것은?

역사신문

제△△호   1886년 ○○월 ○○일

정부 차원의 신식 학교 건립 예정

정부는 좌원(左院)과 우원(右院)으로 구성된 신식 학교인 (가) 을/를 건립할 예정이다. 관계자의 말에 따르면, 좌원에서는 양반 출신의 젊고 유능한 관리들을 특별히 선발하여 가르치고, 우원에서는 재주가 있고 똑똑한 인재들을 뽑아 공부시키기로 방침이 정해졌다고 한다. '영재를 기른다.'라는 의미의 교명이 붙여진 이 학교는 신학문을 가르치는 곳인 만큼 여러 사람들의 기대가 크다.

① 교육 입국 조서에 근거하여 세워졌다.
② 교원 양성을 목적으로 한 사범 학교이다.
③ 전국의 부·목·군·현에 하나씩 설치되었다.
④ 미국인 헐버트, 길모어 등을 교사로 초빙하였다.
⑤ 장학 기금을 마련하기 위해 양현고를 설립하였다.

정답 ④

해설 (가) 교육 기관은 육영 공원이다. 최초의 근대 관립 학교인 육영 공원은 미국인 교사 헐버트, 길모어 등을 교사로 초빙하였다. 일부 양반 고관 자제들에게 근대 학문 교육을 실시하여 인재를 키웠다. 육영 공원은 좌원과 우원으로 나누어 교육하였는데, 좌원에서는 양반 출신의 젊은 현직 관리 중에서 선발하여 가르쳤고, 우원에서는 재주가 있고 총명한 인재들을 뽑아 가르쳤다.

10 다음 자료의 상황이 나타난 당시에 볼 수 있는 장면으로 가장 적절한 것은?

위 사진은 전차 개통식과 관련된 것으로 개통식을 구경하기 위해 한성 사람들이 모여든 모습이다. 왼쪽 사진에는 흥인지문 앞에 긴 지붕이 덮인 전차 보관소가 보인다. 오른쪽 사진에는 태극기와 성조기가 함께 걸려있는데, 이는 당시 전차가 미국의 기술로 제작되었기 때문이다.

① 부산으로 가는 기차를 타는 여행가
② 황성신문을 구입하여 읽고 있는 유생
③ 잡지 소년에 실을 원고를 작성하는 작가
④ 원각사에서 신극 치악산을 관람하는 관객
⑤ 국채 보상 기성회에 성금을 보내는 부녀자

정답 ②

해설 1898년 서대문에서 청량리까지 최초로 전차가 개통되었고, 황성신문은 을사늑약 직후 장지연의 '시일야방성대곡'을 게재하였다.

오답 피하기 ① 경부선 개통은 1905년, ③ 잡지 '소년'의 창간은 1908년, ④ 원각사 설립은 1908년, ⑤ 국채 보상 운동의 전개는 1907년에 볼 수 있는 장면이다.

11 다음 인물에 대한 설명으로 옳은 것은?

이달의 인물

한글을 사랑한 ○○○

- 호: 한힌샘, 백천(白泉)
- 생몰: 1876년~1914년
- 주요 활동
  - 독립신문 교보원 활동
  - 국문동식회 조직
  - 국어문법, 말의 소리 저술
- 서훈: 1980년 건국 훈장 대통령장

① 잡지 한글을 간행하였다.
② 한글 맞춤법 통일안을 제정하였다.
③ 가갸날을 제정하고 기념식을 거행하였다.
④ 국문 연구소에서 한글 연구를 체계화하였다.
⑤ 조선어 학회 사건으로 구속되어 옥고를 치렀다.

정답 ④

해설 국어학자 주시경(호 : 한힌샘·백천, 1876~1914)은 우리말의 전문적 이론 연구와 후진 양성으로 한글의 대중화와 근대화에 큰 역할을 하였다. 그는 1907년 설치된 국문 연구소에서 한글 연구를 체계화하였고, 1910년 『국어문법』과 1914년 『말의 소리』 등을 저술하였다.

12 (가) 철도의 부설권을 획득한 국가에 대한 설명으로 옳은 것을 〈보기〉에서 고른 것은?

〈 보 기 〉
ㄱ. 용암포를 점령하고 강제로 조차하였다.
ㄴ. 제너럴 셔먼호 사건을 구실로 통상을 요구하였다.
ㄷ. 동양 척식 주식회사를 설립하여 토지를 약탈하였다.
ㄹ. 삼국 간섭에 굴복하여 랴오둥 반도를 청에 반환하였다.

① ㄱ, ㄴ ② ㄱ, ㄷ ③ ㄴ, ㄷ
④ ㄴ, ㄹ ⑤ ㄷ, ㄹ

정답 ⑤

해설 (가) 철도는 서울에서 부산까지 연결된 경부선이다. 경부선 부설권은 일본이 획득하였고, 일본은 러·일 전쟁 중인 1905년 경부선을 가설하였다. 일본은 청·일 전쟁 직후 랴오둥 반도를 할양받았다가 삼국 간섭으로 되돌려 주었고 (ㄹ), 1908년 동양 척식 주식회사를 설립하여 토지를 약탈하였다(ㄷ).

오답 피하기 ㄱ. 1903년 러시아는 압록강 하구의 용암포를 강제로 점령하고 군사 조차지로 요구하였다.
ㄴ. 1871년 미국은 제너럴 셔먼호 사건을 구실로 강화도에 침략하여 통상을 요구하였다.

13 (가)~(마)에 대한 설명으로 옳은 것은?

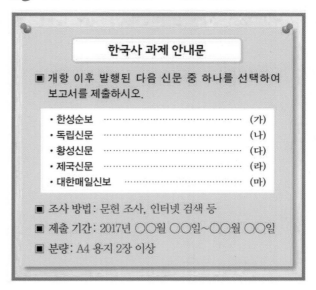

한국사 과제 안내문

■ 개항 이후 발행된 다음 신문 중 하나를 선택하여 보고서를 제출하시오.

- 한성순보 ·· (가)
- 독립신문 ·· (나)
- 황성신문 ·· (다)
- 제국신문 ·· (라)
- 대한매일신보 ···································· (마)

■ 조사 방법 : 문헌 조사, 인터넷 검색 등
■ 제출 기간 : 2017년 ○○월 ○○일~○○월 ○○일
■ 분량 : A4 용지 2장 이상

① (가) – 정부에서 발행하는 순 한문 신문이었다.
② (나) – 국채 보상 운동을 적극적으로 후원하였다.
③ (다) – 외국인이 읽을 수 있도록 영문으로도 발행되었다.
④ (라) – 국권 피탈 후 총독부의 기관지로 전락하였다.
⑤ (마) – 최초로 상업 광고가 게재되었다.

정답 ①

해설 (가) 한성순보(1883)는 우리나라 최초의 신문으로 박문국에서 10일에 한 번씩 순 한문으로 발행하였다. (나) 독립신문(1896)은 서재필이 주도해 설립한 독립 협회의 기관지로 최초의 민간 신문으로, 한글판과 영문판이 발행되었다. (다) 황성신문(1896)은 국한문 혼용으로 발간되었으며, 을사늑약 체결에 반대하는 장지연의 '시일야방성대곡'을 게재하였다. (라) 제국신문(1896)은 서민층과 부녀자가 주요 독자층으로 순 한글로 발행하였다. (마) 대한매일신보(1904)는 영국인 베델과 양기탁을 중심으로 일제의 침략성을 폭로하였으며, 국채 보상 운동이 확산되는 데 기여하였다.

오답 피하기 ② 대한매일신보, ③ 독립신문, ④ 매일신보, ⑤ 한성주보에 대한 설명이다.

근대 사회의 전개

	핵심 내용	위정척사	개화 운동
1863 ~ 1873	**흥선 대원군의 정치** • 왕권 강화 정책 • 통상 수교 거부 정책 : 병인양요, 신미양요, 척화비	1860년대 : 통상 반대 운동	북학파 → 통상 개화론
1876	• 강화도 조약 체결 : 최초의 근대적 조약, 불평등 조약 • 1차 수신사 파견(김기수)	1870년대 : 개항 반대 운동	
1880	• 2차 수신사 파견(김홍집) • 통리기무아문−12사, 2영 개편, 별기군 창설		
1881	• 조사 시찰단 파견(일) • 영선사 파견(청)		
1882	• 조·미 수호 통상 조약 체결 • 임오군란 : 일본과 제물포 조약 체결, 조·청 상민 수륙 무역 장정 체결 → 청의 내정 간섭 심화		온건 개화파 : 양무운동(청) − 동도서기론
1883	• 박문국 설치(한성순보) • 전환국 설치(근대적 화폐 주조) • 보빙사(미국으로 파견)	1880년대 : 개화 정책 반대 운동, 『조선책략』 유포에 반발 (이만손, 영남 만인소)	급진 개화파 : 메이지 유신(일) − 문명개화론
1884	갑신정변 : 14개조 개혁 정강 → 한성 조약과 텐진 조약 체결		
1885	거문도 사건 → 한반도 중립화론 (부들러, 유길준)		
1889	방곡령 선포		

척화비

강화도 조약의 체결

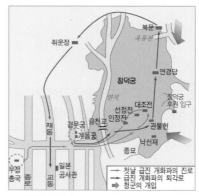

갑신정변의 전개 과정

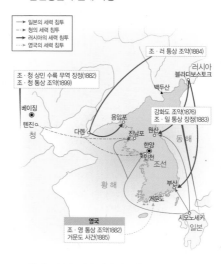

한반도를 둘러싼 열강의 각축

연도	핵심 내용	위정척사	개화 운동
1894	• 동학 농민 운동 : 집강소 설치, 폐정 개혁안 실시 → 반봉건, 반외세적 성격 • 갑오개혁(1894~1895) : 홍범 14조 반포		
1895	삼국 간섭(러, 프, 독) → 을미사변 → 을미개혁	을미의병 : 고종의 의병 해산 명령으로 유생들 해산, 농민들은 활빈당 등의 무장 투쟁 전개	
1896	• 아관 파천 : 러시아 등 열강들의 이권 침탈 심화 • 독립 협회(1896~1898) : 독립문, 독립신문, 만민 공동회, 관민 공동회		
1897	대한 제국(1897~1910) 광무개혁 : 구본신참의 원칙, 대한국 국제 발표(1899)		
1904	러 · 일 전쟁 → 한 · 일 의정서 → 1차 한 · 일 협약(고문 정치)		애국 계몽 운동(1904 ~ 1910) : 보안회(1904), 헌정 연구회(1905), 대한 자강회(1906), 신민회(1907)
1905	을사늑약(을사조약) 체결 : 외교권 박탈, 통감부 설치	을사의병 : 평민 의병장(신돌석)의 활약	
1907	헤이그 특사 파견 → 고종 강제 퇴위 → 한 · 일 신협약(차관 정치) → 군대 해산	정미의병 : 의병 전쟁으로 발전, 평민 의병장이 다수 차지, 13도 창의군(연합 의병), 서울 진격 작전 실패 → 호남의 유격전	
1909	• 사법권, 경찰권 박탈(기유각서) • 간도 협약 체결 • 안중근 의거 하얼빈 역, (이토 히로부미 사살)	남한 대토벌 작전	
1910	한국 병합 조약 체결 : 국권 피탈		

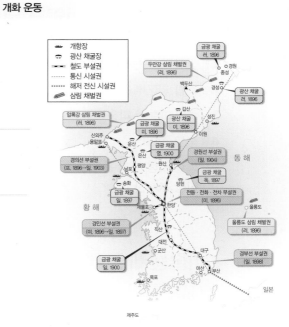

열강의 이권 침탈

항일 의병의 모습

헤이그에 파견된 특사

독립문

안중근

최신250문항 빈출 키워드 랭킹

기출문제 출제경향 분석

7. 일제 강점기

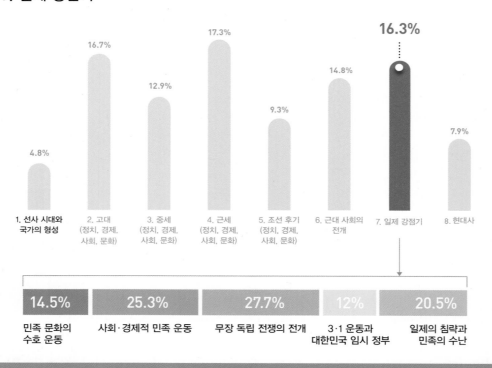

구분	1. 선사 시대와 국가의 형성	2. 고대 (정치, 경제, 사회, 문화)	3. 중세 (정치, 경제, 사회, 문화)	4. 근세 (정치, 경제, 사회, 문화)	5. 조선 후기 (정치, 경제, 사회, 문화)	6. 근대 사회의 전개	7. 일제 강점기	8. 현대사
비율	4.8%	16.7%	12.9%	17.3%	9.3%	14.8%	16.3%	7.9%

14.5%	25.3%	27.7%	12%	20.5%
민족 문화의 수호 운동	사회·경제적 민족 운동	무장 독립 전쟁의 전개	3·1 운동과 대한민국 임시 정부	일제의 침략과 민족의 수난

연표

1910	1912	1914	1919	1920	1921	1925	1926	1927	1929
국권 피탈	토지 조사령 공포	대한 광복군 정부 수립	2·8 독립 선언, 3·1 운동, 대한민국 임시 정부 수립	봉오동 전투, 청산리 대첩, 간도 참변	자유시 참변	치안 유지법 제정	6·10 만세 운동	신간회 결성	원산 노동자 총파업, 광주 학생 항일 운동

일제 강점기

1931	1932	1933	1934	1936	1938	1940	1942	1944	1945
김구, 한인 애국단 조직	이봉창, 윤봉길 의거	한글 맞춤법 통일안 제정	진단 학회 조직	손기정, 베를린 올림픽 대회 마라톤 우승	국가 총동원법 공포	한국광복군 창설	조선어 학회 사건	여운형, 조선 건국 동맹 조직	광복

1904. 2.	1904. 8.	1905. 9.	1905. 11.	1907. 7.	1909	1910. 8.
러·일 전쟁 발발, 한·일 의정서	제1차 한·일 협약	포츠머스 조약	을사늑약	한·일 신협약	기유각서	한국 병합 조약

연표

01 일제의 침략과 민족의 수난

출제빈도 **상** | 중 | 하

❶ 20세기 초 동아시아의 정세 변화

1) 러시아의 남하와 일본의 제국주의화

① 러시아의 남하 : 조·러 수호 통상 조약 체결(1884) → 조선이 러시아와 비밀 협약 체결 시도, 청의 방해로 실패(1885, 1886) → 조·러 육로 통상 장정 체결(1888) → 아관 파천(1896) → 러시아가 삼국 간섭을 통해 청으로부터 뤼순, 다롄을 조차하는 이권 확보(1898) → 중국에서 의화단 운동이 일어나자 러시아가 연합군에 가담하여 진압하고 만주 점령(1900)

② 일본의 제국주의화 : 19세기 말 경공업 발전 → 청·일 전쟁(1894~1895)에서 승리한 이후 청으로부터 받은 배상금을 기반으로 공업화 추진, 군사력 강화

2) 러시아와 일본의 대립

① 제1차 영·일 동맹(1902) : 러시아의 남하를 경계하고 있던 일본이 영국과 동맹 체결

② 용암포 사건(1903) : 러시아가 압록강 하구의 용암포를 강제로 점령하고 군사 기지로 조차 시도 → 러·일 전쟁 유발

③ 러시아의 한반도 39도선 분할 제시(1903) : 러시아는 일본의 경부선 철도 부설로 일본이 한반도를 군사적으로 이용할 것을 우려 → 북위 39도선 이북 지역을 중립 지대로 설정할 것을 제안 → 일본의 거절

3) 러·일 전쟁(1904~1905) : 삼국 간섭 이후 러시아에 대한 일본의 적대감 증폭 → 러시아의 독주를 견제하려던 영국과 미국의 일본 지지 → 제1차 영·일 동맹(1902) → 대한 제국의 국외 중립 선언(1904) → 대한 제국의 국외 중립 선언 무시 → 일본의 러시아 기습 공격(1904, 러·일 전쟁) → 일본의 승리 → 포츠머스 조약 체결(1905. 9.)

출제 사료 | 포츠머스 조약(1905)

러시아 제국 정부는 일본국이 한국에서 정치·군사상 및 경제상의 탁월한 이익을 갖는다는 것을 인정하고, 일본국 정부가 한국에서 필요하다고 인정하는 지도·보호 및 감리의 조치를 하는 데 이를 저지하거나 간섭하지 않을 것을 약정한다.

● **출제 포인트 분석**

일본은 러·일 전쟁에서 승리한 이후 러시아와 포츠머스 조약을 맺고 한반도에 대한 독점적 지배를 인정받았다.

❷ 일본의 국권 침탈

1) 한국에 대한 일본의 내정 간섭

① 한·일 의정서(1904. 2.) : 일본이 러·일 전쟁 수행에 필요한 군용지를 임의로 사용하기 위해 조약 체결 강요, 한국과 러시아 간 모든 조약과 이권 계약 파기

출제 사료	한·일 의정서

1. 한국 정부는 시정 개선에 관한 일본 정부의 충고를 받아들인다.
2. 일본 정부는 한국 황실을 확실한 친의(親誼)로 안전하게 한다.
3. 일본 정부는 한국의 독립 및 영토 보전을 확실히 보증한다.
4. 한국 정부는 일본이 행동에 충분한 편의를 제공하고, 일본은 이 같은 목적 달성을 위해 군략상 필요한 지점을 언제든지 수용한다.
5. 한국 정부와 일본 정부는 상호 간 승인 없이는 후일 본 협정의 취지에 위배되는 협약을 다른 나라와 체결할 수 없다.
6. 본 협약에 관련되는 세부 사항은 일본 정부 대표와 한국 외부대신 간에 협의하여 정한다.

● **출제 포인트 분석**

일본은 대한 제국의 안전을 지킨다는 전제 아래 한·일 의정서 체결을 강요하여 한국 영토를 임의로 사용할 수 있도록 하였다. 또한 국가 통치에 있어서도 일본의 충고를 받도록 하여 러·일 전쟁 시 한국을 중립이 아닌 일본의 우군으로 끌어들여 전승 전략을 세웠다. 이로써 일본은 장기적으로 한국 침략의 발판을 마련할 수 있었다.

② 제1차 한·일 협약(1904. 8.) : 러·일 전쟁이 일본에 유리하게 전개되자 일본은 재정과 외교 분야 등에 일본이 추천하는 외국인 고문을 파견하였음(재정 고문 메가타, 외교 고문 스티븐스) → 일본의 내정 간섭 본격화

출제 사료	제1차 한·일 협약

제1조 대한 제국 정부는 대일본 제국 정부가 추천한 일본인 1명을 재정 고문에 초빙하여 재무에 관한 사항은 모두 그의 의견을 들어 시행할 것.

제2조 대한 제국 정부는 대일본 제국 정부가 추천한 외국인 1명을 외교 고문으로 외부에서 초빙하여 외교에 관한 중요한 업무는 모두 그의 의견을 물어 시행할 것.

– 재정 및 외교 고문 용빙에 관한 한·일 각서(제1차 한·일 협약) –

● **출제 포인트 분석**

일본은 러·일 전쟁이 일본에 유리하게 전개되자 제1차 한·일 협약 체결을 강요하여 한국의 재정과 외교에 대한 간섭을 본격화하였다.

2) 열강의 한국 지배 승인

가쓰라·태프트 밀약 (1905. 7.)	일본의 한국 지배권과 미국의 필리핀 지배권 상호 승인
제2차 영·일 동맹 (1905. 8.)	일본의 한국 지배권과 영국의 인도 지배권 상호 승인
포츠머스 조약 (1905. 9.)	러·일 전쟁 이후 체결 → 러시아군의 만주 철수, 일본의 한국 지배 인정, 랴오둥 반도 조차권 및 남만주 철도와 부속지 지배권 양도, 사할린 남부 할양 등

합격생의 비법

메가타

제1차 한·일 협약에 따라 고문 정치가 실시되자 메가타가 재정 고문에 임명되었다. 1905년 화폐 개혁을 단행하여 새 화폐를 발행하였고, 금융 조합을 설치하였으며, 통감부의 침략 정책에 적극적으로 앞장섰다.

시험에 자주 등장해요

일본의 국권 침탈 과정을 묻는 문제가 자주 출제됩니다. 일본이 러·일 전쟁 이후 한반도를 지배하기 위해 열강들과 체결한 조약을 기억하세요.

1. 일본은 필리핀에 대하여 하등의 침략적 의도를 품지 않으며, 미국의 필리핀 지배를 확인한다.
2. 극동의 평화를 위해 미·영·일 삼국은 실질적인 동맹 관계를 확보한다.
3. 러·일 전쟁의 원인이 된 한국은 일본이 지배할 것을 승인한다.

● **출제 포인트 분석**
가쓰라·태프트 밀약으로 일본은 미국의 필리핀 지배를, 미국은 일본의 한국 지배를 상호 승인하였다. 여기는 러시아의 남하를 저지하려는 일본과 미국의 의도가 내포되어 있었다.

을사늑약(을사조약)

을사5적
을사늑약에 찬성하여 서명한 다섯 명의 매국노로, 외부대신 박제순, 내부대신 이지용, 군부대신 이근택, 학부대신 이완용, 농상공부대신 권중현을 말한다.

을사늑약의 불법성
외부대신 박제순은 고종의 위임을 받지 않고 을사늑약에 날인하였다. 을사늑약은 고종의 비준을 거치지 않았으므로 국제법상 효력을 가지지 못한다.

3) 을사늑약(제2차 한·일 협약, 을사조약, 1905. 11.)

① 체결 과정 : 고종과 한국 대신들이 을사늑약(을사조약) 체결 거부 → 일본 정부의 특사로 온 이토 히로부미가 군대를 동원하여 고종 위협 → 이완용 등 을사5적을 앞세워 강제로 조약 체결

② 내용 : 대한 제국의 외교권 박탈 💙빈출, 통감부 설치 💙빈출(초대 통감, 이토 히로부미), 각 개항장에 이사관 설치

출제 사료 | 을사늑약(제2차 한·일 협약)

제2조 일본 정부는 한국과 타국 간에 현존하는 조약의 실행을 완전히 하는 책임을 맡고, 한국 정부는 금후에 일본 정부의 중재를 거치지 아니하고 국제적 성질을 가진 어떠한 조약이나 약속을 맺지 않을 것을 서로 약속한다.

제3조 일본 정부는 그 대표자로 하여금 한국 황제 폐하의 밑에 1명의 통감을 두되, 통감은 오로지 외교에 관한 사항을 관리하기 위해 경성에 주재하고 친히 한국 황제 폐하를 알현할 권리를 가진다.

● **출제 포인트 분석**
일본은 러·일 전쟁에서 승리한 이후 고종과 대신들을 위협하여 강제로 을사늑약을 체결하여 대한 제국의 외교권을 박탈하고 통감부를 설치하였다.

③ 저항의 모습

의병	최익현, 신돌석 등
자결·순국	민영환, 조병세, 홍만식, 송병선, 이상철, 김봉학 등
언론	황성신문(시일야방성대곡), 대한매일신보(고종의 친서 발표)
대한 제국(고종)	대한매일신보 창간 지원(반일 언론 활동), 러시아에 밀사 파견, 헤이그 특사 파견 💙빈출, 미국에 을사늑약 무효 전문 전달(헐버트) 등
5적 암살단 조직	나철, 오기호 등

4) 한·일 신협약(제3차 한·일 협약, 정미 7조약, 1907. 7.)

① 과정 : 일본이 헤이그 특사 파견을 빌미로 고종 강제 퇴위 💙빈출 → 한·일 신협약 체결

② 내용 : 통감의 권한 강화(법령 제정, 고등 관리 임면 등), 차관 정치 제도(통감이 추천한 일본인이 정부의 주요 관직 차지), 군대 해산, 보안법 공포(집회와 결사의 자유 박탈) 등

헤이그 특사
1907년 고종이 네덜란드의 수도 헤이그에서 열린 제2회 만국 평화 회의에 이상설·이준·이위종을 특사로 파견하여 을사늑약의 부당성을 알리려 하였지만 일본의 방해로 실패하였다.

출제 사료	한·일 신협약

제1조 한국 정부는 시정 개선에 관하여 통감의 지도를 받을 것.
제2조 한국 정부는 법령 제정 및 중요한 행정상 처분은 미리 통감의 승인을 거칠 것.
제3조 한국의 사법 사무는 보통 행정 사무와 이를 구분할 것.
제4조 한국 고등 관리의 임면은 통감의 동의로써 이를 행할 것.
제5조 한국 정부는 통감이 추천한 일본인을 한국 관리로 임명할 것.
제6조 한국 정부는 통감의 동의 없이 외국인을 한국 관리로 용빙(傭聘)하지 아니할 것.

부수 비밀 각서
제3조 다음 방법에 의하여 군비를 정리함.
1. 육군 1대대를 존치하여 황궁 수위를 담당하게 하고 기타 부대는 해체한다.

● **출제 포인트 분석**

일본은 한·일 신협약으로 통감의 내정 간섭 권한을 강화하고, 정부의 주요 기관에 일본인 차관을 임명하는 차관 정치를 실시하였다. 또한 부수 비밀 각서에 따라 대한 제국의 군대가 강제 해산되었다.

③ 결과

각종 법령 제정	보안법, 신문지법, 출판법 등 제정 → 문화 계몽 운동 탄압
군대 강제 해산 🔺빈출	해산된 군인의 일부가 일본에 저항하다 의병에 합류

5) **기유각서 체결(1909. 7.) :** 사법권과 감옥 사무 박탈, 통감부에 사법청 설치

6) **한국 병합 조약(1910. 8.) :** 일본의 병합 여론 유도 → 일진회의 합방 청원서 제출 → 한국 병합 조약의 강제 체결 → 일본의 식민지로 전락

출제 사료	한국 병합 조약

제1조 한국 황제 폐하는 한국 정부에 관한 모든 통치권을 완전 또는 영구히 일본 황제 폐하에게 양여한다.
제2조 일본국 황제 폐하는 제1조에 기재한 양여를 수락하고 완전히 한국을 일본 제국에 병합함을 승낙한다.

● **출제 포인트 분석**

한국 병합 조약은 대한 제국의 내각 총리대신 이완용과 통감 데라우치가 통과시킨 조약이다. 일제의 침략이라는 의미가 약한 '병합'이라는 용어를 사용하고 있지만, 실제로는 일본의 강압에 의해 이루어진 '병탄'이었다.

한·일 의정서(1904. 2.)
↓
제1차 한·일 협약(1904. 8.)
↓
가쓰라·태프트 밀약(1905. 7.)
↓
제2차 영·일 동맹(1905. 8.)
↓
포츠머스 조약(1905. 9.)
↓
을사늑약(1905. 11.)
↓
한·일 신협약(1907)
↓
기유각서(1909. 7.)
↓
한국 병합 조약(1910. 8.)

일제의 국권 침탈 과정

시험에 자주 등장해요

일본의 국권 침탈 과정을 묻는 문제가 자주 출제됩니다. 특히 을사늑약(을사조약)의 내용과 을사늑약에 대한 저항을 꼭 기억하세요.

---

③ 일제의 식민 통치

	1910년대	1920년대	1930년대	1930년대 후반
계기		3·1 운동	경제 공황	중·일 전쟁
식민 통치 정책	헌병 경찰 통치 (무단 통치)	민족 분열 통치 (문화 정치 통치)	민족 말살 통치	
경제 수탈 정책	토지 조사 사업	산미 증식 계획	병참 기지화 정책	
국내 독립운동	비밀 결사 운동	민족·사회주의	지하 조직화	
국외 독립운동	독립군 기지 건설 운동	무장 투쟁과 참변	한·중 연합 작전, 한국광복군	

1) 1910년대 일제의 헌병 경찰 통치(무단 통치)

① 식민 통치 제도

조선 총독부	• 일제 식민 통치의 중추 기관 • 조선 총독 : 일본의 현역 육해군 대장 중에서 임명, 일본 천황 직속, 일본 내각의 통제를 받지 않음, 입법·사법·행정 및 군사 통수권 장악 • 조직 : 총독 아래에 정무총감(행정 담당)과 경무총감(치안 담당)을 둠 • 중추원 : 조선 총독부의 형식적인 직속 자문 기관
지방 행정 조직	전국을 13도 12부 220군으로 정비, 최하위 행정 기구로 면(面) 설치(면장에 친일 인사 선출)

합격생의 비법

중추원

일제가 한국인의 정치 참여를 선전하려는 목적으로 설치하였으나 3·1 운동(1919)이 일어나기 전까지 단 한 번도 소집되지 않아 형식적인 총독부의 자문 기구에 불과하였다.

② 무단 통치 실시

헌병 경찰 제도 빈출 실시	• 현역 군인인 헌병이 경찰을 지휘하고 경찰의 업무까지 관여 → 헌병이 일반 경찰 업무 담당 • 범죄 즉결례(1910)를 제정하여 즉결 처분권 행사, 조선 태형령 빈출 (1912)으로 갑오개혁 때 폐지되었던 태형 제도 부활, 경찰범 처벌 규칙 시행(1912)으로 일상 생활 간섭·통제 **조선 태형령(1912)** 제1조 3개월 이하의 징역 또는 구류에 처하여야 할 자는 그 정상에 따라 태형에 처할 수 있다. 제11조 태형은 감옥 또는 즉결 관서에서 비밀리에 행한다. 제13조 본령은 조선인에 한하여 적용한다.
위협적인 분위기 조성	일반 관리 및 학교 교원까지 제복을 입고 칼을 착용하도록 함
기본권 박탈	한국인의 언론·출판·집회·결사의 자유 박탈, 신문 폐간(황성신문, 대한매일신보 등), 단체와 학회 해산(대한 협회, 서북 학회 등), 신민회 해체(105인 사건)

합격생의 비법

즉결 처분권

헌병 경찰은 정식 법 절차나 재판을 거치지 않고 벌금, 구류, 태형, 3개월 이하의 징역 등에 해당하는 범죄에 대해 재량으로 즉결 처분할 수 있는 즉결 처분권을 갖고 있었다.

③ 교육 정책 : 우민화 교육 실시

제1차 조선 교육령 반포 (1911)	수업 연한 단축(4년제 보통학교), 보통 교육과 실업 교육에 주력, 대학 교육 미실시, 조선어·조선 역사·지리 축소 및 왜곡
서당 규칙 공포 (1918)	서당 개설 시 도지사의 인가, 서당 교과서는 조선 총독부에서 편찬한 교과서 사용, 서당 개설자와 교사는 조선 총독부가 인정하는 자이어야 함

시험에 자주 등장해요

일제의 식민지 지배 정책을 묻는 문제가 자주 출제됩니다. 1910년대 일제의 식민지 지배 정책인 무단 통치 내용을 꼭 기억하세요.

출제 사료	제1차 조선 교육령

제2조 교육은 충량한 국민을 육성하는 것을 본의로 한다.
제3조 교육은 시세와 민도에 적합하도록 한다.
제5조 보통 교육은 보통의 지식·기능을 부여하고, 특히 국민된 성격을 함양하며 국어(일어)를 보급함을 목적으로 한다.
제6조 실업 교육은 농업·상업·공업 등에 관한 지식과 기능을 가르치는 것을 목적으로 한다.
제7조 전문 교육은 고등 학술과 기예를 가르치는 것을 목적으로 한다.

● **출제 포인트 분석**
일제는 한국인에게 고등 교육의 기회를 부여하지 않고, 기본적인 소양만을 기르는 교육을 실시하였다.

2) 1920년대 일제의 민족 분열 통치(문화 통치)

① 배경 : 3·1 운동으로 무단 통치의 한계 인식, 국제 여론의 악화

② 목적 : 민족의 이간과 분열, 문화 운동 유도, 경제적 수탈 강화, 하급 부역 노동자 양성

합격생의 비법

문화 통치

일본이 3·1 운동 이후 실행한 식민지 통치 방식이다. 문화적으로 통치하겠다는 선전에 불과하였고, 실제로는 각 계각층에서 친일파를 양성하고자 하였다.

③ 명분과 실상

구분	명분	실상
조선 총독	문관 총독제	실제로 단 한명의 문관 총독도 임명되지 않음
경찰 제도	보통 경찰제 실시, 일반 관리와 교원의 제복과 칼 착용 폐지	경찰 수는 오히려 증가, 고등 경찰제 실시, 치안 유지법 제정 ✔빈출 (1925)
언론 정책	언론 · 집회 · 결사 허용	검열 강화, 기사의 삭제 · 정간 · 폐간을 통해 친일 언론으로 만듦(조선일보와 동아일보)
지방 제도	도 평의회, 부 · 면 협의회 등 설치(지방 자치제 표방)	자문 기구의 역할, 일본인 친일 인사가 회원의 대부분을 차지함
교육 정책	교육 기회의 확대	중등 교육을 표방하였으나 식민 교육 강화

연도	경무총감	경무부장	경무관		경시		경부		경부보		순사		순사보	합계
	일본인	일본인	일본인	조선인	일본인	조선인	일본인	조선인	일본인	조선인	일본인	조선인	조선인	
1918	1	13	2	1	26	8	180	130	—	—	1,909	288	2,909	5,402
1919	—	13	—	—	34	10	304	113	556	40	7,387	6,935	—	15,392
1920	—	13	—	—	37	12	360	125	653	73	9,452	7,651	—	18,376

3 · 1 운동 이후 경찰 수의 변화 『『조선 총독부 통계 연보』, 1925)

④ 성격 : 친일파 양성을 통해 우리 민족을 이간시키고 내부 분열을 조장하고자 하였던 고도의 기만술

| 출제 사료 | 총독 사이토 마코토의 시정 방침 훈시(1919) |

정부는 관제를 개혁하여 총독 임명의 범위를 확장하고, 경찰 제도를 개정하고 또는 일반 관리나 교원 등의 복제를 폐지함으로써 시대의 흐름에 순응한다. …… 조선인 임용과 대우 등에 관하여 더욱 고려하여 각각 그 할 바를 얻게 하고 …… 나아가 장래 기회를 보아 지방 자치 제도를 실시하여 …….

● 출제 포인트 분석

3 · 1 운동(1919) 이후 새롭게 부임한 사이토 마코토 총독은 조선인의 문화를 창달하고 민력을 증진한다는 명분으로 언론 · 출판 · 집회 · 결사의 자유를 허용하였으나 실제로는 민족을 분열시키는 데 목적이 있었다.

3) 1930년대 이후 민족 말살 통치

① 배경 : 세계 경제 대공황 이후 일본의 대륙 침략 전쟁 확대(만주 사변, 중 · 일 전쟁, 태평양 전쟁)

② 목적 : 한민족의 민족정신 말살, 천황 숭배 사상 주입 → 일제의 침략 전쟁 수행에 필요한 인적 · 물적 자원 수탈 강화

③ 정책

㉠ 황국 신민화 정책
- 내선일체(內鮮一體), 일선동조론(一鮮同祖論) 주입
- 황국 신민 서사 암송 ✔빈출 · 신사 참배 · 창씨개명 강요

내선일체 포스터
내(內, 일본)와 선(鮮, 조선)이 일체(一體, 한 몸)라는 주장이다.

신사 참배

황국 신민 서사를 암송하는
학생들

합격생의 비법

조선 사상범 예방 구금령
독립운동가들을 재판 없이
구금하도록 한 법령이다. 일
제는 이 법령에 따라 체포된
독립운동가들을 구금하고 친
일을 강요하였다.

시험에 자주 등장해요

일제의 식민지 지배 정책을
묻는 문제가 자주 출제됩니
다. 1930년대 이후 일제의 식
민지 지배 정책인 민족 말살
통치를 꼭 기억하세요.

토지 조사 사업

합격생의 비법

기한부 신고제
토지 소유권을 주장하는 사
람이 필요한 서류를 구비하
여 지정된 기일 내에 신고해
야만 소유권을 인정해주는
제도이다. 그러나 실제로는
복잡한 절차와 홍보 부족으
로 신고 자체가 미비하였고,
신고의 법적 주체를 개인으
로 한정하였기 때문에 마을
이나 문중의 공유지의 경우
신고에서 누락될 수밖에 없
었다.

동양 척식 주식회사

출제 사료	황국 신민 서사(아동용)

1. 우리는 대일본 제국의 신민입니다.
2. 우리는 마음을 합하여 천황 폐하께 충의를 다합니다.
3. 우리는 인고 단련하여 훌륭하고 강한 국민이 되겠습니다.

● **출제 포인트 분석**

일제는 1937년부터 일왕의 신하나 백성이 되어 충성을 다하겠다고 맹세하는 황국 신민 서사를 모든
행사에 앞서 암송하도록 강요함으로써 한국인의 민족정신을 말살하였다.

ⓒ 교육 정책
 • 소학교의 명칭을 황국 신민 학교를 의미하는 국민학교로 변경
 • 제3차 조선 교육령(1938) : 한국어 사용 금지, 한국사 폐지, 황국 신민 서사 암송
 • 제4차 조선 교육령(1943) : 교육 기관에 대한 수업 연한 단축, 군사 훈련 실시
ⓒ 문화 말살 정책
 • 조선일보, 동아일보 등 신문 및 잡지 폐간
 • 진단 학회, 조선어 학회 등 한국학 단체 해산
ⓔ 사상 탄압 : 조선 사상범 보호 관찰령(1936, 일제의 사상 통제책), 조선 사상범 예
   방 구금령 🏅빈출 (1941, 독립운동가에 대한 감시와 탄압, 재판없이 구금 가능), 국
   민 정신 총동원 조선 연맹

❹ 일제의 경제 수탈

1) 1910년대의 경제 수탈

① 토지 조사 사업(1910~1918)
 ㉠ 목적 : 근대적 토지 소유권 제도와 지세 제도의 확립 → 토지세의 안정적 확보,
   토지 약탈
 ㉡ 원칙 : 일정한 기한 안에 토지의 소유권자가 직접 신고하는 기한부 신고제
 ㉢ 과정 : 토지 소유권자가 정해진 날까지 신고 → 신고된 토지에 토지세를 매김 →
   미신고 토지는 총독부가 차지 → 동양 척식 주식회사 🏅빈출 에서 이를 일본인에게
   헐값에 불하 → 우리나라로 건너온 일본인들이 토지를 가질 수 있도록 함
 ㉣ 결과 : 농민 몰락(농민들이 기한부 계약 소작농으로 전락, 국외 이주), 봉건적 지
   주층의 친일 세력화, 일본인 대지주의 출현

출제 사료	토지 조사령(1912)

제1조 토지의 조사 및 측량은 본령에 따른다.
제4조 토지 소유자는 조선 총독이 정하는 기간 내에 주소, 씨명, 명칭 및 소유지의 소재, 지목, 자번
호, 사표, 등급, 지적, 결수를 임시 토지 조사 국장에게 신고해야 한다. 단, 국유지는 보관 관청
이 임시 토지 조사 국장에게 통지해야 한다.

– '조선 총독부 관보' –

● **출제 포인트 분석**

일제는 토지 조사 사업을 실시하여 미신고 토지, 공공 기관의 토지 등을 총독부의 소유로 귀속시켰
다. 이로 인해 토지를 잃은 농민들은 소작농으로 전락하거나 만주, 연해주 등 해외로 이주하였다.

② 산업 침탈

㉠ 회사령 🔖빈출 (1910)

목적	• 조선의 산업을 장악하여 식민지 구조로 재편 • 민족 자본 및 기업의 성장 억제 • 일본 자본의 한국 진출 유도
방법	회사 설립 시 총독 허가제 실시, 총독이 회사를 해산하는 것이 가능함
결과	일본 기업이 주요 산업과 자본 장악

출제 사료 **회사령**

제1조 회사 설립은 조선 총독의 허가를 받아야 한다.
제2조 조선 밖에서 설립한 회사가 조선에 본점이나 지점을 설립하고자 할 때는 조선 총독의 허가를 받아야 한다.
제5조 회사가 본령이나 본령에 따라 발하는 명령과 허가 조건에 위반하거나 공공질서와 선량한 풍속에 반하는 행위를 할 때 조선 총독은 사업 정지, 지점 폐쇄, 회사 해산을 명한다.

● **출제 포인트 분석**
일제는 조선의 민족 자본과 기업 성장을 억제하기 위해 회사령을 공포하였다. 회사령에 따라 회사를 설립할 때 총독의 허가를 받아야 했다.

시험에 자주 등장해요

1910년대 일제의 경제 수탈 방식을 묻는 문제가 자주 출제됩니다. 토지 조사 사업, 회사령을 꼭 기억하세요.

㉡ 자원 수탈

삼림령(1911)	삼림의 이용 금지
임야 조사령(1918)	국유지 등 임야 박탈
어업령(1911)	어업을 총독의 허가 사항으로 하고 일본인이 어장 독점
광업령(1915)	허가제 실시(기존 한국인 의 광산 등록 거부, 경제성이 있으면 일본인에게 이관)

㉢ 자본 약탈

금융 자본 감시	동양 척식 주식회사 내 금융부 설치, 조선은행과 조선식산은행을 통해 금융업에 대한 감독권 행사
지세령 개정	과세 대상을 확대하고 세율 증대(식민지 경영을 위한 경비는 식민지에서 마련한다는 원칙)

2) 1920년대의 경제 수탈

① 산미 증식 계획 🔖빈출 (1920~1934)

㉠ 배경 : 일본의 산업화 정책으로 이촌향도 현상 발생 → 일본 내 식량 부족 사태 발생 → 쌀값 폭등 → 일본의 부족한 식량을 한국에서 수탈

출제 사료 **산미 증식 계획**

일본 내 쌀 소비는 연간 약 6,500만 석인데 생산고는 약 5,800만 석을 넘지 못해 해마다 그 부족분을 제국 반도 및 외국의 공급에 의지하는 형편이다. 게다가 일본의 인구는 해마다 약 70만 명씩 증가하고 있을 뿐만 아니라 국민 생활의 향상과 함께 1인당 소비량도 역시 점차 증가하게 될 것은 필연적인 대세이다. 장래 쌀의 공급은 계속 부족해질 것이고, 따라서 지금 미곡의 증수 계획을 수립하여 일본 제국의 식량 문제를 해결하는 데 도움을 주는 것은 진실로 국책상 급무라고 믿는다.
– 조선 총독부 농림국, 1926 –

● **출제 포인트 분석**
산미 증식 계획은 일본 자본주의의 존립에 필수적인 저임금 유지를 위한 식량 대책이자 조선을 식량 공급 기지로 만들기 위해 1920~1934년에 시행한 식민지 농업 정책이다.

일제의 쌀 수탈

시험에 자주 등장해요

1920년대 일제의 경제 수탈 방식을 묻는 문제가 자주 출제됩니다. 특히 산미 증식 계획을 꼭 기억하세요.

ⓒ 방법

토지 개량 사업	관개 시설 개선, 개간 · 간척 사업 전개
농사 개량 사업	품종 개량, 비료 사용 증가 등

ⓒ 시행

1차 시행(1920~1925)	지주들이 토지 개량보다 토지를 구매하는 데 열중 → 실패
2차 시행(1926~1934)	지주 중심의 농회 성립, 저리 자금 융자를 통해 산미 증식 계획 참여 유도 → 일본 내부의 반발로 중단

ⓒ 결과
- 일제의 증산량보다 많은 양의 쌀 수탈 → 한국인 1인당 쌀 소비량 감소 → 부족한 쌀을 보충하기 위해 만주에서 잡곡(조 · 수수 · 콩) 수입
- 농민 생활의 악화 → 화전민이 되거나 만주 등지로 이주, 소작 쟁의 빈발
- 일제의 벼농사 강요로 쌀의 단작화 현상 가속

② 일제의 자본 침투
  ㉠ 회사령 폐지(1920) : 일본 자본의 한국 진출을 원활히 하기 위해 회사 설립을 허가제에서 신고제로 전환
  ㉡ 관세 철폐(1923) : 일본 상품의 수출을 확대하고자 일본 상품에 한해 관세 철폐
  ㉢ 신은행령 반포(1927) : 일본의 대자본으로 한국인 소유의 은행을 쉽게 합병하기 위해 제정

3) 1930년대의 경제 수탈

① 병참 기지화 정책 : 일제가 한반도를 침략 전쟁에 필요한 군수 물자와 인력을 공급하는 병참 기지로 삼고자 함
② 남면북양 정책 : 남부 지방에 목화(면화) 재배, 북부 지방에 양을 기르도록 강요
③ 광업 · 중화학 공업 육성 : 군수품 생산을 위해 북부 지방에 대규모 공장 설립 → 공업 구조의 불균형 초래, 지역적 편중 심화
④ 인적 · 물적 자원 수탈 : 국가 총동원법 🔖빈출 (1938) 제정

인력 동원	지원병제(1938), 국민 징용령(1939), 학도 지원병제(1943), 징병제(1944), 여자 정신대 근무령(1944), 일본군 위안부(성노예) 등
물자 수탈	광산 개발(금 · 철 · 석탄 등 지하자원 약탈), 산미 증식 계획 재개(1939), 미곡 공출제 실시, 식량 배급 제도 시행, 금속류 등 전쟁 물자 공출

남면북양 정책
조선 총독부는 강제로 남부 지방의 농민에게는 면화를, 북부 지방의 농민에게는 양을 기르도록 하였다. 이는 세계 경제 공황 뒤 선진 자본주의 국가들의 보호 무역주의로 인해 원료 공급이 부족할 것에 대비하여 조선을 값싼 원료 공급지로 삼으려고 하는 의도에서였다.

제1조	국가 총동원이란 전시에 국방 목적을 달성하기 위해 국가의 전력을 가장 유효하게 발휘하도록 인적 및 물적 자원을 운용하는 것이다.
제4조	정부는 전시에 국가 총동원상 필요할 때에는 칙령이 정하는 바에 따라 신민을 징용하여 총동원 업무에 종사하게 할 수 있다.
제7조	노동 쟁의의 예방 혹은 해결에 관하여 필요한 명령을 내리거나 작업소의 폐쇄, 작업 혹은 노무의 중지, 기타의 노동 쟁의에 관한 행위의 제한 혹은 금지를 행할 수 있다.
제8조	정부는 전시에 국가 총동원상 필요할 때에는 칙령이 정하는 바에 따라 물자의 생산·수리·배급·양도·기타의 처분·사용·소비·소지 및 이동에 관하여 필요한 명령을 내릴 수 있다.

● 출제 포인트 분석

일제는 중·일 전쟁(1937~1945)을 일으키고 대륙 침략을 본격적으로 추진하면서 전쟁 수행에 필요한 인적·물적 자원을 수탈하기 위해 국가 총동원법을 제정하였다.

일제의 경제 수탈

시기	정책	내용
1910년대	토지 조사 사업 (1910~1918)	• 근대적 토지 소유권 확립을 구실로 토지 약탈 • 신고주의 채택으로 많은 농민들이 토지 상실 └ 땅의 소재지, 소유자의 이름·주소, 땅의 용도, 등급·면적 신고 (철저한 증거주의, 신고주의) • 국유지·공유지의 약탈 • 국토의 40%가 총독부 소유로 넘어가고 쌀값으로 동양 척식 주식회사와 일본인들에게 불하 → 농민의 몰락 • 결과 : 기한부 계약에 의한 소작농으로 전락 → 만주, 연해주로의 이주민 증가
	회사령(1910)	• 한국 기업 설립의 총독 허가제 • 민족 기업의 성장 억제 • 인삼·소금·담배의 전매
	자원의 수탈	삼림령(1908), 어업령(1911)
	금융 장악과 무역 구조 개편	조선은 일본 자본주의의 원료 공급지, 상품 시장으로 전락
1920년대	산미 증식 계획 (1920~1934)	• 일본의 식량 부족분을 조선에서 보충 • 내용 : 토지 개량, 농사법 및 수리 시설의 개선, 농법 개량 • 목표 : 1년 920만 석 증산 • 결과 − 증산량은 30%에 불과했지만 일본으로의 수출량은 8배 증가 − 쌀 중심의 단작형 농업 구조로 변화 − 우리 농민의 식량 사정 악화(만주로부터 잡곡 수입량 증가) • 유랑민·화전민의 증가 : 간도나 연해주로의 이주
	회사령 개정	• 허가제에서 신고제로 완화 • 공업 자본의 조선 유치(부전강 수력 발전소, 흥남 질소 비료 회사 등)
1930~1940년대	농민 착취의 강화	• 긴축 생활 강요, 배급 제도, 공출 제도 시행 • 군량미 확보를 위한 산미 증식 계획 재개
	공업 원료의 증산	남면북양 정책(면화 재배와 면양 사육 강요)
	중화학 공업의 육성	• 군수 공업 중심의 전쟁 물자 조달 • 조선인 노동자에 대한 착취 • 경공업 중심의 조선 기업 위축
	군수 공업화 정책	• 한반도의 경제 구조를 금속·기계·화학 공업을 주축으로 하는 군수 공업 체제로 개편 • 지원병제(1938), 국민 징용령(1939), 학도 지원병제(1943), 징병제(1944), 일본군 위안부 강제 동원

빈칸 채우기

01 미국과 일본은 [   ]을/를 맺어 필리핀에 대한 미국의 독점적 권리와 한국에 대한 일본의 독점적 지배권을 상호 인정하였다.

02 1909년 일제는 [   ]을/를 통해 한국의 사법권과 감옥 사무권을 박탈하였다.

03 1905년 [   ]을/를 체결하여 외교권을 박탈 당하고 통감부가 설치되었다.

04 고종은 을사늑약의 무효를 선언하고 [   ]에 친서를 발표하여 황제가 을사늑약에 서명하지 않았음을 국제 사회에 알리고자 하였다.

05 일제는 [   ]을/를 도입하여 재판을 거치지 않고 조선인에게 벌금과 구류를 부과하였다.

06 3·1 운동 이후 일제는 헌병 경찰 제도를 폐지하고 [   ]을/를 실시하였으나 경찰의 수는 오히려 증가하였다.

07 일제는 1931년 만주 사변, 1937년 [   ], 1941년 태평양 전쟁 등 침략 전쟁을 전개하였다.

08 1930년대 이후 일제는 내선일체 일선동조론을 주입하기 위해 [   ] 정책을 실시하였다.

09 총독에 의한 허가제로 운영되던 회사령은 1920년 [   ](으)로 개정되었다.

10 일제는 남부 지방은 면화 재배, 북부 지방은 면양의 사육을 강요하는 [   ] 정책을 실시하였다.

> **정답** **01** 가쓰라·태프트 밀약 **02** 기유각서 **03** 을사늑약 **04** 대한매일신보 **05** 범죄즉결례
> **06** 보통 경찰 제도 **07** 중·일 전쟁 **08** 황국 신민화 **09** 신고제 **10** 남면북양

---

01 31회 41번
다음 사건이 일어난 시기를 연표에서 옳게 고른 것은?

> 군사장(허위)은 미리 군비를 신속히 정돈하여 철통과 같이 함에 한 방울의 물도 샐 틈이 없는지라. 이에 전군에 명령을 전하여 일제히 진군을 재촉하여 동대문 밖으로 진군하였다. 대군은 긴 뱀의 형세로 천천히 전진하게 하고, 3백 명을 인솔하고 선두에 서서 동대문 밖 삼십 리 되는 곳에 나아가 전군이 모이기를 기다려 일거에 서울을 공격하여 들어가기로 계획하였다. 전군이 모여드는 시기가 어긋나고 일본군이 갑자기 진격하는지라. 여러 시간을 격렬히 사격하다가 후원군이 이르지 않으므로 그대로 퇴진하였더라.

1894	1899	1904	1905	1907	1910
	(가)	(나)	(다)	(라)	(마)
갑오 개혁	대한국 국제 반포	한·일 의정서	을사 늑약	정미 7조약	국권 피탈

① (가)　② (나)　③ (다)　④ (라)　⑤ (마)

> **정답** ⑤
> **해설** 제시된 자료는 허위를 중심으로 동대문 밖까지 진군하였다가 퇴진한 1908년 서울 진공 작전이다. 1907년 정미 7조약(한·일 신협약)으로 군대가 강제 해산되자 정미의병이 일어나 13도 창의군이 결성되고 서울 진공 작전이 전개되었다.

---

02 30회 32번
다음 기사에 보도된 사건 이후의 사실로 옳은 것은?

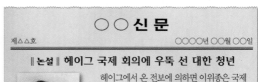

○○**신문**

제△△호　　　　　　　　　　○○○○년 ○○월 ○○일

‖논설‖ **헤이그 국제 회의에 우뚝 선 대한 청년**

헤이그에서 온 전보에 의하면 이위종은 국제 회의에서 기자들이 모인 가운데 을사늑약이 무효인 이유를 프랑스 어로 세 시간 동안이나 연설하였다고 한다. 이위종은 진정한 애국지사이며 출중한 인물이다. 오늘날 한국에 이러한 청년들이 수백 수천이 있어 각각 어깨 위에 대한 강토를 걸머지고 있으면 한국이 장차 국권을 회복할 것을 믿어 의심치 않는다.

① 고종이 국외 중립을 선언하였다.
② 김옥균 등 개화 세력이 정변을 일으켰다.
③ 군국기무처를 중심으로 개혁이 추진되었다.
④ 보안회가 일제의 황무지 개간권 요구를 철회시켰다.
⑤ 13도 창의군이 결성되어 서울 진공 작전을 전개하였다.

> **정답** ⑤
> **해설** 1907년 고종은 만국 평화 회의가 열린 네덜란드 헤이그에 이위종을 이준, 이상설과 함께 특사로 파견하였다. 일본은 이를 구실로 고종을 강제 퇴위시키고 군대를 해산하였다. 해산된 군인들은 의병에 합류하여 13도 창의군을 결성하고 서울 진공 작전을 전개하였다.

① 1904년 고종은 러시아와 일본의 대립이 고조되는 상황에서 국외 중립을 선포하였다. ② 1884년 김옥균 등 급진 개화파가 일으킨 갑신정변이다. ③ 군국기무처는 제1차 갑오개혁(1894)을 진행한 초정부적 회의 기구로, 개혁에 관한 모든 사무를 관장하였다. ④ 보안회는 1904년에 조직된 단체로, 일제의 황무지 개간권 요구에 반대하였다.

03 27회 44번
밑줄 그은 ㉠이 시행된 시기의 일제 정책으로 옳지 않은 것은?

> 공 판 청 구 서
>
> - 피 고 인: ○○○
> - 범 죄 사 실: 피고인은 조선의 지식인 청년 학도를 여지없이 말살시키기 위해 일본이 가장 악랄한 방법으로 제정한 소위 ㉠학도 지원병 제도를 실시함에 있어서, 그 제도의 정신과 취지를 고의로 호도 선전하여 순진한 청년 학도의 심리를 혼돈시켜 학병을 지원하게 할 목적으로 동경으로 건너가 조선인 유학생들에게특별 강연을 하였음.
>
> 19○○년 ○○월 ○○일
> 반민족행위특별검찰부
>
> 특별재판부귀중

① 한국인에 한하여 태형령을 적용하였다.
② 식량 배급 및 미곡 공출 제도를 실시하였다.
③ 전국 각지에 신사를 증설하여 참배를 강요하였다.
④ 조선 사상범 예비 구금령을 통해 독립운동을 탄압하였다.
⑤ 천황에게 충성을 맹세하는 황국 신민 서사를 암송하게 하였다.

밑줄 그은 ㉠이 시행된 시기는 전시 동원 체제 시기이다. 일제는 1938년 국가 총동원법을 공포하고 인적·물적 수탈을 자행하였다. 대표적으로 1943년 학도 지원병 제도를 실시하였다.
① 조선 태형령은 무단 통치 시기인 1912년에 제정되었다.

04 39회 44번
밑줄 그은 ㉠이 실시된 시기의 사실로 옳은 것은?

남태평양 밀리 환초로 끌려갔던 한국인 노동자들의 사진이 처음 공개되었다. 이들은 ㉠일제의 징용령 이후 강제로 끌려가 가혹한 처우에 반란을 일으켰으나, 일본군에게 130여 명이 학살당하고 68명만 살아남았다. 미군에게 구조된 사진 속 생존자들은 뼈가 드러날 정도로 앙상하게 마른 모습이다.

① 일본국의 보복으로 간도 참변이 발생하였다.
② 일제가 중국 군벌과 미쓰야 협정을 체결하였다.
③ 농촌을 계몽하기 위한 브나로드 운동이 시작되었다.
④ 한국 독립군이 대전자령 전투에서 일본군을 격퇴하였다.
⑤ 일제가 한국인의 성과 이름을 일본식으로 바꾸도록 강요하였다.

밑줄 그은 ㉠이 실시된 시기는 1930년대 후반 전시 동원 체제 시기이다. 1937년 중·일 전쟁을 일으킨 일제는 대륙 침략을 본격적으로 추진하면서 전쟁 수행에 필요한 인적·물적 자원 수탈을 강화하였다. 1938년 국가 총동원법을 제정하였고, 1939년 징용령이 공포되었다. 또 학도 지원병제, 징병제, 여자 정신대 근무령 등으로 인력을 동원하였으며, 당시 전시 동원 체제에서는 일제가 창씨개명(한국인의 성과 이름을 일본식으로 바꾸게 함), 황국 신민 서사 암송, 신사 참배 등을 강요하며 황국 신민화 정책을 폈다.

05 38회 44번
밑줄 그은 '시기'에 있었던 사실로 옳은 것은?

> 이것은 태평양 전쟁이 전개되던 시기에 만들어진 포스터로, 애국반에 호적 미등재자가 없도록 하자는 수칙이 쓰여 있습니다. 특히 징병제의 대상자는 빠짐없이 호적에 등재할 것을 강조하고 있습니다.

① 회사령이 철폐되었다.
② 조선 태형령이 시행되었다.
③ 토지 조사 사업이 실시되었다.
④ 여자 정신 근로령이 공포되었다.
⑤ 제1차 조선 교육령이 발표되었다.

밑줄 그은 '시기'는 1938년 이후 전시 동원 체제 시기이다. 일제는 중·일 전쟁을 일으키고 대륙 침략을 본격적으로 추진하면서 전쟁 수행에 필요한 인적·물적 자원을 수탈하기 위해 1938년 국가 총동원법을 제정하였다. 1938년 국민정신 총동원 조선 연맹의 하부 조직으로 애국반을 설립하였으며, 1941년 태평양 전쟁이 발발하자 일제는 여자 정신 근로령(1944)을 공포하여 많은 여성을 전쟁터로 보내 노동력을 착취하고, '일본군 위안부(성노예)'를 만들었다.
① 1920년대 문화 통치 시기, ②·③·⑤ 1910년대 헌병 경찰 통치 시기에 있었던 사실이다.

06
다음 자료가 발표된 이후에 볼 수 있는 모습으로 옳은 것은?

> 첫째는 제국의 대륙 병참 기지로서 조선의 사명을 명확히 파악해야 하겠다. 이번 전쟁에서 조선은 대 중국 작전군에게 식량, 잡화 등 상당량의 군수 물자를 공출하여 어느 정도의 효과를 올렸다. 그러나 이 정도로는 아직 불충분하다. …… 대륙의 일본군에게 일본 내지로부터 해상 수송이 차단 당하는 경우가 있더라도 조선의 힘만으로 이것을 보충할 수 있을 정도로 조선 산업 분야를 다각화해야 한다. 특히 군수 공업 육성에 역점을 두어 모든 준비를 해야 할 필요가 있다.
>
> – 미나미 총독 연설 –

① 헌병 경찰에게 벌금형을 부과받는 농민
② 신간회 창립 대회를 취재하고 있는 기자
③ 국채 보상 운동의 모금에 참여하고 있는 상인
④ 조선 민립 대학 기성 준비회 발족에 참석하는 교사
⑤ 국민 징용령에 의해 강제 노동에 끌려가는 청년

정답 ⑤

해설 중·일 전쟁이 장기화되자, 일제는 1938년 국가 총동원법을 발표하여 조선을 병참 기지화하고 조선인들을 징병, 징용, 정신대로 끌고 가는 등 전쟁에 적극적으로 동원하였다.

오답 피하기 ① 무단 통치 시기는 1910년대, ② 신간회 창립은 1927년, ③ 국채 보상 운동은 1907년, ④ 민립 대학 설립 운동은 1920년대 초의 모습이다.

07
(가) 사업에 대한 설명으로 옳은 것은?

> (가) 은/는 지세의 부담을 공평히 하고 지적을 명확히 하여 그 소유권을 보호하고, 그 매매·양도를 간편·확실하게 함으로써 토지의 개량 및 이용을 자유롭게 하고 또 그 생산력을 증진시키려는 것으로서 조선의 긴요한 시책이라는 것은 말할 필요도 없다.
>
> – 조선 총독부 시정 연보 –

① 농촌 진흥 운동의 일환으로 실시되었다.
② 농민들의 관습적인 경작권을 보장해 주었다.
③ 지주들을 산업 자본가로 전환시키고자 하였다.
④ 일제가 식민지 통치의 재정 기반을 확대하려고 시행하였다.
⑤ 세계적 대공황으로 인해 일제의 정책이 바뀌면서 중단되었다.

정답 ④

해설 (가) 사업은 토지 조사 사업으로, 조선 총독부는 조세 부담을 공평히 하고 지적을 명확히 한다는 명목하에 토지 조사 사업을 실시하였다. 일제는 근대적인 토지 소유권의 확립을 명분으로 1910년 임시 토지 조사국을 설치하고, 1912년 토지 조사령을 공포하였다. ④ 이는 일제가 식민 통치의 재정 기반을 확대하기 위한 것이었다.

08
다음 법령이 제정된 이후의 사실로 옳은 것은?

> 제4조   정부는 전시에 국가 총동원상 필요할 때는 칙령이 정하는 바에 따라 제국 신민을 징용하여 총동원 업무에 종사하게 할 수 있다.
>
> 제20조   정부는 전시에 국가 총동원상 필요할 때는 칙령이 정하는 바에 따라 신문지, 기타 출판물의 게재에 대하여 제한 또는 금지를 행할 수 있다.

① 신간회가 결성되었다.
② 사립 학교령이 공포되었다.
③ 조선 민흥회가 창립되었다.
④ 조선어 학회 사건이 일어났다.
⑤ 조선 민립 대학 기성회가 조직되었다.

정답 ④

해설 일제는 전시 국가 총동원의 일환으로 징용을 실시하고 언론·출판의 자유를 제한하는 등 1938년 국가 총동원법을 공포하였다. 이후 ④ 1942년에 조선어 학회 사건이 일어나 최현배, 이희승 등 33명이 검거되었다.

오답 피하기 ① 신간회 결성은 1927년, ② 사립 학교령은 1908년, ③ 조선 민흥회 창립은 1926년, ⑤ 민립 대학 설립 운동은 1920년대 초의 사실이다.

09
다음 법령이 공포된 이후에 있었던 사실로 옳지 않은 것은?

> 제1조 국체를 변혁하거나 사유 재산 제도를 부인하는 것을 목적으로 결사를 조직하거나 또는 사정을 알고 이에 가입한 자는 10년 이하의 징역 또는 금고에 처한다. 전항의 미수죄도 처벌한다.
>
> 제2조 전조 제1항의 목적으로 그 목적이 되는 사항의 실행에 관하여 협의를 한 자는 7년 이하의 징역 또는 금고에 처한다.

① 박상진의 주도로 대한 광복회가 조직되었다.
② 전국적 조직인 조선 농민 총동맹이 결성되었다.
③ 민족 유일당 운동의 일환으로 신간회가 창립되었다.
④ 사회주의 세력의 활동 방향을 밝힌 정우회 선언이 발표되었다.
⑤ 노동 조건 개선을 요구하며 원산 노동자 총파업이 전개되었다.

정답 ①

해설 제시된 자료는 1925년 제정된 치안 유지법이다. 1925년 일제가 제정한 치안 유지법은 무정부주의, 공산주의 운동을 비롯한 사회 운동을 조직하거나 선전하는 사람들에게 중벌을 가하는 법률이다.

오답 피하기 ① 대한 광복회는 치안 유지법이 공포되기 이전인 1915년 대구에서 박상진의 주도로 조직되었으며, 공화 정체 수립을 지향하였다.

10 다음 법령의 시행 결과로 옳지 <u>않은</u> 것은?

제1조 토지의 조사 및 측량은 이 영(令)에 의한다.
  ⋮
제4조 토지의 소유자는 조선 총독이 정하는 기간 내에 그 주소, 성명 또는 명칭 및 소유지의 소재, 지목, 자번호, 사표, 등급, 지적, 결수를 임시 토지 조사 국장에게 신고하여야 한다. 다만, 국유지는 보관 관청에서 임시 토지 조사 국장에게 통지하여야 한다.
제5조 토지의 소유자 또는 임차인, 기타 관리인은 조선 총독이 정하는 기간 내에 그 토지의 사방 경계에 표지판을 세우되, 민유지에는 지목 및 자번호와 소유자의 성명 또는 명칭을, 국유지에는 지목 및 자번호와 보관 관청명을 기재하여야 한다.

① 조선 총독부의 재정 수입이 증대되었다.
② 지계아문이 설치되어 지계가 발급되었다.
③ 일본에서 한국으로의 농업 이민이 증가하였다.
④ 만주와 연해주로 이주하는 농민들이 늘어났다.
⑤ 동양 척식 주식회사의 보유 토지가 확대되었다.

정답 ②

해설 1912년 일제는 토지 조사령을 공포하고 토지 조사 사업을 본격적으로 실시하여 미신고 토지나 공공 기관의 토지 등을 조선 총독부의 소유로 귀속시켰고, 조선 총독부의 재정 수입은 증대되었다. 또 동양 척식 주식회사가 보유한 토지가 확대되면서 일본인에게 헐값에 팔아넘기기도 하였다. 이로 인해 토지를 잃은 농민들은 소작농으로 전락하거나 만주와 연해주 등 해외로 이주하였다. 반면 일본에서 한국으로의 농업 이민은 증가하였다.

오답 피하기 ② 대한 제국 광무개혁 때 지계아문이 설치되어 지계가 발급되었다.

11 (가)에 들어갈 내용으로 옳은 것은?

학습 내용 정리

1910년대 일제의 통치

1. 정치
   - 헌병 경찰제 실시
   - 조선 태형령 제정☆
2. 경제
   - 토지 조사 사업 시행
   - 삼림령, 어업령, 조선 광업령 발표
3. 사회
   - 언론·출판·집회·결사의 자유 박탈
   - ☐ (가)

① 국민 교육 헌장 발표
② 경성 제국 대학 설립
③ 한성 사범 학교 관제 마련
④ 소학교 명칭을 국민 학교로 변경
⑤ 보통 학교 수업 연한을 4년으로 함

정답 ⑤

해설 (가)에 들어갈 내용은 1910년대 교육 정책이다. 일제는 헌병 경찰 통치(무단 통치) 시기에 헌병 경찰 제도를 시행하고 조선 태형령을 제정하였으며, 언론·출판·집회·결사의 자유를 박탈하였다. 또 일반 관리 및 학교 교원까지 제복을 입고 칼을 착용하도록 하여 위협적인 분위기를 조성하였다. 1911년 제1차 조선 교육령을 발표하여, 보통 학교 수업 연한을 4년으로 정하였으며, 보통 교육과 실업 교육에 주력하고 고등 교육의 기회를 부여하지 않았다.

12 (가)에 들어갈 내용으로 옳은 것을 〈보기〉에서 고른 것은?

모의 재판 기소문

범죄 사실

피고인은 초대 조선 총독으로 부임하여 각종 식민지 악법을 제정한 자로서 죄목은 다음과 같다.

1. 주한 통감 시절 의병들을 살육하는 데 앞장섰던 아카시를 헌병 사령관 겸 경무총감에 임명함으로써 헌병 경찰 제도의 토대를 마련하였다.
2. ☐ (가)

────── 〈보기〉 ──────

ㄱ. 산미 증식 계획을 실시하여 식량을 수탈하였다.
ㄴ. 조선 태형령을 시행하는 등 무단 통치를 하였다.
ㄷ. 치안 유지법을 제정하여 독립운동가를 탄압하였다.
ㄹ. 토지 조사 사업으로 조선 농민의 몰락을 초래하였다.

① ㄱ, ㄴ   ② ㄱ, ㄷ   ③ ㄴ, ㄷ
④ ㄴ, ㄹ   ⑤ ㄷ, ㄹ

정답 ④

해설 초대 조선 총독으로 부임하여 각종 식민지 악법을 제정한 모의 재판의 피고인은 데라우치이다. 데라우치의 통치 시기에 일제는 조선 태형령을 시행하는 등 무단 통치를 하였고(ㄴ), 토지 조사 사업을 벌여 조선 농민의 몰락을 초래하였다(ㄹ).

오답 피하기 ㄱ. 산미 증식 계획은 1920년대의 일이다.
ㄷ. 치안 유지법은 1925년에 제정되었다.

02 3·1 운동과 대한민국 임시 정부

출제 빈도 **상** | 중 | 하

105인 사건

1911년 일제가 무단 통치의 일환으로 민족 운동을 탄압하기 위해 독립운동 자금을 모으다 체포된 안명근 사건을 데라우치 총독 암살 미수 사건으로 조작하여 105인의 독립운동가를 감옥에 가둔 사건이다. 이 사건으로 신민회가 해체되었다.

합격생의 비법

복벽주의

뒤집혔던 왕조를 회복하거나 물러난 임금을 다시 복위시키겠다는 움직임을 말한다.

시험에 자주 등장해요

1910년대 국내 민족 운동을 묻는 문제가 출제됩니다. 1910년대 독립 의군부, 대한 광복회 등 비밀 결사 활동을 기억하세요.

❶ 1910년대 국내 민족 운동

1) 특징 : 남한 대토벌 작전, 105인 사건 등으로 국내 항일 민족 운동 약화 → 애국지사의 국외 망명, 채응언 등 의병 부대의 저항 → 점차 비밀 결사의 형태로 전개

2) 비밀 결사의 활동

① 조직 배경 : 일제의 강력한 무단 통치로 의병 투쟁이 한계에 도달

② 주도 계층 : 지식인, 교사와 학생 및 종교인 규합, 농민과 노동자 연계

③ 계열

　㉠ 의병과 계몽주의 계열의 통합 : 대한 광복회

　㉡ 의병 계열 : 독립 의군부, 민단 조합, 풍기 광복단

　㉢ 계몽주의 계열 : 조선 국권 회복단, 기성단, 조선산직장려계, 송죽회 등

④ 국내의 비밀 결사

독립 의군부 👑 빈출 (1912)	• 조직 : 고종의 비밀 지령을 받은 임병찬이 결성 • 활동 : 복벽주의에 따라 고종의 복위 시도, 국권 반환 요구서 제출 추진
대한 광복회 👑 빈출 (1915)	• 조직 : 대구에서 박상진을 중심으로 개편 • 활동 : 일반 부호로부터 거둔 자금으로 무장을 준비하고 친일파 처단 활동 전개, 남북 만주에 사관 학교를 세워 사관 양성 • 의의 : 복벽주의 청산, 공화 정체 수립 지향
조선 국권 회복단 (1915)	• 조직 : 단군 신앙을 믿는 경북 지방의 유생들로 구성된 비밀 결사 • 활동 : 상하이 대한민국 임시 정부에 군자금 송금, 3·1 운동 당시 만세 운동 주도, 파리 강화 회의에 제출된 독립 청원서 운동 참여
송죽회 (1913)	• 조직 : 평양 숭의 여학교의 학생과 여교사 등 여성을 중심으로 조직 • 활동 : 만주와 연해주 등지에 독립운동 자금 전달, 3·1 운동 참여
기성단 · 자립단	대성 학교 출신 학생들이 조직

출제 사료 　대한 광복회 강령

1. 부호의 의연금 및 일인이 불법 징수하는 세금을 압수하여 무장을 준비한다.
2. 남북 만주에 군관 학교를 세워 독립 전사를 양성한다.
3. 종래의 의병 및 해산 군인과 만주 이주민을 소집하여 훈련한다.
7. 무력이 완비되는 대로 일본인 섬멸전을 단행하여 최후 목적을 달성한다.

● **출제 포인트 분석**

대한 광복회는 무관 학교 설립을 위해 군자금을 모금하고, 친일파를 처단하는 등 1910년대 가장 활발하게 활동한 단체이다.

3) 의의 : 의병 활동과 비밀 결사의 활동은 3 · 1 운동으로 계승되었음

❷ 1910년대 국외 민족 운동

1) 배경

① **의병 계열 :** 국내에서는 일제의 강력한 민족 운동 탄압(남한 대토벌 작전 등)

② **애국 계몽 운동 계열 :** 애국 계몽 운동의 한계성 인식 → 독립 전쟁론 제기

2) 활동

① 만주

㉠ 서간도(남만주)

독립군 기지 및 중심	삼원보, 이회영 · 이시영 등 신민회 중심
자치 기구	경학사(1911) → 부민단(1912) → 한족회(1919) → 서로 군정서군으로 개편(군정부 기능 보유)
학교	신흥 강습소(1911) → 신흥 학교(1912), 신흥 무관 학교(1919), 동림 무관 학교

㉡ 북간도(북만주)

독립군 기지	한흥동(밀산부), 대한인 국민회와 신민회 간부들이 건설
자치 · 군정 기구	• 간민 자치회 → 간민 교육회 → 간민회 → 대한 국민회 • 중광단(1911) → 정의단 · 군정회 → 북로 군정서군
교육	간민 교육회, 서전서숙 <img... 빈출>, 명동 학교 설립(민족 교육과 군사 교육 실시)

② 러시아 · 연해주

독립군 기지	신한촌(블라디보스토크) 건설
자치 · 군정 기구	• 권업회 빈출 (1911) : 신한촌에서 의병 계열과 계몽 계열이 합작하여 조직 • 대한 광복군 정부 빈출 (1914) : 권업회가 모체, 이상설과 이동휘가 정 · 부통령이 되는 망명 정부 효시(임시 정부의 단초 제공)
군사 활동	• 의병 부대 편성과 국내 진공 작전 : 간도 관리사 이범윤의 망명(1906) 뒤 연해주 각지에서 의병 편성 → 안중근, 전제익 등을 중심으로 대규모 국내 진공 작전 전개(1908) • 13도 의군(1910) : 의병 운동과 계몽 운동 노선이 결합하여 공동 건설(유인석 · 홍범도 등)

③ 중국

동제사 (1912, 상하이)	• 조직 : 신규식, 박은식, 정인보, 신채호, 조소앙 등이 참여 • 활동 : 박달학원 성립(독립운동을 담당한 청년 교육에 집중), 제1차 만국 사회당 대회에 대표단 파견 계획
신한 혁명당 (1915, 베이징)	복벽주의에서 출발하였으나 신한 혁명당의 대동 단결 선언(1917)에서 극복(황제의 주권 포기 선언, 국민 주권설과 공화주의 표방)
신한 청년당 (1918, 상하이)	• 조직 : 김규식, 여운형, 문일평, 정인보, 신규식, 신채호 등 • 활동 : 미국에 독립 청원서 제출, 파리 강화 회의에 김규식 파견

연해주 · 만주 지역의 독립운동 기지 건설

합격생의 비법

이상설의 활동

• 1906년에 간도 용정촌에서 서전서숙을 설립하였다.

• 1907년에 고종의 밀지를 받고 을사늑약(을사조약)의 무효를 주장하기 위해 헤이그 만국 평화 회의에 특사로 파견되었다.

• 헤이그 특사 파견을 구실로 국내에서 궐석 재판이 진행되어 사형을 선고받자, 귀국하는 대신 블라디보스토크로 가서 성명회를 조직하였다.

• 이동녕 등과 권업회를 조직하여 '권업신문' 등을 발행하였다.

• 1914년 대한 광복군 정부를 세우고 정통령에 취임하여 연해주 지역에서 독립운동을 지도하였다.

시험에 자주 등장해요

1910년대 국외 민족 운동을 묻는 문제가 자주 출제됩니다. 1910년대 국외에 세워진 독립운동 기지를 기억하세요.

④ 미국

대한인 국민회(1910)	장인환 · 전명운의 스티븐스 암살 사건을 계기로 하와이 교민과 본토 교민이 연합하여 설립
흥사단(1913)	안창호가 샌프란시스코에서 기독교인 중심으로 설립, 군인 양성과 외교 활동
대조선 국민 군단(1914)	박용만이 하와이에서 조직

⑤ **일본** : 조선 유학 학생 학우회(합법 단체, '학지광' 발표), 조선 학회(정치적 계몽 사업), 조선 청년 독립단(도쿄 유학생 중심) 등 조직 → 2 · 8 독립 선언의 기반

❸ 3 · 1 운동

1) 배경

① 국외

국제 정세의 변화	• 레닌의 피압박 약소민족에 대한 지원 선언 • 미국 대통령 윌슨의 민족 자결주의 제창 • 신해혁명 이래 전개된 중국의 근대 민족 운동이 한국인의 근대 민족의식 자극
외교 활동	• 신한 청년당(독립 청원서 작성, 김규식을 대표로 파리 강화 회의에 파견) • 대한인 국민회(이승만이 미국 대통령에게 청원서 제출)의 활동 전개
독립 선언서 발표	• 대동 단결 선언 **빈출** (1917, 상하이에서 신규식, 신채호, 조소앙 등이 발표) • 대한 독립 선언서(만주의 지린 성에서 민족 지도자 39명이 발표) • 2 · 8 독립 선언서 **빈출** (도쿄에서 유학생들이 한국의 독립 요구 선언서와 결의문 발표)

출제 사료 | 독립 선언서 발표

• **대한 독립 선언서(1918)**
  궐기하라 독립군! 독립군은 일제히 천지를 휩쓸라! 한번 죽음은 인간의 면할 수 없는 바이니, 개, 돼지와 같은 일생을 누가 구차히 도모하겠는가? …… 국민의 본령을 자각한 독립임을 기억하고 동양의 평화를 보장하고 인류의 평등을 실시하기 위한 자립임을 명심하여 황천(皇天)의 명령을 받들고 일체의 못된 굴레에서 해탈하는 건국임을 확신하여 육탄 혈전(血戰)으로 독립을 완성하라.

• **2 · 8 독립 선언서(1919)**
  1. 우리는 한 · 일 합병이 우리 민족의 자유의사에서 비롯되지 않았으며, 그것이 우리 민족의 생존 발전을 위협하고 동양의 평화를 저해하는 원인이 된다고 생각하므로 독립을 주장하는 것이다.
  3. 우리는 만국 평화 회의에 대해 민족 자결주의를 우리 민족에게 적용할 것을 청구한다.

● **출제 포인트 분석**
  대한 독립 선언은 중광단이 중심이 되어 선언한 것으로, 외교가 아닌 '전쟁'으로써 독립을 쟁취할 것을 주장하였다. 2 · 8 독립 선언은 조선 청년 독립단과 도쿄의 한국인 유학생이 중심이 되어 선언한 것으로 2 · 8 독립 선언은 이후 국내에 알려져 3 · 1 운동의 도화선이 되었다.

---

② 국내
  ㉠ **고종 독살설** : 고종 황제가 승하한 이후 독살설이 유포되어 민심 동요, 반일 감정 증폭
  ㉡ 일제에 대한 불만 고조 : 일제의 무단 통치와 토지 조사 사업 등으로 인해 불만 고조

합격생의 비법

민족 자결주의

민족 자결주의는 민족의식을 지닌 한 집단이 독자적으로 국가를 형성하고 자신의 정부를 선택할 수 있다는 사상이다. 제1차 세계 대전이 끝나갈 무렵 당시 미국 대통령이었던 윌슨은 14개조의 평화 원칙을 발표하여 새로운 세계 질서와 평화를 모색하고자 하였다. 여기에서 윌슨은 식민지 문제의 해결을 위한 원칙으로 민족 자결주의를 제창하였는데, 이는 그동안 제국주의의 침략을 받았던 약소민족이 독립에 대한 희망을 가지게 하였다.

파리 강화 회의에 파견된 김규식

2) 전개 과정

① 1단계(점화) : 민족 대표를 중심으로 시위 점화, 지식인·종교인 및 일제에 피해를 본 일부 민족 자본가와 지주 참여

3·1 운동

독립 선언 준비	천도교, 기독교, 불교, 학생의 민족 대연합 전선 구축
독립 선언	1919년 3월 1일 민족 대표 33인이 태화관에서 독립 선언서를 낭독 ⚡빈출 한 후 자진하여 체포당함 → 탑골 공원에서 학생과 시민들이 독립 선언서 낭독
민족 대표의 정치 지향	애국 계몽 운동 계열과 신민회 잔존 세력이 주축 → 왕정 복구가 아닌 공화주의 지향
민족 대표의 한계	• 초기에 주도권을 포기하고 조직적인 지도를 하지 못함 → 후에는 학생을 비롯한 일반 민중들이 주도권 행사 • 국제적 인식 결여 : 타협적·외세 의존적 독립 방법론, 민족 자결주의에 대한 환상, 제국주의 국제 질서 낙관(비폭력·무저항) • 반민중성 : 민중의 중요성을 인식하지 못하고 불신

② 2단계(도시 확산) : 청년과 학생을 중심으로 시위가 전국 도시로 확산, 상인과 노동자도 참여

유관순

선언문 낭독	탑골 공원(학생)
시위	탑골 공원에서 독립 선언서 낭독 후 전국으로 확대, 학생(동맹 휴업)·상인(철시)·노동자(파업) 동참

③ 3단계(농촌 확산) : 농촌 및 산간벽지 등으로 시위 확대
　　㉠ 농촌의 장터를 중심으로 확산(유관순 활동), 농민의 적극적인 참여, 비밀 결사와 단체를 중심으로 조직적인 시위 전개
　　㉡ 무력 투쟁으로 변모

④ 4단계(국외 확산) : 만주, 연해주, 미주, 일본 등 해외로까지 확산

3) 일제의 탄압 : 만세 시위가 일어나자 군중에 무차별 총격, 학살 자행(제암리 학살 사건 등)

제암리 학살 사건

1919년 4월 15일에 일본 군경은 만세 운동이 일어났던 경기도 화성군 제암리에서 주민들을 교회로 모이게 한 후 출입문과 창문을 모두 잠그고 집중 사격하였다. 이와 같은 학살을 저지른 일제는 증거 인멸을 위하여 교회와 민가에도 불을 지르는 행위를 저질렀다.

4) 의의

① **최대 규모의 민족 운동** : 전 민족의 독립운동 역량을 확인한 거족적인 운동
② **독립운동의 조직적 기반 마련** : 대한민국 임시 정부가 수립되는 계기 마련
③ **독립운동의 참여 폭 확대** : 학생·농민·노동자 등이 근대 민족 운동의 주도 세력으로 등장
④ **독립운동의 분수령** : 이념 분화(사회주의와 민족주의), 민족주의 분화(타협적 민족주의와 비타협적 민족주의), 방법론 분화(무장 투쟁, 실력 양성론, 외교 독립론, 민족 해방 운동 등)
⑤ **약소민족의 해방 운동에 영향** : 중국의 5·4 운동, 인도의 비폭력·불복종 운동 등에 영향
⑥ 일제의 식민지 통치 방식의 변화 : 일제의 통치 방식이 무단 통치에서 문화 통치로 전환

임시 정부 수립 원칙
1. 상하이와 연해주에서 설립한 정부를 일체 해소하고 국내에서 13도 대표가 창설한 한성 정부를 계승할 것
2. 정부의 위치는 당분간 상하이에 둘 것
3. 상하이에서 설립한 정부가 실시한 행정은 유효임을 인정할 것
4. 정부 명칭을 대한민국 임시 정부로 할 것
5. 현재의 각원(閣員)은 총사퇴하고 한성 정부가 선임한 각원들이 정부를 인계할 것

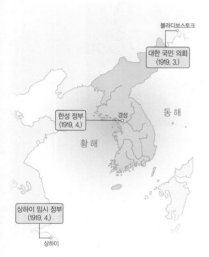

임시 정부의 통합

상하이 임시 정부

❹ 대한민국 임시 정부의 수립과 활동

1) 배경

① 국권 피탈 후 독립 단체들의 항일 투쟁 확대, 3·1 운동 이후 독립운동의 체계화와 조직화의 필요성 인식

② 윌슨의 민족 자결주의가 일본의 식민지 조선에도 적용될 것이라는 기대

③ 외교 선전 활동의 효율적인 수행을 위해 통일된 조직 필요

2) 수립과 통합

① 수립 : 각 지역에 분산적인 형태의 임시 정부 수립

대한 국민 의회(1919. 3.)	연해주, 전로 한족회 중앙 총회를 정부 형태로 개편
상하이 임시 정부(1919. 4.)	중국 상하이, 신한 청년당 중심의 민족 운동가들이 임시 의정원을 구성하여 임시 정부 구성
한성 정부(1919. 4.)	국내, 13도 대표가 모여 국민 대회를 개최하고 수립

② 통합 : 외교적 노력을 강조하는 상하이 중심안과 무력 투쟁을 중시하는 만주안의 대립 → 상하이안 채택 → 상하이에서 한성 정부의 법통을 계승한 대한민국 임시 정부 수립(1919. 9.)

③ 임시 정부의 체제 : 대통령 중심제, 삼권 분립에 입각한 민주 공화제 채택, 대통령 이승만·국무총리 이동휘 임명, 임시 의정원(입법)·법원(사법)·국무원(행정) 등 설치

출제 사료	대한민국 임시 정부

제1조 대한민국은 민주 공화제로 한다.
제2조 대한민국은 임시 정부가 임시 의정원의 결의에 의하여 이를 통치한다.
제3조 대한민국 인민은 남녀 귀천 및 빈부의 계급이 없고 일체 평등하다.

― 대한민국 임시 헌장(1919. 4.) ―

● **출제 포인트 분석**

1919년 3·1 운동 직후 각 지역에 수립되었던 임시 정부는 통합 논의를 거쳐 상하이에서 대한민국 임시 정부를 수립하였다. 대한민국 임시 정부는 우리 역사상 최초로 삼권 분립의 원칙에 기초한 민주 공화제를 채택하였다.

3) 활동

① 연통제와 교통국 조직

연통제	• 국내 및 서간도·북간도 지방과의 연락 조직망 • 각 도·군·면에 독판·군감·면감 등을 둠 • 정부 문서와 명령 전달, 군자금 조달, 정보 보고, 독립운동 지휘·감독 등
교통국	• 군(교통국), 면(교통소), 만주의 안동(단동) 지부 교통국 중심 • 통신 기관, 정보의 수집·분석·교환·연락 업무 관장 등 국내외 연락 담당

② 외교 활동

㉠ 파리 강화 회의 **빈출** 에 김규식을 파견하여 독립 청원서 제출

㉡ 워싱턴의 구미 위원부(이승만을 중심으로 외교 독립 활동 전개), 필라델피아에 한국 통신부(서재필)

ⓒ 조소앙은 제2 인터내셔널 제네바 회의 참가 → 한국 민족 독립 결정서 통과

③ **군사 활동** : 직할 군단 편성(서간도에 광복군 사령부, 광복군 총영 설치), 서로 군정서 군과 북로 군정서군을 임시 정부 산하 조직으로 편제, 육군 주만 참의부(1923)

④ **독립운동 자금 모금** : 독립(애국) 공채 발행 [빈출], 인두세 · 의연금 충당, 만주의 이륭양행 · 부산의 백산 상회의 활동(연통제와 교통국 조직 등을 통해 정부에 전달)

⑤ **교육과 문화** : 독립신문 간행, 사료 편찬소 설치(한 · 일 관계 사료집 간행, 일제 침략의 부당성과 독립 요구 정리)

4) 국민 대표 회의

① **배경** : 연통제 및 교통국 조직 파괴(1921), 국내로부터 지원 감소, 외교 활동의 성과 미비, 독립운동 방략을 둘러싼 대립

② 국민 대표 회의 개최 [빈출](1923)

배경	• 이승만의 위임 통치 청원서 제출 → 이승만과 외교 독립론에 대한 불만 제기 • 레닌의 임시 정부 개조 요청
개최	• 상하이에서 박은식 · 원세훈 등이 국민 대표 회의 소집을 요구하는 연설회 개최(우리 동포에게 고함) • 미국 주도의 태평양 회의가 끝난 후 예비 회의를 열고 개최(1923) • 창조파(임시 정부 해체, 새 정부 수립 주장, 무력 항쟁 강조)와 개조파(임시 정부의 개혁과 존속 주장, 실력 양성 우선, 외교 활동 강조)로 분열 • 성과 없이 결렬됨
의의	• 임시 정부의 한계를 명확히 함으로써 독립운동 조직론에 대한 논의 형성 • 민족 통일 전선 결성의 노력을 더욱 진전시키는 중요한 계기 마련 • 임시 정부의 성격 전환의 계기

5) 임시 정부의 재정비

① 국민 대표 회의가 결렬된 이후 임시 정부 분열, 김구 · 이시영 · 이동녕 등 소수 독립운동가가 주도함, 이승만 탄핵(1925) · 박은식의 2대 대통령 취임, 정치 체제 변화(대통령 중심제 → 국무위원 중심의 집단 지도 체제)

② 한인 애국단 활동(1931), 중국과 동맹 관계(1930~1940년대), 삼균주의 선포(조소앙), 한국광복군 창설(1940)

③ 임시 정부의 헌법 개정 및 변천 과정

구분	시기	정부 형태	정부 수반	활동의 중점
제헌	1919	대통령 중심제	이승만	민족 운동 통합
제1차	1925	내각 책임제(국무령 중심)	이동녕 등	내부 혼란 수습
제2차	1927	집단 지도 체제		이념 대립 통합
제3차	1940	주석 중심 체제	김구	대일 선전 포고
제4차	1944	주석 · 부주석 체제	김구, 김규식	광복 대비

6) 의의와 한계

의의	최초의 민주 공화제 정부, 3 · 1 운동의 정신 계승, 독립운동 통합 기구
한계	독립운동 세력의 분화, 대중적 기반 결여와 최고 지도부로서의 지위를 확보하지 못함, 인적 · 물적 기반의 부족

빈칸 채우기

01 1912년 고종의 비밀 지령을 받은 ☐☐☐은/는 독립 의군부를 결성하고 복벽주의 운동을 펼쳤다.

02 1915년 평양 숭실 학교의 기독교 청년 학생층을 중심으로 조직된 ☐☐☐은/는 공화주의를 표방하였다.

03 북간도 지역에서는 ☐☐☐와/과 명동학교가 설립되어 민족 교육과 군사 교육을 실시하는 등 독립운동 요원을 양성하였다.

04 권업회가 블라디보스토크에 수립한 최초의 임시 정부인 ☐☐☐은/는 이상설과 이동휘를 정·부통령으로 하였다.

05 1912년 상하이에서 신규식, 박은식, 정인보, 신채호, 조소앙 등이 결성한 ☐☐☐은/는 박달학원을 세워 독립운동을 담당할 청년 교육에 힘썼다.

06 신한 청년당은 파리 강화 회의에 ☐☐☐을/를 대표로 파견하였다.

07 미주 지역에서 장인환·전명운의 스티븐스 저격을 계기로 ☐☐☐이/가 결성되었다.

08 조선 청년 독립단과 도쿄의 한국인 유학생들이 중심이 되어 ☐☐☐이/가 일어났고, 이는 3·1 운동에 큰 영향을 미쳤다.

09 대한민국 임시 정부는 국내 연락 조직으로 연통제와 ☐☐☐을/를 설치하였다.

10 1923년 ☐☐☐을/를 개최하였으나 창조파와 개조파로 분열되어 결렬되었다.

> **정답** 01 임병찬 02 조선 국민회 03 서전서숙 04 대한 광복군 정부 05 동제사 06 김규식 07 대한인 국민회 08 2·8 독립 선언 09 교통국 10 국민 대표 회의

---

01 _{31회 40번} 일제가 다음 대책을 마련한 배경으로 옳은 것은?

> 생각건대, 장래의 운동은 작년 봄 행해진 만세 소요 같은 어린애 장난 같은 것은 아닐 것이고, 근저(根底) 있고 실력 있는 조직적 운동일 것이라는 점을 오늘날 미리 깨닫지 않으면 안 된다. …… 우리들은 어떠한 방책으로 이 경향을 이용하여, 오히려 일선 병합(日鮮倂合)의 대정신, 대이상인 일선 동화(日鮮同化)로 돌아오게 할 수 있을까? 그렇지만 이 방책은 다른 것이 아니다. 위력을 동반한 문화 운동 이것뿐이다.
>
> – 사이토 마코토 –

① 광주 학생 항일 운동이 일어났다.
② 3·1 운동이 전국적으로 전개되었다.
③ 순종의 인산일을 기회로 만세 운동이 전개되었다.
④ 민족 유일당 운동의 일환으로 신간회가 결성되었다.
⑤ 정인보, 안재홍 등을 중심으로 조선학 운동이 전개되었다.

> **정답** ②
> **해설** 민족 독립의 열망을 세계에 알린 3·1 운동으로 무단 통치의 한계를 느낀 일제는 문화 통치를 실시하였다.
> **오답피하기** ① 광주 학생 항일 운동은 3·1 운동 이후 최대의 민족 운동이고, ③ 순종의 인산일을 기회로 전개한 만세 운동은 6·10 만세 운동이다.

02 _{28회 44번} (가) 지역에서 일어난 민족 운동에 대한 설명으로 옳은 것은?

이 지역으로의 한인 이주는 1860년대에 함경도 농민들이 두만강을 건너 정착하면서부터 시작되었다. 이후 한인들의 이주가 증가하면서 신한촌이 건설되었다. 일제의 대륙 침략이 본격화된 1937년에는 이 지역의 한인들이 중앙아시아로 강제 이주를 당하였다.

① 서전서숙이 설립되어 민족 교육을 실시하였다.
② 신한 청년당이 파리 강화 회의에 대표를 파견하였다.
③ 대한 광복군 정부가 세워져 무장 독립 투쟁을 준비하였다.
④ 대조선 국민 군단이 조직되어 독립군 사관을 양성하였다.
⑤ 유학생들이 중심이 되어 2·8 독립 선언서를 발표하였다.

> **정답** ③
> **해설** (가) 지역은 연해주이다. 연해주 지역에서 활동한 독립운동 단체인 대한 광복군 정부는 1914년 권업회를 모체로 만들어졌다. 블라디보스토크에서 이상설, 이동휘를 정·부통령으로 하는 망명 정부로 수립되어 무장 독립 투쟁을 준비하였다.

03 밑줄 그은 '이곳'을 지도에서 옳게 고른 것은?

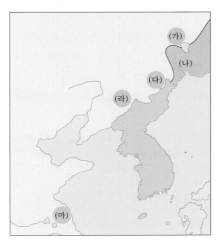

민족의 최고 가치는 자주와 독립이다. 이를 수호하기 위한 투쟁은 민족적 성전이며, 청사에 빛난다. …… 1910년 일본에 의하여 국권이 침탈당하자 국내외 지사들은 이곳에 결집하여 국권 회복을 위해 필사의 결의를 다짐했다. 성명회와 권업회 결성, 한민학교 설립, 신문 발간, 13도 의군 창설 등으로 민족 역량을 배양하고 …… 대일 항쟁의 의지를 불태웠다. － ○○○ 기념탑 비문 －

① (가)　② (나)　③ (다)　④ (라)　⑤ (마)

정답 ②

해설 밑줄 그은 '이곳'은 연해주이다. 연해주에서는 일제의 국권 침탈 이후 국내외 지사들이 결집하여 성명회와 권업회를 결성하고 한민학교 설립, 신문 발간, 13도 의군 창설 등을 전개하였다.

오답 피하기 (가) 밀산부에는 이상설이 건설한 한흥동이 있다. (다) 북간도에는 서전서숙, 명동 학교, 중광단이 있었다. (라) 서간도에는 신흥 강습소와 경학사가 있었다. (마) 상하이에는 김규식의 신한 청년당이 있었다.

04 다음 강령에 대한 설명으로 옳은 것을 〈보기〉에서 고른 것은?

> 제3장 건국
>
> 2절 정치와 경제와 교육의 민주적 시설로 실제상 균형을 도모하며, 전국의 토지와 대생산 기관의 국유가 완성되고, 전국 학령 아동의 전수(全數)가 고급 교육의 면비 수학(免費修學)이 완성되고, 보통 선거 제도가 구속없이 완전히 실시되어 …… 극빈 계급의 물질과 정신상 생활 정도와 문화 수준이 제고 보장되는 과정을 건국의 제2기라 함.

〈보 기〉

ㄱ. 신채호에 의해 작성되었다.
ㄴ. 조소앙의 삼균주의에 기초하였다.
ㄷ. 의열단의 활동 방향을 제시하였다.
ㄹ. 대한민국 임시 정부에 의해 발표되었다.

① ㄱ, ㄴ　　② ㄱ, ㄷ　　③ ㄴ, ㄷ
④ ㄴ, ㄹ　　⑤ ㄷ, ㄹ

정답 ④

해설 1941년 대한민국 임시 정부가 공포한 대한민국 건국 강령은 정치·경제·교육의 균등을 내용으로 하는 조소앙의 삼균주의를 기초로 작성되었다.

오답 피하기 ㄱ, ㄷ. 신채호는 1923년 의열단 강령인 조선 혁명 선언을 작성하였는데, 민중의 직접 혁명을 주장하였다.

05 (가)에 대한 설명으로 옳지 않은 것은?

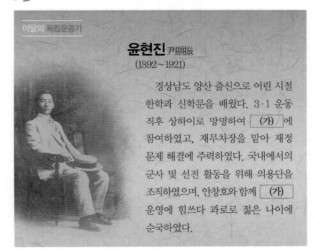

이달의 독립운동가
윤현진 尹顯振
(1892~1921)

경상남도 양산 출신으로 어린 시절 한학과 신학문을 배웠다. 3·1 운동 직후 상하이로 망명하여 (가) 에 참여하였고, 재무차장을 맡아 재정 문제 해결에 주력하였다. 국내에서의 군사 및 선전 활동을 위해 의용단을 조직하였으며, 안창호와 함께 (가) 운영에 힘쓰다 과로로 젊은 나이에 순국하였다.

① 구미 위원부를 설치하여 외교 활동을 추진하였다.
② 한인 애국단을 조직하여 의열 투쟁을 전개하였다.
③ 이륭양행에 교통국을 설치하여 국내와 연락을 취하였다.
④ 임시 사료 편찬회를 두어 한·일 관계 사료집을 간행하였다.
⑤ 태극 서관을 설립하여 조선 광문회에서 발간한 서적을 보급하였다.

정답 ⑤

해설 (가)는 대한민국 임시 정부로, 구미 위원부를 설치하고 이승만을 중심으로 외교 활동을 전개하였다. 또 이륭양행에 교통국을 설치하여 국내와 연락을 취하였으며, 국내 및 서간도·북간도 지역과의 연락 조직망인 연통제를 조직하여 정부 문서와 명령을 전달하고 군자금을 조달하였다. 박은식을 중심으로 임시 사료 편찬회를 설치하여 한·일 관계 사료집을 편찬하였으며, 독립공채를 발행하여 독립운동 자금을 모금하기도 하였다.

오답 피하기 ⑤ 신민회에 대한 설명이다.

06 22회 39번 다음 공판 기록과 관련된 민족 운동에 대한 설명으로 옳은 것은?

> 문: 피고는 금년 4월 2일 안성군 읍내면 장기리 시장 등에서 독립 만세를 외치고 독립 운동을 한 사실을 아는가?
> 답: 시장에 가서 비로소 알았다.
> 문: 손병희 등이 독립 선언을 발표한 결과 각지에서 시위 운동이 일어나고 있는 사실을 들었는가?
> 답: 말로만 들었다.
> 문: 시장에는 몇 사람이 모였는가?
> 답: 상당히 많은 사람이 모여서 잘 모른다.

① 순종의 인산일을 기회로 삼아 일어났다.
② 대한민국 임시 정부가 수립되는 배경이 되었다.
③ 언론 기관의 적극적인 지원을 받아 전개되었다.
④ 한국인 본위의 교육 제도를 마련해 줄 것을 주장하였다.
⑤ 학생이 주도한 1920년대 최대 규모의 항일 운동이었다.

정답 ②

해설 3·1 운동과 관련된 공판 기록이다. 손병희 등이 독립 선언을 발표하고 각지에서 시위 운동이 일어났다. 3·1 운동 결과 체계적으로 독립운동을 전개하기 위해 대한민국 임시 정부가 수립되었다.

07 24회 45번 다음 사설이 작성된 시기의 대한민국 임시 정부 활동으로 옳은 것은?

> 급히 전보가 날아오고 라디오 소리가 들려와 우리 임시 정부의 연합 내각 성립을 고하였다. 주석에 김구, 부주석에 김규식을 비롯하여 위원 14명의 귀한 이름을 읽으니 눈물이 푹 쏟아진다. …… 멀리 계신 지도자들께서는 길이길이 단결하여 우리 독립운동의 실력을 원만히 양성하기를 바란다.

① 구미 위원부를 설치하였다.
② 대한민국 건국 강령을 선포하였다.
③ 한국광복군을 기반으로 무장 투쟁을 전개하였다.
④ 육군 주만 참의부를 조직하여 무장 투쟁을 벌였다.
⑤ 파리 강화 회의에 대표단을 파견하여 외교 활동을 전개하였다.

정답 ③

해설 대한민국 임시 정부는 1944년 제5차 개헌을 통해 주석, 부주석제를 채택하였고, 김구가 주석, 김규식이 부주석에 올랐다. 당시 대한민국 임시 정부는 ③ 한국광복군을 기반으로 무장 투쟁을 전개하였다.

오답 피하기 ① 구미 위원부는 1919년 미국 워싱턴에 설치된 대한민국 임시 정부의 외교 담당 기관이다. ② 1941년 충칭에서 대한민국 건국 강령을 발표하였다. ④ 1923년에 육군 주만 참의부가 조직되었다. ⑤ 1919년 대한민국 임시 정부는 파리 강화 회의에 김규식을 파견하여 독립 청원서를 제출하였다.

08 39회 35번 (가) 단체에 대한 설명으로 옳은 것은?

> 이것은 (가) 을/를 주도한 박상진, 김한종에게 사형을 선고한다는 판결문입니다. (가) 은/는 풍기 광복단과 조선 국권 회복단의 일부 인사를 중심으로 1915년에 결성되었습니다.

① 조선 혁명 선언을 활동 지침으로 하였다.
② 고종의 밀지를 받아 결성된 비밀 단체이다.
③ 일제가 꾸며낸 105인 사건으로 해체되었다.
④ 중추원 개편을 통한 의회 설립을 추진하였다.
⑤ 공화정체의 국민 국가 수립을 목표로 삼았다.

정답 ⑤

해설 (가) 단체는 1915년 대구에서 국내 비밀 결사 형태로 조직된 대한 광복회이다. 대한 광복회는 공화정체의 국민 국가 수립을 목적으로, 대한(풍기) 광복단과 조선 국권 회복단 일부가 통합하여 결성되었다. 대한 광복회는 박상진, 채기중, 김좌진을 중심으로 군대식으로 조직되었으며, 각도에 지부를 설치하고, 미곡 상점과 여관 등을 운영하며 군자금을 조달하였다. 그들은 군자금을 모아 만주 지방에 사관학교를 설립하고자 하였다.

오답 피하기 ① 의열단, ② 독립 의군부, ③ 신민회, ④ 독립 협회에 대한 설명이다.

09 38회 36번 (가) 지역에서 있었던 민족 운동에 대한 설명으로 옳은 것은?

> **○○신문**
> 제△△호   ○○○○년 ○○월 ○○일
>
> **이은숙의 회고록으로 본 국외 민족 운동**
>
> 한국 독립운동사의 일면을 살펴볼 수 있는 책이 발간되었다. 이 책은 이회영의 아내이자 독립운동가로 파란만장한 삶을 살았던 이은숙이 일제 강점기에 겪은 일을 중심으로 기록한 수기이다. 이 책에는 국권 피탈 직후 (가) 지역으로 이주하여 독립운동에 헌신한 이회영 일가의 삶이 담겨 있으며, (가) 지역의 삼원보에 터를 잡고 신흥 강습소를 설립하는 과정이 잘 드러나 있다.

① 한인 자치 기구인 경학사를 설립하였다.
② 대조선 국민 군단을 조직하여 군사 훈련을 하였다.
③ 대한인 국민회를 중심으로 외교 활동을 전개하였다.
④ 유학생들이 중심이 되어 2·8 독립 선언서를 발표하였다.
⑤ 대한 광복군 정부가 세워져 무장 독립 투쟁을 준비하였다.

정답 ①

해설 (가) 지역은 서간도(남만주) 지역으로, 이은숙의 남편인 이회영 등 여섯 형제는 전 재산을 팔아 서간도(남만주)로 망명하여 독립운동 기지인 삼원보를 조성하는 등 항일 운동을 펼쳤다. 이회영은 이후 신흥 무관 학교로 발전하는 신흥 강습소를 설립하였고, 의열단 활동 등 국외 항일 운동의 전반에 관여하였다. ① 서간도에 건설된 독립운동 기지인 삼원보에서 한인 자치 기구인 경학사가 설립되었다.

오답 피하기 ② · ③ 미주 지역, ④ 일본 도쿄, ⑤ 연해주 지역에서 있었던 민족 운동에 대한 설명이다.

10 36회 45번
(가)에 들어갈 내용으로 옳은 것은?

보재(溥齋) 이상설 선생의 항일 투쟁

활동 지역	주요 활동
국내(서울)	을사늑약 체결 비판과 을사 5적 처단 상소
간도	서전서숙 설립과 민족 교육 실시
네덜란드 (헤이그)	만국 평화 회의에 파견되어 을사늑약의 부당성 폭로
미국	애국 동지 대표자 회의 참석과 국민회 결성에 기여
러시아 (연해주)	(가)
중국 (상하이)	신한 혁명당 결성과 외교 활동

① 숭무 학교 설립과 무장 투쟁 준비
② 한인 애국단 결성과 항일 의거 활동
③ 권업회 조직과 대한 광복군 정부 수립
④ 한국광복군 창설과 국내 정진군 훈련
⑤ 국민 대표 회의 참여와 대한민국 임시 정부 활동

정답 ③

해설 (가)에 들어갈 내용은 러시아(연해주)에서 활동한 이상설 선생의 항일 투쟁과 관련된 내용이다. 이상설은 1906년 간도에 서전서숙을 설립하였고, 1907년 을사늑약의 부당성을 폭로하기 위해 헤이그에서 열린 만국 평화 회의에 이준, 이위종과 함께 특사로 파견되었다. 또 이동녕 등과 함께 권업회를 조직하였으며, 1914년 대한 광복군 정부를 수립하고 연해주에서 독립운동을 지도하였다.

11 30회 39번
(가)~(마) 지역에서 전개된 대한민국 임시 정부의 활동으로 옳은 것은?

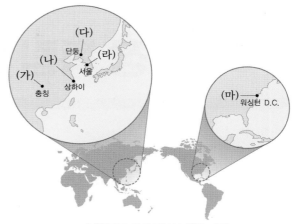

[대한민국 임시 정부의 활동 지역]

① (가) – 이륭양행에 교통국을 설치하여 국내와의 연락을 취하였다.
② (나) – 국민 대표 회의를 열어 독립운동의 방향을 논의하였다.
③ (다) – 삼균주의를 바탕으로 한 건국 강령을 발표하였다.
④ (라) – 임시 사료 편찬회를 두어 한일 관계 사료집을 간행하였다.
⑤ (마) – 의거 활동을 전개하기 위해 한인 애국단을 결성하였다.

정답 ②

해설 대한민국 임시 정부는 1923년 상하이에서 임시 정부 내 문제를 해결하고 독립운동 방향을 논의하기 위해 국민 대표 회의를 개최하였다. 하지만 국민 대표 회의는 임시 정부를 해체하고 새로운 정부를 조직해야 한다는 창조파와 임시 정부를 실정에 맞게 보완해야 한다는 개조파의 의견이 맞서 결렬되었다.

오답 피하기 ① 이륭양행은 중국 단둥에 위치하였다. ③ 대한민국 건국 강령은 중국 충칭에서 발표되었다. ④ · ⑤ 중국 상하이에서 사료집 간행, 한인 애국단 결성이 이루어졌다.

1920. 6.	1920. 10.	1921	1926	1929	1932	1938	1940
봉오동 전투	청산리 대첩, 간도 참변	자유시 참변	6·10 만세 운동	광주 학생 항일 운동	이봉창·윤봉길 의거	조선 의용대 결성	한국광복군 창설

연표

03 | 무장 독립 전쟁의 전개 _{출제 빈도} 상 | 중 | 하

① 1920년대 국내 항일 민족 운동

1) 국내의 무장 항일 투쟁

① 특징 : 친일파 숙청, 식민지 통치 기관 파괴, 만주 독립군과 연결, 군자금 모금 등

② 단체

천마산대	• 평북 의주 천마산 중심 • 식민지 통치 기관 파괴, 친일파 숙청
보합단	• 평북 의주 동암산 중심 • 군자금 모금 활동 전개, 친일파 처단, 일제 관리 및 친일 경찰 사살
구월산대	• 황해도 구월산 중심 • 독립운동을 방해하던 은율 군수 처단

2) 6·10 만세 운동(1926)

순종 장례 행렬

6·10 만세 운동 진압

배경	일제의 식민지 차별 교육에 대한 학생의 반발, 일제의 수탈에 대한 노동자와 농민의 저항 의식 고조, 순종의 서거
주도 세력	사회주의 계열, 학생, 천도교 세력
전개 과정	사회주의 세력과 천도교 세력의 만세 시위 계획 → 일제의 감시로 지도부가 중도 발각 → 학생 중심으로 만세 시위 전개 → 시민 가담 → 일제의 탄압
영향	• 학생의 민족의식 고취 → 각지에 학생 항일 결사 조직 • 동맹 휴학 → 광주 학생 항일 운동으로 발전
의의	• 3·1 운동에 이어 만세 운동의 형태로 일어난 전국적인 시위 • 학생들이 항일 민족 운동의 주체로 부상 • 민족 유일당 결성의 공감대 형성 → 신간회 창설에 영향을 줌

출제 사료   6·10 만세 운동의 격문

조선 민중아! 우리의 철천지 원수는 자본 제국주의 일본이다. 2천만 동포여! 죽음을 각오하고 싸우자. 만세, 만세, 만세, 조선 독립 만세!

● **출제 포인트 분석**

1920년대 들어 사회주의 사상이 유입되면서 학생들의 사회의식이 성장하였다. 사회주의자와 학생들은 순종의 인산일을 기해 만세 운동을 준비하였는데, 이러한 연대는 이후 사회주의 계열과 민족주의 계열이 연합하는 계기를 마련해 주었다.

3) 광주 학생 항일 운동 ☝빈출 (1929)

배경	일제의 민족 차별과 식민지 차별 교육에 대한 불만, 학생 운동의 조직화
전개	일본 학생의 한국 여학생 희롱 사건 → 한·일 학생의 충돌 → 경찰과 교육 당국의 편파적인 사건 처리로 불만 증폭 → 광주 지역 학생들의 대규모 시위 → 목포·나주 등지를 거쳐 전국으로 확산 → 신간회의 진상 조사단 파견 ☝빈출 (허헌, 김병로, 황상규 등), 민중 대회 개최
주장	식민지 교육 철폐, 일제 타도, 민족 해방 등
의의	3·1 운동 이후 전개된 최대 규모의 항일 민족 운동, 일본 제국주의 식민 통치에 타격, 국내 각계 각층에 독립운동 고양

출제 사료	광주 학생 항일 운동 당시의 격문

친애하는 전 조선 피압박 계급 제군이여!
일본 제국주의는 전 조선 민족의 피를 착취하는 데 한순간도 쉬지 않고 있다. …… 3·1 운동 때 수만 명의 동포를 학살한 것을 비롯하여 불같이 일어난 노동자의 파업, 농민의 봉기, 학생의 동맹 휴학, 사회 단체의 집회 등을 얼마나 유린하고 우리의 전위를 검거, 학살해 가고 있는가를! 학생, 청년, 교원 제군 이여! 우리는 공장, 농촌, 광산, 학교로 몰려 가서 우리의 슬로건을 철저히 관철할 것을 기약하자.

– 1930년 1월 격문 –

● 출제 포인트 분석

광주 학생 항일 운동 당시 식민지 교육을 지양하고 한국인을 위한 교육을 실시하라는 학생들의 요구가 일어났으나 학교 당국과 도(道) 학무과 등에서는 학생들의 요구를 수용하지 않고 정학·출학·퇴학을 시켰고, 나아가 체포·구속까지 하였다.

❷ 의열 투쟁

1) 의열단 ☝빈출 (1919)

배경	3·1 운동 이후 평화적 시위의 한계를 인식하고 독립을 위한 강력한 무장 조직의 필요성 대두
결성	김원봉을 중심으로 만주의 지린 성에서 결성
활동	신채호의 '조선 혁명 선언' ☝빈출 (1923), 공약 10조, 식민 통치 기관 파괴(5파괴), 일제 요인과 민족 반역자 처단(7가살)
의거	조선 총독부에 폭탄 투척(김익상, 1921), 종로 경찰서에 폭탄 투척(김상옥, 1923), 동양 척식 주식회사와 조선 식산 은행에 폭탄 투척(나석주, 1926) 등
변화	1920년대 후반 개별 의열 투쟁의 한계 인식 → 조직적인 항일 무장 투쟁 준비

출제 사료	조선 혁명 선언

민중은 우리 혁명의 대본영이다. 폭력은 우리 혁명의 유일한 무기이다. 우리는 민중 속으로 가서 민중과 손잡고 폭력·암살·파괴·폭동으로 강도 일본의 통치를 타파하고, 우리 생활에 불합리한 일체의 제도를 개조하여 인류로써 인류를 압박하지 못하며, 사회로써 사회를 박탈하지 못하는 이상적 조선을 건설할지니라.

● 출제 포인트 분석

김원봉의 요청을 받고 신채호가 작성한 '조선 혁명 선언'은 의열단의 행동 지침이 되었다. 조선 혁명 선언에서 신채호는 자치론·문화 운동론·외교론·준비론(실력 양성론)을 비판하고 민중의 직접 혁명론을 주장하였다.

2) 한인 애국단(1931) 👑빈출

결성 배경	• 임시 정부 활동의 침체, 일제의 감시와 탄압, 자금과 인력 부족 → 적극적인 의열 투쟁을 통해 임시 정부에 활기를 불어넣기 위해 김구를 중심으로 조직 • 만보산 사건과 만주 사변으로 중국 내 활동 위축
활동	일제의 주요 인물 암살 제거
의거	이봉창이 히로히토 일왕 마차에 폭탄 투척(1932), 윤봉길이 상하이 훙커우 공원에서 폭탄 투척(1932)
의의	대한민국 임시 정부에 대한 중국인들의 원조를 이끌어냄, 중국 국민당 정부가 임시 정부의 활동을 적극 지원 → 한국광복군 창설 기반

애국 지사	소속	의거 내용
강우규 👑빈출		65세 노인, 사이토 총독 👑빈출 에 폭탄 투척 사건(1919)
조명하		육군대장 구니노미야 구니히코 암살
곽재기 등	의열단	밀양, 진영 폭탄 반입 사건(1920)
박재혁	의열단	부산 경찰서 폭탄 투척 사건(1920)
최수봉	의열단	밀양 경찰서 폭탄 투척 사건(1920)
김익상	의열단	조선 총독부 폭탄 투척 사건(1921)
김익상, 오성륜	의열단	상하이 황포탄 의거(1922)
김상옥	의열단	종로 경찰서에 폭탄 투척 사건(1923)
박열	불령사	일본 황태자 암살 미수 사건(1923)
김지섭	의열단	일본 도쿄 궁성 폭탄 투척 사건(1924)
송학선		사이토 총독 암살 미수 사건(1926)
나석주 👑빈출	의열단	동양 척식 주식회사, 조선 식산 은행 폭탄 투척 사건(1926)
이봉창	애국단	일본 천황에 폭탄 투척 사건(1932)
윤봉길	애국단	상하이 훙커우 공원 폭탄 투척 사건(1932)

애국 지사의 의거

윤봉길 의사

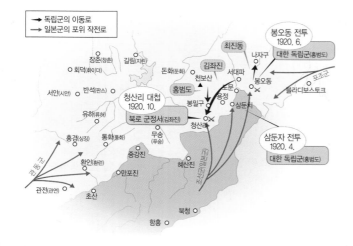

봉오동 전투와 청산리 대첩

❸ 1920년대 무장 독립 전쟁

1) 봉오동 전투와 청산리 대첩

① 봉오동 전투(1920. 6.)

배경	만주의 한국 독립군이 한반도 북부의 일본군과 관청 공격(삼둔자 전투) → 일본군이 독립군의 근거지를 소탕하기 위해 작전 전개 → 일본군이 독립군의 본거지인 봉오동 공격
경과	대한 독립군(홍범도) 중심의 독립군 연합 부대가 봉오동에서 일본군 격파
결과	일본이 한국, 관동, 연해주 지역의 군대를 동원하여 간도 지방의 독립군 공격

② 청산리 대첩 [빈출] (1920. 10.)

배경	일본군의 봉오동 전투 패배
훈춘 사건 조작	중국이 일본의 진입을 거부하자 출병 구실을 위해 훈춘 사건 조작 → 일본군 파견
경과	북로 군정서(김좌진), 대한 독립군(홍범도) 중심의 연합 부대가 일본의 토벌에 대응하여 일본군 격파. 독립 전쟁사에서 가장 큰 전과를 올림(6일간 9차례의 전투에서 일본군 1,200여 명 사살)

2) 독립군의 시련

① **간도 참변**(1920. 10.) : 봉오동 전투와 청산리 대첩에서 패한 일제의 보복 → 한인 학살, 한인촌 폐허화, 독립군 타격

② **대한 독립군단 조직** : 독립군의 부대 재정비, 한인 동포 학살 방지, 중국측의 독립군 해산 요구에 밀산으로 이동하여 집결 → 서일을 총재로 대한 독립군단 결성(1920) → 자유시(스보보드니)로 이동

③ **자유시 참변**(1921) : 대한 독립군단의 자유시 이동 → 한인 부대들 간의 지휘권 다툼 발생 → 소련의 무장 해제 요구 → 러시아 적군의 공격으로 독립군 희생

3) 독립군의 재정비

① 3부의 성립(1923~1925)

배경	독립군의 만주 복귀 → 독립군의 통합 진행
특징	삼권 분립(입법·사법·행정)에 기반한 공화주의 자치 정부, 지방 조직을 갖춘 정부 형태. 민정 기관과 군정 기관을 갖춤
3부의 관할 지역	참의부(압록강 연안 지안 현, 대한민국 임시 정부 직속, 육군주만참의부, 1923), 정의부(남만주 지린 성과 봉천성 일대, 1924), 신민부(북만주 지역, 1925)

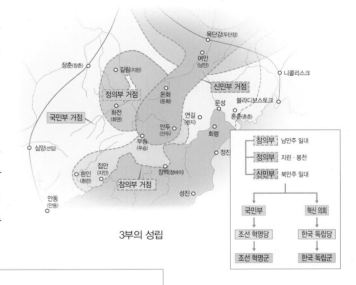

3부의 성립

② **미쓰야 협정** [빈출] (1925) : 일제가 만주 군벌과 체결, 만주에서 활동하는 독립군 탄압에 대한 상호 협정 → 독립군 탄압 → 만주의 독립군 활동 위축, 만주에서 민족 유일당 운동의 배경이 됨

출제 사료 | 미쓰야 협정

1. 한국인이 무기를 가지고 다니거나 한국으로 침입하는 것을 엄금하며, 위반하는 자는 검거하여 일본 경찰에 인도한다.
2. 만주에 있는 한인 단체를 해산시키고 무장을 해제하며, 무기와 탄약을 몰수한다.
3. 일본이 지명하는 독립운동 지도자를 체포하여 일본 경찰에 인도한다.

● **출제 포인트 분석**

미쓰야 협정은 일제가 만주에서의 독립운동을 탄압하기 위해 만주 군벌과 체결한 협정이다. 이 협정의 내용은 중국 관헌이 한국의 독립운동가를 체포하여 일본 경찰에 인계하는 것으로 되어 있어 이후 독립군의 활동이 위축되는 결과를 초래하였다.

합격생의 비법

훈춘 사건(1920)

일제가 중국 마적을 매수하여 훈춘의 민가와 일본 영사관을 습격하게 한 자작극으로, 일본은 이를 핑계로 군대를 진주시켰다.

시험에 자주 등장해요

1920년대 국외에서 전개된 무장 독립 전쟁을 묻는 문제가 자주 출제됩니다. 특히 봉오동 전투와 청산리 대첩을 꼭 기억하세요.

합격생의 비법

미쓰야 협정

만주에서 독립군의 활동이 활발해지자 일제는 만주 군벌이었던 장쭤린에게 지원을 약속하는 대신 한국 독립군의 탄압을 요구하였다.

③ **3부 통합 운동**(1920년대 말) : 민족 유일당 운동의 확산으로 독립군 단체의 통합 필요성 제기 → 북만주의 혁신 의회와 남만주의 국민부로 통합 재편

혁신 의회(1928)	북만주 지역에서 결성 → 한국 독립당으로 개편, 한국 독립군 조직
국민부(1929)	남만주 지역에서 결성 → 조선 혁명당 조직, 산하에 조선 혁명군 편성

④ 1930년대 이후 무장 독립 전쟁

1) 한 · 중 연합군의 활동

한국 독립군	총사령관 지청천, 북만주에서 활동, 중국 호로군과 연합하여 쌍성보 👑빈출 · 동경성 · 대전자령 전투 등에서 일본군 격퇴 → 일제의 거듭된 공세와 임시 정부의 요청으로 1930년대 후반 중국 본토로 이동, 일부는 한국광복군 참여
조선 혁명군	총사령관 양세봉, 남만주에서 활동, 중국 의용군과 연합하여 영릉가 · 흥경성 전투 👑빈출 에서 일본군 격퇴 → 총사령관 양세봉이 피살된 이후 세력 약화

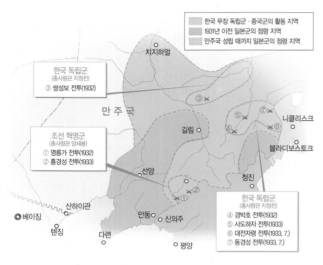

한 · 중 연합군의 활동

조선 의용대 창립

2) 만주 지역의 항일 유격 투쟁

① **배경** : 사회주의 사상의 보급, 중국 공산당의 항일 유격대 조직 지원 → 만주의 한인 사회주의자들의 유격대 조직, 무장 투쟁 전개

② **동북 인민 혁명군**(1933) : 일제의 만주 침략 후 만주 지역에 소규모 항일 유격대 등장 → 중국 공산당이 만주 지역의 항일 유격대를 규합하여 조직 → 이후 동북 항일 연군으로 발전

③ **동북 항일 연군**(1936) : 반(反)파쇼 인민 전선 형성(코민테른 7차 대회) → 항일 민족 통일 전선의 강화를 주장하면서 동북 인민 혁명군을 동북 항일 연군으로 개편하여 확대

④ **조국 광복회**(1936) : 동북 항일 연군 중에 일부 한국인 공산주의자들이 민족주의자들과 결합하여 결성 → 보천보 전투 (1937)에서 일본군에 승리 → 소련 이동

3) 민족 연합 전선의 형성

① **민족 혁명당**(1935) : 한국 독립당(조소앙), 의열단(김원봉), 조선 혁명당(지청천) 등이 참여하여 민족 독립운동의 단일 정당 건설을 목표로 결성, 김구 중심의 임시 정부 고수파 불참 → 김원봉의 의열단 계열이 단체를 주도하자 조소앙(한국 독립당)과 지청천(조선 혁명당) 계열 이탈 → 중 · 일 전쟁 이후 조선 민족 전선 연맹 결성(1937)

② 조선 의용대 👑빈출 (1938) : **김원봉** 중심, 조선 민족 혁명당이 중국 정부의 협조로 조선 의용대 편성 → 중국 국민당 정부의 지원을 받아 항일 투쟁 전개 → 중국군의 보조적 역할에 머물자 일부가 화북 지역으로 이동하여 투쟁 → 조선 의용대 화북 지대 결성 (→ 1942년 조선 의용군으로 개편, 나머지 일부는 한국광복군에 편입)

③ 임시 정부와 한국 국민당 통합

　　㉠ 김구를 중심으로 한 대한민국 임시 정부의 인사들이 한국 국민당 창당(1935) →
　　　일부 조선 혁명당 및 한국 독립당 세력 편입 → 한국 광복 단체 연합 결성(1937)
　　　→ 한국 독립당 결성(1940)

　　㉡ 대한민국 건국 강령 발표(1941) : 조소앙의 삼균주의에 기초

출제 사료	대한민국 임시 정부의 건국 강령

제3장　건국 삼균(三均) 제도를 골자로 한 헌법을 실행하여 정치와 경제와 교육의 민주적 실시로 실제상 균형을 도모하며, 전국의 토지와 대생산 기관의 국유화가 완성되고, 전국 학령 아동의 전수가 고급 교육의 무상 교육이 완성되고, 보통 선거 제도가 구속 없이 완전히 실시되어……

● **출제 포인트 분석**

대한민국 임시 정부는 1941년 조소앙의 삼균주의를 바탕으로 민주 공화국 수립을 지향한 건국 강령을 발표하였다.

4) 대한민국 임시 정부의 이동과 한국광복군 창설

① 대한민국 임시 정부의 이동

　　㉠ 윤봉길 의거(1932) 이후 일제의 탄압 가중, 일제의 중국 침략과 상하이 점령으로
　　　이동 불가피

　　㉡ 경로 : 상하이–항저우–난징–류저우–구이양–치장–충칭

② **충칭 시기의 임시 정부** : 집행력 강화(주석 중심제 개헌 → 김구 주석 중심의 단일 지도
　　체제), 한국 독립당 결성, 대한민국 건국 강령 발표

③ 한국광복군 **빈출**(1940)

창설	충칭에서 지청천을 총사령관으로 창설, 1942년 김원봉의 조선 의용대가 한국광복군에 통합
활동	• 임시 정부가 일본에 선전 포고하자(1941) 전쟁에 참전 → 영국군과 연합(1943) • 미국 전략 정보국(OSS)의 특수 훈련을 받은 한국광복군을 국내에 침투시킬 계획(국내 진공 작전)을 세웠으나 일제의 이른 패망으로 무산 • 한국광복군의 기관지 '광복' 발행 : 한국어판과 중국어판 진행, 한국광복군의 선전과 홍보 목적

한국광복군 총사령부 성립 기념 사진

시험에 자주 등장해요

대한민국 임시 정부와 한국 광복군을 묻는 문제가 자주 출제됩니다. 대한민국 임시 정부의 이동과 한국광복군의 활동 내용을 기억하세요.

대한민국 임시 정부의 이동

이론을 복습하는 **기출문제 03**

빈칸 채우기

01 김원봉은 독립을 위한 강력한 무장 조직의 필요성을 절감하고 의열단을 결성하였고, 신채호는 의열단 선언문이라 할 수 있는 [   ]을/를 작성하였다.

02 1920년 홍범도의 [   ]은/는 군무도독부군, 국민회군을 통합하여 봉오동에서 일본군을 격파하였다.

03 봉오동과 청산리에서 대패한 일제는 [   ]을/를 일으켰고, 이로 인해 한인촌이 폐허가 되고 독립군이 타격을 입었다.

04 일제는 만주에서 활동하는 한국 독립군을 탄압하기 위해 만주 군벌 장작림과 [   ]을/를 체결하였다.

05 양세봉이 이끄는 [   ]은/는 중국 의용군과 함께 영릉가·흥경성·신개령 전투에서 일본과 만주 연합군에 승리를 거두었다.

06 지청천의 한국 독립군은 중국 [   ]와/과 연합하여 쌍성보·동경성·대전자령 전투 등에서 승리하였다.

07 동북 항일 연군 중 일부 한국인 공산주의자들과 천도교 민족주의자들이 결합하여 [   ]을/를 결성하였다.

08 1935년 김구는 민족 혁명당에 참여하지 않은 세력을 결집하여 [   ]을/를 창당하였다.

09 대한민국 임시 정부는 [   ]을/를 총사령관으로 신흥 무관 학교 출신의 독립군과 중국 대륙에 산재한 독립군을 흡수하여 한국광복군을 창설하였다.

10 대한민국 임시 정부는 1941년 조소앙의 [   ]를 바탕으로 민주 공화국 수립을 지향한 건국 강령을 발표하였다.

정답 01 조선 혁명 선언 02 대한 독립군 03 간도 참변 04 미쓰야 협정 05 조선 혁명군 06 호로군 07 조국 광복회 08 한국 국민당 09 지청천 10 삼균주의

---

01 ^{38회 42번} (가) 인물의 활동으로 옳은 것은?

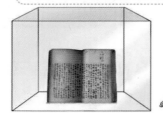

이것은 한국 독립군과 한국 광복군의 총사령관으로서 항일 독립 전쟁을 이끈 [(가)]의 친필 일기입니다. 이 일기에는 광복 후 그의 활동과 과거 독립운동을 함께 했던 인물들에 대한 회상이 담겨져 있습니다.

① 의열단을 조직하여 단장으로 활동하였다.
② 동양 척식 주식회사에 폭탄을 투척하였다.
③ 고종의 밀지를 받아 독립 의군부를 조직하였다.
④ 쌍성보 전투에서 한·중 연합 작전을 전개하였다.
⑤ 명동 성당 앞에서 이완용을 습격하여 중상을 입혔다.

정답 ④

해설 (가) 인물인 지청천은 1904년 무관 학교에 입학하여 군인의 길을 걸었고, 이후 1930년 결성된 한국 독립군을 지휘하였다. 지청천이 이끄는 한국 독립군은 중국 호로군과 연합하여(한·중 연합 작전) 쌍성보 전투, 사도하자 전투, 동경성 전투, 대전자령 전투 등에서 일본군을 격퇴하였다. 또 지청천은 1940년 창설된 한국광복군의 총사령관이 되었다.

오답 피하기 ① 김원봉, ② 나석주, ③ 임병찬, ⑤ 이재명의 활동 내용이다.

---

02 ^{26회 47번} 다음 성명서가 발표된 시기를 연표에서 옳게 고른 것은?

오인(吾人)은 삼천만 한인(韓人)과 정부를 대표하여 삼가 중, 영, 미, 화(和), 가(加), 호(濠) 기타 제국의 대일 선전이 일본을 격패시키고 동아를 재건하는 가장 유효한 수단이 됨을 축하하여 자(玆)에 특히 다음과 같이 성명하노라.

1. 한국 전체 인민은 현재 이미 반침략 전선에 참가하였으니 한 개의 전투 단위로서 추축국에 선전한다.
2. 1910년의 합병 조약 및 일체 불평등 조약의 무효를 거듭 선포하며 아울러 반침략 국가의 한국에서의 합리적 기득 권익을 존중한다. (하략)

1919	1926	1931	1937	1942	1945
(가)	(나)	(다)	(라)	(마)	
3·1 운동	6·10 만세 운동	만주 사변	중·일 전쟁	조선어 학회 사건	8·15 광복

① (가)　② (나)　③ (다)　④ (라)　⑤ (마)

정답 ④

해설 제시된 성명서는 1941년 임시 정부가 공포한 대일 선전포고문이다. 대한 민국 임시 정부는 1941년 태평양 전쟁이 발발하자 일본에 선전포고를 하였다.

03 밑줄 그은 '만세 시위'에 대한 설명으로 옳은 것은?

23회 45번

> S# 15. ○○○의 하숙방
>
> 이선호 천도교 측에서 인쇄하기로 한 격문이 경찰에 발각되어 압수당했다고 합니다.
>
> 이병립 큰일이군. 함께 <u>만세 시위</u>를 계획한 다른 단체 간부들도 체포되었다던데.
>
> 이선호 그럼 우리만이라도 실행에 옮겨야 하지 않을까요?
>
> 이병립 당연하지. 당초 계획대로 융희 황제의 인산일에 <u>만세 시위</u>를 하도록 하세.

① 자치론이 등장하는 배경이 되었다.
② 중국의 5·4 운동에 영향을 주었다.
③ 광주에서 시작되어 전국으로 확산되었다.
④ 한국과 일본 학생의 충돌로 시작되었다.
⑤ 국내에서 민족 유일당 운동이 전개되는 계기가 되었다.

정답 ⑤

해설 밑줄 그은 '만세 시위'는 1926년 일어난 6·10 만세 운동이다. 6·10 만세 운동은 사회주의 세력과 학생 운동 세력이 준비하였는데, 이후 국내에서 민족 유일당 운동이 전개되는 계기가 되었다.

오답 피하기 ① 1920년대 이광수는 민족개조론, 민족적 경륜을 발표하며 자치론을 주장하였다. 이로 인해 민족주의 계열과 사회주의 계열로 나뉘게 되었다. ② 3·1 운동은 중국 5·4 운동에 영향을 주었다. ③·④ 1929년 한국인 학생과 일본인 학생 간의 충돌을 계기로 광주 시내 한국인 학생과 일본인 학생 간의 무력 충돌이 일어났다. 신간회는 진상 조사단을 파견하고 대규모 민중 대회를 계획하는 등 광주 학생 항일 운동을 지원하였다.

04 (가) 단체에 대한 설명으로 옳은 것은?

31회 46번

> S# 31. 1923년 5월, 경성 지방 법원 형사부 제7호 법정
>
> (판사 앞에 여섯 명의 피고가 일본 경찰의 감시하에 서 있다. 피고의 양쪽으로 변호사와 검사가 앉아 있다.)
>
> 판 사: (가) 의 단장인 김원봉이 보낸 폭탄을 받아서 던질 사람에게 전달하라는 부탁을 받은 적이 있는가?
>
> 피고1: 작년 9월 중순에 김원봉으로부터 사람이 와서 승낙한 적이 있다.
>
> 판 사: 지난 2월 3일에 김상옥의 지시로 남대문에서 폭탄과 권총, 불온 문서가 들어있는 트렁크를 찾아 왔는가?
>
> 피고2: 그렇소.
>
> 판 사: 종로 경찰서에 폭탄이 터졌을 때 김상옥이 찾아 왔는가?
>
> 피고3: 그렇소. 내가 볼 일이 있어 남대문에 갔다가 여덟 시 쯤 집에 오니 그가 와 있었소.

① 조선 혁명 선언을 활동 지침으로 하였다.
② 비밀 행정 조직으로 연통제를 실시하였다.
③ 고종의 밀지를 받아 결성된 비밀 단체이다.
④ 일제가 꾸며낸 105인 사건으로 해체되었다.
⑤ 단원인 이봉창이 일왕의 행렬에 폭탄을 던졌다.

정답 ①

해설 (가) 단체는 의열단이다. 의열단은 김원봉을 단장으로 1919년에 결성되었고, 김상옥이 종로 경찰서에 폭탄을 던지는 등 의열 투쟁을 전개하였다. 1923년 신채호가 작성한 조선 혁명 선언을 활동의 지침으로 삼아 활동하였다.

오답 피하기 ② 대한민국 임시 정부, ③ 독립 의군부, ④ 신민회, ⑤ 한인 애국단에 대한 설명이다.

05 다음 격문을 발표한 항일 운동에 대한 설명으로 옳은 것은?

30회 40번

① 고종의 인산일을 계기로 일어났다.
② 중국의 5·4 운동에 영향을 주었다.
③ 형평사를 중심으로 진주에서 시작되었다.
④ 신간회에서 조사단을 파견하여 지원하였다.
⑤ 일제가 이른바 문화 통치를 실시하는 배경이 되었다.

정답 ④

해설 제시된 자료는 1929년 한·일 학생 간 충돌로 일어난 광주 학생 항일 운동 당시 발표한 격문이다. 광주 학생 항일 운동은 3·1 운동 이후 최대의 민족 운동으로 평가되며, 신간회는 김병로를 단장으로 하여 진상 조사단을 파견하여 지원하였다.

06 다음 노래가 불려진 시기에 볼 수 있는 모습으로 옳은 것은?

25회 42번

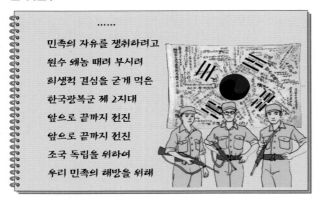

```
……
민족의 자유를 쟁취하려고
원수 왜놈 때려 부시려
희생적 결심을 굳게 먹은
한국광복군 제 2지대
앞으로 끝까지 전진
앞으로 끝까지 전진
조국 독립을 위하여
우리 민족의 해방을 위해
```

① 학도 지원병을 독려하는 문인
② 토지 조사령 발표 소식을 들은 농민
③ 경성 제국 대학 설립을 준비하는 관리
④ 제복을 입고 칼을 찬 채 수업을 하는 교사
⑤ 근우회가 주최한 강연회에 참여하는 여성

정답 ①

해설 1940년 대한민국 임시 정부는 지청천을 총사령, 이범석을 참모장으로 한 한국광복군을 조직하였다. 1942년 김원봉의 조선 의용대를 흡수하고 3개 지대로 구성되었다. 한편, ① 학도 지원병 제도는 1943년부터 실시되었는데 친일 문인들은 이를 독려하는 강연회를 개최하였다.

오답 피하기 ② 1912년 토지 조사령이 공포되었다. ③ 1924년 경성 제국 대학이 설립되었다. ④ 1910년대 무단 통치 시기의 모습이다. ⑤ 1927년 근우회가 창설되었다.

07 (가) 무장 투쟁에 대한 설명으로 옳은 것은?

27회 39번

(가) 의 기억

완루구에서 홍범도 장군은 일본군의 포위 작전을 미리 알아채고 치고 빠지는 전술로 적들을 교란시켰다. 마주 오던 일본군은 우리 부대가 이미 진지를 빠져 나간 줄도 모르고 자기편끼리 사격을 퍼부었다. 이 틈에 우리는 적의 후미를 공격해 대승을 거두었다. …… 어랑촌에서 적은 병력으로도 적의 총공세에 맞서 싸우던 김좌진 부대는 뒤이어 당도한 우리 부대의 지원 사격에 힘입어 승리를 이끌었다.

① 조선 의용대가 화북 지방에서 일본군과 벌인 전투이다.
② 대한 독립군 등이 봉오동에서 일본군을 격파한 전투이다.
③ 한국 독립군이 대전자령에서 일본군을 크게 이긴 전투이다.
④ 북로 군정서 중심의 연합 부대가 일본군에게 대승을 거둔 전투이다.
⑤ 조선 혁명군이 중국 의용군과 함께 연합 작전을 펼쳐 승리한 전투이다.

정답 ④

해설 (가) 무장 투쟁은 청산리 대첩이다. 1920년 청산리 대첩은 북로 군정서 중심의 연합 부대가 백운평 전투를 시작으로 완루구, 어랑촌, 천수평 등지에서 일본군을 격파해 대승을 거둔 전투이다.

오답 피하기 ① 조선 의용대는 김원봉이 만든 독립군으로 호가장 전투가 대표적이다. ② 홍범도의 대한 독립군과 김좌진의 북로 군정서가 연합하여 벌인 전투인 청산리 대첩에 대한 내용이다. ③ 지청천을 중심으로 한 한국 독립군은 중국 호로군과 연합하여 대전자령 전투를 벌였다. ⑤ 조선 혁명군 총사령관은 양세봉으로, 영릉가, 흥경성 전투에서 일본을 격퇴하였다.

08 (가) 무장 투쟁에 대한 탐구 활동으로 가장 적절한 것은?

37회 40번

이것은 1920년 10월, 백운평·완루구·어랑촌 등지에서 일본군에 맞서 싸운 (가) 당시 독립군들이 불렀던 노래 가사의 일부입니다. 독립군들의 비장한 각오를 잘 보여주고 있습니다.

```
하늘은 미워한다
배달족의 자유를 억탈하는 왜적 놈들을
삼천리 강산에 열혈이 끓어
분연히 일어나는 우리 독립군
맹세코 싸우고 또 싸우리니
성결한 전사를 하게 하소서
        - 「기전사가(祈戰死歌)」 -
```

① 조선 의용대가 참여한 전투에 대해 알아본다.
② 일본군에서 탈출한 학도병들의 활동을 정리한다.
③ 북로 군정서와 대한 독립군의 활약상을 조사한다.
④ 조선 혁명군이 흥경성에서 승리한 요인을 살펴본다.
⑤ 한국 독립군이 대전자령에서 수행한 작전을 찾아본다.

정답 ③

해설 (가) 무장 투쟁은 청산리 대첩이다. 중국이 일본의 진입을 거부하자 출병할 구실을 만들기 위해 1920년 일제는 중국 마적을 매수하여 훈춘의 민가와 일본 영사관을 습격하게 한 훈춘 사건을 조작하였다. 일본은 이를 핑계로 독립군을 토벌할 군대를 파견하였고, 북로 군정서군과 대한 독립군을 중심으로 한 연합 부대는 일본의 도발에 대응하여 백운평 전투를 시작으로 완루구, 어랑촌, 천수평 등지에서 일본군을 격파하였다. 청산리 대첩은 독립 전쟁사에서 가장 큰 전과를 올린 무장 투쟁이었다.

09 36회 44번 다음 자료에 대한 설명으로 옳은 것은?

> 강도(强盜) 일본을 쫓아내려면 오직 혁명으로만 가능하며, 혁명이 아니고는 강도 일본을 쫓아낼 방법이 없는 바이다. …… 민중은 우리 혁명의 대본영(大本營)이다. 폭력은 우리 혁명의 유일한 무기이다. 우리는 민중 속에 가서 민중과 손을 잡아 끊임없는 폭력, 암살, 파괴, 폭동으로써 강도 일본의 통치를 타도하고 우리 생활에 불합리한 일체 제도를 개조하여 인류로써 인류를 압박하지 못하며 사회로써 사회를 약탈하지 못하는 이상적 조선을 건설할지니라.

① 민족 대표 33인이 선언에 참여하였다.
② 대한민국 임시 정부의 건국 강령이었다.
③ 의열단 단장인 김원봉의 요청으로 작성되었다.
④ 일본 유학생을 중심으로 도쿄에서 발표되었다.
⑤ 독립 청원을 위해 파리 강화 회의에 제출되었다.

정답 ③

해설 제시된 자료는 1923년 신채호가 작성한 '조선 혁명 선언'이다. 1919년 김원봉, 윤세주 등을 중심으로 만주 지린성에 결성된 의열단은 김원봉의 요청으로 신채호가 작성한 '조선 혁명 선언(1923)'을 활동 지침으로 삼고 활동하였다. 의열단은 식민 통치 기관을 파괴하거나 일제 요인과 민족 반역자들을 처단하는 등 의열 투쟁을 전개하였다. 김상옥의 종로 경찰서 폭탄 투척, 김지섭의 일본 궁성 폭탄 투척, 나석주의 동양척식 주식회사 폭탄 투척, 김익상의 조선 총독부 폭탄 투척이 대표적이다.

10 24회 47번 밑줄 그은 '이 단체'에 대한 설명으로 옳은 것은?

> ○○신문
>
> 제△△호   ○○○○년 ○○월 ○○일
>
> 5년 전 오늘은 특무 공작을 담당하던 이 단체의 윤봉길 의사가 적장을 죽인 날이다. …… 윤의사가 던진 폭탄은 적의 야만적 행위를 말살시키는 동시에 중국의 수억 민중으로 하여금 타도 일본 제국주의의 가능함을 확실히 믿게 하였다. 윤의사를 가진 우리 한국 민족은 영광이요, 명예다.

① 조선 혁명 선언을 지침으로 활약하였다.
② 도쿄에서 일어난 이봉창의 의거를 계획하였다.
③ 복벽주의를 내세우며 의병 전쟁을 준비하였다.
④ 신흥 무관 학교를 세워 무장 투쟁을 준비하였다.
⑤ 조선 혁명 간부 학교를 설립하여 군사 훈련을 하였다.

정답 ②

해설 밑줄 그은 '이 단체'는 한인 애국단이다. 김구가 조직한 한인 애국단의 단원인 이봉창은 일본 도쿄에서 궁성으로 돌아가던 일왕에게 수류탄을 투척하였고, 윤봉길은 상하이 사변 승리와 일본 왕의 생일 축하 기념식이 열리던 상하이 홍커우 공원에서 폭탄을 던졌다. 윤봉길의 의거로 상하이 파견군 대장 시라카와가 즉사하였다.

11 38회 43번 다음 두 의거를 일으킨 단체에 대한 설명으로 옳은 것은?

> ○ 오늘 아침 신년 관병식을 마치고 궁성으로 돌아가던 일왕의 행렬이 궁성 부근 앵전문(櫻田門) 앞에 이르렀을 때 군중 가운데서 돌연 한인(韓人) 한 명이 뛰쳐나와 행렬을 향해 수류탄을 투척하였다.
>
> — 시보(時報) —
>
> ○ 일왕의 생일인 천장절 기념식장에 폭탄을 투척하여 다수의 일본 군부 및 정계 요인에게 부상을 입혔던 한인(韓人) 윤(尹) 지사는 현장에서 체포된 뒤 일본군 헌병대 사령부로 압송되었다.
>
> — 상해보(上海報) —

① 중·일 전쟁 발발 이후에 창설되었다.
② 김구의 주도로 상하이에서 조직되었다.
③ 조선 혁명 선언을 활동 지침으로 하였다.
④ 김익상, 김상옥 등이 단원으로 활동하였다.
⑤ 일제가 꾸며낸 105인 사건으로 해체되었다.

정답 ②

해설 첫 번째는 이봉창 의거, 두 번째는 윤봉길 의거로, 이 두 의거를 일으킨 단체는 한인 애국단이다. 대한민국 임시 정부의 김구는 적극적인 의열 투쟁을 통해 임시 정부에 활기를 불어넣기 위해 1931년 상하이에서 한인 애국단을 조직하였다. 1932년 1월 이봉창은 일본 국왕의 마차에 폭탄을 던졌으나 실패하였고, 같은 해 4월 윤봉길은 상하이 사변 승리와 일본 왕의 생일 축하 기념식이 열리던 상하이 홍커우 공원에서 폭탄을 던졌다.

오답 피하기 ① 1937년 중·일 전쟁이 발발하였다. ③·④ 의열단, ⑤ 신민회에 대한 설명이다.

04 | 사회·경제적 민족 운동 `출제 빈도` 상 | 중 | 하

① 사회 운동

1) 농민 운동

① 배경

㉠ 토지 조사 사업과 산미 증식 계획 등 일제의 식민지 경제 정책으로 인한 농민의 몰락, 소작농의 증가

㉡ 학생의 농촌 계몽 운동 및 사회주의 사상의 보급 등으로 인한 농민들의 사회의식 각성

② 전개

1단계(1920~1924) **농민 운동의 태동기**	• 조직 : 면·리 단위의 소작인 조합 • 요구 : 소작료 인하(대지주 투쟁, 합법적) • 지역 : 황해도, 평안도, 경상도, 전라도 등 지주제가 상대적으로 발달한 지역
2단계(1925~1927) **농민 운동의 본격화**	• 조직 : 농민 조합 중심(자작농 포함) • 요구 : 소작료 인하, 소작권 안정, 일제의 경제 약탈 반대 • 지역 : 북한 지역까지 확산 • 대표적인 소작 쟁의 : 암태도 소작 쟁의(1923)
3단계(1930~1935) **농민 운동의 절정기**	• 조직 : 사회주의자들과 연대(신간회 해체 이후), 비합법적 혁명적 농민 조합 • 요구 : 반봉건(계급 투쟁), 반침략(반제국주의) → 일제 타도, 민족 차별 폐지 등
4단계(1930년대 후반) **노동 운동의 잠복기**	일제의 탄압으로 농민 운동 위축

2) 노동 운동

① 배경 : 노동자 수의 증가, 열악한 노동 환경(저임금·장시간 노동 등), 3·1 운동 이후 사회주의 사상의 유입으로 노동자의 의식 성장

② 전개

1단계(1920~1924) **노동 운동의 태동기**	• 조직 : 조선 노동 연맹회(1922), 조선 노농 총동맹(1924) • 요구 : 임금 인상과 8시간 노동제 실시 등 노동 조건의 개선 • 대표적인 투쟁 : 부산 노동자 파업(1921), 경성 인력거 파업(1922)
2단계(1925~1929) **노동 운동의 본격화**	• 조직 : 조선 노농 총동맹에서 조선 농민 총동맹과 조선 노동 총동맹으로 분리(1927) • 요구 : 경제 투쟁과 함께 정치 투쟁 • 대표적인 투쟁 : 원산 총파업 빈출(1929)

합격생의 비법

암태도 소작 쟁의

전라남도 신안군 암태도의 소작인들이 소작료 인하를 위해 지주 문재철을 상대로 벌인 쟁의이다. 1년여의 투쟁으로 70% 이상의 고율 소작료를 40%로 낮추는 데 성공하였다.

원산 총파업

영국인이 경영하는 문평 라이징선(Rising Sun) 석유회사에서 일본인 현장 감독이 한국인 노동자들을 구타하는 사건이 일어나자, 이를 계기로 노동자들이 노동 쟁의를 벌였다. 일제 강점기 최대 규모의 노동 쟁의로, 이후 반제국주의 항일 투쟁에 영향을 주었다.

시험에 자주 등장해요

일제 강점기 사회주의 운동의 확산과 이로 인한 노동 운동·농민 운동의 활성화를 묻는 문제가 자주 출제됩니다. 암태도 소작 쟁의와 원산 총파업을 꼭 기억하세요.

3단계(1930~1936) 노동 운동의 절정기	• 조직 : 사회주의자와 연합, 비합법적 혁명적 노동 조합의 형태로 전개 • 요구 : 민족 해방과 계급 해방 주장(정치적 성격) • 대표적인 투쟁 : 부산진 조선 방직 노동 파업(1930), 함남 신흥 탄광 노동자 파업(1930)
4단계(1937~1945) 노동 운동의 잠복기	노동 조합 강제 해산 → 파업과 태업, 노동자 도주 등을 통해 저항 지속

3) 여성 운동

① 배경 : 일제 강점기 여성의 낮은 지위, 가부장적 호주제 실시, 여성 노동자 수 증가, 청년 운동 및 사회주의 사상의 여성 해방 강조 및 사회 진화론의 영향

② 조선 여성 동우회(1924) : 사회주의 단체, 여성 교육·대중적 교양과 훈련 강조

③ 근우회(1927)

특징	민족주의 계열과 사회주의 계열의 협동 단체, 신간회와 자매 조직
활동	'근우' 잡지 발간, 강연회, 토론회, 강좌, 야학 등을 통한 선전과 계몽 활동, 여학생 운동 전개

출제 사료 근우회 강령 및 행동 강령

강령
조선 여자의 공고한 단결을 도모한다.
조선 여자의 지위 향상을 도모한다.

행동 강령
여성에 대한 사회적·법률적인 일체의 차별 철폐
일체의 봉건적인 인습과 미신 타파
조혼 방지와 결혼의 자유
부인 노동에 대한 임금 차별 철폐 및 산전 산후 임금 지불
부인과 소년공에 대한 위험한 노동 및 야업 폐지

● **출제 포인트 분석**
민족주의 계열과 사회주의 계열의 여성 단체들이 결성한 근우회는 여성 운동의 단결을 추구하고 여성 노동자의 이익 옹호와 신생활 개선을 주장하였다.

---

4) 소년·학생·청년 운동

소년 운동	• 주도 : 조선 소년 연합회(전국적인 소년 운동), 방정환(색동회 조직, 어린이날 제정 ✎빈출) • 활동 : 천도교에서 '어린이'라는 이름 정함, 어린이에게 존댓말 쓰기 운동, 잡지 '어린이' 간행 • 분열 : 중·일 전쟁 이후 청소년 운동 금지
학생 운동	등교 및 수업 거부, 교내 농성 등으로 동맹 휴학 투쟁 → 민족 차별 중지, 한국인 본위의 교육 실시 주장
청년 운동	• 강연회, 토론회, 야학 강습회 등 계몽 운동 • 조선 청년 총동맹(1924) : 민족주의 계열과 사회주의 계열의 연합 → 신간회 해체 이후 해체

5) 형평 운동

① 배경 : 갑오개혁 이후 신분제는 폐지되었으나 백정에 대한 사회적 편견과 차별 지속(호적에 '도한'이라고 기록하여 제도적 차별 존속, 학교 입학, 취직 등에 차별)

② 차별 철폐 운동 : 조선 형평사 ✎빈출 조직(진주, 1923), 사회적 차별 철폐와 자유주의적 신분 해방 주장 → 신분 해방을 넘어 민족 해방 운동으로 발전, 사회주의와 연계 → 반형평 운동과 일제의 탄압으로 약화

'근우' 표지

어린이날 표어

조선 형평사 포스터

조선 형평사 사칙

제2조 본사의 위치는 진주에 둔다. 단, 각 도에는 지사, 군에는 분사를 둔다.

제3조 본사는 계급 타파, 모욕적 칭호 폐지, 교육 권장, 상호의 친목을 목적으로 한다.

제4조 본 사원의 자격은 조선인은 하인(何人)을 불문하고 입사할 수 있다.

일제 강점기 형평 운동을 묻는 문제가 자주 출제됩니다. 형평 운동은 백정들의 차별 철폐 운동이었음을 꼭 기억하세요.

자치론의 대두

왜 지금의 조선 민족에게는 정치적 생활이 없나? 일본이 한국을 병합한 이래로 조선인에게는 모든 정치 활동을 금지한 것이 제일의 원천이요. …… 우리는 조선 내에서 허락되는 범위 내에서 일대 정치적 결사를 조직하여야 한다는 것이 우리의 주장이다.
– 『민족적 경륜』 –

1920년대 이후 이광수, 최린 등 타협적 민족주의 세력은 일제가 허용하는 범위 내에서 자치권을 획득하자는 주장을 하였다. 이에 대해 비타협적 민족주의 세력이 반발하면서 민족주의 세력의 분열을 가져왔다.

코민테른

'공산주의 인터내셔널'이라고도 하며 제1차 세계 대전으로 제2 인터내셔널이 와해된 후 레닌의 지도 하에 각국 노동 운동 내의 좌파가 모여 1919년 3월 모스크바에서 창립한 국제적 사회주의 조직이다. 1928년 12월 테제에서 조선 공산당의 해소와 노동자·농민을 중심으로 한 당의 재건을 지시하였다.

출제 사료 형평 운동

공평은 사회의 근본이고 사랑은 인간의 본성이다. 고로 우리는 계급을 타파하고 모욕적인 칭호를 폐지하여 교육을 장려하고 우리도 참다운 인간으로 되고자 함이 본사의 중요한 뜻이다. 지금까지 조선의 백정은 어떠한 지위와 압박을 받아 왔던가? 과거를 회상하면 종일 통곡하고도 피눈물을 금할 수 없다. …… 직업의 구별이 있다고 한다면 금수의 생명을 빼앗는 자는 우리들만이 아니다.
– 조선 형평사 설립 취지문 –

● **출제 포인트 분석**

신분제 철폐 이후에도 사회적 차별과 편견에 시달리던 백정은 조선 형평사를 조직하고 평등한 대우를 요구하는 신분 해방 운동을 전개하였다.

❷ 민족 유일당 운동의 전개

1) 배경

① 민족주의 계열 : 타협적 민족주의자와 비타협적 민족주의자로 분화 → 비타협적 민족주의자들이 사회주의 세력과 손을 잡으려는 움직임

② 사회주의 계열 : 치안 유지법 제정(1925) 이후 궤멸 상태, 조선 공산당 내의 분열 → 부르주아와 협력하여 제국주의 세력과 투쟁하려는 움직임

③ 국외 : 독립운동가들이 이념을 초월한 유일당 건설 제안 → 한국 독립 유일당 북경 촉성회 창립, 만주에서 3부 통합 운동

2) 경과 : 비타협적 민족주의 계열과 사회주의 계열의 통합 움직임 → 조선 민흥회 설립(1926), 사회주의 계열의 '정우회 선언' 발표

출제 사료 정우회 선언(1926)

우리의 승리로의 구체적 전진을 위하여 현실적 모든 가능의 조건을 충분히 이용하지 않으면 아니 될 것이다. 따라서 민족주의적 세력에 대하여는 그 부르주아 민주주의적 성질을 명백하게 인식하는 동시에 또 과정적 동맹자적 성질도 충분히 승인하여, 그것이 타락하는 형태로 출현되지 아니하는 것에 한하여 적극적으로 제휴하여 대중의 개량적 이익을 위하여서도 종래의 소극적 태도를 버리고 분연히 싸워야 할 것이다.
– 조선일보, 1926. 11. 17. –

● **출제 포인트 분석**

사회주의 세력의 일부는 '정우회 선언'을 발표하여 민족주의 세력과의 연대를 주장하였다. 이 '정우회 선언'은 신간회 창립의 주요한 계기를 마련해 주었다.

3) 신간회 빈출 (1927)의 창립과 해소

결성	비타협적 민족주의 계열과 사회주의 계열이 연합
조직	서울에 본부 설치, 각 군 단위에 지회 설립, 약 4만 명의 회원 보유
활동	자치 운동 규탄, 한국어 교육 실시, 강연을 통한 민족의식 고취, 노동 쟁의와 소작 쟁의 지원, 일본인 이민 정책 반대, 광주 학생 항일 운동에 진상 조사단 파견 빈출, 근우회 결성
해소	일제의 탄압 정책, 민중대회 개최 시도 실패와 급진 지도부 검거 이후 지도부에 온건파 등장, 사회주의 계열의 이탈, 코민테른의 노선 변경 등 → 사회주의 계열의 해소론 제기, 가결(1931)
의의	민족주의 계열과 사회주의 계열이 결성한 최대 규모의 정치·사회 단체

소시민의 개량주의적 정치 집단으로 변질한 현재의 신간회는 무산 계급의 투쟁 요구에 장애가 되고 있다. 노동자 투쟁과 농민 투쟁을 강력하게 펼치기 위해서는 신간회를 해소하고 노동자는 노동 조합으로, 농민은 농민 조합으로 돌아가야 한다.
　　－ '삼천리' －

● **출제 포인트 분석**
비타협적 민족주의 계열과 사회주의 계열이 연합하여 결성한 신간회는 140여 개의 지회와 4만여 명에 이르는 회원을 보유한 민족 운동 단체로 성장하였으나 양쪽 진영의 연대가 약해지면서 해소하였다.

❸ 실력 양성 운동의 전개

1) **실력 양성 운동 :** 민족주의 계열의 주도, 사회 진화론에 입각, 즉각적인 독립의 어려움 인식 → 민족의 실력을 키워 독립할 것을 주장함

2) 민족 기업의 성장

배경	회사령 폐지로 민족 기업의 설립 증가, 제1차 세계 대전 이후 호황으로 일본 자본의 조선 투자 급증 및 일본 기업의 침투가 활발해짐
대표적 민족 기업	경성 방직 주식회사(지주 출신 기업), 평양 메리야스 공장, 고무신 공장(서민 출신 기업) 등 설립 → 한국인 기업은 일본인 기업에 비해 소규모임
의의	민족의 근대적 교육 · 경제 · 문화 발전 추구
한계	제국주의 침략의 합리화, 점차 독립보다 실력 양성만 강조, 1930년대 이후 친일 세력화

3) 민립 대학 설립 운동 (빈출)

배경	3 · 1 운동 이후 교육열 고조(조선인 본위의 교육 강조), 식민지 교육 정책에 대항, 독립 쟁취를 위한 방안으로 고등 교육 기관 필요
주도 단체	조선 교육회, 조선 민립 대학 기성 준비회 → 대대적인 모금 활동 전개
실패	일제의 탄압과 경성 제국 대학 설립
한계	다수의 민중들을 위한 대중 교육에는 소홀

수삼 년 이해 각지에서 향학열이 힘차게 일어나 학교의 설립과 교육 시설이 많아진 것은 실로 우리의 고귀한 자각에서 나온 것이다. 모두가 경하할 일이나 우리에게 아직도 대학이 없다. …… 그러므로 우리는 감히 만천하에 동포에게 향하여 민립 대학 설립을 제창하노니, 자매 형제로 모두 와서 성원하라.
　　　　　　　　　　　　　　　　　　　　　　　　　　　　　　　　　　　　　　－ 『민립 대학 발기 취지서』 －

● **출제 포인트 분석**
1922년 조선 교육회를 중심으로 한규설, 이상재 등은 조선 민립 대학 기성 준비회를 결성하여 활동하였다. 그러나 1924년 일제가 경성 제국 대학을 설립하면서 민립 대학 설립 운동은 실패하였다.

4) 문맹 퇴치 운동

야학	노동 · 농민 · 여성 야학 등 다양한 형태로 운영 → 일제는 1면 1교주의를 내세워 탄압
개량 서당	재래 서당을 개편, 농촌 아동에게 근대적 초등 교육 실시 → 일제는 '서당 규칙'을 제정하여 탄압

문자 보급 운동 (1929)	조선일보 주도, "아는 것이 힘. 배워야 산다."는 구호 제시
브나로드 운동 빈출 (1931)	동아일보 주도, "배우자, 가르치자, 다함께."라는 구호 제시

5) 물산 장려 운동 빈출

배경	회사령 철폐, 한·일 간 관세 철폐, 자본과 경영 능력 면에서 우위에 있는 일본 기업과 경쟁
목적	국산품 장려와 근검절약을 통한 민족 산업 육성 → 민족 경제의 자립
참여	조선 물산 장려회, 자작회, 토산 애용 부인회, 청년회 등
내용	일본 상품 배격, 국산품 애용, 소비 절약 운동(근검 저축·금주·단연 운동 추진)
한계	수요를 뒷받침할 수 있는 생산력 부족, 상인이나 자본가 계급이 이득을 챙기는 데 이용, 일제와의 타협

경성 방직 주식회사의 국산품 애용 선전 광고

❹ 국외 이주 동포의 활동

1) 만주

만주의 이주민

이주 배경	조선 후기 농민들의 생계 유지, 독립운동가들의 망명
생활	주로 황무지 개간
민족 독립운동 기여	• 이주민 집단촌 건설 → 독립운동 기지 마련(민족 교육·군사 교육 병행) • 3·1 운동 때에는 국내와 호응 → 만세 시위 운동 전개

2) 연해주

이주 배경	러시아의 변방 개척 정책(토지 제공 등 한인 이주 허용 및 장려), 한인촌 건설
독립운동	13도 의군 결성, 만세 시위 참가, 대한 국민 의회 조직 등
연해주 동포의 이주 (1937)	스탈린이 일제 침략을 빌미로 중앙아시아로 강제 이주시킴

3) 일본

이주 배경	정치적 망명, 유학생(19세기 말) → 일제의 경제 수탈로 생활 터전을 상실한 농민들이 산업 노동자로 취업(국권 피탈 이후)
이주 동포의 고난	민족 차별과 저임금 등 → 조선인 학살 등의 대참사(간토 대지진)

4) 미주

미주 동포(캘리포니아 농장)

이주 배경	사탕수수 농장 및 철도 건설 노동자로 이주(20세기 초)
민족 운동	• 애국 단체 결성 : 군자금 송금, 신문·잡지 발행 • 대한민국 임시 정부에 대한 지원 : 독립 공채 구입, 각종 의연금 송금 • 군사 훈련 : 숭무 학교 빈출 건설 • 외교 활동 : 일제 식민지 지배의 허구성 폭로, 한국의 독립 문제가 열강 사이에서 논의되는 계기가 마련됨

이론을 복습하는 기출문제 04

빈칸 채우기

01 6·10 만세 운동의 영향으로 민족주의와 사회주의 계열이 함께 모여 [_____]을/를 결성하였다.

02 최초의 여성 잡지인 [_____]은/는 급진적 여성 해방론을 주장하였다.

03 백정에 대한 불평등을 해소하기 위해 1923년 [_____]이/가 조직되었다.

04 [_____]은 색동회를 조직하고 어린이날 제정을 주창하는 등 소년 운동을 전개하였다.

05 1920년대 일어난 가장 큰 노동 쟁의는 [_____] 노동자 총파업이다.

06 일제는 농민의 저항을 억제하고 농민 조합 운동의 확산을 저지하기 위해 [_____]을/를 벌였다.

07 조선 교육회는 기관지인 노동야학총서를 발행하고 [_____] 운동을 주도하였다.

08 신교육 운동의 일환으로 조선일보는 문자 보급 운동을 펼쳤고, 동아일보는 [_____]을/를 전개하였다.

09 국산품의 장려와 근검절약을 통한 민족 산업 육성을 위해 [_____]이/가 전개되었다.

10 민족 경제의 자립을 목표로 조만식은 서울에서 [_____]을/를 조직하였다.

> **정답** 01 신간회 02 신여자 03 조선 형평사 04 방정환 05 원산 06 농촌 진흥 운동
> 07 민립 대학 설립 08 브나로드 운동 09 물산 장려 운동 10 조선 물산 장려회

---

01 31회 45번

(가), (나) 사이의 시기에 있었던 사실로 옳은 것은?

> (가) 제1차 세계 대전기 일본의 급속한 공업화로 인하여 쌀값이 폭등하고 식량 사정이 악화되었다. 그로 인해 일본 각지에서 쌀 폭동이 일어났고, 그 대책으로 일제는 자국의 부족한 쌀을 한국에서 충당하기 위하여 산미 증식 계획을 추진하기 시작하였다.
>
> (나) 조선 노농 총동맹을 노동과 농민으로 분리하자는 의견이 있어 각지 세포 단체에 그 찬성 여부를 묻는 투표를 실시하였다. 투표 결과 분리에 찬성하는 의견이 대다수이므로 조선 노동 총동맹과 조선 농민 총동맹이 각각 조직되었다.

① 조선 농지령이 공포되었다.
② 국가 총동원법이 제정되었다.
③ 암태도 소작 쟁의가 일어났다.
④ 함경도에서 방곡령이 선포되었다.
⑤ 동양 척식 주식회사가 설립되었다.

> **정답** ③
> **해설** (가)는 1920년부터 시작된 산미 증식 계획, (나)는 1927년 조선 농민 총동맹과 조선 노동 총동맹의 결성에 관한 내용이다. (가)와 (나) 사이의 시기에 있었던 사실로는 1923년에 전개된 암태도 소작 쟁의이다. 암태도 소작 쟁의의 결과 7~8할의 소작료가 4할로 줄었다.
> **오답 피하기** ① 조선 농지령은 1934년, ② 국가 총동원법은 1938년, ④ 방곡령은 1889년, ⑤ 동양 척식 주식회사는 1908년이다.

---

02 29회 45번

밑줄 그은 '이 운동'에 대한 설명으로 옳지 <u>않은</u> 것은?

> 사진은 <u>이 운동</u>을 홍보하기 위해 시가 행진을 하는 모습이다. <u>이 운동</u>을 주도했던 단체는 창립 총회에서 다음의 활동 지침을 정하였다.
>
> 첫째, 조선인의 산업적 지능을 계발하여 산업을 장려한다.
> 둘째, 조선인의 산품(産品)을 애용하여 산업을 융성하게 한다.

① 일제의 회사령 폐지에 영향을 받았다.
② 김광제, 서상돈 등의 발의로 본격화되었다.
③ 평양에서 시작되어 전국적으로 확산되었다.
④ 산업 육성을 통한 민족의 실력 양성을 도모하였다.
⑤ 사회주의자들로부터 자본가의 이익만을 우선시한다고 비판받았다.

> **정답** ②
> **해설** 일제의 회사령 폐지로 일본 자본 진출이 본격화되자 민족 기업들 사이에 위기감이 형성되었다. 이에 조선인의 국산품을 애용하여 산업을 융성하게 하려는 물산 장려 운동이 일어났다. 1920년 평양에서 조만식 등이 주도하여 조선 물산 장려회 발기인 대회가 개최되었고, 1923년 서울에서 조선 물산 장려회가 정식으로 출범하였다.
> **오답 피하기** ② 김광제, 서상돈 등의 발의로 본격화된 운동은 국채 보상 운동이다.

03 다음 자료를 발표한 단체에 대한 설명으로 옳은 것은?

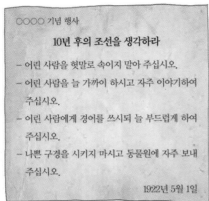

○○○○ 기념 행사

10년 후의 조선을 생각하라

- 어린 사람을 헛말로 속이지 말아 주십시오.
- 어린 사람을 늘 가까이 하시고 자주 이야기하여 주십시오.
- 어린 사람에게 경어를 쓰시되 늘 부드럽게 하여 주십시오.
- 나쁜 구경을 시키지 마시고 동물원에 자주 보내 주십시오.

1922년 5월 1일

① 잡지 근우를 발간하였다.
② 김기전, 방정환 등이 주도하였다.
③ 발명 학회와 과학 문명 보급회를 창립하였다.
④ 가갸날을 제정하고 기관지인 한글을 발행하였다.
⑤ 대성 학교와 오산 학교를 설립하여 민족 교육을 실시하였다.

정답 ②

해설 김기전, 방정환 등은 천도교 소년회(1921)를 조직하였으며, 어린이날을 제정하고, 잡지 '어린이'를 발간하였다. 이후 조철호와 함께 전국적 조직체인 조선 소년 연합회를 결성하였다(1927).

오답 피하기 ① 근우회, ④ 조선어 연구회, ⑤ 신민회에 대한 설명이다. ③ 1930년대 김용관 등 과학도가 조직하였다.

04 (가) 운동에 대한 설명으로 옳은 것은?

^{37회 36번}

이 사진은 산업 장려, 토산품 애용 등을 내세운 (가) 을/를 효과적으로 선전·계몽하기 위해 월간으로 발행되었던 잡지의 표지입니다. 이 잡지는 1923년 11월에 창간되어 1924년 9월 통권 5호까지 간행되었습니다.

① 조선 형평사의 주도로 전개되었다.
② 평양에서 시작되어 전국으로 확산되었다.
③ 순종의 인산일을 기회로 삼아 추진되었다.
④ 일제가 회사령을 제정하는 계기가 되었다.
⑤ 김광제, 서상돈 등의 발의로 본격화되었다.

정답 ②

해설 일제의 회사령 폐지로 본격적인 일본 자본 진출이 이루어지면서 한·일간 관세 철폐 움직임이 일어나자 민족 기업들 사이에 위기감이 형성되었다. 이에 평양에서 조만식 등의 주도로 물산 장려 운동이 시작되었다. 국산품 장려와 근검절약 등을 통해 민족 산업을 육성하고자 전개된 물산 장려 운동은 전국으로 확산되었으며, '내 살림 내 것으로' 등의 구호를 내걸고 조선 물산 장려회, 자작회, 토산 애용 부인회 등이 참여하였다.

05 (가), (나) 사이의 시기에 있었던 사실로 옳은 것은?

^{39회 40번}

(가) 6·10 만세 사건 제1회 공판

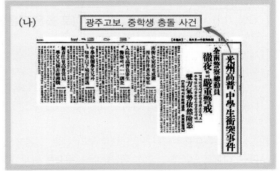
(나) 광주고보, 중학생 충돌 사건

① 3·1 운동이 전국적으로 전개되었다.
② 광복에 대비하여 조선 건국 동맹이 결성되었다.
③ 조선 혁명군이 영릉가에서 일본군에 승리하였다.
④ 민족 유일당 운동의 일환으로 신간회가 창립되었다.
⑤ 조선 민족 전선 연맹 산하에 조선 의용대가 조직되었다.

정답 ④

해설 (가)는 1926년 일어난 6·10 만세 운동, (나)는 1927년 일어난 광주 학생 항일 운동이다. 1926년 사회주의 계열과 학생들은 순종 인산일을 기해 만세 운동을 준비하였고, 학생 중심으로 만세 시위가 전개되었다. 이후 1927년 민족 유일당 운동의 일환으로 신간회가 창립되었다. 신간회는 비타협적 민족주의 계열과 사회주의 계열이 연합하여 결성하였으며, 140여 개의 집회와 4만여 명에 이르는 회원을 보유한 민족 운동 단체로 성장하였으나 결국 해소되었다. 1929년 일본 학생이 한국 여학생을 희롱한 사건을 계기로 한·일 학생이 충돌한 광주 학생 항일 운동에 신간회가 진상 조사단을 파견하고 진상 보고를 위한 민중 대회 개최를 계획하였으나 좌절되었다.

06 다음 자료의 사회 운동에 대한 설명으로 옳은 것을 〈보기〉에서 고른 것은?

30회 42번

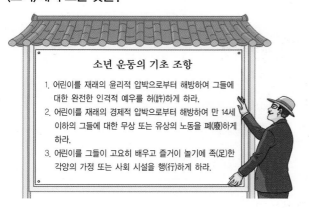

소년 운동의 기초 조항

1. 어린이를 재래의 윤리적 압박으로부터 해방하여 그들에 대한 완전한 인격적 예우를 허(許)하게 하라.
2. 어린이를 재래의 경제적 압박으로부터 해방하여 만 14세 이하의 그들에 대한 무상 또는 유상의 노동을 폐(廢)하게 하라.
3. 어린이를 그들이 고요히 배우고 즐거이 놀기에 족(足)한 각양의 가정 또는 사회 시설을 행(行)하게 하라.

─── 〈보 기〉 ───
ㄱ. 김기전, 방정환 등이 주도하였다.
ㄴ. 서당 규칙이 제정되는 계기가 되었다.
ㄷ. 천도교 세력이 중심이 되어 추진하였다.
ㄹ. 대한매일신보의 지원을 받아 전국으로 확산되었다.

① ㄱ, ㄴ ② ㄱ, ㄷ ③ ㄴ, ㄷ
④ ㄴ, ㄹ ⑤ ㄷ, ㄹ

정답 ②

해설 제시된 자료의 사회 운동은 소년 운동이다. 소년 운동은 천도교 세력을 중심으로 추진되었는데, 김기전과 방정환 등은 1921년 천도교 소년회를 조직하였다. 또 어린이날을 제정하고 1923년 잡지 '어린이'를 발간하였다.

07 밑줄 그은 '이 단체'에 대한 설명으로 옳은 것은?

29회 43번

이 단체는 1927년 2월 '민족 유일당 민족 협동 전선'이라는 기치 아래 비타협적 민족주의 진영과 사회주의 진영이 제휴하여 창립한 단체이다. 창립 총회에서 이상재를 회장으로 선출하였고, 창립 10개월 만에 지회가 100개를 돌파할 정도로 성장하였다.

① 우리말 큰사전 편찬 사업을 추진하였다.
② 구미 위원부를 설치하여 외교 활동을 전개하였다.
③ 조소앙의 삼균주의를 기초로 기본 강령을 발표하였다.
④ 토지 개혁 실시를 포함한 좌·우 합작 7원칙을 제시하였다.
⑤ 광주 학생 항일 운동의 진상 보고를 위한 민중 대회를 계획하였다.

정답 ⑤

해설 밑줄 그은 '이 단체'는 신간회이다. 신간회는 비타협적 민족주의 진영과 사회주의 진영이 제휴하여 민족 유일당 운동의 성격으로 창립되었다. 신간회는 ⑤ 광주 학생 항일 운동과 관련하여 진상 조사단을 파견하고 민중 대회를 계획하는 등 지원 활동을 벌였다.

08 다음 인물의 활동으로 옳은 것은?

28회 38번

○○○ 연보

1878년 평안도 강서 출생
1897년 독립 협회 가입
1912년 대한인 국민회 중앙 총회 조직
1913년 흥사단 조직
1919년 대한민국 임시 정부 내무총장 겸 국무총리 대리
1937년 수양 동우회 사건으로 수감
1938년 서울에서 별세

① 가갸날을 제정하고 기관지인 한글을 발행하였다.
② 인재를 양성하기 위하여 대성 학교를 설립하였다.
③ 조선학 운동을 주도하여 여유당전서를 간행하였다.
④ 서유견문을 집필하여 서양 근대 문명을 소개하였다.
⑤ 독사신론을 저술하여 민족 중심의 역사 서술을 하였다.

정답 ②

해설 연보의 인물은 도산 안창호이다. 안창호는 신민회에서 활동하며 인재 양성을 위해 평양에 대성 학교를 세웠고, 미국으로 건너가 1913년에 흥사단을 결성하였다.

오답 피하기 ① 조선어 연구회, ③ 정인보·안재홍, ④ 유길준, ⑤ 신채호에 대한 설명이다.

09 다음 자료에 나타난 두 운동의 공통점으로 옳은 것은?

26회 43번

① 신간회가 창립되는 계기가 되었다.
② 언론 기관을 중심으로 추진되었다.
③ 경성 제국 대학이 설립되면서 중단되었다.
④ 제4차 조선 교육령의 공포로 시작되었다.
⑤ 전국적인 모금 운동과 더불어 진행되었다.

정답 ②

해설 제시된 자료는 1931년부터 동아일보가 주도한 브나로드 운동과 조선일보가 전개한 문자 보급 운동이다. 이 두 운동은 언론 기관을 중심으로 추진된 농촌 계몽 운동이라는 공통점이 있다.

10 27회 41번 다음 자료의 사회 운동에 대한 설명으로 옳은 것은?

사칙(社則)

제2조 본사의 위치는 진주에 둔다.
　　　단, 각 도에는 지사, 군에는 분사를 둔다.
제3조 본사는 계급 타파, 모욕적 칭호 폐지,
　　　교육 권장, 상호의 친목을 목적으로 한다.
제4조 본 사원의 자격은 조선인은하인(何人)
　　　을 불문하고 입사할 수 있다.

① 원불교를 중심으로 전개되었다.
② 민족 자본의 보호와 육성을 추구하였다.
③ 여학교 설립을 통해 여성 교육에 매진하였다.
④ 백정에 대한 사회적 차별 철폐를 목표로 하였다.
⑤ 언론사의 주관으로 진행된 농촌 계몽 운동이었다.

정답 ④

해설 제시된 자료는 조선 형평사의 사칙이다. 갑오개혁으로 신분제가 폐지되었으나, 백정에 대한 사회적 차별은 지속되었다. 이에 1923년 진주에서 백정들이 조선 형평사를 조직하고 평등한 대우를 요구하는 등 백정에 대한 사회적 차별 철폐를 목표로 활동하였다.

오답 피하기 ① 원불교와는 관련 없다. ② 민족 자본의 보호와 육성을 위한 운동으로는 민족 기업 설립 운동 또는 물산 장려 운동 등이 있다. ③ 찬양회는 순성 여학교라는 근대 학교를 설립하였다. ⑤ 조선일보가 주도한 문자 보급 운동. 동아일보가 주도한 브나로드 운동에 대한 설명이다.

---

11 24회 39번 다음 자료가 발표되었던 시기를 연표에서 옳게 고른 것은?

　　수삼 년 이래 각지에서 향학열이 힘차게 일어나 학교의 설립과 교육 시설이 많아진 것은 실로 우리의 고귀한 자각에서 나온 것이다. 모두가 경하할 일이나 우리에게 아직도 대학이 없다. …… 그러므로 우리는 감히 만천하 동포에게 향하여 민립 대학 설립을 제창하노니, 자매 형제로 모두 와서 성원하라.

　　　　　　　　　　　　　　　– 민립 대학 발기 취지서 –

1897		1910		1919		1926		1937		1945
	(가)		(나)		(다)		(라)		(마)	
대한 제국 수립		국권 피탈		3·1 운동		6·10 만세 운동		중·일 전쟁		8·15 광복

① (가)　　② (나)　　③ (다)　　④ (라)　　⑤ (마)

정답 ③

해설 제시된 자료는 민립 대학 설립 운동과 관련이 있다. 조선 교육회를 중심으로 한규설, 이상재 등이 1922년 조선 민립 대학 기성 준비회를 결성하고 활발히 활동하였으나, 일제가 1924년 경성 제국 대학을 설립하는 등 방해하였다.

---

12 25회 46번 다음 자료와 관련된 사회 운동에 대한 설명으로 옳은 것은?

잡지 어린이

어린이의 날

– 어린 사람을 헛말로 속이지 말아 주십시오.
– 어린 사람에게 경어를 쓰시되 늘 부드럽게 하여 주십시오.
– 나쁜 구경을 시키지 마시고 동물원에 자주 보내 주십시오.

　　　　　　　　　– 동아일보. 1922 –

① 천도교를 중심으로 시작되었다.
② 박은식이 대표가 되어 이끌었다.
③ 사립 학교령 공포의 계기가 되었다.
④ 대한 자강회가 활동을 이어 나갔다.
⑤ 독립 협회의 지원을 받아 확대되었다.

정답 ①

해설 제시된 자료의 사회 운동은 천도교를 중심으로 시작된 소년 운동이다. 방정환은 1921년 천도교 소년회를 조직하였으며, 어린이날을 제정하고 잡지 '어린이'를 발간하였다. 또 1927년 조철호와 함께 전국 조직체인 조선 소년 연합회를 결성하였다.

---

13 24회 43번 다음 취지서를 발표한 단체에 대한 설명으로 옳은 것은?

　　인류 사회는 많은 불합리를 생산하는 동시에 그 해결을 우리에게 요구하여 마지않는다. 여성 문제는 그 중의 하나이다. 세계인은 이 요구에 응하여 분연하게 활동하고 있다. …… 우리 자체를 위하여, 우리 사회를 위하여 분투하려면 우선 조선 자매 전체의 역량을 공고히 단결하여 운동을 전반적으로 전개하지 아니하면 아니 된다.

　　일어나라! 오너라! 단결하자! 분투하자! 조선의 자매들아! 미래는 우리의 것이다.

① 3·1 운동에 주도적으로 참여하였다.
② 조선 여자 청년회 결성에 영향을 주었다.
③ 통감부의 감시와 탄압을 받아 해산되었다.
④ 신간회와 연계하여 민족 운동을 전개하였다.
⑤ 근대적 여성 교육을 위해 이화 학당을 세웠다.

정답 ④

해설 1927년 여성계의 민족 유일당 단체로 창립된 근우회는 기독교계 여성 운동과 사회주의 여성 운동 세력이 통합되어 조직되었으며, 신간회의 자매 단체로 민족 운동을 전개하였다.

오답 피하기 ① 1927년 근우회가 결성되었다. ② 1921년 조선 여자 청년회가 결성되었다. ③ 자료에 나타난 시기는 조선 총독부와 관련 있다. ⑤ 1886년 이화 학당이 설립되었다.

14

26회 40번

밑줄 그은 '이 운동'에 대한 설명으로 옳은 것은?

왜 지금의 조선 민족에게는 정치적 생활이 없나? 일본이 한국을 병합한 이래로 조선인에게는 모든 정치 활동을 금지한 것이 제일의 원천이요. …… 우리는 조선 내에서 허락되는 범위 내에서 일대 정치적 결사를 조직하여야 한다는 것이 우리의 주장이다.
— 민족적 경륜 —

이러한 주장을 바탕으로 전개된 이 운동은 일제의 분열 정책에 이용되었습니다.

① 복벽주의가 이념적 바탕이었다.
② 보안법이 제정되는 계기가 되었다.
③ 신민회가 해체되는 배경이 되었다.
④ 이광수, 최린 등이 중심 인물이었다.
⑤ 조선 혁명 선언을 행동 지침으로 삼았다.

정답 ④

해설 밑줄 그은 '이 운동'은 자치 운동이다. 1920년대 이후 실시된 일제의 문화 통치로 이광수, 최린과 같은 타협적 민족주의 세력이 형성되었다. 이들은 일제에 타협하여 자치권과 참정권을 얻어내자는 운동을 벌였다. 특히 이광수는 민족 개조론과 민족적 경륜을 발표하여 자치론을 주장하였다.

15

37회 39번

(가), (나) 사건에 대한 설명으로 옳은 것은?

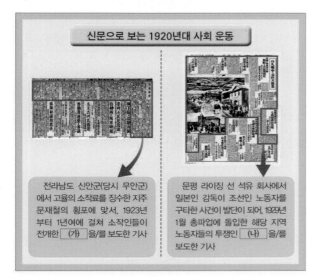

신문으로 보는 1920년대 사회 운동

전라남도 신안군(당시 무안군)에서 고율의 소작료를 징수한 지주 문재철의 횡포에 맞서, 1923년부터 1여에 걸쳐 소작인들이 전개한 (가) 을/를 보도한 기사

문평 라이징 선 석유 회사에서 일본인 감독이 조선인 노동자를 구타한 사건이 발단이 되어, 1929년 1월 총파업에 돌입한 해당 지역 노동자들의 투쟁인 (나) 을/를 보도한 기사

① (가) - 중국의 5 · 4 운동에 영향을 주었다.
② (가) - 혁명적 농민 조합을 중심으로 펼쳐졌다.
③ (나) - 대한민국 임시 정부 수립의 계기가 되었다.
④ (나) - 일본, 프랑스 등지의 노동 단체로부터 격려 전문을 받았다.
⑤ (가), (나) - 일제가 이른바 문화통치를 실시하는 배경이 되었다.

정답 ④

해설 (가) 사건은 1923년에 일어난 암태도 소작 쟁의, (나) 사건은 1929년에 일어난 원산 총파업이다. (가) 암태도 소작 쟁의는 전라남도 신안군 암태도의 소작인들이 소작료 인하를 위해 지주 문재철을 상대로 전개한 소작 쟁의이다. (나) 원산 총파업은 문평 라이징 선 석유회사에서 일본인 현장 감독이 한국인 노동자를 구타하는 사건이 일어나자, 노동자들이 벌인 노동 쟁의이다. 원산 총파업은 일본, 프랑스 등지의 노동 단체로부터 격려 전문을 받기도 하였다.

16

39회 41번

다음 대화에 나타난 사건에 대한 설명으로 옳은 것은?

저 여성은 을밀대 지붕 위에 올라가 무엇을 하고 있는 것이오?

평양의 평원 고무 공장에서 일하는 강주룡이 항의 농성을 하고 있는 중입니다.

① 조선 노동 총동맹 결성으로 이어졌다.
② 원산 총파업이 일어나는 계기가 되었다.
③ 대한매일신보 등 언론 단체들이 참여하였다.
④ 임금 삭감 반대, 노동 조건 개선을 주장하였다.
⑤ 백정에 대한 사회적 차별 철폐를 목적으로 하였다.

정답 ④

해설 1931년 평양 을밀대 위에서 고공 농성을 한 강주룡은 혁명적 노동조합 소속 노동자였다. 혁명적(적색) 노동조합 운동은 1930년대에 일어난 비합법적(일제에 저항하는) 노동조합 운동으로, 당시 강주룡은 노동자들에 대한 임금 삭감 반대, 노동 조건 개선을 주장하였다.

1921	1924	1926	1931	1934
조선어 연구회	신채호, 『조선사연구초』 저술	나운규, '아리랑' 발표	조선어 학회, 극예술 연구회 조직	진단 학회 조직

연표

05 민족 문화의 수호 운동   출제 빈도 상 | 중 | 하

① 국어 연구

1) 조선어 연구회(1921) : 가갸날 제정(한글날로 개칭), 기관지 '한글' 발간, 강연회와 연구 발표회 개최 → 민중을 대상으로 문자 보급 운동 전개

출제 사료	한글 창간사

우리 조선 민족에게는 좋은 말, 좋은 글이 있다. 더욱이 우리글(한글)은 소리가 같고, 모양이 곱고, 배우기 쉽고, 쓰기 편한 훌륭한 글이다. 우리는 여태까지 도리어 이것을 푸대접하고 짓밟아 버렸으므로 매우 좋았어야 할 한글이 지금에 이르도록 지저분하여 아주 볼 모양 없이 된 것이다. 한 사십 년 전에 우리 한힌샘(주시경) 스승이 바른 길을 열어줌으로부터 그 뒤를 따르는 이가 적지 않았고, 또 이를 위하여 꾸준히 일하려는 이가 많이 일어나기에 이른 것은, 우리 한글의 앞길을 위하여 크게 기뻐하는 바이다.
ㅡ 이윤재 ㅡ

● **출제 포인트 분석**
한글학회 기관지 '한글'의 창간사이다. 한글학회는 1908년 8월 '국어 연구 학회'에서 비롯되었는데, 1917년까지 활동하다 중단되었고, '조선어 연구회'로 이름을 고쳐 재건하였다. 조선어 연구회는 국어의 학문적 이론의 연구와 한글 보급을 위해 1927년 2월 동인지 형태의 '한글' 잡지를 창간하였다. 이후 1931년 조선어 연구회를 조선어 학회로 개칭하면서 학술 기관지의 필요성을 느껴 1932년 5월 1일 다시 창간호로 출판한 이후 월간 또는 계간으로 발간하였다.

2) 조선어 학회(1931) : 조선어 연구회 확대 개편, 한글 맞춤법 통일안 빈출 (1933)과 표준어 제정, 『우리말 큰 사전』 편찬 시도 → 조선어 학회 사건(1942)으로 강제 해산

② 국사 연구

1) 배경 : 일제가 식민 사관(타율성론, 정체성론, 당파성론)으로 한국의 역사를 열등하게 왜곡하여 식민 지배 합리화, 조선사 편수회 설치(『조선사』 편찬)

구분	일제의 주장	잘못된 점
타율성론	한국의 역사는 중국이나 일본에 의해 타율적으로 발전해 옴	역사 왜곡을 통해 고대에 일본이 한반도 남부를 지배하였다는 임나일본부설 등을 날조하는 등 한국사의 자율성과 독자성을 부정
정체성론	한국 사회는 근대 사회(자본주의)로의 이행에 필요한 봉건 사회의 단계를 거치지 못한 상태에 머물러 있었음	조선 후기에 상품 화폐 경제가 발전하고 자본 축적을 통해 자본주의의 싹이 트고 있던 한국사의 내재적 발전을 무시함
당파성론	우리 민족은 본래 당파성이 강하여 단결하지 못함	조선 시대 지배층의 권력 투쟁(당쟁)을 우리 민족 전체의 민족성으로 일반화함

출제 사료 일제의 식민 사관

조선인 청소년으로 하여금 그들의 전통, 역사를 모르게 하라. 동시에 될 수 있는 대로 그들의 조상과 선인들의 무위무능한 행적을 들추어 가르쳐라. 이들에게 자국의 모든 것에 혐오감을 느끼게 하고, 그때에 일본의 역사와 전통문화, 인물 등을 가르치면 그들이 일본을 흠모하게 되고 조선인을 반(半) 일본인으로 만드는 요결이다.   – 조선 총독 사이토, '조선에서의 교육 시책의 요결(1922)' –

● **출제 포인트 분석**

일제는 한국인에 대한 식민 통치를 용이하게 하고, 일제의 한국 지배를 정당화하기 위해 정책적·조직적으로 식민 사관을 조작하였다. 일제는 한민족이 역사적으로 다른 나라의 지배를 받아왔고, 스스로 자립할 능력이 없는 타율적 민족이라 부각하여 식민 지배를 정당화하였다.

2) 민족주의 사학

배경	민족 운동의 일환으로 한국사 연구, 민족사 수호, 우리 역사의 주체적 발전과 민족의 자주성 고양
특징	• 기전체와 편년체 탈피, 사대주의적 역사 인식과 위정자 중심의 역사관 비판, 민중 주체적 역사 서술 지향 • 민족정신 강조 : 박은식의 혼, 신채호의 낭가 사상, 정인보의 얼, 문일평의 조선심 등
역사학자	• 박은식 : 국혼 강조, 『한국통사』 **빈출** · 『한국독립운동지혈사』 저술 • 신채호 : 고대사 연구, 역사의 주체를 영웅으로 보고 영웅 출현 기대, 『조선상고사』·『조선사연구초』 저술 • 정인보 : 얼 강조, 『조선사연구』 저술 • 문일평 : 조선심 강조, 『호암전집』·『한미 50년사』 • 안확 : 민족주의 사학을 계승하면서 문화사 차원으로 발전, 『조선 문명사』
한계	민족의 주체성을 강조하여 실증성 약화, 특수성을 강조하는 정신 사관·투쟁 사관으로 세계사적 보편성 결여

출제 사료 박은식의 혼과 백

옛 사람들이 말하기를 나라는 가히 멸할 수 있으나, 역사는 가히 멸할 수 없으니, 대개 나라는 형이나 역사는 신(神, 또는 혼)이기 때문이다. 지금 한국의 형(形)은 허물어졌으나 신은 가히 홀로 존재하지 못하겠는가. …… 무릇 형체는 서로 생각하고 늘 잊지 말며, 형과 신을 전멸시키지 말 것을 구구히 바란다.

● **출제 포인트 분석**

박은식은 국가를 구성하는 요소를 혼(魂)과 백(魄)으로 구분하였고, 이중에서 민족정신으로서의 국혼을 강조하였다.

역사란 무엇이뇨? 인류 사회의 아(我)와 비아(非我)의 투쟁의 시간부터 발전하며 공간부터 확대하는 심적 활동 상태의 기록이니, 세계사라 하면 세계 인류의 그리된 상태의 기록이며, 조선사라면 조선 민족의 그리되어 온 상태의 기록이니라. 무엇을 '아'라 하며, 무엇을 '비아'라 하느뇨? …… 그러므로 역사는 아와 비아의 투쟁의 기록이니라.

                         — 신채호, 『조선상고사』 —

● **출제 포인트 분석**

신채호는 역사를 '아(我)'와 '비아(非我)'의 투쟁으로 인식하였는데, 이는 역사가 투쟁 속에서 발전한다는 인식을 담고 있는 것이다.

3) 사회 경제 사학

<table>
<tr><td>특징</td><td>정체성론과 한국 사회의 특수성론 타파 → 유물사관을 토대로 세계사적 보편 법칙에 따른 한국사의 발전 강조, 역사 발전의 원동력을 민중으로 강조, 계급 투쟁의 역사 강조</td></tr>
<tr><td>역사학자</td><td>• 백남운 : 한국사의 발전 과정을 세계 일원론의 변증법적 역사 발전 법칙에 의하여 규명, 『조선사회경제사』・『조선봉건사회경제사』 저술
• 이청원 : 『조선역사독본』 저술, 일반성과 특수성의 변증법적 통일에 의해서만 역사의 정당성 파악이 가능하다고 주장</td></tr>
<tr><td>의의</td><td>사회 진화론적 역사관으로 인한 패배주의 극복, 한국 사회의 내면적 발전 법칙 해명 → 실천적 의미를 이론화하는 등 미래에 대한 밝은 전망 내포(백남운)</td></tr>
<tr><td>한계</td><td>• 민족 문제보다 계급의식 강조, 민족사의 고유성 무시
• 대부분의 사회 경제사학자들(백남운 제외)은 일본의 정체론적 사회 경제사 연구 성과를 빌려 유물사관 도식에 맞춰 재구성 → 한국사의 주체성 파악 부족
• 극단적 계급주의 노선이 좌우 합작(민족 통일 전선) 형성을 저해하여 민족적 역량 분산</td></tr>
</table>

우리 조선의 역사적 발전 과정은, 지리적인 조건・인종적인 골상・문화 형태의 외형적인 특징 등 다소의 차이를 인정한다 하더라도, 외관상 특수성이 다른 문화 민족의 역사적 발전 법칙과 구별되어야 할 독자적인 것은 아니며, 세계사적 일원적인 역사 법칙에 의해 다른 제 민족과 거의 동궤적인 발전 과정을 거쳐 왔던 것이다.

                         — 백남운, 『조선사회경제사』 —

● **출제 포인트 분석**

백남운은 일제의 식민 사관을 비판하며 우리의 역사가 유물론에 입각하여 세계사적인 보편주의적 법칙에 따라 발전 과정을 거쳐 왔다고 주장하였다.

4) 실증사학

① 특징 : 개별적인 사실을 객관적으로 밝히려는 실증적인 연구, 랑케 사학의 기반 위에서 고증주의 표방, 민중 운동의 수단으로서의 역사 연구 거부 → 과거의 이해에만 충실

② **진단 학회**(1934) : 식민 사학에 저항하기 위해 이병도・손진태 등이 결성, 『진단학보』 발간

③ 한계 : 민족사의 현실을 제대로 인식하지 못함 → 현실에 안주, 타협

④ 의의 : 문헌 고증을 통해 객관적인 사실 강조 → 역사학을 과학화하고 독립 학문으로 정립하는 데 공헌

유물사관

역사 발전의 원동력이 물질적인 토대에 있다고 보는 역사관으로, 마르크스가 주장하였다. 역사는 생산 관계에 따라 원시 공동체 → 고대 노예제 → 중세 봉건제 → 근대 자본주의 → 공산주의로 발전한다고 주장하였다.

진단 학회

한국인 학자들이 조선 총독부와 일본인 학자들이 주도하는 관변적 역사 풍토에서 벗어나 독자적인 연구 풍토를 만들기 위해 결성한 단체이다.

❸ 종교계의 활동

1) 일제의 종교 탄압 : 기독교(안악 사건), 불교(사찰령 공포), 천도교 · 대종교 탄압(일제의 탄압으로 본거지를 만주로 옮김)

시험에 자주 등장해요

일제 강점기 각 종교계의 민족 문화 수호 운동을 묻는 문제가 자주 출제됩니다. 특히 대종교, 천도교는 꼭 기억하세요.

2) 각 종교계의 활동

불교	조선 불교 유신회 조직, 일제의 사찰령 폐지 운동(한용운), 근대적 교육 기관 설립
천주교	고아원 · 양로원 등 사회사업 확대, 잡지 '경향' 간행, 만주에서 무장 항일 단체인 의민단 조직
개신교	신사 참배 거부 운동, 교육과 의료 지원 활동
대종교	• 무장 독립운동 전개, 교단을 만주로 이동 • 중광단(1911) → 정의단(1919. 3.) → 군정부(1919. 8.) → 북로 군정서군으로 활동(청산리 대첩)
천도교	제2의 3 · 1 운동 계획, 청년 · 소년 · 여성 운동 전개, 개벽사 설립(1919), 잡지 '개벽' 발행, 보성 학원 · 동덕 학원 등 학교 운영
원불교	박중빈이 창시(조선 불교 혁신론), 새 생활 운동 전개(남녀 평등과 허례허식 폐지 등), 민족 역량 배양 운동(개간 사업과 저축 운동으로 민족 경제 자립 촉구)

❹ 문학과 예술 활동

1) 문학

1910년대	• 계몽적 성격 • 이광수 : 『무정』을 통하여 근대 소설의 역사 개척
1920년대	• 자연주의, 낭만주의 문학 : '창조'(1919), '백조'(1922) 등 → 사실 문학과 순수 문학 지향, 민족 현실 외면 • 민족주의 : 현진건(빈처), 염상섭(만세전), 한용운(님의 침묵) 등 → 감상적 문학 비판, 민족의식 표현 • 사회주의 : 조선 프롤레타리아 예술가 동맹(KAPF) → 일제의 카프 회원 검거 사건으로 해체(1935) • 국민 문학 운동 : 사회주의 문학에 대항하여 민족주의 계열 문인들이 문학을 통해 민족주의 이념 선양(복고주의)
1930년대 이후	• 친일 문학 활동 • 청록파 시인 : 일제 말기의 사회 현실 외면, 자연에서 영감을 구함 • 저항 문학 ⭐️ 빈출 : 이육사의 '청포도' · '절정', 윤동주의 '하늘과 바람과 별과 시' · '별 헤는 밤', 이상화의 '빼앗긴 들에도 봄은 오는가' 등
1940년대	민족 말살 정책에 의해 한국 문단의 암흑기

합격생의 비법

윤동주

만주 북간도의 명동촌(明東村)에서 태어난 윤동주는 1941년에 서울의 연희 전문 학교(延禧專門學校) 문과를 졸업하고, 일본으로 건너가 도쿄에 있는 릿쿄[立敎] 대학 영문과에 입학하였다가(1942), 도시샤대학[同志社大學] 영문과로 옮겼다(1942). 학업 도중 항일 운동을 했다는 혐의로 일본 경찰에 체포되어(1943.7), 2년 형을 선고받고 후쿠오카(福岡) 형무소에서 복역하였다. 그러나 복역 중 건강이 악화되어 1945년 2월에 생을 마쳤다. 그의 시는 매우 서정적이며, 식민지 지식인의 고뇌와 진실한 자기 성찰의 의식이 담겨있다고 평가되고 있다. 윤동주의 시들은 1948년 『하늘과 바람과 별과 시』로 묶어 유고집으로 발간되었다.

출제 사료	**저항 문학**

지금은 남의 땅 – 빼앗긴 들에도 봄은 오는가?
나는 온몸에 햇살을 받고
푸른 하늘 푸른 들이 맞붙는 곳으로
가르마 같은 논길을 따라 꿈속을 가듯 걸어만 간다.

⋮

그러나 지금은 들을 빼앗겨 봄조차 빼앗기겠네.

　　　　　　　　　　　　　　　– 이상화, '빼앗긴 들에도 봄은 오는가' –

● **출제 포인트 분석**

　이상화는 '빼앗긴 들에도 봄은 오는가'라는 작품을 통해 일제에 대한 저항 의식과 조국에 대한 애정을 표현하였다.

2) 예술

① 음악

1910년대	창가 유행, 음악을 통해 국권 상실과 망국의 아픔 노래
1920년대	서양 음악을 통한 민족의 정서 노래 → 홍난파(봉선화), 현제명(고향 생각) 등
1930년대	안익태(코리아 환상곡 → 애국가), 홍난파와 현제명(친일화)

② 미술 : 근대 회화의 시작 → 민족 풍자화를 통한 식민지 수탈상 표현

이중섭	소를 주제로 그림, 민족의 현실 표현
전형필 · 고유섭	문화재를 수집하고 연구
기타	안중식(한국의 동양화를 전승 · 발전), 고희동(최초의 서양 화가), 나혜석(여성 화가), 이상범(한국화 발전)

나운규와 영화 제작진

③ 연극

극예술 협회 (1920)	김우진 등 도쿄 유학생들이 조직
토월회 (1923~1926)	신극 운동(도쿄 유학생), 농촌 계몽과 예술이 목표(민중의 각성을 요구하는 연극 공연)
극영 동호회, 극예술 연구회 (1931)	일제의 만행과 당시의 비참한 사회상을 고발하는 민족 작품 공연 → 일제의 탄압 → 해체

④ 영화 : 조선 키네마 설립(1924, 최초의 영화사), 나운규 **빈출**가 민족의 비애를 담은 '아리랑' **빈출** 발표(1926)

⑤ 기타 : 판소리 · 가면극 · 꼭두각시 놀음 · 사당패의 퇴조, 신파극(나라 잃은 민족의 애환 표현)

빈칸 채우기

01 조선어 연구회는 민중을 대상으로 한글을 보급하고 가갸날을 지정하였으며, 기관지인 [   ]을/를 발간하였다.

02 [   ]은/는 한글 맞춤법 통일안을 마련하고 『조선어 사전』을 편찬하였다.

03 1926년 창립된 [   ]은/는 식민 사학의 이론을 확립하여 보급하였으며, 청구학총을 간행하였다.

04 [   ]은/는 양명학에 입각하여 실천적이고 민중적인 유교 개신을 주장하였다.

05 [   ]는 『조선 상고사』를 통해 역사를 '아(我)와 비아(非我)'의 투쟁으로 인식하였다.

06 신채호는 『조선사 연구초』에서 [   ]을/를 조선 역사상 일천년래 제일대사라고 평가하였다.

07 [   ]은/는 한국사의 발전 과정을 세계 일원론의 변증법적 역사 발전 법칙에 의거하여 규명하였다.

08 [   ]은/는 식민 사관을 비판하였고, 『여유당전서』의 간행에 참여하였다.

09 박중빈이 창시한 [   ]는 교화 · 교육 · 자선의 3대 사업을 전개하였다.

10 [   ]은/는 신극 운동을 펼쳤고, 민중의 각성을 요구하는 연극을 공연하였다.

정답 01 한글 02 조선어 학회 03 청구 학회 04 박은식 05 신채호 06 묘청의 서경 천도 운동 07 백남운 08 진단 학회 09 원불교 10 토월회

---

01 26회 45번
다음 문화 활동에 대한 설명으로 옳은 것은?

> • 다산 서거 99주년 기념 사업 추진이 계기가 되었다.
> • 안재홍, 정인보, 문일평이 중심이 되어 추진되었다.
> • 1930년대 중반에 민족 문화 운동의 일환으로 진행되었다.
> • 조선의 언어, 역사, 문학을 연구하는 것으로 더욱 구체화되었다.

① 가갸날을 제정하는 배경이 되었다.
② 조선사 편수회 설치의 계기가 되었다.
③ 여유당전서를 간행하면서 제창되었다.
④ 원각사를 설립하여 은세계를 공연하였다.
⑤ 신경향파 문학이 대두하는 배경이 되었다.

정답 ③
해설 1934년 다산 서거 100주년을 맞아 조선 문화 부흥 운동(조선학 운동)이 일어났다. 정인보, 안재홍, 문일평 등은 『여유당전서』를 교열하여 『정다산전서』라는 이름으로 간행하는 등 조선의 언어, 역사, 문학 연구에 매진하였다.

02 29회 44번
다음 글을 쓴 인물에 대한 설명으로 옳은 것은?

> 내가 세상에 태어난 이후 목격한 최근의 역사는 힘써 볼 만한 일이다. 이에 갑자년(1864)부터 신해년(1911)에 이르기까지 3편 114장을 지어 통사(痛史)라 이름하니 감히 정사(正史)를 자처하는 것은 아니다. 다행히 우리 동포들이 국혼(國魂)이 담겨 있는 것임을 인정하여 버리거나 내던지지 않기를 바랄 뿐이다.

① 조선사 편수회에 들어가 조선사 편찬에 참여하였다.
② 진단 학회에 참여하여 진단 학보 발간에 기여하였다.
③ 한국독립운동지혈사에서 독립 투쟁 과정을 서술하였다.
④ 독사신론을 발표하여 민족을 역사 서술의 중심에 두었다.
⑤ 조선사회경제사에서 식민주의 사학의 정체성 이론을 반박하였다.

정답 ③
해설 제시된 자료는 박은식의 『한국통사(韓國痛史)』 내용이다. 『한국통사』는 민족주의 사학자 박은식의 대표적인 저서로, 박은식은 신규식과 함께 동제사를 조직하고, 1924년 상하이 독립신문의 사장을 역임하였다. 또 1925년 3월에는 임시 정부 제 2대 대통령에 취임하기도 하였다. 박은식은 독립 투쟁 과정을 서술한 『한국독립운동지혈사』도 저술하였다.
오답 피하기 ① 최남선, ② 이병도, ④ 신채호, ⑤ 백남운에 대한 설명이다.

03 ^{27회 43번} 다음 인물의 활동으로 옳은 것은?

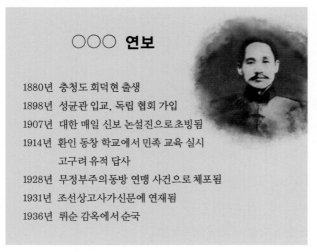

○○○ 연보

1880년 충청도 회덕현 출생
1898년 성균관 입교, 독립 협회 가입
1907년 대한 매일 신보 논설진으로 초빙됨
1914년 환인 동창 학교에서 민족 교육 실시
       고구려 유적 답사
1928년 무정부주의동방 연맹 사건으로 체포됨
1931년 조선상고사가 신문에 연재됨
1936년 뤼순 감옥에서 순국

① 하얼빈에서 이토 히로부미를 사살하였다.
② 한인 애국단을 조직하여 무장 투쟁을 전개하였다.
③ 명동 학교를 설립하여 민족의식 고취에 노력하였다.
④ 대조선 국민 군단을 결성하여 군사 훈련을 실시하였다.
⑤ 민중의 직접 혁명을 주장하는 조선 혁명 선언을 집필하였다.

정답 ⑤
해설 연보의 인물은 단재 신채호이다. 신채호는 1923년 의열단 강령으로 민중의 직접 혁명을 주장한 조선 혁명 선언을 작성하였다. 1928년 일제에 체포되어 10년 형을 받고 복역하다가 1936년 뤼순에서 옥사하였다.

04 ^{25회 41번} 밑줄 그은 '이 단체'에 대한 설명으로 옳은 것은?

1942년 여름 함흥 영생 고등 여학교 학생 박영옥이 기차 안에서 친구들과 우리말로 대화하다가 적발되는 사건이 일어났다.
일본 경찰은 취조 결과 여학생들에게 민족주의 감화를 준 사람이 서울에서 우리말 사전 편찬을 하고 있는 정태진임을 알게 되었다. 같은 해 9월 5일에 정태진을 연행, 취조해 이 단체가 학술 단체로 위장하여 독립 운동을 목적으로 활동하고 있다는 자백을 강제로 받아내어 회원들을 검거하였다.

① 형평 운동을 주도하였다.
② 민립 대학 설립을 추진하였다.
③ 한글 맞춤법 통일안과 표준어를 제정하였다.
④ 국문 연구소를 세워 국어의 이해 체계를 확립하였다.
⑤ 고전 간행, 귀중 문서의 보존과 전파를 목적으로 하였다.

정답 ③
해설 밑줄 그은 '이 단체'는 조선어 학회이다. 조선어 학회는 한글 맞춤법 통일안과 표준어를 제정하였고, 『우리말 큰사전』을 편찬하려고 하였으나 1942년 조선어 학회 사건으로 실패하였다.
오답 피하기 ① 조선 형평사에 대한 설명이다. ② 민립 대학 기성회에 대한 설명이다. ④ 1907년에 세워진 국문 연구소는 지문과 시기가 맞지 않다. ⑤ 1901년 최남선 등이 세운 조선 광문회에 대한 설명이다.

05 ^{38회 41번} (가), (나) 인물의 활동으로 옳은 것은?

옛 사람이 말하기를 나라는 멸망할 수 있으나 그 역사는 없어질 수 없다고 했으니, 이는 나라가 형체라면 역사는 정신이기 때문이다.

우리 조선의 역사는 세계사적·일원론적인 역사 법칙에 의해 다른 민족들과 거의 같은 궤도로 발전 과정을 거쳐 왔다.

(가)   (나)

① (가) – 한국독립운동지혈사에서 독립 투쟁 과정을 서술하였다.
② (가) – 유물 사관을 토대로 식민 사학의 정체성론을 반박하였다.
③ (나) – 진단 학회를 창립하여 실증주의 사학을 발전시켰다.
④ (나) – 독사신론을 발표하여 민족을 역사 서술의 중심에 두었다.
⑤ (가), (나) – 조선학 운동을 주도하며 여유당전서를 간행하였다.

정답 ①
해설 (가) 박은식은 '나라는 형(形: 형체, 魄: 몸)이며, 역사는 신(神: 정신, 혼)이다.'라고 강조하면서 국가의 외형적 요소는 멸망할 수 있지만, 정신 또는 국혼(국어, 국사)이 멸망하지 않으면 반드시 국권을 회복할 수 있다고 강조하였다. 대표적 저서로는 『한국통사』, 『한국독립운동지혈사』 등이 있다. 한편 (나) 백남운은 유물 사관(사회 경제 사학)을 우리나라에 최초로 적용한 학자로, 식민 사학의 정체성론을 비판하였다. 대표적 저서로는 『조선사회경제사』, 『조선봉건사회경제사』 등이 있다.

06 ^{36회 41번} (가)에 들어갈 내용으로 옳은 것은?

일제 강점기에 우리 민족 문화 수호를 위해 헌신하다 돌아가신 이윤재 선생님의 활동에 대해 말씀해 주세요.

이윤재 선생님은 우리말과 우리글을 지키기 위해 조선어 학회를 창립하여 (가) 에 참여하였습니다.

① 태극 서관 운영
② 국문 연구소 설립
③ 최초의 한글 신문 발행
④ 한글 맞춤법 통일안 제정
⑤ 개벽, 신여성 등의 잡지 간행

정답 ④

해설 1931년 조선어 연구회가 확대 개편되어 조선어 학회가 창립되었다. 조선어 학회는 한글 맞춤법 통일안을 제정하였고, 『우리말 큰사전』 편찬을 시도하였다. 그러나 1942년 일제는 민족 말살 정책에 따라 조선어 학회를 독립운동 단체로 간주하여 강제로 해산시켰다(조선어 학회 사건).

---

07 37회 43번

다음 검색창에 들어갈 종교에 대한 설명으로 옳은 것은?

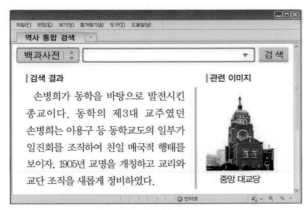

① 항일 무장 단체인 중광단을 결성하였다.
② 경향신문을 발간하여 민중 계몽에 기여하였다.
③ 배재 학당을 세워 신학문을 보급하고자 노력하였다.
④ 만주에서 의민단을 조직하여 독립 전쟁을 전개하였다.
⑤ 어린이 등의 잡지를 발간하여 소년 운동을 주도하였다.

정답 ⑤

해설 동학의 제3대 교주였던 손병희는 김연국·이용구 일파를 일진회 사건을 계기로 하여 출교 처분하였다. 이를 계기로 1905년 손병희는 동학을 천도교로 개칭하고 교리와 교단을 새롭게 정비하여 민족 종교로 발전시키고자 하였다. 천도교는 민족 신문인 만세보를 발간하였고, 잡지 '개벽'을 발행하였다. 또 청년 운동, 소년 운동, 여성 운동을 전개하였고, 보성 학원, 동덕 학원 등 학교를 운영하며 교육 활동을 전개하였다.

오답 피하기 ① 대종교, ②·④ 천주교, ③ 개신교에 대한 설명이다.

---

08 23회 39번

다음과 같이 주장한 인물의 활동으로 옳은 것은?

> 불교의 유신은 마땅히 먼저 파괴를 해야 한다. 유신이란 무엇인가? 파괴의 자손이다. …… 그러나 파괴라고 해서 모든 것을 무너뜨려 없애버리는 것을 뜻하지 않는다. 다만 구습 중에서 시대에 맞지 않은 것을 고쳐서 이를 새로운 방향으로 나아가야 한다는 것뿐이다.
>
> − 조선 불교 유신론 −

① 만주에서 의민단을 조직하였다.
② 만세보를 발행하여 계몽 활동을 펼쳤다.
③ 님의 침묵 등의 문학 작품을 발표하였다.
④ 대성 학교를 설립하여 교육 활동에 힘썼다.
⑤ 중광단에 가입하여 독립 전쟁에 참여하였다.

정답 ③

해설 한용운은 『조선 불교 유신론』을 저술하였으며, 『님의 침묵』을 출간하는 등 문학으로 일제에 저항하였다. 또 그는 일제의 사찰령에 맞서 불교의 현실 참여를 주장하였고, 3·1 운동 때에는 민족 대표 33인으로 활동하였다.

오답 피하기 ① 천주교는 1919년 만주에 무장 항일 단체인 의민단을 조직하였다. ② 천도교는 기관지인 만세보를 발행하였고, '개벽', '어린이', '신여성'이라는 잡지도 간행하였다. ④ 안창호는 인재를 양성하기 위해 대성 학교를 설립하였다. ⑤ 중광단은 대종교와 관련 있다.

---

09 31회 44번

밑줄 그은 '시기'의 문화에 대한 설명으로 옳은 것은?

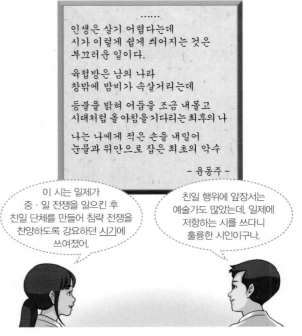

① 토월회가 발족되면서 신극 운동이 일어났다.
② 이육사가 잡지 문장을 통해 절정을 발표하였다.
③ 계몽적 성격의 창가인 경부철도가가 만들어졌다.
④ 나운규가 제작한 영화 아리랑이 처음 개봉되었다.
⑤ 문학의 사회적 실천을 강조한 신경향파가 등장하였다.

정답 ②

해설 밑줄 그은 '시기'는 1930년대 이후 저항 문학이 주를 이룬 시기이다. 윤동주의 '쉽게 씌어진 시'는 1942년에 창작되었다. 죽음으로 일제에 항거한 대표적인 저항 시인인 이육사도 비슷한 시기인 1940년 잡지 '문장'을 통해 '절정'을 발표하였다.

오답 피하기 ①·④·⑤는 1920년대, ③ 1900년대에 나타났다.

일제 강점기 국내외 항일 민족 운동

	1910년대	1920년대
식민 정책	• 무단 통치(헌병 경찰 통치) • 토지 조사 사업(1910~1918)	• 문화 통치(민족 분열 통치, 기만적 통치) • 산미 증식 계획
국내 항일 민족 운동	• 105인 사건(1911) • 비밀 결사 형태로 전개 : 독립 의군부(1912), 대한 광복회(1915) • 3·1 운동(1919) : 독립 선언서 낭독, 전국적·거족적 만세 시위 전개 → 화성 제암리 학살 사건	• 형평 운동(1923) • 6·10 만세 운동(1926) • 신간회(1927~1931) **신간회 강령** 1. 우리는 정치·경제적 각성을 촉진함 2. 우리는 단결을 공고히 함 3. 우리는 기회주의를 일체 부인함 • 광주 학생 항일 운동(1929)
국외 항일 민족 운동	• 독립군 기지 건설 ① 연해주 블라디보스토크의 신한촌 : 권업회(1911), 대한 광복군 정부(1914) ② 만주 – 서간도 : 신민회의 삼원보, 경학사, 신흥 무관 학교 – 북간도 : 중광단(대종교) – 북만주 : 밀산부 한흥동 ③ 미주 : 대한인 국민회	• 독립군 단체의 결성 ① 연해주 : 대한 국민 의회 ② 만주 　– 서간도 : 서로 군정서군 　– 북간도 : 북로 군정서군(대종교, 김좌진), 대한 독립군(홍범도) ③ 중국 　– 대한민국 임시 정부(1919, 상하이 : 외교) 　– 의열단(김원봉, 1919), 한인 애국단(김구, 1931) • 독립군의 활동 봉오동 전투(1920. 6.) → 청산리 대첩(1920. 9.) → 간도 참변(1920. 10.) → 대한 독립군단 결성 → 자유시 참변(1921. 6.) → 3부 성립(1924~1925) : 참의부, 정의부, 신민부 → 미쓰야 협정(1925) → 3부 통합 운동(국민부(1929) – 조선 혁명당), 혁신 의회(1928) – 한국 독립당(군))

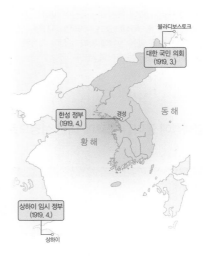

임시 정부의 통합

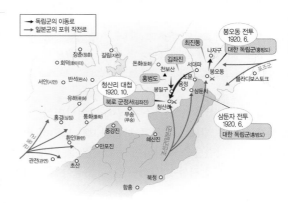

봉오동 전투와 청산리 대첩

3부의 성립

	1930년대	1940년대
식민 정책	• 민족 말살 통치 : 황국신민화(신사 참배, 창씨개명) • 남면북양(섬유 원료 증산), 병참 기지화(군수 공장), 국가 총동원법(미곡 공출, 식량 배급, 금속 강제 공출), 징용 · 징병 · 일본군 위안부 · 여성 정신대	
국내 항일 민족 운동	• 브나로드 운동(1931) • 비합법적 노동 운동, 혁명적 농민 조합 • 국학 – 국어 : 조선어 학회(1931) – 국사 : 사회 경제 사학(백남운) ↔ 실증주의 사학(진단 학회)	• 조선어 학회 사건(1942) • 조선 건국 동맹(1944) : 여운형, 안재홍 중심
국외 항일 민족 운동	• 만주 – 조선 혁명군(양세봉) + 중국 의용군 → 영릉가 전투(1932), 흥경성 전투(1933) – 한국 독립군(지청천) + 중국 호로군 → 쌍성보 전투(1932), 대전자령 전투(1933) • 중국 : 한인 애국단(윤봉길 의거) • 민족 협동 전선 운동(1935) – 민족 혁명당(1935, 김원봉) → 조선 민족 전선 연맹, 조선 의 용대(1938) – 한국 국민당(김구, 1935) → 한국 광복 운동 단체 연합회 (1937)	• 충칭의 대한민국 임시 정부 – 1940년 한국 독립당 중심, 한 국광복군 창설 – 1941년 '대한민국 건국 강령' 발표 – 1942년 조선 의용대 일부가 한국광복군에 편입 • 1942년 김두봉의 조선 독립 동맹 결성, 조선 의용군

신사 참배

조선어 학회 회원들

브나로드 운동 포스터

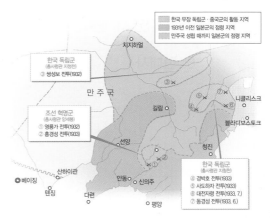
1930년대 만주의 무장 독립 투쟁

대한민국 임시 정부의 이동

최신250문항 빈출 키워드 랭킹

1위 3·1 민주 구국 선언   1-356p
2위 개성 공업 지구(개성 공단) 건설 1-361p
3위 경제 협력 개발 기구(OECD) 가입 1-359p
4위 최초 이산가족 고향 방문   1-360p
5위 삼균주의   1-336p

6위 귀속 재산 처리법   1-366p
7위 4·13 호헌 조치 철폐   1-358p
8위 조봉암, 진보당   1-350p
9위 7·4 남북 공동 성명 발표   1-360p
10위 금융 실명제 실시   1-359p

기출문제 출제경향 분석

8. 현대사

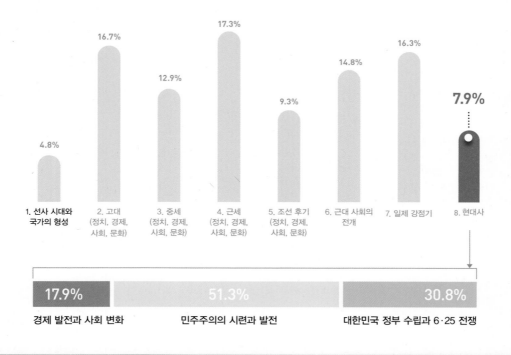

1. 선사 시대와 국가의 형성	2. 고대 (정치, 경제, 사회, 문화)	3. 중세 (정치, 경제, 사회, 문화)	4. 근세 (정치, 경제, 사회, 문화)	5. 조선 후기 (정치, 경제, 사회, 문화)	6. 근대 사회의 전개	7. 일제 강점기	8. 현대사
4.8%	16.7%	12.9%	17.3%	9.3%	14.8%	16.3%	7.9%

17.9%	51.3%	30.8%
경제 발전과 사회 변화	민주주의의 시련과 발전	대한민국 정부 수립과 6·25 전쟁

연표

1945	1946	1948	1950	1960	1961	1963	1969	1970	1972	1973	1977	1979	1980
광복	제1차 미·소 공동 위원회 개최	5·10 총선거 실시, 대한민국 정부 수립, 반민족 행위 처벌법 제정	6·25 전쟁	3·15 부정 선거, 4·19 혁명	5·16 군사 정변	박정희 정부 수립	3선 개헌안 통과	새마을 운동 시작, 경부 고속 국도 개통	7·4 남북 공동 성명, 10월 유신	6·23 평화 통일 선언, 제1차 석유 파동	수출 100억 달러 달성	부·마 민주화 항쟁, 10·26 사태, 12·12 사태	5·18 민주화 운동

8
PART

현대사

01 대한민국 정부 수립과 6·25 전쟁

02 민주주의의 시련과 발전

03 경제 발전과 사회 변화

1981	1986	1987	1988	1991	1993	1997	1998	2000	2002	2003	2007	2008	2010
전두환 정부 수립	서울 아시아 경기 대회 개최	6월 민주 항쟁, 6·29 민주화 선언	노태우 정부 수립, 서울 올림픽 대회 개최	남북한 유엔 동시 가입	김영삼 정부 수립, 금융 실명제 실시	국제 통화 기금(IMF) 구제 금융 요청	김대중 정부 수립	남북 정상 회담, 6·15 남북 공동 선언	한·일 월드컵 대회 개최	노무현 정부 수립	제2차 남북 정상 회담	이명박 정부 수립	G20 서울 정상 회의

01 대한민국 정부 수립과 6·25 전쟁

출제 빈도 상 | 중 | 하

① 8·15 광복과 통일 정부 수립 노력

1) 광복 직전의 건국 준비 활동

① 대한민국 임시 정부

　㉠ 1940년 충칭 정착 → 민족의 자유와 독립, 민주주의 국가 건설 등을 내용으로 하는 대한민국 건국 강령 공포(1941)

　㉡ 조소앙의 삼균주의 **빈출**에 기초하여 정치 · 경제 · 교육 균등의 실현 주장

② 조선 독립 동맹(1942)

　㉠ 민주 공화국 수립, 남녀평등, 토지 분배, 대기업 국유화 등의 건국 강령 발표

　㉡ 조선 의용군과 항일 전쟁을 적극적으로 전개함

　㉢ 광복 직전 여운형과 조선 총독부와 교섭 → 협상안 도출

③ 조선 건국 동맹 **빈출**(1944)

조직	중도 좌파 여운형 등이 민족주의와 사회주의를 망라하여 조직한 비밀 단체
목적	일제 타도와 민주주의 국가 수립을 목적으로 한 건국 강령 제정
활동	보광단 조직(공출 · 징용 · 징병 등 반대), 노동군과 치안대 편성 준비, 국내 진공 계획, 조선 독립 동맹과 임시 정부에 연락원 파견 등 → 광복 직후 조선 건국 준비 위원회의 모태가 됨
성격	국내 좌우 세력이 연합한 민족 연합 전선

2) 국제 사회의 한국 독립 문제 논의

① 카이로 선언(1943) : 미국(루스벨트), 영국(처칠), 중국(장제스)이 한국의 독립을 최초로 약속, 일본의 무조건 항복 요구, '적당한 시기'(적절한 시기)에 '일정한 절차'를 밟아서 한국을 독립시키기로 약속

출제 사료	카이로 선언

3대 동맹국의 목적은 …… 일본이 중국으로부터 탈취한 일체의 지역을 중화민국에 반환하게 함에 있고, 일본국은 또 폭력과 탐욕에 의해 약취한 다른 일체의 지역으로부터 축출될 것이다. 전기 3대 동맹국은 한국 인민의 노예 상태에 유의하여 적당한 시기에 한국을 자주 독립케 할 것을 결정한다.

● 출제 포인트 분석

　제2차 세계 대전 이후 일본에 대한 처리 문제를 논의하기 위해 이집트 카이로에서 미국, 영국, 중국의 수뇌가 만났다. 회담 직후 발표한 선언문에는 한국을 적당한 시기에 독립시키겠다는 내용이 포함되어 있어 우리나라의 독립을 연합국이 최초로 보장하고 있다.

합격생의 비법

삼균주의(三均主義)

조소앙은 정치의 균등(보통선거 실시), 경제의 균등(토지와 대기업의 국유화), 교육의 균등(국비에 의한 무상 교육)이 실현된다면 전 민족이 참여하는 민주 공화국을 건설하고 궁극적으로는 인류의 평화에 기여할 수 있다고 주장하였다.

합격생의 비법

보광단

1944년 징용 및 징병 거부자를 중심으로 편성된 무장대로, 지리산에 은신하면서 주재소 등을 습격하기도 하였다.

시험에 자주 등장해요

국제 사회의 한국 독립 문제 논의가 자주 출제됩니다. 카이로 선언, 얄타 회담, 포츠담 선언을 기억하세요.

② 얄타 회담(1945) : 미국(루스벨트), 영국(처칠), 소련(스탈린) 참가 → 소련의 대일 참전 결정, 한국에 대한 신탁 통치 결정

③ 포츠담 선언(1945)

　㉠ 처음에는 미국(트루먼), 영국(애틀리), 중국(장제스) 참가 → 후에 소련(스탈린)이 참가하여 서명

　㉡ 얄타 협정 재확인 → 소련의 대일 선전 포고

　㉢ 일본에 무조건 항복 권고, 카이로 선언을 재확인함으로써 한국의 독립을 재확인

3) 8 · 15 광복과 광복 직후 국내 상황

① 8 · 15 광복 : 제2차 세계 대전에서 연합국 승리 → 1945년 일본의 무조건 항복으로 독립

② 38도선 설정 : 일본군의 무장 해제를 구실로 38도선을 군사 분계선으로 정할 것을 제안 → 소련의 수용 → 38도선을 경계로 미국이 남한, 소련이 북한을 각각 분할 점령

③ 미군정과 소군정

미군정	일제의 조선 총독부 체제를 이용한 직접 통치, 대한민국 임시 정부와 조선 인민 공화국 모두 부정
소군정	인민 위원회를 이용한 간접 통치, 공산주의 정권 수립 지원

④ 조선 건국 준비 위원회(1945)

배경	일본의 치안권 이양 교섭 과정에서 창설(조선 건국 동맹을 조선 건국 준비 위원회로 개편)
구성	여운형 ⛄빈출 (위원장), 안재홍(부위원장) → 좌우 합작의 형태
활동	미군정이 실시되기 이전에 지역 행정과 치안 담당(사회 질서 유지, 생활필수품 확보 등에 주력) → 전국에 지부 설치, 치안대 조직
해체	우익 세력의 대거 탈퇴, 미군정의 불인정 → 조선 인민 공화국 선포 이후 해체
의의	• 민중의 광범위한 지지를 얻어 해방 후 실질적인 행정 담당 • 해방 이후 국내 최초의 정치 단체로 통일 전선의 성격을 띰

출제 사료	조선 건국 준비 위원회 강령

우리는 완전한 독립 국가의 건설을 기함.
우리는 전 민족의 정치적 · 경제적 · 사회적 기본 요구를 실현할 수 있는 민주주의 정권의 수립을 기함.
우리는 일시적 과도기에 있어서 국내 질서를 자주적으로 유지하며 대중 생활의 확보를 기함.

● 출제 포인트 분석

조선 건국 준비 위원회는 완전한 독립 국가의 건설, 진정한 민주주의 정권 수립, 대중 생활 확보를 강령으로 삼고 치안대를 설치하고 전국에 145개의 지부를 세워 광복 이후 치안과 행정을 이끌었다.

⑤ 조선 인민 공화국(1945)

성립	조선 건국 준비 위원회의 좌익 세력이 주도하여 선포(조선 건국 준비 위원회 해체)
조직	이승만(주석), 여운형(부주석), 친일파를 제외한 정치 세력 참여
방침	일제와 민족 반역자의 토지 몰수 및 농민에게 무상 분배, 생활필수품의 공정한 평등 분배, 국가 부담에 의한 의무 교육, 4개 조의 정강 발표
활동	각 지방에 인민 위원회를 조직함

합격생의 비법

포츠담 선언

카이로 선언의 여러 조항은 이행되어야 하며, 또한 일본국의 주권은 혼슈 · 홋카이도 · 큐슈 · 시코쿠와 연합국이 결정하는 여러 작은 섬들에 국한될 것이다.

합격생의 비법

인민 위원회

조선 건국 준비 위원회의 지방 지부 조직이 확대 · 개편된 것도 있고, 이를 거치지 않고 직접 만들어진 것도 있다. 각 지역의 치안과 행정을 담당하였으며 일본 소유의 재산이었던 적산(敵産) 관리 등을 하였다.

합격생의 비법

여운형이 조선 총독부에 요구한 5개 조항

1. 전국적으로 정치범과 경제범을 즉각 석방할 것
2. 서울의 3개월분의 식량을 확보할 것
3. 치안 유지와 건국을 위한 정치 운동에 대하여 간섭하지 말 것
4. 학생과 청년을 조직 훈련하는 데 대하여 간섭하지 말 것
5. 노동자와 농민을 건국 사업에 동원하는 데 대하여 간섭하지 말 것

몽양 여운형

시험에 자주 등장해요

광복 직후 국내 정치 상황을 묻는 문제가 자주 출제됩니다. 특히 조선 건국 준비 위원회의 결성과 활동 내용은 꼭 기억하세요.

⑥ 광복 후 여러 정치 세력

우익 세력	한국 민주당	송진우, 김성수	미군정과 긴밀한 관계 유지, 임시 정부 지지, 조선 인민 공화국 타도 주장
	독립 촉성 중앙 협의회	이승만	한국 민주당과 우호적 관계, 미군정의 지원
	한국 독립당	김구	대한민국 임시 정부의 요인 참여
중도 우파	국민당	안재홍	신민주주의, 신민족주의 표방
중도 좌파	조선 인민당	여운형	조선 인민 공화국 와해 이후 창당
좌익 세력	남조선 노동당	박헌영	조선 공산당에서 개편, 미군정의 탄압

4) 정부 수립을 위한 노력

① 모스크바 3국 외상 회의(1945. 12.)

개최	미국·영국·소련의 외상들이 한반도 문제를 처리하고자 논의
내용	• 한반도에 임시 민주주의 정부 수립 • 미·소 공동 위원회 설치 • 최고 5년간 미·영·중·소의 신탁 통치 실시
신탁 통치에 대한 반응	• 좌익 : 처음에는 반탁 운동 전개 → 찬탁으로 입장 선회 → 민주주의 민족 전선 결성 • 우익 : 반탁 운동 전개 → 소련이 신탁 통치안을 먼저 제시했다고 오해하여 반공(反共) 운동 확대 → 비상 국민 회의(김구), 대한 독립 촉성 국민회(이승만) → 이를 합작하여 대한민국 비상 국민 회의로 결성 → 신탁 문제로 좌우 대립 구조 형성(국내 정치 세력이 분열하는 결정적 계기) • 중도 : 여운형·김규식 등은 임시 정부 수립 찬성, 신탁 통치는 입장 보류 • 민중 : 신탁 통치를 식민지 상태로 다시 돌아가는 것으로 인식하여 반탁 운동에 호응

신탁 통치 반대 운동

모스크바 3국 외상 회의 총체적 지지

좌익 세력은 신탁 통치를 한국에 대한 연합국의 후원이라고 해석하였고, 신탁 통치의 여부와 기한 자체보다는 신탁 통치를 통한 임시 정부 수립에 더 주목함에 따라 기존의 반탁에서 친탁으로 입장을 바꾸었다.

미·소 공동 위원회

출제 사료 **모스크바 3국 외상 회의 결정 사항**

1. 조선을 독립시키고 민주주의 국가로 발전시키는 동시에, 가혹한 일본의 조선 통치 잔재를 빨리 청산하기 위해 조선에 임시 민주주의 정부를 수립한다.
2. 조선 임시 정부 구성을 위해 남조선 미합중국 관할구와 북조선 소련 관할구의 대표자들로 공동 위원회를 설치한다.
3. 공동 위원회의 역할은 조선인의 정치적·경제적·사회적 진보와 민주주의 발전 및 조선의 독립 국가 수립을 도와 줄 방안을 만드는 것이다. 또한 조선 임시 정부 및 조선 민주주의 단체를 참여시키도록 한다. 공동 위원회는 미·영·소·중 4개국 정부가 최고 5년 기간의 4국 통치 협약을 작성하는 데 공동으로 참작할 수 있는 제안을 조선 임시 정부와 협의하여 제출해야 한다.

● **출제 포인트 분석**

좌익 세력은 처음에는 반탁 운동을 전개하였으나 모스크바 3국 외상 회의에서 결정한 사항을 총체적으로 지지하는 입장으로 선회하였다. 반면 우익 세력은 좌익 세력을 매국노라 비난하고 신탁 통치안이 민족 정서에 맞지 않는다며 강하게 반대하였다. 이로 인해 좌우의 대립은 점차 격화되었다.

② 제1차 미·소 공동 위원회 개최 ☑빈출 (1946. 3.) : 임시 정부 수립 문제 논의 → 임시 정부 구성에 참여하는 단체의 범위를 둘러싼 미·소의 갈등으로 결렬, 무기한 휴회

소련	반탁을 내세운 우익 정당과 사회 단체의 배제 요구
미국	찬탁과 반탁의 상관없이 모든 세력을 포함할 것 주장

③ 단독 정부 수립론의 대두

ㄱ 배경 : 제1차 미·소 공동 위원회의 무기한 휴회

ⓛ 내용 : **이승만의 정읍 발언**(1946. 6.), 남한만의 단독 정부 수립 주장 → 한국 민
   주당 등 우익 세력의 적극적 지지, 김구의 반대(통일 정부 구상)

출제 사료	이승만의 정읍 발언

이제 우리는 무기 휴회된 미·소 공동 위원회가 재개될 기색도 보이지 않으며, 통일 정부를 고대하나
여의케 되지 않으니, 우리는 남방만이라도 임시 정부 혹은 위원회 같은 것을 조직하여, 38도 이북에서
소련이 철퇴하도록 세계 공론에 호소하여야 될 것이니 여러분도 결심하여야 될 것이다.

● **출제 포인트 분석**

제1차 미·소 공동 위원회가 중단되고 신탁 통치 문제를 계기로 통일 정부 수립이 늦어지자 이승만
을 비롯한 일부 우익 세력은 1946년 6월 정읍에서 남한만이라도 단독 정부를 세우자고 주장하였다.

④ **제2차 미·소 공동 위원회**(1947. 5.) : 서울과 평양에서 회의 개최, 미·소 양국의 입장
   차이로 완전 결렬(협의 대상 단체 선정 문제, 미군정의 남로당 세력 검거 문제 등)
   → **미국은 한반도 문제를 유엔에 이관**(1947. 9.)

⑤ 좌우 합작 운동 🔺빈출 (1946~1947)

배경	• 제1차 미·소 공동 위원회의 결렬 • 우익 진영의 단독 정부 수립 움직임(이승만의 정읍 발언) • 신탁 통치를 둘러싼 좌우 세력의 대립 격화
목적	좌우 합작을 통한 통일 정부 수립
전개	• 좌우 합작 위원회 설치(1946. 7. 26.) : **여운형, 김규식**, 안재홍 등 중도 우파와 중도 좌파로 구성 • 좌익측의 5원칙과 우익측의 8원칙의 대립 → 미군정의 지원을 받아 **좌우 합작 7원칙 발표** (1946. 10. 7.) • 모스크바 3국 외상 회의 결정 지지, 친일파 처단, 토지 개혁 시행 주장
결과	좌익과 우익의 의견 대립과 미군정의 주도하에 남조선 과도 입법 위원 구성 → 냉전 격화로 인 해 미군정의 지지 철회, 여운형 암살, 이승만과 공산당의 참여 거부 → 통일 정부 수립 시도 중단

구분	좌익 5원칙	우익 8원칙
토지 개혁	무상몰수, 무상분배	토지 개혁에 대한 직접적인 언급이 없음
신탁 통치 문제와 3상 회의의 결정 지지 여부	민족 독립을 보장하는 3상 회의 결정을 전면적으로 지지	신탁 통치 문제를 임시 정부 수립 후 이 정부가 미·소 공동 위원회와 자주독립 정신에 기하여 해결할 것
친일파 처리	친일파, 민족 반역자, 친파쇼 반동 거두 를 완전히 배제할 것	임시 정부 수립 후 특별 법정을 구성하여 처리할 것
미군정 입법 기구 인식	미군정이 최종 거부권을 가지고 있기 때 문에 별 권한이 없음	적극 참여

출제 사료	좌우 합작 7원칙에 대한 반응

• 좌우 합작이 되면 공산 분자의 파괴 공작이 멈추고 민족 진영이 국권 회복에 동일한 보조를 취할 것
  을 기대했을 것인데, 지금 공산당이 대다수가 합작을 반대하며, 파괴 운동은 더욱 극렬하니 합작할
  필요가 있는지 의문이다.   – 이승만, 단독 정부 수립 주장 –
• 유상으로 몰수한 토지를 무상으로 나누어 준다는 것은 국가 재정 파탄을 초래하게 될 것 …… 단호
  히 반대한다.   – 한국 민주당, 단독 정부 수립 지지 –
• 토지의 유상 몰수는 지주의 이익을 위한 것, 입법 기구의 결정이 미군정청의 거부권을 넘어설 수 없
  다는 등의 이유로 반대한다.   – 공산당의 박헌영, 신탁 통치 찬성 –

시험에 자주 등장해요

좌우 합작 운동을 묻는 문제가 자주 출제됩니다. 좌우 합작 7원칙과 함께 좌우 합작 운동의 내용을 꼭 기억하세요.

출제 사료　좌우 합작 7원칙

1. 모스크바 3국 외상 회의 결정에 의하여 좌우 합작으로 임시 정부를 수립할 것.
2. 미·소 공동 위원회 속개를 요청하는 공동 성명을 발표할 것.
3. 토지는 몰수, 유조건 몰수, 매수하여 농민에게 무상으로 분배하고, 중요 산업을 국유화할 것.
4. 친일파, 민족 반역자를 처단할 조례를 제정할 것.
5. 정치범을 석방하고 남북, 좌우의 테러를 중지할 것.
6. 입법 기관의 권한, 구성, 운영 등을 좌우 합작 위원회에서 작성 실행할 것.
7. 언론, 집회, 결사, 출판, 교통, 투표의 자유를 보장할 것.

● **출제 포인트 분석**

좌우 합작 위원회는 중도 우파의 김규식과 중도 좌파인 여운형 등을 중심으로 구성되었다. 이들은 좌파와 우파 간에 의견 차이가 심했던 신탁 통치 문제, 토지 문제, 친일파 처리 문제 등을 중도적인 입장에서 조화시킨 좌우 합작 7원칙을 발표하였다. 이들은 토지 문제에 대해서는 유상 몰수와 무상 분배, 친일파 처리 문제는 앞으로 구성될 입법 기구에서 처리할 것을 주장하며 미·소 공동 위원회를 다시 재개할 것을 요구하였다.

합격생의 비법

유엔 한국 임시 위원단

유엔 한국 임시 위원단 방한

1947년 11월 유엔 제2차 총회에서의 남북한 총선거 결의에 따라 선거 감독과 민주 정부 수립을 돕기 위해 파견되었다. 미군정의 환대를 받은 유엔 한국 임시 위원단은 인도, 오스트레일리아, 캐나다, 중국, 프랑스 등의 대표로 구성되었다.

⑥ 한국 문제의 유엔 상정(1947)

　㉠ 배경 : 제2차 미·소 공동 위원회의 결렬, 냉전 체제로 인한 미·소 대립의 심화
　　→ 미국의 한국 문제 유엔 상정

　㉡ 유엔 총회 결의(1947. 11.) : 인구 비례에 의한 총선거 실시 결의

　㉢ 남한만의 단독 선거 결정 : 유엔 한국 임시 위원단 파견 → 소련의 유엔 한국 임시 위원단 입국 거부 → 유엔 소총회의 결의(1948. 2.), 위원단이 접근 가능한 지역(남한)에서의 총선거 실시 결의

찬성	이승만, 한국 민주당
반대	김구, 김규식, 중도 세력 → 남북 협상 주장(통일 정부 구상)

⑦ 남북 협상 빈출(1948. 4.)의 전개

배경	남한만의 단독 선거 움직임 전개
목적	남북한 단일 정부 구성
주도 세력	한국 독립당의 김구, 민족 자주 연맹의 김규식이 단독 정부 수립에 반대 → 남북 지도자 회의(남북 협상) 제의
과정	평양에서 '남북 제정당 사회단체 대표자 연석회의 개최(1948. 4. 김구와 김규식 등 참여) → 공동 성명 발표(남한 단독 정부 수립 반대, 미·소 양군 철수) → 남북 지도자들의 인식 차이로 실패 **남북 협상 공동 성명서(1948. 4.)** 1. 외국 군대 즉시 철수 2. 내전이 발생할 수 없다는 점 확인 3. 전 조선 정치 회의 소집을 통한 임시 정부 수립과 전국 총선에 의한 통일 국가 수립 4. 남조선 단독 선거 절대 반대
결과	특별한 성과 없이 종결, 남북 협상 세력의 5·10 총선거 불참, 김구 암살(1949. 6.)로 단절

38도선을 넘는 김구 일행

유엔의 단독 선거 결정이 국토 분단을 가져올 것이라고 생각한 김구는 김규식 등과 함께 남북 협상을 추진하여 38도선을 넘어가 김일성 등과 회담하였다.

시험에 자주 등장해요

남북 협상을 묻는 문제가 자주 출제됩니다. 통일 정부 수립을 위한 노력으로 남북 지도자 회의가 성사되었음을 꼭 기억하세요. 더불어 김구와 김규식도 기억하세요.

한국이 있고서야 한국 사람이 있고, 한국 사람이 있고서야 민주주의도 공산주의도 또 무슨 단체도 있을 수 있는 것이다. 그러면 우리의 자주 독립적 통일 정부를 수립하여야 하는 이때에 있어서 자기의 집단의 사리사욕을 탐하여 국가 민족의 백년대계를 그르칠 자가 있으랴 …… 나는 통일된 조국을 건설하려다가 삼팔선을 베고 쓰러질지언정 구차한 안일을 취하여 단독 정부를 세우는 데는 협력하지 아니하겠다.

– 김구, 삼천만 동포에게 읍고함 –

● **출제 포인트 분석**

이승만과 한국 민주당 세력 등에 의해 단독 정부 수립의 가능성이 점차 높아지자, 김구와 김규식은 통일 정부의 수립을 위해 북한 대표들과 남북한 정당, 사회단체 지도자 협의회를 열어 공동 성명을 발표하였다. 평양에서 열린 남북 협상에 참여했던 김구와 김규식 일행은 서울로 돌아오자마자 외국 군대의 철수를 주장하며 총선거에 불참하면서 통일 정부 수립 운동을 전개하였다. 그러나 예정대로 총선거가 실시되었고, 북한에서도 일방적으로 단독 정부를 세우기로 결정하였다. 김구와 김규식의 통일 정부 수립을 위한 노력은 미·소 간 냉전이 심해지는 가운데 결실을 맺지 못하였다.

❷ 대한민국 정부의 수립

1) 단독 정부 수립 과정의 갈등

① **제주 4·3 사건** 빈출 (1948) : 제주도의 좌익 세력과 일부 주민들이 단독 정부 수립에 반대하면서 무장 봉기 → 일부 지역에서 5·10 총선거 무산(3개 중 2개 선거구) → 좌익 세력의 유격전 전개 → 군경의 초토화 작전으로 수만 명의 제주도민이 희생됨

② **여수·순천 10·19 사건**(1948) : 제주 4·3 사건 진압에 동원된 여수 주둔 군대의 일부 세력이 무장 반란 → 여수와 순천 일대 점령, 진압 후 잔여 세력이 지리산 등지에서 활동

2) 5·10 총선거 빈출 의 실시 : 남한 단독 선거 실시(1948. 5. 10.), 이승만과 한국 민주당 계열 압승 → 제헌 국회 구성, 제헌 국회 의원 선출(임기 2년)

의의	우리나라 역사상 최초의 민주적 보통 선거
한계	김구와 김규식 등 남북 협상파의 선거 불참, 좌익 세력의 총선 반대 투쟁 전개

5·10 총선거 포스터

3) 대한민국 정부의 수립

① **제헌 헌법 제정·공포**(1948. 7. 17.) : 제헌 국회에서 만든 헌법 공포

㉠ 국호 '대한민국', 대통령 중심제(내각 책임제 요소 포함), 삼권 분립, 간선제

㉡ 제헌 국회의원들의 간접 선거로 정·부통령 선거 실시(1948. 7. 20.) → 대통령 이승만·부통령 이시영 선출

② **대한민국 정부의 수립 선포**(1948. 8. 15.) : 제3차 유엔 총회에서 한반도 유일의 합법 정부로 승인

이승만 초대 대통령 취임

시험에 자주 등장해요

대한민국 정부 수립 과정을 묻는 문제가 출제됩니다. 5 · 10 총선거, 제헌 국회, 제헌 헌법은 꼭 기억하세요.

출제 사료	제헌 헌법

제1조 대한민국은 민주 공화국이다.

제32조 국회는 보통, 직접, 평등, 비밀 선거에 의하여 당선된 의원으로 조직한다. 국회의원의 선거에 관한 사항은 법률로써 정한다.

제53조 대통령과 부통령은 국회에서 무기명 투표로써 각각 선거한다.

제55조 대통령과 부통령의 임기는 4년으로 한다. 단, 재선에 의하여 1차 중임할 수 있다.

● 출제 포인트 분석

　　제헌 국회의원들은 국호를 대한민국으로 정하고, 대한민국 임시 정부의 법통을 계승한 민주 공화국 체제의 헌법을 제정하였다. 제헌 헌법은 대한민국 정부의 조직을 대통령 중심제로 하되, 대통령과 부통령을 국회에서 간접적으로 선출하도록 하는 내각 책임제 요소를 담고 있었다.

4) 제헌 국회의 활동

① 반민족 행위 처벌법의 제정(1948. 9.)

배경	• 반민족 행위자 처단을 통해 민족의 정기와 사회 정의를 확립할 것을 국민 다수가 요구 • 미군정청이 일제의 식민 통치 기구에서 일하던 관리와 경찰 등용, 친일 세력이 다시 득세하는 기회 제공(친일 → 친미)
내용	• 반민족 행위 처벌법 제정 : 반민족 행위 특별 조사 위원회 **빈출** (반민 특위), 특별 재판부, 특별 검찰부 설치 • 주요 친일파 조사 및 체포 : 박흥식, 노덕술, 최린, 최남선, 이광수 등 체포 • 이승만 정권의 소극적 태도, 친일 세력의 방해(국회 프락치 사건, 친일 경찰의 반민 특위 습격 사건 등)
해체	반민 특위 활동 기간 축소로 반민 특위 해체 → 친일파 청산 좌절

반민 특위에 체포된 친일파들

출제 사료	반민족 행위 처벌법

제1조 일본 정부와 통모하여 한일 합병에 적극 협력한 자, 한국의 주권을 침해하는 조약 또는 문서에 조인한 자와 모의한 자는 사형 또는 무기징역에 처하고 그 재산과 유산의 전부 혹은 2분의 1 이상을 몰수한다.

제3조 일본 치하 독립운동자나 그 가족을 악의로 살상 · 살해한 자 또는 이를 지휘한 자는 사형, 무기 또는 5년 이상의 징역에 처하고, 그 재산의 전부 혹은 일부를 몰수한다.

● 출제 포인트 분석

　　일제 강점기의 반민족 행위 처벌 및 재산 몰수를 위해 반민족 행위 특별 조사 위원회가 활동을 개시하였으나 682건의 친일 행위를 조사하는 데 그쳤고, 기소된 자 가운데 실형을 선고받은 사람은 이광수, 최남선 등 12명뿐이었다. 이에 친일파 처단이라는 민족적 과제를 해결하지 못하였다는 역사적 평가를 받고 있다.

② 농지 개혁법의 제정(1949. 6.)

배경	• 국민 대다수가 소작농, 일본인 소유였던 토지의 분배와 지주제 개혁 요구 • 북한의 토지 개혁 실시(1946, 무상 몰수 · 무상 분배)
과정	농지 개혁법 공포(1949) → 개혁 실시(1950)
원칙	유상 매입 · 유상 분배, 1가구당 3정보 소유 제한, 지주에게 지가 증권 발급
결과	지주 중심의 토지 소유 폐지 → 농민 중심의 토지 소유 실현
한계	유상 분배에 따른 농민의 부담 증가, 농지 개혁의 실시 시기 지연으로 지주들이 미리 토지 처분

시험에 자주 등장해요

제헌 국회의 활동을 묻는 문제가 자주 출제됩니다. 반민 특위, 반민족 행위 처벌법, 농지 개혁법은 꼭 기억하세요.

구분	남한	북한
시기	1950. 3.	1946. 3.
원칙	유상 매입, 유상 분배	무상 몰수, 무상 분배
상한선	3정보	5정보
공통점	경자 유전의 원칙, 자영농 증가, 지주 전호제의 폐지, 토지 소유 상한선 지정	

남한과 북한의 토지 개혁

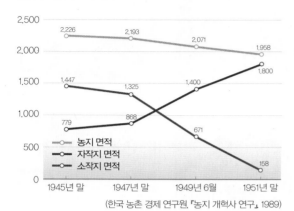

(한국 농촌 경제 연구원, 『농지 개혁사 연구』 1989)

소작 면적의 변화

농지 개혁으로 지주 중심의 토지 소유가 폐지되었고, 농민들은 자기 소유의 토지를 갖게 되었다.

❸ 6 · 25 전쟁

1) 배경

① 국내 정세

남한	• 정치적 불안정, 이승만의 북진 통일론, 주한 미군의 철수 • 남북한 정권은 서로를 부정, 38도선 부근 빈번한 무력 충돌 발생
북한	• 북한과 소련의 군사 비밀 협정 체결 → 소련의 지원, 군사력 강화 • 김일성의 남진 무력 통일론(민주 기지론)

② 국외 정세 : 중국의 공산화(1949), 미국의 애치슨 라인 발표, 김일성의 전쟁 계획안에 대한 소련의 지지

2) 전개 과정

1단계	북한의 기습 남침(1950. 6. 25.) → 3일만에 서울 함락 → 국군의 낙동강 전선 후퇴 → 유엔 안전 보장 이사회의 유엔군 파견 결정 → 유엔군 참전
2단계	유엔군이 참전하여 인천 상륙 작전 전개 ⬆️ 빈출 (1950. 9. 15.) → 서울 수복, 38도선 돌파 → 평양 탈환
3단계	중국군의 개입 → 흥남 철수 ⬆️ 빈출 → 1 · 4 후퇴(1951. 1. 4.) → 서울 재함락
4단계	38도선을 중심으로 교착 상태, 소련군의 휴전 제의 → 유엔에서 휴전 회담 진행(군사 경계선의 설정, 포로 교환 문제 등으로 교착) → 이승만 휴전 반대, 거제도 반공 포로 석방(1953. 6. 18.) → 휴전 협정 성립(1953. 7. 27.)

합격생의 비법

민주 기지론

북한에서 먼저 혁명을 하여 민주 기지를 강화한 후 이를 바탕으로 남한을 해방시켜 통일하겠다는 이론이다.

합격생의 비법

애치슨 라인

미국 국무부 장관인 애치슨 이 발표한 미국의 방위 정책 에 대한 선언이다. 미국의 대 공산권 방위선을 알루샨 열 도에서 일본 류쿠 제도를 거 쳐 필리핀을 잇는 선으로 정 한다는 점에서 한국과 타이 완이 미국의 극동 방위선에 서 제외되었음을 시사하고 있다.

시험에 자주 등장해요

6 · 25 전쟁을 묻는 문제가 자주 출제됩니다. 특히 전개 과정에서 인천 상륙 작전, 중 국군 개입, 1 · 4 후퇴, 휴전 협정 조인은 꼭 기억하세요.

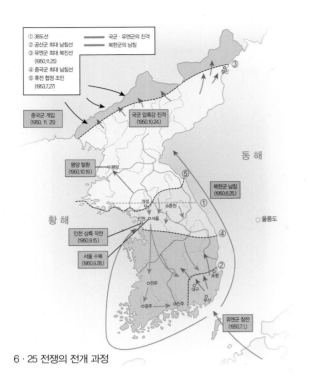

6 · 25 전쟁의 전개 과정

북한군 남침

인천 상륙 작전

서울 수복

중국군 참전

1 · 4 후퇴

휴전 협정 조인

3) 결과

6 · 25 전쟁의 참상

국내	• 전쟁의 피해 : 막대한 인명 피해, 국토의 초토화, 경제적 손실 • 민족 내부의 갈등 심화, 분단의 고착화 • 남 · 북한 정권 모두 체제 이데올로기를 강화하는 계기
국외	• 일본 : 전쟁 중에 병참 기지 역할을 하여 경제 부흥 • 중국 : 공산당의 지도력 향상, 타이완을 통일할 기회 상실, 미국과 대립 관계 형성 • 미국 : 세계의 경제 · 군사 대국으로 부상

4) 전후 처리

① 한 · 미 상호 방위 조약 체결(1953. 8. 7.)

배경	한국 정부가 휴전에 반대하자 미국 정부가 이를 설득하기 위해 체결
목적	공산주의자들의 오판에 의한 재침 방지, 미국 개입의 정식 확약
결과	한국 내 미군 기지 설치 용인, 한국군의 작전 지휘권을 유엔 사령부에 양도

② 제네바 정치 회담(1954)

ㄱ 참가 : 한국, 북한, 중국, 소련, 미국 등

ㄴ 통일 방안 의견 차이

남한	북한으로부터 중공군 철수, 유엔 감시 하에 북한만의 자유 선거 실시
북한	외세(유엔 포함)를 배제한 자유 선거 실시, 외국군 철수, 전조선 위원회 구성

이론을 복습하는 **기출문제 01**

빈칸 채우기

01 여운형이 조직한 비밀 단체인 [   ]은/는 보광단을 결성하여 공출, 징용, 징병에 반대하였다.

02 미국, 영국, 중국이 한국의 독립을 최초로 약속한 선언은 [   ]이다.

03 조선 건국 준비 위원회는 미군정의 진주에 앞서 [   ]을/를 선포하고 정부 형태를 표방하였다.

04 신탁 통치 문제로 좌우 대립이 격화되자 여운형, 김규식, 안재홍 등은 [   ]을/를 설치하고 통일 정부 구성을 도모하였다.

05 해방 이후 김구와 임시 정부 계열은 [   ]을/를 창당하여 반탁 활동을 벌이고 남북 협상에 참여하였다.

06 1948년 [   ]을/를 실시하여 대통령에 이승만, 부통령에 이시영을 선출하였다.

07 [   ]이/가 발족하여 친일파를 체포하였으나 이승만 정부의 소극적인 태도와 친일 세력의 방해 공작으로 와해되고 말았다.

08 미국의 방위 정책에 대한 선언인 [   ]은/는 미국의 대공산권 방위선을 알루샨 열도에서 일본 류큐 제도를 거쳐 필리핀을 잇는 선으로 정하였다.

09 6·25 전쟁 중 유엔군이 참전하여 [   ]을/를 전개하며 서울을 수복하였다.

10 휴전에 반대하는 한국 정부를 설득하기 위해 한·미 간 체결된 [   ]을/를 통해 한국군의 작전 지휘권이 유엔 사령부에 양도되었다.

정답 **01** 조선 건국 동맹 **02** 카이로 선언 **03** 조선 인민 공화국 **04** 좌우 합작 위원회 **05** 한국 독립당 **06** 남한 단독 선거 **07** 반민 특위 **08** 애치슨 라인 **09** 인천 상륙 작전 **10** 한·미 상호 방위 조약

---

01 39회 46번
(가) 사건에 대한 탐구 활동으로 가장 적절한 것은?

정답 ⑤

해설 (가) 사건은 제주 4·3 사건으로, 1948년 남한만의 단독 선거가 결정되자, 4월 3일 단독 정부 수립 반대, 미군 철수 등을 주장하며 제주의 좌익 세력과 일부 주민들이 무장봉기하였다. 이에 미군정은 유격대를 동원하여 진압하였고, 군경의 초토화 작전으로 수만 명의 제주도민이 함께 희생당하였다. 대한민국 정부에서는 1999년 4·3 특별법(제주 4·3 사건 진상 규명 및 희생자 명예 회복에 관한 특별법)을 제정하여 희생자들의 명예 회복을 추진하였다.

> 저는 지금 [(가)] 70주년을 맞아 큰넓궤에 나와 있습니다. 이곳은 1948년 토벌대의 제주도 중산간 마을에 대한 초토화 작전을 피해 동광리 주민들이 두 달 가까이 은신했던 장소입니다. 하지만 결국 발각되어 많은 사람들이 학살당했습니다. 70주년 추념식에 참석한 대통령은 제주도민에게 깊은 사과와 위로를 전했습니다.

① 통일 주체 국민 회의의 역할을 알아본다.
② 국가 보위 비상 대책 위원회의 설치 배경을 찾아본다.
③ 5년 단임의 대통령 직선제가 실시된 계기를 파악한다.
④ 비상 국무 회의에서 마련한 유신 헌법의 내용을 검색한다.
⑤ 단독 정부 수립에 대한 반발로 일어난 사실들을 조사한다.

02
38회 45번
다음 가상 인터뷰의 주인공에 대한 설명으로 옳은 것은?

선생께서는 광복에 대비하여 조선 건국 동맹을 결성하셨습니다. 광복 이후에는 어떤 활동을 하셨나요?

조선 건국 준비 위원회의 위원장을 맡아 완전한 독립 국가 건설을 위해 노력하였습니다.

① 좌우 합작 위원회의 주축이 되었다.
② 김규식과 함께 남북 협상에 참여하였다.
③ 재미 한인을 중심으로 흥사단을 설립하였다.
④ 정읍에서 남한만의 단독 정부 수립을 주장하였다.
⑤ 중국 국민당과 협력하여 조선 의용대를 창설하였다.

정답 ①

해설 여운형은 1944년 조선 건국 동맹을 조직하였고, 해방 직후 안재홍과 함께 조선 건국 준비 위원회를 설립하였다. 조선 건국 준비 위원회는 완전한 독립과 진정한 민주주의 확립을 목표로 치안대를 조직하고, 전국에 145개 지부 건설을 단행하였다. 이후 김규식과 함께 좌우 합작 위원회(1946.7.)를 설치하여 통일 국가 수립을 위해 노력하다가, 1947년 7월 혜화동에서 암살되었다.

오답 피하기 ② 김구, ③ 안창호, ④ 이승만, ⑤ 김원봉에 대한 설명이다.

03
30회 46번
(가)에 들어갈 사진으로 옳지 않은 것은?

광복 이후 현대사의 흐름

8 · 15 광복 → 모스크바 3국 외상 회의 개최 → (가) → 5 · 10 총선거 실시

① 좌 · 우 합작 위원회 활동

② 제1차 미 · 소 공동 위원회 개최

③ 김구의 남북 협상 참석

④ 반민족 행위 특별 조사 위원회 활동

⑤ 유엔 한국 임시 위원단 방한

정답 ④

해설 8 · 15 광복 이후 1945년 12월에 모스크바 3국 외상 회의가 개최되었다. 이후 1946년 3월 제1차 미 · 소 공동 위원회가 열렸고, 같은 해 7월 좌우 합작 위원회가 설치되었다. 제2차 미 · 소 공동회가 결렬되면서 미국은 한국 문제를 유엔에 상정하였다. 1948년 1월에는 유엔 한국 임시 위원단이 방한하였고, 같은 해 4월 김구와 김규식은 남북 협상에 참여하기 위해 평양을 방문하였다. 그리고 5 · 10 총선거로 제헌 의회가 구성되었다.

오답 피하기 ④ 1948년 9월 반민족 행위 처벌법(반민법)이 제정되어 반민족 행위 특별 조사 위원회(반민 특위)가 구성되었다.

04
29회 47번
다음 성명서가 발표되었던 시기를 연표에서 옳게 고른 것은?

......
2. 남북 제 정당 사회 단체 지도자는 우리 강토에서 외국 군대가 철거한 이후에 내전이 발생될 수 없다는 것을 확인하며, 또한 그들은 통일에 대한 조선 인민의 지망(志望)에 배치되는 어떠한 무질서의 발생도 용허(容許)하지 않을 것이다.
......
4. 천만여 명 이상을 망라한 남조선 제 정당 사회 단체들이 남조선 단독 선거를 반대하느니만큼 유권자 수의 절대 다수가 반대하는 남조선 단독 선거는 설사 실시된다 하여도 절대로 우리 민족의 의사를 표현하지 못할 것이며 다만 기만(欺瞞)에 불과한 선거가 될 뿐이다.

1945.8.	1945.12.	1946.3.	1947.5.	1947.11.	1948.7.
	(가)	(나)	(다)	(라)	(마)
광복	모스크바 3국 외상 회의	제1차 미 · 소 공동위원회 개최	제2차 미 · 소 공동위원회 개최	UN 총회의 남북한 총선거 결정	대한민국 헌법 공포

① (가) ② (나) ③ (다) ④ (라) ⑤ (마)

정답 ⑤

해설 제시된 자료는 1948년 4월 남북 협상 이후에 발표된 성명서이다. 김구와 김규식은 남한 단독 선거가 남북의 국토 분단을 초래할 것으로 염려하여, 남북 통일 정부 수립을 위해 북한의 김일성 등과 평양에서 남북 협상을 하였다.

오답 피하기 ① 1945년 8월 광복 직후 여운형과 안재홍 등은 조선 건국 준비 위원회를 조직하여 정국을 주도하였다. ② 모스크바 3국 외상 회의에서 미 · 소 공동 위원회 설치, 4개국의 한반도 신탁 통치를 결의하자, 이에 따른 찬반을 놓고 좌익과 우익의 대립이 격화되었다. ③ 제1차 미 · 소 공동 위원회는 임시 정부 수립 문제에 참여할 협의 단체 선정 문제로 회담이 중단되었다. 이후 이승만의 정읍 발언을 통해 남한만의 단독 정부 수립을 주장하자, 여운형과 김규식을 중심으로 한 중도 세력은 좌우 합작 운동을 전개하였다. ④ 제2차 미 · 소 공동 위원회가 결렬되어 모스크바 3국 외상 회의의 결의 사항이 실현되기 어려워지자, 미국은 한국 문제를 유엔에 상정하였다. 유엔 총회에서 인구 비례에 의한 남북 총선거가 의결되었다.

05

23회 47번

다음 뉴스에서 보도하고 있는 선거에 대한 설명으로 옳은 것은?

말풍선: 5월 10일, 전국에서 유엔 한국 임시 위원단이 지켜보는 가운데 총선거가 실시되었습니다. 투표 결과 무소속이 85석으로 그 어느 정당보다도 많았습니다.

① 비례 대표제가 적용되었다.
② 6 · 25 전쟁 중에 진행되었다.
③ 헌법 개정에 따라 시행되었다.
④ 우리나라 최초의 보통 선거였다.
⑤ 통일 주체 국민 회의 대의원을 선출하였다.

정답 ④

해설 뉴스에서 보도하고 있는 선거는 1948년 5월 10일 실시된 제헌 의회 선거 (5 · 10 총선거)이다. 남한만의 단독 총선거라는 한계가 있었으나, 우리나라에서 실시한 최초의 보통 선거였다.

06

37회 45번

밑줄 그은 '위원회'에 대한 설명으로 옳은 것은?

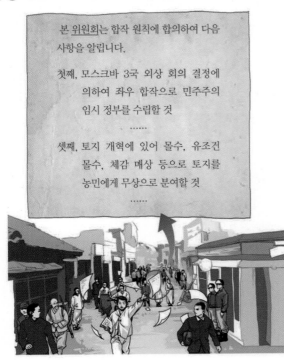

본 위원회는 합작 원칙에 합의하여 다음 사항을 알립니다.

첫째, 모스크바 3국 외상 회의의 결정에 의하여 좌우 합작으로 민주주의 임시 정부를 수립할 것
......
셋째, 토지 개혁에 있어 몰수, 유조건 몰수, 체감 매상 등으로 토지를 농민에게 무상으로 분여할 것
......

① 통일 정부 구성을 위한 남북 협상을 추진하였다.
② 유엔 감시하에 치러진 남북한 총선거에 참여하였다.
③ 여운형, 김규식 등 중도 세력을 중심으로 결성되었다.
④ 반민족 행위 처벌을 위한 특별 조사 위원회의 활동을 방해하였다.
⑤ 귀속 재산 처리법을 제정하여 일본인들이 남기고 간 재산을 처리하였다.

정답 ③

해설 밑줄 그은 '위원회'는 좌우 합작 위원회이다. 좌우 합작 위원회는 좌우 합작을 통한 통일 정부 수립을 목적으로 중도 우파인 김규식과 중도 좌파인 여운형을 중심으로 결성되었다. 이들은 신탁 통치 문제, 토지 문제, 친일파 처리 문제 등을 중도적인 입장에서 정리하여 좌우 합작 7원칙을 발표하였다. 특히 유상 몰수와 무상 분배의 토지 개혁, 친일파 처리 문제 등을 앞으로 구성될 입법 기구에서 처리할 것을 주장하였으며, 미 · 소 공동 위원회 재개를 요구하였다.

07

28회 48번

다음 자료의 단체에 대한 설명으로 옳은 것을 〈보기〉에서 고른 것은?

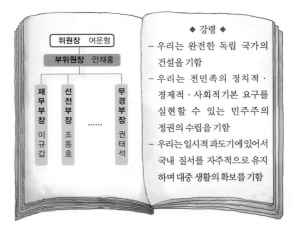

위원장 여운형
부위원장 안재홍
재무부장 이규갑 / 선전부장 조동호 / ...... / 무경부장 권태석

◆ 강령 ◆
- 우리는 완전한 독립 국가의 건설을 기함
- 우리는 전민족의 정치적 · 경제적 · 사회적기본 요구를 실현할 수 있는 민주주의 정권의 수립을 기함
- 우리는 일시적 과도기에 있어서 국내 질서를 자주적으로 유지하며 대중 생활의 확보를 기함

─〈보 기〉─
ㄱ. 조선 건국 동맹 세력을 바탕으로 조직되었다.
ㄴ. 치안대를 조직하여 질서 유지 활동을 하였다.
ㄷ. 모스크바 3국 외상 회의의 결정을 반대하였다.
ㄹ. 미 군정의 후원을 받아 좌우 합작 운동을 전개하였다.

① ㄱ, ㄴ ② ㄱ, ㄷ ③ ㄴ, ㄷ
④ ㄴ, ㄹ ⑤ ㄷ, ㄹ

정답 ①

해설 제시된 자료의 단체는 여운형을 위원장으로, 안재홍을 부위원장으로 한 조선 건국 준비 위원회이다. 1944년 여운형과 안재홍을 중심으로 좌우 합작적 성격을 가진 조선 건국 동맹 세력을 바탕으로 조직되었으며(ㄱ), 완전한 독립과 진정한 민주주의의 확립을 목표로 치안대를 조직하여 질서 유지 활동을 하였다(ㄴ).

오답 피하기 ㄷ. 모스크바 3국 외상 회의에 반대한 세력은 우익 세력이었다. 모스크바 3국 외상 회의에서 미 · 소 공동 위원회 설치, 4개국에 의한 5개년 신탁 통치가 발표되자 우익 세력들은 반탁 운동을 벌였다.
ㄹ. 김규식 등 중도 우파와 여운형 등 중도 좌파는 미 군정의 후원을 받아 좌우 합작 위원회를 결성하였다.

08 다음 선언이 발표된 시기를 연표에서 옳게 고른 것은?
27회 46번

동포여!

8·15 이전과 이후 피차의 과오와 마찰을 청산하고서 우리 정부 밑에 모이자. 그리하여 그 지도하에 3천만의 총역량을 발휘하여서 신탁 관리제를 배격하는 국민 운동을 전개하여 자주 독립을 완전히 획득하기까지 3천만 전 민족의 피 한 방울까지라도 흘려서 싸우는 항쟁 개시를 선언함.

1945년 8월	8·15 광복
(가)	
1945년 12월	모스크바 3국 외상 회의
(나)	
1946년 3월	제1차 미·소 공동 위원회
(다)	
1947년 5월	제2차 미·소 공동 위원회
(라)	
1948년 1월	유엔 한국 임시 위원단 내한
(마)	
1948년 5월	5·10 총선거

① (가) ② (나) ③ (다) ④ (라) ⑤ (마)

정답 ②

해설 제시된 선언은 신탁 통치 반대 국민 총동원 위원회의 선언문이다. 1945년 12월 모스크바 3국 외상 회의에서 한국에 임시 민주 정부를 세우기 위해 미·소 공동 위원회를 설치하고, 한국을 최고 5년 동안 미·영·중·소 4개국이 신탁 통치하기로 결정하였다. 이에 신탁 통치에 반대하는 활동이 전개되었다.

09 다음 선언을 발표한 회담에 대한 설명으로 옳은 것은?
27회 45번

3대 연합국은 일본의 침략을 정지시키며 이를 응징하기 위하여 이번 전쟁을 수행하고 있다. …… 일본은 폭력과 탐욕으로 약탈한 다른 일체의 지역으로부터 축출될 것이다. 앞의 3대국은 한국민의 노예 상태에 유의하여 적당한 절차를 거쳐 한국이 자유롭고 독립적인 상태가 되어야 한다고 결의한다.

① 소련의 대일전 참전을 결의하였다.
② 국제적으로 한국의 독립을 처음 보장하였다.
③ 독일 항복 후 전후 처리 문제를 협의하기 위해 개최되었다.
④ 마지막까지 남아 저항하는 일본에 무조건 항복을 요구하였다.
⑤ 미국, 영국, 소련의 수뇌가 모여 한국 독립에 대해 논의하였다.

정답 ②

해설 제2차 세계 대전 중 미국, 영국, 중국의 정상은 1943년 카이로 회담을 통해 적당한 절차를 밟아 한국을 독립시켜야 한다고 선언하였다. 카이로 회담은 ② 국제적으로 한국의 독립을 처음 보장한 것이다.

오답 피하기 ①·⑤ 얄타 회담(1945. 2.)에서 미국, 영국, 소련이 모여 소련의 대일전 참전을 결정하였다.
③·④ 포츠담 회담(1945. 7.)은 미국, 영국, 중국이 참가하고, 이후 소련이 참가하였다. 이 회담에서는 일본에 무조건 항복을 요구하였고, 카이로 선언(한국의 독립)을 재확인하였다.

10 (가)~(라)를 일어난 순서대로 옳게 나열한 것은?
25회 48번

사진으로 보는 현대사 특별전

(가) 대한민국 정부 수립
(나) 8·15 광복
(다) 유엔 한국 임시 위원단 환영 대회
(라) 미·소 공동 위원회 개최

① (가) - (나) - (다) - (라)
② (가) - (다) - (라) - (나)
③ (나) - (다) - (라) - (가)
④ (나) - (라) - (다) - (가)
⑤ (다) - (나) - (가) - (라)

정답 ④

해설 (가) 1948년 8월 15일 대한민국 정부 수립, (나) 1945년 8월 15일 광복, (다) 1948년 1월 유엔 한국 임시 위원단 방한, (라) 1946년과 1947년에 개최된 미·소 공동 위원회이다. 따라서 (나) - (라) - (다) - (가) 순서로 일어났다.

11 다음 연표의 (가)에 들어갈 내용으로 옳은 것은?
22회 46번

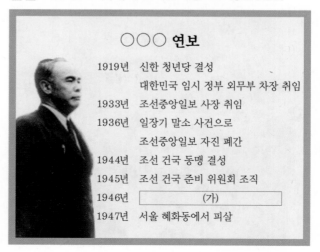

○○○ 연보

1919년	신한 청년당 결성 대한민국 임시 정부 외무부 차장 취임
1933년	조선중앙일보 사장 취임
1936년	일장기 말소 사건으로 조선중앙일보 자진 폐간
1944년	조선 건국 동맹 결성
1945년	조선 건국 준비 위원회 조직
1946년	(가)
1947년	서울 혜화동에서 피살

① 한국 민주당 창당
② 5·10 총선거에 참여
③ 정읍에서 남한만의 단독 정부 수립 주장
④ 미군정의 지원으로 좌우 합작 위원회 조직
⑤ 남북 제 정당 사회 단체 지도자 협의회 참여

정답 ④

해설 연보의 인물은 여운형이다. 여운형은 해방 직후 안재홍과 함께 조선 건국 준비 위원회를 설립하였고, 이후 미군정의 지원으로 김규식과 함께 좌우 합작 위원회를 조직하여 좌우 합작 운동을 주도하기도 하였다.

오답 피하기 ① 송진우·김성수 등 우익 세력은 한국 민주당을 창당하였다. ② 여운형의 사망 이후 5·10 총선거가 1948년에 실시되었다. ③ 이승만의 정읍 발언이다. ⑤ 김구는 남한만의 단독 선거가 결정되자 북한과 협의하기 위해 남북 제 정당 사회 단체 지도자 협의회에 참여하여 남북 협상을 추진하고자 하였다.

12 31회 48번
(가)~(라)를 일어난 순서대로 옳게 나열한 것은?

6·25 전쟁의 기록

(가)
스트러블 해군 제독의 지휘 아래 8개국 261척의 함정 등 대규모 선단이 집결하였다. 새벽 5시부터 상륙 부대가 배 20척에 나누어 타고 인천 상륙을 감행하였다.

(나)
북한군의 진격로를 차단하기 위해 한강 인도교와 한강 철교가 폭파되었다. 이로 인해 당시 한강 이북에 있던 각 부대의 퇴로와 서울 시민들의 피난길이 막혔다.

(다)
중국군의 이른바 신정 공세로 인해 국군과 유엔군은 서울을 빼앗기고 평택-삼척선으로 후퇴하여 그곳에 새로운 방어선을 구축하였다.

(라)
유엔군 사령관 리지웨이는 소련의 제의를 받아들여 북한과 중국에 휴전 회담을 제안하였다. 이것이 수용되어 개성에서 제1차 휴전 회담이 열렸다.

① (가) – (나) – (다) – (라)
② (가) – (나) – (라) – (다)
③ (나) – (가) – (다) – (라)
④ (나) – (가) – (라) – (다)
⑤ (다) – (가) – (나) – (라)

정답 ③

해설 (가) 1950년 9월 15일 유엔군의 인천 상륙 작전, (나) 1950년 6월 28일 한강 인도교 및 한강 철교 폭파, (다) 1951년 1월 4일 1·4 후퇴, (라) 1951년 7월 10일 소련의 제의로 시작된 휴전 회담에 대한 내용이다. 따라서 (나) – (가) – (다) – (라)의 순서로 일어났다.

13 24회 49번
(가) 시기에 있었던 사실로 옳은 것을 〈보기〉에서 고른 것은?

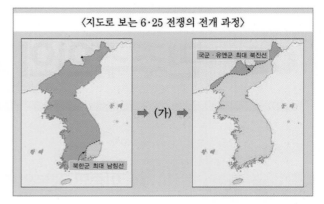

〈지도로 보는 6·25 전쟁의 전개 과정〉

〈보기〉

ㄱ. 반공 포로 석방
ㄴ. 9·28 서울 수복
ㄷ. 인천 상륙 작전
ㄹ. 휴전 협정 조인

① ㄱ, ㄴ
② ㄱ, ㄷ
③ ㄴ, ㄷ
④ ㄴ, ㄹ
⑤ ㄷ, ㄹ

정답 ③

해설 6·25 전쟁 중 1950년 8~9월경에는 북한군이 최대 남침선인 낙동강 유역에 다다랐다. 국군과 유엔군은 1950년 10월 26일 압록강까지 진격하여 최대 북진선에 다다랐다. 그 사이 1950년 9월 15일 인천 상륙 작전이 전개되었고, 1950년 9월 28일 서울을 수복하였다.

오답 피하기 ㄱ. 휴전 회담에서 포로 교환 문제로 협상이 교착되자, 이승만 정부는 휴전 반대 성명을 내고, 거제도 반공 포로를 석방하였다(1953. 6.).
ㄹ. 1953년 7월 휴전 협정이 조인되었다.

연표

02 민주주의의 시련과 발전

출제빈도 상 | 중 | 하

민주당 구호 "못살겠다 갈아보자"

❶ 이승만 정부의 장기 집권

1) 발췌 개헌(1952)

① 배경

　㉠ 이승만의 지지 세력 약화 : 제2대 국회의원 선거(5·30 총선)에서 반이승만 성향의 세력들이 대거 국회의원으로 선출

　㉡ 민심 이반 : 소극적인 친일파 청산, 국민 방위군 사건 등 실정 → 이승만은 국회 간선제로 대통령 재선이 어려워짐 → 자유당 창당, 직선제 개헌 준비

② 경과 : 부산 정치 파동(6·25 전쟁 중 임시 수도였던 부산에서 계엄령 선포, 야당 의원들을 국제 공산당의 자금을 받았다는 혐의로 연행, 국회 탄압) → 발췌 개헌안 통과 (대통령 직선제 개헌안, 내각 책임제 개헌안)

③ 결과 : 제2대 대통령 선거에서 이승만 재선 성공

2) 사사오입 개헌(1954)

① 배경 : 이승만과 자유당의 장기 집권 추구

② 경과 : 헌법 개정안 제출(초대 대통령에 한해 연임 횟수 제한 철폐, 대통령 중심제) → 1표 부족으로 부결 → 사사오입(반올림) 논리로 불법 통과

③ 결과 : 이승만 대통령의 연임(3선), 민주당 창당(야당 세력이 반이승만 전선 결성)

3) 이승만 정부 독재 체제 강화 : 반공 체제 강화로 반대 세력 탄압, 독재 권력 정당화

진보당 사건 빈출 (1958)	진보당 간부 구속, 조봉암 빈출 사형
신국가 보안법(1958)	기존의 국가 보안법보다 적용 범위 확대 → 정부 반대 세력 탄압
경향신문 폐간(1959)	경향신문이 1956년의 정·부통령 선거, 보안법 파동 등을 보도하면서 노골적으로 정부 비판 기사를 게재하자 1956년 폐간시킴

❷ 4·19 혁명과 장면 내각

1) 4·19 혁명

① 배경 : 이승만 정부의 장기 집권과 부정부패, 3·15 부정 선거(1960)

| 출제 사료 | 민주당이 폭로한 3·15 부정 선거 지시 비밀 지령(요약) |

1. 4할 사전 투표 : 투표 당일의 자연 기권표와 선거인 명부에 허위 기재된 유령 유권자 표, 금전으로 매수하여 기권하게 만든 기권표 등을 그 지역 유권자의 4할 정도씩 만들어, 투표 시작 전에 자유당 후보에게 기표하여 투표함에 미리 넣도록 할 것
2. 3인조 또는 9인조 공개 투표 : 자유당 후보에게 투표하도록 미리 공작한 유권자로 하여금 3인조 또는 9인조의 팀을 편성시켜서, 그 조장이 조원의 기표 상황을 확인한 후 다시 각 조원이 기표한 투표용지를 자유당 측 선거 운동원에게 제시하고 투표함에 넣도록 할 것
3. 완장 부대 활용 : 자유당 측 유권자에게 "자유당"이란 완장을 착용시켜 투표소 부근 분위기를 자유당 일색으로 만들어 야당 성향의 유권자에게 심리적인 압박을 주어 자유당에게 투표하게 할 것

– 동아일보, 1960년 3월 4일 –

● 출제 포인트 분석

1960년 제4대 정·부통령 선거에서 자유당은 이기붕을 부통령으로 당선시키기 위해 사전 투표, 대리 투표, 3인조 공개 투표, 투표함 바꿔치기 등의 부정 선거를 저질렀다.

3·15 부정 선거

탱크로도 못 막은 민주화의 열기
(4·19 혁명)

계엄군의 탱크 위에서 학생과 시민들이 승리의 만세를 외치고 있다.

② 전개

1960. 3. 15.	3·15 부정 선거 → 마산 시위
4. 11.	김주열 시신 발견
4. 18.	고려대학교 학생 시위
4. 19.	전국적으로 시위 확산 → 정부의 계엄령 선포, 경찰의 발포
4. 25.	대학교수단의 시국 선언문 발표
4. 26.	이승만 대통령의 하야 성명 발표
5. 29.	이승만, 하와이로 망명

대학교수들의 시위(1960. 4. 25.)

| 출제 사료 | 4·19 혁명에 참가한 이들 |

• 4·19 혁명에 참가한 학생

어머니, 데모에 나간 저를 책하지 마시옵소서. 우리들이 아니면 누가 데모를 하겠습니까? 저는 아직 철없는 줄 압니다. 그러나 국가와 민족을 위하는 길이 어떠하다는 것을 알고 있습니다. …… 저는 생명을 바쳐 싸우려고 합니다. 저와 모든 학우들은 죽음을 각오하고 나갑니다. 데모하다가 죽어도 한이 없습니다. 어머님, 저를 사랑하시는 마음으로 무척 비통하게 생각하시겠지만, 온 겨레의 앞날과 민족의 해방을 위해 기뻐해 주세요. 이미 저의 마음은 거리에 나가 있습니다. 너무도 조급하여 손이 잘 놀려지지 않는군요. 거듭 말씀드리지만, 저의 목숨은 이미 바치려고 결심했습니다.

– 한성여중 2학년, 진영숙 –

• 대학교수단 시국 선언문(1960. 4. 25.)

1. 마산, 서울 기타 각지의 학생 데모는 주권을 빼앗긴 국민의 울분을 대신하여 궐기한 학생들의 순진한 정의감의 발로이며 부정과 불의에 항거하는 민족정기의 표현이다.
4. 누적된 부패와 부정과 횡포로써 민권을 유린하고 민족적 참극과 국제적 수치를 초래하게 한 현 정부와 집권당은 그 책임을 지고 속히 물러가라
5. 3·15 선거는 불법 선거이다. 공명선거에 의하여 정·부통령 선거를 다시 실시하라

● 출제 포인트 분석

1960년 4월 19일은 '피의 화요일'이라고 불릴 만큼 학생과 시민들의 대규모 시위대에 큰 피해가 있었던 날이다. 이승만 정권은 시위대 습격에 폭력배 동원, 경찰의 발포, 계엄령 선포 등 무차별 폭력을 행사하였다. 그러자 4월 25일 "학생들의 피에 보답하라."는 대학교수들의 시국 선언 발표와 시위가 일어났다. 결국 이승만은 4월 26일 하야하고, 하와이로 망명하였다.

③ 의의 : 독재 정권을 타도한 민주주의 혁명

- "앞으로 이 나라에 있게 될 모든 형태의 정의로운 민족 운동, 사회 운동 및 민주 통일 운동은 다 같이 4·19를 그들의 고향으로 한다. 따라서 4·19 혁명은 그 자체로서 '영구 혁명'의 출발이지 그 완성은 아니다."　－ 4·19 혁명 10주년 기념사, 서울대학교 학생회 －
- "4·19가 있었기에 우리는 유신을 거부해야 할 당위성을 찾았고, 4·19가 있었기에 우리는 필승의 신념을 가질 수 있었다. …… 4·19는 결코 5·16에 의하여 말살된 것이 아니다."　－ 4·19 혁명 20주년 기념사, 김대중 －

● 출제 포인트 분석

4·19 혁명은 한국 역사상 최초로 학생과 시민에 의하여 성공한 혁명으로, 우리나라 민주화 운동의 효시이다.

합격생의 비법

과도 정부

어떤 하나의 정부 체제에서 다른 정부 체제로 넘어가는 과정에서 임시로 조직된 정부를 의미한다. 허정 과도 정부는 이승만 정권에서 장면 내각으로 넘어가는 중간에 임시적으로 허정이 중심이 된 과도 정부를 말한다.

합격생의 비법

양원제

의회가 2개의 합의체로 구성된 방식이다. 4·19 혁명 이후 제2공화국 시기에 상원(참의원)과 하원(민의원)을 둔 것이 대표적이다.

시험에 자주 등장해요

허정 과도 정부에서 내각 책임제와 양원제를 중심으로 개헌을 단행하였다는 내용이 시험에 자주 출제됩니다. 꼭 기억하세요.

2) 장면 내각의 출범(1960~1961)

① 허정 과도 정부 🔥빈출

  ㉠ 개헌 : 이승만 하야 후 민주당 주도로 내각 책임제, 양원제 국회 🔥빈출 를 골자로 하는 개헌 단행

  ㉡ 장면 민주당 내각 성립 : 대통령 윤보선·국무총리 장면 선출

② 장면 내각(제2공화국)

  ㉠ 주요 정책 : 경찰의 중립화, 사법 제도의 중립화, 지방 자치제 실시, 경제 개발 5개년 계획안 마련, 한·미 경제 및 기술 원조 협정 체결(1961), 민주화를 위한 각종 규제 완화(→ 각계각층의 민주화 요구)

출제 사료　봇물처럼 쏟아진 민주화에 대한 열망

- "무엇보다도 급한 것은 학원의 민주화입니다. 학도 호국단을 없애고 민주적인 학생회를 구성합시다."
- "대학생 하나 졸업시키려면 부모들이 논과 밭을 팔 정도로 부담이 심합니다. 대학 학비를 국가에서 지원해 주어야 한다고 봅니다."　－ 청년 및 학생들의 요구 －
- "물가는 하늘 높은 줄 모르고 치솟는데 임금은 3년이나 오르지 않고 있습니다. …… 회사의 수입은 날로 증가하는데 우리들은 언제까지 고생해야 합니까? 우리들도 먹고 살 수 있도록 임금을 올려 주십시오."　－ 노동자들의 요구 －
- "농지 개혁법이 실시되었지만 아직도 지주들이 토지를 차지하고 있습니다. 정부는 이러한 지주들의 토지 겸병을 좀더 단속하여 농민에게 땅이 돌아갈 수 있도록 해주어야 합니다."
- "고생하며 농사지어봤자 남는 것이 없습니다. 주요 농산물에 대한 가격 보상제를 실시해서 농산물 가격의 균형을 유지해야 합니다."　－ 농민들의 요구 －

● 출제 포인트 분석

4·19 혁명 이후 사회 각계각층에서는 민주화의 움직임이 거세게 일어났다. 학원 민주화 운동을 비롯하여 노동 운동과 청년 운동도 활발해졌다. 한편 3·15 부정 선거의 책임자인 이승만 정부 하에서 부정으로 재산을 모은 자에 대한 처벌을 요구하는 목소리도 높아졌다.

남북 학생 회담 요구 집회와 구호 (1961. 5.)

"이 땅이 뉘 땅인데, 오도 가도 못하는가? 가자 북으로! 오라 남으로!"

  ㉡ 통일 운동 : 중립화 통일론, 남북 협상론, 남북 통일론 등 다양한 통일론 형성

  ㉢ 장면 내각의 한계 : 민주당 내분(민주당 내에서 구파가 분당하여 신민당 창당), 개혁 의지 미약(민주화 요구 억압, 혁신 세력과 학생들의 통일 논의를 수용하지 않음)

  ㉣ 붕괴 : 5·16 군사 정변으로 붕괴

❸ 5 · 16 군사 정변과 군사 정부

1) 5 · 16 군사 정변(1961)

① 배경 : 장면 내각의 감군 정책으로 인한 군부의 위기의식 고조

② 5 · 16 군사 정변 : 사회 혼란과 무질서를 구실삼아 박정희 주도로 군인들이 쿠데타를 일으킴 → 5 · 16 군사 정변의 주역들이 '혁명 공약' 발표 → 국가 재건 최고 회의를 구성하여 군정 시작

5 · 16 군사 정변

출제 사료	혁명 공약(1961. 5. 16.)

친애하는 애국 동포 여러분! 은인자중하던 군부는 드디어 오늘 아침 새벽을 기해서 일제히 행동을 개시하여 국가의 행정, 입법, 사법의 3권을 완전히 장악하고 이어 군사 혁명 위원회를 조직하였습니다.

첫째, 반공을 국시의 제1로 삼고 지금까지 형식적으로 구호에만 그친 반공 체제를 재정비 강화할 것입니다.

둘째, 유엔 헌장을 준수하고 국제 협약을 충실히 이행할 것이며 미국을 위시한 자유 우방과의 유대를 더욱 견고히 할 것입니다.

셋째, 이 나라 사회의 모든 부패와 구악을 일소하고 퇴폐한 국민 도의와 민족 정기를 다시 바로잡기 위하여 청신한 기풍을 진작할 것입니다.

넷째, 절망과 기아선상에서 허덕이는 민생고를 시급히 해결하고 국가 자주 경제 재건에 총력을 경주할 것입니다.

다섯째, 민족적 숙원인 국토 통일을 위하여 공산주의와 대결할 수 있는 실력 배양에 전력을 집중할 것입니다.

여섯째, 이와 같은 우리의 과업이 성취되면 참신하고도 양심적인 정치인들에게 언제든지 정권을 이양하고 우리들 본연의 임무로 복귀할 준비를 갖추겠습니다.

● **출제 포인트 분석**

박정희 등 군인 세력은 5 · 16 군사 정변 직후 '혁명 공약'을 발표하여 반공, 경제 개발, 사회 안정을 강조하면서 5 · 16 군사 정변을 합리화하였다. 그리고 이러한 과업이 달성되면 곧 본연의 임무, 즉 군인으로 돌아가겠다고 하였지만 실제로는 이를 지키지 않았다.

2) 군사 정부

① 경제 사회 정책 : 농가 부채 탕감, 화폐 개혁, 국민 재건 국민 운동, 경제 개발 5개년 계획 추진

② 중앙정보부 창설 : 군정 비판 세력의 탄압, 중요한 정보를 정부가 독점하고 개인적인 정보를 정치적으로 이용할 수 있는 기반 마련

③ 헌법 개정 : 국가 재건 최고 회의를 통해 대통령 중심제와 단원제 국회를 골자로 하는 헌법을 국민 투표로 개정

④ 민주 공화당 창당 : 윤보선을 누르고 박정희가 제5대 대통령으로 당선(1963), 국회의원 선거에서 민주 공화당 승리

④ 박정희 정부의 정책과 유신 체제

1) 박정희 정부의 정책

① 한 · 일 국교 정상화(1965)

배경	경제 개발 추진에 필요한 자금 부족, 한 · 미 · 일 3각 안보 체제 강화를 위한 미국의 요구
과정	김종필 · 오히라의 비밀 회담(비공개 진행, 독립 축하금 및 차관 제공으로 식민지 보상에 합의) → 6 · 3 시위 **빈출** → 휴교령과 비상 계엄령 선포 등 강제 진압 → 위수령 선포 후 한 · 일 협정 체결(1965)
문제점	• 한국과 일본 사이에 맺어진 1910년 이전의 조약에 대한 한 · 일 양국의 입장 차이 • 일본 측으로부터 제공받은 자금이 식민지 시기 일본으로부터 받은 피해에 대한 청구권적인 성격임 → 일제의 식민지 지배에 대한 사과와 배상, 독도 문제 등 과거사 문제 미해결 • 협정에 있어서 일본의 요구를 거의 수용(주권 국가로써 위신 상실, 일본의 과거 조선 지배 합리화)

> **출제 사료 김종필-오히라 각서와 한·일 협정**
>
> 1. 무상 원조에 한국 측은 3억 5천만 달러, 일본 측은 2억 5천만 달러를 주장한 바 3억 달러를 10년에 걸쳐 공여하는 조건으로 양측 수뇌에게 건의함
> 2. 유상 원조(해외 경제 협력 기구)에 대해 한국 측은 2억 5천만 달러(이자율 3% 이하, 7년 거치 20~30년 상환), 일본 측은 1억 달러(이자율 3.5%, 7년 거치 20년 상환)를 주장한 바 2억 달러를 10년간에 걸쳐(이자율 3.5%, 7년 거치 20년 상환) 제공하기로 양측 수뇌에게 건의함
> 3. 수출입 은행 차관에 대해 한국 측은 별개 취급을 희망하고, 일본 측은 1억 달러 이상을 프로젝트에 따라 늘릴 수 있도록 하고자 주장한 바 양측의 합의에 따라 국교 정상화 전이라도 협의토록 추진할 것
> 4. 독도 문제는 추후에 논의한다.

● 출제 포인트 분석

한 · 일 협정은 한 · 일 양국 사이의 상호 관계를 규정하는 기본 조약하에 재일 교포의 법적 지위와 대우에 관한 협정, 어업에 관한 협정, 청구권 문제 해결과 경제 협력에 관한 협정, 한 · 일 문화재 및 문화 협력에 대한 협정 등 크게 네 가지로 구성되었다. 그러나 한 · 일 협정은 우선 기본 조약에서 한국과 일본 사이에 맺어진 1910년 이전의 조약에 대해 한국과 일본이 자국의 입장에 따라 임의적으로 해석할 수 있는 여지를 남겨 두었다. 또 식민지 시기 일본으로부터 받은 피해에 대한 청구권이라고 하는 애매한 성격의 자금을 제공받게 되었다. 이로 인하여 최근까지도 식민지 통치하에서 개인적으로 피해를 입은 사람들의 배상 문제가 해결되지 못하고 있다.

② 베트남 파병(1965~1973)

배경	베트남 파병의 대가로 경제 성장 촉진 도모, 미국의 요청 → 브라운 각서(1966) 체결
결과	• 베트남 특수를 통하여 고용 증대와 경제 성장 촉진 • 한 · 미 행정 협정(SOFA 협정, 1966) 체결
문제점	젊은 파병 군인들의 희생, 고엽제 후유증, 베트남 민간인 학살, 라이따이한(베트남 파병 한국인과 베트남인 사이에서 태어난 한국인 혼혈)

> **출제 사료 브라운 각서**
>
> 1. 추가 파병에 따른 비용은 미국 정부가 부담한다.
> 2. 한국군 육군 17개 사단과 해병대 1개 사단의 장비를 현대화한다.
> 3. 베트남 주둔 한국군을 위한 물자와 용역은 가급적 한국에서 조달한다.
> 4. 베트남에서 실시되는 각종 구호와 건설 등 제반 사업에 한국인 업자를 참여시킨다.
> 5. 미국은 한국에 추가로 AD 차관과 군사 원조를 제공하고, 베트남과 동남아시아로 수출 증대를 가능케 할 차관을 추가로 대여한다.

● 출제 포인트 분석

우리 정부가 베트남전에 국군을 파병하면서 미국 측과 파병에 대한 보상 조치로 맺은 각서이다. 1965년부터 1973년까지 국군 참전 인원은 32만여 명에 달하였다.

합격생의 비법

6 · 3 시위

1964년 6월, 한 · 일 국교 정상화에 반대하는 시위가 전국에서 일어났다.

합격생의 비법

위수령

육군 부대가 일정한 곳에 주둔하면서 그 지역의 치안과 질서 유지, 시설물의 보호를 하게 하는 대통령령이다. 주로 정부 정책에 대한 반대를 억압하는 수단으로 이용하였다.

베트남 파병

합격생의 비법

한 · 미 행정 협정(SOFA 협정)

미군측에 한국 내 시설과 구역에 대한 제반 사용 권리를 광범위하게 부여, 한국인 고용원에 대한 자유로운 해고 인정, 형사 재판 관할권 행사에서 주도권을 부여하는 등 불평등한 조약이다.

시험에 자주 등장해요

박정희 정부 시기의 정책에 대해 묻는 문제가 자주 출제됩니다. 한 · 일 국교 정상화, 베트남 파병을 기억하세요.

③ 3선 개헌(1969. 9.)

    ⊙ 내용 : 장기 집권을 위해 박정희 대통령의 3선 연임을 허용하는 개헌

    ⓒ 과정 : 3선 개헌 추진 → 야당, 학생, 시민들의 반발 → 위수령을 선포하여 진압 →
        민주 공화당 등 개헌안 지지 의원들이 농성 중인 야당 의원을 피해 개헌안 변칙
        통과(3선 개헌, 1969)

2) 유신 체제의 성립

① 배경 : 미국의 닉슨 독트린 발표(미·소 냉전 체제 약화), 세계 경제 불황(제1차 석유
    파동)과 우리 경제의 발전 주춤, 7·4 남북 공동 성명 등 발표 → 통일 문제를 권력
    연장 수단 도구로 이용

② 과정 : 초헌법적인 국가 긴급권을 발동하여 국회 해산, 정치 활동 금지 → 전국에 걸
    쳐 비상계엄 선포(1971) → 통일 주체 국민 회의 대의원 선거법과 시행령이 공포되
    고, 총 대의원 선거 실시 → 박정희가 대통령으로 당선

통일 주체 국민 회의 선거

통일 주체 국민 회의는 대통령을 선출하는 기능을 맡았다. 국민의 직접 선거로 선출된 대의원으로 구성되었으나, 대의원은 정당에 소속되지 않았기 때문에 대통령의 직속 기구나 다름없었다.

출제 사료   계엄 포고 1호와 유신 헌법

계엄 포고 1호

1972년 10월 17일 19시에 기하여 하기 사항을 포고함

(1) 모든 정치 활동 목적의 옥내외 집회 및 시위를 일절 금한다. 정치 활동 목적이 아닌 옥내외 집회는
    허가를 받아야 한다. 단, 관혼상제와 의례적인 비정치적 종교 행사의 경우는 예외로 한다.

(2) 언론, 출판, 보도 및 방송은 사전 검열을 받아야 한다.

(3) 각 대학은 당분간 휴교 조치한다.

(4) 정당한 이유 없는 직장 이탈이나 태업 행위를 금한다.

(5) 유언비어의 날조 및 유포를 금한다.

(6) 야간 통행금지는 종전대로 시행한다. ……

이 포고를 위반한 자는 영장 없이 수색·구속한다.

유신 헌법

제39조 ① 대통령은 통일 주체 국민 회의에서 토론 없이 무기명 투표로 선거한다.

제53조 ① 대통령은 천재지변 또는 중대한 재정 경제상의 위기에 처하거나, 국가의 안전보장 또는 공
    공의 안녕 질서가 중대한 위협을 받거나 받을 우려가 있어, 신속한 조치를 할 필요가 있다고
    판단할 때에는 …… 국정 전반에 걸쳐 필요한 긴급 조치를 할 수 있다.

제54조 ① 대통령은 전시 사변 또는 이에 준하는 국가 비상사태에 있어서 병력으로써 군사상의 필요
    또는 공공의 안녕 질서를 유지할 필요가 있을 때에는 법률이 정하는 바에 의하여 계엄을 선
    포할 수 있다.

제59조 ① 대통령은 국회를 해산할 수 있다.

● **출제 포인트 분석**

    1972년 10월 박정희 정부는 전국에 계엄령을 선포하여 국회를 해산시키고 모든 정치 활동을 금지시
켰다. 그리고 평화 통일을 위해서는 강력한 정부가 필요하다며 유신 헌법을 제정하였다. 이 헌법은
대통령의 중임 제한을 없앴으며, 대통령의 직속 기구나 마찬가지인 통일 주체 국민 회의에서 대통령
을 뽑도록 하였다. 또한 대통령이 국회의원 3분의 1 임명권과 법관 인사권을 가져 의회와 사법부를
통제할 수 있게 하였으며, 긴급 조치권과 국회 해산권 등 절대 권력을 가지도록 하였고 통일이 될
때까지 지방 의회를 구성하지 않도록 하였다.

---

③ 유신 헌법의 내용과 의미

    ⊙ 장기 독재의 토대 마련 : 대통령의 임기를 6년으로 규정, 중임 제한 철폐, 통일 주
      체 국민 회의에서 간선제로 대통령 선출

    ⓒ 대통령의 권한 강화 : 대통령에게 국회의원 1/3 추천권, 국회 해산권, 대법원장과
      헌법 위원회 위원장 임명권, 긴급 조치권 부여

합격생의 비법

긴급 조치권

유신 체제에서는 헌법에 의해 선출된 대통령이 헌법에 규정된 권리로 헌법의 일부 기능을 정지시킬 수 있었는데, 그 권한이 바로 긴급 조치권이다.

④ 유신 체제에 대한 반발과 저항 : 대학생 · 재야인사 · 언론인 등을 중심으로 개헌 청원 100만 인 서명 운동(1973), 3 · 1 민주 구국 선언 ⓣ 빈출 (1976. 3. 1.) 등 전개

> ### 출제 사료 　3·1 민주 구국 선언(1976. 3. 1.)
>
> 8 · 15 해방의 부푼 희망을 부수어 버린 국토 분단의 비극은 이 민족에게 거듭되는 시련을 주었지만 이 민족은 끝내 희망을 버리지 않았다. 6 · 25 동란의 폐허를 딛고 일어섰고, 4 · 19 학생 의거로 이승만 독재를 무너뜨려 자유 민주주의에 대한 신념을 가슴에 회생시켰다. 그러나 그것도 잠깐, 이 민족은 또다시 독재 정권의 쇠사슬에 매이게 되었다. 삼권 분립은 허울만 남았다. 국가 안보라는 구실 아래 신앙과 양심의 자유는 날로 위축되어 가고 언론의 자유와 학원의 자주성은 압살당하고 말았다. …… 우리의 비원인 민족 통일을 향해서 국내외로 민주 세력을 키우고 규합하여 한 걸음 한 걸음 착실히 전진해야 할 이 마당에 이 나라는 1인 독재 아래 인권은 유린되고 자유는 박탈당하고 있다. 우리는 이를 보고 있을 수 없어 여야의 정치적 전략이나 이해를 넘어서 이 나라의 먼 앞날을 내다보면서 민주 구국 선언을 선포하는 바이다.
> 1. 이 나라는 민주주의의 기반 위에 서야 한다.
> 2. 경제 입국의 구상과 자세가 근본적으로 검토되어야 한다.
> 3. 민족 통일은 오늘 이 겨레가 짊어진 지상의 과업이다.
>
> ● **출제 포인트 분석**
> 　윤보선 · 김대중 · 함석헌 등 각계각층의 지도급 인사들이 유신 체제에 반대하고 경제 발전 논리를 비판하며 발표한 선언으로, 민주화 운동의 목표와 방향을 제시하였다.

⑤ 유신 반대 세력 제압 : **긴급 조치 발동**(1호~9호), 2차 인혁당 사건(1974), 민청학련 사건(1974), 김대중 납치 사건 등

> ### 출제 사료 　긴급 조치 제9호(1975. 5. 13.)
>
> 1. 다음 각 호의 행위를 금한다.
> (1) 유언비어를 날조, 유포하거나 사실을 왜곡하여 전파하는 행위
> (2) 집회, 시위 또는 신문, 방송, 통신 등 공중 전파 수단이나 문서, 도서, 음반 등의 표현물에 의하여 대한민국 헌법을 부정, 반대, 왜곡 또는 비방하거나 그 개정 또는 폐지를 주장, 청원, 선동 또는 선전하는 행위
> (3) 학교 당국의 지도 감독하에 행하는 수업, 연구 또는 학교장의 사전 허가를 받았거나 기타 의례적, 비정치적 활동을 제외한 학생의 집회, 시위 또는 정치 관여 행위
> (4) 이 조치를 공연히 비방하는 행위
> 8. 이 조치 또는 이에 의한 주무부 장관의 조치에 위반한 자는 영장 없이 체포, 구속, 압수 또는 수색할 수 있다.
>
> ● **출제 포인트 분석**
> 　유신 헌법은 행정 명령(긴급 조치) 하나로 대통령이 국민의 기본권을 일부 제한할 수 있도록 규정하였다. 박정희 정부는 총 9차례 긴급 조치를 공포하였다.

⑥ 유신 체제의 붕괴 : YH 무역 사건 → 부 · 마 민주 항쟁 ⓣ 빈출 (1979. 10.) → **10 · 26 사태**(중앙정보부장 김재규의 박정희 살해, 1979. 10. 26.) → 유신 체제 종말

⑤ 민주주의의 발전

1) 신군부 세력의 대두와 5 · 18 민주화 운동

① **12 · 12 사태**(1979. 12. 12.) : 전두환, 노태우 등 신군부 세력이 군권을 장악한 후 정치적 실권 장악

합격생의 비법

2차 인혁당 사건

중앙정보부가 유신 반대 운동을 벌였던 전국민주청년학생총연맹(민청학련)의 배후에 북한의 지령을 받은 인혁당이 있다고 사건을 조작하였다. 이 사건으로 구속된 관련자 중 8명이 긴급 조치 및 국가보안법 위반, 내란 예비 · 음모 등의 혐의로 기소되어 대법원 판결 18시간 만에 사형을 당하였다. 국내외 법조인들은 이를 '사법 살인'이라 비난하였다. 2007년 재심에서 법원은 관련자 모두에게 무죄를 선고하였다.

합격생의 비법

YH 무역 사건

YH 무역 노동자들은 회사의 폐업 조치에 항의하여 회사 정상화와 생존권 보장을 요구하며 신민당사에서 농성을 벌였으나 경찰에 의해 강제로 해산되었다. 당시 이를 지지한 신민당 총재 김영삼이 의원직에서 제명되면서 부 · 마 민주 항쟁으로 이어지게 되었고, 결국 유신 체제가 몰락하였다.

부 · 마 민주 항쟁

② 서울의 봄(1980. 5.) : 학생과 시민들이 유신 헌법 폐지, 전두환 퇴진, 비상계엄 폐지 등을 요구하는 대규모 시위 전개 → 신군부 세력의 전국 계엄령 확대(1980. 5. 17.), 일체의 정치 활동 금지

③ 5·18 민주화 운동 🔖빈출 (1980)

배경	비상계엄의 전국 확대, 계엄군의 광주 민주화 운동 과잉 진압
전개 과정	계엄군의 발포로 사상자 발생 → 분노한 시민들이 합세하여 시민군 조직 → 시민군의 평화 협상 요구 → 계엄군의 무력 진압
의의	1980년대 민주화 운동의 기반이 됨, 5·18 민주화 운동 기록물이 유네스코 세계 기록 유산에 등재(2011), 타이완·필리핀 등 아시아 국가들의 민주화 운동에 영향

5·18 민주화 운동

시험에 자주 등장해요

5·18 민주화 운동에 대한 문제가 시험에 자주 출제됩니다. 5·18 민주화 운동의 배경, 전개 과정, 의의를 기억하세요.

출제 사료 | 광주 시민군 궐기문(1980. 5. 25.)

우리는 왜 총을 들 수밖에 없었는가?

먼저 이 고장과 민주주의를 수호하기 위해 피를 흘리며 싸우다 목숨을 바친 시민, 학생들의 명복을 빕니다. 우리는 왜 총을 들 수밖에 없었는가. 그 대답은 너무나 간단합니다. 너무나 무자비한 만행을 더 이상 보고 있을 수만 없어서 너도나도 총을 들고나섰던 것입니다. 본인이 알기로는 우리 학생들과 시민들은 과도 정부의 중대 발표와 또 자제하고 관망하라는 말을 듣고 17일부터 학생들은 학업에, 시민들은 생업에 종사하고 있습니다. 그러나 정부 당국은 17일 야간에 계엄령을 확대 선포하고 일부 학생과 민주 인사, 정치인을 도무지 믿을 수 없는 구실로 불법 연행하였습니다. 이에 우리 시민은 모두 의아해 하였습니다. 또한 18일 아침에 각 학교에 공수 부대를 투입하고 이에 반발하는 학생들에게 대검을 꽂고 "돌격 앞으로"를 감행하였고, 이에 우리 학생들은 다시 거리로 뛰쳐나와 정부 당국의 불법 처사를 규탄하였던 것입니다. …… 시민 여러분! 너무나 경악스런 또 하나의 사실은 20일 밤부터 계엄 당국은 발포 명령을 내려 무차별 발포를 시작하였다는 것입니다. 이 고장을 지키고자 이 자리에 모이신 시민 여러분! 그런 상황에 우리가 할 수 있는 일은 무엇이겠습니까. 우리가 어떻게 해야 되겠습니까? 묻고 싶습니다. 우리는 더 이상 당할 수만은 없었습니다. 그래서 우리는 이 고장을 지키고 우리의 부모 형제를 지키고자 손에 총을 들었던 것입니다.   – 신동아 편집실, 『선언으로 본 80년대 민족·민주 운동』 –

● **출제 포인트 분석**

1980년 5월 18일, 광주에서는 계엄군의 과잉 진압으로 인해 많은 학생들이 부상을 당하였고, 이에 분노한 시민들과 계엄군이 무력으로 충돌하는 사태가 일어났다. 광주 시민들은 이 문제를 평화적으로 해결하기 위해 자발적으로 무장을 해제하며 정부와의 협상을 시도하였으나 계엄군의 무자비한 진압으로 많은 사상자가 생겼다. 이후 사회 안정을 구실로 권력의 전면에 나타난 전두환은 언론을 통폐합하고 수만 명의 시민을 군대의 특수 훈련장에 보내는 등 공포 분위기를 조성하였고, 통일 주체 국민 회의에서 2,525명 중 2,524명의 표를 얻어 11대 대통령이 되었다. 이어 7년 단임의 대통령을 간접 선거로 선출하도록 헌법을 개정하고 이에 의거해 제12대 대통령에 당선되었다.

---

2) 전두환 정부와 6월 민주 항쟁

① 전두환 정부의 강압 통치

출범 과정	신군부의 압력으로 최규하 대통령직 사퇴 → 국가 보위 비상 대책 위원회를 설치(1980. 5.)하고 행정·사법 등 국정 전반의 주요 업무 처리 → 헌법 개정(대통령의 임기 7년 단임, 대통령 선거인단에 의한 간접 선거) → 전두환이 대통령으로 당선(1981. 2.)
정책	• 강압 정책 : 정치인의 활동 통제, 공직자 숙청, 언론 통폐합, 비판적인 기자 해직, 삼청 교육대 운영 등 • 유화 정책 : 학도 호국단 폐지, 교복 자율화, 학원 자율화, 해외여행 자율화, 야간 통행금지 해제, 프로 야구단 창설 등

합격생의 비법

삼청 교육대

삼청 교육대는 국가 보위 비상 대책 위원회가 사회 정화를 명분으로 군부대 내에 설치한 특수 교육 기관이다. 폭력배와 불량배 소탕을 구실로 무고한 사람들을 강제로 끌고 가 육체적 고통을 가하는 가혹한 방법의 훈련을 감행하였다. 끌려간 사람들 중에는 재야인사, 광주 시위 관련자, 대학생 등과 일반 시민도 상당수 포함되어 있었다. 삼청 교육대는 전두환 정권 초기의 대표적인 인권 침해 사례로 꼽힌다.

박종철 고문치사 사건
서울대학교 학생 박종철이 경찰의 조사를 받던 중 사망하였다. 경찰서에서는 이를 단순한 쇼크사로 발표하였으나 실제로는 경찰의 고문을 받고 숨진 것으로 드러났다. 이러한 사실이 알려지자 국민의 분노가 확산되었다.

박종철 추도·고문 근절을 위한 침묵 시위

6월 민주 항쟁

② 6월 민주 항쟁 빈출 (1987)

민주화 · 직선제 개헌 움직임	• 민주화 운동 : 민주화 추진 협의회 결성, 5 · 18 민주화 운동의 진상 규명과 책임자 처벌 요구 • 직선제 개헌 운동 : 1985년 국회의원 선거에서 대통령 직선제를 주장한 신한 민주당이 대거 당선 → 야당 중심의 개헌 운동 시작
민주화 요구 확산	부천 경찰서 성 고문 사건(1986), 박종철 고문치사 사건(1987. 1.) 발생 → 거국적인 민주 항쟁의 도화선 역할
4 · 13 호헌 조치 빈출 (1987)	정부의 개헌 거부, 직선제 개헌 논의 금지
6월 민주 항쟁	호헌 철폐 빈출 와 독재 타도, 민주 헌법 쟁취 등의 구호를 내세워 시민과 학생들이 시위 → 시위 도중 이한열 학생 최루탄 피격 사망 → 6 · 10 국민 대회 개최, 6월 민주 항쟁의 전국적 확산
6 · 29 민주화 선언	여당 대통령 후보 노태우, 5년 단임 및 대통령 직선제 개헌 빈출 수용

출제 사료 — 6월 민주 항쟁과 6·29 민주화 선언

• **6 · 10 대회 선언문**
오늘 우리는 전 세계 이목이 주시하는 가운데 40년 독재 정치를 청산하고 희망찬 민주 국가를 건설하기 위한 거보를 전 국민과 함께 내딛는다. 국가의 미래요, 소망인 꽃다운 젊은이를 야만적인 고문으로 죽여 놓고 그것도 모자라서 뻔뻔스럽게 국민을 속이려 했던 정권에게 국민의 분노가 무엇인지를 분명히 보여 주고 국민적 여망인 개헌을 일방적으로 파기한 4 · 13 폭거를 철회시키기 위한 민주 장정을 시작한다. — 신동아 편집실, 『선언으로 본 80년대 민족 · 민주 운동』 —

• **6 · 29 민주화 선언**
첫째, 여야 합의하에 조속히 대통령 직선제 개헌을 하고 새 헌법에 의한 대통령 선거를 통해 88년 2월 평화적 정부 이양을 실현토록 해야겠습니다. 오늘의 이 시점에서 저는 사회적 혼란을 극복하고, 국민적 화해를 이룩하기 위하여 대통령 직선제를 택하지 않을 수 없다는 결론에 이르게 되었습니다. 국민은 나라의 주인이며, 국민의 뜻은 모든 것에 우선한다는 것입니다.
둘째, 직선제 개헌이라는 제도의 변경뿐만 아니라, 이의 민주적 실천을 위하여 자유로운 출마와 공정한 경쟁이 보장되어 국민의 올바른 심판을 받을 수 있는 내용으로 대통령 선거법을 개정하여야 한다고 봅니다. 또한 새로운 법에 따라 선거 운동 · 투개표 과정 등에 있어서 최대한의 공명정대한 선거관리가 이루어져야 합니다. — 동아일보, 1987. 6. 29. —

● **출제 포인트 분석**
1987년 6월 10일 집권 여당인 민주 정의당이 노태우를 대통령 후보로 지목하였지만 국민들은 6월 민주 항쟁을 통해 호헌 철폐와 독재 타도를 외쳤다. 시위는 전국적으로 확산되었고, 시민들이 합세하였다. 6월 26일에는 전국 37개 도시에서 백만여 명이 시위에 참가하였으며, 서울에서는 시가전을 방불케 하는 격렬한 시위가 심야까지 계속되었다. 신군부는 국민들의 시위에 굴복하여 6월 29일 대통령 직선제 개헌을 골자로 하는 8개 항의 시국 수습 방안을 발표하였다(6 · 29 민주화 선언).

3) 민주주의의 진전

① 노태우 정부

⊙ 여소야대 정국 : 야당이 의석의 과반수 확보 → 여당이 정치적 어려움을 당하자 3당 합당을 통해 여소야대 극복 → 민주 자유당 창당

© 활동 : 서울 올림픽 개최(1988), 동유럽 공산권 국가들과 수교(1990), 중국과 수교(1992), 남북한 유엔 동시 가입 빈출 (1991)

민주 정의당과 통일 민주당 그리고 신민주 공화당은 여야의 다른 위치에서 그동안 이 나라를 위해 나름대로 최선의 노력을 기울여 왔습니다. 그러나 오늘 우리의 현실은 보다 더 굳건한 정치 주도 세력과 국민적 역량의 결집을 요구하고 있습니다. 우리 사회 모든 민족 민주 세력은 이제 뭉쳐야 합니다. 이같은 시대적 요청에 부응하기 위해 우리는 중도 민주 세력의 대단합으로 큰 국민 정당을 탄생시켜 정치적 안정 위에서 새로운 정치 질서를 확립해 나가기로 했습니다. …… 국민 여러분 우리 역사상 처음으로 이제 여야 정당이 합당하여 새로운 국민 정당이 탄생됩니다.

● **출제 포인트 분석**

국회에서 다수를 차지한 강력한 야당 때문에 정국 운영이 어렵자 노태우 정부는 야당과 손을 잡으려 하였다. 이에 여당인 민주 정의당과 야당인 통일 민주당, 신민주 공화당이 합당하여 민주 자유당을 창당하고, 김영삼이 대표 최고 위원이 되었다. 1992년 제14대 대통령 선거에서는 거대 여당의 후보인 김영삼이 당선되었다.

② **김영삼 정부(문민 정부 출범)**

　㉠ 각종 개혁 단행 : 고위 공직자 재산 등록제, 금융 실명제 ^{빈출} 실시.

　㉡ 과거 역사 청산 : 전두환과 노태우 구속 · 유죄 판결(군사 정권의 정통성 부인)

　㉢ 우루과이 라운드 타결, 경제 협력 개발 기구(OECD) 가입 ^{빈출}

　㉣ **외환위기** : 외환 보유고 부족 → 국제 통화 기금(IMF)의 지원을 받는 등 경제적 위기 발생

③ **김대중 정부**

　㉠ 최초의 평화적 정권 교체, 민주주의와 시장 경제의 병행 발전, IMF 관리 체제의 조기 극복

　㉡ 남북 관계 개선 : 대북 화해 · 협력 정책(햇볕 정책) 추진 → 남북 정상 회담, 6 · 15 남북 공동 선언

④ **대한민국 헌법 개정**

서울 올림픽 대회

정부	개헌	헌법의 주요 내용	비고
이승만 정부	제헌 헌법(1948. 7. 17.)	대통령 간선제, 국회 단원제	
	1차 개헌(1952. 7.)	대통령 직선제, 국회 양원제	발췌 개헌
	2차 개헌(1954. 11.)	대통령 직선제 (중임 제한 철폐)	사사오입 개헌, 이승만 3선 허용
허정 과도 내각	3차 개헌(1960. 6.)	내각 책임제, 대통령 간선제, 양원제 국회	4 · 19 혁명 영향, 민주당 정권 출범
장면 내각	4차 개헌(1960. 11.)	3 · 15 부정 선거 관련자 처벌	소급 특별법 제정
박정희 정부	5차 개헌(1962. 12.)	대통령 직선제, 국회 단원제	5 · 16 군사 정변, 공화당 정권 수립, 소급 입법(정치 활동 정화법)
	6차 개헌(1969. 10.)	대통령 직선제	대통령의 3선 허용
	7차 개헌(1972. 12.)	대통령 권한 강화, 기본권 보장 약화, 대통령 간선제	유신 체제, 대통령 종신 집권 가능
전두환 정부	8차 개헌(1980. 10.)	7년 단임 대통령 간선제 (선거인단 간접 선거)	국가 보위 비상 대책 위원회 추진, 신군부 집권
노태우 정부	9차 개헌(1987. 10.)	5년 단임의 대통령 직선제, 기본권 보장 강화	6월 민주 항쟁, 여당과 야당의 합의로 개헌

⑥ 통일 정책과 평화 통일의 과제

1) 남북의 대립

이승만 정부	북진 통일론, 평화 통일론을 주장한 진보당 탄압(진보당 사건, 1958)
장면 내각	유엔 감시하에 남북 총선거를 통한 통일 주장, 민간에서 통일 운동 활성화
박정희 정부	• 반공을 국시로 설정, '선 건설, 후 통일' 주장 • 1960년대 후반 북한 무장 간첩의 침투 → 남북 관계 냉각

2) 남북 관계의 진전

① 박정희 정부

ⓐ 닉슨 독트린(1969)으로 냉전 완화 → 남북 대화 시작

ⓑ 8 · 15 평화 통일 구상 선언(1970) : 남북한 무력 대결 지양, 선의의 경쟁 제의 → 종래의 대북한 정책 선회

ⓒ 남북 적십자 회담 제안(1971) : 이산가족 찾기를 위한 회담 개최

ⓓ 7 · 4 남북 공동 성명 **빈출**(1972)

배경	1970년대 미 · 소 간의 화해 기운으로 동서 진영의 평화 공존 분위기(데탕트) → 미국과 중국의 국교 수립, 닉슨 독트린 선언(1969), 주한 미군 감축 계기 등
내용	• 자주 · 평화 · 민족 대단결의 통일에 관한 기본 원칙을 담은 공동 성명을 서울과 평양에서 동시 발표 • 통일 문제 협의를 위한 공식 대화 기구로 남북 조절 위원회 설치
의의	남북한 정부가 최초로 합의한 평화 통일 원칙, 이후 진행되는 남북 간 통일 논의의 기본이 됨
한계	남북 대화가 남북한의 독재 체제 강화에 이용됨

출제 사료	7·4 남북 공동 성명

쌍방은 다음과 같은 조국 통일 원칙들에 합의를 보았다.
첫째, 통일은 외세에 의존하거나 외세의 간섭을 받음이 없이 자주적으로 해결하여야 한다.
둘째, 서로 상대방을 반대하는 무력행사에 의거하지 않고 평화적으로 실현하여야 한다.
셋째, 사상과 이념 제도의 차이를 초월하여 우선 하나의 민족으로 민족적 대단결을 도모하여야 한다.

● **출제 포인트 분석**

남북은 남북 사이의 긴장 상태를 완화하고 신뢰의 분위기를 조성하기 위하여 서로 상대방을 비방하지 않으며 무력 도발을 하지 않고, 불의의 군사적 충돌 사건을 방지하기 위한 적극적인 조치를 취하기로 합의하였다.

② 전두환 정부

ⓐ 민족 화합 민주 통일 방안(1982) : 남북 대표로 민족 통일 협의회 구성, 국민 투표로 통일 헌법 확정, 헌법에 의거한 남북한 총선거 실시로 통일 민주 공화국 건설 제시

ⓑ 최초 이산가족 고향 방문(1985) **빈출**

③ 노태우 정부

ⓐ 통일 정책 : 7 · 7 특별 선언 발표(1988), 한민족 공동체 통일 방안 제시(1989)

ⓑ 남북 대화의 재개 : 남북한 총리 회담(1990) → 남북 기본 합의서 채택(1991, 남북한 사이의 화해와 불가침 및 교류 · 협력에 관한 합의서) → 한반도 비핵화에 대한 공동 선언 합의 **빈출**(1992)

④ **김영삼 정부**

　㉠ 남북 교류의 위기 : 북한의 핵 확산 금지 조약(NPT(Nuclear nonproliferation treaty), 비핵 보유국이 새로 핵무기를 보유하는 것과 보유국이 비보유국에 대하여 핵무기를 주는 것을 동시에 금지하는 조약) 탈퇴 선언

　㉡ 통일을 위한 노력 : 비전향 장기수 송환, 남북 정상 회담 개최 합의(→ 김일성 사망) 무산, 민족 공동체 통일 방안 제시(1994), 남북 경제 교류의 지속

⑤ **김대중 정부**

　㉠ 햇볕 정책 : 평화 · 화해 · 협력을 통한 남북 관계 개선을 목표로 하는 대북 화해 협력 정책

　㉡ 제1차 남북 정상 회담(2000) : 6 · 15 남북 공동 선언 발표 → 이산가족 방문단 교환, 서신 교환, 면회소 설치 등

　㉢ 남북 교류 : 금강산 관광 사업(1998), 경의선 복구, 개성 공단 건설 👆빈출 등

출제 사료　**6 · 5 남북 공동 선언(2000. 6. 15)**

1. 남과 북은 나라의 통일 문제를 그 주인인 우리 민족끼리 힘을 합쳐 자주적으로 해결해 나가기로 하였다.
2. 남과 북은 나라의 통일을 위한 남측의 연합제안과 북측의 낮은 단계의 연방제안이 서로 공통성이 있다고 인정하고, 앞으로 이 방향에서 통일을 지향해 나가기로 하였다.
3. 남과 북은 올해 8 · 15에 즈음하여 흩어진 가족 · 친척 방문단을 교환하며 비전향 장기수 문제를 해결하는 등 인도적인 문제를 조속히 풀어나가기로 하였다.
4. 남과 북은 경제 협력을 통하여 민족 경제를 균형적으로 발전시키고, 사회 · 문화 · 체육 · 보건 · 환경 제반 분야의 협력과 교류를 활성화하여 서로의 신뢰를 다져나가기로 하였다.

● **출제 포인트 분석**

2000년 6월 13일 남한의 김대중 대통령과 북한의 김정일 국방위원장은 평양의 순안 비행장에서 분단 이후 최초로 남북 정상이 만나는 역사적 순간을 보여 주었다. 남북 정상 회담에서는 한반도의 통일과 평화 정착, 민족 화해와 단합, 남북 간 교류와 협력 등이 논의되었다. 이후 남북 협력 사업은 더욱 활성화되어 끊어진 경의선과 동해선 연결이 추진되고, 북한의 개성에 남한 기업이 공업 단지를 조성하였다. 그러나 북한이 핵 개발을 추진하면서 남북 관계도 다시 어려움에 부딪혔다. 이를 해결하기 위해 4자 회담의 네 나라에 일본과 러시아를 추가한 6자 회담이 열리고 있다.

1990년 9월
남북 고위급 회담 시작

↓

1991년 9월 17일
남북한 유엔 동시 가입

↓

1991년 12월 13일
남북 기본 합의서 채택
(원칙 : 화해, 불가침, 교류 협력)

↓

1991년 12월 31일
한반도 비핵화에 대한
공동 선언

↓

김대중 정부 출범
& 햇볕 정책 표방

↓

1998년 6월, 10월
정주영의 '소떼 방북'

↓

1998년
금강산 해로 관광

↓

2000년 6 · 15 남북 공동 선언

↓

2000년 8월 15일 이후
수차례 이산가족 상봉

↓

2003년 금강산 육로 관광

시험에 자주 등장해요

노태우 정부 시기의 남북 기본 합의서 채택과 김대중 정부 시기의 햇볕 정책, 6 · 15 남북 공동 선언은 시험에 자주 출제됩니다. 꼭 기억하세요.

빈칸 채우기

01 1952년 임시 수도였던 부산에서 계엄령을 선포하고 야당 의원들이 국제 공산당의 자금을 받았다는 혐의로 연행한 ☐☐☐☐이/가 벌어졌다.

02 대통령 선거 과정과 보안법 파동 등에 대하여 대정부 비판을 게재한 ☐☐☐☐이/가 1959년 폐간되었다.

03 4·19 혁명 이후 ☐☐☐☐ 과도 정부를 거쳐 장면 내각이 출범하였다.

04 5·16 군사 정변 이후 ☐☐☐☐이/가 구성되어 군정이 실시되었다.

05 1965년 굴욕적 한일 회담에 반대하는 ☐☐☐☐이/가 일어났으나 정부는 위수령을 선포하여 진압하였다

06 우리 정부는 베트남전에 국군을 파병하면서 미국 측과 파병에 대한 보상과 관련하여 ☐☐☐☐을/를 맺었다.

07 1972년 남북 간 최초의 공동 성명인 ☐☐☐☐이/가 발표되었으나 이를 권력 연장의 수단으로 이용하여 유신 체제가 선포되었다.

08 ☐☐☐☐은/는 유신 헌법에 따라 대통령의 추천으로 통일 주체 국민 회의에서 선출된 전국구 국회의원들의 교섭 단체이다.

09 10·26 사태 이후 유신 헌법 폐지, 전두환 퇴진, 비상계엄 폐지 등을 요구하는 학생과 시민들의 대규모 시위가 전개되었는데, 이를 ☐☐☐☐(이)라고 한다.

10 김대중 정부는 대북 화해 협력 정책인 ☐☐☐☐을/를 추진하여 남북 정상 회담 등의 성과를 거두었다.

> **정답** 01 부산 정치 파동 02 경향신문 03 허정 04 국가 재건 최고 회의 05 6·3 시위 06 브라운 각서
> 07 7·4 남북 공동 성명 08 유신 정우회 09 서울의 봄 10 햇볕 정책

---

01 ³¹회 49번
(가) 민주화 운동에 대한 설명으로 옳은 것을 〈보기〉에서 고른 것은?

〈 보 기 〉
ㄱ. 4·13 호헌 조치의 철폐를 요구하였다.
ㄴ. 신군부 세력의 집권이 배경이 되었다.
ㄷ. 3·15 부정 선거에 항의하는 시위에서 시작되었다.
ㄹ. 대통령 중심제에서 의원 내각제로 변화되는 계기가 되었다.

① ㄱ, ㄴ   ② ㄱ, ㄷ   ③ ㄴ, ㄷ
④ ㄴ, ㄹ   ⑤ ㄷ, ㄹ

정답 ⑤

해설 (가) 민주화 운동은 1960년에 일어난 4·19 혁명이다. 4·19 혁명은 3·15 부정 선거에 항의하는 시위에서 시작되었고(ㄷ), 이후 대통령 중심제에서 의원 내각제로 개헌이 이루어져 변화되는 계기가 되었다(ㄹ).

오답 피하기 ㄱ. 전두환 정부의 4·13 호헌 조치(직선제 개헌 논의를 금지)에 반발하여 6월 민주 항쟁(1987)이 일어났다.
ㄴ. 12·12 사태에 대한 설명으로, 전두환 등의 신군부 세력이 군권을 장악한 후 정치적 실권을 장악하였다.

02 (가)에 들어갈 내용으로 옳은 것은?

> 신문으로 보는 제3공화국
>
> 월남 파병 동의안 통과 | 한일 협정 비준안 통과

> 이 자료는 제3공화국 시기에 있었던 사실들을 보도한 신문 기사입니다. 제3공화국 시기에는 (가)

① 6 · 29 민주화 선언이 발표되었습니다.
② 한 · 미 상호 방위 조약이 체결되었습니다.
③ 서독에 광부와 간호사가 파견되었습니다.
④ 남북한 동시 유엔 가입이 이루어졌습니다.
⑤ 경제 협력 개발 기구(OECD)에 가입하였습니다.

정답 ③

해설 제3공화국은 유신 선포 이전인 1963~1972년의 박정희 정부 시기이다. ③ 1963년부터 1977년까지 8,000명의 광부가 서독의 석탄 광산에 파견되었고, 1966년부터 1976년까지 1만여 명의 간호사가 서독의 병원에 취업하였다.

오답 피하기 ① 1987년 당시 여당 대통령 후보인 노태우가 직선제 개헌을 수용하였다. ② 이승만 정부 시기 한 · 미 상호 방위 조약(1953)을 체결하였다. ④ 노태우 정부 시기 남북한의 유엔 동시 가입(1991)이 이루어졌다. ⑤ 김영삼 정부 시기 경제 협력 개발 기구(OECD)에 가입(1996)하였다.

03 (가)~(라) 정부의 통일 노력으로 옳은 것을 <보기>에서 고른 것은?

(가)	(나)	(다)	(라)
박정희 정부	전두환 정부	노태우 정부	김대중 정부
7·4 남북 공동 성명 발표	민족 화합 민주 통일 방안 제시	남북한 유엔 동시 가입	남북 정상 회담 개최

──────── <보 기> ────────
ㄱ. (가) – 이산가족 고향 방문단의 교환 방문을 성사시켰다.
ㄴ. (나) – 남북 조절 위원회를 설치하였다.
ㄷ. (다) – 남북 기본 합의서를 채택하였다.
ㄹ. (라) – 개성 공단 조성에 합의하였다.

① ㄱ, ㄴ　　② ㄱ, ㄷ　　③ ㄴ, ㄷ
④ ㄴ, ㄹ　　⑤ ㄷ, ㄹ

정답 ⑤

해설 박정희 정부는 1972년 7 · 4 남북 공동 성명 이후 남북 조절 위원회를 설치하였고, 전두환 정부는 1982년 민족 화합 민주 통일 방안을 제시하고 1985년 이산가족 고향 방문단의 교환 방문을 성사시켰다. 노태우 정부는 1991년 남북한 유엔 동시 가입을 하고 남북 기본 합의서를 채택하였으며, 김대중 정부는 2000년 평양에서 남북 정상 회담을 열고 개성 공단 조성에 합의하였다.

오답 피하기 ㄱ. 전두환 정부, ㄴ. 박정희 정부의 통일 노력이다.

04 다음 선언문을 발표한 민주화 운동에 대한 설명으로 옳은 것은?

> 이제 우리 국민은 그 어떠한 명분으로도 더 이상 민주화의 실현이 지연되어서는 안된다고 요구하고 있다. 분단을 이유로, 경제 개발을 이유로, 그리고 지금은 올림픽을 이유로 민주화를 유보하자는 역대 독재 정권의 거짓 논리에서 이제는 깨어나고 있다. …… 4 · 13 폭거가 무효임을 선언하는 우리 국민들의 행진은 이제 거스를 수 없는 역사의 대세가 되었다.

① 양원제 국회가 출현하는 결과를 가져왔다.
② 굴욕적인 한 · 일 국교 정상화에 반대하였다.
③ 신군부의 비상 계엄 확대가 원인이 되어 일어났다.
④ 관련 자료가 유네스코 세계 기록 유산으로 등재되었다.
⑤ 5년 단임의 대통령 직선제 개헌이 이루어지는 계기가 되었다.

정답 ⑤

해설 1987년 6월 민주 항쟁이 일어나는 결정적 계기가 된 것은 4 · 13 호헌 조치이다. 1980년대 중반 민주화 운동의 핵심적인 목표는 대통령 직선제였다. 당시 시민과 학생들은 대통령 선거인단에 의한 간접 선거 방식으로는 독재 정권을 끝낼 수 없다고 판단하였고, 대통령 직선제를 강력히 요구하였다. 그 과정에서 1987년 1월 박종철 고문치사 사건이 발생하였다. 그러나 전두환 정부는 4 · 13 호헌 조치로 이를 거부하다가 결국 6월 민주 항쟁에 굴복하였다. 이후 정부와 여당은 국민의 뜻에 따라 6 · 29 민주화 선언을 발표하였고, 국민 투표를 통해 5년 단임의 대통령 직선제 개헌이 이루어졌다(현행 9차 개헌).

오답 피하기 ① 4 · 19 혁명, ② 6 · 3 항쟁, ③ · ④ 5 · 18 민주화 운동에 대한 설명이다.

05 (가) 민주화 운동에 대한 설명으로 옳은 것은?

> (가) **특별전**
>
> 37년 전 그 날, 국민들의 민주화 요구를 묵살하고 비상 계엄령을 전국으로 확대한 신군부의 조치에 반대하여 도청과 금남로 일대에서 시위가 일어났습니다. 계엄군은 시민들에게 무차별적인 폭력을 자행하였습니다. 폭력의 진실을 세계에 알린 한 독일 언론인을 추모하며, 그가 남긴 자료를 전시하는 특별전을 개최합니다.
>
> · 기간: 2017년 ○○월 ○○일~○○월 ○○일
> · 장소: △△문화원

① 허정 과도 정부가 구성되는 계기가 되었다.
② 호헌 철폐와 독재 타도 등의 구호를 내세웠다.
③ 5년 단임의 대통령 직선제 개헌을 이끌어 냈다.
④ 전개 과정에서 시민군이 자발적으로 조직되었다.
⑤ 대통령 하야를 요구하는 대학 교수단의 시위 행진이 있었다.

해설 (가) 민주화 운동은 5·18 민주화 운동이다. 12·12 사태로 신군부 세력이 군권을 장악하자 학생과 시민들이 민주화를 요구하며 대규모 시위를 전개하였다(서울의 봄). 그러나 신군부 세력이 오히려 비상 계엄령을 전국적으로 확대하자 광주 도청과 금남로 일대에서 시위를 전개하였다. 1980년 5월 18일, 광주에서는 계엄군의 과잉 진압으로 학생들이 부상당하자 분노한 시민들이 합세하여 시민군을 조직하였다. 시민군은 자발적으로 무장을 해제하며 평화적인 협상을 시도하였으나 계엄군은 이를 무시하고 무자비하게 진입하여 많은 사상자가 발생하였다.

오답 피하기 ①·⑤ 4·19 혁명, ②·③ 6월 민주 항쟁에 대한 설명이다.

06 31회 50번 밑줄 그은 '정부'의 통일 노력으로 옳은 것은?

정부에서는 외환 위기의 극복 과정에서 발생한 빈부 격차를 완화하기 위해 국민 기초 생활 보장 제도를 시행합니다. 이로 인해 소득이 최저 생계비에 미치지 못하는 국민에게 기본적인 생활을 보장하고 자활을 지원하는 제도적 틀이 마련되었습니다.

국민 기초 생활 보장 제도 시행

① 남북한 유엔 동시 가입을 성사시켰다.
② 통일의 3대 원칙을 명시한 7·4 남북 공동 성명을 발표하였다.
③ 최초의 이산가족 고향 방문과 예술 공연단 교환을 실현하였다.
④ 남북 정상 회담을 개최하고 6·15 남북 공동 선언을 채택하였다.
⑤ 남북한 정부 간 최초의 공식 합의서인 남북 기본 합의서를 교환하였다.

해설 밑줄 그은 '정부'는 김대중 정부이다. 김대중 정부는 외환 위기를 극복하고 국민 기초 생활 보장 제도를 시행하였다. 또 2000년 평양에서 남북 정상 회담을 열고, 6·15 남북 공동 선언을 채택하였다.

오답 피하기 ①·⑤ 남북한 유엔 동시 가입(1991), 남북 기본 합의서(1991)는 모두 노태우 정부 시기이다. ② 7·4 남북 공동 성명(1972)은 박정희 정부 시기이다. ③ 최초로 이산가족 고향 방문과 예술 공연단 방문이 실현된 것은 1985년으로 전두환 정부 시기이다.

07 27회 50번 (가)~(라)를 일어난 순서대로 옳게 나열한 것은?

사진으로 보는 현대사

(가) 6월 민주 항쟁
(나) 4·19 혁명
(다) 부·마 민주 항쟁
(라) 5·18 민주화 운동

① (가) – (나) – (다) – (라)　② (가) – (다) – (라) – (나)
③ (나) – (다) – (라) – (가)　④ (나) – (라) – (다) – (가)
⑤ (다) – (나) – (가) – (라)

해설 (가) 1987년 6월 민주 항쟁, (나) 1960년 4·19 혁명, (다) 1979년 부·마 민주 항쟁, (라) 1980년 광주 민주화 운동이다. (나) – (다) – (라) – (가) 순서로 일어났다.

08 39회 50번 다음 뉴스의 사건이 일어난 정부 시기의 사실로 옳은 것은?

정부는 최근 겪고 있는 금융, 외환 시장에서의 어려움을 극복하기 위해 국제 통화 기금에 유동성 조절 자금을 지원해 줄 것을 요청하기로 결정했습니다.

국제 통화 기금(IMF)에 지원 요청

① 제1차 경제 개발 5개년 계획이 추진되었다.
② 경제 협력 개발 기구(OECD)에 가입하였다.
③ 한·미 자유 무역 협정(FTA)이 체결되었다.
④ 제2차 석유 파동으로 경제 불황이 심화되었다.
⑤ 유상 매수, 유상 분배의 농지 개혁법이 제정되었다.

해설 김영삼 정부(문민정부) 시기인 1997년 말 외환 보유고가 부족해지면서 외환 위기가 발생하였다. 그 결과 국제 통화 기금(IMF)에 구제 금융을 요청하게 되었고, 경제적 위기가 지속되었다. 또 이 시기에 1996년 12월 경제 협력 개발 기구(OECD)에 가입하였고, 1993년 금융 실명제를 시행하여 경제 활동의 투명성을 높였으며, 하나회 척결, 지방 자치제 전면 실시 등 개혁 조치를 단행하였다.

오답 피하기 ①·④ 박정희 정부, ③ 이명박 정부, ⑤ 이승만 정부 시기의 사실이다.

> **"**
> 꿋꿋하게 자신의 목표를 향해
> 걸어가기만 하면 돼.
> 그러면 그 목표에 도달하게 될 거야.
> 일하고 노력하는 것에는
> 그 나름의 이유가 있어.
> **"**

− 레프 톨스토이, 〈안나 카레니나〉 −

연표

1962	1970	1979	1986	1988	1993	1997	2002
제1차 경제 개발 5개년 계획	경부 고속 국도 개통 전태일 분신 사건	YH 무역 사건	서울 아시안 게임 개최	서울 올림픽 대회 개최	금융 실명제 실시	외환위기	한·일 월드컵 대회 개최

03 경제 발전과 사회 변화

출제 빈도 상 | 중 | 하

❶ 대한민국의 경제 발전

1) 전후 복구와 원조 경제

① 전후 경제 상황 : 대다수 생산 시설의 파괴로 인한 생필품 부족, 화폐 가치의 폭락으로 물가 폭등

② 미국의 경제 원조

배경	잉여 농산물을 한국에 원조(생산 과잉으로 인한 자국 내 농업 공황 방지 목적) → 대충자금을 조성하여 사용
내용	미국의 경제 불황으로 1958년부터는 무상 원조에서 유상 차관 방식으로 전환 → 생산제 공업 투자, 경제 자립을 위한 경제 개발 계획 수립 시도
결과	• 삼백 산업의 발전 : 설탕 · 면화 · 밀가루를 이용한 농산물 가공 산업 발달 • 대외 의존 심화 → 파행적 산업 구조(소비재 중심의 산업 발전에 비해 생산재 산업 부분 부진) • 만성적인 식량 수입국으로 전락

③ 귀속 재산 처리법 빈출 : 기업체의 민간 불하, 기업체에 원조 물자 배정 → 자본주의 정착, 재벌 등장, 정경 유착 발생

2) 박정희 정부의 경제 정책

① 특징 : 수출 주도형의 성장 전략 표방, 성장 위주의 정책 지향, 공업 분야 위주의 불균등 성장 전략 추진(1~2차는 경공업, 3~4차는 중화학 공업 중심), 정부 주도형의 경제 개발 추진(경제 기획원 중심), 외자 도입의 적극화로 재원 조달 → 외자 도입, 공장 건설 → 수출 → 자본 축적의 시스템 표방

② 경제 개발 5개년 계획

제1차 경제 개발 5개년 계획 (1962~1966)	• 전력 · 석탄의 에너지 지원과 기간산업을 확충하고, 사회 간접 자본을 충실히 하여 경제 개발의 토대 형성 • 농업 생산력을 확대하여 농업 소득을 증대시키며, 수출을 증대하여 국제수지를 균형화하고 기술의 진흥을 목표로 함
제2차 경제 개발 5개년 계획 (1967~1971)	• 식량 자급화와 산림 녹화, 화학 · 철강 · 기계 공업의 건설에 의한 산업의 고도화 • 7억 달러 수출 달성, 고용 확대, 국민 소득의 비약적 증대, 과학 기술의 진흥, 기술 수준과 생산성 향상 목표 • 남북 간의 경제력이 균형을 이룸(남북 대회 개최 배경) • 외자 도입 증가와 국제수지 → 만성적 적자 초래

합격생의 비법

대충자금

미국의 원조를 받은 나라가 원조액에 해당하는 자기 나라 돈을 별도의 특정 계정을 만들어 적립한 것을 말한다. 대충자금은 국내 미군 유지에 필요한 비용으로, 미국의 무기를 사들이는 데 절반 가까이 사용되었다.

합격생의 비법

귀속 재산

광복 이전 일본인 소유였다가 광복 후 미군정 소유로 넘어간 농지, 주택, 기업 등의 재산을 말한다.

합격생의 비법

경제 기획원

1961년 7월 22일 개정 · 공포된 정부 조직법에 따라 설치된 중앙 행정 기관으로 국가의 경제 · 사회 발전을 위한 종합 계획의 수립 · 운용과 투자 계획 조정, 예산 편성과 집행, 물가 안정 시책 및 대외 경제 정책의 조정에 관한 사무 등을 관장하였다. 1994년 재정 경제원으로 새롭게 발족하였고, 1996년에는 재정 경제원이 재정 경제부로 승격 · 개편되었다.

제3차 경제 개발 5개년 계획 (1972~1976)	중화학 공업화 추진(안정적 균형), 중동 건설의 붐, 새마을 운동 전개
제4차 경제 개발 5개년 계획 (1977~1981)	• 성장 · 형평 · 능률의 기조하에 자력 성장 구조 확립, 사회 개발을 통하여 형평 증진, 기술 혁신과 능률 향상 • 물가고와 부동산 투기, 생활필수품 부족(생필품 도매 물가 80% 상승) 등 고도 성장 정책의 부작용 발생 • 제2차 석유 파동(1978)으로 경제 불황 및 마이너스 경제 성장 • 수출액 100억 달러 최초 돌파(1977) : 정부의 외자 도입, 수출 산업 육성 결과
제5차 경제 사회 발전 5개년 계획 (1982~1986)	양적 성장보다 물가 안정 · 개방화 · 시장 경제의 활성화 · 지방 및 소외 부문의 개발이 주요 정책
제6차 경제 사회 발전 5개년 계획 (1987~1991)	'능률과 형평을 토대로 한 경제 선진화 및 국민 복지의 증진'을 기본 목표로 설정

③ 1970년대 주요 경제 조치

㉠ 8 · 3 조치(경제의 안정과 성장을 위한 긴급 명령 제15호, 1972)

배경	외자 도입에 의한 고도성장 정책의 한계 → 차관 기업의 부실화
내용	사채 동결과 금리 인하로 독점 대기업의 재무 구조 개선
결과	산업 합리화 자금을 공급받은 기업들은 특혜 부여, 사채를 빌려 주었던 소자산가들은 재산 강탈, 은행 대출 증가로 인한 물가 상승(서민에게 전가)

출제 사료	8·3 조치

1. 기업은 사채의 상환을 중단하고 사채 규모를 정부에 신고해야 하며,
2. 기업은 사채를 월리 1.35%, 3년 거치 5년 분할 상환의 조건으로 사용하고,
3. 금융기관은 2천억 원의 특별 금융 채권을 발행하여 기업의 단기 고리 대출금의 30%를 장기 저리 대출금으로 바꾸어 자금을 방출하며,
4. 정부는 기업의 투자 촉진을 위한 법인세와 소득세를 감면하고 교부세의 법정 교부물을 폐지한다.

㉡ 12 · 7 특별 조치(1974. 12. 7.) : 환율의 평가 절하와 석유류 등의 요금 인상

㉢ 부가가치세 실시(1977. 7. 1.) : 세율 13%의 단일세로 경기 조절을 위해 상하 3% 범위 내에서 대통령령으로 조절, 과세 기간은 6개월, 2개월마다 예정 신고 납부 조치

㉣ 수입 자유화 허용(1978. 5. 1.) : 3차에 걸쳐 753개 품목의 수입 자유화

㉤ 부동산 투기 억제 조치(1978. 8. 8.)

④ 경제 개발의 결과와 문제점

결과	• 경제 성장, 식량 증산으로 자급자족 가능 • 전국의 1일 생활권(고속도로 건설), 신흥 공업국으로 부상
문제점	• 분배면의 소홀 : 국민 간의 소득 격차와 사회 갈등 초래 • 정부 주도의 경제 정책 → 민간 기업이 정부에 예속(정경 유착) • 무역 의존도가 높아 국제 경제에 민감한 영향을 받음 • 개발독재 : 경제 성장을 강조하고 민주화 운동 탄압(정치적 · 경제적 민주주의 후퇴) • 농업과 공업 간의 불균등 심화, 외화 가득률 감소, 환경 문제 발생

경부 고속 국도

서울과 부산을 잇는 고속도로로 1968년에 만들기 시작하여 1970년에 완공되었다. 만들 때에는 경제성이 없다고 하여 국내외에서 반대가 심하였으나, 건설된 후 우리나라 경제 성장에 중요한 역할을 하였다.

수출 100억 달러 달성

3) 1980년대 이후의 경제 변화

① 전두환 정부

시험에 자주 등장해요

각 정부의 경제 상황을 묻는 문제가 출제될 수 있습니다. 1980년대 3저 호황의 내용은 꼭 기억하세요.

ⓐ 산업 합리화 정책 : 경제 공황의 타개를 위한 공장 발전법(1986. 7.), 조세 감면 규제법(1986. 12.) 등 마련 → 부실기업 정리

ⓑ 독점 자본 체제 강화 : 부실기업 정리 과정에서 재벌 기업 인수 → 3저 호황

🕮 빈출 속(저금리 · 저유가 · 저달러 현상으로 인한 경제 호황)에서 중화학 부문이 주력 산업으로 성장

② 세계 경제 질서 변화 : 개방화, 산업 구조 개편

ⓐ 개방화 : 국가 간의 장벽이 없어지고 상품 · 노동 · 자본 이동의 자유화, 우루과이 라운드 협상(다자간 무역 협상) → 세계 무역 기구(WTO) 체제 확립

ⓑ 산업 구조 조정 개편 : 산업 구조 조정 정책, 자본 · 금융 시장의 개방, 농산물 개방 (단계적 개방)

출제 사료　**우루과이 라운드 협정**

우루과이 라운드 협정의 당사자들은 서로 다른 경제 발전 단계에서의 각각의 필요와 관심에 일치하는 방법으로 환경을 보호하고 보존한다. 이를 위한 방법을 모색하면서, '지속 가능한 개발'이라는 목적에 일치하는 세계 자원의 최적 이용을 고려하는 한편, …… 관세 및 그 밖의 무역 장벽의 실질적인 삭감과 국제 무역 관계에 있어서 차별 대우의 폐지를 지향하는 상호 호혜적인 약정의 체결을 통하여 이러한 목적에 기여하기를 희망한다.　　　　　　　　　　　　　　　　　　 – 우루과이 라운드 최종 의정서 –

● **출제 포인트 분석**

시장 개방이 가속화되면서 우루과이 라운드가 타결되고 세계 무역 기구(WTO)가 출범하면서 값싼 외국 농산물이 대량으로 들어와 국내 농업에 큰 타격을 주었다.

---

③ 김영삼 정부

ⓐ 신경제 정책

목표	국민의 참여와 창의를 원동력으로 하는 신경제 건설 → 개혁, 자유 시장 경제, 경쟁력 강화 등
개혁	금융 실명제(1993), 부동산 실명제, 종합 과세, 각종 경제 규제 완화, 국내외 금융 자유화, 국영 기업의 민영화 정책
결과	초기에는 국민들의 호응을 얻어 효과 → 금융 실명제의 부작용으로 개혁 의지 퇴색

ⓑ 시장 개방 가속화, 경제 협력 개발 기구(OECD) 가입

출제 사료　**금융 실명제 실시**

친애하는 국민 여러분

드디어 우리는 금융 실명제를 실시합니다. 이 시간 이후 모든 금융 거래는 실명으로만 이루어집니다. …… 금융 실명제가 실시되지 않고는 이 땅의 부정부패를 원천적으로 봉쇄할 수가 없습니다. …… 금융 실명제는 '신한국'의 건설을 위해서 그 어느 것보다도 중요한 제도 개혁입니다.

● **출제 포인트 분석**

김영삼 정부는 금융 거래의 투명성을 확보하기 위해 금융 실명제를 전격 시행하였다.

경제 규모의 성장

GDP 성장률
GDP

6.5　5.9　-1.5　6.8　9.2
2.7　10.3　38.7　84.0　186.6

1970　1975　1980　1985　1990 (년)

④ **외환위기 발생** : 동남아시아 지역의 외환 반출, 재벌 중심의 발전 전략(차입 경영·문어발식 확장), 정경 유착, 세계화 정책에 따른 무분별한 시장 개방 등으로 인해 외환위기 초래 → 국제 통화 기금(IMF)의 긴급 금융 지원, 관리(1997)

⑤ **김대중 정부** : 금 모으기 운동, 구조 조정 단행, **국제 통화 기금(IMF) 관리 체제 극복**(2001) → 부실기업과 금융 기관 정리, 정리 해고제 도입, 많은 기업이 외국 자본의 손에 넘어감

⑥ **노무현 정부** : 미국과의 자유 무역 협정(FTA) 체결 **빈출**, 빈부 격차 해소를 위한 복지 정책 추진, 부동산 값 폭등 문제 미해결

⑦ 한국 경제의 성과 및 과제

    ㉠ 반도체·자동차·조선 등의 해외 시장이 확대된 반면, 농축수산물은 시장 개방이 확대됨

    ㉡ 산업 간 불균형 문제, 외국 의존도 심화 문제, 빈부 격차 문제 등의 과제

합격생의 비법

국제 통화 기금(IMF)

1974년 설립된 국제 기구로 가맹국의 돈을 모아 공동 기금을 만들어 원활한 외환 자금을 조달, 외환 시세의 안정, 세계 각국의 경제 번영을 도모하고 있다.

시험에 자주 등장해요

각 정부의 경제 상황을 묻는 문제가 출제될 수 있습니다. 김영삼 정부의 금융 실명제 실시와 외환위기 초래는 꼭 기억하세요. 또한 김대중 정부의 외환위기 극복과 금 모으기 운동도 꼭 기억하세요.

② 산업화와 사회·문화의 변화

1) 도시와 농촌 문제

① **산업화와 도시화** : 1차 산업의 비중 감소, 공업과 서비스업 증가 → 주택, 교통, 공해, 빈곤, 실업, 도시 빈민 문제(광주 대단지 사건)

② **농촌 문제** : 공업화와 저곡가 정책으로 **도시와 농촌의 소득 격차 심화** → **이촌향도 현상** 발생 → 농촌 인구 감소, 고령화

③ **새마을 운동(1970년대)**

    ㉠ 근면·자조·협동을 바탕으로 **정부 주도의 농촌 환경 개선을 위한 운동** → 농가 소득 증대 및 농어촌 근대화에 기여, 장기 집권을 정당하기 위한 수단으로 이용

    ㉡ 새마을 운동 기록물은 2013년 유네스코 세계 기록 유산으로 등재(대통령의 연설문, 행정부의 공문, 새마을 교재 등)

새마을 운동

박정희 정부는 도시와 농촌의 균형 있는 발전을 위해 새마을 운동을 추진하였다(1970). 새마을 운동은 근면, 자조, 협동을 바탕으로 농촌 생활 환경을 개선하는 데 중점을 두었다. 정부는 주민 계도 및 소득 증대를 위해 노력하였고, 주택 개량, 도로 및 전기 확충 등 지역 개발 사업도 벌였다. 새마을 운동은 농가 소득을 증대시키고 농어촌 근대화에도 이바지하였지만, 박정희 정부의 지지도 확보를 위한 정치적 도구로 이용되기도 하였다.

④ **농민 운동** : 함평 고구마 피해 보상 운동, 1980년대 이후 농산물 시장 개방에 저항

2) 노동 운동과 시민운동

① **노동 운동** : 산업화로 인한 노동자 급증 → 저임금, 장시간 노동, 열악한 노동 환경 등

1970년대	전태일 분신 사건(1970) 이후 본격적으로 노동 운동 전개, YH 무역 사건(1979)
6월 민주 항쟁 이후	대규모 노동 운동 전개(7, 8월 노동자 대투쟁, 1987) → 민주 노총 결성
외환위기 이후	노사정 위원회 조직 **빈출**(1998), 비정규직 급증

합격생의 비법

광주 대단지 사건

1971년 경기도 광주 대단지 주민 5만여 명이 정부의 무계획적인 도시 정책에 반발하여 일으킨 폭동 사건이다. 도시가 확대되면서 정부 기관이 도시 개발 등의 목적으로 도시 빈민층을 다른 지역으로 강제 이주시키면서 도시 빈민층이 이에 강력히 반발하였다.

합격생의 비법

함평 고구마 피해 보상 운동

1976년 함평 농협이 고구마를 모두 구매하겠다고 약속하였으나, 고구마 수매 가격을 낮추려는 농협의 농간으로 수매가 제대로 이루어지지 않자, 함평 농민들은 3년에 걸친 피해 보상 운동을 펼쳤고 피해 보상을 받았다.

시험에 자주 등장해요

1970년대 사회상을 묻는 문제가 출제됩니다. 새마을 운동, 전태일 분신 사건, YH 무역 사건은 꼭 기억하세요.

존경하는 대통령 각하. 옥체 안녕하시옵니까? …… 기준법이 없다고 하더라도 인간으로서 어떻게 여자에게 하루 15시간의 작업을 강요한단 말입니까? 또한 3만여 명 중 40%를 차지하는 시다공들은 평균 연령 15세의 어린이들로서 육체적으로 정신적으로 성장기에 있는 이들은 회복할 수 없는 치명적인 타격을 입고 있습니다. 전부가 다 영세민의 자녀들로서 굶주림과 어려운 현실을 이기려고 하루에 70원 내지 100원의 급료를 받으며 1일 15시간의 작업을 합니다.

일반 공무원의 평균 근무시간 일주 45시간에 비해, 15세의 어린 시다공들은 일주 98시간의 고된 작업에서 시달립니다. …… 저희들의 요구는 1일 14시간의 작업 시간을 단축하십시오. 1일 10~12시간으로, 1개월 휴일 2일을 일요일마다 휴일로 쉬기를 희망합니다. 건강진단을 정확하게 하여 주십시오. 시다공의 수당 현 70원 내지 100원을 50% 이상 인상 하십시오. 절대로 무리한 요구가 아님을 맹세합니다. 인간으로서 최소한의 요구입니다. 기업주 측에서도 충분히 지킬 수 있는 사항입니다.

● **출제 포인트 분석**
1970년 동대문 평화시장에서 재단사로 일하던 전태일은 열악한 노동 조건에 대한 개선을 요구하며 분신하였다. 이 사건을 계기로 노동 문제에 대한 대학생과 지식인의 관심이 높아졌다.

② **시민운동** : 민주화 진전, 중산층 성장, 세계화, 지방 자치제 확산 → 경실련, 참여연대, 환경 운동 연합, 녹색 연합 등 많은 시민 단체의 활동 증가

③ **사회 보장 제도의 발전** : 의료 보험법(1977) → 국민 연금 제도(1988) → 전국민 의료 보험 실시, 도시 자영업자까지 확대(1989) → 고용 보험 제도, 사회 보장 기본법(1995) → 기초 생활 보장법(1999) → 국민 건강 보험으로 통합(2000)

④ **여성의 지위 향상** : 남녀 고용 평등법 제정(1987), 남녀 차별 금지법 폐지, 여성부 출범, 호주제 폐지 ⚡빈출(2005) 등

3) 교육 정책의 변화

박정희 정부	• 5·16 군사 정변 이후 군사 교육과 반공 교육 강화, 국민 교육 헌장 제정(1968), 학도 호국단 부활 등 • 교육에 대한 열기 고조(지나친 교육열, 과외 열풍) → 입시 경쟁 과열(무즙 파동, 1964) → 중학교 무시험 제도(서울부터 단계적 시행, 1969) → 고교 평준화 실시(1970)
전두환 정부	과외 전면 금지, 본고사 폐지(1980), 교복 자율화 등
김대중 정부	기여 입학, 등급제와 본고사 금지, 중학교 의무 교육 실시(2002)

4) 언론과 문화

1960년대	정부의 언론 규제, 반공 이데올로기 홍보에 이용, TBC·MBC 방송사 설립, 라디오가 주요 매체, 영화(오발탄, 미워도 다시 한 번), 문학계(최인훈의 『광장』)
1970년대	동아일보 기자들의 언론 자유 수호 운동, 텔레비전의 보급, 통기타와 청바지의 청년 문화, 포크송 유행, 일부 가요의 금지곡 지정, 문학계(김지하의 『오적』, 조세희의 『난쟁이가 쏘아 올린 작은 공』)
1980년대	신군부에 비판적인 언론인 해직, 언론 통폐합, 6월 민주 항쟁 이후 언론의 자유 확대, 정부의 통제와 외국 영화로 영화 산업 침체
1990년대	대중문화의 확산, 영화 산업의 발달, 10대 청소년이 가요 시장의 중심 장악, 2000년대 이후 음악 파일의 불법 유통으로 음반 시장 위축, '한류'라는 이름으로 우리의 대중문화가 세계적으로 확산

합격생의 비법

스포츠의 발전
• 프로 스포츠의 등장(프로 야구, 프로 축구 등)
• 서울 아시안 게임(1986), 서울 올림픽 대회(1988), 한·일 월드컵 대회(2002) 개최

거리에서 장발 단속을 하는 경찰

미니스커트 단속

빈칸 채우기

01 1946년 미곡에 대한 매점매석 등의 문제점을 해결하기 위해 [   ]을/를 공포하였다.

02 미군정은 [   ] 주식회사가 소유한 재산 및 토지를 관리하기 위해 신한공사를 설치하였다.

03 이승만 정권은 1949년 [   ]을/를 단행하여 농지를 유상 몰수, 유상 분배하였다.

04 1950년대에는 설탕, 면화, 밀가루를 생산하는 이른바 [   ]이/가 발달하였다.

05 1961년 국가의 경제·사회 발전을 위한 종합 계획을 수립하고 예산 편성과 집행 및 물가 안정을 도모하고자 [   ]을/를 설치하였다.

06 박정희 정부는 도시와 농촌의 균형 있는 발전을 위해 [   ]을/를 추진하여 농촌의 생활 환경을 개선하였다.

07 1980년대에는 저유가, 저금리, 저달러의 [   ](으)로 경제가 성장하였다.

08 1993년 [   ]의 실시로 차명 계좌나 가명 계좌를 개설할 수 없게 되었다.

09 1995년 세계 경제 질서의 흐름 속에 [   ]에 가입하였다.

10 1997년 외환 위기를 맞게 되어 [   ]의 구제 금융을 받게 되었다.

> **정답** **01** 곡물 수집령 **02** 동양 척식 **03** 농지 개혁 **04** 삼백 산업 **05** 경제 기획원 **06** 새마을 운동
> **07** 3저 호황 **08** 금융 실명제 **09** 세계 무역 기구(WTO) **10** 국제 통화 기금(IMF)

01 30회 48번
다음 자료에 나타난 시기의 경제 상황으로 옳은 것은?

〈미국의 경제 원조 추이〉
한국은행 「경제통계연보」

① 제2차 석유 파동으로 경제 위기를 맞았다.
② 한·미 자유 무역 협정(FTA)이 체결되었다.
③ 제3차 경제 개발 5개년 계획이 시작되었다.
④ 삼백 산업 중심의 소비재 산업이 발달하였다.
⑤ 농촌 근대화를 목표로 새마을 운동이 추진되었다.

정답 ④

해설 1950년대에는 전형적인 후진국형 경제 구조를 갖고 있었고, 미국 등 선진국의 경제 원조를 바탕으로 유지되었다. 이 시기에는 면직물 산업, 제분 산업, 제당 산업 등 삼백 산업 중심의 소비재 산업이 발달하였다.

오답 피하기 ① 제2차 석유 파동(1978)으로 경제 불황 및 마이너스 경제가 성장하였다. ② 노무현 정부는 2011년 한·미 자유 무역 협정을 체결하였다. ③ 제3차 경제 개발 계획은 1972~1976년에 실시되어 중화학 공업화, 새마을 운동 등을 전개하였다. ⑤ 1970년대에 근면·자조·협동을 바탕으로 농촌 환경 개선을 위한 새마을 운동이 진행되었다.

02 다음 뉴스에 보도된 사건 이후의 사실로 옳은 것을 〈보기〉에서 고른 것은?

어제 동대문 평화시장 재단사 전태일 씨가 분신하는 사건이 발생하였습니다. 이 과정에서 그는 노동자들의 열악한 근무 환경 실태를 고발하며 근로 기준법의 준수를 외쳤습니다.

〈 보 기 〉

ㄱ. 최저 임금법이 제정되었다.
ㄴ. 한·미 원조 협정이 체결되었다.
ㄷ. 연간 수출액 100억 달러가 달성되었다.
ㄹ. 제1차 경제 개발 5개년 계획이 추진되었다.

① ㄱ, ㄴ ② ㄱ, ㄷ ③ ㄴ, ㄷ
④ ㄴ, ㄹ ⑤ ㄷ, ㄹ

정답 ②

해설 제시된 자료는 1970년에 일어난 전태일 분신 사건과 관련 있다. 박정희 정부 시기의 공업화 정책은 성장에만 치중하여 효율적 분배가 경시되었기 때문에 빈부 격차가 심화되었다. 또 도시로의 인구 집중, 소수 재벌의 성장 외국 자본과 기술 의존도가 높아졌다. 이러한 고도성장은 농민, 노동자의 희생을 담보로 했기 때문에 많은 문제점을 초래하였다. ㄱ. 1986년 최저 임금법이 제정되었다. ㄷ. 1977년 연간 수출액 100억 달러가 달성되었다.

오답 피하기 ㄴ. 1948년 한·미 원조 협정이 체결되었다. ㄹ. 1962년부터 제1차 경제 개발 5개년 계획이 추진되었다.

03 (가), (나) 사이의 시기에 있었던 경제 상황으로 옳은 것은?

(가) 저금리, 저유가, 저달러의 3저 호황으로 3년 동안 매년 10% 이상의 높은 경제 성장률을 기록하였다.

(나) 외환 위기로 인해 국제 통화 기금(IMF)으로부터 구제 금융 지원을 받았다. 이로 인해 국가 부도는 모면하였으나 기업 구조 조정, 대규모의 실업 등이 발생하였다.

① 경제 협력 개발 기구(OECD)에 가입하였다.
② 칠레와 자유 무역 협정(FTA)을 체결하였다.
③ 미국의 경제 원조로 소비재 산업이 발달하였다.
④ 제3차 경제 개발 계획으로 중화학 공업이 육성되었다.
⑤ 개성 공단 건설을 통해 남북 간 경제 교류가 이루어졌다.

정답 ①

해설 (가)는 1980년대 중반 저금리, 저유가, 저달러의 3저 호황 시기이고, (나)는 1997년 말 국제 통화 기금(IMF)에 구제 금융을 요청한 시기이다. (가), (나) 사이의 시기인 1996년 경제 협력 개발 기구(OECD)에 가입하였다.

오답 피하기 ② 2004년 칠레와 자유 무역 협정을 체결하였다. ③ 1950년대 미국의 경제 원조로 삼백 산업 중심의 소비재 산업이 발달하였다. ④ 제3차 경제 개발 계획은 1972~1976년에 추진되었다. ⑤ 2000년 체결된 6·15 남북 공동 선언에서 개성 공단 설치가 합의되었다.

04 밑줄 그은 '이 정부'에 대한 설명으로 옳은 것은?

경제 협력 개발 기구(OECD)는 회원국 상호 간 정책의 조정과 협력을 통해 회원국의 경제·사회 발전을 공동으로 모색하고, 나아가 세계 경제 문제에 공동으로 대처하기 위한 국제 기구이다. 우리나라는 이 정부 시기에 세계 경제 운영에 영향력을 발휘하기 위해 이 기구에 가입하였다.

① 유상 매수, 유상 분배를 규정한 농지 개혁법을 실시하였다.
② 경제 제일주의에 따라 경제 개발 5개년 계획안을 처음 마련하였다.
③ 농촌 환경 개선과 소득 증대를 목표로 새마을 운동을 시작하였다.
④ 금융 거래의 투명성을 확보하고자 금융 실명제를 전격 시행하였다.
⑤ 개성 공단 건설을 통하여 남북 간 경제 교류 사업을 활성화시켰다.

정답 ④

해설 밑줄 그은 '이 정부'는 김영삼 정부이다. 김영삼 정부는 1996년 경제 협력 개발 기구(OECD)에 가입하였다. 또 출범 직후인 1993년에는 금융 실명제를 도입하여 금융 거래의 투명성을 확보하였다.

05 (가)~(라)의 경제 상황을 일어난 순서대로 옳게 나열한 것은?

(가) 칠레, 유럽 연합(EU), 미국 등과 자유 무역 협정(FTA)을 체결하였다.

(나) 제1차 석유 파동으로 원유 가격이 폭등하여 경제 불황에 직면하였다.

(다) 외환 위기로 인해 국제 통화 기금(IMF)에 구제 금융 지원을 요청하였다.

(라) 저금리, 저유가, 저달러의 '3저 호황'으로 연 10%가 넘는 고도 성장을 하였다.

① (가) – (나) – (다) – (라)
② (가) – (다) – (라) – (나)
③ (나) – (다) – (라) – (가)
④ (나) – (라) – (다) – (가)
⑤ (다) – (나) – (가) – (라)

정답 ④

해설 (가) 칠레와의 FTA는 2004년, 미국과의 FTA는 2007년, 유럽 연합과의 FTA는 2011년에 체결하였다. (나) 제1차 석유 파동은 1973년, (다) IMF 구제 금융 신청은 1997년, (라) 3저 호황은 1980년대 중반의 일이다. (나) – (라) – (다) – (가) 순서로 일어났다.

06 22회 49번
다음 정부 시기에 볼 수 있는 장면으로 옳은 것은?

〈수행 보고서〉
주제: ○○○ 정부 주요 사건 선정하기

베트남 파병 | 경부 고속 도로 준공 | 유신 헌법 공포

수출 100억불 달성 | 부·마 민주 항쟁

① 교복 자율화 정책에 기뻐하는 학생
② 프로야구 개막식을 보러 가는 회사원
③ 새마을 운동으로 지붕을 개량하는 농민
④ 금강산 관광을 떠나는 남한 단체 여행객
⑤ 농지 개혁으로 지가 증권을 발급받는 지주

정답 ③

해설 수행 보고서의 내용은 박정희 정부 시기의 주요 사건이다. 박정희 정부 시기에 1965년 베트남 파병, 1970년 경부 고속 도로 준공, 1972년 유신 헌법 공포, 1977년 수출 100억불 달성, 1979년 부·마 민주 항쟁이 일어났다. ③ 농촌 개량 운동인 새마을 운동도 박정희 정부 시기인 1970년부터 실시되었다.

07 24회 50번
다음 취임사와 함께 출범한 정부 시기의 경제 상황에 대한 설명으로 옳은 것은?

오늘 우리는 그렇게도 애타게 바라던 문민 민주주의의 시대를 열기 위하여 이 자리에 모였습니다. …… 저는 14대 대통령 취임에 즈음하여, 새로운 조국 건설에 대한 시대적 소명을 온 몸으로 느끼고 있습니다. …… 이제 민족 진운의 새봄이 열리고 있습니다. 우리에게 새로운 결단, 새로운 출발을 요구하고 있습니다. 저는 신한국 창조의 꿈을 가슴 깊이 품고 있습니다.

① 칠레와의 자유 무역 협정이 체결되었다.
② 2차 석유 파동으로 경제의 불황이 심화되었다.
③ 대통령 긴급 명령으로 금융 실명제가 실시되었다.
④ 처음으로 연간 수출액 100억 달러가 달성되었다.
⑤ 미국의 경제 원조를 바탕으로 삼백 산업이 발달하였다.

정답 ③

해설 문민 정부로 출범한 김영삼 정부 시기인 1993년에 금융 실명제가 실시되었고, 1995년 세계 무역 기구(WTO)에 가입하였다. 1996년 경제 협력 개발 기구(OECD)에 가입하여 선진국 진입의 희망을 가졌으나, 1997년 외환 위기를 맞아 국제 통화 기금(IMF)에 구제 금융을 신청하였다.

오답 피하기 ① 칠레와의 자유 무역 협정 체결은 2004년으로 노무현 정부 시기이다. ② 제2차 석유 파동은 1978년으로 박정희 정부 시기이다. ④ 박정희 정부 시기에 처음으로 수출액 100억 달러를 달성하였다. ⑤ 1950년대 전쟁 이후 미국 원조 물자 대부분이 소비재 물품(밀가루·설탕·면화)이어서 삼백 산업(제분·제당·면방직)이 발달하였다.

이미지로 보는 한국사 이미지로 한 번 더 체크하는 시대별 포인트!

❶ 광복 직후의 남한과 북한

	광복 직후(1945~)									
남	1945. 9.~ 미군정	1945. 12. 모스크바 3국 외상 회의			1946. 3. 1차 미·소 공동 위원회	1946. 6. 정읍 발언(이승만) – 남한만의 단독 정부 수립 주장	1947. 5. 2차 미·소 공동 위원회	1947. 9. : 한국 문제 유엔 이관 → 1947. 11. : 유엔 총회 → 1948. 1. : 유엔 한국 임시 위원단 내한 → 1948. 2. : 유엔 소총회(단독 선거 결정) 김구 : '삼천만 동포에게 읍고함', 단독 정부 수립 반대	1948. 4. 남북 협상	1948. 5. 10. 5·10 총선거 1948. 8. 15. 대한민국 정부 수립
북	1945. 8.~ 소군정		1946. 2. 북조선 임시 인민 위원회 구성			1947. 2. 북조선 인민 위원회 구성				1948. 9. 9. 조선 민주주의 인민 공화국 수립

❷ 대한민국의 발전과 변화

	정치	경제	통일 정책
이승만 정부 (1948~1960)	• 친일파 청산 좌절(1948. 9.~1949. 9.) • 농지 개혁(1949년 법 제정, 1950년 실시) • 6·25 전쟁(1950. 6. 25.~1953. 7. 23.) • 1차 개헌(1952. 7., 발췌 개헌) : 대통령 직선제, 양원제 국회 • 2차 개헌(1954. 11., 사사오입 개헌) : 초대 대통령에 한해 중임 제한 철폐 • 진보당 사건(1958) • 신국가 보안법(1958) • 경향신문 폐간(1959)	• 귀속 재산 처리 • 전후 복구 사업 : 미국의 원조 → 삼백 산업 발전	• 반공 강조 • 북진 통일론 주장
	3·15 부정 선거 → 4·19 혁명(1960. 4. 19.) → 3차 개헌(1960. 6.) : 내각 책임제, 대통령 간선제, 양원제 국회 → 제2공화국 출범		
장면 정부 (1960~1961)	4차 개헌 (1960. 11. 29., 부정 비리 축재자 처벌)	경제 개발 5개년 계획 마련 → 실현시키지 못함	민간에서 남북 학생 회담 주장
군사 정부 (1961~1963)	5·16 군사 정변(1961. 5. 16.) → 군정 실시 : 국가 재건 최고 회의 → 5차 개헌(1962. 12.) : 대통령 중심제, 단원제 국회	제1차 경제 개발 5개년 계획 시작(1962)	
박정희 정부 (1963~1972)	• 한·일 국교 정상화 : 한·일 회담 추진 → 6·3 시위(1964. 6.) → 한·일 협정(1965) 체결 • 베트남 전쟁 파병(1964~1973) → 베트남 특수 • 6차 개헌(1969. 10., 3선 개헌) : 대통령의 3선 허용	• 경공업 중심, 자립 경제 확립 목표 • 새마을 운동 시작	• '선 건설 후 통일' 주장 • 7·4 남북 공동 성명(1972)

박정희 정부 (1972~1979) : 유신 체제	• 유신 헌법으로 개헌(7차 개헌, 1972. 12.) : 통일 주체 국민 회의에서 대통령 간선제로 선출(6년 임기), 국회 해산권 및 긴급 조치권 부여 • 유신 반대 운동 : 개헌 청원 100만 인 서명 운동, 대학 시위, 3·1 민주 구국 선언 발표(1976) 등 • YH 무역 사건(1979), 부·마 민주 항쟁(1979. 10.), 10·26 사태(박정희 대통령 서거) → 유신 정권의 붕괴	• 3, 4차 경제 개발 5개년 계획(1972~1981) : 중화학 공업 육성 • 1차 석유 파동(1973), 2차 석유 파동(1979)	
1979. 10. 26. ~1981. 2.	최규하 권한 대행 → 최규하 10대 대통령 → 12·12 사태(1979) → 민주화 운동 전개 : 서울의 봄(1980), 5·18 민주화 운동(1980) → 전두환 11대 대통령 당선* : 국가 보위 비상 대책 위원회(국보위), 간선제 → 8차 개헌(1980. 10.) : 유신 헌법 폐지, 대통령 중심제, 7년 단임, 선거인단의 간접 선출		
전두환 정부 (1981~1988)	• '정의 사회 구현', '복지 사회 건설' • 6월 민주 항쟁(1987) : 박종철 고문치사 사건 → 4·13 호헌 조치 → 호헌 철폐 운동 → 범국민적인 반독재 민주화 운동 전개 → 6·29 민주화 선언 → 9차 개헌(1987. 10.) : 대통령 5년 단임제, 직선제	• 중화학 공업 투자 조정, 부실기업 정리 • 3저 호황으로 고도성장, 물가 안정	• 민족 화합 민주 통일 방안(1982) • 남북 경제 회담 및 적십자 회담 등 개최, 남북한 이산가족 고향 방문 및 예술 공연단 교환 방문(1985)
노태우 정부 (1988~1993)	• 여소야대 : 3당 합당의 정계 개편 • 북방 외교 정책 : 소련, 중국과 수교		• 한민족 공동체 통일 방안(1989) • 남북한 유엔 동시 가입(1991) • 남북 기본 합의서(1991) • 한반도 비핵화에 대한 공동 선언(1991)
김영삼 정부 (1993~1998)	• 문민 정부 출범 • 공직자 재산 등록 • 지방 자치제의 전면 실시	• 신경제 5개년 계획 • 금융 실명제 실시 • 경제 협력 개발 기구(OECD) 가입 • 외환위기 초래	• 한민족 공동체 건설을 위한 3단계 통일 방안 • 한반도 에너지 개발 기구(KEDO) 참여
김대중 정부 (1998~2003)	정권 교체	• 신자유주의 정책 • 노·사·정위원회 구성 • 외환위기 극복 • 구조 조정으로 실업자 증가	• '햇볕 정책' 실시 －6·15 남북 공동 선언(2000) －경제 협력 : 금강산 관광 사업, 경의선 복구 사업, 개성 공단 설치 사업 등
노무현 정부 (2003~2008)	행정 수도 건설 특별법 제정	• 신자유주의 개방 정책 • 독점 기업 규제	• 제2차 남북 정상 회담 → 10·4 남북 정상 선언(2007)
이명박 정부 (2008~2013)		• 저탄소 녹색 성장 • 4대강 사업	
박근혜 정부 (2013~2017)	• 박근혜－최순실 게이트로 대통령직에서 파면 • 역사교과서 국정화 논란 • 위안부 합의 체결, THAAD 배치 논란		개성공단 폐쇄

* 1979년 12월 12일 이후 1980년 통일 주체 국민 회의에서 11대 대통령으로 전두환을 선출하였으나, 1981년 제5공화국 수립 후 12대 대통령으로 다시 취임하였다.

이렇게
기막힌
적중률

한국사능력검정시험
심화

기출공략집

YoungJin.com **Y.**
영진닷컴

흐름 타고 합격하는
한국사
암기노트

자주 나오는 부분만 반복해서 암기할 수 있도록 흐름에 따라 정리하였습니다.
흐름 순서대로 볼 수 있어 암기하기 쉽고 부담 없는 분량으로 시험까지 얼마
남지 않았더라도 끝까지 학습할 수 있도록 도와드립니다.

연표

70만 년 전	기원전 8000년경	기원전 2333	기원전 2000년경
구석기 시대 시작	신석기 시대 시작	고조선 건국	청동기 문화 등장

❶ 선사 시대와 국가의 형성

1. 선사 시대의 모습

구분	구석기 시대	신석기 시대	청동기 시대	초기 철기 시대
시기	약 70만 년 전	기원전 8000년경	기원전 2000~1500년경	기원전 5세기경
도구	뗀석기 : 사냥 도구(주먹도끼, 찍개), 조리 도구(밀개, 긁개)	간석기, 빗살무늬 토기, 뼈바늘과 가락바퀴(원시적 수공업)	비파형 동검, 거친무늬 거울, 청동 방울, 반달 돌칼(농기구), 민무늬 토기, 미송리식 토기	• 철제 농기구 사용, 철제 무기 등장 • 세형 동검, 잔무늬 거울, 거푸집 • 민무늬 토기, 검은 간 토기
경제	사냥 · 채집 · 고기잡이 → 이동 생활	농경과 목축 시작	농경 발달 : 벼농사 시작	벼농사 발달 : 저수지 축조
사회	무리 생활, 평등한 공동체 생활	정착 생활, 씨족 단위 부족 사회, 평등한 공동체 생활	사유 재산 형성, 계급 분화, 정복 활동 → 지배자의 등장, 국가의 출현	정복 전쟁 증가 → 연맹 국가 발전
주거	동굴, 바위 그늘, 막집	강가 및 해안가의 움집	배산 임수의 취락 형성, 지상 가옥화	직사각형 움집, 지상 가옥화
예술 · 신앙	동물의 뼈 · 뿔을 이용한 조각품, 동굴 벽화 등 → 주술적 의미(다산, 사냥의 성공)	• 조개껍데기 가면, 치레걸이 등의 예술품 • 애니미즘, 토테미즘, 샤머니즘 등	• 청동제 의식용 도구 • 고인돌	• 바위그림 • 널무덤, 독무덤

2. 고조선의 성립과 발전

성립	기원전 2333년 청동기 문화를 바탕으로 성립
영역	만주와 한반도 북부 일대
정치	왕위 세습(기원전 3세기 부왕, 준왕 등장), 관직 존재(상, 대부, 장군 등), 중국과 대립
발전	기원전 194년 위만의 집권 → 철기 문화의 본격적 수용, 한반도 남부를 잇는 중계 무역 독점
사회	범금 8조(8조법) : 인간 생명과 노동력 중시, 사유 재산 보호, 형벌 존재, 계급 사회, 화폐 사용 등
멸망	기원전 108년 한의 침략으로 멸망 → 한 군현 설치

3. 여러 나라의 성장

	위치	정치	경제	풍속	제천 행사
부여	만주 쑹화 강 유역 평야 지대	5부족 연맹체, 사출도 → 왕권 미약	농경, 목축 특산물(말, 주옥, 모피)	점복, 순장, 1책 12법	영고(12월)
고구려	압록강 동가강 유역 졸 본 지방	5부족 연맹체, 제가 회의	산악 지대 위치 → 약탈 경제	1책 12법, 서옥제, 형사 취수제	동맹(10월)
옥저	함경도 북부 동해안 지방	군장 국가 → 읍군, 삼 로 등이 지배, 연맹 왕 국으로 발전하지 못함	해산물 풍부 → 고구려 에 공납	민며느리제, 가족 공동 무덤	
동예	강원도 북부 동해안 지방		해산물 풍부, 단궁·과 하마·반어피(특산물)	족외혼, 책화	무천(10월)
삼한	한강 이남 진의 성장	• 마한, 진한, 변한 성립 • 정치적 지배자 : 신지, 견지, 부례, 읍차 등 • 제정 분리 : 제사장인 천군, 신성 지역인 소 도 존재	벼농사 발달(저수지), 변 한 지역의 철을 낙랑과 왜에 수출	두레 조직 (공동 작업)	수릿날(5월) 계절제(10월)

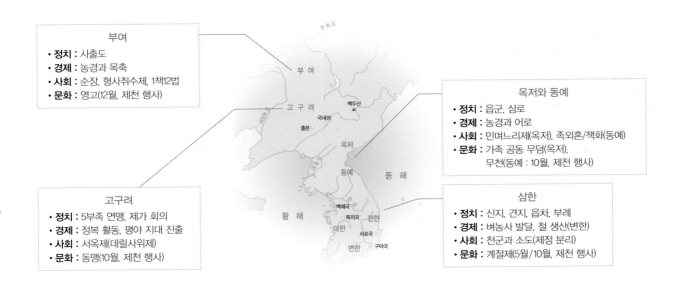

② 고대 시대

1. 고구려의 성장과 발전

태조왕	고대 국가의 기틀 마련, 계루부 고씨의 왕위 세습 확립, 옥저 복속
고국천왕	부자 상속제 확립, 5부족 → 5부로 개편
미천왕	서안평 점령, 낙랑 축출
고국원왕	전연의 침략, 백제 근초고왕의 침입으로 전사
소수림왕	불교 수용, 태학 설립, 율령 반포
광개토 대왕	백제 공격 → 한강 이북 점령, '영락' 연호 사용, 신라에 침입한 왜구 격퇴, 후연 격파
장수왕	평양 천도(남진 정책 추진) → 나·제 동맹 체결, 백제의 한성 함락(한강 유역 차지, 충주 고구려비)

2. 백제의 성장과 발전 : 고구려 계통 유이민 세력과 한강 유역 토착 세력의 결합

고이왕	한강 유역 장악, 6좌평과 16관등 정비, 공복 제정
근초고왕	영토 확장(마한 정복, 평양성 공격), 해외 진출(중국의 요서 지방, 일본의 규슈 지방), 부자 상속제 확립, 고흥의 『서기』 편찬
침류왕	불교 수용(동진)
무령왕	중국 남조(양)와 교류, 22담로 설치(지방)
성왕	사비 천도, 국호 '남부여' 변경, 22부 설치, 한강 일시 회복, 관산성에서 전사

3. 신라의 성장과 발전 : 거서간 → 차차웅 → 이사금 → 마립간 → 왕

내물 마립간	김씨 왕위 세습, 고구려의 도움으로 왜구 격퇴(호우명 그릇)
눌지 마립간	나·제 동맹 체결, 왕위 부자 상속제 확립

지증왕	국호 '신라' 사용, '왕' 칭호 사용, 우산국 정복(이사부), 순장 금지, 우경 장려, 동시전 설치
법흥왕	병부와 상대등 설치, 관등제 정비, 율령 반포, 공복 제정, 불교 공인, 금관가야 병합, 연호 '건원' 사용
진흥왕	한강 유역 점령(북한산 순수비), 함경도 진출, 대가야 정벌, 화랑도 국가 조직으로 개편, 거칠부의 『국사』 편찬

4. 가야 연맹의 발전과 쇠퇴 : 연맹 왕국 단계에서 멸망

전기 가야 연맹	금관가야 중심(김해), 농경 문화와 철기 문화 발달, 법흥왕 때 멸망
후기 가야 연맹	대가야 중심(고령), 진흥왕 때 멸망

5. 신라의 삼국 통일

신라의 삼국 통일	나·당 연합 → 백제 멸망(660) → 고구려 멸망(668) → 당의 도호부, 도독부 설치(한반도 지배 야욕) → 나·당 전쟁 전개 → 매소성 전투, 기벌포 전투 → 신라의 삼국 통일(676)
부흥 운동의 전개	• 백제 : 복신·도침·부여풍(주류성), 흑치상지(임존성) • 고구려 : 검모잠(한성), 고연무(오골성) → 안승, 보덕국왕으로 추대
의의와 한계	• 의의 : 민족 문화의 토대 마련 • 한계 : 외세 이용한 통일(대동강~원산만)

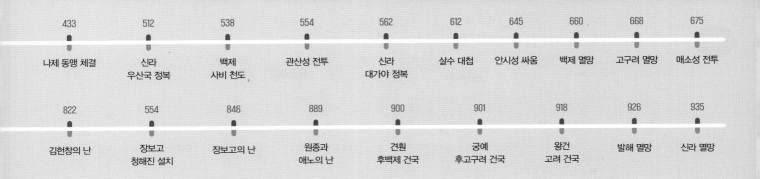

433	512	538	554	562	612	645	660	668	675
나제 동맹 체결	신라 우산국 정복	백제 사비 천도	관산성 전투	신라 대가야 정복	살수 대첩	안시성 싸움	백제 멸망	고구려 멸망	매소성 전투

822	554	846	889	900	901	918	926	935
김헌창의 난	장보고 청해진 설치	장보고의 난	원종과 애노의 난	견훤 후백제 건국	궁예 후고구려 건국	왕건 고려 건국	발해 멸망	신라 멸망

6. 통일 신라와 발해의 발전과 쇠퇴

통일 신라	중기	신문왕	중앙 집권 강화(관료전 지급·녹읍 폐지 → 진골 약화·6두품 세력 강화), 9주 5소경, 9서당 10정, 국학
		경덕왕	한화 정책, 전제 왕권 동요(녹읍 부활)
	후기		• 새로운 세력 등장 : 6두품의 골품제 비판, 호족 (지방 세력)의 성장 • 선종(실천과 수행 중시) 및 풍수지리설의 대두 (호족의 사상적 기반)
	후삼국		후백제(견훤, 완산주), 후고구려(궁예, 송악 도읍, 국호 마진, 태봉)
발해			• 무왕 : 연호 '인안', 당과 대립 관계(장문휴의 수군이 산동 반도 공격) • 문왕 : 연호 '대흥', 당과 친선 관계, 상경 천도 • 선왕 : 연호 '건흥', 5경 15부 62주, 요동 진출, 해동성국

7. 고대의 문화

유교	• 태학(고구려), 국학·독서삼품과(통일 신라), 주자감(발해) • 신집 5권(고구려), 서기(백제), 국사(신라) • 설총의 이두, 강수의 외교 문서, 최치원의 도당 유학
불교	• 원효 : 불교의 대중화(아미타 신앙, 무애가), 화쟁 사상 • 의상 : 화엄종, 화엄일승법계도 • 선종 유행(신라 말) : 참선 중시, 호족 및 6두품과 연계, 승탑과 탑비 유행
도교	사신도(고구려 벽화), 산수무늬 벽돌·금동 대향로(백제)
풍수 지리설	지방 중심의 국토 재편성 주장(경주 중심 탈피) → 호족의 독자적 세력 형성에 영향
고분	고구려	돌무지무덤 → 굴식 돌방무덤(고분 벽화)
	백제	돌무지무덤 → 벽돌무덤(무령왕릉), 굴식 돌방무덤
	신라	돌무지덧널무덤(도굴에 어려움), → 굴식 돌방무덤

신라	경주 분황사 모전 석탑	경주 배동 석조여래 삼존 입상	임신서기석	첨성대	금관총 금관

통일 신라	불국사	석굴암 본존불상	경주 불국사 삼층 석탑	경주 불국사 다보탑	경주 감은사지 삼층 석탑
	구례 화엄사 4사자 삼층 석탑	양양 진전사지 삼층 석탑	쌍봉사 철감 선사 승탑	상원사 동종	성덕 대왕 신종 · 법주사 쌍사자 석등

918	936	942	956	979	986	993	996	998
왕건 고려 건국	고려 후삼국 통일	만부교 사건	노비안검법 실시	시정 전시과 실시	의창 시행	거란 1차 침입, 강동 6주 획득	건원중보 주조	개정 전시과 실시

1176	1190	1196	1198	1231	1232	1234	1236
망이·망소이의 난	지눌 수선사 결사 제창	최씨 무신 정권 (최충헌)	만적의 난	몽골의 1차 침입	강화 천도, 처인성 전투	상정고금예문 간행	팔만대장경 조판

③ 고려 시대

1. 고려 전기 : 고려의 건국 및 민족의 재통일 → 통치 체제의 정비

집권 체제의 구축	태조	고려 건국, 후삼국 통일(936), 호족 통합 (혼인 정책, 사성 정책) 및 견제(사심관 제도, 기인 제도), 북진 정책(서경 중시), 영토 확장(청천강~영흥), 훈요 10조, 민생 안정(세율 1/10)
	광종	노비안검법과 과거제 실시, 공복 제정, 독자적 연호('광덕', '준풍')
	성종	최승로의 시무 28조 수용, 통치 체제 정비(2성 6부, 12목) 및 지방관 파견, 유학 장려(국자감 정비, 등), 의창
통치 제도	중앙 정치	• 2성 6부 : 중서문하성(재신과 낭사), 상서성(6부 통솔) • 중추원, 삼사, 어사대, 대간, 도병마사, 식목도감
	지방 행정	• 구성 : 5도(안찰사 파견), 양계(군사 행정 단위, 병마사 파견) • 특징 : 주현과 속현, 특수 행정 구역 (향·부곡·소)
	군사	중앙군(2군 6위), 지방군(주현군, 주진군)
	관리 등용	과거(제술과, 명경과, 잡과), 음서(공신·5품 이상 관료 자손)

2. 고려 중기 : 문벌 귀족 사회의 성립과 동요와 무신 정권

문벌 귀족 사회	• 성립 : 성종 이후 지방 호족 출신의 관료, 신라 6두 품 세력 계통의 유학자 등이 지배층화→ 음서, 공음전 혜택 및 왕실 및 상호 혼인으로 정권 장악 • 동요 : 문벌 귀족 간의 갈등, 과거 출신 지방 세력과 문벌 귀족의 갈등 → 이자겸의 난(1126), 묘청의 서경 천도 운동(1135, 개경파와 서경파의 대립)
무신 정권	• 배경 : 문벌 귀족 지배 체제의 동요, 문신 우대, 하급 군인들의 불만 • 과정 : 정중부, 이의방의 무신정변(1170) → 중방 중심의 무신 집권 → 무신들 간의 권력 쟁탈전 / 농민·천민의 봉기(망이·망소이의 난, 만적의 난) • 최씨 무신 정권 : 최충헌(교정도감, 도방) → 최우(정방, 서방, 삼별초) → 몽골의 침입, 최우의 강화도 천도 → 무신 정권의 붕괴

3. 고려의 대외 관계의 변화

10~11세기 (거란)	• 1차 침입 : 소손녕의 침입 → 서희의 담판, 강동 6주 확보 • 2차 침입 : 강조의 정변을 구실로 침입 → 양규의 선전 • 3차 침입 : 소배압의 침입 → 강감찬의 귀주 대첩(1019)
12세기 (여진)	• 여진족의 성장 → 윤관의 별무반, 여진 정벌(1107), 동북 9성 축조 • 여진의 금 건국(1115) : 고려에 형제 관계 요구 → 거란(요) 멸망 후 군신 관계 요구, 이자겸의 수용 → 묘청의 서경 천도 운동 발생
13세기 (몽골)	• 몽골 침입(몽골 사신의 피살사건 계기), 최우의 강화 천도 → 처인 부곡의 항전(김윤후), 팔만대장경 조판, 초조대장경 소실 → 몽골과 강화 • 삼별초의 항쟁 : 강화도 → 진도(배중손) → 제주도(김통정)

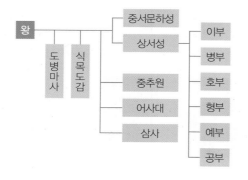

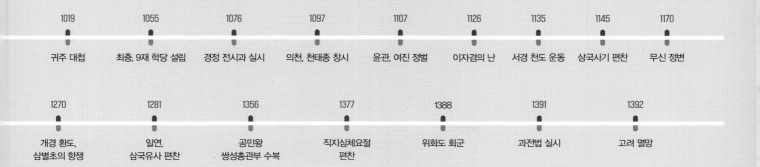
1019	1055	1076	1097	1107	1126	1135	1145	1170
귀주 대첩	최충, 9재 학당 설립	경정 전시과 실시	의천, 천태종 창시	윤관, 여진 정벌	이자겸의 난	서경 천도 운동	삼국사기 편찬	무신 정변

1270	1281	1356	1377	1388	1391	1392
개경 환도, 삼별초의 항쟁	일연, 삼국유사 편찬	공민왕 쌍성총관부 수복	직지심체요절 편찬	위화도 회군	과전법 실시	고려 멸망

4. 고려 후기 정치 변동 : 원의 내정 간섭 → 공민왕의 개혁 추진

원의 내정 간섭	• 일본 원정, 영토 상실(쌍성총관부, 동녕부, 탐라총관부), 부마국 체제, 내정 간섭(정동행성, 다루가치), 인적·물적 수탈 • 권문세족 : 원 세력을 바탕으로 정권 장악, 대농장 경영
공민왕의 개혁	• 반원 자주 정책 : 친명 외교, 몽골풍 근절, 친원 세력 숙청, 정동행성 이문소 폐지, 쌍성총관부 수복, 관제 복구, 요동 지방 공략 • 왕권 강화 정책 : 정방 폐지, 전민변정도감(신돈), 신진 사대부 등용, 성균관 중건 등
신진 사대부의 등장	• 배경 : 과거를 통해 중앙 정계 진출, 공민왕 때 성장 • 개혁 : 성리학 수용, 불교 폐단 비판, 권문세족 견제 → 향후 신흥 무인 세력과 연결, 온건파(정몽주)·급진파(정도전)로 분열, 과전법

해동통보 건원중보 삼한통보 은병(활구)

고려의 화폐

5. 고려의 경제

토지 제도	• 역분전 : 태조가 후삼국 통일 공로자에게 지급 • 전시과 : 시정 전시과(경종, 관직 고하, 인품 기준, 전현직 관료) → 개정 전시과(목종, 관직 기준, 전현직 관료) → 경정 전시과(문종, 현직 관료) • 토지 지급 : 전지와 시지로 구성, 토지의 수조권 지급, 세습 불가 • 기타 : 공음전(5품 이상 관료, 세습), 한인전(6품 이하 관리 자제), 구분전(하급 관리와 군인의 유가족), 군인전 등
수취 제도	조세(비옥도 기준), 공물(상공, 별공), 역(정남에 부과, 군역과 요역)
농업	경작지 확대(개간, 간척), 깊이갈이(소 이용), 시비법(휴경지 감소), 윤작법(2년 3작), 『농상집요』 목화 재배
수공업	(전기) 관청 수공업, 소 수공업 → (후기) 사원 수공업, 민간 수공업
상업	• 도시(개경의 시전, 대도시의 관영 상점, 경시서), 지방(행상) → (후기) 지방 행상의 활동 활발, 소금 전매제 • 화폐 : 건원중보(성종), 삼한통보·해동통보·은병(숙종) → 유통 부진 • 대외 무역 : 벽란도(국제 무역항)

6. 고려의 사회

신분 제도	• 귀족 : 왕족 및 고위 관료(5품 이상), 음서와 공음전의 혜택, 개경 거주 • 중류층 : 서리, 남반, 역리, 향리, 잡류, 하급 장교, 직역 세습 • 양민 : 농민층(백정), 향·부곡·소의 주민(차별 대우, 거주지 이전 금지) • 천민 : 공노비와 사노비, 재산으로 간주
사회 정책	• 민생 : 의창, 상평창, 동·서 대비원, 혜민국, 구제도감, 구급도감, 제위보 등 • 농민 공동체 : 향도 조직

7. 고려의 사상과 문화

유학	• 발달 : 광종(과거제), 성종(최승로의 시무 28조 수용) • 교육 기관 : 관학(국자감, 향교), 사학(최충의 문헌공도 등 사학 12도) • 역사서 : 『삼국사기』(김부식, 유교적 합리주의 사관), 『해동고승전』(각훈, 신라 고승전), 『삼국유사』(일연, 불교사 중심, 단군 이야기), 『제왕운기』(이승휴, 단군 이야기), 『동명왕편』(이규보, 고구려 계승의식), 『사략』(이제현)
불교	• 의천 : 천태종 창시, 불교 통합 운동(교종 중심), 교관겸수 제창 • 지눌 : 수선사 결사(송광사), 불교 통합(선종 중심), 정혜쌍수 · 돈오점수 • 혜심(유불 일치설), 요세(법화신앙에 기반한 백련 결사 제창) • 대장경 : 초조대장경(현종), 교장(의천 주도, 교장도감), 팔만대장경

건축 및 조각	• 건축
	  – 주심포 양식(안동 봉정사 극락전, 영주 부석사 무량수전)
	  – 다포 양식(사리원 성불사 응진전)
	• 석탑 : 다각 다층탑(평창 월정사 팔각 구층 석탑, 개성 경천사 십층 석탑)
	• 불상 : 논산 관촉사 석조 미륵보살 입상, 부석사 소조 아미타여래 좌상

공예	청자(고려 자기, 상감 청자), 금속 공예(은입사 기술), 나전 칠기 공예 발달
과학 기술	• 인쇄술 : 목판 → 금속 활자 인쇄술(상정고금예문, 직지심체요절) • 화약 무기 제조술 : 최무선의 화약 제조, 화통도감 설치

『삼국사기』

경남 합천 해인사 팔만대장경판

주심포 양식

영주 부석사 무량수전

다포 양식

사리원 성불사 응진전

청자 참외모양 병

청자 상감 운학문 매병

『직지심체요절』

개성 불일사 오층 석탑

평창 월정사 팔각 구층 석탑

개성 경천사지 십층 석탑

개성 경천사지 십층 석탑

하남 하사창동 철조 석가여래
좌상(광주 춘궁리 철불)

파주 용미리 마애이불 입상

안동 이천동 마애여래 입상

논산 관촉사
석조 미륵보살 입상

영주 부석사
소조 아미타여래 좌상

천산대렵도

수월관음도

1391	1392	1394	1413	1416	1419	1429
과전법 실시	조선 건국	한양 천도	태종 호패법 실시	4군 설치	이종무 대마도 정벌	세종 농사직설 편찬

(1500) 1504	1506	1510	1519	1543	1545	1555
갑자사화	중종반정	3포 왜란	중종 현량과 시행 기묘사화	주세붕 백운동 서원 건립	을사사화	비변사 상설 기구화

❹ 조선 시대

1. 조선 전기의 건국과 통치 체제 정비

태조	• 국호 '조선', 한양 천도 • 정도전의 활약(재상 중심 정치 강조 『조선경국전』, 『불씨잡변』)
태종	• 국왕 중심의 정치 강화(6조 직계제 실시, 사병 혁파) • 경제 기반 확충(양전 사업, 호패법) • 혼일강리역대국도지도 제작, 주자소 설치(계미자)
세종	• 왕권과 신권의 조화(집현전 설치, 경연 활성화) • 의정부 서사제 실시 • 4군 6진 개척 및 대마도 정벌 • 민족문화 발달(훈민정음 창제 및 반포, 『칠정산』 내외편, 혼의 · 앙부일구 · 측우기 등 제작, 『향약집성방』, 『농사직설』 편찬)
세조	• 왕권 강화(6조 직계제 실시, 집현전과 경연 폐지), • 직전법 실시
성종	• 홍문관 설치, 경연 활성화 • 『경국대전』 완성 및 반포 • 편찬 사업(『동국통감』, 『동국여지승람』, 『악학궤범』)

2. 통치 기구 및 제도의 정비

중앙 정치 조직	의정부(국정 총괄), 6조(행정 업무), 승정원(국왕 비서 기관, 왕명 출납), 의금부(국왕 직속 사법 기구), 3사(사헌부, 사간원, 홍문관), 춘추관(역사서 편찬), 성균관, 한성부(수도 행정과 치안)
지방 행정 조직	• 관찰사(8도, 수령 감찰), 수령(군현, 지방의 행정 · 사법권 · 군사권 보유), 향리(수령 보좌, 직역 세습) • 유향소(향촌 자치 기구), 경재소(정부와 유향소의 연락 기능)
군사 제도	양인개병제(16~60세의 양인 남자)
관리 등용 제도	• 과거 : 문과[문관 선발, 소과(생원시 및 진사시), 대과(초시, 복시, 전시)], 무과(무관 선발), 잡과(역과, 율과, 음양과 등 기술관 선발, 해당 관청에서 시행) • 음서 : 고위 관리 자제를 등용, 고려시대에 비해 축소 • 천거 : 학식과 덕망 갖춘 인물의 추천을 통한 관직 등용
교육 제도	• 관립 : 중앙(성균관, 4부 학당), 지방(향교) • 사립 : 서원, 서당

조선의 중앙 정치 기구

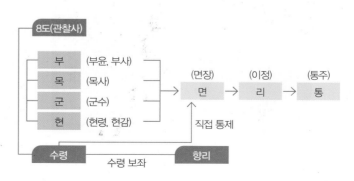

조선의 지방 행정 조직

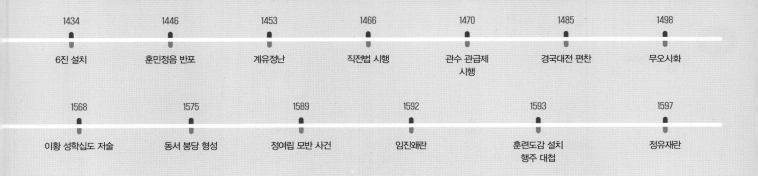

1434	1446	1453	1466	1470	1485	1498
6진 설치	훈민정음 반포	계유정난	직전법 시행	관수 관급제 시행	경국대전 편찬	무오사화

1568	1575	1589	1592	1593	1597
이황 성학십도 저술	동서 붕당 형성	정여립 모반 사건	임진왜란	훈련도감 설치 행주 대첩	정유재란

3. 조선 중기의 사림 성장과 붕당의 형성

훈구와 사림	훈구(공신 세력 및 대지주 출신)과 사림(중소 지주, 3사 언관직으로 중앙에 진출)의 대립
사화 발생	• 무오사화(연산군, 1498) : 김종직의 조의제문을 빌미로 사림 몰락 • 갑자사화(연산군, 1504) : 폐비 윤씨 사사 사건과 관련된 세력 제거 • 기묘사화(중종, 1519) : 조광조의 급진적인 개혁 정치(위훈 삭제, 현량과)에 대한 훈구 세력의 반발 → 훈구 공신의 사림 공격 • 을사사화(명종, 1545) : 외척 간의 권력 다툼
붕당 형성	• 배경 : 사림이 서원과 향약을 바탕으로 세력 증대, 선조 즉위 후 사림의 정국 주도 → 척신 정치 청산과 이조 전랑 임명 문제로 대립 • 형성 : 동인(신진 사림, 척신 정치 청산에 적극적, 이황과 조식 계승), 서인(기성 사림, 척신 정치 청산에 소극적, 이이와 성혼 계승)

4. 조선 전기의 경제와 사회

경제	과전법 체제	• 과전법(공양왕) : 관리에게 수조권 지급(경기 지역에 한정), 전현직 관리에 대상, 세습 불가 (수신전, 휼양전 제외) • 직전법(세조) : 현직 관리만 수조권 지급, 수신전 · 휼양전 폐지 • 관수관급제(성종) : 지방 관청이 세금을 거두어 수조권자에게 지급 • 직접법 폐지(명종) : 관리에게 녹봉만 지급 → 지주 전호제 확산
	경제 생활	• 농업 : 2년 3작 확대, 남부 일부에 모내기법 확대, 시비법 • 수공업 : 관청 수공업(관청 소속 장인이 물품 제작) • 상업 : 시전, 경시서, 장시, 화폐 등 발달
사회	신분 제도	• 양천제(법적으로 양인, 천인 구분) → 반상제 (양인이 양반, 중인, 상민으로 분화)
	서원	• 성립 : 주세붕의 백운동 서원이 시초 • 기능 : 선현 제사, 학문 연구, 후진 양성 → 사림의 정치적 구심점
	향약	• 시행 : 중종 때 조광조가 처음 시행, 이후 이황과 이이에 의해 보급 • 내용 : 4대 규약 제정 → 사회 풍속 교화와 향촌 질서 유지 → 사림의 농민 지배 강화

5. 조선 전기의 문화

훈민정음 창제	유교 윤리 보급, 서리의 행정 실무에 이용
성리학 발전	• 이황 : 근본적 · 이상적, 이(理) 강조, 『성학십도』 저술, 영남학파 형성, 일본 성리학에 영향 • 이이 : 현실적 · 개혁적 성향, 기(氣) 강조, 『동호문답』, 『성학집요』 저술, 기호학파 형성, 수미법 등 개혁안 제창
편찬서 작업	• 역사서 : 『고려사』(조선 왕조의 정통성 확보), 『동국통감』(고조선부터 고려 말까지의 역사), 『고려사절요』 • 지도 : 혼일강리역대국도지도, 동국여지승람(각 군현의 지리, 풍속) • 윤리, 의례서 : 『삼강행실도』, 『국조오례의』 • 법전 : 『경국대전』(6전 체제 구성, 통치 질서 확립) • 역법 : 『칠정산』(서울 기준 역법, 수시력 · 회회력 참조) • 농서 : 『농사직설』(우리 풍토의 농사법) • 의서 : 『향약집성방』(우리 풍토의 약재와 치료법)

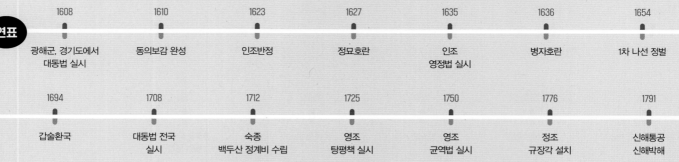

1608	1610	1623	1627	1635	1636	1654
광해군, 경기도에서 대동법 실시	동의보감 완성	인조반정	정묘호란	인조 영정법 실시	병자호란	1차 나선 정벌

1694	1708	1712	1725	1750	1776	1791
갑술환국	대동법 전국 실시	숙종 백두산 정계비 수립	영조 탕평책 실시	영조 균역법 실시	정조 규장각 설치	신해통공 신해박해

6. 조선의 대외 관계

임진왜란	• 배경 : 도요토미 히데요시의 일본 통일 및 대외 진출욕 • 침략 : 임진왜란(1592) → 부산진, 동래성의 함락 → 충주 탄금대 전투 패배 → 한성 함락(선조 피란, 명에 원군 요청) → 평양성 함락 • 수군과 의병의 활약 : 수군의 활약(이순신의 한산도 대첩 → 남해안의 제해권 장악), 의병의 활약(곽재우 등) • 조 · 명 연합군의 반격 → 행주 대첩, 진주 대첩, 훈련도감 설치 → 휴전 협상 → 휴전 협상 결렬 → 정유재란(1597) → 조 · 명 연합군의 승리 → 왜군 철수 • 영향 : 국토 황폐화, 인구 감소, 양안과 호적 소실, 문화재 소실
광해군의 중립 외교	• 전후 복구 사업 : 양안, 호적 작성, 경기도에 대동법 시행 • 명과 후금 사이에서 중립 외교 추진(강홍립이 후금에 항복)
정묘호란과 병자호란	• 정묘호란(1627) : 인조의 친명 배금 정책, 이괄의 난 → 후금의 침입 → 후금과 화의(형제 관계) • 병자호란(1636) : 후금의 청 건국, 군신 관계 요구 → 조선 내 주화론과 주전론의 대립 → 청의 침략 → 인조의 항전 및 항복 → 강화
양 난 이후의 전개	• 북벌 운동(효종) : 청을 정벌하고 명에 대한 의리를 지키자는 운동 • 나선 정벌(효종) : 청을 도와 러시아군과 교전 • 북학론 : 18세기 이후 일부 실학자 중심으로 청의 문물 수용 주장

7. 통치 체제 및 수취 체제의 변화

통치 체제의 변화	• 비변사 강화 : 을묘왜변 때 상설화 → 임진왜란 이후 국정 총괄 기구로 부상 → 왕권 약화, 의정부와 6조 약화, 세도 정치기의 권력 기반 • 군사 제도의 변화 : 5군영의 완성, 훈련도감, 속오군 개편

수취 체제의 개편	• 영정법 : 인조 실시, 풍흉 관계 없이 1결당 4~6두 납부 • 대동법 : 방납의 폐단이 계기, 토산물 대신 토지 결수 기준 쌀 · 면포 · 삼베 · 동전 징수, 공인 등장, 경기도(광해군)에서 전국으로 확산(숙종) • 균역법 : 1년 1필로 감소, 선무군관포(상류층 대상), 결작세(토지) 부과

8. 붕당 정치의 전개와 탕평 정치~세도 정치

붕당 정치	• 선조 : 동인의 정국 주도 → 정여립 모반 사건으로 남인과 북인 분화 • 광해군 : 북인의 권력 독점 → 서인의 인조반정으로 몰락 • 인조 : 서인이 남인 일부와 연합하여 정국 주도 → 붕당 정치의 본격화 • 현종 : 1차 예송(효종의 죽음, 서인 승), 2차 예송(효종비의 죽음, 남인 승) • 숙종 : 경신환국(1680, 서인 집권), 기사환국(1689, 남인 집권), 갑술환국(1694, 서인 집권)
탕평 정치	• 영조 : 탕평파, 서원 정리, 탕평비, 이조 전랑의 권한 제한, 산림 불인정 • 정조 : 외척 제거, 노론 · 소론 · 남인의 세력 균형 유지 • 한계 : 강력한 왕권으로 일시적으로 붕당 간의 정쟁을 억누른 것에 불과
개혁 정치	• 영조 : 균역법 시행, 신문고 부활, 가혹한 형벌 제도 개선, 『속대전』, 『속오례의』, 『동국문헌비고』 편찬 • 정조 : 규장각 육성, 초계문신제 실시, 장용영 설치, 화성 축조, 신해통공(육의전 제외한 금난전권 폐지), 『대전통편』, 『탁지지』 편찬, 서얼과 노비에 대한 차별 완화
세도 정치	• 전개 : 3대 60여 년 동안 외척 중심으로 소수의 유력 가문이 권력 독점 • 폐단 : 정치 기강의 문란(매관매직 활성화), 삼정의 문란 • 농민 봉기 : 홍경래의 난(1811, 평안도에 대한 차별 대우가 계기, 신흥 상공업자 및 광산 노동자, 상공업자 등이 참여), 임술 농민 봉기(1862, 삼정 문란 시정 요구, 진주 농민 봉기 후 전국으로 확산) • 정부의 대응 : 안핵사 및 암행어사 파견, 삼정이정청 설치 등 미봉책에 불과

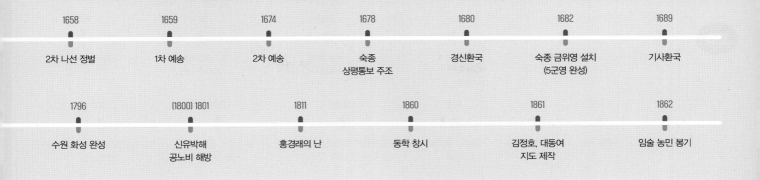

1658	1659	1674	1678	1680	1682	1689
2차 나선 정벌	1차 예송	2차 예송	숙종 상평통보 주조	경신환국	숙종 금위영 설치 (5군영 완성)	기사환국

1796	(1800) 1801	1811	1860	1861	1862
수원 화성 완성	신유박해 공노비 해방	홍경래의 난	동학 창시	김정호, 대동여지도 제작	임술 농민 봉기

9. 상품 화폐 경제의 발달

농업과 수공업, 광업의 발달	• 농업 : 이앙법의 확대, 이모작 가능, 단위 면적당 생산량 증가, 광작 유행(일부 부농층 성장, 토지 상실한 농민은 임노동자로 전락), 상품 작물(쌀, 인삼 등)의 재배, 외래 작물 전래, 도조법(정액 지대) • 수공업 : 민영 수공업 발달, 선대제 성행, 독립 수공업자 등장 • 광업 : 민영 광산 확대(덕대가 경영 담당)
상품 화폐 경제의 발달	• 배경 : 농업 생산력의 증대, 수공업과 상품 유통의 발달, 조세와 소작료의 금납화, 정조의 신해통공 • 공인 : 대동법 실시 이후 상업 활동 주도, 도고로 성장 • 장시 : 15세기 말 등장, 18세기 중엽 전국적 확산, 보부상의 활동 • 포구 : 선상의 활약, 객주 · 여각(매매, 숙박, 운송, 금융 등) • 화폐 경제 발달 : 상평통보의 전국적 유통 → 전황 발생
대외 무역	• 개시 무역(공무역), 후시 무역(사무역) 발달 • 무역 상인 : 만상(대청 무역, 의주 중심), 내상(대일 무역, 동래 중심), 송상(중계 무역, 개성 중심, 송방 경영), 경강상인(한강 중심)

10. 실학의 발전과 서민 문화의 등장

실학	**중농 학파**	• 유형원 : 『반계수록』, 균전제 주장, 노비 세습제 혁파 주장 • 이익 : 『성호사설』, 한전론 주장, 노비 매매 금지 주장 • 정약용 : 『목민심서』, 『경세유표』 등, 여전론 · 정전론 주장
	중상 학파	• 유수원 : 『우서』, 사농공상의 직업적 평등화 주장 • 박지원 : 『열하일기』, 수레와 선박 이용, 화폐 유통 강조 • 홍대용 : 『의산문답』, 기술 혁신, 문벌제도 철폐, 지전설 주장 • 박제가 : 『북학의』, 소비 권장, 수레와 선박 이용, 청과 통상 확대 주장
	국학	• 역사 : 『동사강목』(안정복), 『발해고』(유득공), 『금석과안록』(김정희) • 지리 : 『택리지』(이중환), 『아방강역고』(정약용), 『동국지리지』(한백겸) • 지도 : 동국지도(정상기), 대동여지도(김정호)
서민 문화 및 새로운 사상 등장		• 서민 문화 : 한글 소설, 한문학, 시사 활동, 진경산수화, 풍속화 등 유행 • 동학 : 최제우 창시, 인내천 · 보국안민 · 후천개벽 강조 • 천주교 : 평등과 내세 사상으로 민간에 확산 → 제사 거부로 탄압받음

금강전도(정선)

인왕제색도(정선)

서당도(김홍도)

단오풍정(신윤복)

민화 – 까치와 호랑이

1863	1865	1866	1868	1871	1873
고종 즉위	경복궁 중건	병인박해 제너럴셔먼호 사건 병인양요	서원 철폐 오페르트 도굴 미수 사건	신미양요 척화비 건립	흥선 대원군 하야 고종 친정

1884	1885	1886	1889	1894	1895	1896
갑신정변	거문도 사건	이화 학당 설립	함경도 방곡령 시행	동학 농민 운동, 청일 전쟁 군국기무처 설치, 갑오개혁	을미개혁, 을미사변, 을미의병	독립 협회 창립 및 독립신문 창간 아관 파천

❺ 근대 시대

1. 흥선 대원군의 개혁 정치

개혁	세도 정치 일소, 인재 등용(능력), 비변사 축소, 의정부·삼군부의 기능 부활, 서원 정리, 『대전회통』, 『육전조례』, 경복궁 중건(당백전 등)
삼정의 개혁	전정(은결 색출, 토지 겸병 금지), 군정(호포법), 환곡(사창제)

2. 통상 수교 거부 정책과 양요

병인양요 (1866)	병인박해(1866)를 구실로 프랑스군이 강화도 점령 → 한성근(문수산성), 양헌수(정족산성)에서 항전 → 외규장각 도서(의궤) 등 약탈
신미양요 (1871)	제너럴 셔먼호 사건(1866)을 구실로 미국의 통상 요구, 조선의 거부 → 미군의 강화도 점령 → 어재연 부대의 항전 → 척화비 건립(통상 수교 거부 정책의 강화)

3. 문호 개방과 근대적 개혁의 추진

강화도 조약 (1876)		• 계기 : 운요호 사건(1875)로 개항 강요 • 내용 : 조선의 자주국 규정, 부산 외 2개 항구 개항, 해안 측량권 허용, 치외법권 → 조선의 자주권 침해 • 성격 : 외국과 맺은 최초의 근대적 조약, 불평등 조약 • 부속 조약 : 조·일 수호 조규 부록(1876), 조·일 무역 규칙(1876)
조·미 수호 통상 조약 (1882)		• 배경 : 『조선책략』의 유포, 일본에 대한 견제 위한 청의 알선 • 내용 : 치외 법권, 최혜국 대우 인정, 거중 조정 → 서양 국가와 맺은 최초의 근대적 조약(불평등 조약), 보빙사 파견
개화 정책	추진	• 개화 정책 : 동도서기론 바탕 → 통리기무아문 설치, 2영(무위영, 장어영), 별기군, 근대 시설(기기창, 박문국, 전환국) • 해외 사찰단 : 수신사(일), 조사 시찰단(일), 영선사(청), 보빙사(미)
	반발	• 1860년대 : 이항로, 통상 반대 운동, 척화 주전론 • 1870년대 : 최익현, 왜양 일체론, 개항 불가론 → 개항 반대론 • 1880년대 : 이만손(영남 만인소), 『조선책략』 유포에 반발 • 1890년대 : 유인석, 단발령·을미사변에 반발, 항일 의병 운동
임오군란 (1882)		• 배경 : 구식 군인 차별, 일본의 경제적 침탈, 개화 정책에 반발 • 전개 : 구식 군인의 봉기 → 흥선 대원군의 재집권 → 청군의 개입 • 결과 : 친청 정권 수립, 청의 내정 간섭(고문 파견), 조·청 상민 수륙 무역 장정(청 상인의 내륙 진출), 제물포 조약(일본군 주둔)
갑신정변 (1884)		• 배경 : 민씨 정권에 대한 견제, 청군의 일부 철수, 일본의 지원 약속 • 과정 : 우정총국 개국 축하연에서 정변 → 개화당 정부 수립, 14개조 개혁 정강(청에 대한 사대 관계 폐지, 인민 평등권, 지조법, 내각 중심의 정치 등 주장) 마련 → 청의 개입으로 실패 → 한성 조약(일본에 배상금), 톈진 조약(청·일군 동시 철수, 조선 파병 발생 시 상호 통보)

4. 동학 농민 운동(1894)

과정	고부 농민 봉기(고부 군수 조병갑의 학정에 반발, 전봉준 등 봉기) → 제1차 봉기(안핵사 이용태의 농민 탄압에 반발, 백산 봉기, 황토현 전투, 황룡촌 전투, 전주성 점령) → 정부의 청 원병 요청, 일본의 개입(톈진 조약 구실) → 전주 화약(집강소, 폐정 개혁안) → 제2차 봉기(일본의 경복궁 점령, 내정 간섭에 반발, 남접·북접군의 논산 집결, 우금치 전투 패배, 전봉준 등 체포)

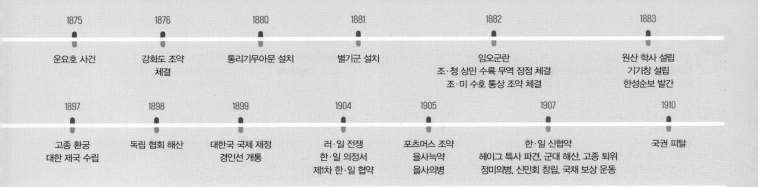

1875	1876	1880	1881	1882	1883
운요호 사건	강화도 조약 체결	통리기무아문 설치	별기군 설치	임오군란 조·청 상민 수륙 무역 장정 체결 조·미 수호 통상 조약 체결	원산 학사 설립 기기창 설립 한성순보 발간

1897	1898	1899	1904	1905	1907	1910
고종 환궁 대한 제국 수립	독립 협회 해산	대한국 국제 제정 경인선 개통	러·일 전쟁 한·일 의정서 제차 한·일 협약	포츠머스 조약 을사늑약 을사의병	한·일 신협약 헤이그 특사 파견, 군대 해산, 고종 퇴위 정미의병, 신민회 창립, 국채 보상 운동	국권 피탈

5. 구국 운동과 근대 국가 수립 운동의 전개

갑오 · 을미 개혁 (1894~1895)	갑오 개혁	• 제1차 : 군국기무처 설치, 김홍집 내각 구성 → '개국' 연호, 왕실과 정부 사무 분리, 80아문 개편, 과거제 폐지, 재정 일원화(탁지아문), 은 본위 화폐 제도, 신분제 폐지 • 제2차 : 일본의 내정 간섭 심화, 김홍집 · 박영효 내각 구성, 홍범 14조 → 7부 개편, 훈련대와 시위대 설치, 재판소 설치, 교육 입국 조서, 지방관의 사법권 및 군사권 폐지
	을미 개혁	'건양' 연호, 친위대 · 진위대 설치, 단발령 실시, 태양력, 종두법, 우편 사무 재개
독립 협회		• 배경 : 아관 파천 이후 친미 · 친러 내각 구성, 열강의 이권 침탈 • 창립 : 서재필의 귀국, 독립신문 창간, 독립 협회 창립 • 활동 : 자주 국권(독립문, 만민 공동회, 한러 은행 폐쇄, 절영도 조차 저지), 자강 개혁(관민 공동회 개최, 헌의 6조, 의회 설립 운동), 자유 민권(국민 기본권 확보 운동, 국민 참정권 운동)
대한 제국과 광무개혁		• 국호 '대한 제국', 연호 '광무', 황제 즉위 → 대한국 국제(1899) • 광무개혁 : 구본 신참의 점진적 개혁 추구 → 전제 왕권의 강화 　– 정치 : 황제의 군권 장악(원수부), 진위대 증강, 무관 학교 설립 　– 경제 : 양전 사업(지계 발급), 근대적 공장 및 회사 설립 　– 교육 : 외국 유학생 파견, 기술 교육 기관, 실업 학교 설립

6. 일본의 국권 침탈과 대응

일제의 국권 침탈	한 · 일 의정서(1904, 군사권 요충지 점령) → 제1차 한 · 일 협약(1904, 고문 정치) → 가쓰라 · 태프트 밀약(1905) → 제2차 영 · 일 동맹(1905) → 을사늑약(제2차 한 · 일 협약, 1905, 외교권 박탈, 통감부 설치) → 한 · 일 신협약(1907, 차관 정치, 대한 제국의 군대 해산) → 한 · 일 병합 조약(1910, 대한 제국 국권 강탈)
의병 항쟁	• 을미의병(1895) : 을미사변과 단발령 계기, 유생층 주도, 동학 농민군 잔여 세력 가담 • 을사의병(1905) : 을사늑약 계기, 유생 의병장 주도, 평민 의병장 등장 • 정미의병(1907) : 고종의 강제 퇴위, 군대 해산에 반발 → 해산 군인 가담, 의병 연합 부대 결성(13도 창의군), 서울 진공 작전
애국 계몽 운동	• 단체 : 보안회(1904), 헌정 연구회(1905), 대한 자강회(1906) • 신민회 : 국권 회복과 공화 정체의 근대 국민 국가 건설 목표 → 교육 운동(대성 학교, 오산 학교), 민족 산업(태극 서관, 자기 회사), 해외 독립군 기지 건립(삼원보)

7. 일본의 경제적 침탈 및 경제적 구국 운동

화폐 정리 사업		메가타 주도, 상평통보, 백동화를 일본 화폐로 전환 → 일본 제일 은행의 중앙 은행화, 대한 제국 재정이 일본에 예속
경제적 구국 운동		방곡령 사건, 상권 수호 운동, 이권 수호 운동, 황무지 개간권 요구 반대 운동
	국채 보상 운동	일본의 강제적 차관 제공 → 대구, 국채 보상 기성회 → 모금 운동 전개, 대한매일신보의 후원

1910	1912	1914	1915	1919	1920	1921
국권 피탈 회사령 제정	토지 조사령 공포 독립 의군부 조직	대한 광복군 정부 조직	대한 광복회 조직	3·1 운동/대한민국 임시 정부 수립/의열단 조직/ 신흥 무관 학교 설립	봉오동 전투/청산리 대첩/ 간도 참변/대한 독립군단 결성/ 산미 증식 계획 시작/물산 장려 운동	자유시 참변

1931	1932	1933	1935	1936	1937	1938
한인 애국단 조직 브나로드 운동/조선어 학회 창립/ 신간회 해소/만주 사변	이봉창, 윤봉길 의거/ 한국 독립군, 쌍성보 전투/ 조선 혁명군, 영릉가 전투	동북 인민 혁명군 조직	민족 혁명당 결성	손기정 마라톤 우승	동북 항일 연군 보천보 전투	국가 총동원법 제정/지원 병제/제3차 조선 교육령/ 조선 의용대 결성

❻ 일제 강점기

1. 일제의 식민 통치 및 경제 침탈

1910년대	• 무단 통치 : 조선 총독부(현역 대장 출신 조선 총독이 입법 · 사법 · 행정 · 군사권 장악), 헌병 경찰 제도, 태형 부활, 언론 · 출판 · 집회권 박탈 • 경제 수탈 : 토지 조사 사업(1912~1918, 기한부 신고제 → 조선 총독부의 토지 약탈), 회사령(1910, 허가제)
1920년대	• 문화 통치 : 문관 총독 임명 가능, 보통 경찰 제도, 언론 · 출판의 자유(검열), 교육의 기회 확대, 도 평의회, 부 · 면 협의회 설치, 치안 유지법 • 경제 수탈 : 산미 증식 계획(1920~1934, 일본의 공업화에 따른 식량 부족을 해결하기 위해 한국 개간 · 간척, 수리 시설 확충 등 → 증산량 이상의 쌀 유출 → 식민지 지주제 강화, 쌀 중심의 단작형 농업 구조화)

1930년대 이후	• 민족 말살 통치 : 황국 신민화 정책(황국 신민 서사, 신사 참배, 국민 학교), 민족 말살 정책(내선 일체, 일선 동조론 주장, 창씨 개명) 등
	• 국가 총동원법(1938) : 전시 수탈 체제
	  – 물적 수탈 : 미곡 공출제, 식량 배급제, 금속 강제 징출 등
	  – 인적 수탈 : 지원병제, 징용제, 징병제, 학도 지원병제, 일본군 위안부, 여자 정신대 등
	• 경제 수탈 : 병참 기지화 정책, 농촌 진흥 운동, 남면북양 정책

동양 척식 주식회사

토지 조사 사업

일제의 쌀 수탈

내선 일체 포스터

황국 신민 서사 암송

신사 참배

남면북양 정책

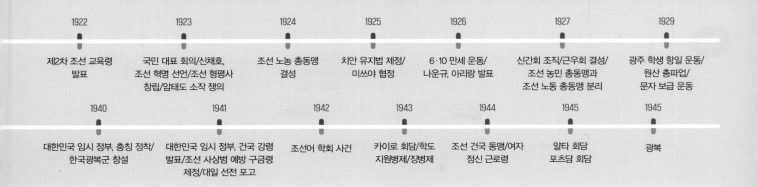

1922	1923	1924	1925	1926	1927	1929
제2차 조선 교육령 발표	국민 대표 회의/신채호, 조선 혁명 선언/조선 형평사 창립/암태도 소작 쟁의	조선 노동 총동맹 결성	치안 유지법 제정/미쓰야 협정	6·10 만세 운동/나운규, 아리랑 발표	신간회 조직/근우회 결성/조선 농민 총동맹과 조선 노동 총동맹 분리	광주 학생 항일 운동/원산 총파업/문자 보급 운동

1940	1941	1942	1943	1944	1945	1945
대한민국 임시 정부, 충칭 정착/한국광복군 창설	대한민국 임시 정부, 건국 강령 발표/조선 사상범 예방 구금령 제정/대일 선전 포고	조선어 학회 사건	카이로 회담/학도 지원병제/징병제	조선 건국 동맹/여자 정신 근로령	얄타 회담 포츠담 회담	광복

2. 일제 강점기 국내외 독립운동 및 항일 민족 운동

	국내	국외
1910년대	• 독립 의군부 : 임병찬, 복벽주의 • 대한 광복회 : 박상진, 공화 정체 • 3·1 운동(1919) : 민족 자결주의 대두, 국외 독립 선언에 영향 받음 → 독립 선언서 낭독, 대도시에서 중소 도시, 농촌, 국외로 확산 → 일제의 무력 진압으로 실패 → 일본 문화 통치, 대한민국 임시 정부 수립에 영향	• 독립 기지 건설 : 서간도(경학사, 신흥 강습소), 북간도(서전서숙, 명동 학교), 연해주(신한촌, 권업회), 상하이, 미주 • 대한민국 임시 정부(1919) : 연통제, 교통국, 구미 위원부 설치 등 → 국민 대표 회의(1923) 이후 분열 • 의열단 결성(1919) : 김원봉 중심, '조선 혁명 선언' 지침, 의거 활동, 조선 혁명 간부 학교 설립(1932)
1920년대	• 물산 장려 운동, 민립 대학 설립 운동 • 6·10 만세 운동(1926, 민족 유일당 운동에 영향) • 신간회(1927) : 민족의 정치적·경제적 각성 촉진, 민족의 단결, 기회주의 배척 제창, 각지에 지회 설치, 강연회 개최, 광주 학생 항일 운동에 진상 조사단 파견, 최대의 민족 협동 전선 단체	• 무장 독립 전쟁 : 봉오동 전투(1920, 대한 독립군), 청산리 대첩(1920, 북로 군정서 등) • 독립군의 시련 : 간도 참변, 자유시 참변 → 3부(참의부, 정의부, 신민부)의 성립 → 3부 통합 운동(국민부, 혁신 의회 성립) • 미쓰야 협정(1925) : 만주, 독립군 탄압
1930~1940년대	• 문맹 퇴치 운동 : 문자 보급 운동(1929, 조선일보), 브나로드 운동(1931, 동아일보) • 조선어 학회(1931) : 문맹 퇴치 운동, 한글 맞춤법 통일안 등 제정 • 노동 운동과 농민 운동 : 비합법적 혁명적 노동 조합, 농민 조합 운동 격화 → 토지 개혁, 일본 제국주의 타도 주장	• 만주 : 한·중 연합 작전 → 한국 독립군, 조선 혁명군 • 중국 관내 : 민족 혁명당, 한국 국민당, 조선 의용대(1938) • 한인 애국단 결성(1931) : 김구 중심, 의거 활동 • 한국광복군(1940) : 김원봉의 조선 의용대 일부 흡수, 국내 진공 작전 수행 • 조선 의용군(1942) : 중국 공산군과 연합

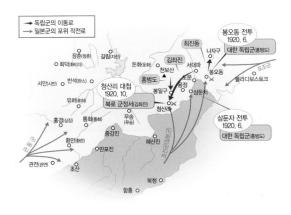

봉오동 전투와 청산리 대첩

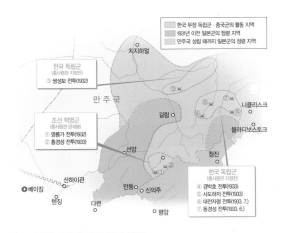

1930년대 만주의 무장 독립 투쟁

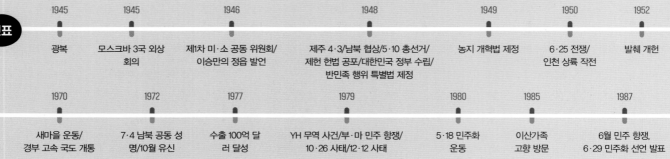

1945	1945	1946	1948	1949	1950	1952
광복	모스크바 3국 외상 회의	제1차 미·소 공동 위원회/ 이승만의 정읍 발언	제주 4·3/남북 협상/5·10 총선거/ 제헌 헌법 공포/대한민국 정부 수립/ 반민족 행위 특별법 제정	농지 개혁법 제정	6·25 전쟁/ 인천 상륙 작전	발췌 개헌

1970	1972	1977	1979	1980	1985	1987
새마을 운동/ 경부 고속 국도 개통	7·4 남북 공동 성명/10월 유신	수출 100억 달러 달성	YH 무역 사건/부·마 민주 항쟁/ 10·26 사태/12·12 사태	5·18 민주화 운동	이산가족 고향 방문	6월 민주 항쟁, 6·29 민주화 선언 발표

⑦ 현대 사회

1. 광복과 통일 정부 수립 노력

광복 이후 상황	조선 건국 준비 위원회(여운형, 전국에 지부, 치안대 조직) → 모스크바 3국 외상 회의(4개국의 한반도 신탁 통치 결정 → 반탁 운동 대두, 좌우 대립 심화) → 제1차 미·소 공동 위원회, 이승만의 정읍 발언 → 좌우 합작 운동(1946~1947), 제2차 미·소 공동 위원회 → 한국 문제의 유엔 상정(남한만의 총선거 결의) → 남북 협상(1948)
대한민국 정부와 제헌 국회	• 과정 : 5·10 총선거 → 제헌 헌법 공포 → 대한민국 정부 수립 • 제헌 국회 : 반민법 제정, 농지 개혁법(유상 매수, 유상 분배)
6·25 전쟁	북한의 남침 → 서울 함락 → 유엔군 파병 결정 → 국군, 유엔군의 낙동강 방어선 구축 → 인천 상륙 작전 → 서울 수복 → 평양 탈환 → 중국군 개입 → 국군, 유엔군의 최대 북진 → 1·4 후퇴(1951) → 서울 재수복 → 전선 교착 → 휴전 협정(1953)

2. 민주주의의 발전과 경제 성장

이승만 정부	박정희 정부	전두환 정부
• 발췌 개헌(대통령 직선제), 사사오입 개헌(초대 대통령의 중임 제한 철폐) • 4·19 혁명(1960) : 3·15 부정 선거 규탄 시위 → 이승만 대통령 하야, 허정 과도 정부 수립(내각 책임제와 국회 양원제) • 미국의 경제 원조와 삼백(제분, 제당, 면방직) 산업	• 5·16 군사 정변으로 정권 장악 → 군정 실시 → 대통령 중심제와 국회 단원제 헌법 개정 → 민주공화당 창당, 박정희 대통령 당선 • 한·일 국교 정상화(1965), 베트남 파병(1964~1973) • 3선 개헌(대통령의 3선 허용) → 유신 체제(통일 주체 국민 회의에서 대통령 선출, 중임제 제한 없음), 대통령 권한(긴급 조치권, 국회 해산권) → 부·마 민주 항쟁, 10·26 사태로 붕괴 • 제1, 2차 경제 개발 5개년 계획(1962~1971, 경공업 중심), 제3, 4차 경제 개발 5개년 계획(1972~1981, 중화학 공업 중심), 새마을 운동	• 10·26 사태 후 계엄령 선포, 12·12 사태로 신군부가 군사권 장악 • 5·18 민주화 운동(1980) : 광주 비상 계엄 → 시민군 편성 → 진압 • 전두환 정부 수립 : 국회 해산, 국가 보위 비상 대책 위원회 설치 → 통일 주체 국민 회의에서 전두환 대통령 선출 • 민주화 탄압, 유화 조치, 3저 호황(저유가, 저금리, 저달러) • 6월 민주 항쟁(1987) : 대통령 직선제 개헌 운동 → 박종철 고문 치사 사건 → 4·13 호헌 조치 → 이한열 의식 불명, 전국 시위 → 6·29 민주화 선언, 헌법 개정(대통령 직선제, 5년 단임제)

노태우 정부	김영삼 정부	김대중 정부
• 여소야대 정국(1988) → 5공 청문회 개최 → 3당 합당 • 북방 외교 추진(소련, 중국과 수교), 서울 올림픽 개최	• 지방 자치제 전면 실시 • 금융 실명제 • 시장 개방 가속화 • OECD 가입 • 외환 위기 → 국제 통화 기금(IMF) 금융 지원·관리(1997)	• 최초로 선거에 의한 평화적 여·야 정권 교체 • 금융 기관과 대기업 구조조정, 노사정 위원회 구성, 외환 위기 극복

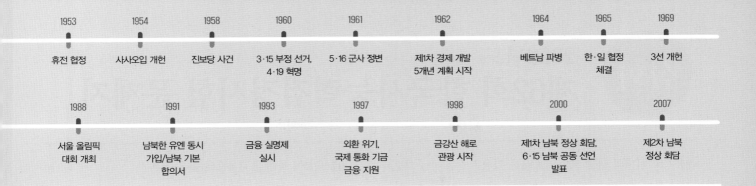

1953	1954	1958	1960	1961	1962	1964	1965	1969
휴전 협정	사사오입 개헌	진보당 사건	3·15 부정 선거, 4·19 혁명	5·16 군사 정변	제1차 경제 개발 5개년 계획 시작	베트남 파병	한·일 협정 체결	3선 개헌

1988	1991	1993	1997	1998	2000	2007
서울 올림픽 대회 개최	남북한 유엔 동시 가입/남북 기본 합의서	금융 실명제 실시	외환 위기, 국제 통화 기금 금융 지원	금강산 해로 관광 시작	제1차 남북 정상 회담, 6·15 남북 공동 선언 발표	제2차 남북 정상 회담

3. 통일을 위한 노력

박정희 정부	남북 적십자 회담(1971), 7·4 남북 공동 성명(1972, 3대 통일 원칙 합의, 남북 조절 위원회), 6·23 평화 통일 외교 정책 선언(1973)
전두환 정부	민족 화합 민주 통일 방안, 이산가족 고향 방문단과 예술 공연단 교환
노태우 정부	남북한 유엔 동시 가입, 남북 기본 합의서 채택(남북한 상호 체제 인정, 상호 불가침 합의), 한반도 비핵화 공동 선언
김영삼 정부	3단계 통일 방안 발표, 북한 경수로 건설 사업 지원
김대중 정부	대북 화해 협력 정책(금강산 관광 산업), 남북 정산 회담(6·15 남북 공동 선언), 경의선 복구 사업, 개성 공단 건설 등
노무현 정부	제2차 남북 정상 회담(10·4 남북 공동 선언)

인천 상륙 작전

서울 수복

1·4 후퇴

휴전 협정 조인

3·15 부정 선거

4·19 혁명

남북 학생 회담 요구 집회와 구호 (1961. 5.)

5·18 민주화 운동

6월 민주 항쟁

01 (가) 시대의 생활 모습으로 옳은 것은? [1점]

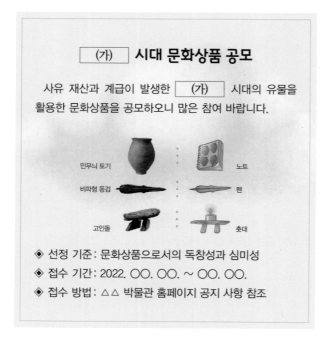

(가) **시대 문화상품 공모**

사유 재산과 계급이 발생한 (가) 시대의 유물을 활용한 문화상품을 공모하오니 많은 참여 바랍니다.

민무늬 토기   노트
비파형 동검   펜
고인돌   촛대

◈ 선정 기준 : 문화상품으로서의 독창성과 심미성
◈ 접수 기간 : 2022. ○○. ○○. ~ ○○. ○○.
◈ 접수 방법 : △△ 박물관 홈페이지 공지 사항 참조

① 반달 돌칼로 벼를 수확하였다.
② 주로 동굴이나 막집에서 거주하였다.
③ 소를 이용한 깊이갈이가 일반화되었다.
④ 호미, 쇠스랑 등의 철제 농기구를 제작하였다.
⑤ 가락바퀴와 뼈바늘을 이용하여 옷을 만들기 시작하였다.

02 (가)에 들어갈 내용으로 옳은 것은? [2점]

지도에 표시된 쑹화강 유역을 중심으로 성장한 이 나라는 평원과 구릉, 넓은 못이 많았습니다. 농업과 목축을 생업으로 하며 12월에 영고라는 제천 행사를 열었습니다. 이 나라에 대해 알고 있는 내용을 대화창에 올려 주세요.

ON 대화창
명마, 적옥, 담비 가죽 등이 생산되었어요.
형이 죽으면 형수를 아내로 삼는다는 기록도 있어요.
(가)

글쓰기

① 정사암에 모여 재상을 선출하였어요.
② 여러 가(加)가 별도로 사출도를 다스렸어요.
③ 읍락 간의 경계를 중시하는 책화가 있었어요.
④ 사회 질서를 유지하기 위해 범금 8조를 두었어요.
⑤ 제사장인 천군과 신성 지역인 소도가 존재하였어요.

03 (가) 나라에 대한 설명으로 옳은 것은? [2점]

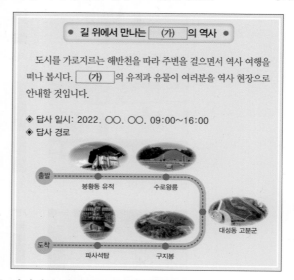

● 길 위에서 만나는 (가) 의 역사 ●

도시를 가로지르는 해반천을 따라 주변을 걸으면서 역사 여행을 떠나 봅시다. (가) 의 유적과 유물이 여러분을 역사 현장으로 안내할 것입니다.

◈ 답사 일시: 2022. ○○. ○○. 09:00~16:00
◈ 답사 경로

출발   봉황동 유적   수로왕릉
대성동 고분군
도착   파사석탑   구지봉

① 덩이쇠를 화폐처럼 사용하였다.
② 한 무제의 공격으로 멸망하였다.
③ 혼인 풍속으로 민며느리제가 있었다.
④ 골품에 따라 관등 승진에 제한이 있었다.
⑤ 빈민을 구제하기 위해 진대법을 시행하였다.

04 밑줄 그은 '왕'에 대한 설명으로 옳은 것은? [2점]

〈다큐멘터리 기획안〉

위기에 빠진 고구려를 구하라!

◆ **기획 의도**
  평양성 전투에서 전사한 고국원왕의 뒤를 이어 즉위한 왕의
  위기 극복 노력을 살펴본다.

◆ **구성**
  1부 전진으로부터 불교를 수용하다.
  2부 태학을 설립하여 인재를 양성하다.

① 평양으로 수도를 옮겼다.
② 병부와 상대등을 설치하였다.
③ 22담로에 왕족을 파견하였다.
④ 고흥에게 서기를 편찬하게 하였다.
⑤ 율령을 반포하여 통치 체제를 정비하였다.

05 밑줄 그은 '이 탑'으로 옳은 것은? [3점]

◆ 유물 이야기 ◆

금제 사리봉영기가 남긴 고대사의 수수께끼

2009년 이 탑의 해체 수리 중에 사리장엄구와 금제 사리봉영기가 발견되었다. 사리봉영기에는 "우리 백제 왕후께서는 좌평 사택적덕의 따님으로 …… 가람을 세우시고 기해년 정월 29일에 사리를 받들어 맞이하셨다."라는 명문이 있어 큰 주목을 받았다. 이 탑을 세운 주체가 삼국유사에 나오는 선화 공주가 아니라 백제 귀족의 딸로 밝혀져 서동 왕자와 선화 공주 설화의 진위 여부에 대한 논란이 일어나기도 하였다.

① 　② 　③

④ 　⑤

06 (가), (나) 사이의 시기에 있었던 사실로 옳은 것은? [3점]

(가) 왕은 당과 신라 군사들이 이미 백강과 탄현을 지났다는 소식을 듣고 장군 계백을 시켜 결사대 5천 명을 거느리고 황산으로 가서 신라 군사와 싸우게 하였다. 네 번 싸워서 모두 이겼으나 군사가 적고 힘이 모자라서 마침내 패하고 계백이 사망하였다.

(나) 검모잠이 국가를 부흥하려고 하여 당을 배반하고 왕의 외손 안승을 세워 왕으로 삼았다. 당 고종이 대장군 고간을 보내 동주도 행군총관으로 삼고 병력을 내어 그들을 토벌하게 하니 안승이 검모잠을 죽이고 신라로 달아났다.

① 당이 안동도호부를 요동으로 옮겼다.
② 성왕이 관산성 전투에서 전사하였다.
③ 신라군이 기벌포에서 당군을 격파하였다.
④ 김춘추가 당과의 군사 동맹을 성사시켰다.
⑤ 복신과 도침이 부여풍을 왕으로 추대하였다.

07 (가) 국가에 대한 설명으로 옳은 것은? [1점]

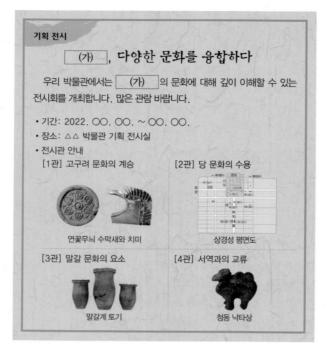

기획 전시

(가) , 다양한 문화를 융합하다

우리 박물관에서는 (가) 의 문화에 대해 깊이 이해할 수 있는
전시회를 개최합니다. 많은 관람 바랍니다.

• 기간: 2022. ○○. ○○. ~ ○○. ○○.
• 장소: △△ 박물관 기획 전시실
• 전시관 안내

[1관] 고구려 문화의 계승

연꽃무늬 수막새와 치미

[2관] 당 문화의 수용

상경성 평면도

[3관] 말갈 문화의 요소

말갈계 토기

[4관] 서역과의 교류

청동 낙타상

① 후당과 오월에 사신을 파견하였다.
② 주자감을 설치하여 인재를 양성하였다.
③ 9서당과 10정의 군사 조직을 운영하였다.
④ 화백 회의에서 국가의 중대사를 논의하였다.
⑤ 내신좌평, 위사좌평 등 6좌평의 관제를 마련하였다.

08 (가)에 들어갈 내용으로 옳은 것은? [2점]

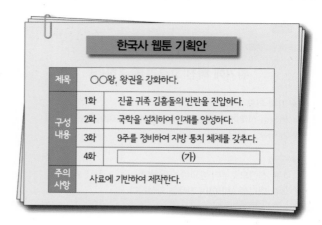

한국사 웹툰 기획안		
제목	○○왕, 왕권을 강화하다.	
구성 내용	1화	진골 귀족 김흠돌의 반란을 진압하다.
	2화	국학을 설치하여 인재를 양성하다.
	3화	9주를 정비하여 지방 통치 체제를 갖추다.
	4화	(가)
주의 사항	사료에 기반하여 제작한다.	

① 관료전을 지급하고 녹읍을 폐지하다.
② 마립간이라는 칭호를 처음 사용하다.
③ 이사부를 보내 우산국을 복속시키다.
④ 화랑도를 국가적 조직으로 개편하다.
⑤ 이차돈의 순교를 계기로 불교를 공인하다.

09 밑줄 그은 '이 인물'에 대한 설명으로 옳은 것은? [2점]

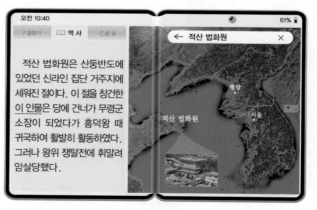

오전 10:40   61%

적산 법화원

적산 법화원은 산둥반도에 있었던 신라인 집단 거주지에 세워진 절이다. 이 절을 창건한 이 인물은 당에 건너가 무령군 소장이 되었다가 흥덕왕 때 귀국하여 활발히 활동하였다. 그러나 왕위 쟁탈전에 휘말려 암살당했다.

① 구법 순례기인 왕오천축국전을 지었다.
② 진성 여왕에게 시무책 10여 조를 올렸다.
③ 청해진을 중심으로 해상 무역을 전개하였다.
④ 9산 선문 중의 하나인 가지산문을 개창하였다.
⑤ 한자의 음과 훈을 차용한 이두를 체계적으로 정리하였다.

10 밑줄 그은 '왕'의 정책으로 옳은 것은? [2점]

> 왕이 천덕전에 거둥하여 백관을 모아놓고 말하기를, "내가 신라와 굳게 동맹을 맺은 것은 두 나라가 길이 우호를 유지하고 각자의 사직(社稷)을 보전하기 위해서였다. 지금 신라왕이 군이 신하로 있겠다고 요청하고 그대들도 그것이 옳다고 하니, 나의 마음이 매우 부끄러우나 여러 사람의 뜻을 거스르기가 어렵다."라고 하였다. 이에 신라왕이 뜰에서 예를 올리니 여러 신하가 하례하여 함성이 궁궐을 진동하였다. …… 신라국을 없애 경주라 하고, 그 지역을 김부의 식읍으로 하사하였다.

① 빈민 구제 기관인 흑창을 설치하였다.
② 12목을 설치하고 지방관을 파견하였다.
③ 국자감에 7재라는 전문 강좌를 운영하였다.
④ 광덕, 준풍 등의 독자적 연호를 사용하였다.
⑤ 전시과 제도를 마련하여 관리에게 토지를 지급하였다.

11 (가)에 대한 역대 왕조의 대응으로 옳은 것은? [2점]

> 함길도 도절제사 김종서에게 전지하기를, "동북 지역의 경계는 공험진(公嶮鎭)으로 삼았다는 말이 전하여 온 지가 오래다. 그러나 정확하게 어느 곳에 있는지 알지 못한다. …… 고려사에 이르기를, '윤관이 공험진에 비를 세워 경계를 삼았다.'고 하였다. 지금 듣건대 선춘점(先春岾)에 윤관이 세운 비가 있다 하는데, 공험진이 선춘점의 어느 쪽에 있는가. 그 비문을 사람을 시켜 찾아볼 수 있겠는가. …… 윤관이 ◯(가)◯ 을/를 쫓고 9성을 설치하였는데, 그 성이 지금 어느 성이며, 공험진의 어느 쪽에 있는가. 거리는 얼마나 되는가. 듣고 본 것을 아울러 써서 아뢰라."라고 하였다.

① 신라 문무왕 때 청방인문표를 보내어 인질의 석방을 요구하였다.
② 고려 우왕 때 나세, 심덕부 등이 진포에서 크게 물리쳤다.
③ 고려 창왕 때 박위를 파견하여 근거지를 토벌하였다.
④ 조선 태종 때 경성과 경원에 무역소를 설치하여 회유하였다.
⑤ 조선 광해군 때 기유약조를 체결하여 무역을 재개하였다.

12 (가) 국가의 경제 상황으로 옳은 것은? [2점]

> 이것은 양산 통도사 국장생 석표입니다. 통도사의 경계를 표시하기 위해 세운 석표 중 하나로 '상서호부(尙書戶部)의 승인으로 세웠다'는 내용이 새겨져 있습니다. 국사·왕사 제도를 두어 불교를 장려했던 ◯(가)◯ 시대에 국가와 사찰의 관계를 파악할 수 있는 문화유산입니다.

① 삼한통보, 해동통보 등이 발행되었다.
② 특산품으로 솔빈부의 말이 유명하였다.
③ 만상이 대청 무역으로 부를 축적하였다.
④ 시장을 감독하는 관청인 동시전이 설치되었다.
⑤ 광산을 전문적으로 경영하는 덕대가 등장하였다.

13 (가) 국가의 문화유산으로 옳은 것을 〈보기〉에서 고른 것은? [2점]

미(美)·색(色)
벨기에 소장 우리 문화유산 특별전

초대의 글

우리 박물관에서는 국내에 들여와 보존 처리를 마친 벨기에 왕립 예술역사박물관 소장 (가) 의 공예품 8점을 공개하는 특별전을 개최합니다.
이번 전시에서는 (가) 의 대표적 문화유산인 상감청자 6점을 비롯하여 청동 정병, 금동 침통 등을 자세히 감상할 수 있도록 전시 공간을 연출하였으니 많은 관심 바랍니다.

■ 기간: 2022. ○○. ○○. ~ ○○. ○○.
■ 장소: △△ 박물관 기획 전시실

〈보 기〉

ㄱ.
ㄴ.
ㄷ.
ㄹ.

① ㄱ, ㄴ ② ㄱ, ㄷ ③ ㄴ, ㄷ ④ ㄴ, ㄹ ⑤ ㄷ, ㄹ

14 (가) 시기에 있었던 사실로 옳은 것은? [2점]

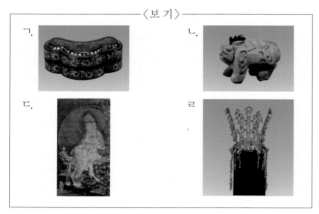

누가 거란 진영에 가서 담판을 벌여 군대를 물러가게 하겠는가?

신, 서희가 폐하의 분부를 받들겠습니다.

성종

➡ (가) ➡

양규가 적을 무로대와 이수 등지에서 크게 무찌르고 포로를 되찾았다고 하옵니다.

현종

① 묘청이 서경에서 난을 일으켰다.
② 이자겸이 척준경에 의해 축출되었다.
③ 강조가 정변을 일으켜 국왕을 폐위하였다.
④ 김윤후가 처인성에서 살리타를 사살하였다.
⑤ 다인철소의 주민들이 충주에서 항전하였다.

15 다음 상황이 나타난 시기의 사회 모습으로 옳은 것은? [1점]

제국 대장 공주가 일찍이 잣과 인삼을 [원의] 강남 지역으로 보내 많은 이익을 얻었다. 나중에는 환관을 각지에 파견하여 잣과 인삼을 구하게 하였다. 비록 나오지 않는 땅이라 하더라도 강제로 거두니 백성들이 매우 괴로워하였다.

① 원종과 애노가 사벌주에서 봉기하였다.
② 대각국사 의천이 해동 천태종을 개창하였다.
③ 지배층을 중심으로 변발과 호복이 유행하였다.
④ 기근에 대비하기 위해 구황촬요가 간행되었다.
⑤ 국난 극복을 기원하며 초조 대장경이 조판되었다.

16 다음 사건의 배경으로 가장 적절한 것은? [2점]

조위총이 동·북 양계(兩界)의 여러 성에 격문을 돌려 군사를 불러 모아 말하기를, "소문에 따르면 개경의 중방(重房)에서 '북계의 여러 성은 거칠고 사나운 무리를 많이 거느리고 있으니 토벌해야 한다.'고 논의하고 이미 많은 병력을 동원했다고 하니 어찌 가만히 앉아서 스스로 죽을 수 있겠는가? 각자 군사와 말을 규합하여 빨리 서경으로 달려와야 한다."라고 하였다.

① 노비 만적이 반란을 모의하였다.
② 정중부, 이의방 등이 정변을 일으켰다.
③ 신돈이 전민변정도감의 판사가 되었다.
④ 망이, 망소이 등이 명학소에서 봉기하였다.
⑤ 최충헌이 교정도감을 설치하여 국정을 총괄하였다.

17 (가) 군사 조직에 대한 설명으로 옳은 것은? [1점]

처음에 최우가 나라 안에 도적이 많음을 근심하여 용사들을 모아 매일 밤 순행하면서 포악한 짓들을 금하였는데, 이로 인하여 이름을 야별초(夜別抄)라고 하였다. 도적들이 여러 도에서도 일어났으므로 별초를 나누어 보내 이들을 잡게 하였다. 그 군사가 매우 많아 마침내 나누어 좌우로 삼았다. 또 우리나라 사람으로서 몽골로부터 도망쳐 돌아온 자들을 한 부대로 삼아 신의군(神義軍)이라고 불렀는데, 이들이 (가) 이/가 되었다.

① 광군사의 통제를 받았다.
② 정미 7조약에 의해 해산되었다.
③ 4군 6진을 개척해 영토를 확장하였다.
④ 개경 환도 결정에 반발하여 항쟁하였다.
⑤ 유사시에 향토 방위를 담당하는 예비군이었다.

18 밑줄 그은 '그'에 대한 설명으로 옳은 것은? [3점]

초상화로 보는 한국사

이 그림은 고려 말 삼은(三隱) 중 한 사람인 목은(牧隱)의 초상화이다. 이곡(李穀)의 아들인 그는 고려와 원의 과거에 합격했으며, 문하시중 등의 관직을 역임하였다. 고려 후기 성리학의 보급에 노력한 대표적 인물로 평가된다. 이 초상화는 당시의 관복을 충실하게 표현하여 보물로 지정되었다.

① 역옹패설과 사략을 저술하였다.
② 왕명에 의해 삼국사기를 편찬하였다.
③ 문헌공도를 설립하여 유학 교육에 힘썼다.
④ 불교 개혁을 주장하며 수선사 결사를 제창하였다.
⑤ 성균관의 대사성이 되어 정몽주 등을 학관으로 천거하였다.

19 (가) 왕의 재위 시기에 있었던 사실로 옳은 것은? [2점]

문화유산이 전하는 이야기 – 광통교

한국사 채널 　　　　　　조회수 221,203

청계천이 복원되면서 광통교도 옛 모습을 되찾았어요. 이 광통교에는 능에 썼던 석물들이 있어요. 두 차례 왕자의 난으로 즉위한 (가) 이/가 태조의 계비인 신덕 왕후의 능을 이장하고, 이전 능에 있던 병풍석과 난간석 등 석물 일부를 다리 제작에 사용하게 한 것이에요.

① 최무선의 건의로 화통도감이 설치되었다.
② 조선의 기본 법전인 경국대전이 완성되었다.
③ 국방 문제를 논의하기 위한 비변사가 설치되었다.
④ 세계 지도인 혼일강리역대국도지도가 제작되었다.
⑤ 한양을 기준으로 한 역법서인 칠정산이 간행되었다.

20 밑줄 그은 '이 기구'에 대한 설명으로 옳은 것은? [2점]

이 책은 1870년에 편찬된 은대조례입니다. 서문에서 흥선 대원군은 은대라고 불린 이 기구의 업무 처리 규정을 일목요연하게 정리하였으니 앞으로 승지들의 사무에 나침반이 될 것이라고 밝혔습니다.

① 왕명의 출납을 관장하였다.
② 사간원, 사헌부와 함께 3사로 불렸다.
③ 천문 연구, 기상 관측 등의 일을 맡았다.
④ 실록을 보관하고 관리하는 업무를 담당하였다.
⑤ 국왕 직속 사법 기구로 강상죄, 반역죄 등을 처결하였다.

21 다음 검색창에 들어갈 인물의 활동으로 옳은 것은? [3점]

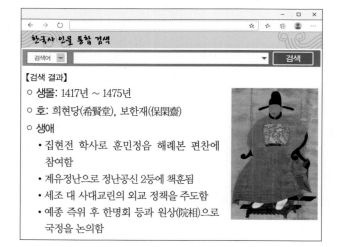

한국사 인물 통합 검색

검색어 ▼ [   ] 검색

【검색 결과】
○ 생몰: 1417년 ~ 1475년
○ 호: 희현당(希賢堂), 보한재(保閑齋)
○ 생애
 • 집현전 학사로 훈민정음 해례본 편찬에 참여함
 • 계유정난으로 정난공신 2등에 책훈됨
 • 세조 대 사대교린의 외교 정책을 주도함
 • 예종 즉위 후 한명회 등과 원상(院相)으로 국정을 논의함

① 기해 예송에서 기년설을 주장하였다.
② 반정 공신의 위훈 삭제를 건의하였다.
③ 향촌의 풍속 교화를 위해 예안 향약을 시행하였다.
④ 최초로 100리 척을 사용한 동국지도를 제작하였다.
⑤ 일본의 정치, 사회, 지리 등을 정리한 해동제국기를 저술하였다.

22 (가) 왕이 추진한 정책으로 옳은 것은? [3점]

□□신문

제△△호　　　　　　　○○○○년 ○○월 ○○일

관현맹(管絃盲) 공연, 경복궁에서 재현

조선 시대 관현맹의 공연을 재현하는 행사가 경복궁 수정전에서 개최되었다. 관현맹은 궁중 잔치에서 연주한 시각장애인 악사인데, 박연의 상소를 계기로 (가) 때 관직과 곡식을 받게 되었다. 이번 공연에서는 (가) 이/가 작곡한 여민락(與民樂)을 시작으로 여러 곡이 연주되었다.

① 창덕궁에 신문고를 처음 설치하였다.
② 삼수병으로 구성된 훈련도감을 창설하였다.
③ 붕당 정치의 폐단을 경계하고자 탕평비를 세웠다.
④ 통치 체제를 정비하기 위해 대전통편을 간행하였다.
⑤ 유교 윤리의 보급을 위해 삼강행실도를 편찬하였다.

23 다음 상인이 등장한 배경으로 가장 적절한 것은? [1점]

우리 역사 속 직업의 세계

나의 직업은 무엇일까요?

(앞면)

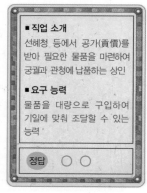

■ 직업 소개
선혜청 등에서 공가(貢價)를 받아 필요한 물품을 마련하여 궁궐과 관청에 납품하는 상인

■ 요구 능력
물품을 대량으로 구입하여 기일에 맞춰 조달할 수 있는 능력

정답 ○ ○

(뒷면)

① 관수 관급제가 시행되었다.
② 금속 화폐인 건원중보가 주조되었다.
③ 근대적 상회사인 대동 상회가 설립되었다.
④ 공납의 폐단을 시정하기 위해 대동법이 실시되었다.
⑤ 육의전을 제외한 시전 상인의 금난전권이 폐지되었다.

24 밑줄 그은 '이 성곽'에 대한 설명으로 옳지 <u>않은</u> 것은?
[2점]

> 이 성곽은 한성부 도심의 경계를 표시하고 외부의 침입을 방어하기 위해 축조되었습니다. 총 둘레는 약 18km로 4대문과 4소문 및 암문, 수문, 여장, 옹성 등의 시설을 갖추고 있습니다.

① 개국 초기 정도전 등이 설계하였다.
② 도성조축도감이 축조를 관장하였다.
③ 후금의 침입에 맞서 정봉수가 항전한 곳이다.
④ 조선 시대 축성 기술의 변화 과정이 잘 나타나 있다.
⑤ 일제 강점기 도시 정비 계획을 구실로 크게 훼손되었다.

25 다음 전투 이후에 전개된 사실로 옳은 것은? [2점]

> 권율이 정병 4천 명을 뽑아 행주산 위에 진을 치고는 책(柵)을 설치하여 방비하였다. …… 적은 올려다보고 공격하는 처지가 되어 탄환도 맞지 못하는데 반해 호남의 씩씩한 군사들은 모두 활쏘기를 잘하여 쏘는 대로 적중시켰다. …… 적이 결국 패해 후퇴하였다.
> — 『선조수정실록』 —

① 최영이 홍산에서 대승을 거두었다.
② 이순신이 한산도 대첩에서 승리하였다.
③ 휴전 회담의 결렬로 정유재란이 시작되었다.
④ 이종무가 왜구의 근거지인 쓰시마를 정벌하였다.
⑤ 신립이 탄금대에서 배수의 진을 치고 왜군에 항전하였다.

26 밑줄 그은 '임금'의 재위 기간에 있었던 사실로 옳은 것은? [3점]

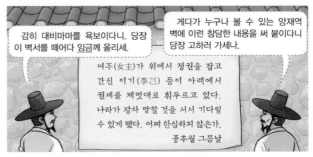

> 감히 대비마마를 욕보이다니. 당장 이 벽서를 떼어다 임금께 올리세.

> 게다가 누구나 볼 수 있는 양재역 벽에 이런 참담한 내용을 써 붙이다니 당장 고하러 가세나.

> 여주(女主)가 위에서 정권을 잡고 간신 이기(李芑) 등이 아래에서 권세를 제멋대로 휘두르고 있다. 나라가 장차 망할 것을 서서 기다릴 수 있게 됐다. 어찌 한심하지 않은가.
> 중추월 그믐날

① 사림이 동인과 서인으로 나뉘었다.
② 외척 간의 대립으로 을사사화가 일어났다.
③ 서인이 반정을 일으켜 정권을 장악하였다.
④ 김종직 등 사림이 중앙 정계에 진출하기 시작하였다.
⑤ 폐비 윤씨 사사 사건의 전말이 알려져 김굉필 등이 처형되었다.

27 (가) 문화유산에 대한 설명으로 옳은 것을 〈보기〉에서 고른 것은? [2점]

> 정조가 정치적 이상을 담아 축조한 (가) 안의 모습이 참 예쁘네!

> 정조가 행차할 때 머물렀던 행궁과 장용영 군사를 지휘했던 서장대도 보여.

─────〈보 기〉─────
ㄱ. 고종이 아관파천 이후 환궁한 곳이다.
ㄴ. 포루, 공심돈 등 방어 시설을 갖추었다.
ㄷ. 당백전을 발행하여 건설 비용에 충당하였다.
ㄹ. 정약용이 고안한 거중기 등을 이용하여 축조되었다.

① ㄱ, ㄴ　② ㄱ, ㄷ　③ ㄴ, ㄷ　④ ㄴ, ㄹ　⑤ ㄷ, ㄹ

28 (가), (나)를 쓴 인물의 공통점으로 옳은 것은? [2점]

(가) 실옹이 웃으며 말하기를, "…… 대저 땅덩이는 하루 동안에 한 바퀴를 도는데, 땅 둘레는 9만 리이고 하루는 12시이다. 9만 리 넓은 둘레를 12시간에 도니 번개나 포탄보다도 더 빠른 셈이다."라고 하였다.

(나) 허생이 말하기를, "우리 조선은 배가 외국과 통하지 못하고, 수레가 국내에 두루 다니지 못하는 까닭에 온갖 물건이 나라 안에서 생산되어 소비되곤 하지 않나. …… 어떤 물건 하나를 슬그머니 독점한다면, 그 물건은 한 곳에 갇혀서 유통되지 못하니 이는 백성을 못살게 하는 방법이야."라고 하였다.

① 갑술환국으로 정계에서 축출되었다.
② 양명학을 연구하여 강화학파를 형성하였다.
③ 서얼 출신으로 규장각 검서관에 기용되었다.
④ 연행사의 일원으로 청에 다녀와 연행록을 남겼다.
⑤ 농민 생활의 안정을 위하여 화폐 사용을 반대하였다.

29 밑줄 그은 '시기'에 볼 수 있는 모습으로 옳지 <u>않은</u> 것은? [1점]

이 그림은 책과 함께 도자기, 문방구 등이 놓인 책가를 그린 책가도입니다. 책가도가 유행한 <u>시기</u>에는 다양한 주제의 민화가 왕실과 사대부뿐만 아니라 서민들에게도 인기를 끌었습니다.

① 판소리를 구경하는 농민
② 탈춤 공연을 벌이는 광대
③ 장시에서 물품을 파는 보부상
④ 한글 소설을 읽어주는 전기수
⑤ 벽란도에서 인삼을 사는 송의 상인

30 밑줄 그은 '이 사건'이 일어난 시기를 연표에서 옳게 고른 것은? [2점]

○○○님이 강화도에 있습니다.
23시간 전 · 인천광역시 · 🌐
이곳은 강화도 광성보 끝자락 용두돈대. 광성보는 <u>이 사건</u> 당시 침입한 미군에 맞서 어재연 장군의 지휘 아래 조선군이 결사 항전한 곳임.

👍 △△△님 외 28명   댓글 5개

(가)	(나)	(다)	(라)	(마)
홍경래의 난	고종 즉위	제너럴 셔먼호 사건	오페르트 도굴 사건	척화비 건립	강화도 조약

① (가) ② (나) ③ (다) ④ (라) ⑤ (마)

31 밑줄 그은 '개혁'에 해당하는 내용으로 옳은 것은? [2점]

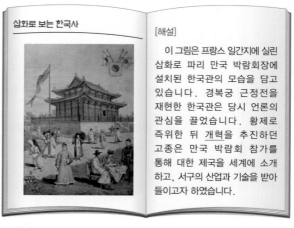

삽화로 보는 한국사

[해설]
이 그림은 프랑스 일간지에 실린 삽화로 파리 만국 박람회장에 설치된 한국관의 모습을 담고 있습니다. 경복궁 근정전을 재현한 한국관은 당시 언론의 관심을 끌었습니다. 황제로 즉위한 뒤 <u>개혁</u>을 추진하던 고종은 만국 박람회 참가를 통해 대한 제국을 세계에 소개하고, 서구의 산업과 기술을 받아들이고자 하였습니다.

① 건양이라는 연호를 사용하였다.
② 신식 군대인 별기군을 창설하였다.
③ 관립 의학교와 광제원을 설립하였다.
④ 박문국을 설치하여 한성순보를 발간하였다.
⑤ 한일 관계 사료집을 편찬하고 독립 공채를 발행하였다.

제62회 한국사능력검정시험 (심화)

32 (가)에 들어갈 내용으로 옳은 것은? [2점]

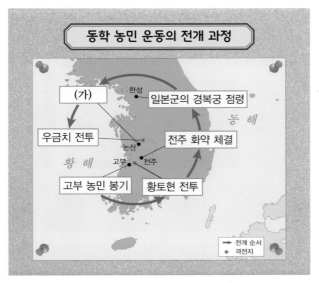

① 교정청 설치
② 전봉준 체포
③ 13도 창의군 결성
④ 안핵사 이용태 파견
⑤ 남접과 북접의 연합

33 밑줄 그은 '조약'의 영향으로 가장 적절한 것은? [2점]

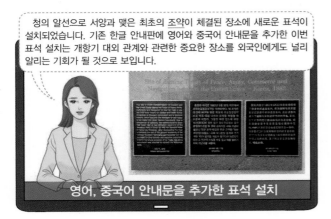

영어, 중국어 안내문을 추가한 표석 설치

① 부산, 원산, 인천 항구가 개항되었다.
② 김홍집이 국내에 조선책략을 소개하였다.
③ 민영익을 대표로 한 보빙사가 파견되었다.
④ 일본 군함 운요호가 영종도를 공격하였다.
⑤ 개화 정책을 총괄하는 통리기무아문이 설치되었다.

34 교사의 질문에 대한 학생의 답변으로 옳은 것은? [2점]

이것은 대한매일신보에 태극 서관이 게재한 서적 할인 광고입니다. 태극 서관은 신지식 보급과 민족의식 고취를 위해 이 단체가 운영한 기관입니다. 인재 양성을 위해 대성 학교도 설립한 이 단체에 대해 말해 볼까요?

① 민립 대학 설립 운동을 전개하였어요.
② 러시아의 절영도 조차 요구를 저지하였어요.
③ 파리 강화 회의에 독립 청원서를 제출하였어요.
④ 안창호, 양기탁 등이 비밀 결사로 조직하였어요.
⑤ 국문 연구소를 세워 한글의 문자 체계를 정리하였어요.

35 다음 인물의 활동으로 옳은 것은? [3점]

나는 23세 때 육영 공원의 교사로 조선에 와서 학생들을 가르쳤소. 고종의 특사가 되어 만국 평화 회의가 열린 헤이그를 방문하였고, 대한 제국 멸망사를 출간하기도 했소. 나는 한국인의 권리와 자유를 위해 싸워왔으며 한국인에 대한 사랑은 내 인생의 가장 소중한 가치라오. 나는 웨스트민스터 사원보다 한국 땅에 묻히기를 염원하오.

① 화폐 정리 사업을 주도하였다.
② 한글로 된 교재인 사민필지를 집필하였다.
③ 여성 교육 기관인 이화 학당을 설립하였다.
④ 친일 인사 스티븐스를 샌프란시스코에서 사살하였다.
⑤ 논설 단연보국채를 써서 국채 보상 운동에 적극 참여하였다.

36 (가) 단체의 활동으로 옳은 것은? [2점]

아들아, 제중원 의학교 1회 졸업생이 된 것을 축하한다. 백정의 아들로 태어나 차별을 극복하고 의사가 된다니 정말 자랑스럽구나.

10년 전 (가) 이/가 주관한 관민 공동회 개회식에서 당당하게 충군애국의 뜻을 밝히신 아버지의 연설에 감명을 받아 열심히 공부할 수 있었습니다.

① 일제의 황무지 개간권 요구를 저지하였다.
② 중추원 개편을 통한 의회 설립을 추진하였다.
③ 농촌 계몽을 위한 브나로드 운동을 전개하였다.
④ 외교 활동을 펼치기 위해 구미 위원부를 설치하였다.
⑤ 여성의 평등한 권리를 주장하는 여권통문을 발표하였다.

37 (가), (나) 사이의 시기에 있었던 사실로 옳은 것은?

[2점]

(가) 조선 사회 운동 단체인 정우회는 며칠 전 선언서를 발표하였다. 선언서에서 민족주의적 세력과 과도기적 동맹자적 관계를 구축해야 한다고 밝히고 타협과 항쟁을 분리시켜 사회 운동 본래의 사명을 잊지 말자는 것을 말하였다.

(나) 조선 민족 운동의 중추 기관이 되려는 사명을 띠고 창립되었던 신간회가 비로소 첫 번째 전체 대회를 개최하였다. 그러나 간신히 열리는 전체 대회에서 해소 문제 토의를 최대 의제로 하게 된 것은 조선의 현 상황이 아니고서는 보기 어려운 기현상이다.

① 광주 학생 항일 운동이 일어났다.
② 임병찬이 독립 의군부를 조직하였다.
③ 독립군이 봉오동에서 큰 승리를 거두었다.
④ 도쿄 유학생들이 2 · 8 독립 선언서를 발표하였다.
⑤ 조선 민족 전선 연맹 산하에 조선 의용대가 창설되었다.

38 밑줄 그은 '이곳'에 해당하는 지역을 지도에서 옳게 고른 것은? [1점]

박용만은 1905년 국외로 떠난 이후 네브라스카주에서 대학을 다니며 독립군 양성 기관인 한인 소년병 학교를 창설하고, 국민개병설을 집필했습니다. 그후 이곳으로 건너가 대조선 국민군단을 조직하여 독립 전쟁을 준비했습니다.

대조선 국민군단이 사용한 건물과 군복을 입은 박용만

(가) 서간도
(나) 연해주
(라) 하와이
(마) 멕시코
(다) 상하이

① (가)　　② (나)　　③ (다)　　④ (라)　　⑤ (마)

39 (가), (나) 인물에 대한 설명으로 옳은 것은? [3점]

국외 독립 전쟁을 이끈 독립운동가

(가)

(나)

- 생몰: 1896년 ~ 1934년
- 대한 통의부 의군으로 활동
- 조선 혁명군 총사령관으로 항일 투쟁 전개
- 일제의 밀정에 의해 사망
- 1962년 건국훈장 독립장 추서

- 생몰: 1888년 ~ 1957년
- 신흥 무관 학교 교성 대장으로 독립군 양성
- 한국 독립군 총사령관으로 항일 투쟁 전개
- 한국광복군 총사령관에 취임
- 1962년 건국훈장 대통령장 추서

① (가) – 조선 혁명 간부 학교를 설립하였다.
② (가) – 대한 광복회를 조직하여 친일파를 처단하였다.
③ (나) – 대전자령 전투에서 일본군에 대승을 거두었다.
④ (나) – 중광단을 중심으로 북로 군정서를 조직하였다.
⑤ (가), (나) – 황푸 군관 학교에 입학하여 군사 훈련을 받았다.

40 밑줄 그은 '시기'의 일제 정책으로 옳은 것은? [1점]

부평 공원 내에 있는 이 동상은 일제의 무기 공장인 조병창 등에 강제 동원된 노동자의 모습을 형상화한 작품입니다. 중일 전쟁 이후 침략 전쟁을 확대하던 시기에 일제는 한국인을 탄광, 군수 공장 등으로 끌고 가 열악한 환경에서 혹사시켰습니다.

① 치안 유지법을 공포하였다.
② 토지 조사령을 제정하였다.
③ 헌병 경찰 제도를 실시하였다.
④ 식량 배급 및 미곡 공출제를 시행하였다.
⑤ 보통학교의 수업 연한을 4년으로 정하였다.

41 (가) 정부에 대한 설명으로 옳은 것은? [2점]

이것은 (가) 요인들의 가족이 중심이 되어 조직한 한국 혁명 여성 동맹의 창립 기념 사진입니다. 이 단체는 충칭에서 대일 선전 성명서를 발표한 (가) 의 독립운동을 지원하고 교육 활동 등에 주력하였습니다.

① 좌우 합작 7원칙을 발표하였다.
② 한인 자치 기관인 경학사를 조직하였다.
③ 조선 혁명 선언을 활동 지침으로 삼았다.
④ 한글 맞춤법 통일안과 표준어를 제정하였다.
⑤ 삼균주의를 기초로 한 건국 강령을 선포하였다.

42 (가) 사건에 대한 설명으로 옳은 것은? [2점]

기념관에 있는 이 비석은 왜 아무 글자도 새겨져 있지 않은 걸까?

(가) 의 역사적 평가가 아직 마무리되지 못했음을 상징하는 거래. 제주도에서 일어난 (가) 은/는 남한만의 단독 선거를 반대하는 무장대와 이를 진압하는 토벌대 간의 무력 충돌이 있었고, 그 뒤 진압 과정에서 수많은 사람이 희생된 사건이야.

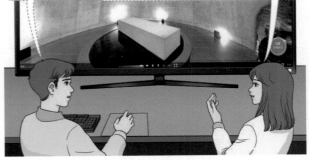

① 유신 헌법의 철폐를 요구하였다.
② 통일 주체 국민 회의가 설치되는 결과를 가져왔다.
③ 희생자들의 명예 회복을 위한 특별법이 제정되었다.
④ 4 · 13 호헌 철폐와 독재 타도 등의 구호를 내세웠다.
⑤ 귀속 재산 처리를 위한 신한 공사 설립의 계기가 되었다.

43 (가) 전쟁 중 있었던 사실로 옳은 것은? [1점]

> 국민 보도 연맹 사건은 우리 현대사의 커다란 비극입니다. 좌우 대립의 혼란 속에서 수많은 사람들이 국민 보도 연맹에 가입되었고, (가) 의 와중에 영문도 모른 채 끌려 가 죽임을 당했습니다. 그리고 그 유가족들은 연좌제의 굴레에서 고통받으며 억울하다는 말 한마디 못한 채 수십 년을 지내야만 했습니다. 저는 대통령으로서 국가를 대표해서 당시 국가 권력이 저지른 불법 행위에 대해 진심으로 사과드립니다.
>
> ―「울산 국민 보도 연맹 사건 희생자 추모식에 보내는 편지」―

① 6·3 시위가 발생하였다.
② 애치슨 선언이 발표되었다.
③ 브라운 각서가 체결되었다.
④ 부마 민주 항쟁이 일어났다.
⑤ 인천 상륙 작전이 전개되었다.

44 밑줄 그은 '개헌안'이 발표된 이후의 사실로 옳은 것은? [3점]

이번에 여야 합의로 내각 책임제 개헌안이 통과되었군.

이 개헌안에 따라 허정 과도 정부가 총선을 실시하면 정국에 많은 변화가 있을 것 같네.

① 반민족 행위 처벌법이 제정되었다.
② 제2차 미소 공동 위원회가 결렬되었다.
③ 국회가 민의원과 참의원의 양원제로 운영되었다.
④ 평화 통일론을 주장한 진보당의 조봉암이 구속되었다.
⑤ 유상 매수, 유상 분배 원칙의 농지 개혁법이 제정되었다.

45 다음 정부 시기에 볼 수 있는 모습으로 가장 적절한 것은? [2점]

실감 콘텐츠로 만나는 ○○○ 정부
포항 제철소 착공식   제1차 석유 파동으로 멈춰 선 버스   100억 불 수출 달성

① 최저 임금법 제정으로 최저 임금을 심의하는 위원
② 금융 실명제에 따라 신분증 제시를 요구하는 은행원
③ 한·칠레 자유 무역 협정(FTA)의 비준을 보도하는 기자
④ 전국 민주 노동조합 총연맹 창립 대회에 참가하는 노동자
⑤ 정부의 도시 정책에 반발해 시위를 하는 광주 대단지 이주민

46 (가) 민주화 운동에 대한 설명으로 옳은 것은? [1점]

> 이 곡은 (가) 기념식에서 제창하는 노래입니다. (가) 당시 계엄군에 맞서 시민군으로 활동하다 희생된 윤상원과 광주에서 야학을 운영하다 사망한 박기순의 영혼 결혼식에 헌정된 노래입니다. 여러 나라에서 민주화를 염원하는 사람들이 이 곡을 함께 부르고 있습니다.

임을 위한 행진곡

외국인 친구와 함께 하는 온라인 협동 수업

① 시위 도중 대학생 이한열이 희생되었다.
② 경무대로 향하던 시위대가 경찰의 총격을 받았다.
③ 박종철 고문 치사 사건의 진상 규명을 요구하였다.
④ 신군부의 비상계엄 확대와 무력 진압에 저항하였다.
⑤ 3·1 민주 구국 선언을 통해 긴급 조치 철폐 등을 주장하였다.

47 (가), (나) 사이의 시기에 있었던 사실로 옳은 것은?

[2점]

> (가) 2. 남과 북은 나라의 통일을 위한 남측의 연합제 안과 북측의 낮은 단계의 연방제 안이 서로 공통성이 있다고 인정하고, 앞으로 이 방향에서 통일을 지향시켜 나가기로 하였다.
> – 「6·15 남북 공동 선언」 –
>
> (나) 4. 남과 북은 현 정전 체제를 종식시키고 항구적인 평화 체제를 구축해 나가야 한다는 데 인식을 같이하고 직접 관련된 3자 또는 4자 정상들이 한반도 지역에서 만나 종전을 선언하는 문제를 추진하기 위해 협력해 나가기로 하였다.
> – 「10·4 남북 정상 선언」 –

① 남북 조절 위원회가 구성되었다.
② 7·4 남북 공동 성명이 발표되었다.
③ 개성 공업 지구 건설이 착공되었다.
④ 남북한 비핵화 공동 선언이 채택되었다.
⑤ 남북 이산가족 고향 방문단의 교환 방문이 최초로 성사되었다.

48 (가) 문화유산에 대한 설명으로 옳은 것을 〈보기〉에서 고른 것은?

[2점]

> 저는 지금 파리에서 열린 한지 공예 특별전에 나와 있습니다. 이 작품은 영조와 정순 왕후의 혼례식 행렬을 1,100여 점의 닥종이 인형으로 재현한 것입니다. 조선 시대 왕실이나 국가의 큰 행사가 있을 때 일체의 관련 사실을 글과 그림으로 기록한 책인 [(가)] 을/를 바탕으로 제작되었습니다.

> ─〈보 기〉─
> ㄱ. 사초와 시정기를 바탕으로 편찬되었다.
> ㄴ. 연대순으로 기록하는 편년체로 구성되었다.
> ㄷ. 왕의 열람을 위한 어람용이 따로 제작되었다.
> ㄹ. 병인양요 당시 일부가 프랑스군에게 약탈되었다.

① ㄱ, ㄴ ② ㄱ, ㄷ ③ ㄴ, ㄷ ④ ㄴ, ㄹ ⑤ ㄷ, ㄹ

[49 ~ 50] 다음 자료를 읽고 물음에 답하시오.

> (가) 처음으로 독서삼품을 정하여 관리를 선발하였다. 춘추좌씨전, 예기, 문선을 읽고 그 뜻에 능통하면서 아울러 논어와 효경에 밝은 자를 상품(上品)으로, 곡례와 논어, 효경을 읽은 자를 중품(中品)으로, 곡례와 효경을 읽은 자를 하품(下品)으로 하였다.
>
> (나) 쌍기가 의견을 올리니 처음으로 ㉠이 제도를 마련하여 시행하였다. 시·부·송 및 시무책으로 시험하여 진사를 뽑았으며, 겸하여 명경업·의업·복업 등도 뽑았다.
>
> (다) 조광조가 아뢰기를, "중앙에서는 홍문관·육경·대간, 지방에서는 감사와 수령이 천거한 사람들을 대궐에 모아 시험을 치르면 많은 인재를 얻을 수 있을 것입니다. ㉡이 제도는 한(漢)에서 시행한 현량방정과의 뜻을 이은 것입니다."라고 하였다.
>
> (라) 제4조 의정부 및 각 부 판임관을 임명할 시에는 각기 관하 학도 및 외국 유학생 졸업자 중에서 시험을 거쳐 해당 주무 장관이 전권으로 임명한다. 단, 졸업자가 없을 시에는 문필과 산술이 있고 시무에 통달한 자로 시험을 거쳐서 임명한다.

49 (가)~(라)를 활용한 탐구 활동으로 적절한 것을 〈보기〉에서 고른 것은?

[2점]

> ─〈보 기〉─
> ㄱ. (가) – 최승로의 시무 28조를 받아들여 달라진 제도를 살펴본다.
> ㄴ. (나) – 광종이 왕권 강화를 위해 추진한 정책에 대해 알아본다.
> ㄷ. (다) – 중종 때 사림파 언관들이 제기한 주장을 조사해 본다.
> ㄹ. (라) – 임술 농민 봉기를 수습하기 위한 정부의 대책을 파악한다.

① ㄱ, ㄴ ② ㄱ, ㄷ ③ ㄴ, ㄷ ④ ㄴ, ㄹ ⑤ ㄷ, ㄹ

50 밑줄 그은 ㉠, ㉡에 대한 설명으로 옳은 것은?

[3점]

① ㉠ – 역분전이 제정되는 결과를 가져왔다.
② ㉠ – 지공거와 합격자 사이에 좌주와 문생 관계가 형성되었다.
③ ㉡ – 제술과, 명경과, 잡과, 승과로 구성되었다.
④ ㉡ – 성균관에서 보는 관시, 한성부에서 보는 한성시, 각 지방에서 보는 향시로 나뉘었다.
⑤ ㉠, ㉡ – 홍범 14조 반포를 계기로 시행되었다.

01 (가) 시대의 생활 모습으로 옳은 것은? [1점]

> 강원도 양양군 오산리에서 (가) 시대 마을 유적이 발굴되었습니다. 약 8천 년 전에 형성된 집터에서는 (가) 시대를 대표하는 유물인 빗살무늬 토기와 덧무늬 토기를 비롯하여 이음낚시, 그물추 등이 출토되었습니다.

① 주로 동굴이나 막집에 거주하였다.
② 고인돌, 돌널무덤 등을 축조하였다.
③ 명도전을 이용하여 중국과 교역하였다.
④ 농경과 목축을 통하여 식량을 생산하였다.
⑤ 비파형 동검과 거친무늬 거울 등을 제작하였다.

02 (가) 나라에 대한 설명으로 옳은 것은? [1점]

① 신성 지역인 소도가 존재하였다.
② 연의 장수 진개의 공격을 받았다.
③ 혼인 풍습으로 민며느리제가 있었다.
④ 여러 가(加)들이 별도로 사출도를 주관하였다.
⑤ 특산물로 단궁, 과하마, 반어피가 유명하였다.

03 다음 자료에 해당하는 국가에 대한 설명으로 옳은 것은? [2점]

> ○ 벼슬은 16품계가 있다. 좌평은 5명으로 1품, 달솔은 30명으로 2품, 은솔은 3품, 덕솔은 4품, 한솔은 5품, 나솔은 6품이다. 6품 이상은 관(冠)을 은으로 만든 꽃으로 장식하였다.
>
> ○ 그 나라의 지방에는 5방이 있다. 중방은 고사성, 동방은 득안성, 남방은 구지하성, 서방은 도선성, 북방은 웅진성이라 한다.
>
> － 『주서』 －

① 골품에 따라 관등 승진에 제한을 두었다.
② 제가 회의에서 국가 중대사를 결정하였다.
③ 지방 장관으로 욕살, 처려근지 등이 있었다.
④ 위화부, 영객부 등의 중앙 관서를 설치하였다.
⑤ 왕족인 부여씨와 8성 귀족이 지배층을 이루었다.

04 다음 검색창에 들어갈 왕에 대한 설명으로 옳은 것은? [2점]

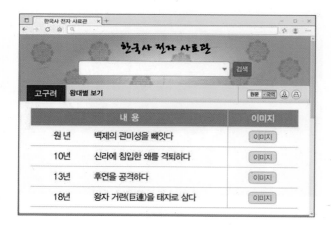

고구려	왕대별 보기	
	내 용	이미지
원 년	백제의 관미성을 빼앗다	이미지
10년	신라에 침입한 왜를 격퇴하다	이미지
13년	후연을 공격하다	이미지
18년	왕자 거련(巨連)을 태자로 삼다	이미지

① 영락이라는 연호를 사용하였다.
② 태학을 설립하여 인재를 양성하였다.
③ 낙랑군을 축출하여 영토를 확장하였다.
④ 을파소를 등용하고 진대법을 시행하였다.
⑤ 당의 침입에 대비하여 천리장성을 축조하였다.

05 (가) 인물의 활동으로 옳은 것은? [1점]

> 이곳은 (가) 의 생애와 활동을 주제로 한 전시실입니다. 그는 금강삼매경론, 대승기신론소 등을 저술하여 불교 교리 연구에 힘썼으며, 무애가를 짓고 정토 신앙을 전파하여 불교 대중화에 앞장섰습니다.

① 일심 사상과 화쟁 사상을 주장하였다.
② 구법 순례기인 왕오천축국전을 남겼다.
③ 황룡사 구층 목탑의 건립을 건의하였다.
④ 왕명으로 수에 군사를 청하는 걸사표를 지었다.
⑤ 승려들의 전기를 정리한 해동고승전을 편찬하였다.

06 다음 상황이 나타난 배경으로 옳은 것은? [3점]

> 연흥 2년에 여경[개로왕]이 처음으로 사신을 보내 표를 올렸다. "신의 나라는 고구려와 함께 부여에서 나왔으므로 우호가 돈독하였는데, 고구려의 선조인 쇠[고국원왕]가 우호를 가벼이 깨트리고 직접 군사를 지휘하여 우리의 국경을 짓밟았습니다. 신의 선조인 수[근구수왕]는 군대를 정비하고 공격하여 쇠의 머리를 베어 높이 매다니, 이후 감히 남쪽을 엿보지 못하였습니다. 그런데 고구려가 점점 강성해져 침략하고 위협하니 원한이 쌓였고 전쟁의 참화가 30여 년 이어졌습니다. …… 속히 장수를 보내 구원하여 주십시오."
> — 『위서』

① 을지문덕이 살수에서 승리하였다.
② 동성왕이 나제 동맹을 강화하였다.
③ 성왕이 관산성 전투에서 전사하였다.
④ 계백의 결사대가 황산벌에서 패배하였다.
⑤ 장수왕이 평양으로 천도하고 남진을 추진하였다.

07 (가), (나) 사이의 시기에 있었던 사실로 옳은 것은? [3점]

> (가) 고구려의 대신 연정토가 12성과 3,500여 명의 백성을 거느리고 [신라에] 항복해 왔다. 왕이 연정토와 그를 따르는 관리 24명에게 의복·물품·식량·집을 주었다.
>
> (나) 이근행이 군사 20만 명을 이끌고 매소성에 주둔하였다. 신라 군사가 공격하여 달아나게 하고 말 3만여 필을 얻었는데, 남겨 놓은 병장기의 수도 그 정도 되었다.

① 윤충이 대야성을 공격하여 함락하였다.
② 문무왕이 안승을 보덕왕으로 책봉하였다.
③ 김춘추가 당과의 군사 동맹을 성사시켰다.
④ 연개소문이 정변을 일으켜 권력을 장악하였다.
⑤ 부여풍이 왜군과 함께 백강에서 당군에 맞서 싸웠다.

08 다음 가상 대화 이후에 있었던 사실로 옳은 것은? [2점]

> 며칠 전에 웅천주 도독 김헌창이 난을 일으켜 나라 이름을 장안이라 하고 연호를 경운으로 정했다더군.

> 그의 아버지가 왕이 되지 못한 것에 불만을 품은 모양이야.

① 거칠부가 국사를 편찬하였다.
② 이사부가 우산국을 정복하였다.
③ 관료전이 지급되고 녹읍이 폐지되었다.
④ 원종과 애노가 사벌주에서 봉기하였다.
⑤ 이차돈의 순교를 계기로 불교가 공인되었다.

09 밑줄 그은 '왕'의 정책으로 옳은 것은? [1점]

저는 지금 신숭겸 장군의 충정을 기리는 대구 표충단에 나와 있습니다. 그는 공산 전투 당시 위기에 빠진 왕을 구하기 위해 싸우다가 이곳에서 전사했다고 합니다.

① 빈민 구제를 위해 흑창을 설치하였다.
② 12목에 지방관을 처음으로 파견하였다.
③ 외침에 대비하여 개경에 나성을 축조하였다.
④ 관학 진흥을 목적으로 양현고를 운영하였다.
⑤ 쌍기의 건의를 수용하여 과거제를 시행하였다.

10 다음 시나리오에 등장하는 왕의 업적으로 옳은 것은? [2점]

#36. 궁궐 안
왕이 분노에 찬 표정으로 대문예에게 말하고 있다.

왕: 흑수 말갈이 몰래 당에 조공하였으니, 이는 당과 공모하여 앞뒤로 우리를 치려는 것이다. 군대를 이끌고 가서 흑수 말갈을 정벌하라.

대문예: 당에 조공하였다 하여 그들을 바로 공격한다면 이는 당에 맞서는 것입니다. 하루아침에 당과 원수를 지면 멸망을 자초할 수 있습니다.

① 장문휴를 보내 등주를 공격하였다.
② 9서당 10정의 군사 조직을 갖추었다.
③ 사비로 천도하고 국호를 남부여로 고쳤다.
④ 지방관을 감찰하고자 외사정을 파견하였다.
⑤ 고구려 유민을 모아 동모산에서 나라를 세웠다.

11 (가)에 들어갈 인물에 대한 설명으로 옳은 것은? [2점]

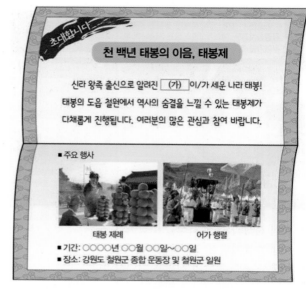

초대합니다

천 백년 태봉의 이음, 태봉제

신라 왕족 출신으로 알려진 (가) 이/가 세운 나라 태봉! 태봉의 도읍 철원에서 역사의 숨결을 느낄 수 있는 태봉제가 다채롭게 진행됩니다. 여러분의 많은 관심과 참여 바랍니다.

■ 주요 행사

태봉 제례 / 어가 행렬

■ 기간: ○○○○년 ○○월 ○○일~○○일
■ 장소: 강원도 철원군 종합 운동장 및 철원군 일원

① 발해를 멸망시킨 거란을 적대시하였다.
② 미륵불을 자처하며 왕권을 강화하였다.
③ 신라를 공격하여 경애왕을 죽게 하였다.
④ 노비안검법을 시행하여 재정을 확충하였다.
⑤ 청해진을 설치하여 해상 무역을 장악하였다.

12 밑줄 그은 '이 사건'이 일어난 시기를 연표에서 옳게 고른 것은? [2점]

문학으로 만나는 한국사

비 개인 긴 언덕에는 풀빛이 푸른데
남포에서 님 보내며 슬픈 노래 부르네
대동강 물은 그 언제 다할 것인가
이별의 눈물 해마다 푸른 물결에 더하는 것을

이 시의 제목은 '송인(送人)'으로, 고려 시대의 문인 정지상이 서경을 배경으로 지은 작품이다. 서경 출신인 그는 묘청 등과 함께 수도를 서경으로 옮길 것을 주장하였다. 이로 인해 개경 세력과 정치적으로 대립하던 중 이 사건이 일어나자 김부식에 의해 죽임을 당하였다.

918		1019		1126		1270		1351		1392
	(가)		(나)		(다)		(라)		(마)	
고려 건국		귀주 대첩		이자겸의 난		개경 환도		공민왕 즉위		고려 멸망

① (가) ② (나) ③ (다) ④ (라) ⑤ (마)

13 (가), (나) 사이의 시기에 있었던 사실로 옳은 것은?

[2점]

> (가) 최충헌 형제가 왕을 협박하여 창락궁에 유폐하고 태자 왕숙은 강화도로 유배 보냈다.
>
> (나) 유경이 최의를 죽인 뒤, 왕에게 아뢰어 정방을 편전 옆에 두어 인사권을 장악하고, 국가의 주요 사무를 모두 결정하였다.

① 강조가 정변을 일으켜 김치양을 제거하였다.
② 배중손이 이끄는 삼별초가 진도에서 항전하였다.
③ 만적이 개경에서 노비를 모아 반란을 모의하였다.
④ 조위총이 군사를 일으켜 정중부 등의 제거를 도모하였다.
⑤ 김보당이 의종 복위를 주장하며 동계에서 군사를 일으켰다.

14 밑줄 그은 '이 시기'에 볼 수 있는 모습으로 옳은 것은?

[1점]

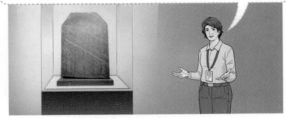

> 이것은 수령 옹주 묘지명입니다. 왕족인 왕온의 부인이었던 그녀는 남편을 일찍 잃고 3남 1녀를 홀로 키웠으나, 딸이 공녀로 원에 끌려가자 그 슬픔으로 병을 얻어 세상을 떠났습니다. 수령 옹주가 살았던 이 시기에는 많은 여성이 공녀로 끌려갔습니다.

① 농사직설을 편찬하는 학자
② 초조대장경을 조판하는 장인
③ 정동행성에서 회의하는 관리
④ 삼강행실도를 읽고 있는 양반
⑤ 백운동 서원에서 공부하는 유생

15 (가)~(라) 승려에 대한 설명으로 옳은 것은?

[3점]

> ○ (가) 은/는 화엄 사상의 요지를 정리한 「화엄일승법계도」를 저술하였다. 또한 부석사를 비롯한 여러 사원을 건립하였고, 현세의 고난에서 구제받고자 하는 관음 신앙을 강조하였다.
>
> ○ (나) 은/는 귀법사의 주지로서, 왕명에 따라 민중을 교화하고 불법을 널리 펴기 위해 노력하였다. 또한 향가인 「보현십원가」 11수를 지어 화엄 사상을 대중에게 전파하였다.
>
> ○ (다) 은/는 문종의 아들로 태어나 11세에 출가하였다. 31세에 송으로 건너가 고승들과 불법을 토론하고 불교 서적을 수집하여 귀국하였다. 국청사를 중심으로 천태종을 창시하였으며, 교선 통합을 사상적으로 뒷받침하기 위해 교관겸수를 제창하였다.
>
> ○ (라) 은/는 12세에 출가하였다. 수행상의 제약을 넘어서기 위해서는 천태의 교리에 의지해야 한다는 깨달음을 얻었다. 법화 신앙을 바탕으로 강진 만덕사에서 백련 결사를 결성하였다.

① (가) - 심성의 도야를 강조한 유불 일치설을 주장하였다.
② (나) - 정혜쌍수와 돈오점수를 수행 방법으로 제시하였다.
③ (다) - 불교 경전에 대한 주석서를 모아 교장을 편찬하였다.
④ (라) - 9산 선문 중 하나인 가지산문을 개창하였다.
⑤ (가)~(라) - 승과에 합격하고 왕사에 임명되었다.

16 (가) 국가의 경제 상황으로 옳은 것은?

[1점]

> 이 작품은 이규보가 예성강 하구의 정경을 묘사한 시입니다. 이곳에 있던 벽란도는 (가) 의 국제 무역항으로 송과 아라비아 상인들이 왕래할 정도로 번성했습니다.

> 조수가 들고나니
> 오고 가는 배의 꼬리가 이어졌구나
> 아침에 이 누각 밑을 떠나면
> 한낮이 되지 않아
> 돛대는 남만(南蠻)에 이르도다
> 사람들은 배를 보고
> 물 위의 역마라고 하지만
> 바람처럼 달리는 준마도
> 이보다 빠르지는 못하리

① 송상이 전국 각지에 송방을 두었다.
② 활구라고 불리는 은병을 주조하였다.
③ 동시전을 설치하여 시장을 감독하였다.
④ 담배, 면화, 생강 등 상품 작물을 널리 재배하였다.
⑤ 일본과 교역을 위해 부산포, 염포, 제포를 개항하였다.

17 (가)에 대한 고려의 대응으로 옳은 것은? [2점]

김윤후가 충주산성 방호별감이 되었는데 (가) 의 군대가 쳐들어 와 충주성을 70여 일간 포위하였다. 군량이 거의 바닥나자 김윤후가 군사들에게 "만약 힘내 싸운다면 귀천을 가리지 않고 모두 관작을 내리겠다." 라고 하였다. 마침내 관노비의 문서를 불태우고 노획한 소와 말을 나누어 주었다. 사람들이 모두 죽음을 무릅쓰고 싸우니 적의 기세가 꺾여 남쪽으로 침략하는 것을 막을 수 있었다.

① 윤관을 보내 동북 9성을 축조하였다.
② 박위로 하여금 쓰시마섬을 정벌하게 하였다.
③ 서희가 외교 담판을 통해 강동 6주를 획득하였다.
④ 최우가 강화도로 수도를 옮겨 장기 항전에 대비하였다.
⑤ 최영이 철령위 설치에 반발하여 요동 정벌을 추진하였다.

18 밑줄 그은 '문화유산'으로 옳지 **않은** 것은? [3점]

이것은 고려 시대에 만들어진 나전 합입니다. 고려에 온 송의 사신 서긍이 솜씨가 세밀하여 귀하다고 평가할 정도로 고려의 나전 칠기 기술은 매우 뛰어났습니다. 이 나전 합을 비롯해 고려 시대에는 다양한 <u>문화유산</u>이 만들어졌습니다.

나전 국화 넝쿨무늬 합

① 청동 은입사 포류수금문 정병

② 부석사 소조여래좌상

③ 청자 상감운학문 매병

④ 월정사 팔각 구층 석탑

⑤ 법주사 팔상전

19 (가)에 들어갈 내용으로 가장 적절한 것은? [2점]

★ 역사 인물 다큐멘터리 기획안 ★

화약 무기 연구의 선구자, ○○○

1. 기획 의도
   중국의 군사 기밀이었던 화약 제조 기술을 습득해 우리나라 최초로 화약의 자체 생산에 성공한 ○○○. 그의 활동을 통해 국방 과학 기술의 중요성을 되새겨 본다.

2. 장면
   #1. 중국인 이원에게 염초 제조법을 배우다
   #2. (가)
   #3. 나세, 심덕부 등과 함께 진포에서 왜구를 크게 격퇴하다
   ⋮

① 신기전과 화차를 개발하다
② 화통도감의 설치를 건의하다
③ 불랑기포를 활용하여 평양성을 탈환하다
④ 조총 부대를 이끌고 나선 정벌에 참여하다
⑤ 발화 장치를 활용한 비격진천뢰를 발명하다

20 다음 대화에 등장하는 왕의 재위 시기에 있었던 사실로 옳은 것은? [2점]

전하께서 명하신 대로 장악원에 소장된 의궤와 악보를 새로이 교감하여 악학궤범을 완성하였습니다.

예조 판서 성현을 비롯하여 편찬에 공을 세운 이들에게 차등을 두어 상을 내리도록 하라.

① 주자소가 설치되어 계미자가 주조되었다.
② 전통 한의학을 집대성한 동의보감이 완성되었다.
③ 통치 체제를 정비하기 위해 속대전이 간행되었다.
④ 한양을 기준으로 역법을 정리한 칠정산이 제작되었다.
⑤ 전국의 지리, 풍속 등이 수록된 동국여지승람이 편찬되었다.

21 (가), (나) 사이의 시기에 있었던 사실로 옳은 것은? [3점]

> (가) 윤필상, 유순 등이 폐비(廢妃) 윤씨의 시호를 의논하며 "시호와 휘호를 함께 의논하겠습니까?"라고 아뢰니, "시호만 정하는 것이 합당하겠다."라고 하였다. …… 승정원에 전교하기를 "폐비할 때 의논에 참여한 재상, 궁궐에서 나갈 때 시위한 재상, 사약을 내릴 때 나가 참여한 재상 등을 승정원일기에서 조사하여 아뢰라."라고 하였다.
>
> (나) 의정부에 하교하기를 "조광조 등이 서로 결탁하여, 자신들에게 붙는 자는 천거하고 자신들과 뜻이 다른 자는 배척해서 …… 후진을 유인하여 궤격(詭激)*이 버릇되게 하고, 일을 의논할 때에도 조금만 이의를 세우면 반드시 극심한 말로 배척하여 꺾어서 따르게 하였다. …… 조광조·김정 등을 원방(遠方)에 안치하라."라고 하였다.
>
> *궤격(詭激): 언행이 정상을 벗어나고 격렬함

① 성삼문 등이 단종의 복위를 꾀하였다.
② 외척 간의 대립으로 윤임이 제거되었다.
③ 이괄이 난을 일으켜 한양을 점령하였다.
④ 성희안 일파가 반정을 통해 연산군을 몰아내었다.
⑤ 조의제문이 발단이 되어 김일손 등이 화를 입었다.

22 (가) 기구에 대한 설명으로 옳은 것은? [2점]

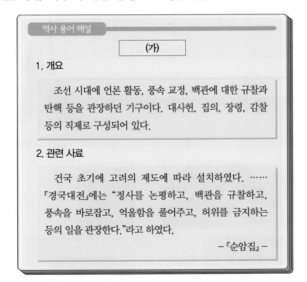

> **역사 용어 해설**
>
> **(가)**
>
> **1. 개요**
>
> 조선 시대에 언론 활동, 풍속 교정, 백관에 대한 규찰과 탄핵 등을 관장하던 기구이다. 대사헌, 집의, 장령, 감찰 등의 직제로 구성되어 있다.
>
> **2. 관련 사료**
>
> 건국 초기에 고려의 제도에 따라 설치하였다. …… 『경국대전』에는 "정사를 논평하고, 백관을 규찰하고, 풍속을 바로잡고, 억울함을 풀어주고, 허위를 금지하는 등의 일을 관장한다."라고 하였다.
>
> – 『순암집』 –

① 업무 일지인 내각일력을 작성하였다.
② 고려의 삼사와 같은 기능을 수행하였다.
③ 은대(銀臺), 후원(喉院)이라고도 불리었다.
④ 임진왜란을 거치면서 국정 전반을 총괄하였다.
⑤ 5품 이하의 관리 임명에 대한 서경권을 행사하였다.

23 (가)~(다)를 일어난 순서대로 옳게 나열한 것은? [3점]

> (가) 임금이 궐내에 있던 기름 먹인 장막을 허적이 벌써 가져갔음을 듣고 노하여 이르기를, "궐내에서 쓰는 것을 마음대로 가져가는 것은 한명회도 못하던 짓이다."라고 하였다. …… 임금이 허적의 당파가 많아 기세가 당당하다는 말을 듣고 그들을 제거하고자 결심하였다.
>
> (나) 비망기를 내려, "국운이 안정되어 왕비가 복위하였으니, 백성에게 두 임금이 없는 것은 고금을 통한 의리이다. 장씨의 왕후 지위를 거두고 옛 작호인 희빈을 내려 주되, 세자가 조석으로 문안하는 예는 폐하지 않도록 하라."라고 하였다.
>
> (다) 임금이 말하기를, "송시열은 산림의 영수로서 나라의 형세가 험난한 때에 감히 원자(元子)의 명호를 정한 것이 너무 이르다고 하였으니, 삭탈 관작하고 성문 밖으로 내쳐라. 반드시 송시열을 구하려는 자가 있겠지만, 그런 자는 비록 대신이라 하더라도 용서하지 않을 것이다."라고 하였다.

① (가) – (나) – (다)
② (가) – (다) – (나)
③ (나) – (가) – (다)
④ (나) – (다) – (가)
⑤ (다) – (나) – (가)

24 밑줄 그은 '전란' 중에 있었던 사실로 옳은 것은? [2점]

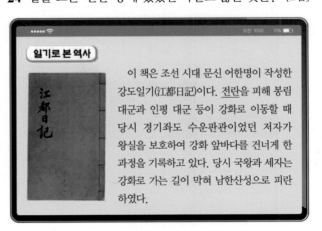

> **일기로 본 역사**
>
> 江都日記
>
> 이 책은 조선 시대 문신 어한명이 작성한 강도일기(江都日記)이다. 전란을 피해 봉림 대군과 인평 대군 등이 강화로 이동할 때 당시 경기좌도 수운판관이었던 저자가 왕실을 보호하여 강화 앞바다를 건너게 한 과정을 기록하고 있다. 당시 국왕과 세자는 강화로 가는 길이 막혀 남한산성으로 피란하였다.

① 정문부가 길주에서 의병을 이끌었다.
② 강홍립이 사르후 전투에 참전하였다.
③ 김시민이 진주성에서 적군을 크게 물리쳤다.
④ 임경업이 백마산성에서 적의 침입에 대비하였다.
⑤ 최윤덕이 올라산성에서 이만주 부대를 정벌하였다.

25 다음 기사에 나타난 시기의 경제 상황으로 옳은 것은? [2점]

역사 신문

제△△호   ○○○○년 ○○월 ○○일

거상(巨商) 임상옥, 북경에서 인삼 무역으로 큰 수익

연행사의 수행원으로 북경에 간 만상(灣商) 임상옥이 인삼 무역으로 큰 수익을 거두었다. 북경 상인들이 불매 동맹을 통해 인삼을 헐값에 사려 하자, 그는 가져간 인삼 보따리를 태우는 기지를 발휘해 북경 상인에게 인삼을 높은 가격에 매각하여 막대한 이익을 얻은 것이다.

---

① 삼한통보, 해동통보가 발행되었다.
② 솔빈부의 말이 특산물로 수출되었다.
③ 초량 왜관을 통해 일본과 교역하였다.
④ 당항성, 영암이 국제 무역항으로 번성하였다.
⑤ 경시서의 관리들이 수도의 시전을 감독하였다.

26 (가) 왕이 추진한 정책으로 옳은 것은? [1점]

서호천을 따라
(가) 의 자취를 느끼다

우리 역사 동아리에서는 (가) 와/과 관련된 유적을 돌아보는 답사 프로그램을 마련하였습니다.

축만제 출발 — 노송지대 — 지지대비 도착

- 왕이 수원 화성 및 장용영 운영을 위해 조성한 둔전의 수리 시설
- 왕이 헌륭원* 식목관에 내탕금을 내려 소나무 등을 심도록 한 곳
*현륭원: 왕의 생부인 사도세자의 무덤
- 왕의 효심을 기리기 위해 아들 순조가 건립한 비

- 일시: 2022년 10월 22일 10시
- 출발 장소: 서호 공원

① 경기도에 한하여 대동법을 시행하였다.
② 군역 부담을 줄이기 위해 균역법을 제정하였다.
③ 육의전을 제외한 시전 상인의 금난전권을 폐지하였다.
④ 제한된 규모의 무역을 허용한 계해약조를 체결하였다.
⑤ 현직 관리에게만 수조권을 지급하는 직전법을 실시하였다.

27 다음 자료에 나타난 사건에 대한 설명으로 옳은 것은? [2점]

진주 안핵사 박규수에게 하교하기를, "얼마 전에 있었던 진주의 일은 전에 없던 변괴였다. 관원은 백성을 달래지 못하였고, 백성은 패악한 습관을 버리지 못하였다. 누가 그 허물을 책임져야 하겠는가. 신중을 기하여 혹시 한 사람이라도 억울하게 처벌 받는 일이 없게 하라. 그리고 포리(逋吏)*를 법에 따라 처벌할 경우 죄인을 심리하여 처단할 방법을 상세히 구별하라."라고 하였다.

*포리(逋吏): 관아의 물건을 사사로이 써버린 아전

---

① 홍경래, 우군칙 등이 주도하였다.
② 남접과 북접이 연합하여 전개되었다.
③ 삼정이정청이 설치되는 계기가 되었다.
④ 우정총국 개국 축하연을 이용하여 일어났다.
⑤ 윤원형 일파가 정국을 주도한 시기에 발생하였다.

28 (가) 인물의 작품으로 옳은 것은? [2점]

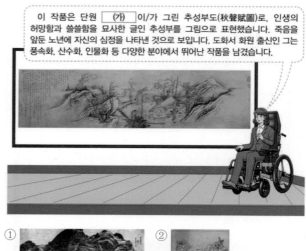

이 작품은 단원 (가) 이/가 그린 추성부도(秋聲賦圖)로, 인생의 허망함과 쓸쓸함을 묘사한 글인 추성부를 그림으로 표현했습니다. 죽음을 앞둔 노년에 자신의 심정을 나타낸 것으로 보입니다. 도화서 화원 출신인 그는 풍속화, 산수화, 인물화 등 다양한 분야에서 뛰어난 작품을 남겼습니다.

①    ②

③    ④

⑤

[29~30] 다음 자료를 읽고 물음에 답하시오.

(가) 우리 해동의 삼국도 역사가 오래되었으니 마땅히 책을 써야 합니다. 그러므로 폐하께서 이 늙은 신하에게 편찬하도록 하셨습니다. 폐하께서 이르시기를, "삼국은 중국과 통교 하였으므로 『후한서』나 『신당서』에 모두 삼국의 열전이 있지만, 상세히 실리지 않았다. 우리의 옛 기록은 빠진 사실이 많아 후세에 교훈을 주기 어렵다. 그러므로 뛰어난 역사서를 완성하여 물려주고 싶다."라고 하셨습니다.

(나) 삼가 삼국 이후의 여러 역사서를 모으고 중국의 역사서에서 가려내어 연도에 따라 사실을 기록하였습니다. 범례는 『자치통감』에 의거하였고, 『자치통감강목』의 취지에 따라 번잡한 것은 줄이고 요령만 남겨두도록 힘썼습니다. 삼국이 서로 대치한 때는 삼국이라고 하였고, 신라가 통합한 시대는 신라기라고 하였으며, 고려 시대는 고려기라 하였고, 삼한 이전은 외기라고 하였습니다.

(다) 옛 성인은 예악으로 나라를 일으켰고 인의로 가르침을 폈으니 괴력난신은 말하지 않았다. 그러나 제왕이 일어날 때는 반드시 보통 사람과 다른 점이 있었고, 그러한 후에야 제왕의 지위를 얻고 대업을 이루었다. …… 그러므로 삼국의 시조가 모두 신이한 데서 나왔다고 해서 무엇이 괴이하다고 하겠는가. 이것이 책 첫머리에 기이편이 실린 까닭이다.

(라) 옛날에 고씨가 북쪽에 살면서 고구려라 하였고, 부여씨가 서남쪽에 살면서 백제라 하였으며, 박·석·김씨가 동남쪽에 살면서 신라라고 하였으니, 이것이 삼국이다. 그러니 마땅히 삼국사가 있어야 할 것이다. …… 부여씨가 망하고 고씨가 망하니 김씨가 그 남쪽 땅을 차지하고 대씨가 그 북쪽 땅을 차지하여 발해라 하였다. 이것을 남북국이라 한다. 그러니 마땅히 남북국사가 있어야 한다.

29 (가)~(라) 역사서를 편찬한 순서대로 옳게 나열한 것은? [3점]

① (가) - (나) - (다) - (라)
② (가) - (다) - (나) - (라)
③ (나) - (가) - (라) - (다)
④ (나) - (다) - (가) - (라)
⑤ (다) - (라) - (나) - (가)

30 (가)~(라) 역사서에 대한 설명으로 옳은 것을 〈보기〉에서 고른 것은? [2점]

< 보 기 >

ㄱ. (가) - 유교 사관에 입각하여 기전체 형식으로 저술하였다.
ㄴ. (나) - 사초와 시정기를 바탕으로 실록청에서 편찬하였다.
ㄷ. (다) - 불교사를 중심으로 민간 설화 등을 수록하였다.
ㄹ. (라) - 고조선부터 고려까지의 역사를 편년체로 정리하였다.

① ㄱ, ㄴ ② ㄱ, ㄷ ③ ㄴ, ㄷ ④ ㄴ, ㄹ ⑤ ㄷ, ㄹ

31 (가) 사건 이후에 전개된 사실로 옳은 것은? [2점]

이곳은 어재연 장군과 그의 군사를 기리기 위해 조성된 충장사입니다. 어재연 장군의 부대는 (가) 때 광성보에서 로저스 제독이 이끄는 미군에 맞서 결사 항전하였지만 끝내 함락을 막지 못하였습니다.

柯壯忠

① 종로와 전국 각지에 척화비가 세워졌다.
② 평양 관민이 제너럴 셔먼호를 불태웠다.
③ 한성근 부대가 문수산성에서 항전하였다.
④ 신유박해로 많은 천주교도가 처형되었다.
⑤ 오페르트가 남연군 묘 도굴을 시도하였다.

32 (가), (나) 조약 체결 사이의 시기에 있었던 사실로 옳은 것은? [3점]

> (가) 제1관 조선국은 자주 국가로서 일본국과 평등한 권리를 보유한다. ……
> 제10관 일본국 인민이 조선국 지정의 각 항구에 머무르는 동안 죄를 범한 것이 조선국 인민에게 관계되는 사건은 모두 일본국 관원이 심리하여 판결한다. ……
>
> (나) 제1관 앞으로 대조선국 군주와 대미국 대통령 및 그 인민은 각각 모두 영원히 화평하고 우애 있게 지낸다. ……
> 제5관 …… 미국 상인과 상선이 조선에 와서 무역을 할 때 입출항하는 화물은 모두 세금을 바쳐야 하며, 세금을 거두는 권한은 조선이 자주적으로 행사한다. ……

① 공사 노비법이 혁파되었다.
② 통리기무아문이 설치되었다.
③ 한성 전기 회사가 설립되었다.
④ 건양이라는 독자적인 연호가 채택되었다.
⑤ 지방 행정 구역이 8도에서 23부로 개편되었다.

33 다음 자료에 나타난 사건에 대한 설명으로 옳은 것은? [2점]

> 발신: 조선 주재 공사 하나부사 요시모토(花房義質)
> 수신: 외무경 이노우에 가오루(井上馨)
>
> 이달 23일 오후 5시 성난 군중 수백 명이 갑자기 공사관을 습격하여 돌을 던지고 총을 쏘며 방화함. 전력으로 방어한 지 7시간이 지났지만 원병이 오지 않았음. 한쪽을 돌파하여 왕궁으로 가려 해도 성문이 열리지 않았음. …… 성난 군중이 왕궁 및 민태호와 민겸호의 집도 습격했다고 들었음. …… 교관 호리모토 외 8명의 생사는 알 수 없음.

① 전주 화약이 체결되는 계기가 되었다.
② 입헌 군주제 수립을 목표로 전개되었다.
③ 김기수가 수신사로 파견되는 결과를 가져왔다.
④ 구식 군인에 대한 차별 대우가 발단이 되어 일어났다.
⑤ 3일 만에 실패로 끝나 주동자들이 해외로 망명하였다.

34 (가) 인물에 대한 설명으로 옳은 것은? [2점]

> 국어 연구에 앞장선 (가) 에 대해 알려 주세요.

> 호는 한힌샘으로, 독립신문사의 교보원으로 활동하였습니다. 큰 보자기에 책을 넣고 다니며 학생들에게 국어를 가르쳐 '주보따리'라는 별명을 얻었습니다.

① 국문 연구소의 연구위원으로 활동하였다.
② 조선어 학회 사건으로 구속되어 옥고를 치렀다.
③ 국권 피탈 과정을 정리한 한국통사를 집필하였다.
④ 세계지리 교과서인 사민필지를 한글로 저술하였다.
⑤ 여유당전서를 간행하고 조선학 운동을 전개하였다.

35 다음 자료에 나타난 민족 운동에 대한 설명으로 옳은 것은? [2점]

> 우리나라가 채무를 지고 우리 백성이 채노(債奴)*가 된 것이 여러 해가 되었습니다. …… 대황제 폐하께서 진 외채가 1,300만 원이지만 채무를 청산할 방법이 없어 밤낮으로 걱정하시니, 백성된 자로서 있는 힘을 다하여 보상하려고 해도 겨를이 없습니다. …… 우리 동포는 빨리 단체를 결성하여 열성적으로 의연금을 내어 채무를 상환하고 채노에서 벗어나, 머리는 대한의 하늘을 이고, 발은 대한의 땅을 밟도록 해 주시기를 눈물을 머금고 간절히 요구합니다.
>
> *채노(債奴): 빚을 갚지 못해 노비가 된 사람

① 일제가 치안 유지법을 적용하여 탄압하였다.
② 백정에 대한 사회적 차별 철폐를 요구하였다.
③ 독립문 건립을 위한 모금 활동을 전개하였다.
④ 자작회, 토산 애용 부인회 등의 단체가 활동하였다.
⑤ 대한매일신보 등 당시 언론이 적극적으로 참여하였다.

36 밑줄 그은 '이 단체'에 대한 설명으로 옳은 것은? [2점]

이 편지는 비밀 결사인 이 단체의 재무를 총괄한 전덕기가 안창호에게 보낸 것이다. 105인 사건으로 이 단체의 주요 회원인 양기탁, 이승훈 등이 형을 선고받은 사실과 대성 학교가 재정적으로 어려움을 겪고 있는 상황 등을 전하고 있다.

① 정우회 선언의 영향으로 결성되었다.
② 조선 혁명 선언을 활동 지침으로 삼았다.
③ 일제의 황무지 개간권 요구를 저지하였다.
④ 중추원 개편을 통해 의회 설립을 추진하였다.
⑤ 계몽 서적의 보급을 위해 태극 서관을 운영하였다.

37 밑줄 그은 '시기'에 볼 수 있는 모습으로 옳은 것은?
[1점]

이것은 일제가 임시 토지 조사국을 설치하고 토지 조사 사업을 진행하던 시기에 작성한 지적 원도의 일부입니다. 토지를 측량해 그 위치와 경계 및 지번 등을 표시하였습니다.

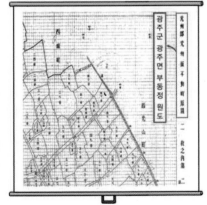

① 경성 제국 대학에서 공부하는 학생
② 근우회의 창립 기사를 작성하는 기자
③ 보빙사 일행으로 미국에 파견되는 관리
④ 조선인에게 태형을 집행하는 헌병 경찰
⑤ 거문도를 불법 점령하고 있는 영국 해군

38 (가) 단체에 대한 설명으로 옳은 것은? [2점]

□□ 신문

제△△호   2022년 ○○월 ○○일

박상진 의사 유물, 국가등록문화재 등록

군자금 모집과 친일파 처단 등의 활동을 전개한 (가) 의 총사령 박상진 의사의 유물이 국가등록문화재로 등록되었다. 이 유물은 친일 부호 처단 사건으로 체포된 박상진의 옥중 상황과 (가) 의 비밀 연락 거점이었던 상덕태상회의 규모 등을 보여준다는 점에서 귀중한 가치를 지니고 있다.

옥중 편지 및 상덕태상회 청구서

① 고종 강제 퇴위 반대 운동을 전개하였다.
② 공화정체의 국민 국가 수립을 목표로 삼았다.
③ 파리 강화 회의에 독립 청원서를 제출하였다.
④ 미군과 연합하여 국내 진공 작전을 계획하였다.
⑤ 만민 공동회를 개최하여 민권 신장을 추구하였다.

39 (가) 운동에 대한 설명으로 옳은 것은? [1점]

서울 앨버트 테일러 가옥 (딜쿠샤)

'딜쿠샤'가 복원되어 전시관으로 개관합니다. 많은 관람 부탁드립니다.

■ 주소: 서울시 종로구 사직로 2길 17
■ 개관일: 2021년 ○○월 ○○일

⊙ 소개

'기쁜 마음의 궁전'을 뜻하는 딜쿠샤는 미국인 앨버트 W. 테일러가 지은 벽돌집으로, 테일러와 그의 가족이 미국으로 추방되기 전까지 거주한 곳이다.
미국 연합통신(AP)의 임시 특파원으로 활동한 테일러는 세브란스 병원에서 독립 선언서를 발견하고 외신을 통해 전 세계에 알렸으며, (가) 당시 일제가 자행한 제암리 학살 사건 등을 취재해 보도하였다.

① 신간회에서 진상 조사단을 파견하여 지원하였다.
② 순종의 인산일을 기회로 만세 운동을 전개하였다.
③ 일제가 이른바 문화 통치를 실시하는 배경이 되었다.
④ 한국인 학생과 일본인 학생 간의 충돌에서 비롯되었다.
⑤ 시위를 준비하는 과정에서 사회주의자들이 대거 검거되었다.

40 (가)에 대한 설명으로 옳은 것을 〈보기〉에서 고른 것은? [2점]

> 저는 이동녕으로 이곳 충남 천안에서 태어났습니다. 저는 임시 의정원 초대 의장으로 삼권 분립에 기초한 (가) 의 헌법 제정에 기여하였습니다. 또한 국무총리와 주석 등을 역임하였고, (가) 이/가 상하이를 떠나 이동하는 과정을 함께하며 독립운동에 전념하였습니다.

〈보 기〉
ㄱ. 만세보를 발행하여 민중 계몽에 힘썼다.
ㄴ. 신흥 강습소를 세워 독립군을 양성하였다.
ㄷ. 구미 위원부를 조직하여 외교 활동을 전개하였다.
ㄹ. 이륭양행에 교통국을 설치하여 국내와 연락을 취하였다.

① ㄱ, ㄴ ② ㄱ, ㄷ ③ ㄴ, ㄷ ④ ㄴ, ㄹ ⑤ ㄷ, ㄹ

41 밑줄 그은 '시기'에 있었던 사실로 옳은 것은? [2점]

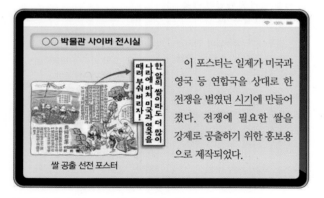

> ○○ 박물관 사이버 전시실
> 이 포스터는 일제가 미국과 영국 등 연합국을 상대로 한 전쟁을 벌였던 시기에 만들어졌다. 전쟁에 필요한 쌀을 강제로 공출하기 위한 홍보용으로 제작되었다.
> 쌀 공출 선전 포스터

① 메가타의 주도로 화폐 정리 사업이 실시되었다.
② 만주 군벌과 일제 사이에 미쓰야 협정이 체결되었다.
③ 여자 정신 근로령으로 한국인 여성이 강제 동원되었다.
④ 지주 문재철의 횡포에 맞서 암태도 소작 쟁의가 전개되었다.
⑤ 회사 설립 시 총독의 허가를 받도록 하는 회사령이 공포되었다.

42 (가)~(마)에 들어갈 내용으로 옳은 것은? [2점]

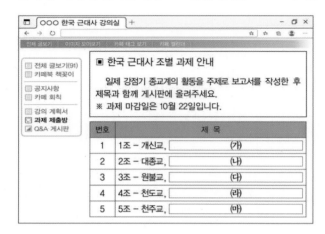

> ○○○ 한국 근대사 강의실
>
> ■ 한국 근대사 조별 과제 안내
>
> 일제 강점기 종교계의 활동을 주제로 보고서를 작성한 후 제목과 함께 게시판에 올려주세요.
> ※ 과제 마감일은 10월 22일입니다.

번호	제 목	
1	1조 – 개신교	(가)
2	2조 – 대종교	(나)
3	3조 – 원불교	(다)
4	4조 – 천도교	(라)
5	5조 – 천주교	(마)

① (가) – 단군 숭배 사상을 통해 민족의식을 높이다
② (나) – 의민단을 조직하여 무장 투쟁을 전개하다
③ (다) – 간척 사업을 진행하고 새생활 운동을 펼치다
④ (라) – 배재 학당을 세워 신학문 보급에 기여하다
⑤ (마) – 어린이날을 제정하고 소년 운동을 추진하다

43 (가) 부대에 대한 설명으로 옳은 것은? [3점]

> **조선 민족 혁명당 창립 제8주년 기념 선언**
>
> 우리는 중국의 난징에서 5개 당을 통합하여 전체 민족을 대표하는 유일한 정당인 조선 민족 혁명당을 창립하였다. …… 아울러 중국과 한국의 연합 항일 진영을 건립하여야 했다. …… 이 때문에 우리는 1938년 (가) 을/를 조직하고 조선의 혁명 청년들을 단결시켜 장제스 위원장의 영도 아래 직접 중국의 항전에 참가하였고, 각 전쟁터에서 찬란한 전투 성과를 만들어냈다. …… 지난해 가을 (가) 와/과 한국 광복군의 통합 편성을 기반으로 전 민족의 통일을 성공적으로 구현하였다.

① 자유시 참변으로 큰 타격을 입었다.
② 대전자령 전투에서 일본군을 격퇴하였다.
③ 동북 항일 연군으로 개편되어 유격전을 펼쳤다.
④ 김원봉, 윤세주 등이 중국 관내(關內)에서 창설하였다.
⑤ 홍범도 부대와 연합하여 청산리에서 일본군과 교전하였다.

44 (가) 지역에서 있었던 민족 운동으로 옳은 것은? [2점]

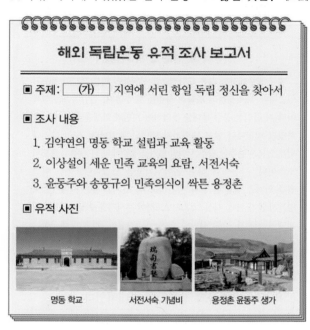

해외 독립운동 유적 조사 보고서

■ 주제: [(가)] 지역에 서린 항일 독립 정신을 찾아서

■ 조사 내용
  1. 김약연의 명동 학교 설립과 교육 활동
  2. 이상설이 세운 민족 교육의 요람, 서전서숙
  3. 윤동주와 송몽규의 민족의식이 싹튼 용정촌

■ 유적 사진

명동 학교 　　 서전서숙 기념비 　　 용정촌 윤동주 생가

① 권업회가 설립되어 권업신문을 발간하였다.
② 이봉창이 일왕의 행렬에 폭탄을 투척하였다.
③ 박용만의 주도로 대조선 국민군단이 창설되었다.
④ 북로 군정서가 조직되어 독립 전쟁을 전개하였다.
⑤ 유학생들이 중심이 되어 2·8 독립 선언서를 발표하였다.

45 밑줄 그은 '군정청'이 있었던 시기의 사실로 옳은 것은? [2점]

□□ 신문

제△△호　　　　　　　　○○○○년 ○○월 ○○일

서윤복 선수 환영회, 중앙청 광장에서 개최

제51회 보스턴 세계 마라톤 대회에서 세계 신기록을 세우며 우승한 서윤복 선수의 환영회가 중앙청 광장에서 열렸다. 하지 중장, 헬믹 준장 등 군정청의 주요 인사와 김규식, 여운형, 안재홍 등 정계 인사를 비롯한 수많은 군중이 참석하여, 우리 민족의 의기를 세계에 과시한 서윤복 선수의 우승을 함께 기뻐하였다.

중앙청 광장에 모인 환영 인파

① 한미 상호 방위 조약이 체결되었다.
② 제1차 경제 개발 5개년 계획이 추진되었다.
③ 반민족 행위 특별 조사 위원회가 설치되었다.
④ 신한 공사가 설립되어 귀속 재산을 관리하였다.
⑤ 국가 보안법 개정안을 통과시킨 보안법 파동이 일어났다.

46 (가) 전쟁 중에 있었던 사실로 옳지 <u>않은</u> 것은? [1점]

대성동 마을은 경기도 파주시에 있으며, 군사 분계선 남쪽 비무장 지대에 위치한 민간인 마을입니다.

(가) 의 정전 협정 체결 직후 비무장 지대에 남북이 민간인 마을을 하나씩만 남긴다는 후속 합의에 따라 마을로 조성되었습니다.

'자유의 마을'로 불리는 대성동 마을은 유엔군 사령부의 관할 지역으로, 외부인은 허락 없이 들어가지 못합니다.

1/3　　　2/3　　　3/3

① 애치슨 선언이 발표되었다.
② 부산이 임시 수도로 정해졌다.
③ 흥남 철수 작전이 전개되었다.
④ 인천 상륙 작전 이후 서울을 수복하였다.
⑤ 국회에서 국민 방위군 사건이 폭로되었다.

47 다음 대화에 나타난 사건 이후의 사실로 옳은 것은?

[3점]

당시 정부와 여당인 민주 공화당이 3선 개헌을 추진하자 학생들이 반대 시위를 벌이는 모습이네요.

야당인 신민당과 재야 세력도 3선 개헌 반대 범국민 투쟁 위원회를 결성해서 이를 막아내려 했지요.

현대사 사진전

3선 개헌 결사 반대

① 내각 책임제 형태의 정부가 출범하였다.
② 정부에 비판적이던 경향신문이 폐간되었다.
③ 최고 통치 기구인 국가 재건 최고 회의가 구성되었다.
④ 평화 통일론을 주장한 진보당의 조봉암과 간부들이 구속되었다.
⑤ 국회 해산, 헌법의 일부 효력 정지를 담은 10월 유신이 선포되었다.

48 다음 자료에 나타난 민주화 운동에 대한 설명으로 옳은 것은?

[2점]

전국의 언론인 여러분!

지금 광주에서는 젊은 대학생들과 시민들이 피를 흘리며 싸우고 있습니다. 대학생들의 평화적 시위를 질서 유지, 진압이라는 명목 아래 저 잔인한 공수 부대를 투입하여 시민과 학생을 무차별 살육 하였고 더군다나 발포 명령까지 내렸던 것입니다. …… 그러나 일부 언론은 순수한 광주 시민의 의거를 불순배의 선동이니, 폭도의 소행이니, 난동이니 하여 몰아붙이고만 있습니다. …… 이번 광주 의거를 몇십 년 뒤의 '사건 비화'나 '남기고 싶은 이야기'들로 만들지 않기 위해, 사실 그대로 보도하여 주시기를 수많은 사망자의 피맺힌 원혼과 광주 시민의 이름으로 간절히, 간절히 촉구하는 바입니다.

① 허정 과도 정부가 출범하는 계기가 되었다.
② 굴욕적인 한일 국교 정상화에 반대하였다.
③ 호헌 철폐, 독재 타도 등의 구호를 외쳤다.
④ 3·15 부정 선거에 항의하며 시위가 시작되었다.
⑤ 관련 기록물이 유네스코 세계 기록 유산으로 등재되었다.

49 다음 연설이 있었던 정부 시기의 경제 상황으로 옳은 것은?

[2점]

오늘 우리나라가 OECD 회원국이 되게 되었습니다. …… 한국은 수많은 어려움이 있었음에도 시장 경제 체제의 장점을 살리는 경제 개발 전략을 추진해 왔습니다. 이를 통해 폐허 속에서 한 세대 만에 세계 10위권의 경제 규모를 가진 나라로 성장 하였습니다.

① 처음으로 수출액 100억 달러가 달성되었다.
② 대통령 긴급 명령으로 금융 실명제가 실시되었다.
③ 개성 공단 건설을 통해 남북 간 경제 교류가 이루어졌다.
④ 한국과 미국 사이에 자유 무역 협정(FTA)이 체결되었다.
⑤ 경제적 취약 계층을 위한 국민 기초 생활 보장법이 시행되었다.

제61회 한국사능력검정시험 (심화)

50 다음 뉴스가 보도된 정부 시기의 통일 노력으로 옳은
것은? [2점]

정주영의 소 떼 방북을 계기로 남북한의 교류와 협력이
본격화되면서 금강산 관광 사업이 시작되었습니다.
이 사업은 남북 교류 활성화에 크게 기여할 것으로 보입니다.

금강산 관광객 실은 크루즈, 동해항에서 첫 출항

① 남북 조절 위원회를 구성하였다.
② 남북한이 유엔에 동시 가입하였다.
③ 6·15 남북 공동 선언을 채택하였다.
④ 한반도 비핵화 공동 선언을 발표하였다.
⑤ 남북 이산가족의 교환 방문을 최초로 실현하였다.

01 (가) 시대의 생활 모습으로 옳은 것은? [1점]

이곳은 유네스코 세계유산으로 등재된 화순 고인돌 유적입니다. 여기에는 계급이 발생한 (가) 시대의 고인돌이 밀집되어 있고, 인근에서는 덮개돌을 캐낸 채석장이 발견되어 고인돌의 축조 과정을 살펴볼 수 있습니다.

① 소를 이용하여 깊이갈이를 하였다.
② 주로 동굴이나 바위 그늘에서 살았다.
③ 반달 돌칼을 사용하여 곡물을 수확하였다.
④ 빗살무늬 토기를 제작하여 식량을 저장하였다.
⑤ 주먹도끼, 찍개 등 뗀석기를 만들기 시작하였다.

02 밑줄 그은 '이 나라'에 대한 설명으로 옳은 것은? [2점]

이것은 쑹화강 유역에 위치했던 이 나라의 유물로 고대인의 얼굴을 추정해 볼 수 있는 귀중한 자료입니다. 이 나라에는 영고라는 제천 행사와 형사취수제라는 풍속이 있었다고 전해집니다.

금동 얼굴 모양 장식

① 신성 구역인 소도를 두었다.
② 읍락 간의 경계를 중시하는 책화가 있었다.
③ 여러 가(加)들이 각각 사출도를 주관하였다.
④ 정사암 회의에서 국가의 중대사를 결정하였다.
⑤ 사회 질서를 유지하기 위해 범금 8조를 만들었다.

03 (가) 나라에 대한 설명으로 옳은 것은? [2점]

국가문화유산포털

종목별 전체 국보 보물 사적 명승

문화유산 검색 김해 양동리 고분군 검색 초기화 □ 결과 내 검색

수로왕이 건국했다고 전해지는 (가) 의 유적이다. 발굴 조사 결과 널무덤, 독무덤 등 600여 기의 유구와 토기, 청동기, 철기 등 5,200여 점에 이르는 유물이 출토되었다.

▲ 고분군 발굴 전경

① 법흥왕 때 신라에 복속되었다.
② 유학 교육 기관으로 주자감을 두었다.
③ 지방에 22담로를 두어 왕족을 파견하였다.
④ 화백 회의에서 국가의 중대사를 논의하였다.
⑤ 단궁, 과하마, 반어피 등의 특산물이 있었다.

04 다음 상황 이후에 전개된 사실로 옳은 것은? [3점]

소정방이 백제를 평정하자 흑치상지는 휘하의 무리를 이끌고 항복하였다. 소정방이 연로한 왕을 가두고 병사를 풀어 가혹하게 약탈하자, 이를 두려워한 흑치상지는 추장 10여 인과 함께 도망하여 임존산을 거점으로 반란을 일으켰다. 열흘 만에 휘하에 3만여 명이 모였으며 곧 200여 성을 되찾았다. 소정방이 병사를 이끌고 흑치상지를 공격하였지만 이기지 못하였다.

— 『삼국사기』 —

① 을지문덕이 살수에서 승리하였다.
② 안승이 보덕국의 왕으로 임명되었다.
③ 관구검의 공격으로 환도성이 함락되었다.
④ 의자왕이 윤충을 보내 대야성을 함락시켰다.
⑤ 계백이 이끄는 결사대가 신라군에 맞서 싸웠다.

05 다음 검색창에 들어갈 왕에 대한 설명으로 옳은 것은? [2점]

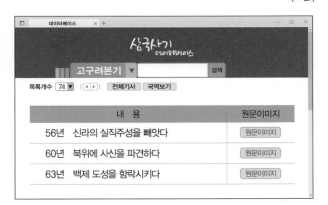

① 도읍을 국내성에서 평양으로 옮겼다.
② 낙랑군을 몰아내고 영토를 확장하였다.
③ 을파소의 건의로 진대법을 실시하였다.
④ 영락이라는 독자적 연호를 사용하였다.
⑤ 전진의 순도를 통해 불교를 수용하였다.

07 밑줄 그은 '이 승려'의 활동으로 옳은 것은? [2점]

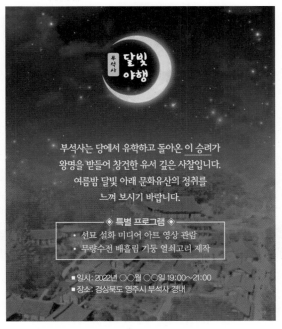

① 무애가를 지어 불교 대중화에 기여하였다.
② 화랑도의 규범으로 세속 5계를 제시하였다.
③ 구법 순례기인 왕오천축국전을 저술하였다.
④ 승려들의 전기를 담은 해동고승전을 집필하였다.
④ 화엄일승법계도를 지어 화엄 사상을 정리하였다.

06 (가) 국가에 대한 설명으로 옳은 것은? [1점]

① 중정대를 두어 관리를 감찰하였다.
② 군사 조직으로 9서당 10정을 편성하였다.
③ 내신 좌평 등 6좌평의 관제를 정비하였다.
④ 상수리 제도를 시행하여 지방 세력을 견제하였다.
⑤ 왕족인 부여씨와 8성의 귀족이 지배층을 이루었다.

08 밑줄 그은 '이 왕'의 업적으로 옳은 것은? [2점]

① 거칠부에게 국사를 편찬하게 하였다.
② 이사부를 보내 우산국을 복속하였다.
③ 건원이라는 독자적 연호를 사용하였다.
④ 관료전을 지급하고 녹읍을 폐지하였다.
⑤ 관리 선발을 위해 독서삼품과를 실시하였다.

09 (가) 인물에 대한 설명으로 옳은 것은? [2점]

> 이 사진은 ___(가)___ 이/가 세운 태봉의 철원 도성 터에서 촬영된 석등입니다. 일제 강점기에 보물로 지정되기도 했으나 지금은 비무장지대 안에 있어 존재를 확인하기 어렵습니다. 관련 연구의 진전을 위해서는 남북한의 협력이 필요합니다.

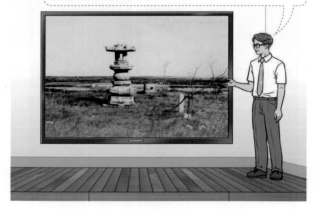

① 금마저에 미륵사를 창건하였다.
② 후당과 오월에 사신을 파견하였다.
③ 일리천 전투에서 신검의 군대를 격퇴하였다.
④ 폐정 개혁을 목표로 정치도감을 설치하였다.
⑤ 광평성을 비롯한 각종 정치 기구를 마련하였다.

10 (가)에 들어갈 불상으로 옳은 것은? [2점]

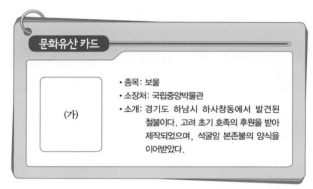

문화유산 카드

(가)

- 종목: 보물
- 소장처: 국립중앙박물관
- 소개: 경기도 하남시 하사창동에서 발견된 철불이다. 고려 초기 호족의 후원을 받아 제작되었으며, 석굴암 본존불의 양식을 이어받았다.

①  ②  ③

④  ⑤

11 (가)~(다)를 일어난 순서대로 옳게 나열한 것은? [2점]

> (가) 백관을 소집하여 금을 섬기는 문제에 대한 가부를 의논하게
> 하니 모두 불가하다고 하였다. 이자겸, 척준경만이 "사신을
> 보내 먼저 예를 갖추어 찾아가는 것이 옳습니다."라고 하니
> 왕이 이 말을 따랐다.
>
> (나) 나세·심덕부·최무선 등이 왜구를 진포에서 공격해 승리를
> 거두고 포로 334명을 구출하였으며, 김사혁은 패잔병을
> 임천까지 추격해 46명을 죽였다.
>
> (다) 몽골군이 쳐들어와 충주성을 70여 일간 포위하니 비축한
> 군량이 거의 바닥났다. 김윤후가 괴로워하는 군사들을
> 북돋우며, "만약 힘을 다해 싸운다면 귀천을 가리지 않고 모두
> 관작을 제수할 것이니 불신하지 말라."라고 하였다.

① (가) – (나) – (다)
② (가) – (다) – (나)
③ (나) – (가) – (다)
④ (나) – (다) – (가)
⑤ (다) – (가) – (나)

12 ㉠~㉤ 기구에 대한 설명으로 옳은 것은? [2점]

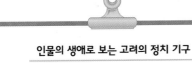

인물의 생애로 보는 고려의 정치 기구

윤관

- 출생년 미상
- 1095년 ㉠ 상서성 좌사낭중
- 1101년 ㉡ 추밀원(중추원) 지주사
- 1102년 ㉢ 어사대 어사대부
- 1103년 ㉣ 한림원 학사승지
- 1108년 ㉤ 중서문하성 문하시중
- 1111년 별세

① ㉠ – 학술 기관으로 경연을 관장하였다.
② ㉡ – 실록을 보관하고 관리하는 업무를 맡았다.
③ ㉢ – 관리의 비리를 감찰하고 풍기를 단속하였다.
④ ㉣ – 수도의 치안과 행정을 주관하였다.
⑤ ㉤ – 화폐와 곡식의 출납에 대한 회계를 담당하였다.

13 밑줄 그은 '시기'의 경제 상황으로 옳은 것은? [1점]

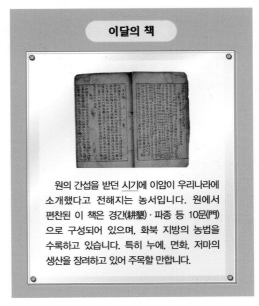

이달의 책

원의 간섭을 받던 시기에 이암이 우리나라에
소개했다고 전해지는 농서입니다. 원에서
편찬된 이 책은 경간(耕墾)·파종 등 10문(門)
으로 구성되어 있으며, 화북 지방의 농법을
수록하고 있습니다. 특히 누에, 면화, 저마의
생산을 장려하고 있어 주목할 만합니다.

① 모내기법이 전국적으로 확산되었다.
② 초량 왜관을 통해 일본과 무역하였다.
③ 감자, 고구마 등의 작물이 재배되었다.
④ 광산을 전문적으로 경영하는 덕대가 활동하였다.
⑤ 경시서의 관리들이 시전의 상행위를 감독하였다.

14 (가) 시기에 있었던 사실로 옳은 것은? [3점]

이주정이 김치양과 결탁한 것
같소. 그를 서북면 도순검부사로
보내고 강조를 개경으로 불러
짐을 호위하게 하시오.

(가)

귀주에서 외적을 크게
무찌른 강감찬과 장수들을
맞이할 연회를 준비하라.

① 화통도감이 설치되어 화포가 제작되었다.
② 신돈이 전민변정도감의 설치를 건의하였다.
③ 거란이 침입하여 왕이 나주까지 피난하였다.
④ 노비안검법의 실시로 국가 재정이 확충되었다.
⑤ 신기군, 신보군, 항마군 등으로 구성된 별무반이 조직
되었다.

15 다음 상황 이후에 전개된 사실로 옳은 것은? [2점]

> 백관이 최우의 집에 나아가 정년도목(政年都目)을 올리니, 최우가 청사에 앉아 받았다. 6품 이하는 당하(堂下)에서 두 번 절하고 땅에 엎드려 감히 고개를 들지 못하였다. 이때부터 최우는 정방을 자기 집에 두고 백관의 인사 행정을 처리하였다.
>
> - 『고려사절요』 -

① 삼별초가 용장성에서 항전하였다.
② 정중부 등이 김보당의 반란을 진압하였다.
③ 빈민 구제를 위한 흑창을 처음 설치하였다.
④ 공주 명학소에서 망이 · 망소이가 봉기하였다.
⑤ 최충헌이 교정별감이 되어 국정을 총괄하였다.

16 (가), (나)에 해당하는 토지 제도에 대한 설명으로 옳은 것은? [3점]

> (가) 문종 30년 양반 전시과를 다시 개정하였다. 제1과는 전지 100결, 시지 50결(중서령 · 상서령 · 문하시중) …… 제18과는 전지 17결(한인 · 잡류)로 한다.
>
> (나) 공양왕 3년 도평의사사에서 글을 올려 과전의 지급에 관한 법 제정을 건의하니 왕이 허락하였다. …… 1품부터 9품의 산직까지 나누어 18과로 하였다.

① (가) - 조준 등의 건의로 제정되었다.
② (가) - 관등과 인품을 기준으로 수조권을 주었다.
③ (나) - 개국 공신에게 역분전을 지급하였다.
④ (나) - 지급 대상 토지를 원칙적으로 경기 지역에 한정하였다.
⑤ (가), (나) - 수조권 외에 노동력을 징발할 수 있는 권한을 주었다.

17 (가)에 들어갈 내용으로 옳은 것은? [1점]

< 고려 시대 유학자 >

유학자	주요 활동
최승로	(가)
최충	9재 학당을 설립하여 유학 교육에 힘씀
김부식	유교 사관에 입각하여 삼국사기를 편찬함
안향	고려에 처음으로 성리학을 도입함
이제현	만권당에서 원의 학자들과 교류함

① 불씨잡변을 지어 불교를 비판함
② 인재 등용을 위해 현량과 실시를 제안함
③ 시무 28조를 올려 국가 운영 방안을 제시함
④ 지부복궐척화의소를 올려 왜양일체론을 주장함
⑤ 해주 향약을 시행하여 향촌 교화를 위해 노력함

18 (가), (나) 사이의 시기에 있었던 사실로 옳은 것은? [2점]

> (가) 용진현 출신 조휘와 정주 출신 탁청이 화주 이북 지방을 몽골에 넘겨주었다. 몽골은 화주에 쌍성총관부를 설치하고 조휘를 총관으로, 탁청을 천호(千戶)로 임명하였다.
>
> (나) 동북면 병마사 유인우가 쌍성을 함락시키자 총관 조소생, 천호 탁도경이 도망치니 화주, 등주, 정주 등이 수복되었다.

① 최윤덕이 4군을 개척하였다.
② 일본 원정을 위해 정동행성이 설치되었다.
③ 몽골 사신 저고여가 귀국길에 피살되었다.
④ 철령위 설치 문제로 요동 정벌이 추진되었다.
⑤ 서희가 외교 담판으로 강동 6주를 획득하였다.

19 (가) 궁궐에 대한 설명으로 옳은 것은? [2점]

> 대왕대비가 전교하였다. "__(가)__ 은/는 우리 왕조에서 수도를 세울 때 맨 처음 지은 정궁이다. …… 그러나 불행하게도 전란에 의해 불타버린 후 미처 다시 짓지 못하여 오랫동안 뜻있는 선비들의 개탄을 자아내었다. …… 이 궁궐을 다시 지어 중흥의 큰 업적을 이루려면 여러 대신과 함께 의논해보지 않을 수 없다."
>
> – 『고종실록』 –

① 근정전을 정전으로 하였다.
② 일제에 의해 동물원 등이 설치되었다.
③ 후원에 왕실 도서관인 규장각이 있었다.
④ 도성 내 서쪽에 있어 서궐이라고 불렸다.
⑤ 인목 대비가 광해군에 의해 유폐된 장소이다.

20 밑줄 그은 '전하'의 재위 기간에 있었던 사실로 옳은 것은? [2점]

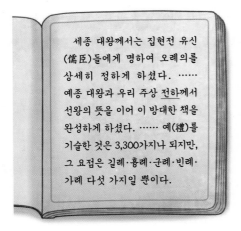

> 세종 대왕께서는 집현전 유신(儒臣)들에게 명하여 오례의를 상세히 정하게 하셨다. …… 예종 대왕과 우리 주상 전하께서 선왕의 뜻을 이어 이 방대한 책을 완성하게 하셨다. …… 예(禮)를 기술한 것이 3,300가지나 되지만, 그 요점은 길례·흉례·군례·빈례·가례 다섯 가지일 뿐이다.

① 국가의 기본 법전인 경국대전이 완성되었다.
② 성삼문 등이 상왕의 복위를 꾀하다가 처형되었다.
③ 육의전을 제외한 시전 상인의 금난전권이 폐지되었다.
④ 반정 공신의 위훈 삭제를 주장한 조광조가 사사되었다.
⑤ 이조 전랑 임명을 둘러싸고 김효원과 심의겸이 대립하였다.

21 (가) 기구에 대한 설명으로 옳은 것은? [2점]

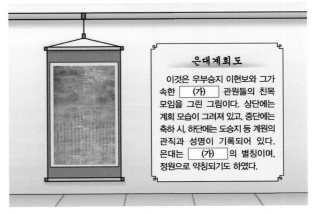

> **은대계회도**
> 이것은 우부승지 이현보와 그가 속한 __(가)__ 관원들의 친목 모임을 그린 그림이다. 상단에는 계회 모습이 그려져 있고, 중단에는 축하 시, 하단에는 도승지 등 계원의 관직과 성명이 기록되어 있다. 은대는 __(가)__ 의 별칭이며, 정원으로 약칭되기도 하였다.

① 사간원, 홍문관과 함께 삼사로 불렸다.
② 외국으로 가는 사신의 통역을 전담하였다.
③ 천문, 지리, 기후 등에 관한 사무를 맡았다.
④ 왕명 출납을 담당하는 왕의 비서 기관이었다.
⑤ 국왕 직속 사법 기구로 반역죄 등을 처결하였다.

22 (가)~(마)에 대한 설명으로 옳지 <u>않은</u> 것은? [2점]

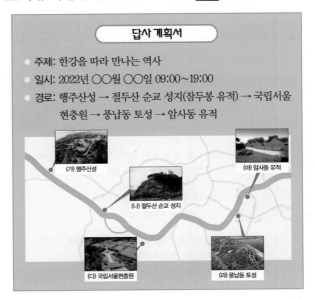

> **답사 계획서**
> - 주제: 한강을 따라 만나는 역사
> - 일시: 2022년 ○○월 ○○일 09:00~19:00
> - 경로: 행주산성 → 절두산 순교 성지(잠두봉 유적) → 국립서울현충원 → 풍납동 토성 → 암사동 유적
>
> (가) 행주산성   (마) 암사동 유적
> (나) 절두산 순교 성지
> (다) 국립서울현충원   (라) 풍납동 토성

① (가) – 정봉수가 후금군을 맞아 큰 전과를 거둔 곳이다.
② (나) – 병인박해 때 많은 천주교 선자가 처형된 장소이다.
③ (다) – 6·25 전쟁 이후 조성된 국군 묘지에서 시작되었다.
④ (라) – 판축 기법을 활용하여 성벽을 쌓은 백제 토성이다.
⑤ (마) – 갈돌과 갈판 등이 출토된 신석기 시대 유적이다.

23 (가) 인물에 대한 설명으로 옳은 것은? [3점]

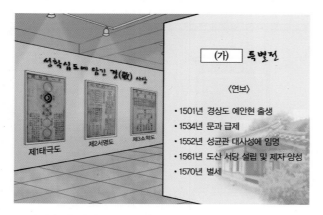

① 기대승과 사단칠정 논쟁을 전개하였다.
② 일본에 다녀와서 해동제국기를 편찬하였다.
③ 양명학을 연구하여 강화 학파를 형성하였다.
④ 기축봉사를 올려 명에 대한 의리를 내세웠다.
⑤ 무오사화의 발단이 된 조의제문을 작성하였다.

24 다음 검색창에 들어갈 인물의 활동으로 옳은 것은? [2점]

① 지봉유설에서 천주실의를 조선에 소개하였다.
② 의산문답에서 중국 중심의 세계관을 비판하였다.
③ 양반전을 지어 양반의 허례와 무능을 풍자하였다.
④ 경세유표를 집필하여 국가 제도의 개혁 방향을 제시하였다.
⑤ 금석과안록에서 북한산비가 진흥왕 순수비임을 고증하였다.

25 다음 전쟁 중 있었던 사실로 옳은 것은? [2점]

> 적군은 세 길로 나누어 곧장 한양으로 향했는데, 산을 넘고 물을 건너 마치 사람이 없는 곳에 들어가듯 했다고 한다. 조정에서 지킬 수 있다고 믿은 신립과 이일 두 장수가 병권을 받고 내려와 방어했지만 중도에 패하여 조령의 험지를 잃고, 적이 중원으로 들어갔다. 이로 인해 임금의 수레가 서쪽으로 몽진하고 도성을 지키지 못하니, 불쌍한 백성들은 모두 흉적의 칼날에 죽어가고 노모와 처자식은 이리저리 흩어져 생사를 알지 못해 밤낮으로 통곡할 뿐이었다.
>
> - 『쇄미록』 -

① 김상용이 강화도에서 순절하였다.
② 임경업이 백마산성에서 항전하였다.
③ 최영이 홍산 전투에서 크게 승리하였다.
④ 곽재우가 의병장이 되어 의령 등에서 활약하였다.
⑤ 신류가 조총 부대를 이끌고 흑룡강에서 전투를 벌였다.

26 다음 지역에 대한 탐구 활동으로 옳은 것은? [2점]

① 장용영의 외영이 설치된 위치를 파악한다.
② 홍경래가 난을 일으켜 점령한 지역을 알아본다.
③ 인조가 피신하여 청군과 항전을 벌인 곳을 찾아본다.
④ 태조의 어진을 모신 경기전이 건립된 장소를 조사한다.
⑤ 유계춘이 백낙신의 수탈에 맞서 봉기한 지역을 검색한다.

27 (가)~(라) 교육기관에 대한 설명으로 옳은 것만을 〈보기〉에서 고른 것은? [3점]

(가) 학생의 재학 연한은 9년으로 하되 우둔하여 깨우치지 못하는 자는 퇴학시키고, 재주와 기량은 있으나 아직 미숙한 자는 9년이 넘더라도 재학을 허락하였다. 관등이 대나마, 나마에 이르면 졸업하였다.

(나) 7재를 두었는데, 주역을 공부하는 여택재, 상서를 공부하는 대빙재, 모시(毛詩)를 공부하는 경덕재, 주례를 공부하는 구인재, 대례(戴禮)를 공부하는 복응재, 춘추를 공부하는 양정재, 무학을 공부하는 강예재이다.

(다) 입학생은 생원·진사인 상재생과 유학(幼學) 중에서 선발된 기재생으로 구분되었다. 이들은 동재와 서재에 기숙하면서 공부하였으며, 아침·저녁 식당에 들어가 서명하면 원점 1점을 얻었다. 원점 300점을 얻으면 관시(館試)에 응시할 수 있었다.

(라) 좌원과 우원을 두었는데, 좌원에는 젊은 현직 관리를, 우원에는 관직에 나아가지 않은 명문가 자제들을 입학시켰다. 외국인 3명을 교사로 초빙하였으며, 학생들은 졸업할 때까지 공원(公院)에서 학습에 전념하도록 하였다.

〈보기〉

ㄱ. (가) – 신문왕이 인재 양성을 위해 설치하였다.
ㄴ. (나) – 전국의 부·목·군·현에 하나씩 설립되었다.
ㄷ. (다) – 공자 등 성현을 기리는 석전대제를 거행하였다.
ㄹ. (라) – 교육 입국 조선 반포를 계기로 세워졌다.

① ㄱ, ㄴ ② ㄱ, ㄷ ③ ㄴ, ㄷ ④ ㄴ, ㄹ ⑤ ㄷ, ㄹ

28 다음 상황이 나타난 시기에 볼 수 있는 모습으로 적절하지 <u>않은</u> 것은? [1점]

○ 집집마다 인삼을 심어서 돈을 물 쓰듯이 한다고 하는데, 재산을 만드는 방법으로는 이보다 나은 것이 없다고 한다.
○ 어제 울타리 밖의 몇 되지기 밭에 담배를 파종하였다.
○ 금년에는 목화가 풍년이 들었는데, 어제는 시장에서 25근에 100전이었다고 한다.

– 『노상추일기』 –

① 한글 소설을 읽어주는 전기수
② 시사를 조직하여 활동하는 역관
③ 주전도감에서 해동통보를 만드는 장인
④ 왕조 교체를 예언한 정감록을 읽는 양반
⑤ 한강을 무대로 상업에 종사하는 경강상인

29 (가) 시기에 있었던 사실로 옳은 것은? [3점]

① 이괄이 반란을 일으켜 도성을 장악하였다.
② 자의 대비의 복상 문제로 예송이 전개되었다.
③ 왕위 계승을 둘러싸고 왕자의 난이 발생하였다.
④ 이인좌를 중심으로 소론 세력 등이 난을 일으켰다.
⑤ 희빈 장씨 소생의 원자 책봉 문제로 환국이 발생하였다.

30 다음 사건이 일어난 이후의 사실로 옳은 것은? [2점]

우정국 총판 홍영식이 우정국의 개국 축하연을 열면서 각국의 공사도 초청했다. …… 8시를 알리는 종이 울리자 담장 밖에서 불길이 치솟았다. …… 우영사 민영익이 불을 끄려고 먼저 일어나서 문밖으로 나왔는데, 자객 다섯 명이 잠복하고 있다가 칼을 휘두르며 습격했다. 민영익이 중상을 입고 되돌아와서 대청 위에 쓰러졌다.

– 『대한계년사』 –

① 김기수가 일본에 수신사로 파견되었다.
② 평양 관민이 제너럴 셔먼호를 불태웠다.
③ 일본 군함 운요호가 영종도를 공격하였다.
④ 박규수가 삼정이정청의 설치를 건의하였다.
⑤ 청과 일본 사이에 톈진 조약이 체결되었다.

31 밑줄 그은 '이 사건'에 대한 설명으로 옳은 것은? [1점]

> ### 사료로 보는 한국사
>
> 　매우 가난하게 보이는 강화도에서 각하에게 보내드릴 만한 것은 아무것도 없습니다. 그러나 조선 임금이 소유하고 있지만 거처하지 않는 저택의 도서관에는 매우 중요한 서적이 많이 소장되어 있습니다. 세심하게 공들여 꾸며진 340권을 수집하였으며 기회가 되는 대로 프랑스로 보내겠습니다.
> - G. 로즈 -
>
> [해설] 로즈 제독이 해군성 장관에게 보낸 서신의 일부이다. 프랑스군이 강화도를 침략한 이 사건 당시 외규장각 도서 등이 약탈되는 상황이 기록되어 있다.

① 청군의 개입으로 종결되었다.
② 제물포 조약의 체결로 이어졌다.
③ 오페르트 도굴 사건이 계기가 되었다.
④ 양헌수 부대가 정족산성에서 적군을 물리쳤다.
⑤ 영국 함대가 거문도를 점령하는 배경이 되었다.

32 (가) 시기에 있었던 사실로 옳지 <u>않은</u> 것은? [2점]

> 고종은 이곳 환구단에서 황제 즉위식을 거행하고, 경운궁에서 국호를 [(가)](으)로 선포했습니다. 환구단은 일제에 의해 헐려버렸고 지금은 황궁우가 외로이 남아 있습니다.

황궁우　환구단

① 대한국 국제를 반포하였다.
② 황제 직속의 원수부를 설치하였다.
③ 이범윤을 간도 관리사로 파견하였다.
④ 지계아문을 설립하여 지계를 발급하였다.
⑤ 통역관 양성을 목적으로 동문학을 설립하였다.

33 다음 자료에 나타난 사업에 대한 설명으로 옳은 것은? [1점]

> 　한국에서 유통되는 백동화에 대한 처분안을 들어보면,
> 　갑(甲) 구 백동화는 1개당 신화폐 2전 5리의 비율로 교환한다.
> 　을(乙) 부정한 구 백동화는 1개당 신화폐 1전의 비율로 매수한다. 매수를 바라지 않는 것은 정부가 그것을 절단하여 소유자에게 환부한다.
> 　병(丙) 형체와 품질이 화폐라고 인정하기 어려운 것은 정부가 매수하지 않는다.
> 　　　　　　　　　　⋮
> 　이른바 폐제(幣制) 개혁은 통화를 금절(禁絶)하여 소의 뿔을 바로잡으려다 소를 죽이는 결과를 가져왔습니다.
> － 「한국 폐제 개혁에 관한 진정서」 －

① 독립 협회가 반대 운동을 전개하였다.
② 재정 고문 메가타의 주도로 시행되었다.
③ 동양 척식 주식회사가 중심이 되어 실시하였다.
④ 은본위제가 본격적으로 실시되는 배경이 되었다.
⑤ 함경도 관찰사 조병식이 방곡령을 선포하는 계기가 되었다.

34 다음 가상 뉴스에서 보도하는 사건이 일어난 시기를 연표에서 옳게 고른 것은? [2점]

> 군대 해산에 대한 반발이 거세지고 있습니다. 오늘 시위대 대대장 박승환이 자결한 데 이어 시위대 부대원들이 해산을 거부하고 무장 봉기해 일본군과 남대문 일대에서 치열한 총격전을 벌이고 있습니다.

뉴스속보　**군대 해산에 맞서 시위대 봉기**

1882		1894		1896		1904		1905		1910
	(가)		(나)		(다)		(라)		(마)	
임오군란		갑오개혁		아관파천		러일 전쟁 발발		을사늑약		국권피탈

① (가)　② (나)　③ (다)　④ (라)　⑤ (마)

35 밑줄 그은 '나'의 활동으로 옳은 것은? [2점]

> 나는 일제 침략에 맞서 민족의식을 고취하기 위해, 국난을 극복한 영웅의 전기인 이순신전과 을지문덕전을 집필하였습니다. 또 조선상고사에서는 역사를 아(我)와 비아(非我)의 투쟁으로 정의하였습니다.

① 여유당전서를 간행하고 조선학 운동을 주도하였다.
② 유교의 개혁을 주장하는 유교 구신론을 제창하였다.
③ 조선사 편수회에 들어가 조선사 편찬에 참여하였다.
④ 조선사회경제사에서 식민 사학의 정체성론을 반박하였다.
⑤ 민중의 직접 혁명을 주장한 조선 혁명 선언을 작성하였다.

36 다음 기사가 보도된 이후의 사실로 옳은 것은? [2점]

> ## 역사 신문
>
> 제△△호　　　　　　　　○○○○년 ○○월 ○○일
>
> ### 전차 운행 중 사망 사고 발생
>
> 오늘 종로 거리를 달리던 전차에 다섯 살 난 아이가 치여 죽는 사고가 발생하였다. 이를 목격한 사람들이 격노하여 전차를 부수었고, 이어 달려오던 전차까지 전복시켜 파괴하고 기름을 뿌려 불태웠다. 동대문에서 성대한 개통식을 열고 전차를 운행한 지 한 달도 되지 않아 참혹한 사건이 발생한 것이다.

① 미국에 보빙사를 파견하였다.
② 베델이 대한매일신보를 창간하였다.
③ 이만손 등이 영남 만인소를 올렸다.
④ 신식 군대인 별기군(교련병대)이 창설되었다.
⑤ 통리기무아문을 설치하여 개혁을 추진하였다.

37 밑줄 그은 '이 시기'에 시행된 일제의 정책으로 옳은 것은? [1점]

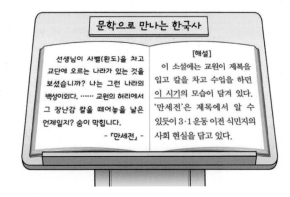

> ### 문학으로 만나는 한국사
>
> 선생님이 사벨(환도)을 차고 교단에 오르는 나라가 있는 것을 보셨습니까? 나는 그런 나라의 백성이외다. …… 교원의 허리에서 그 장난감 칼을 떼어놓을 날은 언제일지? 숨이 막힙니다.
> - 「만세전」
>
> [해설]
> 이 소설에는 교원이 제복을 입고 칼을 차고 수업을 하던 이 시기의 모습이 담겨 있다. '만세전'은 제목에서 알 수 있듯이 3·1운동 이전 식민지의 사회 현실을 담고 있다.

① 애국반을 조직하였다.
② 회사령을 시행하였다.
③ 치안 유지법을 제정하였다.
④ 미곡 공출제를 실시하였다.
⑤ 국가 총동원법을 공포하였다.

38 (가) 민족 운동에 대한 설명으로 옳은 것은? [2점]

> 이것은 경성 방직 주식회사의 광목 신문 광고야. '우리가 만든 것 우리가 쓰자.'라는 문구가 인상적이야.

> 그래. 이 광고는 민족 기업을 육성해 경제적 자립을 이루려는 (가) 중에 등장했지.

① 통감부의 탄압으로 중단되었다.
② 국채 보상 기성회를 중심으로 전개되었다.
③ 자작회, 토산 애용 부인회 등이 활동하였다.
④ 한성 은행, 대한 천일 은행 등이 설립되는 계기가 되었다.
⑤ 일본, 프랑스 등지의 노동 단체로부터 격려 전문을 받았다.

39 (가) 부대에 대한 설명으로 옳은 것은? [3점]

① 봉오동 전투에서 일본군을 격파하였다.
② 총사령 양세봉의 지휘 아래 활동하였다.
③ 미군과 연계하여 국내 진공 작전을 계획하였다.
④ 조선 독립 동맹 산하의 군사 조직으로 개편되었다.
⑤ 간도 참변 이후 조직을 정비하고 자유시로 이동하였다.

40 (가) 단체에 대한 설명으로 옳은 것은? [2점]

① 중일 전쟁 발발 이후에 조직되었다.
② 조선 혁명 간부 학교를 설립하였다.
③ 이봉창, 윤봉길 등이 단원으로 활동하였다.
④ 대전자령 전투에서 일본군을 상대로 승리하였다.
⑤ 일제가 조작한 105인 사건으로 조직이 해체되었다.

41 (가), (나) 사이의 시기에 있었던 사실로 옳은 것은? [2점]

(가)	(나)
□□ 일보 제△△호 ○○○○년 ○○월 ○○일	□□ 일보 제△△호 ○○○○년 ○○월 ○○일
하지 중장, 특별 성명 발표	**제2차 미소 공동 위원회 개막**
오늘 오전 조선 주둔 미군 최고 사령관 하지 중장은 미소 공동 위원회 무기 휴회에 관한 중대 성명서를 발표하였다. 이는 덕수궁 석조전에서의 역사적인 개막 이후 49일 만의 일이다.	미소 공동 위원회는 제1차 회의가 무기 휴회 된 지 만 1년 16일 만인 오늘 오후 2시 정각에 시내 덕수궁 석조전에서 고대하던 제2차 회의의 역사적 막을 열었다.

① 여수·순천 10·19 사건이 일어났다.
② 모스크바 3국 외상 회의가 개최되었다.
③ 반민족 행위 특별 조사 위원회가 출범하였다.
④ 좌우 합작 위원회가 좌우 합작 7원칙을 발표하였다.
⑤ 유엔 총회에서 인구 비례에 의한 남북 총선거가 의결되었다.

42 다음 사건이 일어난 시기를 연표에서 옳게 고른 것은? [2점]

이날 본회의는 하오 8시 정각에 개의되어 전원 위원회의 '발췌 조항 전원 합의' 보고를 접수한 후 김종순 의원의 각 조항 설명이 있은 다음, 질의도 대체 토의도 아무것도 없이 …… 표결은 기립 표결로 작정하여 재석 166인 중 163표로써 실로 역사적인 결정을 보았다. 표결이 끝나자 신익희 임시 의장은 정중 침통한 태도로써 "본 헌법 개정안은 헌법 제98조 제3항에 의하여 결정된 것을 선포한다."고 최후의 봉을 힘있게 3타 하였으며 그 음성은 몹시도 떨렸다.

1948		1953		1959		1964		1976		1987
	(가)		(나)		(다)		(라)		(마)	
5·10 총선거		정전 협정 체결		경향신문 폐간		6·3 시위		3·1 민주 구국 선언		6·29 민주화 선언

① (가)   ② (나)   ③ (다)   ④ (라)   ⑤ (마)

43 (가) 민주화 운동에 대한 설명으로 옳은 것은? [2점]

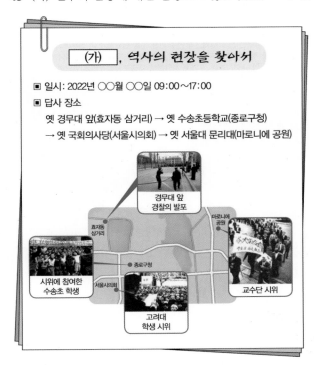

① 장면 내각이 출범하는 배경이 되었다.
② 유신 체제가 붕괴되는 결과를 가져왔다.
③ 한일 국교 정상화에 반대하여 일어났다.
④ 신군부의 비상 계엄 확대가 원인이 되었다.
⑤ 호헌 철폐와 독재 타도 등의 구호를 내세웠다.

44 밑줄 그은 '현행 헌법'에 대한 설명으로 옳은 것은? [3점]

오늘의 헌법은 그 개정의 발의권이 사실상 대통령에게만 속해 있는 것이다. 이에 우리 국민은 이와 같이 헌법 개정 발의권으로부터의 소외를 극복하고 우리들의 천부의 권리를 제시하는 방법으로 대통령에게 현행 헌법의 개정을 요구하는 100만인 청원 운동을 전개하는 바이다.

장준하

① 내각 책임제를 채택하였다.
② 대통령의 연임을 3회로 제한하였다.
③ 대통령에게 국회 해산권을 부여하였다.
④ 대통령의 임기를 7년 단임제로 정하였다.
⑤ 국회를 참의원과 민의원의 양원제로 규정하였다.

45 (가) 정부 시기의 경제 상황으로 옳은 것은? [1점]

① 한미 자유 무역 협정(FTA)이 체결되었다.
② 저유가·저금리·저달러의 3저 호황이 있었다.
③ 원조 물자를 가공하는 삼백 산업이 발달하였다.
④ 대통령 긴급 명령으로 금융실명제가 실시되었다.
⑤ 농촌의 근대화를 표방한 새마을 운동이 전개되었다.

46 (가)~(마)에 대한 설명으로 옳지 <u>않은</u> 것은? [3점]

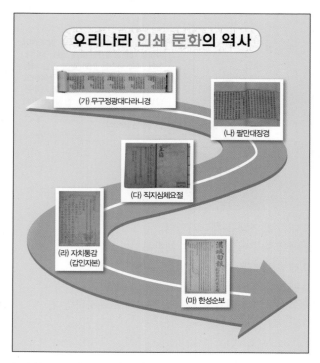

① (가) – 주자소를 설치하여 인쇄하였다.
② (나) – 대장도감에서 판각한 목판으로 찍었다.
③ (다) – 청주 흥덕사에서 금속 활자로 간행하였다.
④ (라) – 이천, 장영실 등이 제작한 활자로 인쇄하였다.
⑤ (마) – 납으로 만든 활자를 사용해 박문국에서 발행하였다.

47 밑줄 그은 '이 정부' 시기에 있었던 사실로 옳지 <u>않은</u> 것은? [2점]

천주교 정의 구현 전국 사제단과 민주 언론 운동 협의회가 이 정부에서 각 언론사에 하달한 보도지침 자료를 공개하는 기자회견 장면입니다. 이후 이 사건의 관련자들은 남영동 치안본부 대공분실로 연행되었으며, 국가보안법 위반 등의 죄목으로 기소되어 고초를 겪었습니다.

① 서울 올림픽이 개최되었다.
② 야간 통행 금지가 해제되었다.
③ 박종철 고문 치사 사건이 발생하였다.
④ 프로 야구가 6개 구단으로 출범하였다.
⑤ 남북 이산가족 고향 방문이 최초로 이루어졌다.

48 다음 뉴스가 보도된 정부 시기에 있었던 사실로 옳은 것은? [3점]

대통령은 오늘 남북 고위급 회담 타결 상황을 보고받고, 내일 북한 대표단을 접견하기로 했습니다. 청와대 고위 관계자는 남북 사이의 화해와 불가침 및 교류 협력에 관한 합의서 채택에 완전히 합의한 것은 남북 관계에 큰 전환을 이룬 것이라고 평가했습니다.

대통령, 내일 북한 대표단 접견

① 제2차 남북 정상 회담이 개최되었다.
② 경제 협력 개발 기구(OECD)에 가입하였다.
③ 남북 조절 위원회가 설치되어 통일 방안이 논의되었다.
④ 북방 외교를 추진하여 중국 등 사회주의 국가들과 수교하였다.
⑤ 남북한의 교류 협력을 위한 개성 공업 지구 건설에 합의하였다.

49 (가)~(마)에 들어갈 내용으로 옳지 <u>않은</u> 것은? [2점]

우리 역사 속의 여성들

< 차 례 >

① (가) ─ 첨성대와 황룡사 구층 목탑을 세우다.
② (나) ─ 가정 생활의 지혜를 담은 규합총서를 저술하다.
③ (다) ─ 재산을 기부하여 흉년에 굶주린 백성들을 구제하다.
④ (라) ─ 한국 광복군의 기관지 광복을 발행하다.
⑤ (마) ─ 임금 삭감에 저항하여 을밀대 지붕에서 농성하다.

50 밑줄 그은 '이날'에 해당하는 세시풍속으로 옳은 것은? [1점]

이곳은 남원 광한루원의 오작교입니다. 조선 시대 남원 부사 장의국이 헤어져 있던 견우와 직녀가 오작교에서 만난다는 전설을 형상화하여 만들었습니다. 음력 7월 7일인 이날에는 여인들이 별을 보며 바느질 솜씨가 좋아지기를 비는 풍속이 있었습니다.

① 단오   ② 칠석   ③ 백중   ④ 동지   ⑤ 한식

동영상 무료

01 (가) 시대의 생활 모습으로 옳은 것은? [1점]

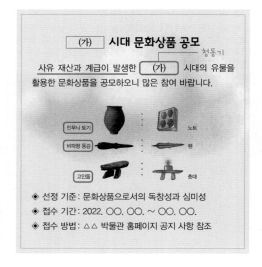

① 반달 돌칼로 벼를 수확하였다.
② 주로 동굴이나 막집에서 거주하였다.
③ 소를 이용한 깊이갈이가 일반화되었다.
④ 호미, 쇠스랑 등의 철제 농기구를 제작하였다.
⑤ 가락바퀴와 뼈바늘을 이용하여 옷을 만들기 시작하였다.

정답 ①　　출제포인트 : 청동기 시대의 생활 모습

문제 분석

제시된 자료를 통해서 (가) 시대가 청동기 시대임을 알 수 있다. 청동기 시대에는 거푸집을 이용하여 비파형 동검을 만들었으며, 민무늬 토기를 사용하였고, 반달 돌칼로 벼를 수확하였다. 또 지배층의 무덤으로 고인돌을 축조하였는데, 이를 통해 당시 사유 재산과 계급이 발생하고 지배층이 가진 정치 권력과 경제력이 막강하였음을 짐작할 수 있다.

선지 해설

① 반달 돌칼로 벼를 수확하였다.
　　　청동기 시대
② 주로 동굴이나 막집에서 거주하였다.
　　　구석기 시대
③ 소를 이용한 깊이갈이가 일반화되었다.
　　　고려 시대
④ 호미, 쇠스랑 등의 철제 농기구를 제작하였다.
　　　철기 시대
⑤ 가락바퀴와 뼈바늘을 이용하여 옷을 만들기 시작하였다.
　　　신석기 시대

---

02 (가)에 들어갈 내용으로 옳은 것은? [2점]

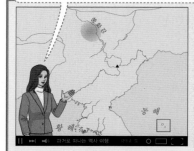

① 정사암에 모여 재상을 선출하였어요.
② 여러 가(加)가 별도로 사출도를 다스렸어요.
③ 읍락 간의 경계를 중시하는 책화가 있었어요.
④ 사회 질서를 유지하기 위해 범금 8조를 두었어요.
⑤ 제사장인 천군과 신성 지역인 소도가 존재하였어요.

정답 ②　　출제포인트 : 부여의 특징

문제 분석

제시된 자료를 통해 '이 나라'가 부여임을 알 수 있다. 5부족 연맹체인 부여는 여러 가(加)가 별도로 사출도를 다스렸으며, 농업과 목축을 생업으로 하였다. 또 순장, 1책 12법, 우제점법, 형사취수제 등의 풍속이 있었고, 12월에 영고라는 제천 행사를 열었다.

선지 해설

① 정사암에 모여 재상을 선출하였어요. — 백제
　　정사암 회의
② 여러 가(加)가 별도로 사출도를 다스렸어요. — 부여

③ 읍락 간의 경계를 중시하는 책화가 있었어요. — 동예

④ 사회 질서를 유지하기 위해 범금 8조를 두었어요. — 고조선

⑤ 제사장인 천군과 신성 지역인 소도가 존재하였어요.
　　　　　└─ 삼한 ─┘

03 (가) 나라에 대한 설명으로 옳은 것은? [2점]

> **● 길 위에서 만나는 (가) 의 역사 ●**
>
> 도시를 가로지르는 해반천을 따라 주변을 걸으면서 역사 여행을 떠나 봅시다. (가) 의 유적과 유물이 여러분을 역사 현장으로 안내할 것입니다.
>
> ◆ 답사 일시: 2022. ○○. ○○. 09:00~16:00
> ◆ 답사 경로
>
> 출발 — 봉황동 유적 — 수로왕릉 — 대성동 고분군
> 도착 — 파사석탑 — 구지봉

① 덩이쇠를 화폐처럼 사용하였다.
② 한 무제의 공격으로 멸망하였다.
③ 혼인 풍속으로 민며느리제가 있었다.
④ 골품에 따라 관등 승진에 제한이 있었다.
⑤ 빈민을 구제하기 위해 진대법을 시행하였다.

04 밑줄 그은 '왕'에 대한 설명으로 옳은 것은? [2점]

> 〈다큐멘터리 기획안〉
>
> **위기에 빠진 고구려를 구하라!**
>
> ◆ **기획 의도**
> 평양성 전투에서 전사한 고국원왕의 뒤를 이어 즉위한 왕의 위기 극복 노력을 살펴본다.
> 소수림왕
>
> ◆ **구성**
> 1부 전진으로부터 [불교]를 수용하다.
> 2부 [태학]을 설립하여 인재를 양성하다.

① 평양으로 수도를 옮겼다.
② 병부와 상대등을 설치하였다.
③ 22담로에 왕족을 파견하였다.
④ 고흥에게 서기를 편찬하게 하였다.
⑤ 율령을 반포하여 통치 체제를 정비하였다.

정답 ① 　　　　　 출제포인트 : 가야의 특징

문제 분석

제시된 자료를 통해 (가) 나라는 금관가야임을 알 수 있다. 김해 금관가야는 시조 김수로왕의 설화가 『삼국유사』에 전해져 오고 있으며, 철이 많이 생산되어 낙랑과 왜 등에 수출하고 경제력을 축적하여 전기 가야 연맹을 주도하였다. 금관가야는 신라 법흥왕 때 복속되었으며, 이후 고령 대가야가 후기 가야 연맹을 주도하다 신라 진흥왕 때 복속되었다.

선지 해설

① 덩이쇠를 화폐처럼 사용하였다.
　 가야
② 한 무제의 공격으로 멸망하였다.
　 고조선
③ 혼인 풍속으로 민며느리제가 있었다.
　 옥저
④ 골품에 따라 관등 승진에 제한이 있었다.
　 신라
⑤ 빈민을 구제하기 위해 진대법을 시행하였다.
　 고구려

정답 ⑤ 　　　　　 출제포인트 : 고구려 소수림왕의 업적

문제 분석

제시된 자료를 통해 밑줄 그은 '왕'이 고구려 소수림왕임을 알 수 있다. 고구려 고국원왕이 백제 근초고왕에게 공격을 받아 전사한 후 즉위한 소수림왕은 중국 전진과 교류하며 불교를 수용하였고, 태학을 설립하여 인재를 양성하였다. 또 율령을 반포하여 통치 체제를 정비하였다.

선지 해설

① 평양으로 수도를 옮겼다.
　 고구려 장수왕
② 병부와 상대등을 설치하였다.
　 신라 법흥왕
③ 22담로에 왕족을 파견하였다.
　 백제 무령왕
④ 고흥에게 서기를 편찬하게 하였다.
　 백제 근초고왕
⑤ 율령을 반포하여 통치 체제를 정비하였다.
　 고구려 소수림왕

05 밑줄 그은 '이 탑'으로 옳은 것은? [3점]

◆ 유물 이야기 ◆

금제 사리봉영기가 남긴 고대사의 수수께끼

2009년 이 탑의 해체 수리 중에 사리장엄구와 금제 사리봉영기가 발견되었다. 사리봉영기에는 "우리 백제 왕후께서는 좌평 사택적덕의 따님으로 …… 가람을 세우시고 기해년 정월 29일에 사리를 받들어 맞이하셨다."라는 명문이 있어 큰 주목을 받았다. 이 탑을 세운 주체가 삼국유사에 나오는 선화 공주가 아니라 백제 귀족의 딸로 밝혀져 서동 왕자와 선화 공주 설화의 진위 여부에 대한 논란이 일어나기도 하였다.

①   ②   ③

④   ⑤

정답 ③　　출제포인트 : 삼국 시대의 문화유산

문제 분석

제시된 자료를 통해 밑줄 그은 '이 탑'은 익산 미륵사지 석탑임을 알 수 있다. 익산 미륵사지 석탑은 국보 제11호로, 현존하는 삼국 시대 석탑 중 가장 규모가 크다. 또 목탑 양식을 반영하여 건립되었으며, 금제 사리봉영기, 사리장엄구 등 많은 유물이 발굴되었다.

선지 해설

①
경주 분황사 모전석탑 (신라)

②
경주 정혜사지 13층 석탑 (통일 신라)

③
익산 미륵사지 석탑 (백제)

④
영광탑 (발해)

⑤
경주 감은사지 3층 석탑 (통일 신라)

---

06 (가), (나) 사이의 시기에 있었던 사실로 옳은 것은? [3점]

(가) 왕은 당과 신라 군사들이 이미 백강과 탄현을 지났다는 소식을 듣고 장군 계백을 시켜 결사대 5천 명을 거느리고 황산으로 가서 신라 군사와 싸우게 하였다. 네 번 싸워서 모두 이겼으나 군사가 적고 힘이 모자라서 마침내 패하고 계백이 사망하였다. ─ 황산벌 전투(660) 전개 ②

(나) 검모잠이 국가를 부흥하려고 하여 당을 배반하고 왕의 외손 안승을 세워 왕으로 삼았다. 당 고종이 대장군 고간을 보내 동주도 행군총관으로 삼고 병력을 내어 그들을 토벌하게 하니 안승이 검모잠을 죽이고 신라로 달아났다. ─ 고구려 부흥 운동의 전개

① 당이 안동도호부를 요동으로 옮겼다.
② 성왕이 관산성 전투에서 전사하였다.
③ 신라군이 기벌포에서 당군을 격파하였다.
④ 김춘추가 당과의 군사 동맹을 성사시켰다.
⑤ 복신과 도침이 부여풍을 왕으로 추대하였다.

정답 ⑤　　출제포인트 : 신라의 삼국 통일 과정

문제 분석

제시된 자료가 삼국의 통일 과정과 관련된 내용임을 알 수 있다. 신라는 나·당 연합군을 결성하고 백제를 공격하였다. 김유신이 이끄는 신라군이 황산벌로 진격하자 계백이 이끄는 백제군이 패배하고 수도 사비성이 함락되면서 660년 백제는 멸망하였다(가). 백제가 멸망한 후 임존성에서 흑치상지, 주류성에서 복신과 도침이 부여풍을 왕으로 추대하는 등 백제 부흥 운동이 일어났으나 실패하였다. 이후 나·당 연합군은 668년 고구려를 멸망시켰으며, 검모잠, 고연무 등이 보장왕의 서자 안승을 추대하고 고구려 부흥 운동을 전개하였다(나).

선지 해설

① 당이 안동도호부를 요동으로 옮겼다. ─ 삼국 통일 이후 전개 ⑤

② 성왕이 관산성 전투에서 전사하였다. ─ 신라 진흥왕 때(554)
　　　　　　　　　　　　　　　백제

③ 신라군이 기벌포에서 당군을 격파하였다. ─ 676년 전개 ④

④ 김춘추가 당과의 군사 동맹을 성사시켰다. ─ 648년 전개 ①

⑤ 복신과 도침이 부여풍을 왕으로 추대하였다. ─ 백제 부흥 운동 전개 ③

07 (가) 국가에 대한 설명으로 옳은 것은? [1점]

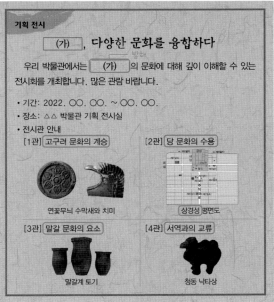

기획 전시

(가) , 다양한 문화를 융합하다

우리 박물관에서는 (가) 의 문화에 대해 깊이 이해할 수 있는 전시회를 개최합니다. 많은 관람 바랍니다.

• 기간 : 2022. ○○. ○○. ~ ○○. ○○.
• 장소 : △△ 박물관 기획 전시실
• 전시관 안내

[1관] 고구려 문화의 계승

연꽃무늬 수막새와 치미

[2관] 당 문화의 수용

상경성 평면도

[3관] 말갈 문화의 요소

말갈계 토기

[4관] 서역과의 교류

청동 낙타상

① 후당과 오월에 사신을 파견하였다.
② 주자감을 설치하여 인재를 양성하였다.
③ 9서당과 10정의 군사 조직을 운영하였다.
④ 화백 회의에서 국가의 중대사를 논의하였다.
⑤ 내신좌평, 위사좌평 등 6좌평의 관제를 마련하였다.

정답 ②　　　　**출제포인트 : 발해의 특징**

문제 분석

제시된 자료를 통해 (가) 국가는 발해임을 알 수 있다. 발해는 지배층의 대다수가 고구려인이었으며, 고구려 계통의 온돌 시설과 토기, 모줄임천장 구조 등의 특징이 있어 고구려 문화를 계승하였음을 알 수 있다. 발해는 5경 15부 62주의 지방 행정 제도를 갖추었으며, 중앙 정치 조직은 선조성, 중대성, 정당성 3성으로 이루어졌으며, 정당성의 대내상이 국정을 총괄하였다. 또 교육 기관으로 주자감을 설치하여 인재를 양성하였다.

선지 해설

① 후당과 오월에 사신을 파견하였다.
　 후백제(견훤)
② 주자감을 설치하여 인재를 양성하였다.
　 발해
③ 9서당과 10정의 군사 조직을 운영하였다.
　 통일 신라(신문왕)
④ 화백 회의에서 국가의 중대사를 논의하였다.
　 신라
⑤ 내신좌평, 위사좌평 등 6좌평의 관제를 마련하였다.
　 백제

08 (가)에 들어갈 내용으로 옳은 것은? [2점]

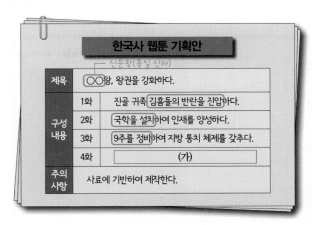

한국사 웹툰 기획안

제목	○○왕, 왕권을 강화하다. (신문왕(통일 신라))	
구성 내용	1화	진골 귀족 김흠돌의 반란을 진압하다.
	2화	국학을 설치하여 인재를 양성하다.
	3화	9주를 정비하여 지방 통치 체제를 갖추다.
	4화	(가)
주의 사항	사료에 기반하여 제작한다.	

① 관료전을 지급하고 녹읍을 폐지하다.
② 마립간이라는 칭호를 처음 사용하다.
③ 이사부를 보내 우산국을 복속시키다.
④ 화랑도를 국가적 조직으로 개편하다.
⑤ 이차돈의 순교를 계기로 불교를 공인하다.

정답 ①　　　　**출제포인트 : 통일 신라 신문왕 재위 시기의 사실**

문제 분석

제시된 자료를 통해 통일 신라 신문왕에 대한 한국사 웹툰 기획안임을 알 수 있다. 신문왕은 김흠돌의 난을 진압하고 진골 귀족 세력을 숙청하여 왕권을 강화하였으며, 유학 교육을 위해 국학을 설립하여 인재를 양성하였다. 또 지방 행정 조직을 9주 5소경으로 마련하였고, 중앙군을 9서당을 편성하고 지방에 10정을 두었다. 신문왕은 진골 귀족 세력을 견제하기 위해 토지 제도를 개혁하여 관료전을 지급하고 녹읍을 폐지하였다.

선지 해설

① 관료전을 지급하고 녹읍을 폐지하다.
　 통일 신라 신문왕
② 마립간이라는 칭호를 처음 사용하다.
　 신라 내물왕
③ 이사부를 보내 우산국을 복속시키다.
　 신라 지증왕
④ 화랑도를 국가적 조직으로 개편하다.
　 신라 진흥왕
⑤ 이차돈의 순교를 계기로 불교를 공인하다.
　 신라 법흥왕

09 밑줄 그은 '이 인물'에 대한 설명으로 옳은 것은?

[2점]

장보고 (통일 신라)

적산 법화원은 산동반도에 있었던 신라인 집단 거주지에 세워진 절이다. 이 절을 창건한 이 인물은 당에 건너가 무령군 소장이 되었다가 흥덕왕 때 귀국하여 활발히 활동하였다. 그러나 왕위 쟁탈전에 휘말려 암살당했다. ᄂ신라 문성왕 때

① 구법 순례기인 왕오천축국전을 지었다.
② 진성 여왕에게 시무책 10여 조를 올렸다.
③ 청해진을 중심으로 해상 무역을 전개하였다.
④ 9산 선문 중의 하나인 가지산문을 개창하였다.
⑤ 한자의 음과 훈을 차용한 이두를 체계적으로 정리하였다.

10 밑줄 그은 '왕'의 정책으로 옳은 것은?

[2점]

ᄂ고려 태조 (왕건)

왕이 천덕전에 거둥하여 백관을 모아놓고 말하기를, "내가 신라와 굳게 동맹을 맺은 것은 두 나라가 길이 우호를 유지하고 각자의 사직(社稷)을 보전하기 위해서였다. 지금 신라왕이 굳이 신하로 있겠다고 요청하고 그대들도 그것이 옳다고 하니, 나의 마음이 매우 부끄러우나 여러 사람의 뜻을 거스르기가 어렵다."라고 하였다. 이에 신라왕이 뜰에서 예를 올리니 여러 신하가 하례하여 함성이 궁궐을 진동하였다. …… 신라국을 없애 경주라 하고, 그 지역을 김부의 식읍으로 하사하였다.

ᄂ신라 경순왕을 사심관으로 임명

① 빈민 구제 기관인 흑창을 설치하였다.
② 12목을 설치하고 지방관을 파견하였다.
③ 국자감에 7재라는 전문 강좌를 운영하였다.
④ 광덕, 준풍 등의 독자적 연호를 사용하였다.
⑤ 전시과 제도를 마련하여 관리에게 토지를 지급하였다.

정답 ③　　　　　　**출제포인트 : 장보고의 업적**

문제 분석

제시된 자료를 통해 밑줄 그은 '이 인물'이 통일 신라 시대의 장보고임을 알 수 있다. 통일 신라 시대 장보고는 산동반도에 신라인 집단 거주지에 법화원이라는 절을 세웠다. 흥덕왕 때 귀국하여 완도에 청해진을 설치하고 해적을 소탕하였으며, 이곳을 거점으로 신라와 당, 일본을 연결하는 해상 무역을 주도하였다. 하지만 신라 문성왕 때 왕위 쟁탈전에 휘말려 암살당하였다.

선지 해설

① 구법 순례기인 왕오천축국전을 지었다.
　　　　　　　　　　혜초
② 진성 여왕에게 시무책 10여 조를 올렸다.
　　　　　　　　　　　　최치원
③ 청해진을 중심으로 해상 무역을 전개하였다.
　　　　　　　　　　　　장보고
④ 9산 선문 중의 하나인 가지산문을 개창하였다.
　　　　　　　　　　　　　　체징
⑤ 한자의 음과 훈을 차용한 이두를 체계적으로 정리하였다.
　　　　　　　　　　　　　　　　설총

정답 ①　　　　　　**출제포인트 : 고려 태조 왕건의 정책**

문제 분석

제시된 자료를 통해 밑줄 그은 '왕'은 고려 태조 왕건임을 알 수 있다. 고려 태조는 평양을 서경으로 삼아 북진 정책의 전진 기지로 중시하였고, 빈민 구제 기관인 흑창을 설치하였다. 또 호족 세력을 통제하기 위해 경순왕 김부를 경주의 사심관으로 삼았으며, 『정계』와 『계백료서』를 지어 관리의 규범을 제시하였다.

선지 해설

① 빈민 구제 기관인 흑창을 설치하였다.
　　　　　　　　고려 태조
② 12목을 설치하고 지방관을 파견하였다.
　　　　　　　고려 성종
③ 국자감에 7재라는 전문 강좌를 운영하였다.
　　　　　　　고려 예종
④ 광덕, 준풍 등의 독자적 연호를 사용하였다.
　　　　　　　　고려 광종
⑤ 전시과 제도를 마련하여 관리에게 토지를 지급하였다.
　　　고려 경종

11 (가)에 대한 역대 왕조의 대응으로 옳은 것은? [2점]

함길도 도절제사 김종서에게 전지하기를, "동북 지역의 경계는 공험진(公嶮鎭)으로 삼았다는 말이 전하여 온 지가 오래다. 그러나 정확하게 어느 곳에 있는지 알지 못한다. …… 고려사에 이르기를, '윤관이 공험진에 비를 세워 경계를 삼았다.'고 하였다. 지금 듣건대 선춘점(先春岾)에 윤관이 세운 비가 있다 하는데, 공험진이 선춘점의 어느 쪽에 있는가. 그 비문을 사람을 시켜 찾아볼 수 있겠는가. …… 윤관이 (가) 을/를 쫓고 9성을 설치하였는데, 그 성이 지금 어느 성이며, 공험진의 어느 쪽에 있는가. 거리는 얼마나 되는가. 듣고 본 것을 아울러 써서 아뢰라."라고 하였다.

여진

① 신라 문무왕 때 청방인문표를 보내어 인질의 석방을 요구 하였다.
② 고려 우왕 때 나세, 심덕부 등이 진포에서 크게 물리쳤다.
③ 고려 창왕 때 박위를 파견하여 근거지를 토벌하였다.
④ 조선 태종 때 경성과 경원에 무역소를 설치하여 회유하였다.
⑤ 조선 광해군 때 기유약조를 체결하여 무역을 재개하였다.

12 (가) 국가의 경제 상황으로 옳은 것은? [2점]

이것은 양산 통도사 국장생 석표입니다. 통도사의 경계를 표시하기 위해 세운 석표 중 하나로 '상서호부(尙書戶部)의 승인으로 세웠다'는 내용이 새겨져 있습니다. 국사·왕사 제도를 두어 불교를 장려했던 (가) 시대에 국가와 사찰의 관계를 파악할 수 있는 문화유산입니다.
고려

① 삼한통보, 해동통보 등이 발행되었다.
② 특산품으로 솔빈부의 말이 유명하였다.
③ 만상이 대청 무역으로 부를 축적하였다.
④ 시장을 감독하는 관청인 동시전이 설치되었다.
⑤ 광산을 전문적으로 경영하는 덕대가 등장하였다.

| 정답 ④ | 출제포인트 : 여진에 대한 고려의 대응 |

문제 분석

제시된 자료를 통해 (가)는 여진임을 알 수 있다. 윤관은 신기 군, 신보군, 항마군 등으로 구성된 별무반을 편성하여 여진을 정벌하고 동북 9성을 설치하였으나 방어하는 데에 어려움이 있고 여진이 반환을 요구하여 1109년에 돌려주었다. 이후 여 진이 금을 건국하고 고려에 군신 관계를 요구해오자 이자겸 은 정권을 유지하기 위해 금의 사대 요구를 수용하자고 주장 하였다. ④ 조선 태종 때 여진을 회유하기 위해 경성과 경원 에 무역소를 설치하였다.

선지 해설

① 신라 문무왕 때 청방인문표를 보내어 인질의 석방을 요 구하였다.
  강수(신라)
② 고려 우왕 때 나세, 심덕부 등이 진포에서 크게 물리쳤다.
  왜구
③ 고려 창왕 때 박위를 파견하여 근거지를 토벌하였다.
  왜구
④ 조선 태종 때 경성과 경원에 무역소를 설치하여 회유하 였다.
  여진
⑤ 조선 광해군 때 기유약조를 체결하여 무역을 재개하였다.
  일본

| 정답 ① | 출제포인트 : 고려의 경제 상황 |

문제 분석

제시된 자료를 통해 (가) 국가가 고려임을 알 수 있다. 고려 숙종 때 의천의 건의로 설치한 주전도감에서 삼한통보, 해동 통보, 동전과 은병(활구) 등을 발행하였으며, 고려 성종 때 건 원중보가 발행되어 금속 화폐의 통용이 추진되었다. 또 경시 서의 관리들이 시전의 상행위를 감독하였고, 조창에 조세를 모았다가 개경의 경창 등으로 조운하였다. 고려 시대에는 예 성강 하구의 벽란도가 국제 무역항으로 번성하였다.

선지 해설

① 삼한통보, 해동통보 등이 발행되었다.
  고려 숙종
② 특산품으로 솔빈부의 말이 유명하였다.
  발해
③ 만상이 대청 무역으로 부를 축적하였다.
  조선 후기
④ 시장을 감독하는 관청인 동시전이 설치되었다.
  신라 지증왕
⑤ 광산을 전문적으로 경영하는 덕대가 등장하였다.
  조선 후기

13 (가) 국가의 문화유산으로 옳은 것을 〈보기〉에서 고른 것은? [2점]

미(美)·색(色)
벨기에 소장 우리 문화유산 특별전

초대의 글

우리 박물관에서는 국내에 들여와 보존 처리를 마친 벨기에 왕립 예술역사박물관 소장 (가) 의 공예품 8점을 공개하는 특별전을 개최합니다.
이번 전시에서는 (가) 의 대표적 문화유산인 상감청자 6점을 비롯하여 청동 정병, 금동 침통 등을 자세히 감상할 수 있도록 전시 공간을 연출하였으니 많은 관심 바랍니다.

▪기간: 2022. ○○. ○○. ~ ○○. ○○.
▪장소: △△ 박물관 기획 전시실

〈보 기〉

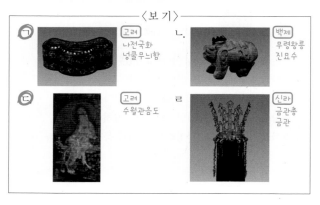

ㄱ. [고려] 나전국화넝쿨무늬함
ㄴ. [백제] 무령왕릉 진묘수
ㄷ. [고려] 수월관음도
ㄹ. [신라] 금관총 금관

① ㄱ, ㄴ ② ㄱ, ㄷ ③ ㄴ, ㄷ ④ ㄴ, ㄹ ⑤ ㄷ, ㄹ

---

14 (가) 시기에 있었던 사실로 옳은 것은? [2점]

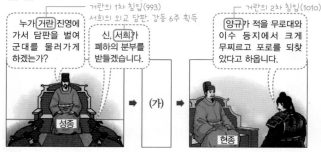

거란의 1차 침입(993)
서희의 외교 담판, 강동 6주 획득

누가 거란 진영에 가서 담판을 벌여 군대를 물러가게 하겠는가?
[성종]

신, 서희가 폐하의 분부를 받들겠습니다.

(가)

거란의 2차 침입(1010)

양규가 적을 무로대와 이수 등지에서 크게 무찌르고 포로를 되찾았다고 합니다.
[현종]

① 묘청이 서경에서 난을 일으켰다.
② 이자겸이 척준경에 의해 축출되었다.
③ 강조가 정변을 일으켜 국왕을 폐위하였다.
④ 김윤후가 처인성에서 살리타를 사살하였다.
⑤ 다인철소의 주민들이 충주에서 항전하였다.

정답 ②   출제포인트 : 고려의 문화유산

문제 분석

제시된 자료를 통해 (가) 국가가 고려임을 알 수 있다. 고려 상감 청자는 상감 기법으로 제작한 것으로, 상감이란 무늬를 새기려는 겉 부분을 파낸 후 그 자리에 백토나 흑토를 메우면서 무늬를 만들어 내는 공예 방식이다. ㄱ. 나전국화넝쿨무늬함, ㄷ. 수월관음도는 고려의 문화유산이고 ㄴ. 무령왕릉 진묘수는 백제, ㄹ. 금관총 금관은 신라의 문화유산이다.

선지 해설

① ㄱ, ㄴ ❷ ㄱ, ㄷ ③ ㄴ, ㄷ ④ ㄴ, ㄹ ⑤ ㄷ, ㄹ

정답 ③   출제포인트 : 거란에 대한 고려의 대응

문제 분석

993년 거란은 소손녕을 보내 고려를 침략하였고, 이에 서희는 소손녕과의 외교 회담을 통해 거란의 침입을 막아내고 강동 6주를 획득하였다. 그 후 (가) 시기에 1009년 강조가 김치양 일파를 제거하고 목종을 폐위시킨 뒤 현종을 옹립한 강조의 정변이 일어났고, 이를 구실로 거란이 2차 침략하였을 때 양규는 흥화진에서 거란군에 맞서 싸웠다. 이후 거란의 3차 침략 때 강감찬의 귀주 대첩으로 거란군은 대패하였고, 전쟁 이후 고려 현종 때는 개경에 나성을 쌓고 천리장성을 쌓는 등 거란의 침입에 대비하였다.

선지 해설

① 묘청이 서경에서 난을 일으켰다.
   묘청의 서경 천도 운동(1135)
② 이자겸이 척준경에 의해 축출되었다.
   고려 인종 때(1126)
❸ 강조가 정변을 일으켜 국왕을 폐위하였다.
   강조의 정변(1009)으로 거란의 2차 침입
④ 김윤후가 처인성에서 살리타를 사살하였다.
   몽골 2차 침입 시기(1232)
⑤ 다인철소의 주민들이 충주에서 항전하였다.
   몽골 6차 침입 시기(1254)

15 다음 상황이 나타난 시기의 사회 모습으로 옳은 것은?

└ 원 간섭기 [1점]

> 제국 대장 공주가 일찍이 잣과 인삼을 [원의] 강남 지역으로 보내 많은 이익을 얻었다. 나중에는 환관을 각지에 파견하여 잣과 인삼을 구하게 하였다. 비록 나오지 않는 땅이라 하더라도 강제로 거두니 백성들이 매우 괴로워하였다.

① 원종과 애노가 사벌주에서 봉기하였다.
② 대각국사 의천이 해동 천태종을 개창하였다.
③ 지배층을 중심으로 변발과 호복이 유행하였다.
④ 기근에 대비하기 위해 구황촬요가 간행되었다.
⑤ 국난 극복을 기원하며 초조 대장경이 조판되었다.

16 다음 사건의 배경으로 가장 적절한 것은? [2점]

└ 조위총의 난(1174)

> 조위총이 동·북 양계(兩界)의 여러 성에 격문을 돌려 군사를 불러 모아 말하기를, "소문에 따르면 개경의 중방(重房)에서 '북계의 여러 성은 거칠고 사나운 무리를 많이 거느리고 있으니 토벌해야 한다.'고 논의하고 이미 많은 병력을 동원했다고 하니 어찌 가만히 앉아서 스스로 죽을 수 있겠는가? 각자 군사와 말을 규합하여 빨리 서경으로 달려와야 한다."라고 하였다. — 무신 정권 비판

① 노비 만적이 반란을 모의하였다.
② 정중부, 이의방 등이 정변을 일으켰다.
③ 신돈이 전민변정도감의 판사가 되었다.
④ 망이, 망소이 등이 명학소에서 봉기하였다.
⑤ 최충헌이 교정도감을 설치하여 국정을 총괄하였다.

정답 ③ **출제포인트 : 원 간섭기에 있었던 역사적 사실**

문제 분석

제시된 자료의 상황이 나타난 시기는 원 간섭기임을 알 수 있다. 몽골과 강화를 한 이후 원 간섭기에는 친원 세력인 권문세족이 도평의사사 등 고위 관직을 장악하였고, 중서문하성과 상서성이 첨의부로 개편되는 등 왕실의 호칭과 관제의 격이 낮아졌다. 또 원은 일본 원정을 위해 설치했던 정동행성을 남겨 두어 내정을 간섭하였으며, 만호부를 설치하고 다루가치를 파견하기도 하였다. 이 밖에도 공녀와 환관을 뽑아 가고 금, 은, 인삼, 약재 등 특산물을 거두어갔으며, 지배층을 중심으로 변발과 호복이 유행하였다.

선지 해설

① 원종과 애노가 사벌주에서 봉기하였다.
　　　통일 신라 시기
② 대각국사 의천이 해동 천태종을 개창하였다.
　　　고려 숙종 시기
③ 지배층을 중심으로 변발과 호복이 유행하였다.
　　　원 간섭기
④ 기근에 대비하기 위해 구황촬요가 간행되었다.
　　　조선 명종 시기
⑤ 국난 극복을 기원하며 초조 대장경이 조판되었다.
　　　고려 현종 시기

정답 ② **출제포인트 : 무신 정권 시기의 역사적 사실**

문제 분석

제시된 자료를 통해 다음 사건이 조위총의 난임을 알 수 있다. 정중부, 이의방 등이 무신 정변을 일으켜 무신들이 정권을 잡은 이후 무신들의 권력 다툼과 백성들에 대한 가혹한 수탈이 일어나 이에 항거하여 많은 반란이 발생하였다. 무신 정변을 배경으로 일어난 반란은 대표적으로 김보당의 난, 조위총의 난, 망이·망소이의 난, 만적의 난 등이 있다.

선지 해설

① 노비 만적이 반란을 모의하였다.
　　　최충헌 집권 시기(1198)
② 정중부, 이의방 등이 정변을 일으켰다.
　　　무신 정변(1170)으로 무신 정권 수립
③ 신돈이 전민변정도감의 판사가 되었다.
　　　공민왕 시기
④ 망이, 망소이 등이 명학소에서 봉기하였다.
　　　정중부 집권 시기(1176)
⑤ 최충헌이 교정도감을 설치하여 국정을 총괄하였다.
　　　최충헌 집권 시기(1198)

17 (가) 군사 조직에 대한 설명으로 옳은 것은? [1점]

처음에 최우가 나라 안에 도적이 많음을 근심하여 용사들을 모아 매일 밤 순행하면서 포악한 짓들을 금하였는데, 이로 인하여 이름을 야별초(夜別抄)라고 하였다. 도적들이 여러 도에서도 일어났으므로 별초를 나누어 보내 이들을 잡게 하였다. 그 군사가 매우 많아 마침내 나누어 좌우로 삼았다. 또 우리나라 사람으로서 몽골로부터 도망쳐 돌아온 자들을 한 부대로 삼아 신의군(神義軍)이라고 불렀는데, 이들이 _(가)_ 이/가 되었다.
└ 삼별초

① 광군사의 통제를 받았다.
② 정미 7조약에 의해 해산되었다.
③ 4군 6진을 개척해 영토를 확장하였다.
④ 개경 환도 결정에 반발하여 항쟁하였다.
⑤ 유사시에 향토 방위를 담당하는 예비군이었다.

18 밑줄 그은 '그'에 대한 설명으로 옳은 것은? [3점]

초상화로 보는 한국사

이 그림은 고려 말 삼은(三隱) 중 한 사람인 목은(牧隱)의 초상화이다. 이색 이곡(李穀)의 아들인 그는 고려와 원의 과거에 합격했으며, 문하시중 등의 관직을 역임하였다. 고려 후기 성리학의 보급에 노력한 대표적 인물로 평가된다. 이 초상화는 당시의 관복을 충실하게 표현하여 보물로 지정되었다.

① 역옹패설과 사략을 저술하였다.
② 왕명에 의해 삼국사기를 편찬하였다.
③ 문헌공도를 설립하여 유학 교육에 힘썼다.
④ 불교 개혁을 주장하며 수선사 결사를 제창하였다.
⑤ 성균관의 대사성이 되어 정몽주 등을 학관으로 천거하였다.

정답 ④ 출제포인트 : 최씨 무신 정권의 군사 조직

문제 분석

제시된 자료를 통해 (가) 군사 조직이 삼별초임을 알 수 있다. 최씨 무신 정권의 군사적 기반이었던 삼별초는 최우가 치안을 위해 설치한 야별초에서 유래하였으며, 야별초가 좌별초, 우별초로 분리되고 신의군이 추가된 군사 조직이다. 개경 환도 결정에 반발하여 삼별초는 강화도, 진도, 제주도로 이동하며 몽골에 끝까지 항쟁하였다.

선지 해설

① 광군사의 통제를 받았다.
　　광군(거란 대비)
② 정미 7조약에 의해 해산되었다.
　　　　대한 제국의 군대
③ 4군 6진을 개척해 영토를 확장하였다.
　　조선 시대 최윤덕, 김종서
④ 개경 환도 결정에 반발하여 항쟁하였다.
　　삼별초의 항쟁(몽골과의 강화 반대)
⑤ 유사시에 향토 방위를 담당하는 예비군이었다.
　　　잡색군(조선)

정답 ⑤ 출제포인트 : 고려의 역사적 인물

문제 분석

제시된 자료를 통해 밑줄 그은 '그'는 고려 시대 인물 이색임을 알 수 있다. 고려 말 학자이자 문신인 이색은 고려와 원의 과거에 합격하고 문하시중 등의 관직을 역임하였다. 특히 성균관의 대사성이 되어 정몽주 등을 학관으로 천거하였다. 그는 고려 후기 성리학 보급에 노력한 대표적 인물로, 그의 문하에서 고려 왕조에 충절을 다한 정몽주 등과 조선 왕조 창업에 공헌한 사대부인 정도전, 하륜 등이 배출되었다.

선지 해설

① 역옹패설과 사략을 저술하였다.
　　　　이제현
② 왕명에 의해 삼국사기를 편찬하였다.
　　　　　김부식
③ 문헌공도를 설립하여 유학 교육에 힘썼다.
　　　최충
④ 불교 개혁을 주장하며 수선사 결사를 제창하였다.
　　　지눌
⑤ 성균관의 대사성이 되어 정몽주 등을 학관으로 천거하였다.
　　　이색

19 (가) 왕의 재위 시기에 있었던 사실로 옳은 것은?

[2점]

> **문화유산이 전하는 이야기 – 광통교**
> 🏛 한국사 채널   조회수 221,203
>
> 청계천이 복원되면서 광통교도 옛 모습을 되찾았어요. 이 광통교에는 능에 썼던 석물들이 있어요. 두 차례 왕자의 난으로 즉위한 **(가)** 이/가 태조의 계비인 신덕 왕후의 능을 이장하고, 이전 능에 있던 병풍석과 난간석 등 석물 일부를 다리 제작에 사용하게 한 것이에요.

— 조선 태종

① 최무선의 건의로 화통도감이 설치되었다.
② 조선의 기본 법전인 경국대전이 완성되었다.
③ 국방 문제를 논의하기 위한 비변사가 설치되었다.
④ 세계 지도인 혼일강리역대국도지도가 제작되었다.
⑤ 한양을 기준으로 한 역법서인 칠정산이 간행되었다.

정답 ④   출제포인트 : 조선 태종 재위 시기의 역사적 사실

문제 분석

제시된 자료를 통해 (가) 왕이 조선 태종임을 알 수 있다. 두 차례 왕자의 난으로 즉위한 조선 태종은 왕권 강화를 위해 6조 직계제를 실시하고 사병을 혁파하였으며, 문하부를 폐지하고 낭사를 사간원으로 독립시켰다. 또 국가 재정을 확충하기 위해 양전 사업과 호패법을 실시하였다. 이 외에 활자를 주조하기 위한 주자소를 설치하고 계미자를 주조하였고, 세계 지도인 혼일강리역대국도지도를 제작하였다.

선지 해설

① 최무선의 건의로 화통도감이 설치되었다.
     고려 우왕
② 조선의 기본 법전인 경국대전이 완성되었다.
     조선 성종
③ 국방 문제를 논의하기 위한 비변사가 설치되었다.
     조선 중종
④세계 지도인 혼일강리역대국도지도가 제작되었다.
     조선 태종
⑤ 한양을 기준으로 한 역법서인 칠정산이 간행되었다.
     조선 세종

---

20 밑줄 그은 '이 기구'에 대한 설명으로 옳은 것은?

[2점]

— 승정원

> 이 책은 1870년에 편찬된 은대조례입니다. 서문에서 흥선 대원군은 은대라고 불린 <u>이 기구</u>의 업무 처리 규정을 일목요연하게 정리하였으니 앞으로 승지들의 사무에 나침반이 될 것이라고 밝혔습니다.

① 왕명의 출납을 관장하였다.
② 사간원, 사헌부와 함께 3사로 불렸다.
③ 천문 연구, 기상 관측 등의 일을 맡았다.
④ 실록을 보관하고 관리하는 업무를 담당하였다.
⑤ 국왕 직속 사법 기구로 강상죄, 반역죄 등을 처결하였다.

정답 ①   출제포인트 : 조선의 중앙 정치 기구 – 승정원

문제 분석

제시된 자료를 통해 밑줄 그은 '이 기구'는 승정원임을 알 수 있다. 조선 시대 승정원은 왕명 출납을 관장하는 왕의 비서 기관으로, 별칭인 은대, 약칭인 정원으로 불리기도 하였다.

선지 해설

①왕명의 출납을 관장하였다.
     승정원
② 사간원, 사헌부와 함께 3사로 불렸다.
     홍문관
③ 천문 연구, 기상 관측 등의 일을 맡았다.
     관상감
④ 실록을 보관하고 관리하는 업무를 담당하였다.
     춘추관
⑤ 국왕 직속 사법 기구로 강상죄, 반역죄 등을 처결하였다.
     의금부

21 다음 검색창에 들어갈 인물의 활동으로 옳은 것은? [3점]

한국사 인물 통합 검색

검색어 ▾ | 신숙주 | ▾ 검색

【검색 결과】
○ 생몰: 1417년 ~ 1475년
○ 호: 희현당(希賢堂), 보한재(保閑齋)
○ 생애
• 집현전 학사로 훈민정음 해례본 편찬에 참여함
• 계유정난으로 정난공신 2등에 책훈됨
• 세조 대 사대교린의 외교 정책을 주도함
• 예종 즉위 후 한명회 등과 원상(院相)으로 국정을 논의함

① 기해 예송에서 기년설을 주장하였다.
② 반정 공신의 위훈 삭제를 건의하였다.
③ 향촌의 풍속 교화를 위해 예안 향약을 시행하였다.
④ 최초로 100리 척을 사용한 동국지도를 제작하였다.
⑤ 일본의 정치, 사회, 지리 등을 정리한 해동제국기를 저술하였다.

22 (가) 왕이 추진한 정책으로 옳은 것은? [3점]

□□신문
제△△호   ○○○○년 ○○월 ○○일

관현맹(管絃盲) 공연, 경복궁에서 재현

조선 시대 관현맹의 공연을 재현하는 행사가 경복궁 수정전에서 개최되었다. 관현맹은 궁중 잔치에서 연주한 시각장애인 악사인데, 박연의 상소를 계기로 (가) 때 관직과 곡식을 받게 되었다. 이번 공연에서는 (가) 이/가 작곡한 여민락(與民樂)을 시작으로 여러 곡이 연주되었다.

조선 세종
조선 세종 때 음악가
한글의 우수성 드러남

① 창덕궁에 신문고를 처음 설치하였다.
② 삼수병으로 구성된 훈련도감을 창설하였다.
③ 붕당 정치의 폐단을 경계하고자 탕평비를 세웠다.
④ 통치 체제를 정비하기 위해 대전통편을 간행하였다.
⑤ 유교 윤리의 보급을 위해 삼강행실도를 편찬하였다.

정답 ⑤   출제포인트 : 조선의 역사적 인물

문제 분석

제시된 자료를 통해 검색창에 들어갈 인물은 조선 시대의 신숙주임을 알 수 있다. 조선 전기 문신인 신숙주는 세종 때 집현전 학사로 『훈민정음 해례본』 편찬에 참여하였고, 세조 때 사대교린의 외교 정책을 주도하였다. 또 예종 즉위 후 승정원에 들어가 원상으로 국정을 논의하였으며, 성종 때 『동국통감』, 『국조오례의』 등을 완성시켰다. 그는 일본의 정치, 사회, 지리 등을 정리한 『해동제국기』를 저술하였다.

선지 해설

① 기해 예송에서 기년설을 주장하였다.
     송시열
② 반정 공신의 위훈 삭제를 건의하였다.
     조광조
③ 향촌의 풍속 교화를 위해 예안 향약을 시행하였다.
     이황
④ 최초로 100리 척을 사용한 동국지도를 제작하였다.
     정상기
⑤ 일본의 정치, 사회, 지리 등을 정리한 해동제국기를 저술하였다. 세종 때 통신사로 파견   신숙주

정답 ⑤   출제포인트 : 조선 세종의 정책

문제 분석

제시된 자료를 통해 (가) 왕이 조선 세종임을 알 수 있다. 조선 세종은 전분 6등법과 연분 9등법의 공법을 시행하였으며, 집현전을 설치하고 경연 제도를 실시하였다. 또 훈민정음을 창제하였으며, 주자소에서 갑인자를 제작하였다. 장영실 등을 등용하여 과학 기구를 발명하도록 하여 혼천의 · 측우기 · 앙부일구 · 자격루 등을 제작하였고, 『칠정산 내 · 외편』, 『향약집성방』 등을 편찬하였다. 또 우리 풍토에 맞는 농법을 소개한 『농사직설』과 유교 윤리의 보급을 위해 효자, 충신 등의 사례를 제시한 『삼강행실도』가 편찬되었다.

선지 해설

① 창덕궁에 신문고를 처음 설치하였다.
     조선 태종
② 삼수병으로 구성된 훈련도감을 창설하였다.
     조선 선조
③ 붕당 정치의 폐단을 경계하고자 탕평비를 세웠다.
     조선 영조
④ 통치 체제를 정비하기 위해 대전통편을 간행하였다.
     조선 정조
⑤ 유교 윤리의 보급을 위해 삼강행실도를 편찬하였다.
     조선 세종

23 다음 상인이 등장한 배경으로 가장 적절한 것은?

[1점]

(앞면)

(뒷면)

① 관수 관급제가 시행되었다.
② 금속 화폐인 건원중보가 주조되었다.
③ 근대적 상회사인 대동 상회가 설립되었다.
④ 공납의 폐단을 시정하기 위해 대동법이 실시되었다.
⑤ 육의전을 제외한 시전 상인의 금난전권이 폐지되었다.

24 밑줄 그은 '이 성곽'에 대한 설명으로 옳지 않은 것은?

[2점]

이 성곽은 한성부 도심의 경계를 표시하고 외부의 침입을 방어하기 위해 축조되었습니다. 총 둘레는 약 18km로 4대문과 4소문 및 암문, 수문, 여장, 옹성 등의 시설을 갖추고 있습니다.

① 개국 초기 정도전 등이 설계하였다.
② 도성조축도감이 축조를 관장하였다.
③ 후금의 침입에 맞서 정봉수가 항전한 곳이다.
④ 조선 시대 축성 기술의 변화 과정이 잘 나타나 있다.
⑤ 일제 강점기 도시 정비 계획을 구실로 크게 훼손되었다.

정답 ④　　　　　출제포인트 : 대동법의 특징

문제 분석

제시된 자료를 통해 카드 속 상인은 대동법 실시 이후 등장한 공인임을 알 수 있다. 대동법은 경기도에서 처음 시작되었으며, 공납의 폐단이 심해 이를 해결하기 위해 시행하였다. 공물을 현물 대신 토지 결수를 기준으로 쌀, 베, 동전 등으로 선혜청에 납부하는 제도로, 대동법 시행 이후 물품을 마련하여 궁궐과 관청에 납품하는 상인인 공인이 등장하였다.

선지 해설

① 관수 관급제가 시행되었다.
　　직전법의 폐단 시정
② 금속 화폐인 건원중보가 주조되었다.
　　고려 성종 때
③ 근대적 상회사인 대동 상회가 설립되었다.
　　청과 일본의 상권 침입을 막기 위해
④ 공납의 폐단을 시정하기 위해 대동법이 실시되었다.

⑤ 육의전을 제외한 시전 상인의 금난전권이 폐지되었다.
　　조선 정조 때

정답 ③　　　　　출제포인트 : 서울 한양도성

문제 분석

제시된 자료를 통해 밑줄 그은 '이 성곽'은 한양도성임을 알 수 있다. 조선 시대 한양을 둘러싼 이 도성은 한성부 도심의 경계를 표시하고 외부의 침입을 방어하기 위해 축조하였으며, 4대문과 4소문, 암문, 수문, 여장, 옹성 등의 시설을 갖추었다. 개국 초기 정도전 등이 설계하였으며, 도성조축도감이 축조를 관장하였다. 조선 시대 축성 기술의 변화 과정이 잘 나타나 있으나, 일제 강점기 도시 정비 계획을 구실로 크게 훼손되었다.

선지 해설

① 개국 초기 정도전 등이 설계하였다.
　　한양도성
② 도성조축도감이 축조를 관장하였다.
　　한양도성
③ 후금의 침입에 맞서 정봉수가 항전한 곳이다.
　　용골산성
④ 조선 시대 축성 기술의 변화 과정이 잘 나타나 있다.
　　한양도성
⑤ 일제 강점기 도시 정비 계획을 구실로 크게 훼손되었다.
　　한양도성

25 다음 전투 이후에 전개된 사실로 옳은 것은? [2점]

> 권율이 정병 4천 명을 뽑아 행주산 위에 진을 치고는 책(柵)을 설치하여 방비하였다. …… 적은 올려다보고 공격하는 처지가 되어 탄환도 맞히지 못하는데 반해 호남의 씩씩한 군사들은 모두 활쏘기를 잘하여 쏘는 대로 적중시켰다. …… 적이 결국 패해 후퇴하였다.
> ─『선조수정실록』─

행주 대첩(1593. 2)

① 최영이 홍산에서 대승을 거두었다.
② 이순신이 한산도 대첩에서 승리하였다.
③ 휴전 회담의 결렬로 정유재란이 시작되었다.
④ 이종무가 왜구의 근거지인 쓰시마를 정벌하였다.
⑤ 신립이 탄금대에서 배수의 진을 치고 왜군에 항전하였다.

26 밑줄 그은 '임금'의 재위 기간에 있었던 사실로 옳은 것은? [3점]

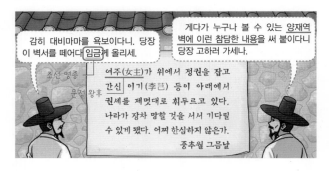

① 사림이 동인과 서인으로 나뉘었다.
② 외척 간의 대립으로 을사사화가 일어났다.
③ 서인이 반정을 일으켜 정권을 장악하였다.
④ 김종직 등 사림이 중앙 정계에 진출하기 시작하였다.
⑤ 폐비 윤씨 사사 사건의 전말이 알려져 김굉필 등이 처형되었다.

정답 ③　　출제포인트 : 임진왜란의 전개 과정

문제 분석

제시된 자료의 전투는 임진왜란 당시 벌어진 행주 대첩임을 알 수 있다. 임진왜란 당시 신립은 탄금대에서 배수의 진을 치고 왜군에 항전하였으며(⑤), 김시민은 진주성 전투에서 왜군에 대승을 거두었고, 이순신은 한산도 앞바다에서 학익진을 펼쳐 승리하였다(②). 또 권율이 행주산성에서 크게 승리하였고, 이후 조명 연합군이 평양성을 탈환하고 휴전 협상이 시작되었으나 회담이 결렬되면서 정유재란이 시작되었다(③).

선지 해설

① 최영이 홍산에서 대승을 거두었다.
　고려 우왕 시기(1376)
② 이순신이 한산도 대첩에서 승리하였다.
　임진왜란 당시(1592. 7)
③ 휴전 회담의 결렬로 정유재란이 시작되었다.
　임진왜란 당시(1597)
④ 이종무가 왜구의 근거지인 쓰시마를 정벌하였다.
　조선 세종 시기(1419)
⑤ 신립이 탄금대에서 배수의 진을 치고 왜군에 항전하였다.
　임진왜란 당시(1592. 4)

정답 ②　　출제포인트 : 조선 명종 재위 기간의 역사적 사실

문제 분석

제시된 자료를 통해 밑줄 그은 '임금'이 조선 명종임을 알 수 있다. 1545년 조선 명종 때 윤원형(소윤)이 윤임(대윤) 일파를 제거하는 외척 간의 대립으로 을사사화가 일어났다. 을사사화의 여파로 양재역 벽서 사건이 있었다. 1547년 양재역에서 익명의 벽서를 발견하여 임금에게 바치고 윤원형이 반대파 인물을 대거 숙청한 사건으로, 이를 정미사화라고도 한다.

선지 해설

① 사림이 동인과 서인으로 나뉘었다. ─ 조선 선조
②외척 간의 대립으로 을사사화가 일어났다. ─ 조선 명종
　윤임(대윤파) vs. 윤원형(소윤파)
③ 서인이 반정을 일으켜 정권을 장악하였다. ─ 조선 인조
④ 김종직 등 사림이 중앙 정계에 진출하기 시작하였다.
　　　　　　　　　　　　　　　　　　　─ 조선 성종
⑤ 폐비 윤씨 사사 사건의 전말이 알려져 김굉필 등이 처형되었다. ─ 조선 연산군(갑자사화)

27 (가) 문화유산에 대한 설명으로 옳은 것을 〈보기〉에서 고른 것은? [2점]

정조가 정치적 이상을 담아 축조한 (가) 안의 모습이 참 예쁘네! — 수원 화성

정조가 행차할 때 머물렀던 행궁과 장용영 군사를 지휘했던 서장대도 보여.

─〈보 기〉─
ㄱ. 고종이 아관파천 이후 환궁한 곳이다. — 덕수궁
ㄴ. 포루, 공심돈 등 방어 시설을 갖추었다. — 수원 화성
ㄷ. 당백전을 발행하여 건설 비용에 충당하였다. — 경복궁
ㄹ. 정약용이 고안한 거중기 등을 이용하여 축조되었다. — 수원 화성

① ㄱ, ㄴ ② ㄱ, ㄷ ③ ㄴ, ㄷ ④ ㄴ, ㄹ ⑤ ㄷ, ㄹ

28 (가), (나)를 쓴 인물의 공통점으로 옳은 것은? [2점]

(가) 실옹이 웃으며 말하기를, "…… 대저 땅덩이는 하루 동안에 한 바퀴를 도는데, 땅 둘레는 9만 리이고 하루는 12시이다. 9만 리 넓은 둘레를 12시간에 도니 번개나 포탄보다도 더 빠른 셈이다."라고 하였다. — 홍대용의 의산문답

(나) 허생이 말하기를, "우리 조선은 배가 외국과 통하지 못하고, 수레가 국내에 두루 다니지 못하는 까닭에 온갖 물건이 나라 안에서 생산되어 소비되곤 하지 않나. …… 어떤 물건 하나를 슬그머니 독점한다면, 그 물건은 한 곳에 갇혀서 유통되지 못하니 이는 백성을 못살게 하는 방법이야."라고 하였다. — 박지원의 허생전

① 갑술환국으로 정계에서 축출되었다.
② 양명학을 연구하여 강화학파를 형성하였다.
③ 서얼 출신으로 규장각 검서관에 기용되었다.
④ 연행사의 일원으로 청에 다녀와 연행록을 남겼다.
⑤ 농민 생활의 안정을 위하여 화폐 사용을 반대하였다.

정답 ④ 출제포인트 : 조선 후기의 문화유산 – 수원 화성

문제 분석

제시된 자료를 통해 (가) 문화유산이 수원 화성임을 알 수 있다. 조선 정조는 정치적 이상을 담아 수원 화성을 축조하였다. 수원 화성은 행차할 때 머물렀던 행궁, 장용영 군사를 지휘했던 서장대, 방어 시설인 포루, 공심돈 등을 갖추었으며, 정약용이 고안한 거중기 등을 이용하여 축조한 것이다.

선지 해설

① ㄱ, ㄴ ② ㄱ, ㄷ ③ ㄴ, ㄷ ④ ㄴ, ㄹ ⑤ ㄷ, ㄹ

정답 ④ 출제포인트 : 중상주의 실학자 홍대용과 박지원

문제 분석

(가)를 쓴 인물인 홍대용은 중상주의 실학자로, 혼천의를 개량하였고 시문집인 『담헌서』를 저술하였다. 또 지전설과 무한 우주론을 주장하였고 『의산문답』에서 중국 중심의 세계관을 비판하였다. (나)를 쓴 인물인 박지원은 중상주의 실학자로, 상공업 진흥 및 수레와 선박의 이용을 주장하였다. 또 『열하일기』, 『허생전』, 『양반전』 등을 저술하였는데, 『열하일기』에서 수레와 선박의 필요성을 강조하였다. 홍대용과 박지원 모두 청나라에 사절단으로 파견된 인물이다.

선지 해설

① 갑술환국으로 정계에서 축출되었다.
　　　　남인 세력 축출
② 양명학을 연구하여 강화학파를 형성하였다.
　　　　정제두
③ 서얼 출신으로 규장각 검서관에 기용되었다.
　　　　유득공, 박제가
④ 연행사의 일원으로 청에 다녀와 연행록을 남겼다.
　　　　홍대용, 박지원
⑤ 농민 생활의 안정을 위하여 화폐 사용을 반대하였다.
　　　　이익

29 밑줄 그은 '시기'에 볼 수 있는 모습으로 옳지 않은 것은? [1점]

조선 후기

이 그림은 책과 함께 도자기, 문방구 등이 놓인 책가를 그린 책가도입니다. 책가도가 유행한 시기에는 다양한 주제의 민화가 왕실과 사대부뿐만 아니라 서민들에게도 인기를 끌었습니다.

① 판소리를 구경하는 농민
② 탈춤 공연을 벌이는 광대
③ 장시에서 물품을 파는 보부상
④ 한글 소설을 읽어주는 전기수
⑤ 벽란도에서 인삼을 사는 송의 상인

---

30 밑줄 그은 '이 사건'이 일어난 시기를 연표에서 옳게 고른 것은? [2점]

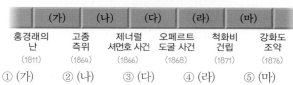

○○○님이 강화도에 있습니다.
23시간 전 · 인천광역시 · 🌐

이곳은 강화도 광성보 끝자락 용두돈대. 광성보는 이 사건 당시 침입한 미군에 맞서 어재연 장군의 지휘 아래 조선군이 결사 항전한 곳임. 신미양요 (1871)

👍 △△△님 외 28명   댓글 5개

	(가)	(나)	(다)	(라)	(마)	
홍경래의 난 (1811)		고종 즉위 (1864)	제너럴 셔먼호 사건 (1866)	오페르트 도굴 사건 (1868)	척화비 건립 (1871)	강화도 조약 (1876)

① (가) ② (나) ③ (다) ④ (라) ⑤ (마)

---

31 밑줄 그은 '개혁'에 해당하는 내용으로 옳은 것은?

[2점]

[해설] 광무개혁

이 그림은 프랑스 일간지에 실린 삽화로 파리 만국 박람회장에 설치된 한국관의 모습을 담고 있습니다. 경복궁 근정전을 재현한 한국관은 당시 언론의 관심을 끌었습니다. 황제로 즉위한 뒤 개혁을 추진하던 고종은 만국 박람회 참가를 통해 대한 제국을 세계에 소개하고, 서구의 산업과 기술을 받아들이고자 하였습니다.

① 건양이라는 연호를 사용하였다.
② 신식 군대인 별기군을 창설하였다.
③ 관립 의학교와 광제원을 설립하였다.
④ 박문국을 설치하여 한성순보를 발간하였다.
⑤ 한일 관계 사료집을 편찬하고 독립 공채를 발행하였다.

32 (가)에 들어갈 내용으로 옳은 것은?

[2점]

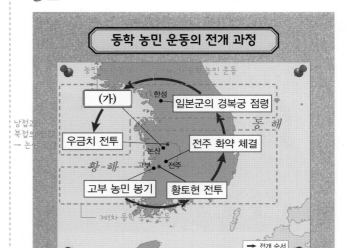

동학 농민 운동의 전개 과정

① 교정청 설치
② 전봉준 체포
③ 13도 창의군 결성
④ 안핵사 이용태 파견
⑤ 남접과 북접의 연합

정답 ③ 　　　　출제포인트 : 광무개혁의 내용

문제 분석

제시된 자료를 통해 밑줄 그은 '개혁'이 광무개혁임을 알 수 있다. 고종은 1897년 국호를 '대한 제국', 연호를 '광무'로 정하고 대한 제국 황제로 즉위하였으며, 1899년 대한국 국제도 반포하였다. 대한 제국은 '구본신참'을 원칙으로 광무개혁을 실시하였는데, 근대적 토지 소유권을 확립하기 위해 양전 사업을 실시하였으며, 토지 소유권을 법적으로 인정하는 문서인 지계를 발행하였다. 군 통수권을 장악하기 위해 원수부를 설치하였고, 시위대와 진위대를 두었으며, 관립 의학교와 광제원을 설립하였다.

선지 해설

① 건양이라는 연호를 사용하였다. — 을미개혁 당시(1896)

② 신식 군대인 별기군을 창설하였다. — 개항 이후(1881)

③ 관립 의학교와 광제원을 설립하였다. — 광무개혁 당시(1900)

④ 박문국을 설치하여 한성순보를 발간하였다. — 개항 이후 (1883)

⑤ 한일 관계 사료집을 편찬하고 독립 공채를 발행하였다. — 1920년대 대한민국 임시 정부의 활동

정답 ⑤ 　　　　출제포인트 : 동학 농민 운동의 전개 과정

문제 분석

고부 군수 조병갑의 횡포에 전봉준과 농민들이 고부 농민 봉기를 일으켜 황토현과 황룡촌에서 관군과 전투를 벌여 승리하고, 전주성을 점령했다. 이에 정부가 청에 지원을 요청하였고, 일본군도 톈진 조약을 구실로 개입하였다. 이로 인해 농민군은 전주 화약을 체결하고 전주성에서 물러나며 집강소를 설치하였으며 정부는 교정청을 설치했다. 그러나 이후 일본이 경복궁을 점령하자 농민군이 재봉기하여 남접군과 북접군이 논산에 집결하였다. 결국 우금치에서 패하고 전봉준 등의 지도자들이 체포되면서 동학 농민 운동은 막을 내렸다.

선지 해설

① 교정청 설치 — 전주 화약 체결 이후

② 전봉준 체포 — 우금치 전투에서 체포

③ 13도 창의군 결성 — 대한 제국 군대 해산 이후

④ 안핵사 이용태 파견 — 고부 농민 봉기 수습을 위해 파견

⑤ 남접과 북접의 연합 — 우금치 전투에서 관군과 일본군에 패배

33 밑줄 그은 '조약'의 영향으로 가장 적절한 것은?

조·미 수호 통상 조약(1882) : 최혜국 대우 조항   [2점]

청의 알선으로 서양과 맺은 최초의 조약이 체결된 장소에 새로운 표석이 설치되었습니다. 기존 한글 안내판에 영어와 중국어 안내문을 추가한 이번 표석 설치는 개항기 대외 관계와 관련한 중요한 장소를 외국인에게도 널리 알리는 기회가 될 것으로 보입니다.

영어, 중국어 안내문을 추가한 표석 설치

① 부산, 원산, 인천 항구가 개항되었다.
② 김홍집이 국내에 조선책략을 소개하였다.
③ 민영익을 대표로 한 보빙사가 파견되었다.
④ 일본 군함 운요호가 영종도를 공격하였다.
⑤ 개화 정책을 총괄하는 통리기무아문이 설치되었다.

34 교사의 질문에 대한 학생의 답변으로 옳은 것은?

신민회(1907) : 윤치호, 안창호, 양기탁, 장지연, 신채호, 이동휘 등, 공화 정체 수립 목표, 비밀 결사 단체   [2점]

이것은 대한매일신보에 태극 서관이 게재한 서적 할인 광고입니다. 태극 서관은 신지식 보급과 민족의식 고취를 위해 이 단체가 운영한 기관입니다. 인재 양성을 위해 대성 학교도 설립한 이 단체에 대해 말해 볼까요?

① 민립 대학 설립 운동을 전개하였어요.
② 러시아의 절영도 조차 요구를 저지하였어요.
③ 파리 강화 회의에 독립 청원서를 제출하였어요.
④ 안창호, 양기탁 등이 비밀 결사로 조직하였어요.
⑤ 국문 연구소를 세워 한글의 문자 체계를 정리하였어요.

정답 ③   출제포인트 : 조·미 수호 통상 조약의 내용

문제 분석

제시된 자료를 통해 밑줄 그은 '조약'은 조·미 수호 통상 조약임을 알 수 있다. 1882년 청의 알선으로 치외 법권과 최혜국 대우 인정, 거중 조정, 낮은 세율의 관세 조항 규정 등을 내용으로 하는 조·미 수호 통상 조약이 체결되었다. 이 조약은 조선이 서양 국가와 최초로 체결한 조약이었다. 이후 민영익을 대표로 한 보빙사가 미국에 파견되었다.

선지 해설

① 부산, 원산, 인천 항구가 개항되었다.
    강화도 조약(1876)
② 김홍집이 국내에 조선책략을 소개하였다.
    조·미 수호 통상 조약 체결의 배경
③ 민영익을 대표로 한 보빙사가 파견되었다.

④ 일본 군함 운요호가 영종도를 공격하였다.
    운요호 사건(1875), 강화도 조약 체결의 배경
⑤ 개화 정책을 총괄하는 통리기무아문이 설치되었다.
    1880년 설치

정답 ④   출제포인트 : 신민회의 활동

문제 분석

제시된 자료의 단체는 신민회임을 알 수 있다. 1907년 안창호, 양기탁, 이승훈을 중심으로 조직된 비밀 결사 단체인 신민회는 공화 정체의 국가 수립을 목표로 실력 양성에 힘을 쏟아야 한다고 주장하였다. 대성 학교와 오산 학교를 설립하여 민족 교육을 실시하였으며, 태극 서관과 자기 회사도 운영하였다. 또 남만주 삼원보에 신흥 강습소 등 독립운동 기지를 건설하였다. 신민회는 1911년 일제가 조작한 105인 사건으로 와해되었다.

선지 해설

① 민립 대학 설립 운동을 전개하였어요.
    민립 대학 기성회
② 러시아의 절영도 조차 요구를 저지하였어요.
    독립 협회
③ 파리 강화 회의에 독립 청원서를 제출하였어요.
    신한 청년당
④ 안창호, 양기탁 등이 비밀 결사로 조직하였어요.
    신민회
⑤ 국문 연구소를 세워 한글의 문자 체계를 정리하였어요.
    주시경

35 다음 인물의 활동으로 옳은 것은? [3점]

나는 23세 때 육영 공원의 교사로 조선에 와서 학생들을 가르쳤소. 고종의 특사가 되어 만국 평화 회의가 열린 헤이그를 방문하였고, 대한 제국 멸망사를 출간하기도 했소. 나는 한국인의 권리와 자유를 위해 싸워왔으며 한국인에 대한 사랑은 내 인생의 가장 소중한 가치라오. 나는 웨스트민스터 사원보다 한국 땅에 묻히기를 염원하오. ─ 헐버트

① 화폐 정리 사업을 주도하였다.
② 한글로 된 교재인 사민필지를 집필하였다.
③ 여성 교육 기관인 이화 학당을 설립하였다.
④ 친일 인사 스티븐스를 샌프란시스코에서 사살하였다.
⑤ 논설 단연보국채를 써서 국채 보상 운동에 적극 참여하였다.

36 (가) 단체의 활동으로 옳은 것은? [2점]

독립 협회(1896)

아들아, 제중원 의학교 1회 졸업생이 된 것을 축하한다. 백정의 아들로 태어나 차별을 극복하고 의사가 되다니 정말 자랑스럽구나.

10년 전 (가) 이/가 주관한 관민 공동회 개회식에서 당당하게 충군애국의 뜻을 밝히신 아버지의 연설에 감명을 받아 열심히 공부할 수 있었습니다.

1898년 개최, 헌의 6조 채택, 의회식 중추원 관제 발포

① 일제의 황무지 개간권 요구를 저지하였다.
② 중추원 개편을 통한 의회 설립을 추진하였다.
③ 농촌 계몽을 위한 브나로드 운동을 전개하였다.
④ 외교 활동을 펼치기 위해 구미 위원부를 설치하였다.
⑤ 여성의 평등한 권리를 주장하는 여권통문을 발표하였다.

정답 ②　　출제포인트 : 한국의 독립을 도운 외국인

문제 분석

제시된 자료의 인물은 호머 헐버트임을 알 수 있다. 헐버트는 육영 공원에서 학생들에게 영어를 가르쳤으며, 고종의 특사가 되어 만국 평화 회의가 열린 헤이그를 방문하였다. 『대한 제국 멸망사』를 출간하였으며, 한글로 된 교재인 『사민필지』를 집필하였다.

선지 해설

① 화폐 정리 사업을 주도하였다.
　　메가타
② 한글로 된 교재인 사민필지를 집필하였다.
　　헐버트
③ 여성 교육 기관인 이화 학당을 설립하였다.
　　스크랜턴
④ 친일 인사 스티븐스를 샌프란시스코에서 사살하였다.
　　장인환, 전명운
⑤ 논설 단연보국채를 써서 국채 보상 운동에 적극 참여하였다.
　　서상돈

정답 ②　　출제포인트 : 독립 협회의 활동

문제 분석

제시된 자료를 통해 (가) 단체가 독립 협회임을 알 수 있다. 1896년 서재필을 중심으로 창립한 독립 협회는 독립신문을 창간하고 영은문이 있던 자리 부근에 독립문을 건립하였으며, 러시아의 절영도 조차 요구와 한러 은행 설립 등에 반대하였다. 또 민중 대회인 만민 공동회를 개최하여 열강의 이권 침탈을 저지하였고, 중추원 개편을 통한 의회 설립을 추진하는 내용을 포함한 헌의 6조를 관민 공동회를 개최하여 채택하였다. 이후 독립 협회는 공화정체로 바꾸려 한다는 보수 세력의 모함, 황국 협회와의 충돌로 강제 해산되었다.

선지 해설

① 일제의 황무지 개간권 요구를 저지하였다.
　　보안회
② 중추원 개편을 통한 의회 설립을 추진하였다.
　　독립 협회
③ 농촌 계몽을 위한 브나로드 운동을 전개하였다.
　　동아일보
④ 외교 활동을 펼치기 위해 구미 위원부를 설치하였다.
　　대한민국 임시 정부
⑤ 여성의 평등한 권리를 주장하는 여권통문을 발표하였다.
　　찬양회

37 (가), (나) 사이의 시기에 있었던 사실로 옳은 것은?

정우회 선언(1926) → 사회주의 세력+비타협적 민족주의 세력
협동 전선 모색 → 신간회 발족(1927)

[2점]

> (가) 조선 사회 운동 단체인 정우회는 며칠 전 선언서를 발표하였다. 선언서에서 민족주의적 세력과 과도기적 동맹자적 관계를 구축해야 한다고 밝히고 타협과 항쟁을 분리시켜 사회 운동 본래의 사명을 잊지 말자는 것을 말하였다.

> (나) 조선 민족 운동의 중추 기관이 되려는 사명을 띠고 창립되었던 신간회가 비로소 첫 번째 전체 대회를 개최하였다. 그러나 간신히 열리는 전체 대회에서 해소 문제 토의를 최대 의제로 하게 된 것은 조선의 현 상황이 아니고서는 보기 어려운 기현상이다. ─ 신간회 해소 문제(1931)

① 광주 학생 항일 운동이 일어났다.
② 임병찬이 독립 의군부를 조직하였다.
③ 독립군이 봉오동에서 큰 승리를 거두었다.
④ 도쿄 유학생들이 2·8 독립 선언서를 발표하였다.
⑤ 조선 민족 전선 연맹 산하에 조선 의용대가 창설되었다.

정답 ①　　출제포인트 : 신간회의 활동 시기

문제 분석

제시된 자료를 통해 (가)는 정우회 선언(1926), (나)는 신간회 해소 문제(1931) 내용임을 알 수 있다. 정우회 선언 이후 신간회는 1927년 비타협적 민족주의 세력과 사회주의 세력이 협력하여 민족 유일당 운동의 일환으로 창립되었다. '정치적·경제적 각성, 민족의 단결을 공고히 함, 기회주의자 배척'이라는 3대 강령을 바탕으로 민족의식을 고취시키고 식민 통치 정책을 비판하는 등 다양한 민족 운동을 전개하였다. 또 1929년 광주 학생 항일 운동이 일어났을 때 진상 조사단을 파견하여 전국적 항일 운동으로 확산시키고자 하였다.

선지 해설

① 광주 학생 항일 운동이 일어났다.
　　신간회 개입(1929)
② 임병찬이 독립 의군부를 조직하였다.
　　1912년
③ 독립군이 봉오동에서 큰 승리를 거두었다.
　　1920년
④ 도쿄 유학생들이 2·8 독립 선언서를 발표하였다.
　　1919년
⑤ 조선 민족 전선 연맹 산하에 조선 의용대가 창설되었다.
　　1938년

---

38 밑줄 그은 '이곳'에 해당하는 지역을 지도에서 옳게 고른 것은?

[1점]

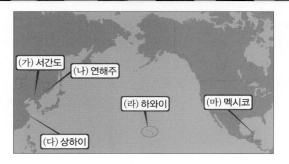

> 박용만은 1905년 국외로 떠난 이후 네브라스카주에서 대학을 다니며 독립군 양성 기관인 한인 소년병 학교를 창설하고, 국민개병설을 집필했습니다. 그후 이곳으로 건너와 대조선 국민군단을 조직하여 독립 전쟁을 준비했습니다.

대조선 국민군단이 사용한 건물과 군복을 입은 박용만

(가) 서간도　(나) 연해주
(라) 하와이　(마) 멕시코
(다) 상하이

① (가)　② (나)　③ (다)　④ (라)　⑤ (마)

정답 ④　　출제포인트 : 미주 지역의 민족 운동

문제 분석

제시된 자료를 통해 밑줄 그은 '이곳'은 하와이임을 알 수 있다. 미주 지역에서는 구미 위원부를 중심으로 외교 활동을 통한 독립운동을 전개하였으며, 독립운동 자금을 마련하여 각지의 독립운동을 지원하기도 하였다. 또 안창호는 미국 본토에서 대한인 국민회를 중심으로 외교 활동을 전개하였으며, 하와이에서는 박용만이 대조선 국민군단을 조직하여 무장 투쟁을 준비하였다.

선지 해설

① (가)　② (나)　③ (다)　④ (라)　⑤ (마)

39 (가), (나) 인물에 대한 설명으로 옳은 것은? [3점]

국외 독립 전쟁을 이끈 독립운동가

(가) — 양세봉

- 생몰: 1896년 ~ 1934년
- 대한 통의부 의군으로 활동
- 조선 혁명군 총사령관으로 항일 투쟁 전개
- 일제의 밀정에 의해 사망
- 1962년 건국훈장 독립장 추서

흥경성, 영릉가 전투(+중국 의용군)

(나) — 지청천

- 생몰: 1888년 ~ 1957년
- 신흥 무관 학교 교성 대장으로 독립군 양성
- 한국 독립군 총사령관으로 항일 투쟁 전개
- 한국광복군 총사령관에 취임
- 1962년 건국훈장 대통령장 추서

쌍성보, 대전자령 전투(+중국 호로군)

① (가) – 조선 혁명 간부 학교를 설립하였다.
② (가) – 대한 광복회를 조직하여 친일파를 처단하였다.
③ (나) – 대전자령 전투에서 일본군에 대승을 거두었다.
④ (나) – 중광단을 중심으로 북로 군정서를 조직하였다.
⑤ (가), (나) – 황푸 군관 학교에 입학하여 군사 훈련을 받았다.

40 밑줄 그은 '시기'의 일제 정책으로 옳은 것은? [1점]

1930년대 후반 이후

부평 공원 내에 있는 이 동상은 일제의 무기 공장인 조병창 등에 강제 동원된 노동자의 모습을 형상화한 작품입니다. 중일 전쟁 이후 침략 전쟁을 확대하던 시기에 일제는 한국인을 탄광, 군수 공장 등으로 끌고 가 열악한 환경에서 혹사시켰습니다.

① 치안 유지법을 공포하였다.
② 토지 조사령을 제정하였다.
③ 헌병 경찰 제도를 실시하였다.
④ 식량 배급 및 미곡 공출제를 시행하였다.
⑤ 보통학교의 수업 연한을 4년으로 정하였다.

정답 ③	출제포인트 : 국외 독립운동가 양세봉과 지청천

문제 분석

(가) 인물은 조선 혁명군을 이끈 총사령관 양세봉이며, 그는 1930년대 중국 의용군과 연합하여 영릉가, 흥경성 등 전투에서 일본군을 상대로 승리를 거두었다.

(나) 인물은 한국 독립군을 이끈 총사령관 지청천이며, 그는 1930년대 중국 호로군과 연합하여 쌍성보, 대전자령, 동경성 등의 전투에서 일본군을 상대로 승리로 거두었다. 1940년 대한민국 임시 정부 산하의 군대인 한국광복군의 총사령관으로 역임하였다.

선지 해설

① (가) – 조선 혁명 간부 학교를 설립하였다.
　　　　　　　　　김원봉
② (가) – 대한 광복회를 조직하여 친일파를 처단하였다.
　　　　　　　　박상진
③ (나) – 대전자령 전투에서 일본군에 대승을 거두었다.
　　　　지청천
④ (나) – 중광단을 중심으로 북로 군정서를 조직하였다.
　　　　　　　　　서일
⑤ (가), (나) – 황푸 군관 학교에 입학하여 군사 훈련을 받았다.
　　　　　　　김원봉 등 의열단 단원들

정답 ④	출제포인트 : 1930년대 후반 이후 일제의 정책

문제 분석

제시된 자료를 통해 밑줄 그은 '시기'가 1937년 중·일 전쟁 발발 이후인 민족 말살 통치 시기임을 알 수 있다. 1938년 이후 일제가 대륙 침략을 본격적으로 추진하면서 국가 총동원법을 만들어 인적·물적 자원을 수탈하였다. 징집제, 지원병제, 징병제 등으로 우리 국민을 전쟁터로 끌고 갔고, 국민 징용령, 여자 정신 근무령 등으로 노예처럼 일을 시켰다. 미곡 공출 제도, 식량 배급 등을 시행하는 등 물자도 수탈하였다.

선지 해설

① 치안 유지법을 공포하였다. — 1920년대
　　　　　　　1925년
② 토지 조사령을 제정하였다. — 1910년대
　　　　　　　1912년
③ 헌병 경찰 제도를 실시하였다. — 1910년대
④ 식량 배급 및 미곡 공출제를 시행하였다. — 1930년대 후반 이후
⑤ 보통학교의 수업 연한을 4년으로 정하였다. — 1910년대
　　　　1911년 제1차 조선 교육령

41 (가) 정부에 대한 설명으로 옳은 것은? [2점]

이것은 ⟨가⟩ 요인들의 가족이 중심이 되어 조직한 한국 혁명 여성 동맹의 창립 기념 사진입니다. 이 단체는 충칭에서 대일 선전 성명서를 발표한 ⟨가⟩ 의 독립운동을 지원하고 교육 활동 등에 주력하였습니다. ─ 김정숙, 이순승, 정정화 등 ─ 대한민국 임시 정부

① 좌우 합작 7원칙을 발표하였다.
② 한인 자치 기관인 경학사를 조직하였다.
③ 조선 혁명 선언을 활동 지침으로 삼았다.
④ 한글 맞춤법 통일안과 표준어를 제정하였다.
⑤ 삼균주의를 기초로 한 건국 강령을 선포하였다.

정답 ⑤　　出제포인트 : 대한민국 임시 정부의 활동

문제 분석

제시된 자료를 통해 (가) 정부가 대한민국 임시 정부임을 알 수 있다. 대한민국 임시 정부는 충칭으로 근거지를 옮기고 1940년 주석 중심 체제로 개헌하여 김구를 주석으로 선출하였다. 또 1940년 충칭에서 한국광복군을 창설하였으며, 1941년 대일 선전 포고를 하고 1945년 미국과 연계하여 국내 진공 작전을 추진하였다. 1941년 대한민국 임시 정부의 조소앙이 삼균주의를 기초로 한 건국 강령을 선포하였다.

선지 해설

① 좌우 합작 7원칙을 발표하였다.
　　　　좌우 합작 위원회
② 한인 자치 기관인 경학사를 조직하였다.
　　　　신민회
③ 조선 혁명 선언을 활동 지침으로 삼았다.
　　　　의열단
④ 한글 맞춤법 통일안과 표준어를 제정하였다.
　　　　조선어 학회
⑤ 삼균주의를 기초로 한 건국 강령을 선포하였다.
　　　　대한민국 임시 정부

조소앙, 1931년 발표
정치적 · 경제적 · 교육적 균등 주장

---

42 (가) 사건에 대한 설명으로 옳은 것은? [2점]

─ 4 · 3 사건(1948)

⟨가⟩ 의 역사적 평가가 아직 마무리되지 못했음을 상징하는 거래. 제주도에서 일어난 ⟨가⟩ 은/는 남한만의 단독 선거를 반대하는 무장대와 이를 진압하는 토벌대 간의 무력 충돌이 있었고, 그 뒤 진압 과정에서 수많은 사람이 희생된 사건이야.

기념관에 있는 이 비석은 왜 아무 글자도 새겨져 있지 않은 걸까?

① 유신 헌법의 철폐를 요구하였다.
② 통일 주체 국민 회의가 설치되는 결과를 가져왔다.
③ 희생자들의 명예 회복을 위한 특별법이 제정되었다.
④ 4 · 13 호헌 철폐와 독재 타도 등의 구호를 내세웠다.
⑤ 귀속 재산 처리를 위한 신한 공사 설립의 계기가 되었다.

정답 ③　　出제포인트 : 제주 4 · 3 사건

문제 분석

제시된 자료를 통해 (가) 사건이 제주 4 · 3 사건임을 알 수 있다. 제주 4 · 3 사건은 1948년 남한만의 단독 선거를 반대하는 무장대와 이를 진압하는 토벌대 간의 무력 충돌이 일어나 그 과정에서 수많은 사람이 희생된 사건이다. 2000년 김대중 정부 시기에 희생자들의 명예 회복을 위해 특별법이 제정되었다.

선지 해설

① 유신 헌법의 철폐를 요구하였다.
　　　　박정희 정부 시기
② 통일 주체 국민 회의가 설치되는 결과를 가져왔다.
　　　　박정희 정부 시기
③ 희생자들의 명예 회복을 위한 특별법이 제정되었다.
　　　　2000년 제정
④ 4 · 13 호헌 철폐와 독재 타도 등의 구호를 내세웠다.
　　　　6월 민주 항쟁(1987)
⑤ 귀속 재산 처리를 위한 신한 공사 설립의 계기가 되었다.
　　　　1945년 광복 이후 미군정 시기(1946)

43 (가) 전쟁 중 있었던 사실로 옳은 것은? [1점]

> 국민 보도 연맹 사건은 우리 현대사의 커다란 비극입니다. 좌우 대립의 혼란 속에서 수많은 사람들이 국민 보도 연맹에 가입되었고, (가) 의 와중에 영문도 모른 채 끌려 가 죽임을 당했습니다. 그리고 그 유가족들은 연좌제의 굴레에서 고통받으며 억울하다는 말 한마디 못한 채 수십 년을 지내야만 했습니다. 저는 대통령으로서 국가를 대표해서 당시 국가 권력이 저지른 불법 행위에 대해 진심으로 사과드립니다.
>
> ─ 「울산 국민 보도 연맹 사건 희생자 추모식에 보내는 편지」 ─

6 · 25 전쟁(1950)

① 6 · 3 시위가 발생하였다.
② 애치슨 선언이 발표되었다.
③ 브라운 각서가 체결되었다.
④ 부마 민주 항쟁이 일어났다.
⑤ 인천 상륙 작전이 전개되었다.

44 밑줄 그은 '개헌안'이 발표된 이후의 사실로 옳은 것은? [3점]

4 · 19 혁명(1960) → 제3차 개헌안 : 내각 책임제, 양원제

① 반민족 행위 처벌법이 제정되었다.
② 제2차 미소 공동 위원회가 결렬되었다.
③ 국회가 민의원과 참의원의 양원제로 운영되었다.
④ 평화 통일론을 주장한 진보당의 조봉암이 구속되었다.
⑤ 유상 매수, 유상 분배 원칙의 농지 개혁법이 제정되었다.

정답 ⑤　　　출제포인트 : 6 · 25 전쟁의 전개

문제 분석

제시된 자료를 통해 (가) 전쟁이 6 · 25 전쟁임을 알 수 있다. 1950년 6월 북한의 남침으로 전쟁이 시작되어 3일 만에 서울이 함락되고 낙동강 전선까지 밀려났다. 9월 국군과 유엔군이 인천 상륙 작전을 전개하여 10여 일 만에 서울을 수복하였으며 10월에 평양을 탈환하였다. 그러나 10월 중국군의 개입으로 12월 흥남 철수 작전이 전개되었고, 1951년 서울이 재함락되면서 1 · 4 후퇴하였다. 6 · 25 전쟁 당시 수만 명 이상의 국민 보도 연맹원이 군과 경찰에 살해되는 국민 보도 연맹 사건이 일어나기도 하였다.

선지 해설

① 6 · 3 시위가 발생하였다. ─ 박정희 정부 시기(1964)
　　한 · 일 회담 반대 시위 운동
② 애치슨 선언이 발표되었다. ─ 6 · 25 전쟁의 배경
③ 브라운 각서가 체결되었다. ─ 베트남 전쟁 파견
④ 부마 민주 항쟁이 일어났다. ─ 박정희 정부 시기(1979)
　　유신 체제 반대
⑤ 인천 상륙 작전이 전개되었다. ─ 6 · 25 전쟁의 과정

정답 ③　　　출제포인트 : 4 · 19 혁명의 결과

문제 분석

제시된 자료를 통해 밑줄 그은 '개헌안'이 4 · 19 혁명 결과 이루어진 3차 개헌안임을 알 수 있다. 1960년 3 · 15 부정 선거를 계기로 시위가 일어나자 이를 경찰이 무력으로 진압하는 과정에서 김주열 학생의 시신이 마산에서 발견되어 전국적으로 시위가 확산되었다. 학생, 시민 등이 대규모 시위를 전개하였고, 대학 교수단이 대통령 퇴진을 요구하며 시위행진을 벌였다. 그 결과 이승만 대통령이 하야를 발표하고 미국으로 망명하였으며, 허정을 수반으로 하는 과도 정부가 수립되어 내각 책임제와 국회 양원제를 내용으로 하는 헌법 개정이 단행되었다.

선지 해설

① 반민족 행위 처벌법이 제정되었다.
　　이승만 정부 시기(1948)
② 제2차 미소 공동 위원회가 결렬되었다.
　　1947년
③ 국회가 민의원과 참의원의 양원제로 운영되었다.
　　3차 개헌안 이후
④ 평화 통일론을 주장한 진보당의 조봉암이 구속되었다.
　　1958년
⑤ 유상 매수, 유상 분배 원칙의 농지 개혁법이 제정되었다.
　　1949년

45 다음 정부 시기에 볼 수 있는 모습으로 가장 적절한 것은? [2점]

① 최저 임금법 제정으로 최저 임금을 심의하는 위원
② 금융 실명제에 따라 신분증 제시를 요구하는 은행원
③ 한·칠레 자유 무역 협정(FTA)의 비준을 보도하는 기자
④ 전국 민주 노동조합 총연맹 창립 대회에 참가하는 노동자
⑤ 정부의 도시 정책에 반발해 시위를 하는 광주 대단지 이주민

46 (가) 민주화 운동에 대한 설명으로 옳은 것은? [1점]

이 곡은 (가) 기념식에서 제창하는 노래입니다. (가) 당시 계엄군에 맞서 시민군으로 활동하다 희생된 윤상원과 광주에서 야학을 운영하다 사망한 박기순의 영혼 결혼식에 헌정된 노래입니다. 여러 나라에서 민주화를 염원하는 사람들이 이 곡을 함께 부르고 있습니다.

① 시위 도중 대학생 이한열이 희생되었다.
② 경무대로 향하던 시위대가 경찰의 총격을 받았다.
③ 박종철 고문 치사 사건의 진상 규명을 요구하였다.
④ 신군부의 비상계엄 확대와 무력 진압에 저항하였다.
⑤ 3·1 민주 구국 선언을 통해 긴급 조치 철폐 등을 주장하였다.

정답 ⑤　　출제포인트 : 박정희 정부 시기의 모습

문제 분석

제시된 자료를 통해 ○○○ 정부가 박정희 정부임을 알 수 있다. 박정희 정부 시기에는 경제 개발 5개년 계획이 추진되었는데, 급속한 경제 발전을 이룩하여 '한강의 기적'이라 불리기도 하였다. 1970년 경부 고속 도로가 준공되었으며, 1973년 포항 종합 제철이 준공되었다. 또 1977년 100억 달러 수출을 달성하였다. 도시와 농촌 간의 빈부 격차를 해결하기 위해 1970년 농촌의 근대화를 표방하는 새마을 운동이 전개되었다. 경기도 광주 대단지 이주민이 정부의 무계획적인 도시 정책에 반발하며 도시를 점거하는 사건이 일어나기도 하였다.

선지 해설

① 최저 임금법 제정으로 최저 임금을 심의하는 위원
　　1986년(전두환 정부)
② 금융 실명제에 따라 신분증 제시를 요구하는 은행원
　　1993년(김영삼 정부)
③ 한·칠레 자유 무역 협정(FTA)의 비준을 보도하는 기자
　　2004년(노무현 정부)
④ 전국 민주 노동조합 총연맹 창립 대회에 참가하는 노동자
　　1995년(김영삼 정부)
⑤ 정부의 도시 정책에 반발해 시위를 하는 광주 대단지 이주민　　1971년(박정희 정부)

정답 ④　　출제포인트 : 5·18 민주화 운동

문제 분석

제시된 자료를 통해 (가) 민주화 운동이 5·18 민주화 운동임을 알 수 있다. 1980년 5월 18일부터 27일까지 광주와 전남 지역에서 신군부의 비상계엄 확대와 무력 진압에 시민들이 저항하며 벌어진 5·18 민주화 운동은 신군부 퇴진과 계엄령 해제를 요구하였다. 그러나 신군부가 무자비하게 시민을 진압하면서 막을 내렸다. 5·18 민주화 운동 관련 기록물은 유네스코 세계 기록 유산으로 등재되었다.

선지 해설

① 시위 도중 대학생 이한열이 희생되었다.
　　6월 민주 항쟁(1987)
② 경무대로 향하던 시위대가 경찰의 총격을 받았다.
　　4·19 혁명(1960)
③ 박종철 고문 치사 사건의 진상 규명을 요구하였다.
　　6월 민주 항쟁(1987)
④ 신군부의 비상계엄 확대와 무력 진압에 저항하였다.
　　5·18 민주화 운동(1980)
⑤ 3·1 민주 구국 선언을 통해 긴급 조치 철폐 등을 주장하였다.　　박정희 정부 시기 유신 체제 반대 운동

47 (가), (나) 사이의 시기에 있었던 사실로 옳은 것은?

[2점]

> (가) 2. 남과 북은 나라의 통일을 위한 남측의 연합제 안과 북측의 낮은 단계의 연방제 안이 서로 공통성이 있다고 인정하고, 앞으로 이 방향에서 통일을 지향시켜 나가기로 하였다.
> 김대중 정부 (2000년) — 「6·15 남북 공동 선언」 —

> (나) 4. 남과 북은 현 정전 체제를 종식시키고 항구적인 평화 체제를 구축해 나가야 한다는 데 인식을 같이하고 직접 관련된 3자 또는 4자 정상들이 한반도 지역에서 만나 종전을 선언하는 문제를 추진하기 위해 협력해 나가기로 하였다.
> 노무현 정부 (2007년) — 「10·4 남북 정상 선언」 —

① 남북 조절 위원회가 구성되었다.

② 7·4 남북 공동 성명이 발표되었다.

③ 개성 공업 지구 건설이 착공되었다.

④ 남북한 비핵화 공동 선언이 채택되었다.

⑤ 남북 이산가족 고향 방문단의 교환 방문이 최초로 성사되었다.

48 (가) 문화유산에 대한 설명으로 옳은 것을 <보기>에서 고른 것은?

[2점]

> ┌─ 의궤
> 저는 지금 파리에서 열린 한지 공예 특별전에 나와 있습니다. 이 작품은 영조와 정순 왕후의 혼례식 행렬을 1,100여 점의 닥종이 인형으로 재현한 것입니다. 조선 시대 왕실이나 국가의 큰 행사가 있을 때 일체의 관련 사실을 글과 그림으로 기록한 책인 (가) 을/를 바탕으로 제작되었습니다.

―――〈 보 기 〉―――

> ㄱ. 사초와 시정기를 바탕으로 편찬되었다. ┐ 조선왕조실록
> ㄴ. 연대순으로 기록하는 편년체로 구성되었다. ┘
> ㄷ. 왕의 열람을 위한 어람용이 따로 제작되었다. ┐ 의궤
> ㄹ. 병인양요 당시 일부가 프랑스군에게 약탈되었다. ┘

① ㄱ, ㄴ ② ㄱ, ㄷ ③ ㄴ, ㄷ ④ ㄴ, ㄹ ⑤ ㄷ, ㄹ

정답 ③ 출제포인트 : 정부의 통일을 위한 노력

문제 분석

(가) 김대중 정부 시기에는 대북 화해 협력 정책(햇볕 정책)을 실시한 결과, 남북 정상 회담이 개최되고 6·15 남북 공동 선언을 채택하였다. 또 금강산 관광이 시작되었으며, 남북한의 교류 협력을 위한 개성 공단 조성에 합의하였다.

(나) 노무현 정부 시기에는 2007년 제2차 남북 정상 회담을 개최하고 ③ 10·4 남북 공동 선언을 발표하였다.

선지 해설

① 남북 조절 위원회가 구성되었다.
　　　　　　박정희 정부

② 7·4 남북 공동 성명이 발표되었다.
　　　　　　박정희 정부

③ 개성 공업 지구 건설이 착공되었다.
　　　　　김대중 정부 (2003년)

④ 남북한 비핵화 공동 선언이 채택되었다.
　　　　　노태우 정부

⑤ 남북 이산가족 고향 방문단의 교환 방문이 최초로 성사되었다.　　　　　전두환 정부

정답 ⑤ 출제포인트 : 조선의 문화유산 – 의궤

문제 분석

제시된 자료를 통해 (가) 문화유산은 의궤임을 알 수 있다. 조선 시대 의궤는 왕실이나 국가에 큰 행사가 있을 때 일체의 관련 사실을 글과 그림으로 기록한 책이다. 왕의 열람을 위한 어람용이 따로 제작되었으며(ㄷ), 병인양요 당시 일부가 프랑스군에게 약탈되었다(ㄹ). 프랑스군이 약탈해 간 외규장각 의궤는 파리 국립 도서관에 보관되어 있으며, 2011년 대여 형식으로 반환되었다.

선지 해설

① ㄱ, ㄴ ② ㄱ, ㄷ ③ ㄴ, ㄷ ④ ㄴ, ㄹ ⑤ ㄷ, ㄹ

[49~50] 다음 자료를 읽고 물음에 답하시오.

(가) 처음으로 독서삼품을 정하여 관리를 선발하였다. 춘추좌씨전, 예기, 문선을 읽고 그 뜻에 능통하면서 아울러 논어와 효경에 밝은 자를 상품(上品)으로, 곡례와 논어, 효경을 읽은 자를 중품(中品)으로, 곡례와 효경을 읽은 자를 하품(下品)으로 하였다.
— 독서삼품과(신라 원성왕)

(나) 쌍기가 의견을 올리니 처음으로 ㉠이 제도를 마련하여 시행하였다. 시·부·송 및 시무책으로 시험하여 진사를 뽑았으며, 겸하여 명경업·의업·복업 등도 뽑았다.
— 과거제(고려 광종)
과거제

(다) 조광조가 아뢰기를, "중앙에서는 홍문관·육경·대간, 지방에서는 감사와 수령이 천거한 사람들을 대궐에 모아 시험을 치르면 많은 인재를 얻을 수 있을 것입니다. ㉡이 제도는 한(漢)에서 시행한 현량방정과의 뜻을 이은 것입니다."라고 하였다. — 조선 중종
현량과

(라) 제4조 의정부 및 각 부 판임관을 임명할 시에는 각기 관하 학도 및 외국 유학생 졸업자 중에서 시험을 거쳐 해당 주무 장관이 전권으로 임명한다. 단, 졸업자가 없을 시에는 문필과 산술이 있고 시무에 통달한 자로 시험을 거쳐서 임명한다. — 조선 고종

49 (가)~(라)를 활용한 탐구 활동으로 적절한 것을 〈보기〉에서 고른 것은? [2점]

〈 보 기 〉

ㄱ. (가) – 최승로의 시무 28조를 받아들여 달라진 제도를 살펴본다. — 고려 성종 때
ㄴ. (나) – 광종이 왕권 강화를 위해 추진한 정책에 대해 알아본다. — 과거제
ㄷ. (다) – 중종 때 사림과 언관들이 제기한 주장을 조사해 본다. — 현량과
ㄹ. (라) – 임술 농민 봉기를 수습하기 위한 정부의 대책을 파악한다. — 안핵사 파견, 삼정이정청 설치

① ㄱ, ㄴ ② ㄱ, ㄷ ③ ㄴ, ㄷ ④ ㄴ, ㄹ ⑤ ㄷ, ㄹ

50 밑줄 그은 ㉠, ㉡에 대한 설명으로 옳은 것은? [3점]
과거제 / 현량과

① ㉠ – 역분전이 제정되는 결과를 가져왔다.
② ㉠ – 지공거와 합격자 사이에 좌주와 문생 관계가 형성되었다.
③ ㉡ – 제술과, 명경과, 잡과, 승과로 구성되었다.
④ ㉡ – 성균관에서 보는 관시, 한성부에서 보는 한성시, 각 지방에서 보는 향시로 나뉘었다.
⑤ ㉠, ㉡ – 홍범 14조 반포를 계기로 시행되었다.

정답 ③   출제포인트 : 관리 등용 제도의 흐름

문제 분석

(가) 독서삼품과 : 통일 신라 원성왕 때 실시된 관리 등용 제도로, 상품, 중품, 하품으로 정하여 관리를 선발하였다.
(나) 과거제 : 고려 광종 때 후주 쌍기의 건의로 실시된 관리 등용 제도로, 왕권을 강화하기 위해 추진하였으며, 일정한 시험을 거쳐 학문적 소양을 쌓은 관리를 선발하였다.
(다) 현량과 : 조선 중종 때 조광조 등의 건의로 실시된 관리 등용 제도로, 학문과 덕행을 갖춘 인재를 천거하여 선발하였다.
(라) 판임관 임명 : 갑오개혁 당시 실시한 관제 개편에서 7품~9품의 하위 관직이다.

선지 해설

① ㄱ, ㄴ ② ㄱ, ㄷ ③ ㄴ, ㄷ ④ ㄴ, ㄹ ⑤ ㄷ, ㄹ

정답 ②   출제포인트 : 관리 등용 제도의 흐름

문제 분석

제시된 자료를 통해 밑줄 그은 ㉠은 과거제, ㉡은 현량과임을 알 수 있다. ㉠ 과거제는 고려 광종 때 후주 쌍기의 건의로 실시된 관리 등용 제도로, 왕권을 강화하기 위해 추진하였으며, 일정한 시험을 거쳐 학문적 소양을 쌓은 관리를 선발하였다. 과거를 주관하는 지공거를 좌주, 과거 합격자를 문생이라 하였고, 좌주와 문생 관계가 형성되었다. ㉡ 현량과는 조선 중종 때 조광조 등의 건의로 실시된 관리 등용 제도로, 학문과 덕행을 갖춘 인재를 천거하여 선발하였다.

선지 해설

① ㉠ – 역분전이 제정되는 결과를 가져왔다.
　　　고려 태조(왕건)
② ㉠ – 지공거와 합격자 사이에 좌주와 문생 관계가 형성되었다.
　　　　　　　　　　　　　　　과거제
③ ㉡ – 제술과, 명경과, 잡과, 승과로 구성되었다.
　　　　　　　　　　과거제
④ ㉡ – 성균관에서 보는 관시, 한성부에서 보는 한성시, 각 지방에서 보는 향시로 나뉘었다. — 조선의 과거제
⑤ ㉠, ㉡ – 홍범 14조 반포를 계기로 시행되었다.
　　　　　　　　　과거제는 폐지됨

01 (가) 시대의 생활 모습으로 옳은 것은? [1점]

강원도 양양군 오산리에서 (가) 시대 마을 유적이
발굴되었습니다. 약 8천 년 전에 형성된 집터에서는
(가) 시대를 대표하는 유물인 빗살무늬 토기와 덧무늬
토기를 비롯하여 이음낚시, 그물추 등이 출토되었습니다.

┌ 신석기 시대

① 주로 동굴이나 막집에 거주하였다.
② 고인돌, 돌널무덤 등을 축조하였다.
③ 명도전을 이용하여 중국과 교역하였다.
④ 농경과 목축을 통하여 식량을 생산하였다.
⑤ 비파형 동검과 거친무늬 거울 등을 제작하였다.

02 (가) 나라에 대한 설명으로 옳은 것은? [1점]

┌ 삼한

< 한국사 발표 대회 >

여러 나라의 성장: (가)

5월과 10월에
제천 행사를
지냈습니다.

신지, 읍차 등으로
불리는 지배자가
있었습니다.

목지국, 사로국, 구야국
등 여러 소국으로 이루어
졌습니다.

① 신성 지역인 소도가 존재하였다.
② 연의 장수 진개의 공격을 받았다.
③ 혼인 풍습으로 민며느리제가 있었다.
④ 여러 가(加)들이 별도로 사출도를 주관하였다.
⑤ 특산물로 단궁, 과하마, 반어피가 유명하였다.

정답 ④　　　　　　출제포인트 : 신석기 시대의 생활 모습

문제 분석

제시된 자료를 통해 (가) 시대는 신석기 시대임을 알 수 있다.
기원전 8000년경에 시작된 신석기 시대에는 간석기와 빗살
무늬 토기 같은 토기를 만들어 사용하였고, 농경과 목축을 통
하여 식량을 생산하였다. 또 곡물 등을 가공하는 데 갈돌과
갈판을 사용하였고, 갈대를 이용하여 움집을 지어 살며 정착
생활을 하였다. 부산 동삼동 유적, 제주 고산리 유적, 강원 양
양 오산리 유적 등이 대표적인 유적지이다.

선지 해설

① 주로 동굴이나 막집에 거주하였다.
　　　　　구석기 시대
② 고인돌, 돌널무덤 등을 축조하였다.
　　　　청동기 시대
③ 명도전을 이용하여 중국과 교역하였다.
　　　　　철기 시대
④ 농경과 목축을 통하여 식량을 생산하였다.
　　　신석기 시대
⑤ 비파형 동검과 거친무늬 거울 등을 제작하였다.
　　　　　　청동기 시대

정답 ①　　　　　　　출제포인트 : 삼한의 특징

문제 분석

제시된 자료를 통해 (가) 나라가 삼한임을 알 수 있다. 삼한은
목지국, 사로국, 구야국 등 여러 소국으로 이루어져 있으며,
제사장인 천군이 신성 지역인 소도를 지배하였고, 신지, 읍차
등의 정치적 지배자가 있었던 제정 분리 사회였다. 벼농사가
발달하였으며, 씨뿌리기가 끝난 5월과 추수를 마친 10월에
제천 행사가 열렸다.

선지 해설

① 신성 지역인 소도가 존재하였다.
　　　　삼한(제사장인 천군 존재)
② 연의 장수 진개의 공격을 받았다.
　　　　고조선
③ 혼인 풍습으로 민며느리제가 있었다.
　　　　　옥저
④ 여러 가(加)들이 별도로 사출도를 주관하였다.
　　　　　　부여
⑤ 특산물로 단궁, 과하마, 반어피가 유명하였다.
　　　　동예

03 다음 자료에 해당하는 국가에 대한 설명으로 옳은
것은?
└─ 백제
[2점]

> ○ 벼슬은 16품계가 있다. 좌평은 5명으로 1품, 달솔은 30명으로
> 2품, 은솔은 3품, 덕솔은 4품, 한솔은 5품, 나솔은 6품이다. 6품
> 이상은 관(冠)을 은으로 만든 꽃으로 장식하였다.
>
> ○ 그 나라의 지방에는 5방이 있다. 중방은 고사성, 동방은 득안성,
> 남방은 구지하성, 서방은 도선성, 북방은 웅진성이라 한다.
> ─『주서』─

① 골품에 따라 관등 승진에 제한을 두었다.
② 제가 회의에서 국가 중대사를 결정하였다.
③ 지방 장관으로 욕살, 처려근지 등이 있었다.
④ 위화부, 영객부 등의 중앙 관서를 설치하였다.
⑤ 왕족인 부여씨와 8성 귀족이 지배층을 이루었다.

04 다음 검색창에 들어갈 왕에 대한 설명으로 옳은 것
은?
[2점]

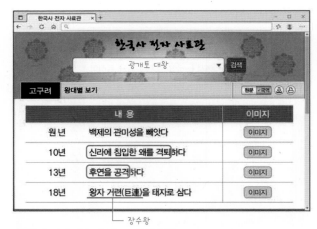
└─ 장수왕

① 영락이라는 연호를 사용하였다.
② 태학을 설립하여 인재를 양성하였다.
③ 낙랑군을 축출하여 영토를 확장하였다.
④ 을파소를 등용하고 진대법을 시행하였다.
⑤ 당의 침입에 대비하여 천리장성을 축조하였다.

정답 ⑤	출제포인트 : 백제의 특징

문제 분석

제시된 자료에 해당하는 국가는 백제임을 알 수 있다. 백제는
지방을 5부 5방으로 나누었으며, 벼슬은 6좌평제와 16관등제
체제였다. 또 정사암 회의라는 귀족 회의를 통해 국가의 중
대사를 결정하였으며, 왕족인 부여씨와 8성 귀족이 지배층을
이루었다.

선지 해설

① 골품에 따라 관등 승진에 제한을 두었다.
　　　　　　　　　　　　　　　신라
② 제가 회의에서 국가 중대사를 결정하였다.
　　　　　　　　　　　　고구려
③ 지방 장관으로 욕살, 처려근지 등이 있었다.
　　　　　　　　　　　　고구려
④ 위화부, 영객부 등의 중앙 관서를 설치하였다.
　　　　　　　　　　　　통일 신라
⑤ 왕족인 부여씨와 8성 귀족이 지배층을 이루었다.
　　　　　　　　　　백제
　　　　└─ 외국 사신 접대 담당
　└─ 인사 담당

정답 ①	출제포인트 : 고구려 광개토 대왕의 업적

문제 분석

제시된 자료를 통해 검색창에 들어갈 왕이 고구려 광개토 대
왕임을 알 수 있다. 5세기 신라 내물왕 때 왜가 쳐들어오자
고구려에 도움을 요청하였고, 고구려 광개토 대왕은 이에 군
사를 보내 신라에 침입한 왜를 격퇴하였다. 또 백제를 공격
하여 관미성을 함락시켰고, 북쪽의 후연을 공격하여 만주 땅
대부분을 차지하는 등 영토 확장에 힘썼다. 광개토 대왕은
'영락'이라는 연호를 사용하였다.

선지 해설

① 영락이라는 연호를 사용하였다. ─ 고구려 광개토 대왕

② 태학을 설립하여 인재를 양성하였다. ─ 고구려 소수림왕

③ 낙랑군을 축출하여 영토를 확장하였다. ─ 고구려 미천왕

④ 을파소를 등용하고 진대법을 시행하였다. ─ 고구려 고국천왕

⑤ 당의 침입에 대비하여 천리장성을 축조하였다.
　─ 고구려 영류왕　　　　　부여성~비사성

05 (가) 인물의 활동으로 옳은 것은? [1점]

이곳은 (가) 의 생애와 활동을 주제로 한 전시실입니다. 그는 금강삼매경론, 대승기신론소 등을 저술하여 불교 교리 연구에 힘썼으며, 무애가를 짓고 정토 신앙을 전파하여 불교 대중화에 앞장섰습니다.

― 원효(통일 신라)

① 일심 사상과 화쟁 사상을 주장하였다.
② 구법 순례기인 왕오천축국전을 남겼다.
③ 황룡사 구층 목탑의 건립을 건의하였다.
④ 왕명으로 수에 군사를 청하는 걸사표를 지었다.
⑤ 승려들의 전기를 정리한 해동고승전을 편찬하였다.

06 다음 상황이 나타난 배경으로 옳은 것은? [3점]

연흥 2년에 여경[개로왕]이 처음으로 사신을 보내 표를 올렸다. "신의 나라는 고구려와 함께 부여에서 나왔으므로 우호가 돈독하였는데, 고구려의 선조인 쇠[고국원왕]가 우호를 가벼이 깨트리고 직접 군사를 지휘하여 우리의 국경을 짓밟았습니다. 신의 선조인 수[근구수왕]는 군대를 정비하고 공격하여 쇠의 머리를 베어 높이 매다니, 이후 감히 남쪽을 엿보지 못하였습니다. 그런데 고구려가 점점 강성해져 침략하고 위협하니 원한이 쌓였고 전쟁의 참화가 30여 년 이어졌습니다. ...... 속히 장수를 보내 구원하여 주십시오."

― 『위서』 ―

― 고구려 장수왕의 남진 정책
― 472년, 북위에 원병 요청

① 을지문덕이 살수에서 승리하였다.
② 동성왕이 나제 동맹을 강화하였다.
③ 성왕이 관산성 전투에서 전사하였다.
④ 계백의 결사대가 황산벌에서 패배하였다.
⑤ 장수왕이 평양으로 천도하고 남진을 추진하였다.

정답 ①   출제포인트 : 원효의 업적

문제 분석

제시된 자료를 통해 (가) 인물이 원효임을 알 수 있다. 통일 신라 승려인 원효는 일심 사상과 화쟁 사상을 주장하였으며, 아미타 신앙을 전파하고 무애가 등을 지어 세상에 퍼뜨리며 불교의 대중화에 힘썼다. 또 『금강삼매경론』, 『대승기신론소』, 『십문화쟁론』 등을 저술하였다.

선지 해설

① 일심 사상과 화쟁 사상을 주장하였다.
    원효(통일 신라)
② 구법 순례기인 왕오천축국전을 남겼다.
    혜초(통일 신라)
③ 황룡사 구층 목탑의 건립을 건의하였다.
    자장(신라)
④ 왕명으로 수에 군사를 청하는 걸사표를 지었다.
    원광(신라)
⑤ 승려들의 전기를 정리한 해동고승전을 편찬하였다.
    각훈(고려)

정답 ⑤   출제포인트 : 백제 개로왕의 상황

문제 분석

제시된 자료를 통해 백제 개로왕이 고구려의 남진 정책을 막기 위해 북위에 원병을 요청(걸사표)한 상황임을 알 수 있다. 427년 고구려 장수왕이 평양성으로 수도를 옮기고 남진 정책을 추진하자, 433년 백제와 신라는 나·제 동맹을 맺고 대항하였다. 그러나 475년 고구려 장수왕이 백제를 침략하여 한성을 함락하였고, 백제 개로왕을 죽이고 한강 유역을 차지하였다.

선지 해설

① 을지문덕이 살수에서 승리하였다.
    612년, 살수 대첩
② 동성왕이 나제 동맹을 강화하였다.
    493년, 백제 동성왕과 신라 소지왕
③ 성왕이 관산성 전투에서 전사하였다.
    554년, 나제 동맹 결렬
④ 계백의 결사대가 황산벌에서 패배하였다.
    660년, 신라와 당군(나당 연합군)의 공격 → 사비성 함락
⑤ 장수왕이 평양으로 천도하고 남진을 추진하였다.
    427년

07
(가), (나) 사이의 시기에 있었던 사실로 옳은 것은? [3점]

(가) 고구려의 대신 연정토가 12성과 3,500여 명의 백성을 거느리고 신라에 항복해 왔다. 왕이 연정토와 그를 따르는 관리 24명에게 의복·물품·식량·집을 주었다. ― 666년, 이후 나당 연합군에 멸망(668)

(나) 이근행이 군사 20만 명을 이끌고 매소성에 주둔하였다. 신라 군사가 공격하여 달아나게 하고 말 3만여 필을 얻었는데, 남겨 놓은 병장기의 수도 그 정도 되었다. ― 675년, 이후 기벌포 전투, 신라 삼국 통일(676)

└── 고구려 부흥 운동 전개(674)

└── 매소성 전투

① 윤충이 대야성을 공격하여 함락하였다.
② 문무왕이 안승을 보덕왕으로 책봉하였다.
③ 김춘추가 당과의 군사 동맹을 성사시켰다.
④ 연개소문이 정변을 일으켜 권력을 장악하였다.
⑤ 부여풍이 왜군과 함께 백강에서 당군에 맞서 싸웠다.

08
다음 가상 대화 이후에 있었던 사실로 옳은 것은? [2점]

김헌창의 난(822) : 신라 하대, 진골 귀족의 왕위 쟁탈전 심화, 지방 통제 X, 중앙 정부의 기강 문란 등

며칠 전에 웅천주 도독 김헌창이 난을 일으켜 나라 이름을 장안이라 하고 연호를 경운으로 정했다더군.

그의 아버지가 왕이 되지 못한 것에 불만을 품은 모양이야.

① 거칠부가 국사를 편찬하였다.
② 이사부가 우산국을 정복하였다.
③ 관료전이 지급되고 녹읍이 폐지되었다.
④ 원종과 애노가 사벌주에서 봉기하였다.
⑤ 이차돈의 순교를 계기로 불교가 공인되었다.

정답 ②　　　　　　출제포인트 : 삼국의 통일 과정

문제 분석
제시된 자료를 통해 (가), (나)는 삼국의 통일 과정임을 알 수 있다. (가) 고구려는 666년 연개소문이 죽은 후 아들끼리 권력 다툼이 일어났고, 연남생은 당에, 연정토는 신라에 투항하였다. 내부 분열 이후 고구려는 668년 나·당 연합군에 의해 멸망하였다. (나) 백제와 고구려가 멸망한 이후 당은 신라를 침략하였으나 신라는 675년 매소성 전투, 676년 기벌포 전투에서 승리하며 삼국을 통일하였다. (가)와 (나) 사이에는 고구려 부흥 운동이 일어났다. 674년 신라 문무왕에 의해 안승이 보덕왕으로 책봉되었고, 신라는 당 세력을 축출하는 데 고구려 부흥 운동 세력을 이용하였다.

선지 해설
① 윤충이 대야성을 공격하여 함락하였다.
　　　642년
②문무왕이 안승을 보덕왕으로 책봉하였다.
　　　674년
③ 김춘추가 당과의 군사 동맹을 성사시켰다.
　　　648년
④ 연개소문이 정변을 일으켜 권력을 장악하였다.
　　　642년
⑤ 부여풍이 왜군과 함께 백강에서 당군에 맞서 싸웠다.
　　　663년

정답 ④　　　　　　출제포인트 : 신라 하대의 역사적 사실

문제 분석
제시된 자료를 통해 가상 대화가 김헌창의 난과 관련된 내용이므로 신라 하대임을 알 수 있다. 신라 하대 혜공왕 피살 이후 진골 귀족의 왕위 쟁탈전이 심화되면서 정치적으로 혼란해지자 중앙 정부의 통제력도 약화되었다. 이에 새로운 세력인 호족이 등장하고 6두품 세력이 성장하였으며, 원종과 애노의 난, 적고적의 난 등 전국 각지에서 농민 봉기가 발생하였다. 또 신라 말 수행을 통한 깨달음을 중시하며 참선을 강조하는 선종이 유행하였다.

선지 해설
① 거칠부가 국사를 편찬하였다.
　　　신라 진흥왕
② 이사부가 우산국을 정복하였다.
　　　신라 지증왕
③ 관료전이 지급되고 녹읍이 폐지되었다.
　　└── 통일 신라 신문왕 ──┘
④원종과 애노가 사벌주에서 봉기하였다.
　신라 하대 진성 여왕 시기에 농민의 봉기가 전국적으로 확산
⑤ 이차돈의 순교를 계기로 불교가 공인되었다.
　　　　신라 법흥왕

09 밑줄 그은 '왕'의 정책으로 옳은 것은? [1점]

고려 태조(왕건)

저는 지금 신숭겸 장군의 충정을 기리는 대구 표충단에 나와 있습니다. 그는 공산 전투 당시 위기에 빠진 왕을 구하기 위해 싸우다가 이곳에서 전사했다고 합니다.

① 빈민 구제를 위해 흑창을 설치하였다.
② 12목에 지방관을 처음으로 파견하였다.
③ 외침에 대비하여 개경에 나성을 축조하였다.
④ 관학 진흥을 목적으로 양현고를 운영하였다.
⑤ 쌍기의 건의를 수용하여 과거제를 시행하였다.

10 다음 시나리오에 등장하는 왕의 업적으로 옳은 것은? [2점]

발해 무왕(대무예)

#36. 궁궐 안
왕이 분노에 찬 표정으로 대문예에게 말하고 있다.

왕: 흑수 말갈이 몰래 당에 조공하였으니, 이는 당과 공모하여 앞뒤로 우리를 치려는 것이다. 군대를 이끌고 가서 흑수 말갈을 정벌하라.

대문예: 당에 조공하였다 하여 그들을 바로 공격한다면 이는 당에 맞서는 것입니다. 하루아침에 당과 원수를 지면 멸망을 자초할 수 있습니다.
흑수 말갈 공격 반대

① 장문휴를 보내 등주를 공격하였다.
② 9서당 10정의 군사 조직을 갖추었다.
③ 사비로 천도하고 국호를 남부여로 고쳤다.
④ 지방관을 감찰하고자 외사정을 파견하였다.
⑤ 고구려 유민을 모아 동모산에서 나라를 세웠다.

정답 ①　　출제포인트 : 고려 태조(왕건)의 정책

문제 분석

제시된 자료를 통해 밑줄 그은 '왕'은 고려 태조(왕건)임을 알 수 있다. 고려 태조는 평양을 서경으로 삼아 북진 정책의 전진 기지로 중시하였고, 빈민 구제를 위해 흑창을 설치하였다. 또 호족 세력을 통제하기 위해 경순왕 김부를 경주의 사심관으로 삼았으며, 『정계』와 『계백료서』를 지어 관리의 규범을 제시하였다.

선지 해설

① 빈민 구제를 위해 흑창을 설치하였다.
　　　　　　　　　　　　　　고려 태조
② 12목에 지방관을 처음으로 파견하였다.
　　　　　　　　　　　　고려 성종
③ 외침에 대비하여 개경에 나성을 축조하였다.
　　　　　　　　　　　　　　고려 현종
④ 관학 진흥을 목적으로 양현고를 운영하였다.
　　　　　　　　　　　　　고려 예종
⑤ 쌍기의 건의를 수용하여 과거제를 시행하였다.
　　　　　　　　　　　　　고려 광종

정답 ①　　출제포인트 : 발해 무왕의 업적

문제 분석

제시된 자료를 통해 시나리오에 등장하는 왕이 발해 무왕임을 알 수 있다. 발해 무왕은 당과 대립하며 돌궐, 일본 등과 연결하여 세력 균형을 유지하였다. 그러나 732년 흑수 말갈이 당과 연결을 시도하자 장문휴를 보내 당의 등주(덩저우)를 공격하도록 하였다.

선지 해설

① 장문휴를 보내 등주를 공격하였다.
　　　　　　　발해 무왕　　당
② 9서당 10정의 군사 조직을 갖추었다.
　　　　　　통일 신라 신문왕
③ 사비로 천도하고 국호를 남부여로 고쳤다.
　　　　백제 성왕
④ 지방관을 감찰하고자 외사정을 파견하였다.
　　　　　　신라 문무왕
⑤ 고구려 유민을 모아 동모산에서 나라를 세웠다.
　　　발해 고왕(대조영)

11 (가)에 들어갈 인물에 대한 설명으로 옳은 것은?

[2점]

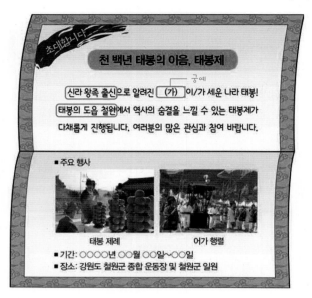

초대합니다

천 백년 태봉의 이음, 태봉제

신라 왕족 출신으로 알려진 (가) _{궁예} 이/가 세운 나라 태봉! 태봉의 도읍 철원에서 역사의 숨결을 느낄 수 있는 태봉제가 다채롭게 진행됩니다. 여러분의 많은 관심과 참여 바랍니다.

■주요 행사

태봉 제례   어가 행렬

- 기간: ○○○○년 ○○월 ○○일~○○일
- 장소: 강원도 철원군 종합 운동장 및 철원군 일원

① 발해를 멸망시킨 거란을 적대시하였다.
② 미륵불을 자처하며 왕권을 강화하였다.
③ 신라를 공격하여 경애왕을 죽게 하였다.
④ 노비안검법을 시행하여 재정을 확충하였다.
⑤ 청해진을 설치하여 해상 무역을 장악하였다.

---

12 밑줄 그은 '이 사건'이 일어난 시기를 연표에서 옳게 고른 것은?

└ 묘청의 서경 천도 운동(1135)

[2점]

문학으로 만나는 한국사

비 개인 긴 언덕에는 풀빛이 푸른데
남포에서 님 보내며 슬픈 노래 부르네
대동강 물은 그 언제 다할 것인가
이별의 눈물 해마다 푸른 물결에 더하는 것을

이 시의 제목은 '송인(送人)'으로, 고려 시대의 문인 정지상이 서경을 배경으로 지은 작품이다. 서경 출신인 그는 묘청 등과 함께 수도를 서경으로 옮길 것을 주장하였다. 이로 인해 개경 세력과 정치적으로 대립하던 중 이 사건이 일어나자 김부식에 의해 죽임을 당하였다.

◀ ❙❙ ▶

918	1019	1126	1270	1351	1392
(가)	(나)	(다)	(라)	(마)
고려 건국	귀주 대첩	이자겸의 난	개경 환도	공민왕 즉위	고려 멸망

① (가)   ② (나)   ③ (다)   ④ (라)   ⑤ (마)

정답 ②　　　출제포인트 : 궁예의 활동

문제 분석

제시된 자료를 통해 (가)에 들어갈 인물이 후고구려의 궁예임을 알 수 있다. 신라 왕족 출신으로 양길에게 의탁하여 세력을 키운 궁예는 901년 송악에 도읍을 정하고 후고구려를 건국하였다. 이후 국호를 '태봉', '마진'으로 바꾸고 철원으로 도읍을 옮겼으며, 최고 중앙 관청인 광평성을 비롯한 여러 관서를 설치하였다. 미륵불을 자처하며 왕권을 강화하려 하였으나 폭정을 일삼자 왕건에 의해 축출되었다.

선지 해설

① 발해를 멸망시킨 거란을 적대시하였다.
　　　　　　　　　고려 태조(왕건)
②미륵불을 자처하며 왕권을 강화하였다.
　후고구려 궁예
③ 신라를 공격하여 경애왕을 죽게 하였다.
　　후백제 견훤
④ 노비안검법을 시행하여 재정을 확충하였다.
　　　　　　고려 광종
⑤ 청해진을 설치하여 해상 무역을 장악하였다.
　통일 신라 시기, 장보고

정답 ③　　　출제포인트 : 묘청의 서경 천도 운동

문제 분석

제시된 자료를 통해 밑줄 그은 '이 사건'이 묘청의 서경 천도 운동(1135)임을 알 수 있다. 외척 세력인 이자겸(금의 사대 요구 수용)의 난을 수습한 고려 인종은 묘청, 정지상 등 서경 세력을 이용하여 개혁을 추진하였다. 대표적인 서경 세력인 묘청은 금국 정벌, 칭제 건원, 서경 천도를 주장하였으나 김부식 등 개경 세력이 반대하자 서경에서 국호를 '대위', 연호를 '천개'라고 하며 난을 일으켰다. 하지만 김부식 등이 이끈 관군에 의해 진압되었다.

선지 해설

① (가)   ② (나)   ③(다)   ④ (라)   ⑤ (마)

---

13 (가), (나) 사이의 시기에 있었던 사실로 옳은 것은?

[2점]

> ┌─ 이의민 타도, 정권 장악(1196)
> (가) 최충헌 형제가 왕을 협박하여 창락궁에 유폐하고 태자 왕숙은 강화도로 유배 보냈다.
> ┌ 1258년 ┌ 4대 집권자 ┌ 최우 (2대 집권) 때 설치
> (나) 유경이 최의를 죽인 뒤, 왕에게 아뢰어 정방을 편전 옆에 두어 인사권을 장악하고, 국가의 주요 사무를 모두 결정하였다.

① 강조가 정변을 일으켜 김치양을 제거하였다.
② 배중손이 이끄는 삼별초가 진도에서 항전하였다.
③ 만적이 개경에서 노비를 모아 반란을 모의하였다.
④ 조위총이 군사를 일으켜 정중부 등의 제거를 도모하였다.
⑤ 김보당이 의종 복위를 주장하며 동계에서 군사를 일으켰다.

14 밑줄 그은 '이 시기'에 볼 수 있는 모습으로 옳은 것은?

[1점]

> ┌ 원 간섭기 : 금, 은, 베, 인삼, 약재 등 징발,
> 만호부 설치, 다루가치 파견, 몽골풍 유행 등
> 이것은 수령 옹주 묘지명입니다. 왕족인 왕온의 부인이었던 그녀는 남편을 일찍 잃고 3남 1녀를 홀로 키웠으나, 딸이 공녀로 원에 끌려가자 그 슬픔으로 병을 얻어 세상을 떠났습니다. 수령 옹주가 살았던 이 시기에는 많은 여성이 공녀로 끌려갔습니다.

① 농사직설을 편찬하는 학자
② 초조대장경을 조판하는 장인
③ 정동행성에서 회의하는 관리
④ 삼강행실도를 읽고 있는 양반
⑤ 백운동 서원에서 공부하는 유생

정답 ③ 출제포인트 : 최씨 무신 정권기의 역사적 사실

문제 분석

제시된 자료는 최씨 무신 정권 시기에 있었던 역사적 사실임을 알 수 있다. (가) 1196년 최충헌은 이의민을 제거하고 교정별감이 되어 인사, 재정 등 국정 전반을 장악하였다. 명종에게 봉사 10조를 지어 바쳤으며, 사병 조직인 도방을 설치하였다. (나) 1258년 최의가 김준, 유경 등의 정변으로 죽임을 당하자 60여 년 동안 유지되던 최씨 무신 정권은 붕괴하였다. (가)와 (나) 사이 1198년 최충헌의 사노비 만적이 노비의 신분 해방을 위해 반란을 도모하였으나 실패하였다.

선지 해설

① 강조가 정변을 일으켜 김치양을 제거하였다.
　　　　　　　　　　　1009년
② 배중손이 이끄는 삼별초가 진도에서 항전하였다.
　　　　　　　　　　　　　　1270년
③ 만적이 개경에서 노비를 모아 반란을 모의하였다.
　　　　　　　　　　　1198년
④ 조위총이 군사를 일으켜 정중부 등의 제거를 도모하였다.
　　　　　　　　　　　　　　1174년
⑤ 김보당이 의종 복위를 주장하며 동계에서 군사를 일으켰다.　　　1173년

정답 ③ 출제포인트 : 원 간섭기에 있었던 역사적 사실

문제 분석

제시된 자료를 통해 밑줄 그은 '이 시기'가 원 간섭기임을 알 수 있다. 몽골과 강화를 한 이후 원 간섭기에는 친원 세력인 권문세족이 도평의사사 등 고위 관직을 장악하였고, 중서문하성과 상서성이 첨의부로 개편되는 등 왕실의 호칭과 관제의 격이 낮아졌다. 또 원은 일본 원정을 위해 설치했던 정동행성을 남겨 두어 내정을 간섭하였으며, 만호부를 설치하고 다루가치를 파견하기도 하였다. 이 밖에 공녀와 환관을 뽑아 가고 금, 은, 인삼, 약재 등 특산물을 거두어 갔으며, 변발을 시행하도록 하였다.

선지 해설

① 농사직설을 편찬하는 학자 조선 전기(세종)
② 초조대장경을 조판하는 장인 고려 현종(거란의 침략 시기)
③ 정동행성에서 회의하는 관리 원 간섭기
　　└ 원의 내정 간섭 기구
④ 삼강행실도를 읽고 있는 양반 조선 전기(세종)
⑤ 백운동 서원에서 공부하는 유생 조선 중기(중종)

15 (가)~(라) 승려에 대한 설명으로 옳은 것은? [3점]

○ (가) [의상]은/는 화엄 사상의 요지를 정리한 「화엄일승법계도」를 저술하였다. 또한 부석사를 비롯한 여러 사원을 건립하였고, 현세의 고난에서 구제받고자 하는 관음 신앙을 강조하였다.

○ (나) [균여]은/는 귀법사의 주지로서, 왕명에 따라 민중을 교화하고 불법을 널리 펴기 위해 노력하였다. 또한 향가인 「보현십원가」 11수를 지어 화엄 사상을 대중에게 전파하였다.

○ (다) [의천]은/는 문종의 아들로 태어나 11세에 출가하였다. 31세에 송으로 건너가 고승들과 불법을 토론하고 불교 서적을 수집하여 귀국하였다. 국청사를 중심으로 천태종을 창시하였으며, 교선 통합을 사상적으로 뒷받침하기 위해 교관겸수를 제창하였다.

○ (라) [요세]은/는 12세에 출가하였다. 수행상의 제약을 넘어서기 위해서는 천태의 교리에 의지해야 한다는 깨달음을 얻었다. 법화 신앙을 바탕으로 강진 만덕사에서 백련 결사를 결성하였다.

① (가) – 심성의 도야를 강조한 유불 일치설을 주장하였다.
② (나) – 정혜쌍수와 돈오점수를 수행 방법으로 제시하였다.
③ (다) – 불교 경전에 대한 주석서를 모아 교장을 편찬하였다.
④ (라) – 9산 선문 중 하나인 가지산문을 개창하였다.
⑤ (가)~(라) – 승과에 합격하고 왕사에 임명되었다.

16 (가) 국가의 경제 상황으로 옳은 것은? [1점]

이 작품은 이규보가 [고려] 예성강 하구의 정경을 묘사한 시입니다. 이곳에 있던 벽란도는 (가) 의 국제 무역항으로 송과 아라비아 상인들이 왕래할 정도로 번성했습니다.

조수가 들고나니
오고 가는 배의 꼬리가 이어졌구나
아침에 이 누각 밑을 떠나면
한낮이 되지 않아
돛대는 남만(南蠻)에 이르도다
사람들은 배를 보고
물 위의 역마라고 하지만
바람처럼 달리는 준마도
이보다 빠르지는 못하리

① 송상이 전국 각지에 송방을 두었다.
② 활구라고 불리는 은병을 주조하였다.
③ 동시전을 설치하여 시장을 감독하였다.
④ 담배, 면화, 생강 등 상품 작물을 널리 재배하였다.
⑤ 일본과 교역을 위해 부산포, 염포, 제포를 개항하였다.

정답 ③   **출제포인트 : 신라와 고려의 승려**

문제 분석

제시된 자료를 통해 (가) 의상, (나) 균여, (다) 의천, (라) 요세임을 알 수 있다. (다) 의천은 국청사를 중심으로 해동 천태종을 개창하였으며, 이론 연마와 수행을 함께 강조하는 교관겸수를 제시하였다. 또 교장도감을 설치하여 불교 경전에 대한 주석서를 모아 교장을 편찬하였으며, 「신편제종교장총록」을 만들었다.

선지 해설

① (가) – 심성의 도야를 강조한 유불 일치설을 주장하였다.
   — 혜심
② (나) – 정혜쌍수와 돈오점수를 수행 방법으로 제시하였다. — 지눌
③ (다) – 불교 경전에 대한 주석서를 모아 교장을 편찬하였다. — 의천
④ (라) – 9산 선문 중 하나인 가지산문을 개창하였다. — 체징
⑤ (가)~(라) – 승과에 합격하고 왕사에 임명되었다.
   고려 승려 해당, 신라 승려 해당 ✕

정답 ②   **출제포인트 : 고려의 경제 상황**

문제 분석

제시된 자료를 통해 (가) 국가가 고려임을 알 수 있다. 고려 숙종 때 의천의 건의로 설치한 주전도감에서 삼한통보, 해동통보, 동전과 은병(활구) 등을 발행하였으며, 고려 성종 때 건원중보가 발행되어 금속 화폐의 통용이 추진되었다. 또 경시서의 관리들이 시전의 상행위를 감독하였고, 조창에 조세를 모았다가 개경의 경창 등으로 조운하였다. 고려 시대에는 불법적인 상행위를 감독하기 위해 경시서를 설치하였다.

선지 해설

① 송상이 전국 각지에 송방을 두었다.
   조선 후기
② 활구라고 불리는 은병을 주조하였다.
   고려
③ 동시전을 설치하여 시장을 감독하였다.
   신라
④ 담배, 면화, 생강 등 상품 작물을 널리 재배하였다.
   조선 후기
⑤ 일본과 교역을 위해 부산포, 염포, 제포를 개항하였다.
   조선 전기(세종 때)

17 (가)에 대한 고려의 대응으로 옳은 것은? [2점]

몽골

김윤후가 충주산성 방호별감이 되었는데 [(가)]의 군대가 쳐들어 와 충주성을 70여 일간 포위하였다. 군량이 거의 바닥나자 김윤후가 군사들에게 "만약 힘내 싸운다면 귀천을 가리지 않고 모두 관작을 내리겠다." 라고 하였다. 마침내 관노비의 문서를 불태우고 노획한 소와 말을 나누어 주었다. 사람들이 모두 죽음을 무릅쓰고 싸우니 적의 기세가 꺾여 남쪽으로 침략하는 것을 막을 수 있었다.
— 고려의 대몽 항쟁
(1253년 김윤후의 충주성 전투)

① 윤관을 보내 동북 9성을 축조하였다.
② 박위로 하여금 쓰시마섬을 정벌하게 하였다.
③ 서희가 외교 담판을 통해 강동 6주를 획득하였다.
④ 최우가 강화도로 수도를 옮겨 장기 항전에 대비하였다.
⑤ 최영이 철령위 설치에 반발하여 요동 정벌을 추진하였다.

18 밑줄 그은 '문화유산'으로 옳지 않은 것은? [3점]

이것은 고려 시대에 만들어진 나전 합입니다. 고려에 온 송의 사신 서긍이 솜씨가 세밀하여 귀하다고 평가할 정도로 고려의 나전 칠기 기술은 매우 뛰어났습니다. 이 나전 합을 비롯해 고려 시대에는 다양한 문화유산이 만들어졌습니다.

나전 국화 넝쿨무늬 합

①
청동 은입사
포류수금문 정병

②
부석사
소조여래좌상

③
청자 상감운학문
매병

④
월정사
팔각 구층 석탑

⑤
법주사
팔상전

정답 ④ 출제포인트 : 몽골에 대한 고려의 대응

문제 분석

제시된 자료를 통해 (가는 몽골임을 알 수 있다. 저고여 피살 사건을 계기로 몽골이 고려를 침략하자, 최씨 무신 정권의 최우는 강화도로 수도를 옮겨 장기 항전에 대비하였다. 김윤후는 처인성 전투에서 활약하여 적장 살리타를 사살하였으며, 다인철소 주민들은 충주 지역에서 몽골군에 저항하였다. 또 고려는 몽골의 침략을 부처의 힘을 빌려 극복하기 위해 대장 도감을 설치하여 팔만대장경을 간행하였다.

선지 해설

① 윤관을 보내 동북 9성을 축조하였다.
   여진
② 박위로 하여금 쓰시마섬을 정벌하게 하였다.
   왜구
③ 서희가 외교 담판을 통해 강동 6주를 획득하였다.
   거란
④ 최우가 강화도로 수도를 옮겨 장기 항전에 대비하였다.
   몽골
⑤ 최영이 철령위 설치에 반발하여 요동 정벌을 추진하였다.
   명

정답 ⑤ 출제포인트 : 고려의 문화유산

문제 분석

제시된 자료를 통해 밑줄 그은 '문화유산'이 고려 시대의 문화유산임을 알 수 있다. ① 국보 제92호 청동 은입사 포류수금문 정병, ② 국보 제45호 부석사 소조여래좌상, ③ 국보 제83호 청자 상감운학문매병, ④ 국보 제48호 월정사 팔각 구층 석탑은 고려 시대의 문화유산이다.

선지 해설

①
청동 은입사 국보 92호
포류수금문 정병

② 부석사 국보 45호
소조여래좌상

③
청자 상감운학문
매병 국보 83호

④
월정사 국보 48호
팔각 구층 석탑

⑤ 법주사 국보 55호
팔상전
└ 조선 후기

19 (가)에 들어갈 내용으로 가장 적절한 것은? [2점]

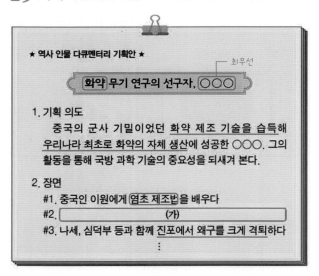

★ 역사 인물 다큐멘터리 기획안 ★

최무선

화약 무기 연구의 선구자, ○○○

1. 기획 의도
중국의 군사 기밀이었던 화약 제조 기술을 습득해 우리나라 최초로 화약의 자체 생산에 성공한 ○○○. 그의 활동을 통해 국방 과학 기술의 중요성을 되새겨 본다.

2. 장면
#1. 중국인 이원에게 염초 제조법을 배우다
#2. (가)
#3. 나세, 심덕부 등과 함께 진포에서 왜구를 크게 격퇴하다
⋮

① 신기전과 화차를 개발하다
② 화통도감의 설치를 건의하다
③ 불랑기포를 활용하여 평양성을 탈환하다
④ 조총 부대를 이끌고 나선 정벌에 참여하다
⑤ 발화 장치를 활용한 비격진천뢰를 발명하다

20 다음 대화에 등장하는 왕의 재위 시기에 있었던 사실로 옳은 것은? [2점]

조선 성종 : 문물제도 정비, 편찬 작업 완성 등

전하께서 명하신 대로 장악원에 소장된 의궤와 악보를 새로이 교감하여 악학궤범을 완성하였습니다.

예조 판서 성현을 비롯하여 편찬에 공을 세운 이들에게 차등을 두어 상을 내리도록 하라.

① 주자소가 설치되어 계미자가 주조되었다.
② 전통 한의학을 집대성한 동의보감이 완성되었다.
③ 통치 체제를 정비하기 위해 속대전이 간행되었다.
④ 한양을 기준으로 역법을 정리한 칠정산이 제작되었다.
⑤ 전국의 지리, 풍속 등이 수록된 동국여지승람이 편찬되었다.

정답 ②   출제포인트 : 고려의 역사적 인물

문제 분석

제시된 자료를 통해 고려 시대 최무선에 대한 다큐멘터리 기획안임을 알 수 있다. 최무선은 중국인 이원에게 염초 제조법을 배웠으며, 화통도감의 설치를 건의하고 화약과 화포를 제작하였다. 또 화포를 이용하여 나세, 심덕부 등과 함께 진포에서 왜구를 크게 격퇴하였다(진포 대첩).

선지 해설

조선 태종, 문종 때
① 신기전과 화차를 개발하다
└ 조선 세종 때
② 화통도감의 설치를 건의하다
     최무선
③ 불랑기포를 활용하여 평양성을 탈환하다
     임진왜란 때 명의 이여송
④ 조총 부대를 이끌고 나선 정벌에 참여하다
     조선 효종 때 변급과 신류
⑤ 발화 장치를 활용한 비격진천뢰를 발명하다
     임진왜란 때 이장손 제작

정답 ⑤   출제포인트 : 조선 성종 재위 시기의 역사적 사실

문제 분석

제시된 자료를 통해 대화에 등장하는 왕이 조선 성종임을 알 수 있다. 조선 성종은 관리들이 수조권을 남용하여 과도하게 수취하자 직전법을 폐지하고 관청에서 조세를 거두어 관리에게 나누어 주는 관수관급제를 실시하였다. 또 집현전을 계승한 홍문관을 설치하였으며, 관리들이 정책을 토론하고 심의하는 경연에 참여하도록 하였다. 법령을 정비하여 국가의 기본 법전인 『경국대전』을 반포하였으며, 『국조오례의』, 『동국여지승람』, 『동국통감』, 『악학궤범』 등을 편찬하였다.

선지 해설

① 주자소가 설치되어 계미자가 주조되었다.
               조선 태종
② 전통 한의학을 집대성한 동의보감이 완성되었다.
               조선 광해군
③ 통치 체제를 정비하기 위해 속대전이 간행되었다.
               조선 영조
④ 한양을 기준으로 역법을 정리한 칠정산이 제작되었다.
               조선 세종
⑤ 전국의 지리, 풍속 등이 수록된 동국여지승람이 편찬되었다.
                              조선 성종

21 (가), (나) 사이의 시기에 있었던 사실로 옳은 것은? [3점]

> (가) 윤필상, 유순 등이 폐비(廢妃) 윤씨의 시호를 의논하며 "시호와 휘호를 함께 의논하겠습니까?"라고 아뢰니, "시호만 정하는 것이 합당하겠다."라고 하였다. …… 승정원에 전교하기를 "폐비할 때 의논에 참여한 재상, 궁궐에서 나갈 때 시위한 재상, 사약을 내릴 때 나가 참여한 재상 등을 승정원일기에서 조사하여 아뢰라."라고 하였다. ── 갑자사화(1504)
>
> (나) 의정부에 하교하기를 "조광조 등이 서로 결탁하여, 자신들에게 붙는 자는 천거하고 자신들과 뜻이 다른 자는 배척해서 …… 후진을 유인하여 궤격(詭激)*이 버릇되게 하고, 일을 의논할 때에도 조금만 이의를 세우면 반드시 극심한 말로 배척하여 꺾어서 따르게 하였다. …… 조광조·김정 등을 원방(遠方)에 안치하라."라고 하였다. ── 기묘사화(1519)
>
> *궤격(詭激): 언행이 정상을 벗어나고 격렬함

① 성삼문 등이 단종의 복위를 꾀하였다.
② 외척 간의 대립으로 윤임이 제거되었다.
③ 이괄이 난을 일으켜 한양을 점령하였다.
④ 성희안 일파가 반정을 통해 연산군을 몰아내었다.
⑤ 조의제문이 발단이 되어 김일손 등이 화를 입었다.

정답 ④ 출제포인트 : 갑자사화와 기묘사화 사이의 역사적 사실

문제 분석

제시된 자료를 통해 (가)는 1504년 연산군 때 폐비 윤씨 사사 사건을 원인으로 일어난 갑자사화, (나)는 1519년 조선 중종 때 위훈 삭제를 주장한 조광조가 훈구 세력의 반발로 제거된 기묘사화에 대한 내용임을 알 수 있다. (가)와 (나) 사이에 성희안 일파가 반정을 통해 연산군을 몰아내고 중종이 왕위에 올랐다(중종반정, 1506).

선지 해설

① 성삼문 등이 단종의 복위를 꾀하였다.
　　　　조선 세조 때(1456)
② 외척 간의 대립으로 윤임이 제거되었다.
　　　　을사사화(1545)
③ 이괄이 난을 일으켜 한양을 점령하였다.
　　　　인조반정 이후(1623)
④ 성희안 일파가 반정을 통해 연산군을 몰아내었다.
　　　　중종반정(1506)
⑤ 조의제문이 발단이 되어 김일손 등이 화를 입었다.
　　　　무오사화(1498)

---

22 (가) 기구에 대한 설명으로 옳은 것은? [2점]

> **역사 용어 해설**
>
> **(가)** ← 사헌부
>
> **1. 개요**
>
> 조선 시대에 언론 활동, 풍속 교정, 백관에 대한 규찰과 탄핵 등을 관장하던 기구이다. 대사헌, 집의, 장령, 감찰 등의 직제로 구성되어 있다.
>
> **2. 관련 사료**
>
> 건국 초기에 고려의 제도에 따라 설치하였다. …… 『경국대전』에는 "정사를 논평하고, 백관을 규찰하고, 풍속을 바로잡고, 억울함을 풀어주고, 허위를 금지하는 등의 일을 관장한다."라고 하였다.
>
> ── 『순암집』 ──

① 업무 일지인 내각일력을 작성하였다.
② 고려의 삼사와 같은 기능을 수행하였다.
③ 은대(銀臺), 후원(喉院)이라고도 불리었다.
④ 임진왜란을 거치면서 국정 전반을 총괄하였다.
⑤ 5품 이하의 관리 임명에 대한 서경권을 행사하였다.

정답 ⑤ 출제포인트 : 조선의 중앙 정치 기구 ― 사헌부

문제 분석

제시된 자료를 통해 (가) 기구가 조선 시대 사헌부임을 알 수 있다. 언론 활동, 풍속 교정, 관리의 비리 감찰과 탄핵 등을 담당한 사헌부는 사간원과 함께 대간이라 불렸으며, 대사헌, 집의, 장령, 감찰 등의 직제로 구성되었다. 또 5품 이하의 관리 임명에 대한 서경권을 행사하였다.

선지 해설

① 업무 일지인 내각일력을 작성하였다.
　　　조선 정조 때 규장각의 공식 일기
② 고려의 삼사와 같은 기능을 수행하였다.
　　　출납과 회계 담당
③ 은대(銀臺), 후원(喉院)이라고도 불리었다.
　　　승정원
④ 임진왜란을 거치면서 국정 전반을 총괄하였다.
　　　비변사
⑤ 5품 이하의 관리 임명에 대한 서경권을 행사하였다.
　　　사간원과 함께 대간으로 불림,
　　　서경·간쟁·봉박권을 가짐

23 (가)~(다)를 일어난 순서대로 옳게 나열한 것은?

[3점]

┌─ 서인 집권
(가) 임금이 궐내에 있던 기름 먹인 장막을 **허적**이 벌써 **가져갔음을** 듣고 노하여 이르기를, "궐내에서 쓰는 것을 마음대로 가져가는 것은 한명회도 못하던 짓이다."라고 하였다. …… 임금이 허적의 당파가 많아 기세가 당당하다는 말을 듣고 **그들을 제거**하고자 결심하였다. — 경신환국(1680)

┌─ 서인 집권
(나) 비망기를 내려, "국운이 안정되어 **왕비가 복위**하였으니, 백성에게 두 임금이 없는 것은 고금을 통한 의리이다. 장씨의 왕후 지위를 거두고 옛 작호인 **희빈**을 내려 주되, 세자가 조석으로 문안하는 예는 폐하지 않도록 하라."라고 하였다. — 갑술환국(1694)

┌─ 남인 집권
(다) 임금이 말하기를, '**송시열**은 산림의 영수로서 나라의 형세가 험난한 때에 감히 원자(元子)의 명호를 정한 것이 너무 이르다고 하였으니, 삭탈 관직하고 성문 밖으로 내쳐라. 반드시 송시열을 구하려는 자가 있겠지만, 그런 자는 비록 대신이라 하더라도 용서하지 않을 것이다."라고 하였다. — 기사환국(1689)

① (가) - (나) - (다)
② (가) - (다) - (나)
③ (나) - (가) - (다)
④ (나) - (다) - (가)
⑤ (다) - (나) - (가)

정답 ②　　　　　출제포인트 : 환국의 발생

문제 분석

- (가) 1680년 유악 사건으로 허적 등 남인 일파가 서인에 의해 축출된 경신환국이 발생하였다.
- (나) 1694년 숙종이 남인을 견제하고자 서인들을 대거 등용하면서 인현 왕후 복위 운동이 일어나자 남인 세력이 몰락하고 인현 왕후를 복위시키는 갑술환국이 발생하였다.
- (다) 1689년 희빈 장씨의 아들을 원자로 책봉하는 문제를 서인이 반대하자 서인이 축출되고 남인이 집권하는 기사환국이 발생하였다. 기사환국으로 인현 왕후가 폐위되고 희빈 장씨가 왕비로 책봉되었다.

선지 해설

① (가) - (나) - (다)
② (가) - (다) - (나)
③ (나) - (가) - (다)
④ (나) - (다) - (가)
⑤ (다) - (나) - (가)

24 밑줄 그은 '전란' 중에 있었던 사실로 옳은 것은?

[2점]

┌─ 병자호란
일기로 본 역사
이 책은 조선 시대 문신 어한명이 작성한 강도일기(江都日記)이다. **전란**을 피해 봉림 대군과 인평 대군 등이 강화로 이동할 때 당시 경기좌도 수운판관이었던 저자가 왕실을 보호하여 강화 앞바다를 건너게 한 과정을 기록하고 있다. 당시 국왕과 세자는 강화로 가는 길이 막혀 **남한산성으로 피란**하였다.

① 정문부가 길주에서 의병을 이끌었다.
② 강홍립이 사르후 전투에 참전하였다.
③ 김시민이 진주성에서 적군을 크게 물리쳤다.
④ 임경업이 백마산성에서 적의 침입에 대비하였다.
⑤ 최윤덕이 올라산성에서 이만주 부대를 정벌하였다.

정답 ④　　　　　출제포인트 : 병자호란 당시의 역사적 사실

문제 분석

제시된 자료를 통해 밑줄 그은 '전란'이 병자호란임을 알 수 있다. 청이 조선에 군신 관계를 요구하자 당시 주전론이 우세했던 조선은 이를 거절하였다. 이에 1636년 청 태종이 조선을 침략하자 인조는 남한산성으로 피란하였다. 하지만 인조가 삼전도에서 청에 굴욕적으로 항복하면서 병자호란이 끝났으며, 조선은 청과 군신 관계를 체결하고 소현 세자와 봉림 대군이 청에 볼모로 끌려갔다. 병자호란 당시 임경업이 백마산성에서 적의 침입에 대비하였다.

선지 해설

① 정문부가 길주에서 의병을 이끌었다.
　임진왜란
② 강홍립이 사르후 전투에 참전하였다.
　광해군의 중립 외교 정책
③ 김시민이 진주성에서 적군을 크게 물리쳤다.
　임진왜란
④ 임경업이 백마산성에서 적의 침입에 대비하였다.
　병자호란
⑤ 최윤덕이 올라산성에서 이만주 부대를 정벌하였다.
　조선 세종 때 여진 정벌, 4군 설치

25 다음 기사에 나타난 시기의 경제 상황으로 옳은 것은? [2점]

역사 신문

제△△호 　　　　　○○○○년 ○○월 ○○일

거상(巨商) 임상옥, 북경에서 인삼 무역으로 큰 수익

조선 후기

연행사의 수행원으로 북경에 간 만상(灣商) 임상옥이 인삼 무역으로 큰 수익을 거두었다. 북경 상인들이 불매 동맹을 통해 인삼을 헐값에 사려 하자, 그는 가져간 인삼 보따리를 태우는 기지를 발휘해 북경 상인에게 인삼을 높은 가격에 매각하여 막대한 이익을 얻은 것이다.

① 삼한통보, 해동통보가 발행되었다.
② 솔빈부의 말이 특산물로 수출되었다.
③ 초량 왜관을 통해 일본과 교역하였다.
④ 당항성, 영암이 국제 무역항으로 번성하였다.
⑤ 경시서의 관리들이 수도의 시전을 감독하였다.

26 (가) 왕이 추진한 정책으로 옳은 것은? [1점]

① 경기도에 한하여 대동법을 시행하였다.
② 군역 부담을 줄이기 위해 균역법을 제정하였다.
③ 육의전을 제외한 시전 상인의 금난전권을 폐지하였다.
④ 제한된 규모의 무역을 허용한 계해약조를 체결하였다.
⑤ 현직 관리에게만 수조권을 지급하는 직전법을 실시하였다.

정답 ③ 　　　　출제포인트 : 조선 후기의 경제 상황

문제 분석

제시된 자료를 통해 기사에 나타난 시기가 조선 후기임을 알 수 있다. 조선 후기에는 대동법 시행으로 관청에 물품을 조달하는 공인이 활동하였으며, 한강을 무대로 상업에 종사하는 경강상인과 송상, 만상 등 사상들이 무역으로 부를 축적하였다. 또 설점수세제의 시행으로 민간의 광산 개발이 활기를 띠었으며, 광산을 전문적으로 경영하는 덕대가 등장하였다. 조선 후기에는 초량 왜관을 통해 일본과 교역하였다.

선지 해설

① 삼한통보, 해동통보가 발행되었다.
　　고려
② 솔빈부의 말이 특산물로 수출되었다.
　　발해
③ 초량 왜관을 통해 일본과 교역하였다.
　　조선 후기
④ 당항성, 영암이 국제 무역항으로 번성하였다.
　　통일 신라
⑤ 경시서의 관리들이 수도의 시전을 감독하였다.
　　고려

정답 ③ 　　　　출제포인트 : 조선 정조의 정책

문제 분석

제시된 자료를 통해 (가) 왕이 조선 정조임을 알 수 있다. 조선 정조는 왕권 강화를 위해 초계문신제를 실시하여 문신들을 재교육하였으며, 정책 자문 기구인 규장각을 설치하고 서얼 출신들의 학자들을 규장각 검서관에 기용하였다. 또 왕권을 뒷받침할 국왕의 친위 부대인 장용영을 설치하였으며, 수원 화성을 건설하였다. 육의전을 제외한 시전 상인의 금난전권을 폐지하는 신해통공을 실시하였다.

선지 해설

① 경기도에 한하여 대동법을 시행하였다.
　　조선 광해군
② 군역 부담을 줄이기 위해 균역법을 제정하였다.
　　조선 영조
③ 육의전을 제외한 시전 상인의 금난전권을 폐지하였다.
　　조선 정조
④ 제한된 규모의 무역을 허용한 계해약조를 체결하였다.
　　조선 세종
⑤ 현직 관리에게만 수조권을 지급하는 직전법을 실시하였다.
　　조선 세조

27 다음 자료에 나타난 사건에 대한 설명으로 옳은 것은?

[2점]

진주 농민 봉기(1862)

> 진주 안핵사 박규수에게 하교하기를, "얼마 전에 있었던 진주의 일은 전에 없던 변괴였다. 관원은 백성을 달래지 못하였고, 백성은 패악한 습관을 버리지 못하였다. 누가 그 허물을 책임져야 하겠는가. 신중을 기하여 혹시 한 사람이라도 억울하게 처벌 받는 일이 없게 하라. 그리고 포리(逋吏)*를 법에 따라 처벌할 경우 죄인을 심리하여 처단할 방법을 상세히 구별하라."라고 하였다.

*포리(逋吏): 관아의 물건을 사사로이 써버린 아전

① 홍경래, 우군칙 등이 주도하였다.
② 남접과 북접이 연합하여 전개되었다.
③ 삼정이정청이 설치되는 계기가 되었다.
④ 우정총국 개국 축하연을 이용하여 일어났다.
⑤ 윤원형 일파가 정국을 주도한 시기에 발생하였다.

28 (가) 인물의 작품으로 옳은 것은?

[2점]

김홍도

> 이 작품은 단원 (가) 이/가 그린 추성부도(秋聲賦圖)로, 인생의 허망함과 쓸쓸함을 묘사한 글인 추성부를 그림으로 표현했습니다. 죽음을 앞둔 노년에 자신의 심정을 나타낸 것으로 보입니다. 도화서 화원 출신인 그는 풍속화, 산수화, 인물화 등 다양한 분야에서 뛰어난 작품을 남겼습니다.

①  ②

③   ④

⑤

정답 ③   출제포인트 : 진주(임술) 농민 봉기

문제 분석

제시된 자료에 나타난 사건이 진주 농민 봉기임을 알 수 있다. 1862년 유계춘이 경상 우병사 백낙신의 수탈에 맞서 진주에서 농민 봉기를 일으켰으며, 이후 전국적으로 봉기가 확산되었다(임술 농민 봉기). 이후 안핵사 박규수를 파견하여 수습하고자 하였으며, 삼정의 문란을 시정하기 위해 삼정이정청을 설치하였다.

선지 해설

① 홍경래, 우군칙 등이 주도하였다.
　　홍경래의 난(1811)
② 남접과 북접이 연합하여 전개되었다.
　　동학 농민 운동(1894)
③ 삼정이정청이 설치되는 계기가 되었다.
　　임술 농민 봉기(1862)
④ 우정총국 개국 축하연을 이용하여 일어났다.
　　갑신정변(1884)
⑤ 윤원형 일파가 정국을 주도한 시기에 발생하였다.
　　조선 명종 때 임꺽정의 활동

정답 ②   출제포인트 : 조선 후기의 회화 – 김홍도

문제 분석

제시된 자료를 통해 (가) 인물이 단원 김홍도임을 알 수 있다. 조선 후기 풍속 화가인 단원 김홍도는 도화서 화원 출신으로 풍속화, 산수화, 인물화 등 다양한 부분에서 뛰어난 작품을 남겼다. 특히 '벼타작', '씨름', '서당' 등 서민들의 일상생활을 소탈하고 익살스럽게 표현하였다.

선지 해설

①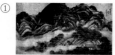
인왕제색도 (정선)

②
벼타작 (김홍도)

③
단오풍정 (신윤복)

④
영통동구도 (강세황)

⑤
세한도 (김정희)

[29~30] 다음 자료를 읽고 물음에 답하시오.

(가) 우리 해동의 삼국도 역사가 오래되었으니 마땅히 책을 써야 합니다. 그러므로 폐하께서 이 늙은 신하에게 편찬하도록 하셨습니다. 폐하께서 이르시기를, "삼국은 중국과 통교하였으므로 『후한서』나 『신당서』에 모두 삼국의 열전이 있지만, 상세히 실리지 않았다. 우리의 옛 기록은 빠진 사실이 많아 후세에 교훈을 주기 어렵다. 그러므로 뛰어난 역사서를 완성하여 물려주고 싶다."라고 하셨습니다. ─ 삼국사기(고려 인종)/김부식

(나) 삼가 삼국 이후의 여러 역사서를 모으고 중국의 역사서에서 가려내어 연도에 따라 사실을 기록하였습니다. 범례는 『자치통감』에 의거하였고, 『자치통감강목』의 취지에 따라 번잡한 것은 줄이고 요령만 남겨두도록 힘썼습니다. 삼국이 서로 대치할 때는 삼국기라고 하였고, 신라가 통합한 시대는 신라기라고 하였으며, 고려 시대는 고려기라 하였고, 삼한 이전은 외기라고 하였습니다. ─ 동국통감(조선 성종)/서거정

(다) 옛 성인은 예악으로 나라를 일으켰고 인의로 가르침을 폈으니 괴력난신은 말하지 않았다. 그러나 제왕이 일어날 때는 반드시 보통 사람과 다른 점이 있었고, 그러한 후에야 제왕의 지위를 얻고 대업을 이루었다. …… 그러므로 삼국의 시조가 모두 신이한 데서 나왔다고 해서 무엇이 괴이하다고 하겠는가. 이것이 책 첫머리에 기이편이 실린 까닭이다. ─ 삼국유사(고려 충렬왕)/일연

(라) 옛날에 고씨가 북쪽에 살면서 고구려라 하였고, 부여씨가 서남쪽에 살면서 백제라 하였으며, 박·석·김씨가 동남쪽에 살면서 신라라고 하였으니, 이것이 삼국이다. 그러니 마땅히 삼국사가 있어야 할 것이다. …… 부여씨가 망하고 고씨가 망하니 김씨가 그 남쪽 땅을 차지하고 대씨가 그 북쪽 땅을 차지하여 발해라 하였다. 이것을 남북국이라 한다. 그러니 마땅히 남북국사가 있어야 한다. ─ 발해고(조선 정조)/유득공

29 (가)~(라) 역사서를 편찬한 순서대로 옳게 나열한 것은? [3점]

① (가) − (나) − (다) − (라)
② (가) − (다) − (나) − (라)
③ (나) − (가) − (라) − (다)
④ (나) − (다) − (가) − (라)
⑤ (다) − (라) − (나) − (가)

30 (가)~(라) 역사서에 대한 설명으로 옳은 것을 〈보기〉에서 고른 것은? [2점]

─〈보 기〉─

ㄱ. (가) − 유교 사관에 입각하여 기전체 형식으로 저술하였다. ─ 삼국사기
ㄴ. (나) − 사초와 시정기를 바탕으로 실록청에서 편찬하였다. ─ 조선왕조실록
ㄷ. (다) − 불교사를 중심으로 민간 설화 등을 수록하였다. ─ 삼국유사
ㄹ. (라) − 고조선부터 고려까지의 역사를 편년체로 정리하였다. ─ 동국통감

① ㄱ, ㄴ ② ㄱ, ㄷ ③ ㄴ, ㄷ ④ ㄴ, ㄹ ⑤ ㄷ, ㄹ

정답 ② | 출제포인트 : 역사서의 편찬

문제 분석

- 『삼국사기』는 고려 인종 때 김부식이 왕명을 받아 편찬하였다. 본기 28권, 연표 3권, 지 9권, 열전 10권으로 기전체 형식으로 서술하였다. 유교적 합리주의 사관을 반영한 가장 오래된 역사서이다.
- 『동국통감』은 조선 성종 때 서거정 등이 왕명을 받아 편찬하였다. 고조선부터 고려까지의 역사를 서술하였다.
- 『삼국유사』는 고려 충렬왕 때 승려 일연이 편찬하였다. 불교 중심의 역사적 사실과 민간 설화 등이 수록되어 있으며, 특히 단군왕검의 건국 이야기가 수록되어 있다.
- 『발해고』는 조선 정조 때 유득공이 편찬하였다. 한국, 중국, 일본의 사서를 참고하여 발해의 역사를 기록하였다.

따라서 『삼국사기』 → 『삼국유사』 → 『동국통감』 → 『발해고』 순서로 역사서가 편찬되었다.

선지 해설

① (가) − (나) − (다) − (라) ② (가) − (다) − (나) − (라)
③ (나) − (가) − (라) − (다) ④ (나) − (다) − (가) − (라)
⑤ (다) − (라) − (나) − (가)

정답 ② | 출제포인트 : 역사서의 편찬

문제 분석

제시된 자료를 통해 (가) 『삼국사기』, (나) 『동국통감』, (다) 『삼국유사』, (라) 『발해고』임을 알 수 있다. 『삼국사기』는 유교 사관에 입각하여 기전체 형식으로 저술하였고, 『삼국유사』는 불교사를 중심으로 민간 설화 등을 수록하였다. ㄴ은 『조선왕조실록』, ㄹ은 『동국통감』에 대한 설명이다.

선지 해설

① ㄱ, ㄴ ② ㄱ, ㄷ ③ ㄴ, ㄷ ④ ㄴ, ㄹ ⑤ ㄷ, ㄹ

31 (가) 사건 이후에 전개된 사실로 옳은 것은? [2점]

└ 신미양요(1871)

이곳은 어재연 장군과 그의 군사를 기리기 위해 조성된 충장사입니다. 어재연 장군의 부대는 (가) 때 광성보에서 로저스 제독이 이끄는 미군에 맞서 결사 항전하였지만 끝내 함락을 막지 못하였습니다.

① 종로와 전국 각지에 척화비가 세워졌다.
② 평양 관민이 제너럴 셔먼호를 불태웠다.
③ 한성근 부대가 문수산성에서 항전하였다.
④ 신유박해로 많은 천주교도가 처형되었다.
⑤ 오페르트가 남연군 묘 도굴을 시도하였다.

32 (가), (나) 조약 체결 사이의 시기에 있었던 사실로 옳은 것은? [3점]

└ 강화도 조약(1876)

(가) 제1관 조선국은 자주 국가로서 일본국과 평등한 권리를 보유한다. ……
제10관 일본국 인민이 조선국 지정의 각 항구에 머무르는 동안 죄를 범한 것이 조선국 인민에게 관계되는 사건은 모두 일본국 관원이 심리하여 판결한다. ……└ 치외법권

└ 조·미 수호 통상 조약(1882)

(나) 제1관 앞으로 대조선국 군주와 대미국 대통령 및 그 인민은 각각 모두 영원히 화평하고 우애 있게 지낸다. ……
제5관 …… 미국 상인과 상선이 조선에 와서 무역을 할 때 입출항하는 화물은 모두 세금을 바쳐야 하며, 세금을 거두는 권한은 조선이 자주적으로 행사한다. …… └ 관세 자주권

① 공사 노비법이 혁파되었다.
② 통리기무아문이 설치되었다.
③ 한성 전기 회사가 설립되었다.
④ 건양이라는 독자적인 연호가 채택되었다.
⑤ 지방 행정 구역이 8도에서 23부로 개편되었다.

정답 ① 출제포인트 : 신미양요 이후의 역사적 사실

문제 분석

제시된 자료를 통해 (가) 사건이 신미양요임을 알 수 있다. 1871년 미국은 1866년에 일어난 제너럴 셔먼호 사건(통상을 요구하며 대동강을 거슬러 올라온 미국 상선 제너럴 셔먼호를 평양 관민이 불태움)을 구실로 로저스 제독이 강화도를 침략한 신미양요를 일으켰고, 어재연 부대가 광성보에서 항전하였다. 병인양요와 신미양요를 겪으며 서양과의 통상 수교를 거부하는 의지를 담아 종로와 전국 각지에 척화비가 세워졌다.

선지 해설

① 종로와 전국 각지에 척화비가 세워졌다.
  신미양요의 결과
② 평양 관민이 제너럴 셔먼호를 불태웠다.
  신미양요 발생 배경(1866)
③ 한성근 부대가 문수산성에서 항전하였다.
  병인양요(1866)
④ 신유박해로 많은 천주교도가 처형되었다.
  조선 순조 때(1801)
⑤ 오페르트가 남연군 묘 도굴을 시도하였다.
  신미양요 발생 이전(1868)

정답 ② 출제포인트 : 강화도 조약과 조·미 수호 통상 조약

문제 분석

(가)는 1876년 운요호 사건을 빌미로 일본이 요구한 강화도 조약으로, 1876년 우리측 대표 신헌과 일본측 대표 구로다가 체결하였다. 우리나라 최초의 근대적 조약이자 불평등 조약인 강화도 조약은 치외법권, 해안 측량권을 인정하고 있으며, 부산 외 2곳에 개항장이 설치되는 결과를 가져왔다. (나)는 1882년 치외법권과 최혜국 대우 인정, 거중 조정, 낮은 세율의 관세 조항 규정 등을 내용으로 하는 조·미 수호 통상 조약이 체결되었다는 내용이다. 따라서 그 사이 시기에는 1880년 개화 정책을 총괄하기 위한 통리기무아문 설치가 적절하다.

선지 해설

① 공사 노비법이 혁파되었다.
  1차 갑오개혁(1894)
② 통리기무아문이 설치되었다.
  개항 이후(1880)
③ 한성 전기 회사가 설립되었다.
  대한 제국 시기(1898)
④ 건양이라는 독자적인 연호가 채택되었다.
  을미개혁(1895)
⑤ 지방 행정 구역이 8도에서 23부로 개편되었다.
  2차 갑오개혁(1894)

33 다음 자료에 나타난 사건에 대한 설명으로 옳은 것은? [2점]

> 발신: 조선 주재 공사 하나부사 요시모토(花房義質)
>
> 수신: 외무경 이노우에 가오루(井上馨)
>
> 　이달 23일 오후 5시 성난 군중 수백 명이 갑자기 공사관을 습격하여 돌을 던지고 총을 쏘며 방화함. 전력으로 방어한 지 7시간이 지났지만 원병이 오지 않았음. 한쪽을 돌파하여 왕궁으로 가려 해도 성문이 열리지 않았음. …… 성난 군중이 왕궁 및 민태호와 민경호의 집도 습격했다고 들었음. …… 교관 호리모토 외 8명의 생사는 알 수 없음. — 임오군란(1882)

① 전주 화약이 체결되는 계기가 되었다.
② 입헌 군주제 수립을 목표로 전개되었다.
③ 김기수가 수신사로 파견되는 결과를 가져왔다.
④ 구식 군인에 대한 차별 대우가 발단이 되어 일어났다.
⑤ 3일 만에 실패로 끝나 주동자들이 해외로 망명하였다.

34 (가) 인물에 대한 설명으로 옳은 것은? [2점]

> 국어 연구에 앞장선 (가) 에 대해 알려 주세요. — 주시경
>
> 호는 한힌샘으로, 독립신문사의 교보원으로 활동하였습니다. 큰 보자기에 책을 넣고 다니며 학생들에게 국어를 가르쳐 '주보따리'라는 별명을 얻었습니다.

① 국문 연구소의 연구위원으로 활동하였다.
② 조선어 학회 사건으로 구속되어 옥고를 치렀다.
③ 국권 피탈 과정을 정리한 한국통사를 집필하였다.
④ 세계지리 교과서인 사민필지를 한글로 저술하였다.
⑤ 여유당전서를 간행하고 조선학 운동을 전개하였다.

정답 ④　　　　출제포인트 : 임오군란의 영향

문제 분석

제시된 자료에 나타난 사건은 임오군란임을 알 수 있다. 1882년 개화 정책에 대한 불만이 커지고 구식 군대에 대한 차별 대우가 심해지자 군인들이 궁궐을 침입하여 난을 일으켰다. 청의 군대 개입으로 임오군란이 진압되자 청은 묄렌도르프를 고문으로 파견하여 내정을 간섭하였다. 청과 영사재판권, 내지 통상권 등을 허용한 불평등 조약인 조·청 상민 수륙 무역 장정을 체결하였다. 또 일본과 제물포 조약을 체결하여 일본 공사관에 경비병이 주둔하게 되었다.

선지 해설

① 전주 화약이 체결되는 계기가 되었다.
　　　　동학 농민 운동
② 입헌 군주제 수립을 목표로 전개되었다.
　　　　독립 협회의 활동
③ 김기수가 수신사로 파견되는 결과를 가져왔다.
　　　　강화도 조약
④ 구식 군인에 대한 차별 대우가 발단이 되어 일어났다.
　　　　임오군란
⑤ 3일 만에 실패로 끝나 주동자들이 해외로 망명하였다.
　　　　갑신정변

정답 ①　　　　출제포인트 : 주시경의 활동

문제 분석

제시된 자료를 통해 (가) 인물이 주시경임을 알 수 있다. 국어 연구에 앞장선 주시경은 한글 연구를 목적으로 학부 아래에 설립된 국문 연구소의 연구위원으로 국문을 정리하고 철자법을 연구하였다.

선지 해설

① 국문 연구소의 연구위원으로 활동하였다.
　　　　주시경
② 조선어 학회 사건으로 구속되어 옥고를 치렀다.
　　　　최현배
③ 국권 피탈 과정을 정리한 한국통사를 집필하였다.
　　　　박은식
④ 세계지리 교과서인 사민필지를 한글로 저술하였다.
　　　　헐버트
⑤ 여유당전서를 간행하고 조선학 운동을 전개하였다.
　　　　정인보·안재홍

35 다음 자료에 나타난 민족 운동에 대한 설명으로 옳은 것은?

국채 보상 운동(1907) [2점]

> 우리나라가 채무를 지고 우리 백성이 채노(債奴)*가 된 것이 여러 해가 되었습니다. …… 대황제 폐하께서 진 외채가 1,300만 원이지만 채무를 청산할 방법이 없어 밤낮으로 걱정하시니, 백성된 자로서 있는 힘을 다하여 보상하려고 해도 겨를이 없습니다. …… 우리 동포는 빨리 단체를 결성하여 열성적으로 의연금을 내어 채무를 상환하고 채노에서 벗어나, 머리는 대한의 하늘을 이고, 발은 대한의 땅을 밟도록 해 주시기를 눈물을 머금고 간절히 요구합니다.
>
> *채노(債奴): 빚을 갚지 못해 노비가 된 사람

① 일제가 치안 유지법을 적용하여 탄압하였다.
② 백정에 대한 사회적 차별 철폐를 요구하였다.
③ 독립문 건립을 위한 모금 활동을 전개하였다.
④ 자작회, 토산 애용 부인회 등의 단체가 활동하였다.
⑤ 대한매일신보 등 당시 언론이 적극적으로 참여하였다.

정답 ⑤ 출제포인트 : 국채 보상 운동

문제 분석

제시된 자료에 나타난 민족 운동은 국채 보상 운동임을 알 수 있다. 국채 보상 운동은 일본의 강요로 도입한 차관 1,300만 원을 갚자는 취지에서 1907년 대구에서 김광제, 서상돈을 중심으로 시작되었다. 국채 보상 기성회를 조직하여 금주·금연 운동 및 모금 운동을 통해 국민들의 성금을 모아 국권을 회복하려 한 경제적 구국 운동이었다. 대한매일신보 등 당시 언론이 적극적으로 참여하면서 국채 보상 운동의 확산에 기여하였다.

선지 해설

① 일제가 치안 유지법을 적용하여 탄압하였다.
　　　　　　　1925년 제정
② 백정에 대한 사회적 차별 철폐를 요구하였다.
　　　　　　형평 운동
③ 독립문 건립을 위한 모금 활동을 전개하였다.
　　　　　　독립 협회의 활동
④ 자작회, 토산 애용 부인회 등의 단체가 활동하였다.
　　　물산 장려 운동
⑤ 대한매일신보 등 당시 언론이 적극적으로 참여하였다.
　　　국채 보상 운동

---

36 밑줄 그은 '이 단체'에 대한 설명으로 옳은 것은?

[2점]

신민회(1907)

이 편지는 비밀 결사인 이 단체의 재무를 총괄한 전덕기가 안창호에게 보낸 것이다. 105인 사건으로 이 단체의 주요 회원인 양기탁, 이승훈 등이 형을 선고받은 사실과 대성 학교가 재정적으로 어려움을 겪고 있는 상황 등을 전하고 있다.

① 정우회 선언의 영향으로 결성되었다.
② 조선 혁명 선언을 활동 지침으로 삼았다.
③ 일제의 황무지 개간권 요구를 저지하였다.
④ 중추원 개편을 통해 의회 설립을 추진하였다.
⑤ 계몽 서적의 보급을 위해 태극 서관을 운영하였다.

정답 ⑤ 출제포인트 : 신민회의 활동

문제 분석

제시된 자료를 통해 밑줄 그은 '이 단체'가 신민회임을 알 수 있다. 1907년 안창호, 양기탁, 이승훈을 중심으로 조직된 비밀 결사 단체인 신민회는 공화 정체의 국가 수립을 목표로 실력 양성에 힘을 쏟아야 한다고 주장하였다. 대성 학교와 오산 학교를 설립하여 민족 교육을 실시하였으며, 태극 서관과 자기 회사도 운영하였다. 또 남만주 삼원보에 신흥 강습소 등 독립 운동 기지를 건설하였다. 신민회는 1911년 일제가 조작한 105인 사건으로 와해되었다.

선지 해설

① 정우회 선언의 영향으로 결성되었다.
　　　　신간회
② 조선 혁명 선언을 활동 지침으로 삼았다.
　　　　　　의열단
③ 일제의 황무지 개간권 요구를 저지하였다.
　　　　　　　　보안회
④ 중추원 개편을 통해 의회 설립을 추진하였다.
　　　　　　　　독립 협회
⑤ 계몽 서적의 보급을 위해 태극 서관을 운영하였다.
　　　신민회

37 밑줄 그은 '시기'에 볼 수 있는 모습으로 옳은 것은? [1점]

— 1910년대 일제의 무단 통치 시기

이것은 일제가 임시 토지 조사국을 설치하고 토지 조사 사업을 진행하던 시기에 작성한 지적 원도의 일부입니다. 토지를 측량해 그 위치와 경계 및 지번 등을 표시하였습니다.

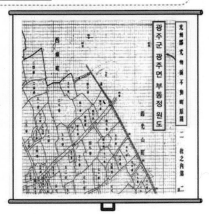

① 경성 제국 대학에서 공부하는 학생
② 근우회의 창립 기사를 작성하는 기자
③ 보빙사 일행으로 미국에 파견되는 관리
④ 조선인에게 태형을 집행하는 헌병 경찰
⑤ 거문도를 불법 점령하고 있는 영국 해군

38 (가) 단체에 대한 설명으로 옳은 것은? [2점]

□□ 신문

제△△호   2022년 ○○월 ○○일

박상진 의사 유물, 국가등록문화재 등록

— 대한 광복회

군자금 모집과 친일파 처단 등의 활동을 전개한 (가) 의 총사령 박상진 의사의 유물이 국가등록문화재로 등록되었다. 이 유물은 친일 부호 처단 사건으로 체포된 박상진의 옥중 상황과 (가) 의 비밀 연락 거점이었던 상덕태상회의 규모 등을 보여준다는 점에서 귀중한 가치를 지니고 있다.

옥중 편지 및 상덕태상회 청구서

① 고종 강제 퇴위 반대 운동을 전개하였다.
② 공화정체의 국민 국가 수립을 목표로 삼았다.
③ 파리 강화 회의에 독립 청원서를 제출하였다.
④ 미군과 연합하여 국내 진공 작전을 계획하였다.
⑤ 만민 공동회를 개최하여 민권 신장을 추구하였다.

정답 ④ 출제포인트 : 1910년대 무단 통치 시기 일제의 정책

문제 분석

제시된 자료를 통해 밑줄 그은 '시기'가 1910년대 무단 통치 시기임을 알 수 있다. 일제는 1910년대 강압적 통치를 목적으로 헌병 경찰제를 시행하였으며, 조선 태형령을 공포하였다. 언론·출판·집회·결사의 자유와 고등 교육의 기회를 박탈하였으며, 우리나라 토지를 빼앗기 위해 토지 조사 사업을 시행하였다. 또 회사 설립 시 총독의 허가를 받도록 하는 회사령을 시행하였다.

선지 해설

① 경성 제국 대학에서 공부하는 학생
    1920년대
② 근우회의 창립 기사를 작성하는 기자
    1920년대
③ 보빙사 일행으로 미국에 파견되는 관리
    — 1883년 파견 (조·미 수호 통상 조약 체결 이후)
④ 조선인에게 태형을 집행하는 헌병 경찰
    1910년대
⑤ 거문도를 불법 점령하고 있는 영국 해군
    1885년, 거문도 사건

정답 ② 출제포인트 : 1910년대 독립운동

문제 분석

제시된 자료를 통해 (가) 단체가 대한 광복회임을 알 수 있다. 1915년 박상진을 중심으로 조직된 대한 광복회는 공화 정체의 국민 국가 수립을 목표로 삼았으며, 무관 학교 설립을 위한 군자금 모금, 친일파 처단 등의 활동을 하였다.

선지 해설

① 고종 강제 퇴위 반대 운동을 전개하였다.
    대한 자강회
② 공화정체의 국민 국가 수립을 목표로 삼았다.
    대한 광복회
③ 파리 강화 회의에 독립 청원서를 제출하였다.
    신한 청년당
④ 미군과 연합하여 국내 진공 작전을 계획하였다.
    한국 광복군
⑤ 만민 공동회를 개최하여 민권 신장을 추구하였다.
    독립 협회

39 (가) 운동에 대한 설명으로 옳은 것은? [1점]

서울 앨버트 테일러 가옥 (딜쿠샤)

'딜쿠샤'가 복원되어 전시관으로 개관합니다. 많은 관람 부탁드립니다.

- 주소 : 서울시 종로구 사직로 2길 17
- 개관일 : 2021년 ○○월 ○○일

◉ 소개

'기쁜 마음의 궁전'을 뜻하는 딜쿠샤는 미국인 앨버트 W. 테일러가 지은 벽돌집으로, 테일러와 그의 가족이 미국으로 추방되기 전까지 거주한 곳이다.

미국 연합통신(AP)의 임시 특파원으로 활동한 테일러는 세브란스 병원에서 독립 선언서를 발견하고 외신을 통해 전 세계에 알렸으며, (가) 당시 일제가 자행한 제암리 학살 사건 등을 취재해 보도하였다. ── 3·1 운동 (1919)

① 신간회에서 진상 조사단을 파견하여 지원하였다.
② 순종의 인산일을 기회로 만세 운동을 전개하였다.
③ 일제가 이른바 문화 통치를 실시하는 배경이 되었다.
④ 한국인 학생과 일본인 학생 간의 충돌에서 비롯되었다.
⑤ 시위를 준비하는 과정에서 사회주의자들이 대거 검거되었다.

정답 ③　　　　출제포인트 : 3·1 운동의 배경과 전개

문제 분석

제시된 자료를 통해 (가) 운동이 3·1 운동임을 알 수 있다. 민족 자결주의와 2·8 독립 선언을 배경으로 1919년 고종의 인산일을 기점으로 일제의 식민지 지배에 항거하며 민족 대표 33인 명의의 독립 선언서를 발표한 3·1 운동이 전국적으로 일어났다. 비폭력 만세 시위로 전개되었으나, 이 과정에서 일제는 제암리 주민 학살 등 무력으로 진압하였다. 3·1 운동의 결과 일제의 식민 통치 정책이 무단 통치에서 문화 통치로 바뀌었으며, 대한민국 임시 정부가 수립되었다.

선지 해설

① 신간회에서 진상 조사단을 파견하여 지원하였다.
　　　　　광주 학생 항일 운동
② 순종의 인산일을 기회로 만세 운동을 전개하였다.
　　　　　6·10 만세 운동
③ 일제가 이른바 문화 통치를 실시하는 배경이 되었다.
　　　　　3·1 운동
④ 한국인 학생과 일본인 학생 간의 충돌에서 비롯되었다.
　　　　　광주 학생 항일 운동
⑤ 시위를 준비하는 과정에서 사회주의자들이 대거 검거되었다.
　　　　　6·10 만세 운동

---

40 (가)에 대한 설명으로 옳은 것을 <보기>에서 고른 것은? [2점]

── 대한민국 임시 정부(1919)

저는 이동녕으로 이곳 충남 천안에서 태어났습니다. 저는 임시 의정원 초대 의장으로 삼권 분립에 기초한 (가) 의 헌법 제정에 기여하였습니다. 또한 국무총리와 주석 등을 역임하였고, (가) 이/가 상하이를 떠나 이동하는 과정을 함께하며 독립운동에 전념하였습니다.

< 보 기 >

ㄱ. 만세보를 발행하여 민중 계몽에 힘썼다. ── 천도교
ㄴ. 신흥 강습소를 세워 독립군을 양성하였다. ── 신민회
ㄷ. 구미 위원부를 조직하여 외교 활동을 전개하였다.
ㄹ. 이륭양행에 교통국을 설치하여 국내와 연락을 취하였다.
　　　　　　　　　　　　　　대한민국 임시 정부

① ㄱ, ㄴ　② ㄱ, ㄷ　③ ㄴ, ㄷ　④ ㄴ, ㄹ　⑤ ㄷ, ㄹ

정답 ⑤　　　　출제포인트 : 대한민국 임시 정부의 활동

문제 분석

제시된 자료를 통해 (가)는 대한민국 임시 정부임을 알 수 있다. 3·1 운동의 영향으로 수립된 대한민국 임시 정부는 상하이에 위치하였고, 이곳에서 임시 의정원의 회의가 개최되었다. 대한민국 임시 정부는 비밀 연락망인 연통제와 교통국을 설치하여 국내와 연락을 취하였고, 군자금 조달을 위해 애국 공채를 발행하였다. 또 외교 독립 활동을 위해 구미 위원부를 설치하였고, 임시 사료 편찬회를 두어 『한일 관계 사료집』을 간행하였다.

선지 해설

① ㄱ, ㄴ　② ㄱ, ㄷ　③ ㄴ, ㄷ　④ ㄴ, ㄹ　⑤ ㄷ, ㄹ

41 밑줄 그은 '시기'에 있었던 사실로 옳은 것은? [2점]

① 메가타의 주도로 화폐 정리 사업이 실시되었다.
② 만주 군벌과 일제 사이에 미쓰야 협정이 체결되었다.
③ 여자 정신 근로령으로 한국인 여성이 강제 동원되었다.
④ 지주 문재철의 횡포에 맞서 암태도 소작 쟁의가 전개되었다.
⑤ 회사 설립 시 총독의 허가를 받도록 하는 회사령이 공포되었다.

42 (가)~(마)에 들어갈 내용으로 옳은 것은? [2점]

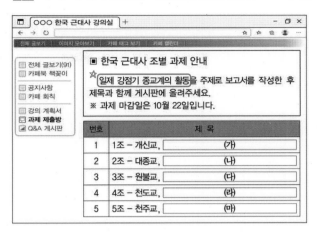

① (가) - 단군 숭배 사상을 통해 민족의식을 높이다.
② (나) - 의민단을 조직하여 무장 투쟁을 전개하다.
③ (다) - 간척 사업을 진행하고 새생활 운동을 펼치다.
④ (라) - 배재 학당을 세워 신학문 보급에 기여하다.
⑤ (마) - 어린이날을 제정하고 소년 운동을 추진하다.

정답 ③ **출제포인트 : 1930년대 후반 이후 일제의 정책**

문제 분석

제시된 자료를 통해 밑줄 그은 '시기'가 1937년 중·일 전쟁 발발 이후 민족 말살 통치 시기임을 알 수 있다. 민족 말살 통치 시기에는 내선일체를 강조하며 황국 신민 서사 암송, 신사 참배 강요, 일본식 성명 강요 등 황국 신민화 정책을 추진하였다. 또 1938년 이후 국가 총동원법으로 인적·물적 자원을 수탈하였다. 징집제, 지원병제, 징병제 등으로 전쟁터로 끌고 갔고, 국민 징용령, 여자 정신 근무령 등으로 한국인들을 강제 동원하였다. 미곡 공출 제도, 식량 배급 등을 시행하여 물자도 수탈하였다.

선지 해설

① 메가타의 주도로 화폐 정리 사업이 실시되었다.
  1905년
② 만주 군벌과 일제 사이에 미쓰야 협정이 체결되었다.
  1925년
③ 여자 정신 근로령으로 한국인 여성이 강제 동원되었다.
  1944년
④ 지주 문재철의 횡포에 맞서 암태도 소작 쟁의가 전개되었다.
  1923년
⑤ 회사 설립 시 총독의 허가를 받도록 하는 회사령이 공포되었다.
  1910년

정답 ③ **출제포인트 : 일제 강점기 종교계의 활동**

문제 분석

(가) 개신교는 배재 학당을 세워 신학문 보급에 기여하였다.
(나) 대종교는 단군 숭배 사상을 통해 민족의식을 높였다.
(다) 원불교는 간척 사업을 진행하고 새생활 운동을 펼쳤다.
(라) 천도교는 어린이날을 제정하고 소년 운동을 추진하였다.
(마) 천주교는 의민단을 조직하여 무장 투쟁을 전개하였다.

선지 해설

① (가) - 단군 숭배 사상을 통해 민족의식을 높이다.
  대종교
② (나) - 의민단을 조직하여 무장 투쟁을 전개하다.
  천주교
③ (다) - 간척 사업을 진행하고 새생활 운동을 펼치다.
  원불교
④ (라) - 배재 학당을 세워 신학문 보급에 기여하다.
  개신교
⑤ (마) - 어린이날을 제정하고 소년 운동을 추진하다.
  천도교

43 (가) 부대에 대한 설명으로 옳은 것은? [3점]

└ 조선 의용대

조선 민족 혁명당 창립 제8주년 기념 선언

우리는 중국의 난징에서 5개 당을 통합하여 전체 민족을 대표하는 유일한 정당인 조선 민족 혁명당을 창립하였다. …… 아울러 중국과 한국의 연합 항일 진영을 건립하여야 했다. …… 이 때문에 우리는 1938년 (가) 을/를 조직하고 조선의 혁명 청년들을 단결시켜 장제스 위원장의 영도 아래 직접 중국의 항전에 참가하였고, 각 전쟁터에서 찬란한 전투 성과를 만들어냈다. …… 지난해 가을 (가) 와/과 한국 광복군의 통합 편성을 기반으로 전 민족의 통일을 성공적으로 구현하였다.

① 자유시 참변으로 큰 타격을 입었다.
② 대전자령 전투에서 일본군을 격퇴하였다.
③ 동북 항일 연군으로 개편되어 유격전을 펼쳤다.
④ 김원봉, 윤세주 등이 중국 관내(關內)에서 창설하였다.
⑤ 홍범도 부대와 연합하여 청산리에서 일본군과 교전하였다.

---

44 (가) 지역에서 있었던 민족 운동으로 옳은 것은? [2점]

해외 독립운동 유적 조사 보고서

■ 주제: (가) 지역에 서린 항일 독립 정신을 찾아서
└ 북간도

■ 조사 내용
  1. 김약연의 명동 학교 설립과 교육 활동
  2. 이상설이 세운 민족 교육의 요람, 서전서숙
  3. 윤동주와 송몽규의 민족의식이 싹튼 용정촌

■ 유적 사진

| 명동 학교 | 서전서숙 기념비 | 용정촌 윤동주 생가 |

① 권업회가 설립되어 권업신문을 발간하였다.
② 이봉창이 일왕의 행렬에 폭탄을 투척하였다.
③ 박용만의 주도로 대조선 국민군단이 창설되었다.
④ 북로 군정서가 조직되어 독립 전쟁을 전개하였다.
⑤ 유학생들이 중심이 되어 2·8 독립 선언서를 발표하였다.

정답 ④   출제포인트 : 조선 의용대

문제 분석

제시된 자료를 통해 (가) 부대가 조선 의용대임을 알 수 있다. 조선 의용대는 김원봉을 중심으로 조선 민족 전선 연맹 산하의 군사 조직으로 우한에서 창설되었다. 중국 국민당 정부의 지원을 받아 조직된 조선 의용대는 중국 관내(關內)에서 결성된 최초의 한인 무장 조직이었다. 이후 조선 의용대 대원 일부는 한국광복군에 합류하였고, 일부는 화북으로 이동하여 조선 의용대 화북 지대를 결성하였다.

선지 해설

① 자유시 참변으로 큰 타격을 입었다.
　　대한 독립 군단
② 대전자령 전투에서 일본군을 격퇴하였다.
　　한국 독립군
③ 동북 항일 연군으로 개편되어 유격전을 펼쳤다.
　　동북 인민 혁명군
④ 김원봉, 윤세주 등이 중국 관내(關內)에서 창설하였다.
　　조선 의용대
⑤ 홍범도 부대와 연합하여 청산리에서 일본군과 교전하였다.
　　북로 군정서군

정답 ④   출제포인트 : 간도 지역의 독립운동

문제 분석

제시된 자료를 통해 (가) 지역이 북간도 지역(만주)임을 알 수 있다. 북간도 지역에서는 명동 학교, 서전서숙 등을 설립하여 민족 교육을 시행하였다. 또 대종교 세력이 만주에서 만든 항일 독립운동 단체인 중광단은 이후 북로 군정서로 개편되어 독립 전쟁을 전개하였다.

선지 해설

① 권업회가 설립되어 권업신문을 발간하였다.
　　연해주 지역
② 이봉창이 일왕의 행렬에 폭탄을 투척하였다.
　　일본 도쿄 지역
③ 박용만의 주도로 대조선 국민군단이 창설되었다.
　　미주 지역(하와이)
④ 북로 군정서가 조직되어 독립 전쟁을 전개하였다.
　　북간도 지역
⑤ 유학생들이 중심이 되어 2·8 독립 선언서를 발표하였다.
　　일본 도쿄 지역

45 밑줄 그은 '군정청'이 있었던 시기의 사실로 옳은 것은? [2점]

□□ 신문

제△△호   ○○○○년 ○○월 ○○일

서윤복 선수 환영회, 중앙청 광장에서 개최

중앙청 광장에 모인 환영 인파

제51회 보스턴 세계 마라톤 대회에서 세계 신기록을 세우며 우승한 서윤복 선수의 환영회가 중앙청 광장에서 열렸다. 하지 중장, 헬믹 준장 등 군정청의 주요 인사와 김규식, 여운형, 안재홍 등 정계 인사를 비롯한 수많은 군중이 참석하여, 우리 민족의 의기를 세계에 과시한 서윤복 선수의 우승을 함께 기뻐하였다.

— 미군정청은 1945년 8월 광복 후부터 1948년 대한민국 정부 수립 시기까지 유지

① 한미 상호 방위 조약이 체결되었다.
② 제1차 경제 개발 5개년 계획이 추진되었다.
③ 반민족 행위 특별 조사 위원회가 설치되었다.
④ 신한 공사가 설립되어 귀속 재산을 관리하였다.
⑤ 국가 보안법 개정안을 통과시킨 보안법 파동이 일어났다.

정답 ④   **출제포인트 : 미군정 시기의 역사적 사실**

문제 분석

제시된 자료를 통해 밑줄 그은 '군정청'이 있었던 시기는 미군정 시기임을 알 수 있다. 1945년 광복 직후 일본군의 무장 해제를 구실로 미군이 38도선 이남 지역에 진입하여 미군정을 설립하였다. 1946년 미군정 시기에 신한 공사가 설립되어 귀속 재산을 관리하였다.

선지 해설

① 한미 상호 방위 조약이 체결되었다.
    1953년
② 제1차 경제 개발 5개년 계획이 추진되었다.
    1960년 시작
③ 반민족 행위 특별 조사 위원회가 설치되었다.
    1948년 9월
④ 신한 공사가 설립되어 귀속 재산을 관리하였다.
    1946년
⑤ 국가 보안법 개정안을 통과시킨 보안법 파동이 일어났다.
    1958년

---

46 (가) 전쟁 중에 있었던 사실로 옳지 <u>않은</u> 것은? [1점]

대성동 마을은 경기도 파주시에 있으며, 군사 분계선 남쪽 비무장 지대에 위치한 민간인 마을입니다.

1/3

— 6·25 전쟁

(가) 의 정전 협정 체결 직후 비무장 지대에 남북이 민간인 마을을 하나씩만 남긴다는 후속 합의에 따라 마을로 조성되었습니다.

2/3

'자유의 마을'로 불리는 대성동 마을은 유엔군 사령부의 관할 지역으로, 외부인은 허락 없이 들어가지 못합니다.

3/3

① 애치슨 선언이 발표되었다.
② 부산이 임시 수도로 정해졌다.
③ 흥남 철수 작전이 전개되었다.
④ 인천 상륙 작전 이후 서울을 수복하였다.
⑤ 국회에서 국민 방위군 사건이 폭로되었다.

정답 ①   **출제포인트 : 6·25 전쟁의 전개**

문제 분석

제시된 자료를 통해 (가) 전쟁이 6·25 전쟁임을 알 수 있다. 1950년 6월 북한의 남침으로 전쟁이 시작되어 3일 만에 서울이 함락되고 낙동강 전선까지 밀려가 부산이 임시 수도로 정해졌다. 9월 국군과 유엔군이 인천 상륙 작전을 전개하여 십여 일 만에 서울을 수복하였으며 10월에 평양을 탈환하였다. 그러나 10월 중국군의 개입으로 12월 흥남 철수 작전이 전개되었고, 1951년 1월 서울이 재함락되면서 1·4 후퇴하였다. 이 당시 국민 방위군 사건이 폭로되기도 하였다. 이후 38도선을 중심으로 전선이 교착되자 소련의 제안으로 정전 회담이 개최되었으며, 1953년 10월 한·미 상호 방위 조약이 체결되었다.

선지 해설

① 애치슨 선언이 발표되었다. — 6·25 전쟁의 배경
    미국 국무장관 애치슨 발표, 미국의 방위선에 한반도 포함X
② 부산이 임시 수도로 정해졌다.
③ 흥남 철수 작전이 전개되었다.
④ 인천 상륙 작전 이후 서울을 수복하였다.
⑤ 국회에서 국민 방위군 사건이 폭로되었다.
    — 6·25 전쟁의 전개 과정

47 다음 대화에 나타난 사건 이후의 사실로 옳은 것은?

[3점]

박정희 정부 : 3선 개헌 추진(1969), 3선 연임 허용

당시 정부와 여당인 민주 공화당이 3선 개헌을 추진하자 학생들이 반대 시위를 벌이는 모습이네요.

야당인 신민당과 재야 세력도 3선 개헌 반대 범국민 투쟁 위원회를 결성해서 이를 막아내려 했지요.

현대사 사진전

3선 개헌 결사 반대

① 내각 책임제 형태의 정부가 출범하였다.
② 정부에 비판적이던 경향신문이 폐간되었다.
③ 최고 통치 기구인 국가 재건 최고 회의가 구성되었다.
④ 평화 통일론을 주장한 진보당의 조봉암과 간부들이 구속되었다.
⑤ 국회 해산, 헌법의 일부 효력 정지를 담은 10월 유신이 선포되었다.

48 다음 자료에 나타난 민주화 운동에 대한 설명으로 옳은 것은?

5 · 18 민주화 운동(1980)

[2점]

전국의 언론인 여러분!

지금 광주에서는 젊은 대학생들과 시민들이 피를 흘리며 싸우고 있습니다. 대학생들의 평화적 시위를 질서 유지, 진압이라는 명목 아래 저 잔인한 공수 부대를 투입하여 시민과 학생을 무차별 살육하였고 더군다나 발포 명령까지 내렸던 것입니다. …… 그러나 일부 언론은 순수한 광주 시민의 의거를 불순배의 선동이니, 폭도의 소행이니, 난동이니 하여 몰아부치고만 있습니다. …… 이번 광주 의거를 몇십 년 뒤의 '사건 비화'나 '남기고 싶은 이야기'들로 만들지 않기 위해, 사실 그대로 보도하여 주시기를 수많은 사망자의 피맺힌 원혼과 광주 시민의 이름으로 간절히, 간절히 촉구하는 바입니다.

① 허정 과도 정부가 출범하는 계기가 되었다.
② 굴욕적인 한일 국교 정상화에 반대하였다.
③ 호헌 철폐, 독재 타도 등의 구호를 외쳤다.
④ 3 · 15 부정 선거에 항의하며 시위가 시작되었다.
⑤ 관련 기록물이 유네스코 세계 기록 유산으로 등재되었다.

정답 ⑤　　출제포인트 : 박정희 정부 시기의 역사적 사실

문제 분석

제시된 자료에 나타난 사건은 1969년 박정희 정부가 3선 연임 허용을 위해 추진한 3선 개헌이다. 이후 박정희 정부 시기에는 10월 유신을 선포하고 유신 헌법을 제정하였다. 유신 헌법에 따라 대통령의 권한이 강화되면서 국민의 기본권을 일부 제한할 수 있는 긴급조치를 선포하기도 하였다. 유신 체제에 대한 반대 운동이 활발해지자 정부는 인민 혁명당 재건 위원회 사건을 조작하여 관련자들을 처벌하는 등 운동을 탄압하였다.

선지 해설

① 내각 책임제 형태의 정부가 출범하였다.
　　　　4 · 19 혁명 이후
② 정부에 비판적이던 경향신문이 폐간되었다.
　　　　　이승만 정부 시기
③ 최고 통치 기구인 국가 재건 최고 회의가 구성되었다.
　　　　　　5 · 16 군사 정변 이후
④ 평화 통일론을 주장한 진보당의 조봉암과 간부들이 구속되었다.
　　　　　　　　이승만 정부 시기
⑤ 국회 해산, 헌법의 일부 효력 정지를 담은 10월 유신이 선포되었다.　1972년 유신 헌법 제정, 장기 집권 의도, 초헌법적 비상 조치

정답 ⑤　　출제포인트 : 5 · 18 민주화 운동

문제 분석

제시된 자료에 나타난 민주화 운동은 5 · 18 민주화 운동임을 알 수 있다. 1980년 5월 18일부터 27일까지 광주와 전남 지역에서 신군부의 비상계엄 확대와 무력 진압에 저항하며 벌어진 시민들의 민주화 운동인 5 · 18 민주화 운동은 신군부 퇴진과 계엄령 해제를 요구하였다. 시위 과정에서 시민군이 자발적으로 조직되었다. 그러나 신군부가 무자비하게 시민군을 진압하면서 막을 내렸다. 5 · 18 민주화 운동 관련 기록물은 유네스코 세계 기록 유산으로 등재되었다.

선지 해설

① 허정 과도 정부가 출범하는 계기가 되었다.
　　　　4 · 19 혁명
② 굴욕적인 한일 국교 정상화에 반대하였다.
　　　　　6 · 3 시위
③ 호헌 철폐, 독재 타도 등의 구호를 외쳤다.
　　　6월 민주 항쟁
④ 3 · 15 부정 선거에 항의하며 시위가 시작되었다.
　　　　4 · 19 혁명
⑤ 관련 기록물이 유네스코 세계 기록 유산으로 등재되었다.
　　　　· 5 · 18 민주화 운동

49 다음 연설이 있었던 정부 시기의 경제 상황으로 옳은 것은? [2점]

오늘 우리나라는 OECD 회원국이 되게 되었습니다. …… 한국은 수많은 어려움이 있었음에도 시장 경제 체제의 장점을 살리는 경제 개발 전략을 추진해 왔습니다. 이를 통해 폐허 속에서 한 세대 만에 세계 10위권의 경제 규모를 가진 나라로 성장하였습니다. — 김영삼 정부 시기

① 처음으로 수출액 100억 달러가 달성되었다.
② 대통령 긴급 명령으로 금융 실명제가 실시되었다.
③ 개성 공단 건설을 통해 남북 간 경제 교류가 이루어졌다.
④ 한국과 미국 사이에 자유 무역 협정(FTA)이 체결되었다.
⑤ 경제적 취약 계층을 위한 국민 기초 생활 보장법이 시행되었다.

50 다음 뉴스가 보도된 정부 시기의 통일 노력으로 옳은 것은? [2점]

— 김대중 정부 시기

정주영의 소 떼 방북을 계기로 남북한의 교류와 협력이 본격화되면서 금강산 관광 사업이 시작되었습니다. 이 사업은 남북 교류 활성화에 크게 기여할 것으로 보입니다.

금강산 관광객 실은 크루즈, 동해항에서 첫 출항

① 남북 조절 위원회를 구성하였다.
② 남북한이 유엔에 동시 가입하였다.
③ 6·15 남북 공동 선언을 채택하였다.
④ 한반도 비핵화 공동 선언을 발표하였다.
⑤ 남북 이산가족의 교환 방문을 최초로 실현하였다.

정답 ② 출제포인트 : 김영삼 정부 시기의 경제 상황

문제 분석

제시된 자료와 같은 연설이 있었던 시기가 김영삼 정부 시기임을 알 수 있다. 김영삼 정부 시기에는 금융 거래의 투명성을 확보하기 위해 대통령 긴급 명령으로 금융 실명제를 시행하였고, 지방 자치제를 전면 실시하였다. 또 1996년 경제 협력 개발 기구(OECD)에 가입하였으며, 1997년 외환 위기가 발생하여 국제 통화 기금(IMF)에 구제 금융 지원을 요청하였다.

선지 해설

① 처음으로 수출액 100억 달러가 달성되었다.
　　박정희 정부 시기
② 대통령 긴급 명령으로 금융 실명제가 실시되었다.
　　김영삼 정부 시기
③ 개성 공단 건설을 통해 남북 간 경제 교류가 이루어졌다.
　　김대중 정부 시기
④ 한국과 미국 사이에 자유 무역 협정(FTA)이 체결되었다.
　　노무현 정부 시기
⑤ 경제적 취약 계층을 위한 국민 기초 생활 보장법이 시행되었다.
　　김대중 정부 시기

정답 ③ 출제포인트 : 김대중 정부 시기의 통일 노력

문제 분석

제시된 자료를 통해 뉴스가 보도된 시기가 김대중 정부 시기임을 알 수 있다. 김대중 정부 시기에 대북 화해 협력 정책(햇볕 정책)을 편 결과, 남북 정상 회담이 개최되고 6·15 남북 공동 선언을 채택하였다. 또 금강산 관광이 시작되었으며, 남북한의 교류 협력을 위한 개성 공단 조성에 합의하였다.

선지 해설

① 남북 조절 위원회를 구성하였다.
　　김대중 정부 시기
② 남북한이 유엔에 동시 가입하였다.
　　박정희 정부 시기
③ 6·15 남북 공동 선언을 채택하였다.
　　김대중 정부 시기
④ 한반도 비핵화 공동 선언을 발표하였다.
　　노태우 정부 시기
⑤ 남북 이산가족의 교환 방문을 최초로 실현하였다.
　　전두환 정부 시기

동영상
무료

01 (가) 시대의 생활 모습으로 옳은 것은? [1점]

> 청동기
>
> 이곳은 유네스코 세계유산으로 등재된 화순 고인돌 유적입니다. 여기에는 계급이 발생한 (가) 시대의 고인돌이 밀집되어 있고, 인근에서는 덮개돌을 캐낸 채석장이 발견되어 고인돌의 축조 과정을 살펴볼 수 있습니다.

① 소를 이용하여 깊이갈이를 하였다.
② 주로 동굴이나 바위 그늘에서 살았다.
③ 반달 돌칼을 사용하여 곡물을 수확하였다.
④ 빗살무늬 토기를 제작하여 식량을 저장하였다.
⑤ 주먹도끼, 찍개 등 뗀석기를 만들기 시작하였다.

02 밑줄 그은 '이 나라'에 대한 설명으로 옳은 것은? [2점]

> 부여
>
> 이것은 쑹화강 유역에 위치했던 이 나라의 유물로 고대인의 얼굴을 추정해 볼 수 있는 귀중한 자료입니다. 이 나라에는 영고라는 제천 행사와 형사취수제라는 풍속이 있었다고 전해집니다.

금동 얼굴 모양 장식

① 신성 구역인 소도를 두었다.
② 읍락 간의 경계를 중시하는 책화가 있었다.
③ 여러 가(加)들이 각각 사출도를 주관하였다.
④ 정사암 회의에서 국가의 중대사를 결정하였다.
⑤ 사회 질서를 유지하기 위해 범금 8조를 만들었다.

정답 ③ 출제포인트 : 청동기 시대의 생활 모습

문제 분석

제시된 자료를 통해서 (가) 시대가 청동기 시대임을 알 수 있다. 청동기 시대에는 거푸집을 이용하여 비파형 동검을 만들었으며, 민무늬 토기를 사용하였다. 곡물 수확에는 반달 돌칼을 사용하였으며, 또 지배층의 무덤으로 고인돌을 축조하였는데, 이를 통해 당시 계급이 발생하고 지배층의 정치 권력과 경제력이 막강하였음을 짐작할 수 있다.

선지 해설

① 소를 이용하여 깊이갈이를 하였다.
　　　　고려 시대에 확대
② 주로 동굴이나 바위 그늘에서 살았다.
　　　　구석기 시대
③ 반달 돌칼을 사용하여 곡물을 수확하였다.
　　　　청동기 시대
④ 빗살무늬 토기를 제작하여 식량을 저장하였다.
　　　　신석기 시대
⑤ 주먹도끼, 찍개 등 뗀석기를 만들기 시작하였다.
　　　　구석기 시대

정답 ③ 출제포인트 : 부여의 특징

문제 분석

제시된 자료를 통해 밑줄 그은 '이 나라'가 부여임을 알 수 있다. 5부족 연맹체인 부여는 마가, 우가, 구가, 저가 등 여러 가(加)들이 각각 사출도를 주관하였으며, 순장, 1책 12법, 우제점법, 형사취수제 등의 풍속이 있었다. 또 12월에 영고라는 제천 행사를 열었다.

선지 해설

① 신성 구역인 소도를 두었다.
　　　　삼한
② 읍락 간의 경계를 중시하는 책화가 있었다.
　　　　동예
③ 여러 가(加)들이 각각 사출도를 주관하였다.
　　　　부여
④ 정사암 회의에서 국가의 중대사를 결정하였다.
　　　　백제
⑤ 사회 질서를 유지하기 위해 범금 8조를 만들었다.
　　　　고조선

---

03 (가) 나라에 대한 설명으로 옳은 것은? [2점]

국가문화유산포털

종목별 | 전체 국보 보물 사적 명승

문화유산 검색 | 김해 양동리 고분군 | 검색 초기화 ☐ 결과 내 검색

금관가야

수로왕 이 건국했다고 전해지는 (가) 의 유적이다. 발굴 조사 결과 널무덤, 독무덤 등 600여 기의 유구와 토기, 청동기, 철기 등 5,200여 점에 이르는 유물이 출토되었다.

가야토기   철제 갑옷

▲ 고분군 발굴 전경

① 법흥왕 때 신라에 복속되었다.
② 유학 교육 기관으로 주자감을 두었다.
③ 지방에 22담로를 두어 왕족을 파견하였다.
④ 화백 회의에서 국가의 중대사를 논의하였다.
⑤ 단궁, 과하마, 반어피 등의 특산물이 있었다.

04 다음 상황 이후에 전개된 사실로 옳은 것은? [3점]

> 660년 백제 멸망
>
> 소정방이 백제를 평정하자 흑치상지는 휘하의 무리를 이끌고 항복하였다. 소정방이 연로한 왕을 가두고 병사를 풀어 가혹하게 약탈하자, 이를 두려워한 흑치상지는 추장 10여 인과 함께 도망하여 임존산을 거점으로 반란을 일으켰다. 열흘 만에 휘하에 3만여 명이 모였으며 곧 200여 성을 되찾았다. 소정방이 병사를 이끌고 흑치상지를 공격하였지만 이기지 못하였다. — 백제 부흥 운동의 전개
>
> — 『삼국사기』 —

① 을지문덕이 살수에서 승리하였다.
② 안승이 보덕국의 왕으로 임명되었다.
③ 관구검의 공격으로 환도성이 함락되었다.
④ 의자왕이 윤충을 보내 대야성을 함락시켰다.
⑤ 계백이 이끄는 결사대가 신라군에 맞서 싸웠다.

정답 ①
출제포인트 : 가야의 특징

문제 분석

제시된 자료를 통해 (가) 나라가 금관가야임을 알 수 있다. 김해 금관가야는 시조 김수로왕의 설화가 『삼국유사』에 전해져 오고 있다. 철이 많이 생산되어 낙랑과 왜 등에 수출하면서 축적된 경제력으로 전기 가야 연맹을 주도하였다. 금관가야는 신라 법흥왕 때 복속되었으며, 이후 고령 대가야가 후기 가야 연맹을 주도하다가 신라 진흥왕 때 복속되었다.

선지 해설

① 법흥왕 때 신라에 복속되었다.
  금관가야(대가야는 신라 진흥왕 때 복속됨)
② 유학 교육 기관으로 주자감을 두었다.
  발해
③ 지방에 22담로를 두어 왕족을 파견하였다.
  백제
④ 화백 회의에서 국가의 중대사를 논의하였다.
  신라
⑤ 단궁, 과하마, 반어피 등의 특산물이 있었다.
  동예

정답 ②
출제포인트 : 백제와 고구려의 부흥 운동

문제 분석

제시된 자료를 통해 백제 멸망 후 백제 부흥 운동이 전개된 상황임을 알 수 있다. 660년 백제가 멸망하자 흑치상지를 중심으로 복신, 도침, 왕자 풍이 주류성과 임존성에서 백제 부흥 운동을 전개하였다. 668년 고구려가 멸망하자 검모잠, 고연무 등이 보장왕의 서자 안승을 추대하고 고구려 유민과 함께 한성과 오골성을 근거지로 삼아 고구려 부흥 운동을 전개하였다. 이후 674년 신라에 의해 안승이 보덕국왕에 임명되었고, 신라는 당 세력을 축출하는 데 고구려 부흥 운동 세력을 이용하였다.

선지 해설

① 을지문덕이 살수에서 승리하였다. 살수 대첩(612)
  고구려
② 안승이 보덕국의 왕으로 임명되었다. 고구려 부흥 운동의 전개
③ 관구검의 공격으로 환도성이 함락되었다. 고구려 동천왕 시기
  위나라
④ 의자왕이 윤충을 보내 대야성을 함락시켰다. 백제 멸망 이전 시기
  백제   신라
⑤ 계백이 이끄는 결사대가 신라군에 맞서 싸웠다. 황산벌 전투
  → 백제 멸망

05 다음 검색창에 들어갈 왕에 대한 설명으로 옳은 것은? [2점]

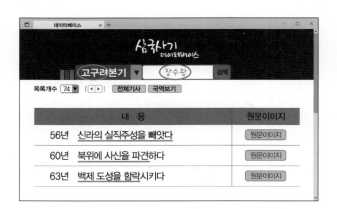

① 도읍을 국내성에서 평양으로 옮겼다.
② 낙랑군을 몰아내고 영토를 확장하였다.
③ 을파소의 건의로 진대법을 실시하였다.
④ 영락이라는 독자적 연호를 사용하였다.
⑤ 전진의 순도를 통해 불교를 수용하였다.

06 (가) 국가에 대한 설명으로 옳은 것은? [1점]

① 중정대를 두어 관리를 감찰하였다.
② 군사 조직으로 9서당 10정을 편성하였다.
③ 내신 좌평 등 6좌평의 관제를 정비하였다.
④ 상수리 제도를 시행하여 지방 세력을 견제하였다.
⑤ 왕족인 부여씨와 8성의 귀족이 지배층을 이루었다.

정답 ①　　　　　　　　出제포인트 : 고구려 장수왕의 업적

문제 분석

제시된 자료를 통해 검색창에 들어갈 왕이 고구려 장수왕임을 알 수 있다. 5세기 광개토 대왕의 뒤를 이은 장수왕은 남진 정책을 추진하여 국내성에서 평양성으로 도읍을 옮겼다. 475년 백제를 공격하여 한성을 함락시키고 한반도 중부 지역까지 영토를 확장하였다. 이에 백제 비유왕과 신라 눌지왕이 동맹을 체결하였다(나·제 동맹).

선지 해설

① 도읍을 국내성에서 평양으로 옮겼다.
　　　　　　　　　　고구려 장수왕
② 낙랑군을 몰아내고 영토를 확장하였다.
　　　고구려 미천왕
③ 을파소의 건의로 진대법을 실시하였다.
　　　　　　　　　고구려 고국천왕
④ 영락이라는 독자적 연호를 사용하였다.
　　　　　　　　고구려 광개토 대왕
⑤ 전진의 순도를 통해 불교를 수용하였다.
　　　　　　　　　　고구려 소수림왕

정답 ①　　　　　　　　　出제포인트 : 발해의 특징

문제 분석

제시된 자료를 통해 (가) 국가가 발해임을 알 수 있다. 발해의 지배층 대다수는 고구려인이었으며, 고구려 계통의 온돌 시설과 토기, 모줄임천장 구조 등이 보이는 것에서 고구려 문화를 계승하였음을 알 수 있다. 발해는 5경 15부 62주의 지방 행정 제도를 갖추었는데, 중앙 정치 조직은 선조성, 중대성, 정당성 3성으로 이루어졌으며, 정당성의 대내상이 국정을 총괄하였다. 또 중정대를 두어 관리를 감찰하였고, 교육 기관으로 주자감을 설치하여 인재를 양성하였다.

선지 해설

① 중정대를 두어 관리를 감찰하였다.
　　　　　　　　발해
② 군사 조직으로 9서당 10정을 편성하였다.
　　　　　　　　　통일 신라
③ 내신 좌평 등 6좌평의 관제를 정비하였다.
　　　　　　　백제
④ 상수리 제도를 시행하여 지방 세력을 견제하였다.
　　　통일 신라
⑤ 왕족인 부여씨와 8성의 귀족이 지배층을 이루었다.
　　　백제

07 밑줄 그은 '이 승려'의 활동으로 옳은 것은? [2점]

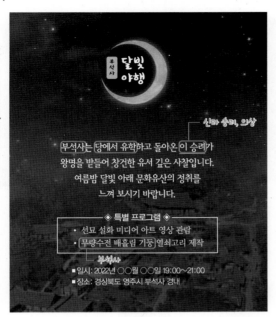

① 무애가를 지어 불교 대중화에 기여하였다.
② 화랑도의 규범으로 세속 5계를 제시하였다.
③ 구법 순례기인 왕오천축국전을 저술하였다.
④ 승려들의 전기를 담은 해동고승전을 집필하였다.
⑤ 화엄일승법계도를 지어 화엄 사상을 정리하였다.

08 밑줄 그은 '이 왕'의 업적으로 옳은 것은? [2점]

① 거칠부에게 국사를 편찬하게 하였다.
② 이사부를 보내 우산국을 복속하였다.
③ 건원이라는 독자적 연호를 사용하였다.
④ 관료전을 지급하고 녹읍을 폐지하였다.
⑤ 관리 선발을 위해 독서삼품과를 실시하였다.

정답 ⑤	출제포인트 : 의상의 활동

문제 분석

제시된 자료를 통해 밑줄 그은 '이 승려'가 통일 신라 승려인 의상임을 알 수 있다. 당에 유학하여 화엄 사상을 배우고 귀국한 의상은 낙산사와 부석사 등을 창건하였고, 『화엄일승법계도』를 지어 조화를 강조하는 화엄 사상을 정리하였다.

선지 해설

① 무애가를 지어 불교 대중화에 기여하였다.
　　원효(통일 신라)
② 화랑도의 규범으로 세속 5계를 제시하였다.
　　원광(신라)
③ 구법 순례기인 왕오천축국전을 저술하였다.
　　혜초(통일 신라)
④ 승려들의 전기를 담은 해동고승전을 집필하였다.
　　각훈(고려)
⑤ 화엄일승법계도를 지어 화엄 사상을 정리하였다.
　　의상(통일 신라)

정답 ④	출제포인트 : 통일 신라 신문왕의 업적

문제 분석

제시된 자료를 통해 '이 왕'이 통일 신라 신문왕임을 알 수 있다. 신문왕은 김흠돌의 난을 진압하고 진골 귀족 세력을 숙청하여 왕권을 강화하였으며, 유학 교육을 위해 국학을 설립하였다. 또 지방 행정 조직을 9주 5소경으로 마련하였고, 중앙군을 9서당으로 편성하고 지방에 10정을 두었다. 신문왕은 진골 귀족 세력을 견제하기 위해 토지 제도를 개혁하여 관료전을 지급하고 녹읍을 폐지하였다.

선지 해설

① 거칠부에게 국사를 편찬하게 하였다.
　　신라 진흥왕
② 이사부를 보내 우산국을 복속하였다.
　　신라 지증왕
③ 건원이라는 독자적 연호를 사용하였다.
　　신라 법흥왕
④ 관료전을 지급하고 녹읍을 폐지하였다.
　　통일 신라 신문왕
⑤ 관리 선발을 위해 독서삼품과를 실시하였다.
　　통일 신라 원성왕

09 (가) 인물에 대한 설명으로 옳은 것은? [2점]

궁예, 후고구려(마진, 태봉) 건국

이 사진은 (가) 이/가 세운 태봉의 철원 도성 터에서 촬영된 석등입니다. 일제 강점기에 보물로 지정되기도 했으나 지금은 비무장지대 안에 있어 존재를 확인하기 어렵습니다. 관련 연구의 진전을 위해서는 남북한의 협력이 필요합니다.

① 금마저에 미륵사를 창건하였다.
② 후당과 오월에 사신을 파견하였다.
③ 일리천 전투에서 신검의 군대를 격퇴하였다.
④ 폐정 개혁을 목표로 정치도감을 설치하였다.
⑤ 광평성을 비롯한 각종 정치 기구를 마련하였다.

10 (가)에 들어갈 불상으로 옳은 것은?

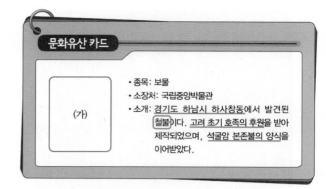

문화유산 카드

(가)

• 종목: 보물
• 소장처: 국립중앙박물관
• 소개: 경기도 하남시 하사창동에서 발견된 철불이다. 고려 초기 호족의 후원을 받아 제작되었으며, 석굴암 본존불의 양식을 이어받았다.

①   ②   ③

④   ⑤

정답 ⑤　　　　　출제포인트 : 궁예의 활동

문제 분석

제시된 자료를 통해 (가) 인물이 궁예임을 알 수 있다. 궁예는 신라 왕족의 후예로 양길에게 의탁하여 세력을 키운 후, 901년 송악에 도읍을 정하고 후고구려를 건국하였다. 이후 국호를 '마진', '태봉'으로 바꾸고 철원으로 수도를 옮겼으며, 최고 중앙 관청인 광평성을 비롯한 각종 정치 기구를 마련하였다. 하지만 점점 미륵불을 자칭하며 폭정을 일삼자 왕건에 의해 축출되었다.

선지 해설

① 금마저에 미륵사를 창건하였다.
　　　　　　　백제 무왕
② 후당과 오월에 사신을 파견하였다.
　　　　　　후백제 견훤
③ 일리천 전투에서 신검의 군대를 격퇴하였다.
　　　　고려 왕건
④ 폐정 개혁을 목표로 정치도감을 설치하였다.
　　　　　　　　고려 충목왕
⑤ 광평성을 비롯한 각종 정치 기구를 마련하였다.
　태봉의 최고 중앙 관서, 내정 총괄

정답 ②　　　　　출제포인트 : 고려의 문화유산 – 불상

문제 분석

제시된 자료를 통해 (가)에 해당하는 불상은 고려 시대 철불인 하남 하사창동 철조 석가여래 좌상임을 알 수 있다. 하남 하사창동 철조 석가여래 좌상은 국립중앙박물관에 소장되어 있으며, 경기도 하남시 하사창동에서 발견되었다. 고려 초기 호족의 후원을 받아 제작된 철불로 석굴암 보존불의 양식을 이어받았다.

선지 해설

①   ②   ③

연가 7년명 금동　하남 하사창동 철조　석조 미륵 여래
여래 입상(고구려)　석가여래좌상(고려)　삼존상(신라)

④   ⑤

금동 관음보살 좌상　금동 미륵보살
(고려)　　　　　　반가사유상(삼국)

11 (가)~(다)를 일어난 순서대로 옳게 나열한 것은? [2점]

(가) 백관을 소집하여 금을 섬기는 문제에 대한 가부를 의논하게 하니 모두 불가하다고 하였다. 이자겸, 척준경만이 "사신을 보내 먼저 예를 갖추어 찾아가는 것이 옳습니다."라고 하니 왕이 이 말을 따랐다. — 금과의 사대 관계 — 12세기

(나) 나세·심덕부·최무선 등이 왜구를 진포에서 공격해 승리를 거두고 포로 334명을 구출하였으며, 김사혁은 패잔병을 임천까지 추격해 46명을 죽였다. — 진포 해전 — 14세기 후반

(다) 몽골군이 쳐들어와 충주성을 70여 일간 포위하니 비축한 군량이 거의 바닥났다. 김윤후가 괴로워하는 군사들을 북돋우며, "만약 힘을 다해 싸운다면 귀천을 가리지 않고 모두 관작을 제수할 것이니 불신하지 말라."라고 하였다. — 충주성 전투 — 13세기

① (가) - (나) - (다)
② (가) - (다) - (나)
③ (나) - (가) - (다)
④ (나) - (다) - (가)
⑤ (다) - (가) - (나)

12 ㉠~㉤ 기구에 대한 설명으로 옳은 것은? [2점]

인물의 생애로 보는 고려의 정치 기구

윤관

- 출생년 미상
- 1095년 ㉠ 상서성 좌사낭중 ← 일반 행정 업무
- 1101년 ㉡ 추밀원(중추원) 지주사 ← 왕명 출납
- 1102년 ㉢ 어사대 어사대부
- 1103년 ㉣ 한림원 학사승지 ← 왕명이나 왕의 말을 짓는 일
- 1108년 ㉤ 중서문하성 문하시중 ← 국정 총괄
- 1111년 별세

① ㉠ - 학술 기관으로 경연을 관장하였다.
② ㉡ - 실록을 보관하고 관리하는 업무를 맡았다.
③ ㉢ - 관리의 비리를 감찰하고 풍기를 단속하였다.
④ ㉣ - 수도의 치안과 행정을 주관하였다.
⑤ ㉤ - 화폐와 곡식의 출납에 대한 회계를 담당하였다.

정답 ②   출제포인트 : 고려의 대외 관계

문제 분석

- (가) 12세기 : 여진족의 세력이 확장되어 만주 일대를 장악하면서 1115년 금이 건국되었다. 1125년 금이 요를 멸망시키고 이후 고려에도 군신 관계를 요구하자 당시 고려의 집권자였던 이자겸은 금과의 무력 충돌을 피하기 위해 금의 사대 요구를 수용하였다.
- (나) 14세기 후반 : 고려 후기 왜구의 침략이 심해지자 최무선이 진포에서 화포를 사용하여 왜선 500척을 대파한 진포 대첩이 일어났다(1380).
- (다) 13세기 : 고려에 사신으로 왔던 저고여가 피살된 것을 계기로 1231년 몽골이 침략하였다. 1232년 고려는 강화도로 천도하였고, 몽골의 여러 차례 침입에 김윤후는 처인성 전투에서 적장 살리타를 사살하였으며, 충주성에서 몽골군을 격퇴하였다. 또 다인철소 주민들은 충주 지역에서 몽골군에 저항하여 이후 충주 다인철소는 현으로 승격되었다.

선지 해설

① (가) - (나) - (다)   ❷ (가) - (다) - (나)

③ (나) - (가) - (다)   ④ (나) - (다) - (가)

⑤ (다) - (가) - (나)

정답 ③   출제포인트 : 고려 시대의 중앙 정치 기구

문제 분석

- ㉠ : 고려의 상서성은 일반 행정 업무를 담당하였다.
- ㉡ : 고려의 추밀원(중추원)은 왕명 출납을 담당하였다.
- ㉢ : 고려의 어사대는 풍기 단속, 관리의 비리 감찰, 관리 임명에 대한 서경권을 지닌 정치 기구로, 중서문하성의 낭사와 함께 대간으로 불렸다.
- ㉣ : 고려의 한림원은 왕명이나 왕의 말을 짓는 일을 하였다.
- ㉤ : 고려의 중서문하성은 국정을 총괄하는 기구였다.

선지 해설

① ㉠ - 학술 기관으로 경연을 관장하였다.
         홍문관(조선)
② ㉡ - 실록을 보관하고 관리하는 업무를 맡았다.
         춘추관(조선)
❸ ㉢ - 관리의 비리를 감찰하고 풍기를 단속하였다.
         어사대(고려)
④ ㉣ - 수도의 치안과 행정을 주관하였다.
         한성부(조선)
⑤ ㉤ - 화폐와 곡식의 출납에 대한 회계를 담당하였다.
         삼사(고려)

13 밑줄 그은 '시기'의 경제 상황으로 옳은 것은? [1점]

이달의 책

원 간섭기(고려 후기) ── 농상집요
원의 간섭을 받던 시기에 이암이 우리나라에 소개했다고 전해지는 농서입니다. 원에서 편찬된 이 책은 경간(耕墾)·파종 등 10문(門)으로 구성되어 있으며, 화북 지방의 농법을 수록하고 있습니다. 특히 누에, 면화, 저마의 생산을 장려하고 있어 주목할 만합니다.

① 모내기법이 전국적으로 확산되었다.
② 초량 왜관을 통해 일본과 무역하였다.
③ 감자, 고구마 등의 작물이 재배되었다.
④ 광산을 전문적으로 경영하는 덕대가 활동하였다.
⑤ 경시서의 관리들이 시전의 상행위를 감독하였다.

14 (가) 시기에 있었던 사실로 옳은 것은? [3점]

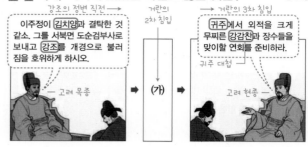

강조의 정변 진전 ─→ 거란의 2차 침입 ─→ 거란의 3차 침입
이주정이 김치양과 결탁한 것 같소. 그를 서북면 도순검사로 보내고 강조를 개경으로 불러 짐을 호위하게 하시오.
── 고려 목종
⇒ (가) ⇒
귀주에서 외적을 크게 무찌른 강감찬과 장수들을 맞이할 연회를 준비하라.
귀주 대첩
고려 현종

① 화통도감이 설치되어 화포가 제작되었다.
② 신돈이 전민변정도감의 설치를 건의하였다.
③ 거란이 침입하여 왕이 나주까지 피난하였다.
④ 노비안검법의 실시로 국가 재정이 확충되었다.
⑤ 신기군, 신보군, 항마군 등으로 구성된 별무반이 조직되었다.

정답 ⑤	출제포인트 : 고려의 경제 상황

문제 분석

제시된 자료를 통해 밑줄 그은 '시기'가 고려 시대임을 알 수 있다. 고려 숙종 때 의천의 건의로 설치한 주전도감에서 삼한통보, 해동통보, 동전과 은병(활구) 등을 발행하였으며, 고려 성종 때 건원중보가 발행되어 금속 화폐의 통용이 추진되었다. 또 경시서의 관리들이 시전의 불법적인 상행위를 감독하였고, 조창에 조세를 모았다가 개경의 경창 등으로 조운하였다.

선지 해설

① 모내기법이 전국적으로 확산되었다.
　　　　　　　조선 후기
② 초량 왜관을 통해 일본과 무역하였다.
　　　임진왜란 직후
③ 감자, 고구마 등의 작물이 재배되었다.
　　　　　　　조선 후기
④ 광산을 전문적으로 경영하는 덕대가 활동하였다.
　　　　　　　　　　　조선 후기
⑤ 경시서의 관리들이 시전의 상행위를 감독하였다.
　　── 고려 문종 때 설치 ──

정답 ③	출제포인트 : 거란에 대한 고려의 대응

문제 분석

제시된 첫 번째 자료를 통해 고려 목종이 강조를 개경으로 불러 호위하도록 한 사실, 세 번째 자료를 통해 거란의 3차 침략 때 강감찬의 귀주 대첩으로 거란군이 대패한 사실을 알 수 있다. (가) 시기에는 1009년 강조가 김치양 일파를 제거하고 목종을 폐위시킨 뒤 현종을 옹립한 강조의 정변을 구실로 거란이 2차 침략하자 왕이 나주까지 피란하였으며, 양규가 흥화진에서 거란군에 맞서 싸웠다.

선지 해설

① 화통도감이 설치되어 화포가 제작되었다. ── 고려 우왕
　　최무선 건의
② 신돈이 전민변정도감의 설치를 건의하였다.
　　　　　　　고려 공민왕
③ 거란이 침입하여 왕이 나주까지 피난하였다.
　　　　고려 현종, 거란의 2차 침입
④ 노비안검법의 실시로 국가 재정이 확충되었다.
　　　　　　　고려 광종
⑤ 신기군, 신보군, 항마군 등으로 구성된 별무반이 조직되었다.
　　　　　　　　고려 숙종 때 윤관의 건의로 조직

15 다음 상황 이후에 전개된 사실로 옳은 것은? [2점]

> 백관이 최우의 집에 나아가 정년도목(政年都目)을 올리니, 최우가 청사에 앉아 받았다. 6품 이하는 당하(堂下)에서 두 번 절하고 땅에 엎드려 감히 고개를 들지 못하였다. 이때부터 최우는 정방을 자기 집에 두고 백관의 인사 행정을 처리하였다.
>
> 무신 집권기(최씨 무신 정권)   -『고려사절요』-

① 삼별초가 용장성에서 항전하였다.
② 정중부 등이 김보당의 반란을 진압하였다.
③ 빈민 구제를 위한 흑창을 처음 설치하였다.
④ 공주 명학소에서 망이·망소이가 봉기하였다.
⑤ 최충헌이 교정별감이 되어 국정을 총괄하였다.

16 (가), (나)에 해당하는 토지 제도에 대한 설명으로 옳은 것은? [3점]

> (가) 문종 30년 양반 전시과를 다시 개정하였다. 제1과는 전지 100결, 시지 50결(중서령·상서령·문하시중) …… 제18과는 전지 17결(한인·잡류)로 한다. ― 경정 전시과(고려)
>
> (나) 공양왕 3년 도평의사사에서 글을 올려 과전의 지급에 관한 법 제정을 건의하니 왕이 허락하였다. …… 1품부터 9품의 산직 까지 나누어 18과로 하였다. ― 과전법(고려 말~조선 초)

① (가) ― 조준 등의 건의로 제정되었다.
② (가) ― 관등과 인품을 기준으로 수조권을 주었다.
③ (나) ― 개국 공신에게 역분전을 지급하였다.
④ (나) ― 지급 대상 토지를 원칙적으로 경기 지역에 한정하였다.
⑤ (가), (나) ― 수조권 외에 노동력을 징발할 수 있는 권한을 주었다.

정답 ① 출제포인트 : 최씨 무신 정권 시기의 역사적 사실

문제 분석

제시된 자료는 최씨 무신 정권 시기에 최우가 인사 행정 기구인 정방을 설치한 상황임을 알 수 있다. 무신 정권이 성립한 이후 1225년 최우는 자기 집에 인사 행정 기구인 정방을 설치하였다. 무신 정권 시기에는 몽골이 침략하자 강화도로 도읍을 옮겨 저항하였으나 끝내 몽골과 강화를 맺고 개경으로 돌아왔다. 이에 삼별초는 1270년부터 몽골과의 강화에 반대하여 강화도에서 진도, 진도에서 제주도로 이동하면서 항전하였다.

선지 해설

① 삼별초가 용장성에서 항전하였다.
　몽골의 침략 → 최우, 강화도 천도 후 항쟁
② 정중부 등이 김보당의 반란을 진압하였다.
　무신 집권 초기
③ 빈민 구제를 위한 흑창을 처음 설치하였다.
　고려 태조(왕건)
④ 공주 명학소에서 망이·망소이가 봉기하였다.
　무신 집권 초기에 일어난 하층민의 봉기
⑤ 최충헌이 교정별감이 되어 국정을 총괄하였다.
　최우 집권 이전 시기

정답 ④ 출제포인트 : 고려의 토지 제도

문제 분석

제시된 자료를 통해 (가)에 해당하는 토지 제도는 경정 전시과, (나)에 해당하는 토지 제도는 과전법임을 알 수 있다. (가) 고려 초 실시한 시정 전시과는 관등과 인품을 기준으로 전·현직 관료 모두에게 전지와 시지를 지급한 토지 제도인데, 문종 때 현직 관료에게만 지급하는 것으로 개정한 경정 전시과를 실시하였다. (나) 고려 말 조준 등의 건의로 제정된 과전법은 지급 대상을 원칙적으로 경기 지역에 한정하였다.

선지 해설

① (가) ― 조준 등의 건의로 제정되었다.
　　　　과전법
② (가) ― 관등과 인품을 기준으로 수조권을 주었다.
　　　　시정 전시과
③ (나) ― 개국 공신에게 역분전을 지급하였다.
　　　　　　　　　　고려 태조 때
④ (나) ― 지급 대상 토지를 원칙적으로 경기 지역에 한정
　　하였다.　　　　　　　　　　　　과전법
⑤ (가), (나) ― 수조권 외에 노동력을 징발할 수 있는 권한
　을 주었다.　　신라의 녹읍

17 (가)에 들어갈 내용으로 옳은 것은? [1점]

<그려 시대 유학자>

유학자	주요 활동
최승로	(가)
최충	9재 학당을 설립하여 유학 교육에 힘씀
김부식	유교 사관에 입각하여 삼국사기를 편찬함
안향	고려에 처음으로 성리학을 도입함
이제현	만권당에서 원의 학자들과 교류함

① 불씨잡변을 지어 불교를 비판함
② 인재 등용을 위해 현량과 실시를 제안함
③ 시무 28조를 올려 국가 운영 방안을 제시함
④ 지부복궐척화의소를 올려 왜양일체론을 주장함
⑤ 해주 향약을 시행하여 향촌 교화를 위해 노력함

정답 ③   **출제포인트 : 고려의 역사적 인물**

문제 분석

제시된 자료를 통해 (가)에 들어갈 내용은 최승로의 활동 내용임을 알 수 있다. 고려 전기 관리인 최승로는 성종 때 시무 28조를 건의하여 국가 운영 방안을 제시하고 유교를 통치 이념으로 확립시키는 데 기여하였다.

선지 해설

① 불씨잡변을 지어 불교를 비판함
　　정도전
② 인재 등용을 위해 현량과 실시를 제안함
　　　　조광조
③ 시무 28조를 올려 국가 운영 방안을 제시함
　　최승로
④ 지부복궐척화의소를 올려 왜양일체론을 주장함
　　　　　　　　최익현
⑤ 해주 향약을 시행하여 향촌 교화를 위해 노력함
　　이이

18 (가), (나) 사이의 시기에 있었던 사실로 옳은 것은? [2점]

(가) 용진현 출신 조휘와 정주 출신 탁청이 화주 이북 지방을 몽골에 넘겨주었다. 몽골은 화주에 쌍성총관부를 설치하고 조휘를 총관으로, 탁청을 천호(千戶)로 임명하였다. ─ 원 간섭기

(나) 동북면 병마사 유인우가 쌍성을 함락시키자 총관 조소생, 천호 탁도경이 도망치니 화주, 등주, 정주 등이 수복되었다. ─ 고려 공민왕 시기

① 최윤덕이 4군을 개척하였다.
② 일본 원정을 위해 정동행성이 설치되었다.
③ 몽골 사신 저고여가 귀국길에 피살되었다.
④ 철령위 설치 문제로 요동 정벌이 추진되었다.
⑤ 서희가 외교 담판으로 강동 6주를 획득하였다.

정답 ②   **출제포인트 : 원 간섭기에 있었던 역사적 사실**

문제 분석

제시된 자료를 통해 (가) 시기는 원 간섭기, (나) 시기는 고려 공민왕 시기의 상황임을 알 수 있다. 몽골과 강화를 한 이후 원 간섭기에 쌍성총관부를 설치하였으나, 공민왕 시기에 반원 자주 정책을 추진하면서 유인우, 이인임 등이 쌍성총관부를 수복하였다. (가), (나) 사이의 시기에 원은 일본 원정을 위해 설치했던 정동행성을 남겨 두어 고려의 내정을 간섭하였으며, 만호부를 설치하고 다루가치를 파견하기도 하였다.

선지 해설

① 최윤덕이 4군을 개척하였다.
　　　　　　조선 세종 시기
② 일본 원정을 위해 정동행성이 설치되었다.
　　　　　　　　　원 간섭기
③ 몽골 사신 저고여가 귀국길에 피살되었다.
　　　　　　　몽골의 침략 계기
④ 철령위 설치 문제로 요동 정벌이 추진되었다.
　　　　　　　　　　　고려 후기
⑤ 서희가 외교 담판으로 강동 6주를 획득하였다.
　　　　고려 초 거란의 1차 침입 때

19 (가) 궁궐에 대한 설명으로 옳은 것은? [2점]

> 경복궁
>
> 대왕대비가 전교하였다. "(가) 은/는 우리 왕조에서 수도를 세울 때 맨 처음 지은 정궁이다. …… 그러나 불행하게도 전란에 의해 불타버린 후 미처 다시 짓지 못하여 오랫동안 뜻있는 선비들의 개탄을 자아내었다. …… 이 궁궐을 다시 지어 중흥의 큰 업적을 이루려면 여러 대신과 함께 의논해보지 않을 수 없다."
>
> -「고종실록」-

① 근정전을 정전으로 하였다.
② 일제에 의해 동물원 등이 설치되었다.
③ 후원에 왕실 도서관인 규장각이 있었다.
④ 도성 내 서쪽에 있어 서궐이라고 불렸다.
⑤ 인목 대비가 광해군에 의해 유폐된 장소이다.

20 밑줄 그은 '전하'의 재위 기간에 있었던 사실로 옳은 것은? [2점]

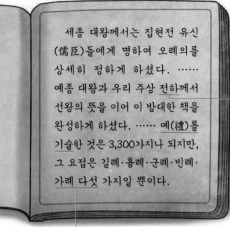

세종 대왕께서는 집현전 유신(儒臣)들에게 명하여 오례의를 상세히 정하게 하셨다. …… 예종 대왕과 우리 주상 전하께서 선왕의 뜻을 이어 이 방대한 책을 완성하게 하셨다. …… 예(禮)를 기술한 것은 3,300가지나 되지만, 그 요점은 길례·흉례·군례·빈례·가례 다섯 가지일 뿐이다.

조선 성종 유교적 법치 국가의 토대 마련

— 국조오례의

① 국가의 기본 법전인 경국대전이 완성되었다.
② 성삼문 등이 상왕의 복위를 꾀하다가 처형되었다.
③ 육의전을 제외한 시전 상인의 금난전권이 폐지되었다.
④ 반정 공신의 위훈 삭제를 주장한 조광조가 사사되었다.
⑤ 이조 전랑 임명을 둘러싸고 김효원과 심의겸이 대립하였다.

정답 ①   출제포인트 : 조선의 궁궐

문제 분석

제시된 자료를 통해 (가) 궁궐이 경복궁임을 알 수 있다. 조선 태조 이성계가 수도를 한양으로 정하고 지은 정궁인 경복궁은 조선이 건국된 후 수도를 세울 때 처음 지어졌으며, 근정전을 정전으로 하였다. 하지만 임진왜란 때 불타버렸다가 흥선 대원군 시기에 중건되었다.

선지 해설

①근정전을 정전으로 하였다. → 경복궁

② 일제에 의해 동물원 등이 설치되었다. → 창경궁

③ 후원에 왕실 도서관인 규장각이 있었다. → 창덕궁

④ 도성 내 서쪽에 있어 서궐이라고 불렸다. → 경희궁

⑤ 인목 대비가 광해군에 의해 유폐된 장소이다. → 경운궁

정답 ①   출제포인트 : 조선 성종 재위 기간의 역사적 사실

문제 분석

제시된 자료를 통해 밑줄 그은 '전하'가 조선 성종임을 알 수 있다. 조선 성종은 관리들이 수조권을 남용하여 과도하게 수취하자 직전법을 폐지하고 관청에서 조세를 거두어 관리에게 나누어 주는 관수관급제를 실시하였다. 또 집현전을 계승한 홍문관을 설치하였으며, 관리들이 정책을 토론하고 심의하는 경연에 참여하도록 하였다. 법령을 정비하여 국가의 기본 법전인 「경국대전」을 완성하여 반포하였으며, 「국조오례의」, 「동국여지승람」, 「동국통감」, 「악학궤범」 등을 편찬하였다.

선지 해설

①국가의 기본 법전인 경국대전이 완성되었다. → 조선 성종

② 성삼문 등이 상왕의 복위를 꾀하다가 처형되었다.
    → 조선 세조   사육신

③ 육의전을 제외한 시전 상인의 금난전권이 폐지되었다.
    → 조선 정조   신해통공

④ 반정 공신의 위훈 삭제를 주장한 조광조가 사사되었다.
    → 조선 중종   기묘사화

⑤ 이조 전랑 임명을 둘러싸고 김효원과 심의겸이 대립하였다. → 조선 선조   동인   서인

21 (가) 기구에 대한 설명으로 옳은 것은? [2점]

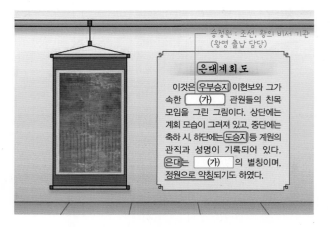

승정원 : 조선, 왕의 비서 기관
(왕명 출납 담당)

은대계회도

이것은 우부승지 이현보와 그가 속한 (가) 관원들의 친목 모임을 그린 그림이다. 상단에는 계회 모습이 그려져 있고, 중단에는 축하 시, 하단에는 도승지 등 계원의 관직과 성명이 기록되어 있다. 은대는 (가) 의 별칭이며, 정원으로 약칭되기도 하였다.

① 사간원, 홍문관과 함께 삼사로 불렸다.
② 외국으로 가는 사신의 통역을 전담하였다.
③ 천문, 지리, 기후 등에 관한 사무를 맡았다.
④ 왕명 출납을 담당하는 왕의 비서 기관이었다.
⑤ 국왕 직속 사법 기구로 반역죄 등을 처결하였다.

정답 ④　출제포인트 : 조선의 중앙 정치 기구 – 승정원

문제 분석

제시된 자료를 통해 (가) 기구가 승정원임을 알 수 있다. 승정원은 왕명 출납을 담당하는 왕의 비서 기관으로, 별칭인 '은대', 약칭인 '정원'이라 부르기도 하였다.

선지 해설

① 사간원, 홍문관과 함께 삼사로 불렸다.
　　　　　　사헌부
② 외국으로 가는 사신의 통역을 전담하였다.
　　　　　　사역원
③ 천문, 지리, 기후 등에 관한 사무를 맡았다.
　　　　　　관상감
④ 왕명 출납을 담당하는 왕의 비서 기관이었다.
　　승정원
⑤ 국왕 직속 사법 기구로 반역죄 등을 처결하였다.
　　의금부

---

22 (가)~(마)에 대한 설명으로 옳지 않은 것은? [2점]

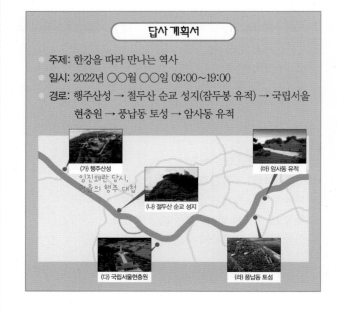

답사 계획서

● 주제: 한강을 따라 만나는 역사
● 일시: 2022년 ○○월 ○○일 09:00~19:00
● 경로: 행주산성 → 절두산 순교 성지(잠두봉 유적) → 국립서울 현충원 → 풍납동 토성 → 암사동 유적

(가) 행주산성
임진왜란 당시, 권율의 행주 대첩

(나) 절두산 순교 성지

(다) 국립서울현충원

(라) 풍납동 토성

(마) 암사동 유적

① (가) – 정봉수가 후금군을 맞아 큰 전과를 거둔 곳이다.
② (나) – 병인박해 때 많은 천주교 선자가 처형된 장소이다.
③ (다) – 6 · 25 전쟁 이후 조성된 국군 묘지에서 시작되었다.
④ (라) – 판축 기법을 활용하여 성벽을 쌓은 백제 토성이다.
⑤ (마) – 갈돌과 갈판 등이 출토된 신석기 시대 유적이다.

정답 ①　출제포인트 : 지역의 역사

문제 분석

임진왜란 때 권율이 행주산성에서 크게 승리하였다. 정봉수가 후금과 싸운 곳은 용골산성이다.

선지 해설

① (가) – 정봉수가 후금군을 맞아 큰 전과를 거둔 곳이다.
　　　　→ 정묘호란 때 용골산성
② (나) – 병인박해 때 많은 천주교 선자가 처형된 장소이다.
　　　　　절두산
③ (다) – 6 · 25 전쟁 이후 조성된 국군 묘지에서 시작되었다.
　　　　　국립 서울 현충원
④ (라) – 판축 기법을 활용하여 성벽을 쌓은 백제 토성이다.
　　　　└─ 풍납동 토성 ─┘
⑤ (마) – 갈돌과 갈판 등이 출토된 신석기 시대 유적이다.
　　　　　암사동 유적

23 (가) 인물에 대한 설명으로 옳은 것은? [3점]

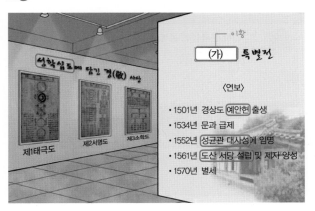

① 기대승과 사단칠정 논쟁을 전개하였다.
② 일본에 다녀와서 해동제국기를 편찬하였다.
③ 양명학을 연구하여 강화 학파를 형성하였다.
④ 기축봉사를 올려 명에 대한 의리를 내세웠다.
⑤ 무오사화의 발단이 된 조의제문을 작성하였다.

24 다음 검색창에 들어갈 인물의 활동으로 옳은 것은? [2점]

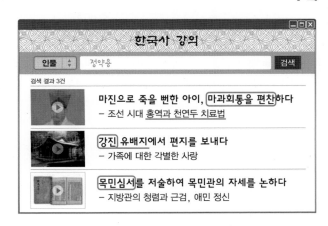

① 지봉유설에서 천주실의를 조선에 소개하였다.
② 의산문답에서 중국 중심의 세계관을 비판하였다.
③ 양반전을 지어 양반의 허례와 무능을 풍자하였다.
④ 경세유표를 집필하여 국가 제도의 개혁 방향을 제시하였다.
⑤ 금석과안록에서 북한산비가 진흥왕 순수비임을 고증하였다.

정답 ① 　　　　　　　　　출제포인트 : 이황의 활동

문제 분석

제시된 자료를 통해 (가) 인물이 퇴계 이황임을 알 수 있다. 조선 시대 성리학자인 이황은 문과에 급제하여 풍기 군수, 성균관 대사성의 관직을 역임하였으며, 우리 실정에 맞는 예안 향약을 만들었고 도산 서당을 설립하여 제자를 양성하였다. 또 왕이 스스로 인격과 학식을 수양하기 위해 노력해야 한다는 점을 강조한 『성학십도』를 저술하였다. 이황은 기대승과 사단칠정 논쟁을 전개하였다.

선지 해설

① 기대승과 사단칠정 논쟁을 전개하였다.
　　이황
② 일본에 다녀와서 해동제국기를 편찬하였다.
　　　　　　　　　　신숙주
③ 양명학을 연구하여 강화 학파를 형성하였다.
　　　　　　　　　정제두
④ 기축봉사를 올려 명에 대한 의리를 내세웠다.
　송시열 : 북벌론 뒷받침
⑤ 무오사화의 발단이 된 조의제문을 작성하였다.
　　　　　　　　　　김종직

정답 ④ 　　　　　　　　　출제포인트 : 정약용의 활동

문제 분석

제시된 자료를 통해 검색창에 들어갈 인물이 정약용임을 알 수 있다. 정약용은 중농주의 실학자로, 실학을 집대성하였다. 토지 문제 해결을 위해 여전론과 정전론을 주장하였으며, 지방 행정의 개혁에 대한 『목민심서』, 국가 제도의 개혁 방향을 제시한 『경세유표』 등을 저술하였다. 또 배다리 및 거중기를 설계하였고, 『마과회통』에서 홍역에 대한 의학 지식을 정리하였다.

선지 해설

① 지봉유설에서 천주실의를 조선에 소개하였다.
　　　　　　　　　　이수광
② 의산문답에서 중국 중심의 세계관을 비판하였다.
　　　　　　　　　　홍대용
③ 양반전을 지어 양반의 허례와 무능을 풍자하였다.
　　　　　　　　　박지원
④ 경세유표를 집필하여 국가 제도의 개혁 방향을 제시하였다. 정약용
⑤ 금석과안록에서 북한산비가 진흥왕 순수비임을 고증하였다.
　　　　　　　김정희

25 다음 전쟁 중 있었던 사실로 옳은 것은? [2점]

┌─ 충주 탄금대에서 왜군과 전투 패배
적군은 세 길로 나누어 곧장 한양으로 향했는데, 산을 넘고 물을 건너 마치 사람이 없는 곳에 들어가듯 했다고 한다. 조정에서 지킬 수 있다고 믿은 신립과 이일 두 장수가 병권을 받고 내려와 방어했지만 중도에 패하여 조령의 험지를 잃고, 적이 중원으로 들어갔다. 이로 인해 임금의 수레가 서쪽으로 몽진하고 도성을 지키지 못하니, 불쌍한 백성들은 모두 흉적의 칼날에 죽어가고 노모와 처자식은 이리저리 흩어져 생사를 알지 못해 밤낮으로 통곡할 뿐이었다.
└─ 조선 선조
— 임진왜란 당시(1592)
— 『쇄미록』 —

① 김상용이 강화도에서 순절하였다.
② 임경업이 백마산성에서 항전하였다.
③ 최영이 홍산 전투에서 크게 승리하였다.
④ 곽재우가 의병장이 되어 의령 등에서 활약하였다.
⑤ 신류가 조총 부대를 이끌고 흑룡강에서 전투를 벌였다.

26 다음 지역에 대한 탐구 활동으로 옳은 것은? [2점]

┌─ 전라북도 전주시

○○시 문화유산 홍보 채널
구독자 526명
홈 | 동영상 | 재생목록 | 커뮤니티 | 채널 | 정보
업로드한 동영상 ∨
정렬 기준

동고산성에서 찾아보는 후백제의 흔적
조회수 212회
7:15

6·25 전쟁 중 소실된 전라 감영 복원
조회수 721회
6:05

순교지에 세워진 전동 성당
조회수 1,209회
4:17

전주(완산주)

① 장용영의 외영이 설치된 위치를 파악한다.
② 홍경래가 난을 일으켜 점령한 지역을 알아본다.
③ 인조가 피신하여 청군과 항전을 벌인 곳을 찾아본다.
④ 태조의 어진을 모신 경기전이 건립된 장소를 조사한다.
⑤ 유계춘이 백낙신의 수탈에 맞서 봉기한 지역을 검색한다.

정답 ④　　　출제포인트 : 임진왜란의 전개 과정

문제 분석

제시된 자료를 통해 임진왜란(1592) 당시의 상황임을 알 수 있다. 임진왜란 초기 정발이 부산진 전투, 송상현이 동래성 전투에서 항전하였으나 일본에 패하였으며, 이후 충주 탄금대에서 신립마저 패하여 선조는 의주로 피란을 갔다. 임진왜란 당시 곽재우가 의병장이 되어 의령 등에서 활약하였다.

임진왜란의 전개 과정 : 왜의 조선 침략 → 부산(정발), 동래(송상현) 함락 → 충주 탄금대 방어 실패 → 선조의 의주 피란 → 왜의 한양 점령 → 명에 지원 요청 → 이순신과 수군, 의병의 활약 → 조·명 연합군의 평양성 탈환, 휴전 협상 시작 → 정유재란 → 이순신의 명량 해전 → 왜군 철수

선지 해설

① 김상용이 강화도에서 순절하였다.
　　병자호란 당시
② 임경업이 백마산성에서 항전하였다.
　　병자호란 당시
③ 최영이 홍산 전투에서 크게 승리하였다.
　　고려 후기
④ 곽재우가 의병장이 되어 의령 등에서 활약하였다.
　　임진왜란 당시
⑤ 신류가 조총 부대를 이끌고 흑룡강에서 전투를 벌였다.
　　나선 정벌 당시

정답 ④　　　출제포인트 : 전주 지역의 역사

문제 분석

제시된 자료가 전주 지역에 대한 탐구 활동임을 알 수 있다. 전주에는 견훤이 세운 후백제와의 관련성을 짐작하게 하는 수막새 등이 출토된 동고산성과 태조 이성계의 어진을 모신 경기전이 있다. 또 전라 감영이 있던 지역이며, 천주교 순교지에 세워진 전동 성당이 있다. 이 외에도 동학 농민 운동 당시 청군과 일본군의 개입으로 생길 혼란을 막기 위해 농민군은 정부와 전주성에서 화약을 체결하였다.

선지 해설

① 장용영의 외영이 설치된 위치를 파악한다.
　　수원 화성
② 홍경래가 난을 일으켜 점령한 지역을 알아본다.
　　청천강 이북 지역
③ 인조가 피신하여 청군과 항전을 벌인 곳을 찾아본다.
　　남한산성
④ 태조의 어진을 모신 경기전이 건립된 장소를 조사한다.
　　전주 지역
⑤ 유계춘이 백낙신의 수탈에 맞서 봉기한 지역을 검색한다.
　　진주 지역

27 (가)~(라) 교육기관에 대한 설명으로 옳은 것만을 〈보기〉에서 고른 것은? [3점]

─ 국학(통일 신라)
> (가) 학생의 재학 연한은 9년으로 하되 우둔하여 깨우치지 못하는 자는 퇴학시키고, 재주와 기량은 있으나 아직 미숙한 자는 9년이 넘더라도 재학을 허락하였다. 관등이 대나마, 나마에 이르면 졸업하였다.
>
> ─ 7재(고려 예종)
> (나) 7재를 두었는데, 주역을 공부하는 여택재, 상서를 공부하는 대빙재, 모시(毛詩)를 공부하는 경덕재, 주례를 공부하는 구인재, 대례(戴禮)를 공부하는 복응재, 춘추를 공부하는 양정재, 무학을 공부하는 강예재이다.
>
> ─ 성균관(조선)
> (다) 입학생은 생원·진사인 상재생과 유학(幼學) 중에서 선발된 기재생으로 구분되었다. 이들은 동재와 서재에 기숙하면서 공부하였으며, 아침·저녁 식당에 들어가 서명하면 원점 1점을 얻었다. 원점 300점을 얻으면 관시(館試)에 응시할 수 있었다.
>
> ─ 육영 공원(조선 고종)
> (라) 좌원과 우원을 두었는데, 좌원에는 젊은 현직 관리를, 우원에는 관직에 나아가지 않은 명문가 자제들을 입학시켰다. 외국인 3명을 교사로 초빙하였으며, 학생들은 졸업할 때까지 공원(公院)에서 학습에 전념하도록 하였다.

─〈보 기〉─
ㄱ. (가) – 신문왕이 인재 양성을 위해 설치하였다. - 국학(통일 신라)
ㄴ. (나) – 전국의 부·목·군·현에 하나씩 설립되었다. - 향교(조선)
ㄷ. (다) – 공자 등 성현을 기리는 석전대제를 거행하였다. - 성균관(조선)
ㄹ. (라) – 교육 입국 조선 반포를 계기로 세워졌다. - 한성 사범 학교(조선 고종)

① ㄱ, ㄴ ② ㄱ, ㄷ ③ ㄴ, ㄷ ④ ㄴ, ㄹ ⑤ ㄷ, ㄹ

---

28 다음 상황이 나타난 시기에 볼 수 있는 모습으로 적절하지 않은 것은? [1점]

> ○ 집집마다 인삼을 심어서 돈을 물 쓰듯이 한다고 하는데, 재산을 만드는 방법으로는 이보다 나은 것이 없다고 한다.
> ○ 어제 울타리 밖의 몇 되지기 밭에 담배를 파종하였다.
> ○ 금년에는 목화가 풍년이 들었는데, 어제는 시장에서 25근에 100전이었다고 한다.
> ─ 조선 후기의 상품 작물 재배가 확대된 모습
> ─『노상추일기』─

① 한글 소설을 읽어주는 전기수
② 시사를 조직하여 활동하는 역관
③ 주전도감에서 해동통보를 만드는 장인
④ 왕조 교체를 예언한 정감록을 읽는 양반
⑤ 한강을 무대로 상업에 종사하는 경강상인

정답 ② **출제포인트 : 교육 기관의 역사**

문제 분석

제시된 자료를 통해 (가) 통일 신라의 국학, (나) 고려의 7재, (다) 조선의 성균관, (라) 조선의 육영 공원에 대한 내용임을 알 수 있다. ㄱ. 국학은 통일 신라 신문왕이 인재 양성을 위해 설치하였다. ㄷ. 성균관은 공자 등 성현을 기리는 석전대제를 거행하였다. 전국의 부·목·군·현에 하나씩 설립된 것은 7재가 아니라 향교이며, 교육 입국 조선 반포를 계기로 세워진 것은 육영 공원이 아니라 한성 사범 학교이다.

선지 해설

① ㄱ, ㄴ ❷ ㄱ, ㄷ ③ ㄴ, ㄷ ④ ㄴ, ㄹ ⑤ ㄷ, ㄹ

정답 ③ **출제포인트 : 조선 후기의 모습**

문제 분석

제시된 자료의 인삼, 담배, 목화 등을 통해 조선 후기에 상품 작물의 재배가 확대된 모습임을 알 수 있다. 조선 후기에는 대동법 시행으로 관청에 물품을 조달하는 공인이 활동하였으며, 한강을 무대로 상업에 종사하는 경강상인과 송상, 만상 등이 무역으로 부를 축적하였다. 또 설점수세제의 시행으로 민간의 광산 개발이 활기를 띠었으며, 광산을 전문적으로 경영하는 덕대가 등장하였다. 판소리, 탈놀이(탈춤), 한글 소설, 사설시조 등의 서민 문화가 발달하였으며, 다양한 소설이 유행하면서 저잣거리에서 책을 읽어주는 전기수가 등장하였다. 중인들은 시사(詩社)를 조직하여 시를 낭송하는 등 문화 활동을 즐겼다. 이 시기에는 왕조 교체를 예언한 『정감록』이 유행하기도 하였다.

선지 해설

① 한글 소설을 읽어주는 전기수
　　조선 후기
② 시사를 조직하여 활동하는 역관
　　조선 후기
❸ 주전도감에서 해동통보를 만드는 장인
　　고려(숙종)
④ 왕조 교체를 예언한 정감록을 읽는 양반
　　조선 후기
⑤ 한강을 무대로 상업에 종사하는 경강상인 조선 후기

29 (가) 시기에 있었던 사실로 옳은 것은? [3점]

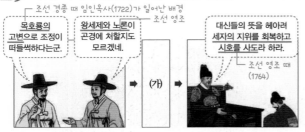

① 이괄이 반란을 일으켜 도성을 장악하였다.
② 자의 대비의 복상 문제로 예송이 전개되었다.
③ 왕위 계승을 둘러싸고 왕자의 난이 발생하였다.
④ 이인좌를 중심으로 소론 세력 등이 난을 일으켰다.
⑤ 희빈 장씨 소생의 원자 책봉 문제로 환국이 발생하였다.

30 다음 사건이 일어난 이후의 사실로 옳은 것은? [2점]

> [우정국 총판 홍영식]이 우정국의 개국 축하연을 열면서 각국의 공사도 초청했다. …… 8시를 알리는 종이 울리자 담장 밖에서 불길이 치솟았다. …… 우영사 민영익이 불을 끄려고 먼저 일어나서 문밖으로 나왔는데, 자객 다섯 명이 잠복하고 있다가 칼을 휘두르며 습격했다. 민영익이 중상을 입고 되돌아와서 대청 위에 쓰러졌다.
> — 갑신정변 발생(1884) 　　　　　　　　 — 『대한계년사』 —

① 김기수가 일본에 수신사로 파견되었다.
② 평양 관민이 제너럴 셔먼호를 불태웠다.
③ 일본 군함 운요호가 영종도를 공격하였다.
④ 박규수가 삼정이정청의 설치를 건의하였다.
⑤ 청과 일본 사이에 톈진 조약이 체결되었다.

정답 ④ 　　 출제포인트 : 조선 영조 시기의 역사적 사실

문제 분석

(가) 시기 이전은 1722년 조선 경종 때 목호룡의 고변으로 임인옥사가 일어난 사실이고, (가) 시기 이후는 1764년 조선 영조 때 사도 세자의 지위를 회복하고 시호를 내린 사실이다. 따라서 (가) 시기는 조선 영조 시기로 이인좌의 난이 들어가야 적절하다. 노론과 소론의 갈등이 심한 상황에서 영조가 즉위하면서 정권을 잡자 이인좌를 중심으로 정권에서 배제된 소론 세력과 남인 일파가 반란을 일으킨 이인좌의 난이 일어났다.

선지 해설

① 이괄이 반란을 일으켜 도성을 장악하였다.
　　 이괄의 난 　　　　　　 ─ 조선 인조
② 자의 대비의 복상 문제로 예송이 전개되었다.
　　　　　 ─ 조선 현종 (기해예송, 갑인예송)
③ 왕위 계승을 둘러싸고 왕자의 난이 발생하였다.
　　　　　　　　 ─ 조선 태조와 정종
④ 이인좌를 중심으로 소론 세력 등이 난을 일으켰다.
　　 이인좌의 난 　　　　　 ─ 조선 영조
⑤ 희빈 장씨 소생의 원자 책봉 문제로 환국이 발생하였다.
　　　　　　　 ─ 조선 숙종 (기사환국)

정답 ⑤ 　　 출제포인트 : 갑신정변의 결과

문제 분석

제시된 자료에 나타난 사건은 갑신정변임을 알 수 있다. 1884년 갑신정변은 김옥균을 중심으로 하는 급진 개화파의 주도로 우정국 개국 축하연을 열면서 일어났다. 14개조 개혁 정강을 발표하고 국가 재정을 호조로 일원화하였으나 청의 군사 개입으로 실패하였다. 이후 조선과 일본 사이에 한성 조약, 청과 일본 사이에 톈진 조약이 체결되었다.

선지 해설

① 김기수가 일본에 수신사로 파견되었다.
　　 제1차 수신사 파견(1876)
② 평양 관민이 제너럴 셔먼호를 불태웠다.
　　 제너럴 셔먼호 사건(1866)
③ 일본 군함 운요호가 영종도를 공격하였다.
　　　　　 운요호 사건(1875)
④ 박규수가 삼정이정청의 설치를 건의하였다.
　　　　 임술 농민 봉기의 결과(1862)
⑤ 청과 일본 사이에 톈진 조약이 체결되었다.
　　 갑신정변의 결과

31 밑줄 그은 '이 사건'에 대한 설명으로 옳은 것은?
[1점]

사료로 보는 한국사

매우 가난하게 보이는 강화도에서 각하에게 보내드릴 만한 것은 아무것도 없습니다. 그러나 조선 임금이 소유하고 있지만 거처하지 않는 저택의 도서관에는 매우 중요한 서적이 많이 소장되어 있습니다. 세심하게 공들여 꾸며진 340권을 수집하였으며 기회가 되는 대로 프랑스로 보내겠습니다.

- G. 로즈 -

병인양요 (1866)

[해설] 로즈 제독이 해군성 장관에게 보낸 서신의 일부이다. 프랑스군이 강화도를 침략한 이 사건 당시 외규장각 도서 등이 약탈되는 상황이 기록되어 있다.

① 청군의 개입으로 종결되었다.
② 제물포 조약의 체결로 이어졌다.
③ 오페르트 도굴 사건이 계기가 되었다.
④ 양헌수 부대가 정족산성에서 적군을 물리쳤다.
⑤ 영국 함대가 거문도를 점령하는 배경이 되었다.

32 (가) 시기에 있었던 사실로 옳지 않은 것은? [2점]

고종은 이곳 환구단에서 황제 즉위식을 거행하고, 경운궁에서 국호를 (가) (으)로 선포했습니다. 환구단은 일제에 의해 헐려버렸고 지금은 황궁우가 외로이 남아 있습니다.
대한 제국 (1897)

① 대한국 국제를 반포하였다.
② 황제 직속의 원수부를 설치하였다.
③ 이범윤을 간도 관리사로 파견하였다.
④ 지계아문을 설립하여 지계를 발급하였다.
⑤ 통역관 양성을 목적으로 동문학을 설립하였다.

정답 ④   출제포인트 : 병인양요의 전개

문제 분석

제시된 자료를 통해 밑줄 그은 '이 사건'이 1866년 프랑스군이 강화도에 침입한 병인양요임을 알 수 있다. 1866년 9명의 프랑스 신부를 포함한 수천 명의 천주교도를 처형한 병인박해를 빌미로 프랑스 로즈 제독 함대가 강화도를 침입하는 병인양요가 일어났다. 한성근 부대가 문수산성, 양헌수 부대가 정족산성에서 승리하여 프랑스군이 철수하였으나 철수하는 과정에서 외규장각에 보관된 의궤 등 각종 문화유산을 약탈해 갔다.

선지 해설

① 청군의 개입으로 종결되었다. — 임오군란, 갑신정변

② 제물포 조약의 체결로 이어졌다. — 임오군란

③ 오페르트 도굴 사건이 계기가 되었다.
1868년 발생

④ 양헌수 부대가 정족산성에서 적군을 물리쳤다.
병인양요

⑤ 영국 함대가 거문도를 점령하는 배경이 되었다.
거문도 사건 (1885~1887)의 배경 : 러시아의 남하 정책 견제

정답 ⑤   출제포인트 : 대한 제국 시기의 역사적 사실

문제 분석

제시된 자료를 통해 (가) 시기가 1897년 대한 제국이 선포된 시기임을 알 수 있다. 고종은 1897년 국호를 대한 제국, 연호를 광무로 정하고 대한 제국 황제로 즉위하였으며, 1899년 대한국 국제도 반포하였다. 대한 제국 시기에는 근대적 토지 소유권을 확립하기 위해 양전 사업을 실시하였으며, 지계아문을 설립하고 토지 소유권을 법적으로 인정하는 문서인 지계를 발급하였다. 또 원수부를 설치하여 황제가 군권을 장악하고 친위대를 증강하였으며, 1903년 간도의 귀속 문제를 해결하기 위해 이범윤을 간도 관리사로 파견하였다.

선지 해설

① 대한국 국제를 반포하였다.

② 황제 직속의 원수부를 설치하였다.

③ 이범윤을 간도 관리사로 파견하였다.   — 대한 제국 시기

④ 지계아문을 설립하여 지계를 발급하였다.

⑤ 통역관 양성을 목적으로 동문학을 설립하였다.
1883년 설립, 대한 제국 수립 이전 시기

33 다음 자료에 나타난 사업에 대한 설명으로 옳은 것은? [1점]

한국에서 유통되는 백동화에 대한 처분안을 들어보면,
갑(甲) 구 백동화는 1개당 신화폐 2전 5리의 비율로 교환한다.
을(乙) 부정한 구 백동화는 1개당 신화폐 1전의 비율로 매수한다. 매수를 바라지 않는 것은 정부가 그것을 절단하여 소유자에게 환부한다.
병(丙) 형체와 품질이 화폐라고 인정하기 어려운 것은 정부가 매수하지 않는다.
⋮
이른바 폐제(幣制) 개혁은 통화를 금절(禁絶)하여 소의 뿔을 바로잡으려다가 소를 죽이는 결과를 가져왔습니다.
— 화폐 정리 사업(1905) — 「한국 폐제 개혁에 관한 진정서」 —

① 독립 협회가 반대 운동을 전개하였다.
② 재정 고문 메가타의 주도로 시행되었다.
③ 동양 척식 주식회사가 중심이 되어 실시하였다.
④ 은본위제가 본격적으로 실시되는 배경이 되었다.
⑤ 함경도 관찰사 조병식이 방곡령을 선포하는 계기가 되었다.

34 다음 가상 뉴스에서 보도하는 사건이 일어난 시기를 연표에서 옳게 고른 것은? [2점]

한·일 신협약(정미 7조약) 체결 → 대한 제국 군대 해산(1907)

군대 해산에 대한 반발이 거세지고 있습니다. 오늘 시위대 대대장 박승환이 자결한 데 이어 시위대 부대원들이 해산을 거부하고 무장 봉기해 일본군과 남대문 일대에서 치열한 총격전을 벌이고 있습니다.

뉴스 속보 **군대 해산에 맞서 시위대 봉기**

1882	1894	1896	1904	1905	1910
(가)	(나)	(다)	(라)	(마)	
임오 군란	갑오 개혁	아관 파천	러일 전쟁 발발	을사 늑약	국권 피탈

① (가) ② (나) ③ (다) ④ (라) ⑤ (마)

정답 ② 출제포인트 : 화폐 정리 사업

문제 분석

제시된 자료에 나타난 사업은 백동화, 처분안, 폐제 개혁 등을 통해 화폐 정리 사업임을 알 수 있다. 1905년 재정 고문으로 임명된 메가타가 주도하여 조선 화폐를 일본 화폐로 교환하고 일본 제일 은행을 조선 중앙 은행으로 전환하는 화폐 정리 사업이 시행되었다. 백동화를 상태에 따라 차등 교환해 주거나 아예 교환해 주지 않아 국내 상공업자가 큰 타격을 받았다.

선지 해설

① 독립 협회가 반대 운동을 전개하였다.
　　러시아의 절영도 조차 요구
②재정 고문 메가타의 주도로 시행되었다.
　　화폐 정리 사업
③ 동양 척식 주식회사가 중심이 되어 실시하였다.
　　토지 조사 사업
④ 은본위제가 본격적으로 실시되는 배경이 되었다.
　　제1차 갑오개혁
⑤ 함경도 관찰사 조병식이 방곡령을 선포하는 계기가 되었다.
　　조·일 통상 장정(1883)

정답 ⑤ 출제포인트 : 한·일 신협약의 체결

문제 분석

제시된 자료를 통해 뉴스에서 보도하는 사건이 한·일 신협약(정미 7조약)의 체결로 대한 제국 군대가 해산된 사실임을 알 수 있다. 1907년 고종이 헤이그에서 열린 만국 평화 회의에 특사를 파견하자, 일제에 의해 고종은 강제 퇴위당하고 한·일 신협약이 체결되어 통감이 추천한 일본인을 한국 관리로 임명하는 등 차관 정치가 실시되었다. 이 조약의 체결로 대한 제국의 군대가 해산되었으며, 군대 해산에 대한 반발로 시위대 대장 박승환이 자결하였다. 또 해산된 군인 중 일부가 의병 운동에 참여하여 의병의 전투력과 조직력이 강화되었다.

선지 해설

① (가) ② (나) ③ (다) ④ (라) ⑤(마)

35 밑줄 그은 '나'의 활동으로 옳은 것은? [2점]

나 일제 침략에 맞서 민족의식을 고취하기 위해, 국난을 극복한 영웅의 전기인 이순신전과 을지문덕전을 집필하였습니다. 또 조선상고사에서는 역사를 아(我)와 비아(非我)의 투쟁으로 정의하였습니다.

① 여유당전서를 간행하고 조선학 운동을 주도하였다.
② 유교의 개혁을 주장하는 유교 구신론을 제창하였다.
③ 조선사 편수회에 들어가 조선사 편찬에 참여하였다.
④ 조선사회경제사에서 식민 사학의 정체성론을 반박하였다.
⑤ 민중의 직접 혁명을 주장한 조선 혁명 선언을 작성하였다.

36 다음 기사가 보도된 이후의 사실로 옳은 것은? [2점]

역사 신문

제△△호　　　　　　　　　　　○○○○년 ○○월 ○○일

전차 운행 중 사망 사고 발생
1899년 개통

오늘 종로 거리를 달리던 전차에 다섯 살 난 아이가 치여 죽는 사고가 발생하였다. 이를 목격한 사람들이 격노하여 전차를 부수었고, 이어 달려오던 전차까지 전복시켜 파괴하고 기름을 뿌려 불태웠다. 동대문에서 성대한 개통식을 열고 전차를 운행한 지 한 달도 되지 않아 참혹한 사건이 발생한 것이다.

① 미국에 보빙사를 파견하였다.
② 베델이 대한매일신보를 창간하였다.
③ 이만손 등이 영남 만인소를 올렸다.
④ 신식 군대인 별기군(교련병대)이 창설되었다.
⑤ 통리기무아문을 설치하여 개혁을 추진하였다.

정답 ⑤　　　　　　　출제포인트 : 신채호의 활동

문제 분석

제시된 자료를 통해 밑줄 그은 '그'가 신채호임을 알 수 있다. 신채호는 일제 침략에 맞서 민족의식을 고취하기 위해 『이순신전』, 『을지문덕전』, 『이태리건국 삼걸전』 등을 저술하였다. 또 「독사신론」을 저술하여 민족주의 사학의 발판을 마련하였고 고대사 연구에 초점을 맞춘 『조선 상고사』를 저술하였다. 그는 국민 대표 회의의 창조파로 활동하였으며, 민중의 직접 혁명을 주장한 조선 혁명 선언을 작성하였다.

선지 해설

① 여유당전서를 간행하고 조선학 운동을 주도하였다.
　안재홍, 정인보, 문일평
② 유교의 개혁을 주장하는 유교 구신론을 제창하였다.
　박은식
③ 조선사 편수회에 들어가 조선사 편찬에 참여하였다.
　일부 실증주의 사학자
④ 조선사회경제사에서 식민 사학의 정체성론을 반박하였다.
　백남운
⑤ 민중의 직접 혁명을 주장한 조선 혁명 선언을 작성하였다.
　신채호, 의열단 지침 작성

정답 ②　　　　　　　출제포인트 : 근대 시설의 도입

문제 분석

제시된 자료를 통해 1899년 한성 전기 회사가 우리나라 최초의 전차를 개통하고 운행한 시기임을 알 수 있다. 서대문에서 청량리 간에 개통되었으며, 전차에 어린이가 치이는 등 사고가 일어나 사회 문제가 되기도 하였다. 1904년 베델이 대한매일신보를 창간하였다.

선지 해설

① 미국에 보빙사를 파견하였다.
　1883년
② 베델이 대한매일신보를 창간하였다.
　1904년
③ 이만손 등이 영남 만인소를 올렸다.
　1881년
④ 신식 군대인 별기군(교련병대)이 창설되었다.
　1881년
⑤ 통리기무아문을 설치하여 개혁을 추진하였다.
　1880년

37 밑줄 그은 '이 시기'에 시행된 일제의 정책으로 옳은 것은? [1점]

문학으로 만나는 한국사

1910년대 무단통치 시기

선생님이 사벨(환도)을 차고 교단에 오르는 나라가 있는 것을 보셨습니까? 나는 그런 나라의 백성이외다. …… 교원의 허리에서 그 장난감 칼을 떼어놓을 날은 언제일지? 숨이 막힙니다.
- 『만세전』 -

[해설]
이 소설에는 교원이 제복을 입고 칼을 차고 수업을 하던 이 시기의 모습이 담겨 있다. '만세전'은 제목에서 알 수 있듯이 3·1 운동 이전 식민지의 사회 현실을 담고 있다.

① 애국반을 조직하였다.
② 회사령을 시행하였다.
③ 치안 유지법을 제정하였다.
④ 미곡 공출제를 실시하였다.
⑤ 국가 총동원법을 공포하였다.

---

38 (가) 민족 운동에 대한 설명으로 옳은 것은? [2점]

이것은 경성 방직 주식회사의 광목 신문 광고야. '우리가 만든 것 우리가 쓰자.'라는 문구가 인상적이야.

물산 장려 운동
그래, 이 광고는 민족 기업을 육성해 경제적 자립을 이루려는 (가) 중에 등장했지.

① 통감부의 탄압으로 중단되었다.
② 국채 보상 기성회를 중심으로 전개되었다.
③ 자작회, 토산 애용 부인회 등이 활동하였다.
④ 한성 은행, 대한 천일 은행 등이 설립되는 계기가 되었다.
⑤ 일본, 프랑스 등지의 노동 단체로부터 격려 전문을 받았다.

정답 ②   출제포인트 : 1910년대 무단 통치 시기 일제의 정책

문제 분석

제시된 자료를 통해 1910년대 무단 통치 시기임을 알 수 있다. 1910년대에는 강압적 통치를 목적으로 헌병 경찰제가 실시되었으며, 조선 태형령이 공포되었다. 언론·출판·집회·결사의 자유와 고등 교육의 기회를 박탈하였으며, 토지를 빼앗기 위해 토지 조사 사업을 실시하였다. 또 회사 설립 시 총독의 허가를 받도록 하는 회사령을 시행하였다.

선지 해설

① 애국반을 조직하였다.
   1930년대 이후 민족 말살 통치 시기
② 회사령을 시행하였다.
   1910년대 무단 통치 시기
③ 치안 유지법을 제정하였다.
   1920년대 문화 통치 시기
④ 미곡 공출제를 실시하였다.   1930년대 이후
⑤ 국가 총동원법을 공포하였다.   민족 말살 통치 시기

정답 ③   출제포인트 : 물산 장려 운동

문제 분석

제시된 자료를 통해 (가) 민족 운동은 물산 장려 운동임을 알 수 있다. 조만식 등의 주도로 평양에서 시작된 물산 장려 운동은 민족 기업을 육성해 경제적 자립을 이루려는 목표로, '내 살림 내 것으로'라는 구호를 내걸고 전개되었다. 물산 장려 운동은 자작회, 토산 애용 부인회 등의 단체들이 활발하게 활동하면서 전국적으로 확대되었다.

선지 해설

① 통감부의 탄압으로 중단되었다.   국채 보상 운동
② 국채 보상 기성회를 중심으로 전개되었다.
③ 자작회, 토산 애용 부인회 등이 활동하였다.
   물산 장려 운동
④ 한성 은행, 대한 천일 은행 등이 설립되는 계기가 되었다.
   일본의 금융 진출
⑤ 일본, 프랑스 등지의 노동 단체로부터 격려 전문을 받았다.   원산 총파업

39 (가) 부대에 대한 설명으로 옳은 것은? [3점]

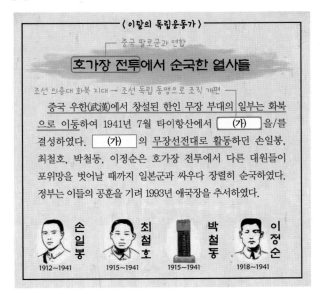

＜ 이달의 독립운동가 ＞

중국 팔로군과 연합

호가장 전투에서 순국한 열사들

조선 의용대 화북 지대 → 조선 독립 동맹으로 조직 개편

중국 우한(武漢)에서 창설된 한인 무장 부대의 일부는 화북으로 이동하여 1941년 7월 타이항산에서 ＿(가)＿을/를 결성하였다. ＿(가)＿의 무장선전대로 활동하던 손일봉, 최철호, 박철동, 이정순은 호가장 전투에서 다른 대원들이 포위망을 벗어날 때까지 일본군과 싸우다 장렬히 순국하였다. 정부는 이들의 공훈을 기려 1993년 애국장을 추서하였다.

손일봉 1912~1941
최철호 1915~1941
박철동 1915~1941
이정순 1918~1941

① 봉오동 전투에서 일본군을 격파하였다.
② 총사령 양세봉의 지휘 아래 활동하였다.
③ 미군과 연계하여 국내 진공 작전을 계획하였다.
④ 조선 독립 동맹 산하의 군사 조직으로 개편되었다.
⑤ 간도 참변 이후 조직을 정비하고 자유시로 이동하였다.

40 (가) 단체에 대한 설명으로 옳은 것은? [2점]

한인 애국단(1931)

이것은 ＿(가)＿ 소속 최흥식이 관동군 사령관 등을 처단하기 위해 만주에서 활동하던 중 김구에게 보낸 편지라고 하는데, 어떤 역사적 가치가 있나요?

김구가 일제의 요인들을 제거하기 위해 만든 ＿(가)＿이/가 다양한 의거를 시도하였음을 보여주는 중요한 문서입니다. 그 가치를 인정받아 국가 등록문화재로 지정되었습니다.

곽윤(김구의 가명)

① 중일 전쟁 발발 이후에 조직되었다.
② 조선 혁명 간부 학교를 설립하였다.
③ 이봉창, 윤봉길 등이 단원으로 활동하였다.
④ 대전자령 전투에서 일본군을 상대로 승리하였다.
⑤ 일제가 조작한 105인 사건으로 조직이 해체되었다.

정답 ④　　출제포인트 : 조선 의용대 화북 지대

문제 분석

제시된 자료를 통해 (가) 부대가 조선 의용대 화북 지대임을 알 수 있다. 조선 의용대는 김원봉을 중심으로 조선 민족 전선 연맹 산하의 군사 조직으로 우한에서 창설되었다. 중국 국민당 정부의 지원을 받아 조직된 조선 의용대는 중국 관내(關內)에서 결성된 최초의 한인 무장 조직이었다. 이후 조선 의용대 대원 일부는 한국광복군에 합류하였고, 일부는 화북으로 이동하여 조선 의용대 화북 지대를 결성하였다. 조선 의용대 화북 지대는 이후 조선 독립 동맹으로 개편하고 산하에 조선 의용군을 결성하였다.

선지 해설

① 봉오동 전투에서 일본군을 격파하였다.
　　대한 독립군(홍범도)
② 총사령 양세봉의 지휘 아래 활동하였다.
　　조선 혁명군
③ 미군과 연계하여 국내 진공 작전을 계획하였다.
　　한국광복군
④ 조선 독립 동맹 산하의 군사 조직으로 개편되었다.
　　조선 의용군
⑤ 간도 참변 이후 조직을 정비하고 자유시로 이동하였다.
　　대한 독립 군단(서일)

정답 ③　　출제포인트 : 한인 애국단의 활동

문제 분석

제시된 자료를 통해 (가) 단체가 한인 애국단임을 알 수 있다. 한인 애국단은 1931년 김구를 단장으로 조직되어 일제의 주요 인물을 제거하는 활발한 의열 활동을 전개하였다. 한인 애국단의 이봉창은 도쿄에서 일왕이 탄 마차를 향해 폭탄을 던졌고, 윤봉길은 상하이 훙커우 공원에서 열린 상하이 사변 승리 축하 기념식에 폭탄을 던졌다. 윤봉길 의거는 중국이 임시 정부를 적극적으로 지원하는 계기가 되었다.

선지 해설

① 중일 전쟁 발발 이후에 조직되었다.
　　1937년 발발하였음
② 조선 혁명 간부 학교를 설립하였다.
　　의열단
③ 이봉창, 윤봉길 등이 단원으로 활동하였다.
　　한인 애국단
④ 대전자령 전투에서 일본군을 상대로 승리하였다.
　　한국 독립군
⑤ 일제가 조작한 105인 사건으로 조직이 해체되었다.
　　신민회

41 (가), (나) 사이의 시기에 있었던 사실로 옳은 것은?

[2점]

제1차 미·소 공동 위원회(1946.3)
(가)

제2차 미·소 공동 위원회(1947.5)
(나)

□□ 일보

제△△호   ○○○○년 ○○월 ○○일

하지 중장, 특별 성명 발표

오늘 오전 조선 주둔 미군 최고 사령관 하지 중장은 <u>미소 공동 위원회 무기 휴회</u>에 관한 중대 성명서를 발표하였다. 이는 덕수궁 석조전에서의 역사적인 개막 이후 49일 만의 일이다.

□□ 일보

제△△호   ○○○○년 ○○월 ○○일

제2차 미소 공동 위원회 개막

미소 공동 위원회는 <u>제1차 회의가 무기 휴회 된 지 만 1년 16일 만인</u> 오늘 오후 2시 정각에 시내 덕수궁 석조전에서 고대하던 제2차 회의의 역사적 막을 열었다.

① 여수 · 순천 10 · 19 사건이 일어났다.
② 모스크바 3국 외상 회의가 개최되었다.
③ 반민족 행위 특별 조사 위원회가 출범하였다.
④ 좌우 합작 위원회가 좌우 합작 7원칙을 발표하였다.
⑤ 유엔 총회에서 인구 비례에 의한 남북 총선거가 의결되었다.

42 다음 사건이 일어난 시기를 연표에서 옳게 고른 것은?

[2점]

발췌 개헌(1952) : 대통령 직선제를 골자로 함

이날 본회의는 하오 8시 정각에 개의되어 전원 위원회의 <u>'발췌 조항 전원 합의'</u> 보고를 접수한 후 김종순 의원의 각 조항 설명이 있는 다음, 질의도 대체 토의도 아무것도 없이 …… <u>표결은 기립 표결로 작정하여 재석 166인 중 163표</u>로써 실로 역사적인 결정을 보았다. 표결이 끝나자 <u>신익희</u> 임시 의장은 정중 침통한 태도로써 "본 헌법 개정안은 헌법 제98조 제3항에 의하여 결정된 것을 선포한다."고 최후의 봉을 힘있게 3타 하였으며 그 음성은 몹시도 떨렸다.

1948	1953	1959	1964	1976	1987
	(가)	(나)	(다)	(라)	(마)
5·10 총선거	정전 협정 체결	경향신문 폐간	6·3 시위	3·1 민주 구국 선언	6·29 민주화 선언

① (가)　　② (나)　　③ (다)　　④ (라)　　⑤ (마)

정답 ④　　　　**출제포인트 : 광복 이후의 역사적 사실**

문제 분석

제시된 자료를 통해 (가)는 1946년 3월 개최된 제1차 미·소 공동 위원회, (나)는 1947년 5월 개최된 제2차 미·소 공동 위원회임을 알 수 있다. 광복 이후 모스크바 3국 외상 회의에서 미·소 공동 위원회를 설치하고 한반도를 신탁 통치할 것을 결정하였다. 이후 제1차 미·소 공동 위원회가 결렬되자 이승만은 남한만의 단독 정부 수립을 주장하였고, 이에 중도 좌파 여운형과 중도 우파 김규식을 중심으로 좌우 합작 위원회를 결성하여 좌우 합작 7원칙을 발표하였다.

선지 해설

① 여수·순천 10·19 사건이 일어났다.
　　　　　　1948년
② 모스크바 3국 외상 회의가 개최되었다.
　　　　　　1945년
③ 반민족 행위 특별 조사 위원회가 출범하였다.
　　　　　　1948년
④ 좌우 합작 위원회가 좌우 합작 7원칙을 발표하였다.
　　　　　　1946년
⑤ 유엔 총회에서 인구 비례에 의한 <u>남북 총선거</u>가 의결되었다.
　　　　　　1947년 11월

정답 ①　　　　**출제포인트 : 발췌 개헌**

문제 분석

제시된 자료를 통해 1952년 대통령 직선제를 골자로 한 발췌 개헌에 대한 내용임을 알 수 있다. 1952년 대통령 직선제 개헌을 반대한 국회의원들을 강제로 연행하여 억류한 부산 정치 파동이 발생하였다. 이후 정·부통령 직접 선거를 주된 내용으로 하는 발췌 개헌이 이루어졌다. 발췌 개헌은 계엄령 아래 국회에서 기립 표결로 통과되었다.

선지 해설

①(가)　　② (나)　　③ (다)　　④ (라)　　⑤ (마)

43 (가) 민주화 운동에 대한 설명으로 옳은 것은? [2점]

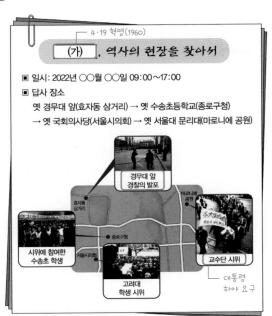

① 장면 내각이 출범하는 배경이 되었다.
② 유신 체제가 붕괴되는 결과를 가져왔다.
③ 한일 국교 정상화에 반대하여 일어났다.
④ 신군부의 비상 계엄 확대가 원인이 되었다.
⑤ 호헌 철폐와 독재 타도 등의 구호를 내세웠다.

---

44 밑줄 그은 '현행 헌법'에 대한 설명으로 옳은 것은?
[3점]

오늘의 헌법은 그 개정의 발의권이 사실상 대통령에게만 속해 있는 것이다. 이에 우리 국민은 이와 같이 헌법 개정 발의권으로부터의 소외를 극복하고 우리들의 천부의 권리를 제시하는 방법으로 대통령에게 [현행 헌법의] 개정을 요구하는 [100만인] 청원 운동을 전개하는 바이다.

유신 헌법 (1972)

개헌 청원 100만 인 서명 운동

장준하

① 내각 책임제를 채택하였다.
② 대통령의 연임을 3회로 제한하였다.
③ 대통령에게 국회 해산권을 부여하였다.
④ 대통령의 임기를 7년 단임제로 정하였다.
⑤ 국회를 참의원과 민의원의 양원제로 규정하였다.

정답 ① 출제포인트 : 4 · 19 혁명의 결과

문제 분석

제시된 자료를 통해 (가) 민주화 운동이 4 · 19 혁명임을 알 수 있다. 1960년 3 · 15 부정 선거를 계기로 시위가 일어나자 이를 경찰이 무력으로 진압하는 과정에서 김주열 학생의 시신이 마산에서 발견되어 전국적으로 시위가 확산되었다. 학생, 시민 등이 대규모 시위를 전개하였고, 대학 교수단이 대통령 퇴진을 요구하며 시위행진을 벌였다. 그 결과 이승만 대통령이 하야를 발표하고 미국으로 망명하였으며, 허정을 수반으로 하는 과도 정부가 수립되어 내각 책임제와 국회 양원제를 내용으로 하는 헌법 개정이 단행되었다.

선지 해설

① 장면 내각이 출범하는 배경이 되었다.
  4·19 혁명의 결과
② 유신 체제가 붕괴되는 결과를 가져왔다.
  10·26 사태(1979)
③ 한일 국교 정상화에 반대하여 일어났다.
  6 · 3 시위(1964)
④ 신군부의 비상 계엄 확대가 원인이 되었다.
  5 ·18 민주화 운동(1980)
⑤ 호헌 철폐와 독재 타도 등의 구호를 내세웠다.
  6 ·10 국민 대회(1987)

정답 ③ 출제포인트 : 유신 헌법의 제정

문제 분석

제시된 자료를 통해 밑줄 그은 '현행 헌법'이 유신 헌법임을 알 수 있다. 박정희 정부 시기 국회 해산과 헌법의 일부 효력 정지를 담은 유신이 선포되면서 유신 헌법이 제정되었다. 유신 헌법은 긴급 조치권 부여, 법관 인사권 부여, 간선제로 대통령 선출, 국회의 1/3 추천권, 국회 해산권 부여, 대통령 임기 6년 등을 내용으로 하였으며, 대통령의 권한이 강화되면서 국민의 기본권을 일부 제한할 수 있는 긴급조치를 선포하기도 하였다. 이러한 유신 헌법에 반대하여 헌법의 개정을 요구하는 '개헌 청원 100만 인 서명 운동'을 전개하였다.

선지 해설

① 내각 책임제를 채택하였다.
  3차 개헌
② 대통령의 연임을 3회로 제한하였다.
  6차 개헌(3선 개헌)
③ 대통령에게 국회 해산권을 부여하였다.
  유신 헌법
④ 대통령의 임기를 7년 단임제로 정하였다.
  8차 개헌
⑤ 국회를 참의원과 민의원의 양원제로 규정하였다.
  3차 개헌

45 (가) 정부 시기의 경제 상황으로 옳은 것은? [1점]

① 한미 자유 무역 협정(FTA)이 체결되었다.
② 저유가 · 저금리 · 저달러의 3저 호황이 있었다.
③ 원조 물자를 가공하는 삼백 산업이 발달하였다.
④ 대통령 긴급 명령으로 금융실명제가 실시되었다.
⑤ 농촌의 근대화를 표방한 새마을 운동이 전개되었다.

46 (가)~(마)에 대한 설명으로 옳지 않은 것은? [3점]

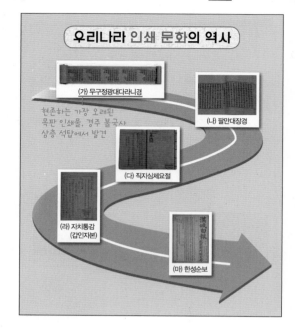

① (가) – 주자소를 설치하여 인쇄하였다.
② (나) – 대장도감에서 판각한 목판으로 찍었다.
③ (다) – 청주 흥덕사에서 금속 활자로 간행하였다.
④ (라) – 이천, 장영실 등이 제작한 활자로 인쇄하였다.
⑤ (마) – 납으로 만든 활자를 사용해 박문국에서 발행하였다.

정답 ⑤   출제포인트 : 박정희 정부 시기의 경제 상황

문제 분석

제시된 자료를 통해 (가) 정부가 박정희 정부 시기임을 알 수 있다. 박정희 정부 시기에는 경제 개발 5개년 계획이 추진되었는데, 급속한 경제 발전을 이룩하여 '한강의 기적'이라 불리기도 하였다. 1970년 경부 고속 도로가 준공되었으며, 1973년 포항 종합 제철이 준공되었다. 또 1977년 100억 달러 수출을 달성하였다. 도시와 농촌 간의 빈부 격차를 해결하기 위해 1970년 농촌의 근대화를 표방하는 새마을 운동이 전개되었다.

선지 해설

① 한미 자유 무역 협정(FTA)이 체결되었다.
       노무현 정부
② 저유가 · 저금리 · 저달러의 3저 호황이 있었다.
       전두환 정부
③ 원조 물자를 가공하는 삼백 산업이 발달하였다.
       이승만 정부
④ 대통령 긴급 명령으로 금융실명제가 실시되었다.
       김영삼 정부
❺ 농촌의 근대화를 표방한 새마을 운동이 전개되었다.
       박정희 정부

정답 ①   출제포인트 : 인쇄 문화의 역사

문제 분석

무구정광대다라니경 : 현존하는 가장 오래된 목판 인쇄물로, 경주 불국사 삼층 석탑에서 발견되었다.

선지 해설

❶ (가) – 주자소를 설치하여 인쇄하였다.
       → 조선 세종 때
② (나) – 대장도감에서 판각한 목판으로 찍었다.
       → 팔만대장경 : 해인사 장경판전에 보관 중
③ (다) – 청주 흥덕사에서 금속 활자로 간행하였다.
       → 직지심체요절 : 현존하는 세계 최고의 금속 활자본
④ (라) – 이천, 장영실 등이 제작한 활자로 인쇄하였다.
       → 자치통감 : 갑인자로 인쇄
⑤ (마) – 납으로 만든 활자를 사용해 박문국에서 발행하였다.
       → 한성순보 : 1883년 우리나라 최초의 신문

47 밑줄 그은 '이 정부' 시기에 있었던 사실로 옳지 않은 것은?

[2점]

전두환 정부

천주교 정의 구현 전국 사제단과 민주 언론 운동 협의회가 이 정부에서 각 언론사에 하달한 보도지침 자료를 공개하는 기자회견 장면입니다. 이후 이 사건의 관련자들은 남영동 치안본부 대공분실로 연행되었으며, 국가보안법 위반 등의 죄목으로 기소되어 고초를 겪었습니다.

① 서울 올림픽이 개최되었다.
② 야간 통행 금지가 해제되었다.
③ 박종철 고문 치사 사건이 발생하였다.
④ 프로 야구가 6개 구단으로 출범하였다.
⑤ 남북 이산가족 고향 방문이 최초로 이루어졌다.

정답 ① 출제포인트 : 전두환 정부 시기의 역사적 사실

문제 분석

제시된 자료를 통해 밑줄 그은 '이 정부'가 전두환 정부임을 알 수 있다. 전두환 정부 시기에는 언론 통제 보도 지침이 내려졌으며, 호헌 철폐 국민 대회가 전개되었다. 또 6월 민주 항쟁이 일어나는 계기가 되는 박종철 고문치사 사건이 발생하였다. 중학교 의무 교육을 처음 도입하였고, 야간 통행 금지 해제, 교복과 두발 자유화, 해외여행 자유화, 프로 야구 6개 구단 창단·출범 등 유화 정책을 추진하였다. 이 시기에 최초의 이산가족 상봉 행사를 열고 남북 이산가족 고향 방문이 이루어졌다.

선지 해설

① 서울 올림픽이 개최되었다. — 노태우 정부

② 야간 통행 금지가 해제되었다.
　　　유화 정책
③ 박종철 고문 치사 사건이 발생하였다.
　　6월 민주 항쟁 발생 계기
④ 프로 야구가 6개 구단으로 출범하였다.
　　　유화 정책
⑤ 남북 이산가족 고향 방문이 최초로 이루어졌다.

48 다음 뉴스가 보도된 정부 시기에 있었던 사실로 옳은 것은?

[3점]

노태우 정부 : 남북 기본 합의서 채택(1991)

대통령은 오늘 남북 고위급 회담 타결 상황을 보고받고, 내일 북한 대표단을 접견하기로 했습니다. 청와대 고위 관계자는 남북 사이의 화해와 불가침 및 교류 협력에 관한 합의서 채택에 완전히 합의한 것은 남북 관계에 큰 전환을 이룬 것이라고 평가했습니다.

대통령, 내일 북한 대표단 접견

① 제2차 남북 정상 회담이 개최되었다.
② 경제 협력 개발 기구(OECD)에 가입하였다.
③ 남북 조절 위원회가 설치되어 통일 방안이 논의되었다.
④ 북방 외교를 추진하여 중국 등 사회주의 국가들과 수교하였다.
⑤ 남북한의 교류 협력을 위한 개성 공업 지구 건설에 합의하였다.

정답 ④ 출제포인트 : 노태우 정부 시기의 통일 노력

문제 분석

제시된 자료를 통해 뉴스가 보도된 정부 시기가 노태우 정부 시기임을 알 수 있다. 노태우 정부 시기에는 북방 외교를 추진하여 소련, 중국 등 사회주의 국가와 수교하였으며, 1991년에는 남북한이 유엔에 동시 가입하였다. 또 남북 기본 합의서를 교환하였으며, 한반도 비핵화 공동 선언에 서명하였다.

선지 해설

① 제2차 남북 정상 회담이 개최되었다.
　　　　노무현 정부
② 경제 협력 개발 기구(OECD)에 가입하였다.
　　　　　김영삼 정부
③ 남북 조절 위원회가 설치되어 통일 방안이 논의되었다.
　　　　　박정희 정부
④ 북방 외교를 추진하여 중국 등 사회주의 국가들과 수교하였다. 노태우 정부

⑤ 남북한의 교류 협력을 위한 개성 공업 지구 건설에 합의하였다.
　　　　　　김대중 정부

49 (가)~(마)에 들어갈 내용으로 옳지 <u>않은</u> 것은? [2점]

우리 역사 속의 여성들

<차 례>

- **선덕 여왕** 우리나라 최초의 여왕 ························ 3
  - ─ [(가)   ]
- **이빙허각** 살림을 학문화한 실학자 ················· 9
  - ─ [(나)   ]
- **김만덕** 제주의 거상이자 자선가 ·················· 15
  - ─ [(다)   ]
- **남자현** 의열 투쟁을 전개한 독립운동가 ········· 21
  - ─ [(라)   ]
- **강주룡** 일제 강점기의 노동 운동가 ·············· 27
  - ─ [(마)   ]

─── 1933년 순국, 여자 권학회 조직
국제 연맹 조사단에 독립의지를 표명하는 혈서 전달 시도

① (가) – 첨성대와 황룡사 구층 목탑을 세우다.
② (나) – 가정 생활의 지혜를 담은 규합총서를 저술하다.
③ (다) – 재산을 기부하여 흉년에 굶주린 백성들을 구제하다.
④ (라) – 한국광복군의 기관지 광복을 발행하다.
⑤ (마) – 임금 삭감에 저항하여 을밀대 지붕에서 농성하다.

---

50 밑줄 그은 '이날'에 해당하는 세시풍속으로 옳은 것은?
─ 칠석
[1점]

이곳은 남원 광한루원의 오작교입니다. 조선 시대 남원 부사 장의국이 헤어져 있던 견우와 직녀가 오작교에서 만난다는 전설을 형상화하여 만들었습니다. <u>음력 7월 7일</u>인 이날에는 여인들이 별을 보며 바느질 솜씨가 좋아지기를 비는 풍속이 있었습니다.

① 단오 ② 칠석 ③ 백중 ④ 동지 ⑤ 한식

정답 ④ 출제포인트 : 역사 속의 여성 – 남자현

문제 분석

(라) 의열 투쟁을 전개한 여성 독립운동가 남자현은 조선 총독 암살을 기도하였고, 국제 연맹 조사단에 독립 의지를 천명하는 혈서 전달을 시도하였다. 또 북만주 일대 농촌을 누비며 12개의 교회를 건립하고, 여성 계몽에도 힘써 10여 개의 여자교육회를 설립하는 등 계몽 운동에도 힘을 쏟다가 1933년에 순국하였다.

선지 해설

① (가) – 첨성대와 황룡사 구층 목탑을 세우다.
  선덕 여왕
② (나) – 가정 생활의 지혜를 담은 규합총서를 저술하다.
  이빙허각
③ (다) – 재산을 기부하여 흉년에 굶주린 백성들을 구제하다.
  김만덕
④ (라) – 한국광복군의 기관지 광복을 발행하다.
  한국광복군 창설(1940)
⑤ (마) – 임금 삭감에 저항하여 을밀대 지붕에서 농성하다.
  강주룡

정답 ② 출제포인트 : 세시 풍속

문제 분석

제시된 자료를 통해 밑줄 그은 '이날'이 칠석임을 알 수 있다. 칠석은 견우와 직녀가 1년에 한 번 오작교에서 만나는 날이다.
- 단오 : 음력 5월 5일로, 수릿날이라고도 한다. 창포물에 머리를 감고 그네를 뛰며 씨름을 하는 풍속이 있다.
- 백중 : 음력 7월 15일로, 여름철 휴한기에 휴식을 취하는 날로 음식과 술을 나누어 먹는 풍속이 있다.
- 동지 : 1년 중 밤이 가장 길고 낮이 가장 짧은 날로, 부적을 붙여 악귀를 쫓고 팥죽을 쑤어 먹는 풍속이 있다.
- 한식 : 양력으로 4월 5일 무렵이며, 불을 금하고 찬 음식을 먹는 풍속이 있다.

선지 해설

① 단오   ② 칠석   ③ 백중   ④ 동지   ⑤ 한식
음력   음력   12월 22일 경   동지에서
5월 5일   7월 15일   105일째
                                        되는 날

빠른 정답 확인표

62회

01 ①	02 ②	03 ①	04 ⑤	05 ③	06 ⑤	07 ②	08 ①	09 ③	10 ①
11 ④	12 ①	13 ②	14 ③	15 ③	16 ②	17 ④	18 ⑤	19 ④	20 ①
21 ⑤	22 ⑤	23 ④	24 ③	25 ③	26 ②	27 ④	28 ④	29 ⑤	30 ④
31 ③	32 ⑤	33 ③	34 ④	35 ②	36 ②	37 ①	38 ④	39 ③	40 ④
41 ⑤	42 ③	43 ⑤	44 ③	45 ⑤	46 ④	47 ③	48 ⑤	49 ③	50 ②

목표 점수 _____   내 점수 _____

61회

01 ④	02 ①	03 ⑤	04 ①	05 ①	06 ⑤	07 ②	08 ④	09 ①	10 ①
11 ②	12 ③	13 ③	14 ③	15 ③	16 ②	17 ④	18 ⑤	19 ②	20 ⑤
21 ④	22 ⑤	23 ②	24 ④	25 ③	26 ③	27 ③	28 ②	29 ②	30 ②
31 ①	32 ②	33 ④	34 ①	35 ⑤	36 ⑤	37 ④	38 ②	39 ③	40 ⑤
41 ③	42 ③	43 ④	44 ④	45 ④	46 ①	47 ⑤	48 ⑤	49 ②	50 ③

목표 점수 _____   내 점수 _____

60회

01 ③	02 ③	03 ①	04 ②	05 ①	06 ①	07 ⑤	08 ④	09 ⑤	10 ②
11 ②	12 ③	13 ⑤	14 ③	15 ①	16 ④	17 ③	18 ②	19 ①	20 ①
21 ④	22 ①	23 ①	24 ④	25 ④	26 ④	27 ②	28 ③	29 ④	30 ⑤
31 ④	32 ⑤	33 ②	34 ⑤	35 ⑤	36 ②	37 ②	38 ③	39 ④	40 ③
41 ④	42 ①	43 ①	44 ③	45 ⑤	46 ①	47 ①	48 ④	49 ④	50 ②

목표 점수 _____   내 점수 _____

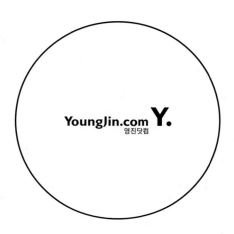

자격증은 이기적!

한국사능력검정시험 답안지

실제 시험장에서 시험을 보는 것처럼 정답을 체크해보세요!

〈수험생이 지켜야 할 일〉

1. 수험번호란에는 아라비아숫자로 기재하고 해당란에 "●"와 같이 완전하게 표기하여야 합니다.

2. – 선다형 답란에는 반드시 컴퓨터용 사이펜을 사용하여 표기해야 합니다.
   (연필, 샤프펜, 볼펜 등 사용시 불이익 있음)
   – 답란에 "●"와 같이 완전하게 표기하여야 하며, 바르지 못한 표기를 하였을 경우에는 불이익을 받을 수 있습니다.

3. 잘못된 표기 예시 ⊘ ◑ ⊗ ◐ ⊘

4. 답안지에는 낙서를 하거나 불필요한 표기를 하였을 경우 불이익을 받을 수 있으므로 답안지를 최대한 깨끗한 상태로 제출하여야 합니다.

성명

수 험 번 호

문번	답 란	문번	답 란
01	① ② ③ ④ ⑤	26	① ② ③ ④ ⑤
02	① ② ③ ④ ⑤	27	① ② ③ ④ ⑤
03	① ② ③ ④ ⑤	28	① ② ③ ④ ⑤
04	① ② ③ ④ ⑤	29	① ② ③ ④ ⑤
05	① ② ③ ④ ⑤	30	① ② ③ ④ ⑤
06	① ② ③ ④ ⑤	31	① ② ③ ④ ⑤
07	① ② ③ ④ ⑤	32	① ② ③ ④ ⑤
08	① ② ③ ④ ⑤	33	① ② ③ ④ ⑤
09	① ② ③ ④ ⑤	34	① ② ③ ④ ⑤
10	① ② ③ ④ ⑤	35	① ② ③ ④ ⑤
11	① ② ③ ④ ⑤	36	① ② ③ ④ ⑤
12	① ② ③ ④ ⑤	37	① ② ③ ④ ⑤
13	① ② ③ ④ ⑤	38	① ② ③ ④ ⑤
14	① ② ③ ④ ⑤	39	① ② ③ ④ ⑤
15	① ② ③ ④ ⑤	40	① ② ③ ④ ⑤
16	① ② ③ ④ ⑤	41	① ② ③ ④ ⑤
17	① ② ③ ④ ⑤	42	① ② ③ ④ ⑤
18	① ② ③ ④ ⑤	43	① ② ③ ④ ⑤
19	① ② ③ ④ ⑤	44	① ② ③ ④ ⑤
20	① ② ③ ④ ⑤	45	① ② ③ ④ ⑤
21	① ② ③ ④ ⑤	46	① ② ③ ④ ⑤
22	① ② ③ ④ ⑤	47	① ② ③ ④ ⑤
23	① ② ③ ④ ⑤	48	① ② ③ ④ ⑤
24	① ② ③ ④ ⑤	49	① ② ③ ④ ⑤
25	① ② ③ ④ ⑤	50	① ② ③ ④ ⑤

답안카드 작성요령 및 수험자 유의사항

〈예 시〉

| 주의 | 바르게 마킹한 것… ● |
| | 잘못 마킹한 것… ⊘⊙●⦿⊗ |

성 명

홍 길 동

종 목 및 등급

한국사능력검정시험

| 수험자가 기재 ◈ 문제지 형별 (A 형) ※ 우측 문제지 형별은 마킹 | 문제지형별 | ● Ⓑ |

수험번호

0	1	0	1	7	5	6	7	8
●	⓪	●	⓪	⓪	⓪	⓪	⓪	⓪
①	●	①	●	①	①	①	①	①
②	②	②	②	②	②	②	②	②
③	③	③	③	③	③	③	③	③
④	④	④	④	④	④	④	④	④
⑤	⑤	⑤	⑤	⑤	●	⑤	⑤	⑤
⑥	⑥	⑥	⑥	⑥	⑥	●	⑥	⑥
⑦	⑦	⑦	⑦	●	⑦	⑦	●	⑦
⑧	⑧	⑧	⑧	⑧	⑧	⑧	⑧	●
⑨	⑨	⑨	⑨	⑨	⑨	⑨	⑨	⑨

감독위원 확인

답안지 작성방법

1. 시험 시간 관리 책임은 응시자 본인에게 있으며, 시간 내에 답안지 작성을 완료하여야 합니다.

2. 답안지 작성을 잘못한 경우에는 교체할 수 있으나, 시험 시간 내에 답안지 작성을 마치지 못하여도 시험 종료 시간이 되면 제출하여야 합니다.

3. 예비 마킹을 할 경우에는 중복 답안 등으로 채점되어 불이익을 받을 수 있습니다.

4. 시험 종료 시간이 되면 필기도구를 놓고 답안지는 오른쪽, 문제지는 왼쪽에 놓아야 하며, 시험 시간이 끝난 후에도 답안을 작성하면 부정행위로 처리됩니다.

부정행위자 처리규정

국사편찬위원회에서 주관·시행하는 한국사능력검정시험과 관련하여 다음의 어느 하나에 해당하는 부정행위를 한 경우에 당해검정을 무효로 하고 해당 시험 포함 연속 4회 응시를 금지합니다.

1. 다른 수험생의 답안지를 보거나 보여주는 행위

2. 다른 수험생과 손동작, 소리 등으로 서로 신호를 주고받는 행위

3. 쪽지 등 부정한 휴대물을 보는 행위

4. 휴대전화, MP3 플레이어, 무전기, 호출기, 전자사전, 무선기능 전자시계, 디지털카메라, 무선기기나 전자계산기 등을 조작하거나 이용하는 행위

5. 대리 시험을 치르거나 치르도록 하는 행위

6. 감독관의 지시에 불응하는 행위

7. 다른 수험생에게 답안을 보여줄 것을 강요하는 등 폭력으로 다른 응시생을 위협하는 행위

8. 지정된 좌석에서 응시하지 아니한 행위

9. 신분증을 위조·변조하여 응시하는 행위

10. 고의적으로 답안지를 갖고 나가는 행위

11. 그 밖에 감독관이 부정행위로 판단하는 행위

한국사능력검정시험 답안지

실제 시험장에서 시험을 보는 것처럼 정답을 체크해보세요!

〈수험생이 지켜야 할 일〉

1. 수험번호란에는 아라비아숫자로 기재하고 해당란에 "●"와 같이 완전하게 표기하여야 합니다.

2. – 선다형 답란에는 반드시 컴퓨터용 사인펜을 사용하여 표기해야 합니다.
   (연필. 샤프펜. 볼펜 등 사용시 불이익 있음)
   – 답란에 "●"와 같이 완전하게 표기하여야 하며, 바르지 못한 표기를 하였을 경우에는 불이익을 받을 수 있습니다.

3. 잘못된 표기 예시 ⊘ ① ⊗ ◑ ⦸

4. 답안지에는 낙서를 하거나 불필요한 표기를 하였을 경우 불이익을 받을 수 있으므로 답안지를 최대한 깨끗한 상태로 제출하여야 합니다.

성명	

수험번호

⓪	⓪	⓪	⓪	⓪	⓪	⓪	⓪	⓪
①	①	①	①	①	①	①	①	①
②	②	②	②	②	②	②	②	②
③	③	③	③	③	③	③	③	③
④	④	④	④	④	④	④	④	④
⑤	⑤	⑤	⑤	⑤	⑤	⑤	⑤	⑤
⑥	⑥	⑥	⑥	⑥	⑥	⑥	⑥	⑥
⑦	⑦	⑦	⑦	⑦	⑦	⑦	⑦	⑦
⑧	⑧	⑧	⑧	⑧	⑧	⑧	⑧	⑧
⑨	⑨	⑨	⑨	⑨	⑨	⑨	⑨	⑨

문번	답 란	문번	답 란
01	① ② ③ ④ ⑤	26	① ② ③ ④ ⑤
02	① ② ③ ④ ⑤	27	① ② ③ ④ ⑤
03	① ② ③ ④ ⑤	28	① ② ③ ④ ⑤
04	① ② ③ ④ ⑤	29	① ② ③ ④ ⑤
05	① ② ③ ④ ⑤	30	① ② ③ ④ ⑤
06	① ② ③ ④ ⑤	31	① ② ③ ④ ⑤
07	① ② ③ ④ ⑤	32	① ② ③ ④ ⑤
08	① ② ③ ④ ⑤	33	① ② ③ ④ ⑤
09	① ② ③ ④ ⑤	34	① ② ③ ④ ⑤
10	① ② ③ ④ ⑤	35	① ② ③ ④ ⑤
11	① ② ③ ④ ⑤	36	① ② ③ ④ ⑤
12	① ② ③ ④ ⑤	37	① ② ③ ④ ⑤
13	① ② ③ ④ ⑤	38	① ② ③ ④ ⑤
14	① ② ③ ④ ⑤	39	① ② ③ ④ ⑤
15	① ② ③ ④ ⑤	40	① ② ③ ④ ⑤
16	① ② ③ ④ ⑤	41	① ② ③ ④ ⑤
17	① ② ③ ④ ⑤	42	① ② ③ ④ ⑤
18	① ② ③ ④ ⑤	43	① ② ③ ④ ⑤
19	① ② ③ ④ ⑤	44	① ② ③ ④ ⑤
20	① ② ③ ④ ⑤	45	① ② ③ ④ ⑤
21	① ② ③ ④ ⑤	46	① ② ③ ④ ⑤
22	① ② ③ ④ ⑤	47	① ② ③ ④ ⑤
23	① ② ③ ④ ⑤	48	① ② ③ ④ ⑤
24	① ② ③ ④ ⑤	49	① ② ③ ④ ⑤
25	① ② ③ ④ ⑤	50	① ② ③ ④ ⑤

답안카드 작성요령 및 수험자 유의사항

〈예 시〉

주 의	바르게 마킹한 것… ●
	잘못 마킹한 것… ⊘⊖●◐⊗

성 명

홍 길 동

종 목 및 등 급

한국사능력검정시험

수험자가 기재 ● 문제지 형별 (A 형) ※ 우측 문제지 형별은 마킹	문 제 지 형 별	● Ⓑ

수험번호

0 1 0 1 7 5 6 7 8

●	⓪	●	⓪	⓪	⓪	⓪	⓪	⓪
①	●	①	●	①	①	①	①	①
②	②	②	②	②	②	②	②	②
③	③	③	③	③	③	③	③	③
④	④	④	④	④	④	④	④	④
⑤	⑤	⑤	⑤	⑤	●	⑤	⑤	⑤
⑥	⑥	⑥	⑥	⑥	⑥	●	⑥	⑥
⑦	⑦	⑦	⑦	●	⑦	⑦	●	⑦
⑧	⑧	⑧	⑧	⑧	⑧	⑧	⑧	●
⑨	⑨	⑨	⑨	⑨	⑨	⑨	⑨	⑨

감독위원 확인

답안지 작성방법

1. 시험 시간 관리 책임은 응시자 본인에게 있으며, 시간 내에 답안지 작성을 완료하여야 합니다.

2. 답안지 작성을 잘못한 경우에는 교체할 수 있으나, 시험 시간 내에 답안지 작성을 마치지 못하여도 시험 종료 시간이 되면 제출하여야 합니다.

3. 예비 마킹을 할 경우에는 중복 답안 등으로 채점되어 불이익을 받을 수 있습니다.

4. 시험 종료 시간이 되면 필기도구를 놓고 답안지는 오른쪽, 문제지는 왼쪽에 놓아야 하며, 시험 시간이 끝난 후에도 답안을 작성하면 부정행위로 처리됩니다.

부정행위자 처리규정

국사편찬위원회에서 주관·시행하는 한국사능력검정시험과 관련하여 다음의 어느 하나에 해당하는 부정행위를 한 경우에 당해검정을 무효로 하고 해당 시험 포함 연속 4회 응시를 금지합니다.

1. 다른 수험생의 답안지를 보거나 보여주는 행위

2. 다른 수험생과 손동작, 소리 등으로 서로 신호를 주고받는 행위

3. 쪽지 등 부정한 휴대물을 보는 행위

4. 휴대전화, MP3 플레이어, 무전기, 호출기, 전자사전, 무선기능 전자시계, 디지털카메라, 무선기기나 전자계산기 등을 조작하거나 이용하는 행위

5. 대리 시험을 치르거나 치르도록 하는 행위

6. 감독관의 지시에 불응하는 행위

7. 다른 수험생에게 답안을 보여줄 것을 강요하는 등 폭력으로 다른 응시생을 위협하는 행위

8. 지정된 좌석에서 응시하지 아니한 행위

9. 신분증을 위조·변조하여 응시하는 행위

10. 고의적으로 답안지를 갖고 나가는 행위

11. 그 밖에 감독관이 부정행위로 판단하는 행위